KB046171

판례 · 예규 · 선례 · 서식

신부동산등기실무

저자 최 돈 호

 법문 북스

머리말

2015년 10월 20일 법률출판사에서 "부동산등기법"을 발행한지 어언3년이 되었다. 그 동안 부동산등기법이 3회에 걸쳐 개정되었고, 부동산등기규칙이 5회나 개정되었다. 3년 전에 발행된 부동산등기법에 마지막으로 수록된 등기예규 제1575호 이후 현재까지 종전의 등기예규가 많이 개정되거나 제정(등기예규 제1653호 2018. 8. 31)되었고, 등기선례도 많이 나왔다.

그뿐만 아니라 부동산등기에 관련된 각종 법률이 수차례 개정되거나 종전 법률의 명칭 자체가 변경되어 새로 제정되는 형식을 취한 것도 많았다. 예를 들면 등기원인에 대하여 제3자의 허가 . 동의 또는 승낙을 증명하는 첨부정보를 규정한 종전의 '국토의 계획 및 이용에 관한 법률'이 '부동산 거래신고 등에 관한 법률'로 변경되었고, 외국인의 부동산 취득 . 보유신고 및 토지거래에 관한 규정도 '외국인토지법'에서 '부동산 거래신고 등에 관한 법률'로 변경되었다.

또한 부동산 표시변경등기나 소유권보존 및 이전등기신청서의 첨부정보인 토지의 변경사유나 그 표시를 증명하는 지적공부에 관한 법률이 종전의 '지적법'에서 '측량 . 수로조사 및 지적에 관한 법률'로 명칭이 변경되었고, 동법이 그 후 '공간정보의 구축 및 관리 등에 관한 법률'로 그 명칭이 애매모호하고 혼란스럽게 변경되었다.

등기신청과 관련하여 다른 법률에 따라 부과된 의무사항의 하나인 국민주택채권의 매입에 관한 사항을 규정한 종전의 '주택건설촉진법'이 '주택법'으로 명칭이 변경되었고, 동법은 '주택도시기금법'으로 변경되는 등 부동산등기에 관련된 각종 법률의 명칭이 법적안정성(法的安定性)을 무시한 채 수시로 변경됨에 따라 부동산등기에 관련된 각종 대법원규칙과 등기예규도 수시로 변경되어 등기업무를 처리하는 등기관은 물론 등기신청서를 작성하는 법무사나 등기신청인 등에게 많은 혼란을 초래케 하는 등 국민의 법적안정성을 해치고 있다.

사회생활이 법에 의하여 보호 또는 보장되는 안정성을 법적안정성(法的安定性)이라고 한다. 법적안정성이 확보되려면 법이 함부로 개정되는 일이 없어야 하므로 국회의 법률안 심의 . 의결이 조령모개(朝令暮改)의 졸속입법이 되는 것을 예방하기 위하여 국회의원의 자질을 향상시키거나 법률의 제정이나 개정시에 해당분야

전문가의 의견청취나 공청회 등으로 흠결 없는 최량(最良)의 입법을 하는 것이 국회의 책무(責務)요, 그 사명(使命)이라고 본다.

성문법이 아무리 완비되어 있더라도 복잡하고 변화무쌍한 사회생활을 규율하기는 불가능하므로 법의 흠결(欠缺)이 생기는 것은 불가피하다. 법의 흠결이 생기는 원인에는 입법당시에 예상할 수 없었던 사실이 발생한 경우 또는 입법기관인 국회의원의 전문성부족이나 입법기술의 졸속(拙速) 내지 졸렬(拙劣)등에 있다고 본다.

국회의 입법과정에서 기존의 법률조항의 내용의 일부를 변경하거나 새로운 내용의 추가가 필요한 경우, 위와 같이 기존의 법률명칭 자체를 수시로 변경함으로써 국민의 법적안정성을 해칠 것이 아니라 헌법 . 민법 . 형법 등 기본육법과 같이 기존 법률의 명칭은 그대로 존치한 상태에서 종전의 법조항의 일부내용을 변경(예 : 0000년 0월 0일 본항 개정)하거나 또는 새로운 법조항을 신설할 필요가 있는 경우에는 기본조항의 바로 다음에 신설하는 방법{예 : 제00조의2(0000년 0월 0일 본조신설)}으로 법을 개정하는 것이 국민의 법적안정성의 보존에 필요하다고 본다.

입법기관인 국회가 입법과정에서 기존의 법률조항 중 일부를 그대로 발췌한 후 마치 신법의 제정인양 새로운 법률의 명칭을 부여(예 : 토지거래계약허가에 관한 '국토의 계획 및 이용에 관한 법률' 제117조~제126조 및 '외국인토지법' 제4조~제6조에 관한 규정을 발췌하여 '부동산거래신고 등에 관한 법률' 제3조 및 제8조 제9조로함)하여 새로운 법률을 제정하는 형식을 취하는 등으로 국민의 법적안정성을 해치는 등 입법기관의 자질과 능력의 한계를 보여주고 있다. 부동산등기에 관련된 법률로서 위와 같은 형식으로 제정되거나 개정된 법률의 내용을 확인하여 본서에 빠짐없이 수록하였다.

본서는 "부동산등기법" 발간 이후 3년 사이에 개정된 부동산등기법을 비롯한 관련법규의 개정(부동산등기규칙 제2801호. 2018.8.31) 및 새로 나온 대법원판례(2018.10.15. 판례공보 제548호), 대법원 등기예규(제1653호.2018.8.31), 등기선례(2018.3.31.) 등을 인용하여 미흡한 부분을 보완하고 보충하여 내용의 충실에 온갖 정성을 다했다.

특히 본서 중 '종중'{제1장 제11절.Ⅲ.4.(7)}'에서는 종중에 관한 대법원판례를 다수인용하여 상술했으며, '등기상 이해관계 있는 제3자의 승낙'(제1장 제17절)에서는 등기의 말소 또는 말소된 등기의 회복에 대하여 등기상 이해관계 있는 제3

자가 있을 때 등기권리자의 그 제3자를 상대로 한 등기청구권의 행사절차 등을 상술하였으며, '취득시효완성으로 인한 부동산의 소유권의 취득'(제2장 제18절)에서는 부동산의 점유취득시효의 요건과 효과 및 등기절차를 대법원판례를 중심으로 상술하였다.

영원히 남는 것은 책이며, 책은 지혜와 지식의 보고(寶庫)라고 했다. 인물(人物)은 가도 진리와 사상과 작품은 영원히 남는다고 했다. 그러나 본서는 아직도 부족한 부분이 많아 앞으로 계속 보완해 나갈 것이다. 아무쪼록 부족하나마 본서가 부동산등기업무를 처리하는 등기관은 물론 부동산등기에 관련된 업무를 처리하는 변호사 . 법무사 및 등기제도를 이용하는 모든 분들에게 다소라도 도움이 될 수 있으면 지행(至幸)으로 여길 것이다.

아울러 저자가 항상 편안한 마음으로 저술활동에 전념할 수 있도록 곁에서 도와주는 사랑하는 아내와 아들 준규, 형규, 딸 원영이의 성원과 정성에 고마움을 전하며, 저자의 꿈이요, 희망인 귀여운 손주인 주연, 윤서, 채현, 윤호, 예준이가 건강하고 슬기롭고 지혜롭게 성장하길 기원합니다.

2019년 희망찬 새해를 맞이하여

저자 씀

I. 총목차

제1장 총 론

제2장 각 론

Ⅱ. 사항별 목차

제1장   총 론

제8절 진정한 등기명의회복을 원인으로한 소유권이전등기
(원인무효등기의 시정방법) ·····································103

제9절 등기의 효력 ···111

I. 부동산에 관한 물권변동 ···111

Ⅳ. 등기원인에 대하여 제3자의 허가, 동의 또는 승낙을 요한 경우에는 이를 증명하는 정보(규칙 제46조 제1항 제2호; 부동산등기특별조치법 제5조) ···································· 232

Ⅴ. 등기상 이해관계 있는 제3자의 승낙이 필요한 경우에는 이를 증명하는 정보 또는 이에 대항할 수 있는 재판이 있음을 증명하는 정보(규칙 제46조 제1항 제3호) ···································· 236

Ⅵ. 신청인이 법인인 경우에는 그 대표자의 자격을 증명하는 정보(규칙 제46조 제1항 제4호) ···································· 236

제7관 외국인 및 재외국민의 국내 부동산의 처분 및 취득 (등기예규 제1393호, 제1640호, 제1641호) ·············· 575

제24절　매각(경락)으로 인한 소유권이전등기촉탁 ·················· 1439

부동산등기법

최돈호 저

제1장
총 론

제1장 총 론

제1절 부동산등기 제도

1. 부동산등기 제도

부동산등기는 부동산거래의 안전을 위해 부동산에 관한 권리(소유권, 지상권, 지역권, 전세권, 저당권, 권리질권, 채권담보권, 임차권)의 보존, 이전, 설정, 변경, 처분의 제한 또는 소멸에 관한 사항을 공시하는 제도이다. 등기의 목적물은 부동산등기법에 의한 토지와 건물(부동산등기법 제14조 제1항)·특별법에 의한 재단· 입목에 관한 법률에 의한 입목· 축사의 부동산등기에 관한 특례법에 의한 개방형 축사 등이 있다.

부동산등기제도의 이상은 등기부(등기기록)에 부동산에 관한 권리변동의 적정한 공시로 인하여 누구나 권리변동의 과정과 내용을 정확히 파악할 수 있도록 함으로써 부동산거래의 신속과 안전을 기하는데 있으므로 등기에 의하여 공시되는 권리관계는 정확하고 진실한 것이어야 한다.

이와 같이 등기가 부동산의 물권변동 또는 현재의 권리상태의 공시방법으로서 유효하려면 그 등기 자체가 부동산등기법령이 규정한 절차상의 요건을 갖추어 적법하게 이루어 저야 할 뿐만 아니라(형식적 또는 절차적 유효요건) 현재의 권리상태 또는 물권변동에 부합하는 것이어야 한다(실질적 또는 실체적 유효요건). 이와 같은 등기의 유효요건 중 어느 하나에 하자 또는 흠결이 있는 경우에는 그 등기는 원칙적으로 무효라고 하여야 할 것이다.

부동산등기법은 등기의 진정성을 확보하기 위하여 등기신청에 엄격한 형식적 요건을 구비할 것을 요구하고 그 요건이 갖추어지지 아니한 경우에는 등기관이 그 신청을 각하하도록 하였다(법 제29조).

등기는 등기부기재에 합치하는 실체관계 또는 물권이나 권리의 변동, 권리상태가 존속하고 있어야 하고 이에 부합하여야 한다. 법률행위에 의한 물권변동에 있어서 성립요건주의(민법 제186조)를 취하고 있는 현행 민법상에서는 당사자가 이루려고 하는 물권변동에의 부합이 그 '실체적 유효요건'이 된다.

등기가 '실체적 권리관계에 부합 한다'고 하는 것은 등기절차에 어떤 하자가 있다하더라도 진실한 권리관계와 합치되는 것을 말한다(대판 1992. 2. 28. 91다30149).

등기는 등기당시 진정한 종전권리자(등기의무자)로부터 권리변동의 목적물에 대하여 새로운 실체적 권리자(등기권리자) 앞으로 이루어 저야 하며, 등기 당시 무권리자 또는 권리변동의 목적물이 아닌 부동산에 관하여 경료 되었거나 실체적 권리자가 아닌 자 앞으로 경료 되었다면 그 등기부기재에 상응하는 등기원인은 존재하지 않는 것이므로 원칙적으로 무효이다. 그러나 등기는 물권의 효력발생요건이며 효력존속요건은 아니므로 물권에 관한 등기가 원인 없이 말소된 경우에도 그 물권의 효력에는 아무런 영향을 미치지 않는다(대판 1988. 10. 25. 87다카1232).

우리민법은 구법시대에 의사주의를 따르고 있었으나, 현행 민법은 형식주의를 채용하고 있으므로(민법 제186조) 법률행위에 의한 부동산에 관한 물권변동은 등기라는 공시방법을 갖추어야만 일어나게 된다.

🔍 판 례

> 부동산등기는 현재의 진실한 권리상태를 공시하면 그에 이른 과정이나 태양을 그대로 반영하지 아니하였어도 유효한 것으로서, 등기명의자가 전 소유자로부터 부동산을 취득함에 있어 등기부상 기재된 등기원인에 의하지 아니하고 다른 원인으로 적법하게 취득하였다고 하면서 등기원인행위의 태양이나 과정을 다소 다르게 주장한다고 하여 이러한 주장만 가지고 그 등기의 추정력이 깨어진다고 할 수는 없다 (1996. 2. 27. 95다42980).

2. 물권법정주의

물권법정주의(物權法定主義)라 함은 물권의 종류와 내용은 민법 기타의 '법률'이 정하는 것에 한하여 인정되고, 당사자가 그 밖의 물권을 자유로이 창설하는 것을 금하는 근대사법 (近代私法)의 원칙을 말한다. 물권법정주의를 취한 결과 물권법은 임의법인 채권법과 달리 강행법규성(强行法規性)을 가진다.

민법 제185조는 '물권은 법률 또는 관습법에 의하는 외에는 임의로 창설하지 못 한다'고 규정함으로써 물권법정주의를 선언하고 있다. 관습상의 사도통행권인정이 물권법정주의에 위배된다고 본 사례가 있다(대판 2002. 2. 26. 2000다64165). 민법 제185조에서 법률이라 함은 헌법상 의미의 법률을 말하며, 그러한 법률로서 가장 중요한 것은 민법이나 이에 한하지 않고 기타의 특별법규를 포함한다.

동조에서 관습법에 의한 물권의 성립을 인정함으로 인해 관습법에 보충적 효력을 인정하는 민법 제1조와의 관계에서 법률과 관습법과의 관계를 어떻게 이해할 것이냐의 문제가 발생한다. 민법 제185조는 강행법규이며 이에 위반하는 법률행위는 무효이다. 우리민법이 물권법정주의를 채택한 주요이유는 공시(公示)의 원칙(原則)을 관철하려는데 있다. 즉 물권은 배타적지배권이므로 거래의 안전과 신속을 위하여 이를 공시할 필요가 있다.

3. 물적 편성주의, 인적편성주의, 연대적 편성주의

우리나라 등기부는 물적 편성주의에 의거하고 있다(법 제15조). 따라서 1 필의 토지나 1 동의 건물에 대하여 1등기용지를 사용하고, 그것이 등기부가 되고 일반의 열람을 위하여 제공되고 있다.

물적편성주의(物的編成主義)라 함은 1필의 토지, 1동의 건물을 기준으로 하여 하나의 부동산에 관한 용지를 사용하여 등기부를 편성하는 방식(독일, 스위스 등)을 말한다. 이에 반하여 부동산의 소유자를 기준으로 각자에게 한 용지로 등기부를 편성하는 방식을 인적편성주의(人的編成主義. 프랑스, 동산 채권 등의 담보에 관한 법률 제47조 제1항)라 하며, 부동산상의 권리의 변동을 기재한 것을 순차적으로 편찬하여 등기부를 편성하는 것을 연대적편성주의(年代的編成主義. 미국의 각주가 채용하고 있는 Recording System)라고 한다.

4. 민법상 부동산물권을 규율하는 원리

우리 민법상 부동산물권을 규율하는 원리는 대체로 다음과 같다. ① 법률행위에 의한 부동산의 물권변동에 관하여는 등기라고 하는 엄격한 공시 방법을 요구(민법 제186조)함으로써 거래의 안전을 도모하고, ② 부동산거래에 관하여는 선의취득제도를 채택하지 않음으로써 진정한 권리자를 보호하며, ③ 부동산에 관하여는 법률에 의한 소유권 제한의 정도를 강화(민법 제185조)하고 있다.

5. 부동산등기의 의의

부동산등기라 함은 국가기관인 등기관(부동산등기법중개정법률 <법률 제5592호 1998. 12. 28> 제12조에 의하여 등기사무의 처리자인 등기공무원을 등기관으로 그 명칭을 개정하였다.)이 등기부라는 공적장부에 부동산의 표시와 부동산등기법 제2조 각호의 1에 해당하는 권리(소유권·지상권·지역권·전세권·저당권·권리질권·채권담보권·임차권.)의 보존·설정·이전·변경·처분의 제한 또는 소멸에 관한 사항 및 다른 법률에 의하여 등기할 사항을 법정절차에 따라 기재하는 것 또는 그러한 기재 자체를 말한다.

등기는 거래관계에 들어가는 제3자를 위하여 권리내용을 명백히 공시하여 예측하지 못한 손해를 방지하는 제도로서 거래의 안전을 보호하는 중요한 구실을 한다.

따라서 등기가 이러한 공시(公示)의 기능을 다하기 위하여서는 등기부상의 부동산의 표시와 실제의 부동산과 완전히 일치한다는 것이 필요하다.

(1) 개정법상의 등기부 등의 개념

"등기부"란 전산정보처리조직에 의하여 입력·처리된 등기정보자료를 대법원규칙으로 정하는 바에 따라 편성한 것을 말한다(법 제2조 제1호). 등기부는 토지등기부와 건물등기부로 구분한다(법 제14조 제1항).

"등기부부본자료"(登記簿副本資料)란 등기부와 동일한 내용으로 보조기억장치에 기록된 자료를 말한다(법 제2조 제2호).

"등기기록"이란 1필의 토지 또는 1개의 건물에 관한 등기정보자료를 말한다(법 제2조 제3호).

(2) 등기의 종류

등기는 그 표준에 따라 여러 가지로 분류된다.

등기에는 ① 부동산등기·입목등기·선박등기·공장재단등기·광업재단등기 등 권리의 등기, ② 부부재산계약등기 등 재산귀속의 등기, ③ 법인등기·상업등기 등 권리주체의 등기가 있는데, 이 중 등기라 하면 부동산등기를 일컬을 정도로 부동산등기가 일상생활에서 가장 많이 이용되고 있다.

(3) 부동산등기로 보는 경우

전산정보처리조직에 의하여 등기사무를 처리하는 경우에는 등기사항이 기록된 보조기억 장치(자기디스트, 자기테이프 기타 이와 유사한 방법에 의하여 일정한 등기사항을 확실하게 기록 보관할 수 있는 전자적 정보 저장매체를 포함한다)를 등기부로 보므로 이 경우에는 등기관이 위 보조기억장치에 기록하는 것 또는 그러한 기록 자체를 의미한다.

부동산등기법의 규정에 의하여 또는 서류의 성질상 등기부의 일부로 보거나 그 기재를 등 기로 보는 경우가 있다. 즉 신탁원부(법 제81조 제2항)와 공동담보목록(법 제78조 제2항)은 등기부의 일부로 보고 그 기재는 이를 등기로 본다.

공장 및 광업재단저당법 제11조의 규정에 의한 소유권보존등기가 있는 경우에는 공장재 단목록은 등기부의 일부로 보고 그 기재는 등기로 본다(공장 및 광업재단저당법 제36조).

6. 부동산등기제도의 이상

부동산등기제도는 물권변동(동적관계) 및 물권상태(정적관계)의 적정한 공시와 등기사무의 간 이 · 신속한 운영을 그 이상으로 한다.

부동산 등기제도의 이상은 등기부에 부동산에 관한 권리관계를 등재 · 공시하여 누구나 권 리변동의 과정과 그 내용을 정확하게 파악할 수 있도록 함으로써 부동산 거래의 신속과 안전 을 기하는 데 있으므로 등기에 의하여 공시되는 권리관계는 정확하고 진실한 것이어야 한다 (등기는 권리변동의 과정을 여실히 나타나게 하는 것이 이상이고 또 권리이전의 경우에 있어 등기청구권은 그 권리변동의 사실로 부터 당연히 발생하는 것이므로 당사자 사이에 중간생략등기를 경유하기로 특약을 하였다 하더라도 이는 어디까지나 편의의 방법 에 불과하고, 이 특약이 있다고 하여 본래의 등기변동에 따르는 등기청구권이 소멸되는 것은 아니다(대판 1965. 3. 23, 64더 1742).). 부동산등기제도는 거래의 안전을 위한 것인데 등기부 등재에 대한 신뢰가 보호되지 못한다면 등기제도의 이상인 거래의 안전은 보호받을 수 없게 된다.

(1) 공시(公示)의 원칙

공시의 원칙이란 물권의 변동은 언제나 외부에서 인식할 수 있는 어떤 표상, 즉 공시방법을 수 반해야 한다는 원칙을 말한다. 거래의 안전을 위해 인정되는 원칙이다. 부동산물권의 공시방법 은 등기이고 동산물권의 공시방법은 인도, 즉 점유의 이전이다. 부동산 등기제도는 부동산에 관 한 법률행위로 인한 물권의 득실변경을 등기라는 특수한 방법으로 공시하는 제도이다(민 제186조).

(2) 공신(公信)의 원칙

공신의 원칙이란 물권의 존재를 추측케 하는 표상, 즉 공시방법(등기)을 신뢰해서 거래한 자가 있는 경우 비록 그 공시방법(등기)이 진실한 권리관계와 일치하지 않더라도 먼저 그 공시된 대로의 권리가 존재하는 것처럼 다루어서 그 자의 신뢰를 보호해야 한다는 것을 말한다.

우리 민법은 부동산에 관하여 공신의 원칙을 채택하지 않고, 동산에 관하여도 도품·유실물을 제외한 거래물건에 관하여만 이를 인정하고 있다(민 제249조). 즉 우리 민법은 신뢰보호 내지 거래안전의 보호보다는 진정한 권리보호를 우선시키고 있는 것이다.

7. 현행 부동산등기제도의 특징

우리나라의 현행 부동산등기제도는 다음과 같은 특징을 가지고 있다.

1. 등기부의 편성(조직)에 있어 물적편성주의를 취하고 있다. 등기부에는 1필의 토지 또는 1동의 건물에 대하여 1용지를 사용한다. 그러나 1동의 건물을 구분한 건물에 있어서는 1동의 건물에 속하는 전부에 대하여 1용지를 사용한다(법 제15조1항).
   물적편성주의는 등기연속의 원칙의 기초가 되며, 부동산등기는 토지등기부와 건물등기부로 2원화되어 있다.
2. 등기절차에 있어서 원칙적으로 공동신청주의(제23조 제1항)와 형식적 심사주의(법 제29조)를 취하고 있다.
3. 등기의 효력에 관하여 성립요건주의(형식주의)를 취하고 있다. 부동산에 관한 법률행위로 인한 물권의 득실변경은 등기하여야 그 효력이 생긴다(민법 제186조). 이와 같이 부동산에 관한 법률행위로 인한 물권변동은 반드시 등기하여야 그 효력이 발생하는 것을 성립요건주의라고 한다.
4. 부동산등기의 공신력은 인정하지 아니한다.
   등기에 공신력은 인정되지 아니하나 민법 제186조는 성립요건주의 및 공시의 원칙을 선언한 규정이다. 등기의 공신력이 인정되지 않는 현행 등기제도하에서는 등기기재에 부합하는 실체상의 권리관계가 존재함을 전제로 그 등기의 유효성이 인정된다(대판 69. 6. 10. 68다199).
5. 등기신청절차에 있어서 서면신청주의 및 전자신청을 인정하고 있다.

6. 등기부와 대장의 2원화(二元化)제도.

부동산등기부는 법원의 등기과 · 소에서 관장하고 있으며, 건축물대장과 토지대장은 행정관청이 관장하고 있다(건축법 제38조, 공간정보의구축 및 관리등에 관한 법률 제69조).

우리민법은 등기에 관하여 성립요건주의의 공시의 원칙을 채택하고 있으나(민법 제186조) 공신력은 인정하기 않음으로써 거래의 안전 보다는 진실한 권리자의 정적 안전을 우선적으로 보호하고 있다고 볼 수 있다.

제2절 부동산등기에 적용되는 법규

부동산등기에 적용되는 법규로는 실체법인 민법과 절차법인 부동산등기법, 축사의부동산등기에관한특례법, 부동산등기특별조치법, 집합건물의소유및관리에관한법률, 공장및광업재단저당법, 부동산실권리자명의등기에관한법률, 가등기담보등에관한법률 등이 있다. 그 이외에 이와 같은 법률의 등기절차의 세부사항을 규정한 대법원규칙인 부동산등기규칙, 축사의부동산등기에관한특례규칙, 도시및주거환경정비등기처리규칙, 입목등기규칙, 부부재산약정등기규칙, 후견등기에관한규칙 등 각종 등기처리규칙이 있다.

1. 실체법규

실체법이란 법률의 규정내용을 표준으로 할 때 권리 의무의 실체, 즉 권리의 발생, 변경, 소멸, 성질, 내용, 범위 등을 규율하는 법으로써 절차법에 상대되는 법규 일반을 말한다. 부동산등기에 적용되는 실체법 규정 중 통칙적으로 적용되는 규정은 민법 제185조, 제186조, 제187조 등이다.

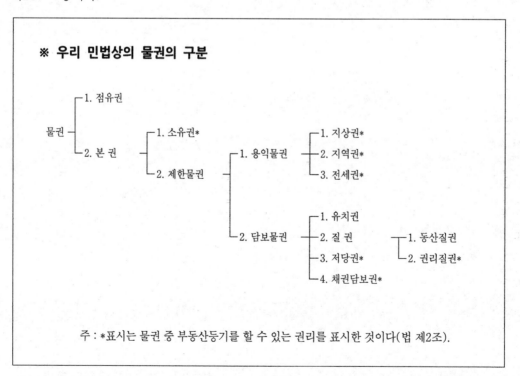

※ 우리 민법상의 물권의 구분

```
물권 ┬ 1. 점유권
     │
     └ 2. 본 권 ┬ 1. 소유권*
                │
                └ 2. 제한물권 ┬ 1. 용익물권 ┬ 1. 지상권*
                             │            ├ 2. 지역권*
                             │            └ 3. 전세권*
                             │
                             └ 2. 담보물권 ┬ 1. 유치권
                                          ├ 2. 질 권 ┬ 1. 동산질권
                                          │          └ 2. 권리질권*
                                          ├ 3. 저당권*
                                          └ 4. 채권담보권*
```

주 : *표시는 물권 중 부동산등기를 할 수 있는 권리를 표시한 것이다(법 제2조).

2. 절차법규

부동산등기에 적용되는 절차법규라 함은 민법 제2편의 규정 중 부동산 물권변동에 따른 등기할 사항에 따라 부동산등기법 제3조에 규정된 소유권, 지상권, 지역권, 전세권, 저당권, 권리질권, 채권담보권, 임차권 등에 관한 권리의 보존, 이전, 설정, 변경, 처분의 제한 또는 소멸에 관한 등기사항 및 그 등기절차 등을 규정한 법률로서 부동산등기법과 부동산등기 규칙이 그 대표적인 절차법규이다.

제3절 부동산등기의 종류

부동산등기는 여러 가지 기준에 따라 분류될 수 있는데, 그 중 중요한 것은 다음과 같다.

I. 사실의 등기와 권리의 등기

1. 사실의 등기

사실의 등기는 등기용지 중 표제부에 하는 부동산의 표시, 즉 부동산의 소재·지번·지목·면적 등에 관한 등기로서 표제부의 등기라고도 한다.

등기의 표제부에 표기된 부동산에 관한 권리관계의 표시가 유효한 것이 되기 위하여는 우선 그 표시가 실제의 부동산과 동일하거나 사회관념상 그 부동산을 표시하는 것이라고 인정될 정도로 유사하여야 하고, 그 동일성 내지 유사성 여부는 토지의 경우에는 지번과 지목, 지적에 의하여 판단하여야 한다(대판 2001. 3. 23. 2000다51285).

2. 권리의 등기

권리의 등기는 등기용지 중 갑구 사항란과 을구 사항란에 하는 부동산의 권리관계에 관한 등기(법 제3조)이다. 갑구 사항란에는 소유권에 관한 사항을 기재하며(법 제15조 제2항), 을구 사항란에는 소유권 이외의 권리에 관한 사항을 기재한다(법 제15조 제2항).

부동산에 관한 법률행위로 인한 권리의 득실변경이라는 실체법상의 권리변동의 효력(민 제186조)은 이 갑구·을구 사항란의 등기에만 인정된다.

권리의 등기는 보존등기와 권리변동의 등기(민 제186조)로 나뉘어진다.

II. 보존등기와 권리변경의 등기

1. 보존등기

보존등기란 미등기의 부동산에 관하여 그 소유자의 신청(법 제64조)에 의하여 처음으로 행하여지는 등기를 말한다. 어떤 부동산에 관하여 보존등기를 하면 그 부동산을 위하여 등기용지가 새로이 개설되고, 이후 그 부동산에 관한 권리변동은 모두 그 보존등기를 기초로 하여 행해지게 된다. 보존등기신청서에는 법 제65조 각호의 어느 하나에 따라 등기를 신청한다는 뜻을 기재하여야 한다(규칙 제121조 제1항 전단).

보존등기신청서에는 등기원인을 기재할 필요가 없으므로(법 제64조) 권리취득의 원인(예 건물의 신축)은 등기부에 공시되지 아니한다.

2. 권리변경의 등기

(1) 권리변경등기의 의의

권리변경의 등기란 권리의 주체 또는 객체 이외의 기존등기의 일부가 등기 후에 변경(예 근저당권설정등기에 있어서 채권최고액의 증감 또는 전세권설정등기의 존속기간, 목적과 범위, 전세금 등의 변경)되어 이를 실체관계에 일치시키기 위하여 그 등기의 일부의 내용의 변경을 목적으로 하는 등기로서 변경등기의 일종으로 '부기등기'의 형식으로 행해지는 것이 원칙이다(법 제52조 제5호).

권리변경등기는 등기권리자와 등기의무자가 공동으로 신청하여야 한다. 이 경우 등기의무자는 변경등기가 행하여지면 등기기록상 권리를 잃거나 등기기록의 기록형식상 불이익을 받는 자가 되고, 등기권리자는 그 반대의 지위에 서는 자가 된다.

(가) 등기상 이해관계 있는 제3자의 의의

부동산 등기법 제52조 단서 제5호는 "등기상 이해관계 있는 제3자의 승낙이 없는 경우에는 권리의 변경이나 경정의 등기를 부기등기로 할 수 없다."라고 규정하고 있는데, 이때 등기상 이해관계 있는 제3자란 기존 등기에 권리변경등기나 경정등기를 허용함으로써 손해를 입게 될 위험성이 있는 등기명의인을 의미하고, 손해를 입게 될 위험성은 등기의 형식에 의하여 판단하며 실질적으로 손해를 입을 염려가 있는지는 고려의 대상이 되지 아니한다(대판 1998. 4. 9. 98마40, 2015. 12. 10. 2014다87878).

(나) 등기명의인이 아닌 자를 상대로 한 승낙의 의사표시 청구의 소제기 여부(소극)

등기명의인이 아닌 사람은 권리변경등기나 경정등기에 관하여 등기상 이해관계 있는 제3자에 해당하지 않음이 명백하고, 권리변경등기나 경정등기를 부기등기로 하기 위하여 등기명의인이 아닌 사람의 승낙을 받아야 할 필요는 없으므로, 등기명의인이 아닌 사람을 상대로 권리변경등기나 경정등기에 대한 승낙의 표시를 청구하는 소는 당사자적격이 없는 사람을 상대로 한 부적법한 소이다(대판 2015. 12. 10. 2014다87878).

(2) 권리의 변경 등의 등기절차

권리변경등기에 이해관계 있는 제3자가 있는 경우 그 제3자의 승낙이 있으면 부기에 의하여 권리변경등기를 실행한다(법 제52조 제5호). 부기등기는 주등기의 순위에 따르므로 부기등기에 의하여 변경된 권리의 내용도 제3자의 권리보다 우선하게 된다.

등기상 이해관계 있는 제3자는 권리변경등기를 승낙할 의무는 없다. 만일 이해관계 있는 제3자가 권리변경등기를 승낙하지 않을 때에는 주등기로 권리변경등기를 하므로 변경된 권리의 내용은 이해관계 있는 제3자의 권리보다 후순위로 된다.

등기관이 권리의 변경이나 경정의 등기를 할 때에는 변경이나 경정 전의 등기사항을 말소하는 표시를 하여야 한다. 다만, 등기상 이해관계 있는 제3자의 승낙이 없어 변경이나 경정을 주등기로 할 때에는 그러하지 아니하다(규칙 제112조 제1항).
등기관이 등기명의인표시의 변경이나 경정의 등기를 할 때에는 규칙 제112조 제1항 본문을 준용한다(규칙 제112조 제2항).
등기관이 소유권 외의 권리의 이전등기를 할 때에는 종전 권리자의 표시에 관한 사항을 말소하는 표시를 하여야 한다. 다만, 이전되는 지분이 일부일 때에는 그러하지 아니하다(규칙 제112조 제3항).

🔍 판 례

경정등기의 신청에 있어서 '등기상 이해관계 있는 제3자'의 의미 및 판단 기준
경정등기의 신청에 있어서 등기상 이해관계가 있는 제3자가 있을 경우에는 신청서에 그 승낙서 또는 그에 대항할 수 있는 재판의 등본을 반드시 첨부하여야 하는바, 이 때 등기상 이해관계 있는 제3자라 함은 기존 등기에 존재하는 착오 또는 유무를 바로 잡는 경정등기를 허용함으로써 손해를 입게 될 위험성이 있는 등기상의 권리자를 의미하고, 그와 같은 손해를 입게 될 위험성은 등기의 형식에 의하여 판단하고 실질적으로 손해를 입을 염려가 있는지 여부는 고려의 대상이 되지 아니한다(98. 4. 9. 98마40 공1998상, 1432).

III. 등기절차 개시의 태양에 의한 분류

등기는 법률에 다른 규정이 있는 경우를 제외하고 당사자의 신청 또는 관공서의 촉탁이 없으면 이를 할 수 없는 것이 원칙이며(법 제22조), 예외로 등기관의 직권(법 제32조 제2항) 또는 법원의 명령(법 제107조)에 의하여 행하여진다.

1. 신청에 의한 등기

원칙적으로 등기는 당사자의 신청에 의하여 행하여진다(법 제22조). 등기신청은 공동신청의 원칙, 즉 등기권리자와 등기의무자 또는 대리인이 등기소에 출석하여 이를 신청하는 것이 원칙이나(법 제23조 제1항) 예외적으로 공동신청에 의하지 않더라도 등기의 진정을 보장할 수 있는 사정이 있거나, 등기의 성질상 등기의무자가 없는 경우에는 등기권리자나 등기명의인의 단독신청(법 제23조 제2~6항)이 인정된다.

2. 촉탁에 의한 등기

등기는 당사자의 신청 또는 관공서의 촉탁에 따라하며(법 제22조 제1항) 촉탁에 따른 등기절차는 법률에 다른 규정이 없는 경우에는 신청에 따른 등기에 관한 규정을 준용하므로(법 제22조 제2항), 촉탁서에는 규칙 제43조 소정의 사항을 기재하고 규칙 제46조 소정의 서면을 첨부하여야 한다. 관공서의 촉탁으로 등기절차가 개시되는 경우는 부동산등기법, 민사집행법, 국세징수법, 주택임대차보호법, 상가건물임대차보호법, 비송사건절차법, 공간정보의구축및관리등에관한법률 등의 법령에서 규정하고 있다.

국가 또는 지방자치단체가 '등기권리자'인 경우에는 국가 또는 지방자치단체는 등기위무자의 승낙을 받아 해당 등기를 지체 없이 등기소에 촉탁하여야 한다(법 제98조 제1항).

국가 또는 지방자치단체가 '등기의무자'인 경우에는 국가 또는 지방자치단체는 등기권리자의 청구에 따라 지체 없이 해당 등기를 등기소에 촉탁하여야 한다(법 제98조 제2항).

(1) 등기촉탁을 할 수 있는 관공서의 범위

등기촉탁을 할 수 있는 관공서는 원칙적으로 국가 및 지방자치단체를 말한다.

국가 또는 지방자치단체가 아닌 공사 등은 등기촉탁에 관한 특별규정이 있는 경우에 한하여 등기촉탁을 할 수 있다(등기예규 제1440호. 1. 가. 나.). 관공서의 촉탁등기에 관하여는 등기예규 제1625호(2017. 7. 7)에 규정되어 있다.

(2) 촉탁에 의한 등기를 신청에 의할 경우

관공서가 부동산에 관한 거래관계의 주체로서 등기를 촉탁할 수 있는 경우에 그 촉탁은 신청과 실질적으로 아무런 차이가 없으므로 촉탁에 의하여 등기하라는 명문의 규정에도 불구하고 등기권리자와 등기의무자의 공동신청에 의한 등기를 거부할 이유가 없다(대판 1977. 5. 24. 77다206).

(3) 법원의 촉탁에 의한 처분제한의 등기

법원의 촉탁에 의한 처분제한의 등기에는 경매개시결정의 등기(민사집행법 제94조, 제268조). 매각으로 인한 소유권이전등기(민사집행법 제144조, 268조). 보전처분의 등기(가압류, 가처분, 민사집행법 제293조, 제301조). 회생절차개시 또는 파산선고결정등의 등기(채무자 회생 및 파산에 관한 법률 제23조, 제24조). 부인의 등기(동법 제26조)등 이 있다.

(가) 부동산 가압류 집행

가압류는 민사집행법상 인정되고 있는 약식절차의 하나로서, 가압류는 금전채권이나 금전으로 환산할 수 있는 채권에 대하여 동산 또는 부동산에 대한 장래의 강제집행을 보전하기 위한 제도(민사집행법 제276조)이다. 따라서 가압류가 되는 재산에 대해 채무자는 그 처분권을 상실한다. 가압류는 가압류명령(동법 제280조)을 발하는 가압류소송절차와 가압류명령을 집행권원으로 하여 이를 집행하는 가압류집행절차로 구분된다.

가압류신청을 인용하여 가압류를 허가하는 재판을 가압류명령이라 한다. 가압류는 가압류할 물건의 소재지를 관할하는 지방법원이나 본안(本案)의 관할법원의 관할로 하는바, 가압류명령을 발하는 법원을 가압류법원이라 한다.

1) 가압류등기의 촉탁 및 효력

가압류의 집행에 대하여는 강제집행에 관한 규정을 준용하며(동법 291조), 가압류에 대한 재판의 집행은 채권자에게 재판을 고지한 날부터 2주를 넘긴 때에는 하지 못한다(동법 제292조 제2항). 부동산에 대한 가압류의 집행은 가압류재판에 관한 사항을 등기부에 기입하여야 하며, 집행법원은 가압류재판을 한 법원으로 한다. 가압류등기는 법원사무관 등이 촉탁한다(동법 제293조).

촉탁서에는 등기원인을 증명하는 서면으로 가압류결정정본을 첨부하여야 한다. 미등기부동산의 가압류등기를 촉탁하는 경우에는 채무자의 소유임을 증명하는 서면과 부동산의 표시를 증명하는 서면을 첨부하여야 한다. 가압류의 집행으로 등기가 경료되면 해당 부동산에 대하여 채무자가 매매·증여·근저당설정, 그 밖에 일체의 처분을 금지하는 효력이 생긴다.

가압류의 처분금지의 효력이 미치는 객관적 범위는 가압류결정에 표시된 청구금액에 한정되므로, 가압류의 청구금액으로 채권의 원금만이 기재되어 있다면 가압류채권자가 가압류채무자에 대하여 원금채권 외에 그에 부대하는 이자 또는 지연손해금채권을 가지고 있다고 하더라도 가압류의 청구금액을 넘어서는 부분에 대하여는 가압류채권자가 처분금지의 효력을 주장할 수 없다(대판 2006. 11. 24 2006다35223).

2) 가압류등기의 말소

가압류등기의 말소는 법원의 말소촉탁에 의하는 것이 원칙이므로 당사자의 신청에 의하여 가압류등기를 말소할 수는 없다.

(나) 가처분등기

가처분이라 함은 금전채권 이외의 청구권에 대한 집행을 보전하기 위하여 또는 다투어지고 있는 권리관계에 대해 임시의 지위를 정하기 위해 법원이 행하는 일시적인 명령을 말한다(민사집행법 제300조). 가처분절차는 민사집행법상 인정되고 있는 약식절차의 하나로서 가처분명령을 발하는 가처분소송절차와 이를 통해 얻어진 집행권원으로써 집행을 행하는 가처분집행절차로 구분된다.

가처분 명령은 원칙적으로 본안의 관할법원 또는 다툼의 대상이 있는 곳을 관할하는 지방법원이 그 전속관할권을 가진다(동법 제303조). 가처분절차에는 가압류절차에 관한 규정이 많이 준용된다(동법 제301조). 가처분의 신청을 인용하는 재판을 가처분명령이라고 하며, 가처분집행의 집행권원이 된다. 가처분명령을 발하는 요건은 계쟁물(係爭物)에 대한 가처분과 쟁의(爭議)있는 권리관계에 대한 임시의 지위를 정하는 가처분으로 나눌 수 있다.

1) 가처분등기의 촉탁 및 등기절차

가처분으로 부동산의 양도 등 일체의 처분을 금지한 때에는 법원은 부동산가압류집행에 관한 민사집행법 제293조를 준용하여 등기부에 그 처분금지사실을 기입하게 하여야 한다(민사집행법 제305조 제3항). 가처분등기는 집행법원의 법원사무관 등이 촉탁하고, 촉탁서의 기재사항과 첨부서면 등 그 절차는 가압류 등기와 대체로 같다. 등기관이 가처분등기를 할 때에는 가처분의 피보전권리(예 : 피보전권리 : 소유권이전등기청구권, 소유권말소등기청구권 등)와 금지사항을 기록하여야 한다(부동산등기규칙 제151조 제1항).

가처분의 피보전권리가 소유권 이외의 권리설정등기 청구권으로서 소유명의인을 가처분채무자로 하는 경우에는 그 가처분등기를 등기기록 중 갑구에 한다(부동산등기규칙 제151조 제2항).

2) 가처분에 위반한 처분행위의 효력(상대적 효력)

가처분등기가 마쳐지면 채무자 및 제3자에 대하여 구속력을 갖게 된다. 위 가처분에 위반한 처분행위는 가압류등기의 효력과 같이 가처분채무자와 그 상대방 및 제3자 사이에서는 완전히 유효하고 단지 가처분 채권자에게만 대항할 수 없음에 그친다(상대적 효력. 대판 1968. 9. 30. 68다1117).

3) 가처분위반행위의 효력 및 가처분등기 후의 처분행위

가처분채권자가 가처분 위반행위의 효력을 부정할 수 있는 시기는 본안소송에서 승소확정판결을 받거나 이와 동일시 할 수 있는 사정이 발행한 때(화해, 조정, 청구의 인낙 등에 의하여 가처분채권자의 권리의 존재가 확정된 때)이다. 가처분채권자의 권리가 본안에서 확정될 때까지는 가처분등기 후의 처분행위라도 등기가 허용됨은 물론이다(대판 1999. 7. 9. 98다13754).

4) 부동산처분금지가처분의 효력

부동산처분금지가처분등기 후에 소유권이전등기를 경유한 자는 가처분권리자에게 대항하지 못하며(대판 1961. 6. 15. 4293민상74), 처분금지가처분등기가 유효하게 기입된 이후에는 그 본안소송의 운명여하에 불구하고 그 가처분의 취소재판을 얻어서 그 가처분등기가 말소되기까지에는 그 가처분등기 이후에 권리를 취득한 자는 가처분권자에게 상대적으로 대항할 수 없다. 처분금지가처분등기 이후 그 부동산 위에 가처분 내용에 위반된 등기를 한 자는 나중에 가처분권리자가 본안승소판결에 의한 등기의 기재를 청구할 수 있게 되고 나아가 위 등기의 말소를 청구할 때에는 이에 응하여야 한다(대판 1963. 4. 4. 63다44).

부동산에 대하여 매매, 양도, 저당권, 질권의 설정기타 일체의 처분행위를 금지하는 가처분 결정에 의한 등기가 있다면 당해 부동산을 매수하여 등기를 거친 제3자에게도 그 등기의 효력이 미친다(대판 1965. 2. 3. 64다1387). 부동산처분금지가처분이 실효됨이 없이 그 본안(本案)에서 채권자가 승소한 경우에는 제3자는 채무자로부터 양수한 권리를 확정적으로 취득할 수는 없다(1965. 8. 24. 65다1118). 부동산처분금지가처분의 효력은 그 등기가 경료 된 후 당해 부동산상에 이루어진 그 가처분등기에 저촉되는 일체의 등기에 미친다(대판 1967. 10. 31. 66다1661).

처분금지가처분등기가 된 부동산에 대하여 소유권취득등기를 하였다하더라도 이로써 가처분채권자에게 대항할 수 없다(대판 1981. 7. 14. 80다1720). 채무자소유의 부동산에 대하여 처분금지가처분결정이 된 경우에 가처분채무자는 그 부동산을 처분할 수 없는 것이 아니고 다만 그 처분을 가지고 가처분에 저촉하는 범위 내에서 가처분채권자에게 대항할 수 없는 것에 지나지 않는다(대판 1988. 9. 13. 86다카191).

5) 가처분사유의 소멸과 가처분의 해제의무

가처분을 한 자는 가처분사유가 소멸되면 이를 해제할 법률상 의무가 있다(대판 1955. 10. 6. 4288민상80). 처분금지가처분등기가 된 부동산을 취득한 경우에도 그 가처분등기가 말소되면 아무런 제한을 받지 않는 소유권을 취득하게 된다(대판 1967. 9. 5. 67다1215). 가처분결정에 의하여 처분이 금지된 부동산을 매수한 자는 그 후 그 가처분등기가 적법하게 말소된 경우에는 가처분채권자에게 소유권취득의 효력을 대항할 수 있다(대판 1968. 9. 30. 68다1117).

6) 본안소송에서 패소한 가처분채권자의 손해배상책임

가처분권자가 본안에서 패소 확정되면 그 집행은 부당한 것이 되므로 그로 인하여 발생한 손해에 대하여 고의과실이 없었음을 입증하지 아니하는 한 배상책임이 있다(대판 1978. 7. 25. 78다677). 가처분채권가자 본안소송에서 패소 확정되었다면 그 가처분으로 인하여 채무자가 입은 손해에 대하여 과실이 없다는 특별한 반증(反證)이 없는 한 이를 배상할 책임이 있다(대판 1980. 2. 26. 79다2138, 1983. 2. 8. 80다300, 1992. 9. 25. 92다8453).

7) 대지권인 취지의 등기가 마쳐진 토지에 대한 처분금지가처분등기

대지권등기가 마쳐진 토지에 대하여 토지만의 소유권 귀속에 관한 분쟁에 기한 부동산처분금지가처분등기를 할 경우에는 대지권표시경정등기 없이 전유부분 소유자의 토지 지분에 대하여 가처분등기를 할 수 있으며, 또한 대지권등기가 된 토지에 가처분등기를 한 경우에는 집합건물의 전유부분 표제부에 별도등기 있음을 등기관이 직권으로 표시하게 된다.

집행법원 촉탁서의 부동산 표시는 집합건물 대지의 소재 및 면적의 표시와 가처분하고자 하는 지분을 특정하여야 하나 전유부분 건물의 표시는 할 필요가 없다(등기선례 제8권 317항).

8) 가처분등기의 말소

가처분등기의 말소는 가압류등기와 같이 법원의 촉탁에 의하는 것이 원칙이므로 당사자가 직접 가처분등기의 말소를 신청할 수는 없다.

9) 가처분채권자의 본안승소와 가처분에 의하여 실효되는 등기의 처리절차

가) 가처분등기 이후의 소유권이전등기 또는 소유권말소등기의 신청과 제3자 명의등기의 말소신청

소유권이전등기청구권 또는 소유권이전(보존)등기말소등기청구권을 보전하기 위한 가처분 등기가 마쳐진 후 그 가처분채권자가 가처분채무자를 등기의무자로 하여 소유권이전등기 또는 소유권말소등기를 신청하는 경우에는, 부동산등기법 제94조 제1항에 따라 가처분등기 이후에 마쳐진 제3자명의의 등기의 말소를 신청할 수 있다. 다만, 다음 각 호의 등기는 그러하지 아니하다(부동산등기규칙 제152조 제1항).

1. 가처분등기 전에 마쳐진 가압류에 의한 강제경매개시결정등기
2. 가처분등기 전에 마쳐진 담보가등기, 전세권 및 저당권에 의한 임의경매개시결정등기
3. 가처분채권자에게 대항할 수 있는 주택임차권등기

나) 가처분등기 이후의 제3자 명의의 지상권 지역권 전세권 또는 임차권등기의 말소신청

지상권, 전세권, 또는 임차권의 설정등기청구권을 보전하기 위한 가처분등기가 마쳐진 후 그 가처분채권자가 가처분채무자를 등기의무자로 하여 지상권, 전세권 또는 임차권의 설정 등기를 신청하는 경우에는, 그 가처분등기 이후에 마쳐진 제3자 명의의 지상권, 지역권, 전 세권 또는 임차권의 설정등기(동일한 부분에 마쳐진 등기로 한정)의 말소를 단독으로 신청할 수 있다 (부동산등기규칙 제153조 제1항).

다) 가처분등기 이후의 등기의 말소신청과 등기원인의 기재

부동산등기규칙 제152조 및 제153조 제1항에 따라 가처분등기 이후의 등기의 말소를 신 청하는 경우에는 등기원인을 "가처분에 의한 실효"라고 하여야 한다. 이 경우 규칙 제43조 제1항 제5호에도 불구하고 그 연월일은 신청정보의 내용으로 등기소에 제공할 필요가 없다 (부동산등기규칙 제154조).

처분금지가처분채권자가 가처분채무자를 등기의무자로 하여 소유권이전등기 또는 소유권 이전(보존)등기말소등기신청 등을 하는 경우의 업무처리지침은 등기예규 제1412호에 규정되 어 있으며, 소유권 이외의 권리의 설정등기청구권을 보전하기 위한 처분금지가처분등기에 관한 업무처리지침은 등기예규 제1413호에 규정되어 있다.

(다) 미등기건물의 처분제한 등기

1) 등기관의 직권보존등기 및 처분제한의 등기

등기관이 미등기부동산에 대하여 법원의 촉탁에 따라 소유권의 처분제한의 등기를 할 때에 는 직권으로 소유권보존등기를 하고, 처분제한의 등기를 명하는 법원의 재판에 따라 소유권의 등기를 한다는 뜻을 기록하여야 한다(부동산등기법 제66조 제1항). 미등기건물에 대하여 법원으로부 터 처분제한의 등기촉탁이 있는 경우의 등기절차는 등기예규 제1469호에 규정되어 있다.

2) 건축법상 사용승인을 받아야 할 건물로서 사용승인을 받지 아니한 경우

등기관이 부동산등기법 제66조 제1항에 따라 건물에 대한 소유권보존등기를 하는 경우에는 부동산등기법 제65조(소유권보존등기의 신청인)를 적용하지 아니한다. 다만, 그 건물이 건축법상 사용승인을 받아야할 건물임에도 사용승인을 받지 아니하였다면 그 사실을 표제부에 기록하여야 한다(법 제66조 제2항). 부동산등기법 제66조 제2항 단서에 따라 등기된 건물에 대하여 건축법상 사용승인이 이루어진 경우에는 그 건물 소유권의 등기명의인은 1개월 이내에 부동산등기법 제66조 제2항 단서의 기록에 대한 말소등기를 신청하여야 한다(법 제66조 제3항).

3) 등기관의 등록세미납통지 및 국민주택채권의 매입불요

미등기 부동산에 대한 처분제한의 등기촉탁에 의하여 등기관이 직권으로 소유권보존등기를 완료한 때에는 납세지를 관할하는 지방자치단체장에게 지방세법시행령 제38조의 규정에 의한 등록세미납통지를 하여야 하고, 이 경우 소유자가 보존등기를 신청하는 것이 아니므로 (주택법 제68조) 국민주택채권도 매입할 필요가 없다(등기예규 제1410호. 6. 가).

(라) 경매에 관한 등기

1) 경매절차의 개시(경매개시결정)와 등기

법원의 경매(강제경매와 임의경매)개시결정이 있으면 법원사무관 등은 즉시 경매개시결정의 정본을 첨부하여 그 사유를 등기에 기입하도록 등기관에게 촉탁하여야 한다(민사집행법 제94조 제1항). 미등기부동산에 관하여 경매개시결정등기를 촉탁하는 경우에는 채무자명의로 등기할 수 있음을 증명하는 서면과 부동산의 표시를 증명하는 서면도 첨부하여야 한다. 등기관은 등기부의 갑구에 경매개시결정의 등기를 한다. 이 등기는 그 부동산이 압류의 목적이 되었다는 사실을 공시하는데 목적이 있다.

2) 경매개시결정등기의 효력

경매개시결정에 의한 압류는 목적 부동산에 대한 법률상 또는 사실상 처분을 금지하는 효력이 있다. 따라서 압류 후 부동산의 양도 또는 제한 물권의 설정 등은 압류채권자에게 대할 할 수 없다.

3) 경매개시결정등기의 말소

법원은 경매개시결정의 취소결정, 경매신청의 취하, 부동산이 경매절차에서 매각된 경우에는 경매개시결정등기의 말소를 촉탁하여야 하고, 등기관은 촉탁에 따라 등기를 말소하여야 한다.

4) 경매절차에 의해 매각된 경우의 등기

매수인(경락인)은 매각허가결정의 확정 후 매각대금을 다 낸 때에 매각 부동산에 대한 소유권을 취득한다(민사집행법 제135조). 집행법원의 법원사무관 등은 매수인이 매각대금을 지급하여 소유권을 취득하면, 1) 매수인 앞으로 소유권을 이전하는 등기, 2) 매각에 따라 소멸할 권리 즉, 매수인이 인수하지 아니한 부동산의 부담에 관한 기입을 말소하는 등기, 3) 경매개시결정등기를 말소하는 등기를 등기관에게 촉탁하여야 한다(민사집행법 제144조 제1항).

매각으로 인한 소유권이전등기촉탁에 관하여는 이 책 "제2장 제24절 매각(경락)으로 인한 소유권이전등기촉탁"에서 상술하였다.

(4) 법원이외의 국가기관의 등기촉탁

(가) 지적공부 소관청의 토지표시변경 등기의 촉탁

지적공부에 등록하는 지번·지목·면적·경계·좌표는 토지의 이동이 있는 때(신규등록을 제외한다. 공간정보의구축및관리등에관한법률 제89조). 지적공부에 등록된 지번을 변경할 필요가 있는 때(동법 제66조 제2항). 지적공부에 등록된 토지가 지형의 변화 등으로 바다로 된 경우(동법 제82조 제1항). 축척변경이 필요하다고 인정되는 때(동법 제83조 제2항). 지적공부의 등록사항에 잘못이 있음을 발견한 때(동법 제84조 제2항), 지번 부여 지역의 일부가 행정구역의 개편으로 다른 지번부여 지역에 속하게 된 때(동법 제85조 제2항) 등의 사유로 인하여 토지표시 변경등기를 할 필요가 있는 경우에는 소관청(소관청이라 함은 지적공부를 관리하는 시장, 구청장, 군수를 말한다)은 지체없이 관할등기관서에 그 등기를 촉탁하여야 한다. 이 경우 그 등기촉탁은 국가가 자기를 위하여 하는 등기로 본다(동법 제89조 제1항).

(나) 건축물대장 소관청의 건물표시변경 등기촉탁

특별자치시장·특별자치도지사 또는 시장·군수·구청장은 다음 각호의 1에 해당하는 사유로 인하여 건축물대장의 기재내용이 변경되는 경우(제2호의 경우에는 신규등록을 제외한다)에는 관할등기소에 그 등기를 촉탁할 수 있다. 이 경우 제1호 및 제4호의 등기촉탁은 지방자치단체가 자기를 위하여 하는 등기로 본다(건축법 제39조 제1항).

1. 지번 또는 행정구역의 명칭에 변경이 있는 경우
2. 건축법 제22조에 따른 사용승인을 받은 건축물로서 그 사용승인 내용중에 건축물의 면적·구조·용도·층수가 변경된 경우
3. 건축법 제36조 제1항의 규정에 의한 건축물의 철거신고에 따라 철거한 경우
4. 건축법 제36조 제2항에 따른 건축물의 멸실 후 멸실신고를 한 경우

건축법 제39조 제1항에 따른 등기촉탁의 절차에 관하여 필요한 사항은 국토교통부령으로 정한다(건축법 제39조 제2항).

(5) 촉탁에 의한 등기의 특례

촉탁에 의한 등기는 촉탁자가 관공서이며 등기원인에 대한 실체적 진실의 개연성이 높으며, 행정의 편의와 신속을 도모할 필요성에 의하여 일반의 등기신청절차와 다른 다음과 같은 특례가 인정된다.

(가) 단독신청(촉탁)이 인정된다(법 제99조 제1항).
(나) 출석주의원칙에 대한 예외로 우편에 의하여 촉탁할 수 있다(등기예규 제875호 2).
(다) 등기신청에 필요한 서면 중 등기의무자의 권리에 관한 등기필증을 첨부할 필요가 없다(등기예규 제1178호 4항). 이 경우 촉탁에 의하지 아니하고 법무사 또는 변호사에게 위임하여 등기를 신청하는 경우에도 같다. 그러나 관공서가 등기권리자인 때는 등기의무자의 승낙서를 첨부하여야 한다.
(라) 등기의무자로서 등기를 신청하는 경우에도 인감증명의 제출을 요하지 아니한다(규칙

제60조 제2항).

(마) 관공서가 등기촉탁을 하는 경우에는 등기부와 대장상의 소유명의인 등의 표시가 부합하지 아니하더라도 그 등기촉탁은 이를 수리하여야 한다(등기예규 제1178호 5항).

(바) 등기원인에 대하여 제3자의 허가, 동의 또는 승낙을 요하는 서면의 제출(규칙 제46조 제1항 2호)을 요하지 아니한다(예 농지취득자격증명 <등기예규 제833호 3.가>, 토지거래계약허가증 <국토의계획 및이용에관한법률 제118조> 등).

(사) 관공서가 등기촉탁을 하는 경우에는 등기권리자의 주소를 증명하는 서면만을 제출하면 된다(등기예규 제867호 1항; 법 제40조 1항 6호 참조).

3. 직권에 의한 등기

경정등기(법 제32조 제2항), 직권보존등기(법 제66조), 말소등기와 등기상 이해관계 있는 제3자 명의의 등기(법 제57조 제2항)와 같이 등기관이 직권으로 하는 등기를 말한다. 등기는 신청 또는 촉탁에 의하여 행하여짐을 원칙으로 하며 직권등기는 예외적으로 인정된다(법 제32조 제2항).

등기관이 직권으로 하는 등기는 다음과 같다.

(1) 예고등기

예고등기는 등기원인의 무효 또는 취소로 인한 등기의 말소 또는 회복의 소가 제기된 경우에 그 소를 수리한 법원이 직권으로 촉탁서에 소장의 등·초본을 첨부하여 이를 등기소에 촉탁하여야 한다(구법 제4조, 제39조). 개정부동산등기법(2011. 4. 12. 법률 제 10580호)에 의하여 예고등기 제도는 폐지되었다. 이 법 시행 당시 마쳐져 있는 예고등기의 말소절차에 관하여는 종전의 규정에 따른다(법 부칙 제3조).

(2) 행정구역등 변경의 직권등기

행정구역 또는 그 명칭이 변경되었을 때에는 등기기록에 기록된 행정구역 또는 그 명칭에 대하여 변경등기가 있는 것으로 본다(법 제31조). 행정구역 또는 그 명칭이 변경된 경우에 등기관은 직권으로 부동산의 표시변경등기 또는 등기명의인의 주소변경등기를 할 수 있다(규칙 제54조).

(3) 직권에 의한 등기의 경정

등기관은 등기의 착오 또는 유루가 등기관의 과오로 인한 것임을 발견한 때에는 지체없이 이를 직권으로 경정하여야 한다. 다만, 등기상 이해관계있는 제3자가 있는 경우에는 그러하지 아니하다(법 제32조 제2항). 등기관의 과오로 등기에 착오가 발생한 경우에만 등기관이 직권으로 경정등기를 할 수 있다. 구법에서는 등기상 이해관계 있는 제3자가 없는 경우에 한하여 등기관이 직권으로 경정등기를 할 수 있었으나(제72조 제1항 단서). 개정법에서는 등기관의 과오를 직권에 의해 신속하게 바로잡을 수 있도록 등기상 이해관계 있는 제3자가 있다 하더라도 그 제3자의 승낙이 있으면 등기관이 직권으로 경정등기를 할 수 있도록 하였다.

🔍 판 례

경정등기는 기존 등기의 일부에 등기 당시부터 착오 또는 빠진 부분이 있어 등기가 원시적으로 실체관계와 일치하지 아니하는 경우에 이를 시정하기 위하여 기존등기의 해당 부분을 정정 또는 보충하여 실체관계에 맞도록 등기사항을 변경하는 등기이므로, 전산이기가 완료된 등기기록에 관하여 유효사항의 누락, 오타 등 오류가 있는 경우에도 경정등기의 대상이 된다. 따라서 등기관이 전산이기가 완료된 등기기록에 관하여 전산이기 과정에서 유효사항의 누락, 오타 등의 오류가 있음을 발견한 경우에는 등기상 이해관계가 있는 제3자가 없는 한 지체 없이 부동산등기법 제32조 제2항에 따라 직권으로 경정등기를 하여야 하고, 이러한 경우에 등기권리자 또는 등기의무자는 등기관은 직권발동을 촉구하는 의미의 경정등기를 단독으로 신청할 수 있다(대판 2017. 1. 25. 2016마5579, 등기관의처분에 관한 이의).

(4) 직권에 의한 표시변경등기

등기관이 지적(地籍)소관청으로부터 「공간정보의 구축 및 관리 등에 관한 법률」 제88조 제3항의 통지를 받은 경우에 제35조의 기간 이내에 등기명의인으로부터 등기신청이 없을 때에는 그 통지서의 기재내용에 따른 변경의 등기를 직권으로 하여야 한다(법 제36조 제1항).

법 제36조 제1항의 등기를 하였을 때에는 등기관은 지체 없이 그 사실을 지적소관청과 소유권의 등기명의인에게 알려야 한다. 다만, 등기명의인이 2인 이상인 경우에는 그 중 1인에게 통지하면 된다(법 제36조 제2항).

(5) 직권보존등기

(가) 미등기 부동산에 대한 처분제한의 등기촉탁의 경우에는 등기관이 직권으로 당해 부

동산에 대한 소유권보존등기를 경료하게 된다(법 제66조).

(나) 미등기부동산에 대한 처분제한 등기의 촉탁에 의하여 등기관이 직권으로 소유권 보존등기를 하는 경우의 등록세는 지방세법 시행령 제38조의 규정에 의한 미납 통지를 함으로써 족하고, 국민주택채권은 소유자가 보존등기를 신청하는 것이 아니어서 그 매입의무가 부과되는 것이 아니므로 국민주택채권을 매입하게 할 수 없다(등기예규 제 1410호 6. 가.).

(6) 등기명의인 표시의 변경 · 경정의 직권등기

소유권이전등기를 신청함에 있어서 등기명의인의 주소변경으로 신청서상의 등기의무자의 표시가 등기부와 부합하지 아니한 경우에 그 등기신청시 제출한 시·구·읍·면의 장이 발행한 주소를 증명하는 서면에서 등기의무자의 등기부상의 주소가 신청서상의 주소로 변경된 사실이 명백히 나타나는 때에는 등기관이 직권으로 등기명의인표시의 변경등기를 하여야 한다(규칙 제122조).

(7) 관할위반의 등기 등의 직권말소

등기관이 등기를 완료한 후 그 등기가 부동산등기법 제29조 제1호 또는 제2호에 해당된 것임을 발견한 때에는 등기권리자, 등기의무자와 등기상 이해관계가 있는 제3자에 대하여 1월 이내의 기간을 정하여 그 기간내에 이의를 진술하지 아니한 때에는 등기를 말소한다는 취지를 통지하여야 한다(법 제58조 제1항). 제1항의 경우 통지를 받을 자의 주소 또는 거소(居所)를 알 수 없으면 제1항의 통지에 갈음하여 제1항의 기간 동안 등기소 게시장에 이를 게시하거나 대법원규칙으로 정하는 바에 따라 공고하여야 한다(법 제58조 제2항).

등기관은 제1항의 말소에 관하여 이의를 진술한 자가 있으면 그 이의에 대한 결정을 하여야 한다(법 제58조 제3항). 등기관은 제1항의 기간 이내에 이의를 진술한 자가 없거나 이의를 각하한 경우에는 제1항의 등기를 직권으로 말소하여야 한다(법 제58조 제4항).

(8) 등기의 정리에 관한 특별조치

(가) 대상등기

1) 1968년 12월 31일 이전에 등기부에 기재된 다음 각호의 등기는 이 법 시행일부터 90일

이내(1992. 5. 1.)에 이해관계인으로부터 권리가 존속한다는 뜻의 신고가 없는 때에는 이를 직권으로 말소하여야 한다(구법 부칙 제4조 신법에서 삭제됨. 등기예규 제1156호 2. 가.(1). 제1592호).

1.저당권	5.가처분
2.질권	6.예고등기
3.압류	7.파산
4.가압류	8.경매

2) 1980년 12월 31일 이전에 등기된 다음 각 호의 등기는 이 법 시행일부터 90일 이내에 이해관계인으로부터 권리가 존속하나는 뜻의 신고가 없을 때에는 말소하여야 한다(구법 부칙 제2조 제1항 신법에서 삭제됨. 등기예규 제1156호 2.나.(1). 제1592호).

1. 저당권	5. 가처분
2. 질권	6. 예고등기
3. 압류	7. 파산
4. 가압류	8. 경매

제1항의 규정에 불구하고 저당권 등기로서 다음 각 호의 어느 하나에 해당하는 경우에 는 예외로 한다(구법 부칙 제2조 제2항 신법에서 삭제됨).

1. 1981년 1월 1일 이후에 그 저당권을 목적으로 한 가처분등기, 그 저당권등기의 말 소의 예고등기 또는 저당권에 따른 경매신청등기가 등기부에 기록되어 있는 경우

2. 저당권자가 「금융실명거래 및 비밀보장에 관한 법률」 제2조 제1호의 금융기관인 경우

3) 구부동산등기법 부칙 제4조, 제2조의 규정에 의한 권리존속신고서식 및 권리존속신고, 등기의 직권말소의 등기부 기재례

구부동산등기법 부칙 제4조(1991. 12. 14. 법률 제4422호. 1968. 12. 31. 이전에 등기부에 기재된 위 (가)항 의 등기) 및 동법 부칙 제2조(2006. 5. 10. 법률 제7954호. 1980. 12. 31. 이전에 등기부에 기재된 위 (나)항의 등기) 의 규정에 의한 소유권 이외의 권리신고서 양식은 별지와 같으며, 권리존속신고의 등기 부 기재례는 "부동산등기 기재례집" 755항, 이해관계인으로부터 권리가 존속한다는 뜻의 신고가 없어 등기관이 해당등기를 직권으로 말소하는 경우의 기재례는 위 기재례 집 756항을 각 참조.

(나) 대상등기에 변경(이전)등기가 경료된 경우(등기예규 제1156호 3)

법 부칙 제4조의 대상등기 중 1969년 1월 1일 이후에 변경(이전)등기가 경료된 경우

1) 변경(이전)등기가 1980년 12월 31일 이전에 경료되고 이후 다른 변경(이전)등기가 없는 경우에는 법 부칙 제2조를 적용한다.

2) 변경(이전)등기가 1980년 12월 31일 이전에 경료되고 이후 다른 변경(이전) 등기가 경료된 경우에는 법 부칙 제2조에 의하여 대상등기를 말소할 수 없다.

법 부칙 제2조의 대상등기 중 1981년 1월 1일 이후에 변경(이전)등기가 경료된 경우에는 법 부칙에 의하여 대상등기를 말소 할 수 없다.

이 예규에서 변경등기란 당사자의 신청이나 법원의 촉탁에 의한 경우를 의미하고, 등기부 표제부의 변경(환지나 분·합필로 인한 변경 등)으로 인한 경우는 이에 해당하지 아니한다.

(다) 권리존속의 신고(등기예규 제1156호 4. 가. 나. 제1592호)

1) 이해관계인의 신고

대상등기에 대하여 이해관계가 있는 자는 별지 양식의 신고서에 등기필증 사본 또는 그 권리를 소명할 수 있는 서류를 첨부하여 권리의 존속을 신고하여야 한다.

2) 권리존속신고기간 도과 후의 신고 등

권리존속신고기간이 경과한 경우라도 대상등기가 말소되지 않았다면 이해관계인은 1)의 절차에 따라 그 권리의 존속을 신고할 수 있고 등기관은 이를 수리하여야 한다.

3) 부기등기

권리존속신고가 있으면 등기관은 해당 구 등기목적란에 권리존속신고가 있다는 취지의 부기등기를 하여야 한다(부동산등기기재례집 제755항 참조).(부기등기의 기록례는 별지참조).

권리존속신고기간이 경과한 후의 권리존속신고의 부기등기가 이루어진 경우에는 대상등기에 대하여 부칙에 다른 등기관의 말소를 촉구하는 의미의 이해관계인의 신청이 있더라도 등기관은 이를 말소하여서는 안된다(등기예규 제1156호. 4. 다. 제1592호).

4) 새로운 등기신청이 있는 경우

권리존속신고의 부기등기가 없는 대상등기에 대한 새로운 등기신청이 있는 경우 등기관은 이를 수리하여 신청에 따라 이를 처리하여야 한다(등기예규 제1156호 4. 라. 제1592호).

(라) 대상등기의 말소(등기예규 제1156호. 5.)

이해관계인이 법 부칙에 의해 대상등기를 말소하여 줄 것을 등기관에게 촉구한 경우 등기관은 위 (가), (나), (다)의 해당여부를 심사한 후 법 부칙 제2조(또는 제4조)의 규정에 의하여 말소하여야 한다(부동산등기기재례집 제756항 참조 등기예규 제1156호. 5. 대상등기의말소등기의 기록례는 별지참조).

(마) 개정부동산등기법(2011. 4. 12. 법률 제10580호) 시행 후의 해당 등기의 직권말소절차

부동산등기법(법률 제4422호, 1991. 12. 14.) 부칙 제4조와 부동산등기법(법률 제7954호, 2006. 5. 10.) 부칙 제2조에 의한 "저당권 등 등기의 정리에 관한 특별조치" 규정은 전부 개정된 부동산등기법(법률 제10580호, 2011. 4. 12)이 시행된 2011. 10. 13. 이후에도 종전 규정이 실효되지 않고 계속 적용된다고 보아야 하므로 전부개정되기 전의 부동산등기법 부칙 규정에 의하여 해당되는 등기를 말소할 수 있다(2012. 3. 30. 부동산등기과-623).

접수	년 월 일	처리인	등기관 확인	각종 통지
	제 호			

부동산의
표   시

　　본 신고인은 위 부동산에 대하여 ○○지방법원 ○○등기소　년　월　일 접수　제
호 ○○○○등기를 한 권리자로서 아직 그 권리가 존속하므로 구 부동산등기법 부칙 제4조
(또는 2조)의 규정에 의하여 그 권리를 신고합니다.

신 고 인 　　　　　　　○　 ○ 　○ 주　　소 위 대리인 　　　　　　○　 ○ 　○ (인) 　　　　　　　년　 월　 일 　　○○지방법원 ○○등기소 귀중	부 속 서 류 등기필증 사본　　1통 위임장　　　　　1통

소유권 이외의 권리신고서

[등기기록례]

1. 권리존속신고가 있는 경우 755(부동산등기기재례집 p. 655)

【을 구】(소유권 이외의 권리에 관한 사항)				
순위 번호	등기목적	접 수	등기원인	권리자 및 기타사항
1	근저당권설정	(생 략)	(생 략)	(생 략)
1-1	1번 근저당권 존속신고	1992년 2월 10일 제1234호		

[주] 법 부칙 제4조, 규칙 부칙 제3항 참조.
※ 이 기재례는 전산으로 관리하지 않는다.

2. 말소하는 경우 756(부동산등기기재례집 p.655)

【을 구】(소유권 이외의 권리에 관한 사항)				
순위 번호	등기목적	접 수	등기원인	권리자 및 기타사항
1	근저당권설정	(생 략)	(생 략)	(생 략)
1-1	1번 근저당권설 정등기말소			부동산등기법 부칙 제4조의 규정에 의하여 2003년 5월 2일 등기

(9) 별도의 등기가 있다는 뜻의 기록의 직권말소

(가) 토지 등기기록에 별도의 등기가 있다는 뜻의 기록을 요하는 경우

대지권의 목적인 토지의 등기기록에 대지권이라는 뜻의 등기를 한 경우로서 그 토지 등기기록에 소유권보존등기나 소유권이전등기 외의 소유권에 관한 등기 또는 소유권 외의 권리에 관한 등기가 있을 때에는 등기관은 그 건물의 등기기록 중 전유부분 표제부에 "토지 등기기록에 별도의 등기가 있다"는 뜻을 기록하여야 한다. 다만, 그 등기가 소유권 이외의 대지권의 등기인 경우 또는 제92조제2항에 따라 말소하여야 하는 저당권의 등기인 경우에는 그러하지 아니하다(규칙 제90조 제1항). 토지 등기기록에 대지권이라는 뜻의 등기를 한 후에 그 토지 등기기록에 관하여만 새로운 등기를 한 경우에는 제1항을 준용한다(규칙 제90조 제2항).

(나) 토지등기부에 별도의 등기가 있다는 기록의 직권말소

토지 등기기록에 별도의 등기가 있다는 뜻의 기록의 전제가 된 등기가 말소되었을 때에는 등기관은 그 뜻의 기록도 말소하여야 한다(규칙 제90조 제3항).

(10) 직권에 의한 면적단위환산등기(표시변경등기)

(가) 직권등기

등기관이 지적공부등본 또는 건축물대장부본에 의하여 그 토지 또는 건물의 면적 표시가 제곱미터로 환산등록된 사실을 안 때에는 직권으로 그 환산등기를 하여야 한다(구법 부칙 제4조). 면적단위의 환산등기가 되어있지 아니한 기등기 토지에 대하여 다른 등기신청이 있을 경우 그 신청서에 첨부한 지적공부 등본에 해당 토지의 지적공부상의 면적단위가 미터법에 의하여 환산등록된 때에는 그 등기에 앞서 직권으로 면적단위의 변경에 따른 부동산표시변경등기를 하여야 한다(구법부칙 제4조, 등기예규 제1426호. 4).

(나) 면적단위환산등기의 말소대상 여부(소극)

부동산등기부 표시란에 기재된 면적표시단위를 미터법으로 바꾸기 위하여 행하여진 토지 표시변경등기는 실체적 권리관계와 무관한 것으로서 등기권리자와 등기의무자의 관념이 있을 수 없어 말소의 대상이 될 수 없다(대판 2002. 4. 24. 2000다38480).

4. 법원의 명령에 의한 등기

등기관의 결정 또는 처분을 부당하다고 하는 자는 관할 지방법원에 이의신청을 할 수 있으며(법 제100조) 이에 따라 관할 법원이 이의신청을 이유있는 것으로 인정하여 기재명령 또는 말소명령을 한 때에는 등기관은 이에 따라 등기를 하여야 한다(법 제107조).

Ⅳ. 등기의 내용에 의한 분류

등기는 그 내용에 따라 다음과 같이 분류된다.

1. 기입등기

기입등기는 본등기(종국등기) 중 새로운 등기원인에 의하여 어떤 사항을 새롭게 등기부에 기입하는 등기를 말한다. 소유권보존등기·소유권이전등기·저당권설정등기 등이 이에 해당된다.

2. 경정등기

경정등기란 광의의 변경등기의 일종으로 어떤 등기를 함에 있어서 신청인 또는 등기관의 착오·유루에 의하여 원시적으로 등기와 실체관계 사이에 불일치가 생긴 경우에 이를 시정하기 위한 등기이다.

경정등기는 기존 등기의 일부에 등기 당시부터 착오 또는 빠진 부분이 있어 그 등기가 원시적으로 실체관계와 일치하지 아니하는 경우에 이를 시정하기 위하여 기존등기의 해당 부분을 정정 또는 보충하여 실체관계에 맞도록 등기사항을 변경하는 등기를 말한다. 경정등기가 허용되기 위해서는 경정 전후의 등기에 동일성 내지 유사성이 있어야 하는데, 경정 전의 명의인과 경정 후의 명의인이 달라지는 권리자 경정등기는 등기명의인의 동일성이 인정되지 않으므로 허용되지 않는다.

(1) 경정등기의 의의

(가) 등기의 원시적 착오 또는 유루

경정등기는 기존등기의 일부에 당초부터 착오 또는 유루가 있어 그 등기가 원시적으로 실체관계와 일치하지 아니하는 경우에 이를 보정하기 위한 방법으로 허용되는 등기절차이다. 경정등기는, 어느 것이나 기존등기는 그 전부 또는 일부가 유효하지만 실체에 합치하지 아니한 부분이 있어서 그 실체에 합치하지 아니한 부분을 시정하거나 추완함으로써 그 등기를 실체에 합치시켜 기존등기를 당초에 소급하여 정정 변경하고 그 등기의 동일성을 유지하려는데 그 특색이 있다.

판 례

> 원래 부동산의 표시에 관한 경정등기란 등기용지의 표제부에 등기된 부동산의 물리적 현황이 객관적 사항에 합치하지 아니하고 그 등기가 착오 또는 유루로 인하여 생긴 경우에 동일성이 인정되는 범위 내에서 이를 바로잡는 것을 목적으로 하여 행하여지는 등기이므로, 원래 지적의 일부만을 표상하는 것으로의 지적경정은 경정등기 전후의 토지의 동일성이 인정되지 아니하여 지적경정등기가 허용될 수 없을 뿐아니라, 지적경정등기가 이루어졌다고 하더라도 이로 인하여 경정 전 토지에 관하여 경료되었던 등기가 처음부터 그 일부인 경정 후 토지를 표상하는 등기로서의 효력만을 갖는 것으로 변경된다고 볼 수는 없다(대판 1995. 12. 5. 94다44989).

(나) 등기관의 과오로 인한 등기의 착오 또는 유루와 등록세 및 등기신청수수료의 면제

등기관의 과오로 한 등기의 착오 또는 유루를 바로 잡기 위한 경정등기신청의 경우에는 등록세를 부과하지 아니하며(지방세법 제26조 제2항2호) 등기신청수수료도 받지 아니한다(등기부등·초본 등수수료 규칙 제5조의2 2항 7호).

(2) 경정등기의 요건

경정등기는 원시적 착오 또는 유루(당초의 등기절차에 신청의 착오나 등기관의 과오가 있어 등기와 실체가 불일치하는 경우)가 있는 경우에 할 수 있고, 등기완료 후에 발생한 사유에 의해서는 할 수 없다(등기예규 제1421호).

(가) 「등기」에 관하여 착오 또는 유루가 있을 것

착오라 함은 등기상 본래 있어야 할 기재가 없고, 그에 갈음하여 잘못된 기재가 있는 것(예컨대, 畓을 田으로 오기하거나 부기등기에 의할 것을 독립등기로 한 경우 등)을 말하고, 유루라 함은 단지 소극적으로 진정한 기재를 빠뜨린 경우(예컨대, 지목, 지번, 권리의 존속기간 등을 빠뜨린 경우)를 말한다.

(나) 등기사항의 '일부'에 관한 착오 또는 유루이어야 한다.

착오나 유루는 등기사항의 "일부"에 관한 것이어야 한다. 따라서 등기의 신청이 있었으나 전혀 등기가 행하여지지 아니한 경우에는 이의신청이나 새로운 등기신청 또는 국가배상의 문제가 될 뿐 경정등기는 문제되지 아니한다. 등기의 "전부"의 착오(예 소유권이전등기를 신청하였는데 근저당권설정등기를 한 경우 등)의 경우에는 말소등기 또는 말소회복등기의 문제일뿐 경정등기의 문제가 아니다.

(다) 등기와 실체관계의 불일치는 '당초의 등기절차'(원시적)에서 발생된 것 일 것

등기와 실체관계와의 사이에 불일치가 생긴 경우에 그 불일치가 원시적으로 생긴 것이냐 (경정등기)에 따라 경정등기와 변경등기가 구분된다. 즉, 전자(원시적 불일치)를 바로잡기 위한 것이 경정등기이며, 후자(후발적 불일치)를 바로 잡기 위한 것이 변경등기이다.

(라) 착오 또는 유루의 '원인'은 당사자의 과오에 의한 것이든 등기관의 과오에 의한 것이든 이를 묻지 아니한다.

착오 또는 유루가 등기관의 과오에 의한 경우에는 등기관이 직권에 의하여 경정등기를 하여야 한다(법 제32조 제2항).

(마) 착오 또는 유루는 '당해 등기의 완료 후'에 정정하려는 것일 것

(바) 기존등기와 경정에 의하여 현출하게 될 등기와의 사이에 '동일성이 있을 것' 등이다(「재판자료 43집」, 513면 2·가)

협의분할에 의한 상속 등기시 '갑'으로 등기할 것을 착오로 '을'로 등기한 경우에는 그 등기는 당초부터 무효이므로 이를 경정등기의 방법에 의하여 시정할 수 없고, 그 등기를 말소한 다음 새로 등기를 신청하여야 한다. 경정등기는 등기명의인의 동일성이 유지되는 범위 내에서 등기상의 표시를 실체와 부합시키기 위하여 하는 등기임을 요하며(대판 1992. 11. 13. 92다39167) 등기명의인의 동일성이 인정되는 범위를 벗어나는 경우에는 경정등기를 할 수 없다. 따라서 단독소유를 공유로 또는 공유를 단독소유로 하는 경정등기 역시 소유자가 변경되는 결과로 되어 등기명의인의 동일성을 잃게 되므로 허용될 수 없다(대판 2017. 8. 18. 2016다6309).

판 례

(3) 등기관의 착오로 인한 등기의 누락과 경정등기

등기관이 등기의 착오나 빠진 부분이 등기관의 잘못으로 인한 것임을 발견한 경우에는 지체 없이 그 등기를 직권으로 경정하여야 한다. 다만, 등기상 이해관계 있는 제3자가 있는 경우에는 제3자의 승낙이 있어야 한다(법 제32조 제2항).

소유권이전등기절차이행을 명하는 확정판결에 기하여 소유권이전등기신청을 하였으나 등기공무원의 착오로 인하여 그 일부 토지에 관하여 소유권이전등기가 경정되지 아니하였다면 구부동산등기법 제72조 소정의 경정등기절차에 의하여 그 등기를 경정할 수 있다(대판 80. 10. 14. 80다1385).

(4) 단독소유를 공유로 또는 공유를 단독소유로 하는 경정등기가 허용되는 지 여부(소극)

경정등기는 기존 등기의 일부에 등기 당시부터 착오 또는 빠진 부분이 있어 그 등기가 원시적으로 실체관계와 일치하지 아니하는 경우에 이를 시정하기 위하여 기존 등기의 해당 부분을 정정 또는 보충하여 실체관계에 맞도록 등기사항을 변경하는 등기를 말한다. 경정등기가 허용되기 위해서는 경정 전후의 등기에 동일성 내지 유사성이 있어야 하는데, 경정 전의 명의인과 경정 후의 명의인이 달라지는 권리자 경정등기는 등기명의인의 동일성이 인정되지 않으므로 허용되지 않는다. 따라서 단독소유를 공유로 또는 공유를 단독소유로 하는 경정등기 역시 소유자가 변경되는 결과로 되어 등기명의인의 동일성을 잃게 되므로 허용될 수 없다(대판 2017. 8. 18. 2016다6309).

(5) 공유인 부동산이 단독소유로 소유권보존등기가 된 경우 및 단독소유인 부동산이 공유로 보존등기가 된 경우의 경정등기절차

실체관계상 공유인 부동산에 관하여 단독소유로 소유권보존등기가 마쳐졌거나 단독소유인 부동산에 관하여 공유로 소유권보존등기가 마쳐진 경우에 소유권보존등기 중 진정한 권리자의 소유부분에 해당하는 일부 지분에 관한 등기명의인의 소유권보존등기는 무효이므로 이를 말소하고 그 부분에 관한 진정한 권리자의 소유권보존등기를 하여야 한다. 이 경우 진정한 권리자는 소유권보존등기의 일부말소를 소로써 구하고 법원은 그 지분에 한하여만 말소를 명할 수 있으나, 등기기술상 소유권보존등기의 일부말소는 허용되지 않으므로, 그 판결의 집행은 단독소유를 공유로 또는 공유를 단독소유로 하는 경정등기의 방식으로 이루어진다. 이와 같이 일부말소 의미의 경정등기는 등기절차 내에서만 허용될 뿐 소송절차에서는 일부말소를 구하는 외에 경정등기를 소로써 구하는 것은 허용될 수 없다(대판 2017. 8. 18. 2016다6309).

(6) 경정등기절차

등기관이 등기를 마친 후 그 등기에 착오나 빠진 부분이 있음을 발견하였을 때에는 지체 없이 그 사실을 등기권리자와 등기의무자에게 알려야 하고, 등기권리자와 등기의무자가 없는 경우에는 등기명의인에게 알려야 한다(법 제32조 제1항). 등기관이 등기의 착오나 빠진 부분이 등기관의 잘못으로 인한 것임을 발견한 경우에는 지체 없이 그 등기를 직권으로 경정하여야 한다. 다만, '등기상 이해관계 있는 제3자'가 있는 경우에는 제3자의 승낙이 있어야 한다(법 제32조 제2항).

등기관이 권리경정등기를 할 때 등기상 이해관계 있는 제3자의 승낙이 있는 경우에는 부기등기에 의하며, 그의 승낙 또는 이에 대항할 수 있는 재판이 있음을 증명하는 정보를 제공하지 아니한 때에는 주등기에 의하여 경정등기를 하므로(법 제52조 제5호) 후순위가 된다.

(7) 경정등기신청서의 기재사항

착오 또는 유루로 인하여 발생한 등기와 실체관계 사이의 불일치를 제거하기 위하여하는 소유권경정 등기신청서의 기재사항은 다음과 같다.

(가) 등기원인과 그 연월일

등기원인은 경정등기사유에 따라 "신청착오", "착오발견", "유루발견" 등으로, 연월일은 신청착오일 경우에는 착오가 생긴 등기의 신청연월일을, 착오발견 또는 유루발견인 경우에는 경정등기 신청연월일을 기재한다.

(나) 등기의 목적

목적에 따라 "소유권경정", "근저당권경정"등으로 기재 한다.

(다) 경정할 사항

경정대상 사항과 경정하여 등기부에 기재하고자 하는 사항을 기재한다.

예 ○○○○년 ○월 ○일 접수 제○○○○호로 경료한 "소유권 이전등기, 소유자 이○○, 시울 ○○구 ○○동 ○○○"을 "소유권 일부이전, 이전할 지분 2분의 1, 공유자 이○○, 서울 ○○구 ○○동 ○○○"으로 경정

(라) 등기의무자

등기의무자는 권리의 일부를 상실하는 현 등기명의인으로서 그 성명, 주민등록번호 및 주소를 기재하여야 한다.

(마) 등기권리자

등기권리자는 권리의 일부를 회복하는 종전 등기명의인으로서, 그 기재방법은 등기의무자란 과 같다.

(8) 경정등기신청서의 첨부서면

소유권경정등기신청서에는 부동산등기법 제24조, 제25조, 규칙 제46조의 서면을 첨부 정보로서 제공하여야 한다.

(가) 원인증서

신청착오 또는 유루의 사실을 증명하는 서면으로 경정할 등기의 원인증서인 매매계약서 등을 첨부하여야 한다.

(나) 등기필증

등기의무자의 소유권에 관한 등기필증으로서 등기의무자가 소유권취득시 등기소로부터 교부받은 등기필증을 첨부하여야 하며, 등기필증(등기필정보)을 멸실하여 첨부할 수 없는 경우에는 부동산등기법 제51조, 규칙 제111조에 의하여 확인서면이나 확인조서 또는 공증서면 중 하나를 첨부하면 된다.

(다) 주민등록표등(초)본

등기의무자 및 권리자의 주민등록표등본 또는 초본(각, 발행일로부터 3월 이내)을 첨부하여야 한다.

(라) 인감증명서

등기의무자의 인감증명서(유효기간은 발행일로부터 3월 이내)를 첨부하여야 한다. 소유권에 관한 경정등기의 경우 그 경정등기로 인하여 소유권이 감소되는 자의 인감증명을 첨부해야 한다.

소유권경정등기신청

접수	년 월 일	처리인	등기관 확인	각종통지
	제 호			

① 부동산의 표시	
1. 서울특별시 서초구 서초동 200 대 500㎡ 이 상	
② 등기원인과 그 연월일	2011년 9월 1일 신청착오(또는 착오발견, 유루발견)
③ 등기의 목적	소유권경정
④ 경정할 사항	2011년 9월 1일 접수 제1001호로 경료한 "소유권이전등기"를 "소유권일부이전, 지분 2분의 1, 공유자 김○○, 서울 ○○구 ○○동 ○○"으로 경정

구분	성명(상호·명칭)	주민등록번호 (등기용등록번호)	주소 (소재지)	지분 (개인별)
⑤ 등기신청인	김 ○ ○			1/2

⑦ 취득세(등록면허세)	비과세(지방세)법 제26조 제2항 제2호
⑦ 지방교육세	비과세
⑧ 세 액 합 계	금 원
⑨ 등기신청수수료	면제(등기부등초본등 수수료규칙 제5조의2, 제2항 7호)
⑩ 첨 부 서 면	

		(기 타)
• 신청서부본	2통	
• 위임장	1통	
• 등기필증	1통	
• 원인증서	1통	

2011년 10월 15일

      ⑪ 위 신청인 이 ○ ○ ㉮ (전화 :   )
            박 ○ ○ ㉮ (전화 :   )
     (또는) 위 대리인   (전화 :   )

서울지방법원 등기과 귀중

(9) 등기신청서류 폐기 후 등기유루를 발견한 때의 경정등기

등기신청서류 폐기 후 등기부의 등기기입의 유루발견이 있을 때에 당해 등기필증에 의하여 동 유루가 등기관의 착오로 인하여 발생한 것으로 확인되는 경우에는 부동산 등기법 제32조 규정의 경정등기절차에 따라 처리함이 상당하다(등기예규 제376호).

등기신청서류가 폐기된 뒤라 할지라도 등기필증의 기재에 의하여 등기의 착오(성명을 잘못 기재)가 등기관의 과오로 인한 것임을 소명한 때에는 등기관이 직권으로 그 경정등기를 할 수 있다(등기선례요지집 제 1 권 591항, 609항, 612항, 5권 559항, 561항, 562항; 등기예규 376호).

3. 변경등기

(1) 변경등기의 의의

변경등기란 종국등기의 하나로, 기존 등기의 일부의 변경을 목적으로 하는 등기를 말하며, 부기등기의 형식으로 행해지는 것이 원칙이다. 좁은 의미로는 등기가 완료된 후에 후발적변으로 등기의 실체관계와 불일치가 생긴 경우에 이를 해소하기 위한 등기만을 가리키나, 넓은 의미로는 경정등기도 포함시킨다.

변경등기는 기존등기의 일부가 등기된 후에 변경되어 이를 실체관계와 일치시키기 위하여 그 등기의 일부의 내용의 변경을 목적으로 하는 등기를 말하며, 등기상 이해관계 있는 제3자가 있는 경우에는 신청서에 그의 승낙서 또는 이에 대항할 수 있는 재판의 등본을 첨부한 때에 한하여 부기등기의 형식으로 그 등기를 한다(법 제52조 제5호, 규칙 제112조).

(2) 변경등기의 요건

(가) 등기사항의 일부에 관하여 행해질 것

변경등기는 등기의 일부가 실체관계와 불일치한 경우에 그 불일치를 제거하기 위하여 행하여지는 등기이므로, 등기사항의 전부가 불일치한 경우에는 말소등기 또는 말소회복의 대상이 되고 변경등기는 할 수 없다.

(나) 등기 후에 변경사유가 발생하였을 것

변경등기는 등기를 할 때에는 실체관계와 부합하였으나 후발적인 사유로 등기내용에 변경이 생긴 경우에 행해진다.

(다) 변경 전후의 등기에 동일성이 인정될 것

변경등기는 등기의 일부가 후발적사유로 실체관계와 불일치하는 경우이므로 변경 전과 변경 후의 등기에는 동일성이 인정되어야 한다.

(3) 변경등기와 경정등기의 구별

등기와 실체관계의 사이에 불일치가 생긴 경우에 그 불일치를 제거하기 위하여 기존등기를 변경하는 등기라는 점에서 양자는 같으나, 다만, 그 불일치가 "원시적"으로 생긴 경우에 이를 바로잡기 위한 등기가 경정등기이며, 그 불일치가 "후발적"으로 생긴 경우에 이를 바로잡기 위한 등기가 변경등기라는 점에서 양자는 구별된다.

4. 말소등기

말소등기는 어떤 부동산에 관하여 현재 존재하고 있는 등기가 원시적 또는 후발적 이유에 의하여 그 등기사항의 전부가 부적법하게 된 경우에 그 기존등기의 "전부"를 소멸시키는 등기를 말한다. 즉 말소등기는 등기에 부합하는 실체관계가 없는 경우에 등기의 전부를 말소시킬 목적으로 하는 등기이다. 이러한 말소등기는 ① 일단 유효하게 성립한 등기가 후에 부적법하게 된 경우(예 목적 부동산의 소멸) 또는 ② 처음부터 부적법한 등기이기 때문에 무효인 경우(예 등기원인의 무효)에 하게 된다(제2장 제17절 말소에 관한 등기 참조).

5. 회복등기

회복등기는 기존의 등기가 부당하게 소멸된 경우에 이를 부활시켜 재현하는 등기를 말한다. 즉 실체관계에 부합하는 유효한 등기가 있음에도 불구하고 그 등기가 후에 어떤 사정으로 인하여 부당하게 그 존재를 잃은 경우에 기존의 등기를 되살려서 다시 실체관계에 대응하는 등기로서 유효화시키려는 등기이다(제2장 제18절 회복등기 참조).

6. 멸실등기

멸실등기란 등기된 부동산이 전부 멸실한 경우에 하는 「사실의 등기」이다(법 제제39조, 제43조). 따라서 토지나 건물의 '일부'가 멸실한 때에는 면적 또는 건물의 표시의 변기등기를 하여야 하며 멸실등기를 하는 것이 아니다.

건물이 멸실한 때에는 그 건물의 소유권의 등기명의인은 1월 내에 그 등기를 신청하여야 하며(법 제39조, 제43조 제1항) 존재하지 아니하는 건물에 대한 등기가 있는 때에는 그 소유권의 등기명의인은 지체없이 그 건물의 멸실등기를 신청하여야 한다.

V. 등기의 방법 내지 형식에 의한 분류

등기는 그 방법 내지 형식에 의하여 다음과 같이 분류된다.

1. 주등기(독립등기)

주등기 또는 독립등기는 독립하여 순위를 가지는 등기로서 기존의 등기의 표시번호나 순위번호에 이어지는 독립한 번호를 부여하는 등기로서 부기등기에 대응하여 사용되는 용어이다(법 제5조, 규칙 제3조 제1항). 특히 신등기, 즉 독립등기에 대하여 부기등기가 행하여졌을 때 그 독립등기를 가리켜 주등기라 한다. 이때 부기등기의 순위는 주등기의 순위에 의한다(법 제5조). 등기는 원칙적으로 주등기의 형식으로 이루어진다.

2. 부기등기

등기는 원칙적으로 주등기의 방식에 의하는 것이나, 어떤 등기로 하여금 기존등기의 순위를 그대로 보유시킬 필요가 있는 경우, 즉 어떤 등기와 기존등기와의 동일성 내지 그 연장임을 표시하고자 할 때, 또는 어떤 등기에 의하여 표시될 권리가 기존등기에 의하여 표시된 권리와 동일한 순위나 효력을 가진다는 것을 명백히 하려고 할 때는 부기등기(법 제52조)의 방식으로 한다.

(1) 부기등기의 의의

부기등기라 함은 그 자체로서는 독립한 순위번호를 가지는 것이 아니라 기존등기의 순위번호에 부기호수를 붙여서 하는 등기로서 주등기와 같은 순위를 유지한다(법 제5조, 제52조, 규칙 제3조 제1항). 부기등기는 법률이 특히 규정하고 있는 예외적인 경우(권리변경등기, 환매특약의 등기, 등기명의인의 표시변경등기, 소유권 이외의 권리의 이전등기, 소유권 이외의 권리의 처분제한등기 등)에 한하여 인정되는데, 기존의 어떤 등기와의 동일성 내지 그 연장임을 표시하려고 할 때(예컨대, 경정등기, 변경등기의 경우) 또는 기존의 등기에 표시되어 있는 권리와 동일한 순위나 효력을 가진다는 것을 등기부상 명백히 하려고 할 때(예컨대, 소유권 이외의 권리의 이전등기 또는 소유권 이외의 권리를 목적으로 하는 등기)에 하게 된다.

(2) 부기로 하는 등기

등기관이 다음 각 호의 등기를 할 때에는 부기로 하여야 한다. 다만, 제5호의 등기는 등기상 이해관계 있는 제3자의 승낙이 없는 경우에는 그러하지 아니하다(법 제52조).

1. 등기명의인표시의 변경이나 경정의 등기
2. 소유권 외의 권리의 이전등기
3. 소유권 외의 권리를 목적으로 하는 권리에 관한 등기
4. 소유권 외의 권리에 대한 처분제한 등기
5. 권리의 변경이나 경정의 등기
6. 법 제53조의 환매특약등기
7. 법 제54조의 권리소멸약정등기
8. 법 제67조제1항 후단의 공유물 분할금지의 약정등기
9. 그 밖에 대법원규칙으로 정하는 등기

위 제9호에서 "그 밖에 대법원규칙으로 정하는 등기"의 내용이 위임규정인 부동산등기규칙에는 부기등기에 관한 사항이 누락되었다(규칙 제42조, 제52조 참조).

(3) 부기등기의 번호기록

등기관이 부기등기를 할 때에는 그 부기등기가 어느 등기에 기초한 것인지 알 수 있도록 주등기 또는 부기등기의 순위번호에 가지번호를 붙여서 하여야 한다(규칙 제2조).

(4) 부기등기에 대한 부기등기

1개의 주등기에도 수 개의 부기등기를 할 수 있으며, 부기등기에 대한 부기등기도 할 수 있다.

(5) 부기등기의 순위

부기등기는 그 자체로서는 독립한 순위번호를 설정하지 아니하고 이미 설정된 주등기에

부기하여 그 일부를 변경하는 등기이므로 부기등기의 순위는 주등기의 순위에 의하고, 같은 주등기에 관한 부기등기 상호간의 순위는 그 등기의 순서에 따른다(법 제5조).

(6) 부기등기의 말소 절차(직권말소)

(가) 원칙

부기등기는 주등기에 종속되어 일체를 이루는 것이므로 주등기의 말소에 따라 등기관이 직권으로 말소한다(대판 1988.3.8.87다가2585.1994. 10. 21, 94다17109; 대판 1995. 5. 26, 95다7550; 대판 2000. 4. 11, 2000다5640; 대판 2000. 10. 10, 2000다19526).

(나) 예외(부기등기에 한하여 무효사유가 있는 경우)

근저당권이전의 부기등기가 기존의 주등기인 근저당권설정등기에 종속되어 주등기와 일체를 이룬 경우에는 부기등기만의 말소를 따로 인정할 아무런 실익이 없지만, 근저당권의 이전원인만이 무효로 되거나 취소 또는 해제된 경우, 즉 근저당권의 주등기 자체는 유효한 것을 전제로 이와는 별도로 "근저당권이전의 부기등기에 한하여 무효사유가 있다"는 이유로 부기등기만의 효력을 다투는 경우에는 그 부기등기의 말소를 소구할 필요가 있으므로 예외적으로 소의 이익이 있다(대판2005.6. 10.2002다15412.15429).

VI. 등기의 효력에 의한 분류

등기는 등기본래의 효력인 물권변동의 효력을 발생하느냐의 여부에 따라 다음과 같이 분류된다.

1. 종국등기(본등기)

종국등기라 함은 등기의 본래의 효력, 즉 물권변동의 효력을 발생케 하는 등기를 말한다. 이것은 권리의 보존을 목적으로 하는 가등기, 예고등기 등의 예비등기에 상대되는 개념으로 등기 본래의 효력을 완전하게 발생하게 하는 등기, 즉 본등기를 말한다. 보통의 등기는 이에 속한다(예: 소유권이전등기 · 전세권설정등기 · 저당권말소등기 등).

종국등기는 가등기에 대응하여 "본등기"라고도 불린다.

2. 예비등기

예비등기란 등기본래의 효력인 물권변동에는 직접관계가 없고 아직 종국등기를 할 수 있는 요건이 갖추어지지 아니한 경우에 장래에 행하여질 종국등기의 준비로서 하는 등기로서 이에는 가등기와 예고등기가 있다.

(1) 가등기

가등기는 부동산물권(소유권 · 지상권 · 지역권 · 전세권 · 저당권) 및 이에 준하는 권리(권리질권 · 채권담보권 · 임차권)의 설정 · 이전 · 변경 · 소멸의 청구권을 보전하려 할 때 또는 청구권이 시기부 또는 정지조건부인 때 기타 장래에 있어서 확정될 것인 때에 하는 일시적 예비적 보전수단으로 인정되는 등기를 말한다(법 제88조). 가등기는 장차 본등기를 할 수 있는 때에 그 본등기의 순위를 미리 확보해 둠으로써 채권자를 보호함에 그 목적이 있다(대법원 1972.6.2. 72마399결정). 가등기에는 본등기의 순위보전을 목적으로 하는 법 제88조에 따른 통상의 '청구권보전의 가등기' 외에 가등기담보법의 적용을 받는 '담보가등기'가 있다.(이 책 제2장 "제15절 가등기" 참조).

(2) 예고등기

(가) 예고등기의 의의

예고등기라 함은 등기원인의 무효 또는 취소로 인한 등기의 말소 또는 회복을 구하는 소가 제기된 경우(패소한 원고가 재심의 소를 제기한 경우를 포함한다)에 이를 제3자에게 경고하여 계쟁부동산에 관하여 법률행위를 하고자 하는 선의의 제3자로 하여금 소송의 결과 발생할 수도 있는 불측의 손해를 방지하려는 목적에서 수소법원의 촉탁에 의하여 그 소제기 사실을 등기부에 기재하는 등기를 말한다.

(나) 예고등기제도의 폐지

예고등기는 본래 등기의 공신력이 인정되지 아니하는 법제에서 거래의 안전을 보호하기 위하여 인정되는 제도이나, 예고등기로 인하여 등기명의인이 거래상 받는 불이익이 크고 집행방해의 목적으로 소를 제기하여 예고등기가 행하여지는 사례가 있는 등 그 폐해가 크므로 이를 폐지하였다(구법 제4조, 제39조, 제170조 및 제170조의2 삭제).

🔍 판 례

예고등기는 등기원인의 무효 또는 취소로 인한 등기의 말소 또는 회복의 소가 제기된 경우에 그 등기에 의하여 소의 제기 있었음을 제3자에게 예고하여 계쟁부동산에 관하여 법률행위를 하고자 하는 선의의 제3자로 하여금 소송의 결과 발생할 불측의 손해를 방지시키려는 목적에서 하는 것에 불과하므로 예고등기 후에도 제3자는 계쟁부동산에 관하여 유효하게 물권의 득상변경에 관한 법률행위를 할 수 있는 것이고 예고등기가 있는 후에 예고등기 있음을 알고 권리를 취득한 것이라 하더라도 그 권리에 영향이 없다(대판 1966. 9. 27, 66다182).

(다) 예고등기의 말소절차

1) 소송이 종료된 경우

예고등기가 된 경우에 예고등기의 원인인 등기말소 또는 회복청구의 소송이 계속되고 있는 동안에는 예고등기 역시 존속할 필요가 있는 것이나, 그 소송이 완전히 종료(예 취하 또는 판결의 확정 등)된 경우에는 예고등기도 존속할 필요가 없게 된다. 따라서 예고등기를 말소하여야 하는바, 그 절차는 소송이 원고에게 불리하게 종료된 경우와 원고에게 유리하게 종료된 경우에 따라 다르다. 전자의 경우에는 수소법원의 촉탁에 의하여 예고등기가 말소되는 데 반하여, 후자의 경우에는 등기관이 직권으로 말소하게 되는 것이다.

2) 순차 이루어진 등기의 말소청구 소송에서 중간등기명의인에 대하여는 패소하고 최종등기명의인에 대하여는 승소한 경우의 예고등기 말소촉탁 가부(선례변경)

1. 갑 명의의 소유권보존등기와 이에 터 잡은 을 명의의 소유권이전등기가 이루어진 상태에서 병이 갑, 을을 상대로 위 소유권보존등기 및 소유권이전등기가 원인무효임을 이유로 각 등기를 말소하라는 소를 제기하여 갑에 대하여는 청구기각으로 패소하고 을에 대하여는 승소한 경우에, 병은 을에 대한 승소판결만 가지고는 을 명의의 등기의 말소를 신청할 수 없다.

2. 을 명의의 등기의 말소에 있어서의 등기권리자는 갑이므로 병이 갑을 대위하여 말소등

기를 신청하기 위해서는 대위원인이 있어야 하는데 갑에 대하여는 패소하였으므로 을에 대한 승소판결을 첨부하는 것만으로는 대위원인을 증명하는 서면이 첨부되었다고 볼 수 없기 때문에, 이 경우 소제기에 따라 마쳐진 갑, 을 명의의 등기에 대한 예고등기는 모두 제1심법원의 촉탁에 의하여 말소되어야 할 것이다(등기선례 제8권 137항).

병이 갑, 을 모두가 을만을 피고로 소를 제기하여 승소한 경우에는 추후 갑을 피고로 소를 제기할 수 있어 갑에 대한 승소의 가능성은 여전히 있다고 할 수 있으므로, 역시 을의 등기에 대한 예고등기의 말소촉탁은 할 수 없다고 하여야 할 것이다.

이 선례에 의하여 선례 2-574·2-577은 그 내용이 변경됨.

(라) 등기신청수수료의 면제

예고등기의 말소등기의 경우에는 등기신청수수료를 받지 아니한다(등기사항증명서 등 수수료 규칙 제5조의 2 제2항 1호).

🔍 판 례

① 예고등기와 그 말소에 관하여는 직권에 의한 촉탁에 의하여서만 할 수 있고 그 밖에 당사자의 신청에 의하여서는 할 수 없다고 함이 상당하다 할 것이고, 다만 소를 제기한 자에 대한 승소판결이 확정된 경우에 있어서의 예고등기의 말소에 관하여는 등기관은 직권으로 이를 말소하여야 할 것이다(대판 1974. 5.28, 74다150).

② 예고등기의 원인인 소유권이전등기말소소송이 승소 확정되었다 해도 이 판결에 의한 말소등기가 이루어지지 아니한 이상 그 예고등기만의 말소를 구하는 신청을 할 수 없고, 설사 승소확정판결을 받은 원고가 피고와의 사이에 예고등기의 원인이 된 등기를 유효로 한다는 화해가 성립된 경우라도 예고등기의 원인이 된 등기의 말소를 신청함으로써 직권에 의하여 그 예고등기가 말소되기를 기다려서 비로소 화해의 취지에 따른 새로운 등기를 신청하여야 한다(대결 1976. 6. 9, 76마212).

(마) 예고등기에 관한 경과조치

이 법 시행 당시 마쳐져 있는 예고등기의 말소절차에 관하여는 종전의 규정에 따른다(법 부칙 제3조).

개정법에서 예고등기제도를 폐지함에 따라 종전에 이미 이루어진 예고등기의 말소 방법이 문제되는바, 이에 관하여는 종전의 규정에 따라 처리하도록 하였다.

제4절 등기소·등기소에 비치할 장부

Ⅰ. 등기소

1. 등기소의 의의

등기사무를 담당하는 국가기관을 등기소라 한다. 그러나 등기소라는 명칭을 가진 관서만이 등기소는 아니다. 법원조직법에 의하면 등기사무를 관장 또는 감독하는 국가기관은 법원이며(법원조직법 제2조 제3항) 법원 중에서 지방법원과 지원이 관할구역 내의 등기사무를 관장한다(법 제7조).

2. 등기소의 관할

(1) 관할 등기소

구체적인 등기신청사건에 관하여 그 등기사무를 현실적으로 처리할 수 있는 등기소가 관할 등기소이다.

등기소의 관할구역은 행정구획을 기준으로 하여 정해져 있고, 등기할 권리의 목적인 부동산의 소재지를 관할하는 지방법원, 동 지원 또는 등기소를 관할등기소로 하며, 부동산이 수개의 등기소의 관할구역에 걸쳐 있는 때에는 대법원규칙으로 정하는 바에 따라 각 등기소를 관할하는 상급법원의 장이 관할등기소를 지정한다(법 제5조 제1항).

(2) 등기의 관할구역

각 지방법원과 지원(사무국을 둔 지원에 한함)관내에 설치할 등기소와 그 명칭 및 관할구역과 각 지방법원 및 지원의 등기과·계의 관할구역은 등기소의 설치와 관할구역에 관한 규칙 제3조의 별표(생략)와 같다.

(3) 관할의 위임

대법원장은 어느 등기소의 관할에 속하는 사무를 다른 등기소에 위임하게 할 수 있다(법 제8조).

(4) 관할의 변경

어느 부동산의 소재지가 다른 등기소의 관할로 바뀌었을 때에는 종전의 관할 등기소는 전산정보처리조직을 이용하여 그 부동산에 관한 등기기록의 처리권한을 다른 등기소로 넘겨주는 조치를 하여야 한다(법 제9조).

부동산의 소재지가 다른 등기소의 관할로 바뀌었을 때에는 종전의 관할등기소는 전산정보처리조직을 이용하여 그 부동산에 관한 등기기록과 신탁원부, 공동담보(전세)목록, 도면 및 매매목록의 처리권한을 다른 등기소로 넘겨주는 조치를 하여야 한다(규칙 제6조 제1항).

규칙 제6조 제1항에 따라 처리권한을 넘겨받은 등기소는 해당 등기기록의 표제부에 관할이 변경된 뜻을 기록하여야 한다(규칙 제6조 제2항).

3. 관할등기소의 지정

(1) 관할등기소의 지정절차(최초의 등기신청인의 상급법원의 장에게 등기소의 지정신청)

부동산이 여러 등기소의 관할구역에 걸쳐 있는 경우 그 부동산에 대한 최초의 등기신청을 하고자 하는 자는 각 등기소를 관할하는 상급법원의 장에게 관할등기소의 지정을 신청하여야 한다(규칙 제5조 제1항. 등기예규 제1381호 3, 4).

규칙 제5조 제1항의 신청은 해당 부동산의 소재지를 관할하는 등기소 중 어느 한 등기소에 신청서를 제출하는 방법으로 한다(규칙 제5조 제2항).

규칙 제5조 제2항에 따른 신청서를 받은 등기소는 그 신청서를 지체없이 상급법원의 장에게 송부하여야 하고, 상급법원의 장은 부동산의 소재지를 관할하는 등기소 중 어느 한 등기소를 관할등기소로 지정하여야 한다(규칙 제5조 제3항).

(2) 관할등기소의 지정을 신청한 자의 등기신청 및 등기절차

관할등기소의 지정을 신청한 자가 제3항에 따라 지정된 관할등기소에 등기신청을 할 때에는 관할등기소의 지정이 있었음을 증명하는 정보를 첨부정보로서 등기소에 제공하여야 한다

(규칙 제5조 제4항).

등기관이 제4항에 따라 등기를 하였을 때에는 지체 없이 그 사실을 다른 등기소에 통지하여야 한다(규칙 제5조 제5항).

규칙 제5조 제5항에 따른 통지를 받은 등기소는 전산정보처리조직으로 관리되고 있는 관할지정에 의한 등기부목록에 통지받은 사항을 기록하여야 한다(규칙 제5조 제6항).

단지를 구성하는 여러 동의 건물 중 일부 건물의 대지가 다른 등기소의 관할에 속하는 경우에는 제1항부터 제6항까지의 규정을 준용한다(규칙 제5조 제7항).

(3) 건물 또는 건물의 대지가 수개의 등기소 관할구역에 속한 경우

(가) 건물이 수개의 등기소의 관할구역에 걸쳐 있는 경우(법 제7조 제2항) 또는 단지를 구성하는 수동의 건물 중 일부 건물의 대지가 다른 등기소의 관할에 속하는 경우(규칙 제5조 제7항)에 그 건물에 대한 최초의 등기를 신청하고자 하는 자는 상급법원의 장에게 관할등기소의 지정을 신청하여야 한다(등기예규 제1381호 2. 가.).

(나) 관할등기소의 지정 신청은 별지 제1호 양식(생략)에 의한 신청서를 작성하여 그 신청서에 건축물대장등본(규칙 제5조 제7항의 경우에는 건축물대장총괄표제부등본)과 수신인란이 기재된 관할등기소 지정서 송부용봉투(등기취급 우편요금에 상응하는 우표 첨부)를 첨부하여 당해 부동산의 소재지를 관할하는 등기소 중 어느 한 곳에 제출하여야 한다(등기예규 제1381호. 2. 나.).

4. 등기부

등기부(登記簿)란 부동산에 관한 권리관계를 기재하는 공적(公的) 장부(帳簿)로서, 등기부에 기재하는 것 또는 그러한 기재 자체가 등기이다. 우리나라의 현행법상 등기부에는 토지등기부와 건물등기부의 두 가지가 있다(법 제14조 제1항). 현재의 등기부는 전산정보처리조직에 의하여 입력·처리된 등기정보자료를 편성·기록한 기억장치를 말한다. 등기부의 형태는 부책식(장부식)등기부, 카드식 등기부(보관철식 등기부), 전산등기부로 변화되어 왔다.

(1) 등기부의 편성(표제부, 갑구, 을구)

등기부를 편성할 때에는 1필의 토지 또는 1개의 건물에 대하여 1개의 등기기록을 둔다.

다만, 1동의 건물을 구분한 건물에 있어서는 1동의 건물에 속하는 전부에 대하여 1개의 등기기록을 사용한다(법 제15조 제1항). 등기기록에는 부동산의 표시에 관한 사항을 기록하는 "표제부"와 소유권에 관한 사항을 기록하는 "갑구(甲區)" 및 소유권 외의 권리에 관한 사항을 기록하는 "을구(乙區)"를 둔다(법 제15조 제2항). 등기기록을 개설할 때에는 1필의 토지 또는 1개의 건물마다 "부동산 고유번호"를 부여하고 이를 등기기록에 기록하여야 하며, 구분건물에 대하여는 전유부분마다 부동산고유번호를 부여한다(규칙 제12조).

등기기록의 양식은 부동산등기규칙 제13조(토지·건물) 및 제14조(구분건물)에 각 규정되어 있다.

(2) 등기부의 보관 · 처리

등기부는 영구(永久)히 보존하여야 한다(법 제14조 제2항).

등기부는 대법원규칙으로 정하는 장소에 보관·관리하여야 하며, 전쟁·천재지변이나 그 밖에 이에 준하는 사태를 피하기 위한 경우 외에는 그 장소 밖으로 옮기지 못한다(법 제14조 제3항).

등기부의 부속서류는 전쟁·천재지변이나 그 밖에 이에 준하는 사태를 피하기 위한 경우 외에는 등기소 밖으로 옮기지 못한다. 다만, 신청서나 그 밖의 부속서류에 대하여는 법원의 명령 또는 촉탁(囑託)이 있거나 법관이 발부한 영장에 의하여 압수하는 경우에는 그러하지 아니하다(법 제14조 제4항).

법 제14조제3항에서 규정한 등기부의 보관 · 관리 장소는 중앙관리소로 한다(규칙 제10조 제1항).
폐쇄등기부에 대하여도 제1항을 준용한다(규칙 제10조 제2항).

(3) 신청서나 그 밖의 부속서류의 이동 등

(가) 전쟁 · 천재지변 등

등기관이 전쟁·천재지변 그 밖에 이에 준하는 사태를 피하기 위하여 신청서나 그 밖의 부속서류를 등기소 밖으로 옮긴 경우에는 지체없이 그 사실을 지방법원장(등기소의 사무를 지원장이 관장하는 경우에는 지원장을 말한다. 제58조를 제외하고는 이하 같다)에게 보고하여야 한다(법 제14조 제4항 규칙 제11조 제1항).

(나) 법원의 송부명령 또는 촉탁

등기관이 법원으로부터 신청서나 그 밖의 부속서류의 송부명령 또는 촉탁을 받았을 때에는 그 명령 또는 촉탁과 관계가 있는 부분만 법원에 송부하여야 한다(규칙 제11조 제2항).

제2항의 서류가 전자문서(「전자서명법」 제2조의 전자문서를 말한다. 이하 같다)로 작성된 경우에는 해당 문서를 출력한 후 인증하여 송부하거나 전자문서로 송부한다(규칙 제11조 제3항).

1) 신청서나 그 밖의 부속서류의 송부

법원의 명령 또는 촉탁에 의하여 법원에 송부하거나, 영장에 의하여 수사기관이 압수할 수 있는 신청서나 그 밖의 부속서류(법 제14조 제4항)는 등기신청서 및 등기신청서의 부속서류 또는 이와 동일시할 수 있는 등기신청취하서 등이며, 등기부의 일부로 보는 도면, 신탁원부, 공동담보(전세)목록, 「공장 및 광업재단 저당법」 제6조 목록, 공장(광업)재단목록은 이에 포함되지 아니한다(등기예규 제1394호 2항).

2) 법원에 송부하는 경우

가) 등기과(소)장은 「부동산등기규칙」 제11조에 따라 법원에 신청서나 그 밖의 부속서류를 송부하는 때에는 해당하는 서류의 사본을 작성하여 당해 관계서류가 반환되기까지 이를 보관한다.

나) 등기과(소)장은 위 가.항의 관계서류를 송부하는 때에는 신청서나 그 밖의 부속서류편철장의 송부한 서류를 편철하고 있던 곳에 법원으로부터의 송부에 관계되는 명령서 또는 촉탁서 및 이들의 부속서류를 동항의 규정에 의하여 작성한 사본과 함께 편철한다.

다) 등기과(소)장은 위 가.항의 관계서류를 법원으로부터 반환받은 때에는 그 관계서류를 위 나.항의 명령서 또는 촉탁서의 다음에 편철한다. 이 경우에는 위 가.항의 규정에 의하여 작성한 사본은 폐기한다(위예규 3항).

3) 영장에 의한 압수의 경우

가) 등기과(소)장은 법관이 발부한 압수·수색영장에 의하여 신청서나 그 밖의 부속서류가 압수된 때에는 해당하는 서류의 사본을 작성하여 당해 관계서류가 반환되기까지 이를

보관한다.

나) 등기과(소)장은 위 가.항의 관계서류가 압수된 때에는 신청서나 그 밖의 부속서류편철장의 압수된 서류가 편철되어 있던 곳에 수사기관으로부터 교부받은 압수목록을 동항의 규정에 따라 작성한 사본과 함께 편철한다.

다) 등기과(소)장은 위 가.항의 관계서류를 수사기관으로부터 반환받은 때에는 그 관계서류를 위 나.항의 압수목록의 다음에 편철한다. 이 경우에는 위 가.항의 규정에 의하여 작성한 사본은 폐기한다(위예규 4항).

(4) 등기부 위조관련업무처리(등기예규 제1377호)

(가) 등기부 위조 여부 확인

등기관은 등기부의 위조방법이 다양하고 상당히 정교하다는 점을 감안하여 해당 등기부의 기재 방식이 다음 각 호에 해당하는 경우 등 기존 등기부와 다른 점이 있는지 여부를 주의 깊게 살펴 위조 등기부에 의한 등기가 경료되는 일이 없도록 한다(위 예규 제2조).

1. 고무인 압날 등 통상의 기재문자와 다르게 기재된 경우
2. 당해 등기소의 등기관 또는 종전 등기관의 교합인인지 여부가 불분명하거나 판독이 불가한 경우
3. 접수번호 또는 순위번호의 현저한 차이가 있는 경우

(나) 위조등기부를 발견한 경우 처리

위와 같이 근무함에 있어 위조등기부를 발견한 경우에는 다음 절차에 의하여 업무를 처리한다.

① 위조등기부를 발견한 등기과·소장은 동일 부동산에 대한 등기업무 일체를 중단하도록 조치 한 후, 등기부등본을 첨부하여 지체없이 법원행정처장에게 보고하여야 한다.

② 제1항의 경우 등기과·소장은 관련 수사기관에 고발조치하고, 소유권에 대한 등기의 위조가 있는 경우에는 그 취지를 대장 소관청에도 통지하여 대장에 등록되지 않도록 하고 이미 등록되었다면 위 위조등기의 말소 통지가 있을 때까지 대장등본 발급을 중단하도록 협조요청한다.

③ 등기관은 제①항의 등기가 위조인 것이 명백한 때에는 등기상 이해관계인이 없으면 위조등기 명의인에게 통지할 필요 없이 직권말소하고, 등기상 이해관계인이 있는 경우에는 그 제3자에게만 통지하고, 이의가 있는 때에는 이를 각하하고 직권 말소한다(부동산등기법 제29조 제2호, 제58조).

④ 제③항과 같이 위조등기를 말소한 경우 등기과·소장은 말소한 등기사항증명서를 첨부하여 지체없이 법원행정처장에게 보고한다. 이 경우 소유권에 관한 위조등기를 말소한 경우에는 대장 소관청에 이를 통지하여 대장을 정리하도록 한다.

⑤ 수사기관에 고발조치 및 이에 대한 처분의 통보가 있는 때에는 이를 법원행정처장에게 보고한다.

(다) 첨부서면을 위조한 등기신청이 있는 경우

① 등기관은 등기신청서를 조사함에 있어 등기관의 심사권 범위 내에서 첨부서면의 진위여부를 신중히 판단하여 위조문서 등에 터잡은 등기가 경료되는 일이 없도록 한다. 특히 토지에 대하여 등기필정보 또는 등기필증을 첨부하지 아니하고 소유권이전, 권리의 경정, 근저당권설정등기를 신청하는 경우 등 특별한 사정이 있는 때에는 위조 여부에 대한 강한 의심을 가지고 다음 각 호를 참조하여 등기신청서 및 첨부서면을 철저히 조사하여 위와같은 등기가 발생하지 않도록 세심한 주의와 노력을 한다.

1. 인감증명서의 정상발급 및 위임장에 날인한 인영과 동일한지 여부
2. 각종 등·초본·제증명·제3자의 허가·동의서의 정상발급 여부
3. 등기필증의 접수인 및 청인의 동일성 여부
4. 종중 등 비법인 사(재)단의 정관 및 의사록의 정상 작성 유무

② 등기신청서의 조사시 첨부서면이 위조문서로 의심이 가는 경우에는 신청인 또는 대리인에 알려 그 진위 여부를 확인하여 처리하고 위조문서임이 확실한 경우에는 수사기관에 고발조치하고 전 조 제5항의 예에 의하여 보고한다.

(라) 첨부서면을 위조하여 등기가 이루어진 경우

① 등기된 사항이 위조된 첨부문서(공문서에 한함)에 의하여 이루어진 사실이 발급기관에의 조회 등을 통하여 확인된 경우 등기관은 등기기록표제부의 좌측 상단에 위조된 문서에

의하여 등기된 사항이 있다는 취지를 부전할 수 있다. 부전된 내용은 판결에 의한 위조된 등기의 말소신청이 있거나 이해관계인이 소명하는 자료를 제출하여 삭제를 요청한 경우 등기관은 이를 삭제할 수 있다.

② 제1항의 경우 등기관은 이와 같은 사실을 등기기록상 전 소유명의인(소유권이전의 등기가 된 경우) 또는 현 소유명의인(소유권 이외의 권리가 등기된 경우) 등 기타 이해관계인에게 별지 양식(생략)에 의하여 통지하여야 한다. 통지를 받을 자의 주소가 불명인 경우(소재불명으로 반송된 경우도 포함)에는 통지를 하지 않을 수 있고, 통지하여야 할 자가 다수인 경우에는 그 중 1인에게 통지할 수 있다.

③ 제1항의 경우 등기과·소장은 수사기관에 수사를 의뢰하고 사건의 경위를 법원행정처장에게 보고하여야 한다.

(마) 위조서류에 의하여 경료되었으나 실체관계에 부합하는 등기의 효력

위조된 소유권이전등기서류에 의한 등기라도 진정한 권리상태와 부합하면 그 등기를 무효라 할 수 없다(대판1962. 4. 12. 4294민상1223, 1965. 5. 25. 65다365, 1967. 4. 4. 67다133, 1980. 6. 10. 79다1212, 68. 4. 30. 68다182).

(바) 등기가 실체관계에 부합한다는 것의 의미

등기가 실체관계에 부합한다고 하는 것은 그 등기절차에 어떤 하자가 있다고 하더라도 진실한 권리관계와 합치한다는 것을 말하며, 그 등기원인이 매매로서 매매대금이 전부 지급되지 아니하였다면, 그 대금완불 전에 미리 소유권이전등기를 하기로 하는 특약이 없는 한, 그 등기로써 실체관계에 부합한다고 할 수는 없다(대판 1992. 2. 28. 91다30419, 1994. 6. 28. 93다55777).

5. 등기기록

(1) 등기기록의 개설(부동산고유번호)

등기기록을 개설할 때에는 1필의 토지 또는 1개의 건물마다 부동산고유번호를 부여하고 이를 등기기록에 기록하여야 한다(규칙 제12조 제1항). 구분건물에 대하여는 전유부분마다 부동산고유번호를 부여한다(규칙 제12조 제2항).

(2) 등기기록의 양식 및 보관

(가) 토지등기기록

토지등기기록의 표제부에는 표시번호란, 접수란, 소재지번란, 지목란, 면적란, 등기원인 및 기타사항란을 두고, 건물등기기록의 표제부에는 표시번호란, 접수란, 소재지번 및 건물번호란, 건물내역란, 등기원인 및 기타사항란을 둔다(규칙 제13조 제1항). 갑구와 을구에는 순위번호란, 등기목적란, 접수란, 등기원인란, 권리자 및 기타사항란을 둔다(규칙 제13조 제2항). 토지등기기록은 별지 제1호 양식(생략), 건물등기기록은 별지 제2호 양식(생략)에 따른다(규칙 제13조 제3항).

(나) 구분건물등기기록의 양식

법 제15조제1항 단서에 해당하는 구분건물등기기록에는 1동의 건물에 대한 표제부를 두고 전유부분마다 표제부, 갑구, 을구를 둔다(규칙 제14조 제1항). 규칙 세14조 제1항의 등기기록 중 1동의 건물의 표제부에는 표시번호란, 접수란, 소재지번·건물명칭 및 번호란, 건물내역란, 등기원인 및 기타사항란을 두고, 전유부분의 표제부에는 표시번호란, 접수란, 건물번호란, 건물내역란, 등기원인 및 기타사항란을 둔다. 다만, 구분한 각 건물 중 대지권이 있는 건물이 있는 경우에는 1동의 건물의 표제부에는 대지권의 목적인 토지의 표시를 위한 표시번호란, 소재지번란, 지목란, 면적란, 등기원인 및 기타사항란을 두고, 전유부분의 표제부에는 대지권의 표시를 위한 표시번호란, 대지권종류란, 대지권비율란, 등기원인 및 기타사항란을 둔다(규칙 제14조 제2항).

구분건물등기기록은 별지 제3호 양식(생략)에 따른다(규칙 제14조 제3항).

(다) 등기부부본자료의 보관

법 제16조의 등기부부본자료는 전산정보처리조직으로 작성하여야 한다(규칙 제15조 제1항). 등기부부본자료는 법원행정처장이 지정하는 장소에 보관하여야 한다(규칙 제15조 제2항). 등기부부본자료는 등기부와 동일하게 관리하여야 한다(규칙 제15조 제3항).

(라) 등기부 복구 등의 처분명령에 관한 권한 위임

대법원장은 법 제17조에 따라 등기부의 손상방지 또는 손상된 등기부의 복구 등의 처분명령에 관한 권한을 법원행정처장에게 위임한다(규칙 제16조 제1항).

대법원장은 법 제18조에 따라 전자문서로 작성된 등기부 부속서류의 멸실방지 등의 처분명령에 관한 권한은 법원행정처장에게, 신청서나 그 밖의 부속서류의 멸실방지 등의 처분명령에 관한 권한은 지방법원장에게 위임한다(규칙 제16조 제2항).

(마) 등기부의 손상과 복구

등기부의 전부 또는 일부가 손상되거나 손상될 염려가 있을 때에는 전산운영책임관은 지체 없이 그 상황을 조사한 후 처리방법을 법원행정처장에게 보고하여야 한다(규칙 제17조 제1항).

등기부의 전부 또는 일부가 손상된 경우에 전산운영책임관은 규칙 제15조의 등기부부본자료에 의하여 그 등기부를 복구하여야 한다(규칙 제17조 제2항).

규칙 제17조 제2항에 따라 등기부를 복구한 경우에 전산운영책임관은 지체없이 그 경과를 법원행정처장에게 보고하여야 한다(규칙 제17조 제3항).

(바) 신탁원부 등의 보존

신탁원부, 공동담보(전세)목록, 도면 및 매매목록은 보조기억장치(자기디스크, 자기테이프 그 밖에 이와 유사한 방법으로 일정한 등기사항을 기록·보관할 수 있는 전자적 정보저장매체를 말한다. 이하 같다)에 저장하여 보존하여야 한다. 다만, 규칙 제63조 단서에 따라 서면으로 작성되어 등기소에 제출된 도면은 이를 전자적 이미지정보로 변환하여 그 이미지정보를 보조기억장치에 저장하여 보존하여야 한다(규칙 제18조).

(사) 신청정보 등의 보존

법 제24조제1항제2호에 따라 등기가 이루어진 경우 그 신청정보 및 첨부정보는 보조기억장치에 저장하여 보존하여야 한다(규칙 제19조 제1항).

법 제24조제1항제2호에 따른 등기신청이 취하된 경우 그 취하정보는 보조기억장치에 저장하여 보존하여야 한다(규칙 제19조 제2항).

(아) 보조기억장치에 저장한 정보의 보존기간

규칙 제18조 및 제19조에 따라 보조기억장치에 저장한 정보는 다음 각 호의 구분에 따른 기간 동안 보존하여야 한다(규칙 제20조 제1항).

1. 신탁원부 : 영구

2. 공동담보(전세)목록 : 영구

3. 도면 : 영구

4. 매매목록 : 영구

5. 신청정보 및 첨부정보와 취하정보 : 5년

규칙 제20조 제1항 제5호의 보존기간은 해당 연도의 다음해부터 기산한다(규칙 제20조 제2항). 보존기간이 만료된 규칙 제20조 제1항 제5호의 정보는 법원행정처장의 인가를 받아 보존기간이 만료되는 해의 다음해 3월말까지 삭제한다(규칙 제20조 제3항).

(3) 등기사항의 열람과 증명서의 발급창구

누구든지 수수료를 내고 대법원규칙으로 정하는 바에 따라 등기기록에 기록되어 있는 사항의 전부 또는 일부의 열람과 이를 증명하는 등기사항증명서의 발급을 청구할 수 있으며(법 제19조 제1항), 등기기록의 열람청구는 관할등기소가 아닌 등기소에 대하여도 할 수 있다(법 제19조 제2항). 수수료의 금액과 면제의 범위는 대법원규칙으로 정한다(법 제19조 제3항, 등기사항증명서 등 수수료규칙 제3조). 등기기록의 열람 및 부동산등기사항증명서 발급처리 절차는 등기예규 제1443호, 제1570호, 제1645호에 규정되어 있다.

6. 등기기록의 폐쇄

가. 등기부(등기기록)의 폐쇄

등기부(등기기록)의 폐쇄(閉鎖)라 함은 일정한 사유에 의하여 부동산에 관한 현재의 유효한 권리관계를 공시할 필요가 없게 되거나 공시할 수 없게 된 경우에 그 등기부(등기기록)에 그 사유와 등기부를 폐쇄한다는 뜻을 기록하고 그 부동산의 표시를 말소하는 것을 말한다.

나. 등기부의 폐쇄원인

등기부가 폐쇄되면 그 때부터 그 등기부는 효력을 상실하며, 그 후 그 등기부에는 어떠한 사항도 기록할 수 없다. 등기부의 폐쇄원인에는, (1) 등기기록의 전환{즉, 등기부의 모든 기재내용을 새로운 등기부에 그대로 이기(移記)하는 것. 법 제20조 제1항} (2) 소유권보존등기가 말소된 경우, (3) 중복등기부의 정치절차로 인한 폐쇄, (4) 등기부의 기재사항의 과다 등의 사유로 인한 신등기부에 이기, (5) 등기부의 멸실방지를 위한 재제(再製), (6) 토지의 합필·건물의 합병, (7) 부동산의 멸실, (8) 토지의 환지처분에 따른 폐쇄. (9) 토시정비법상의 이전고시에 따른 종전 토지에 관한 등기의 말소로 인한 폐쇄가 있다.

다. 폐쇄등기부에 기록된 등기의 효력

폐쇄된 등기부에는 통상의 등기부와 같은 등기의 효력이 인정되지 않으며, 폐쇄등기부에 기록된 등기사항에 관한 경정, 변경, 말소등기도 할 수 없다(등기선례 제1권 26항, 제2권 13항, 제3권 742항 등). 다만 소유권에 관하여 현재 효력 있는 등기가 원인무효 등을 이유로 말소된 경우 부활하게 되는 전 등기가 폐쇄등기부의 기록상에 있다면 폐쇄등기부로부터 이를 이기(移記)하여야 한다.

라. 폐쇄등기기록의 보존기간 및 부활

(1) 폐쇄된 등기기록의 영구보존

폐쇄한 등기기록은 영구히 보존하여야 한다(법 제20조 제2항). 폐쇄한 등기부에 관하여는 부동산등기법 제19조의 규정에 따라 열람, 등기사항증명서의 발급을 청구할 수 있다(법 제20조 제3항). 등기부에 폐쇄사유가 없음에도 불구하고 잘못 폐쇄한 경우에는 등기예규 제1207호에 따라 부활(復活)할 수 있다.

(2) 폐쇄된 등기기록의 부활

부동산 등기규칙 제3장 제4절(중복등기기록의 정리)에서 정하는 절차에 따라 폐쇄된 등기기록의 소유권의 등기명의인 또는 등기상 이해관계인은 폐쇄되지 아니한 등기기록의 최종 소유권의 등기명의인과 등기상 이해관계인을 상대로 하여 그 토지가 폐쇄된 등기기록의 소유권의 등기명의인의 소유임을 확정하는 판결(판결과 동일한 효력이 있는 조서를 포함한다)이 있음을 증명하는 정보를 등기소에 제공하여 폐쇄된 등기기록의 부활을 신청할 수 있다(규칙 제41조 제1항). 제 1항에 따른 신청이 있을 때에는 폐쇄된 등기기록을 부활하고 다른 등기기록을 폐쇄하여야 한다(규칙 제41조 제2항).

마. 새 등기기록에의 이기(移記)

(1) 등기기록을 옮겨 기록할 필요가 있는 경우

등기기록에 기록된 사항이 많아 취급하기에 불편하게 되는 등 합리적 사유로 등기기록을 옮겨 기록할 필요가 있는 경우에 등기관은 현재 효력이 있는 등기만을 새로운 등기기록에 옮겨 기록할 수 있다(법 제33조, 구법 제86조).

(2) 종전 등기기록의 폐쇄

등기관이 등기기록에 등기된 사항을 새로운 등기기록에 옮겨 기록한 때에는 종전 등기기록을 폐쇄하여야 한다(법 제20조 제1항).

(3) 새 등기기록에의 이기절차

등기관이 법 제3조에 따라 등기를 새로운 등기기록에 옮겨 기록한 경우에는 옮겨 기록한 등기의 끝 부분에 같은 규정에 따라 등기를 옮겨 기록한 뜻과 그 연월일을 기록하고, 종전 등기기록을 폐쇄하여야 한다(규칙 제55조 제1항).

등기기록을 폐쇄할 때에는 표제부의 등기를 말소하는 표시를 하고, 등기원인 및 기타 사항란에 폐쇄의 뜻과 그 연월일을 기록하여야 한다(규칙 제55조 제2항). 이 규칙이나 그 밖의 다른 법령에 따라 등기기록을 폐쇄하는 경우에는 제2항을 준용한다(규칙 제55조 제3항). 폐쇄된 등기기록상 등기사항을 현재의 등기기록에 이기하는 경우 및 그 절차에 관한 업무처리지침은 등기예규 제1595호 및 제1630호에 규정되어 있다.

바. 폐쇄등기의 말소청구의 가부(소극)

(1) 폐쇄등기자체를 대상으로 한 말소등기절차이행을 구할 소의 이익여부(소극)

이미 폐쇄된 등기용지에 기재된 등기사항은 그 말소를 소구할 소송상의 이익이 없다(1978. 11. 28 78다1485 소유권이전등기말소). 폐쇄등기부에 기재된 등기는 현재의 등기로서의 효력이 없고, 그 회복절차에 관하여 아무런 규정이 없어 그 회복을 구할 수 없으므로, 폐쇄등기를 한 것이 위법이라는 이유로 그 회복을 위한 등기말소청구도 할 수 없으며(대판 1980. 1. 15. 79다1949), 폐쇄된 등기부상에 기재된 등기는 현재의 등기로서의 효력이 없으므로 그 말소를 구할 소의 이익이 없다(대판 1980 10. 27. 80다223).

등기관이 부동산등기법 제33조에 따라 등기기록에 등기된 사항 중 현재 효력이 있는 등기만을 새로운 등기기록에 옮겨 기록한 후 종전 등기기록을 폐쇄하는 경우, 새로운 등기기록에는 기록되지 못한 채 폐쇄된 등기기록에만 남게 되는 등기(이하 '폐쇄등기'라 한다)는 현재의 등기로서 효력이 없고, 폐쇄된 등기기록에는 새로운 등기사항을 기록할 수 없다. 따라서 폐쇄등기자체를 대상으로 하여 말소등기절차의 이행을 구할 소의 이익이 없다(대판 2017. 9. 12. 2015다242849).

(2) 진정한 권리자의 권리실현을 위해 폐쇄등기에 대하여 말소등기를 할 필요가 있는 경우

부동산등기법 제33조가 등기기록에 등기된 사항 중 현재 효력이 있는 등기만을 새로운 등기기록에 옮겨 기록할 수 있도록 정하고 있는 것은 등기실무의 편의를 고려한 것이고, 이로 인하여 진정한 권리자의 권리구제가 곤란하게 되어서는 안 된다. 등기가 원인 없이 순차 이전된 상태에서 현재 효력이 있다고 보이는 등기만을 새로운 등기기록에 옮겨 기록한 후 종전 등기기록을 폐쇄함으로써 진정한 권리자의 등기와 그로부터 원인 없이 이전된 등기가 폐쇄등기로 남게 되는 경우와 같이, 새로운 등기기록에 옮겨 기록되지는 못하였지만 진정한 권리자의 권리실현을 위해서 말소등기를 마쳐야 할 필요가 있는 때에는 등기가 폐쇄등기로 남아 있다는 이유로 말소등기절차의 이행을 구하는 소의 이익을 일률적으로 부정할 수 없다.

폐쇄등기 자체를 대상으로 하는 것이 아니라, 원인 없이 이전된 진정한 권리자의 등기를 회복하는 데에 필요하여 '현재의 등기기록에 옮겨 기록되었을 위와 같은 이전 등기'를 대상으로 말소등기절차의 이행을 구하는 소는 특별한 사정이 없는 한 허용되어야 한다. 이러한 사건에서 말소등기절차의 이행을 명하는 판결이 확정되고 현재의 등기기록에 이미 기록되어 있는 등기 중 진정한 권리자의 등기와 양립할 수 없는 등기가 모두 말소되면, 등기관은 직권으로 위 말소등기절차의 이행을 명하는 판결에서 말소등기청구의 대상이 된 위 등기를 현재의 등기기록에 옮겨 기록한 다음 그 등기에서 위 확정판결에 기한 말소등기를 실행할 수 있다고 보아야 한다. 부동산등기법에 이에 관한 명시적 규정을 두고 있지 않지만, 부동산등기법 제32조 제2항을 유추하여 위와 같은 결론을 도출할 수 있다. 위 규정은 '등기관이 등기의 착오나 빠진 부분이 등기관의 잘못으로 인한 것임을 발견한 경우에는 지체 없이 그 등기를 직권으로 경정하여야 한다.'고 정하고 있는데, 폐쇄등기와 관련하여 위와 같은 요건을 갖춘 경우에 등기관은 당사자들의 권리를 구제하기 위하여 새로운 등기기록에 진정한 권리자의 등기를 회복하는 데에 필요한 등기도 함께 옮겨 기록하였어야 함에도 이를 누락한 것으로 볼 수 있기 때문이다.

이러한 법리는 토지분할 과정에서 분할 전 토지의 등기기록에는 남아 있으나 분할 후 새로운 등기기록을 사용하는 토지의 등기기록에는 옮겨 기록되지 못한 등기에도 마찬가지로 적용된다(대판 2017. 9. 12. 2015다242849).

사. 폐쇄등기부에 기재되어 있는 등기의 회복청구가부

폐쇄등기부에 기재되어 있는 등기는 현재의 등기로서의 효력이 없고 그 회복절차에 관해서 법률상 규정이 없으므로 회복절차이행을 구할 수 없을 뿐만 아니라 회복이 가능함을 전제로 하는 폐쇄등기용지상의 소유권이전등기의 말소등기절차이행청구도 할 수 없다(대판 1979. 9. 25. 78다1089, 1980. 12. 9. 80다1389, 1987. 12. 22. 87다카1097, 1988. 9. 6. 87다카1777, 1994. 12. 23. 93다37441).

II. 등기소에 비치할 장부

1. 장부의 비치

등기소에는 다음 각 호의 장부를 갖추어 두어야 한다(규칙 제21조 제1항 등기예규 제1155호, 제1441호).

1. 부동산등기신청서 접수장   7. 신청서 기타 부속서류 송부부

2. 기타 문서 접수장   8. 각종 통지부

3. 결정원본 편철장   9. 열람신청서류 편철장

4. 이의신청서류 편철장   10. 제증명신청서류 편철장

5. 사용자등록신청서류 등 편철장   11. 그 밖에 대법원예규로 정하는 장부

6. 신청서 기타 부속서류 편철장

규칙 제21조 제1항의 장부는 매년 별책으로 하여야 한다. 다만, 필요에 따라 분책할 수 있다(규칙 제21조 제2항).

규칙 제21조 제1항의 장부는 전자적으로 작성할 수 있다(규칙 제21조 제3항).

2. 접수장

부동산등기신청서 접수장에는 다음 각 호의 사항을 적어야 한다(규칙 제22조 제1항).

1. 접수연월일과 접수번호   4. 부동산의 개수

2. 등기의 목적   5. 등기신청수수료

3. 신청인의 성명 또는 명칭   6. 취득세 또는 등록면허세와 국민주택채권매입금액

규칙 제22조 제1항 제1호의 접수번호는 1년마다 새로 부여하여야 한다(규칙 제22조 제2항).

등기권리자 또는 등기의무자가 여러 명인 경우 부동산등기신청서 접수장에 신청인의 성명 또는 명칭을 적을 때에는 신청인 중 1명의 성명 또는 명칭과 나머지 인원을 적는 방법으로 할 수 있다(규칙 제22조 제3항).

등기신청 외의 등기사무에 관한 문서를 접수할 때에는 기타문서 접수장에 등재한다(규칙 제22조 제4항).

3. 신청서 기타 부속서류 편철장

신청서, 촉탁서, 통지서, 허가서, 참여조서, 확인조서, 취하서 그 밖의 부속서류는 접수번호의 순서에 따라 신청서 기타 부속서류 편철장에 편철하여야 한다(규칙 제23조).

4. 각종 통지부

각종 통지부에는 법 및 이 규칙에서 정하고 있는 통지사항, 통지를 받을 자 및 통지서를 발송하는 연월일을 적어야 한다(규칙 제24조).

5. 장부의 보존기간

등기소에 갖추어 두어야 할 장부의 보존기간은 다음 각 호와 같다(규칙 제25조 제1항 등기예규 제1441호 제5조 별표2 참조).

1. 부동산등기신청서 접수장 : 5년
2. 기타 문서 접수장 : 10년
3. 결정원본 편철장 : 10년
4. 이의신청서류 편철장 : 10년
5. 사용자등록신청서류 등 편철장 : 10년
6. 신청서 기타 부속서류 편철장 : 5년
7. 신청서 기타 부속서류 송부부 : 신청서 그 밖의 부속서류가 반환된 날부터 5년
8. 각종 통지부 : 1년
9. 열람신청서류 편철장 : 1년
10. 제증명신청서류 편철장 : 1년

장부의 보존기간은 해당 연도의 다음해부터 기산한다(규칙 제25조 제2항). 보존기간이 만료된 장부 또는 서류는 지방법원장의 인가를 받아 보존기간이 만료되는 해의 다음해 3월말까지 폐기한다(규칙 제25조 제3항).

6. 등기사항의 증명과 열람

누구든지 수수료를 내고 대법원규칙으로 정하는 바에 따라 등기기록에 기록되어 있는 사항의 전부 또는 일부의 열람(閱覽)과 이를 증명하는 등기사항증명서의 발급을 청구할 수 있다. 다만, 등기기록의 부속서류에 대하여는 이해관계 있는 부분만 열람을 청구할 수 있다(법 제19조 제1항). 법 제19조 제1항에 따른 등기기록의 열람 및 등기사항증명서의 발급 청구는 관할 등기소가 아닌 등기소에 대하여도 할 수 있다(법 제19조 제2항). 법 제19조 제1항에 따른 수수료의 금액과 면제의 범위는 대법원규칙으로 정한다(법 제19조 제3항). 국가나 지방자치단체 또는 공공단체(이하 "국가 등"이라 한다)가 등기기사항증명서의 교부 및 등기기록이나 신청서 그 밖의 부속서류의 열람(이하 "등기사항증명서의 교부 등"이라 한다)을 신청하는 경우 수수료 면제 여부에 대하여는 등기예규 제1409호에 규정되어 있다.

(1) 등기사항증명 등의 신청

등기소를 방문하여 등기사항의 전부 또는 일부에 대한 증명서(이하 "등기사항증명서"라 한다)를

발급받거나 등기기록 또는 신청서나 그 밖의 부속서류를 열람하고자 하는 사람은 신청서를 제출하여야 한다(규칙 제26조 제1항). 대리인이 신청서나 그 밖의 부속서류의 열람을 신청할 때에는 신청서에 그 권한을 증명하는 서면을 첨부하여야 한다(규칙 제26조 제2항). 전자문서로 작성된 신청서나 그 밖의 부속서류의 열람 신청은 관할 등기소가 아닌 다른 등기소에서도 할 수 있다(규칙 제26조 제3항 등기예규 제1443호). 부동산등기사항증명서 발급처리지침은 등기예규 제1561호, 제1570호, 제1605호, 제1645호에 규정되어 있다.

(2) 무인발급기에 의한 등기사항증명

법원행정처장은 신청인이 발급에 필요한 정보를 스스로 입력하여 등기사항증명서를 발급받을 수 있게 하는 장치(이하 "무인발급기"라 한다)를 이용하여 등기사항증명서의 발급업무를 처리하게 할 수 있다(규칙 제27조 제1항. 등기예규 제1442호). 무인발급기는 등기소 이외의 장소에도 설치할 수 있다(규칙 제27조 제2항). 규칙 제27조 제2항에 따른 설치장소는 법원행정처장이 정한다(규칙 제27조 제3항).

법원행정처장의 지정을 받은 국가기관이나 지방자치단체 그 밖의 자는 그가 관리하는 장소에 무인발급기를 설치하여 등기사항증명서를 발급할 수 있다(규칙 제27조 제4항).

무인발급기 설치·관리의 절차 및 비용의 부담 등 필요한 사항은 대법원예규로 정한다(규칙 제27조 제5항. 등기예규 제1442호, 제1443호 5항).

(3) 인터넷에 의한 등기사항증명 등

등기사항증명서의 발급 또는 등기기록의 열람업무는 법원행정처장이 정하는 바에 따라 인터넷을 이용하여 처리할 수 있다(규칙 제28조 제1항). 규칙 제28조 제1항에 따른 업무는 중앙관리소에서 처리하며, 전산운영책임관이 그 업무를 담당한다(규칙 제28조 제2항). 규칙 제28조 제1항에 따른 발급과 열람의 범위, 절차 및 방법 등 필요한 사항은 대법원예규(등기예규 제1424호, 제1550호)로 정한다(규칙 제28조 제3항).

(4) 등기사항증명서의 종류

등기사항증명서의 종류는 다음 각 호로 한다. 다만, 폐쇄한 등기기록에 대하여는 제1호로 한정한다(규칙 제29조).

1. 등기사항전부증명서
2. 등기사항전부증명서(현재 유효사항)
3. 등기사항일부증명서(특정인 지분)
4. 등기사항일부증명서(현재 소유현황)
5. 등기사항일부증명서(지분취득 이력)

(5) 등기사항증명서의 발급방법

등기사항증명서를 발급할 때에는 등기사항증명서의 종류를 명시하고, 등기기록의 내용과 다름이 없음을 증명하는 내용의 증명문을 기록하며, 발급연월일과 중앙관리소 전산운영책임관의 직명을 적은 후 전자이미지관인을 기록하여야 한다. 이 경우 등기사항증명서가 여러 장으로 이루어진 경우에는 연속성을 확인할 수 있는 조치를 하여 발급하고, 그 등기기록 중 갑구 또는 을구의 기록이 없을 때에는 증명문에 그 뜻을 기록하여야 한다(규칙 제30조 제1항).

신탁원부, 공동담보(전세)목록, 도면 또는 매매목록은 그 사항의 증명도 함께 신청하는 뜻의 표시가 있는 경우에만 등기사항증명서에 이를 포함하여 발급한다(규칙 제30조 제2항).

구분건물에 대한 등기사항증명서의 발급에 관하여는 1동의 건물의 표제부와 해당 전유부분에 관한 등기기록을 1개의 등기기록으로 본다(규칙 제30조 제3항). 등기신청이 접수된 부동산에 관하여는 등기관이 그 등기를 마칠 때까지 등기사항증명서를 발급하지 못한다. 다만, 그 부동산에 등기신청사건이 접수되어 처리 중에 있다는 뜻을 등기사항증명서에 표시하여 발급할 수 있다(규칙 제30조 제4항).

(6) 열람의 방법

등기기록의 열람은 등기기록에 기록된 등기사항을 전자적 방법으로 그 내용을 보게 하거나 그 내용을 기록한 서면을 교부하는 방법으로 한다. 이 경우 규칙 제30조 제2항 및 제3항을 준용한다(규칙 제31조 제1항). 신청서나 그 밖의 부속서류의 열람은 등기관이 보는 앞에서 하여야 한다. 다만, 신청서나 그 밖의 부속서류가 전자문서로 작성된 경우에는 제1항 전단의 방법에 따른다(규칙 제31조 제2항. 등기예규 제1443호, 제1424호).

인터넷에 의한 등기기록의 열람등에 관한 업무처리지침은 등기예규 제1550호, 제1571호에 규정되어 있다.

(7) 등기사항 등의 공시제한

등기사항증명서를 발급하거나 등기기록을 열람하게 할 때에는 등기명의인의 표시에 관한 사항 중 주민등록번호 또는 부동산등기용등록번호의 일부를 공시하지 아니할 수 있으며, 그 범위와 방법 및 절차는 대법원예규(등기예규 제1390호, 제1526호, 제1528호, 제1569호)로 정한다(규칙 제32조 제1항).

법원행정처장은 등기기록의 분량과 내용에 비추어 무인발급기나 인터넷에 의한 열람 또는 발급이 적합하지 않다고 인정되는 때에는 이를 제한할 수 있다(규칙 제32조 제2항).

7. 부동산등기 사무의 양식

부동산등기법 및 부동산등기규칙의 시행에 필요한 문서의 양식목록은 별표(생략)와 같이하고, 그 양식은 별지 제1호 내지 제46호(별지 : 생략)와 같이 한다(등기예규 제1338호. 제1531호, 제1603호 제2조). 등기소에 비치할 장부 및 그 보존기간은 아래와 같다(등기예규제 1441호).

등기소에 비치할 장부 및 그 보존기간

분류	연번	명 칭	관 련 법 령 등	보존기간	비 고
1. 신청 사건 처리 에 관한 장부	1	등기부책보존부	규칙 부칙 제3조, 등예 제1441호	영구	규칙 부칙 제3조에 의한 등기부 및 확정일자부(보존기간 20년)를 등재함
	2	확정일자부	행예 제340호 제7조	20년	
	3	부동산등기신청서 접수장	규칙 제21조①제1호, 등예 제1338호	5년	
	4	결정원본 편철장	규칙 제21조①제3호, 등예 제1338호	10년	
	5	이의신청서류 편철장	제21조①제4호, 등예 제1338호	10년	
	6	신청서기타부속서류 송부부	규칙 제21조①제7호, 등예 제1338호	5년	
	7	기타 문서 접수장	규칙 제21조①제2호, 등예 제1338호	10년	
	8	기타장부보존부	규칙 제166조	10년	
	9	등기신청서류등보존부	규칙 제166조	10년	
	10	중복등기사건처리부	등예 제1431호제11항	10년	
	11	등기관교합인등록부	규칙 부칙 제3조, 등예 제1441호	10년	
	12	신청서 편철부	규칙 부칙 제3조, 등예 제1338호	5년	
	13	신청서 기타 부속서류 편철장	규칙 제21조①제6호 등예 제1338호	5년	
	14	양도담보증서편철장	등예 제824호	5년	부동산실권리자명의등기에관한법률 제14조제1항 참조
	15	제외국민등록번호부여신청서철	부여규칙 제6조	3년	
	16	각종 통지부	규칙 제21조①제8호, 등예 제1338호	1년	전산관리
	17	보정통지대장	등예 제1423호	1년	전산관리
	18	직권말소서류편철장	등예 제1420호 제7항	1년	

	19	지연사유대장	등예 제1423호	1년	전산관리
2. 등기 사항 증명 서신 청사 건에 관한 장부	1	복합인증요금계기사용내역(계기별)	행예 제184호 제2항	5년	
	2	열람신청서류 편철장	규칙 제21조①제9호, 등예 제1338호	1년	
	3	제증명신청서류 편철장	규칙 제21조①제10호, 등예 제1338호	1년	
	4	외부무인발급기 수정발급대장	등예 제1418호		
3. 일반 서무 및 용도 에 관한 장부	1	자금출납부	국고금관리법시행령 제92조, 제98조 및 동 시행규칙 제123조, 제 135조	5년	
	2	지급원인행위부	국고금관리법시행령 제92조, 제98조 및 동 시행규칙 제123조, 제 135조	5년	
	3	관서운영경비출납계산서 관련철	감사원계산증명규칙 제33조	5년	
	4	물품청구서철	물품관리법시행규칙 제35조	5년	
	5	물품반납·인수증철	물품관리법시행규칙 제35조	5년	
	6	개인별초과근무내역서철	공무원보수 등의 업무 지침(행정안전부예규)	5년	
	7	초과근무명령서철	공무원보수 등의 업무 지침(행정안전부예규)	5년	
	8	초과근무명령대장	공무원보수 등의 업무 지침(행정안전부예규)	5년	
	9	초과근무확인대장	공무원보수 등의 업무 지침(행정안전부예규)	5년	
	10	수입금출납부	행예 제876호 제11호	5년	
	11	영수필증및등기수입증지 출납부	행예 제876호 제11호	5년	
	12	영수필증및등기수입증지 출납및영수필표시수납일 계표	행예 제876호 제11호	5년	
	13	재·수정발급목록 및 회 수한 등본 등 편철장	행예 제876호 제11호	5년	

	14	결손처리 전산 등·초본 편철장	행예 제876호 제11호	5년	
	15	출장명령부	법관및법원공무원근무 사항에 관한 내규 제6 조제2항		
	16	직원상담카드	직원상담에관한내규 제7조, 제9조제3항	3년	
	17	보안점검부	법원당직및비상근무 규칙 제12조제2항	1년	
	18	직원비상소집연락망및직 원거주지약도	법원당직및비상근무 규칙 제14조	1년	
	19	문서사송대장	법원사무규칙 시행내 규 제26조제4항	1년	
	20	우편물수령증철	등예 제1399호 제5호	1년	
	21	직원특근명령부		1년	
	22	등기장비(전산)카드	행예 제735호 제6조	없음	
4. 전자 신청 에 관한 장부	1	사용자등록신청서 기타부 속서류편철장	등예 제1391호 제8조	5년	
	2	등기필정보 실효신청서 기타 부속서류편철장	등예 제1399호 제9호	5년	

제5절 등기관

등기관이란 함은 지방법원장이나 지원장(지원장은 지방법원장의 명을 받아 등기관을 지정할 수 있다. 등기예규 제220호 마 2항)의 지정을 받아 등기사무를 처리하는 법원공무원을 말한다(법원공무원도 국가공무원법의 적용을 받는 국가공무원이다).

1. 등기관의 지정

등기사무는 지방법원·동 지원과 등기소에 근무하는 법원서기관·등기사무관·등기주사 또는 등기주사보 중에서 지방법원장이나 지원장의 지정을 받은 자(이하 "등기관"이라 한다)가 이를 처리한다(법 제11조 제1항). 등기관은 독자적인 권한하에 스스로의 이름으로 등기사무를 처리하게 되는바(등기예규 제1364호. 라②), 등기신청의 적부(適否)에 대한 형식적 심사권에 기하여 일정한 흠이 있는 등기신청은 각하 하고(법 제29조), 적법한 등기신청은 이를 접수·등기한다.

(1) 등기관의 등기사무처리

등기관은 등기사무를 전산정보처리조직을 이용하여 등기부에 등기사항을 기록하는 방식으로 처리하여야 한다(법 제11조 제2항). 등기관은 접수번호의 순서에 따라 등기사무를 처리하여야 한다(법 제11조 제3항). 등기관이 등기사무를 처리한 때에는 등기사무를 처리한 등기관이 누구인지 알 수 있는 조치를 하여야 한다(법 제11조 제4항).

법 제11조제4항의 등기사무를 처리한 등기관이 누구인지 알 수 있도록 하는 조치는 각 등기관이 미리 부여받은 식별부호를 기록하는 방법으로 한다(규칙 제7조).

(2) 등기관의 지정기준

부동산 등기사건이 1일 평균 70~80건을 초과하여 처리되는 등기과 또는 등기소는 등기과장 또는 등기소장(등기관 포함. 이하 "등기소장"이라 칭한다) 외에 매 70~80건마다 1인의 등기관을 지정할 수 있다(등기예규 제1364호 나.). 법인등기 신청이 1일 평균 40건을 초과하여 처리되는 등기과 또는 등기소도 전항과 같다.

등기관에게 부동산등기사건을 적정·공평하게 배당함으로써 등기관이 등기사무를 신속

정확하게 처리하기 위하여 부동산등기사건의 배당에 관한 사무처리지침(등기예규 제1503호)을 규정하였다.

2. 등기관의 권한과 책임

등기관(법 제11조 제1항)은 자기 책임하에 사건을 처리하며 위법, 부당한 사건처리에 대하여는 처리자(處理者)가 책임을 진다(등기예규 제1364호. 라.) 등기관은 구체적인 등기사무 처리에 관한 독립적인 직무권한을 갖는다. 즉 상사의 지휘·명령에 의하여 등기사무를 처리하는 것이 아니라 자기의 판단과 책임 하에 등기사무를 처리하게 된다.

등기관은 등기신청서류에 대한 심사권을 가지고 등기신청서를 접수, 조사, 등기하며 일정한 흠결이 있는 등기신청을 각하한다(법 제29조).

이와 같은 등기관의 결정 또는 처분을 부당하다고 하는 자는 관할 지방법원에 이의신청을 할 수 있다(법 제100조~제108조).

등기관이 고의 또는 과실로 부당한 처분을 하여 등기신청인 또는 기타 사인에게 손해를 가하게 된 경우에는 국가배상법에 의하여 국가가 배상책임을 지며, 등기관에게 고의 또는 중과실이 있는 때에는 국가가 그 등기관에 대하여 구상권을 가진다(국가배상법 제2조).

3. 등기관의 업무처리의 제한

(1) 등기관의 제척·재정보증

등기관은 자기, 배우자 또는 4촌 이내의 친족(이하 "배우자등"이라 한다)이 등기신청인인 때와 등기신청인의 대리인이 배우자 등인 때에는 그 등기소에서 소유권등기를 한 성년자로서 등기관의 배우자등이 아닌 자 2명 이상의 참여가 없으면 등기를 할 수 없다. 배우자등의 관계가 끝난 후에도 같다(법 제12조 제1항).

등기관은 제1항의 경우에 조서를 작성하여 참여인과 같이 기명날인 또는 서명을 하여야 한다(법 제12조 제2항). 법원행정처장은 등기관의 재정보증에 관한 사항을 정하여 운용할 수 있다(법 제13조).

(2) 참여조서의 작성방법

등기관이 법 제12조제2항의 조서(이하 "참여조서"라 한다)를 작성할 때에는 그 조서에 다음 각 호의 사항을 적어야 한다(규칙 제8조).

1. 신청인의 성명과 주소
2. 업무처리가 제한되는 사유
3. 등기할 부동산의 표시 및 등기의 목적
4. 신청정보의 접수연월일과 접수번호
5. 참여인의 성명, 주소 및 주민등록번호
6. 참여인이 그 등기소에서 등기를 한 부동산의 표시

4. 등기관의 심사권

등기부에 부동산에 관한 진실한 권리관계를 공시하는 등기제도의 이상을 살리기 위하여는 허위등기가 행하여지는 것을 예방하는 것이 가장 중요하며 이를 위하여 등기관이 등기신청에 대하여 심사를 하게된다(법 제29조. 규칙 제52조).

(1) 등기관의 실질적 심사권한 유무(소극) 및 위조된 서면에 의한 등기신청을 수리한 등기관의 과실이 인정되는 경우

등기관은 등기신청에 대하여 부동산등기법상 그 등기신청에 필요한 서면이 제출되었는지 여부 및 제출된 서면이 형식적으로 진정한 것인지 여부를 심사할 권한을 갖고 있으나 그 등기신청이 실체법상의 권리관계와 일치하는지 여부를 심사할 실질적인 심사권한은 없으므로, 등기관으로서는 오직 제출된 서면 자체를 검토하거나 이를 등기부와 대조하는 등의 방법으로 등기신청의 적법 여부를 심사하여야 할 것이고, 이러한 방법에 의한 심사 결과 형식적으로 부진정한, 즉 위조된 서면에 의한 등기신청이라고 인정된 경우 이를 각하하여야 할 직무상의 의무가 있다고 할 것이지만, 등기관은 다른 한편으로 대량의 등기신청사건은 신속하고 적정하게 처리할 것을 요구받기도 하므로 제출된 서면이 위조된 것임을 간과하고 등기신청을 수리한 모든 경우에 등기관의 과실이 있다고는 할 수 없고, 위와 같은 방법의 심사 과정에서 등기업무를 담당하는 평균적 등기관이 보통 갖추어야 할 통상의 주의의무만 기울였어도 제출서면이 위조되었다는 것을 쉽게 알 수 있었음에도 이를 간과한 채 적법한 것으로 심사하여 등기신청을 각하하지 못한 경우에 그 과실을 인정할 수 있다(대판 2005. 2.25. 2003다13048).

등기관이 등기신청서를 받은 때에는 지체없이 신청에 관한 모든 사항을 조사하여야 하며 조사결과 등기신청에 관하여 부동산등기법 제29조(신청의 각하) 각호의 1에 해당하는 사유가 있는 경우에 한하여 이유를 기재한 결정으로 신청을 각하하여야 한다.

등기관의 등기신청에 대한 심사권의 범위에 관하여는 학설상 "형식적 심사주의"와 "실질적 심사주의"의 대립이 있다.

(2) 형식적 심사주의와 실질적 심사주의

(가) 형식적 심사주의

형식적 심사주의라 함은 등기의 신청에 있어서 등기법령이 정하는 형식적 요건, 즉 등기의 신청이 등기할 사항(적격)인가, 관할권이 있는가, 필요한 서면이 첨부되었는가, 첨부서면이 법정형식을 구비하고 있는가 등 등기절차법상의 적법 여부의 형식적 요건만을 심사할 권한을 등기관에게 부여하고 실체법상의 권리관계와 일치하느냐의 여부에 대한 심사권한은 주지 않는 주의를 말한다.

(나) 실질적 심사주의

실질적 심사주의라 함은 등기관이 등기신청을 심사함에 있어 등기법령이 정하는 절차상의 적법 여부에 관한 형식적 요건뿐만 아니라, 그 외에 실체법상의 적법 여부인 권리의 실체관계, 즉 등기원인인 법률행위 기타 법률사실이 실체법상 성립하는가 또한 성립한다면 그것이 유효한가 등 등기신청의 실체법상의 법률관계와의 일치 여부 등도 심사할 수 있으며, 그 결과 실체법상 부적법한 경우에는 등기신청을 각하해야 한다는 주의를 말한다.

(3) 형식적 심사주의와 실질적 심사주의의 차이

형식적 심사주의는 등기신청에 대한 심사의 신속을 기할 수 있으나 그로 인하여 부실한 등기가 이루어질 가능성이 많아 등기권리자의 보호에 소홀할 뿐만 아니라 등기제도의 신뢰를 해할 우려가 있는 반면, 실질적 심사주의는 부실등기를 방지할 수 있으나 그로 인하여 절차의 지연을 초래하여 거래의 원활을 저해하고 등기제도의 이용도를 저하시킬 수 있다는 결함을 가지고 있다.

따라서 어느 주의를 취하느냐는 결국 등기부의 공시의 진실과 절차의 신속이라는 등기제도의 이상 중 어느 쪽을 택하느냐에 관한 정책적인 문제에 귀착한다 할 것이다.

(4) 현행법상 등기관의 심사권

(가) 등기관의 심사대상

우리나라의 부동산등기법은 원칙적으로 형식적 심사주의를 취하여 등기의 신청을 부적법이라 하여 각하할 수 있는 경우를 형식적 한정적으로 규정하고 있다(법 제29조).

판례도 "등기관은 등기신청에 대하여 실체법상의 권리관계와 일치 여부를 심사할 실질적 심사권한은 없고 오직 신청서 및 그 첨부서류와 등기부에 의하여 등기요건의 충족 여부를 심사할 형식적 심사권한밖에 없는 것이어서 그 밖의 필요에 응하여 다른 서면의 제출을 받거나 관계인의 진술을 구하여 이를 조사할 수는 없다(대판 1990. 10. 29, 90마772)"고 하여 심사의 대상은 신청서 및 그 첨부서류와 등기부에 한정되며, 그 이외의 자료는 심사 대상이 아님을 명백히 함과 동시에 형식적 심사주의를 취하고 있다.

(나) 등기관의 심사권한의 범위

등기관은 등기신청에 대하여 실체법상의 권리법상의 권리관계와 일치하는 여부를 심사할 실질적 권한은 없고 오직 신청서류와 등기부(등기기록)에 의하여 등기요건에 합당하는 여부를 심사할 형식적 심사권한 밖에 없는 것이어서 그 밖에 필요에 응하여 다른 서면의 제출을 받거나 관계인의 진술을 구하여 이를 조사할 수는 없다(대법원 1990. 10. 29. 90마772. 1995. 1. 20. 94마535. 2005. 2. 25. 2003다13048).

(다) 등기신청서류에 대한 심사의 기준시기

등기관이 부동산등기법 제29조에 의하여 등기신청서류에 대한 심사를 하는 경우 심사의 기준시는 바로 등기부(등기기록)에 기재(기록 즉 등기의 실행)하려고 하는 때인 것이지 등기신청서류의 제출시가 아니다(대법원 1989. 5. 29. 87마820).

(라) 판결에 의한 등기와 등기관의 심사범위

판결에 의한 등기를 하는 경우 등기관은 원칙적으로 판결 주문에 나타난 등기권리자와 등기의무자 및 이해의 대상인 등기의 내용이 등기신청서와 부합하는지를 심사하는 것으로 족하다(등기예규 제1383호 6). 다만 다음 각호의 경우 등에는 예외적으로 등기관이 판결 이유를 고려하여 신청에 대한 심사를 하여야 한다.

1) 부동산등기법 제23조 제4항의 판결의 요건

판결에 의한 등기는 승소한 등기권리자 또는 등기의무자가 단독으로 신청한다(법 제23조 제4항). 법 제23조 제4항의 판결은 등기절차의 이행을 명하는 이행판결(민사집행법 제263조 제1항)이어야 하며, 주문의 형태는 "피고는 원고에게 별지목록기재 부동산에 관하여 0000년 0월 00일 매매(또는 증여, 교환, 상속 등)를 원인으로 한 소유권이전등기절차를 이행하라"와 같이 등기신청의사를 진술하는 것이어야 한다.

위 판결에는 등기권리자와 등기의무자가 나타나야 하며, 신청의 대상인 등기의 내용, 즉 등기의 종류, 등기원인과 그 연월일 등 등기신청서 및 등기기록에 기재할 사항(법 제48저 제1항)이 명시되어 있어야 한다(등기예규 제1383호. 2.가).

법 제23조 제4항의 판결은 확정판결이어야 하며(민사집행법 제263조 제1항), 확정되지 아니한 가집행선고가 붙은 판결에 의한 등기신청은 등기관이 각하하여야 한다(등기예규 제1383호. 2.나, 법 제29조 제9호). 등기절차이행을 명하는 확정판결을 받았다면 그 확정시기에 관계없이, 즉 판결확정 후 10년이 경과하였다 하더라도 그 판결에 의한 등기신청을 할 수 있다(동예규 2.라).

2) 등기관의 확정판결의 무효여부의 심사가부(소극)

확정판결을 근거로 하는 등기신청에 의한 경우에는 그 등기절차를 명한 확정판결이 당연무효인 여부의 점(點)은 등기관으로서는 심사할 수 없다(대법원 1968. 7. 8. 67마1128).

3) 판결에 의한 등기신청을 접수한 등기관의 형식적심사시에 요구되는 주의의무의 정도

판결서를 첨부 서면으로 한 등기신청을 접수한 등기관으로서는 등기신청에 필요한 서면이 모두 제출되었는지 여부, 그 서면 자체에 요구되는 형식적 사항이 구비되었는지 여부, 특히 확정된 판결서의 당사자 및 주문의 표시가 등기신청의 적법함을 뒷받침하고 있는지 여부 등을 제출된 서면과 등기부의 상호 대조 등의 방법으로 모두 심사한 이상 그 형식적 심사의무를 다하였다고 할 것이고, 위 판결서에 법률이 정한 기재 사항이 흠결되어 있거나 조잡하게 기재되어 있는 등 그 외형과 작성 방법에 비추어 위조된 것이라고 쉽게 의심할 만한 객관적 상황도 존재하지 않는 경우, 등기관이 판결서의 기재 사항 중 신청된 등기의 경료와 직접적으로 관련되어 있는 것도 아니고, 그 기재 방법의 차이로 인하여 판결의 효력에 어떠한 영향도 주지 않는 기재 사항까지 일일이 검토하여 그것이 재판서양식에관한예규 및 일반적인 작성 관행 등에서 벗어난 것인지 여부를 파악한 다음 이를 토대로 그 위조 여부에 관하여 보다 자세한 확인을 하여야 할 주의의무가 있다고는 할 수 없다(대판 2005. 2. 25. 2003다13048).

판 례

등기신청의 첨부 서면으로 제출한 판결서가 위조된 것으로서 그 기재 사항 및 기재 형식이 일반적인 판결서의 작성 방식과 다르다는 점만을 근거로 판결서의 진정 성립에 관하여 자세한 확인절차를 하지 않은 등기관의 직무상의 주의의무위반을 이유로 국가배상책임을 인정한 원심판결을 파기환송한 사례(대판 2005. 2. 25. 2003다13048).

가) 가등기에 기한 본등기

소유권이전등기가 가등기에 기한 본등기인지를 가리기 위하여 판결이유를 보는 경우 수인의 채권자가 각기 채권을 담보하기 위하여 채무자와 채무자 소유의 부동산에 관하여 수인의 채권자를 공동매수인으로하는 1개의 매매예약을 체결하고 그에 따라 수인의 채권자 공동명의로 그 부동산에 가등기를 마친 경우, 수인의 채권자가 공동으로 매매예약완결권을 가지는 관계인지 아니면 채권자 각자의 지분별로 별개의 독립적인 매매예약완결권을 가지는 관계인지는 매매예약의 내용에 따라야 하고, 매매예약에서 그러한 내용을 명시적으로 정하지 않은 경우에는 수인의 채권자가 공동으로 매매예약을 체결하게 된 등기 및 경위, 매매예약에 의하여 달성하려는 담보의 목적, 담보 관련 권리를 공동 행사하려는 의사의 유무, 채권자별 구체적인 지분권의 표시 여부 및 지분권 비율과 피담보채권 비율의 일치 여부, 가등기담보권 설정의 관행 등을 종합적으로 고려하여 판단하여야 한다(대판 2012. 2. 16. 2010다82530. 전원합의체판결).

나) 명의신탁해지를 원인으로 한 등기

① 원칙

부동산실명법은 원칙적으로 명의신탁약정을 무효로 하고 있으므로 예외적으로 명의신탁이 유효로 되는 경우가 아닌 이상은 명의신탁해지를 원인으로 한 소유권이전등기나 소유권말소등기를 할 수 없다. 따라서 이러한 등기신청은 「부동산등기법」 제29조 제2호(사건이 등기할 것이 아닌 때)의 사유로 각하한다.

② 예외

부동산실명법이 정한 명의신탁약정에서 제외되는 이른바 ① 상호명의신탁(부동산실명법 제2조 제1호 나목)이나 ② 종종, 배우자의 특례에 해당하는 경우에는 명의신탁해지를 원인으로 한 소유권이전등기나 말소등기신청을 할 수 있다. 예컨대 종중원 또는 배우자 명의로 부동산에 관한 소유권이전등기를 한 경우에는 조세포탈, 강제집행면탈 또는 법령상 제한의 회피를 목적으로 한 것이 아니라면 부동산실명법 제11조 제1항의 유예기간 또는 제4항에 규정된 기간(해당 쟁송에 관한 확정판결이 있은 날부터 1년)이 지났더라도 명의신탁해지를 원인으로 한 소유권이전등기를 신청할 수 있다(부동산실명법 제8조; 2003. 6. 16. 부등 3402-336, 선례 7-411). 종교단체, 향교 등이 조세포탈, 강제집행의 면탈을 목적으로 하지아니하고 부동산실명법 시행 전에 명의신탁한 부동산으로서 대통령령이 정하는 부동산의 경우에는 유예기간 이내에 실명등기의무를 부여하지 않았으므로(부동산실명법 제11조 제1항 단서), 언제든지 명의신탁해지를 원인으로 하여 실명등기를 신청할 수 있다.

명의신탁해지를 원인으로 한 소유권이전등기를 명한 판결에 의해 소유권이전등기를 신청하는 경우, 위와 같이 부동산실명법의 취지에 반하는 등기를 방지하기 위해서는 등기관이 판결이유를 심사하여 부동산실명법이 예외적으로 유효하다고 보는 상호명의신탁, 배우자 또는 종중에 의한 명의신탁인지 여부를 가리는 것 외에 판결문상의 사건번호, 판결주문 및 이유를 통하여 유예기간이 지난 후에 소를 제기하였는지 여부와 명의신탁약정일이 부동산실명법 시행일 이후인지 여부도 심사할 필요가 있다.

4) 판결에 의한 상속등기와 등기관의 상속인의 범위 및 상속지분의 심사

등기원인이 상속인 때 부동산등기법 제46조(현행부동산등기규칙 제49조)가 신청서에 첨부하도록 한 상속을 증명하는 시, 구, 읍, 면의 장의 서면 또는 이를 증명함에 족한 서면의 조사에 기한 상속분의 산정은 등기공무원의 형식적 심사권한의 범위내라 할 것이다(대법원 1990. 10. 29. 90마772).

확정판결에 상속관계에 대한 설시가 있다 하더라도 그 부분에 등기관에 대한 어떤 기속력이 인정되는 것은 아니어서 등기관으로서는 형식적 심사권의 범위내에서 적법하게 그 확정판결이 법 제46조 소정의 상속을 증명함에 족한 서면인지 여부를 심사할 뿐만 아니라 제출된 서면을 종합하여 객관적으로 상속인의 범위 및 상속지분을 판단할 수 있고 그러한 형식적 심사에 필요한 서면을 신청서에 첨부하지 않았다면 법 제55조 제8호에 따라 등기신청을 각하하여 한다(대결 1995. 1. 20. 자94마535).

등기신청인이 산정한 상속분이 그 상속재산을 둘러싼 소송에서도 받아들여져 판결로써 확정된바 있다고 하더라도 상속등기신청에 대하여 등기공무원이 부동산등기법 소정의 서면만에 의하여 형식적 심사를 함에 있어서는 위 확정판결의 기판력이 미칠 여지가 없다(대법원 1990. 10. 29. 90마772). 상속을 증명하는 시, 구, 읍, 면의 장의 서면 또는 이를 증명함에 족한 서면과 관계법령에 기한 상속인의 범위 및 상속지분의 인정은 등기공무원의 형식적 심사권한의 범위내라 할 것이므로, 위와 같은 서면과 관계법령에 의하여 인정되는 정당한 상속인의 범위 및 상속지분과 다른 내용으로 상속등기를 신청하였을 경우 등기공무원으로서는 신청내용이 확정된 판결의 내용과 동일하다고 하더라도 위 등기신청을 각하하여야 한다(대법원 1995. 2. 22. 94마2116 등기공무원의 결정에 대한 이의).

✎ 판 례

1. 소유권이전 청구권 보전의 가등기 이후에 국세·지방세의 체납으로 인한 압류등기가 마쳐지고 위 가등기에 기한 본등기가 이루어지는 경우, 압류등기의 직권말소를 위한 등기관의 심사 범위 및 직권말소되는 등기의 범위

[1] 소유권이전 청구권 보전의 가등기 이후에 국세·지방세의 체납으로 인한 압류등기가 마쳐지고 위

가등기에 기한 본등기가 이루어지는 경우, 등기관은 체납처분권자에게 부동산등기법 제175조에 따른 직권말소 통지를 하고, 체납처분권자가 당해 가등기가 담보 가등기라는 점 및 그 국세 또는 지방세가 당해 재산에 관하여 부과된 조세라거나 그 국세 또는 지방세의 법정기일이 가등기일보다 앞선다는 점에 관하여 소명자료를 제출하여, 담보 가등기인지 여부 및 국세 또는 지방세의 체납으로 인한 압류등기가 가등기에 우선하는지 여부에 관하여 이해관계인 사이에 실질적으로 다툼이 있으면, 가등기에 기한 본등기권자의 주장 여하에 불구하고 국세 또는 지방세 압류등기를 직권말소할 수 없고, 한편 이와 같은 소명자료가 제출되지 아니한 경우에는 등기관은 가등기 후에 마쳐진 다른 중간 등기들과 마찬가지로 국세 또는 지방세 압류등기를 직권말소하여야 한다고 봄이 상당하다. 그러나 등기관이 국세 또는 지방세 압류등기의 말소를 위하여 위와 같은 심사를 한다고 하더라도, 나아가 그 본등기가 가등기담보 등에 관한 법률 제1조에 의하여 가등기담보법의 적용을 받는 가등기에 기한 것으로서 가등기담보법 제3조 및 제4조가 정한 청산절차를 거친 유효한 것인지 여부까지 심사하여 그 결과에 따라 국세 또는 지방세 압류등기의 직권말소 여부를 결정하여야 하는 것으로 볼 것은 아니다.

[2] 당해세가 아닌 국세에 관하여 법정기일 대신 납부기한이 나타나 있는 소명자료만 제출되어 있음에도 국세의 법정기일과 가등기일의 선후를 심리하지 아니한 채, 담보 가등기 여부에 관하여 실질적인 다툼이 있는 경우 국세 압류등기와 가등기의 실체법상 우열과 무관하게 국세 압류등기를 직권말소할 수 없다고 한 원심을 파기한 사례(대법원 2010.3.18. 자 2006마571 전원합의체 결정. 등기관의처분에대한이의).

(5) 등기관의 조사의무

등기관으로서의 통상의 주의를 기울이면 제출된 등기권리증 등이 진정하게 작성된 것이 아님을 식별할 수 있음에도 불구하고 이를 간과하였다면 이는 그 형식적 심사권한을 행사함에 있어서 지켜야 할 주의의무를 위반한 것이다(대판 1989. 3. 28. 87다카2470).

(가) 조사·교합업무의 원칙

등기관은 당사자가 제출한 신청서 및 첨부서면이 부동산등기법 등 제반법령에 부합되는지의 여부를 조사한 후 접수번호의 순서대로 교합처리하여야 하며, 집단사건 또는 법률적 판단이 어려운 사건, 보정명령을 한 사건의 경우를 제외하고는 늦어도 오전에 제출된 사건에 대하여는 다음날 18시까지, 오후에 제출된 사건에 대하여는 다음 다음날 12까지 등기필정보를 작성하여 교부하여야 한다(등기예규 제1449호. 3. 가.).

(나) 등기관의 과실을 인정한 실례

판례상 등기관의 형식적 심사의무위반으로 등기관의 과실을 인정한 실례는 아래와 같다.

판 례

1. 등기관의 과실을 인정한 사례 :

① 등기관의 형식적 심사의무 위반

등기신청인이 제출한 등기의무자명의의 등기권리증상에 매도인의 주소와 목적부동산의 면적이 등기부상의 기재와 다르고 인감증명의 유효기간도 3개월로 기재되어 인감증명법에 어긋나며 주민등록등본과 인감증명의 계인이 전혀 없는 사실 등 그 서류 자체의 기재의 형식에 의하여 또는 그 기재를 등기부의 기재와 대조하여서 등기관이라면 통상의 주의의무만 기울였어도 쉽게 발견하여 그 서류들이 위조되었다는 것을 알수 있음에도 이를 간과한 채 모두 적법한 것으로 심사하여 등기신청을 각하하지 못한 것은 등기관으로서의 통상의 주의의무를 해태하여 형식적 심사의무를 위반한 것이다(대판 1993. 8. 24, 93다10937).

② 중복등기와 등기관의 주의의무 위반

건물에 대한 소유권보존등기사무를 처리하는 등기관은 이미 등기된 건물과 동일한 경우인지 여부를 심사할 실질적 심사권한은 없고 오직 신청서류와 등기부에 의하여 등기요건에 합당한지 여부를 심사할 형식적 심사권한밖에 없으나, 등기관으로서의 통상의 주의를 기울여 이미 경료된 동일 지번상의 건물에 대한 등기부의 기재와 대조하고 제출된 건축물관리대장 등을 검토하였다면 보존등기를 신청하는 건물이 이미 등기된 건물과 동일한 경우임을 식별할 수 있는데도 불구하고 이를 간과하여 중복보존등기를 경료케 하였다면, 이는 등기관이 그 형식적 권한을 행사함에 있어 지켜야 할 주의의무를 위반한 것이라고 본다(대판 1995. 5. 12, 95다9471).

③ 등기관의 실질적 심사권한 여부(소극) 및 위조된 서면에 의한 등기신청을 수리한 등기관의 과실이 인정되는 경우 :

등기관은 등기신청에 대하여 부동산등기법상 그 등기신청에 필요한 서면이 제출되었는지 여부 및 제출된 서면이 형식적으로 진정한 것인지 여부를 심사할 권한을 갖고 있으나 그 등기신청이 실체법상의 권리관계와 일치하는지 여부를 심사할 실질적인 심사권한은 없으므로, 등기관으로서는 오직 제출된 서면 자체를 검토하거나 이를 등기부와 대조하는 등의 방법으로 등기신청의 적법 여부를 심사하여야 할 것이고, 이러한 방법에 의한 심사결과 형식적으로 부진정한, 즉 위조된 서면에 의한 등기신청이라고 인정될 경우 이를 각하하여야 할 직무상의 의무가 있다고 할 것이지만, 등기관은 다른 한편으로 대량의 등기신청사건을 신속하고 적정하게 처리할 것을 요구받기도 하므로 제출된 서면이 위조된 것임을 간과하고 등기신청을 수리한 모든 경우에 등기관의 과실이 있다고는 할 수 없고, 위와 같은 방법의 심사 과정에서 등기업무를 담당하는 평균적 등기관이 보통 갖추어야 할 통상의 주의의무만 기울였어도 제출 서면이 위조되었다는 것을 쉽게 알 수 있었음에도 이를 간과한 채 적법한 것으로 심사하여 등기신청을 각하하지 못한 경우에 그 과실을 인정할 수 있다(대판 : 2005. 2. 25. 2003다13048).

④ 등기관은 다른 한편으로 대량의 등기신청사건을 신속하거 적정하게 처리할 것을 요구받기도 하므로 제출된 서면이 위조된 것임을 간과하고 등기신청을 수리한 모든 경우에 등기관의 과실이 있다고는 할 수 없고, 위와 같은 방법의 심사 과정에서 등기업무를 담당하는 평균적 등기관이 보통 갖추어야 할 통상의 주의의무만 기울였어도 제출서면이 위조되었다는 것을 쉽게 알 수 있었음에도 이를 간과한 채 적법한 것으로 심사하여 등기신청을 각하하지 못한 경우에만 그 과실을 인정할 수 있다(대판 2007. 6. 14. 2007다4295).

⑤ 등기부 표제부 건물내역란에 건물용도가 '유치원'으로 기재되어 있는 부동산에 관하여 근저당권설정등기신청을 받은 등기관이 부동산 소유자인 등기의무자가 유치원 경영자가 아니거나 위 부동산이 실제로 유치원 교육에 사용되지 않고 있다는 소명자료를 요구하지 않은 채 등기신청을 수리하여 근저당권설정등기를 마친 사안에서, 등기관에게 등기업무를 담당하는 평균적 등기관이 갖추어야 할 통상의 주의의무를 다하지 않은 직무집행상 과실이 있다고 본 원심판단을 정당하다고 한 사례.(대판 2011. 9. 29. 2010다5892 손해배상)

(다) 등기관의 과실 유무의 판단기준

등기관에게 과실이 있었는지를 판단함에 있어서는 위조되어 제출된 서류들 중 어떠한 부분이 어떻게 위조되었는지 또 그 위조된 부분이 등기관으로서의 통상의 주의의무만 기울였어도 쉽게 발견할 수 있는 정도인지의 여부 등 과실의 내용이 되는 사실이 구체적으로 밝혀져야 하고, 단순히 위조된 서류들에 의하여 등기가 이루어진 후 그 위조사실이 밝혀지면 곧바로 등기관에게 과실이 있는 것으로 되는 것은 아니다(대판 1994. 1. 14. 93다46469).

제6절 등기할 사항

1. 등기를 요하는 부동산 물권

민법이 인정하는 물권은 점유권·소유권·지상권·지역권·전세권·유치권·질권·저당권의 8종이나, 부동산등기법 제3조는 등기는 구분건물의 표시와 소유권·지상권·지역권·전세권·저당권·권리질권·채권담보권·임차권의 보존·이전·설정·변경·처분의 제한 또는 소멸에 대하여 이를 한다고 규정하여 부동산등기법상의 등기할 수 있는 권리를 규정하고 있다.

2. 등기를 요하지 아니하는 부동산물권의 취득

(1) 법률의 규정에 의하여 부동산에 관한 물권을 취득한 자

상속, 공용징수, 판결, 경매 기타 법률의 규정에 의한 부동산에 관한 물권의 취득은 등기를 요하지 아니한다. 그러나 등기를 하지 아니하면 이를 처분하지 못한다(민법 제187조).

민법 제187조는 법률의 규정에 의한 부동산물권의 변동은 등기 없이도 그 효력이 생긴다는 원칙을 선언한 것이다. 본조는 부동산에 관한 물권의 '취득'이라고 규정하였으나 비단 취득에 한하지 않고 널리 부동산물권의 '변동'을 모두 포함한다고 해석하여야 한다(학설판례 주석민법 상권250면).

'법률의 규정에 의한' 부동산에 관한 물권의 취득이라 함은 법률행위로 인한 것이 아닌, 바꾸어 말하면 당사자의 의사에 기하여 효력이 생기는 것이 아닌 경우를 말한다. 즉 '법률행위'로 인한 부동산물권의 변동은 등기를 하여야 효력이 생기는데(민법 제186조) 반하여, '법률의 규정'에 의한 부동산물권의 변동은 등기 없이도 효력이 생긴다(민법 제187조).

(가) 상속

1) 상속인의 피상속인의 재산에 관한 포괄적 권리, 의무의 승계

민법 제187조는 법률의 규정에 의한 물권의 취득의 예로 '상속'을 들고 있으나 널리 포괄승계{(포괄유증(민법 제1078조), 회사의 합병(상법 제235조, 제269조, 제530조, 제603조)}는 모두 이에 해당한다.

상속인은 상속이 개시된 때로부터 피상속인의 재산에 관한 포괄적 권리의무를 승계하며(민법 제1005조), 포괄적 유증을 받은 자는 상속인과 동일한 권리의무가 있다(민법 제1078조). 합병 후 존속한 회사 또는 합병으로 인하여 설립된 회사는 합병으로 인하여 소멸된 회사의 권리의무를 승계한다(상법 제235조).

2) 소유권이전등기절차를 이행한다는 화해권고결정이 확정된 경우 상속등기의 선행 여부

피상속인 소유명의의 부동산에 대하여 원인무효를 청구원인으로 한 소유권이전등기말소소송에서 "상속인들은 원고에게 화해권고를 원인으로 한 소유권이전등기절차를 이행한다"라는 화해권고결정이 확정된 경우, 화해권고결정은 원고와 상속인들 사이에 새로운 법률관계를 형성하고 종전의 법률관계를 바탕으로 한 권리의무는 소멸시키므로, 화해권고결정에 따른 소유권이전등기를 신청하기 위하여서는 민법 제187조 단서에 의하여 상속인들 앞으로 상속을 원인으로 한 소유권이전등기절차가 선행되어야 한다(등기선례 제8권 97항).

(나) 공용징수(공용수용)

'공용징수'는 공익사업(공익사업을 위한 토지 등의 취득 및 보상에 관한 법률 제4조)을 위하여 타인의 특정의 재산권을 강제적으로 취득하는 제도이다. 사업시행자는 수용의 개시일에 토지나 물건의 소유권을 취득하며, 그 토지나 물건에 관한 다른 권리는 이와 동시에 소멸한다(동법 제제45조 제1항).

(다) 판결

'판결'에 의한 물권변동이라 함은 판결의 효력으로서 직접 물권변동을 일으키는 경우 즉, 민법 제187조의 판결이란 판결자체에 의하여 물권의 취득효력을 형성하는 것을 말한다(대판 1968. 9. 17. 68다1085,1086). 따라서 실체법상의 형성(形成)의 판결{예: 사해적(詐害的) 물권행위를 취소하는 판결(민법 제406조), 공유물분할의 판결(민법 제269조 제1항), 상속재산분할의 판결(민법 제1013조 제2항) 등}에 한한다 (대판 1965. 8. 17. 64다1721).

민법 제187조의 판결은 판결자체에 의하여 부동산물권취득의 효력이 발생하는 경우를 말하는 것이고, 당사자 사이의 법률행위를 원인으로 하여 부동산 소유권이전등기절차의 이행을 명하는 것과 같은 판결은 이에 포함되지 아니하므로(대판 1965. 8. 17. 64다1721, 1970. 6. 30. 70다568). 인낙조서가 확정판결과 동일한 효력이 있다고 하더라도 증여를 원인으로 한 소유권이전등기절차의 이행청구에 대하여 인낙한 것이라면 그 부동산의 취득에는 등기를 요한다(대판 1998. 7. 28. 96다50025).

(라) 경매

민사집행법에 의한 경매에는 '강제경매'(동법 제80조 내지 제162조)와 '담보권실행 등을 위한 경매'(동법 제264조 내지 제275조)가 있다. 강제경매 및 담보권실행을 위한 경매의 경우 매수인은 매각대금을 다 낸 때에 매각의 목적인 권리를 취득한다(동법 제135조 및 제267조, 제268조). 매각대금이 지급되면 법원사무관 등은 매각허가결정의 등본을 붙여 매수인 앞으로 소유권을 이전하는 등기 등을 촉탁하여야 한다(동법 제144조 제1항).

(마) 기타 법률의 규정에 의한 부동산에 관한 물권의 취득

위에 예시하고 있는 경우 이외의 '기타 법률의 규정'에 의한 부동산에 관한 물권의 취득에는 물건의 생성 또는 멸실(건물의 신축 또는 멸실)로 인한 물권의 취득 또는 상실, 혼동(민법 제191조), 피담보채권의 소멸로 인한 담보물권의 소멸(민법 제369조) 등이 있다.

(2) 부동산의 처분을 위한 등기

상속, 공용징수, 판결, 경매 기타 법률의 규정에 의한 부동산에 관한 물권의 취득은 등기를 요하지 아니한다. 그러나 등기를 하지 아니하면 이를 처분하지 못한다(민법 제187조). 법률의 규정에 의하여 등기 없이 물권을 취득한 경우에도 그 부동산을 처분하려면 먼저 등기를 하여야 한다(민법 제187조 단서).

민법 제187조 단서의 "등기를 하지 아니하면 이를 처분하지 못한다"는 의미는 법률의 규정에 의하여 등기 없이 취득한 부동산물권을 처분하려면 새로운 취득자의 명의로 등기하기 위하여 우선 자기명의의 등기를 경료 하여야 한다는 원칙을 규정한 것이다.

민법 제187조가 법률행위에 의하지 아니하는 본조소정 사유로 인한 부동산에 관한 물권의 취득은 등기를 요하지 아니하나 그 "등기를 하지 아니하면 이를 처분하지 못한다"고 규정하고 있음은 본조 본문에 의하여 등기 없이 취득한 부동산물권을 처분하려면 우선 자기명의에의 등기를 경료 하여야 한다는 원칙을 규정한 것이니 자기명의에의 등기 없이 부동산물권을 처분한 경우에는 새로운 취득자는 부동산물권을 취득하지 못한다는 것뿐이고 그 처분행위의 채권적 효력마저도 부인하는 취지가 아니다(대판 1977. 3. 22. 76다2058).

3. 등기능력이 있는 물건

부동산등기법이 규정하고 있는 등기제도는 토지 또는 건물, 즉 부동산에 대한 일정한 권리의 득실변경을 등재하여 공시하는 제도이므로, 부동산이 아닌 공유수면을 구획지어 이에 대한 소유권(지분권)이전 등기를 구하는 것은 본법상 허용될 수 없고, 미리 그 등기청구권을 보전하기 위하여 가처분을 하여도 이를 등기부에 공사할 방법도 없으므로 그 가처분신청을 받아들일 수 없다(대판 1991. 7. 23. 91다14574).

(1) 토 지

토지는 일정한 범위에 걸친 지면에 정당한 이익이 있는 범위 내에서 그 수직의 상·하(공중과 지하)를 포함하는 것을 말한다(민 제212조).

토지는 연속되어 구분성을 갖지 않기 때문에 인위적으로 그 지표에 선을 그어 경제를 삼고 구획되며, 토지공부인 토지대장, 임야대장에 등록된다(공간정보의 구축 및 관리 등에 관한 법률 제64조). 등록된 각 구역은 독립성이 인정되며, 한 필마다 지번을 붙이고 그 개수는 필로서 계산된다. 물권변동에 관하여 형식주의를 취하는 현행 민법하에서는 등기를 하여야 물권변동이 생기는데, 토지의 일부에 대한 등기는 인정되지 아니한다(법제15조 1항; 민 제186조, 187조, 245조). 그러나 분필절차 없는 용익물권의 설정은 일필의 토지의 일부에도 설정할 수 있다(법 제69조 제6호, 제70조 제5호, 제72조 제1항 제6호, 제74조 제6호).

(2) 건 물

(가) 건물의 개념 건물은 토지에 정착하고 있는 건조물로서 토지와는 완전히 독립한 별

개의 부동산을 말하며, 토지등기부와는 별도로 건물등기부를 두고 있다(민 제99조, 법 14 조 1항), 건물은 토지와 별개로 권리의 객체가 되며 그에 관한 물권의 득실변경은 등기 하여야 효력이 생긴다(민 제186조).

독립된 부동산으로서의 건물이라고 하기 위하여는 최소한의 기둥과 지붕 그리고 주 벽이 이루어지면 된다(대판 2001. 1. 16, 2000다51872; 대판 2003. 5. 30, 2002다21592 · 21608).

(나) 등기능력 있는 건축물의 예시   지붕 및 주벽 또는 그에 유사한 설비를 갖추고 있고, 토지에 견고하게 정착되어 있는 것으로서 유류저장탱크, 사일로(silo), 농업용 고정식 온실, 비각, 경량철골조 경량패널지붕 건축물, 조적조 및 컨테이너구조 슬레이트지붕 주택 등은 건물로서 소유권보존등기 할 수 있다(등기예규 제1086호. 1. 다. (1)).

(3) 하 천

하천법 제4조 제2항에 따른 등기사항의 범위(등기예규 제1387호)

(가) 대상토지

하천법상의 하천으로서, 등기부상의 지목이 하천 또는 제방으로 등기된 토지(소유권보존 등기의 경우에는 토지대장상의 지목이 하천 또는 제방)를 대상으로 한다.

(나) 등기를 할 수 있는 경우

1) 하천법상의 하천에 대한 등기는 다음 각 호의 1에 해당하는 권리의 보존, 설정, 이전, 변경, 처분의 제한 또는 소멸에 대하여 이를 할 수 있다.
   ① 소유권
   ② 저당권
   ③ 권리질권
2) 가등기는 위 1)의 각 호의 1에 해당하는 권리의 설정, 이전, 변경 또는 소멸의 청구권을 보전하려 할 때에 이를 할 수 있다.
3) 신탁등기, 부동산표시변경등기, 등기명의인표시변경등기, 부동산등기법, 민법 또는 특 별법에 따른 특약 또는 제한사항의 등기

(다) 등기를 할 수 없는 경우

지상권·지역권·전세권 또는 임차권에 대한 권리의 설정, 이전 또는 변경의 등기는 하천법상의 하천에 대하여는 이를 할 수 없다.

🔍 판 례

건물 건축 도급계약에 있어서 건물 소유권의 귀속관계
일반적으로 자기의 노력과 재료를 들여 건물을 건축한 사람이 그 건물의 소유권을 원시취득하는 것이지만, 도급계약에 있어서는 수급인이 자기의 노력과 재료를 들여 건물을 완성하더라도 도급인과 수급인 사이에 도급인 명의로 건축허가를 받아 소유권 보존등기를 하기로 하는 등 완성된 건물의 소유권을 도급인에게 귀속시키기로 합의한 것으로 보일 경우에는 그 건물의 소유권은 도급인에게 원시적으로 귀속된다(대판 2003. 12. 18, 98다 43601).

4. 등기능력이 없는 물건

대법원예규나 선례 등에 의하여 등기능력이 없는 건축물로 보는 물건은 다음과 같다.

(1) 등기능력 없는 건축물의 예시

지붕 및 주벽 또는 그에 유사한 설비를 갖추지 않고 있거나, 토지에 견고하게 부착되어 있지 않는 것으로서 농지개량시설의 공작물(방수문, 잠관 등), 방조제 부대시설물(배수갑문, 권양기, 양수기 등), 건물의 부대설비(승강기, 발전시설, 보일러시설, 냉난방시설, 배전시설 등), 지하상가의 통로, 컨테이너, 비닐하우스, 주유소 캐노피, 일시 사용을 위한 가설건축물, 양어장, 옥외 풀장, 경량철골조 혹은 조립식 패널 구조의 건축물 등은 건물로서 소유권보존등기를 할 수 없다(등기예규 제1086호. 1. 다. (2)).

(2) 집합건물의 구조상 공용부분의 등기능력(공용부분인 취지의 등기)

집합건물의 공용부분 중 구조적, 물리적으로 공용부분인 것(복도, 계단 등)은 전유부분으로 등기할 수 없다. 집합건물의 공용부분이라 하더라도 아파트 관리사무소, 노인정 등과 같이 독립된 건물로서의 요건을 갖춘 경우에는 독립하여 건물로서 등기할 수 있고, 이 경우 등기관은 공용부분인 취지의 등기를 한다(등기예규 제1086호. 2).

(3) 공유수면, 토굴, 방조제 등

공유수면을 구획지어 소유권보존등기신청을 하거나 굴착한 토굴에 관하여 소유권보존등기신청을 할 경우 등기관은 그 등기신청을 각하하여야 한다. 방조제(제방)는 토지대장에 등록한 후(지적법 제5조의 규정에 의하여 제방으로 등록) 그 대장 등본을 첨부하여 토지로서 소유권보존등기를 신청할 수 있다(등기예규 제1086호 3).

5. 등기할 수 있는 권리(등기능력 있는 권리)

등기능력 있는 권리라 함은 부동산등기법의 규정에 의하여 등기할 수 있는 권리, 즉 실체법상으로는 그에 관한 등기가 가능한 권리를 말한다.

등기는 부동산의 표시(表示)와 다음 각 호의 어느 하나에 해당하는 권리의 보존, 이전, 설정, 변경, 처분의 제한 또는 소멸에 대하여 한다(법 제3조).

1. 소유권   5. 저당권
2. 지상권   6. 권리질권
3. 지역권   7. 채권담보권
4. 전세권   8. 임차권

점유권·유치권 등의 등기능력이 없는 권리는 부동산 위에 성립하는 경우에도 등기할 수 없다.

6. 등기되어야 할 권리의 변동

등기되어야 할 권리변동은 구법 제2조(신법 제3조) 각호의 부동산물권(소유권·지상권·지역권·전세권·저당권)과 권리질권, 채권담보권, 임차권의 득실, 변경, 즉 그 권리의 보존·설정·이전·변경·처분의 제한·소멸이다.

7. 부동산등기용등록번호

(1) 부동산등기용등록번호의 등기

부동산등기법 중 개정법률(1986. 12. 23. 법률 제3859호)에 의하여 부동산에 관한 자료를 전산화하여 다양한 행정목적의 수행에 이바지 할 수 있도록 하기 위하여 부동산등기시에 개인의 성명과 함께 주민등록번호를 병기(倂記)하고 있는 것과 보조를 맞추어 국가, 지방자치단체, 국제기관 및 외국정부, 주민등록번호가 없는 재외국민, 법인 아닌 사단이나 재단, 국내에 영업소나 사무소의 설치등기를 하지 아니한 외국법인, 외국인에게도 '부동산등기용등록번호'를 부여하여 이를 등기하도록 하였다.

(2) 등기신청서의 필요적 기재사항 및 첨부서면

등기를 신청하는 경우에는 신청인의 성명(또는 명칭), 주소(또는 사무소 소재지) 및 주민등록번호(또는 부동산등기용등록번호)를 신청정보의 내용으로 등기소에 제공하여야 하며(규칙 제43조 제1항 제2호), 등기를 신청하는 경우에는 등기권리자(새로 등기명의인이 되는 경우로 한정한다)의 주소(또는 사무소 소재지) 및 주민등록번호(또는 부동산등기용등록번호)를 증명하는 정보를 그 신청정보와 함께 첨부정보로서 등기소에 제공하여야 한다(규칙 제46조 제1항 제6호).

(3) 권리에 관한 등기의 등기사항

등기관이 갑구(甲區) 또는 을구(乙區)에 권리에 관한 등기를 할 때에는 '권리자'를 기록하여야 하며(법 제48조 제1항 제5호), 부동산등기법 제48조 제1항 제5호의 권리자에 관한 사항을 기록할 때에는 권리자의 성명 또는 명칭 외에 주민등록번호 또는 '부동산등기용등록번호'와 주소 또는 사무소 소재지를 함께 기록하여야 한다(법 제48조 제2항).

(4) 등록번호의 부여절차

(가) 등록번호의 부여방법

부동산등기법 제48조 제2항에 따른 부동산등기용등록번호(이하 "등록번호"라 한다)는 다음 각 호의 방법에 따라 부여한다(법 제49조 제1항).

1) 국가·지방자치단체·국제기관 및 외국정부의 등록번호는 국토교통부장관이 지정·고시한다.

2) 주민등록번호가 없는 재외국민의 등록번호는 대법원 소재지 관할 등기소의 등기관이 부여하고, 법인의 등록번호는 주된 사무소(회사의 경우에는 본점, 외국법인의 경우에는 국내에 최초로 설치 등기를 한 영업소나 사무소를 말한다) 소재지 관할 등기소의 등기관이 부여한다.

3) 법인 아닌 사단이나 재단 및 국내에 영업소나 사무소의 설치 등기를 하지 아니한 외국법인의 등록번호는 시장(「제주특별자치도 설치 및 국제자유도시 조성을 위한 특별법」 제10조 제2항에 따른 행정시의 시장을 포함하며, 「지방자치법」 제3조 제3항에 따라 자치구가 아닌 구를 두는 시의 시장은 제외한다), 군수 또는 구청장(자치구가 아닌 구의 구청장을 포함한다)이 부여한다.

4) 외국인의 등록번호는 체류지(국내에 체류지가 없는 경우에는 대법원 소재지에 체류지가 있는 것으로 본다)를 관할하는 지방출입국·외국인관서의 장이 부여한다.

(나) 등록번호의 부여절차

부동산등기법 제49조 제1항 제2호에 따른 주민등록번호가 없는 재외국민 및 법인의 등록번호의 부여절차는 대법원규칙으로 정하고, 제1항 제3호와 제4호에 따른 법인 아닌 사단이나 재단 및 국내에 영업소나 사무소의 설치등기를 하지 아니한 외국법인 및 외국인의 등록번호의 부여절차는 대통령령으로 정한다(법 제49조 제2항).

8. 도로명주소법에 따른 부동산등기

(1) 목적

이 예규는 도로명주소법에 따른 부동산등기절차를 규정함을 목적으로 한다(등기예규 제1436호. 2011. 10. 28.).

(2) 적용대상

이 예규는 건물등기기록표제부의 건물 표시 및 부동산등기기록의 각 등기명의인의 주소를 그 적용대상으로 한다.

(3) 건물 표시 부분에의 도로명주소 표기

(가) 도로명주소 표기 방법

도로명주소는 건물 표시 중 소재지번 표시 아래에 기재한다.

(예시 1) 일반 건물의 부동산 표시

      서울특별시 서초구 서초동 1500-2

      [도로명주소] 서울특별시 서초구 명달로 22길 24

      철근콘크리트조 슬래브지붕 2층 사무실

      1층 234㎡

      2층 202㎡

(예시 2) 구분건물의 부동산 표시

      1동의 건물 표시

      서울특별시 서초구 서초동 1500-2

      서초아파트 제101동

      [도로명주소] 서울특별시 서초구 서초대로 46길 62

      철근콘크리트조 슬래브지붕 3층 아파트

      1층 554.5㎡, 2층 554.5㎡, 3층 431.5㎡(이하 생략)

(나) 등기신청서

1) 건물등기기록 표제부에 도로명주소가 기록되지 않은 경우

가) 등기신청서의 건물 표시는 등기기록에 표시된 건물의 소재지번을 기재하고 이때 도로명주소만을 기재하여서는 아니된다.

나) 등기신청서의 건물 표시에 소재지번과 도로명주소가 함께 기재된 경우에는 등기사건을 수리하되, 도로명주소가 기재된 건축물대장 정보가 함께 제공된 경우 (5) (가)에 따라 등기관은 직권으로 도로명주소를 기록하는 표시변경등기를 하여야 한다.

2) 건물등기기록 표제부에 도로명주소가 기록된 경우

등기신청서의 건물 표시는 등기기록에 표시된 건물의 소재지번과 도로명주소를 함께 기재한다.

(다) 등기원인증서(매매계약서, 근저당권설정계약서 등)

1) 건물등기기록 표제부에 도로명주소가 기록되지 않은 경우

가) 등기원인증서의 건물 표시는 등기기록에 표시된 건물의 소재지번을 기재한다.

나) 등기원인증서에 건물 표시로 도로명주소만 기재된 때에도 신청인이 제공한 도로명주소 정보[건축물대장 정보, 행정안전부 "새주소 안내 시스템(http://www.juso.go.kr)"의 조회 결과물 등, 이하 "도로명주소 정보"라고 함]에 의하여 해당 소재지번에 대한 도로명주소임이 인정된다면 등기사건을 수리한다.

2) 건물등기기록 표제부에 도로명주소가 기록된 경우

가) 등기원인증서의 건물 표시는 등기기록에 표시된 건물의 소재지번과 도로명주소를 함께 기재한다.

나) 등기원인증서에 건물 표시로 소재지번 또는 도로명주소 중 어느 하나만 기재된 때에도 등기사건을 수리한다.

(4) 등기명의인 표시 부분에의 도로명주소 표기

(가) 도로명주소 표기 방법

등기명의인의 도로명주소는 주소를 증명하는 정보에 표시된 주소(법정 동, 공동주택 명칭의 참고항목 포함)와 동일하게 기재한다.

(나) 등기신청서 및 등기원인증서

1) 도로명주소로 변경하기 위하여 등기명의인 표시변경등기를 신청하는 경우 등기신청서의 등기원인 및 원인일자는 주소를 증명하는 정보에 표시된 주소 변동사유 및 변동일자를 기재한다.

2) 등기원인증서의 명의인 주소표시를 지번방식의 주소로 기재한 때에도 신청인이 제공한 도로명주소 정보에 의하여 해당 도로명주소와 같은 주소임이 인정되면 등기사건을 수리한다.

(다) 인감증명서

1) 등기기록의 등기의무자 주소가 지번방식의 주소일 때 등기의무자의 인감증명에는 도로명주소만 기재된 경우 신청인이 제공한 도로명주소정보에 의하여 해당 지번방식의 주소에 대한 도로명주소임이 인정되면 등기사건을 수리한다.
2) 등기의무자의 인감증명에 기재된 주소변경이력에 의하여 해당 지번방식의 주소에 대한 도로명주소임이 인정되는 경우에도 등기사건을 수리한다.

(5) 직권등기

(가) 도로명주소가 기록되지 않은 건물등기기록에 대하여 도로명주소가 기재된 건축물대장 정보가 함께 제공된 등기신청이 있는 때에는 등기관은 직권으로 건물등기기록 표제부에 도로명주소를 기록하는 표시변경등기를 하여야 한다.
(나) 소유권이전등기 시 「부동산등기규칙」 제122조에 따라 등기명의인의 주소를 직권으로 변경하여야 하는 경우, 등기의무자의 주소가 "전거" 등의 실질적인 주소변경이 아닌 도로명주소법에 따른 주소변경인 경우에는 주소변경의 직권등기를 하지 아니한다.

(6) 등기기록례

도로명주소법에 따른 등기기록례는 별지(생략)와 같다.

(7) 등록면허세 등

도로명주소법에 의한 건물표시변경 또는 등기명의인표시변경 등기신청에는 등록면허세 및 등기신청수수료를 납부하지 아니한다.

부 칙

1. 이 예규는 2011년 10월 31일부터 시행한다.
2. 다른 예규 등에 의한 기존의 등기기록례 중 건물표시 및 등명의인의 표시는 이 예규에 따른 방식에 의하여 기록된 것으로 본다.

(8) 도로명주소법의 폐지건의

토지대장과 임야대장에는 토지의 소재, 지번, 지목, 면적과 소유자의 성명, 주소 및 주민등록번호 등을 등록하여야 한다(측량, 수로조사 및 지적에 관한 법률 제71조 제1항). 토지등기부의 표제부에는 소재와 지번, 지목, 면적 등을 기록하여야 하며(부동산등기법 제34조), 건물등기부의 표제부에는 건물의 소재, 지번 및 건물번호, 건물의 종류, 구조와 면적 등을 기록하여야 하며(부동산등기법 제40조), 등기부는 1필의 토지 또는 1동의 건물에 대하여 1개의 등기기록(등기부)을 편성한다(부동산등기법 제15조 제1항).

도로명주소법에 의한 '도로명주소'로서는 지적공부(즉 토지대장, 임야대장, 지적도, 임야도 등)에 등록을 하거나 등기부(토지등기부 및 건물등기부)를 편성하는 것이 불가능하므로, 도로명주소법 시행이후 도로명주소법에 따른 부동산등기를 하기 위하여 건물등기부의 표제부의 건물의 표시는 아래 기재례와 같이 종전주소와 도로명주소를 중복 기재하여 등기를 하고 있다.

(예시: [종전주소] 서울특별시 서초구 서초동 1500-2

[도로명주소] 서울특별시 서초구 명달로 22길 24)

도로명주소 내에는 지번이 다른 수필지의 토지와 수동의 건물들이 소재하여 부동산을 개별적으로 특정할 수 없어, 도로명주소만을 근거로 하여 부동산거래행위를 하거나 등기를 할 수 없으며, 국가 또는 지방자치단체에서 국세나 지방세의 납부고지도 불가능하다.

따라서 도로명주소법은 국민생활의 안전과 편의를 도모하는 것이 아니라 국민의 법적안정성을 해함은 물론 막대한 국가예산의 낭비만을 초래한 위헌법률로서 하루속히 폐지하여야 한다고 본다.

제7절 등기의 유효요건

공시의 원칙을 관철하기 위한 방법으로 성립요건주의를 채택하고 있는 우리 민법상(민법 제186조) 법률행위에 의한 부동산 거래에 있어서는 원칙적으로 물권행위 외에 등기가 경료되어야만 물권변동의 효력이 발생한다.

이와 같이 등기가 부동산의 물권변동 또는 현재의 권리상태의 공시방법으로서 유효하려면 그 등기 자체가 부동산등기법 기타 법령이 규정한 절차상의 요건을 갖추어 적법하게 이루어져야 할 뿐만 아니라(형식적 또는 절차적 유효요건), 현재의 권리상태 또는 물권변동에 부합하는 것이어야 한다(실질적 또는 실체적 유효요건).

이와 같은 등기의 유효요건 중 어느 하나에 하자 또는 흠결이 있는 경우에는 그 등기는 원칙적으로 무효라고 하여야 할 것이다.

1. 등기의 형식적 또는 절차적 유효요건

등기가 유효하기 위하여는 그 등기가 부동산등기법 기타 법령이 정하는 절차에 따라 행하여 져야 한다.

(1) 등기의 존재

등기가 등기로서 유효하려면 등기부상의 기재인 등기 자체가 존재하여야 한다. 따라서 등기신청이 있고 등기신청인에게 등기필증까지 교부되었다 하더라도 등기관이 그 등기신청에 따라 현실적으로 등기부에 기입한 것이 없다면 그 등기는 존재하지 않는 것으로서(대판 1977. 10. 31, 77마262) 그 유효, 무효도 문제될 수 없다(재판자료 제43집 원인무효의 등기 474면).

🔍 판 례

등기신청의 접수효과 발생시기 및 등기의 완성시기: 등기신청의 접수효과는 등기공무원이 신청서를 받았을 때 발생하며 등기는 등기사항을 기입하고 날인함으로써 완성되고 그 날인이 누락되었다 하여 그 등기가 무효가 된다고는 할 수 없다. (77. 10. 31. 77마262)

(2) 등기할 사항

등기가 유효하려면 그 사항이 등기할 수 있는 것이어야 한다(법 제3조).

등기는 구분건물의 표시와 소유권, 지상권, 지역권, 전세권, 저당권, 권리질권, 채권담보권, 임차권의 보존, 설정, 이전, 변경, 처분의 제한 또는 소멸에 대하여 이를 한다(법 제3조). 등기되는 권리도 부동산등기법 기타 법령에 의하여 등기할 수 있는 권리(법 제3조, 민 제592조 등)이어야 한다. 따라서 물권 중에서도 점유권(민 제192조~제209조) · 유치권(민 제320조) · 특수지역권(민 제302조)은 성질상 등기의 대상이 되지 아니한다. 허무인명의의 등기, 사자(死者) 및 소멸한 법인명의의 등기는 무효이다(대판 1965. 8. 17, 64다1721).

(3) 관할 등기소

등기는 관할 등기소에서 하여야 하며(법 제29조 제1호). 관할위반의 등기는 당연 무효의 등기로서 등기관이 직권으로 말소하여야 한다(법 제58조). 각 지방법원과 지원(사무국을 둔 지원에 한함) 관내에 설치할 등기소와 그 명칭 및 관할구역과 각 지방법원 및 지원의 등기과 · 계의 관할구역은 "등기소의설치와관할구역에관한규칙"(대법원 규칙 제1075호)에 규정되어 있다.

(4) 등기신청의 형식적 요건의 구비

부동산등기법은 등기의 진실성을 확보하기 위하여 등기신청에 엄격한 형식적 요건을 구비할 것을 요구하고 그 요건이 갖추어지지 아니한 경우에는 등기관이 그 신청을 각하하도록 하였다(법 제29조). 그러나 등기관이 그 흠결을 간과하고 그 신청에 따른 등기를 하였다 하여 반드시 이를 무효라고 볼 것은 아니다. 따라서 등기신청에 있어서의 형식적 요건과 등기의 유효요건으로서의 일반적 요건은 별개로 고찰하여야 한다.

(5) 등기신청행위의 하자가 없어야 한다

등기신청인 특히 등기의무자의 의사에 의하지 아니한 등기신청, 즉 위조한 등기신청서류 또는 무권대리인의 등기신청에 의하여 이루어진 등기는 무효이다(대판 1973. 10. 31, 73다628).

학설상으로는 더 나아가 등기가 실체관계에 부합하는 한 신청절차의 하자나 신청의사의 유무에 관계없이 항상 유효한 것으로 보아야 한다는 객관주의(실체주의)설이 있다(我妻榮, 「물권법」, 82면).

대법원판례는 등기는 절차보다 공시한 외형을 중시하여야 하고, 따라서 공시된 외형과 같은 권리관계의 실체, 즉 그 등기가 실체적 권리관계에 부합하는 경우에는 등기의무자의 의사에 의하지 않거나 등기과정이나 절차에 서류의 위조등 하자가 있다 하더라도 공시방법으로서의 효력을 부정할 것은 아니라고 하였다(대판 1972. 8. 22, 72다1059; 대판 1976. 7. 27, 75다2034·2035 등).

2. 등기의 실질적 또는 실체적 유효요건(물권행위와 등기와의 관계)

(1) 등기의 실체적 유효요건

(가) 등기부 기재에 합치하는 실체관계의 존속

등기는 등기부 기재에 합치하는 실체관계 또는 물권이나 권리의 변동, 권리상태가 존속하고 있어야 하고 이에 부합하여야 한다. 따라서 등기부 기재와 같은 권리변동의 원인이 전혀 존재하지 아니하거나 존재하여도 그것이 실체법상 무효이거나 취소 또는 해제되어 소급적으로 효력을 잃게 된 경우(대판 1964. 11. 24, 64다851·852) 또는 당초에는 등기원인이 존재하였으나 등기시에 실효된 경우 또는 그 등기가 원인행위에 의하여 당사자가 이루려고 하였거나 이미 성립된 물권상태나 물권변동에 부합하지 않으면 그 등기는 원인무효라 할 것이고 그 등기의 존재에 대하여 이해관계를 가지는 자(제32조, 제93조 제2항, 제57조 제1항, 규칙 제112조)는 언제라도 그 말소를 청구할 수 있다. 이것이 등기의 실체적 유효요건이다.

(나) 등기가 "실체적 권리관계에 부합한다"는 의미

등기가 "실체적 권리관계에 부합한다"는 것은 등기절차에 어떤 하자가 있다하더라도 그 등기가 현재의 진실한 권리관계와 합치되는 것을 말한다(대판 1992. 2. 28, 91다30149). 물권변동을 목적으로 하는 계약이 있고, 당사자 간에 등기청구권을 실현하는데 법률상 아무런 장애가 없어 등기의무자가 등기의무의 이행을 거절할 정당한 사유도 없으며, 소유권양도의 경우 양수인이 목적부동산에 대한 전면적 지배를 취득하여 사실상 소유권의 실질적 내용을 이루는 사용·수익·처분 등의 권능을 취득하였다고 볼 수 있는 상태에 이르른 때에는 양 당사자 간의 상대적 관계에서는 사실상 소유권이 이전된 것과 같이 볼 수 있는 만큼 법률행위에 의한 물권변동에 있어서 실체적 권리변동 또는 실체적 권리관계에 부합한다고 본다(대판 1978. 8. 22. 76다343)(제1장 제9절 Ⅸ실체적 권리관계에 부합하는 등기 참조).

(2) 물권변동에 부합하는 등기원인의 존재

법률행위에 의한 물권변동에 있어서 성립요건주의를 취하고 있는 현행 민법상에서는 당사자가 이루려고 하는 물권변동에의 부합이 그 실체적 유효요건이 된다. 등기는 등기 당시 진정한 종전권리자(등기의무자)로부터 권리변동 목적물에 대하여 새로운 실체적 권리자(등기권리자) 앞으로 이루어져야 하며, 등기 당시 무권리자로부터 또는 권리변동 목적물이 아닌 부동산에 관하여 또는 실체적 권리자 아닌 자 앞으로 경료되었다면 그 등기부 기재에 상응하는 등기원인은 존재하지 않는 것이므로 원칙적으로 무효이다.

(3) 등기상의 권리가 실질적으로 등기명의인에게 귀속된 경우

등기부의 기재상 물권변동의 과정이나 태양이 실제와 다르거나 실질상으로 존재하지 않더라도 물권변동 그 자체는 실질상 존재하여 그 결과 등기상의 권리가 실질적으로 등기명의인에게 귀속되고 있는 경우에는 그 등기는 실체적 권리관계에 부합하고 있으므로 유효로 된다(대판 1962. 8. 30, 60다300; 대판 1964. 6. 2, 63다880; 대판 1967. 4. 4, 67다133).

(4) 등기절차 및 과정에 하자가 있으나 등기가 실체상 권리관계에 합치하는 경우

죽은자를 상대로한 확정판결에 의하여 취득한 부동산등기(대판 1962. 3. 29.), 증여를 매매로 한 소유권이전등기(대판 1955. 1. 20. 4286민상200), 대물변제를 매매로한 소유권이전등기(대판 1955. 4. 21. 4287민상336), 등기절차 및 과정에 하자가 있는 경우(대판 1976. 7. 27. 75다2035), 위조서류에 의하여 경료된 소유권이전등기(대판 1967. 4. 4. 67다133), 원인무효의 등기에 의한 소유권이전등기(대판 1989. 9. 12. 88다카71), 사망자명의로 신청한 등기(대판 1961. 7. 30. 4294), 사자명의의 인감증명서에 의한 소유권이전등기(대판 1965. 8. 24. 65다1177, 1178), 가등기담보등에 관한 법률 제3조, 제4조의 규정에 위반하여 경료된 가등기에 기한 본등기(대판 2002. 12. 10. 2002다42001), 허위보증서에 의한 등기(2003. 12. 12. 2002다33601), 실명등기의 유예기간 경과 후 명의수탁자가 자의로 명의신탁자에게 바로 소유권이전등기를 경료한 경우(대판 2004. 6. 25. 2004다6764),라도 위 각 등기가 실체상 권리관계에 합치할 때에는 그 등기를 무효라고 할 수 없다고 하였다.

제8절 진정한 등기명의회복을 원인으로한

소유권이전등기(원인무효등기의 시정방법)

1. 진정명의회복을 위한 소유권이전등기청구의 요건

진정한 등기명의의 회복을 위한 소유권이전등기청구는 자기 명의로 소유권을 표상하는 등기가 되어 있었거나 법률에 의하여 소유권을 취득한 진정한 소유자가 그 등기명의를 회복하기 위한 방법으로 소유권에 기하여 현재의 등기명의인을 상대로 진정한 등기명의의 회복을 원인으로 한 소유권이전등기절차의 이행을 구하는 것이다(대판 1997. 3. 11. 96다47142).

진정한 등기명의의 회복을 위한 소유권이전등기청구는 이미 자기 앞으로 소유권을 표상하는 등기가 되어 있었거나 법률에 의하여 소유권을 취득한 자가 진정한 등기명의를 회복하기 위한 방법으로 현재의 등기명의인을 상대로 그 등기의 말소를 구하는 것에 갈음하여 허용되는 것인데, 말소등기에 갈음하여 허용되는 진정명의회복을 원인으로 한 소유권이전등기청구권과 무효등기의 말소청구권은 어느 것이나 진정한 소유자의 등기명의를 회복하기 위한 것으로서 실질적으로 그 목적이 동일하고, 두 청구권 모두 소유권에 기한 방해배제청구권으로서 그 법적 근거와 성질이 동일하다. (대판 2001. 9. 20. 99다37894. 전원합의체판결)

(1) 소유권에 기한 방해배제청구

진정명의회복을 원인으로 한 소유권이전등기는 그 실질이 소유권에기한 방해배제청구이다. 진정한 소유자 아닌 사람이 등기부상 소유명의자로 등기되어 있는 경우에, 부진정한 등기명의자의 등기를 말소하는 대신, 부진정한 현재의 등기명의자로부터 진정한 소유자 앞으로 소유권이전등기를 함으로써 진정한 소유자의 등기명의를 회복할 수 있는가의 문제에 대하여 긍정설과 부정설 및 제한적 긍정설이 있으나, 대법원은 1990. 11. 27, 선고 89다카12398 전원합의체 판결 이래 긍정설을 취하고 있으며, 대법원 등기예규 제1376호, 제1631호는 진정명의회복을 위한 소유권이전등기의 절차를 규정하고 있다.

판 례

소유권자가 진정한 등기명의 회복을 위하여 부진정한 현재의 등기명의인을 상대로 그 謄記의 말소를
구하는 외에 소유권이전등기절차의 이행을 구할 수 있는지 여부
이미 자기 앞으로 소유권을 표상하는 등기가 되어 있었거나 법률에 의하여 소유권을 취득한자가 진정한
등기명의를 회복하기 위한 방법으로는 현재의 등기명의인을 상대로 그 등기의 말소를 구하는 외에 "진
정한 등기명의의 회복"을 원인으로 한 소유권이전등기절차의 이행을 직접 구하는 것도 허용되어야 한다
(90. 11. 27. 89다카12398) ★(전원합의체판결 본판결로 72. 12. 26. 72다1846, 1847, 81. 1.
13. 78다1916 判決 등 變更)

진정명의회복을 원인으로 한 소유권이전등기청구권과 무효등기의 말소청구권은 진정한 소
유자의 등기명의를 회복하기 위한 것으로서 그 목적이 동일하고 두 청구권 모두 소유권에 기
한 방해배제청구권으로서 그 법적근거와 성질이 동일하므로, 공유자 중 한 사람은 공유물에
경료된 원인무효의 등기에 관하여 각 공유자에게 해당 지분별로 진정명의회복을 원인으로 한
소유권이전등기를 이행할 것을 단독으로 청구할 수 있다(대판 2005.9.29. 2003다40651).

(2) 진정명의 회복을 위한 소유권이전등기청구소송의 요건

(가) 현재의 등기명의인을 상대로 한 청구

진정한 등기명의의 회복을 위한 소유권이전등기청구는 자기 명의로 소유권을 표상하는 등
기가 되어 있었거나 법률에 의하여 소유권을 취득한 진정한 소유자가 그 등기명의를 회복하
기 위한 방법으로 그 소유권에 기하여 현재의 등기명의인을 상대로 진정한 등기명의의 회복
을 원인으로 한 소유권이전등기 절차의 이행을 구하는 것(대판 1990. 12. 21. 88다카20026, 2001. 8.
21. 2000다36484) 이어야 한다.

자기 또는 피상속인 명의로 소유권을 표상하는 등기가 되어 있었거나 법률에 의하여 소유
권을 취득한 진정한 소유자가 그 등기명의를 회복하기 위한 방법으로 그 소유권에 기하여 현
재의 등기명의인을 상대로 그 등기의 말소를 구하는 외에 진정한 등기명의의 회복을 원인으
로 한 소유권이전등기절차의 이행을 직접 구하는 것도 허용된다(대판 2002. 9. 24. 2001다20103).

(나) 현재의 등기명의인이 아닌 자(피고적격이 없음)

진정한 등기명의 회복을 위한 소유권이전등기청구는 이미 자기 앞으로 소유권을 표상하는 등기가 되어 있었거나 법률에 따라 소유권을 취득한 자가 진정한 등기명의를 회복하기 위한 방법으로서, 현재의 등기명의인을 상대로 하여야 하고 현재의 등기명의인이 아닌 자는 피고적격이 없다(대판 2017.12.5. 2015다240645).

(3) 소유권이전등기의 말소등기청구소송에서 패소한 진정한 소유자의 진정명의회복을 위한 소유권이전등기청구소송의 제기

부동산에 관한 소유권이전등기가 원인무효라는 이유로 그 등기의 말소를 구하는 소송의 기판력은 그 소송물인 소유권이전등기말소등기청구권에만 미치고 그 전제가 되는 소유권의 존부에 까지 미치는 것은 아니므로, 소유권이전등기말소등기청구소송에서 패소한 당사자도 그 후 다시 소유권확인을 구하거나 진정한 소유자명의 회복을 위한 소유권이전등기를 구하는 소송을 제기할 수 있다(1993. 7. 27. 92다50072).

(4) 진정명의회복을 원인으로 한 소유권이전등기청구소송의 소송목적의 값의 산정

말소등기에 갈음한 진정명의회복을 원인으로 한 소유권이전등기청구소송의 소송목적의 값 산정방식에 관하여 소유권말소등기에 관한 규정(인지규칙 13조 1항 나호 나목, 소송목적의 가액은 물건가액의 2분의 1)에 의한다는 견해와 소유권이전등기에 관한 규정(인지규칙 13조 1항 1호, 소송목적의 값은 물건가액)에 의한다는 견해가 있지만 전자가 타당하다. 왜냐하면 진정명의회복을 원인으로 한 소유권이전등기는 그 실질이 소유권에 기한 방해배제청구이므로 전부 승소할 경우 직접 받게 될 경제적 이익은 민사소송등인지규칙 12조 5호 가목, 13조 1항 나호 나목과 동일하기 때문이다. 따라서 소송목적의 값은 목적물건 가액의 2분의 1이다(법원행정처 사법정책실발행 : 인지실무 136면. 나).

〈실무자료 : 소장의 청구취지 기재〉

> 피고는 원고에게 별지 목록 기재 부동산에 관하여 진정명의 회복을 원인으로 한 소유권이전등기절차를 이행하라.
> ※ 등기원인일자는 기재할 필요가 없다(등기예규 제1376호. 4).

2. 대위에 의한 진정명의회복을 위한 소유권이전등기청구 가부(소극)

자기 앞으로 소유권의 등기가 되어 있지 않았고 법률에 의하여 소유권을 취득하지도 않은 사람이 소유권자를 대위하여 현재의 등기명의인을 상대로 그 등기의 말소를 청구할 수 있을 뿐인 경우에는 진정한 등기명의의 회복을 위한 소유권이전등기청구를 할 수 없다(대판 2003. 5. 13, 2002다64148).

🔍 판 례

자기 또는 피상속인 명의로 소유권을 표상하는 등기가 되어 있었거나 법률에 의하여 소유권을 취득한 진정한 소유자가 그 등기명의를 회복하기 위한 방법으로 그 소유권에 기하여 현재의 등기명의인을 상대로 그 등기의 말소를 구하는 외에 진정한 등기명의의 회복을 원인으로 한 소유권이전등기절차의 이행을 직접 구하는 것도 허용된다(대판 2002. 9. 24, 2001다 201035 소유권 말소등기).

3. 진정명의 회복을 원인으로 한 소유권이전등기절차

(1) 등기신청인

(가) 이미 자기 앞으로 소유권을 표상하는 등기가 되어 있었거나 법률의 규정에 의하여 소유권을 취득한 자가 현재의 등기명의인을 상대로 '진정명의 회복'을 원인으로 한 소유권이전등기절차의 이행을 명하는 판결을 받아 소유권이전등기신청을 한 경우, 그 등기신청은 수리하여야 한다(등기예규 제1376호. 1. 제1631호).

(나) 이미 자기 앞으로 소유권을 표상하는 등기가 되어 있었던 자 또는 지적공부상 소유자로 등록되어 있던 자로서 소유권보존등기를 신청할 수 있는 자가 현재의 등기명의인과 공동으로 '진정명의 회복'을 원인으로 하여 소유권이전등기 신청을 한 경우에도 위와 같다 (등기예규 제1376호. 2. 제1631호).

(다) 등기권리자의 상속인이나 그밖의 포괄승계인은 부동산등기법 제27조의 규정에 의하여 (가)항 및 (나)항의 등기를 신청할 수 있다(등기예규 제1376호. 3. 제1631호).

(라) 위 (가)항 및 (나)항의 등기를 신청하는 경우 신청서에 등기원인일자를 기재할 필요는 없다(등기예규 제1376호. 4. 제1631호).

(마) (가) 및 (나)항의 등기를 신청할 때에는「부동산거래신고 등에 관한 법률」제11조의 규정에 의한 토지거래허가증 및「농지법」제8조 제1항의 규정에 의한 농지취득자격증명의 제출을 요하지 아니한다.

(바) 진정명의회복을 원인으로 소유권이전 등기를 신청하는 경우 취득세는 지방세법 제11조 제1항의 규정에 따른 취득세 또는 동법제 28조 제1항 1호 나목에 따른 등록 면허세를 납부하여야 하며, 국민주택채권은 주택도시기금법 제8조, 같은 법 시행령 제8조의 규정에 따라 부동산소유권이전등기시 요구되는 액수를 매입하여야 한다(위 예규 제6항).

(2) 유예기간 내에 실명등기를 하지 아니한 기존명의 신탁자의 진정명의 회복

부동산실권리자명의등기에관한법률 소정의 유예기간 내에 실명등기를 하지 아니하여 명의신탁약정이 무효로 된 경우, 종전에 명의신탁 대상 부동산에 관하여 소유권이전등기를 경료한 적이 있던 명의신탁자는 명의수탁자를 상대로 원인무효를 이유로 위 등기의 말소를 구하거나 진정명의 회복을 원인으로 한 이전등기를 구할 수 있다(대판 2002. 9. 6. 2002다35157).

🔍 판 례

명의신탁자의 진정명의회복을 원인으로 한 소유권 이전등기청구 : 1995. 3. 30, 법률 제4944호로 공포되어 1995. 7. 1.부터 시행된 부동산실권리자명의등기에관한법률 제4조, 제11조, 제12조 등에 의하면, 부동산실권리자명의등기에관한법률 시행 전에 명의신탁약정에 의하여 부동산에 관한 물권을 명의수탁자의 명의로 등기하거나 하도록 한 명의신탁자는 법 시행일로부터 1년의 기간 이내에 실명등기를 하여야 하고, 그 기간 이내에 실명등기 또는 매각처분 등을 하지 아니하면 그 이후에는 명의신탁약정은 무효가 되고, 명의신탁약정에 따라 행하여진 등기에 의한 부동산의 물권변동도 무효가 된다고 규정하고 있으므로, 원칙적으로 일반 명의신탁의 명의신탁자는 명의수탁자를 상대로 원인무효를 이유로 그 등기의 말소를 구하여야 하는 것이기는 하나, 자기 명의로 소유권을 표상하는 등기가 되어 있었거나 법률에 의하여 소유권을 취득한 진정한 소유자는 그 등기명의를 회복하기 위한 방법으로 그 소유권에 기하여 현재의 원인무효인 등기명의인을 상대로 진정한 등기명의의 회복을 원인으로 한 소유권이전등기절차의 이행을 구할 수도 있으므로, 명의신탁대상 부동산에 관하여 자기명의로 소유권이전등기를 경료한 적이 있었던 명의신탁자로서는 명의수탁자를 상대로 진정명의회복을 원인으로 한 이전등기를 구할 수도 있다 (대판 2002. 9. 6, 2002다35157. 소유권이전등기).

(3) 소유권이전등기말소청구소송에서 패소한 당사자가 그 후 소유권확인소송에서 승소판결을 받은 경우 이에 기한 진정명의 회복

소유권이전등기말소청구소송에서 패소한 당사자도 그 후 소유권확인소송을 제기하여 승소판결을 받고 그 확정판결에 기하여 진정한 소유권명의의 회복을 위한 소유권이전등기를 청구할 수 있다(대판 90. 12. 21. 88다카26482).

판 례

자기 앞으로 소유권을 표상하는 등기가 되어 있었거나 법률에 의하여 소유권을 취득한 자가 진정한 등기명의를 회복하기 위한 방법으로는 그 등기의 말소를 구하는 외에 현재의 등기명의인을 상대로 직접 소유권이전등기절차의 이행을 구하는 것도 허용되어야 하는바, 이러한 법리는 사해행위 취소소송에 있어서 취소 목적 부동산의 등기명의를 수익자로부터 채무자 앞으로 복귀시키고자 하는 경우에도 그대로 적용될 수 있다고 할 것이고, 따라서 채권자는 사해행위의 취소로 인한 원상회복방법으로 수익자 명의의 등기의 말소를 구하는 대신 수익자를 상대로 채무자 앞으로 직접 소유권이전등기절차를 이행할 것을 구할 수도 있다(대판 2000. 2. 25, 99다53704 사해 행위 취소등).

① 소유권이전등기신청				(진정명의회복)	

접 수	년 월 일 제 호	처 리 인	등기관 확인	각종 통지

② 부동산의 표시
< 생 략 >

③ 등기원인과 그 연월일	진정명의회복
④ 등 기 의 목 적	소유권 이전
⑤ 이 전 할 지 분	

구 분	성 명 (상호·명칭)	주민등록번호 (등기용등록번호)	주 소(소 재 지)	지 분 (개인별)
⑥ 등 기 의 무 자	○ ○ ○			
⑦ 등 기 권 리 자	○ ○ ○			

시가표준액 및 국민주택채권매입금액		
부동산 표시	부동산별 시가표준액	부동산별 국민주택채권매입금액
1. 토 지	금 ○○,○○○,○○○원	금 ○○○,○○○ 원
2.	금 원	금 원
3.	금 원	금 원
국 민 주 택 채 권 매 입 총 액	금 ○○○,○○○ 원	
국 민 주 택 채 권 발 행 번 호	○ ○ ○	

취득세(등록면허세)	금○○○,○○○원	지방교육세	금○○○,○○○원
		농어촌특별세	금 ○○○원

세 액 합 계	금 ○○○,○○○ 원	
등 기 신 청 수 수 료	금 ○○○,○○○ 원	
	납부번호 :	

첨 부 서 면

1. 판결정본 및 확정증명	1부
1. 취득세(등록면허세) 영수필확인서(등기예규 제1376호 6항)	1부
1. 주민등록등(초)본	1부
1. 대장(토지·임야·건축물)등본	1부
1. 신청서부본	3부
1. 위임장	1부
1. 등기신청수수료 현금 영수필확인서	1부

2011년   10월   1일

위 신청인   ○   ○   ○   ㊞
대리인 법무사   ○   ○   ○   ㊞

○○지방법원 ○○등기소 귀중

1) 진정명의회복을 원인으로 하는 소유권이전등기신청서에는 등기원인 일자를 기재할 필요가 없다 (등기예규 제718호. 4항).

제9절 등기의 효력

부동산의 물권변동에 관하여 형식주의를 채택하고 있는 현행법 하에서는 부동산에 관한 법률행위로 인한 물권의 득실변경은 등기를 하여야 그 효력이 생긴다(민법 제186조). 이를 '권리변동적 효력'이라 하며 등기의 가장 중요한 효력이다.

등기의 효력에는 그 외에 '대항력'{임대차의 등기(민법 제621조 제2항), 환매등기(민법 제592조), 신탁의 등기(신탁법 제4조 제1항), 저당권의 변제기·이자 등의 약정(법 제75조 제1항) 등}, '순위확정의 효력'(법 제4조 및 제5조, 법 제91조 등), '점유적 효력'(민법 제245조), '추정적 효력'(부동산에 관한 등기가 있으면 그에 대응하는 실체적 권리관계가 존재하는 것으로 추정되는 효력으로 현행법에 명문의 규정은 없으나 학설·판례가 인정한다)이 있다.

Ⅰ. 부동산에 관한 물권변동

부동산에 관한 물권변동이라 함은 물권의 발생·변경·소멸(민법 제186조)을 말한다.

'물권의 발생'에는 절대적 발생과 상대적 발생이 있다. 절대적 발생이란 원시취득에 해당하며 {무주물선점(민법 제252조 제2항), 시효취득(민법 제245조) 등}, 상대적 발생이란 승계취득(매매, 상속 등)을 말한다. '물권의 변경'이란 물권의 내용이 변하는 것으로 질적(質的) 변경과 양적(量的) 변경이 있다. '물권의 소멸'에도 절대적 소멸(목적물의 멸실, 소멸시효에 의한 물권의 소멸)과 상대적 소멸(물권의 양도에 의하여 양도인이 물권을 상실하는 것)이 있다.

1. 물권변동의 효력

(1) 물권의 효력발생요건

부동산에 관한 물권변동은 물권적 합의와 그에 부합하는 등기가 있는 때에 발생한다. 따라서 등기에는 물권변동을 발생시키는 효력이 있는데, 이는 등기의 효력의 중심을 이룬다. 이때 물권변동의 효력발생시기는 등기신청시가 아니라 "등기관이 등기를 마친 경우"이다(법 제6조 제2항). 등기관이 등기를 마친 경우란 등기관이 부동산등기법 제11조 제4항에 따라 등기사무를 처리한 등기관이 누구인지 알 수 있는 조치를 하였을 때를 말한다(규칙 제4조).

민법 제186 본조에서 말하는 "등기"에는 소유권보존등기도 포함되므로 미등기부동산을 적법히 매수한 자가 자기명의로 소유권보존등기를 하였을 경우에도 그 보존등기는 본조의 등기에 해당되어 소유권취득의 효력이 발생한다(대판 63. 4. 25. 62아19).

(2) 등기가 원인 없이 말소된 경우 그 물권의 효력

등기는 물권의 효력발생요건이고 효력존속 요건은 아니므로 물권에 관한 등기가 원인 없이 말소된 경우에도 그 물권의 효력에는 아무런 영향을 미치지 않으며(88. 10. 25. 87다카1232), 그 회복등기가 마쳐지기 전이라도 말소된 등기의 등기명의인은 적법한 권리자로 추정되므로 원인 없이 말소된 등기의 효력을 다투는 쪽에서 그 무효 사유를 주장·입증하여야 한다(대판 97. 9. 30. 95다39526).

(3) 등기의 추정력과 등기무효의 입증책임

부동산소유권의 득실변경에 관하여 법률이 규정하는 등기가 되어 있는 경우에는 등기된 권리의 변동은 일응 유효하게 되었다는 추정을 받는 것으로 그와 같은 권리의 부존재나 무효를 주장하는 자는 스스로 그것을 입증하여야 하는 것이다(대판 76. 10. 26. 76다1658).

(4) 등기의 공신력과 유효성의 인정요건(認定要件)

등기의 공신력(公信力)이 인정되지 않는 현행 등기제도 하에서는 등기기재에 부합하는 실체상의 권리관계가 존재함을 전제로 그 등기의 유효성(有效性)이 인정된다(대판 1969. 6. 10. 68다199).

(5) 토지등기부의 표제부에 토지의 면적이 실제와 다르게 등재된 경우, 그 등기가 해당 토지를 표상하는 등기로서 유효한지 여부(적극)

물권의 객체인 토지 1필지의 공간적 범위를 특정하는 것은 지적도나 임야도의 경계이지 등기부의 표제부나 임야대장·토지대장에 등재된 면적이 아니므로, 토지등기부의 표제부에 토지의 면적이 실제와 다르게 등재되어 있다 하여도, 이러한 등기는 해당 토지를 표상하는 등기로서 유효하다(대판 2005. 12. 23. 2004다1691).

판 례

등기신청의 접수효과 발생 및 등기의 완성시기
등기신청의 접수효과는 등기관이 신청서를 받았을 때 발생하며, 등기는 등기부에 등기사항을 기입하고
날인함으로써 완성되고 그 날인이 누락되었다 하여 그 등기가 무효가 된다고 할 수 없다(대결 1977.
10. 31.자 77마262).

2. 등기의 효력발생시기

등기의 효력발생시기를 명확하게 하기 위하여 등기관이 등기를 마치면 그 등기의 효력은
접수한 때부터 효력을 발생하는 것으로 하였다. 개정법 제11조 제1항에 따른 등기관이 등기
를 마친 경우 그 등기는 접수한 때부터 효력을 발생한다(법 제6조 제2항).

등기관이 등기사무를 처리한 때에는 등기사무를 처리한 등기관이 누구인지 알 수 있는 조
치를 하여야 한다(법 제11조 제4항).

II. 등기의 추정력

부동산에 있어서 권리의 추정은 점유에 의하지 않고 등기에 의하며(대판 1966. 5. 31. 66다677),
부동산소유권의 득실변경에 관하여 법률에 규정하는 등기가 되어 있는 경우에는 등기된 권
리의 변동은 일응 유효하게 되었다는 추정을 받는 것으로 그와 같은 권리의 부존재나 무효를
주장하는 자는 스스로 그것을 입증하여야 한다(대판 1976. 10. 26. 76다1658).

등기는 무효원인에 의한 것이라는 반증(反證)이 없는 한 유효원인에 의한 것이라고 추정
되므로(1957. 5. 2. 4289민상4730), 동 등기가 무효라고 주장하는 자에게 입증책임이 있다(1959. 11.
12. 4292민상567).

토지소유권보존등기는 그 소유권보존 이외의 권리변동사항이 진실하다는 점에 관하여서
는 추정력이 없다할 것이나 토지소유권이 진실하게 보존되어 있다는 사실에 관하여서는 추
정력이 있으며(대판 1965. 4. 20. 65다199), 부동산의 소유권이전등기는 적법하게 경료된 것이고 그
등기내용대로의 소유권취득이 유효하게 성립되었다고 추정되므로(대판 1972. 10. 10. 72다1352),

토지의 소유권이전등기명의자는 등기의 효력으로서 그 토지에 대한 소유권자로 추정을 받는다(대판 1983. 11. 22. 83다카894).

소유권이전등기가 되어 있는 경우에는 그 등기명의자는 제3자에 대해서 뿐만 아니라 그 전 소유자에 대해서도 적법한 등기원인에 의하여 소유권을 취득한 것으로 추정되며(대판 1982. 6. 22. 81다791, 1997. 12. 12. 97다40100), 부동산에 관한 등기부상 소유권이전등기가 경료 되어 있는 이상 그 절차 및 원인이 정당한 것이라는 추정을 받게 되고 그 절차 및 원인의 부당을 주장하는 당사자에게 이를 입증할 책임이 있는 것이나, 등기절차가 적법하게 진행되지 아니한 것으로 의심스러운 사정이 있음이 입증되는 경우에는 그 추정력은 깨어진다(대판 2003. 2. 28. 2002다462156).

등기는 물권의 효력발생요건이고 존속요건은 아니어서 등기가 원인 없이 말소된 경우에는 그 물권의 효력에 아무런 영향이 없고, 그 회복등기가 마쳐지기 전이라도 말소된 등기의 등기명의인은 적법한 권리자로 추정되므로 원인 없이 말소된 등기의 효력을 다투는 쪽에서 그 무효사유를 주장·입증하여야 한다(대판 1997. 9. 30. 95다39526).

멸실에 의한 회복등기가 등기부에 기재되었다면 별다른 사정이 없는 한 이는 등기공무원에 의하여 적법하게 수리되고 처리된 것이라고 추정함이 타당하며, 전(前) 등기의 접수연월일 및 번호란이 "불명"으로 기재되어 있다는 것만으로는 회복등기절차에 무슨 하자가 있는 것으로 볼 수 없다(대판 1990. 11. 27. 90다카18637, 1992. 8. 18. 92다8736).

1. 등기의 추정력의 의의

등기의 추정력이란 부동산물권변동을 공시하는 등기가 존재하는 경우에 형식적으로 존재하는 그 등기 자체에 의하여 공시되는 권리가 그 등기명의인에게 있는 것으로 추정됨을 말하는 바, 등기부상의 명의인에게 실체법상으로도 권리관계가 존재한다고 추측되어지는 효력이 있다는 것을 말한다. 우리나라 민법에는 등기의 추정력을 명문으로 규정한 것이 없으나 학설(곽윤직, 「물권법」, p. 172.), 판례가 이것을 인정하고 있다. 부동산등기에 위와 같은 추정력을 인정하는 근거로는 일반적으로 등기의 기재가 실체법상의 권리관계와 일치될 개연성이 높다는 실질적 근거를 들고 있다(개연성설). 부동산 등기부상 소유자로 등기 되어 있는 자는 특별한 사정이 입증되지 않는 이상 적법한 등기원인에 의하여 소유권을 취득한 사실을 추정할 수 있으므로 반대사실을 주장하는 상대방이 등기원인의 결여 또는 부적법한 사실을 주장입증 할 필요가 있다(대판 1966. 7. 26. 66다880). 토지소유권보존등기는 그 소유권보존 이외의 권리변동사항이 진실하다는 점에 관하여서는 추정력이 없다 할 것이나 토지소유권이 진실하게 보존되어 있다는 사실에 관하여서는 추정력이 있다(대판 1965. 4. 20. 65다199).

등기는 물권의 "효력발생요건"이고 "존속요건"은 아니어서 등기가 원인 없이 말소된 경우에는 그 물권의 효력에 아무런 영향이 없고(대판 1988. 10. 25. 87다카1232, 1988. 12. 27. 87다카2431), 그 회복등기가 마쳐지기 전이라도 말소된 등기의 등기명의인은 적법한 권리자로 추정된다(대판 1997. 9. 30. 95다39526). 등기의 추정력에 관한 우리 대법원판례는 일관하여 권리의 추정을 인정함과 동시에 그 추정의 복멸에 관한 입증책임은 상대방이 부담한다고 판시함으로써 등기의 추정력을 법률상의 권리추정으로 해석하고 있다. 소유권이전등기가 경료되어 있는 경우에는 그 등기명의자는 제3자에 대하여서뿐만 아니라 그 전 소유자에 대하여도 적법한 등기원인에 의하여 소유권을 취득한 것으로 추정된다(2004. 9. 24. 2004다27273). 등기부에 토지대장과 다른 등재가 되어있다 하여도 일단 등기가 되어 있는 이상 그 등기에 추정력이 있음은 변함이 없다(대판 1969. 9. 23. 69다1057).

2. 추정력의 복멸(覆滅)

부동산에 관한 등기부상 소유권이전등기가 경료되어 있는 이상 일응 그 절차 및 원인이 정당한 것이라는 추정을 받게 되고, 그 절차 및 원인의 부당을 주장하는 당사자에게 이를 입증할 책임이 있는 것이나, 등기절차가 적법하게 진행되지 아니한 것으로 볼만한 의심스러운 사정이 있음이 입증되는 경우에는 그 추정력은 깨어진다(대판 2003. 2. 28. 2002다46256).

3. 추정력의 복멸에 관한 입증책임

등기는 적법, 유효한 것으로 추정을 받는다 할 것이므로 동 등기가 무효라고 주장하는 자에게 입증책임이 있다(대판 1959. 11. 12. 4292민상567, 1962. 12. 27. 62다748, 1965. 4. 20. 65다199, 1966. 1. 31. 65다186).

부동산에 관하여 소유권이전등기가 마쳐져 있는 경우에는 그 등기명의자는 제3자에 대하여서뿐 아니라, 그 전 소유자에 대하여서도 적법한 등기원인에 의하여 소유권을 취득한 것으로 추정되므로 이를 다투는 측에서 그 무효사유를 주장·입증하여야 하고, 부동산등기는 현재의 진실한 권리상태를 공시하면 그에 이른 과정이나 태양을 그대로 반영하지 아니하였어도 유효한 것으로서, 등기명의자가 전 소유자로부터 부동산을 취득함에 있어 등기부상 기재된 등기원인에 의하지 아니하고 다른 원인으로 적법하게 취득하였다고 하면서 등기원인 행위의 태양이나 과정을 다소 다르게 주장한다고 하여 이러한 주장만 가지고 그 등기의 추정력이 깨어진다고 할 수는 없으므로, 이러한 경우에도 이를 다투는 측에서 등기명의자의 소유권이전등기가 전 등기명의인의 의사에 반하여 이루어진 것으로서 무효라는 주장·입증을 하여야 한다(대판 1997. 6. 24, 97다2993; 대판 2000. 3. 10, 99다65462; 대판 2001. 8. 21, 2001다23195).

4. 특별조치법상의 등기의 추정력

(1) 특조법에 의한 등기의 추정력의 번복사유

특별조치법에 따라 경료된 소유권보존등기와 소유권이전등기에도 부동산등기법에 의한 등기와 마찬가지로 추정력이 있으나(대판 1979. 7. 24. 79다971) 특별조치법은 부동산등기법과는 구별되는 간이한 절차와 요건에 의하여 등기가 경료할 수 있도록 규정하고 있으므로 특조법에 의한 등기는 부동산등기법에 의한 등기에 비하여 그 추정력이 약하고 따라서 쉽게 추정력이 복멸될 수 있는 것으로 하는 것이 타당하다고 본다. 판례가 들고 있는 특조법에 의한 등기의 추정력 복멸사유는 다음과 같다.

1) 등기의 추정력을 번복하기 위한 입증의 정도

판례는 보증서나 확인서가 위조 되었다든가 내용이 허위인 경우에는 추정력이 깨어진다고 한다(대판 1991. 4. 26. 91다4898. 1981. 6. 23. 81다234. 1991. 4. 26. 91다6672). 허위의보증서와 확인서라 함은 권리변동의 원인이 되는 실체적 기재 내용이 진실이 아닌 것을 의미한다(대판 1991. 12. 27. 91다14475).

구 부동산소유권이전등기등에관한특별조치법(1977. 12. 31. 법률 제3094호, 실효)에 의한 등기는 같은 법 소정의 적법한 절차에 따라 마쳐진 것으로서 실체관계에 부합하는 등기로 추정되므로 등기의 말소를 소구하는 자에게 적극적으로 추정을 번복시킬 주장·입증책임이 있지만, 등기의 기초가 된 보증서나 확인서의 실체적 기재 내용이 진실이 아님을 의심할 만큼 증명이 있는 때에는 등기의 추정력은 번복된 것으로 보아야 하고 이러한 보증서 등의 허위성의 입증 정도가 법관이 확신할 정도가 되어야만 하는 것은 아니다(대판 1997. 10. 16. 95다 57029, 전원합의체 판결).

2) 보증인의 자격이 없는 자가 보증인으로서 보증서를 발급한 경우(대판 1977. 11. 22. 77다1131).

3) 변론에 나타난 자료에 의하여 그 실체적 기재내용이 아님을 의심할 만큼 증명이 된 때(대판 1991. 12. 27. 91다10480).

구 임야소유권이전등기등에관한특별조치법(실효, 이하 '특별조치법'이라 한다)에 따라 등기를 마친 자가 보증서나 확인서에 기재된 취득원인이 사실과 다름을 인정하더라도 그가 다른 취득원인에 따라 권리를 취득하였음을 주장하는 때에는, 특별조치법의 적용을 받을 수 없는 시점의 취득원인 일자를 내세우는 경우와 같이 그 주장 자체에서 특별조치법에 따른 등기를 마칠 수 없음이 명백하거나 그 주장하는 내용이 구체성이 전혀 없다든지 그 자체로서 허구임이 명백한 경우 등의 특별한 사정이 없는 한 위의 사유만으로 특별조치법에 따라 마쳐진 등기의 추정력이 깨어진다고 볼 수는 없으며, 그 밖의 자료에 의하여 새로이 주장된 취득원인 사실에 관하여도 진실이 아님을 의심할 만큼 증명되어야 그 등기의 추정력이 깨어진다고 할 것이다(대판 2001. 11. 22. 2000다71388, 71395, 전원합의체판결).

🔍 판 례

1. 부동산소유권이전등기등에관한특별조치법에 의한 등기는 동법 소정의 적법한 절차에 따라 마쳐진 것으로서 실체관계에 부합하는 등기로 추정된다 할 것이므로 그 등기의 말소를 소구하는 자가 동법 소정의 보증서와 확인서가 허위라든가 그 밖에 다른 사유로 인하여 그 등기가 동법에 따라 적법하게 이루어진 것이 아니라는 주장과 입증을 하여야 하고, 허위의 보증서나 확인서란 권리변동의 원인이 되는 실체적 기재내용이 진실에 부합하지 아니하는 보증서와 확인서를 뜻하는 것으로서 변론에 나타난 자료에 의하여 그 실체적 기재내용이 진실이 아님을 의심할 만큼 증명이 된 때에는 그 등기의 추정력이 번복된다고 보아야 할 것이므로 보증서의 허위성의 입증정도가 법관이 확신할 정도가 되어야 할 필요는 없다(1991. 12. 27.91다10480. 제3부 판결 소유권이전등기말소등).

2. [1] 구 부동산소유권 이전등기 등에 관한 특별조치법(2006. 12. 26. 법률 제8080호로 개정되기 전의 것, 이하 '구법'이라 한다) 제10조 제2항. 구 부동산소유권 이전등기 등에 관한 특별조치법 시행령(2007. 6. 28. 대통령령 제20120호로 개정되기 전의 것) 제7조 제1항, 제9조 제3항에다가 구법이 위 법 시행 당시 소유권보존등기가 되어 있지 아니하거나 등기부의 기재가 실제 권리관계와 일치하지 아니하는 부동산을 용이한 절차에 따라 등기할 수 있게 함을 목적으로 제정된 것이라는 점(구법 제1조) 등을 더하여 보면 구법에서 정한 보증인은 보증의 대상이 되는 부동산에 관하여 실제의 권리관계를 공정·성실·신속하게 보증서를 작성할 주의의무가 있다.

   [2] 구 부동산소유권 이전등기 등에 관한 특별조치법(2006.12.26. 법률 제8080호로 개정되기 전의 것)에서 정한 보증인이 고의 또는 과실에 의하여 허위 내용의 보증서를 작성하였고, 그러한 허위 내용의 보증서에 터 잡아 확인서 발급 및 등기가 이루어졌다면 보증인은 그 등기를 진실한 것으로 믿고 거래한 사람이 입은 손해를 배상할 의무가 있다(대판 2012. 2. 9. 2011다35210 손해배상).

4) 등기명의자가 무권리자인 경우(대판 1990. 11. 9. 90다카16723)

판 례

임야소유권이전등기에관한특별조치법에 의한 소유권이전등기는 실체적 권리관계에 부합하는 등기로 추정되지만 그 소유권이전등기도 전등기명의인으로부터 소유권을 승계취득 하였음을 원인으로 하는 것이고 보증서 및 확인서 역시 그 승계취득사실을 보증 내지 확인하는 것이므로 그 전등기명의인이 무권리자이기 때문에 그 명의의 소유권이전등기가 원인 무효로서 말소되어야 할 경우라면, 그 등기의 확정력이 번복된다고 보아야 한다(대판 1990. 11. 9. 90다카16723).

5) 전등기명의인이 무권리자이므로 그에 기초한 소유권이전등기가 원인무효로서 말소되어야 할 경우 추정력의 번복

부동산소유권 이전등기 등에 관한 특별조치법에 의한 소유권이전등기의 전 등기명의인이 무권리자이기 때문에 그로부터의 소유권이전등기가 원인무효로서 말소되어야 할 경우, 등기의 추정력이 번복되며, 원인무효인 소유권보존등기를 기초로 마친 소유권이전등기는 위 특별조치법에 의하여 이루어진 등기라고 하더라도 원인무효이다.

판 례

부동산소유원 이전등기 등에 관한 특별조치법(이하 '특별조치법'이라고 한다)에 의한 소유권이전등기는 실체적 권리관계에 부합하는 등기로 추정되지만 그 소유권이전등기도 전 등기명의인으로부터 소유권을 승계취득하였음을 원인으로 하는 것이고 보증서 및 확인서 역시 그 승계취득사실을 보증 내지 확인하는 것이므로 그 전 등기명의인이 무권리자이기 때문에 그로부터의 소유권이전등기가 원인무효로서 말소되어야 할 경우라면, 등기의 추정력은 번복된다. 같은 취지에서 소유권보존등기의 추정력은 그 등기가 특별조치법에 의하여 마쳐진 것이 아닌 한 등기명의인 이외의 자가 해당 토지를 사정받은 것으로 밝혀지면 깨어지는 것이어서, 등기명의인이 구체적으로 실체관계에 부합한다거나 승계취득사실을 주장·증명하지 못하는 한 등기는 원인무효이므로, 이와 같이 원인무효인 소유권보존등기를 기초로 마친 소유권이전등기는 그것이 특별조치법에 의하여 이루어진 등기라고 하더라도 원인무효이다(대판 2018. 1. 25. 2017다260117).

(2) 보증서나 확인서 기재의 허위성의 입증 정도

법관이 확신할 정도가 되어야만 하는 것은 아니고 그 보증서 등이 위조 되었다거나 실체적 기재내용이 진실이 아님을 의심할 만큼 증명된 때에는 그 추정력이 번복된다(대판 1994. 3. 11. 93다57490).

등기의 추정력을 번복하기 위한 보증서의 허위성의 입증 정도는 그 실체적 기재 내용이 진실이 아님을 의심할 만큼 증명하는 것으로 족하고 법관이 확신할 정도가 되어야 하는 것은 아니다(대판 2001. 4. 13. 2001다4903).

등기의 추정력을 번복하기 위한 입증의 정도는 등기의 기초가 된 보증서나 확인서의 실체적 기재 내용이 진실이 아님을 의심할 만큼 증명되어야 하며, 그와 같은 입증이 없는 한 그 등기의 추정력은 번복되지 아니한다(대판 2004. 3. 26. 2003다60549).

판례가 위와 같이 입증의 정도를 완화한 것은 간이한 절차에 의하여도 등기가 가능한 특조법상의 등기에 대하여 보증서 또는 확인서 기재내용의 진실성에 대하여 의심이 가는 사유가 있을 때에는 그 추정력을 복멸함으로써 진실한 권리자를 보호하고자 하는 것이다.

(3) 추정력 복멸사유

(가) 소유권보존등기의 경우

가) 토지의 사정(査定)명의자와 등기명의자와의 상이(대판 1990. 2. 27. 88다카4178)

나) 건물의 신축자와 등기명의자와의 상이(대판 1990. 2. 27. 88다카4178)

다) 등기명의자가 전소유자로부터 양수(매매, 증여 등) 하였다는 주장을 하는데 전소유자가 양

도사실을 부인하는 경우(대판 1983. 7. 26. 82다카607)

(나) 소유권이전등기의 경우

가) 전소유자의 사망 후에 이루어진 이전등기(대판 1983. 8. 23. 83다카597)

나) 등기명의자가 매수인이 아님이 판명된 경우(대판 1968. 8. 12. 68다1962)

다) 전소유자가 허무인인 경우(대판 1985. 11. 12. 84다카2494)

라) 등기절차에 이상이 있음이 판명된 경우(대판 1962. 4. 18. 4292민상946)

마) 등기의 기재 자체에 의하여 부실등기임이 명백한 경우(대판 1982. 9. 14. 82다카134)

바) 전소유자가 아닌 자의 행위로 등기되었음이 명백한 경우(대판 1979. 7. 10. 79다645)

5. 가등기의 추정력(소극)

가등기의 추정력에 관하여는 이것을 긍정하는 견해도 있으나, 가등기는 가등기의 원인이 되는 권리관계 자체의 공시를 목적으로 하는 것이고, 그 기재가 진실한 권리 또는 법률관계와 합치될 개연성이 적다는 이유로 가등기의 추정력을 부정하는 견해가 통설이다.

우리 대법원은 "소유권이전청구권의 보전을 위한 가등기가 있다 하여 반드시 소유권이전등기를 할 어떤 계약관계가 있었던 것이라고 단정할 수 없으므로 소유권이전등기를 청구할 어떤 법률관계가 있다고 추정되는 것은 아니라고 할 것이다"라고 판시함으로써(대판 1979. 5. 22, 99다239), 가등기의 기재에 가등기원인의 존부에 관하여 어떤 추정력을 인정할 수 없음을 판시하고 있다.

6. 멸실회복등기의 추정력

멸실등기의 회복등기가 등기부에 기재된 이상 별다른 사정이 없는 한 이는 등기공무원이 적법하게 처리한 것이라고 일응 추정된다(대판 1978. 11. 28. 78다1485, 1979. 11. 13. 79다1550).

부동산 등기부에 소유권이전등기가 경료되어 있는 경우에 그 등기명의자는 등기원인에 의하여 적법한 소유권을 취득한 것으로 추정받고, 회복등기도 별다른 사정이 없는 한 등기관에 의하여 적법하게 수리되어 처리된 것으로 추정되며, 그와 같은 등기의 추정력에 관한 법리는 그 소유권이전등기가 등기부 멸실 후의 회복등기절차에 의하여 이루어진 경우에도 마찬가지로 적용된다(대판 1996. 10. 29, 96다19338).

대법원은 전 등기의 접수연월일, 접수번호, 등기원인이 각 불명으로 기재된 멸실회복등기라도, 특별한 사정이 없는 한, 멸실회복등기의 실시요강에 따라 등기관이 토지대장등본 등 전 등기의 권리를 증명할 공문서가 첨부된 등기신청서에 의하여 적법하게 처리한 것이라고 추정할 것이다(대판 1980. 10. 14. 80다1795, 1990. 11. 27. 90다카18367, 2003. 12. 12, 2003다44615·44622) 라고 판시하여 멸실회복등기의 추정력을 인정하였다.

7. 멸실 또는 원인 없이 말소된 등기의 추정력

등기부가 멸실되거나 말소원인 없이 부적법하게 말소된 등기가 아직 회복등기절차를 밟지 아니한 경우 그 멸실된 등기나 원인 없이 말소된 등기에 추정력이 인정될 것인가에 관하여 대법원은 "… 등기관이 지방법원의 명령에 의하여 소유권이전등기를 직권으로 말소하였으나 그 후 명령이 취소 확정된 경우에는 말소등기는 결국 원인 없이 경료된 등기와 같이 되어 말소된 소유권이전등기는 회복되어야 하며, 회복등기를 마치기 전이라도 말소된 소유권등기의 최후 명의인은 적법한 권리자로 추정된다"고 판시하였다(대판 1982. 12. 28, 81다카870).

등기가 원인 없이 말소된 경우, 그 말소된 등기의 추정력에 관하여 대법원은 위와 같은 취지에서 "등기는 물권의 효력발생요건이고 존속요건은 아니어서 등기가 원인 없이 말소된 경우에는 그 물권의 효력에 아무런 영향이 없고, 그 회복 등기가 마쳐지기 전이라도 말소된 등기의 등기명의인은 적법한 권리자로 추정되므로 원인 없이 말소된 등기의 효력을 다투는 쪽에서 그 무효사유를 주장·입증하여야 한다"고 판시하였다(대판 1997. 9. 30, 95다39526).

🔍 판 례

멸실회복등기의 추정력 전등기의 접수 연월일, 접수번호, 등기원인이 각 불명으로 기재된 멸실회복 등기라도 특별한 사정이 없는 한 멸실회복등기의 실시요강에 따라 등기관이 토지대장등본 등 전 등기의 권리를 증명할 공문서가 첨부된 등기신청에 의하여 적법하게 처리한 것이라고 추정할 것이다(대판 1995. 3. 17, 93다61970).

8. 사망자명의 등기의 추정력

전 소유자가 사망한 후에 그 명의의 신청에 의하여 이루어진 등기는 원인무효의 등기이므로 그 등기에는 추정력을 인정할 여지가 없다. 따라서 그 등기의 유효를 주장하는 자에게 현재의 실제관계와 부합함을 입증할 책임이 있다(대판 1983. 8. 23, 83다카597).

사망자 명의의 신청으로 이루어진 이전등기는 원인무효의 등기로서 등기의 추정력을 인정할 여지가 없으므로 등기의 유효를 주장하는 자가 현재의 실체관계와 부합함을 증명할 책임이 있다(대판 2017. 12. 22. 2017다360.377).

9. 지적공부·가옥대장·토지조사부의 추정력

(1) 지적공부의 추정력

대법원은 "1975. 12. 31. 지적법 개정 전에 복구된 구 토지대장상의 소유자란에 이름이 기재되어 있다고 하더라도 그 기재에 권리추정력을 인정할 수 없다(대판 1998. 7. 10, 98다5708·5715 (판례공보 64호 1998. 8. 15), 2082면; 대판 1999. 9. 3, 98다34485(판례공보 92호) 2024면, 2010. 7. 8. 2010다21757)" "구 지적법 시행 당시 행정관청이 행정편의를 위하여 복구한 임야대장의 소유자란 기재에는 권리추정력이 없다(대판 1996. 6. 28, 96다7311(판례공보 제16호 1996. 8. 15) 2348면; 대판 1999. 2. 26, 98다17831 판례공보 제80호(1999. 4. 15) 607면)"고 판시하여 지적공부 등재에 추정력을 인정하지 아니한다.

(2) 가옥대장의 추정력

가옥대장에 대하여 우리 대법원은 "가옥대장은 건물의 소재, 종류, 구조, 소유자 등을 등록하여 가옥의 현상을 명백히 하고 과세자료 등에 사용하기 위하여 행정청의 사무형편상 작성·비치하는 문서로서 그 대장에 기재하는 것은 가옥에 관한 사실관계를 나타내기 위한 것일 뿐 등기부처럼 가옥에 관한 권리관계를 공시하기 위한 것이 아니라 할 것인즉··"이라고 하여 그 기재에 권리추정력을 인정하지 않고 있다.

(3) 토지조사부의 추정력

(가) 토지사정의 의의 및 성질(원시취득)　토지사정은 토지의 소유자 및 그 경계를 확정하는
행정처분이다.

　사정이란 법원의 재판과는 달리 사권설정의 방법인 행정상의 처분으로서 사정에 의하여
확정된 소유권은 법원도 이를 인정하지 않을 수 없는 절대적인 것이다(조선고등법원 1918. 5. 17. 판
결 법원사 122면). 소유권의 존재는 사정에 의하여 처음으로 확인결정되는 것으로서 사정에 의하
여 사정 전의 소유권은 소멸되고, 사정에 의하여 새로이 소유권을 취득하는 원시취득이다.

　대법원도 토지사정을 받은 자는 사정토지의 소유권을 확정적으로 원시취득하는 것이므
로 그에 저촉되는 종전 권리는 모두 소멸한다고 판시하고 있다(대판 1992. 12. 22, 91다27037).

　(나) 토지조사부의 추정력　대법원은 토지조사부상의 소유자란에 소유자로 등재되어 있
는 자는 재결에 의하여 사정 내용이 변경되었다는 등의 반증이 없는 한 그 토지의 소유자
로 사정받고 그 사정이 확정된 것으로 추정하고 있고(대판 1986. 6. 10, 84다카1773 전원합의체; 대판
1993. 10. 12, 93다30037), 임야조사부의 기재에 관하여도 같은 내용의 판시를 하고 있다(대판
1989. 10. 24, 88다카9852 · 98690).

Ⅲ. 이중(중복)등기의 효력

1. 소유권보존등기의 선후를 기준으로 판단

　동일 부동산에 관하여 중복 경료된 소유권보존등기 및 소유권이전등기의 효력에 관하여
대법원은 "동일부동산에 관하여 등기명의인을 달리하여 중복된 소유권보존등기가 경료된
경우에는 먼저 이루어진 소유권보존등기가 원인무효가 되지 아니하는 한 뒤에 된 소유권보
존등기는 1 부동산 1 등기용지주의를 채택하고 있는 현행 부동산등기법 아래에서는 무효라
고 해석함이 상당하므로, 동일 부동산에 관하여 중복된 소유권보존등기에 터잡아 등기명의
인을 달리한 소유권이전등기가 각각 경료된 경우에 각 등기의 효력은 소유권이전등기의 선
후에 의하여 판단할 것이 아니고 그 소유권이전등기의 바탕이 된 각 소유권보존등기의 선후
를 기준으로 판단하여야 하며, 이러한 법리는 그와 같은 중복된 등기부가 모두 멸실된 후 멸

실 전의 등기를 회복 재현하는 회복된 소유권이전등기가 중복된 경우에도 마찬가지로 적용된다(대판 1996. 11. 29, 94다60783)." "동일 부동산에 관하여 등기명의인을 달리하여 중복된 소유권보존등기가 경료된 경우에는 먼저 이루어진 소유권보전등기가 원인무효로 되지 않는 한 뒤에 된 소유권보증등기는 그것이 비록 실체관계에 부합한다고 하더라도 1 부동산 1 등기용지주의의 법리에 비추어 무효이고, 이러한 법리는 뒤에 된 소유권보존등기의 명의인이 당해 부동산의 소유권을 '원시취득'한 경우에도 그대로 적용된다"고 판시하였다(대판 1996. 9. 20, 93다 20177 · 20184(판례공보 21호 1996. 11. 1) 3099면).

2. 동일 부동산에 대하여 중복 경료된 소유권보존등기의 효력

동일 부동산에 관하여 경료된 각 소유권보존등기가 그 부동산을 표상함에 부족함이 없는 것으로 인정되는 경우, 그 각 등기는 모두 공시의 효력을 가지게 되고, 따라서 뒤에 이루어진 소유권보존등기는 중복등기에 해당하여 선등기에 원인무효의 사유가 없는 한 원인무효로 귀착될 수밖에 없다(대판 2002. 7. 12. 2001다16913).

3. 뒤에 된 소유권보존등기가 실체관계에 부합하거나 원시취득한 경우

동일 부동산에 관하여 등기명의인을 달리하여 중복된 소유권보존등기가 경료된 경우에는 먼저 이루어진 소유권보존등기가 원인무효가 아닌 한 뒤에 된 소유권보존등기는 실체관계에 부합한다고 하더라도 1부동산 1등기용지주의의 법리에 비추어 무효이고, 이러한 법리는 뒤에 된 소유권보존등기의 명의인이 당해 부동산의 소유권을 원시취득한 경우에도 그대로 적용된다(대판 2008. 2. 14. 2007다63690).

🔍 판 례

중복등기의 추정력
동일 부동산에 관하여 등기명의인을 달리하여 중복된 소유권보존등기가 경료된 경우에는 먼저 이루어진 소유권보존등기가 원인무효가 되지 않는 한 뒤에 한 소유권보존등기는 비록 그 부동산의 매수인에 의하여 이루어진 경우에도 1 부동산 1 용지주의를 채택하고 있는 부동산등기법 아래에서는 무효이다(대판 1990. 11. 27, 89다카19610).

Ⅳ. 점유적 효력(등기부 취득시효)

우리 민법은 부동산의 소유자로 등기한 자가 10년간 소유의 의사로 평온, 공연하게 선의이며 과실 없이 그 부동산을 점유한 때에는 소유권을 취득한다(민제245조 2항)고 규정하여 등기부 취득시효를 인정하고 있다. 이 규정에 의한 소유권취득의 효력은 점유를 개시한 때에 소급한다(민 제247조 1항).

이 취득시효에 의한 소유권의 취득은 원시취득(원시취득이란, 타인의 물권에 기하지 아니하고 특정인에게 새로이 물권이 발생하는 것을 말한다.)이다. 등기부 취득시효의 경우에는 등기가 마치 동산 취득시효에 있어서의 점유와 같은 효력, 즉 점유적 효력을 가진다.

Ⅴ. 순위확정적 효력

동일한 부동산에 관하여 등기한 권리의 순위는 법률에 다른 규정이 없는 때에는 등기의 전후에 의한다(법 제4조 제1항). 등기의 순서는 등기기록 중 같은 구에서 한 등기 상호간에는 순위번호에 의하고, 다른 구에서 한 등기에 대하여는 접수번호에 따른다(법 제4조 제2항). 부기등기의 순위는 주등기의 순위에 의하며, 부기등기 상호간의 순위는 그 등기 순서에 따른다(법 제5조). 등기한 권리의 순위에 관한 이와 같은 효력을 순위확정적 효력이라 한다.

Ⅵ. 대항적 효력

부부가 그 재산에 관하여 따로 약정을 하거나 그 약정에 의하여 관리자를 변경하거나 공유재산을 분할한 경우에는 그 등기를 하지 아니하면 이로써 부부의 승계인 또는 제3자에게 대항하지 못한다(민법 제829조 4항 5항).

매매의 목적물이 부동산인 경우에 매매등기와 동시에 환매권의 보류를 등기한 때에는 제3자에 대하여 그 효력이 있다(민 제592조). 환매의 특약을 매매계약과 동시에 등기한 때에는 환매는 제3자에 대해서는 그 효력이 있다. 부동산임대차를 등기한 때에는 그때부터 제3자에 대하여 효력이 생긴다(민 제621조 2항). 여기서 제3자라 함은 그 부동산에 관하여 물권을 취득한 자를 의미한다. 이와 같이 권리변동 이외에 등기함으로써 제3자에 대하여 효력이 있는 것을 대항적 효력이라 한다.

Ⅶ. 등기의 우열관계

동일 부동산에 관하여 중복된 소유권보존등기 등에 터잡아 각각의 소유권이전 등기가 경료되었다가 등기부 멸실로 멸실회복의 소유권이전등기가 중복하여 경료된 경우, 각 등기의 효력의 우열관계에 관하여 대법원은 다음과 같이 판시하고 있다.

1. 등기명의인을 달리한 중복소유권보존등기의 경우(보존등기의 선후를 기준)

동일 부동산에 관하여 등기명의인을 달리하여 중복된 소유권보존등기가 마쳐진 경우에는 먼저 된 소유권보존등기가 원인무효가 되지 않는 한 뒤에 된 소유권보존등기는 1 부동산1 등기용지주의를 채택하고 있는 현행 부동산등기법 아래서는 무효라고 해석함이 상당하므로 동일 부동산에 관하여 중복된 소유권보존등기에 터잡아 등기명의인을 달리한 소유권이전등기가 마쳐진 경우에 각 등기의 효력은 소유권이전등기의 선후에 의하여 판단할 것이 아니고, 그 소유권이전등기의 바탕이 된 소유권보존등기의 선후를 기준으로 하여 판단하여야 한다(대판 2001. 2. 15, 99다66915).

2. 소유권이전등기의 회복등기가 중복된 경우(회복등기일자의 선후를 기준)

동일 부동산에 관하여 하나의 소유권보존등기가 경료된 후 이를 바탕으로 순차로 소유권이전등기가 경료되었다가 그 등기부가 멸실된 후 등기명의인을 달리하는 소유권이전등기의 각 회복등기가 중복하여 이루어진 경우에는 중복등기의 문제는 생겨나지 않고 멸실 전 먼저된 소유권이전등기가 잘못 회복 등재된 것이므로 그 회복등기 때문에 나중 된 소유권이전등기의 회복등기가 무효로 되지 아니하는 것이지만, 동일 부동산에 관하여 등기명의인을 달리하여 멸실회복에 의한 각 소유권이전등기가 중복등재되고, 각 그 바탕이 된 소유권보존등기가 동일 등기인지 중복등기인지, 중복등기라면 각 소유권보존등기가 언제 이루어졌는지가 불명인 경우에는 위 법리로는 중복등기의 해소가 불가능하므로 이러한 경우에는 적법하게 경료된 것으로 추정되는 각 회복등기 상호간에는 각 회복등기일자의 선후를 기준으로 우열을 가려야 한다(대판 2001. 2. 15, 99다669165 전원합의체. 원인무효에 의한 소유권이전등기 말소등).

VIII. 무효인 등기의 유용

1. 무효인 등기의 유용

어떤 등기가 행하여져 있으나, 그것이 실체적 권리체계에 부합하지 않는 것이어서 무효로 된 후에 그 등기에 부합하는 실체적 권리관계가 있게 된 때에, 이 등기는 유효한가 하는 것이 이른바 무효등기 유용의 문제이다. 무효등기의 유용이라고 함은 등기원인의 부존재·무효· 취소·해제로 인하여 말소되어야 할 무효인 등기가 말소되지 않고 있다가 후에 이에 상응하 는 등기원인이 발생한 경우 이 무효인 등기를 유효한 등기로 취급하여 그 등기원인의 적법한 공시방법으로 하는 것을 말한다.

2. 등기의 유용(流用)이 허용되는 범위

실질관계의 소멸로 무효로 된 등기의 유용은 그 등기를 유용하기로 하는 합의가 이루어지기 전 에 등기상 이해관계가 있는 제3자가 생기지 않은 경우에 한하여 허용된다(대판 1989. 10. 27. 87다카425).

3. 판 례

(1) 등기상 이해관계 있는 제3자가 없는 경우

판례도 등기가 무효로 된 후 당사자가, 그 무효등기를 유용하기로 합의할 때까지의 사이에 등기부상 이해관계 있는 제3자가 나타나 있지 않는 한 무효등기의 유용은 유효하다고 한다. 판례는 "이미 등기상 이해관계 있는 자가 생긴 것이 아닌 이상 무효등기를 유효한 것으로 유 용할 수 있고, 무효의 등기를 유효한 것으로 전용할 것을 합의한 경우에는('유용의 합의')그 등기 에 합의에 따른 효력이 있다"고 하였다(대판 1970. 12. 24, 70다1630 전원합의체). 실질관계의 소멸로 무효로 된 등기의 유용은 그 등기를 유용하기로 하는 합의가 이루어지기 전에 등기상 이해관 계가 있는 제3자가 생기지 않은 경우에 한하여 허용된다(대판 1989. 10. 27, 87다카425).

(2) 멸실된 건물의 보존등기를 신건물의 보존등기로 유용가부(소극)

멸실된 건물과 신축된 건물이 위치나 기타 여러 가지 면에서 같다고 하더라도 그 두 건물이 동일한 건물이라고 할 수 없으므로 신축건물의 물권변동에 관한 등기를 멸실건물의 등기부에 등재하여도 그 등기는 무효이고 가사 신축건물의 소유자가 멸실건물의 내용으로 표시변경등기를 하였다고 하더라도 그 등기가 무효임에는 변함이 없다(대판 1980. 11. 11. 80다441).

(3) 무효등기의 유용에 관한 묵시적 합의 내지 추인이 인정되는 경우

무효등기의 유용에 관한 합의 내지 추인은 묵시적으로도 이루어질 수 있으나, 위와 같은 묵시적 합의 내지 추인을 인정하려면 무효등기 사실을 알면서 장기간 이의를 제기하지 아니하고 방치한 것만으로는 부족하고 그 등기가 무효임을 알면서도 유효함을 전제로 기대되는 행위를 하거나 용태를 보이는 등 무효등기를 유용할 의사에서 비롯되어 장기간 방치된 것이라고 볼 수 있는 특별한 사정이 있어야 한다(대판 2007. 1. 11. 2006다50055).

4. 등기의 유용이 허용되는 요건

(1) 등기유용의 합의

무효인 등기에 관하여 등기유용의 합의가 있음을 요한다.
등기유용의 합의는 반드시 명시적일 필요는 없으며 묵시적으로도 가능하다.

(2) 실체관계의 동일

구실체관계가 소멸하고 이를 공시하던 등기가 말소되지 않고 있던 중 위 실체관계와 내용이 동일한 새로운 실체관계가 발생하여야 한다. 이처럼 실체관계가 동일하면 족한 것이므로 등기원인 등은 동일하지 않아도 된다.
유용되는 등기에는 제한이 없다. 모든 실체관계에 부합하는 무효인 등기는 유용합의에 의하여 유효로 된다.

(3) 등기상 이해관계 있는 제3자의 부존재

유용합의 이전에 등기상 이해관계 있는 제3자가 존재하지 아니함을 요한다. 등기상 이해관계 있는 제3자가 존재하는 경우(구법 제63조 참조)에도 유용합의에 의한 무효 등기의 유용을 허용하면 제3자의 순위를 박탈하는 결과로 되기 때문이다.

실질관계의 소멸로 무효로 된 등기의 유용은 그 등기를 유용하기로 하는 합의가 이루어지기 전에 등기상 이해관계가 있는 제3자가 생기지 않은 경우에는 허용된다(대판 2002. 12. 6, 2001다2846).

🔍 판 례

무효등기의 유용은 유효하다고 한 판례

부동산등기가 처음부터 무효인 등기였으나 그 후에 실체적 유효요건을 충족하게 되는 경우는 물론, 처음에는 유효한 등기였으나 후에 실체관계의 흠결을 가져오게 됨으로 인하여 무효가 되고 그 후에 다시 권리관계의 내용에 있어서 처음의 것과 동일한 실체관계를 구비하게 된 때라 하더라도 이미 등기상 이해관계 있는 자가 생긴 것이 아닌 이상, 무효등기를 유효한 것으로 유용할 수 있다(대판 1961. 12. 14, 4293민상893; 대판 1963. 10. 10, 63다583 참조). 위와 같은 법리는 귀속재산인 부동산에 관하여도 다를 리가 없어 적법한 매매계약에 의하여 귀속재산을 매수한 매수인이 매매대금 전액을 납부한 이상, 그 매수인은 국가에 대하여 자기에게 그 부동산의 소유권이전등기를 이행하라는 청구를 할 권리를 취득하여 이러한 권리를 제3자에게 양도하거나 또는 기타의 처분을 할 수 있는 지위에 있으므로 이미 취득한 제3자 명의의 등기가 무효가 되었으므로 적법한 귀속재산 매수인으로부터 위의 제3자가 다시 위와 같은 권리를 취득하고 위 무효의 등기를 유효한 것으로 전용할 것을 합의한 경우에 그 등기에 위 합의에 따른 효력이 있다(대판 1970. 12. 24, 70다1630 전원합의체).

IX. 실체적 권리관계에 부합하는 등기

1. 실체적 권리관계에 부합하는 등기의 의의

등기가 실체적 권리관계에 부합한다고 하는 것은 등기절차에 어떤 하자가 있다 하더라도 그 등기가 현재의 진실한 권리관계와 합치되는 것을 말한다(대판 1992. 2. 28. 91다30149, 2007. 1. 11. 2006다50055).

판 례

등기가 실체관계에 부합한다는 것의 의미
등기가 실체관계에 부합한다고 하는 것은 그 등기절차에 어떤 하자가 있다고 하더라도 진실한 권리관계와 합치한다는 것을 말하며, 그 등기원인이 매매로서 매매대금이 전부 지급되지 아니하였다면, 그 대금 완불 전에 미리 소유권이전등기를 하기로 하는 특약이 없는 한, 그 등기로써 실체관계에 부합한다고 할 수는 없다(대판 94. 6. 28. 93다55777).

2. 등기절차에 하자가 있으나 실체관계에 부합하여 유효로 되는 사례

(1) **죽은 자를 상대로 한 확정판결의 효력**　죽은 자를 상대로 하여 얻은 확정판결은 무효라 할지라도 그 확정판결에 의하여 취득한 부동산에 관한 등기가 실체상의 권리관계와 부합되는 경우에 있어서는 그 등기를 유효한 것이라 할 것이다(대판 1962. 3. 29.).

(2) **증여를 매매로 한 소유권이전등기의 효력**　증여로 인한 소유권이전등기를 함에 있어 매매를 원인으로 하였다 하더라도 그 등기가 권리의 실체에 부합되는 이상 당해 등기를 무효등기라 할 수 없다(대판 1955. 1. 20, 4286민상200).

(3) **대물변제를 매매로 한 소유권이전등기의 효력**　부동산 권리이전행위가 대물변제임에도 불구하고 매매를 원인으로 하여 소유권이전등기를 한 경우에도 실체상의 권리관계에 부합하는 이상 그 등기는 유효하다 할 것이다(대판 1955. 4. 21, 4287민상336).

(4) **등기절차에 하자가 있는 등기**　피고들 명의의 이전등기를 함에 있어서 절차상의 잘못이 있다고 하더라도 현재의 실체적 권리관계에 부합하는 이상 그 등기를 원인무효의 등기라고 할 수 없다(대판 1966. 4. 6.).

(5) **등기절차 및 과정에 하자가 있으나 실체관계에 부합하는 등기**(대판 1976. 7. 27. 75다2035, 1964. 6. 2. 63다880).

3(6) 위조서류에 의하여 경료되었으나 실체관계에 부합하는 등기(대판 1967. 4. 4. 67다133, 1964.

4. 12. 4294).

(7) 원인무효의 등기에 터잡아 경료된 소유권이전등기가 실체관계에 부합하는 경우 그 등기

(대판 1989. 9. 12. 88다카71).

(8) 사망자명의로 신청되었으나 실체관계에 부합하는 등기(대판 1955. 4. 27. 4287민상336, 1961. 7.

30. 4294).

(9) 동일성이 인정되지 아니하나 실체관계에 부합하는 경정등기(대판 1993. 7. 27. 93다7945).

(10) 구 부동산소유권이전등기등에관한특별조치법에 의하여 경료된 소유권보존등기 및 소유

권이전등기가 실체적 권리관계에 부합하는 경우(대판 2000. 9. 5. 2000다27268).

(11) 사자명의의 인감증명서에 의하여 경유된 실체관계에 부합되는 소유권 이전등기(대판 1968.

8. 24. 65다1177, 1178).

(12) 가등기담보등에관한법률 제3조, 제4조의 각 규정에 위반하여 경료된 가등기에 기한 본

등기가 사후에 실체적 법률관계에 부합하는 등기(대판 2002. 12. 10. 2002다42001).

(13) 허위의 보증서에 의한 등기라도 실체관계에 부합되는 경우(대판 2003. 12. 12. 2002다33601).

(14) 실명등기의 유예기간경과후 명의수탁자가 자의로 명의신탁자에게 바로 소유권이전등기

를 경료해준 경우   이른바 3자간 등기명의신탁에 있어서, 명의수탁자가 부동산실권

리자명의등기에 관한 법률에서 정한 유예기간(1996. 6. 30.) 경과 후에 자의로 명의신탁

자에게 바로 소유권이전등기를 경료해 준 경우, 그 등기는 실체관계에 부합하는 등기

로서 유효하다(대판 2004. 6. 25. 2004다6764).

3. 허무인 명의등기의 말소(등기예규 제1380호)

(1) 허무인의 범위

허무인이라 함은 실존하지 아니한 가공인이거나 실존인이었지만 등기신청행위 당시 이미
사망한 자를 의미하고, 종중이나 사찰 또는 단체 등 법인 아닌 사단·재단에 있어서는 그 종
중 등의 실체가 인정되지 아니한 경우를 포함한다.

(2) 가공인 명의등기의 말소방법

가공인 명의의 소유권이전등기에 대하여 실제 등기행위자를 상대로 한 말소소송에서 말소절차의 이행을 명한 판결(가공인 명의의 등기가 실제 등기행위자를 표상하는 등기로서 원인무효의 등기임을 이유로 한 판결)이 확정된 경우에는 위 판결에 의하여 가공인 명의등기의 말소를 신청할 수 있다.

(3) 사망자 명의 등기의 말소방법

사망자명의의 소유권이전등기 등에 대하여 상속인을 상대로 한 말소소송에서 사망자명의의 등기가 상속인을 표상하는 등기로서 원인무효의 등기임을 이유로 말소절차의 이행을 명한 판결이 확정된 경우에는 위 판결에 의하여 사망자 명의 등기의 말소를 신청할 수 있다.

🔍 판 례

실체적 권리관계에 부합하는 등기와 공정증서원본불실기재 등 죄의 성립 여부
소유권보존등기나 소유권이전등기에 절차상 하자가 있거나 등기원인이 실제와 다르다 하더라도 그 등기가 실체적 권리관계에 부합하게 하기 위한 것이거나 실체적 권리관계에 부합하는 유효한 등기인 경우에는 공정증서원본불실기재 및 동 행사죄가 성립되지 않는다고 할 것이나, 이는 등기 경료 당시를 기준으로 그 등기가 실체권리관계에 부합하여 유효한 경우에 한정되는 것이고, 등기 경료 당시에는 실체권리관계에 부합하지 아니한 등기인 경우에는 사후에 이해관계인들의 동의 또는 추인 등의 사정으로 실체권리관계에 부합하게 된다 하더라도 공정증서원본불실기재 및 동행사죄의 성립에는 아무런 영향이 없다(대판 2001. 11. 9, 2001도3959).

제10절　등기(등기한 권리)의 순위

동일한 부동산에 관하여 등기한 권리의 순위는 법률에 다른 규정이 없는 때에는 등기의 전후에 의하고, 등기의 전후는 등기용지의 동구에서 한 등기에 대하여는 순위번호에 의하므로, 동일한 부동산이나 동일한 지분에 관하여 이중으로 소유권 또는 지분이전등기가 경료된 경우, 선순위 등기가 원인무효이거나 직권말소될 경우에 해당하지 아니하는 한, 후순위등기는 실체적 권리관계에 부합하는지에 관계없이 무효이다(대판 1998. 9. 22. 98다23393).

Ⅰ. 주등기의 순위

주등기라 함은 독립하여 순위를 가지는 등기를 말하며, 독립등기에 대하여 부기등기가 행하여졌을 때 그 독립등기를 말한다. 동일한 부동산에 관하여 등기한 권리의 순위는 법률에 다른 규정이 없는 때에는 "등기한 순서"에 의하며, 등기의 순서는 등기기록 중 같은 구에서 한 등기에 대하여는 "순위번호"에 의하고, 다른 구에서 한 등기 상호간에는 "접수번호"에 따른다(법 제4조 제1항 제2항).

Ⅱ. 부기등기의 순위

부기등기라 함은 그 자체로서는 독립한 순위번호를 설정하지 아니하고 이미 설정된 주등기에 부기하여 그 일부를 변경하는 등기를 말한다. 부기등기의 순위는 주등기의 순위에 의하고 다만, 같은 주등기에 관한 부기등기 상호간의 순위는 그 등기 순서에 따른다(법 제5조, 규칙 제2조).

Ⅲ. 가등기에 기한 본등기의 순위

가등기를 한 경우에는 본등기의 순위는 가등기의 순위에 의한다(법 제91조, 규칙 제146조, 제147조), 이것을 본등기 순위보전의 효력이라고 한다. 이는 본등기 후의 가등기의 효력으로서, 가등기에 기하여 후에 본등기가 행해지면 "본등기의 순위는 가등기의 순위에 의한다"(법 제91조). 따라서, 가등기권자는 본등기를 하는 경우 순위보전의 효력만 있으므로 가등기 후에 적법하게 소유권이전등기를 한 제3자에 대하여 가등기만으로써 소유권을 주장할 수 없다(대판 1966. 5. 24. 66다485).

제11절 등기신청절차

등기는 당사자(공동신청의 경우 등기권리자와 등기의무자. 단독신청의 경우 신청인)의 신청 또는 관공서의 촉탁에 따라 하며, 촉탁에 따른 등기절차는 법률에 다른 규정이 없는 경우에는 신청에 따른 등기에 관한 규정을 준용한다(법 제22조 제1항 제2항).

등기신청서에는 규칙 제43조 각항의 사항을 신청정보의 내용으로, 규칙 제46조 각항의 서면을 첨부정보의 내용으로, 등기소에 제공하여야 한다.

Ⅰ. 일반원칙

1. 신청주의(원칙)

신청주의라 함은 원칙적으로 등기는 당사자의 신청에 의하여 행하여진다는 것을 말한다(법 제22조 제1항). 부동산등기법은 "등기는 당사자의 신청 또는 관공서의 촉탁에 따라한다"고 규정하고 있다(법 제22조 제1항). 부동산등기법은 신청주의를 등기절차개시의 원칙으로 하고 있으나, 일정한 경우에는 등기신청이 의무로서 강제되는 경우가 있다(부동산등기특별조치법 제2조. 제8조). 이와 같이 등기는 당사자의 신청에 의함을 원칙으로 하며, 그 외에 관공서의 촉탁(법 제66조 제1항, 민집법 제293조 제3항, 제301조, 국세징수법 제45조 제1항 등)에 의하는 경우가 있으나(법 제22조 제1항) 이때에도 등기기입의 요구가 있어야만 등기가 된다는 점에서 신청주의의 예외는 아니므로 촉탁에 의한 등기절차에 대하여는 법률에 다른 규정이 있는 경우를 제외하고는 신청으로 인한 등기에 관한 규정을 준용한다(법 제22조 제2항).

(1) 공동신청의 원칙

등기는 당사자 간의 법률행위로 인한 부동산에 관한 물권변동의 효력을 발생시키기 위한 것이므로(민 제186조) 등기권리자와 등기의무자 또는 그 대리인이 등기소에 출석하여 이를 신청하여야 하는데, 이것을 공동신청의 원칙(법 제23조 제1항)이라 한다. 당사자의 공동신청에 의하여 등기를 하는 것이 등기의 진정을 보장할 수 있으며 이 원칙은 부진정한 등기를 방지하기 위한 것이다.

(가) 등기신청권

등기신청권이라 함은 등기관이라는 국가기관에 대하여 국민이 등기를 신청하는 권리를 말하며, 일종의 공권이다. 등기권리자와 등기의무자가 모두 등기신청권을 가지며, 특히 등기권리자가 단독으로 등기신청을 할 때(법 제23조 제2항~제8항) 의미가 있다.

(나) 등기청구권

1) 등기청구권의 의의

가) 등기청구권과 등기신청권의 구별

"등기청구권(登記請求權)"이라 함은 실체법상의 권리로서 등기권리자가 등기의무자를 상대로 하여 등기신청의 의사표시를 갈음하는 이행판결(민사집행법 제263조 제1항)을 청구할 수 있는 권리를 말한다. 이러한 등기청구권을 갖는 자가 실체법상 '등기관리자(登記管理者)'이며, 그 상대방이 실체법상 '등기의무자(登記義務者)'이다(법 제23조 제4항, 법 제50조 제2항).

등기청구권과 구별할 개념으로 등기신청구너이 있다. "등기신청권(登記申請權)"이라 함은 등기관리자 또는 등기의무자나 등기명의인이 등기관(법 제11조 제1항)이라는 국가기관에 대하여 등기를 신청하는 권리를 말하며, 일종의 공권(公權)이다. 등기의 신청(법 제22조 제1항)은 등기권리자·등기의무자 또는 등기명의인(登記名義人)(또는 이들의 대리인)이 하여야 하며, 그 밖의 자는 등기신청인이 되지 못하는 것이 원칙이다.

등기절차상의 '등기권리자'란 신청된 등기를 함으로서 실체적 권리관계에 있어서 권리를 취득하거나 기타 이익을 받는 자라는 것이 등기부상 형식적으로 표시되는 자이고, '등기의무자'란 그 등기를 함으로써 실체적 권리관계에 있어서 권리를 상실하거나 기타 불이익을 받는 자라는 것이 등기부상 형식적으로 표시되는 자이다. 실체법상의 등기권리자와 등기의무자는 실체법상의 권리인 등기청구권을 가지는 자가 '등기권리자'이고, 등기청구권에 대응하는 의무자, 즉 등기권리자의 등기신청에 협력할 의무를 부담하는 자가 '등기의무자'이다.

등기청구권의 당사자 즉 등기청구권자와 등기협력의무자라는 개념은 특정의 등기신청에 있어 누가 누구를 상대방으로 하여 등기청구권을 행사하여야 하는가라는 실체적 권리관계로부터 발생되는 개념이다. 등기청구권이 발생하기 위해서는 절차법적인 측면에서 등기부상

등기권리자·등기의무자이어야 하며, 실체법적으로도 상대방에 대하여 등기를 청구할 수 있는 권리가 존재하여야 한다.

나) 등기청구권의 성질

등기청구권의 성질에 관하여는 채권적 청구권설과 물권적 청구권설이 대립한다. 채권적 청구권으로 보는 견해에 의하면 등기청구권은 소멸시효에 걸린다고 볼 것이며, 물권적 청구권으로 보는 견해에 의하면 등기청구권은 독립해서 소멸시효에 걸리지 않는다고 본다.

다) 등기청구권의 소멸시효여부(소극)

등기청구권의 소멸시효에 관한 문제는 등기청구권을 채권적 청구권으로 보는가, 물권적 청구권으로 보는가에 따라 달라진다. 등기청구권이 물권적 기대권으로부터 발생하고 따라서 그 성질도 물권적 청구권이라고 보는 입장에서는 물권과 독립하여 물권적 청구권만이 소멸시효에 걸리는가 하는 문제가 제기된다. 물권적 청구권은 물권으로부터 파생되는 권리이므로 그 청구권만이 독립하여 소멸시효에 걸리지 않는다는 입장이 타당하다.

따라서 소유권에 기한 등기청구권은 소유권은 소멸시효에 걸리지 않기 때문에 소멸시효의 대상이 되지 않는 한편 소유권 이외의 물권에 기한 등기청구권은 그 물권 자체가 소멸시효에 걸리기 때문에 소멸시효의 대상이 되며, 그 시효기간은 민법 제162조 제2항에 의하여 20년이라고 할 것이다.

판례는 법률행위에 의한 물권변동에 있어서의 등기청구권의 성질은 채권적 청구권으로 보고 있으나, 부동산 매매 등에 있어 목적물을 인도(명도)받은 부동산 매수인의 소유권이전등기청구권은 다른 채권과는 달리 소멸시효에 걸리지 않는다고 한다.
즉, 부동산 매수인의 등기청구권도 형식주의를 취하고 있는 현행민법 하에서는 채권적 청구권이라고 해석되나 매수인이 매매목적물을 인도(명도)받은 경우에는 다른 채권과는 달리 소멸시효에 걸리지 않는다고 해석함이 타당하다(대판 1976. 11. 6. 76다148 전원합의체판결).

물권변동에 있어서 등기청구권은 소위 채권적 청구권으로 소멸시효의 대상이 되나 법률행위의 목적물이 된 부동산을 등기청구권자가 인도받아 점유하고 있는 동안에는 등기청구권에 대하여는 소멸시효가 진행되지 아니한다(대판 1976. 11. 23. 76다342). 부동산 매수인의 등기청구권은 채권적 청구권이긴 하지만 매수인이 부동산을 인도받은 경우에는 다른 채권과 달리 소멸시효에 걸리지 아니한다(대판 1977. 8. 23. 77다622, 1978. 3. 28. 78다230, 1988. 9. 13. 86다카2908, 1999. 3. 18. 98다32175 전원합의체판결).

부동산에 대한 점유취득시효완성을 원인으로 하는 소유권이전등기청구권은 채권적 청구권으로서, 취득시요가 완성된 점유자가 그 부동산에 대한 점유를 상실한 때로부터 10년간 이를 행사하지 아니하면 소멸시효가 완성한다(대판 1995. 12. 5. 95다24241).

라) 등기청구권에 대한 압류나 가압류

소유권이전등기청구권에 대한 압류나 가압류는 채권에 대한 것이지 등기청구권의 목적물인 부동산에 대한 것은 아니고, 채무자와 제3채무자에게 결정을 송달하는 외에 현행법상 등기부에 이를 공시하는 방법이 없는 것으로서 당해 채권자와 채무자 및 제3채무자 사이에만 효력을 가지며, 압류나 가압류와 관계가 없는 제3자에 대하여는 압류나 가압류의 처분금지적 효력을 주장할 수 없으므로 소유권이전등기청구권의 압류나 가압류는 청구권의 목적물인 부동산 자체의 처분을 금지하는 대물적 효력은 없다할 것이고, 제3채무자나 채무자로부터 소유권이전등기를 넘겨받은 제3자에 대하여는 취득한 등기가 원인무효라고 주장하여 말소를 청구할 수 없다(대판 1992. 11. 10. 92다4680 전원합의체판결).

부동산소유권이전등기청구권의 가압류는 채무자 명의로 소유권을 이전하여 이에 대하여 강제집행을 할 것을 전제로 하고 있으므로 소유권이전등기청구권을 가압류하였다하더라도 어떠한 경료로 제3채무자로부터 채무자 명의로 소유권이전등기가 마쳐졌다면 채권자는 그 부동산 자체를 가압류하거나 압류하면 될 것이지 등기를 말소할 필요는 없다(대판 1992. 11. 10. 92다4680 전원합의체판결).

2) 등기수취청구권(승소한 등기의무자의 등기신청)

가) 등기수취청구권의 의의

등기권리자(매수인)가 등기를 하지 아니하고 방치한 경우에 등기의무자(매도인)가 등기권리자

(매수인)를 상대로 등기를 넘겨가도록 청구할 수 있는 권리가 이른바 '등기수취청구권'이다. 등기수취청구권이란 등기권리자가 자기 이름으로 등기를 하지 아니함으로써 등기의무자가 과세 등의 불이익을 받는 경우에 등기권리자에 대하여 등기의무의 이행을 수취할 것을 청구할 수 있는 권리이다(등기수취청구권, 등기인수청구권, 역방향의 등기청구권이라고 한다).

나) 등기의무자의 등기수취청구권을 인정한 취지

구 부동산등기법 제29조(신법 제23조 제4항)에서 승소한 등기권리자 외에 승소한 등기의무자도 단독으로 등기를 신청할 수 있게 한 것은, 통상의 채권채무관계에서는 채권자가 수령을 지체하는 경우 채무자는 공탁 등에 의한 방법으로 채무부담에서 벗어날 수 있으나 등기에 관한 채권채무관계에 있어서는 이러한 방법을 사용할 수 없으므로 등기의무자가 자기명의로 있어서는 안될 등기가 자기명의로 있음으로 인하여 사회생활상, 공법상, 사법상 불이익을 입을 우려가 있는 경우에는 소의 방법으로 등기권리자를 상대로 등기를 인수받아 갈 것을 구하고 그 판결을 받아 등기를 강제로 실현할 수 있도록 함에 그 취지가 있는 것이다(대판 2001. 2. 9. 2000다60708).

🔍 판 례

부동산등기법은 등기는 등기권리자와 등기의무자가 공동으로 신청하여야 함을 원칙으로 하면서도(제28조), 제29조에서 '판결에 의한 등기는 승소한 등기권리자 또는 등기의무자만으로' 신청할 수 있도록 규정하고 있는바, 위 법조에서 승소한 등기권리자 외에 등기의무자도 단독으로 등기를 신청할 수 있게 한 것은, 통상의 채권채무 관계에서는 채권자가 수령을 지체하는 경우 채무자는 공탁 등에 의한 방법으로 채무부담에서 벗어날 수 있으나 등기에 관한 채권채무 관계에 있어서는 이러한 방법을 사용할 수 없으므로, 등기의무자가 자기 명의로 있어서는 안 될 등기가 자기 명의로 있음으로 인하여 사회생활상 또는 법상 불이익을 입을 우려가 있는 경우에는 소의 방법으로 등기권리자를 상대로 등기를 인수받아 갈 것을 구하고 그 판결을 받아 등기를 강제로 실현할 수 있도록 한 것이다(대판 2001. 2. 9. 2000다60708).

《참　고》 (소장의 청구취지 기재례)

등기수취청구의 소의 제기는 아직까지 일반화된 것이 아니므로 소장작성 시 청구취지의 기재방식에 관하여 의문이 있을 수 있으므로 소장의 청구취지 기재방식을 예시하면 다음과 같다.

청 구 취 지

1. 피고는 원고로부터 별지목록기재 부동산에 관하여 ○년 ○월 ○일 매매(또는 증여, 교환 등)를 원인으로 한 소유권이전등기신청절차를 인수(또는 수취)하라.
1. 피고는 원고로부터 별지목록기재 부동산에 관하여 ○년 ○월 ○일 명의신탁해지를 원인으로 한 소유권이전등기신청절차를 인수(또는 수취)하라.

※ 등기의 인수를 구하는 소의 소가는 목적물건가액의 10분의 1이다(민사소송등 인지규칙 제13조제2항).

(2) 단독신청에 의한 등기

등기신청에 관하여 등기권리자와 등기의무자의 공동신청을 원칙으로 하는 것은, 등기의 진정을 꾀하려는 데 그 이유가 있다. 따라서, 공동신청에 의하지 아니하더라도 등기의 진정을 꾀할 수 있는 특별한 사정이 있는 때에는 등기권리자 또는 등기명의인의 단독신청이 인정된다(법 제23조 2~8항). 권리관계가 명확하여 등기의무자를 등기신청에 참여케하지 않더라도 등기의 진정을 해할 염려가 없는 경우(예 법 제23조 제2항 내지 제6항), 공동신청을 강요하는 것이 타당하지 않은 경우(예 법 제89조, 제90조 등) 등기의 성질상 등기의무자의 존재를 생각할 수 없고, 따라서 등기의무자의 공동신청을 요구하는 것이 성질상 불가능한 경우 등이다.

단독신청을 허용하는 등기는 다음과 같다.
1) 소유권보존등기(所有權保存登記) 또는 소유권보존등기의 말소등기(抹消登記)는 등기명의인으로 될 자 또는 등기명의인이 단독으로 신청한다(법 제23조 2항, 제65조).
2) 상속, 법인의 합병, 그 밖에 대법원규칙으로 정하는 포괄승계에 따른 등기는 등기권리자 단독으로 신청한다(법 제23조 3항).

3) 판결에 의한 등기는 승소한 등기권리자 또는 등기의무자 단독으로 신청한다(법 제23조 4항).

4) 부동산표시의 변경이나 경정(更正)의 등기는 소유권의 등기명의인이 단독으로 신청한다(법 제23조 5항).

5) 등기명의인표시의 변경이나 경정의 등기는 해당 권리의 등기명의인이 단독으로 신청한다(법 제23조 6항).

6) 신탁재산에 속하는 부동산의 신탁등기는 수탁자(수탁자)가 단독으로 신청한다(법 제23조 제7항).

7) 수탁자가 「신탁법」 제3조 제5항에 따라 타인에게 신탁재산에 대하여 신탁을 설정하는 경우 해당 신탁재산에 속하는 부동산에 관한 권리이전등기에 대하여는 새로운 신탁의 수탁자를 등기권리자로 하고 원래 신탁의 수탁자를 등기의무자로 한다. 이 경우 해당 신탁재산에 속하는 부동산의 신탁등기는 제7항에 따라 새로운 신탁의 수탁자가 단독으로 신청한다(법 제23조 제8항).

8) 토지표시변경등기신청(법 제35조).

9) 토지멸실등기신청(법 제39조).

10) 건물표시변경등신청(법 제41조).

11) 건물멸실등기신청(법 제43조).

12) 가등기신청(법 제98조) 및 가등기의 말소신청(법 제93조).

13) 촉탁으로 인한 등기(법 제98조 제2항, 규칙 제155조).

14) 멸실회복등기(부칙 제3조).

15) 토지수용으로 인한 소유권이전등기(법 제99조 제1항, 규칙 제156조).

16) 가등기를 명하는 가처분명령(법 제91조 제1항) 등이 있다.

(3) 관공서의 촉탁에 의한 등기

등기는 당사자의 신청에 의하여 행하여 지는것이 원칙(법 제22조 제1항)이나, 관공서의 촉탁에 의하여서도 개시되며, 이 경우에는 법률에 다른 규정이 있는 경우를 제외하고는 신청으로 인한 등기에 관한 규정을 준용한다(법 제22조 제2항). 부동산등기법 기타의 법률에 의하여 관공서가 등기를 촉탁하는 경우는 다음 2개의 유형으로 구분 할 수 있다.

(가) 관공서가 권리관계의 주체인 경우

관공서가 실체법상의 권리관계의 주체인경우로서 당사자에 의한 신청의 경우와 다를 것이 없다. 체납처분으로 인한 압류의 등기촉탁(법 제96조), 국공유부동산에 관한 권리의 등기촉탁(법 제98조), 토지수용으로 인한 소유권이전등기의 촉탁(법 제99조 제3항)등이 해당된다.

(나) 공권력행사의 주체로서 등기를 촉탁하는 경우

관공서가 공권력의 주체로서 등기를 요구하는 방법으로 인정되는 것으로 사적당사자를 위하여 당사자에 갈음하여 등기를 신청(촉탁)하는 것에 지나지 않는다.

공매처분으로 인한 권리이전의 등기 등의 촉탁(법 제97조). 그 외에 관공서가 공권력의 주체에 의한 명령적 요소가 강한 경우가 있다. 민사집행법(제94조. 제144조, 제293조 등), 파산법(제110조 내지 113조). 화의법(제8조). 회사정리법(제17조 내지 제21조)등이 있다.

1) 관공서가 등기명의인 등을 갈음하여 촉탁할 수 있는 등기

관공서가 체납처분(滯納處分)으로 인한 압류등기(押留登記)를 촉탁하는 경우에는 등기명의인 또는 상속인, 그 밖의 포괄승계인을 갈음하여 부동산의 표시, 등기명의인의 표시의 변경, 경정 또는 상속, 그 밖의 포괄승계로 인한 권리이전(權利移轉)의 등기를 함께 촉탁할 수 있다(법 제96조).

2) 공매처분으로 인한 등기의 촉탁

관공서가 공매처분(公賣處分)을 한 경우에 등기권리자의 청구를 받으면 지체 없이 다음 각 호의 등기를 등기소에 촉탁하여야 한다(법 제97조).

1. 공매처분으로 인한 권리이전의 등기
2. 공매처분으로 인하여 소멸한 권리등기(權利登記)의 말소
3. 체납처분에 관한 압류등기의 말소

3) 관공서의 촉탁에 따른 등기절차

국가 또는 지방자치단체가 등기권리자인 경우에는 국가 또는 지방자치단체는 등기의무자

의 승낙을 받아 해당 등기를 지체 없이 등기소에 촉탁하여야 한다(법 제98조 제1항). 국가 또는 지방자치단체가 등기의무자인 경우에는 국가 또는 지방자치단체는 등기권리자의 청구에 따라 지체 없이 해당 등기를 등기소에 촉탁하여야 한다(법 제98조 제2항).

4) 수용으로 인한 등기절차

수용으로 인한 소유권이전등기는 부동산등기법 제23조제1항에도 불구하고 등기권리자가 단독으로 신청할 수 있다(법 제99조 제1항). 등기권리자는 제1항의 신청을 하는 경우에 등기명의인이나 상속인, 그 밖의 포괄승계인을 갈음하여 부동산의 표시 또는 등기명의인의 표시의 변경, 경정 또는 상속, 그 밖의 포괄승계로 인한 소유권이전의 등기를 신청할 수 있다(법 제99조 제2항). 국가 또는 지방자치단체가 제1항의 등기권리자인 경우에는 국가 또는 지방자치단체는 지체 없이 제1항과 2항의 등기를 등기소에 촉탁하여야 한다(법 제99조 제3항). 등기관이 제1항과 제3항에 따라 수용으로 인한 소유권이전등기를 하는 경우 그 부동산의 등기기록 중 소유권, 소유권 외의 권리, 그 밖의 처분제한에 관한 등기가 있으면 그 등기를 직권으로 말소하여야 한다. 다만, 그 부동산을 위하여 존재하는 지역권의 등기 또는 토지수용위원회의 재결(裁決)로써 존속(存續)이 인정된 권리의 등기는 그러하지 아니하다(법 제99조 제4항). 부동산에 관한 소유권 외의 권리의 수용으로 인한 권리이전등기에 관하여는 제1항부터 제4항까지의 규정을 준용한다(법 제99조 제5항).

(4) 신청주의에 대한 예외

(가) 등기관의 직권에 의한 등기

법률의 규정에 의하여 일정한 경우에는 등기관이 당사자의 신청이 없이 직무상의 권한에 의하여 당연히 등기를 할 수 있거나 또는 하여야 하는 경우가 있는 바, 이것을 등기관의 직권에 의한 등기(직권등기)라고 한다. 직권에 의한 등기의 경정(법 제32조 제2항). 표시변경의 직권등기(법 제36조). 토지수용에관한 말소등기(법 제99조 제4항). 직권보존등기(법 제66조). 대지권인 취지의 등기(법 제40조 제3항, 규칙 제89조). 직권말소(법 제58조 제4항, 규칙 제117조), 저당권 등 등기의 정리에 관한 특별조치(구법 부칙 제4조, 제2조) 등이 있다.

(나) 법원의 명령에 의한 등기

등기관의 결정 또는 처분에 대한 이의신청(법 제101조)이 이유 있는 것으로 인정되어 관할지방법원의 명령이 있는 때에는 등기관은 그 등기를 하여야 한다(법 제106조, 제107조, 규칙 제161조).

2. 서면주의

서면주의라 함은 등기의 신청은 반드시 서면에 의하여야 하며 구술신청을 허용하지 아니하는 것을 말한다. 등기의 신청은 반드시 서면에 의하여야 하는 요식행위로서 신청서의 기재사항은 부동산등기규칙 제43조에 규정되어 있으며, 등기신청서의 용지규격과 양식은 등기예규(등기예규 제133호, 제1489호)에 규정되어 있다. 따라서 부동산등기법이 규정한 기재요건과 양식을 갖추지 못한 등기신청은 유효한 신청으로 볼 수 없으며, 이러한 경우에는 '신청정보의 제공이 대법원규칙으로 정한 방식에 맞지 아니한 경우'에 해당되어 등기관은 이를 각하하게 된다(법 제29조 제5항).

3. 당사자출석주의

당사자출석주의라 함은 등기는 법령에 다른 규정이 있는 경우를 제외하고는 당사자(등기권리자와 등기의무자) 또는 그 대리인이 등기소에 '출석'하여 이를 신청하여야 하는 것을 말한다(법 제24조 제1항). 당사자출석주의의 원칙은 등기권리자와 등기의무자의 공동신청에 의하는 경우뿐만아니라, 등기권리자나 등기명의인에 의한 단독신청의 경우뿐만 아니라 대위신청의 경우에도 적용된다. 따라서 당사자의 출석이 없으면 그 등기신청은 각하된다(법 제29조 제4호).

4. 등기절차에 하자(瑕疵)가 있으나 실체관계에 부합하는 등기의 효력

현재의 권리관계에 부합하는 등기는 그 등기과정에 하자가 있다하여도 유효하다(대판 1962. 2. 15. 4294민상638). 등기는 현재의 권리관계에 부합되는 한 그 내용, 경위 등이 사실과 다르더라도 그 효력에 아무런 영향이 없다(대판 1962. 8. 30. 62다300, 1963. 2. 7. 62사14, 1963. 5. 30. 63다105). 부동산등기는 부동산에 관한 현재의 진실한 권리상태를 공시하면은 그에 이른 과정과 태양을 여실하게 반영치 아니하였다 하여도 유효하다(대판 1964. 6. 2. 63다880, 1972. 8. 22. 72다1059).

실체적 권리관계에 부합하는 등기는 그 등기과정에 있어 망인명의의 위조된 등기신청서류에 의하여 경유되었거나 중간생략등기에 관한 합의가 없었음에도 불구하고 중간생략등기를 하였다는 하자가 있는 경우에도 유효하다(대판 1971. 5. 24. 70다2511).

권리변동의 등기에 있어서 절차에 하자가 있거나 권리변동의 과정을 그대로 반영하지 아니하였다 하더라도 그것이 현재의 진실한 권리상태에 부합하는 한 유효한 등기라고 보아야 한다(대판 1976. 7. 27. 75다2034, 2035).

5. 위조서류에 의하여 경유되었으나 실체관계에 부합하는 등기의 효력

위조된 등기신청서류에 의하여 경유된 소유권이전등기라 할지라도 그 등기가 실체적 권리관계에 부합되는 경우에는 유효하다(대판 1965. 5. 25. 65다365, 1967. 4. 4. 67다133, 1968. 4. 30. 68다182, 1980. 6. 10. 79다1212).

6. 실체관계에 부합하는 등기의 의미

등기가 실체적 권리관계(實體的 權利關係)에 부합한다고 하는 것은 등기절차에 어떤 하자(瑕疵)가 있다하더라도 진실한 권리관계와 합치되는 것을 말한다(대판 1992. 2. 28. 91다30419, 1994. 6. 28. 93다55777).

II. 등기신청의 방법

등기는 신청인 또는 그 대리인(代理人)이 등기소에 출석하여 신청정보 및 첨부정보를 적은 서면을 제출하는 방법(방문신청) 또는 대법원규칙으로 정하는 바에 따라 전산정보처리조직을 이용하여 신청정보 및 첨부정보를 보내는 방법(전자신청)으로 신청한다.

"방문신청"이란 신청인이 등기소에 직접 출석하여 신청서를 제출하는 방법으로 등기신청을 하기 위해서는 등기당사자나 그 대리인이 직접 등기소에 출석하여야 한다. 다만, 대리인이 변호사 또는 법무사 등 자격대리인인 때에는 예외적으로 대법원규칙으로 정하는 바에 따라 사무원이(제출사무원) 등기소에 출석하여 등기신청서를 제출할 수 있다(법 제24조 제1항 1호).

"전자신청"이란 등기소를 방문하지 않고 전산정보처리조직을 이용하여 신청정보 및 첨부정보를 보내는 방법으로 등기신청을 하는 것을 말한다(법 제25조 제1항 2호).

1. 방문신청의 방법

(1) 신청인 또는 대리인의 출석

신청인 또는 그 대리인(代理人)이 등기소에 출석하여 신청정보 및 첨부정보를 적은 서면을 제출한다. 다만, 대리인이 변호사[법무법인, 법무법인(유한) 및 법무조합을 포함한다. 이하 같다]나 법무사(법무사법인 및 법무사법인(유한)을 포함한다. 이하 같다)인 경우에는 대법원규칙으로 정하는 사무원을 등기소에 출석하게 하여 그 서면을 제출할 수 있다(법 제24조 제1항 제1호).

(2) 신청정보의 제공 및 기명날인 또는 서명

방문신청을 하는 경우에는 등기신청서에 부동산등기규칙 제43조 및 그 밖의 법령에 따라 신청정보의 내용으로 등기소에 제공하여야 하는 정보를 적고 신청인 또는 그 대리인이 기명날인하거나 서명하여야 한다(규칙 제56조 제1항).

신청서가 여러 장일 때에는 신청인 또는 그 대리인이 간인을 하여야 하고, 등기권리자 또는 등기의무자가 여러 명일 때에는 그 중 1명이 간인하는 방법으로 한다. 다만, 신청서에 서명을 하였을 때에는 각 장마다 연결되는 서명을 함으로써 간인을 대신한다(규칙 제56조 제2항).

규칙 제56조 제1항의 경우에는 그 등기신청서에 규칙 제46조 및 그 밖의 법령에 따라 첨부정보로서 등기소에 제공하여야 하는 정보를 담고 서면을 첨부하여야 한다(규칙 제56조 제3항).

2. 전산정보처리조직을 이용하여 신청하는 방법(전자신청)

(1) 전자신청

대법원규칙으로 정하는 바에 따라 전산정보처리조직을 이용하여 신청정보 및 첨부정보를 보내는 방법(법원행정처장이 지정하는 등기유형으로 한정한다)(법 제24조 제1항 제2호)으로 할 수 있다. 전산정보처리조직에 의한 부동산등기신청에 관한 업무처리지침은 등기예규 제1422호, 제1479호, 제1610호에 규정되어 있다.

(2) 사용자등록(전자등록)

전자신청을 하기 위해서는 그 등기신청을 하는 당사자 또는 등기신청을 대리할 수 있는 자격자대리인이 최초의 등기신청 전에 사용자등록을 하여야 한다(규칙 제68조 제1항).

사용자등록을 신청하는 당사자 또는 자격자대리인은 등기소에 출석하여 대법원예규로 정하는 사항을 적은 신청서를 제출하여야 한다(규칙 제68조 제2항).

사용자등록 신청서에는 「인감증명법」에 따라 신고한 인감을 날인하고, 그 인감증명과 함께 주소를 증명하는 서면을 첨부하여야 한다(규칙 제68조 제3항).

신청인이 자격자대리인인 경우에는 규칙 제68조 제3항의 서면 외에 그 자격을 증명하는 서면의 사본도 첨부하여야 한다(규칙 제68조 제4항).

법인이 「상업등기규칙」 제48조에 따라 전자증명서의 이용등록을 한 경우에는 사용자등록을 한 것으로 본다(규칙 제68조 제5항).

부동산등기법 제24조 1항 2호에 의한 전자신청을 하고자 하는 당사자 또는 변호사나 법무사 [법무법인·법무법인(유한)·법무사합동법인을 제외한다. 이하 "자격자대리인"이라 한다]는 개인공인인증서(이하 "공인인증서"라 한다)를 발급받아 최초의 전자신청 전에 등기소(주소지나 사무소 소재지 관할 이외의 등기소에서도 할 수 있다)에 직접 출석하여 미리 사용자등록을 하여야 한다(등기예규 제1391호.1).

(사용자등록신청서의 기재사항 및 첨부서면에 관하여는 등기예규 제1391호 3항 참조)

Ⅲ. 등기신청인

공동신청의 경우(법 제23조 제1항) 등기권리자와 등기의무자를 "등기신청인"이라고 한다. 소유권보존등기신청과 같이 등기의 성질상 등기의무자의 존재를 상정할 수 없는 경우(상속, 판결에 의한 등기, 부동산표시 또는 등기명의인표시의 변경이나 경정등기 등)에는 단독신청이 인정되며, 이때는 등기신청서에 등기신청인을 단순히 '신청인'이고 표시한다.

1. 등기권리자와 등기의무자의 공동신청

등기는 법률에 다른 규정이 없는 경우에는 등기권리자(登記權利者)와 등기의무자(登記義務者)가 공동으로 신청한다(법 제23조 제1항).

(1) 등기권리자, 등기의무자의 개념

(가) 등기권리자라 함은 부동산등기법상 등기의 공동신청이 요구되는 경우에 일반적으로 등기함으로써 등기부상 권리를 취득하거나 또는 그 권리가 증대되는 자를 말한다. 등기의무자라 함은 등기가 행하여짐으로써 실체적 권리관계에 있어 권리의 상실 또는 불이익을 받는 자라는 것이 등기부상 형식적으로 표시되는 자를 말한다. 즉 등기부의 형식상 신청하는 그 등기에 의하여 권리를 상실하거나 기타 불이익을 받을 자(등기명의인이거나 그 포괄승계인)라는 것이 등기부상 형식적으로 표시되는 자를 말한다.

실체법상의 권리인 등기청구권(등기신청에 협력할 것을 요구할 수 있는 권리)을 가지는 자가 등기권리자이고, 등기청구권에 대응하는 의무자, 즉 등기신청에 협력할 의무를 부담하는 자가 등기의무자이다.

(나) 등기권리자·등기의무자라는 개념은 법 제23조 제1항의 공동신청이 요구되는 것을 전제로 하여 인정되는 것이다. 원래 공동신청주의라는 등기절차는 종전의 등기부상 명의를 출발점으로 하여 연속되어야 한다는 이른바 '등기연속의 원칙'을 전제로 한 것이다.

"등기연속(登記連續)의 원칙(原則)"이라 함은 부동산등기는 소유권보존등기를 시발점(始發點)으로 하여 순차 소유권이전등기 등이 이루어지므로 소유권보존등기에 터잡아 이루어지는 모든 등기는 소유권보존등기에 순차적으로 연속되어 연결되어야 한다는 것을 말한다. 따라서 현재의 등기가 부적법(부적법의 이유는 등기원인의 무효, 취소와 같은 '실체법적인 경우'이든 관할위반등과 같은 '절차법 적인 경우'를 불문한다)하여 말소의 대상이 된 경우 최종의 등기를 말소하지 않고 그 중간의 등기를 말소한다면 등기의 연결이 끊어져 근거 없는 등기가 등기기록상 남게 되므로 그러한 말소등기 할 수 없다.

(다) 등기절차상의 등기권리자와 등기의무자는 동시에 실체법상의 등기권리자, 등기의무자이어야 한다. 따라서 등기를 신청한 당사자는 그 등기가 실행됨으로써 종전의 등기만이 있을 때보다는 유리한 위치에 서거나 또는 불리한 위치에 서게 된다는 것이 등기부상 현실적으로 나타나는 자이어야 한다. 그리고 절차법상의 등기권리자는 신청

된 등기가 실행됨으로써 새로 등기명의인이 되는 자이고, 절차법상의 등기의무자는 신청된 등기가 실행되기 전 현재까지의 등기에 있어서 등기명의인으로서 표시되어 있는 자이어야 한다.

(라) 절차상 등기권리자, 등기의무자는 실체법상의 등기권리자, 등기의무자와 일치하는 것이 원칙이지만 반드시 일치되는 것은 아니다.

(2) 등기신청적격(등기당사자능력)

등기신청적격(등기당사자능력)이라함은 등기신청절차에 있어서 공동신청의 경우에는 당사자 즉, 등기권리자, 등기의무자, 단독신청의 경우에는 등기신청인이 될 수 있는 법률상의 자격을 말한다. 등기신청적격은 부동산에 관한 권리를 취득할 수 있는 자격 즉, 권리능력자인 법적 인격자를 의미하는 것으로 자연인과 법인 등이 등기신청적격을 갖는다. 「종중·문중 기타 대표자나 관리인이 있는 법인 아닌 사단이나 재단에 속하는 부동산의 등기에 관하여서는 그 사단 또는 재단을 등기권리자 또는 등기의무자로 한다(법 제26조, 규칙 제48조)」고하여 법인 아닌 사단이나 재단의 등기신청적격을 인정하고 있다.

등기신청권이 없는 자의 신청은 부적법한 신청으로서 부동산등기법 제29조 3호에 의하여 각하되어야 한다.

2. 등기명의인 또는 등기권리자의 단독신청에 의한 등기

(1) 소유권보존등기신청(등기명의인으로 될 자)

소유권보존등기(所有權保存登記) 또는 소유권보존등기의 말소등기(抹消登記)는 등기명의인으로 될 자 또는 등기명의인이 단독으로 신청한다(법 제23조 2항).

(2) 포괄승계에 따른 등기신청인(등기권리자)

상속, 법인의 합병, 그 밖에 대법원규칙으로 정하는 포괄승계에 따른 등기는 등기권리자가 단독으로 신청한다(법 제23조 3항).

법 제23조 제3항에서 "그 밖에 대법원규칙으로 정하는 포괄승계"란 다음 각 호의 경우를 말한다(규칙 제42조).

1. 법인의 분할로 인하여 분할 전 법인이 소멸하는 경우
2. 법령에 따라 법인이나 단체의 권리·의무를 포괄승계하는 경우(제2장 제3절 제8관 상속으로 인한 소유권이전등기 참조).

(3) 판결에 의한 등기(승소한 등기권리자 또는 등기의무자)

판결에 의한 등기는 승소한 등기권리자 또는 등기의무자가 단독으로 신청한다(법 제23조 제4항).

(4) 부동산표시의 변경(경정)등기의 신청인(소유권의 등기명의인)

부동산표시의 변경이나 경정(更正)의 등기는 소유권의 등기명의인이 단독으로 신청한다(법 제23조 5항).

(5) 등기명의인 표시의 변경(경정)등기신청인(등기명의인)

등기명의인표시의 변경이나 경정의 등기는 해당 권리의 등기명의인이 단독으로 신청한다(법 제23조 6항).

(6) 신탁등기

신탁재산에 속하는 부동산의 신탁등기는 수탁자(受託者)가 단독으로 신청한다(법 제23조 제7항).

(7) 신탁재산에 속하는 부동산에 관한 권리이전등기

수탁자가 「신탁법」 제3조제5항에 따라 타인에게 신탁재산에 대하여 신탁을 설정하는 경우 해당신탁재산에 속하는 부동산에 관한 권리이전등기에 대하여는 새로운 신탁의 수탁자를 등기권리자로 하고 원래 신탁의 수탁자를 등기의무자로 한다. 이 경우 해당 신탁재산에 속하는 부동산의 신탁등기는 제7항에 따라 새로운 신탁의 수탁자가 단독으로 신청한다(법 제23조 제8항).

3. 채권자대위권에 의한 등기

(1) 채권자대위권의 의의

채권자대위권이란 채권자가 자신의 권리를 보전하기 위하여 채무자의 권리를 자기명의로 행사할 수 있는 것을 말하며(민 제404조), 이는 실체법상의 권리로서 일종의 법정재산관리권이라고 보고 있다. 등기신청권도 채권자대위의 객체인 권리가 될 수 있으므로, 채권자는 자기 채권(금전채권 또는 등기청구권과 같은 특정채권)의 실현을 위하여 채무자가 가지는 등기신청권을 자기의 이름으로 행사하여 채무자명의의 등기를 신청할 수 있다(법 28조).

(2) 채권자대위권의 대상(목적)

특정물에 관한 채권에 있어서는 채무자가 그 채권을 행사지 아니하는 경우에 채권보존의 필요가 있다고 인정함이 타당하다. 부동산에 관한 소유권이전등기절차 이행청구의 채권은 민법 제404조 소정의 채권자의 채권에 해당한다(대판 1957. 6. 27. 4289민상485,486).

채권자대위권은 채무자가 제3채무자에 대한 권리를 스스로 행사하지 않는 경우에 한하여 할 수 있는 것이고 채무자가 이미 그 권리를 행사한 때에는 그 권리를 대위행사 할 수 없다(1975. 7. 8. 75다529,530). 채권자취소권도 채권자가 채무자를 대위하여 행사하는 것이 가능하다(대판 2001. 12. 27. 2000다73049).

등기신청권은 채권자대위권의 목적이 될 수 있다(대판 1962. 5. 10. 62다138). 채권자대위권에 의한 상속등기를 거부할 수 없다(대법원 1964. 4. 3. 63마54). 부동산을 정당히 매수하고 그 대금을 완불한 매수인은 현행 민법상 그 이전등기를 받기 전에는 물권의 변동이 생기지 아니하나 등기청구권이라는 채권적 청구권에 의하여 소유자인 매도인을 대위하여 목적부동산에 관한 원인무효등기의 말소등기청구를 할 수 있다(1965. 2. 16. 64다1630).

(3) 채권자대위권행사의 객체가 될 수 있는 권리

채권자대위권은 채권자가 자기의 채권을 보전하기 위하여 채무자에게 속한 권리를 행사하는 것이며 그 권리가 채무자의 일신에 전속하는 권리 또는 압류를 불허하는 권리와 같이 채권의 담보가 될 수 없는 성질의 것이 아닌 이상 대위권행사의 객체가 될 수 있고 그 권리에 동시이행의 항변권이 부착된 권리라 하여도 관계없다(대판 1965. 5. 25 65다265,266).

(4) 채권자대위소송에 의한 확정판결의 효력이 채무자에게 미치는지 여부(적극)

채권자가 채권자대위권을 행사하는 방법으로 제3채무자를 상대로 소송을 제기하여 판결을 받은 경우에 어떠한 사유로 인하였던 채무자가 채권자대위권에 의한 소송이 제기된 사실을 알았을 경우에는 그 확정판결의 효력은 채무자에게도 미친다(대판 1975. 5. 13. 74다1644, 전원합의체판결).

(5) 채권자대위권에 의한 등기신청의 유형

채권자대위권에 의한 등기신청의 유형은 아래와 같다.

첫째 채무자가 단독으로 신청할 수 있는 등기(등기명의인의 표시변경등기 등)를 대위신청하는 경우, 둘째 채권자가 채무자를 대위하여 등기의무자인 제3채무자와 공동신청하는 경우, 셋째 등기의무자의 임의의 협력을 얻지 못할 때 채권자가 채무자의 등기청구권을 대위행사하여(대위 소송을 제기하여) 등기의무자인 제3채무자의 등기신청의사를 갈음하는 판결(민사집행법 제263조)을 얻은 후 절차상 등기권리자인 채무자를 대위하여 단독으로 등기신청을 하는 경우이다(법 제23조 제4항).

대위신청할 수 있는 등기에는 특별한 제한이 없다. 보존등기, 이전등기, 말소등기, 변경등기, 가등기 등 신청에 의하여 이루어지는 등기는 일반적으로 대위신청이 가능하다.

(6) 채권자 대위권에 의한 등기신청의 요건

(가) 채무자에게 등기신청권이 있을 것

대위등기신청은 채권자가 채무자의 등기신청권을 대위 행사하는 것이므로 그 전제로서 채무자에게 등기신청권이 있어야 한다. 채무자에게 등기신청권이 없으면 당연히 대위등기신청도 생각할 수 없다.

(나) 채무자에게 유리한 등기일 것

채권자대위권은 채무자의 책임재산 보전을 위해 채무자의 관여 없이 행사되고 권리의 행사 여부에 대한 권리자(채무자)의 결정 권한을 제한하므로 대위신청할 수 있는 등기도 채무자에게 유리한 것과 최소한 불리하지 않은 것에 한정된다.

(다) 대위의 기초가 되는 채권(피보전채권)이 있을 것

대위신청을 하기 위해서는 채권자대위의 일반원칙에 따라 대위자가 피대위자에 대하여 채권을 가져야 한다. 피보전채권은 채권적 청구권이건 물권적 청구권이건 묻지 않는다.

(7) 등기의 대위신청절차

채권자는 자기채권의 보전을 위하여 채무자가 가지는 등기신청권을 자기의 이름으로 행사(채무자의 대리인으로서가 아니라)하여 채무자명의의 등기를 신청할 수 있는데, 이것을 등기의 대위신청이라고 한다.

① 등기신청인

대위채권자는 채무자의 등기신청권을 대리하는 것이 아니라 자기의 채권을 보전하기 위하여 채무자의 등기신청권을 자기의 이름으로 행사하여 채무자 명의의 등기를 신청하는 것이므로 대위채권자 자신이 등기신청인이 된다(법 제28조 제1항).

채권자가 채무자를 대위하여 등기를 신청하는 경우 채무자로부터 채권자 자신으로서의 등기를 동시에 신청하지 않더라도 이를 수리한다(등기예규 제1432호).

② 등기신청서의 기재사항 및 첨부서면

채권자가 민법 제404조에 따라 채무자를 대위(代位)하여 등기를 신청하는 경우에는 다음 각호의 사항을 신청정보의 내용으로 등기소에 제공하고, 대위원인을 증명하는 정보를 첨부정보로서 등기소에 제공하여야 한다(규칙 제50조).
  1. 피대위자의 성명(또는 명칭), 주소(또는 사무소 소재지) 및 주민등록번호(또는 부동산등기용등록번호)
  2. 신청인이 대위자라는 뜻

3. 대위자의 성명(또는 명칭)과 주소(또는 사무소 소재지)

4. 대위원인(대위원인을 증명하는 서면)

[대위원인의 예시]

매매인 경우에는 "○년 ○월 ○일 매매에 의한 소유권이전등기청구권," 대여금채권인 경우에는 "○년 ○월 ○일 소비대차의 대여금반환청구권" 등으로 기재한다.

대위의 기초인 권리가 특정채권인 때에는 당해 권리의 발생원인인 법률관계의 존재를 증명하는 서면(예 매매계약서 등)을, 금전채권인 때에는 당해 금전채권증서(예 금전소비대차계약서 등)를 첨부하여야 한다(법 제28조, 제32조 제4항, 규칙 제50조). 이때의 매매계약서 등은 공정증서가 아닌 사서증서라도 무방하다(등기예규 제1432호 3항).

③ 대위등기절차

등기관이 부동산등기법 제28조 제1항 또는 다른 법령에 따른 대위신청에 의하여 등기를 할 때에는 대위자의 성명 또는 명칭, 주소 또는 사무소 소재지 및 대위원인을 기록하여야 한다(법 제28조 제2항).

등기관이 등기를 완료한 때에는 등기권리자에게 등기필의 통지를 하여야 하며 부동산등기규칙 제53조 제1항 제2의 규정에 따라 대위자의 등기신청에 의한 등기완료통지는 피대위자에게 하여야 한다.

④ 대위등기신청 사례

㉮ 구분건물 중 일부만에 관한 소유권보존등기를 신청하는 경우 건물의 표시에 관한 등기의 대위신청

부동산 등기법은 채권자대위권에 의한 등기신청(법 제28조)과는 별도로 대위등기를 신청할 수 있는 경우를 규정하고 있다. 즉 1동의 건물에 속하는 구분건물 중 일부만에 관하여 소유권보존등기를 신청하는 경우 등기신청인인 구분건물의 소유자는 1동에 속하는 다른 구분건물의 소유자를 대위하여 그 건물의 표시에 관한 등기를 신청할 수 있다(법 제46조 제1~2항).

㉯ 비구분건물에 접속하여 구분건물을 신축한 경우의 소유권보존등기와 건물의 표시변경등기의 대위신청

구분건물이 아닌 건물에 접속하여 구분건물을 신축한 경우의 소유권보존등기를 신청하는

경우 신축건물의 소유자는 구분건물이 아닌 건물을 구분건물로 변경하는 건물의 표시변경등기를 동시에 신청하여야 한다(법 제46조 제3항).

㉱ 대지권의 변경이나 소멸등기의 대위신청

구분건물의 대지권의 변경이나 소멸이 있는 경우 구분건물의 소유권의 등기명의인은 1동의 건물에 속하는 다른 구분건물의 소유권의 등기명의인을 대위하여 그 등기를 신청할 수 있다(법 제41조 제3항).

㉲ 건물의 멸실 또는 부존재의 경우 멸실등기의 대위신청

건물이 멸실된 경우 그 소유권의 등기명의인이 1개월 이내에 멸실등기를 신청하지 아니하면 그 건물대지의 소유자가 건물소유권의 등기명의인을 대위하여 건물의 멸실등기를 신청할 수 있으며(법 제43조 제2항), 존재하지 아니하는 건물에 대한 등기가 있을 때 그 건물소유권의 등기명의인이 건물의 멸실등기를 신청하지 아니하는 경우에는 건물대지의 소유자가 건물소유권의 등기명의인을 대위하여 건물의 멸실등기를 신청할 수 있다(법 제44조 제2항).

㉳ 국가가 국세체납자를 대위한 소유권이전등기 신청

어느 부동산에 관하여 소유권이전등기절차를 명하는 화해권고결정을 받은 국세체납자가 그 결정에 의한 소유권이전등기를 경료하지 않고 있는 경우 국가는 대위 원인을 증명하는 서면(국세채권의 존재를 증명하는 서면 등)을 첨부하고 체납자를 대위하여 위 화해권고결정에 의한 소유권이전등기 신청을 할 수 있다.

위 경우 화해권고결정문의 결정사항에 등기원인과 그 연월일이 명시되어 있지않았다면 신청서에 화해권고결정과 결정확정일을 등기원인과 그 연월일로 기재하여야 하며, 등록세·국민주택채권·등기신청수수료의 납부와 신청서에 첨부할 서면 등은 일반 등기절차와 같다(2010. 11. 19. 부등-2193. 등기선례요지집 제7권 133항).

㉴ 가압류등기촉탁과 채권자의 대위에 의한 상속등기

상속등기를 하지 아니한 부동산에 대하여 가압류결정이 있을 때 가압류 채권자는 그 기입등기촉탁 이전에 먼저 대위에 의하여 상속등기를 함으로써 등기의무자의 표시가 등기기록과 부합하도록 하여야 한다.

　대위원인 : "○년 ○월 ○일 ○○지방법원의 가압류 결정"이라고 기재한다.

　대위원인증서 : 가압류결정의 정본 또는 그 등본을 첨부한다(등기예규 제1432호 5가).

　　⑭ 근저당권자의 대위에 의한 상속등기

　근저당권설정자가 사망한 경우에 근저당권자가 임의경매신청을 하기 위하여 근저당권의
목적인 부동산에 대하여 대위에 의한 상속등기를 신청하는 때에는 다음의 예에 의한다.

　대위원인 : "○년 ○월 ○일 설정된 근저당권의 실행을 위한 경매에 필요함"이라고 기재한다.

　대위원인증서 : 당해 부동산의 등기사항증명서을 첨부한다. 다만, 등기신청서 첨부서류란
에 "대위원인을 증명하는 서면은 ○년 ○월 ○일 접수번호 제○○호로 본 부동산에 근저
당권설정등기가 경료되었기에 생략"이라고 기재하고 첨부하지 않아도 된다(등기예규 제1432
호 5.나).

　확정판결을 등기원인을 증명하는 서면으로 한 등기신청사례를 예시하면 다음과 같다.

[사 례]

서울지방법원

판   결

사　　건　　2003가단23227 소유권이전등기말소

원　　고　　삼풍○○ 주식회사

　　　　　　서울 도봉구 창동 224

　　　　　　대표이사 ○ ○ ○

　　　　　　소송대리인 법무법인 ○○

　　　　　　담당변호사 ○ ○ ○

피　　고 1. 신 ○ ○

　　　　　　서울 ○○구 ○○동 ○○○

　　　　　　등기부상 주소 서울 ○○구 ○○동 ○○○

　　　　　　소송대리인 법무법인 ○○

담당변호사 ○ ○ ○

2. 이 ○ ○

현재 소재불명

최후주소 서울 ○○구 ○○동 ○○○

등기부상 주소 서울 ○○구 ○○동 ○○○

변론종결 2003. 11. 25.

판결선고 2003. 12. 23.

주   문

1. 별지 목록 기재 각 부동산에 관하여,

　　가. 피고 신○○은 피고 이○○에게 인천지방법원 부천지원 1978. 11. 9. 접수 제
　　　　47510호로 마친 각 소유권이전청구권가등기(별지 서식 2 참조) 및 같은 지원
　　　　1981. 7. 31. 접수 제22021호로 마친 각 소유권이전등기(별지 서식 1)의 각 말소
　　　　등기절차를 이행하고,

　　나. 피고 이○○은 원고에게 1978. 10. 10. 대물변제약정을 원인으로 한 각 소유권이전
　　　　등기(별지 서식 3)절차를 이행하라.

2. 소송비용은 피고들의 부담으로 한다.

청 구 취 지

주문과 같다.

이 유 (생 략)

				소유권이전등기말소등기신청			(판결주문 1. 가)

접 수	년 월 일			처 리 인	등기관 확인	각종 통지
	제		호			

부동산의 표시	

1. 경기도 부천시 원미구 약대동 46-6   대 100㎡
 2. 위 지상
    연와조 세멘와즙 평가건주택 1동
    건평 16평 3홉
    세멘부럭조 스라브즙 평가건변소 1동
    건평 3홉	

등기원인과 그 연월일	2003년 12월 23일 서울지방법원의 확정판결
등 기 의 목 적	소유권이전등기말소
말 소 할 등 기	1981년 7월 31일 접수 제22021호로 경료된 소유권이전등기
대 위 원 인	1978. 10. 10. 대물변제약정을 원인으로 한 소유권이전등기를 받아야할 채권보전

구 분	성 명 (상호·명칭)	주민등록번호 (등기용등록번호)	주 소 (소 재 지)
등 기 의 무 자	신 ○ ○ (피고 1)	생 략	생 략
등 기 권 리 자	이 ○ ○ (피고 2)	생 략	생 략

등 록 세	금 6,000원
교 육 세	금 1,200원
세 액 합 계	금 7,200원
등 기 신 청 수 수 료	금 4,000원

첨 부 서 면	
1. 판결정본 및 확정증명　　　　　통 1. 취득세(등록면허세)영수필확인서　　통 1. 위임장　　　　　　　　　　　통 1. 이해관계인이 있는 때 : 승낙서등　　통 1. 등기신청수수료현금영수필확인서　1통	<기타>

2011년　9월　20일

위 대위등기 신청인　　삼풍물산(주)　(전화 :　　　　)

대표이사 : ○○○

(또는)위 대리인　　법무사 최돈호　(전화 :　　　　)

인천지방법원 부천지원 등기과 귀중

가등기말소등기신청 (판결주문 1.가)				
접 수	년 월 일	처 리 인	등기관 확인	각종 통지
	제 호			

부동산의 표시	
1. 경기도 부천시 원미구 약대동 46-6 대 100㎡ 2. 위 지상 　　연와조 세멘와즙 평가건주택 1동 　　건평 16평 3홉 　　세멘부럭조 스라브즙 평가건변소 1동 　　건평 3홉	
등기원인과 그 연월일	2003년 12월 23일 서울지방법원의 확정판결
등 기 의 목 적	가등기말소
말소할 등기 의 표시	1978년 11월 9일 접수 제47510호로 경료된 가등기
대 위 원 인	1978. 10. 10. 대물변제약정을 원인으로 한 소유권이전등기를 받아야 할 채권보전
구 분	성 명 (상호 · 명칭)	주민등록번호 (등기용등록번호)	주 소 (소 재 지)
등 기 의 무 자	신 ○ ○ (피고 1)	생 략	생 략
등 기 권 리 자	이 ○ ○ (피고 2)	생 략	생 략

등 록 세	금 6,000원
교 육 세	금 1,200원
세 액 합 계	금 7,200원
등 기 신 청 수 수 료	금 4,000원

첨 부 서 면	
1. 판결정본및확정증명 통 1. 등록면허세영수필확인서 통 1. 위임장 통 1. 이해관계인이 있는 때 : 승낙서등 통 1. 등기신청수수료현금영수필확인서 1통	<기타>

20411년   9월   20일

위 대위등기 신청인   삼풍○○(주) (전화 :   )

대표이사 : ○○○

(또는)위 대리인   법무사 최○○ (전화 :   )

인천지방법원 부천지원 등기과 귀중

접 수	년 월 일 제 호	처리인	등기관 확인	각종 통지

소유권이전등기신청 (판결주문 1.나)

부동산의 표시(거래신고일련번호/거래가액)
1. 경기도 부천시 원미구 약대동 46-6　　　　대 100㎡ 2. 위 지상 　연와조 세멘와즙 평가건주택 1동 　건평 16평 3홉 　세멘부럭조 스라브즙 평가건변소 1동 　건평 3홉

등기원인과 그 연월일	1978년 10월 10일 대물변제
등 기 의 목 적	소유권 이전
이 전 할 지 분	

구 분	성 명 (상호·명칭)	주민등록번호 (등기용 등록번호)	주 소 (소 재 지)
등 기 의 무 자	이 ○ ○ (피고 2)	생 략	생 략
등 기 권 리 자	삼풍○○ 대표이사 ○○○ (원고)	생 략	생 략

시가표준액 및 국민주택채권매입금액		
부동산 표시	부동산별 시가표준액	부동산별 국민주택채권매입금액
1.	금 ○○,○○○,○○○원	금　○○○,○○○ 원
2.	금　　　　　　원	금　　　　　　원
3.	금　　　　　　원	금　　　　　　원
국 민 주 택 채 권 매 입 총 액	금　○○○,○○○ 원	
국 민 주 택 채 권 발 행 번 호	○ ○ ○	
취득세(등록면허세)　금 ○○○,○○○원	지방교육세　금 ○○○,○○○원	
세 액 합 계	금　　　　　　○○○,○○○ 원	
등 기 신 청 수 수 료	금　　　　　　○○○,○○○ 원	
	납부번호 :	

첨 부 서 면	
1. 판결정본및확정증명(전건원용)　　통	1. 위임장　　　　　　　　　　　통
1. 취득세(등록면허세)영수필확인서　통	1. 등기신청수수료현금영수필확인서　1통
1. 토지·임야·건축물대장　　　　통	〈기 타〉
1. 법인등기부등본　　　　　　　통	

2011년　9월　20일

위 신청인　　　삼풍물산(주)　　(전화 :　　)

대표이사 : ○○○

(또는)위 대리인　법무사 최돈호　(전화 :　　)

인천지방법원 부천지원 등기과 귀중

⑤ 대위보존등기와 등록세 및 국민주택채권매입문제

미등기부동산에 대한 처분제한등기의 촉탁에 의하여 등기관이 직권으로 소유권보존등기를 하는 경우의 등록세는 「지방세법 시행령」 제38조의 규정에 의한 미납 통지를 함으로써 족하고, 국민주택채권은 소유자가 보존등기를 신청하는 것이 아니어서 그 매입의무가 부과되는 것이 아니므로 국민주택채권을 매입하게 할 수 없으나, 채권자가 채무자를 대위하여 보존등기를 신청하는 경우에는 본래의 신청인, 즉 채무자가 신청하는 경우와 다를 바 없다 할 것이므로 일반원칙에 따라 소정의 등록세를 납부케 하는 외에 국민주택채권을 매입하게 하여야 한다(등기예규 1410호. 6.가. 나).

4. 법인 아닌 사단 등의 등기신청(대표자나 관리인)

(1) 법인 아닌 사단의 의의

(가) 비법인사단의 요건

법인 아닌 사단이라 함은 일정한 목적하에 이루어진 다수인의 결합체로서, 그 구성원의 가입·탈퇴에 관계없이 존속하며 대내적으로 그 결합체의 의사결정·업무집행기관에 관한 정함이 있고, 대외적으로 그 결합체를 대표할 대표자·관리인의 정함이 있는 것을 말한다(대판 1999. 4. 23. 99다4504 등).

(나) 총유재산에 관한 소송(고유필수적 공동소송)

재산권이 '총유(總有)'인 경우에 권리주체는 비 법인사단(非 法人社團)이 되므로, 대표자가 있으면 그 이름으로 당사자가 될 수 있으나(민소법 제52조), 대표자 또는 관리인이 없는 때에는 전원이 소송당사자가 되어야 하며 그 때의 소송관계는 고유필수적 공동소송이다. 그러나 구성원 각자가 단독으로 권한을 행사할 수 있는 때에는 단독소송이 허용된다.

"총유재산에 관한 소송"은 법인 아닌 사단이 그 명의로 사원총회의 결의를 거쳐하거나 또는 구성원전원이 당사자가 되어 필수적 공동소송의 형태로 할 수 있을 뿐 그 사단의 구성원은 설령 그 사단의 대표자라거나 사원총회의 결의를 거쳤다 하더라도 그 소송의 당사자가 될 수 없고, 이러한 법리는 총유재산의 보존행위로서 소를 제기하는 경우에도 마찬가지라 할 것이다(2005. 9. 15. 2004다44971 전원합의체).

(2) 등기능력이 인정되는 비법인 사단 · 재단

법 제26조 제1항은 "종중, 문중 기타 대표자나 관리인이 있는 법인 아닌 사단이나 재단에 속하는 부동산의 등기에 관하여서는 그 사단 또는 재단을 등기권리자 또는 등기의무자로 한다. 제1항의 등기는 그 사단이나 재단의 명의로 그 대표자나 관리인이 신청한다."고 하여 법인 아닌 사단 또는 재단에 대하여 등기당사자능력을 인정하고 있다. 따라서 법인 아닌 사단 또는 재단은 그 단체의 명의로 등기할 수 있다.

법인 아닌 사단, 재단으로서 등기능력이 인정되는 사례는 다음과 같다.
종중(선례 1-54), 교회(선례 1-58), 사찰(선례 3-491) 및 ○○사 신도회(선례 2-37), 서원(선례 2-35), 동 · 리 등 자연부락(선례 6-178), 아파트단지 입주자대표회의(선례 4-24), ○○영농회(선례 4-669), 연합주택조합(선례 3-37), 한국방송통신대학교기성회(선례 5-419), 재단법인 성균관의 설립이전부터 존재하던 성균관(대법원 2004. 11. 12. 선고 2002다46423 판결), ○○기념사업회(선례 2-38), 주무관청으로부터 조합인가가 취소된 주택조합(선례 3-39) 등은 그 명의로 등기권리자 또는 등기의무자가 되어 등기신청을 할 수 있다.

(3) 법인 아닌 사단이나 재단의 등기신청서의 기재사항

법인 아닌 사단이나 재단에 속하는 부동산의 등기에 관하여 그 대표자나 관리인이 등기를 신청하는 경우에는 신청서에 대표자 또는 관리인의 성명, 주소, 주민등록번호를 기재(규칙 제43조 제2항)하여야 하고, 그 외에 다음 각 호의 사항을 기재한 신청정보를 등기소에 제공하여야 한다(규칙 제43조 제1항).
1. 부동산의 표시에 관한 사항(소재와 지번, 지목, 면적 등)
2. 법인 아닌 사단이나 재단의 명칭, 사무소 소재지, 부동산등기용등록번호
3. 대표자의 성명과 주소
4. 대리인에 의하여 등기를 신청하는 경우에는 그 성명과 주소
5. 등기원인과 그 연월일

6. 등기의 목적

7. 등기의무자의 등기필 정보(다만, 공동신청 또는 승소한 등기의무자의 단독신청에 의하여 권리에 관한 등기를 신청하는 경우로 한정한다.)

8. 등기소의 표시

9. 신청연월일

(4) 법인 아닌 사단이나 재단의 등기신청서의 첨부서면

(가) 부동산등기규칙 제46조의 규정에 의한 첨부서면

법인 아닌 사단이나 재단에 속하는 부동산의 등기에 관하여 그 대표자가 등기를 신청하는 경우에는 신청서에 다음 각 호의 서면을 첨부정보로서 등기소에 제공하여야 한다(규칙 제46조 제1항).

1. 등기원인을 증명하는 정보

2. 등기원인에 대하여 제3자의 허가, 동의 또는 승낙이 필요한 경우에는 이를 증명하는 정보

3. 등기상 이해관계 있는 제3자의 승낙이 필요한 경우에는 이를 증명하는 정보 또는 이에 대항할 수 있는 재판이 있음을 증명하는 정보

4. 법인 아닌 사단이나 재단의 대표자의 자격을 증명하는 정보

5. 대리인에 의하여 등기를 신청하는 경우에는 그 권한을 증명하는 정보

6. 등기권리자(새로 등기명의인이 되는 경우로 한정한다)의 사무소소재지 및 부동산등기용등록번호를 증명하는 정보. 다만, 소유권이전등기를 신청하는 경우에는 등기의무자의 주소(또는 사무소소재지)를 증명하는 정보도 제공하여야 한다.

7. 소유권이전등기를 신청하는 경우에는 토지대장, 임야대장, 건축물대장 정보나 그 밖에 부동산의 표시를 증명하는 정보

8. 번역문(첨부서면이 외국어로 작성된 경우에는 그 번역문을 첨부하여야 한다. 규칙 제46조 제8항)

(나) 부동산등기규칙 제48조의 규정에 의한 첨부서면

부동산 등기법 제26조의 종중, 문중 그 밖에 대표자나 관리인이 있는 법인 아닌 사단이나 재단이 등기를 신청하는 경우에는 다음 각 호의 정보를 첨부정보로서 등기소에 제공하여야 한다(규칙 제48조).

1. 정관이나 그 밖의 규약

　정관 기타의 규약에는 단체의 목적, 명칭, 사무소의 소재지, 자산에 관한 규정, 대표자 또는 관리인의 임면에 관한 규정, 사원자격의 득실에 관한 규정이 기재되어 있어야 한다(등기예규 제1435호. 3. 가).

2. 대표자나 관리인임을 증명하는 정보(다만 등기되어 있는 대표자나 관리인이 신청하는 경우에는 그러하지 아니하다)

　법인 아닌 사단의 대표자 또는 관리인임을 증명하는 서면으로는, 위 1의 규정에 의한 정관 기타의 규약에서 정한 방법에 의하여 대표자 또는 관리인으로 선임되었음을 증명하는 서면(예컨대 정관 기타의 규약에서 대표자 또는 관리인의 선임을 사원총회의 결의에 의한다고 규정되어 있는 경우에는 사원총회의 결서)을 제출하여야 한다. 부동산등기용등록번호대장이나 기타단체등록증명서는 위 대표자를 증명하는 서면으로 제출할 수 없다(위 예규 3.나).

3. 민법 제276조 제1항의 결의가 있음을 증명하는 정보(법인 아닌 '등기의무자'인 경우로 한정한다)

　법인 아닌 사단이 '등기의무자'로서 등기신청을 하는 경우에는 민법 제276조 제1항의 규정에 의한 결의서를 등기신청서에 첨부하여야 한다. 다만, 정관 기타의 규약으로 그 소유부동산을 처분하는데 있어서 위 결의를 필요로 하지 않는다고 정하고 있는 경우에는 그러하지 아니하다(위 예규 3.다).

4. 대표자나 관리인의 주소 및 주민등록번호를 증명하는 정보

(다) 등기예규 제1435호의 규정에 의한 첨부서면

1. 사실 확인서 및 인감증명서

　위 '(나)의 2. 3'의 규정에 의한 서면에는 그 사실을 확인하는데 상당하다고 인정되는 2인 이상의 성년자가 사실과 상위 없다는 취지(사실 확인서)와 성명을 기재하고 인감을 날인하여야 하며, 날인한 인감에 관한 인감증명을 제출하여야 한다. 다만 변호사 또는 법무사가 위 각 서면에 사실과 상위없다는 취지를 기재하고 기명날인함으로써 이에 갈음할 수 있다(위 예규 3.라)(규칙 제60조 제1항 8호).

사실확인서

법인 아닌 사단의 명칭 : 경주 김씨 종중(111101-1234567)

사무소 소재지 : 서울 종로구 인사동 6길 8(인사동)

대표자 : 김성수(600104-1056429)

　　　　　서울 종로구 율곡로 1길 16(사간동)

임시총회 개최일시 : 2017. 3. 15. 오후2시

개최장소 : 위 사무소 소재지

출석회원 : 00명

　2017년 3월 15일 오후 2시 본 종중의 위 사무소 소재지에서 개최된 임시총회에서 별첨 임시총회 의사록에 명시된 제1호 의안 대표자의 선임 및 제2호 의안 부동산의 매입(또는 처분)의 건에 관하여 출석위원 00명 전원의 만장일치로 승인·가결된 내용이 사실과 상위 없음을 확인함.

2017. 3. 20.

첨　부　서　면

1. 임시총회의사록　　　　　1부
2. 인감증명(확인자2인)　　　2부

확인자 : 1. 김00(　　　　－　　　　) (인감날인)

　　　　　주소 :

　　　　2. 김00(　　　　－　　　　) (인감날인)

　　　　　주소 :

2. 주민등록표등본 및 부동산등기용등록번호를 증명하는 서면

대표자 또는 관리인의 주민등록표등본을 등기신청서에 첨부하여야 하고(규칙 제48조 제4
호), 법인 아닌 사단이 '등기권리자'인 경우에는 부동산등기용등록번호를 증명하는 서면
(규칙 제46조 제1항 제6호)을 첨부하여야 한다(위 예규 3.마).

(5) 등기부 기재례

1) **표시란의 등기** 종중 또는 문중에 속하는 부동산등기의 기재사항 중 표시란에 등기를
함에는 신청서 접수의 연월일, 신청서에 기재된 사항으로서 부동산의 표시에 관한 사
항을 기재하여야 하며 구분건물에 대지권이 있을 때에는 그 권리의 표시에 관한 사항
을 기재하고 등기관이 날인하여야 한다(법 제34조, 제40조 제1항).

2) **사항란의 등기** 사항란에 등기를 함에는 신청서 접수의 연월일, 접수번호, 등기권리자
의 명칭(종중을 등기권리자로 표시한다), 사무소 소재지, 등기원인, 그 연월일, 등기의 목적 기
타 신청서에 기재된 사항으로서 등기할 권리에 관한 것을 기재하고 그 외에 종중 또는
문중의 대표자나 관리인의 성명, 주민등록번호, 주소를 첨가하며, 등기관이 날인하여
야 한다(법 제48조).

<부동산등기 기재례>

【갑 구】(소유권에 관한 사항)				
순위 번호	등기목적	접 수	등기원인	권리자 및 기타사항
1	소유권보존	2003년 9월 7일 제8005호		소유자 경주 김씨종중 111101-1234567 서울시 종로구 원서동 2 대표자 김정수 490114-1056429 서울시 관악구 봉천동 3

주: 법인 아닌 사단 또는 재단이 소유자인 경우에는 그 대표자 또는 관리인의 성명·주소 및 주민등록번호
를 같이 기록한다(법 제48조 제3항).

(6) 대표자 또는 관리인의 성명, 주소 및 주민등록번호 추가 표시변경등기

(가) 법인 아닌 사단이나 재단이 현재 효력 있는 권리에 관한 등기의 등기명의인이나 그 대표자 또는 관리인의 성명, 주소 및 주민등록번호가 등기기록에 기록되어 있지 않은 경우, 그 대표자 또는 관리인은 대표자 또는 관리인의 성명, 주소 및 주민등록번호를 추가로 기록하는 내용의 등기명의인표시변경등기를 신청할 수 있다.

(나) 위 등기명의인표시변경등기를 신청할 때에는 대표자 또는 관리인의 주민등록표 등 (초)본 외에 정관 기타의 규약, 대표자 또는 관리인을 증명하는 서면 등도 첨부하여야 하고, 등기관은 첨부된 서면을 종합적으로 고려하여 신청인이 적법한 대표자나 관리인인지에 대한 심사를 엄격히 한 후에 그 수리 여부를 결정하여야 한다.

(다) 위 등기명의인표시변경등기를 신청할 때에는 등기원인은 '대표자 또는 관리인 추가'로, 등기의 목적은 '등기명의인표시변경'으로, 등기원인일자는 등기신청일을 각 기재하여야 한다.

(7) 종중(종중재산에 속하는 부동산의 등기신청인 : 대표자 또는 관리인)

종중, 문중 기타 대표자나 관리인이 있는 법인 아닌 사단이나 재단에 속하는 부동산의 등기에 관하여서는 그 사단 또는 재단을 등기권리자 또는 등기의무자로 하며, 그 등기는 사단 또는 재단의 명의로 그 대표자 또는 관리인이 이를 신청한다(법 제26조).

(가) 종중의 개념

종중이란 공동선조의 분묘수호와 제사 및 종원 상호간의 친목 등을 목적으로 하여 구성되는 자연발생적인 종족집단이므로, 종중의 이러한 목적과 본질에 비추어 볼 때 공동선조와 성과 본을 같이 하는 후손은 성별의 구별 없이 성년이 되면 당연히 그 구성원이 된다(대판 2005. 7. 21. 2002다1178 전원합의체 판결, 2007. 9. 6. 2007다34982).

(나) 종중의 성립요건

종중이 성립되기 위하여는 특별한 조직행위를 필요로 하지 않고 다만 공동선조의 분묘수호와 제사 및 종중원 상호간의 친목을 목적으로 하는 자연발생적인 종족집단체가 됨으로써 족하다(대판 1989. 4. 11. 88다카95).

종중은 공동선조의 후손들에 의하여 그 선조의 분묘수호 및 봉제사와 후손 상호간의 친목을 목적으로 형성되는 자연발생적인 종족단체로서 특별한 조직행위나 성문의 규약을 필요로 하지 아니한다(대판 1991. 9. 13. 91다14062).

종중이라 함은 원래 공동선조의 후손 중 성년 이상의 남자(대판 2005. 7. 21. 2002다1178, 전원합의체 판결로 "성과 본을 같이하는 후손"으로 변경됨)를 종원으로 하여 구성되는 종족의 자연발생적 집단이므로 성립을 위하여 특별한 조직행위를 필요로 하는 것이 아니며, 다만 그 목적인 공동선조의 분묘 수호, 제사봉행, 종원 상호간의 친목을 위한 활동을 규율하기 위하여 규약을 정하는 경우가 있고, 또 대외적인 행위를 할 때에는 대표자를 정할 필요가 있는 것에 지나지 아니하며 반드시 특정한 명칭의 사용 및 서면화된 종중규약이 있어야 하거나 종중의 대표자가 계속하여 선임되어 있는 등 조직을 갖추어야 하는 것은 아니다(대판 1997. 10. 10. 95다44283, 1998. 7. 10. 96다488).

(다) 종중의 법적 성격 및 종중규약의 자율성

종중은 공동선조의 분묘수호와 제사, 그리고 종원 상호간의 친목도모 등을 목적으로 자연발생적으로 성립한 종족 집단체로서, 종중이 규약이나 관습에 따라 선출된 대표자 등에 의하여 대표되는 정도로 조직을 갖추고 지속적인 활동을 하고 있다면 비법인 사단으로서의 단체성이 인정된다. 이와 같은 종중의 성격과 법적 성질에 비추어 보면, 종중에 대하여는 가급적 그 독자성과 자율성을 존중해 주는 것이 바람직하고, 따라서 원칙적으로 종중규약은 종원이 가지는 고유하고 기본적인 권리의 본질적인 내용을 침해하는 등 종중의 본질이나 설립 목적에 크게 위배되지 않는 한 그 유효성을 인정하여야 한다(대판 2008. 10. 9. 2005다30566).

(라) 종중의 종류

1) **대종중과 소종중** 종중에는 공동선조를 정하는 방법에 따라 대종중 또는 소종중으로 구별된다. 종중은 공동선조를 누구로 하느냐에 따라 종중 안에 무수한 소종중이 있을 수 있으므로 어느 종중을 특정하고 그 실체를 파악함에 있어서는 그 종중의 공동선조가 누구인가가 가장 중요한 기준이 된다.

2) **종중과 문중** 종중과 문중은 같은 의미이나 문중은 특히 소규모의 종중, 즉 계고조(繼

高祖) 이하의 종중을 지칭하는 경우가 많다. 이를 엄격하게 구별한다면 문중, 즉 일문 (一門)은 일족의 분파로서 대개 유복친의 범위, 즉 계고조 이하의 종중을 지칭하는 것이 보통이다.

(마) 종약(종규, 종헌), 종약소

일족(대종) 또는 일파(소종)의 자손이 상호 협의에 의하여 종회의 운영(종중재산의 관리방법, 임원의 선임, 목적사업의 수행방법 등)에 관하여 협정한 규약을 종약, 종규, 종헌이라고 하며, 그와 같은 업무를 처리하는 사무소를 종약소라고 한다.

🔍 판 례

1. 종중 구성원의 자격을 성년 남자만으로 제한하는 종래의 관습법의 효력
   [다수의견] 종원의 자격을 성년 남자로만 제한하고 여성에게는 종원의 자격을 부여하지 않는 종래 관습에 대하여 우리 사회 구성원들이 가지고 있던 법적 확신은 상당 부분 흔들리거나 약화되어 있고, 무엇보다도 헌법을 최상위 규범으로 하는 우리의 전체 법질서는 개인의 존엄과 양성의 평등을 기초로 한 가족생활을 보장하고, 가족 내의 실질적인 권리와 의무에 있어서 남녀의 차별을 두지 아니하며, 정치·경제·사회·문화 등 모든 영역에서 여성에 대한 차별을 철폐하고 남녀평등을 실현하는 방향으로 변화되어 왔으며, 앞으로도 이러한 남녀평등의 원칙은 더욱 강화될 것인바, 종중은 공동선조의 분묘수호와 봉제사 및 종원 상호간의 친목을 목적으로 형성되는 종족단체로서 공동선조의 사망과 동시에 그 후손에 의하여 자연발생적으로 성립하는 것임에도, 공동선조의 후손 중 성년 남자만을 종중의 구성원으로 하고 여성은 종중의 구성원이 될 수 없다는 종래의 관습은, 공동선조의 분묘수호와 봉제사 등 종중의 활동에 참여할 기회를 출생에서 비롯되는 성별만에 의하여 생래적으로 부여하거나 원천적으로 박탈하는 것으로서, 위와 같이 변화된 우리의 전체 법질서에 부합하지 아니하여 정당성과 합리성이 있다고 할 수 없으므로, 종중 구성원의 자격을 성년 남자만으로 제한하는 종래의 관습법은 이제 더 이상 법적 효력을 가질 수 없게 되었다.
2. [다수의견] 종중이란 공동선조의 분묘수호와 제사 및 종원 상호간의 친목 등을 목적으로 하여 구성되는 자연발생적인 종족집단이므로, 종중의 이러한 목적과 본질에 비추어 볼 때 공동선조와 성과 본을 같이 하는 후손은 성별의 구별 없이 성년이 되면 당연히 그 구성원이 된다고 보는 것이 조리에 합당하다.
3. 종중 구성원의 자격에 관한 대법원의 변경된 견해가 이 사건 판결 선고 이전의 종중 구성원의 자격과 이와 관련된 법률관계에 대하여 소급적용되는지 여부(소극)
   종중 구성원의 자격에 관한 대법원의 견해의 변경은 관습상의 제도로서 대법원판례에 의하여 법률관계가 규율되어 왔던 종중제도의 근간을 바꾸는 것인바, 대법원이 이 판결에서 종중 구성원의 자격에 관하여 '공동선조와 성과 본을 같이 하는 후손은 성별의 구별 없이 성년이 되면 당연히 그 구성원이

된다.'고 견해를 변경하는 것은 그동안 종중 구성원에 대한 우리 사회일반의 인식 변화와 아울러 전체 법질서의 변화로 인하여 성년 남자만을 종중의 구성원으로 하는 종래의 관습법이 더 이상 우리 법질서가 지향하는 남녀평등의 이념에 부합하지 않게 됨으로써 그 법적 효력을 부정하게 된 데에 따른 것일 뿐만 아니라, 위와 같이 변경된 견해를 소급하여 적용한다면, 최근에 이르기까지 수십 년 동안 유지되어 왔던 종래 대법원판례를 신뢰하여 형성된 수많은 법률관계의 효력을 일시에 좌우하게 되고, 이는 법적 안정성과 신의성실의 원칙에 기초한 당사자의 신뢰보호를 내용으로 하는 법치주의의 원리에도 반하게 되는 것이므로, 위와 같이 변경된 대법원의 견해는 이 판결 선고 이후의 종중 구성원의 자격과 이와 관련하여 새로이 성립되는 법률관계에 대하여만 적용된다고 함이 상당하다.

4. 종원 지위의 확인을 구하는 이 사건 청구에 한하여 종중 구성원의 자격에 관한 대법원의 변경된 견해가 소급적용되는 근거

대법원이 '공동선조와 성과 본을 같이 하는 후손은 성별의 구별 없이 성년이 되면 당연히 그 구성원이 된다.'고 종중 구성원의 자격에 관한 종래의 견해를 변경하는 것은 결국 종래 관습법의 효력을 배제하여 당해 사건을 재판하도록 하려는 데에 그 취지가 있고, 원고들이 자신들의 권리를 구제받기 위하여 종래 관습법의 효력을 다투면서 자신들이 피고 종회의 회원(종원) 자격이 있음을 주장하고 있는 이 사건에 대하여도 위와 같이 변경된 견해가 적용되지 않는다면, 이는 구체적인 사건에 있어서 당사자의 권리구제를 목적으로 하는 사법작용의 본질에 어긋날 뿐만 아니라 현저히 정의에 반하게 되므로, 원고들이 피고 종회의 회원(종원) 지위의 확인을 구하는 이 사건 청구에 한하여는 위와 같이 변경된 견해가 소급하여 적용되어야 할 것이다(대법원 2005. 7. 21. 선고 2002다1178 전원합의체 판결).

(바) 종중재산

1) 종중재산의 의의

종중재산이라 함은 종중이 소유한 매장 제사용의 토지·건물, 제비(祭費)의 재원인 전답이나 임야, 위토와 종산 등의 재산을 말한다. 여기서 위토(位土)란 그 수익으로 조상 제사용으로 충당하기 위해 제공된 토지를, 종산(宗山)은 조상분묘가 소재하는 곳으로 동종(同宗)의 자손을 매장하기 위한 장소를 가리킨다. 종중재산은 종중인 사회단체의 목적을 위한 재산이므로, 그 권리는 종중에 귀속되나, 종중이 권리능력 없는 사단인 까닭에 종원 각자를 그 권리의 주체로 하게 된다. 따라서 종원 각자가 그 지분비례에 따라 사용·수익할 수 있지만, 우리 민법 제275조는 이를 총유로 규정함으로써 이 지분의 분할과 양도는 종회(宗會)의 결의에 의하여야 한다(민법 제276조).

"분묘에 속한 1 정보 이내의 금양임야(禁養林野)와 600평 이내의 묘토인 농지, 족보와 제구의 소유권은 제사를 주재하는 자가 이를 승계한다"(민법 제1008의3조).

2) 종중재산의 소유형태(공유 → 합유 → 총유)

종중재산은 실체상으로는 종중 그 자체에 속하지만(부동산등기법 제30조) 법률상으로는 이를 종원에 속하는 것으로 볼 수 있는데, 이 때 종중재산의 권리귀속 형태를 공유, 합유, 총유 중 어떠한 형태인 것인가가 문제이다.

조선고등법원은 1912. 12. 3. "묘위토는 관습상 당연히 봉사손의 전유에 속하는 것만이 아니고 또 일문의 공유에 속하는 경우가 있다(조고판 1912. 12. 3, 민집 2권 78면)"고 판시하여 종중 구성원의 공유라고 하였다.

1927. 9. 23, 조선고등법원 연합부판결로 "한국에 있어서 문중 또는 그 일파가 선조의 묘지 또는 제위토를 공동소유하는 경우에 있어서 관습상 항상 이른바 합유의 법률관계이고 공유의 법률관계가 존재하지 아니한다(조고판 1927. 9. 23, 민집 14권 321면)"고 판시하여 종래의 입장을 번복하여 종중 구성원의 합유라고 판시하였다. 이러한 이론은 해방 후에도 대법원이 같은 견해를 취함으로써 유지되었다(대판 1956. 10. 13. 선고, 4288민상435).

신민법(민법 제275조 참조)시행 이후에는 대법원이 다시 종전의 합유라는 견해를 변경하여 "종중재산은 종중원의 총유에 속한다" "종중의 소유재산은 종중원의 총유이다"(대판 1966. 9. 27. 66다1343, 1992. 4. 24. 91다18965), "종중원이 집합체로서 물건을 소유하는 총유에 있어서는 그 총유물의 관리는 종중총회의 결의에 의하는 것"이라고 판시(대판 1966. 3. 15, 65다2465)하여 종중재산의 소유형태를 총유로 파악하기에 이르렀으며, 현재 종중재산의 공동소유의 성질이 총유라는 것에 대하여는 이설이 없다.

3) 종중재산의 관리·처분

종중재산은 법인 아닌 사단인 종중이 사회단체로서의 목적을 위한 재산이므로, 그 권리는 종중에 귀속되나(부동산등기법 제26조 제1항 참조), 종중이 권리능력 없는 사단인 까닭에 종원(宗員) 각자를 그 권리의 주체로 하게 된다. 따라서 종원 각자가 그 지분비율에 따라 사용수익 할 수 있지만, 우리민법 제275조는 '법인이 아닌 사단의 사원이 집합체로서 물건을 소유할 때에는 총유(總有)로 한다'고 규정하였고, 제276조 제1항은 '총유물(總有物)의 관리 및 처분은 사원 총회의 결의에 의한다'고 규정하였으므로 종중재산의 관리 및 처분은 종회(宗會), 즉 종중총회의 결의에 의하여야 한다.

가) 종중재산의 관리, 처분 절차
① 규약 또는 종중총회의 결의)

종중소유의 재산은 종중원의 총유에 속하는 것이므로 그 관리 및 처분에 관하여 종중규약에 정하는 바 있으면 이에 따라야 하고, 그 점에 관한 종중규약에 그에 관한 규정이 없으면 종중총회의 결의에 의하여야 하므로(민법 제275조 제2항, 제276조 제1항) 비록 종중대표자에 의한 종중재산의 처분이라고 하더라도 그러한 절차를 거치지 아니한 채 한 행위는 무효이고(대판 2000. 10. 27. 2000다22881), 이러한 법리는 종중이 타인에게 속하는 권리를 처분하는 경우에도 적용된다(대판 1992. 4. 24, 91다18965; 대판 1992. 10. 13, 92다27034; 대판 1996. 8. 20, 96다18656).

② 종중재산에 대한 보존행위로서 소송을 하는 경우 중중총회의 결의요부(적극)

총유물의 보존에 있어서는 공유물의 보존에 관한 민법 제265조의 규정이 적용될 수 없고, 특별한 사정이 없는 한 민법 제276조 제1항의 규정에 따라 사원총회의 결의를 거쳐야 하므로, 법인 아닌 사단인 종중이 그 총유재산에 대한 보존행위로서 소송을 하는 경우에도 특별한 사정이 없는 한 종중 총회의 결의를 거쳐야 한다(대판 2010. 2. 11. 2009다83650).

나) 종중회의 결의방법

구관습에 의하면 종회의 결의는 출석자의 과반수로 결정한다. 즉, 종중원의 과반수출석은 요하지 아니하고 출석자의 과반수찬성으로 결정된다. 판례도 "종회가 적접히 소집된 이상 과반수출석이 아니어도 출석자의 과반수결의로서 그 대표자를 선임하는 것이 일반관습"이라고 판시하고 있다(대법 1995. 8. 24. 선고 64다1193, 1977. 1. 25. 선고 76다2199). 가부동수인 경우에는 종장 또는 문장이 결정권을 가지는 것이 구관습이었다.

다) 종중소유 부동산의 등기부상 소유자표시

종중소유 부동산의 등기에 관하여는 그 종중 자체가 등기권리자 또는 등기의무자가 되고

(법 제26조), 그 등기를 함에 있어서는 대표자나 관리인의 성명과 주소 및 주민등록번호를 기재하도록 되어 있으므로(제48조 제3항), 대표자 등이 등기부에 기재된 경우에는 등기신청 당시의 신대표자가 종중의 정관 기타 규약 등 대표자의 변경을 증명하는 서면을 첨부하여 등기명의인 표시변경등기(법 제23조 제6항)를 신청하여야 한다. 다만 종중 대표자가 여러 번 변경된 경우에는 다른 등기신청과는 관계없이 그 변경에 따른 등기명의인 표시변경등기를 할 수도 있으나, 그대로 두었다가 그 부동산에 대한 등기신청을 할 당시의 대표자로 곧 바로 변경등기를 신청할 수도 있다(등기선례요지집 제5권 40항).

라) 위토라는 사실만으로 종중의 소유로 추정되는지 여부(소극)

위토(位土)라 함은 제사(祭祀)등에 관련되는 일을 처리하기 위하여 설정된 토지를 말한다. 위토를 묘위(墓位)·제위(祭位)·종중재산이라고도 한다. 우리민법은 '분묘에 속한 1정보 이내의 금양임야(禁養林野)와 600평 이내의 묘토(墓土)인 농지, 족보와 제구(祭具)의 소유권은 제사를 주재하는 자가 이를 승계한다(민법 제1008조의3)'고 규정하고 있다.

어느 토지가 특정 묘의 위토로 되는 경위는 그 특정 묘와 관계있는 종중이 토지의 소유권을 취득하여 위토 설정을 하는 경우도 있지만 후손 중의 어느 개인이 그 소유의 토지를 특정 선조 묘의 위토로 설정하는 경우 등이 있을 수 있으므로 위토라는 사실만으로 종중 소유의 토지라고 볼 수는 없고, 또한 위토라고 하여 반드시 묘주의 소유라고 단정할 수도 없다(대판 1997. 10. 16. 95다57029 전원합의체판결).

4) 종중재산의 명의신탁

부동산실권리자명의등기에관한법률의 시행으로 인하여 명의신탁은 어떠한 목적이든 금지되게 되었으나 다음 각호의 1 에 해당하는 경우로서 조세포탈, 강제집행의 면탈 또는 법령상 제한의 회피를 목적으로 하지 아니하는 경우에는 부동산실권리자명의등기에관한법률 제4조 내지 제7조 및 제12조 제1항·제2항의 규정을 적용하지 아니하므로(동법 제8조) 예외적으로 명의신탁등기가 허용된다.

① 종중이 보유한 부동산에 관한 물권을 종중(종중과 그 대표자를 같이 표시하여 등기한 경우를 포함한다) 외의 자의 명의로 등기한 경우.

② 배우자명의로 부동산에 관한 물권을 등기한 경우.

5) 종중의 농지 취득

종중은 원칙적으로 농지를 취득할 수 없으므로 위토를 목적으로 새로이 농지를 취득하는 것도 허용되지 아니하며, 다만 농지개혁 당시 위토대장에 등재된 기존 위토인 농지에 한하여 당해 농지가 위토대장에 등재되어 있음을 확인하는 내용의 위토대장 소관청 발급의 증명서를 첨부하여 종중 명의로의 소유권이전등기를 신청할 수 있다(등기예규 제1177호4). 종중이 농지에 대하여 명의신탁해지를 원인으로 한 소유권이전등기소송에서 승소판결을 받았더라도 위증명서를 발급받지 못한 경우에는 종중명의로의 소유권이전등기를 신청할 수 없다(등기선례요지집 제6권 571항ㆍ572항).

(사) 종중의 등기능력

종중이나 문중이 법인 아닌 사단으로 취급되는 이상 종중이나 문중 그 자체에 등기능력이 있음은 당연하며 부동산등기법도 이에 관하여 명문으로 규정하여 "종중, 문중 기타 대표자나 관리인이 있는 법인 아닌 사단이나 재단에 속하는 부동산의 등기에 관하여서는 그 사단 또는 재단을 등기권리자 또는 등기의무자로 한다. 법인 아닌 사단이나 재단의 등기는 그 사단 또는 재단의 명의로 그 대표자 또는 관리인이 이를 신청한다(구 부동산등기법 제30조, 신법 제26조)"고 규정하여 종중, 문중이라는 비법인 사단에 등기능력을 인정하고 있다.

1) 종중에 대한 부동산등기용 등록번호의 부여

가) 등록번호부여 신청

부동산등기용등록번호(법 제48조 제2항, 제49조)를 부여받고자 하는 법인 아닌 사단이나 재단의 대표자 또는 관리인은 시장(구가 설치되어 있는 시에서는 구청장을 말한다)ㆍ군수 또는 구청장에게 다음 각호의 사항이 기재된 등록번호부여신청서를 제출하여야 한다(법인 아닌 사단ㆍ재단 및 외국인의 부동산등기용등록번호부여절차에관한규정 제5조제1항).

1. 사단이나 재단의 명칭 및 사무소 소재지
2. 대표자의 성명 및 주소

등록번호부여신청서에는 다음 각 호의 서류를 첨부하여야 한다(위 규정 제5조제3항).

  1. 정관 기타의 규약
  2. 대표자 또는 관리인임을 증명하는 서면

위 규정 제5조의 규정에 의한 등록번호부여신청서는 별지 제1호서식에 의한다(법인아닌사단·재단및외국인의부동산등기용등록번호부여절차에관한규정시행규칙 제3조).

나) 부동산등기용 등록번호의 부여

등록번호부여신청을 받은 시장·군수 또는 구청장은 신청사항을 확인한 후 등록번호를 부여하고 등록번호순으로 그 사실을 등록번호화일에 등록·처리하여야 한다(위 규정 제7조제1항).

다) 부동산등기용 등록증명서의 발급신청서 및 등록증명서

부동산등기용 등록증명서를 발급받고자 하는 자는 등록증명서 발급신청서(전자문서로 된 신청서를 포함한다)를 시장·군수 또는 구청장에게 제출하여야 하며, 등록증명서의 발급신청을 받거나 등록번호를 부여한 시장·군수 또는 구청장은 등록증명서를 발급하여야 한다(동규정 제8조제1항, 제2항).

등록증명서발급신청서 및 등록증명서는 각각 별지 제3호서식 및 별제 제4호서식에 의한다(동규칙 제6조).

[별지 제1호 서식] 부동산등기용등록번호부여신청서

(앞쪽)

부동산등기용등록번호부여신청서					처리기간
					즉시
신청인	성명		주민등록번호		
	주소			(전화 :)	
등록명칭			구분	종중, 종교, 기타	
주사무소의 주소					
대표자	성명		주민등록번호		
	주소			(전화 :)	

법인 아닌 사단·재단및외국인의부동산등기용등록번호부여절차에관한규정 제5조의 규정에 의하여 부동산등기용등록번호부여를 신청합니다.

년   월   일

신청인   (서명 또는 인)

시 장
군 수 귀 하
구청장

첨부서류 1. 정관기타의 규약 1부 2. 대표자 또는 관리인임을 증명하는 서면 1부	수수료
	1,000원

[별지 제3호서식] 부동산등기용등록증명서발급신청서

(앞쪽)

부동산등기용등록증명서발급신청서					처리기간	
					즉시	
신청인	성명		주민등록번호			
	주소				(전화 :)	
등록명칭			구분		종중, 종교, 기타	
주사무소의 주소						
대표자	성명		주민등록번호			
	주소				(전화 :)	

법인 아닌 사단·재단및외국인의부동산등기용등록번호부여절차에관한규정 제8조의 규정에 의하여 부동산등기용등록증명서발급을 신청합니다.

년   월   일

신청인   (서명 또는 인)

시 장
군 수 귀 하
구청장

첨부서류 1. 정관기타의 규약 1부 2. 대표자 또는 관리인임을 증명하는 서면 1부	수수료
	1,000원

[별지 제4호서식] 등록번호등록증명서

등록번호등록증명서	
등록번호	
등록명칭	
주　　소 (주사무소)	

부동산등기법 제41조의2 및 법인아닌사단·재단및외국인의부동산등기용등록번호부여절차에 관한규정 제8조의 규정에 의하여 위와 같이 증명합니다.

년　　월　　일

시장
군수　　㊞
구청장

2) 종중에 속하는 부동산의 등기신청인

가) 대표자 또는 관리인의 등기신청

법인 아닌 사단이나 재단의 등기는 그 사단 또는 재단의 명의로 그 대표자 또는 관리인이 이를 신청한다(구 부동산등기법 제30조, 신법 제26조)"고 규정하여 종중, 문중이라는 비법인 사단에 등기능력을 인정하고 있다.{종중이 등기권리자 또는 등기의무자로서 등기신청을 하는 경우, 등기신청서의 기재사항 및 첨부서면에 관하여는 "이 책 제1장 제Ⅱ절 Ⅲ. 4. (3) 및 (4) 참조.}

🔍 판 례

문중 또는 종중과 같이 사실상 사회생활상의 하나의 단위를 이루는 경우에는 법률상 특수한 사회적 작용을 담당하는 독자적 존재가 될 수 있다고 할 것이므로, 이러한 법인 아닌 사단 내지 재단이 권리능력의 주체는 될 수 없다고 하여도 민사소송상의 당사자능력이나 등기능력은 있다.(대판 1970. 2. 10, 69다2013).

나) 종중의 취득시효완성으로 인한 소유권 취득

문중 또는 종중과 같이 비법인 사단 또는 재단에 있어서도 취득시효완성으로 인한 부동산의 소유권을 취득할 수 있다(대판 1970. 2. 10. 69다2013).

3) 종중의 등기명의인 표시변경등기

종중소유 부동산의 등기부상 소유자 표시에, 종중과 그 대표자가 같이 등재되어 있는 경우와 대표자가 등재되어 있지 않은 경우의 그 효력상의 차이는 없다.

종중과 같은 비법인 사단의 등기를 신청함에 있어서는 등기신청서에 반드시 그 대표자나 관리인의 성명, 주민등록번호, 주소를 기재하게 되어 있으며, 등기부에도 이를 기재하게 되어 있으므로(법 제48조 제3항) 종중 또는 문중이나 그 대표자 등이 변경된 경우에는 신청서에 그 표시의 변경을 증명하는 시·구·읍·면의 장의 서면 또는 이를 증명함에 족한 서면을 첨부하여 등기명의인표시변경등기를 신청하여야 한다(법 제23조 제6항).

가) 종중의 대표자가 변경된 경우

① 종중의 대표자가 등기부에 등재되지 아니한 경우(등기부상 종중명의로만 등기된 경우)

종중명의로만 등기되어 있는 부동산에 대하여는 그 대표자를 등재하기 위한 등기명의인표시변경등기를 할 수는 없다(등기선례 제5권40항).

개정된 부동산등기법상 종중은 등기권리자로서 등기를 신청하는 경우에만 그 대표자나 관리인의 성명과 주소를 등기하는 것이므로(구 부동산등기법 제41조 제2·3항, 제57조 제2항) 위 법시행일 (1992. 2. 1.) 이전에 등기되어 그 대표자나 관리인이 등기되지 않은 경우에는 그 대표자나 관리인을 등기할 수 없다(등기선례 제4권 41항).

② 종중의 대표자가 등기부에 등재된 경우

종중의 대표자가 변경된 경우에는 신대표자가 종중의 정관 기타 규약이나 결의서 등 그 대표자의 변경을 증명하는 서면을 첨부하여 등기명의인표시변경등기를 신청할 수 있고(대표자가 등재되지 아니한 경우는 제외) 또는 종중의 주소가 변경되었다면 종중의 정관 기타 규약이나 결의서 등 그 주소의 변경을 증명하는 서면을 첨부하여 주소변경등기를 할 수 있다. 위의 경우에 시장 등 발행의 부동산등기용등록번호 등록대장상 종중의 대표자나 주소를 먼저 변경하여야 할 필요는 없으며, 그 등록증명서를 종중의 대표자나 주소를 증명하는 서면으로 볼 수는 없다(등기선례요지집 제4권 35항).

③ 종중의 대표자가 변경된 경우(대표자가 기재되지 아니한 경우는 제외)

종중원 총회에서의 신대표자 선출시 구대표자가 참석하고 그 총회회의록에 서명·날인하였다면 신대표자는 그 대표자의 변경을 증명하는 서면으로서 정관 기타의 규약 및 그 회의록을 첨부하여 등기명의인표시변경등기를 신청할 수 있다(등기선례요지집 제4권 38항).

④ 종중이 등록번호를 부여받은 후에 대표자가 변경된 경우

종중이 부동산등기용등록번호를 받은 후 종중의 대표자가 변경된 경우에는 부동산등기용등록번호 등록대장상 종중의 대표자를 변경하지 않더라도 신대표자가 종중의 정관 기타 규약이나 결의서 등 대표자의 변경을 증명하는 서면을 첨부하여 미등기 부동산의 소유권보존등기를 신청할 수 있다. 이 경우 소유권보존등기신청서에는 일반 소유권보존등기시 첨부하는 서면과 대표자의 주민등록등본 및 부동산등기용등록번호를 증명하는 서면을 함께 첨부하여야 한다(등기선례요지집 제4권 42항).

⑤ 대종중을 소종중으로하는 등기명의인 표시변경등기의 가부(소극)

대종중과 소종중은 등기명의인의 동일성이 없으므로, 대종중을 소종중으로 하는 등기명의인 표시경정등기는 할 수 없고, 소유권이전등기를 하여야 한다(등기선례요지집 제7권 26항 2).

나) 종중 사무소 소재지의 변경

종중명의로 된 부동산의 등기부상 주소인 종중의 사무소 소재지가 수차 이전되어 그에 따른 등기명의인표시변경등기를 신청할 경우에는 주소변경을 증명하는 서면으로 주소변동경과를 알 수 있는 신·구종중규약을 첨부(구 부동산등기법 제48조 제1항)하면 될 것이고, 그 변경등기는 등기부상의 주소로부터 막 바로 최후의 주소로 할 수 있다(등기선례요지집 제2권 498항).

다) 종중명칭이 변경된 경우

등기명의인인 종중 또는 문중의 명칭이 변경되었다면 정관 기타 규약이나 결의서 등 그 명칭의 변경을 증명하는 서면을 첨부하여 등기명의인표시변경등기를 할 수 있다(부동산등기법 제48조, 등기선례요지집 제4권 44항).

등기명의인인 종중의 명칭이 변경된 경우에는 등록번호등록증명서상의 종중 명칭을 변경함이 없이 정관 기타 결의서 등 종중 명칭의 변경을 증명하는 서면을 첨부하여 등기명의인표시변경등기를 신청할 수 있다(부등 3402-317, 2003. 6. 9.)(등기선례요지집 제7권 24항, 27항).

4) 종중의 명칭변경과 부동산등기용 등록번호 등록증명서상의 명칭변경등록의 가부(소극)

법인 아닌 사단이나 재단이 등기권리자인 경우 등기신청시에 부동산등기용등록번호를 증명하는 서면으로서 제출하는 시장·구청장·군수가 발급한 등록번호등록증명서는 부동산등기용등록번호를 증명하는 서면인바, 종중의 명칭이 변경되었다고 하더라도 등록번호등록증명서상의 종중 명칭을 변경할 수 없다.

다만, 등기명의인인 종중의 명칭이 변경된 경우에는 등록번호등록증명서상의 종중 명칭을 변경함이 없어 정관 기타 결의서 등 종중 명칭의 변경을 증명하는 서면을 첨부하여 등기명의인표시변경등기를 신청할 수 있다(등기선례요지집제7권 24항).

(아) 종중의 대표자

1) 종중대표자의 선임에 관한 일반관습

종중이 그 구성원을 떠나 독자적인 사회단체로서 행동하는 경우에는 그 종중을 대표할 자가 있어야 한다(법 제26조 제2항, 제48조 제3항). 종중의 대외적 행위시에는 그 대표자를 정할 필요가 있으므로 규약이 있으면 그에 따라 선임하고 규약이 없으면 관습에 따라 선임한다. 종중 또는 종중 유사의 단체에서 문장이나 연고항존자(年高行尊者)라고 하더라도 그것만으로 당연히 종중재산에 대한 대표권을 갖는 것은 아니다(대판 1999. 7. 27. 99다9523).

2) 종중대표자의 선임방법

종중대표자의 선임에 있어서 종중규약이나 일반관례가 있으면 그에 따라 선임하고 그것이 없다면 종장 또는 문장이 종족 중 성년이상의 남자를 소집하여 출석자의 과반수결의로 선출하며, 평소에 종장이나 문장이 선임되어 있지 아니하고 선임에 관한 규약이나 일반관례가 없으면 현존하는 종원 중 항렬이 가장 높고 나이가 많은 사람이 종장이나 문장이 되어 국내에 거주하고 소재가 분명한 종중원에게 통지하여 종중회의를 소집하고 그 회의에서 종중대표자를 선임하는 것이 일반관습이다(대판 1992. 12. 11. 92다18146).

종원들이 종중재산의 관리 또는 처분 등에 관하여 대표자를 선정할 필요가 있어 적법한 소집권자에게 종중총회의 소집을 요구하였으나 소집권자가 정당한 이유 없이 이를 소집하지 아니할 때에는 차석 연고항존자 또는 발기인이 총회를 소집할 수 있다(대판 2010. 12. 9. 2009다26596).

(자) 종중총회

종중재산을 처분함에는 반드시 종중총회의 결의가 필요하고 종중재산의 관리·처분·소송행위 등 대외적 행위를 함에 있어서 대표자가 필요할 때에는 종중회의를 소집하여 그 곳에서 그 대표자를 선출함이 일반관례이다. 종중회의는 매년 정하여진 날에 개최되는 '정기총회'와 필요에 따라 수시로 소집권자에 의하여 소집되는 '임시총회'가 있다.

1) 종중회의의 결의방법

구관습에 의하면 종회의 결의는 출석자의 과반수로 결정한다. 즉 종중원의 과반수출석은 요하지 아니하고 '출석자의 과반수찬성'으로 결정된다. 판례도 "종회가 적법히 소집된 이상 과반수출석이 아니어도 출석자의 과반수결의로서 그 대표자를 선임하는 것이 일반관습"이라고 판시하고 있다(대법 1965. 8. 24. 선고 64다1193. 1973. 7. 10. 선고 72다1918. 1977. 1. 25. 선고. 76다2199). 가부동수인 경우에는 종장 또는 문장이 결정권을 가지는 것이 구관습이었다.

종중이 매년 정해진 날짜의 시제에 특별한 소집절차 없이 정기적으로 총회를 열어 문중재산관리에 관하여 결의를 하여 왔다면 위 결의는 종중의 관례에 따른 것으로서 유효하다(1992. 12. 11. 92다18146).

2) 종중재산의 처분결의

종중소유의 재산은 종중원의 총유에 속하는 것이므로 종중재산의 처분은 종중규약이 정하는 바가 있으면 그에 따라야 할 것이며, 그에 관한 종중규약이 없으면 종중총회의 결의에 의하여야 한다(민법 제275 2항, 제276조 제1항).

종중의 문장이 종중으로부터 종중재산의 처분권한을 수임 받지 않은 한 당연히 종중의 재산권을 처분할 권한이 있다고 볼 수 없다(1978. 5. 23. 78다570 소유권이전등기말소).

종중소유의 재산은 종중원의 총유에 속하는 것이므로 그 관리 및 처분은 종중규약의 정하는 바에 따라야 하고 종중규약에서 별도로 定한 바가 없을 때에는 종중원총회의 결의에 따라야 하는 것이고, 적법한 대표권이 없는 자가 한 처분행위를 종중이 추인하는 것은 종중의 처분행위와 다를 바 없으므로 규약 또는 종중원총회의 결의에 따라야 한다(1989. 2. 14. 88다카3113).

3) 종중총회의 소집절차

종중총회는 특별한 사정이 없는 한 족보에 의하여 소집통지 대상이 되는 종중원의 범위를 확정한 후 국내에 거주하고 소재가 분명하여 통지가 가능한 모든 종중원에게 개별적으로 소집통지를 함으로써 각자가 회의와 토의 및 의결에 참가할 수 있는 기회를 주어야 하고, 일부 종중원에게 소집통지를 결여한 채 개최된 종중총회의 결의는 효력이 없으나, 그 소집통지의 방법은 반드시 직접 서면을 하여야만 하는 것은 아니고 구두 또는 전화로 하여도 되고 다른 종중원이나 세대주를 통하여 하여도 무방하다.

종중의 족보에 종중원으로 등재된 성년 여성들에게 소집통지를 함이 없이 개최된 종중 임시총회에서의 결의는 무효이다(대판 2001. 6. 29. 99다2259, 대판 2007. 9. 6. 2007다34982. 2010. 2. 11. 2009다83650).

🔍 판 례

4) 종중총회의 적법한 소집권자가 정당한 소집요구에 불응한 경우

종중원들이 종중 재산의 관리 또는 처분 등을 위하여 종중의 규약에 따른 적법한 소집권자 또는 일반 관례에 따른 종중총회의 소집권자인 종중의 연고항존자에게 필요한 종중의 임시총회 소집을 요구하였음에도 그 소집권자가 정당한 이유 없이 이에 응하지 아니하는 경우에는 차석 또는 발기인(위 총회의 소집을 요구한 발의자들)이 소집권자를 대신하여 그 총회를 소집할 수 있는 것이고, 반드시 민법 제70조를 준용하여 감사가 총회를 소집하거나 종원이 법원의 허가를 얻어 총회를 소집하여야 하는 것은 아니다(대법원 2011.2.10. 선고 2010다83199,83205 판결).

5) 종중총회의 결의내용이 무효로 되는 경우

종중은 공동선조의 분묘수호와 제사 및 종중원 상호 간의 친목 등을 목적으로 하여 구성되는 자연발생적인 종족집단으로, 종중재산은 이러한 종중의 목적을 달성하는 데 본질적으로 중요한 요소이다. 이와 같은 종중의 목적과 본질, 종중재산의 성격과 중요성에 비추어, 종중재산의 분배에 관한 종중총회의 결의 내용이 현저하게 불공정하거나 선량한 풍속 기타 사회질서에 반하여 사회적 타당성을 결한 경우에 그 결의는 무효이다(대판 2017. 10. 26. 2017다231249).

6) 종중임원의 종중재산의 관리·처분에 관한 선관주의의무

종중과 위임에 유사한 계약관계에 있는 종중의 임원은 종중재산의 관리·처분에 관한 사무를 처리함에 있어 종중규약 또는 종중총회의 결의에 따라야 함은 물론 선량한 관리자로서의 주의를 다하여야 할 의무가 있다(대판 2017. 10. 26. 2017다231249).

1. 규약(종헌, 종약, 종규)(예시)

제1조 (명칭) 본종중의 명칭은 ○○최씨○○공파 종중이라 칭한다.

제2조 (사무소) 본회의 사무소는 ○○시내에 둔다.

제3조 (목적) 본회는 조상숭배, 친족간의 친선 및 복리증진 등을 목적으로 한다.

제4조 (회원) 본회의 회원은 ○○최씨○○공파의 후손으로 한다.

제5조 (기구) 본회의 기구로 종중총회를 둔다.

제6조 (임원) (임원의 종류 및 원수) 본회는 다음의 임원을 둔다.

    1. 회장 1 인, 부회장 2 인

    2. 총무 1 인, 감사 2 인, 서기 1 인

제7조 (임원의 선임)

    1. 회장·부회장·감사는 회원 중에서 출석자의 과반수의 찬성으로 선임한다.

    2. 총무, 서기는 회장이 임명한다.

제8조 (임원의 직무)

    1. 회장은 본회의 업무를 총괄하고 본회를 대표한다.

    2. 부회장은 회장을 보좌하며 회장 유고시에 회장의 직무를 대행한다.

    3. 총무는 본회의 업무를 처리한다.

    4. 감사는 민법 제67조의 직무를 행한다.

    5. 서기는 총무의 업무를 보좌한다.

제9조 (임원의 임기)

    1. 회장, 부회장의 임기는 ○년, 총무, 감사, 서기의 임기는 ○년으로 하되 재임할 수 있다.

    2. 보궐을 위하여 취임한 임원의 임기는 전임자의 잔임기간으로 한다.

제10조 (회의) 본회의 회의는 정기총회와 임시총회로 구분한다.

    1. 정기총회는 매년 1 회로 한다.

    2. 임시총회는 필요에 따라 회장이 소집한다.

제11조 (회의의 업무) 본회는 다음사항을 의결한다.

    1. 총회, 회칙개정, 임원선출, 재산의 관리 및 처분, 기타사항

제12조 (회의의 의장) 회장은 본회의의 의장이 된다.

제13조 (의결정족수)

    1. 회의의 의사는 출석회원의 과반수의 찬성으로 결정한다.

    2. 가부 동수일 때에는 회장이 이를 결정한다.

제14조 (서면 등에 의한 표결)

    1. 부득이한 사유로 회의에 출석할 수 없는 회원은 사전에 통지된 사항에 한하여 서면으로 표결하거나 다른 회원에게 표결을 위임할 수 있다.

　　　　　　　　　2. 위 경우 서면으로 표결하거나 표결을 위임한 회원은 회의에 출석한 것으로 본
　　　　　　　　　　　다.
제15조 (의사록) 본회의의 의사에 관하여는 다음 사항을 기재한 의사록을 작성하여 회장과
출석한 회원이 기명·날인하여야 한다.
　　　　　1. 의결사항
　　　　　2. 의사의 경과 및 발언자의 발언요지
　　　　　3. 출석한 임원 및 회원의 성명, 주소
　　　　　4. 회의의 일시 및 장소
제16조 (규약의 변경) 규약의 변경은 출석회원의 과반수의 찬성으로 결정한다.
제17조 (재정) 본회의 재정은 재산의 수입, 회원의 성금 기타수입으로 한다.
제18조 (회계) 회계연도는 역연으로 한다.
제19조 (관례의 준용) 본칙에 명시되지 아니한 사항에 관하여는 종중에 관한 일반관례에
따른다.

　　　　　　　　　　　　　　　　　　　부　　　칙

제1조 본 규약은 년 월 일부터 시행한다.
제2조 본 규약에 명시되지 아니한 사항은 관습에 의한다.

2. 총회 의사록(예시)

1. 개최일시 : 2002년 월 일 시
1. 개최장소 : 시 구 동 번지 ○○최씨○○공파 종중 사무소
1. 출석임원 : ○○명
1. 출석회원 : ○○명

　회장은 종중규약의 규정에 따라 의장석에 등단하여 위와 같이 본회의 임원 및 회원이 출석하여 본총회가 적법히 성립되었음을 알리고 개회를 선언한 후 다음 의안을 부의하고 그 심의를 구하다.

제1호 의안 : 사무소의 이전의 건
　　회장은 사업형편상 본 종중의 사무소를 다음 장소로 이전할 필요가 있음을 설명하고 그 가부를 물은즉 전원이 이의 없이 동의안에 대하여 찬성하여 만장일치로 이를 승인·가결하다.
　　제2조(사무소) 본회의 사무소는 ○○시 ○○구 ○○동 ○○번지에 둔다.

제2호 의안 : 규약(종헌, 종약, 종규)변경의 건
　　회장은 제1호 의안인 사무소 이전에 따라 현행 규약 제2조를 다음과 같이 변경할 필요성을 설명하고 그 가부를 물은 즉 전원이 이의 없이 동의안에 대하여 찬성하여 만장일치로 이를 승인·가결하다.
　　제2조(사무소) 본회의 사무소는 ○○시 ○○구 ○○동 ○○번지에 둔다.

제3호 의안 : 대표자의 선임 및 재산처분의 건
　　회장은 종중의 대표자의 선임 및 사업 형편상 본 종중소유의 다음 부동산을 처분할 필요가 있음을 설명하고 그 가부를 물은즉 전원이 이의 없이 각 동의안에 대하여 만장일치로 이를 승인·가결하다(선임된 대표자 ○○○는 즉석에서 취임을 승낙하다).

1. 선임된 종중의 대표자 : 성명　　　　　　　(주민등록번호:　　　　　　　　)
　　　　　　　　　　　　　주소
2. 처분대상 부동산의 표시 :
(생략)

　회장은 이상으로서 본회의 목적인 제1호 및 제2호 제3호 의안 전부의 심의를 종료하였

으므로 폐회를 선언하다(시간: ○○시 ○○분).

　　위 결의를 명확히 하기 위하여 본회의 의사록을 작성하고 출석한 임원과 회원이 각 이에 기명·날인하다.

2002.　.　.

○○최씨○○공파 종중

1. 출석임원 : 1. 회　장 ○ ○ ○(인)(　-　)
　　　　　　　　　　주　소 :
　　　　　　2. 부회장 ○ ○ ○(인)(　-　)
　　　　　　　　　　주　소 :
　　　　　　3. 총　무 ○ ○ ○(인)(　-　)
　　　　　　　　　　주　소 :
　　　　　　4. 감　사 ○ ○ ○(인)(　-　)
　　　　　　　　　　주　소 :
　　　　　　5. 서　기 ○ ○ ○(인)(　-　)
　　　　　　　　　　주　소 :
2. 출석회원 : ○ ○ ○(인)(　-　)
　　　　　　주　소 :

3. 부동산 명의신탁계약서(예시)

(부동산 실권리자 명의등기에 관한 법률 제8조 제1호 참조)

　　○○○씨○○종중(이하 '갑'이라 칭함)은 그 소유의 부동산을 동종중의 종중원○○○(이하 '을'이라 칭함)에게 명의신탁을 하고자 다음과 같은 계약을 체결한다.

제 1. (신탁의 목적물) '갑'은 '을'에게 다음 부동산을 신탁한다.
　　　　○○시 ○○구 ○○동 ○○번지 임야 ○○m²
　　　　○○시 ○○구 ○○동 ○○번지 위 지상 철근콘크리트조 건물 1 동
제 2. (신탁의 방법)
　　　1. '갑'은 '을'에게 위 부동산에 관한 소유권이전등기절차를 경료한 뒤 그 부동산을 명도하여 점유, 사용하게 하여야 한다.
　　　2. 위 부동산의 소유권이전등기절차는 전등기명의자 ○○○로부터 '을'에게 이전하기로 한다.
제 3. (신탁재산의 관리범위) '을'은 위 신탁부동산을 다음 각호의 범위 내에서만 관리한다.
　　　1. '을'이 스스로 사용하거나 수익·경작하는 행위
　　　2. 1 년 이내의 기간 내에서 임대하는 행위
제 4. ('을'의 처분제한) '을'은 어떠한 경우라도 다음 각호의 행위를 하여서는 아니 된다.
　　　1. 신탁부동산을 매각하는 행위
　　　2. 타인에게 다시 신탁하거나 소유권이전등기를 경료하는 행위
　　　3. 신탁부동산에 저당권, 근저당권, 지상권 기타 담보의 목적으로 제공하는 행위
제 5. (수익료의 지급 및 신탁의 보수)
　　　1. '을'은 '갑'에게 위 신탁부동산을 사용·수익하는 대가로 매년 ○월 ○일 금○○만원을 지급하며, '갑'은 이를 수령함과 동시에 금 ○○원을 위 부동산의 관리보수로 '을'에게 지급한다.
　　　2. 전호의 경우 '을'은 위 부동산을 사용·수익치 못하였음을 이유로 그가 지급하여야 할 위 금원의 감면을 주장할 수 없다.

제 6. (타인으로부터의 강제집행) '을'은 그 스스로의 채무로 인하여 신탁부동산을 강제집행 또는 보전처분 및 체납처분을 받을 열려가 있으면 본 계약서를 제시하여 그 집행을 면하도록 하여야 한다.
제 7. (계약의 존속기간) 본 계약은 이 계약체결일로부터 ○년간 존속한다.
제 8. (계약해지권) '갑'은 다음 각호의 경우에는 본 계약을 즉시 해지할 수 있다.
　　　1. '을'에게 제3 또는 제4의 의무위반이 있는 경우

2. '을'이 제5의 수익료를 지급치 아니하는 경우
3. '을'이 제6의 처분을 받거나 위 신탁부동산을 그 고유의 재산으로 오신할 만한 행위를 하는 경우
4. 기타 선량한 관리자의 주의의무를 게을리하는 경우

제 9. (계약해지의 절차)
1. '갑'은 전조에 의하여 계약을 해지하는 경우 최고 없이 해지할 수 있다.
2. '을'이 천재지변 기타 부득이한 사정으로 계약을 해지할 경우 ○○일전에 해지 통고를 하고 계약해지의 의사표시를 한 때에만 효력이 있다.

제10. (계약해지와 원상회복) 계약이 해지된 경우 '을'은 위 부동산의 소유명의를 '갑' 또는 '갑'이 정하는 자에게 이전하는 데 필요한 서류를 교부하여야 한다. 또한 위 부동산을 동시에 '갑'에게 명도하여야 하며 이 때의 수익료 및 보수는 기간의 비율로 상호계산 한다.

제11. (손해배상) '을'은 이 부동산을 본 계약에서 정한 범위를 넘어 처분 또는 관리함으로 인하여 발생한 손해를 '갑'에게 배상하여야 한다.

제12. (연대보증) ○○○는 '을'의 채무를 연대하여 보증하고 또한 이행하기 위하여 '갑'과 더불어 본 계약에 서명·날인한다.

위의 계약을 준수하기 위하여 '갑' 종중총회의 동의를 얻은 '정'이 그 대표자로서 서명·날인하고 '을'은 연대보증인 '병'과 더불어 이에 서명·날인한다.

년 월 일

1. 갑(명의신탁자) : ○○○씨 ○○공파종중
   위 대표자 ○ ○ ○ ○   주소 : ○○시 ○○구 ○○동 ○○번지
2. 을(명의수탁자) : ○ ○ ○ ○   주소 : ○○시 ○○구 ○○동 ○○번지
3. 을의 연대보증인(병) : ○ ○ ○ ○   주소 : ○○시 ○○구 ○○동 ○○번지

```
┌─────────────────────────────────────────────────────────────────┐
│                                                                   │
│            4. 명의신탁해지약정서(예시)                              │
│                                                                   │
│                                                                   │
│   1. 부동산의 표시                                                 │
│                                                                   │
│    위 부동산에 관하여 위탁자와 수탁자 간의 명의신탁약정에 의하여 ○○지방법원 ○○등  │
│  기소 년 월 일 접수 제   호로 경료된 수탁자 명의의 소유권이전등기는 위 명의신탁  │
│  약정의 해지로 인하여 위탁자명의로 이를 환원하기로 쌍방이 합의 하였으므로 이에 본약정  │
│  서를 작성하고 각 서명 · 날인한다.                                  │
│                                                                   │
│                          2002년  월  일                           │
│                                                                   │
│              수탁자: ○ ○ ○ (   - ) (인)   주소:                    │
│                                                                   │
│   위탁자: ○○○씨 ○○공파종중        대표자 ○ ○ ○ (   -    ) (인)    │
│                                          주  소 :                  │
│                                                                   │
└─────────────────────────────────────────────────────────────────┘
```

5. 교회가 등기를 신청하는 경우

(가) 교회의 법률적 성질

교회의 법률적 성질은 권리능력없는 사단(법 제26조)이므로 교회의 재산은 교인들의 총유(민법제275조, 제276조)에 속하고 총유재산의 관리와 처분은 총회의 결의에 의하여야 한다(민법 제276조제1항, 대판 1995. 2. 24. 94다21733).

(나) 교회의 부동산등기(취득 및 처분)신청시 첨부서면

법인 아닌 사단이나 재단인 교회가 부동산을 취득하거나 처분하고 그 등기신청을 하는 경우에는 부동산등기규칙 제48조의 규정에 의한 서면을 첨부하면 족하고 별도로 주무관청의 허가서 등을 첨부할 필요는 없다(등기선례요지집 제2권36항).

6. 도시 및 주거환경정비등기의 신청인(사업시행자)

사업시행자는 도시및주거환경정비법 제54조 제2항의 규정에 의한 이전의 고시를 한 때에는 도시및주거환경정비등기처리규칙(2003. 6. 28. 대법원 규칙 제1833호) 제5조 제1항 각호의 등기를 신청하여야 한다. 정비사업(도시및주거환경정비법 제2조 2호)의 이전 고시에 따른 등기는 공권력의 주체로서의 사업시행자 또는 사업시행자의 위임을 받은 대리인에 한하여 신청할 수 있다(도시및주거환경정비등기처리규칙 제5조 1항, 등기예규 제615호, 등기선례요지집 제6권 536항).

7. 청산법인의 부동산등기신청(등기예규 제1087호)

(1) 청산법인의 의의

청산법인이란 존립기간의 만료나 기타 사유로 법인이 해산된 후 청산절차가 진행중인 법인을 말하며, 청산종결등기가 된 경우라 하더라도 청산사무가 아직 종결되지 아니한 경우에는 청산법인에 해당하며, 청산법인은 등기당사자 능력이 있으므로 그 등기는 청산인이 신청한다.

(2) 청산법인의 등기부가 폐쇄되지 아니한 경우

청산인이 부동산 등기신청을 하기 위해서는 청산인임을 증명하는 서면으로서 청산인 등기가 되어 있는 법인 등기부등본을 등기신청서에 첨부하여야 하고, 인감증명의 제출이 필요한 경우에는 법인인감인 청산인의 인감을 첨부하여야 한다.

(3) 청산인의 등기부가 폐쇄된 경우

(가) 청산법인이 등기권리자인 경우

미등기 부동산 부동산에 관하여 청산법인이 소유권보존등기를 하는 등 청산법인이 등기권리자로서 부동산등기신청을 하는 경우에는 폐쇄된 청산법인의 등기부를 부활하여야 하고, 청산인임을 증명하는 서면으로는 청산인 등기가 마쳐진 청산본인의 등기부를 제출하여야 한다.

(나) 청산법인이 등기의무자인 경우

① 폐쇄된 등기부에 청산인 등기가 되어 있는 경우

폐쇄된 법인등기부에 청산인 등기가 되어 있는 경우 청산인은 그 폐쇄된 법인등기부등본을 청산인임을 증명하는 서면으로 첨부하여 부동산등기신청을 할 수 있고, 인감증명의 제출이 필요한 경우에는 인감증명법에 의한 청산인의 개인인감을 첨부할 수 있다.

② 폐쇄된 등기부에 청산인 등기가 되어 있지 아니한 경우

청산인 등기가 되어 있지 않은 상태에서 법인 등기부가 폐쇄된 경우(상법 제520조의2의 규정에 의한 휴면회사 등), 청산인이 부동산등기신청을 하기 위해서는 폐쇄된 법인등기부를 부활하여 청산인 등기를 마친 다음 그 등기부등본을 청산인임을 증명하는 서면으로 등기신청서에 첨부하여야 하고, 인감증명의 제출이 필요한 경우에는 법인인감인 청산인의 인감을 첨부하여야 한다.

8. 학교법인의 부동산등기신청

학교는 하나의 시설물에 불과하므로 학교 명의로 등기를 할 수 없고, 그 설립자(사립학교는 학교법인, 국·공립학교는 국가 또는 지방자치단체)의 명의로 등기를 신청하여야 한다. 설령 학교명의로 등기되어 있더라도(예: 소유자 ○○초등학교, 대표자 교장) 학교가 등기의무자로서 소유이전등기를 신청할 수 없다(등기선례 7-10).

(1) 부동산의 취득

학교법인이 매매, 증여, 유증, 그 밖의 원인으로 부동산을 취득하고 학교법인 명의로의 소유권이전등기를 신청하는 경우에는 그 등기신청서에 관할청의 허가를 증명하는 서면을 첨부할 필요가 없다(등기예규 제1255호. 2.).

(2) 부동산의 처분

(가) 매매 · 증여 등 처분행위

학교법인이 그 소유 명의의 부동산에 관하여 매매, 증여, 교환, 그 밖의 처분행위를 원인으로 한 소유권이전등기를 신청하거나 근저당권 등의 제한물권 또는 임차권의 설정등기를 신청하는 경우에는 그 등기신청서에 관할청의 허가를 증명하는 서면을 첨부하여야 한다(등기예규 제1255호.3.).

(나) 시효취득 · 경락

학교법인 소유 명의의 부동산에 관하여 시효취득을 원인으로 한 소유권이전등기신청 또는 경락을 원인으로 한 소유권이전등기 촉탁 및 소유권이전청구권 보전의 가등기신청을 하는 경우에는 관할청의 허가를 증명하는 서면을 첨부할 필요가 없다(등기예규 제1255호. 4.).

(3) 사립학교경영자 개인 소유명의의 부동산

(가) 사립학교의 기본재산에 편입된 부동산의 처분여부(소극)

사립학교(특수학교, 유치원 등 포함)의 기본재산에 편입되어 학교교육에 직접 사용되는 부동산은 그것이 학교 법인이 아닌 사립학교경영자 개인 소유라 하더라도 이를 매도하거나 담보에 제공할 수 없다(사립학교법 제51조, 제28조 제2항)(등기예규 제1255호. 5).

(나)유치원 건물(토지)의 처분여부(소극)

유치원도 학교이므로(사립학교법 2조 1항, 유아교육법 2조 2호) 사립학교경영자가 소유하는 유치원을 폐원하지 않는 한 유치원으로 사용하고 있는 건물 및 토지를 타인에게 매도하거나 담보로 제공할 수 없다(선례 5-68). 다만 유치원 건물(토지)의 소유자와 유치원 경영자가 서로 다른 경우에는 처분행위에 제한이 없다. 유치원용지인 토지나 유치원 용도의 건물에 관하여 소유권이전등기나 저당권설정등기를 신청하기 위해서는 신청인이 유치원 경영자가 아니라는 사실을 소명해야 한다(예규 1255호 5조 2항).

Ⅳ. 동시신청

동시신청이란 여러건의 등기를 동시에 신청하는 것을 말하며, 이때에는 첨부정보를 원용할 수 있다. 동시신청의 경우 가장 먼저 접수되는 사건에 첨부정보를 제공하면 된다. 같은 등기소에 동시에 여러 건의 등기신청을 하는 경우에 첨부정보의 내용이 같은 것이 있을 때에는 먼저 접수되는 신청에만 그 첨부정보를 제공하고, 다른 신청에는 먼저 접수된 신청에 그 첨부정보를 제공하였다는 뜻을 신청정보의 내용으로 등기소에 제공하는 것으로 그 첨부정보의 제공을 갈음할 수 있다(규칙 제47조 제2항).

1. 동시신청과 동일접수번호의 부여

(1) 동시신청이라 함은 동일한 부동산에 관하여 동시에 수개의 등기신청이 있는 경우 동일한 접수번호를 기재하여 동일 순위로 등기하는 것을 말한다(규칙 제47조 제2항, 제65조 제2항, 등기예규 제520호, 등기선례요지집 제5조 480항).

(2) 등기신청의 접수순위는 등기 신청정보가 전산정보처리 조직에 저장되었을 때를 기준으로 하고 동일 부동산에 관하여 동시에 수개의 등기신청이 있는 때에는 동일 접수번호를 부여하여 동일 순위로 등기하여야 하므로(부동산등기법규칙 제65조 제2항), 처분금지가처분신청이 가압류 신청보다 신청법원에 먼저 접수되었다 하더라도 법원으로부터 동처분금지가처분등기촉탁서와 가압류등기 촉탁서를 등기관이 동시에 받았다면 양등기는 이를 동시 접수 처리하여야 하고 그 등기의 순위는 동일순위등기이다(등기예규 제1348호).

🔍 판 례

1. 등기신청의 접수순위는 등기공무원이 등기신청서를 받았을 때를 기준으로 하고, 동일한 부동산에 관하여 동시에 수개의 등기신청이 있는 때에는 동일 접수번호를 기재하여 동일순위로 기재하여야 하므로, 등기공무원이 법원으로부터 동일한 부동산에 관한 가압류등기 촉탁서와 처분금지가처분등기 촉탁서를 동시에 받았다면 양 등기에 대하여 동일 접수번호와 순위번호를 기재하여 처리하여야 하고 그 등기의 순위는 동일하다.
2. 동일한 부동산에 관하여 동일 순위로 등기된 가압류와 처분금지가처분의 효력은 그 당해 채권자 상호간에 한해서는 처분금지적 효력을 서로 주장할 수 없다(1998. 10. 30. 98마475).

2. 동시신청(촉탁)을 요하는 등기

(1) 환매특약등기

환매특약의 등기는 환매특약부매매(민법제590조)로 인한 소유권이전등기와 동시에 신청하여야 한다(민법제592조 제2장 제5절 환매특약등기 참조).

(2) 신탁의 등기

신탁의 등기신청은 신탁으로 인한 소유권이전등기의 신청과 동일한 서면으로 하여야 한다 (법 제82조 제1항, 등기예규 제1211호. 1. 가. (1).).

(3) 신탁등기의 말소

신탁재산에 속한 권리가 이전 또는 소멸됨에 따라 신탁재산에 속하지 아니하게 된 경우 신탁등기의 말소신청은 신탁된 권리의 이전등기 또는 말소등기의 신청과 동시에 하여야 한다 (법 제87조 제1항).

신탁종료로 인하여 신탁재산에 속한 권리가 이전 또는 소멸된 경우에는 법 제87조 제1항을 준용한다(법 제87조 제2항).

(4) 구분건물의 표시에 관한 등기(구분건물중의 일부에 관한 소유권보존등기)

(가) 구분건물 중 일부 만에 관한 소유권보존등기신청과 구분건물의 표시에 관한 등기

1동의 건물에 속하는 구분건물 중의 일부 만에 관하여 소유권보존등기를 신청하는 경우에는 그 나머지 구분건물에 관하여는 표시에 관한 등기를 동시에 신청하여야 한다(법 제46조 제1항).

(나) 구분건물의 표시에 관한 등기

구분소유의 성립을 인정하기 위하여 반드시 집합건축물대장의 등록이나 구분건물의 표시에 관한 등기가 필요한 것은 아니다(대판 2013. 1. 17. 2010다71578).

🔍 판 례

구분건물이 물리적으로 완성되기 전에도 건축허가신청이나 분양계약 등을 통하여 장래 신축되는 건물을 구분건물로 하겠다는 구분의사가 객관적으로 표시되면 구분행위의 존재를 인정할 수 있고, 이후 1등의 건물 및 그 부분행위에 상응하는 구분건물이 객관적·물리적으로 완성되면 아직 그 건물이 집합건축물대장에 등록되거나 구분건물로서 등기부에 등기되지 않았더라도 그 시점에서 구분소유가 성립한다(대판 2013. 1. 17. 2010다 71578 전원합의체 판결).

(5) 도시 및 주거환경정비등기

(가) 정비사업시행자의 표시변경등기등의 대위 신청

정비사업시행자가 정비사업시행을 위하여 도시 및 주거환경 정비등기권리규칙(대법원규칙 제1833호. 2003. 6. 28.) 제2조 제1항 제1호 및 제2호의 규정에 의하여 등기를 신청하는 경우에는 등기원인 또는 등기의 목적이 동일하지 아니한 경우라도 동일한 신청서로 등기를 신청할 수 있다(동규칙제3조).

(나) 건축시설 및 대지에 관한 소유권보존등기 및 담보권 등에 관한 권리등기의 동시신청

건축시설 및 대지에 관한 소유권 보존등기 및 담보권 등에 관한 권리의 등기신청을 하는 때에는 건축시설 및 1필의 토지에 관하여 동일한 신청서로 하여야 한다(동규칙 제10조, 제12조).

(6) 환지등기의 동시촉탁

환지에 대하여 권리의 설정 또는 이전 등의 등기를 하여야 하는 때 기타 특별한 사유가 있는 때를 제외하고는 환자등기 촉탁은 사업지역 내의 토지 전부에 관하여 동시에 하여야 한다. 단, 사업지역을 수 개의 구로 나눈 경우에는 각 구마다 등기촉탁을 할 수 있다. 환지 토지에 관한 등기촉탁이 누락된 경우, 사업시행자는 누락된 환지에 대하여 다시 환지등기를 촉탁할 수 있다(등기예규 제1107호. 나).

(7) 대지사용권의 사후취득등기와 대지권등기의 동시신청

집합건물을 건축한자가 대지사용권을 가지고 있는 경우에 대지권에 관한 등기를 하지 아니하고, 구분건물만에 관한 소유권이전등기를 한 경우에는 현재의 구분소유자와 공동으로 대지사용권에 관한 이전등기를 신청 할 수 있으며, 구분건물을 건축하여 양도한 자가 그 건물의 대지사용권을 나중에 취득하여 이전하기로 약정한 경우에 현재의 구분소유자와 공동으로 대지사용권에 관한 이전등기를 신청(위 경우에는 신청서에 등기원인증서와 신청인의 주소증명서면을 첨부하지 아니한다)할 수 있는데(법 제60조 1~2항) 이 경우 대지사용권에 관한 이전등기는 대지권에 관한 등기와 동시에 신청하여야 한다(법 제60조 제3항).

(8) 토지개발사업에 따른 말소 등기와 보존등기의 동시신청

「도시개발법」에 따른 도시개발사업, 「주택법」에 따른 주택건설사업, 「택지개발촉진법」에 따른 택지개발사업 또는 그 밖의 토지개발사업으로 인한 토지의 이동(異動)에 따라 종전 지적공부가 폐쇄되고 새로 지적공부가 작성된 경우에 소유권의 등기명의인은 종전 토지에 관한 등기의 말소등기와 새로운 토지에 관한 소유권보존등기를 동시에 신청하여야 한다(규칙 제85조 제1항).

(9) 승계집행문(변론종결 후의 승계인)에 의한 말소등기와 판결에 의한 등기의 동시신청

등기절차의 이행을 명하는 확정판결의 변론종결 후 그 판결에 따른 등기신청 전에 등기의무자인 피고 명의의 등기를 기초로 한 제3자 명의의 새로운 등기가 경료된 경우로서 제3자가 민사소송법 제218조 제1항의 '변론을 종결한 뒤의 승계인'에 해당하여 위 판결의 기판력이 그에게 미친다는 이유로 원고가 위 제3자에 대한 승계집행문을 부여받은 경우에는, 그 제3자 명의의 등기의 말소등기와 판결에서 명한 등기를 단독으로 신청할 수 있으며, 위 각 등기는 동시에 신청하여야 한다(등기예규 제1383호 5. 다. 1). 가)}.

3. 동시에 신청하여야하는 다른 등기를 동시에 신청하지 아니한 경우 등기신청의 각하

동시에 신청하여야 하는 다른 등기를 동시에 신청하지 아니한 때(상업등기법 제27조 제12호의 각하사유에 해당)에는 등기관은 그 등기신청을 구 부동산등기법 제55조 제4호(법 제29조 제5호, 등기신청서가 방식에 적합하지 아니한 때)에 의하여 각하하여야 한다고 본다.

V. 일괄신청(촉탁)

등기의 신청은 1건당 1개의 부동산에 관한 신청정보를 제공하는 방법으로 하여야 한다. 다만, 등기목적과 등기원인이 동일하거나 그 밖에 대법원규칙으로 정하는 경우(규칙 제47조)에는 같은 등기소의 관할 내에 있는 여러 개의 부동산에 관한 신청정보를 일괄하여 제공하는 방법으로 할 수 있다(법 제25조).

1. 일괄신청의 의의

일괄신청이란 하나의 신청서로서 수개의 부동산에 관한 등기를 신청하는 것을 말한다.

등기신청은 1개의 부동산에 관한 1개의 등기에 대하여 1개의 신청서로 하는 것이 원칙이나 예외로서 부동산등기법 제25조 단서에서 일괄신청 규정을 두고 있다(법 제25조 단서, 규칙 제47조 제1항).

2. 일괄신청의 요건

하나의 신청서로 수개의 부동산에 관한 등기를 신청하는 것을 일괄신청이라고 한다. 일괄신청은 수개의 부동산이 같은 등기소의 관할 내에 있고, 각 부동산에 대한 등기원인 및 등기목적이 같을 때에 한하여 허용된다(법 제25조, 규칙 제47조).

"등기원인의 동일"은 법률행위 또는 법률사실의 내용 및 그 성립(발생) 일자가 동일함을 뜻한다. 등기원인이 동일하다는 것은 하나의 법률행위 또는 법률사실에 의하여 수개의 부동산에 공통적으로 등기원인이 발생한 것을 의미한다. 등기원인이 동일하다는 것은 당사자의 동일도 포함한다.

"등기의 목적"이 동일하다는 것은 등기할 사항(법 제34조, 제40조, 규칙 제43조 제1항 제6호)이 동일한 것을 말한다.

3. 일괄신청과 일부각하

일괄신청을 한 경우 그 신청 중 일부에 대하여만 각하사유(법 제29조)가 있을 경우에 당해 일괄신청 전부를 각하할 것인지 아니면 각하사유가 있는 신청부분만을 일부각하 할 것인지가 문제된다. 등기관의 보정명령에 대하여 당사자가 신청전체를 취하하지 않는 이상, 각하사유의 판단은 개개의 신청별로 하여야하므로 일부각하를 함이 상당하다(부동산등기실무 I 권 211면).

4. 일괄신청이 허용되는 경우

(1) 부동산등기규칙상 일괄신청이 허용되는 경우

부동산등기법 제25조 단서(등기목적과 등기원인이 동일하거나 그 밖에 대법원규칙으로 정하는 경우에는 같은 등기소의 관할내에 있는 여러개의 부동산에 관한 신청정보를 일괄하여 제공하는 방법으로 할 수 있다)에 따라 다음 각 호의 경우에는 1건의 신청정보로 일괄하여 신청(촉탁)할 수 있다(규칙 제47조 제1항).

① 같은 채권의 담보를 위하여 소유자가 다른 여러 개의 부동산에 대한 저당권설정등기를 신청하는 경우(규칙 제47조 제1항 제1호).

② 법 제97조 각 호의 등기를 촉탁하는 경우(규칙 제47조 제1항 제2호)

관공서가 공매처분(公賣處分)을 한 경우에 등기권리자의 청구를 받으면 지체 없이 다음 각 호의 등기를 등기소에 촉탁하여야 한다(법 제97조).

1. 공매처분으로 인한 권리이전의 등기

2. 공매처분으로 인하여 소멸한 권리등기(權利登記)의 말소

3. 체납처분에 관한 압류등기의 말소

③ 「민사집행법」 제144조 제1항 각 호의 등기를 촉탁하는 경우(규칙 제47조 제1항 제3호)

매각대금이 지급되면 법원사무관등은 매각허가결정의 등본을 붙여 다음 각호의 등기를 촉탁하여야 한다(민집법 제144조 제1항).

1. 매수인 앞으로 소유권을 이전하는 등기

2. 매수인이 인수하지 아니한 부동산의 부담에 관한 기입을 말소하는 등기

3. 제94조 및 제139조 제1항의 규정에 따른 경매개시결정등기를 말소하는 등기

(2) 법령상 일괄신청이 허용되는 사례

등기원인과 등기목적이 달라서 일괄신청을 할 수 없는 경우지만 일정한 목적을 위하여 법령에서 일괄신청(촉탁)을 요구하는 경우가 있다.

이를 위반한 등기신청이 있는 때에는 "신청서가 방식에 적합하지 아니한 때"에 해당되어 각하하여야 한다(법 제29조 제5호).

법령상 일괄신청(촉탁)이 요구되는 경우는 다음과 같다.

① 신탁등기의 신청은 해당 부동산에 관한 권리의 설정등기, 보존등기, 이전등기 또는 변경등기의 신청과 동시에 하여야 한다(법 제82조 제1항).

공유수면매립면허를 신탁을 원인으로 이전받은 수탁자가 매립 공사 완료 후 토지대장에 소유자로 등재된 경우 자신을 소유자로 하는 소유권보존등기와 신탁등기를 일괄신청할 수 있다(2013. 4. 30. 부동산등기과-9780. 등기선례 5권607항).

② 신탁재산에 속한 권리가 이전, 변경 또는 소멸됨에 따라 신탁재산에 속하지 아니하게 된 경우 신탁등기의 말소신청은 신탁된 권리의 이전등기, 변경등기 또는 말소등기의 신청과 동시에 하여야 한다(법 제87조 1항).

③ 신탁등기의 말소

신탁등기의 말소등기 신청은 권리의 이전 또는 말소등기나 수탁자의 고유재산으로 된 뜻의 등기신청과 함께 1건의 신청정보로 일괄하여 하여야 한다(규칙 제144조 제1항).

④ 농지기반 등 정비사업, 도시개발사업 등에 따른 환지처분에 관한 등기(농업기반등정비등기처리규칙 제9조)

⑤ 도시 및 주거환경 정비사업시행자가 하는 종전 토지 및 건물에 관한 등기의 말소등기신청(도시및주거환경정비등기처리규칙 제6조, 제8조)

⑥ 정비사업으로 축조된 건축시설 또는 대지에 관한 소유권보존등기 및 담보권 등에 관한 권리의 등기신청(동규칙 제10조, 제12조)

5. 일괄신청의 경우 등록세 납부

수개의 부동산 또는 하나의 부동산에 관한 수개의 등기에 대하여 일괄 신청을 하는 경우, 수개의 신청이 하나의 신청으로 되는 것이 아니라 수개의 등기신청을 1개의 신청서에 기재한 것에 불과하다. 따라서 등록세, 등기신청수수료, 국민주택채권 등은 각 부동산별로 또는 각 신청별로 계산하여야 한다.

6. 일괄신청과 첨부서면의 원용

같은 등기소에 동시에 여러 건의 등기신청을 하는 경우에 첨부정보의 내용이 같은 것이 있을 때에는 먼저 접수되는 신청에만 그 첨부정보를 제공하고, 다른 신청에는 먼저 접수된 신청에 그 첨부정보를 제공하였다는 뜻을 신청정보의 내용으로 등기소에 제공하는 것으로 그 첨부정보의 제공을 갈음할 수 있다(규칙 제47조 제2항).

제12절 등기신청서의 기재사항(신청정보의 제공)

I. 개 설

등기의 신청은 1건당 1개의 부동산에 관한 신청정보를 제공하는 방법으로 하여야 한다. 등기신청인이 제공하여야 하는 신청정보(신청서의 기재사항)는 대법원 규칙으로 정한다(법 제24조 제2항, 규칙 제43조, 제166조).

부동산등기에 관한 각종 등기신청서의 작성 및 등기 사무처리의 효율화를 기하기 위하여 각종 등기신청서의 기재사항과 첨부서면 등에 관하여는 등기예규 제1334호, 제1639호에 규정되어 있으며(규칙 제166조 참조), 등기신청서 양식의 용지규격은 A4로 하도록 되어 있다.

방문신청(법 제24조 제1항1호)은 등기신청서라는 서면을 제출함으로써 하는 요식행위로서, 신청서의 기재사항은 법정되어 있다(규칙 43조, 44조, 45조 3항, 50조 등). 등기관은 신청서에 반드시 기재되어야 할 사항이 기재되어 있지 않으면 법 29조 5호(신청정보의 제공이 대법원규칙으로 정한 방식에 맞지 아니한 경우)에 의하여 등기신청을 각하하여야 한다.

전자신청(법 제24조 제1항 2호)의 경우에도 서면을 제출하지 않을 뿐 방문신청의 경우와 같은 신청정보를 제공하여야 하므로 등기신청행위의 요식성은 전자신청의 경우에도 적용된다고 볼 수 있다.

{규칙 제43조의 "신청정보"라는 표현은 등기신청서의 기재사항을 뜻하므로 "신청정보"라는 표현보다는 "기록(기재)정보"라고 표현하는 것이 정확하다고 본다. 신청정보의 개념 속에는 첫째, 등기신청서의 기재(기록)사항인 "기록정보" 및 둘째, 등기신청서의 첨부서면인 "첨부정보"의 2가지 개념이 포함된 것으로 보기 때문이다.}

II. 문자기재의 방식(정정, 삭제 등)

신청서나 그 밖의 등기에 관한 서면을 작성할 때에는 자획(字劃)을 분명히 하여야 한다(규칙 제57조 제1항).

규칙 제56조 제1항의 서면에 적은 문자의 정정, 삽입 또는 삭제를 한 경우에는 그 글자 수를 난외(欄外)에 적으며 문자의 앞뒤에 괄호를 붙이고 이에 날인 또는 서명하여야 한다. 이 경우 삭제한 문자는 해독할 수 있게 글자체를 남겨두어야 한다(규칙 제57조 제2항).

전산정보처리조직에 의한 등기사무처리방식을 원칙적인 형태로 함에 따라 종전의 종이등기부를 전제로 한 각 용어를 전산환경에 맞게 변경하였다(등기용지 → 등기기록, 기재 → 기록, 주말 → 말소하는 표시 등)(등기부의 기재문자에 관하여는 등기예규 제 1187호, 제1628호 참조).

III. 등기신청서의 기명·날인·간인

1. 등기신청서의 기명·날인 또는 간인

(1) 방문신청을 하는 경우(법 제24조 제1항 1호)에는 등기신청서에 부동산등기규칙 제43조(신청정보의 내용) 및 그 밖의 법령에 따라 신청정보의 내용으로 등기소에 제공하여야 하는 정보를 기재하고 신청인 또는 그 대리인이 기명·날인하거나 서명하여야 한다(규칙 제56조 제1항).

(2) 법무사의 직인 날인

법무사가 등기사건을 위임받아 신청서를 작성하는 경우에 신청서의 끝부분에 있는 대리인란에 하는 날인은 반드시 신고한 직인으로 하여야 하며, 신청서의 간인도 직인으로 하여야 할 것이다. 다만 법무사의 실인을 직인과 함께 날인하는 것도 무방할 것이며, 이 경우에는 실인으로 간인할 수도 있다(2013. 1. 29. 부동산등기과-196).

(3) 신청서가 여러 장일 때에는 신청인 또는 그 대리인이 간인을 하여야 하고, 등기권리자 또는 등기의무자가 여러 명일 때에는 그 중 1명이 간인하는 방법으로 한다. 다만, 신청서에 서명을 하였을 때에는 각 장마다 연결되는 서명을 함으로써 간인을 대신한다(규칙 제56조 제2항).

2. 등기신청서의 정정방법(정정인)

등기신청인이 다수인 경우의 등기신청서의 정정은 날인하지 아니한 신청인과 이해상반되는 경우가 있을 수 있으므로 신청인 전원이 정정인을 날인한다(등기예규 제585호).

🔍 판 례

인장사용은 인감도장만에 한하는 것은 아니므로 등기신청에 있어 사용한 인장이 서로 달라 같지 않다고 하더라도 그 인장의 사용이 본인의 의사에 따라서 이루어진 것이라면 유효하다 할 것이다(1970. 11. 24, 70 다 2116).

Ⅳ. 등기신청서의 기재사항

등기신청서의 기재사항에는 「필요적 기재사항」과 「임의적 기재사항」이 있다. 전자는 신청서가 유효하기 위하여 반드시 기재하여야 하는 사항으로 이를 기재하지 아니한 때에는 그 신청서는 무효로 되는 것이며, 후자는 이를 기재하느냐의 여부가 당사자의 의사에 의하는 것으로 이를 기재하지 아니하더라도 신청서가 무효로 되지 않는다.

1. 등기신청서의 일반적 기재사항

등기신청서에는 법 제25조, 규칙 제43조 및 그 밖의 법령에 따른 신청정보의 내용으로 다음 각 호의 사항을 기재하고, 신청인 또는 그 대리인이 이에 기명날인하거나 서명하여야 한다(규칙 제56조 제1항).

등기를 신청하는 경우에는 다음 각 호의 사항을 신청정보의 내용으로 등기소에 제공하여야 한다(규칙 제43조 제1항).

1. 다음 각 목의 구분에 따른 부동산의 표시에 관한 사항

가. 토지 : 소재와 지번, 지목과 면적

面積의 意義 및 표시

'면적'이라 함은 지적공부에 등록한 필지의 수평면상 넓이를 말한다(공간정보의 구축 및 관리 등에 관한 법률 제2조 27호).

계량법에 의한 면적의 표시는 평방미터의 약호인 ㎡를 사용하고 소숫점이하의 면적의 표시는 67.07㎡와 같이 기재한다(등기예규 제602호 6항).

(※면적단위 환산방법 : 1. 평(坪) = ㎡ ÷ 3.3058

2. ㎡ = 평 ÷ 0.3025)

나. 건물 : ① 소재, 지번 및 건물번호. 다만, 같은 지번 위에 1개의 건물만 있는 경우에는 건물번호는 기록하지 아니한다.

② 건물의 종류, 구조와 면적. 부속건물이 있는 경우에는 부속건물의 종류, 구조와 면적도 함께 기록한다.

다. 구분건물 : 1동의 건물의 표시로서 소재지번·건물명칭 및 번호·구조·종류·면적, 전유부분의 건물의 표시로서 건물번호·구조·면적, 대지권이 있는 경우 그 권리의 표시. 다만, 1동의 건물의 구조·종류·면적은 건물의 표시에 관한 등기나 소유권보존등기를 신청하는 경우로 한정한다.

2. **신청인의 성명**(또는 명칭), **주소**(또는 사무소 소재지) 및 **주민등록번호**(또는 부동산등기용등록번호)

현재 효력 있는 권리에 관한 등기의 등기명의인의 주민등록번호(또는 부동산등기용등록번호) 등이 등기기록에 기록되어 있지 않는 경우, 그 등기명의인은 주민등록번호 등을 추가로 기록하는 내용의 등기명의인표시 변경등기를 신청할 수 있다. 위 표시변경등기를 신청할 때에는 주민등록표등(초)본 등 추가 기재할 주민등록번호 등이 등기명의인의 것임을 증명하는 첨부하여야 하고, 등기관은 위 증명에 대한 심사를 엄격히 한 후 그 수리여부를 결정하여야 한다(등기예규 제1620호. 2.마.(1) (2)).

3. **신청인이 법인인 경우에는 그 대표자의 성명과 주소**

4. **대리인에 의하여 등기를 신청하는 경우에는 그 성명과 주소**

5. **등기원인과 그 연월일**

(가) 등기원인과 그 연월일의 의의

소유권이전등기에 있어 등기원인이라고 함은 등기를 하는 것 자체에 관한 합의가 아니라 등기하는 것을 정당하게 하는 실체법상의 원인을 뜻하는 것으로서, 등기를 함으로써 일어나게 될 권리변동의 원인행위나 그의 무효, 취소, 해제 등을 가리킨다(대판 99. 2. 26. 98다50999).

(나) 등기원인 및 그 연월일을 기재하지 아니하는 경우

등기신청서에 등기원인과 그 연월일의 기재를 요하지 아니하는 경우는 아래와 같다.

1) 소유권보존등기의 신청

소유권보존등기를 신청하는 경우에는 신청서에 등기원인과 그 연월일은 기재하지 아니한다(법 제64조).

2) 진정명의 회복을 원인으로 한 소유권이전등기신청(등기예규 제1376호)

진정명의 회복을 원인으로 한 소유권이전등기를 신청하는 경우 신청서에 등기원인은 "진정명의회복"으로 기재하며, 등기원인일자를 기재할 필요는 없다(등기예규 제1376호 2.4.).

3) 말소등기 또는 회복등기를 명하는 판결

기존등기의 등기원인이 부존재 내지 무효, 취소, 해제에 의하여 소멸하였음을 이유로 말소등기 또는 회복등기를 명하는 판결에 의하여 등기를 신청하는 경우에는 등기원인은 '확정판결'로, 그 연월일은 '판결 선고일'을 기재한다{등기예규 제1383호 4. 가. 2)}.

6. 등기의 목적

등기의 목적이란 신청하는 등기의 내용 내지 종류를 말한다(예: 소유권보존, 소유권이전, 소유권말소, 지상권설정 등)

7. 등기의무자의 등기필 정보. 다만, 공동신청 또는 승소한 등기의무자의 단독신청에 의하여 권리에 관한 등기를 신청하는 경우로 한정한다.

등기필정보란 등기부에 새로운 권리자가 기록되는 경우에 그 권리자를 확인하기 위하여 등기관이 작성한 정보를 말한다(법 2조 4호). 등기관이 새로운 권리에 관한 등기를 마쳤을 때에는 등기필정보를 작성하여 등기권리자에게 통지하여야 한다(법 50조 1항).

권리에 관한 등기를 신청하는 경우에는 등기필 정보에 기재된 등기의무자의 등기필 정보인 부동산고유번호, 성명(명칭), 일련번호, 비밀번호를 신청서에 기재하여야 한다(규칙 제106조 제1항, 등기예규 제1529호 3.4.).

8. 등기소의 표시

등기소의 설치와 관할 구역에 관한 규칙에 의한 관할 등기소를 기재하여야 한다.

9. 신청연월일

10. 취득세, 등록면허세, 지방교육세세액 및 세액합계, 등기신청 수수료액 및 납부번호, 부동산별 국민주택채권 매입금액, 매입총액, 발행번호 등(부동산등기규칙 제44조, 제45조 제5항).

2. 등기신청서의 특수 기재사항

부동산 등기신청서의 일반적 기재사항 외에 부동산등기법 및 부동산등기규칙 기타 법령에 규정된 등기신청서의 특수 기재사항은 아래와 같다.

(1) 소유권보존등기신청

토지 및 건물의 소유권보존등기를 신청하는 경우에는 신청서에 법 제65조 각호의 어느 하나에 따라 신청한다는 뜻을 기재하여야 한다. 그러나 등기원인과 그 연월일은 기재하지 아니한다(구 법 제132조 제1항, 신법 제64조, 규칙 제121조 제1항).

(2) 환매특약이 있는 경우

환매특약의 등기를 신청하는 경우에는 신청서에 매수인이 지급한 대금 및 매매 비용을 기재하고 등기원인에 환매기간이 정하여져 있는 때에는 이를 기재하여야 한다(구법 제43조, 신법 제53조).

(3) 권리소멸약정의 등기

(가) 권리의 소멸에 관한 약정

등기원인에 권리의 소멸에 관한 약정이 있을 경우 신청인은 그 약정에 관한 등기를 신청할 수 있다(법 제54조).

등기의 목적인 권리의 소멸에 관한 약정이란 등기원인인 법률행위에 해제조건 또는 종기를 붙인 경우를 말한다. 등기원인에 권리의 소멸에 관한 약정이 있다고 해서 반드시 등기를 하여야 하는 것은 아니며 신청인이 그러한 사항을 등기해 줄 것을 신청한 경우에만 등기한다.

소유권이전실효의 약정은 "매수인 ○○○가 사망한 경우에는 소유권이전 실효함 ○○○○년 ○월 ○일 부기"(부동산등기기재 례집 58면 5) "저당권자가 사망한 때에는 저당권은 소멸한다 ○○○○년 ○월 ○일 부기"(등기기재례집 128면 라)와 같이 표시하며 그 등기는 부기등기에 의한다.

(나) 권리소멸약정등기와 환매특약등기의 동시신청

소유권이전등기신청서에 권리소멸의 약정사항을 기재하여 권리소멸의 약정등기를 신청하는 경우에도 이와 동시에 별개의 신청서에 의해 환매특약의 등기를 신청할 수도 있다 (2014.12.23. 부동산등기과-2946).

(4) 등기권리자가 2인 이상인 경우

(가) 공유지분의 기재

등기권리자가 2인 이상인 때에는 신청서에 지분(민법 제262조)을 기재하여야 한다(법 제48조 제4항, 규칙 제105조 제1항). 부동산을 수인에게 지분으로 이전하는 경우 그 지분은 당사자가 임의로 정할 수 있으나 지분의 총합은 1이 되어야 한다(등기선례요지집 제1권 411항).

(나) 합유인 취지의 기재

등기권리자가 2인 이상인 때에 등기할 권리가 합유(민 제271조)인 때에는 신청서에 그 취지를 기재하여야 한다(법 제48조 제4항, 규칙 제105조 제2항).

(5) 채권자대위권에 의한 등기

채권자가 민법 제404조의 규정에 의하여 채무자에 대위하여 등기를 신청할 때에는 신청서에 채권자와 채무자의 성명 또는 명칭, 주소 또는 사무소와 대위원인을 기재하고 대위원인을 증명하는 서면을 첨부하여야 한다(법 제28조, 제32조 제4항, 규칙 제50조).

(6) 소유권의 일부이전의 등기

소유권의 일부이전의 등기를 신청하는 경우에는 신청서에 그 지분을 표시하고 만일 등기원인에 민법 제268조(공유물의 분할청구) 제1항 단서의 약정(5년 내의 기간으로 공유물을 분할하지 아니할 것을 약정한 때)이 있는 때에는 이를 기재하여야 한다(법 제67조, 규칙 제123조).

(7) 거래가액

주택법 제80조의2 제1항(주택거래신고지역에 있는 주택에 관한 소유권을 이전하는 주택거래계약) 및 부동산거래신고에 관한 법률 제3조 제1항(부동산에 관한 매매계약을 체결한 경우)

에서 정하는 계약을 등기원인으로 한 소유권이전등기를 신청하는 경우에는 등기신청서(신청정보)에 '거래가액' 및 '거래신고일련번호'를 기재하여야 한다(법 제68조, 규칙 제124조).

(8) 특별한 기재사항

등기(소유권, 용익권, 담보권, 신탁, 가등기 등)의 종류에 따라 신청서에 기재하여야 할 사항이 법규에 정하여져 있다{예: 소유권보존등기를 신청하는 경우에는 법 제65조 각 호의 어느 하나에 따라 신청한다는 뜻(규칙 제121조 제1항), 용익권의 등기사항(법 제69조~72조), 담보권의 등기사항(법 제75조~제80조) 등}.

3. 부동산등기신청서의 양식

부동산등기에 관한 각종등기신청서의 양식목록은 등기예규 제1334호, 제1489호, 제1611호에 규정되어 있다.

제13절 등기신청에 필요한 서면(첨부정보의 제공)

등기신청은 법정의 사항을 기재한 법정서면의 제출을 요하는 요식행위로서 등기관이 등기신청서에 대한 적법성을 형식적으로 심사할 수 있도록 하기 위하여 각종 등기를 신청할 때에는 법정서면을 제출하여야 한다.

등기신청인이 제공하여야 하는 첨부정보(등기신청서의 첨부서면)는 대법원규칙으로 정하며(법 제24조 제2항, 규칙 제46조), 부동산등기 절차와 관련하여 필요한 사항 중 이 규칙에서 정하고 있지 아니한 사항은 대법원예규로 정할 수 있다(규칙 제166조, 등기예규 제1334호, 제1611호).

등기신청에 필요한 일반적인 첨부정보에 관하여는 규칙 46조에서 규정하고 있고, 그 밖의 개별 등기에 필요한 첨부정보에 관하여는 각 관련 조문에서 규정하고 있다. 등기신청서에 필요한 첨부정보(규칙 제46조 등)를 제공하지 아니한 때에는 법 29조 9호의 각하사유에 해당한다.

Ⅰ. 신청서(법 제24조 제1항, 규칙 제46조)

1. 서면주의

등기신청은 반드시 서면에 의하여야 하며(서면주의), 구술신청은 허용되지 아니한다(법 제24조 제1항 제1호). 등기신청서에는 부동산등기규칙 제43조 제1항 각호의 사항(부동산의 표시 및 등기신청인의 표시에 관한 사항, 등기원인과 그 연월일, 등기의 목적 등)을 신청정보의 내용으로, 제46조 각항의 서면(등기원인 증서, 제3자의 허가서 등)을 첨부정보로서 등기소에 제공하여야 한다. 부동산등기에 관한 각종 등기신청서의 양식은 등기예규 제1334호, 1611호, 제1630호, 제1639호에 규정되어 있다.

2. 등기신청서 기타 부속서류에 관한 열람방식

등기기록의 부속서류에 대하여는 이해관계 있는 부분만 열람을 청구할 수 있다(법 제19조 제1항 단서). 등기신청서나 그 밖의 부속서류를 열람하고자 하는 사람은 신청서를 제출하여야하며(규칙 제26조 제1항), 대리인이 신청서나 그 밖의 부속서류의 열람을 신청 할 때에는 신청서에 그 권한을 증명하는 서면을 첨부하여야 한다(규칙 제26조 제2항). 전자문서로 작성된 신청서나 그 밖의 서류의 열람신청은 관할등기소가 아닌 다른 등기소에서도 할 수 있다(법 제26조 제3항).

신청서나 그 밖의 부속서류의 열람은 등기관(규칙 제31조 제2항) 또는 등기과 · 소장이 지정하는 열람업무담당자(등기예규 제1653호. 2)가 보는 앞에서 하여야 한다. 다만 신청서나 그 밖의 부속서류가 전자문서로 작성된 경우에는 전자적 방법으로 그 내용을 보게 하거나 그 내용을 기록한 서면을 교부하는 방법으로 한다(규칙 제31조 제2항).

(1) 열람신청인

신청정보 및 첨부정보의 열람을 신청 할 수 있는 자는 해당 등기신청의 당사자 및 그 포괄승계인, 해당신청에 따른 등기가 실행됨으로써 직접 법률상 이해관계를 가지게 되었거나 그 등기를 기초로 하여 법률상의 이해관계에 영향을 받게 되었음을 소명하는 자등이다(등기예규 제1653호. 3)

(2) 열람 신청의 방법

열람신청은 등기과·소에 출석하여 열람업무담당자에게 본인의 신분증을 제시하고, 부동산등기사무양식에 관한 예규 제24호 양식에 따른 신청서를 제출하고, 등기사항증명서 등 수수료규칙 제3조 제1항에 따라 수수료를 납부한 후 이해관계를 소명하여야 한다. 대리인의 경우에는 대리권을 증명하는 서면을 제출하여야 한다(위 예규.6).

(3) 열람거부에 대한 이의신청

열람신청인은 부동산등기법 제100조에 따라 열람을 거부하는 처분에 대하여 관할지방법원에 서면으로 이의신청을 할 수 있다(위 예규.9) 부동산등기 신청정보 및 첨부정보의 열람에 관한 업무처리지침은 등기예규 제 1653호에 규정되어 있다.

II. 등기원인을 증명하는 정보(규칙 제46조 제1항 제1호)

1. 등기원인을 증명하는 정보(등기원인증서)의 의의

(1) 등기원인증서의 적격성

등기원인을 증명하는 정보(서면)이라 함은 등기할 물권변동의 원인인 법률행위 또는 법률사실을 기재한 서면(예 매매계약서, 저당권설정계약서·판결정본, 재결서 등)을 말한다. 등기원인증서에는 등기의 목적인 부동산의 표시와 그 권리에 관한 등기원인과 그 연월일을 비롯한 기타 등기사항 그리고 당사자인 등기권리자와 등기의무자의 표시가 기재되어 있어야 한다. 이러한 기재가 모두 기재되어 있지 아니한 서면은 여기서 말하는 등기원인증서의 하나로 볼 수는 없다.

등기원인증서는 그 원본(계약서 등) 또는 정본(판결·조서)을 첨부하여야 하며 사본을 첨부할 수 없다(등기선례요지집 제5권 47항). 법정화해를 원인으로 한 등기에 있어서는 그 화해조서만이 그 원인을 증명하는 서류가 된다고 할 것이다(대판 1971. 10. 25, 71다1946).

수인이 수필의 토지에 대하여 1 개의 소유권이전등기절차이행을 명하는 판결을 받아 필지별로 등기신청을 하는 경우에도 등기원인증서로 판결정본의 사본은 첨부할 수 없고, 각 신청서별로 판결정본을 첨부하여야 한다(등기선례요지집 제5권 46항).

(2) 등기원인증서에의 날인

등기원인증서에는 반드시 인감증명법에 의하여 신고된 인감을 날인하여야 하는 것은 아니다(등기선례요지집 제2권 51항). 부동산등기신청을 하면서 제출하는 대리권한을 증명하는 서면 및 등기원인을 증명하는 서면에는 일반적으로 작성권자의 서명 또는 기명·날인이 있어야 하는바, 이때의 서명은 작성자가 자신의 성명을 직접 적는 것이며 날인은 인장을 직접 찍는 것을 의미하고, 위 날인이 인쇄나 복사 또는 컴퓨터 등 전산정보처리장치에 의하여 출력되어 현출된 경우 이를 인정하는 법령이 없다면 비록 인영의 형태가 있다고 하더라도 그 등기신청을 수리할 수 없다(2010. 9. 7. 부동산등기과 – 1733).

(3) 등기원인증서에 대한 공증의 필요성 여부

허위등기는 등기부상 소유자의 등기권리증(구법 제67조 제1항)이나 인감증명서 또는 제적등본이나 가족관계등록부등본(상속등기의 경우)과 같이 공무원이 작성한 공문서를 위조, 변조하여 발생할 수 있으나 매매계약서와 같은 등기원인증서인 사문서를 위조, 변조하여 허위등기가 발생한다는 것은 있을 수 없다. 따라서 등기원인증서를 공증함으로서 허위등기를 예방한다는 주장은 부동산등기제도를 이용하는 국민들에게 공증수수료의 납부 등 경제적 부담만을 줄뿐 백해무익한 이론이다.

구법에 의한 등기필증은 등기관이 등기를 완료했을 때 '등기원인을 증명하는 서면'에 신청서의 접수연월일, 접수번호, 순위번호와 등기필의 뜻을 기재하고 등기소인을 찍어 등기권리자에게 교부(구법 제67조 제1항)는 것으로 등기필증을 소유한 자는 권리자로 추측되어 이를 '권리증'이라고 했다

개정부동산등기법에 의하여 종전의 등기필증에 대체된 등기필정보(법 제50조, 부칙 제2조)는 등기관이 새로운 권리에 관한 등기를 마침으로서 등기부에 새로운 권리자가 기록되는 경우에 그 권리자를 확인하기 위하여(법 제2조 제4호) 등기권리자에게 통지(법 제50조 제1항)하는 것으로서, 등기필정보는 등기관이 종전과 같이 등기원인을 증명하는 서면으로 작성하는 것이 아니라, '별개의 서면'에 부동산등기규칙 제106조 및 등기예규 제1447호 제3항의 사항을 기재하여 작성하는 것이므로 개정법 하에서는 허위등기예방을 위하여 등기원인증서를 공증할 필요가 있다는 주장은 그 근거를 상실하게 되었다고 본다.

등기원인증서에 대한 공증제도의 필요성 여부에 관하여는 "등기원인증서에 대한 공증제도의 고찰" 참조(한국사법행정학회 발행 : 「민사법학 제18집」, 272면; 최돈호, 한국등기법학회 발행: "등기의이론과 실무에 관한 제문제Ⅱ," 59면. 법률신문 2011년 10월 24일 제3977호. 10면 "등기원인증서에 대한 공증제도 과연 필요한가" 법무사 최돈호).

2. 등기신청서 부본의 제출여부

등기원인을 증명하는 서면이 처음부터 없거나 이를 제출할 수 없는 경우(예 상속)에는 신청서의 부본을 제출하여야 하는바(구법 제45조), 이것은 등기관이 등기를 완료하였을 때 등기필증을 작성하기 위한 것이나 개정부동산등기법에서 구법 제45조는 삭제되었다.

3. 등기원인증서의 검인

부동산등기특별조치법(이하'법'이라 한다)과 동법에 따른 대법원규칙(이하'규칙'이라 한다)이 1990.

9. 2.부터 시행되므로, 계약을 등기원인으로 하여 1990. 9. 2. 이후 소유권이전등기를 신청할 때에는 계약의 일자 및 종류를 불문하고 검인을 받은 계약서의 원본 또는 판결서(화해·인낙·조정조서를 포함한다)의 정본을 등기원인증서로 제출하여야 한다(부동산등기특별조치법 제3조).

부동산거래신고등에 관한 법률 제3조 제4항에 따른 부동산거래신고필증을 교부받은 때에는 매수인은 부동산등기특별조치법 제3조 제1항에 따른 검인을 받은 것으로 본다(동법 제3조 제5항){이책 제1장 제13절 XV. 6. (7)검인의 간주 참조}.

4. 등기원인증서의 반환 및 폐기

신청서에 첨부된 규칙 제46조 제1항 제1호의 정보(등기원인을 증명하는 정보)를 담고 있는 서면이 법률행위의 성립을 증명하는 서면이거나 그 밖에 대법원예규(등기예규 제1448호)로 정하는 서면일 때에는 등기관이 등기를 마친 후에 이를 신청인에게 돌려주어야 한다(규칙 제66조 제1항).

신청인이 규칙 제66조 제1항의 서면을 등기를 마친 때부터 3개월 이내에 수령하지 아니할 경우에는 이를 폐기할 수 있다(규칙 제66조 제2항).

(1) 등기원인증서

규칙 제66조가 적용되는 등기원인증서는 규칙 제46조 제1항 제1호의 등기원인증서 중에는 법률행위의 성립을 증명하는 서면과 법률사실의 성립을 증명하는 서면 등이 이에 해당한다(등기예규 제1448호 2).

(2) 등기원인증서의 범위

(가) 법률행위의 성립을 증명하는 서면(등기원인증서)은 다음 각 호와 같다(등기예규 제1448호 3.)

1. 소유권이전등기의 경우에는 매매계약서, 증여계약서, 공유물분할계약서, 대물반환계약서, 명의신탁해지증서 등
2. 가등기 및 가등기에 기한 본등기의 경우에는 매매예약서 및 매매계약서
3. 각종 권리의 설정등기의 경우에는 근저당권설정계약서, 전세권설정계약서 등
4. 각종 변경등기의 경우에는 권리변경계약서

5. 말소등기의 경우에는 해지(해제)증서 등

(나) 법률사실을 증명하는 서면은 다음 각호와 같다

1. 수용에 의한 소유권이전등기신청의 경우 협의성립확인서 또는 재결서
2. 판결에 의한 등기신청의 경우 집행력 있는 판결정본 등

(다) 그 밖에 등기원인증서로 볼 수 있는 서면은 다음 각 호와 같다

1. 규약상 공용부분인 취지의 등기의 경우 규약 또는 공정증서
2. 이혼 당사자 사이의 재산분할협의서

(3) 등기원인증서의 반환

신청서에 첨부된 등기원인증서가 등기예규 제1448호 제3조에 해당하는 경우에는 등기관이 등기를 마친 후에 등기필정보통지서와 함께 이를 신청인에게 돌려주어야 한다(규칙 제66조 제1항, 등기예규 제1448호.4.).

신청인이 등기원인증서를 돌려받은 경우에는 접수장 해당란에 날인 또는 서명하여야 한다(등 기예규 제1405호. 4. 등기원인증서의 반환방법에 관하여는 등기예규 제1448호 및 제1514호 참조).

(4) 등기원인증서의 폐기

신청인이 등기를 마친 때부터 3개월 이내에 제3조의 등기원인증서를 수령하지 아니한 경우에는 이를 폐기할 수 있다(규칙 제66조 제2항, 등기예규 제1405호. 5.).

III. 등기의무자의 권리에 관한 등기필증(등기필 정보)(법 제50조 제2항, 제51조, 규칙 제43조 제1항 제7호)

1. 등기필증 또는 등기필정보의 개념

등기필증이라 함은 등기관이 등기를 완료하였을 때 등기신청서에 첨부된 등기원인을 증명

하는 서면(약칭: 등기원인증서) 또는 신청서부본에 신청서의 접수 연월일·접수번호·순위번호와 등기필의 뜻을 기재하고 등기소인을 찍어 등기권리자에게 교부하는 등기완료의 증명서를 말한다(구법 제67조 제1항 : 개정부동산등기법에서는 등기필증이라는 용어 대신 등기필정보로 표시하였다(법 제2조 제4호, 제50조).

"등기필정보"(登記畢情報)란 등기부에 새로운 권리자가 기록되는 경우에 그 권리자를 확인하기 위하여 제11조제1항에 따른 등기관이 작성한 정보를 말한다(법 제2조 제4호).

2. 등기필증(등기필정보)의 제출의무

개정법 제50조 제2항에 따르면 등기권리자와 등기의무자가 공동으로 권리에 관한 등기를 신청하는 경우에는 등기의무자의 등기필정보를 등기소에 제공하여야 하는바, 동 규정에 따르면 종전의 규정에 따라 권리취득의 등기를 하면서 등기필증을 교부받은 자는 등기신청을 할 수 없게 되는 문제점이 있으므로 이에 관한 경과조치를 두어 종전의 규정에 따라 등기필증을 교부받은 자는 등기필정보의 제공을 갈음하여 그 등기필증을 첨부할 수 있도록 하였다(부칙 제2조).

등기권리자와 등기의무자가 공동으로 권리에 관한 등기를 신청하는 경우에 신청인은 그 신청정보와 함께 법 제50조 제1항에 따라 통지받은 등기의무자의 등기필정보를 등기소에 제공하여야 한다. 승소한 등기의무자가 단독으로 권리에 관한 등기를 신청하는 경우에도 또한 같다(법 제50조 제2항).

 판 례

등기권리증의 소지와 명의신탁에 대한 증명력
일반적으로 부동산의 소유자 명의만을 다른 사람에게 신탁하는 경우에 등기권리증과 같은 권리관계를 증명하는 서류는 실질적인 소유자인 명의신탁자가 소지하는 것이 상례이므로, 명의신탁자라고 주장하는 자가 이러한 권리관계서류를 소지하고 있지 않고 오히려 명의수탁자라고 지칭되는 자가 소지하고 있다면 그 소지 경위 등에 관하여 납득할 만한 설명이 없는 한 이는 명의신탁관계의 인정에 방해가 된다(대판 1996. 9. 10. 96다18816).

3. 등기필증(등기필정보)의 재교부 가부(소극)

등기관이 등기를 완료하여 일단 등기권리자에게 등기필증이 교부된 뒤에는 구 부동산등기법 제49조(신법 제51조)의 취지에 비추어 어떠한 사유로든 등기필증은 재교부할 수 없다(등기선례요지집 제2권 157항, 법 제50조 제2항, 규칙 제43조 제1항 7호 참조).

4. 등기필증(등기필정보)의 제출을 요하는 경우

등기를 신청할 때에는 등기의무자의 권리에 관한 등기필증(등기필정보)을 제출(법 제50조 제2항 규칙 제43조 1항 7호)하여야 하는바, 그 이유는 등기의무자라고 칭하는 자가 등기부상의 등기의무자와 동일인인가의 여부를 증명하기 위한 것, 즉 등기신청의 진정을 담보함에 있는 것이다. 등기필정보를 제공하여야 하는 경우는 아래와 같다(등기예규 제1647호. 2).

(1) 등기권리자와 등기의무자가 권리에 관한 등기를 공동으로 신청하는 경우(법 제50조 제2항)
와 등기절차의 인수를 명하는 판결에서 승소한 등기의무자가 단독으로 권리에 관한 등기를 신청하는 경우(법 제23조 제4항)에는 등기의무자의 등기필정보를 신청정보의 내용으로 제공하여야 한다(등기예규 제1647호. 2).

(2) 제공하여야 하는 등기필정보
1) 권리의 이전등기를 신청하는 경우에는 이전하려는 권리의 보존이나 이전, 설정 등기 등을 하였을 때에 수령한 등기필정보를 제공한다.
2) 용익권·담보권 등의 설정등기를 신청하는 경우에는 그 바탕이 되는 권리(소유권의 보존·이전, 전세권이나 지상권의 설정·이전 등)를 등기하였을 때 수령한 등기필정보를 제공한다.
3) 권리의 변경이나 경정의 등기를 신청하는 경우에는 해당 변경이나 경정등기로 인하여 불이익을 받는 자의 등기필정보를 제공한다.
4) 제공하여야 하는 등기필정보에 관한 몇 가지의 예
가) 갑 토지를 을 토지에 합병한 경우, 합병 후의 을 토지에 대하여 등기신청을 할 때에는 을 토지에 대한 등기필정보만을 제공하면 되고, 등기기록이 폐쇄된 갑 토지의 등기필정보는 제공할 필요가 없다. 합병 후의 건물에 대해 등기신청을 할 때에

도 마찬가지이다.

나) 대지권 등기를 마친 구분건물에 대한 등기신청을 할 때에는 구분건물에 대한 등기필정보만을 제공하면 되고 그 대지에 대한 등기필정보는 제공할 필요가 없다.

다) 공유물분할을 원인으로 소유권을 취득한 자가 등기의무자가 되어 분할된 부동산에 대해 등기신청을 할 때에는 위 공유물분할을 원인으로 한 지분이전등기를 마친 후 수령한 등기필정보뿐만 아니라 공유물분할 이전에 공유자로서 지분을 취득할 당시 수령한 등기필정보도 함께 제공하여야 한다.

라) (근)저당권이 이전된 후 (근)저당권의 말소등기를 신청하는 경우에는 (근)저당권 양수인의 등기필정보를 제공하여야 한다.

마) 채무자변경을 원인으로 하는 (근)저당권변경등기를 신청하는 경우에는 등기의무자인 (근)저당권설정자의 등기필정보를 제공하여야 한다.

5. 등기필증(등기필정보)의 제출을 요하지 아니하는 경우

(1) 등기필정보를 제공하지 않아도 되는 경우(등기예규 제1647호. 3)

(가) 둘 이상의 권리에 관한 등기를 동시에 신청하는 경우

1) 같은 부동산에 대하여 둘 이상의 권리에 관한 등기를 동시에 신청하는 경우로서(등기신청의 대리인이 서로 다른 경우를 포함한다), 먼저 접수된 신청에 의하여 새로 등기명의인이 되는 자가 나중에 접수된 신청에서 등기의무자가 되는 경우에 나중에 접수된 등기신청에는 등기필정보를 제공하지 않아도 된다.

2) 몇 가지의 예

가) 같은 부동산에 대하여 소유권이전등기신청과 근저당권설정등기신청을 동시에 하는 경우, 근저당권설정등기신청에 대하여는 등기필정보를 제공하지 않아도 된다.

나) 소유권이전등기신청과 동시에 환매특약의 등기를 신청하는 경우에 환매특약의 등기신청에 대하여는 등기필정보를 제공하지 않아도 된다.

(나) 대지사용권에 관한 이전등기를 신청하는 경우

구분건물을 신축하여 분양한 자가 대지권등기를 하지 아니한 상태에서 수분양자에게 구분건물에 대하여만 소유권이전등기를 마친 다음, 「부동산등기법」제60조제1항 및 제2항에 따라 현재의 구분건물의 소유명의인과 공동으로 대지사용권에 관한 이전등기를 신청하는 경우에는 등기필정보를 제공하지 않아도 된다.

(2) 등기권리자의 단독등기신청

등기권리자가 단독으로 등기신청을 할 수 있는 경우 중 일정한 경우(법 제23조 제2항 ~ 제6항)에는 등기필증의 제출을 요하지 아니한다. 즉 판결(단, 승소한 등기의무자가 단독으로 권리에 관한 등기를 신청하는 경우에는 그가 보유하고 있는 등기필증을 제출하여야 한다. 법 제50조 제2항 후단). 상속으로 인한 등기의 신청, 등기명의인표시의 변경 또는 경정의 등기, 소유권보존등기와 같은 경우 등이다.

(3) 관공서의 등기촉탁

관공서가 등기의무자로서 등기권리자의 청구에 의하여 등기를 촉탁하거나, 부동산에 관한 권리를 취득하여 등기권리자로서 그 등기를 촉탁하는 경우에는 등기의무자의 권리에 관한 등기필증을 첨부할 필요가 없으며, 이 경우 관공서가 촉탁에 의하지 아니하고 법무사 또는 변호사에게 위임하여 등기를 신청하는 경우에도 같다(등기예규 제875호 제4항).

(4) 등기원인을 증명하는 서면이 집행력 있는 판결인 때

등기원인을 증명하는 서면이 집행력 있는 판결인 때에는 등기의무자의 권리에 관한 등기필증의 제출을 요하지 아니한다(구법 제40조 제3항). 다만 승소한 등기의무자가 단독으로 권리에 관한 등기를 신청하는 경우에는 등기필정보를 등기소에 제공하여야 한다(법 제50조 제2항 후단).

(5) 토지수용으로 인한 소유권 이전등기

토지수용을 원인으로한 소유권이전 등기신청서에는 등기의무자의 등기필증을 제출할 필요는 없다(등기예규 제1067호. 3. 가. (3).).

(6) 특별조치법에 따른 소유권 이전등기 신청

부동산소유권이전등기등에관한특별조치법(법률제7500호. 2005. 5. 26)에 따른 소유권이전등기를 신청하는 경우에는 등기의무자의 권리에 관한 등기필증은 제출하지 아니한다(동법 제7조제2항).

6. 등기필정보가 없는 경우

(1) 공동신청에 의한 경우

등기권리자와 등기의무자가 공동으로 권리에 관한 등기를 신청하는 경우에 신청인은 그 신청정보와 함께 법 제50조 제1항에 따라 통지받은 등기의무자의 등기필정보를 등기소에 제공하여야 한다. 승소한 등기의무자가 단독으로 권리에 관한 등기를 신청하는 경우에도 또한 같다(법 제50조 제2항).

(2) 등기필정보가 없는 경우 등기의무자의 확인

법 제50조제2항의 경우에 등기의무자의 등기필정보가 없을 때에는 등기의무자 또는 그 법정대리인(이하 "등기의무자등"이라 한다)이 등기소에 출석하여 등기관으로부터 등기의무자등임을 확인받아야 한다. 다만, 등기신청인의 대리인(변호사나 법무사만을 말한다)이 등기의무자등으로부터 위임받았음을 확인한 경우 또는 신청서(위임에 의한 대리인이 신청하는 경우에는 그 권한을 증명하는 서면을 말한다) 중 등기의무자등의 작성부분에 관하여 공증(公證)을 받은 경우에는 그러하지 아니하다 (법 제51조).

(3) 부동산등기법 제51조의 공증의 의미

등기필증을 제출하여야 하는 등기신청에서 그 등기필증이 멸실되어 위하여 등기의무자의 본인 확인이 필요한 경우, 등기의무자 또는 그 법정대리인의 등기소 출석의무를 갈음하는 '공증'이란 등기의무자가 그 부동산의 등기명의인임을 확인하는 서면에 대한 공증이 아니고, 신청서 또는 위임장에 표시된 등기의무자의 작성 부분(기명날인 등)이 등기의무자 본인이 작성한 것임을 공증하는 것을 의미하고, 등기의무자의 위임을 받은 대리인이 출석하여 공증을 받을 수는 없다(대판 2012. 9. 13. 2012다47098).

7. 등기필증(등기필정보)의 멸실(구법 제49조, 신법 제51조)

(1) 등기관의 등기의무자 확인

등기권리자와 등기의무자가 공동으로 권리에 관한 등기를 신청하는 경우에 신청인이 법 제50조 제1항에 따라 통지 받은 등기의무자의 등기필정보를 등기소에 제공할 수 없을 때에는 등기의무자 또는 그 법정대리인(이하 "등기의무자등"이라 한다)이 등기소에 출석하여 등기관으로부터 등기의무자등임을 확인받아야 한다. 다만, 등기신청인의 대리인(변호사나 법무사만을 말한다)이 등기의무자등으로부터 위임받았음을 확인한 경우 또는 신청서(위임에 의한 대리인이 신청하는 경우에는 그 권한을 증명하는 서면을 말한다) 중 등기의무자등의 작성부분에 관하여 공증(公證)을 받은 경우에는 그러하지 아니하다(법 제51조. 등기예규 제1360호).

(2) 등기의무자 본인의 확인정보의 제공

(가) 등기관의 확인절차

법 제51조 본문의 경우에 등기관은 주민등록증, 외국인등록증, 국내거소신고증, 여권 또는 운전면허증(이하 "주민등록증등"이라 한다)에 의하여 본인 여부를 확인하고 조서를 작성하여 이에 기명날인하여야 한다. 이 경우 주민등록증등의 사본을 조서에 첨부하여야 한다(규칙 제111조 제1항).

(나) 자격자대리인의 확인절차

변호사나 법무사 등 자격자대리인은 등기의무자가 주민등록증을 분실한 경우 "주민등록증 발급신청 확인서"에 의하여 본인 여부를 확인하고 그 사본을 확인서면에 첨부할 수 있다 (2012. 5. 147. 부동산등기과-955).

법 제51조 단서에 따라 자격자대리인이 등기의무자 또는 그 법정대리인으로부터 위임받았음을 확인한 경우에는 그 확인한 사실을 증명하는 정보(이하 "확인정보"라 한다)를 첨부정보로서 등기소에 제공하여야 한다(규칙 제111조 제2항).

자격자대리인이 제2항의 확인정보를 등기소에 제공하는 경우에는 제1항을 준용한다(규칙 제111 제3항).

(다) 자격자대리인(법무사)의 등기의무자의 본인여부 확인에 있어서 요구되는 주의의무의 정도

구 부동산등기법 제49조(현행법 제51조), 법무사법 제25조의 각 규정 취지에 의하면 등기필증 멸실의 경우 법무사 등이 하는 부동산등기법 제49조 소정의 확인은 원칙적으로 등기공무원이 수행하여야 할 확인 업무를 등기공무원에 갈음하여 행하는 것이므로, 법무사 등은 등기신청을 위임하는 자와 등기부상의 등기의무자로 되어 있는 자가 동일인인지의 여부를 그 직무상 요구되는 주의를 다하여 확인하여야 할 의무가 있고, 법무사가 위임인이 본인 또는 대리인임을 확인하기 위하여 주민등록증이나 인감증명서를 제출 또는 제시하도록 하여 특별히 의심할 만한 사정이 발견되지 아니하는 경우에는 그 증명서만으로 본인임을 확인할 수 있을 것이나, 그와 같은 확인 과정에서 달리 의심할 만한 정황이 있는 경우에는 가능한 여러 방법을 통하여 본인 여부를 한층 자세히 확인할 의무가 있다(대판 2000. 7. 28. 99다63107).

등기필정보가 없는 경우 확인조서 등에 관한 예규(등기예규 제602호)

1. 목적

이 예규는 「부동산등기법」 제51조 및 「부동산등기규칙」 제111조에 따라 등기관이 등기기록상 등기의무자 또는 그 법정대리인(이하 "등기의무자등"이라 한다) 본인임을 확인하고 확인조서를 작성하는 경우와 자격자대리인이 등기의무자등을 확인하고 확인서면을 작성하는 경우의 업무처리에 관한 구체적인 사항을 규정함을 목적으로 한다.

2. 등기관이 확인조서를 작성하는 경우

가. 확인의 대상

(1) 등기관은 출석한 사람이 등기의무자등임을 확인하고 「부동산등기사무의 양식에 관한 예규」(제1338호, 제1531호) 별지 제30호 양식에 따라 조서를 작성하여야 한다. 등기의무자의 법정대리인을 확인하였다면 조서의 [등기의무자]란에 법정대리인임을 표시한다.

(2) 등기의무자가 법인인 경우에는 출석한 사람이 법인의 대표자임을, 법인 아닌 사단이나 재단인 경우에는 대표자 또는 관리인임을 확인하고, 위 예규 별지 제30-1호 양식에 따라 조서를 작성하여야 한다. 공동대표의 경우에는 각 공동대표자별로 확인조서를 작성한다.

나. 확인의 방법

(1) 등기관은 주민등록증, 외국인등록증, 국내거소신고증, 여권 또는 국내 운전면허증(이하 "신분증"이라 한다)에 따라 본인 여부를 확인하여야 한다. 신분증이 오래되거나 낡은 등의 사정으로 본인 여부를 판단하기 어려운 경우 등기관은 신분증을 재발급 받아 제출하게 하거나 다른 종류의 신분증을 제출할 것을 요구할 수 있다.

(2) 등기관은 확인조서의 [본인확인정보]란에 확인한 신분증의 종류를 기재하고, 그 신분증의 사본을 조서에 첨부하여야 한다.

(3) 신분증만으로 본인 확인이 충분하지 아니한 경우 등기관은 가능한 여러 방법을 통하여 본인 여부를 확인할 수 있고, 필요한 경우 신분증을 보완할 수 있는 정보(예시 : 인감증명 등)의 제출을 요구할 수 있다.

(4) 신분증 외의 정보를 제공받은 경우 이를 신분증의 사본과 함께 조서에 첨부하고, 그 정보의 종류를 [본인확인정보]란에 추가 기재한다.

다. 등기의무자등의 필적기재

(1) 등기관은 등기의무자등으로 하여금 확인조서의 [필적기재]란에 예시문과 동일한 내용 및 본인의 성명을 본인 필적으로 기재하게 한다.

(2) 필적을 기재하지 못할 특별한 사정이 있는 경우(양 팔이 없는 경우 등) 필적기재를 생략하고 등기관은 이와 같은 취지를 [비고]란에 기재한다.

3. 자격자대리인이 확인서면을 작성하는 경우

가. 자격자대리인은 직접 위임인을 면담하여 위임인이 등기의무자등 본인임을 확인하고 확인서면을 작성하여야 한다. 등기의무자가 개인인 경우에는 별지 제1호 양식에 의하되, 등기의무자의 법정대리인을 확인한 때에는 등기의무자란에 등기의무자의 법정대리인임을 표시하고, 법인 또는 법인 아닌 사단·재단의 경우에는 별지 제2호 양식에 의한다.

나. [특기사항]란에는 등기의무자등을 면담한 일시, 장소, 당시의 상황 그 밖의 특수한 사정을 기재한다.

(예시) 0000. 00. 00. 오후 세시경 강남구 일원동 소재 OO병원 OO호실로 찾아가 입원 중인 등기의무자를 면담하고 본인임을 확인함. 환자복을 입고 있었고 부인과 군복을 입은 아들이 함께 있었음

다. [우무인]란에는 등기의무자등의 우무인을 찍도록 하되 자격자대리인은 무인이 선명하게 현출되었는지 확인하여야 하고, 무인이 선명하게 현출되지 않은 경우 다시 찍도록 하여 이를 모두 확인서면에 남겨둔다. 우무인을 찍는 것이 불가능한 특별한 사정(엄지손가락의 절단 등)이 있는 경우 좌무인을 찍도록 하되, [특기사항]란에 좌무인을 찍은 취지와 구체적 사유를 기재한다. 만일 우무인과 좌무인을 모두 찍을 수 없는 특별한 사정이 있는 경우 날인을 생략하고, [특기사항]란에 날인을 생략하게 된 취지와 구체적 사유를 기재한다.

(예시) 양 팔이 모두 없어 무인을 찍을 수 없었으며, 주민등록증으로 본인임을 분명히 확인하였음

라. 그 밖에 확인의 대상과 방법 및 필적기재에 관한 사항은 성질에 반하지 아니하는 범위에서 위 2. 를 준용한다.

4. 외국인 및 재외국민의 처분위임에 의한 등기절차에 있어서 등기필정보가 없는 경우

등기예규인 「외국인 및 재외국민의 국내 부동산 처분 등에 따른 등기신청절차」에서 정한 절차에 따라 국내부동산을 처분하고 등기신청을 할 경우, 등기필정보가 없을 때에는 그 처분권한 일체를 수여하는 내용의 위임장(재외국민의 경우에는 그 위임장에 인감도 찍어야 한다)에는 "등기필정보가 없다"는 등의 뜻도 기재하여 공증인의 공증(재외국민의 경우에는 재외공관의 공증도 가능)을 받고 등기필정보 대신 그 위임장을 제출하여야 한다.

부 칙

이 예규는 2017년 1월 1일부터 시행한다.

확 인 서 면			
등기할 부동산의 표시			
등 기 의 무 자	성 명		등기의 목적
	주 소		
	주민등록번호		
본인확인 정 보	주민등록증, 외국인등록증, 국내거소신고증, 여권, 운전면허증, 기타( )		
특기사항			
필적기재	본인은 위 등기의무자와 동일인임을 확인합니다		성 명
우 무 인			

위 본인확인정보에 따라 등기의무자등 본인임을 확인하고 「부동산등기규칙」
제111조제3항의 규정에 따라 이 서면을 작성하였습니다.

년   월   일

변호사 · 법무사   (인)

[별지 제2호 양식]

<table>
<tr><td colspan="4" align="center">확　인　서　면 (법인)</td></tr>
<tr><td colspan="4">등기할 부동산의 표시</td></tr>
<tr>
<td rowspan="4">등　기
의 무 자</td>
<td>상 호 (명 칭)</td>
<td></td>
<td>등기의 목적</td>
</tr>
<tr>
<td>등 록 번 호</td>
<td></td>
<td rowspan="3"></td>
</tr>
<tr>
<td>대표자격 및
성　　　명</td>
<td></td>
</tr>
<tr>
<td>주민등록번호</td>
<td></td>
</tr>
<tr>
<td></td>
<td>주　　　소</td>
<td colspan="2"></td>
</tr>
<tr>
<td>본인확인
정　　보</td>
<td colspan="3">주민등록증, 외국인등록증, 국내거소신고증, 여권, 운전면허증, 기타(　　　　　)</td>
</tr>
<tr>
<td>특기사항</td>
<td colspan="3"></td>
</tr>
<tr>
<td rowspan="2">필적기재</td>
<td colspan="2">본인은 위 등기의무자와 동일인임을 확인합니다</td>
<td>성　　명</td>
</tr>
<tr>
<td colspan="2"></td>
<td></td>
</tr>
<tr>
<td>우 무 인</td>
<td colspan="3"></td>
</tr>
</table>

　위 본인확인정보에 따라 등기의무자의 대표자임을 확인하고 「부동산등기규칙」
제111조제3항의 규정에 따라 이 서면을 작성하였습니다.

　　　　　　　　　　　　　　　年　　　　月　　　　日

　　변호사 · 법무사　　　　　　　　　　　　　　　　　　　(인)

(3) 등기필증의 멸실과 공증부본의 제출(법 제51조 후단)

(가) 공증부본의 제출을 요하는 경우   등기의무자의 권리에 관한 등기필이 멸실된 경우에는 등기관의 확인조서 및 대리인의 확인서면 외에 공증부본을 등기신청서에 제출하는 방법이 있다. 즉 등기신청서중 '등기의무자의 작성부분'에 관하여 공증을 받고 그 부본 1 통을 신청서에 첨부한 경우이다(법 제51조 후단).

(나) 공증의 의의, 대리인이 출석하여 공증을 받을 수 있는지 여부   등기필증이 멸실된 경우 등기의무자 또는 그 법정대리인의 등기소 출석의무를 갈음하는 구 부동산등기법(2011. 4. 12. 법률 제10580호로 전부 개정되기 전의 것) 제49조 제1항 단서 후단의 '공증'이란 등기의무자가 그 부동산의 등기명의인임을 확인하는 서면에 대한 공증이 아니고, 신청서 또는 위임장에 표시된 등기의무자의 작성 부분(기명날인 등)이 등기의무자 본인이 작성한 것임을 공증하는 것을 의미하고, 등기의무자의 위임을 받은 대리인이 출석하여 공증을 받을 수는 없다(대판 2012. 9. 13. 2012다47098).

(다) 등기관의 확인의무   등기관은 등기필증이 멸실되어 신청서 또는 위임장의 공증서가 제출된 경우 등기의무자 본인이 출석하여 공증을 받은 것인지를 확인하여 등기업무를 처리하여야할 직무상 의무가 있고, 위와 같은 요건을 갖추지 못한 때에는 구 부동산등기법(2011. 4. 12. 법률 제10580호로 전부 개정되기 전의 것) 제55조에 따라 필요한 서면의 보정을 명하거나 등기신청을 각하하여야 한다(대판 2012. 9. 13. 2012다47098).

(라) 등기의무자가 법인인 경우 지배인의 확인서면   부동산등기법 제51조의 규정에 의하여 확인조서나 확인서면 또는 공정증서를 작성함에 있어서 등기의무자가 법인인 경우에는 그 지배인을 확인하거나 지배인의 작성부분에 관한 공증으로, 대표권을 가진 임원 또는 사원의 본인확인 또는 그 작성부분에 관한 공증에 갈음할 수 있다(등기예규 제1355호).

(마) 재외국민 또는 외국인의 처분위임에 의한 등기절차에 있어서 등기필증을 멸실한 경우   재외국민 또는 외국인이 등기예규 제47항에서 정한 절차에 따라 국내부동산을 처분하고 등기신청을 할 경우, 등기필증이 멸실된 때에는 그 처분권한 일체를 수여하는 내용의 위임장(재외국민의 경우에는 그 위임장에 인감도 찍어야 한다)에는 "등기필증을 분실하였다"는 등의 등기필증멸실의 뜻도 기재하여 공증인의 공증(재외국민의 경우에는 재외공간의 공증도 가능)을 받고 등기필증 대신 그 위임장부분 1통을 제출하여야 한다(등기예규 제1360호 다.).

Ⅳ. 등기원인에 대하여 제3자의 허가, 동의 또는 승낙을 요한 경우에는 이를 증명하는 정보(규칙 제46조 제1항 제2호; 부동산등기특별조치법 제5조)

등기원인에 대하여 제3자의 허가. 동의 또는 승낙을 요할 때에는 이를 증명하는 서면을 등기를 신청할때에 제출하여야 하여, 등기신청서에 제3자의 허가서 등이 첨부되지 아니할 때에는 "등기에 필요한 첨부정보를 제공하지 아니한 경우"에 해당되어 그 등기 신청은 각하하게 된다(법 제29조 제9호).

등기신청서에 제3자의 동의 또는 승낙을 증명하는 서면을 첨부하는 경우에는 그 서면에 날인한 동의 또는 승낙자의 인감증명을 제출하여야 한다(규칙 제60조 제1항 제7호).

허가 등의 주체인 제3자가 관공서이거나 그 서면이 공정증서인 경우에는 인감증명을 제출할 필요가 없다(규칙 60조 2항, 3항).

1. 등기원인에 대한 유효요건

(가) 허가 등을 유효요건으로 하는 법률행위   등기원인에 대하여 제3자의 허가·동의·승낙이 필요한 경우에는 이러한 허가 등이 있었음을 증명하는 서면을 제출하여야 하는바, 이것은 허가·동의 등을 유효요건으로 하는 법률행위로 인한 권리변동은 그 허가 등이 없는 한 그 효력을 발생할 수 없으므로 이와 같은 허가 등이 없이 등기를 한다는 것은 실체관계에 부합되지 않는 권리를 공시하는 것이 되기 때문이다. 따라서 제3자의 허가·동의 등이 등기원인에 대한 유효요건 아니라 단속법규에 불과한 때에는 여기서 말하는 허가 등에 포함되지 아니한다.

(나) 허가 등을 요하는 경우   등기원인에 대하여 행정관청의 허가 등을 요하는 경우를 예시하면 농지취득자격증명(농지법 제8조 1항), 학교법인의 기본재산의 매도, 증여 등의 처분에 따른 관할청의 허가(사립학교법 제28조 1항), 토지거래허가(부동산거래신고등에관한법률 제11조 1항, 등기예규 제1638호), 전통사찰 부동산의 양도 등에 대한 관할청의 허가(전통사찰보전법 제6조 1항), 향교재산의 처분에 대한 관할청의 허가(향교재산법 제11조 1항 1호), 외국인의 토지취득에 관한 신고 또는 허가(부동산거래신고등에관한법률 제8조, 제9조) 등이 이에 해당된다. 부동산이 저당권등 제3자의 권리의 목적이 된 경우라 하더라도 그 멸실등기신청서에는 제3자의 승낙서를 첨부할 필요가 없다(등기선례요지집 제1권 532항).

(다) 민법상 법인의 기본재산을 처분하는 경우 민법상 사단법인 또는 재단법인이나 학교법인이 부동산을 매매·증여 그 밖의 원인으로 '취득'하고 그 명의로 소유권이전등기를 신청하는 경우에는 그 등기신청서에 주무관청의 허가를 증명하는 서면을 첨부할 필요가 없으나, 재단법인 명의의 부동산을 매매·증여·교환 그 밖의 '처분행위'를 원인으로 소유권이전등기를 신청하는 경우에는 주무관청의 허가를 증명하는 서면을 첨부하여야 한다. 그러나 그 부동산이 재단법인의 기본재산이 아님을 소명한 경우에는 위 서면을 첨부할 필요가 없다.

🔍 판 례

가. 공익법인의 기본재산의 처분에 관한 공익법인의 설립·운영에 관한 법률 제11조 제3항의 규정은 강행규정으로서 이에 위반하여 주무관청의 허가를 받지 않고 기본재산을 처분하는 것은 무효라 할 것인데, 위 처분허가에 부관을 붙인 경우 그 처분허가의 법률적 성질이 형성적 행정행위로서의 인가에 해당한다고 하여 조건으로서의 부관의 부과가 허용되지 아니한다고 볼 수는 없고, 다만 구체적인 경우에 그것이 조건, 기한, 부담, 철회권의 유보 중 어느 종류의 부관에 해당하는지는 당해 부관의 내용, 경위 기타 제반 사정을 종합하여 판단하여야 할 것이다.

나. 공익법인의 기본재산에 대한 감독관청의 처분허가는 그 성질상 특정 상대에 대한 처분행위의 허가가 아니고 처분의 상대가 누구이든 이에 대한 처분행위를 보충하여 유효하게 하는 행위라 할 것이므로 그 처분행위에 따른 권리의 양도가 있는 경우에도 처분이 완전히 끝날때까지는 허가의 효력이 유효하게 존속한다(대판 2005. 9. 28. 2004다50044).

2. 소유권보존등기신청과 제3자의 허가서등의 첨부여부(소극)

소유권보존등기는 어떤 권리를 타인의 권리에 의하여 권리를 취득하는 승계취득이 아니라 독립해서 취득하는 원시취득이므로 소유권보존등기신청의 경우에는 등기원인에 대하여 제3자의 허가·동의 또는 승낙을 증명하는 서면(구법 제40조 제1항 제4호)을 첨부할 필요가 없으나(구법 제132조 제2항 후단 등기선례요지집 5권 242항. 제7권 474항) 개정법에서는 삭제되었다(개정규칙 제121조 제1항 후단 참조).

3. 등기원인증서가 집행력 있는 판결인 경우(구법 제40조 제3항, 개정규칙 제46조 제3항)

(1) 허가서 등의 제출을 요하지 아니한다(원칙)

등기원인을 증명하는 정보가 집행력 있는 판결인 경우에는 규칙 제46조 제1항 제2호의 정보(제3자의 허가·동의·승락을 증명하는 서면)를 제공할 필요가 없다. 다만, 등기원인에 대하여 행정관청의 허가, 동의 또는 승낙을 받을 것이 요구되는 때에는 그러하지 아니하다(규칙 제46조 제3항).

(2) 소유권이전등기신청의 경우(예외)

등기신청이 소유권이전등기인 때에는 당해 허가서 등의 현존 사실이 판결서에 기재되어 있더라도 허가서 등을 반드시 제출하여야 한다(부동산등기특별조치법 제5조 1항. 등기예규 제1383호 5.마.2).

위 특별조치법 제5조 제1항의 특례규정은 i) 부동산의 소유권이전을 내용으로 하는 계약을 체결한 등기권리자가 소유권이전등기를 신청할 때에 한하는 것이며, ii) 그 등기원인에 대하여 행정관청의 허가, 동의 또는 승낙을 받을 것이 요구되는 경우에만 적용되는 것이다.

부동산등기특별조치법 제2조는 부동산의 소유권이전을 내용으로 하는 "계약을 체결한 자"에 대한 소유권이전등기신청 의무를 규정한 것으로 동법 제5조의 규정은 부동산에 관한 법률행위(예 매매, 증여, 교환 등)를 원인으로 한 소유권의 "승계취득"에 적용되며, "원시취득"{예 취득시효(민법 제245조)}에는 그 적용이 없는 것으로 보아야 한다.

4. 등기원인에 대하여 행정관청의 허가 등을 요하는 경우

등기원인에 대하여 행정관청의 허가, 동의 또는 승낙 및 행정관청에 신고를 요하는 경우에는 이를 증명하는 서면을 제출하여야 하는바, 등기원인에 대하여 행정관청의 허가 등을 요하는 경우를 예시하면 아래와 같다(등기예규 제1257호. 1. 나).

(가) 농지의 취득에 대한 농지 소재지 관할 시장·구청장·읍장·면장의 농지취득자격증명(농지법 제8조 제1항)(제1장 제13절 XVI. 4. 농지취득자격증명참조).

(나) 학교법인의 기본재산의 매도·증여·교환·담보제공 또는 권리포기에 대한 관할청(특별시·광역시·도 교육감)의 허가(사립학교법 제28조 1항).

학교법인의 기본재산인 토지에 관하여 명의신탁해지를 원인으로 한 소유권이전등기를 명한 승소판결을 받아 소유권이전등기를 신청하는 경우에도 사립학교법 제28조 제1

항의 규정에 의한 관할관청의 허가서를 첨부하여야 한다(등기선례요지집 제5권 64항).

(다) 허가구역 안의 토지에 관한 소유권·지상권의 이전 또는 설정(대가를 받고 이전 또는 설정하는 경우에 한함)하는 계약(예약을 포함한다)의 체결에 대한 시장·군수 또는 구청장의 허가(부동산거래신고 등에 관한 법률 제11조 1항 등기예규 제1283호)(제1장 제13절 XⅥ. 토지거래신고필증 및 허가증 참조).

(라) 전통사찰의 부동산의 양도에 대한 문화체육관광부장관의 허가(전통사찰보전법 제9조 1항) 및 허가 받은 사항을 변경하는 경우.

(마) 향교재산의 처분 또는 담보제공에 대한 시·도지사의 허가(향교재산법 제8조 1항1호).

(바) 외국인 등이 토지를 취득하는 경우 시장·군수·구청장의 허가(부동산거래신고 등에 관한 법률 제9조 1항).

(사) 공익법인의 기본재산의 매도·증여·임대·교환 또는 담보제공에 대한 주무관청의 허가(공익법인의설립·운영에 관한법률 제11조 3항).

(아) (삭제).

(자) 「북한이탈주민의 보호 및 정착지원에 관한 법률」에 의한 주거지원을 받는 보호대상자가 그 주민등록 전입신고일부터 2년 이내에 그 주거지원에 따라 취득한 부동산의 소유권, 전세권 또는 임차권을 양도하거나 저당권을 설정하는 경우의 통일부장관의 허가(「북한이탈주민의 보호 및 정착지원에 관한 법률」 제20조 제2항)

(차) 사회복지법인의 기본재산의 매도, 증여, 교환, 임대 또는 담보제공에 대한 보건복지부장관의 허가(「사회복지사업법」 제23조 제3항 제1호)

(카) 의료법인의 기본재산의 매도, 증여, 임대, 교환 또는 담조제공에 대한 시·도지사의 허가(「의료법」 제48조 제3항)

(타) 공익법인의 경우

공익법인의 설립·운영에 관한법률 제2조 및 동법 시행령 제2조에 해당하는 사단법인과 재단법인 소유명의의 부동산에 관하여는 매매·증여·교환·신탁해지·공유물분할, 그 밖의 처분행위를 원인으로 한 소유권이전등기신청 이외에 근저당권 등의 제한물권 또는 임차권의 설정등기를 신청함에 있어서도 그 등기신청서에 주무관청의 허가를 증명하는 서면을 첨부하여야 한다(동법시행령 제17조). 그러나 당해 부동산이 법인의 기본재산이 아님을 소명하는 경우에는 위 허가를 증명하는 서면을 첨부할 필요가 없다(등기예규 제886호 3).

5. 상법 제398조의 이사회의 승인을 증명하는 서면의 첨부여부(소극)

「부동산등기규칙」제46조 제1항 제2호의 "등기원인에 대하여 제3자의 허가, 동의 또는 승낙이 필요한 경우에는 이를 증명하는 정보"에는 「상법」제398조의 "이사회의 승인을 증명하는 정보"가 포함되지 않으므로 부동산등기를 신청함에 있어 「상법」제398조가 적용되는 이사 등과 회사간의 거래라고 하더라도 "이사회의 승인을 증명하는 정보"를 첨부정보로서 등기소에 제공할 필요가 없다(등기예규 제1444호).

V. 등기상 이해관계 있는 제3자의 승낙이 필요한 경우에는 이를 증명하는 정보 또는 이에 대항할 수 있는 재판이 있음을 증명하는 정보(규칙 제46조 제1항 제3호)

등기상 이해관계 있는 제3자라 함은 권리변경등기(규칙 제52조 5호), 경정등기(법 제32조 제2항 후단), 회복등기(법 제59조), 말소등기(법 제57조)로 인하여 일반적으로 손해를 입게 될 위험성이 있는 등기상의 권리자를 의미하며, 그와 같은 손해를 입게 될 위험성은 등기의 형식에 의하여 판단하며 실질적으로 손해를 입을 우려가 있는지의 여부는 고려의 대상이 되지 아니한다. 등기상 이해관계 있는 제3자에는 가등기권리자, 근저당권자, 가압류채권자, 가처분채권자, 경매신청채권자, 체납처분권자, 제3취득자 등이 이에 해당된다(제1장 제17절 등기상 이해관계 있는 제3자의 승낙 참조).

VI. 신청인이 법인인 경우에는 그 대표자의 자격을 증명하는 정보(규칙 제46조 제1항 제4호)

등기신청인이 법인인 경우에는 그 대표자의 자격을 증명하는 정보(법인등기부 등·초본)를 등기소에 제공하여야 한다. 그러나 첨부정보가 「상업등기법」제10조에 따른 등기사항증명정보로서 그 등기(상업등기)를 관할하는 등기소와 부동산 소재지를 관할하는 등기소가 동일한 경우에는 그 제공을 생략할 수 있다(규칙 제46조 제5항).

VII. 대리인에 의하여 등기를 신청할 때에는 그 권한을 증명하는 서면(규칙 제46조 제1항 제5호)

1. 대리인의 권한을 증명하는 서면의 첨부(원칙)

(1) 대리인의 권한을 증명하는 서면

대리인에 의하여 등기를 신청하는 때에는 그 권한을 증명하는 서면(위임장, 가족관계등록부, 법인 등기부 등초본)을 첨부하여야 한다(규칙 제46조 제1항 제5호). 이것은 등기의 진정을 확보하기 위한 것이다. 대리인이라 함은 임의대리인과 법정대리인은 물론이고 법인 및 법인 아닌 사단이나 재단의 대표기관도 포함된다. 임의대리인인 경우에는 위임장을, 법정대리인인 경우에는 가족관계등록사항별증명서, 법인의 대표기관은 법인등기부 등·초본 등을 첨부하여야 한다.

법무사가 촉탁기관(한국자산관리공사)으로부터 촉탁서 제출을 위임받은 경우에는 법무사도 등기소에 촉탁서를 제출할 수 있으며, 이 경우 법무사는 촉탁서 제출을 위임받았음을 증명하는 서면을 촉탁서에 첨부하여야 한다(2011. 11. 23. 부동산등기과-2226).

(2) 금융기관의 지배인이 계속 반복적으로 등기신청행위를 하는 경우

금융기관의 지배인이 등기권리자인 법인의 대리인 겸 등기의무자의 대리인으로서 계속 반복적으로 근저당권설정등기 신청업무를 수행하는 행위는 법무사가 아니면서 법원에 제출하는 서류의 작성·제출을 업으로 하는 것이라 볼 수 있으므로, 신청대행수수료를 받지 않는다고 하더라도 법무사법 제3조 제1항에 위반될 수 있다(2011. 11. 17. 부동산등기과-2180).

(3) 각자 대표

법인 등기사항증명서에 공동대표이사가 아닌 각자 대표이사로 등기되어 있는 경우에는 각자가 단독으로 업무집행권을 행사하고 각자가 회사를 대표하므로, 대표이사 A는 대표이사 B가 금융기관과 작성한 근저당권설정계약서를 첨부하여 법인명의의 근저당권설정등기신청을 할 수 있다(2011. 12. 15. 부동산등기과-2369).

2. 위임장의 기재사항

위임장에는 부동산의 표시, 등기원인과 그 연월일, 등기의 목적, 위임자 및 수임자의 표시, 위임사항, 위임 연월일을 기재하고 위임인이 기명·날인하여야 한다. 위임장의 양식은 별지와 같다.

3. 위임장의 유효기간

법률행위의 대리권을 표현하는 위임장의 유효기간을 법규에 명문으로 규정한 바는 없다(규칙 제62조 참조). 인감증명신청서에 첨부되는 위임장의 유효기간은 그 위임의 일부터 기산하여 6월로 한다고 규정하였다(인감증명법시행령 제13조 7항). 그러나 동 규정은 '인감증명신청서에 첨부되는 위임장'의 유효기간에 관한 규정이므로 '등기신청에 필요한 서면으로서의 위임장'의 유효기간에 관한 규정은 아니므로 이를 준용할 수 없다고 본다. 따라서 현행 법규상 등기신청서에 첨부되는 위임장의 유효기간은 없는 것으로 해석하여야 한다.

4. 위임장의 날인

대리인에 의하여 등기를 신청할 때에 그 대리권을 증명하는 서면으로 제출하는 위임장에는 위임인이 날인하는 것이 원칙인바, 그 위임인이 인감증명을 제출하여야 하는 경우(등기명의인이 등기의무자로서 등기를 신청하는 경우)에는 반드시 인감증명법에 의하여 신고된 인감(또는 비송사건절차법에 의하여 제출된 인감)을 날인하여야 하지만, 그 외의 경우에는 반드시 인감을 날인할 필요는 없다(등기선례요지집 제2권 51항, 85항, 2권 88항, 3권 721항 나, 5권 23항, 108항, 부등3402-647호 2004. 12. 20).

5. 복대리인

복대리인 이라함은 대리인이 그의 권한내의 행위를 행하게 하기 위하여 대리인 자신의 이름으로 선임한 본인의 대리인이다. 복대리인을 선임할수 있는 권한을 복임권이라고 하고, 복대리인 선임행위를 복임행위라고한다.

복대리인은 대리인의 단순한 사자(使者)나 보호자가 아니라 대리인이다.

복대리인은 본인의 대리인이며, 대리인의 대리인은 아니다.

복대리인은 본인의 대리인이므로 직접 본인의 이름으로 대리하고 대리인과 동일한 권리의무가 있다(민법제123조).

<table>
<tr><td colspan="2" align="center">복대리 위임장</td></tr>
<tr>
<td>부
동
산
의
표
시</td>
<td>1. 토지
고유번호[2241-2005-001722]
제주특별자치도 서귀포시 남원읍 신례리 1030-8
대 177㎡

 이　　상 </td>
</tr>
<tr>
<td>등기원인과 그 연월일</td>
<td>2007년 12월 3일 상속</td>
</tr>
<tr>
<td>등 기 의 목 적</td>
<td>소유권이전</td>
</tr>
<tr>
<td align="center">위 임 인</td>
<td align="center">복 대 리 인</td>
</tr>
<tr>
<td>법무사 최 ○ ○　㉚
서울특별시 양천구 신정4동 1010-14</td>
<td>법무사 김 ○ ○
서울특별시 노원구 하계동 16-1

　위 사람을 복대리인으로 정하고 위 부동산 등기신청 및 취하에 관한 모든 행위를 위임한다.
　또한 복대리인 선임을 허락한다.

2008년　10월　1일</td>
</tr>
</table>

※ 복대리 위임장은 최초의 위임인인 상속인이 대리인 법무사 최돈호에게 위임한 위임장 다음에 첨부한다.

주 : 위임인 표시란에는 위임인이 재외국민이나 외국국적취득자인 경우에는 위임장에 한 서명이 본인의 것임을 증명하는 본국대사관이나 영사관의 확인이 필요하며, 내국인인 경우에는 위임인의 인감을 날인하고 그 인감증명을 첨부하여야 한다(등기예규 제776호, 등기선례요지집 제 5 권 23항).

6. 처분위임장

(1) 외국인 및 재외국민의 처분위임장

외국인 및 재외국민이 국내 부동산을 처분하는 경우의 처분위임장의 양식은 특별히 규정된 바가 없으나 처분대상 부동산과 수임인이 구체적으로 특정되도록 기재하여야 하며, 위임하고자 하는 법률행위의 종류와 위임취지(처분권한 일체를 수여한다는 등)가 기재되어야 한다(별지 : 처분위임장 서식 참조).

재외국민이 국내부동산을 처분하는 경우에 인감증명의 발급을 타인에게 위임하였더라도 등기신청을 위한 위임장이 재외국민 본인의 이름으로 되어 있고 그 위임장에 날인된 인영이 인감증명서상의 인영과 동일성이 있는 것으로 판단된다면 등기신청의 위임은 재외국민 본인이 한 것으로 보아야 할 것이므로 처분위임장이나 등기신청의 위임시에 재외국민본인이 국내에 있었다는 증빙서류를 첨부할 필요는 없다(등기선례요지집 제5권 108항; 인감증명법시행령 제13조; 등기예규 제776호).

(2) 내국인 간의 부동산 처분위임장

재외국민이나 외국국적 취득자가 아닌 내국인 사이에도 부동산의 처분을 위임할 수 있으며, 이 경우 처분위임장에는 처분대상의 부동산과 수임인이 구체적으로 특정되도록 기재하여야 하고, 위임하고 하는 법률행위의 종류와 위임취지(처분권한 일체를 수여한다는 등)가 기재되어야 할 것이다. 또한, 그 처분위임장에는 위임인의 인감을 날인하고 그 인감증명을 첨부하여야 할 것이다(등기선례요지집 제5권 23항).

부동산 처분 위임장

　　다음 수임인을 본인의 대리인으로 정하고 아래 처분 대상 부동산에 관하여 본인 (위임인)을 등기 의무자로, 　　　　　　　를 등기권리자로 하여 매매를 원인으로 한 소유권이전등기에 관한 일체에 권한을 위임 합니다.

1. 처분대상 부동산의 표시 :
2. 수임인(대리인)의 표시 :
　　성 명 :
　　주민등록번호 :
　　주 소 :
3. 등기의무자(매도인)의 표시 :
　　성 명 :
　　주민등록번호 :
　　주 소 :
4. 등기권리자(매수인)의 표시 :
　　성 명 :
　　주민등록번호 :
　　주 소 :
5. 위 부동산에 관하여 매도인 : 　　　　매수인 : 　　　　　간의 매매계약의 체결 및 이
　　에 따른 매수인 명의의 소유권이전등기신청에 필요한 일체의 서류의 교부
6. 위 부동산의 처분에 따른 매도인 명의의 부동산 매도용 인감증명서의 발급 신청 및 그
　　사용에 관한 일체의 권한의 행사.

2006년 　　월 　　일

첨 부 서 면

1. 위임인의 인감증명서 　　　　　　　　1부

위임인의 표시
성명 : 　　　　　(인) (인감도장날인)
주민등록번호(부동산등기용등록번호) :

주 소 :

7. 대리인의 등기의무자 일방의 등기신청 중지요청의 거부

등기권리자, 등기의무자 쌍방으로부터 위임을 받는 등기신청절차에 관한 위임계약은 그 성질상 등기권리자의 동의 등 특별한 사정이 없는 한 민법 제689조(위임의 상호해지의 자유) 제1항의 규정에 관계없이 등기의무자 일방에 의한 해제는 할 수 없다고 보아야 할 것이므로(대판 1987. 6. 23, 85 다카2239 참조) 등기권리자와 등기의무자 쌍방으로부터 등기신청절차의 위임을 받은 법무사는 그 절차가 끝나기 전에 등기의무자 일방으로부터 등기신청을 중지해 달라는 요청을 받았다고 할지라도 그 요청을 거부해야 할 위임계약상의 의무가 있다고 할 것이다(등기선 례요지집 제4권 30항. 2012. 11. 9. 부동산등기과-2142).

8. 법무사의 위임인의 확인 및 손해배상책임

(1) 법무사와 위임인과의 관계

법무사가 사건의 위임을 받은 경우 법무사와 위임인 사이에는 위임계약이 성립하게 된다.

위임이라 함은 당사자의 일방, 즉 위임인이 상대방에 대하여 사무의 처리를 위탁하고, 상대방 즉 수임인이 이를 승낙함으로써 성립하는 계약(민 제680조)을 말한다. 수임인은 "위임의 본지에 따라 선량한 관리자의 주의로써" 위임사무를 처리하여야 한다(민 제681조). 위임은 당사자의 신임관계를 기초로 하므로 수임인은 원칙적으로 자기 스스로 위임사무를 처리하여야 하며, 함부로 타인에게 맡겨서는 안 된다(자신복무의 원칙). 그러나 위임인의 승낙이 있는 때 또는 부득이한 사유(수임인의 질병·여행 등으로 수임사무를 처리할 수 없거나 또는 수임인의 소재를 알 수 없을 때)가 있는 때에는 복위임을 할 수 있다(민제682조 2항). 복수임인에게 사무처리를 위탁한 경우, 그로 말미암아 위임인에게 손해를 준 때에는, 수임인은 그 복수임인의 선임 또는 감독을 잘못 한 때에만 배상책임이 있다(민 제682조 2항, 121조 1항).

(2) 법무사의 위임인의 확인의무

(가) 위임인 확인방법의 사건부기재

법무사가 사건의 위임을 받은 경우에는 주민등록증·인감증명서 등 법령에 의하여 작성된 증명서의 제출이나 제시 기타 이에 준하는 확실한 방법으로 위임인이 본인 또는 그 대리인임을 확인하여야 하고, 그 확인방법 및 내용 등을 사건부에 기재하여야 한다(법무사법 제25조).

(나) 위임인 확인을 위한 법무사의 주의의무의 정도

구 법무사법(96. 12. 12. 법률 제5180호로 전문 개정 전) 제23조(현행법 제25조)에 의하면 사법서사는 위촉인이 본인 또는 대리인임이 상위 없음을 확인하여야 한다고 규정하고 있는바, 이는 사법서사의 업무가 주로 개인의 권리의무에 관하여 서류를 작성하여 법원이나 검찰청에 제출하는 데서 나온 확인의무라고 할 것이므로 인감증명서나 주민등록증 등의 제시가 있고 통상의 주의에 의하여 특히 의심할 만한 정황이 아니라면 본인 또는 그 대리인임을 확인하기 위하여 사법서사에게 더 구체적인 방법을 강구하여야 할 의무가 있다고 할 것은 아니다(대판 87. 9. 22. 87다카49).

법무사 등은 등기신청을 위임하는 자와 등기부상의 등기의무자로 되어 있는 자가 동일인인지의 여부를 그 직무상 요구되는 주의를 다하여 확인하여야 할 의무가 있고, 법무사가 위임인이 본인 또는 대리인임을 확인하기 위하여 주민등록증이나 인감증명서를 제출 또는 제시하도록 하여 특별히 의심할 만한 사정이 발견되지 아니하는 경우에는 그 증명서만으로 본인임을 확인할 수 있을 것이나, 그와 같은 확인 과정에서 달리 의심할 만한 정황이 있는 경우에는 가능한 여러 방법을 통하여 본인 여부를 한층 자세히 확인할 의무가 있다(대판 1996. 5. 14. 95다45767, 2000. 7. 28, 99다63107).

(3) 손해배상책임

법무사가 업무를 수행함에 있어 고의 또는 과실로 위임인에게 재산상의 손해을 가한 때에는 그 손해를 배상할 책임이 있으며(법무사법 제26조 1항), 법무사가 '위임의 본지에 따라 선량한 관리자의 주의'(민법 제681조)를 다하지 못하여 위임인에게 손해를 가한 때에는 불법행위의 책임을 면할 수 없다(민법 제750조).

(4) 법무사의 손해배상책임에 관한 주요 판례

(가) 위조한 등기관계 서류에 의한 근저당권설정등기

부동산의 진정한 소유자가 아닌 자가 위조한 등기관계 서류를 제공받고 사채업자가 사채알선을 한 후 법무사에게 등기신청을 위임하여 그 부동산에 근저당권이 설정된 경우, 사채알선업자와 법무사 및 그 사무원의 과실은 각기 독립하여 불법행위의 요건을 갖추고 있으면서 객관적으로 관련되고 공동하여 위법하게 사채제공자에게 손해를 가한 것으로서, 공동불법행위가 성립한다(대판 1996. 5. 14, 95다45767 손해배상).

(나) 법무사의 사용자책임

법무사 사무장이 갑과 을 사이의 근저당권설정등기절차에 관한 문의를 받고 갑이 매수한 토지에 대한 토지거래허가서 등 나머지 필요서류가 보완되면 갑 명의의 소유권이전등기를 경료한 즉시 을에게 근저당권설정등기를 경료해 줄 것을 확약한다는 취지의 확인서를 법무사 명의로 작성하여 을에 교부한 경우, 비록 그 행위가 정식 등기신청사무의 위임으로서 법무사 자신에 대하여 직접적인 효력이 생기지 아니한다고 할지라도 이는 법무사의 등기신청사무의 수임 등 사무집행과 객관적으로 명백히 관련된 행위임이 분명하고, 이와 같은 문서를 교부받은 을로서는 그 기재 내용과 같이 그 토지에 관한 담보권을 취득할 수 있으리라고 신뢰하였을 것임은 분명하므로, 그 후 사무장이 을과는 별다른 상의도 없이 갑의 일방적인 요구에 의하여 자신이 보관하고 있던 그 토지에 관한 소유권이전등기 소요서류를 갑에게 반환하고, 그 후 다시 갑의 의뢰에 따라 그 토지에 관하여 동인 앞으로 소유권이전등기를 경료하여 주고서도 위와 같은 신뢰에 반하여 을 앞으로 1순위 근저당권을 경료하여 주지 아니한 행위는 을에 대하여 위법행위가 되는 것이고, 이와 같은 위법행위로 인하여 을이 그 토지에 대한 1순위 근저당권을 취득하지 못함으로써 생긴 손해가 있다면 이는 사무장의 위법행위와 상당인과관계가 있는 손해라는 이유로, 이를 배척한 원심판결을 파기한 사례(대판 1997. 6. 27, 96다55020 손해배상).

(다) 위촉인의 확인에 관한 법무사의 주의의무

구 법무사법(1996. 12. 12, 법률 제5180호로 전문 개정되기 전의 것) 제23조에 의하면, 법무사가 사건의 위촉을 받은 경우에는 위촉인에게 법령에 의하여 작성된 인감증명서나 주민등록증 등을 제출 또는 제시하게 하거나 기타 이에 준하는 확실한 방법으로 위촉인이 본인 또는 그 대리인임이 상위 없음을 확인하여야 하고, 그 확인 방법 및 내용 등을 사건부에 기재하여야 한다고 규정하고 있는바, 그 취지는 법무사가 위촉인이 본인 또는 대리인임을 확인하기 위하여 주민등록증이나 인감증명서를 제출 또는 제시받도록 하여 특별히 의심할 만한 사정이 발견되지 아니하는 경우에는 그 증명서만으로 본인임을 확인할 수 있을 것이나, 그와 같은 과정에서 달리 의심할 만한 정황이 있는 경우에는 가능한 여러 방법을 통하여 본인 여부를 한층 자세히 확인할 의무가 있다(대판 1999. 4. 27, 98다36238 손해배상).

(라) 법무사 사무원의 과실과 법무사의 사용자책임

법무사의 피용자의 과실로 말미암아 근저당권설정등기가 위법하게 말소되었고 나아가 그 이후에 근저당권자보다 후순위 근저당권자의 경매신청에 의하여 경매절차가 진행되어 경락 허가결정이 확정되고 그 경락인이 경락대금을 완납하였으나 근저당권자가 그 명의의 근저당권설정등기가 말소되어 아직 회복등기를 경료하지 못한 연유로 부동산에 대한 경매절차에서 피담보채권액에 해당하는 금액을 전혀 배당받지 못한 채 그 근저당권이 소멸하였다면, 사용자인 법무사로서는 그 근저당권의 소멸로 인하여 근저당권자가 입은 손해를 배상할 책임이 있다(대판 1997. 11. 25. 97다35771).

(마) 등기필증멸실의 경우 법무사의 위임인 본인 여부의 확인시 주의의무의 정도

(ㄱ) 구 부동산등기법 제49조(현행법 제51조), 법무사법 제25조의 각 규정 취지에 의하면 등기필증 멸실의 경우 법무사 등이 하는 부동산등기법 제49조 소정의 확인은 원칙적으로 등기관이 수행하여야 할 확인 업무를 등기관에 갈음하여 행하는 것이므로, 법무사 등은 등기신청을 위임하는 자와 등기부상의 등기의무자로 되어 있는 자가 동일인인지의 여부를 그 직무상 요구되는 주의를 다하여 확인하여야 할 의무가 있고, 법무사가 위임인이 본인 또는 대리인임을 확인하기 위하여 주민등록증이나 인감증명서를 제출 또는 제시하도록 하여 특별히 의심할 만한 사정이 발견되지 아니하는 경우에는 그 증명서만으로 본인임을 확인할 수 있을 것이나, 그와 같은 확인과정에서 달리 의심할 만한 정황이 있는 경우에는 가능한 여러 방법을 통하여 본인 여부를 한층 자세히 확인할 의무가 있다.

(ㄴ) 등기필증 멸실의 경우 법무사가 등기신청사무를 처리함에 있어 위임인의 본인 여부를 확인하면서, 특별히 의심할 만한 정황이 발견되어 법무사로서는 그 본인 여부를 자세히 확인하여야 할 주의의무가 있음에도 이를 다하지 못한 과실이 있다고 본 사례

(대판 2000. 7. 28, 99다63107 손해배상).

(바) 등기의무자 본인여부의 확인과 법무사의 과실 여부

등기필증이 없던 등기신청 위임인이 등기부상의 등기의무자 본인인지 여부의 확인을 위하여 주민등록증을 제시하였다고 하더라도 법무사에게 확인서면상의 무인과 주민등록증상의 무인을 대조·확인하여야 할 통상적인 주의의무가 없고, 나아가 특별히 위임인이 등기부상의 등기의무자 본인인지 여부를 의심할 만한 사정도 없으므로, 법무사가 위임인을 주민등록증상의 본인인 것으로 인정하고 확인서면에 그의 우무인을 받고 그의 신체적 특징을 기재하였다면, 등기의무자 본인 여부를 확인함에 있어 법무사에게 어떠한 과실이 있다고 보기 어렵다(대판 2009. 6. 14. 2007다4295).

(사) 등기신청을 대리한 법무사가 부담하는 의무

부동산 매수인의 의뢰로 매매계약 및 대금지급에 참여하는 등 부동산 거래관계에 관여하고 그에 따른 등기신청서류의 작성과 등기신청을 대리한 법무사는 그 등기신청과 관련된 권리관계를 확인하고, 이를 의뢰인에게 설명하고 필요한 조언 등을 할 의무가 있고, 형식적으로 소유권이전등기신청에 관한 서류를 작성하여 제출한 것만으로는 법무사가 수임인으로서의 의무를 다하였다고 할 수 없다(대판 2008. 3. 27. 2007다76313 손해배상).

9. 친권자와 그 자(子) 사이 또는 수인의 자(子) 사이의 이해상반행위와 특별대리인의 선임

(1) 이해상반행위의 의의

민법 제921조의 이해상반행위라 함은 "친권자를 위해서 이익이 되고, 미성년자를 위해서 불이익한 행위" 또는 "친권에 복종하는 자(子)의 일방을 위해서 이익이 되고, 다른 일방에게는 불이익한 행위"를 말한다.

(2) 특별대리인 제도의 취지(친권의 남용방지 및 미성년자의 이익의 보호)

민법 제921조의 특별대리인제도는 친권자와 그 친권에 복종하는 자 사이 또는 친권에 복종하는 자들 사이에 서로 이해가 충돌하는 경우에는 친권자에게 친권의 공정한 행사를 기대하기 어려우므로 친권자의 대리권 및 동의권을 제한하여 법원이 선임한 특별대리인으로 하여금 이들 권리를 행사하게 함으로써 친권의 남용을 방지하고 미성년인 자의 이익을 보호하려는 데 그 취지가 있으므로 특별대리인은 이해가 상반되는 특정의 법률행위에 관하여 개별적으로 선임되어야 한다(대판 1996. 3. 9. 96다1139).

(3) 이해상반행위의 당사자

민법 제921조 제2항의 경우 이해상반행위의 당사자는 쌍방이 모두 친권에 복종하는 미성년자일 경우이어야 하고, 이 때에는 친권자가 미성년자 쌍방을 대리할 수는 없는 것이므로 그 어느 미성년자를 위하여 특별대리인을 선임하여야 한다는 것이지 성년이 되어 친권자의 친권에 복종하지 아니하는 자와 친권에 복종하는 미성년자인 자 사이에 이해상반이 되는 경우가 있다 하여도 친권자는 미성년자를 위한 법정대리인으로서 그 고유의 권리를 행사할 수 있으므로 그러한 친권자의 법률행위는 같은 조항 소정의 이해상반행위에 해당한다 할 수 없다(대판 1989. 9. 12. 88다카28044).

따라서, 공동상속인 중에 성년인 자와 미성년인 자가 있는 경우 피상속인과 이혼한 전처가 공동상속인의 친권자로서 미성년인 자를 위한 법정대리인으로서 특별대리인을 선임할 필요 없이 성년인 자와의 사이에 상속재산 협의분할을 할 수 있다(등기선례 제7권 14항. 2.).

(4) 미성년자가 수인인 경우(미성년자 각자마다 특별대리인을 선임)

상속재산분할은 그 행위의 객관적 성질상 상속인 상호간의 이해의 대립이 생길 우려가 있는 행위이므로(민 제921조) 친권자와 미성년자인 자가 공동상속인인 경우에는 미성년자를 위한 특별대리인을 선임하여야 하고, 그 미성년자가 수인일 때에는 미성년자 각자마다 특별대리인을 선임하여야 하며, 특별대리인 1 인이 수인의 미성년자를 대리하여 한 상속재산분할은 피대리자 전원의 추인이 없는 한 무효이다(대판 2001. 6. 29. 2001다28299. 등기예규 제1088호 2. 나.(2)).

(5) 특별대리인이 될 자

특별대리인은 父가 신청시에는 母의 친족으로, 母가 신청시에는 父의 친족으로 선임하여야 한다.

(6) 이해상반행위 여부의 판단

법정대리인인 친권자와 그 자 사이의 이해상반의 유무는 전적으로 그 행위 자체를 객관적으로 관찰하여 판단하여야 할 것이지 그 행위의 동기나 연유를 고려하여 판단하여야 할 것은 아니다(대판 2002. 1. 11, 2001다65960).

(가) 이해관계가 상반되는 사례(등기예규 제10888호. 2. 나.)

① 미성년자인 자가 그 소유 부동산을 친권자에게 매매 또는 증여하는 경우

② 상속재산협의분할서를 작성하는데 있어서 친권자와 미성년자인 자 1인이 공동상속인인 경우(친권자가 당해 부동산에 관하여 권리를 취득하지 않는 경우를 포함한다).

③ 친권자와 미성년자인 자의 공유부동산을 친권자의 채무에 대한 담보로 제공하고 그에 따른 근저당권설정등기를 신청하는 경우

④ 미성년자인 자 2인의 공유부동산에 관하여 공유물분할계약을 하는 경우(미성년자인 자 1인에 관한 특별대리인의 선임이 필요하다) 등

(나) 이해관계가 상반되지 않는 사례(등기예규 제1088호. 2. 다.)

① 친권자가 그 소유 부동산을 미성년자인 자에게 증여하는 경우

② 친권자가 미성년자인 자 소유의 부동산을 제3자에게 증여하는 경우

③ 친권자가 미성년자인 자 소유의 부동산을 채무자인 그 미성년자를 위하여 담보로 제공하거나 제3자에게 처분하는 경우

④ 친권자와 미성년자인 자의 공유부동산에 관하여 친권자와 그 미성년자를 공동채무자로 하거나 그 미성년자만을 채무자로 하여 저당권설정등기를 신청하는 경우

⑤ 친권자와 미성년자인 자가 근저당권을 준공유하는 관계로서 근저당권설정등기의 말소를 신청하는 경우

⑥ 미성년자인 자 1인의 친권자가 민법 제1041조의 규정에 의하여 상속포기를 하고 그 미성년자를 위하여 상속재산분할협의를 하는 경우

⑦ 이혼하여 상속권이 없는 피상속인의 전처가 자기가 낳은 미성년자 1인을 대리하여 상속재산분할협의를 하는 경우

VIII. 등기권리자(새로 등기명의인이 되는 경우로 한정한다)의 주소(또는 사무소 소재지) 및 주민등록번호(또는 부동산등기용 등록번호)를 증명하는 정보 (규칙 제46조 제1항 제6호 전단)

1. 등기권리자의 주소 및 주민등록번호(또는 부동산등기용등록번호)를 증명하는 서면

(1) 주민등록번호 또는 부동산등기용등록번호를 증명하는 정보의 제공

부동산등기법 중 개정법률(1983.12.31. 법률 제3692호, 시행일: 1984.7.1.)에 의하여 허무인명의 등기의 방지를 위하여 모든 등기에 등기권리자(개인에 한함)의 '주민등록번호'를 성명에 병기하도록 하였으며, 이것과 보조를 맞추어 부동산등기법 중 개정법률(1986.12.23. 법률 제3859호, 시행일: 1987.9.1.)에 의하여 국가, 지방자치단체, 국제기관, 외국정부, 외국인, 법인, 법인 아닌 사단이나 재단에게도 '부동산등기용등록번호'를 부여하여 이를 등기권리자의 성명 또는 명칭에 병기하도록 하였따(법 제49조).

등기를 신청하는 경우에는 등기권리자(새로 등기명의인이 되는 경우로 한정한다)의 주소(또는 사무소소재지) 및 주민등록번호(또는 부동산등기용 등록번호)를 증명하는 정보를 등기소에 제공하여야 한다(규칙 제46조 제1항 제6호 전단).

어떠한 서면이 주소를 증명하는 서면에 해당하는가는 등기신청인의 신분에 따라 다르다.

(가) 대한민국 국민인 경우

등기신청인이 대한민국 국민인 경우의 주소증명서면은 주민등록 등·초본이다. 소유권이전등기신청서에 첨부된 인감증명서에 주민등록초본의 내용과 동일한 인적사항(성명·주소·주민등록번호)이 기재되어 있는 경우라도 주소증명서면의 첨부를 생략할 수 없고(선례 6-76), 매수인의 주민등록증 대조로써 주소증명서면의 제출을 갈음할 수 없다(선례 2-91).

(나) 법인, 법인 아닌 사단 재단

법인이 새로 등기명의인이 되어 등기권리자로서 등기를 신청할 때에는 법인등기부등본(등기사항증명서)을 제출하여야 한다. 등기신청서에 첨부하여야 하는 법인등기부등·초본은 법인이 등기권리자인 경우에만 그 제출을 요하며, 등기의무자인 경우에는 제출을 요하지 아니한다(규칙 제46조 제1항 제6호 전단).

법인 아닌 사단·재단의 경우에는 정관 기타의 규약이나 결의서 등이 주소를 증명하는 서면이 된다(규칙 제48조 제1호).

(다) 외국인 또는 재외국민인 경우

1) 외국인

가) 국내부동산을 처분하는 경우

규칙 46조 1항 6호에 의하여 주소를 증명하는 서면을 제출하여야 할 경우 본국 관공서의 주소증명서 또는 거주사실증명서(예컨대 일본, 독일, 프랑스, 대만 등의 경우)를 첨부하여야 하나, 본국에 주소증명서 또는 거주사실증명서를 발급하는 기관이 없는 경우(예를 들어 미국, 영국 등의 경우)에는 주소를 공증한 서면을 첨부하여야 한다. 다만 이 경우에도 주소증명서에 대신할 수 있는 증명서(예컨대 운전면허증 또는 신분증 등)를 본국 관공서에서 발급하는 경우에는 관할등기소의 등기관에게 그 증명서 및 원본과 동일하다는 취지를 기재한 사본을 제출하여 원본과 동일함을 확인받은 때 또는 그 증명서의 사본에 원본과 동일하다는 취지를 기재하고 그에 대하여 본국 관공서의 증명이나 공증인의 공증 또는 외국주재 한국대사관이나 영사관의 확인을 받은 때에는 그 증명서의 사본으로 주소를 증명하는 서면을 갈음할 수 있다{예규 1568호 1. 가. (1) (다)}.

나) 국내부동산을 취득하는 경우

외국인등록사실증명, 국내거소신고사실증명, 본국 관공서의 주소증명서 또는 거주사실증명서, 주소를 공증한 서면, 주소증명서를 대신할 수 있는 증명서(운전면허증, 신분증 등)의 사본(동일성이 공적으로 확인된 것) 등을 제출할 수 있다{예규 1568호 1. 나. (3)}.

2) 재외국민

가) 국내부동산을 처분하는 경우

① 입국하지 않고 국내부동산을 처분하는 경우

주소를 증명하는 서면으로는 외국주재 한국 대사관 또는 영사관에서 발행하는 재외국민

거주사실증명 또는 재외국민등록부 등본을 첨부해야 한다. 다만 주재국에 우리나라 대사관 등이 없어 그와 같은 증명을 발급받을 수 없을 때에는 주소를 공증한 서면으로 갈음할 수 있는데(예규 1568호 2. 가. (1) (다)), 일본의 관청이 발행한 거주지가 기재된 등록제 증명서(일본의 외국인등록법에 의한 외국인등록증명서임)는 이러한 주소를 공증한 서면에 포함되므로 그 번역문과 함께 제출하여도 무방하다(선례 2-100).

등기신청서에 첨부하는 위 재외국민 거주사실증명 또는 재외국민등록부 등본의 유효기간에 대한 규정은 없으므로 발행일부터 3개월이 경과한 경우에도 첨부할 수 있을 것이다.

② 입국하여 국내부동산을 처분하는 경우

주소를 증명하는 서면으로는 재외국민 거주사실증명, 재외국민등록부 등본 외에 주민등록표 등·초본(주민등록법 10조의2 1항의 규정에 따른 재외국민 신고를 한 경우에 한한다. 예규 1568호 2. 가. (2) 단서)을 제출할 수도 있다.

나) 국내부동산을 취득하는 경우

재외국민 거주사실증명, 재외국민등록부 등본, 주소를 공증한 서면 또는 주민등록표 등·초본(주민등록법 10조의2 1항의 규정에 따른 재외국민 신고를 한 경우에 한한다. 예규 1568호 2. 가. (2) 단서) 등을 제출하면 된다. 재외동포법에 따라 국내거소신고를 한 재외국민은 2016. 6. 30.까지 주소를 증명하는 서면으로 국내거소신고사실증명을 제출할 수도 있다(예규 1568호 부칙 2조).

2. 부동산등기용 등록번호를 증명하는 서면(규칙 제46조 제1항 제6호 전단)

등기신청서에 등기권리자의 성명 또는 명칭을 기재함에 있어서는 등기권리자의 주민등록번호를 병기하여야 하고, 주민등록번호가 없는 때에는 부동산등기용 등록번호를 병기하여야 한다(법 제48조 2항, 규칙 제43조 1항 2호). 따라서 등기권리자의 부동산등기용 등록번호를 증명하는 서면을 제출하여야 한다(규칙 제46조 1항 6호 전단).

국가, 지자체, 주민등록번호가 없는 재외국민, 비법인사단, 외국인 등의 부동산등기용등록번호를 증명하는 정보는 등기권리자를 기록하는 모든 등기신청의 첨부정보로서 제공하여야 하는 것은 아니고 소유권이전등기·저당권설정등기 등과 같이 새로운 등기원인에 의하여 등기권리자를 등기기록에 새로이 등기하는 이른바 "기입등기"를 신청하는 경우에만 필요하다. 소유권말소등기나 근저당권변경등기와 같이 새로운 등기권리자가 등기기록에 기록되는 경우가 아닌 때에는 제공할 필요가 없다(선례 6-81).

이러한 등록번호제도는 허무인 명의의 등기를 방지하기 위한 것으로 등기신청인의 동일성 확인을 위한 판단자료로서의 역할을 하기도 한다.

Ⅸ. 소유권이전등기를 신청하는 경우에는 등기의무자의 주소(또는 사무소소재지)를 증명하는 정보

1. 등기의무자의 주소를 증명하는 정보

소유권이전의 등기를 신청하는 경우에 등기의무자의 주소를 증명하는 서면을 제출하여야 하는 것(규칙 제46조 제1항 제6호, 단서)은 잘못된 주소의 등기나 허무인 명의의 등기를 막고 등기의무자의 동일성 여부를 판단하기 위한 것이다.

소유권이전등기신청이 아닌 소유권이전등기의 말소신청, 소유권이전청구권가등기신청 등의 경우에는 등기권리자 또는 등기의무자의 주소를 증명하는 서면을 제출할 필요가 없다(선례 1-160, 1-125).

2. 대지사용권취득의 경우

법 제60조의 규정에 의한 대지사용권의 취득(대지사용권에 관한 이전등기신청)의 경우에는 등기권리자 또는 등기의무자의 주소증명서면의 제공을 요하지 아니한다(규칙 제46조 제4항).

3. 외국인, 재외국민의 경우(국내거소 신고증 또는 신고사실증명)

재외국민 또는 외국국적동포가 법령에 규정된 각종 절차와 거래관계 등에 있어서 주민등록증, 주민등록등·초본, 외국인등록증 또는 외국인등록사실증명을 요하는 경우에는 국내거소신고증 또는 국내거소신고사실증명으로 이에 갈음할 수 있다(재외동포의출입국과법적지위에관한법률 제2조 제9조, 출입국관리법 제88조의2).

외국인이 법령에 규정된 각종 절차와 거래관계 등에 있어서 주민등록증 또는 주민등록등 · 초본을 요하는 경우에는 외국인등록증 또는 외국인등록사실증명으로 이에 갈음한다(출입국 관리법 제88조의2, 제1항. 등기선례 제7권 182항2).

(1) 외국인의 경우

외국인이 입국하지 않고 국내부동산을 처분하는 경우의 신청서에 첨부할 서면(일반적으로 등기신청에 필요한 서면은 제외한다) 중 주소를 증명하는 서면으로 본국 관공서의 주소증명 서 또는 거주사실증명서(예를 들어, 일본, 독일, 프랑스, 대만 등의 경우)를 첨부하여야 한다.

본국에 주소증명서 또는 거주사실증명서를 발급하는 기관이 없는 경우(예를 들어, 미국, 영국 등의 경우)에는 주소를 공증한 서면을 첨부하여야 한다. 다만 이 경우에도 주소증명서에 대신할 수 있는 증명서(예컨대, 운전면허증 또는 신분증 등)를 본국 관공서에서 발급하는 경우, 관할등기소의 등기 관에게 그 증명서 및 원본과 동일하다는 취지를 기재한 사본을 제출하여 원본과 동일함을 확인 받은 때 또는 그 증명서의 사본에 원본과 동일하다는 취지를 기재하고 그에 대하여 본국 관공 서의 증명이나 공증인의 공증 또는 외국주재 한국대사관이나 영사관의 확인을 받은 때에는 그 증명서의 사본으로 주소를 증명하는 서면에 갈음할 수 있다(등기예규 제1393호 1. 가. (1). (다)).

스페인에 거주하는 독일인 등기의무자로서 소유권이전등기를 신청하는 경우에 스페인 주 재 독일 대사관 또는 영사관 발행의 주소증명정보를 제출하는 것이 원칙일 것이나, 스페인에 주민등록을 하고 스페인 정부가 발행하는 주민등록증명서면을 주소증명정보로 제출하여도 무방하다(2017.8.25. 부동산등기과-2089).

(2) 재외국민의 경우

재외국민이 귀국하지 않고 국내부동산을 처분할 경우 신청서에 첨부할 서면 중 주소를 증명하 는 서면으로 외국주재 한국 대사관 또는 영사관에서 발행하는 재외국민 거주사실증명 또는 재외 국민등록부등본을 첨부해야 한다. 다만 주재국에 본국 대사관 등이 없어 그와 같은 증명을 발급 받을 수 없을 때에는 주소를 공증한 서면으로 갈음할 수 있다(등기예규 제1393호 2. 가. (다)).

4. 판결에 의하여 소유권이전등기를 신청하는 경우

(1) 판결에 의하여 등기권리자가 단독으로 소유권이전등기를 신청할 때는 등기권리자의 주소를 증명하는 서면만을 제출하면 된다.

(2) 판결문상의 피고의 주소가 등기부상의 등기의무자의 주소와 다른 경우(등기부상 주소가 판결에 병기된 경우 포함)에는 동일인임을 증명할 수 있는 자료로서 주소에 관한 서면을 제출하여야 한다. 다만 판결문상에 기재된 피고의 주민등록번호와 등기부상에 기재된 등기의무자의 주민등록번호가 동일하여 동일인임을 인정할 수 있는 경우에는 그러하지 아니하다(등기예규 제1383호. 5. 라. 1). 가). 나).)

X. 법인등기부등·초본(규칙 제46조 제1항 6호 전단)

1. 법인등기부등초본의 제출(법인이 등기권리자로서 등기신청을 하는 경우) 및 유효기간

법인이 등기권리자로서 등기를 신청할 때에는 법인등기부등·초본을 제출하여야 한다(규칙 제40조 제1항 제6호 전단). 등기신청서에 첨부하는 법인등기부등·초본은 발행일로부터 3월 이내의 것이어야 한다(규칙 제62조). 등기신청서에 첨부하여야 하는 법인등기부등·초본은 법인이 등기권리자인 경우에만 그 제출을 요하며, 등기의무자인 경우에는 제출을 요하지 아니한다(규칙 제46조 제1항 제6호 전단).

등기권리자가 법인인 경우에는 등록번호를 증명하기 위하여 법인 등기사항증명서를 제공하면 된다. 다만 법인등기를 관할하는 등기소와 부동산 소재지를 관할하는 등기소가 동일한 경우에는 그 제공을 생략할 수 있다(규칙 46조 5항).

2. 법인의 등기가 있는 등기소와 부동산소재관할등기소가 동일한 경우

법인 또는 외국회사의 대표자가 부동산에 관한 등기를 신청하는 경우에 그 법인 또는 외국회사의 등기가 있는 등기소와 부동산소재지를 관할하는 등기소가 동일한 때에는 신청서에 대리인의 권한을 증명하는 서면(예 법인등기부등본 등)을 첨부함을 요하지 아니한다(규칙 제46조 제5항).

XI. 소유권이전등기를 신청하는 경우에는 토지대장 · 임야대장 · 건축물대장 정보나 그 밖의 부동산의 표시를 증명하는 정보(규칙 제46조 제1항 제7호)

소유권이전의 등기를 신청하는 경우에 대장(토지·임야·건축물) 등본 기타 부동산의 표시를 증명하는 서면을 첨부하도록 한 것은 등기부와 대장의 일치 여부 및 과세표준액의 산출 등을 위하여 소유권이전등기신청의 경우에 반드시 대장등본 기타 부동산의 표시를 증명하는 서면을 첨부하도록 하였다. 등기신청서에 첨부하는 토지대장 · 임야대장 및 건축물대장등본은 발행일로부터 3월 이내의 것이어야 한다(규칙 제62조).

등기할 건축물이 건축물대장에 등재되지 않았다는 사실 및 부동산의 표시를 소명할 수 있는 시 · 군 · 구 · 읍 · 면의 장의 확인서(건축물대장무등재증명원 등)도 기타 부동산의 표시를 증명하는 서면에 해당한다(선례 6-245).

XII. 구분건물에 대한 대지권등기신청과 규약 또는 공정증서
(구분건물에 대한 대지권 등기신청)

구분건물에 대하여 대지권의 등기를 신청할 때 다음 각 호의 어느 하나에 해당되는 경우에는 해당 규약이나 공정증서를 첨부정보로서 등기소에 제공하여야 한다(규칙 제46조 제2항).

1. 대지권의 목적인 토지가 「집합건물의 소유 및 관리에 관한 법률」 제4조에 따른 건물의 대지인 경우
2. 각 구분소유자가 가지는 대지권의 비율이 「집합건물의 소유 및 관리에 관한 법률」 제21조제1항 단서 및 제2항에 따른 비율인 경우
3. 건물의 소유자가 그 건물이 속하는 1동의 건물이 있는 「집합건물의 소유 및 관리에 관한 법률」 제2조제5호에 따른 건물의 대지에 대하여 가지는 대지사용권이 대지권이 아닌 경우

XⅢ. 번역문(외국어)

첨부정보가 외국어로 작성된 경우에는 그 번역문을 붙여야 한다(규칙 제46조 제8항. 등기예규 제
1282호. 1. 가.(1).(마)).

XⅣ. 첨부정보가 외국공문서 또는 외국공증인이 공증한 문서인 경우의 확인

첨부정보가 외국 공문서이거나 외국 공증인이 공증한 문서(이하 "외국 공문서 등"이라 한
다)인 경우에는 「재외공관 공증법」 제30조제1항에 따라 공증담당영사로부터 문서의 확인
을 받거나 「외국공문서에 대한 인증의 요구를 폐지하는 협약」에서 정하는 바에 따른 아포
스티유(Apostille)를 붙여야 한다. 다만, 외국 공문서 등의 발행국이 대한민국과 수교하지 아
니한 국가이면서 위 협약의 가입국이 아닌 경우와 같이 부득이한 사유로 문서의 확인을 받거
나 아포스티유를 붙이는 것이 곤란한 경우에는 그러하지 아니하다(규칙 제46조 제9항).

XⅤ. 법원행정처장이 지정하는 첨부정보의 제공면제

1. 규칙 제46조 제1항 및 그 밖의 법령에 따라 등기소에 제공하여야 하는 첨부정보 중 법
   원행정처장이 지정하는 첨부정보는 「전자정부법」 제36조제1항에 따른 행정정보 공동
   이용을 통하여 등기관이 확인하고 신청인에게는 그 제공을 면제한다. 다만, 그 첨부정보
   가 개인정보를 포함하고 있는 경우에는 그 정보주체의 동의가 있음을 증명하는 정보를
   등기소에 제공한 경우에만 그 제공을 면제한다(규칙 제46조 제6항). 규칙 제46조 제6항은 법
   원행정처장이 지정하는 등기소에 한정하여 적용할 수 있다(규칙 제46조 제7항).

2. 행정정보 공동이용에 따른 첨부서면제출의 면제에 관한 업무처리지침은 등기예규 제
   1401호 및 제1549호에 규정되어 있다.

XⅥ. 기타 첨부 정보

1. 인감증명

(1) 인감증명제도, 본인서명사실확인서 또는 전자본인서명사실확인서의 발급증

부동산등기법 및 부동산등기규칙, 그 밖의 법령, 대법원 예규에서 등기소에 제출하는 등기 신청서 등에 인감증명법에 따라 신고한 인감을 날인하고 인감증명서를 첨부하여야 한다고 규정한 경우, 이에 갈음하여 신청서 등에 서명을 하고 '본인서명사실 확인 등에 관한 법률'에 따라 발급된 본인서명사실확인서 또는 전자본인서명사실확인서의 발급증을 첨부할 수 있다 (등기예규 제1609호 제2조).

(가) 등기의무자의 등기신청의사의 진정성 담보

등기신청인 또는 대리인이 신청서 또는 위임장에 날인한 경우에 그 날인한 인감이 진정한 것이라는 증명을 위하여 신청서 또는 위임장에 날인한 인감증명서를 제출하여야 하는 경우 (규칙 제60조, 제61조)가 있다. 인감증명의 제출을 요하는 것은 등기를 신청하는 등기의무자가 본 인이 틀림없다는 것을 확인하여(등기의무자의 등기신청의사의 확인)허위 등기의 발생을 예방하자는데 그 취지가 있다 .즉, 등기신청서에 인감증명을 첨부하도록 한 취지는 등기의무자의 등기신청 의사의 진정성을 담보하기 위한 것이다.

(나) 인감신고의 원칙

1) 신고인의 방문신청(원칙), 서면신고(예외)

인감의 신고는 신고인이 방문하여 하여야 한다. 다만, 신고인이 질병, 징집, 복역 등 대통 령으로 정하는 사유로 인하여 방문할 수 없는 경우에는 서면으로 신고할 수 있다(인감증명법 제7 조 제1항). 인감증명법 제7조 제1항 단서에서 '대통령령이 정하는 사유로 인하여 방문할 수 없 는 경우'라 함은 질병, 출산, 징집, 복역, 유학, 해외거주 등으로 방문할 수 없는 경우를 말한 다(동법시행령 제8조 제1항).

법 제7조 제1항 단서에 따라 서면신고를 할 때에는 신고서에 인감을 신고한 성년자 1명의 보증이 있어야 한다(동법 제7조 제2항). 법 제7조 제1항 단서의 규정에 의하여 인감을 서면신고 하는 때에는 별지 제9호 서식에 의한 인감신고서에 인장을 찍은 백시(인감지)와 방문할 수 없는 사유를 증명할 수 있는 서류를 첨부하여야 한다(동법 시행령 제8조 제2항).

2) 재외국민과 국내거소신고자의 인감신고여부확인

가) 재외국민의 인감신고여부의 확인

재외국민의 인감신고를 받은 최종주소지를 관할하는 증명청은 재외국민이 인감을 신고한 사실이 있는지의 여부를 확인한 후 이를 별지 제10호 서식에 의하여 지체없이 등록기준지를 관할하는 증명청에 통보하여야 하며, 통보를 받은 등록기준지를 관할하는 증명청은 별지 제7호서식의 재외국민인감신고기록대장을 작성하여 관리하여야 한다(동법시행령 제9조 제1항).

나) 국내거소신고자의 인감신고여부확인

국내거소신고자의 인감신고를 받은 증명청은 국내거소신고자가 인감을 신고한 사실이 있는지의 여부를 확인한 후 그 사항을 별지 제11호 서식에 의하여 지체없이 등록기준지, 최종주소지 또는 현 체류지를 관할하는 증명청에 통보하여야 한다(동법시행령 제9조 제2항).

(2) 인감증명서상의 인영의 성명이 신청서위임장등의 성명과 다른 경우

등기신청서에 첨부된 인감증명서의 인영이 그 신청서 또는 위임장에 날인된 인영과 동일하다면 그 인영이 신청서등의 성명과 다르더라도 그 등기신청을 수리하여야 한다(등기선례2권 111항 119항).

(3) 인감증명서의 주소(현주소와 불일치)

인감증명서상의 등기의무자의 주소가 종전 주소지로 기재되어 있는 등 현주소와 일치하지 아니하더라도 주민등록표등본의 주소이동 내역에 인감증명서상 주소가 종전 주소로서 표시되어 있거나 성명과 주민등록번호 등에 의하여 동일인임이 인정되는 경우에는 그 인감증명서가 첨부된 등기신청은 수리하여야 한다(등기예규 제866호 3조).

인감증명을 발급받은 후 주소변동이 있어 인감증명서의 주소가 등기부상의 주소와 상이한 경우에도 주민등록표등본에 의하여 그 주소변경 내용이 연결되어 동일인임이 증명될 수 있고 그 인감증명이 유효기간 내의 것이라면 그 인감증명을 첨부하여 등기신청을 할 수 있다(등기선례요지집 제4권 165항).

(4) 인감증명의 유효기간

(가) 유효기간 부동산등기규칙 제60조 또는 제61조의 규정에 의하여 제출하여야 할 인감증명은 발행일로부터 3월 이내의 것이어야 한다(부동산등기규칙 제62조).

(나) 기간계산 부동산등기신청서에 첨부하는 인감증명서의 유효기간 3월의 기간계산에 있어 인감증명서의 발행일인 초일은 산입하지 아니하고(민법 제157조), 그 기간의 말일이 공휴일인 때에는 그 다음날로 기간이 만료된다(민법 제161조)(등기예규 제866호 7조).

(다) 인감증명의 유효기간을 규정한 취지 구 부동산등기규칙 제55조(현행규칙 제62조)의 인감증명서는 작성 후 3월 이내의 것에 한하여 등기를 신청할 수 있다고 규정한 취지가 인감증명서 작성 후 장구한 시일이 경과된 것을 허용함으로써 물권변동에 있어서의 분규 발생 등 폐단을 방지하기 위한 것이라 할지라도 이는 인감증명서의 효력이 3개월밖에 없다는 취지가 아니고 또한 망인명의의 인감증명에 의하여 소유권이전등기가 경료되었다 하더라도 그것이 권리의 실체관계와 부합하는 경우에는 유효하다(대판 1965. 8. 24. 65다1177, 1178).

(5) 인감증명의 사용용도(인감증명상의 사용용도와 다른 등기신청의 수리)

(가) 부동산 매도용 인감증명서

 매매를 원인으로 한 소유권이전등기신청의 경우 반드시 부동산매도용 인감증명서를 첨부하여야 하지만 매매 이외의 경우에는 등기신청서에 첨부된 인감증명서상의 사용용도와 그 등기의 목적이 다르더라도 그 등기신청은 이를 수리하여야 한다. 따라서 사용용도란에 가등기용으로 기재된 인감증명서를 근저당권설정등기신청서에 첨부하거나 부동산매도용 인감증명서를 지상권설정등기신청서에 첨부하여도 그 등기신청을 각하하여서는 아니 된다(등기예규 제866조 제5조).

(나) 부동산매도용 이외의 경우

 부동산매도용인 경우를 제외하고는 인감증명에 기재되어 있는 사용용도(대부용)와 다르게 등기신청(근저당권설정등기신청)을 한 경우라 하더라도 등기신청서나 그 부속서류에 날인된 인영이 인감증명의 인영과 동일한 경우에는 등기신청의 진정을 증명할 수 있다 할 것이므로 그 등기신청은 수리하여야 한다(등기선례요지집 제3권 206항).

근저당권설정등기신청서에 첨부할 인감증명서는 그 사용용도란에 '근저당권설정용'이라고 기재되어 있지 않은 것이라도 무방하다(등기선례요지집 제2권 108항).

(6) 부동산매도용 인감증명

(가) 부동산 매수자란의 기재사항   부동산매도용으로 인감증명을 발급받고자 하는 때에는 부동산매수자란에 매수자의 성명·주소(법인의 경우에는 법인명과 주된 사무소의 소재지) 및 주민등록번호를 기재하여야 한다. 다만, 재외국민의 경우에는 별지 제13호 서식(생략)의 세무서장 확인란에 이전할 부동산의 종류와 소재지를 기재하고, 소관증명청의 소재지 또는 부동산소재지를 관할하는 세무서장의 확인을 받아야 한다(인증령 제13조 3항).

1) 매매 이외의 원인으로 인한 소유권이전등기   증여, 교환 등 매매 이외의 원인으로 인한 소유권이전등기신청의 경우에는 부동산매도용 인감증명서를 첨부할 필요가 없다 (등기예규 제866호 제4조 1항).

2) 대지사용권의 사후취득등기   대지사용권의 사후취득에 관한 규정(구 부동산등기법시행 규칙 제60조의2)에 의하여 분양자가 그 대지사용권의 등기와 함께 대지권변경등기를 신청하는 경우, 집합건물에 관한 등기의 특성상 변경등기라는 용어를 사용하였더라도 그 등기의 내용은 매매를 원인으로 한 소유권이전등기에 해당하므로 분양자의 부동산매도용 인감증명서를 첨부하여야 할 것이다(등기선례요지집 제6권 86항).

(나) 매수자와 등기권리자가 상이한 경우   부동산매도용 인감증명서에 기재된 매수자와 매매를 원인으로 한 소유권이전등기신청서에 기재된 등기권리자의 인적사항이 일치되지 아니한 등기신청은 수리하여서는 아니 된다(등기예규 제886호 4조 2항).

(다) 매수인이 다수인인 경우   부동산의 매수인이 다수인 경우에는 인감증명서상의 매수자란 중 성명란에 '○○○외 ○명'으로만 기재하고, 주민등록번호 및 주소란에 첫 번째 매수인 1인의 주소와 주민등록번호를 기재한 다음 나머지 매수인들의 인적사항을 별지에 기재한 부동산매도용 인감증명서를 첨부한 등기신청은 수리하되, 위의 경우 나머지 매수인들의 인적사항이 별지에 기재되지 아니한 채 성명란에 '○○○외 ○명'으로만 기재된 부동산매도용 인감증명서가 첨부된 때에는 그 등기신청을 수리하여서는 아니 된다(등기예규 제866호 4조 3항).

법인의 부동산매도용 인감증명발급에 있어 매수자가 다수인인 경우에는 매수자의 인적사항란에 매수자 중 모두 1인의 주소와 주민등록번호만을 기재하고 성명란에는 '○○○외 ○명'으로 기재하고 그 외 매수자의 인적사항은 별지에 기재하면 된다(등기선례 요지집 제4권 163항).

(7) 재외국민의 인감증명의 제출

(가) 재외국민의 의의

재외국민이란 대한민국에 현재하지 아니한 자로서 국외로 이주를 하여 주민등록이 말소되거나 처음부터 없는 자를 뜻하며 단지 해외여행자는 이에 포함되지 않는다.

(나) 재외국민의 국내부동산의 처분 시의 인감 증명제출

재외국민이 귀국하지 않고 국내부동산을 처분할 경우 신청서에 첨부할 서면 중 인감증명서는 그 위임장에 찍힌 인영이 본인의 것임을 증명하기 위하여 본인의 인감증명(우리나라의 인감증명)을 제출하여야 한다. 이 때 그 등기원인이 매매인 경우에는 부동산매수자란에 매수자의 성명·주소(법인인 경우에는 법인명과 주된 사무소의 소재지) 및 주민등록번호를 기재한 부동산매도용 인감증명서를 제출하여야 한다(「인감증명법 시행령」 제13조 제3항 참조, 등기예규 제1393호 2. 가. (1). (나) 제1640호).

(8) 외국인의 인감증명의 제출

외국인이 입국하지 않고 국내부동산을 처분하는 경우의 등기신청서에 첨부할 서면 중 인감증명서는 아래와 같다(등기예규 제1393호. 1. 가. (1). (나) 제1640호, 등기선례 8권 85항).

    ① 인감증명의 날인제도가 없는 외국인은 위임장에 한 서명에 관하여 본인이 직접 작성하였다는 취지의 본국 관공서의 증명이나 이에 관한 공증이 있어야 한다.

    ② 인감증명의 날인제도가 있는 외국인(일본인, 대만인)은 위임장에 날인한 인감과 동일한 인감에 관하여 그 관공서가 발행한 인감증명이 있어야 한다.

(9) 인감증명의 제출을 요하는 경우

인감의 제출, 관리 및 인감증명서 발급에 관한 업무처리지침은 등기예규 제1626호(2017.

8. 30)에 규정되어 있다.

(가) 방문신청의 경우

방문신청을 하는 경우에는 다음 각 호의 인감증명을 제출하여야 한다. 이 경우 해당 신청서(위임에 의한 대리인이 신청하는 경우에는 위임장을 말한다)나 첨부서면에는 그 인감을 날인하여야 한다(규칙 제60조 제1항).

1. 소유권의 등기명이 등기의무자로서 등기를 신청하는 경우 등기의무자의 인감증명(제1호)

소유권의 등기명의인이 등기의무자로서 등기권리자와 공동으로 등기를 신청하는 경우에만 인감증명의 제출이 필요하고, 부동산표시변경등기 또는 등기명의인표시변경등기와 같이 소유권의 등기명의인이 단독으로 신청하는 경우는 이에 해당하지 않는다. 매매를 원인으로 한 소유권이전등기신청의 경우에는 매수인의 인적사항이 기재된 부동산매도용 인감증명서를 제출하여야 한다.

소유권의 등기명의인이 등기의무자인 경우라도 판결, 수용(사업시행자가 관공서가 아닌 경우) 등에 의한 등기권리자의 단독신청의 경우 인감증명을 제출할 필요가 없다. 또 수용에 의한 소유권이전등기의 촉탁과 같은 관공서의 촉탁에도 인감증명의 제출이 필요하지 않다.

2. 소유권에 관한 가등기명의인이 가등기의 말소등기를 신청하는 경우 가등기명의인의 인감증명(제2호)

소유권에 관한 가등기는 소유권이전청구권가등기와 소유권이전담보가등기를 말하고, 말소신청을 가등기명의인이 단독으로 하거나 가등기명의인이 등기의무자로서 공동으로 하거나를 불문한다.

3. 소유권 외의 권리의 등기명의인이 등기의무자로서 법 제51조 단서(등기신청인의 대리인(변호사나 법무사만을 말한다)이 등기의무자등으로부터 위임받았음을 확인한 경우 또는 신청서(위임에 의한 대리인이 신청하는 경우에는 그 권한을 증명하는 서면을 말한다) 중 등기의무자등의 작성부분에 관하여 공증(公證)을 받은 경우)에 따라 등기를 신청하는 경우 등기의무자의 인감증명(제3호)

등기의무자가 등기필정보가 없어 신청서에 자격자대리인의 확인서면을 첨부하거나 신청서 또는 위임장을 공증받아 등기를 신청하는 경우에는 등기의무자의 진의를 확인할 필요가 있기 때문에 그의 인감증명을 제출하도록 하고 있다.

4. 규칙 제81조 제1항(토지합필의 특례에 따른 등기신청)에 따라 토지소유자들의 확인서를 첨부하여

토지합필등기를 신청하는 경우 그 토지소유자들의 인감증명(제4호)

5. 규칙 제74조에 따라 권리자의 확인서를 첨부하여 토지분필등기를 신청하는 경우(1필의 토지의 일부에 지상권·전세권·임차권이나 승역지의 일부에 관하여 하는 지역권의 등기가 있는 경우에 분필등기를 신청할 때에는 권리가 존속할 토지의 표시에 관한 정보를 신청정보의 내용으로 등기소에 제공하고, 이에 관한 권리자의 확인이 있음을 증명하는 정보를 첨부정보로서 등기소에 제공하는 경우) 그 권리자의 인감증명(제5호)

6. 협의분할에 의한 상속등기를 신청하는 경우 상속인 전원의 인감증명(제6호)

상속재산의 협의분할(민법 제1013조)은 공동상속인 전원의 합의에 의하여 하여야 하고 상속인 중 1인이라도 누락되거나 반대하면 협의분할은 무효이므로 협의분할에 참여한 자의 진의를 확인할 수 있또록 하기 위해 인감증명을 제출하여야 한다.

7. 등기신청서에 제3자의 동의 또는 승낙을 증명하는 서면을 첨부하는 경우 그 제3자의 인감증명(제7호)

제3자의 동의 또는 승낙을 증명하는 서면이라 함은, 등기원인에 대하여 제3자의 허가, 동의 또는 승낙이 필요한 경우 그 제3자의 승낙서 등(규칙 제46조 1항 2호)뿐만 아니라, 권리의 변경·경정등기에 관하여 등기상 이해관계 있는 제3자가 있는 때에 부기로 등기를 실행하는 경우(법상 이해관계 있는 제3자가 있는 때에 부기로 등기를 실행하는 경우(법 52조 5호) 및 등기의 말소를 신청(법 제57조)하거나 말소된 등기의 회복을 신청(법 제59조)할 때에 등기상 이해관계가 있는 제3자가 있는 경우 그 제3자의 승낙서 등(규칙 46조 1항 3호)도 포함하는 개념이다. 동의자나 승낙자의 인감증명을 제출하도록 하는 이유는 동의자나 승낙자의 진정한 의사를 확인함으로써 등기의 진정을 확보하기 위함이다.

8. 법인 아닌 사단이나 재단의 등기신청에서 대법원예규(등기예규 제1435호. 3.)로 정한 경우(제8호)

법인 아닌 사단 또는 재단이 등기신청을 하기 위하여 등기신청서에 대표자를 증명하는 서면과 법인 아닌 사단이나 재단이 등기의무자로서 등기를 신청하는 경우에 민법 제276조 제1항의 규정에 의한 사원총회의 결의서를 첨부하는 경우에 그 서면에는 그 사실을 확인하는데 상당하다고 인정되는 2인 이상의 성년자가 사실과 상위 없다는 취지와 성명을 기재하고 인감을 날인하여야 하며, 날인한 인감에 관한 인감증명을 제출하여야 한다. 다만 변호사 또는 법무사가 등기신청을 대리하는 경우에는 변호사 또는 법무사가 위 각 서면에 사실과 상위 없다는 취지를 기재하고 기명날인함으로써 이에 갈음할 수 있다(등기예규 제1435호. 3. 라).

(나) 인감증명을 제출하여야 할 자가 타인에게 권리의 처분권한을 수여한 경우

규칙 제60조 제1항 제1호부터 제3호까지 및 제6호에 따라 인감증명을 제출하여야 하는 자가 다른 사람에게 권리의 처분권한을 수여한 경우에는 그 대리인의 인감증명을 함께 제출하여야 한다(규칙 제60초 제2항).

(다) 인감증명을 제출하여야 할 자가 국가 또는 지방자치단체인 경우

규칙 제60조 제1항에 따라 인감증명을 제출하여야 하는 자가 국가 또는 지방자치단체인 경우에는 인감증명을 제출할 필요가 없다(규칙 제60조 제3항).

(라) 공정증서 또는 공증인의 인증을 받은 서면인 경우

규칙 제60조 제1항 제4호부터 제7호까지의 규정에 해당하는 서면이 공정증서이거나 당사자가 서명 또는 날인하였다는 뜻의 공증인의 인증을 받은 서면인 경우에는 인감증명을 제출할 필요가 없다(규칙 제60조 제4항).

(마) 법인, 외국법인, 법인아닌 사단·재단, 법정대리인, 외국인

규칙 제60조에 따라 인감증명을 제출하여야 하는 자가 법인 또는 국내에 영업소나 사무소의 설치등기를 한 외국법인인 경우에는 등기소의 증명을 얻은 그 대표자의 인감증명을, 법인아닌 사단이나 재단인 경우에는 그 대표자나 관리인의 인감증명을 제출하여야 한다(규칙 제61조 제1항).

법정대리인이 규칙 제60조 제1항 제1호부터 제3호까지의 규정에 해당하는 등기신청을 하거나, 제4호부터 제7호까지의 서류를 작성하는 경우에는 법정대리인의 인감증명을 제출하여야 한다(규칙 제61조 제2항).

(바) 인감증명을 제출하여야 할 자가 재외국민인 경우

규칙 제60조에 따라 인감증명을 제출하여야 하는 자가 재외국민인 경우에는 위임장이나 첨부서면에 본인이 서명 또는 날인하였다는 뜻의 '재외공관 공증법'에 따른 인증을 받음으로써 인감증명의 제출을 갈음할 수 있다(규칙 제61조 제3항).

(사) 인감증명을 제출하여야 할 자가 외국인인 경우

규칙 제60조에 따라 인감증명을 제출하여야 하는 자가 외국인인 경우에는 「인감증명법」에 따른 인감증명 또는 본국의 관공서가 발행한 인감증명을 제출하여야 한다. 다만, 본국에 인감증명제도가 없고 또한 「인감증명법」에 따른 인감증명을 받을 수 없는 자는 신청서나 위임장 또는 첨부서면에 본인이 서명 또는 날인하였다는 뜻의 본국 관공서의 증명이나 본국 또는 대한민국공증인의 인증(재외공관공증법에 따른 인감증명을 포함한다)을 받음으로써 인감증명의 제출을 갈음할 수 있다(규칙 제61조 제4항).

(아) 인감증명서등의 유효기간

등기신청서에 첨부하는 인감증명, 법인등기사항증명서, 주민등록표등본·초본, 가족관계등록사항별증명서 및 건축물대장·토지대장·임야대장 등본은 발행일부터 3개월 이내의 것이어야 한다(규칙 제62조).

(자) 본인서명사실확인제도

「본인서명사실 확인 등에 관한 법률」(법률 제11245호, 2012. 2. 1. 제정, 2012. 1. 시행)에 따라 「인감증명법」에 의한 인감증명서에 갈음하여 본인서명사실확인서를 첨부하여 등기신청서를 제출할 수 있다(등기예규 제1476호. 제2조).

위 법률 시행에 따른 등기사무처리지침(등기예규 제1476호)은 본인사실확인서와 인감증명서와의 관계, 서명방법, 등기신청을 불수리하여야 하는 경우, 확인서상의 주소기재, 용도란의 기재, 확인서의 유효기간(3개월) 등을 규정하고 있다.

본인서명사실 확인 등에 관한 법률에 따른
등기사무처리지침 전부개정예규(등기예규 제1609호 2016. 12. 16)

본인서명사실 확인 등에 관한 법률에 따른 등기사무처리지침 전부를 다음과 같이 개정한다.

제1조(목적) 이 예규는 「본인서명사실 확인 등에 관한 법률」에 따라 발급된 본인서명사실확인서 또는 전자본인서명확인서의 발급증(이하 "발급증"이라 한다)을 첨부하여 등기에 관한 신청(이하 "등기신청"이라 한다)을 할 경우 그 신청서나 첨부서면(이하 "신청서 등"이라 한다)의 심사 및 전자본인서명확인서의 확인에 필요한 사항을 규정함을 목적으로 한다.

제2조(인감증명서와의 관계) 「부동산등기법」및「부동산등기규칙」,「상업등기법」및「상업등기규칙」그 밖의 법령, 대법원예규에서 등기소에 제출하는 신청서 등에「인감증명법」에 따라 신고한 인감을 날인하고 인감증명서를 첨부하여야 한다고 정한 경우, 이에 갈음하여 신청서 등에 서명을 하고 본인서명사실확인서를 첨부하거나 발급증을 첨부할 수 있다.

제3조(본인서명사실확인서가 첨부된 경우 서명방법 등) ① 본인서명사실확인서와 신청서 등의 서명은 본인 고유의 필체로 자신의 성명을 기재하는 방법으로 하여야 하며, 등기관이 알아볼 수 있도록 명확히 기재하여야 한다.

② 신청서 등의 서명은 본인서명사실확인서의 서명이 한글로 기재되어 있으면 한글로, 한자로 기재되어 있으면 한자로, 영문으로 기재되어 있으면 영문으로 각각 기재하여야 한다.

③ 본인서명사실확인서의 서명이 한글이 아닌 문자로 기재되어 있다 하더라도 등기신청서의 성명은 반드시 한글로 기재하여야 한다.

④ 등기관은 본인서명사실확인서와 신청서 등에 다음 각 호의 어느 하나에 해당하는 방법으로 서명이 된 경우에는 해당 등기신청을 수리하여서는 아니된다.

1. 제2항에 위반하여 서명 문자가 서로 다른 경우
2. 본인의 성명을 전부 기재하지 아니하거나 서명이 본인의 성명과 다른 경우
3. 본인의 성명임을 인식할 수 없을 정도로 흘려 쓰거나 작게 쓰거나 겹쳐 쓴 경우
4. 성명 외의 글자 또는 문양이 포함된 경우
5. 그 밖에 등기관이 알아볼 수 없도록 기재된 경우

제4조(전자본인서명확인서의 확인 등) ① 등기관이 발급증을 제출받았을 때에는 전자본인서명확인서 발급시스템에서 전자본인서명확인서를 확인하여야 한다.

② 전자본인서명확인서 발급시스템 또는 등기시스템의 장애 등으로 등기관이 전자본인서명확인서를 확인할 수 없는 경우에는 신청인에게 인감증명서 또는 본인서명사실확인서를 등기소에 제공할 것을 요구할 수 있다. 이 경우 신청인이 인감증명서 또는 본인서명사실확인서를 제출할 때 이미 제출된 신청서 등을 그에 맞게 보정하여야 한다.

③ 등기관은 전자본인서명확인서 발급시스템에서 등기신청을 받은 등기소 외의 기관·법인 또는 단체가 전자본인서명확인서를 열람한 사실이 확인된 경우 해당 등기신청을 수리하여서는 아니된다.

제5조(주소의 확인 등) 등기관은 본인서명사실확인서 또는 전자본인서명확인서상의 등기의무자의 주소가 주민등록표초본 또는 등본의 주소이동 내역에서 확인되거나 성명과 주민등록번호 등에 의하여 같은 사람임이 인정되는 경우에는 해당 등기신청을 각하하여서는 아니된다.

제6조(부동산 관련 용도란의 기재) ① 본인서명사실확인서 또는 전자본인서명확인서의 부동산 관련 용도란에는 신청할 등기유형과 거래상대방의 성명·주소 및 주민등록번호(법인인 경우에는 그 명칭과 주사무소의 소재지 및 법인등록번호)가 모두 기재되어 있어야 하며, 위 기재사항이 누락된 경우 해당 등기신청을 수리하여서는 아니된다. 다만, 거래상대방이 다음 각호의 기관인 경우, 거래상대방란에 법인의 명칭만 기재하고 법인등록번호와 주사무소의 소재지는 기재하지 아니할 수 있다.

1. 국가나 지방자치단체, 국제기구와 외국정부
2. 「공공기관의 운영에 관한 법률」 제4조에 따른 법인·단체 또는 기관(공공기관)
3. 「지방공기업법」 에 따른 지방공사 및 지방공단
4. 「은행법」 에 따른 인가를 받아 설립된 은행
5. 「자본시장과 금융투자업에 관한 법률」 에 따른 금융투자업자·증권금융회사·종합금융회사 및 명의개서대행회사
6. 「보험업법」 에 따른 보험회사
7. 「상호저축은행법」 에 따른 상호저축은행과 그 중앙회
8. 「신용협동조합법」 에 따른 신용협동조합 및 그 중앙회
9. 「여신전문금융업법」 에 따른 여신전문금융회사 및 겸영여신업자
10. 「농업협동조합법」 에 따른 농협은행
11. 「수산업협동조합법」 에 따른 수협은행

② 본인서명사실확인서 또는 전자본인서명확인서에 기재된 거래상대방과 신청서 등에 기재된 등기권리자의 인적사항이 일치하지 않는 등기신청은 수리하여서는 아니된다.

제7조(그 외의 용도란의 기재) 부동산등기신청 외의 등기신청을 할 경우에는 본인서명사실확인서 또는 전자본인서명확인서의 그 외의 용도란에 신청할 등기유형이 기재되어 있지 아니한 경우 그 등기신청을 수리하여서는 아니된다.(예 : ○○ 주식회사 이사 취임 등기용)

제8조(위임받은 사람란 등의 기재) ① 대리인이 본인서명사실확인서 또는 발급증을 첨부하여 등기신청을 대리하는 경우에는 본인서명사실확인서 또는 전자본인서명확인서의 위임받은 사람란에 대리인의 성명과 주소가 기재되어 있어야 한다. 다만, 대리인이 변호사[법무법인 · 법무법인(유한) 및 법무조합을 포함한다]나 법무사[법무사법인 · 법무사법인(유한)을 포함한다]인 자격자대리인인 경우에는 성명란에 "변호사○○○" 또는 "법무사○○○"와 같이 자격자대리인의 자격명과 성명이 기재되어 있으면 자격자대리인의 주소는 기재되어 있지 않아도 된다.

② 본인서명사실확인서 또는 전자본인서명확인서의 위임받은 사람란에 기재된 사람과 위임장의 수임인은 같은 사람이어야 하며, 용도란의 기재와 위임장의 위임취지는 서로 부합하여야 한다.

제9조(유효기간) 본인서명사실확인서 또는 전자본인서명확인서는 발행일부터 3개월 이내의 것이어야 한다.

부   칙

이 예규는 2017년 1월 1일부터 시행한다.

(10) 인감증명의 제출을 요하지 아니하는 경우

다음의 경우에는 인감증명의 제출을 요하지 아니한다.

(가) **관공서**　관공서가 등기의무자로서 등기를 신청하는 경우에는 인감증명의 제출을 요하지 아니한다(규칙 제60조 제3항).

(나) **건물의 멸실등기**　건물의 멸실등기신청서에는 건물소유자의 인감증명을 첨부할 필요가 없다(규칙 제102조 ; 등기선 례요지집 제1권 143항).

(다) **판결에 의한 등기**　판결에 의한 소유권이전등기는 승소한 등기권리자 또는 등기의무자가 단독으로 신청할 수 있고(법 제23조 제4항), 그 등기를 신청할 때에는 확정판결 정본을 제출하면 족하고 별도로 등기원인을 증명하는 서면이나 등기의무자의 인감증명을 제출할 필요는 없다(등기선례요지집 제2권 318항, 5권 394항).

(라) **채권최고액변경(감액)등기**　근저당권자와 근저당권설정자가 채권최고액을 감액하는 근저당권변경계약을 하고 이에 따라 채권최고액을 감액하는 근저당권변경등기를 하는 경우에는 근저당권설정자의 인감증명서를 첨부할 필요는 없다(등기선례요지집 제5권 126항, 제4권 469항).

(마) **토지수용으로 인한 소유권이전등기**　사업시행자가 토지수용으로 인한 소유권이전등기의 신청을 할 때에는 보상을 증명하는 서면을 첨부하면 족하고 그 보상을 증명하는 서면에 토지수용보상금 수령인의 인감증명을 첨부할 필요는 없다(등기예규 1388. 3. 가. (3); 등기선례요지집 제1권 133항).

「공익사업을 위한 토지 등의 취득 및 보상에 관한 법률」에 따라 부동산의 소유명의인과 협의가 성립되어 사업시행자 명의로 소유권이전등기를 신청하는 경우 그 등기원인은 매매가 아니므로 부동산매도용 인감증명을 첨부할 필요가 없다(2011. 6. 27. 부동산등기과-1216 질의회답).

(바) **공정증서**　규칙 제60조 제1항 제4호부터 제7호까지의 규정에 해당하는 서면이 공정증서인 경우에는 인감증명을 제출할 필요가 없다(규칙 제60조 제3항).

(사) **본인서명사실확인서를 첨부한 경우**　「부동산등기법」 및 「부동산등기규칙」, 「상업등기법」 및 「상업등기규칙」 그 밖의 법령, 대법원예규에서 등기소에 제출하는 신청서등에 「인감증명법」에 따라 신고한 인감을 날인하고 인감증명서를 첨부하여야 한다고 정한 경우, 이를 갈음하여 신청서등에 서명을 하고 본인서명사실확인서(유효기간 : 발행일

부터 3개월)를 첨부할 수 있다(등기예규 제1476호 제2조).

본인서명사실확인서는 본인이 직접 서명한 사실을 발급기관이 확인한 종이문서로서 (서명확인법 2조 3호), 인감증명법에 따른 인감증명을 갈음하여 사용할 수 있다.

(아) **인감증명서정보의 송신 불요**　규칙 제60조, 제61조 및 기타 규정에 의하여 인감증명을 제출하여야 하는 자가 공인인증서정보(인감증명을 제출하여야 하는 자가 법인인 경우에는 '전자증명 서정보'를 말한다)를 송신한 때에는 인감증명서정보의 송신을 요하지 않는다(등기예규 제 1422호 4. 아.).

(11) 재감자의 인감증명의 제출

교도소에 재감중인 자라 하여 인감증명을 발급받을 수 없는 것은 아니므로(인감증명법 제7조;동 시행령 8조, 13조) 그가 인감증명의 제출을 요하는 등기신청을 함에 있어서는 인감증명서를 제출 하여야 하고, 재감자가 무인한 등기신청서의 위임장이 틀림없다는 취지를 교도관이 확인함 으로써 인감증명서의 제출을 생략할 수는 없을 것이다(등기예규 제423호).

(12) 처분위임을 받아 매매로 인한 소유권이전등기 신청시 첨부할 인감증명서

내국인이 국내 부동산의 처분을 위임하여 수임인이 매매를 원인으로 소유권이전등기를 신 청하는 경우에는 인감증명은 위임인의 부동산매도용 인감증명 및 수임인의 인감증명을 첨부 하여야 한다.

다만, 처분위임을 받은 수임인이 매수인이 되어 자기계약을 체결하는 경우에는 위임인이 그 계약을 허락한다는 취지가 기재된 공정증서 또는 위임인이 직접 발급받은 매수인이 수임 인으로 기재된 부동산매도용 인감증명서도 첨부하여야 한다(등기선례 제8권 87항).

🔍 판 례

1. 유효기간이 경과된 인감증명에 의한 소유권이전등기의 효력 : 소유권이전등기신청서류에 첨부된 등 기의무자의 인감증명이 유효기간을 경과하였다는 사실만으로 그 등기가 원인무효라고 볼 수도 없고 부동산등기법 제55조 제8호에 위배된다고 볼 수도 없다(대판 1980. 6.10, 80다788).
2. 사망자 명의의 인감증명서 등에 의하여 경유되었으나 실체관계에 부합하는 등기의 효력 : 소유권이전 등기에 소요된 인감증명서 등이 비록 사망자 명의의 문서로서 무효라 하여도 그 등기가 현재와 실체적 소유권관계가 일치하는 것이면 이를 무효의 등기라 할 수 없다(대판 1972. 11.14, 72다1265).

2. 건물의 도면

(1) 건물의 소유권보존등기신청의 경우

개정부동산등기규칙은 건물의 소유권보존등기를 신청할 때에 그 건물대지 상에 여러개의 건물이 있거나 그 건물이 구분건물인 경우에는 소재도 등을 첨부정보로서 등기소에 제공하도록 하고 있으나, 건축물대장소관청에서 건축물대장을 생성할 때에 도면도 함께 작성하여 보존하고 있으므로 동일한 도면을 등기소에 중복하여 보존할 필요성은 없을 것이므로 건물에 대한 건축물대장이 작성되어 있는 경우에는 소유권보존등기를 신청할 때에 그 소재도 등의 제공을 면제하였다(규칙 제121조 제3항 단서 및 제4항 단서).

방문신청을 하는 경우라도 등기소에 제공하여야 하는 도면은 전자문서로 작성하여야 하며, 그 제공은 전산정보처리조직을 이용하여 등기소에 송신하는 방법으로 하여야 한다. 다만, 다음 각 호의 어느 하나에 해당하는 경우에는 그 도면을 서면으로 작성하여 등기소에 제출할 수 있다(규칙 제63조).
  1. 자연인 또는 법인 아닌 사단이나 재단이 직접 등기신청을 하는 경우
  2. 자연인 또는 법인 아닌 사단이나 재단이 자격자대리인이 아닌 사람에게 위임하여 등기 신청을 하는 경우

(가) 건물의 소유권보존등기신청(대지상 수개의 건물이 있을 때)

건물의 소유권보존등기를 신청하는 경우에 그 대지 위에 여러 개의 건물이 있을 때에는 그 대지 위에 있는 건물의 소재도를 첨부정보로서 등기소에 제공하여야 한다. 다만, 건물의 표시를 증명하는 정보로서 건축물대장 정보를 등기소에 제공한 경우에는 그러하지 아니하다(규칙 제121조 제3항).

(나) 구분건물의 소유권보존등기신청

구분건물에 대한 소유권보존등기를 신청하는 경우에는 1동의 건물의 소재도, 각 층의 평면도와 전유부분의 평면도를 첨부정보로서 등기소에 제공하여야 한다. 이 경우 규칙 제121조 제3항 단서를 준용한다(규칙 제121조 제4항).

(2) 부동산의 일부에 대한 전세권 · 지상권 · 지역권 및 임차권의 설정

전세권 설정의 범위가 토지 또는 건물의 일부인 때, 지상권이나 지역권 설정의 범위가 토지의 일부인 때에는 그 부분을 표시한 지적도 또는 건물도면을 제공하여야 한다(규칙 126조 2항, 127조 2항, 128조 2항).

임차권 설정의 범위가 토지 또는 건물의 일부인 때에는 그 범위를 특정하여 신청정보의 내용으로 제공하고, 지적도 또는 건물도면을 첨부정보로서 제공하여야 한다(규칙 130조 1항, 2항, 예규 1382호 2. 나.).

전세권(임차권) 설정의 범위가 건물의 일부로서 특정 층 전부인 때에는 도면을 제공할 필요가 없다(등기선례 제8권 246항).

(3) 토지분필등기의 신청

1필의 토지의 일부에 지상권·전세권·임차권이나 승역지의 일부에 관하여 하는 지역권의 등기가 있는 경우에 분필등기를 신청할 때에는 권리가 존속할 토지의 표시에 관한 정보를 신청정보의 내용으로 등기소에 제공하고, 이에 관한 권리자의 확인이 있음을 증명하는 정보를 첨부정보로서 등기소에 제공하여야 한다. 이 경우 그 권리가 토지의 일부에 존속할 때에는 그 토지부분에 관한 정보도 신청정보의 내용으로 등기소에 제공하고, 그 부분을 표시한 지적도를 첨부정보로서 등기소에 제공하여야 한다(규칙 제74조).

(4) 건물의 분할·구분등기신청 시 도면 제공

건물에 대한 분할등기를 신청(규칙 제96조)하는 경우에는 건물대지 위에 여러 개의 건물이 있게 되므로 일반건물 소유권보존등기의 경우에 준하여 규칙 121조 3항에 따른 도면(건물의 소재도)을, 건물에 대한 구분등기(규칙 제97조)를 신청하는 경우에는 구분건물 소유권보존등기의 경우에 준하여 같은 조 4항에 따른 도면을 각 제공하여야 한다(법 40조 1항 6호 참조). 다만 건축물대장 정보를 제공하는 경우에는 도면을 제공할 필요가 없다.

(5) 도면 등의 작성 및 제공방법(등기예규 제1404호)

부동산등기를 신청하는 경우에 첨부정보로서 도면 또는 지적도(이하 "도면 등"이라 한다)의 구체적인 작성 및 제공방법에 관한 사항은 등기예규제 제1404호에 규정되어 있다.

3. 토지거래 신고필증 및 허가증

(1) 부동산 거래의 신고 및 토지거래허가

부동산 거래신고 등에 관한 법률은 부동산 거래 등의 신고 및 허가에 관한 사항을 정하여 건전하고 투명한 부동산 거래질서를 확립하고 국민경제에 이바지함을 목적으로 한다(동법 제1조).

(가) 거래 당사자의 부동산거래의 공동신고

1) 거래당사자(매수인과 매도인)는 다음 각 호의 어느 하나에 해당하는 계약을 체결한 경우 그 실제 거래가격 등 대통령령으로 정하는 사항을 거래계약의 체결일부터 60일 이내에 그 권리의 대상인 부동산등(권리에 관한 계약의 경우에는 그 권리의 대상인 부동산을 말한다)의 소재지를 관할하는 시장(구가 설치되지 아니한 시의 시장 및 특별자치시장과 특별자치도 행정시의 시장을 말한다)·군수 또는 구청장(이하 "신고관청"이라 한다)에게 공동으로 신고하여야 한다. 다만, 거래당사자 중 일방이 국가, 지방자치단체, 대통령령으로 정하는 자의 경우(이하 "국가등"이라 한다)에는 국가

등이 신고를 하여야 한다(동법 제3조 제1항).

1. 부동산의 매매계약
2. 「택지개발촉진법」, 「주택법」 등 대통령령으로 정하는 법률에 따른 부동산에 대한 공급계약
3. 다음 각 목의 어느 하나에 해당하는 지위의 매매계약
   가. 제2호에 따른 계약을 통하여 부동산을 공급받는 자로 선정된 지위
   나. 「도시 및 주거환경정비법」 제74조에 따른 관리처분계획의 인가 및 「빈집 및 소규모주택 정비에 관한 특례법」 제29조에 따른 사업시행계획인가로 취득한 입주자로 선정된 지위

2) 제1항에도 불구하고 거래당사자 중 일방이 신고를 거부하는 경우에는 국토교통부령으로 정하는 바에 따라 단독으로 신고할 수 있다(동법 제3조 제2항).

3) 「공인중개사법」 제2조제4호에 따른 개업공인중개사(이하 "개업공인중개사"라 한다)가 같은 법 제26조제1항에 따라 거래계약서를 작성·교부한 경우에는 제1항에도 불구하고 해당 개업공인중개사가 같은 항에 따른 신고를 하여야 한다. 이 경우 공동으로 중개를 한 경우에는 해당 개업공인중개사가 공동으로 신고하여야 한다(제3조 제3항).

(나) 신고필증의 발급

동법 제3조 제1항부터 제3항까지에 따라 신고를 받은 신고관청은 그 신고 내용을 확인한 후 신고인에게 신고필증을 지체 없이 발급하여야 한다(제3조 제4항).

(다) 신고필증의 발급과 검인의 간주

부동산등의 매수인은 신고인이 동법 제3조 제4항에 따른 신고필증을 발급받은 때에 「부동산등기 특별조치법」 제3조제1항에 따른 검인을 받은 것으로 본다(제3조 제5항).

(2) 외국인 등의 부동산취득 등에 관한 특례

(가) 상호주의

국토교통부장관은 대한민국국민, 대한민국의 법령에 따라 설립된 법인 또는 단체나 대한

민국정부에 대하여 자국(自國) 안의 토지의 취득 또는 양도를 금지하거나 제한하는 국가의 개인·법인·단체 또는 정부에 대하여 대통령령으로 정하는 바에 따라 대한민국 안의 토지의 취득 또는 양도를 금지하거나 제한할 수 있다. 다만, 헌법과 법률에 따라 체결된 조약의 이행에 필요한 경우에는 그러하지 아니하다(동법 제7조).

(나) 외국인 등의 부동산 취득·보유신고

1) 외국인등이 대한민국 안의 부동산등을 취득하는 계약(제3조제1항 각 호에 따른 계약은 제외한다)을 체결하였을 때에는 계약체결일부터 60일 이내에 대통령령으로 정하는 바에 따라 신고관청에 신고하여야 한다(법 제8조 제1항).

2) 외국인등이 상속·경매, 그 밖에 대통령령으로 정하는 계약 외의 원인으로 대한민국 안의 부동산등을 취득한 때에는 부동산등을 취득한 날부터 6개월 이내에 대통령령으로 정하는 바에 따라 신고관청에 신고하여야 한다(법 제8조 제2항).

   법 제8조 제2항에서 "대통령령으로 정하는 계약 외의 원인"이란 다음 각 호의 어느 하나에 해당하는 사유를 말한다(동법 시행령 제5조 제2항).

   1. 「공익사업을 위한 토지 등의 취득 및 보상에 관한 법률」 및 그 밖의 법률에 따른 환매권의 행사
   2. 법원의 확정판결
   3. 법인의 합병

3) 대한민국 안의 부동산등을 가지고 있는 대한민국국민이나 대한민국의 법령에 따라 설립된 법인 또는 단체가 외국인등으로 변경된 경우 그 외국인등이 해당 부동산등을 계속 보유하려는 경우에는 외국인등으로 변경된 날부터 6개월 이내에 대통령령으로 정하는 바에 따라 신고관청에 신고하여야 한다(법 제8조 제3항).

(다) 외국인 등의 토지거래허가

1) 동법 제3조 및 제8조에도 불구하고 외국인등이 취득하려는 토지가 다음 각 호의 어느 하나에 해당하는 구역·지역 등에 있으면 토지를 취득하는 계약(이하 "토지취득계약"이라 한다)을 체결하기 전에 대통령령으로 정하는 바에 따라 신고관청으로부터 토지취득의 허가를 받아야 한다. 다만, 제11조에 따라 토지거래계약에 관한 허가를 받은 경우에는 그러

하지 아니하다(제9조 제1항, 등기예규 제1640호).

1. 「군사기지 및 군사시설 보호법」 제2조제6호에 따른 군사기지 및 군사시설 보호구역, 그 밖에 국방목적을 위하여 외국인등의 토지취득을 특별히 제한할 필요가 있는 지역으로서 대통령령으로 정하는 지역
2. 「문화재보호법」 제2조제2항에 따른 지정문화재와 이를 위한 보호물 또는 보호구역
3. 「자연환경보전법」 제2조제12호에 따른 생태·경관보전지역
4. 「야생생물 보호 및 관리에 관한 법률」 제27조에 따른 야생생물 특별보호구역

2) 신고관청은 관계 행정기관의 장과 협의를 거쳐 외국인등이 제1항 각 호의 어느 하나에 해당하는 구역·지역 등의 토지를 취득하는 것이 해당 구역·지역 등의 지정목적 달성에 지장을 주지 아니한다고 인정하는 경우에는 제1항에 따른 허가를 하여야 한다(제9조 제2항).
3) 제1항을 위반하여 체결한 토지취득계약은 그 효력이 발생하지 아니한다(제9조 제3항).
외국인의 토지에 대한 소유권의 취득등기절차는 등기예규 제1641호에 규정되어 있다.

(3) 토지거래허가

(가) 토지거래허가구역의 지정

국토교통부장관 또는 시·도지사는 국토의 이용 및 관리에 관한 계획의 원활한 수립과 집행, 합리적인 토지 이용 등을 위하여 토지의 투기적인 거래가 성행하거나 지가(地價)가 급격히 상승하는 지역과 그러한 우려가 있는 지역으로서 대통령령으로 정하는 지역에 대해서는 다음 각 호의 구분에 따라 5년 이내의 기간을 정하여 제11조제1항에 따른 토지거래계약에 관한 허가구역(이하 "허가구역"이라 한다)으로 지정할 수 있다(동법 제10조 제1항).

1. 허가구역이 둘 이상의 시·도의 관할 구역에 걸쳐 있는 경우: 국토교통부장관이 지정
2. 허가구역이 동일한 시·도 안의 일부지역인 경우: 시·도지사가 지정. 다만, 국가가 시행하는 개발사업 등에 따라 투기적인 거래가 성행하거나 지가가 급격히 상승하는 지역과 그러한 우려가 있는 지역 등 대통령령으로 정하는 경우에는 국토교통부장관이 지정할 수 있다.

(나) 허가구역 내 토지거래에 대한 허가

허가구역에 있는 토지에 관한 소유권·지상권(소유권·지상권의 취득을 목적으로 하는 권리를 포함한다)을

이전하거나 설정(대가를 받고 이전하거나 설정하는 경우만 해당한다)하는 계약(예약을 포함한다. 이하 "토지거래계약"이라 한다)을 체결하려는 당사자는 공동으로 대통령령으로 정하는 바에 따라 시장·군수 또는 구청장의 허가를 받아야 한다. 허가받은 사항을 변경하려는 경우에도 또한 같다(동법 제11조 제1항, 등기예규 제 1634호, 제1640호).

법 제11조 제1항 전단에 따른 토지거래계약(이하 "토지거래계약"이라 한다)의 허가를 받으려는 자는 공동으로 다음 각 호의 사항을 기재한 신청서에 국토교통부령으로 정하는 서류를 첨부하여 허가관청(법 제11조제1항에 따른 허가권자를 말한다.)에 제출하여야 한다(동령 제8조 제1항).

1. 당사자의 성명 및 주소(법인인 경우에는 법인의 명칭 및 소재지와 대표자의 성명 및 주소)

2. 토지의 지번·지목·면적·이용현황 및 권리설정현황

3. 토지의 정착물인 건축물·공작물 및 입목 등에 관한 사항

4. 이전 또는 설정하려는 권리의 종류

5. 계약예정금액

6. 토지의 이용에 관한 계획

7. 토지를 취득(토지에 관한 소유권·지상권 또는 소유권·지상권의 취득을 목적으로 하는 권리를 이전하거나 설정하는 것을 말한다. 이하 같다)하는 데 필요한 자금조달계획

(다) 허가가 필요하지 아니한 경우(용도별 면적 이하의 토지)

경제 및 지가의 동향과 거래단위면적 등을 종합적으로 고려하여 대통령령으로 정하는 용도별 면적 이하의 토지에 대한 토지거래계약에 관하여는 제1항에 따른 허가가 필요하지 아니하다(제11조 제2항).

법 제11조제2항에서 "대통령령으로 정하는 용도별 면적"이란 다음 각 호의 구분에 따른 면적을 말한다(동령 제9조 제1항 전단).

1. 「국토의 계획 및 이용에 관한 법률」 제36조제1항제1호에 따른 도시지역(이하 "도시지역"이라 한다): 다음 각 목의 세부 용도지역별 구분에 따른 면적

가. 주거지역: 180제곱미터

나. 상업지역: 200제곱미터

다. 공업지역: 660제곱미터

라. 녹지지역: 100제곱미터

마. 가목부터 라목까지의 구분에 따른 용도지역의 지정이 없는 구역: 90제곱미터

2. 도시지역 외의 지역: 250제곱미터. 다만, 농지(「농지법」 제2조제1호에 따른 농지를 말한다. 이하 같다)의 경우에는 500제곱미터로 하고, 임야의 경우에는 1천제곱미터로 한다.

(라) 허가증의 발급 또는 불허가처분

1) 시장·군수 또는 구청장은 동법 제11조 제3항에 따른 허가신청서를 받으면 「민원 처리에 관한 법률」에 따른 처리기간에 허가 또는 불허가의 처분을 하고, 그 신청인에게 허가증을 발급하거나 불허가처분 사유를 서면으로 알려야 한다. 다만, 제15조에 따라 선매협의(先買協議) 절차가 진행 중인 경우에는 위의 기간 내에 그 사실을 신청인에게 알려야 한다.

2) 동법 제11조 제4항에 따른 기간에 허가증의 발급 또는 불허가처분 사유의 통지가 없거나 선매협의 사실의 통지가 없는 경우에는 그 기간이 끝난 날의 다음날에 제1항에 따른 허가가 있는 것으로 본다. 이 경우 시장·군수 또는 구청장은 지체 없이 신청인에게 허가증을 발급하여야 한다(동법 제11조 제4-5항).

(마) 허가를 받지 아니한 토지거래계약의 효력

동법 제11조 제1항에 따른 허가를 받지 아니하고 체결한 토지거래계약은 그 효력이 발생하지 아니한다(제11조 제6항).

(4) 국가 등의 토지거래계약에 관한 특례

(가) 토지거래계약에 관한 허가의 간주

1) 동법 제11조1항을 적용할 때에 그 당사자의 한쪽 또는 양쪽이 국가, 지방자치단체, 「한국토지주택공사법」에 따른 한국토지주택공사(이하 "한국토지주택공사"라 한다), 그 밖에 대통령령으로 정하는 공공기관 또는 공공단체인 경우에는 그 기관의 장이 시장·군수 또는 구청장과 협의할 수 있고, 그 협의가 성립된 때에는 그 토지거래계약에 관한 허가를 받은 것으로 본다(법 제14조 제1항).

2) 법 제14조제1항에서 "대통령령으로 정하는 공공기관 또는 공공단체"란 다음 각 호의

기관 또는 단체를 말한다.

1. 「한국농수산식품유통공사법」에 따른 한국농수산식품유통공사
2. 「대한석탄공사법」에 따른 대한석탄공사
3. 「한국토지주택공사법」에 따른 한국토지주택공사
4. 「한국관광공사법」에 따른 한국관광공사
5. 「한국농어촌공사 및 농지관리기금법」에 따른 한국농어촌공사
6. 「한국도로공사법」에 따른 한국도로공사
7. 「한국석유공사법」에 따른 한국석유공사
8. 「한국수자원공사법」에 따른 한국수자원공사
9. 「한국전력공사법」에 따른 한국전력공사
10. 「한국철도공사법」에 따른 한국철도공사
11. 「산림조합법」에 따른 산림조합 및 산림조합중앙회
12. 「농업협동조합법」에 따른 농업협동조합·축산업협동조합 및 농업협동조합중앙회
13. 「수산업협동조합법」에 따른 수산업협동조합 및 수산업협동조합중앙회
14. 「중소기업진흥에 관한 법률」에 따른 중소기업진흥공단
15. 「한국은행법」에 따른 한국은행
16. 「지방공기업법」에 따른 지방공사와 지방공단
17. 「공무원연금법」에 따른 공무원연금공단
18. 「인천국제공항공사법」에 따른 인천국제공항공사
19. 「국민연금법」에 따른 국민연금공단
20. 「사립학교교직원 연금법」에 따른 사립학교교직원연금공단
21. 「금융회사부실자산 등의 효율적 처리 및 한국자산관리공사의 설립에 관한 법률」에 따른 한국자산관리공사(이하 "한국자산관리공사"라 한다)
22. 「항만공사법」에 따른 항만공사

(나) 토지거래에 대한 허가를 적용하지 아니하는 경우

1) 다음 각 호의 경우에는 부동산거래신고 등에 관한 법률 제11조를 적용하지 아니한다(동법 제14조 제2항).

1. 「공익사업을 위한 토지 등의 취득 및 보상에 관한 법률」에 따른 토지의 수용

2. 「민사집행법」에 따른 경매

3. 그 밖에 대통령령으로 정하는 경우

2) 법 제14조제2항제3호에서 "대통령령으로 정하는 경우"란 다음 각 호의 어느 하나에 해당하는 경우를 말한다(령 제11조 제3항).

1. 「공익사업을 위한 토지 등의 취득 및 보상에 관한 법률」에 따라 토지를 협의취득·사용하거나 환매하는 경우

2. 「국유재산법」제9조에 따른 국유재산종합계획에 따라 국유재산을 일반경쟁입찰로 처분하는 경우

3. 「공유재산 및 물품 관리법」제10조에 따른 공유재산의 관리계획에 따라 공유재산을 일반경쟁입찰로 처분하는 경우

4. 「도시 및 주거환경정비법」제74조에 따른 관리처분계획 또는 「빈집 및 소규모주택 정비에 관한 특례법」제29조에 따른 사업시행계획에 따라 분양하거나 보류지 등을 매각하는 경우

5. 「도시개발법」제26조에 따른 조성토지등의 공급계획에 따라 토지를 공급하는 경우, 같은 법 제35조에 따라 환지 예정지로 지정된 종전 토지를 처분하는 경우, 같은 법 제40조에 따른 환지처분을 하는 경우 또는 같은 법 제44조에 따라 체비지 등을 매각하는 경우

6. 「주택법」제15조에 따른 사업계획의 승인을 받아 조성한 대지를 공급하는 경우 또는 같은 법 제54조에 따라 주택(부대시설 및 복리시설을 포함하며, 주택과 주택 외의 시설을 동일 건축물로 건축하여 공급하는 경우에는 그 주택 외의 시설을 포함한다)을 공급하는 경우

7. 「택지개발촉진법」제18조에 따라 택지를 공급하는 경우

8. 「산업입지 및 개발에 관한 법률」제2조제9호에 따른 산업단지개발사업 또는 같은 조 제12호에 따른 준산업단지를 개발하기 위한 사업으로 조성된 토지를 같은 법 제16조에 따른 사업시행자(같은 법 제38조에 따라 사업시행자로부터 분양에 관한 업무를 위탁받은 산업단지관리공단을 포함한다)가 분양하는 경우

9. 「농어촌정비법」제25조 또는 제26조에 따른 환지계획에 따라 환지처분을 하는 경우 또는 같은 법 제43조에 따라 농지 등의 교환·분할·합병을 하는 경우

10. 「농어촌정비법」에 따른 사업시행자가 농어촌정비사업을 시행하기 위하여 농지를 매입하는 경우

11. 「상법」 제3편제4장제10절·제11절, 「채무자 회생 및 파산에 관한 법률」의 절차에 따라 법원의 허가를 받아 권리를 이전하거나 설정하는 경우

12. 국세 및 지방세의 체납처분 또는 강제집행을 하는 경우

13. 국가 또는 지방자치단체가 법령에 따라 비상재해시 필요한 응급조치를 위하여 권리를 이전하거나 설정하는 경우

14. 「한국농어촌공사 및 농지관리기금법」에 따라 한국농어촌공사가 농지의 매매·교환 및 분할을 하는 경우

15. 법 제9조에 따라 외국인등이 토지취득의 허가를 받은 경우

16. 한국자산관리공사가 「금융회사부실자산 등의 효율적 처리 및 한국자산관리공사의 설립에 관한 법률」 제4조 또는 제5조에 따라 토지를 취득하거나 경쟁입찰을 거쳐서 매각하는 경우 또는 한국자산관리공사에 매각이 의뢰되어 3회 이상 공매하였으나 유찰된 토지를 매각하는 경우

17. 「국토의 계획 및 이용에 관한 법률」 제47조 또는 「개발제한구역의 지정 및 관리에 관한 특별조치법」 제17조에 따라 매수청구된 토지를 취득하는 경우

18. 「신행정수도 후속대책을 위한 연기·공주지역 행정중심복합도시 건설을 위한 특별법」, 「혁신도시 조성 및 발전에 관한 특별법」 또는 「기업도시개발 특별법」에 따라 조성된 택지 또는 주택을 공급하는 경우

19. 「건축물의 분양에 관한 법률」에 따라 건축물을 분양하는 경우

20. 「산업집적활성화 및 공장설립에 관한 법률」 제28조의4에 따라 지식산업센터를 분양하는 경우

21. 법령에 따라 조세·부담금 등을 토지로 물납하는 경우

🔍 판 례

유동적 무효 국토이용관리법상 토지의 거래계약허가구역으로 지정된 구역 안의 토지에 관하여 관할 행정청의 허가를 받지 아니하고 체결한 토지거래계약은 처음부터 그 허가를 배제하거나 잠탈하는 내용의 계약일 경우에는 확정적 무효로서 유효화될 여지가 없으나, 이와 달리 허가받을 것을 전제로 한 거래예약일 경우에는 일단 허가를 받을 때까지는 법률상 미완성의 법률행위로서 거래계약의 채권적 효력도 전

혀 발생하지 아니하지만, 일단 허가를 받으면 그 거래계약은 소급해서 유효로 되고 이와 달리 불허가가 된 때에는 무효로 확정되는 이른바 '유동적 무효'의 상태에 있다고 보아야 한다(대판 1991. 12. 24, 90다12243 전원합의체 판결(주심 : 대법관 이회창); 대판 1999. 6. 17, 98다40459).

(다) 기타법령의 규정에 의하여 토지거래허가를 요하지 아니하는 경우

기타법령 등의 규정에 의하여 토지거래허가증의 첨부를 요하지 아니하는 경우는 아래와 같다.

ⓐ 소유권보존등기신청(구법 제132조 제2항. 후단, 등기선례요지집 제5권 242항 제7권 474항).

ⓑ 진정명의 회복을 원인으로 한 소유권이전등기(등기예규 제1182호 5항)

ⓒ 신탁을 원인으로 한 소유권이전등기(등기선례요지집 제4권 609항)

ⓓ 이혼에 따른 재산분할을 원인으로 한 소유권이전등기(등기선례요지집 제3항 249항, 등기선례요지집 제4권 261항)

ⓔ 가등기에 기한 본등기신청(가등기시에 허가증을 제출한 경우(등기예규 제1283호 2항)

 ① **본계약일자가 허가구역지정 이전인 경우**   토지거래허가구역 지정 이전에 매매예약에 의한 소유권이전청구권보전의 가등기를 경료하고 토지거래허가구역 지정 이후에 가등기에 기한 본등기를 신청하면서 본 계약에 의한 매매계약서를 등기원인서면으로 제출한 경우, 위 본 계약일자가 토지거래허가구역 지정 이전인 때에는 토지거래허가증을 제출할 필요가 없다(등기선례요지집 제3권 727항, 734항, 5권 81항).

 ② **예약 완결권 행사일자가 허가구역지정 이전인 경우**   소유권이전등기청구권 보전을 위한 매매예약의 가등기에 기한 본등기를 신청함에 있어서 위 예약서상의 예약완결권 행사의 의사표시의 간주시기가 당해 토지에 대한 토지거래규제구역으로 지정되기 전의 일자인 경우에는 가등기에 기한 본등기신청시에 토지거래허가증을 제출할 필요가 없다(등기선례요지집 제3권 727항).

ⓕ 매매계약체결일자가 허가구역지정 이전인 경우(등기선례요지집 제5권 81항, 3권 164항, 165항, 190항 6권 44항, 제7권 53항)

ⓖ 공유지분 포기를 원인으로 한 소유권이전등기(등기선례요지집 제3권 167항)

ⓗ 허가구역 지정의 해제(등기선례요지집 제7권 50항)

ⓘ 명의신탁해지를 원인으로 한 소유권이전등기신청(등기선례요지집 제3권 170항, 483항, 4 권 698항, 723항)

ⓙ 매매계약체결 당시에는 허가대상토지가 아닌 경우(등기선례요지집 제3권 175항)

ⓚ 등기원인일자가 허가구역지정일 이전인 경우(판결에 의한 소유권이전등기)(등기선례요지집 제3권 164항·165항, 6권 44항; 대판 1993.4.13., 93다1411. 1996. 4.12. 96다6431)

ⓛ 무상증여

ⓜ 환매를 원인으로 한 소유권이전등기(등기선례요지집 제3권 893항, 894항; 국토의 계획및이용에관한법률시행령 제121조 1호)

ⓝ 향교재단소유 토지의 소유권이전등기(등기선례요지집 제5권 79항)

ⓞ 매매계약체결 후 등기 전에 허가구역지정이 해제된 경우(대판 1999.6.17., 98다40459; 등기선례요지집 제6권 45항)

ⓟ 상법의 규정에 의한 회사의 분할을 원인(상법 제4장제11절)으로한 소유권이전등기신청(등기예규 제964호. 등기선례요지집 제6권 230항. 583항, 제8권 57항)

(5) 토지이용에 관한 의무

부동산거래신고 등에 관한 법률 제11조에 따라 토지거래계약을 허가받은 자는 대통령령으로 정하는 사유가 있는 경우 외에는 5년의 범위에서 대통령령으로 정하는 기간에 그 토지를 허가받은 목적대로 이용하여야 한다(동법 제17조 제1항).

시장·군수 또는 구청장은 토지거래계약을 허가받은 자가 허가받은 목적대로 이용하고 있는지를 국토교통부령으로 정하는 바에 따라 조사하여야 한다(제17조 제2항).

(6) 다른 법률에 따른 인가 · 허가 등의 의제

(가) 농지취득자격증명

농지에 대하여 제11조에 따라 토지거래계약 허가를 받은 경우에는 「농지법」 제8조에 따른 농지취득자격증명을 받은 것으로 본다. 이 경우 시장·군수 또는 구청장은 「농업·농촌 및 식품산업 기본법」 제3조제5호에 따른 농촌(「국토의 계획 및 이용에 관한 법률」에 따른 도시지역의 경우에는 같은 법에 따른 녹지지역만 해당한다)의 농지에 대하여 토지거래계약을 허가하는 경우에는 농지취득자격증명의 발급 요건에 적합한지를 확인하여야 하며, 허가한 내용을 농림축산식품부장관에게 통보하여야 한다(제20조 제1항).

(나) 검인의 간주

부동산거래신고 등에 관한 법률 제11조제4항 및 제5항에 따라 허가증을 발급받은 경우에는 「부동산등기 특별조치법」 제3조에 따른 검인을 받은 것으로 본다(법 제20조 제2항).

4. 농지취득자격증명

(1) 농지를 취득할 수 있는 자

(가) 원칙(농지법 6조 1항) - 농업인과 농업법인

농지는 자기의 농업경영에 이용하거나 이용할 농업인이나 농업법인(농어업경영체법 16조에 따라 설립된 영농조합법인과 같은 법 19조에 따라 설립되고 업무집행권을 가진 자 중 3분의 1 이상이 농업인인 농업회사법인을 말한다)이 아니면 소유하지 못한다.

(나) 예외(농지법 6조 2항, 3항) - 농업인 · 농업법인 외의 자

농지는 위와 같이 자기의 농업경영에 이용하거나 이용할 농업인, 농업법인만이 소유할 수 있는 것이 원칙이나, 농지법 6조 2항, 3항에서는 자기의 농업경영에 이용하거나 이용할 자가 아니더라도 농지를 소유(취득)하거나 계속 소유할 수 있는 예외를 한정적으로 열거하고 있다.

(2) 농지에 대한 소유권이전등기신청과 농지취득자격증명의 첨부

농지를 취득하고자 하는 자는 농지의 소재지를 관할하는 시장, 구청장, 읍장 또는 면장으로부터 농지취득 자격증명을 발급받아야 한다. 농지취득자격증명을 발급받아 농지를 취득하는 자가 그 소유권에 관한 등기를 신청할 때에는 농지취득자격증명을 첨부하여야 한다(농지법 제8조제1항. 제4항).

매매, 증여, 교환, 양도담보, 명의신탁해지, 신탁법상의 신탁 또는 신탁해지, 사인증여, 계약해제, 공매, 상속인 이외의 자에 대한 특정적 유증 등 사유를 등기원인으로 하여 소유권이전등기를 신청하는 경우에는 농지취득자격증명을 첨부하여야 한다(등기예규 제1177호. 2. 가. (1).).

농지를 취득하려는 자가 농지에 관하여 소유권이전등기를 마쳤다고 하더라도 농지취득자격증명을 발급받지 못한 이상 그 소유권을 취득하지 못하고, 농지에 관한 경매절차에서 농지취득자격증명의 발급은 매각허가요건에 해당한다(대판 2018.7.11. 2014두36518).

농지를 취득하려는 자가 농지에 대한 매매계약을 체결하는 등으로 농지에 관한 소유권이전등기청구권을 취득하였다면, 농지취득자격증명 발급신청권을 보유하게 된다. 이러한 농지취득자격증명 발급신청권은 채권자대위권의 행사대상이 될 수 있다(대판 2018.7.11. 2014두36518).

(3) 농지취득자격증명

농지를 취득하고자 하는 자는 농지의 소재지를 관할하는 시장, 구청장, 읍장 또는 면장으로부터 농지취득자격증을 발급받아야 하는바 이처럼 농지를 취득하고자 하는 자에게 농지의 소재지관서가 발행하는 증명을 농지취득자격증명이라고 한다(동법 제8조 1항). 농지취득자격증명을 발급받아 농지를 취득하는 자가 그 소유권에 관한 등기를 신청할 때에는 농지취득자격증명을 첨부하여야 한다(동법 제8조 4항). 이 증명은 공법상의 이유에 의한 계약자유의 원칙에 대한 중대한 예외로 이 증명이 없는 농지의 취득은 무효이다. 다만 동법 제8조 제1항 각호의 1 에 해당하는 경우에는 농지취득자격증명을 발급받지 아니하고 농지를 취득할 수 있다(동법 제8조 1항 후단).

🔍 판 례

농지취득자격증명이 농지취득의 효력발생요건인지 여부(소극)
농지법 제8조 제1항 소정의 농지취득자격증명은 농지를 취득하는 자가 그 소유권에 관한 등기를 신청할 때에 첨부하여야 할 서류로서, 농지를 취득하는 자에게 농지취득의 자격이 있다는 것을 증명하는 것일 뿐 농지취득의 원인이 되는 법률행위의 효력을 발생시키는 요건은 아니라고 할 것이므로 농지에 관한 소유권이전등기청구소송에서 비록 원고가 사실심 변론종결시까지 농지취득자격증명을 발급받지 못하였다고 하더라도 피고는 자신의 소유권이전등기의무가 이행불능임을 내세워 원고의 청구를 거부할 수 없다(대판 2006. 1. 27. 2005다59871).

(4) 농지취득자격증명신청서의 첨부서면

농지취득자격증명신청서에 첨부하여야 할 서류는 다음과 같다(농지법시행규칙 제7조 3항).

1. 법인등기부등본(법인인 경우에 한한다).

2. 별지 제2호 서식의 농지취득인정서(법 제6조 제2항 제2호의 규정) 학교 등이 시험·연구·실습
   지 등으로 취득하는 경우에 해당하는 경우에 한한다.

3. 별지 제6호 서식의 농업경영계획서(농지를 농업경영 목적으로 취득하는 경우에 한한다).

4. 농지임대차계약서 또는 농지사용대차계약서(농업경영을 하지 아니하는 자가 취득하고자 하는 농지의
   면적이 영 제10조 제2항 제5호 각목의 1 에 해당하지 아니하는 경우에 한한다).

5. 농지전용허가(다른 법률에 의하여 농지전용허가가 의제되는 인가 또는 승인 등을 포함한다)를 받거나 농지
   전용신고를 한 사실을 입증하는 서류(농지를 전용목적으로 취득하는 경우에 한한다).

제 호						
		농지취득자격증명				
농 지 취득자 (신청인)	성 명 (명 칭)		주민등록번호 (법인등록번호)			
	주 소	시 구 동 도 시·군 읍·면 리 번지				
	연 락 처		전 화 번 호			
취 득 농지의 표 시	소 재 지			지 번	지 목	면 적(㎡)
취 득 목 적						

귀하의 농지취득자격증명신청에 대하여 「농지법」 제8조 및 같은 법 시행령 제7조제2항에 따라 위와 같이 농지취득자격증명을 발급합니다.

년   월   일

시장 · 구청장 · 읍장 · 면장   [인]

<유의사항>

○ 귀하께서 해당 농지의 취득과 관련하여 허위, 그 밖에 부정한 방법에 따라 이 증명서를 발급 받은 사실이 판명되면 「농지법」 제59조에 따라 3년 이하의 징역이나 1천만원 이하의 벌금에 처해질 수 있습니다.

○ 귀하께서 취득한 해당 농지를 취득목적대로 이용하지 아니할 경우에는 「농지법」 제11조제1항 및 제62조에 따라 해당 농지의 처분명령 및 이행강제금이 부과될 수 있습니다.

210mm × 297mm(일반용지 60 g /㎡)

(5) 농지취득자격증명의 첨부 요부 및 유효기간

토지대장상 지목이 전·답·과수원인 토지(이하 "농지"라 한다)에 대하여 소유권이전등기를 신청하는 경우에 해당 농지가 어느 시기에 조성, 등록전환 또는 지목변경 되었는지를 불문하고 이를 적용한다(등기예규 제1415호 1, 제1635호).

등기신청서에 첨부하는 농지취득자격증명의 유효기간에 대한 규정은 없으므로 그 발행일로부터 3 개월이 경과한 경우에도 이를 등기신청서에 첨부할 수 있다(등기선례요지집 제7권 49항).

(가) 농지취득자격증명을 첨부하여야 하는 경우

아래의 경우에는 농지법 제8조 제1항의 규정에 의하여 농지의 소재지를 관할하는 시장(도농복합형태의 시에 있어서는 농지의 소재지가 동지역인 경우에 한한다)·구청장(도농복합형태의 시의 구에 있어서는 농지의 소재지가 동지역인 경우에 한한다)·읍장 또는 면장이 발행하는 농지취득자격증명을 소유권이전등기신청서에 첨부하여야 한다(등기예규 제1415호 2, 제1635호).

1) 자연인 또는 「농어업경영체육성 및 지원에 관한 법률」 제16조의 규정에 따라 설립된 영농조합법인과 같은 법 제19조에 의하여 설립되고 업무집행권을 가진 자중 3분의1 이상인 농업인인 농업회사법인이 농지에 대하여 매매, 증여, 교환, 양도담보, 명의신탁해지, 신탁법상의 신탁(등기선례7-465) 또는 신탁해지, 사인증여, 계약해제, 공매, 상속인 이외의 자에 대한 특정적 유증 등을 등기원인으로 하여 소유권이전등기를 신청하는 경우. 다만, 아래 (나)항에서 열거하고 있는 사유를 등기원인으로 하여 소유권이전등기를 신청하는 경우에는 그러하지 아니하다.

2) 「초·중등교육법」 및 「고등교육법」에 의한 학교, 「농지법시행규칙」 제5조 관련 별표2에 해당하는 공공단체 등이 그 목적사업을 수행하기 위하여 농지를 취득하여 소유권이전등기를 신청하는 경우

3) 「농지법」 제6조 제2항 제9호의2에 따른 영농여건불리농지를 취득하여 소유권이전등기를 신청하는 경우

4) 국가나 지방자치단체로부터 농지를 매수하여 소유권이전등기를 신청하는 경우 및 농지전용허가를 받거나 농지전용신고를 한 농지에 대하여 소유권이전등기를 신청하는 경우와 동일 가구(세대)내 친족간의 매매등을 원인으로 하여 소유권이전등기를 신청하는 경

우에도 농지취득자격증명을 첨부하여야 한다(등기예규 제1415호. 2.).

5) 환지예정지인 농지에 대 하여 소유권이전 및 신탁등기를 신청하는 경우에는 농지취득
자격증명을 첨부하여야 한다(등기선례 제8권 70항).

6) 과수원의 소유권이전등기신청

과수원 등 다년생식물을 재배하는 농지에 대하여 매매를 원인으로 한 소유권이전등기
를 신청함에는 그 면적에 관계없이 농지소재지관서의 농지매매증명을 첨부하여야 한다
(대판 1964. 5. 19. 63다887, 등기선례제1권 790항. 제3권 827항).

(나) 농지취득자격증명을 첨부할 필요가 없는 경우

농지를 취득하기 위해서는 법적 지목 여하에 불구하고 실제의 토지현상이 농작물의 경작
등으로 이용되고 있는 한(현황주의) 그 농지의 면적에 관계없이 농지취득자격증명을 첨부하
여야 한다(「농지법」 제8조제4항). 다만 상속, 토지수용, 공유 농지의 분할, 시효의 완성, 농지전용
협의를 마친 농지를 취득하는 경우 등에는 농지취득자격증명을 발급받지 아니하고 농지를
취득할 수 있다(「농지법」 제8조제1항, 제6조, 같은 법 시행령 제6조, 등기예규 제1384호, 제1589호).

다음 각 호의 1 에 해당하는 경우에는 농지취득자격증명을 발급받지 아니하고 농지를 취
득할 수 있다(동법 제8조 1항 단서 1호 내지 3호)(등기예규 제1415호 3, 제1589호, 제1635호).

1) 국가 또는 지방자치단체가 농지를 취득하여 소유권이전등기를 신청하는 경우

2) 상속 및 포괄유증, 상속인에 대한 특정적 유증, 취득시효완성, 공유물분할, 매각, 진정
한 등기명의 회복, 농업법인의 합법을 원인으로 하여 소유권이전등기를 신청하는 경우,
유류분 반환을 원인으로 한 소유권일부이전등기(등기선례 5권 7나1항)신청

3) 「공익사업을 위한 토지 등의 취득 및 보상에 관한 법률」에 의한 수용 및 협의 취득을 원
인으로 하여 소유권이전등기를 신청하는 경우 및 「징발재산정리에 관한 특별조치법」
제20조, 「공익사업을 위한 토지 등의 취득 및 보상에 관한 법률」 제91조의 규정에 의한
환매권자가 환매권에 기하여 농지를 취득하여 소유권이전등기를 신청하는 경우

4) 「국가보위에 관한 특별조치법 제5조 제4항에 의한 동원대상지역내의 토지의 수용·사
용에 관한 특별조치령에 의하여 수용·사용된 토지의 정리에 관한 특별조치법」 제2조
및 제3조의 규정에 의한 환매권자등이 환매권 등에 의하여 농지를 취득하여 소유권이전

등기를 신청하는 경우

5) 「농지법」 제17조의 규정에 의한 농지이용증진사업시행계획에 의하여 농지를 취득하여 소유권이전등기를 신청하는 경우

6) 도시지역 내의 농지에 대한 소유권이전등기를 신청하는 경우, 다만 도시지역 중 녹지지역 안의 농지에 대하여는 도시계획시설사업에 필요한 농지에 한함

7) 농지법 제34조 제2항의 규정에 의한 농지전용협의를 완료한 농지를 취득하여 소유권이전등기를 신청하는 경우

8) 「부동산거래신고 등에 관한 법률」 제11조의 규정에 의하여 토지거래계약 허가를 받은 농지에 대하여 소유권이전등기를 신청하는 경우

9) 「농지법」 제13조 제1항 제1호 내지 제6호에 해당하는 저당권자가 농지저당권의 실행으로 인한 경매절차에서 매수인이 없어 농지법 제13조 제1항의 규정에 의하여 스스로 그 경매절차에서 담보농지를 취득하는 경우 및 「자산유동화에 관한 법률」 제3조의 규정에 의한 유동화전문회사 등이 「농지법」 제13조 제1항 제1호 내지 제4호의 규정에 의한 저당권자로부터 농지를 취득하는 경우

10) 다음 각 목의 규정에 의하여 농지를 취득하여 소유하는 경우(동법 제8조 1항 단서 1호, 6조 2항 9호)

　가. 「한국농어촌공사 및 농지관리기금법」에 따라 한국농어촌공사가 농지를 취득하여 소유하는 경우

　나. 「농어촌정비법」 제16조에 따라 농지를 취득하여 소유하는 경우

　다. 「농어촌정비법」 제25조 소정의 농업기반정비사업 사업시행자에 의하여 시행된 환지계획 및 같은 법 제43조 소정의 교환·분할·합병에 따라 농지를 취득하여 소유권이전등기를 신청하는 경우와 같은 제82조 소정의 농어촌관광휴양단지개발사업자가 그 사업의 시행을 위하여 농어촌관광휴양단지로 지정된 지역내의 농지를 취득하여 소유권이전등기를 신청하는 경우

　라. 「농어촌정비법」 제96조의 규정에 의하여 지정된 한계농지등의 정비사업시행자가 정비지구안의 농지를 취득하여 소유권이전등기를 신청하는 경우(같은 법 제100조 참조)

　마. 지목이 농지이나 토지의 현상이 농작물의 경작 또는 다년생식물재배지로 이용되지 않음이 관할 관청이 발급하는 서면에 의하여 증명되는 토지에 관하여 소유권이전등기를 신청하는 경우

　바. 「산업집적활성화 및 공장설립에 관한 법률」 제13조 제1항 또는 제20조 제2항의 규

정에 의한 공장설립등의 승인을 신청하여 공장입지승인을 얻은 자 및 「중소기업창업 지원법」 제33조 제1항의 규정에 의한 사업계획의 승인을 신청하여 공장입지승인을 얻은 자가 당해 농지를 취득하여 소유권이전등기를 신청하는 경우(「기업활동 규제완화에 관한 특별조치법」 제9조 제4항, 제13조 참조)

사. 「공유수면관리 및 매립에 관한 법률」에 따라 매립농지를 취득하여 소유하는 경우

아. 토지수용으로 농지를 취득하여 소유하는 경우

자. 「공익사업을 위한 토지 등의 취득 및 보상에 관한 법률」에 따라 농지를 취득하여 소유하는 경우

차. 그 밖에 대통령령으로 정하는 토지 등의 개발사업과 관하여 사업 시행자 등이 농지를 취득하여 소유하는 경우

11) 다음 각 호의 1 에 해당하는 사유로 농지를 취득하는 경우(동법 제8조 제1항, 동법시행령 제6조)

가) 국가나 지방자치단체가 농지를 소유하는 경우

나) 상속[상속인에게 한 유증(遺贈)을 포함한다]으로 농지를 취득하여 소유하는 경우

다) 농지법 제13조제1항에 따라 담보농지를 취득하여 소유하는 경우(「자산유동화에 관한 법률」 제3조에 따른 유동화전문회사등이 제13조제1항제1호부터 제4호까지에 규정된 저당권자로부터 농지를 취득하는 경우를 포함한다)

라) 농지법 제34조제2항에 따른 농지전용협의를 마친 농지를 소유하는 경우

마) 다음 각 목의 어느 하나에 해당하는 경우(농지법 제6조 제2항 제10호)

① 「한국농어촌공사 및 농지관리기금법」에 따라 한국농어촌공사가 농지를 취득하여 소유하는 경우

② 「농어촌정비법」 제16조·제25조·제43조·제82조 또는 제100조에 따라 농지를 취득하여 소유하는 경우

1. 국가등이 시행한 농업생산기반시설의 승계(동법 제116조)

2. 환지계획(동법 제25조)

3. 농지의 교환·분할·합병의 시행(동법 제43조)

4. 농어촌관광휴양단지의 개발(동법 제82조)

5. 한계농지 등의 매매(동법 제100조)

③ 「공유수면매립법」에 따라 매립농지를 취득하여 소유하는 경우

④ 토지수용으로 농지를 취득하여 소유하는 경우

⑤ 농림수산식품부장관과 협의를 마치고 「공익사업을 위한 토지 등의 취득 및 보상에 관한 법률」에 따라 농지를 취득하여 소유하는 경우

⑥ 「공공토지의 비축에 관한 법률」 제2조 제1호 가목에 해당하는 토지 중 같은 법 제7조제1항에 따른 공공토지비축심의위원회가 비축이 필요하다고 인정하는 토지로서 「국토의 계획 및 이용에 관한 법률」 제36조에 따른 계획관리지역과 자연녹지지역 안의 농지를 한국토지공사가 취득하여 소유하는 경우. 이 경우 그 취득한 농지를 전용하기 전까지는 한국농어촌공사에 지체 없이 위탁하여 임대하거나 사용대(使用貸)하여야 한다.

바) 농업법인의 합병으로 농지를 취득하는 경우

사) 공유 농지의 분할이나 그 밖에 대통령령으로 정하는 다음 각 호의 어느 하나를 원인으로 농지를 취득하는 경우(농지법 제8조 제1항 3호)

① 시효의 완성으로 농지를 취득하는 경우(농지법 시행령 제6조 1호)

시효취득은 원시취득이므로 시효취득의 경우에는 농지개혁법 제19조 제2항(현행 농지법 제8조 제4항)이 적용되지 아니한다(대판 1994. 12. 22. 92다3489).

농지에 대하여 취득시효 완성을 원인으로 하는 소유권이전등기절차의 이행을 명하는 확정판결에 의하여 소유권이전등기를 신청하는 경우 농지개혁법 제19조 제2항의 농지매매증명을 제출할 필요가 없다(등기예규 제1177호 3. 나. 등기선례 4-724, 3-529, 대판: 1993. 4. 27. 선고 92다5000판결)

② 「징발재산정리에 관한 특별조치법」 제20조, 「공익사업을 위한 토지 등의 취득 및 보상에 관한 법률」 제91조에 따른 환매권자가 환매권에 따라 농지를 취득하는 경우(동령 제6조 2호)

③ 「국가보위에 관한 특별조치법 제5조 제4항에 따른 동원대상지역 내의 토지의 수용·사용에 관한 특별조치령에 따라 수용·사용된 토지의 정리에 관한 특별조치법」 제2조 및 같은법 제3조에 따른 환매권자 등이 환매권 등에 따라 농지를 취득하는 경우(동령 제6조 3호)

④ 농지법 제17조에 따른 농지이용증진사업 시행계획에 따라 농지를 취득하는 경우(동령 제6조 4호)

12) 다음 각호의 경우에는 농지취득자격증명을 첨부하지 아니하고 소유권이전등기를 신

청할 수 있다.

① 소유권보존등기신청(구법 제132조 제2항 후단. 등기선례요지집 제5권242항. 제7권 474항).

② 원인무효등기의 말소

농지에 관하여 원인없이 이루어진 무효의 등기임을 이유로 소유권이전등기말소절차를 이행한다는 조정조서를 첨부하여 소유권이전등기의 말소등기를 신청하는 경우에는 농지취득자격증명을 첨부할 필요가 없다(등기선례8권 56항).

13) 도시지역 내의 농지에 대한 소유권이전등기를 신청하는 경우, 다만 도시지역 중 녹지지역 내의 농지에 대하여는 도시계획시설사업에 필요한 농지에 한함(등기선례요지집 제6권 37항, 제7권 471항, 473항, 제8권 350항).

도시 관리계획 확인도면에 의하여 자연녹지지역 전부가 도로에 해당하는 것이 인정되는 경우에는 그 농지는 도시계획사업에 필요한 농지로서 농지취득자격증명을 첨부하지 않아도 된다(등기선례요지집 제7권 473항).

14) 농지법 제12조 제1항 제1호 내지 제6호에 해당하는 저당권자가 농지저당권의 실행으로 인한 경매절차에서 경락인이 없어 농지법 제12조 제1항의 규정에 의하여 스스로 그 경매절차에서 담보농지를 취득하는 경우 및 자산유동화에 관한 법률 제3조의 규정에 의한 유동화전문회사 등이 농지법 제12조 제1항 제1호 내지 제4호의 규정에 의한 저당권자로부터 농지를 취득한 경우

15) 「농지법」 제36조 제2항에 의한 농지전용협의를 완료한 농지를 취득하여 소유권이전등기를 신청하는 경우 및 「국토의 계획 및 이용에 관한 법률」 제118조의 규정에 의하여 토지거래계약 허가를 받은 농지에 대하여 소유권이전등기를 신청하는 경우(「국토의 계획 및 이용에 관한 법률」 제126조 제1항 참조)

16) 「농어촌정비법」 제81조의 규정에 의하여 지정된 한계농지 등의 정비사업 시행자가 정비지구안의 농지를 취득하여 소유권이전등기를 신청하는 경우(같은법 제85조 참조)

17) 농어촌정비법 제43조 소정의 농업기반정비사업과 생활환경정비사업 시행자에 의하여 시행된 환지계획 및 동법 제58조 소정의 교환·분합에 따라 농지를 취득하여 소유권이전등기를 신청하는 경우와, 동법 제67조 소정의 농어촌관광휴양단개발사업자가 그 사업의 시행을 위하여 농어촌휴양지로 지정된 지역 내의 농지를 취득하여 소유권이전등기를 신청하는 경우

18) 지목이 농지이나 토지의 현상이 농작물의 경작 또는 다년생식물 재배지로 이용되지

않음이 관할관청이 발급하는 서면에 의하여 "농지취득자격증명의 대상토지가 농지법에 의한 농지에 해당되지 아니한다"는 뜻이 기재된 미발급사유통지서에 의하여 토지에 관하여 소유권이전등기를 신청하는 경우(등기예규 제 1415호. 3. 라. 등기선례요지집 제 5 권 732항, 746항, 750항, 751항)

사 실 증 명

부동산의 표시 : 고양시 일산동구 식사동 281-3 답 1994㎡

  위 표시 부동산은 공부상 지목이 답으로 표시되어 있으나, 위 토지상에는 별첨 사진 표시와 같이 돌과 자갈로 포장되어 현재 도로로 사용되고 있어(또는 10년 이상 자란 매실나무, 밤나무 등 80여가구가 무성하게 자라고 있어) 농작물의 경작 또는 다년생 식물의 재배가 사실상 불가능한 토지임을 확인함.

2007년 4월   일

고양시 일산 동구청장   (인)

첨 부 서 류

1. 사 진   2매

---

19) 농지가 대지화되었거나 도시계획구역내에 포함된 경우에는 농지매매에 관한 소재지 관의 증명은 필요 없다(대판 : 1968. 7. 2. 67다2176, 1971. 5. 31. 71다796, 1973. 7. 24. 73다263, 1990. 10. 11. 90마679, 1990. 11. 6. 90마769, 1993. 4. 13. 93다1411)

20) 비무장지대 내의 농지에 대하여 관할출장소장명의의 농지로 볼 수 없다는 내용의 농지취득자겨증명신청에 대한 반려 통지서(등기선례요지집 제5권746항, 748항, 749항)

21) 산업집적활성화및공장설립에관한법률 제13조 제1항 또는 제20조 제2항의 규정에 의한 공장설립 등의 승인을 신청하여 공장설립 승인을 얻은 자 및 중소기업창업지원법 제21조 제1항의 규정에 의한 사업계획의 승인을 신청하여 공장입지승인을 얻은 자가 당해 농지를 취득하여 소유권이전등기를 신청하는 경우(기업활동 규제완화에관한특별 조치법

제9조 4항, 13조 참조)

22) 농지개혁법 공포일 후에 개간 혹은 간척한 농지

농지개혁법 제25조의2에 의하면 본법의 공포일(1949. 6. 21.) 현재에 미완성한 개간지, 간척지 또는 본법의 공포일 후에 개간 혹은 간척한 농지는 본법을 적용하지 아니한다고 규정하고 있으므로 본법 공포 후 개간한 농지에 관한 소유권이전등기신청을 할 때에는 동법 제19조 제2항의 규정에 의한 농지매매증명을 첨부할 필요가 없다(등기선례요지집 제1권 785항, 797항, 801항, 2권 56항, 628항, 634항, 3권 847항, 855항).

개간이라 함은 호수나 바다를 메우거나 거친 땅을 일구어서 처음으로 논·밭을 만드는 것을 말하며, 간척(干拓)이라 함은 바다나 호수 등 일정범위의 수면을 제방으로 막아 그 내부의 물을 펌프 또는 자연배수로 유출시켜 육지화하는 토목공법을 말한다. 산림이나 임야를 농지로 조성하는 것을 개척(開拓)이라 한다. 수면에 토사를 투입하는 매립공법에 의한 농지조성도 간척개념에 포함된다.

🔍 판 례

농지개혁법시행 후 개간된 토지의 매매는 농지개혁법이 적용될 여지가 없으므로 그 매수인이 농민이 아니라거나 매매증명을 받은 일이 없다는 사실은 위 매매의 효력에 아무런 영향이 없다. (80.4.8. 80다296 공 633호12782).

23) 재산분할을 원인으로 한 소유권이전등기신청과 제3자의 허가서 등의 첨부 여부 민법 제839조의2의 규정에 의한 재산분할의 판결에 의하여 이혼당사자 중 일방이 그의 지분에 대한 농지의 소유권이전등기를 신청할 경우 그 절차는 판결에 의한 소유권이전등기신청절차와 동일하며 부동산등기특별조치법 소정의 검인을 받아야 하나 농지매매증명, 토지거래허가서 등은 첨부할 필요가 없다(등기선례요지집 제4권 261항).

24) 특별조치법에 의한 농지의 소유권이전등기

부동산소유권이전등기등에 관한 특별조치법(법률제7500호. 2005. 5. 26)에 의한 농지의 소유권이전등기신청의 경우에는 동법 부칙 제7조의 규정에 의하여 농지취득자격증명서를 첨부할 필요가 없다.

25) 농지에 대한 가등기신청

농지에 대하여 소유권이전청구권보전의 가등기를 신청할 때에는 농지소재지관서의 농지취득자격증명을 제출할 필요가 없다(등기선례요지집 제2권 548항, 농지법 제8조제4항).

5. 등기신청과 관련하여 다른 법률에 따라 부과된 의무사항을 이행하였음을 증명하는 서면

(1) 취득세(등록면허세) 영수필확인서

취득세 과세부동산을 취득한 자는 그 취득한 날로부터 60일 이내에 취득세를 신고, 납부하여야 하며(지방세법 제20조 제1항), 등록면허세를 납세지를 관할하는 지방자치단체의 장에게 신고, 납부(동법 제30조 제1항)한 후 "취득세(등록면허세) 영수필확인서"를 등기신청서에 첨부하여야 한다(등기예규 제1400호, 제1566호. 1). 등기신청서의 을지에는 부동산별 시가표준액 및 취득세(등록면허세)액, 지방교육세액, 농어촌특별세액, 세액합계를 각 기재하여야 한다(부동산등기규칙 제44조 제1항).

등기관이 등기신청서를 조사할 때에는 취득세(등록면허세) 영수필 확인서의 첨부 여부와 그 납세명세를 반드시 조사·확인하여야 한다(등기예규 제1400호, 제1566호. 1).

(2) 국민주택채권의 매입

등기를 신청하는 자는 주택도시기금법 제8조 제1항 및 제2항에 따른 국민주택채권을 매입하여야 한다. 소유권 보존 또는 이전등기명의인 또는 저당권설정자나 저당권을 이전받는 자가 국민주태채권을 매입한 경우에는 등기신청서의 을지에 부동산별 국민주택채권매입금액, 국민주택채권 매입총액, 국민주택채권 발행번호를 각 기재하여야 한다(부동산등기규칙 제44조 제2항).

등기관이 등기신청서를 조사할 때에는, 국민주택채권매입자 성명 등이 등기신청서의 기재사항과 부합하는지 여부와 매입금액 등을 반드시 조사·확인하여야 한다(등기예규 제1566호. 1.).

(3) 전자수입인지의 첨부

국내에서 재산에 관한 권리의 창설·이전 또는 변경에 관한 계약서를 작성하는 자는 해당 문서를 작성할 때 인지세법 제3조에 규정된 세액의 인지세를 납부할 의무가 있다(인지세법 제1조 제3조).

등기신청서에는 등기원인을 증명하는 서면에 첨부하여야 할 인지세액을 납부하였을 증명하는 "전자수입인지"를 첨부하여야 하며, 등기관이 등기신청서를 조사할 때에는 전자수입인지의 첨부여부 및 그 구매정보상의 수입인지금액의 정확여부를 반드시 조사·확인하여야 한다(등기예규 제1566호. 1).

(4) 등기신청수수료 등 현금(또는 전자납부) 영수필확인서

등기신청수수료는 등기신청인(공동신청의 경우에는 등기권리자)이 납부하여야 한다(법 제22조 제3항).

등기를 하려고 하는 자는 등기사항증명서 등 수수료규칙 제5조의2에 규정된 수수료를 금융기관에 현금으로 납부(동 규칙 제6조 제1항)한 후, 수납금융기관으로부터 교부받은 "등기신청수수료 등 현금 영수필확인서" 또는 "등기신청수수료 등 전자납부 영수필확인서"를 등기신청서에 첨부하여야 하며(등기예규 제1402호, 제1576호. 2. 가. (3) 별지양식), 등기신청서의 을지에는 등기신청 수수료액 및 납부번호를 기재하여야 한다(부동산등기규칙 제44조 제2항).

등기관이 등기신청서를 조사할 때에는, 등기신청에 대한 수수료액과 그에 해당하는 금액의 현금(또는 전자납부) 영수필확인서가 첨부되어 있는지 여부를 반드시 조사·확인하여야 한다(등기예규 제1400호, 제1566호. 1).

XVI. 등기신청정보의 유효기간

1. 등기신청서에 첨부하는 인감증명, 법인등기사항증명서, 주민등록표등본·초본, 가족관계등록사항별증명서 및 건축물대장·토지대장·임야대장 등본은 발행일부터 3개월 이내의 것이어야 한다(규칙 제62조).

2. 인감증명신청서에 첨부되는 동의서(인감신고자가 미성년자, 한정치산자인 경우) 또는 위임장(대리신청의 경우)의 유효기간은 그 위임 또는 동의일로부터 기산하여 6월로 한다고 규정하고 있으나(인감증명법시행령 제13조 제4항) 위 규정은 등기신청서에 첨부되는 동의서(구법 제40조 제1항 제4호)나 위임장(구법 제40조 제1항 제5호)에는 적용될 수 없다고 본다.

3. 등기신청서에 첨부하는 농지취득자격증명(농지법 제8조 제2항, 동령 제10조 제1항). 토지거래계약허가증(국토의계획및이용에관한법률 제118조 제4항). 외국인의 토지취득허가증(외국인토지법 제4조 제

2항, 동시행령 제3조) 재외국민거주사실증명, 재외국민등록부등본 등의 유효기간에 관한 규정이 없으므로 그 발행일로부터 3개월이 경과한 경우에도 이를 등기신청서에 첨부할 수 있다(등기선례 ⑤ 129. ⑥ 78. ⑦ 49).

제14절 등기신청과 관련하여 부과된 의무사항의 이행

Ⅰ. 의무사항의 이행

(1) 의무사항의 의의

부동산등기법 제29조 제10호는 "취득세(「지방세법」제20조의2에 따라 분할납부하는 경우에는 등기하기 이전에 분할납부하여야 할 금액을 말한다), 등록면허세(등록에 대한 등록면허세만 해당한다) 또는 수수료를 내지 아니하거나 등기신청과 관련하여 다른 법률에 따라 부과된 의무를 이행하지 아니한 경우"에는 등기관은 그 등기신청을 각하하여야 한다고 규정하고 있다.

여기서 "등기신청과 관련하여 부과된 의무사항"이라 함은 취득세(등록세 지방세법 28①1) 및 지방교육세(지방세법 150. 1), 농어촌특별세(농어촌특별세법 5①1), 인지세의 납부(인지세법 3①1), 등기신청 수수료의 납부(부동산등기법 22③), 국민주택채권의 매입(주택도시기금법 8) 등을 말한다.

(2) 신청정보 및 첨부정보로서 제공

등기를 신청하는 경우에는 취득세나 등록면허세 등 등기와 관련하여 납부하여야 할 세액 및 과세표준액을 신청정보의 내용으로 등기소에 제공하여야 한다. 다른 법률에 의하여 부과된 의무사항이 있을 때에도 같다(규칙 제44조).

Ⅱ. 등기관의 등록세 등의 납부 확인

등기관이 등기신청서를 조사할 때에는, ① 취득세(등록면허세) 영수필 확인서의 첨부 여부와 그 납세명세, ② 국민주택채권(도시철도채권을 포함. 이하 같다)매입정보 상의 매입자 성명 등이 등기신청서의 기재사항과 부합하는지 여부와 국민주택채권매입금액, ③ 당해 등기신청에 대한 신청수수료액과 그에 해당하는 금액의 영수필확인서가 첨부되어 있는지 여부, ④ 전자수입인지의 첨부여부 및 그 구매정보상의 수입인지 금액의 정확여부를 반드시 조사·확인하여야 한다(등기예규 제1566호 1.).

III. 등록면허세

1. 등록면허세의 납부

등록면허세는 등록에 대하여 지방세법 제27조의 과세표준에 다음 각 호에서 정하는 세율을 적용하여 계산한 금액을 그 세액으로 한다(지방세법 제28조 제1항).

(1) 등기신청서의 기재사항

등기를 신청할 때에는 신청서에 그 등기를 신청함에 필요한 기재사항(등기규칙 제43조, 제56조) 이외에 등록세, 교육세 등의 세액, 채권(국민주택채권, 도시철도채권)의 매입총액 및 발행번호 등 등기신청과 관련하여 다른 법률에 의하여 부과된 의무사항이 있는 때에는 이를 기재하도록 되어 있다(규칙 제44조).

(2) 납세의무자

등록세는 재산권 기타 권리의 취득·이전·변경 또는 소멸에 관한 사항을 공부에 등기하는 경우에 그 등기를 받는 자에게 부과한다(지방세법 제23조 1호, 제24조 1호). 여기서 '등기를 받는 자'라 함은 등기신청인(단독신청의 경우) 또는 등기권리자(공동신청의 경우)를 의미한다.

등기의 원인이 무효인 경우에도 그 등기를 등록면허세의 과세대상인 등록에서 제외되는 이른바 '취득을 원인으로 이루어지는 등기'로 볼 수 있으며, 취득을 원인으로 등기가 이루어진 후 등기의 원인이 무효로 밝혀져 취득세과세대상에 해당하지 않게 된 경우, 등록면허세 납세의무가 성립하는 것은 아니다(대판 2018. 4. 10. 2017두35864 등록면허세등부과처분취소).

🔍 판 례

신탁법 제19조의 규정에 의하여 신탁재산에 속하는 부동산 신탁등기에 있어서 등록세의 납세의무자 등록세는 지방세법 제124조의 규정에 의하여 재산권 기타 권리의 취득·이전·변경 또는 소멸에 관한 사항을 공부에 등기 또는 등록(등재를 포함)하는 경우에 '그 등기 또는 등록을 받는 자'에게 부과하는 것이고, 신탁법 제19조의 규정에 의하여 신탁재산에 속하는 부동산의 신탁등기에 있어서 '등기 또는 등록을 받는 자'는 등기권리자인 수탁자를 말한다(대판 : 2006. 6. 30. 2004두6761. 등록세등부과처분취소).

(3) 부동산등기의 등록면허세의 세율

(가) 등록면허세의 세율

부동산에 관한 등기를 받을 때에는 다음 각호의 표준세율에 의하여 등록세를 납부하여야 한다(동법 제28조 1항 1호).

【등록세세율표】(지방세법 제28조 제1항 1호)		
부동산등기	기본세율	비고
소유권보전등기	8/1,000	※ 지방세법 제28조 제1항 제1호 가.에 의한 경우
소유권의 이전등기 유상 무상 상속	20/1,000 15/1,000 8/1,000	
공유 · 합유 · 총유물의 분할 (분할로 인하여 받은 부동산)	가액의 3/1,000	
소유권이외의 물권과 임차권의 설정 및 이전 1. 지상권 : 부동산가액 기준 2. 저당권 : 채권금액 기준 3. 지역권 : 요역지가액 기준 4. 전세권 : 전세금액 기준 5. 임차권 : 월 임대차금액 기준	2/1,000	
경매신청 · 가압류 · 가처분(채권금액 기준) 가등기 (부동산가액 기준)	2/1,000	
신탁(수탁자로부터 수익자에게 소유권이전시) 다만, 공익사업을 목적으로 하는 대통령령으로 정하는 비영리사업자가 수익자가 되는 경우	가액의 10/1,000 가액의 5/1,000	
기타(변경, 경정, 말소)	매건당 6,000원	

(나) 여러 개의 부동산에 관한 등록세의 납부

「지방세법」 제28조 제1항 제1호 다목 및 라목에 따라 등록면허세를 납부할 경우에 등기원인 및 등기목적이 동일한 것으로서 여러 개의 등기소의 관할에 걸쳐 있는 여러 개의 부동산에 관한 권리의 등기를 신청할 때에는 최초의 등기를 신청하면서 등록면허세의 전액을 납부하여야 한다(규칙 제45조 제1항).

규칙 제45조 제1항에 따른 등기신청을 받은 등기관은 신청인이 등록면허세의 전액을 납부한 사실에 관한 정보를 전산정보처리조직에 의하여 작성하여야 한다(규칙 제45조 제2항).

신청인이 다른 등기소에 등기를 신청할 때에는 최초의 등기를 신청하면서 등록면허세의 전액을 납부한 사실, 최초의 등기를 신청한 등기소의 표시와 그 신청정보의 접수연월일 및 접수번호를 신청정보의 내용으로 등기소에 제공하여야 한다(규칙 제45조 제3항).

규칙 제45조 제3항에 따른 등기신청을 받은 다른 등기소의 등기관은 전산정보처리조직을 이용하여 신청인이 최초의 등기를 신청하면서 등록면허세의 전액을 납부한 사실을 확인하여야 한다(규칙 제45조 제4항).

등록면허세 외의 등기신청과 관련하여 납부하여야 할 세액 및 다른 법률에 의하여 부과된 의무사항에 관하여는 제1항부터 제4항까지의 규정을 준용한다(규칙 제45조 제5항).

2. 등기신청시 납부할 취득세 및 등록면허세(등기예규 제1410호, 제1636호)

(1) 국 명의의 가처분등기말소에 따른 등록면허세

국 명의의 가처분등기가 이루어진 후 국가가 본안 소송에서 승소판결을 받아 이에 따른 등기를 완료한 후라면 위 가처분등기의 말소는 국가가 자기를 위하여 하는 등기에 해당하므로 「지방세법」 제26조 제1항에 따라 등록면허세가 면제되지만, 승소판결에 따른 등기를 하지 않고 위 가처분등기를 말소하는 경우에는 등기부상 소유자가 그 가처분말소등기의 등기권리자가 되므로 등록면허세를 납부하여야 한다.

(2) 국가가 대위하여 촉탁하는 분필등기 등과 등록면허세

국가가 1필의 토지의 일부를 매수하고 매도인을 대위하여 촉탁하는 분필등기, 등기명의인 표시변경등기와 지목변경등기 등은 「지방세법」 제26조 제1항에서 말하는 국가가 자기를 위하여 하는 등기에 해당하므로 등록면허세가 면제된다.

(3) 담보가등기를 신청하는 경우 등록면허세

담보가등기권리는 「가등기담보 등에 관한 법률」 제17조 제3항에 따라 이를 저당권으로 보고 있으므로, 담보가등기를 신청할 경우 납부할 등록면허세는 「지방세법」 제28조 제1항의 저당권의 세율을 적용하여야 한다.

(4) 근저당권설정등기를 신청하는 경우 등록면허세

근저당권설정등기를 신청하는 경우에는 「부동산등기법」 제75조 제2항 제1호의 채권의 최고액을 과세표준으로 하여 등록면허세를 납부하여야 한다.

(5) 신탁등기의 취득세 및 등록면허세

신탁을 원인으로 한 소유권이전등기와 신탁의 등기는 동시에 신청하여야 하나 이들은 각 별개의 등기이므로, 신탁을 원인으로 한 소유권이전등기에 대하여는 「지방세법」 제9조 제3항 제1호에 따라 취득세를 납부할 필요가 없지만, 신탁등기에 대하여는 「지방세법」 제28조 제1항 제1호 마목에 따라 6,000원의 등록면허세를 납부하여야 한다.

(6) 미등기부동산의 처분제한의 등기 등의 경우 등록면허세와 국민주택채권매입

가. 미등기부동산에 대한 처분제한 등기의 촉탁에 의하여 등기관이 직권으로 소유권보존 등기를 완료한 때에는 납세지를 관할하는 지방자치단체 장에게 「지방세법」 제38조의 규정에 의한 등록면허세 미납 통지를 하여야 하고, 이 경우 소유자가 보존등기를 신청 하는 것이 아니므로(「주택도시기금법」 제8조 참조) 국민주택채권도 매입할 필요가 없다(등기예규 제1410호. 6. 가, 제1636호).

나. 채권자가 채무자를 대위하여 소유권보존등기를 신청하는 경우에는 본래의 신청인인 채무자가 신청하는 경우와 다르지 않으므로 채권자가 등록면허세를 납부하여야 하고, 등기하고자 하는 부동산이 토지인 경우에는 국민주택채권도 매입하여야 한다(등기예규 제1410호 6. 나, 제1636호).

(7) 취득세 및 등록면허세 면제와 국민주택채권의 매입 관계

취득세 및 등록면허세가 면제되는 경우라 하더라도 국민주택채권은 「주택도시기금법」 및 같은 법 시행령 등의 규정에 의하여 그 매입의무가 면제되지 않는 한 매입하여야 한다(등기예규 제1636호.).

Ⅳ. 지방교육세

1. 납세의무자

지방교육의 질적 향상에 필요한 지방교육재정의 확충에 소요되는 재원을 확보하기 위하여 지방세법의 규정에 의한 등록세의 납세의무자는 지방교육세를 납부할 의무를 진다(지방세법 제150조 1호).

2. 과세표준과 세율

교육세는 지방세법의 규정에 의하여 납부하여야 할 등록세액의 100분의 20을 그 세액으로 한다(지방세법 제151조 1항 1호).

Ⅴ. 농어촌특별세

1. 납세의무자, 과세표준과세율

취득세 또는 등록에 대한 등록면허세의 감면을 받는자는 농어촌특별세법에 따라 농어촌특별세를 납부할 의무를 진다(농어촌특별세법 제3조 1호).

농어촌특별세는 취득세 또는 등록에 대한 등록면허세의 감면세액의 100분의 20을 그 세액으로 한다(동법 제5조 제1항 1호).

Ⅵ. 인지세

1. 납세의무

국내에서 재산에 관한 권리의 창설, 이전, 변경에 관한 계약서 이를 증명하는 문서를 작성하는 자는 당해문서를 작성할 때에 인지세법에 의하여 당해 문서에 대한 인지세를 납부할 의무가 있다(인지세법 제1조제1항).

2. 과세문서 및 세액

인지세를 납부하여야 할 과세문서 및 세액은 다음과 같다(동법 제3조제1항).

〈2010. 1. 1〉

과세문서	세 액
1. 부동산·선박·항공기의 소유권 이전에 관한 증서	기재금액이 1천만원 초과 3천만원 이하인 경우 : 2만원 기재금액이 3천만원 초과 5천만원 이하인 경우 : 4만원 기재금액이 5천만원 초과 1억원 이하인 경우 : 7만원 기재금액이 1억원 초과 10억원 이하인 경우 : 15만원 기재금액이 10억원을 초과하는 경우 : 35만원

3. 비과세문서

인지세법 제6조 각호의 문서에 대해서는 인지세를 납부하지 아니한다(인지세법 제6조).

4. 기타 비과세 문서

가. 신탁계약서

신탁을 원인으로 하는 소유권이전등기신청서에 첨부하는 신탁계약서는 대가성 있는 소유권이전에 관한 증서로 볼 수 없으므로 인지세법에서 정하는 인지를 첨부할 필요가 없다(등기선례 제7권 553항).

나. 근저당권변경계약서

채무자변경으로 인한 근저당권변경등기신청서의 등기원인증서인 근저당권변경계약서는 인지세법상 과세문서가 아니다(등기선례 제6권. 759항. 제4권 970항).

다. 판결

매매를 원인으로 하는 소유권이전등기의 절차이행을 명하는 확정판결을 받은 후 그 판결문을 등기원인서면으로 첨부하여 소유권이전등기를 신청하는 경우에는 그 판결문에 인지세법상의 인지를 첨부할 필요는 없다(등기선례 5권931항).

라. 무상증여

증여계약은 무상계약으로서 소유권이전에 대한 대가액이 없어 인지세법상의 기재금액이 없다고 할 것이므로, 증여계약서에는 인지세법이 정하는 인지를 붙이지 않아도 된다(등기선례 요지집 제6권758항).

Ⅶ. 국민주택채권의 매입

주택도시기금법 제8조 제1항 제2호에 의하여 국가 또는 지방자치단체에 등기를 신청하는 자는 국민주택채권을 매입하여야한다(동법 제8조 1항 2호).

국민주택채권을 매입하여야 하는 자와 매입기준은 별표와 같다(주택도시기금법시행령 제8조 제2항).

1. 국민주택채권의 매입대상자 및 매입금액

(1) 매입대상자

주택도시기금법시행령 제8조 제2항의 규정에 의하여 부동산등기를 하는 경우 제 1종 국민주택채권을 매입하여야 하는 자는 다음 각 호와 같다.

    (가) 소유권보존등기 또는 소유권이전등기   소유권보존등기 또는 소유권이전등기의 등기명의자(등기원인이 상속인 경우에는 상속인)

    (나) 저당권의 설정   저당권 설정자

    (다) 저당권의 이전   저당권을 이전받는 자

    (라) 상속등기시 주택채권매입 기준

상속등기시 매입하여야 할 주택채권은 각 부동산별로 각 부동산에 대하여는 상속인 각자의 상속지분별로 산정된 과세시가표준액을 기준으로 한다(등기예규 제768호).

(2) 제1종 국민주택채권의 매입대상자와 매입기준

주택도시기금법 제8조 제2항의 규정에 의하여 제 1 종 국민주택채권을 매입하여야 하는 자와 그 매입기준은 별표와 같다(주택도시기금법시행령 제8조 제2항).

제1종 국민주택채권 매입대상자 및 매입기준(령 제8조 제2항 관련)

1. 매입대상 및 매입금액은 별지 부표와 같다. 다만, 「도시철도법 시행령」 별표 2 제2호부터 제5호까지, 제7호부터 제13호까지 및 제16호에 따라 도시철도채권을 매입한 자는 해당 호에 상응하는 부표 제1호부터 제5호까지, 제9호, 제12호부터 제14호까지, 제16호, 제17호 및 제20호에 따른 국민주택채권을 매입하지 아니한다.
2. 다음 각 목의 어느 하나에 해당하는 자에 대해서는 국민주택채권의 매입의무를 면제한다.
   가. 국가기관
   나. 지방자치단체
   다. 제8조제1항에 따른 공공기관
   라. 「지방공기업법」에 따른 지방공기업
   마. 「금융기관부실자산 등의 효율적 처리 및 한국자산관리공사의 설립에 관한 법률」에 따라 설립된 한국자산관리공사
   바. 「부동산투자회사법」에 따른 부동산투자회사
   사. 「한국주택금융공사법」에 따라 설립된 한국주택금융공사
3. 다음 각 목의 어느 하나에 해당하는 자에 대해서는 매입의무의 일부를 면제한다.
   가. 다음의 어느 하나에 해당하는 경우 융자에 필요한 저당권의 설정등기를 할 때에는 국민주택채권을 매입하지 아니한다.
      1) 「농업협동조합법」에 따른 농업인, 「수산업협동조합법」에 따른 어업인 또는 「산림조합법」에 따른 임업인에 대하여 농업협동조합중앙회(농협은행을 포함한다)와 그 회원조합의 장, 수산업협동조합중앙회와 그 회원조합의 장 또는 산림조합중앙회와 그 회원조합의 장이 농어촌소득증대를 위한 영농자금·축산자금·어업자금·산림개발자금으로 융자하고 이를 확인한 경우
      2) 「주택법」 제9조에 따른 주택건설사업자에 대하여 금융기관(국민주택사업특별회계가 설치된 지방자치단체를 포함한다)의 장이 국민주택규모 이하의 주택을 건설하기 위한 자금으로 융자하고 이를 확인한 경우
   나. 다음의 어느 하나에 해당하는 경우에는 국민주택채권을 매입하지 아니한다.
      1) 「민법」 제32조에 따라 허가받은 종교단체와 그에 소속된 종교단체 및 관계 법령에 따라 시장·군수에게 등록된 종교단체 또는 「사회복지사업법」에 따른 사회복지법인이 종교용 또는 사회복지용 건축물을 건축하거나 해당 토지 또는 건축물의 소유권 보존등기나 이전등기를 하는 경우
      2) 「사립학교법」에 따른 학교법인 또는 사립학교경영자가 교육용 토지 또는 건축물을 취득하여 소유권의 보존등기나 이전등기를 하는 경우
   다. 「외국인투자 촉진법」에 따른 외국인투자기업 및 그 밖에 국토교통부령으로 정하는

자에 대해서는 매입대상항목의 일부에 관하여 채권의 매입을 면제할 수 있다.

라. 건축허가를 신청할 때에 국민주택채권을 매입한 자가 사용승인을 마친 건축물에 대하여 소유권보존등기를 할 때에는 국민주택채권을 매입하지 아니한다.

마. 「농업·농촌 및 식품산업 기본법」 제3조제2호에 따른 농업인, 「수산업·어촌 발전 기본법」 제3조제3호에 따른 어업인 또는 「농어업경영체 육성 및 지원에 관한 법률」 제16조에 따라 설립된 영농조합법인 및 같은 법 제19조에 따라 설립된 농업회사법인이 영농을 목적으로 농지를 취득하여 소유권이전등기를 하거나 농지에 대하여 저당권의 설정등기 및 이전등기를 할 때에는 국민주택채권을 매입하지 아니한다.

바. 관계 법령에 따라 조세를 납부하여야 하는 자가 그 법령에서 정하는 바에 따라 분납·연부연납 또는 조세의 납부시기를 연기할 목적으로 제공한 담보에 대하여 저당권 설정등기를 할 때에는 국민주택채권을 매입하지 아니한다.

사. 공사가 법 제26조에 따른 업무 중 보증업무를 수행하는 경우로서 건축허가를 받거나 부동산등기를 할 때에는 국민주택채권을 매입하지 아니한다.

아. 「국가유공자 등 예우 및 지원에 관한 법률」, 「보훈보상대상자 지원에 관한 법률」, 「5·18민주유공자예우에 관한 법률」, 「제대군인지원에 관한 법률」 및 「특수임무유공자 예우 및 단체설립에 관한 법률」을 적용받는 자가 대부금으로 취득한 재산을 담보로 제공하거나 대부를 받기 위하여 담보로 제공하는 재산에 대하여 근저당권설정등기를 할 때에는 국민주택채권을 매입하지 아니한다.

자. 다음의 어느 하나에 해당하는 사람이 담보로 제공하는 주택에 대하여 근저당권설정 등기를 할 때에는 국민주택채권을 매입하지 아니한다.

  1) 「한국주택금융공사법」 제43조의2에 따라 한국주택금융공사로부터 주택담보노후연 금보증을 받는 사람

  2) 장기주택저당대출(주택소유자가 주택에 저당권을 설정하고 「한국주택금융공사법」 제2조제11호의 금융기관으로부터 연금방식으로 생활자금을 대출받는 것을 말한다)에 가입한 사람

4. 매입최저금액 : 국민주택채권의 최저매입금액은 1만원으로 한다. 다만, 1만원 미만의 단수가 있을 경우에 그 단수가 5천원 이상 1만원 미만인 때에는 이를 1만원으로 하고, 그 단수가 5천원 미만인 때에는 단수가 없는 것으로 한다.

[부표] (주택도시기금법시행령 제8조 제2항))

【제1종 국민주택채권 매입대상자 및 매입금액】

매입대상	매입금액
15. 부동산등기 (등기하고자 하는 부동산이 공유물인 때에는 공유지분율에 따라 산정한 시가표준액을, 공동주택인 경우에는 세대당 시가표준액을 각각 기준으로 하며, 이 경우 공유지분율에 따라 시가표준액을 산정함에 있어서 2이상의 필지가 모여서 하나의 대지를 형성하고 있는 때에는 그 필지들을 합하여 하나의 필지로 본다) 가. 소유권의 보존(건축물의 경우를 제외한다) 또는 이전(공유물을 공유지분율에 따라 분할하여 이전등기를 하는 경우와 신탁 또는 신탁종료에 따라 수탁자 또는 위탁자에게 소유권이전등기를 하는 경우를 제외한다) (1) 주택[시가표준액이 고시되지 아니한 신규분양 공동주택의 경우에는 「지방세법」 제10조 제5항 제3호 및 동법 시행령 제18조제3항제2호의 규정에 의한 취득가격을 말한다.]	
가) 2천만원 이상 5천만원 미만	◆ 시가표준액의 13/1,000
나) 5천만원 이상 1억원미만 특별시 및 광역시(그 밖의 지역)	19(14)/1,000
다) 1억원 이상 1억6천만원미만 특별시 및 광역시(그 밖의 지역)	21(16)/1,000
라) 1억6천만원 이상 2억6천만원 미만 특별시 및 광역시(그 밖의 지역)	23(18)/1,000
마) 2억6천만원 이상 6억원 미만 특별시 및 광역시(그 밖의 지역)	26(21)/1,000
바) 6억원 이상 특별시 및 광역시(그 밖의 지역)	31(26)/1,000
(2) 토지	
가) 5백만원 이상 5천만원 미만 특별시 및 광역시(그 밖의 지역)	25(20)/1,000
나) 5천만원 이상 1억원 미만	40(35)/1,000

특별시 및 광역시(그 밖의 지역)	
다) 1억원 이상 특별시 및 광역시(그 밖의 지역)	50(45)/1,000
(3) 주택 및 토지 외의 부동산	
가) 1천만원 이상 1억3천만원 미만 특별시 및 광역시(그 밖의 지역)	10(8)/1,000
나) 1억3천만원 이상 2억5천만원 미만 특별시 및 광역시(그 밖의 지역)	16(14)/1,000
다) 2억5천만원 이상 특별시 및 광역시(그 밖의 지역)	20(18)/1,000
나. 상속(증여 그 밖에 무상으로 취득하는 경우를 포함한다)	
(1) 1천만원 이상 5천만원 미만 특별시 및 광역시(그 밖의 지역)	18(14)/1,000
(2) 5천만원 이상 1억5천만원 미만 특별시 및 광역시(그 밖의 지역)	28(25)/1,000
(3) 1억5천만원 이상 특별시 및 광역시(그 밖의 지역)	42(39)/1,000
다. 저당권의 설정 및 이전 (가) 저당권 설정금액이 2천만원 이상인 경우만 해당한다. (나) 신탁 또는 신탁종료에 따라 수탁자 또는 위탁자에게 저당권을 이전하는 경우는 제외한다.	◆ 저당권설정금액의 10/1,000 다만, 매입금액이 10억원을 초과하는 경우에는 10억으로 함.

Ⅷ. 등기신청 수수료

등기를 하려고 하는 자는 대법원규칙으로 정하는 바에 의하여 수수료를 내야 한다(법 22 조 3항). 등기신청수수료는 등기신청인이 납부하여야 하되, 등기권리자와 등기의무자의 공동신청에 의하는 경우에는 등기권리자가 납부하여야 한다(예규 1565호 2. 가.).

등기를 하고자 하는 자는 등기사항증명서 등 수수료규칙 제6에 따라 수수료를 납부하여야 한다(법 제22조 제3항 등기예규 제1463호. 1565호, 1629호).

등기관은 등기신청서를 조사함에 있어 그 등기신청수수료에 해당하는 납부액이 기재된 영수필확인서가 첨부되었는지를 확인하여야 한다(등기예규 제1565호. 7. 나. 1629호).

1. 수수료의 납부의무자(등기신청인 또는 등기권리자)

등기신청수수료는 등기신청인이 이를 납부하여야 하되, 등기권리자와 등기의무자의 공동신청에 의하는 경우에는 등기권리자가 이를 납부하여야 한다(등기예규 제1463호, 제1487호, 제1565호, 제1629호 2. 가).

각종등기신청수수료의 징수, 전자신청의 특례, 국가에 대한 수수료 면제, 징수절차, 등기신청취하에 따른 반환절차 등은 등기예규 제1463호, 제1565호에 규정되어 있다.

2. 일괄신청의 경우

수개의 부동산에 관한 등기신청을 일괄하여 하나의 신청서(촉탁서를 포함한다)로써 하는 경우(법 제25조, 규칙 제47조)에는 등기의 목적에 따른 소정의 수수료액에 신청 대상이 되는 부동산 개수를 곱한 금액을 등기신청 수수료로 납부하여야 한다(등기예규 제1463호 제1565호 2. 나).

3. 대지사용권의 취득

「부동산등기법」 제60조(대지사용권의 취득)에 따라 대지사용권에 대한 이전등기를 신청하는 경우에는 통상의 공유지분이전등기와 다를 바 없으므로 대지 필지별로 소정의 소유권이전등기 신청수수료를 납부하여야 하며, 대지권등기는 대지 필지수와 관계없이 구분건물별로 납부하여야 한다(2012. 3. 9. 부동산등기과-504).

4. 등기신청의 취하, 각하와 등기신청수수료의 반환

(1) 등기신청의 취하

등기신청이 취하된 경우에는 납부된 등기신청수수료를 신청인 또는 그 대리인에게 반환하되, 그 반환 방법은 등기신청수수료의 납부 및 환급 등에 따른 사무처리지침의 규정에 의한다(등기예규 제1487호, 제1565호 10항).

(2) 등기신청의 각하

등기관은 등기신청서를 조사함에 있어 그 등기신청수수료에 해당하는 납부액이 기재된 영수필확인서가 첨부되었는지를 확인하여야 한다(등기예규 제1565호. 7. 나).

등기신청이 각하되어도 이미 납부된 제5조의2 내지 제5조의4 의 수수료는 이를 반환하지 아니한다(수수료규칙 제6조 5항).

5. 수수료의 면제

(1) 법률의 규정 및 국가가 자기를 위하여 하는 등기

다른 법률에 수수료를 면제하는 규정이 있거나 「국유재산법」상의 분임재산관리관 이상의 공무원이 「징발법」, 「징발재산정리에 관한 특별조치법」 시행상의 필요에 의하여 청구하는 때에는 제2조 내지 제4조에 규정하는 수수료를 면제한다. <위 규칙 제7조 제1항>

다른 법률에 수수료를 면제하는 규정이 있거나 국가가 자기를 위하여 하는 등기의 신청의 경우에는 제5조의2 내지 제5조의4 에서 규정하는 수수료를 면제한다(수수료규칙 제7조 3항). 등기부등·초본등수수료규칙 제7조 제3항의 규정에 의하여 등기신청수수료가 면제되는 국가가 자기를 위하여 하는 등기라 함은 다음 각호의 1 에 해당하는 경우를 말한다(등기예규 제1463호. 5).

1. 국가가 등기권리자로서 신청하는 등기
2. 위 등기 중 국가가 공권력의 주체로서 촉탁한 등기의 말소등기
3. 국유재산을 관리, 보존하기 위한 등기

(2) 부동산등기신청수수료의 면제

다음 각호의 1에 해당하는 부동산등기에 대하여는 등기신청수수료를 받지 아니한다(수수료 규칙 제5조의2 2항단서).

(가) 예고등기의 말소등기

(나) 멸실회복등기

(다) 회생, 파산, 개인회생, 국제도산에 관하여 법원의 촉탁으로 인한 등기

(라) 부동산표시의 경정 및 변경등기

(마) 부동산에 관한 분할·구분·합병 및 멸실등기(대지권에 관한 등기 제외)

(바) 행정구역·지번의 변경, 주민등록번호(또는 부동산등기용등록번호)의 정정을 원인으로 한 등기명의인 표시경정 및 변경등기

(사) 등기관의 과오로 인한 등기의 착오 또는 유루를 원인으로 하는 경정등기

(아) 공유토지분할에관한특례법에 의한 등기

(자) 신탁등기 및 신탁등기의 말소등기

(3) 등기관의 직권에 의한 등기

등기관이 직권으로 등기하는 경우에는 등기신청수수료를 받지 아니한다(등기예규 제1463호 9항).

(4) 판결에 의한 중복등기 말소등기

판결에 의한 중복등기 말소등기신청의 경우에는 등기신청수수료징수에 관한 예규 제2항 다호의 규정에 따라 등기신청수수료가 면제된다(등기선례요지집 제5권 918항).

(5) 집행법원의 촉탁에 의한 등기

화의인가결정의 확정에 의하여 실효된 가압류등기 등을 화의법원이 아닌 집행법원이 말소 촉탁하는 경우에도 등기신청수수료는 면제될 것이다(등기선례요지집 제5권 879항).

6. 등기신청 수수료액

등기의 목적별 부동산 등기신청 수수료액은 별표와 같다(등기예규 제1463호 제1487호 제1565호, 제 1622호 2. 자. 3. 마).

7. 등기신청수수료의 현금수납 및 과오납금의 환급절차

등기신청수수료의 현금수납, 수납된 현금 또는 소인된 등기수입증지의 과오납금의 환급절 차는 등기예규 제1525호에, 등기수입증지의 환매 및 반납절차는 등기예규 제1486호에 규정 되어 있다.

부동산등기신청수수료액

(「등기사항증명서 등 수수료규칙」 제5조2에 의한 등기신청의 경우)

등 기 의 목 적		수수료	비 고
1. 소유권보존등기		15,000원	
2. 소유권이전등기		15,000원	
3. 소유권 이외의 권리설정 및 이전등기		15,000원	
4. 가등기 및 가등기의 이전등기		15,000원	
5. 변경 및 경정등기 (다만, 착오 또는 유루발견을 원인으로 하는 경정등기신청의 경우는 수수료 없음)	가. 등기명의인 표시	3,000원	행정구역·지번변경, 주민등록번호(또는 부동산등기용등록번호) 정정의 경우에는 신청수수료 없음
	나. 각종권리	3,000원	
	다. 토지표시	없 음	
6. 분할·합병등기		없 음	대지권에 관한 등기는 제외 (각 구분건물별 3,000원)
7. 멸실등기		없 음	토지의 멸실등기의 경우에는 신청수수료 없음
8. 말소등기		3,000원	예고등기의 말소등기 경우에는 신청수수료 없음
9. 말소회복등기		3,000원	
10. 멸실회복등기		없 음	
11. 가압류·가처분등기		3,000원	
12. 압류 (체납처분 등 등기)	가. 지방세	3,000원	
	나. 의료보험 등 공과금	3,000원	
13. 경매기입등기, 강제관리등기		3,000원	
14. 파산·화의·회사정리등기		없 음	
15. 신탁등기	가. 신탁등기	없 음	
	나. 신탁등기의 변경, 말소등기 등 신탁관련 기타 등기	없 음	
16. 환매권등기	가. 환매특약의 등기 및 환매권 이전등기	15,000원	
	나. 환매권 변경, 말소 등 환매권 관련 기타 등기	3,000원	
17. 위에서 열거한 등기 이외의 기타 등기		3,000원	

제15절 등기관의 판단사항으로 보는 사례

등기관의 등기신청에 대한 심사결과 신청서에 필요한 서면을 첨부하지 아니하였거나 첨부한 서면이 부동산등기법 제24조 각호 기타 법령의 규정에 의한 적법한 요건을 갖추지 못한 것으로 판단될 경우에는 부동산등기법 제29조 제9호의 규정(신청서에 필요한 서면을 첨부하지 아니한 때)에 의하여 그 등기신청은 각하된다. 그러나 다양한 등기신청사건에 있어서 등기신청에 필요한 서면의 법적 요건을 빠짐없이 각 법령에 이를 규정할 수 없는 것이므로 등기신청서에 첨부된 서면이 법령에 규정된 요건을 구비한 것으로서 등기신청에 필요한 서면(법 제29조 제9호)에 해당되는지의 여부에 대하여는 이를 당해 등기신청사건을 받은 등기관이 구체적으로 판단할 수밖에 없다.

등기관이 구체적인 등기신청사건을 조사함에 있어 그 신청서에 첨부된 서면 등이 부동산등기법 또는 다른 법령에서 규정하고 있는 서면(예 농지법 제2조 1호·8조 4항 등)으로서 등기신청에 필요한 서면의 요건을 구비하고 있는가의 여부에 관하여 등기관의 판단사항으로 보는 것으로 다음과 같은 사례가 있다.

1. 기타 시·구·읍·면장의 서면에 해당 여부(건물의 소유권보존등기)

시·구·읍·면의 장의 서면에 의하여 자기의 소유권을 주장하는 자가 건물의 소유권보존등기신청서에 첨부한 구청장이 발급한 확인공문서(과세확인서, 단 그 증명서에는 건물의 표시와 소유자의 표시가 구체적으로 기재되어 있는 것이어야 한다), 과세내역을 확인 회신한 민원서류회신 등의 서면이 구 부동산등기법 제131조 제2호 소정의 서면으로 볼 수 있는지 여부는 등기관이 판단할 사항이다(등기선례요지집 제3권 377항, 4권 177항, 4권 332항; 등기예규 제901호, 1997. 12. 1).

구 부동산등기법 제131조 제2호 소정의 소유권을 증명하는 '시·구·읍·면의 장의 서면'에 해당하기 위해서는 시·구·읍·면의 장이 발급한 증명서로서, 건물의 소재와 지번, 건물의 종류, 구조 및 면적 등 건물의 표시와 그 건물이 국소유임이 기재되어 있어야 하며, 그 해당 여부는 담당 등기관이 판단할 사항이다(2004. 6. 7. 부등 3402-281, 등기선례요지집 제7권 159항).

2. 변경·경정을 증명하는 서면(등기명의인표시변경등기)

(가) 소유권이전등기시 신청착오로 인하여 소유자를 '채○○'으로 하여야 할 것을 '김○○'으로 잘못 등기할 경우에 신청착오로 인한 등기명의인표시의 변경, 경정의 등기신청서에 첨부된 보증서면(공무원재직증명·법무사자격증명 사본 등), 동일인보증서, 동일인증명 등이 구 부동산등기법 제48조 제1항의 '이를 증명함에 족한 서면'인지 여부는 등기관이 판단할 사항이다(등기선례요지집 제4권 362항, 5권 543항; 등기예규 제63호).

(나) 등기명의인 표시경정등기를 신청하는 경우 구 부동산등기법 제48조 제1항 후단에 규정한 '이를 증명하는 서면'의 하나로 동일인 보증서를 제출할 수도 있을 것이나 그 보증서가 당해 신청사항을 증명함에 족하다고 보아 수리할 것인지 여부는 등기신청을 받은 등기관의 판단에 속하는 사항이다(등기선례요지집 제3권 672항).

3. 농지가 아니라는 증명

공부상 지목은 농지이나 관할 행정관청이 발급하는 서면에 의하여 실제로 농지가 아니라는 것이 증명되는 경우에는 그 부동산에 대하여 농지취득자격증명 없이 소유권이전등기를 신청할 수 있는바 어떠한 서면이 그러한 사실을 증명하는 서면에 해당하는지 여부는 당해 등기신청을 받은 등기관이 구체적으로 판단할 사항이다(등기선례요지집 제3권 830항, 4권 731항, 5권 738항·723항).

4. 상속을 증명하는 서면

등기신청인이 제출한 서면이 구 부동산등기법 제46조·제47조 규정(신법 제27조)의 상속사실을 증명하는 서면 또는 상속인의 신분을 증명하는 서면에 해당하는지 여부는 그 서면이 등기명의인이 사망하여 신청인이 그 상속인이 되었고 달리 상속인이 없다는 것을 명확히 하고 있는 서면이라고 볼 수 있는지 여부에 따라 등기신청을 받은 등기관이 구체적으로 판단할 사항이다(등기선례요지집 제5권 287항).

법정분가로 인하여 호주가 된 피상속인이 사망한 경우 상속으로 인한 소유권이전등기 신청시에 법정분가 전 호주의 제적등본을 첨부하게 할 것인지 여부도 구체적인 사건에서 등기신청을 심사하는 등기관이 판단할 사항이다(등기선례: 7-180).

제16절 판결에 의한 등기

"판결에 의한 등기"라 함은 확정판결에 의하여 자기의 소유권을 증명하는 자가 그 확정판결정본을 등기원인을 증명하는 서면으로 하여 미등기의 토지 또는 건물에 관한 소유권보존등기를 신청하거나(법 제56조 제2호), 등기의 공동신청의 경우 등기의무자가 등기신청에 협력하지 않을 때에는 등기를 원하는 일방 당사자가 타방 당사자에게 등기신청에 협력을 요구할 수 있는 실체법상의 권리인 등기청구권을 행사하여 등기의무자의 등기신청의사의 진술에 갈음하는 확정된 이행판결(민사집행법 제263조 제1항)을 받아 승소한 등기권리자로서 단독으로 등기를 신청하는 것을 말한다(법 제23조 제4항).

부동산등기법 제130조(토지의 보존등기, 현행법 제65조) 제2호 소정의 판결은 그 내용이 신청인에게 소유권이 있음을 증명하는 확정판결이면 족하고, 그 종류에 관하여 아무런 제한이 없어 반드시 확인판결이어야 할 필요는 없고, 이행판결이든 형성판결이든 관계가 없으며, 또한 화해조서 등 확정판결에 준하는 것도 포함한다(대판 1994. 3. 11. 93다57704).

그러나 부동산등기법 제23조 제4항의 판결은 등기신청절차의 이행을 명하는 확정된 이행판결이어야 하며, 주문의 형태는 '피고는 원고에게 별지목록기재 부동산에 관하여 2018년 3월 15일 매매(또는 증여, 교환 등)를 원인으로 한 소유권이전등기절차를 이행하라'와 같이 등기신청의사를 진술하는 것이어야 한다(민사집행법 제263조 제1항). 위 판결에는 등기권리자와 등기의무자, 등기의 목적(종류), 등기원인과 그 연월일등 등기기록 및 등기신청서에 기재하여야 할 사항이 명시되어 있어야 한다.

부동산등기법 제23조 제4항의 판결은 확정된 이행판결이어야 하므로 가집행선고가 붙은 판결(민사소송법 제213조)에 의하여 등기를 신청한 경우 등기관은 그 신청을 각하(법 제29조 제9호)하여야 한다(등기예규 제1383호. 2.나.). 등기절차의 이행을 명하는 확정판결을 받았다면 그 확정시기에 관계없이, 즉 확정 후 10년(민법 제165조 제1항 참조)이 경과하였다 하더라도 그 판결에 의한 등기신청을 할 수 있다(등기예규 제1383호. 2. 라.).

의사의 진술을 명한 판결이 확정된 때에는 그 판결로 의사를 진술한 것으로 본다(민사집행법 제263조 제1항). 따라서, 근저당권설정등기의 말소와 같은 피고의 의사진술을 명하는 판결에 대하여는 집행기관이 관여할 필요가 없는 것이므로 그 집행정지는 허용되지 않으므로(대법원 1959. 12. 7. 4299민신14), 조건부 의사진술을 명하는 재판은, 그 조건이 성취되어 집행문이 부여될 때 의사를 진술한 것과 동일한 효력이 발생하고, 집행기관이 관여하는 현실적인 강제집행절차가 존재할 수 없으므로 강제집행의 정지도 있을 수 없으니 등기공무원은 강제집행정지결정에 구애됨이 없이 등기신청을 받아들여 등기기입을 할 수 있다(대법원 1979. 5. 22. 77마427).

Ⅰ. 부동산등기법 제23조 제4항의 판결의 요건

판결등 집행권원에 의한 등기신청 절차는 아래와 같다(등기예규 제1383호).

1. 이행판결

(1) 등기신청서의 기재사항

부동산등기법 제23조 제4항의 판결은 등기절차의 이행을 명하는 이행판결이어야 하며, 그 판결에는 등기권리자와 등기의무자, 등기할 부동산의 표시, 등기원인과 그 연월일, 등기의 목적 등 등기신청서에 기재하여야 할 사항(규칙 제43조 제1항. 2호. 5호. 6호.)이 명시되어 있어야 한다(예: 피고는 원고에게 별지목록기재부동산(등기할 부동산)에 관하여 0000년 0월 0일(등기원인일자) 매매(등기원인)를 원인으로 한 소유권이전등기절차(등기의 목적)를 이행하라.).

(2) 등기신청을 할 수 없는 판결의 예시

(가) 등기신청절차의 이행을 명하는 판결이 아닌 경우

1) "○○재건축조합의 조합원 지위를 양도하라"와 같은 판결
2) "소유권지분 10분의 3을 양도한다"라고 한 화해조서
3) "소유권이전등기절차에 필요한 서류를 교부한다"라고 한 화해조서

(나) 이행판결이 아닌 경우

1) 매매계약이 무효라는 확인판결에 의한 소유권이전등기의 말소등기신청

2) 소유권확인판결에 의한 소유권이전등기의 신청

3) 통행권 확인판결에 의한 지역권설정등기의 신청

4) 재심의 소에 의하여 재심대상 판결이 취소된 경우 그 재심판결로 취소된 판결에 의하여 경료된 소유권이전등기의 말소등기 신청

5) 피고의 주소를 허위로 기재하여 소송서류 및 판결정본을 그 곳으로 송달하게 한 사위판결에 의하여 소유권이전등기가 경료된 후 상소심절차에서 그 사위판결이 취소·기각된 경우 그 취소·기각판결에 의한 소유권이전등기의 말소등기 신청

(다) 신청서에 기재하여야 할 필수적 기재사항이 판결주문에 명시되지 아니한 경우

1) 근저당권설정등기를 명하는 판결주문에 필수적 기재사항인 채권최고액이나 채무자가 명시되지 아니한 경우

2) 전세권설정등기를 명하는 판결주문에 필수적 기재사항인 전세금이나 전세권의 목적인 범위가 명시되지 아니한 경우

2. 확정판결

법 제23조 제4항의 판결은 확정판결이어야 한다. 따라서 확정되지 아니한 가집행선고가 붙은 판결에 의하여 등기를 신청한 경우(민사집행법 제263조 제1항 참조) 등기관은 그 신청을 법 제29조 제9호의 규정에 의하여 각하하여야 한다.

3. 부동산등기법 제23조 제4항의 판결에 준하는 집행권원

(1) 화해조서·인낙조서, 화해권고결정, 민사조정조서·조정에 갈음하는 결정, 가사조정조서·조정에 갈음하는 결정(2013. 5. 3. 부동산등기과-1011) 등도 그 내용에 등기의무자의 등기신청에 관한 의사표시의 기재가 있는 경우에는 등기권리자가 단독으로 등기를 신청할 수 있다.

(2) 중재판정 또는 외국판결에 의한 등기신청은 집행판결을 첨부하여야만 단독으로 등기를 신청할 수 있다.

(3) 공증인 작성의 공정증서는 설령 부동산에 관한 등기신청의무를 이행하기로 하는 조항

이 기재되어 있더라도 등기권리자는 이 공정증서에 의하여 단독으로 등기를 신청할 수 없다(민사집행법 제263조 제1항 참조).

(4) 가처분결정(판결)에 등기절차의 이행을 명하는 조항이 기재되어 있어도 등기권리자는 이 가처분결정 등에 의하여 단독으로 등기를 신청할 수 없다. 다만, 가등기권자는 법 제89 조의 가등기가처분명령을 등기원인증서로 하여 단독으로 가등기를 신청할 수 있다.

4. 판결에 의한 등기신청기간

등기절차의 이행을 명하는 확정판결을 받았다면 그 확정시기에 관계없이, 즉 확정 후 10 년이 경과하였다 하더라도 그 판결에 의한 등기신청을 할 수 있다(등기예규 제1383호 2. 라). 따라 서 확정 후 10년이 경과한 판결에 의하여 소유권이전등기의 말소등기신청을 할 수 있다(등기 선례요지집 제1권 179항).

5. 승소판결 중의 일부만에 대한 등기 및 등기의 말소신청

(1) 판결의 내용 중 일부만에 대한 등기신청도 원칙적으로 가능하므로 1필지의 토지 전부에 대하여 소유권이전등기를 명하는 확정판결을 등기원인 서면으로 첨부하여 그 토지의 일 부 지분만에 대한 소유권이전등기를 신청할 수도 있다(등기선례요지집 제6권 113항).

(2) 수개의 부동산에 대하여 소유권이전등기절차의 이행을 명하는 판결을 받았으나 그 중 일부에 관하여만 소유권이전등기를 신청할 수도 있다(등기선례요지집 제3권 263항).

(3) 판결주문에서 소유권말소등기절차 및 소유권이전등기절차를 명한 경우 소유권이전등기 를 신청하지 않은 채 소유권말소등기만을 신청 할 수도 있다(등기선례요지집 제6권 150항).

(4) 판결의 내용 중 일부에 대하여는 등기신청을 할 수 없는 사정이 있는 경우(등기상 이해관계 있는 제3자의 승낙을 얻지 못한 경우 등, 법 제57조, 제59조)에는 그러한 제한이 없는 부분만 등기신청 을 할 수 있다(등기선례요지집 제6권 127항).

(5) 부동산의 일부에 대한 소유권이전등기의 말소등기를 명한 판결
부동산의 일부에 대한 소유권이전등기의 말소등기 절차이행을 명한 급부판결의 이행 은 분할절차를 밟아 말소등기를 하여야 할 것이다(대법원 1968. 5. 7. 선고 67다2917, 1977. 3. 22. 76다616, 등기예규 제122호).

6. 부동산에 관한 소유권이전등기절차를 이행 받음과 동시에 일정한 금원의 지급을 명한 판결에 의한 등기신청 가부(소극)

집행권원에 반대급부와 상환으로 일정한 급부를 할 것을 표시한 경우 반대급부는 급부의무의 태양에 불과하여 집행력이 생기지 아니하므로, "피고는 원고로부터 △△부동산에 관한 소유권이 전등기 절차를 이행 받음과 동시에 원고에게 ○○○원을 지급하라"는 취지의 판결이 확정된 경우, 피고는 위 판결문에 집행문을 부여 받아 단독으로 △△부동산에 관한 소유권이전등기를 신청할 수 없다(등기선례 제8권 95항).

II. 판결에 의한 등기신청인

1. 승소한 등기권리자 또는 승소한 등기의무자

(1) 승소한 등기권리자 또는 승소한 등기의무자는 단독으로 판결에 의한 등기신청을 할 수 있다(법 제23조 제4항).

공유자 중 1인이 공유물의 보존행위로서 가등기명의인을 상대로 가등기말소를 명하는 확정판결을 받은 경우 그 공유자는 위 판결을 첨부하여 단독으로 가등기 말소신청을 할 수 있다(2010. 9. 15. 부동산등기과-1773).

(2) 패소한 등기의무자는 그 판결에 기하여 직접 등기권리자 명의의 등기신청을 하거나 승소한 등기권리자를 대위하여 등기신청을 할 수 없다.

(3) 승소한 등기권리자에는 적극적 당사자인 원고뿐만 아니라 피고나 당사자참가인도 포함된다.

2. 승소한 등기권리자의 상속인

승소한 등기권리자가 승소판결의 변론종결 후 사망하였다면, 상속인이 상속을 증명하는 서면을 첨부하여 직접 자기 명의로 등기를 신청할 수 있다.

3. 공유물분할판결에 의한 등기

가. 공유물분할판결의 확정에 따른 지분이전등기신청

공유물분할판결이 확정되면 그 소송 당사자는 원·피고인지 여부에 관계없이 그 확정판결을 첨부하여 등기권리자 단독으로 공유물분할을 원인으로 한 지분이전등기를 신청할 수 있다. 공유물분할판결에 따라 구분건물을 분할하기 위해서는 그 판결주문의 내용과 부합되게(평면도상 위치 및 면적 등) 집합건축물대장이 분할되어야 하고, 이러한 집합건축물대장을 첨부정보로 제공하여야만 등기관이 판결주문에 따른 분할 및 지분이전의 등기를 실행할 수 있다(2013. 5. 29. 부동산등기과-1237).

나. 대지권의 목적인토지에 대한 공유물분할판결에 의한 등기절차

대지권의 목적인 토지에 대한 공유물분할 판결에 의한 등기는 1동의 건물에 속하는 구분건물 전체에 대하여 대지권이 대지권이 아닌 것으로 되는 대지권변경등기(대지권등기의 말소)를 하고, 그 토지에 대하여 분필등기를 한 다음, 공유물분할의 확정판결을 첨부하여 소유권이전등기를 하여야 한다(2014.5.21. 부동산등기과-1216).

다. 공유물분할판결의 변론종결 이후 일부 공유자의 지분이 이전된 경우(선례변경)

공유물분할판결의 변론종결 후 그 판결에 따른 등기신청 전에 일부 공유자의 지분이 제3자에게 이전된 경우로서 제3자가 「민사소송법」 제218조제1항의 변론을 종결한 뒤의 승계인에 해당하여 위 판결의 기판력이 그에게 미친다는 이유로 다른 공유자가 자신이 취득한 분할부분에 관하여 위 제3자에 대한 승계집행문을 부여받은 경우에는, 그 공유자는 제3자 명의의 지분에 대하여 그 제3자를 등기의무자로 하여 곧바로 판결에 따른 이전등기를 단독으로 신청할 수 있다(등기선례 제8권 224항).
주) 이 선례에 의하여 선례 5-389 · 6-137 · 8-219는 그 내용이 변경됨.

4. 채권자대위소송에 의한 등기

(1) 채권자가 제3채무자를 상대로 채무자를 대위하여 등기절차의 이행을 명하는 판결을

얻은 경우 채권자는 법 제28조에 의하여 채무자의 대위 신청인으로서 그 판결에 의하여 단독으로 등기를 신청할 수 있다.

(2) 채권자 대위소송에서 채무자가 채권자대위소송이 제기된 사실을 알았을 경우에는 채무자 또는 제3채권자도 채권자가 얻은 승소판결에 의하여 단독으로 등기를 신청할 수 있다.

(3) 채권자의 대위에 의한 등기신청

수익자(갑)를 상대로 사해행위취소판결을 받은 채권자(을)는 채무자(병)를 대위하여 단독으로 등기를 신청할 수 있다. 이 경우 등기신청서의 등기권리자란에는 "병 대위신청인 을"과 같이 기재하고, 등기의무자란에는 "갑"을 기재한다.

"별지 목록 기재 부동산에 관하여, (가) 피고 조○○와 피고 임○○사이에 2010. 8. 16. 체결된 매매계약을 취소한다. (나) 피고 임○○는 원고에게 대구지방법원 ○○등기소 2010. 8. 17. 접수 제47571호로 마친 소유권이전등기의 말소등기절차를 이행하라."는 주문과 같은 사해행위취소 등 판결에 의하여 등기를 신청하는 경우에는 등기신청서에 기재할 등기원인을 "사해행위취소"로, 등기원인일자를 "판결확정일"로 기재하여야 한다(2012. 3. 21. 부등-557).

III. 판결에 의한 등기신청서의 기재사항

판결에 의한 등기신청서에는 부동산등기규칙 제34조 각항의 기재사항인 부동산의 표시, 등기권리자와 등기의무자, 등기원인과 그 연월일, 등기의 목적 등을 기재하여야 한다.

1. 등기원인과 그 연월일, 등기의 목적

(1) 이행판결

(가) 원칙

등기절차의 이행을 명하는 판결에 의하여 등기를 신청하는 경우에는 그 판결주문에 명시된 등기원인과 그 연월일을 등기신청서에 기재한다.

등기의 목적은 소유권전부이전의 경우에는 "소유권이전"으로, 소유권일부이전의 경우에는 "소유권일부이전"으로 기재한다.

(나) 예외

등기절차의 이행을 명하는 판결주문에 등기원인과 그 연월일이 명시되어 있지 아니한 경우 등기신청서에는 등기원인은 "확정판결"로, 그 연월일은 "판결선고일"을 기재한다.

1) 기존등기의 등기원인이 부존재 내지 무효이거나 취소·해제에 의하여 소멸하였음을 이유로 말소등기 또는 회복등기를 명하는 판결

2) 가등기상 권리가 매매예약에 의한 소유권이전등기청구권으로써 그 가등기에 기한 본등기를 명한 판결의 주문에 등기원인과 그 연월일의 기재가 없는 경우

(2) 형성판결

(가) 권리변경의 원인이 판결 자체, 즉 형성판결인 경우 등기신청서에는 등기원인은 "판결에서 행한 형성처분"을 기재하고, 그 연월일은 "판결확정일"을 기재한다.

(나) 예시 : 공유물분할판결의 경우 등기원인은 "공유물분할"로, 그 연월일은 "판결확정일"을 기재한다.

사해행위취소판결의 경우 등기원인은 "사해행위취소"로, 그 연월일은 "판결확정일"을 기재한다. 재산분할심판의 경우 등기원인은 "재산분할"로, 그 연월일은 "심판확정일"을 기재한다.

(3) 화해조서, 인낙조서 등

(가) 화해조서·인낙조서, 화해권고결정, 민사조정조서·조정에 갈음하는 결정, 가사조정조서·조정에 갈음하는 결정 등(이하 "화해조서 등"이라 한다)에 등기신청에 관한 의사표시의 기재가 있고 그 내용에 등기원인과 그 연월일의 기재가 있는 경우 등기신청서에는 그 등기원인과 그 연월일을 기재한다.

(나) 화해조서 등에 등기신청에 관한 의사표시의 기재가 있으나 그 내용에 등기원인과 그 연월일의 기재가 없는 경우 등기신청서에는 등기원인은 "화해", "인낙", "화해권고결정", "조정" 또는 "조정에 갈음하는 결정" 등으로, 그 연월일은 "조서기재일" 또는 "결정확정일"을 기재한다.

2. 등기의무자 및 등기권리자

판결에 의한 등기신청서의 등기의무자란에는 등기부상 소유권 등기명의인의 성명, 주민등록번호, 주소를 기재하되, 등기부상 소유자 표시와 일치하여야 하며, 법인인 경우에는 상호(명칭), 본점(주사무소 소재지), 등기용등록번호 및 대표자(관리인)의 성명, 주민등록번호, 주소를 각 기재한다. 등기권리자란에는 판결상 승소한 원고를 기재하는 란으로, 그 기재방법은 위의 등기의무자란과 같다.

소유권이전등기를 신청하는 경우에는 등기의무자의 주소 또는 사무소 소재지를 증명하는 정보를 첨부정보로 제공하여야 한다(부동산규칙 제46조 제1항 제6호). 등기권리자가 판결에 의하여 단독으로 소유권이전등기를 신청하는 때에 판결에 기재된 피고의 주소가 등기기록에 기록된 등기의무자의 주소와 다르고 주민등록등·초본에 의하여 피고와 등기의무자가 동일인임을 증명할 수 없는 경우, 등기신청인은 피고와 등기의무자가 동일인임을 증명할 수 있는 자료의 하나로 동일인임을 확인하는 데 상당하다고 인정되는 자의 보증서면과 인감증명, 기타 보증인의 자격을 인정할 만한 서면(예컨대 공무원재직증명서, 변호사등록증서사본, 법무사자격증사본 등)을 제출할 수 있다(등기선례요지집 제7권 제75항, 제77항). 다만 구체적인 사안에서 판결에 기재된 피고와 등기기록에 있는 등기의무자가 동일인임이 인정된다고 보아 등기신청을 수리할 것인지는 등기신청을 심사하는 등기관이 판단할 사항이다.

이와 같이 판결에 기재된 피고가 등기의무자와 동일인이라면 등기권리자는 등기절차에서 등기의무자의 주소에 관한 자료를 첨부정보로 제공하여 등기신청을 할 수 있고, 등기관이 등기신청을 각하하면 등기관의 처분에 대한 이의신청의 방법으로 불복할 수 있다. 등기신청에 대한 각하결정이나 이의신청에 대한 기각결정에는 기판력이 발생하지 않으므로 각하결정 등을 받더라도 추가 자료를 확보하여 다시 등기신청을 할 수 있다. 그리고 확정된 승소판결에는 기판력이 있으므로, 승소 확정판결을 받은 당사자가 위와 같은 절차를 거치는 대신 피고의 주소가 등기기록상 주소로 기재된 판결을 받기 위하여 전소(前訴)의 상대방이나 그 포괄승계인을 상대로 동일한 소유권이전등기청구의 소를 다시 제기하는 경우 그 소는 권리보호의 이익이 없어 부적합하다(대판 2017. 12. 22. 2015다73753).

Ⅳ. 판결에 의한 등기신청서의 첨부서면

판결에 의한 등기를 신청하는 경우에는 부동산등기규칙 제46조 각항의 서면을 등기소에 제공하여야 한다.

1. 판결정본 및 확정증명서, 송달증명서

(1) 판결에 의한 등기를 신청함에 있어 등기원인증서로서 판결정본과 그 판결이 확정되었음을 증명하는 확정증명서(민사집행법 제263조 제1항 참조)를 첨부하여야 한다.

(2) 조정조서, 화해조서 또는 인낙조서를 등기원인증서로써 첨부하는 경우에는 확정증명서를 첨부할 필요가 없다.

(3) 조정에 갈음하는 결정정본 또는 화해권고결정정본을 등기원인증서로써 첨부하는 경우에는 확정증명서를 첨부하여야 한다.

(4) 위 (1)부터 (3)까지의 경우에 송달증명서의 첨부는 요하지 않는다.

2. 집행문

(1) 집행문의 요부

1) 집행문을 필요로 하지 않는 경우

통상의 강제집행 절차에서 강제집행을 하려면 집행권원(민집법 제28조, 제56조)에 집행문(민집법 제29조)을 부여받아야 하나, 의사표시를 명하는 판결은 그 확정 시에 채무자의 의사표시가 있는 것으로 보기 때문에(민집 263조 1항) 등기절차의 이행을 명하는 판결에 의한 등기신청에는 확정증명서를 첨부하면 충분하고 집행문을 부여받을 필요가 없음이 원칙이다.

2) 집행문을 필요로 하는 경우

의사표시를 하여야 하는 채무가 반대의무가 이행된 뒤에 하여야 하는 것인 경우에는 민사집행법 30조와 32조의 규정에 의하여 집행문을 부여한 때에 의사표시를 한 것으로 본다(민집법 제263조 제2항). 즉 집행문을 부여받은 때에 판결의 효력(등기신청의사 진술의 의제)이 발생한다.

가) 반대의무가 이행된 뒤에 등기신청의 의사표시를 할 것을 명한 선이행판결(예: 피고는 원고로부터 금 10,000,000원을 지급받은 후 원고에게 별지 기재 부동산에 관하여 소유권이전등기절차를 이행하라)의 경우에는 집행문을 부여한 때에 등기의무자의 등기신청의 의사표시가 있는 것으로 의제된다(민집법 제263조 제2항). 따라서 등기권리자(원고)는 먼저 반대의무의 이행 또는 이행의 제공을 한 사실을 증명하여 집행문을 부여받아야 단독으로 등기신청을 할 수 있다.

나) 반대의무와 상환으로 소유권이전등기절차를 이행할 것을 명하는 상환이행판결(예: 피고는 원고로부터 금 10,000,000원을 지급받음과 동시에 원고에게 별지 기재 부동산에 관하여 소유권이전등기절차를 이행하라)의 경우에도 민사집행법 제263조 제2항의 "반대의무가 이행된 뒤"에 포함된다고 본다.

다) 조건부이행판결(예: 소외 갑이 원고에게 금 10,000,000원을 지급하지 않는 때에는 피고는 원고에게 별지 기재 부동산에 관하여 소유권이전등기절차를 이행하라)은 등기신청의 의사표시가 일정한 조건에 걸려 있는 경우인데, 이 경우에도 집행문을 부여받아야 한다.

(2) 승계집행문(이행판결)

가) 등기절차의 이행을 명하는 확정판결의 변론종결 후 그 판결에 따른 등기신청 전에 등기의무자인 피고 명의의 등기를 기초로 한 제3자 명의 새로운 등기가 경료된 경우(단, 아래 나)의 경우를 제외한다)로서 제3자가 「민사소송법」 제218조 제1항의 변론을 종결한 뒤의 승계인에 해당하여 위 판결의 기판력이 그에게 미친다는 이유로 원고가 위 제3자에 대한 승계집행문을 부여받은 경우에는, 원고는 그 제3자 명의의 등기의 말소등기와 판결에서 명한 등기를 단독으로 신청할 수 있으며, 위 각 등기는 동시에 신청하여야 한다.

나) 권리이전등기(예 진정명의회복을 원인으로 하는 소유권이전등기)절차를 이행하라는 확정판결의 변론종결 후 그 판결에 따른 등기신청 전에 그 권리에 대한 제3자 명의의 이전등기가 경료된 경우로서 제3자가 「민사소송법」 제218조 제1항의 변론을 종결한 뒤의 승계인에 해당하여 위 판결의 기판력이 그에게 미친다는 이유로 원고가 위 제3자에 대한 승계집행문을 부여받은 경우에는, 원고는 그 제3자를 등기의무자로 하여 곧바로 판결에 따른 권리이전등기를 단독으로 신청할 수 있다.

다) 민사집행법 제263조 제1항은 의사표시의무의 집행에 관하여 '의사의 진술을 명한 판결이 확정된 때에는 그 판결로 의사를 진술한 것으로 본다'고 정하고 있다. 민사집행법 제263조 제2항과 같이 반대의무의 이행 등과 같은 조건이 부가된 것이 아니라 단순하게 의사의 표시를 명하는 경우에 판결 확정시에 의사표시가 있는 것으로 간주된다. 의사표시 간주의 효과가 생긴 후에 등기권리자의 지위가 승계된 경우에는 부동산등기법의 규정에 따라 등기절차를 이행할 수 있을 뿐이고 원칙적으로 승계집행문이 부여될 수 없다(대법원 2017. 12. 28. 2017그100결정).

3. 판결에 의한 등기신청과 주소를 증명하는 서면

(1) 판결에 의하여 소유권이전등기신청을 하는 경우

(가) 원칙 : 등기권리자의 주소증명서면만을 제출

판결에 의하여 등기권리자가 단독으로 소유권이전등기를 신청할 때는 등기권리자의 주소를 증명하는 서면만을 제출하면 된다(규칙 제46조 제1항 제6호 등기예규 제1383호. 5.라.1).가)).

(나) 예외 : 판결문과 등기부상 피고의 주소가 다른 경우

판결문상의 피고의 주소가 등기부상의 등기의무자의 주소와 다른 경우(등기부상 주소가 판결에 병기된 경우 포함)에는 동일인임을 증명할 수 있는 자료로서 주소에 관한 서면을 제출하여야 한다(등기선례: 7-75). 다만 판결문상에 기재된 피고의 주민등록번호와 등기부상에 기재된 등기의무자의 주민등록번호가 동일하여 동일인임을 인정할 수 있는 경우에는 그러하지 아니하다(등기예규 제1383호. 5. 라. 1). 나).).

(다) 피고가 판결문에 의하여 망인의 상속인임이 확인된 경우

피상속인 갑으로부터 부동산을 취득한 을이 갑의 상속인들에 대하여 소유권이전등기절차를 명하는 확정판결을 받은 경우에는 상속등기를 거칠 필요 없이 바로 을(원고) 명의로 소유권이전등기신청을 할 수 있으며, 이때 판결문과 상속을 증명하는 서면에 의하여 갑의 상속인임이 확인된다면 피고의 주소를 증명하는 서면을 제출할 필요가 없다(등기선례: 6-72).

(2) 판결에 의한 대위보존등기를 신청하는 경우 보존등기명의인의 주소를 증명하는 서면

원고가 미등기 부동산에 관하여 그 소유자를 피고로 하여 소유권이전등기절차의 이행을 명하는 판결을 받은 후 피고를 대위하여 소유권 보존등기를 신청하는 경우에는 그 보존등기명의인인 피고의 주소를 증명하는 서면을 제출하여야 한다. 피고에 대한 소송서류의 송달이 공시송달에 의하여 이루어진 경우에도 같다. 이 경우 피고의 주민등록이 「주민등록법」 제20조 제5항에 의하여 말소된 때에는 말소된 주민등록표등본을 첨부하고 그 최후 주소를 주소지로 하여 피고명의의 소유권보존등기를 신청할 수 있다.

(3) 판결에 의하여 소유권이전등기를 순차로 대위신청하는 경우

갑은 을에게, 을은 병에게 각 소유권이전등기절차를 순차로 이행하라는 판결에 의하여 병이 을을 대위하여 갑으로부터 을로의 소유권이전등기를 신청할 때에는 을의 주소를 증명하는 서면을 첨부하여야 하고, 이 경우 을에 대한 소송서류의 송달이 공시송달에 의하여 이루어진 때에는 그 판결에 기재된 을의 최후 주소를 증명하는 서면을 첨부하여야 한다.

4. 판결에 의한 등기신청과 제3자의 허가서

(1) 신청대상인 등기에 제3자의 허가서 등이 필요한 경우에도 그러한 서면의 제출은 요하지 않는다(규칙 제46조 제3항).

(2) 다만, 등기원인에 대하여 행정관청의 허가, 동의 또는 승낙 등을 받을 것이 요구되는 때에는 해당 허가서 등의 현존사실이 그 판결서에 기재되어 있는 경우에 한하여 허가서 등

의 제출의무가 면제된다. 그러나 소유권이전등기를 신청할 때에는 해당 허가서 등의 현존사실이 판결서 등에 기재되어 있다 하더라도 행정관청의 허가 등을 증명하는 서면을 반드시 제출하여야 한다(규칙 제46조 제3항, 「부동산등기특별조치법」 제5조 제1항 참조).

5. 등기필증(등기필정보)

승소한 등기권리자가 단독으로 판결에 의하여 등기를 신청하는 경우에는 등기의무자의 권리에 관한 등기필증을 첨부할 필요가 없다. 다만 승소한 등기의무자가 단독으로 등기를 신청할 때에는 그의 권리에 관한 등기필정보를 제출하여야 한다(법 제50조 제2항).

6. 위임장

등기신청을 법무사 등 대리인에게 위임하는 경우에 첨부한다.

7. 등록세영수필확인서

등기의 종류에 따라 지방세법 제28조 제1항 1호의 규정에 따른 등록세를 납부한 영수필확인서를 첨부한다.

8. 토지(임야)대장등본·건축물관리대장등본

등기신청대상 부동산의 종류에 따라 토지(임야)대장등본, 건축물대장등본(각, 발행일로부터 3월 이내)을 첨부한다(규칙 제46조 제1항 제7호).

		소유권이전등기신청(판결)	
접	년 월 일	처 리 인	등기관확인	각종 통지
수	제 호			

① 부동산의 표시
이 상

② 등기원인과 그 연월일	2011년 9월 1일 매매(등기원인이 판결주문에 표시된 경우)
③ 등 기 의 목 적	소유권 이전
④ 이 전 할 지 분	

구 분	성 명 (상호·명칭)	주민등록번호 (등기용등록번호)	주 소(소 재 지)	지 분 (개인별)
⑤ 등 기 의 무 자	홍 길 동	710427 - 1234567	서울특별시 서초구 서초동 200-4	
⑥ 등 기 권 리 자	김 현 민	680713 - 1234567	서울특별시 중구 다동 31-2	

⑦ 시가표준액 및 국민주택채권매입금액		
부동산 표시	부동산별 시가표준액	부동산별 국민주택채권매입금액
1. 주 택	금 ○○,○○○,○○○원	금 ○○○,○○○ 원
2.	금 원	금 원
3.	금 원	금 원
⑦ 국 민 주 택 채 권 매 입 총 액		금 ○○○,○○○ 원
⑦ 국 민 주 택 채 권 발 행 번 호		○ ○ ○

⑧ 취득세(등록면허세) 금○○○,○○○원	⑧ 지방교육세 금 ○○○,○○○원
	농어촌특별세 금 ○○○,○○○원

⑨ 세 액 합 계	금 ○○○,○○○ 원
⑩ 등 기 신 청 수 수 료	금 원
	납부번호 :

⑪ 등기의무자의 등기필정보

부동산고유번호	1102-2009-002095	
성명(명칭)	일련번호	비밀번호
홍길동	N27C-LO61-35J5	40-4636

⑫ 첨 부 서 면	
• 취득세(등록면허세)영수필확인서 1통 • 토지·건축물대장등본 각1통 • 주민등록등(초)본 각1통 • 위임장 ㉑ 1통 • 등기신청수수료현금영수필확인서 1통	〈기 타〉 • 판결정본(검인) 1통 • 확정증명 1통

2011년 10월 1일

⑬ 위 신청인 김 현 민 ㉑ (전화 : 296-9782)
(또는)위 대리인 (전화 :)

서울중앙 지방법원 등기과 귀중

소유권이전등기말소신청		(확정판결)

접 수	년 월 일	처 리 인	등기관확인	각종 통지
	제 호			

① 부동산의 표시
서울특별시 서초구 서초동 23-1 대 500m² 이   상

② 등기원인과 그 연월일	2011년 9월 1일 확정판결
③ 등 기 의 목 적	소유권이전등기말소
④ 말 소 할 등 기	2009년 3월 2일 접수 제4168호로 경료한 소유권 이전등기

구 분	성 명 (상호·명칭)	주민등록번호 (등기용등록번호)	주 소 (소 재 지)	지 분 (개인별)
⑤ 등 기 의 무 자	홍 길 동	710427 - 1234567	서울특별시 서초구 서초동 200-4	
⑥ 등 기 권 리 자	김 현 민	680713 - 1234567	서울특별시 중구 다동 31-2	

⑦ 등 록 세	금	원
⑦ 교 육 세	금	원
⑧ 세 액 합 계	금	원
⑨ 등 기 신 청 수 수 료	금	원

⑩ 첨 부 서 면	
• 위임장 ㉑ 1통) • 등록면허세영수필확인서 1통 • 등기신청수수료현금영수필확인서 1통	〈기 타〉 • 판결정본 및 확정증명 각1통

2011년 10월 1일

⑪ 위 신청인 김 현 민 ㉑ (전화 : 296-9782)

(또는)위 대리인 (전화 :)

서울중앙 지방법원 등기과 귀중

V. 집행불능판결

1. 집행불능판결의 의의

의사의 진술을 구하는 청구 중 부동산등기법상의 등기신청에 관한 의사표시를 명한 확정된 이행판결을 등기원인을 증명하는 서면으로 하여 등기신청을 한 경우 그 등기신청이 부동산등기법 제29조 각 호의 1에 해당하여 등기관이 이를 각하하게 되는 사례가 있는바, 이와 같이 부동산등기에 관한 의사의 진술을 명한 확정판결에 기판력은 있으나 집행력이 없어 그 판결에 의한 등기의 집행(법 제23조 제4항)이 불능으로 되는 판결을 "집행불능판결"이라고 한다. 법관이 올바르게 사실을 확정하고, 이 확정된 사실에 법을 올바로 적용하여 재판을 통해 사회정의를 구현하는 것을 민사소송의 적정(適正)의 이상(理想)이라고 한다.

2. 집행불능판결의 유형

집행불능판결의 유형은 아래와 같다.

(1) 공유물분할의 소(필수적 공동소송)

공유물분할의 소는 공유자 전원사이에 있어 기존의 공유관계를 해소시켜 새로운 공유관계를 창설하는 소(訴)이기 때문에 공유자 전원에 대한 권리관계의 합일확정(合一確定)을 요하는 고유필수적 공동소송(대판 2001.7.10. 99다31124, 2012.6.14. 105310)이므로, 공유자 중 일부만의 분할에 의한 공유물분할판결 또는 공유자 아닌 제3자를 포함한 공유물분할판결에 의하여 '공유물분할을 원인으로 한 지분이전등기신청'을 할 경우 그 신청은 "사건이 등기할 것이 아닌 경우(법 제29조 제2호)"에 해당하므로 등기관은 이를 각하하여야 한다.

(2) 합유 부동산에 관한 판결에 의한 등기신청이 각하되는 사례

고유필수적 공동소송으로 보는 합유 부동산에 관한 소송에서는 등기부상의 소유자인 합유자 전원이 공동으로 원고 또는 피고가 되지 않으면 당사자 적격을 잃어 소가 부적법하게 되므로 변론종결 당시의 등기부상의 합유자 전원을 피고로 하여야 할 뿐만 아니라 그 소는 전원에 대하여 합일적으로 확정되어야 하므로 당사자(등기상의 합유자 전원) 중 일부가 누락된 판결에 의한 등기신청은 '신청서에 기재된 등기의무자의 표시가 등기부와 부합하지 아니한 때' (부동산등기법 제29조 제7호)에 해당되어 등기관은 그 등기신청을 각하하여야 한다.

(3) 총유부동산에 관한 판결에 의한 등기신청이 각하되는 경우

고유필수적 공동소송으로 보는 총유부동산에 관한 소송(대판 1994.5.24. 92다50232, 1995.9.5. 95다21303, 2005.9.15. 2004다44917 전원합의체)에서는 등기부상의 소유자 전원이 공동으로 원고 또는 피고가 되지 않으면 당사자 적격을 잃어 소(所)가 부적법하게 되므로 변론종결 당시의 등기부상의 소유자 전원을 피고로 하여야 할 뿐만 아니라 그 소는 소유자 전원에 대하여 합일적으로 확정되어야 하므로 등기부상의 소유자 중 일부가 누락된 판결에 의한 등기신청은 "신청서에 기재된 등기의무자의 표시가 등기부와 부합하지 아니한 때(부동산등기법 제29조 제7호)"에 해당되어 등기관은 그 등기신청을 각하하게 된다.

(4) 등기의 말소 또는 말소된 등기의 회복을 명하는 판결에 의한 등기신청이 각하되는 경우

등기의 말소(부동산등기법 제57조 제1항) 또는 말소등기의 회복(동법 제59조)을 신청하는 경우에 그 말소 또는 회복에 대하여 '등기상 이해관계 있는 제3자' 있을 때에는 그 제3자의 승낙이 있어야 한다. 따라서 등기의 말소 또는 말소등기의 회복을 명한 판결에 등기상 이해관계 있는 제3자의 그 등기의 말소 또는 말소된 등기의 회복에 대한 '승낙의 의사표시'가 누락된 경우, 그 판결에 의한 등기신청은 "등기에 필요한 첨부정보(서면)를 제공하지 아니한 경우(동법 제29조 제9호)"에 해당하여 등기관이 이를 각하된다.

(5) 주등기의 말소 없이 부기등기만의 말소를 명한 판결에 의한 등기신청의 각하

부기등기(附記登記)는 주등기(主登記)에 종속되어 일체를 이루는 것으로, 부기등기의 순위는 주등기의 순위에 의하며, 주등기와 별개의 새로운 등기가 아니므로 주등기가 말소되는 경우에는 그 부기등기는 등기관이 직관으로 말소하게 된다(대판 1988.3.8. 98다카2585, 1994.10.21. 94다17109, 1995.5.26. 95다7550, 2000.4.11. 2000다5640, 2000.10.10. 2000다19526, 2001.4.13. 2001다4903 등).

주등기에는 말소사유가 없어 유효함에도 불구하고 부기등기만의 말소를 명한 판결에 의하여 원고가 등기신청을 한 경우 그 신청은 '사건이 등기할 것이 아닌 경우'(부동산등기법 제29조 제2호)에 해당되어 등기관은 이를 각하하여야 한다.

부기등기는 주등기에 종속되어 주등기와 일체를 이룬 경우에는 부기등기만의 말소를 인정할 실익이 없으나 주등기에는 말소사유가 없어 유효하나 '부기등기'에 한하여 무효사유가 있음을 전제로 부기등기만의 효력을 다투는 경우는 예외적으로 소의 이익이 있다(대판 2005.6.10. 2002다15412. 15429). 따라서 이 경우에는 부기등기만의 말소를 명하는 판결에 의한 등기를 신청할 수 있다.

(6) 예고등기만의 말소를 명한 판결에 의한 등기신청의 각하

예고등기의 원인이 된 부동산의 소유권이 전등기 말소청구소송에서 승소판결이 확정되었다 하더라도 그 판결에 의한 말소등기가 이루어지지 아니한 이상 그 예고등기는 말소될 수 없는 성질의 것이니 그 확정판결에 의한 말소등기를 거치지 아니한 채 예고등기만의 말소를 구하는 신청은 부동산등기법 제29조 제2호의 "사건이 등기할 것이 아닌 때"에 해당되어 등기관은 위 등기신청을 각하하여야 한다(대법원 1976.6.9. 76마212, 1983.6.18. 83마200, 1987.3.20. 87마카3).

(7) 실명등기의 유예기간경과 후 명의신탁해지를 원인으로 한 소유권이전등기를 명한 판결에 의한 등기신청의 각하

부동산실권리자명의등기에 관한 법률 시행 전에 명의신탁약정에 의하여 부동산에 관한 물권을 명의수탁자명의로 등기한 명의신탁자는 유예기간(1995.7.1.~1996.6.30.)이 내에 실명등기를 하여야 하고, 유예기간 이내에 실명등기를 하지 아니한 경우에는 유예기간이 경과한 날 이후부터 명의신탁약정은 무효가 되고, 명의신탁약정에 따라 행하여진 등기에 의한 부동산에 관한 물권변동도 무효가 되므로 실명등기 유효기간 경과 후 명의 신탁해지를 원인으로 한 명의신탁자의 소유권이전등기신청은 그 신청취지 자체에 의하여 법률상 허용될 수 없음이 명백한 경우로서 부동산등기법 제29조 제2호의 "사건이 등기할 것이 아닌 때"에 해당되어 등기관은 이를 각하하여야 한다(대법원 1997.5.1. 97마384결정).

(8) 외국판결 또는 중재판정에 집행판결로 그 적법함을 선고하지 아니한 판결에 의한 등기신청의 각하

집행판결(執行判決)이라 함은 외국법원의 판결에 기초한 강제집행(민사집행법 제26조 제1항)과 중재판정에 기초한 강제집행(중재법 제37조 제1항)에 대하여 우리나라 법원에서 그 적법함을 선고하는 판결을 말한다(민사집행법 제27조). 따라서 외국판결이나 중재판정을 등기원인을 증명하는 서면으로 하여 등기신청을 할 경우 그 등기신청서에 집행판결을 첨부하여야 단독으로 등기신청을 할 수 있으며(부동산등기법 제23조 제4항, 등기예규 제1383호 2.다.2.), 집행판결정본을 첨부하지 아니한 등기신청은 "등기에 필요한 첨부정보(서면)를 제공하지 아니한 경우(부동산등기법 제29조 제9호)"에 해당되어 등기관이 각하하게 된다.

(9) 확정되지 아니한 가집행선고가 붙은 판결에 의한 등기신청의 각하

의사의 진술을 명하는 판결은 그 판결이 확정된 때에 비로소 의사를 진술한 것으로 간주되므로(민사집행법 제263조 제1항), 만일 등기절차이행을 명한 판결에 가집행선고부판결에 의한 등기를 허용할 경우 그 판결이 상소심에서 취소된 때에는 부동산거래의 안전을 해칠 수 있으므로 가집행선고를 붙일 수 없다. 따라서 확정되지 아니한 가집행선고가 붙은 판결에 의하여 등기를 신청한 경우 그 등기신청은 '등기에 필요한 첨부정보(서면)를 제공하지 아니한 경우'에 해당하여 등기관은 그 신청을 각하하여야 한다(부동산등기법 제29조 제9호, 등기예규 제1383호 2.다.).

(10) 합유명의인 표시변경등기를 명할 것을 합유자의 상송인명의로 상속등기를 명한 판결에 의한 등기신청의 각하

합유자가 2인인 경우에 그 중 1인이 사망한 때에는 해당 부동산은 잔존 합유자의 단독소유로 귀속되는 것이므로, 잔존 합유자는 사망한 합유자의 사망사실을 증명하는 서면을 첨부하여 해당 부동산을 잔존 합유자의 단독소유로 하는 합유명의인 변경등기신청을 하여야 한다. 따라서 합유자가 2인인 경우 그 중 일부가 사망한 때에는 해당 부동산은 잔존합유자의 단독소유로 귀속하므로, 이때 만일 사망한 합유자의 상속인이 그 명의로 상속을 원인으로 한 판결에 의한 등기신청을 할 경우 그 신청은 '사건이 등기할 것이 아닌 경우(부동산등기법 제 29조 제2호)'에 해당하여 등기관이 각하하게 된다. 잔존 합유자가 1인인 경우에 그가 사망한 때에는 그 상속인은 바로 자기 앞으로 상속등기를 신청할 수 있다(등기예규 제911호. 2.라.).

(11) 공동상속인 중의 일부상속인에 대한 상속등기를 명한 판결에 의한 등기신청의 각하

공동상속인 중 일부 상속인의 상속등기만은 경료 할 수 없으므로(대법원 1995.2.22. 94마2116결정) 공동상속인 중 일부 상속인의 판결에 의한 상속등기신청은 '사건이 등기할 것이 아닌 때(부동산 등기법 제29조 제2호)'에 해당되어 각하된다(대법원 1995.4.7. 93마54736, 2001.6.29. 2001다28299, 2001.11.27. 2000두9731, 2010.2.25. 2008다96963, 96970, 등기예규 제535호). 상속재산의 협의분할은 공동상속인간의 일종의 계약으로서 공동상속인 전원이 참석하여야 하고 일부 상속인만으로 한 협의 분할은 무효이다(대판 1995.4.7. 93다54736).

(12) 등기명의인 2인을 1인만으로 변경(경정)하는 등기명의인의 표시를 변경(경정)하는 판결

등기명의인 2인을 그 중 1인만으로 변경(경정)하는 판결에 의한 등기신청을 받아들인다면 그에 의하여 소유자가 변경되는 결과로 되어서 등기명의인의 동일성을 잃게 되어, 이와 같은 등기명의인표시변경(경정)등기신청은 부동산등기법 제29조 제2호 소정의 "사건이 등기할 것 이 아닌 때"에 해당 한다(대법원 1981.11.6. 80마592결정, 1996.4.12. 95다33214).

(13) 주위토지통행권 확인판결에 의한 등기신청의 각하

주위토지통행권 확인판결을 받았다고 하더라도 토지통행권은 부동산등기법 제2조(현행법 제3조)에서 정한 등기할 사항이 아니므로 등기할 수 없다(대판 2002.2.26. 2001다64165, 등기선례 제5권 4항). 따라서 주위토지통행권확인판결을 등기원인을 증명하는 서면으로 하여 등기신청을 한 경우 등기관은 '사건이 등기할 것이 아닌 경우(부동산등기법 제 29조 제2호)'를 적용하여 등기관이 각하하여야 한다.

(14) 폐쇄등기부에 기재된 등기의 회복 또는 말소를 명한 판결에 의한 등기신청의 각하

폐쇄등기부에 기재된 등기는 현재의 등기로서 효력이 없고 그 회복절차에 관하여서는 아무런 규정이 없어 그 회복을 구할 수 없으므로 폐쇄등기를 하였음이 위법이라는 이유로 그 폐쇄등기의 회복을 바라는 말소청구도 할 수 없다(대판 1980.1.115. 79다1949, 1890.12.9. 80다1389). 따라서 폐쇄등기부상의 등기에 대한 말소 또는 회복을 명한 판결에 의한 등기신청은 '사건이 등기할 것이 아닌 경우(부동산등기법 제29조 제2호)'에 해당하여 등기관이 이를 각하 하여야한다.

3. 집행불능판결을 등기원인증서로 한 등기신청의 각하

의사의 진술을 구하는 청구에 대한 원고승소의 확정판결이 집행불능판결에 해당될 경우 그 판결을 등기원인증서로 하여 등기신청을 한 경우의 등기신청은 판결의 내용에 따라 부동산등기법 제29조 제2호 또는 제7호, 제9호등에 해당되어 등기관이 이를 각하하게 되는바 등기실무상 그와 같은 사례는 다음과 같다.

(1) "사건이 등기할 것이 아닌 때"(법 제29조 제2호)에 해당되어 등기신청을 각하하는 경우

등기의 각하사유인 "사건이 등기할 것이 아닌 때"라 함은 주로 그 등기신청이 취지자체에 있어서 이미 법률상 허용될 수 없음이 명백한 경우를 말한다(대법원 1984. 4. 6. 84마99).

집행불능판결을 등기원인을 증명하는 서면으로 하여 등기를 신청할 경우 그 등기신청이 "사건이 등기할 것이 아닌 때"에 해당되어 등기관이 그 등기신청을 각하하게 되는 사례는 아래와 같다.

(가) 부기등기만의 말소를 명한 판결에 의한 등기신청

부기등기(부동산등기법 제52조)는 주등기에 종속되어 주등기와 일체를 이루는 것으로 부기등기는 주등기의 말소에 따라 등기관이 직권으로 말소하는 것인바, 주등기의 말소 없이 부기등기만의 말소를 명한 판결(단, 부기등기에 한하여 무효사유가 있음을 전제로 부기등기만의 효력을 다투는 경우는 예외적으로 소외이익이 있다. 대판 2005. 6. 10. 2002다15412,15429)에 의한 등기신청을 한 경우(대판 1994. 10. 21. 94다170109. 1995. 5. 26. 95다7550, 2000. 4. 11. 2000다5640. 2000. 10. 10. 2000다19526 등).

(나) 예고등기만의 말소를 명한 판결에 의한 등기신청

예고등기(개정부동산등기법에서 폐지됨)의 원인인 소유권이전등기 말소소송의 승소판결이 확정되었으나 그 판결에 의한 등기가 말소되지 아니한 상태에서 예고등기만의 말소를 구하는 소가 제기되고 법원이 이를 간과하여 예고등기 말소판결을 하여 원고가 그 확정판결을 등기원인 증서로 하여 예고등기말소신청을 한 경우(대판 1974. 5. 28. 75다150. 대법원 1983. 6. 18. 83마200결정).

(다) 실명등기 유예기간 경과후 명의신탁해지를 원인으로 소유권이전등기를 명한 판결에 의한 등기신청

유예기간 이내에 실명등기 등을 하지 아니한 경우에는 유예기간이 경과한 날 이후부터 명의신탁약정은 무효가 되고, 명의신탁약정에 따라 행하여진 등기에 의한 부동산에 관한 물권변동도 무효가 되므로 실명등기 유예기간(1995.7. 1-1996. 6. 30) 경과 후 명의신탁약정의 해지를 원인으로 한 명의신탁자의 소유권이전등기신청은 그 신청취지 자체에 의하여 법률상 허용될 수 없음이 명백한 경우로서 부동산등기법 제55조(신법 제29조) 제2호의 "사건이 등기할 것이 아닌 때"에 해당되어 등기관은 이를 각하하여야 한다(대법원 1997. 5. 1. 97마384 결정 등기관의 처분에 대한 이의).

(라) 합유명의인 표시변경등기를 명할 것을 합유자의 상속인명의로 상속등기를 명한 판결에 의한 등기신청

합유자가 3인인 경우에 그 중 1인이 사망한 때에는 합유자 사이에 특별한 약정이 없는한 사망한 합유자의 상속인은 합유자로서의 지위를 승계하지 못하므로, 해당부동산은 잔존 합유자가 2인 이상인 경우에는 잔존 합유자의 소유로 귀속되고 {이 경우 해당 부동산을 잔존 합유자 2인 명의로 하는 "합유명의인 변경등기신청"을 하여야하며(등기예규 제911호 2. 라) 합유자의 상속인명의로 "상속을 원인으로 한 소유권이전등기신청"을 할 수는 없다} 잔존 합유자가 1인인 경우에는 잔존 합유자의 단독소유로 귀속된다(대판 1996. 12. 10. 96다23238).

단독소유인 잔존 합유자가 사망한 때에는 그 잔존 합유자의 상속인은 비로소 자기 앞으로 상속등기를 신청할 수 있다.

따라서 수인의 합유자 중 일부의 사망 후 잔존 합유자가 2인 이상인 경우에는 그 잔존 합유자명의로 합유명의인 표시변경등기를 하여야 함에도 불구하고 사망한 합유자의 상속인명의로 상속을 원인으로 한 소유권이전등기를 명한 판결에 의한 등기신청은 각하된다.

이 경우의 각하사유는 "사건이 등기할 것이 아닌 때"(구 부동산등기법 제55조 2호)로 보아야 할 것이나 등기선례는 "합유지분의 상속에 관한 특약이 없는 경우라 할지라도 합유지분에 대한 상속등기가 이미 경료 되었다면 그 등기는 구 부동산등기법 제55조 제2호의 규정에 위배된 등기라고는 볼 수 없을 것이므로 등기관이 직권으로 그 상속등기를 말소할 수 없으며 당사자가 공동으로 말소등기신청을 하거나 소로서 말소를 구하여야 한다고 하나(등기선례 제4권 442항) 의문이다.

(마) 공동상속인 중 일부의 지분만에 관한 상속등기

공동상속인 중 일부 상속인의 상속등기만은 할 수 없으므로(대법원 1995. 2. 22. 94마2116. 2010. 2. 25. 2008다96963. 96970) 공동상속인 중 일부의 지분만에 관한 상속등기는 부동산등기법 제29조 2호의 "사건이 등기할 것이 아닌 때"에 해당된다(등기선례 제8권 196항).

(바) 등기명의인 2인을 1인으로 경정하는 등기명의인 표시경정등기

등기명의인 2인을 그중 1인만으로 경정하는 등기는 소유자가 변경되는 결과로 되어 등기명의인의 동일성을 잃게 되므로 위와 같은 판결에 의한 등기신청은 부동산등기법 제29조 2호의 "사건이 등기할 것이 아닌 때"에 해당된다(대법원 1981. 11. 6. 80마592 등기관의 처분에 대한 이의신청 기각결정에 대한 재항고).

(사) 공유지분에 대한 전세권설정등기말소

부동산의 특정부분이 아닌 공유지분에 대하여는 전세권이 설정될 수 없으므로 수인의 공유자가 전세권설정등기를 한 후 일부 공유자의 지분에 대하여만 전세권설정등기말소를 명한 판결에 의한 등기신청은 부동산등기법 제29조 2호의 "사건이 등기할 것이 아닌 때"에 해당되어 각하하게 된다(등기예규 제574항, 등기선례 제6권 315항).

(2) "신청서에 기재된 등기의무자의 표시가 등기부와 부합하지 아니한 때(구 부동산등기법 제55조 제6호 신법 제29조 7호)"에 해당되어 각하되는 경우

등기를 신청하는 경우에 등기의무자의 표시가 등기부와 부합하지 아니한 때에는 그 등기신청은 부동산등기법 제29조 제7호에 의하여 각하되므로, 등기신청서에 기재된 등기의무자(판결서상의 피고)의 성명, 주민등록번호, 주소 등이 등기부와 부합하지 아니한 경우에는 등기명의인은 등기명의인의 표시변경 또는 경정의 등기를 신청하여 등기의자의 성명, 주소 등을 일치시킨 다음에 소유권이전등기 등을 신청하여야 한다.

고유 필수적 공동소송(민소법 제67조)으로 보는 공유물분할 소송(민법 제268조 제1항. 대판 2001. 7. 10. 99다31124), 합유부동산에 관한 소송(민법 제274조 제2항. 대판 1996. 12. 10. 96다23238), 총유부동산(민법 제276조. 비법인사단의 사원이 집합체로서 물건을 소유할 때)에 관한 소송(대판 1995. 9. 5. 95다21303. 2005. 9. 15. 2004다44971)에서는 등기부상의 소유자인 공유자 또는 합유자 전원이 공동으로 원고 또는 피고가 되지 않으면 당사자 적격을 잃어 소가 부적법하게 되므로 변론종결 당시의 등기부상의 공유자 또는 합유자 전원을 피고로 하여야 할 뿐만 아니라 그 소는 공유자등 전원에 대하여 합일적으로 확정되어야 하므로 당사자(등기부상의 소유자) 중 일부가 누락된 판결에 의한 등기신청은 부동산등기법상의 등기신청 각하사유인 "신청서에 기재된 등기의무자의 표시가 등기부와 부합하지 아니한 때"에 해당되어 등기관은 그 등기신청을 각하하게 된다. 등기부상 공유자가 아닌 제3자가 포함된 공유물분할판결 또는 공유자가 다른 공유자 중 일부만을 피고로 하여 공유물분할판결을 받아 그 판결에 의한 등기신청을 한 경우(대판 1968. 5. 21. 68다414, 415. 2003. 12. 12. 2003다44615, 44622. 등기선례 제6권 제285항 제7권 제235항)에도 그 등기신청은 "신청서에 기재된 등기의무자의 표시가 등기부와 부합하지 아니한 때"에 해당되어 각하된다.

(3) "신청서에 필요한 서면을 첨부하지 아니한 때(구 부동산등기법 제55조 제8호 신법 제29조 9호)"에 해당되어 각하되는 경우

등기신청에 필요한 서면이라 함은 일반적으로 구 부동산등기법 제40조(현행규칙 제46조)에 규정된 서면을 말한다. 등기신청에 필요한 서면을 첨부하지 아니한 등기신청은 구 부동산등기법 제55조 8호(신법 제29조 9호)에 의하여 각하된다.

등기신청에 필요한 서면 중 권리변경등기(구 부동산등기법 제63조). 경정등기(구 동법 제74조), 말소된 등기의 회복등기(구 동법 제75조), 등기의 말소(구 동법 제171조)를 신청하는 경우 이해관계 있는 제3자의 승낙서 또는 이에 대항할 수 있는 재판의 등본을 첨부하지 아니한 때에는 그 등기신청은 "등기신청에 필요한 서면을 첨부하지 아니한 때"에 해당되어 각하되는바 그 사례는 다음과 같다.

(가) 등기의 말소를 명한 판결주문에 등기상 이해관계 있는 제3자의 승낙의사표시가 누락된 판결에 의한 등기신청

판결에 의한 등기의 말소신청(구 부동산등기법 제171조, 신법 제57조)의 경우 판결주문에 그 말소에 관하여 등기상 이해관계 있는 제3자의 승낙의 의사표시가 누락된 경우(대법원 1967. 11. 29. 67마 1092. 대판 1998. 11. 27. 97다41103) 그 판결에 의한 등기신청은 구 부동산등기법 제55조 제8호(신법 제 29조 제9호)의 "신청서에 필요한 서면을 첨부하지 아니한 때"에 해당되어 각하 되는바, 위 경우 그 판결에 의한 등기의 집행을 하기 위하여는 확정판결정본 외에 별도로 제3자로부터 위 등기의 말소에 대한 승낙서(동승낙서에는 승낙인의 인감도장을 날인하고 그의 인감증명을 별도로 첨부하여야 한다. 규칙 제 60조 제1항 7호)를 등기신청서에 첨부하여야 한다(제1장 제17절 4. (4)등기의 말소에 대한 제3자의 승낙 참조).

(나) 말소된 등기의 회복을 명한 판결주문에 등기상 이해관계 있는 제3자의 승낙의사표시가 누락된 판결에 의한 등기신청

판결에 의하여 말소된 등기의 회복을 신청하는 경우(구 부동산등기법 제75조, 신법 제59조) 판결 주문에 그 회복등기에 관하여 등기상 이해관계 있는 제3자의 승낙의 의사표시가 누락된 경우에도 위(가)항과 같은 사유로 그 등기신청은 각하된다(대판 2001. 1. 16. 2000다49473. 1969. 3. 18. 68다1617. 1980. 7. 22. 79다1575. 1987. 5. 26. 86다카2203. 1999. 2. 5. 97다33997. 1971. 8. 31. 71다1386. 1997. 9. 30. 95다 39526). 따라서 이 경우에도 위와 같이 그 판결에 의한 등기의 집행을 위하여는 제3자의 승낙서를 첨부하여야 한다(제1장 제17절. 5. (4) 말소등기의 회복에 대한 제3자의 승낙참조).

(다) 외국판결, 중재판정에 집행판결을 첨부하지 아니한 경우

외국판결이나 중재판정에 기초한 등기의 집행을 하기 위하여는 집행판결을 청구하는 소를 제기하여 등기신청서에 집행판결정본을 함께 첨부하여야 하며(민사집행법 제26조, 중재법 제37조), 등기신청서에 집행판결정본을 첨부하지 아니한 등기신청은 "등기신청에 필요한 서면을 첨부하지 아니한 때"에 해당되어 그 등기신청은 각하된다(구 부동산등기법 제55조 제8호, 신법 제29조 제9호).

(라) 가집행선고부 판결에 의한 등기신청

의사표시 의무판결은 그 확정으로써 비로소 그 의사의 진술을 한 것으로 간주되므로 성질

상 그 판결이 확정되기 전에 그 의제의 효과를 발생시키지는 못한다. 즉 의사표시 의무의 판결에는 가집행선고(민사소송법 제213조)를 붙이지 못한다. 따라서 가집행선고 있는 소유권이전등기 절차이행판결에 의한 등기신청이 있는 경우에도 그 등기신청서에 첨부된 판결이 확정판결이 아니면 등기관은 부동산등기관 제29조 제9호에 의하여 이를 각하하여야 한다.

4. 집행불능판결을 받은 원고의 구제문제

부동산등기에 관하여 의사의 진술을 구하는 소를 제기하는 원고는 법관이 원고의 청구에 관하여 올바르게 법을 적용하여 등기의 집행이 가능한 판결을 한 것으로 신뢰하여 확정된 승소판결에 의한 등기의 집행을 위하여 부동산등기법 제29조 제10호의 규정에 의한 '등기신청과 관련하여 다른 법률에 따라 부과된 의무를 이행(취득세, 등록세, 지방교육세, 인지세, 등기신청수수료 등의 납부 및 국민주택채권의 매입 등)'하고 판결에 의한 등기신청을 한다(법 제23조 제4항). 그러나 그 확정판결이 이른바 "집행불능판결"에 해당될 경우 등기관은 부동산등기법 제29조 각호의 어느 하나에 해당함을 이유로 그 신청을 각하하게 된다.

이와 같은 집행불능판결은 확정된 원고승소판결이므로 이에 대하여는 불복절차나 시정절차(재심사유가 없는 경우)에 따라 원고의 권리나 이익을 회복할 방법이 없으므로 원고는 다시 소를 제기하여 등기의 집행이 가능한 판결을 밟는 절차를 반복하게 된다.

(1) 법관의 오판과 국가배상책임

법관의 재판에 대한 국가배상책임이 인정되기 위한 요건에 관하여 대법원은 '법관의 재판에 법령의 규정을 따르지 아니한 잘못이 있다 하더라도 이로써 바로 그 재판상 직무행위가 국가배상법 제2조 제1항에서 말하는 위법행위로 되어 국가의 손해배상책임이 발생하는 것은 아니고, 그 국가배상책임이 인정되려면 당해 법관이 위법 또는 부당한 목적을 가지고 재판을 하였다거나 법이 법관의 직무수행상 준수할 것을 요구하고 있는 기준을 현저하게 위반하는 등 법관이 그에게 부여된 권한의 취지에 어긋나게 이를 행사하였다고 인정할 만한 특별한 사정이 있어야 한다(대판 2003. 7. 11. 99다24218 손해배상)'고 판결했다. 재판에 대한 국가배상책임은 '재판의 특수성'을 고려하여 엄격하고 신중하게 해석해야 할 것이다.

(2) 재판에 대하여 불복절차 내지 시정절차가 없는 경우

집행불능판결은 원고승소의 확정판결이므로 원고는 불복절차나 시정절차에 의하여 구제받을 수 없다. 대법원은 '재판에 대하여 따로 불복절차 또는 시정절차가 마련되어 있는 경우에는 재판의 결과로 불이익 내지 손해를 입었다고 여기는 사람은 그 절차에 따라 자신의 권리 내지 이익을 회복하도록 함이 법이 예정하는 바이므로, 불복에 의한 시정을 구할 수 없었던 것 자체가 법관이나 다른 공무원의 귀책사유로 인한 것이라거나 그와 같은 사정을 구할 수 없었던 부득이한 사정이 있었다는 등의 특별한 사정이 없는 한, 스스로 그와 같은 시정을 구하지 아니한 결과 권리 내지 이익을 회복하지 목한 사람은 원칙적으로 국가배상에 의한 권리구제를 받을 수 없다고 봄이 상당하다고 하겠으나, 재판에 대하여 불복절차 내지 시정절차 자체가 없는 경우에는 부당한 재판으로 인하여 불이익내지 손해를 입은 사람은 국가배상 이외의 방법으로는 자신의 권리 내지 이익을 회복할 방법이 없으므로, 이와 같은 경우에는 배상책임의 요건이 충족되는 한 국가배상책임을 인정하지 않을 수 없다(대판 2003. 7. 11. 99다24218. 손해배상)'고 판결했다.

(3) 불복절차 내지 시정절차가 없는 경우 국가배상책임을 인정한 사례

대법원은 '헌법재판소 재판관이 청구기간 내에 제기된 헌법소원심판청구사건에서 청구기간을 오인하여 각하결정을 한 경우, 이에 대한 불복절차 내지 시정절차가 없는 때에는 국가배상책임(위법성)을 인정할 수 있다고 한 사례(대법원 2001. 8. 20. 자 2001준재다442 결정, 헌법재판소 2001. 9. 27. 2001헌아3 결정, 대법원 2002. 9. 30. 2002재다555 결정, 2003. 7. 11. 99다24218)'가 있으며, '불법행위로 입은 정신적 고통에 대한 위자료 액수에 관하여는 사실심법원이 제반사정을 참작하여 그 직권에 속하는 재량에 의하여 이를 확정할 수 있다(대판 2003. 7. 11. 99다24218 손해배상)'고 판결했다.

5. 집행불능판결의 예방

판결에 의한 등기의 신속, 정확한 집행(구 부동산등기법 제29조, 신법 제23조 제4항, 민사집행법 제263조 제1항)을 위하여는 부동산 등기법, 민법, 민사소송법, 민사집행법, 중재법 등 부동산등기에 관련된 실체법 및 절차법에 관한 정확한 이해(소장의 피고표시 및 청구취지의 정확성과 이에 따른 판결주문의 명확성)가

집행불능판결의 예방과 동시에 민사소송이 무용한 제도로 전락하게 되는 것을 구제함과 동시에 사법부가 분쟁을 해결하는 최후의 보루로 국민의 신뢰와 존경을 받는 길이 된다고 본다(최돈호 저 : 부동산등기소송정해 418면: 법률미디어 발행 참조).

VI. 처분금지가처분권리자의 승소판결에 의한 등기(등기예규 제1412호)

민사집행법상 가처분(협의의 가처분)은 금전채권 외의 권리 또는 법률관계에 관한 확정판결의 강제집행을 보전하기 위한 집행보전제도이다. 가처분은 다툼의 대상(계쟁물)에 관한 가처분과 임시의 지위를 정하기 위한 가처분으로 나뉘는데, 부동산등기와 관련하여서 문제되는 것은 계쟁물에 관한 가처분이다(민집법 제300조, 제305조 제3항).

부동산에 대한 처분금지가처분의 피보전권리로는 금전채권은 될 수 없고, 특정 부동산에 대한 이전등기청구권 또는 말소등기청구권과 같은 이행청구권을 보전하기 위하여 그 부동산에 대한 채무자의 소유권이전, 저당권·전세권·임차권의 설정 그 밖에 일체의 처분행위를 금지하는 것이다.

1. 처분금지가처분채권자가 본안사건에서 승소하여 그 승소판결에 의한 소유권이전등기를 신청하는 경우

(1) 당해 가처분등기 이후에 경료된 제3자 명의의 소유권이전등기의 말소

가. 부동산의 처분금지가처분채권자(이하 가처분채권자라 한다)가 본안사건에서 승소하여(재판상 화해 또는 인락을 포함한다. 이하 같다) 그 확정판결의 정본을 첨부하여 소유권이전등기를 신청하는 경우, 그 가처분등기 이후에 제3자 명의의 소유권이전등기가 경료되어 있을 때에는 반드시 위 소유권이전등기신청과 함께 단독으로 그 가처분등기 이후에 경료된 제3자 명의의 소유권이전등기의 말소신청도 동시에 하여 그 가처분등기 이후의 소유권이전등기를 말소하고 가처분채권자의 소유권이전등기를 하여야 한다.

나. 위 가.의 경우, 가처분등기 이후에 경료된 제3자 명의의 소유권이전등기가 가처분등기

에 우선하는 저당권 또는 압류에 기한 경매절차에 따른 매각을 원인으로 하여 이루어진 것인 때에는 가처분채권자의 말소신청이 있다 하더라도 이를 말소할 수 없는 것이므로, 그러한 말소신청이 있으면 경매개시결정의 원인이 가처분등기에 우선하는 권리에 기한 것인지 여부를 조사(신등기부에 이기된 경우에는 구 폐쇄등기부까지 조사)하여, 그 소유권이전등기가 가처분채권자에 우선하는 경우에는 가처분채권자의 등기신청(가처분에 기한 소유권이전등기신청 포함)을 전부 수리하여서는 아니된다.

(2) 당해 가처분등기 이후에 경료된 제3자 명의의 소유권이전등기 이외의 등기의 말소

가. 가처분채권자 본안사건에서 승소하여 그 확정판결의 정본을 첨부하여 소유권이전등기를 신청하는 경우, 그 가처분등기 이후에 제3자 명의의 소유권이전등기를 제외한 가등기, 소유권 이외의 권리에 관한 등기, 가압류등기, 국세체납에 의한 압류등기, 경매개시결정등기 및 처분금지가처분등기 등이 경료되어 있을 때에는 위 소유권이전등기신청과 함께 단독으로 그 가처분등기 이후에 경료된 제3자 명의의 등기 말소신청도 동시에 하여 그 가처분등기 이후의 등기를 말소하고 가처분채권자의 소유권이전등기를 하여야 한다.

나. 위 가.의 경우 가처분채권자가 그 가처분에 기한 소유권이전등기만 하고 가처분등기 이후에 경료된 제3자 명의의 소유권 이외의 등기의 말소를 동시에 신청하지 아니하였다면 그 소유권이전등기가 가처분에 기한 소유권이전등기였다는 소명자료를 첨부하여 다시 가처분등기 이후에 경료된 제3자 명의의 등기의 말소를 신청하여야 한다.

판례

[2] 가처분채권자가 본안사건에서 승소확정판결(또는 이와 동일시할 수 있는 조정조서, 화해조서 등)을 받아 소유권이전등기를 신청하는 경우, 가처분등기 이후에 제3자명의의 등기가 경료되어 있을 때에는 소유권이전등기신청과 함께 가처분등기 이후에 경료된 제3자 명의의 등기말소신청도 동시에 하여 가처분등기 이후의 등기를 말소할 수 있다. 그리고 이 경우 가처분에 기한 승소판결에 저촉되어 말소되어야 할 대상이 부동산 전부에 관한 등기 중 일부 지분인 경우에는 특별한 사정이 없는 한 실질적으로 말소이지만 등기 형식은 경정등기의 방식을 취하는 일부말소 의미의 경정등기에 의하여야 한다(대법원 2012. 2. 9. 2011마1892 결정).

2. 가처분채권자가 본안사건에서 승소하여 그 승소판결에 의한 소유권이전등기 말소등기(소유권보존등기말소등기를 포함한다. 이하 같다)를 신청하는 경우

(1) 당해 가처분등기 이후에 경료된 제3자 명의의 소유권이전등기의 말소

가처분채권자가 본안사건에서 승소하여 그 확정판결의 정본을 첨부하여 소유권이전등기 말소등기를 신청하는 경우, 그 가처분등기 이후에 제3자 명의의 소유권이전등기가 경료되어 있을 때에는 위 소유권이전등기말소등기신청과 동시에 그 가처분등기 이후에 경료된 제3자 명의의 소유권이전등기의 말소도 단독으로 신청하여 그 가처분등기 이후의 소유권이전등기를 말소하고 위 가처분에 기한 소유권이전등기말소등기를 하여야 한다.

(2) 당해 가처분등기 이후에 경료된 제3자 명의의 소유권이전등기 이외의 등기의 말소

가. 가처분채권자가 본안사건에서 승소하여 그 확정판결의 정본을 첨부하여 소유권이전등기말소등기를 신청하는 경우, 가처분등기 이후에 경료된 제3자 명의의 소유권이전등기를 제외한 가등기, 소유권 이외의 권리에 관한 등기, 가압류등기, 국세체납에 의한 압류등기, 국세체납에 의한 압류등기, 경매신청등기와 처분금지가처분등기 등이 경료되어 있을 때에는 위 소유권이전등기말소등기신청과 함께 단독으로 그 가처분등기 이후에 경료된 제3자 명의의 등기말소신청도 동시에 하여 그 가처분등기 이후의 등기를 말소하고 가처분채권자의 소유권이전등기의 말소등기를 하여야 한다.

나. 당해 가처분등기 이후에 경료된 제3자 명의의 소유권이전등기 이외의 등기의 말소
 (1) 가처분채권자가 본안사건에서 승소하여 그 확정판결의 정본을 첨부하여 소유권이전등기말소등기를 신청하는 경우, 가처분등기 이후에 경료된 제3자 명의의 소유권이전등기를 제외한 가등기, 소유권 이외의 권리에 관한 등기, 가압류등기, 국세체납에 의한 압류등기, 경매신청등기와 처분금지가처분등기 등이 경료되어 있을 때에는 위 소유권이전등기말소등기신청과 함께 단독으로 그 가처분등기 이후에 경료된 제3자 명의의 등기말소신청도 동시에 하여 그 가처분등기 이후의 등기를 말소하고 가처분채권자의 소유권이전등기의 말소등기를 하여야 한다.

(2) 다만, 가처분등기 전에 마쳐진 가압류에 의한 강제경매개시결정등기와 가처분등기 전에 마쳐진 담보가등기, 전세권 및 저당권에 의한 임의경매개시결정등기 및 가처분 채권자에 대항할 수 있는 임차인 명의의 주택임차권등기, 주택임차권설정등기, 상가 건물임차권등기 및 상가건물임차권설정등기 등이 가처분등기 이후에 경료된 때에는 그러하지 아니하다.

이 경우 가처분채권자가 가처분 채무자의 소유권이전등기의 말소등기를 신청하기 위 해서는 위 권리자의 승낙이나 이에 대항할 수 있는 재판이 있음을 증명하는 정보를 제공하여야 한다.

3. 당해 가처분등기의 말소

등기관이 등기예규 제1412호 1항부터 3항까지의 규정에 따라 가처분채권자의 신청에 의 하여 가처분등기 이후의 등기를 말소하였을 때에는 직권으로 그 가처분등기도 말소하여야 한다.

4. 가처분등기 등을 말소한 경우의 집행법원 등에의 통지

등기관이 1항부터 2항까지의 규정에 따라 가압류등기, 가처분등기, 경매개시결정등기, 주 택임차권등기, 상가건물임차권등기를 말소한 경우와 3항에 따라 당해 가처분등기를 직권으 로 말소한 때에는 「가압류등기 등이 말소된 경우의 집행법원에 통지」(등기예규 제1368호)에 의하 여 지체없이 그 뜻을 집행법원에 통지하여야 한다.

등기관이 1항부터 2항까지의 규정에 따라 가처분등기 이후의 등기를 말소하였을 때에는 말소하는 이유 등을 명시하여 지체없이 말소된 권리의 등기명의인에게 통지(등기예규 제1338호 제10호 양식)하여야 한다(등기예규 제1412호 1~5항).

제17절 등기상 이해관계 있는 제3자의 승낙

1. 등기상 이해관계 있는 제3자의 승낙

등기의 말소(법 제57조) 또는 말소된 등기의 회복(법 제59조)을 신청하는 경우에 그 말소 또는 회복에 대하여 '등기상 이해관계 있는 제3자'가 있을 때에는 제3자의 승낙이 있어야한다. 등기의 말소 또는 말소된 등기의 회복에 대한 '제3자의 승낙'은 부동산등기법상의 법률요건이다.

따라서 등기의 말소 또는 말소된 등기의 회복을 신청하는 경우에 등기상 이해관계 있는 제3자가 있을 때 제3자의 승낙서 또는 이에 대항할 수 있는 재판이 있음을 증명하는 정보를 제공하지 아니하면 등기관은 '등기에 필요한 첨부정보를 제공하지 아니한 경우'에 해당하여 그 신청을 각하하게 된다(법 제29조).

등기의 말소(법 제57조) 또는 말소된 등기의 회복(법 제59조)을 명한 판결에 의한 등기를 신청할 경우 그 등기의 말소 또는 회복에 대하여 '등기상 이해관계 있는 제3자'가 있음에도 불구하고 판결주문에 그 '제3자의 승낙의 의사표시'가 누락된 때에는 그 판결에 의한 등기신청은 등기관이 부동산등기법 제29조 제9호에 의하여 각하하게 되는바, 이러한 사례는 등기실무상 자주 발생하는 문제이다.

이와 같이 부동산등기에 관하여 의사의 진술을 명한 확정된 이행판결에 집행력이 없어 그 판결에 의한 등기의 집행이 불능으로 되는 판결을 이른바 "집행불능판결"이라고 한다. 이 판결은 원고승소의 확정된 이행판결이므로 그 판결에 대하여 원고는 불복절차 내지 시정절차에 따라 자신의 권리나 이익을 회복할 방법이 없으므로 원고는 다시 소를 제기하여 집행력 있는 판결을 밟는 절차를 반복하게 되므로 이것은 민사소송의 적정, 신속, 경제 이념에 위배된다.

2. 등기상 이해관계 있는 제3자의 승낙에 관한 규정

부동산등기법규 상 '등기상 이해관계 있는 제3자의 승낙'에 관하여 규정하고 있는 것은 다음과 같다.

즉, 등기관의 직권에 의한 경정등기(법 제32조 제2항), 권리의 변경이나 경정의 등기(법 제52조 5호), 등기의 말소(법 제57조), 직권에 의한 등기의 말소통지(법 제58조 제1항), 말소등기의 회복(법 제59조), 등기신청의 첨부정보(규칙 제46조 제1항 제3호), 인감증명의 제출(규칙 제60조 제1항 제7호), 권리의 변경(경정)의 등기를 주등기로 하는 경우(규칙 제112조 제1항)등 이다.

3. 등기상 이해관계 있는 제3자의 의의

경정등기, 말소등기, 말소회복등기를 신청하는 경우에 그 경정, 말소, 회복에 대하여 등기상 이해관계 있는 제3자가 있을 때 그 제3자의 의의는 아래와 같다.

(1) 경정등기

경정등기(법 제32조)란 어떤 사항에 관하여 등기가 완료된 후에 그 등기에 착오 또는 유루가 있는 것을 발견한 경우에, 이를 정정할 목적으로 행하여지는 등기로서 변경등기(법 제23조 제5~6항)의 일종 이다. 경정등기에 있어서 '등기상 이해관계 있는 제3자'라 함은 기존등기에 존재하는 착오 또는 유루를 바로잡는 경정등기를 허용함으로써 그 결과 비로소 등기의 형식상 손해를 입게 될 위험성이 있는 등기상의 권리자를 의미하고, 그와 같은 손해를 입게 될 위험성은 등기의 형식에 의하여 판단하고 실질적으로 손해를 입을 염려가 있는지 여부는 고려의 대상이 되지 아니한다(대법원 1998. 4. 9. 98마40).

(2) 말소등기

말소등기(법 제57조)란 어떤 부동산에 관하여 현재 존재하고 있는 등기의 전부를 말소하는 등기이다. 부동산등기법 제57조에서 말하는 '등기상 이해관계 있는 제3자'란 말소등기를 함으로써 손해를 입을 우려가 있는 등기상의 권리자로서 그 손해를 입을 우려가 있다는 것이 등기부기재에 의하여 형식적으로 인정되는 자이고, 그와 같은 손해를 입게 될 위험성은 등기의 형식에 의하여 판단하며 실질적으로 손해를 입을 우려가 있는지의 여부는 고려의 대상이 되지 아니한다(대판 1997. 7. 30. 95다39526).

(3) 말소회복등기

말소회복등기(법 제59조)란 실체관계에 부합하는 어떤 등기가 있었음에도 불구하고 그 후에 그 등기의 전부 또는 일부가 부적법하게 말소된 경우에 그 말소된 등기를 회복하여 말소 당시에 소급하여 처음부터 그러한 말소가 없었던 것과 같은 효과를 생기게 할 목적으로 행하여지는 등기이다.

말소회복등기에서 '등기상 이해관계 있는 제3자'라 함은 말소된 등기의 회복등기를 함으로써 손해를 입을 우려가 있는 사람으로서 그 손해를 입을 우려가 있다는 것이 기존의 등기부 기재에 의하여 형식적으로 인정되는 자를 의미하며(대판 1997. 7. 30. 95다39526), 여기서 말하는 손해를 입을 우려가 있는지의 여부는 제3자의 권리취득 등기시(말소등기시)를 기준으로 할 것이 아니라 회복등기시를 기준으로 하여야 한다(대판 1990. 6. 26. 89다카5673, 등기예규 제705호).

등기의 말소 또는 말소등기의 회복에 대한 등기상 이해관계 있는 제3자의 승낙에 관련하여 등기권리자의 등기의무자 및 등기상 이해관계 있는 제3자를 상대로 한 등기청구권의 행사 및 그 판결에 의한 등기의 집행에 관련된 문제를 상술하면 아래와 같다.

4. 등기권리자의 등기청구권의 행사

(1) 등기의 말소청구

등기의 말소(법 제57조)는 등기권리자와 등기의무자의 공동신청에 의하는 것이 원칙이나, 등기의무자가 등기의 말소신청에 협력하지 않을 때에는 등기권리자가 '등기의무자'를 상대로 등기청구권을 행사하여 의사표시에 갈음하는 판결(민사집행법 제263조 제1항)을 받아 단독으로 말소등기를 신청할 수 있다(법 제23조 제4항).

등기의 말소에 대하여 등기상 이해관계 있는 제3자가 있을 때에는 제3자의 승낙이 있어야 하는바, 그 제3자가 등기의 말소에 대한 승낙을 거부할 경우 등기권리자는 '등기상 이해관계 있는 제3자'를 상대로 등기청구권을 행사하여 등기의 말소에 대한 승낙의 의사표시를 구하는 소를 제기하여 승낙에 갈음하는 판결(민사집행법 제263조 제1항)을 받아 단독으로 등기의 말소를 신청할 수 있다(법 제23조 제4항).

(2) 말소된 등기의 회복청구

말소등기의 회복등기(법 제59조)도 등기권리자와 등기의무자의 공동신청에 의함이 원칙이나, 등기의무자가 회복등기신청에 협력하지 않을 때에는 등기권리자는 '등기의무자'를 상대로 등기청구권을 행사하여 의사표시에 갈음하는 판결(민사집행법 제263조 제1항)을 받아 단독으로 회복등기를 신청할 수 있다(법 제23조 제4항).

말소된 등기의 회복을 신청하는 경우 말소된 등기의 회복에 대하여 등기상 이해관계 있는 제3자가 있을 때에는 제3자의 승낙이 있어야 하는바, 등기상 이해관계 있는 제3자가 말소된 등기의 회복에 대한 승낙을 거부할 경우 등기권리자는 '등기상 이해관계 있는 제3자'를 상대로 말소된 등기의 회복에 대한 승낙의 의사표시를 구하는 소를 제기하여 승낙의 의사표시에 갈음하는 판결(민사집행법 제263조 제1항)을 받아 단독으로 회복등기를 신청할 수 있다(법 제23조 제4항).

5. 판결에 의한 등기의 집행에 관련된 문제

(1) 등기신청의사의 진술 및 판결에 명시될 사항

(가) 등기부 및 등기신청서의 필수적 기재사항의 명시

1) 부동산의 표시, 등기신청인, 등기원인과 그 연월일, 등기의 목적

부동산등기법 제23조 제4항의 판결은 등기절차의 이행을 명하는 '이행판결'이어야 하며, 판결주문의 형태는 '피고는 원고에게 별지목록기재 부동산에 관하여 매매(증여 등)를 원인으로 한 소유권이전등기절차를 이행하라'와 같이 등기신청의사를 진술하는 것이어야 한다. 위 판결에는 등기부(법 제40조, 제48조) 및 등기신청서의 필수적 기재사항(규칙 제43조)인 부동산의 표시에 관한 사항, 등기권리자와 등기의무자의 성명(명칭). 주소(사무소소재지). 주민등록번호(부동산등기용등록번호), 등기원인과 그 연월일, 등기의 목적 등이 명시되어 있어야 한다.

2) 등기원인 및 그 연월일의 기재가 필요 없는 경우

'등기원인과 그 연월일'은 등기기록(법 제48조 제1항 4호) 및 등기신청서의 필요적 기재사항(규칙

제43조 제1항 제5호)이나 기존등기의 등기원인이 부존재 내지 무효, 취소, 해제에 의하여 소멸하였음을 이유로 말소등기 또는 회복등기를 명하는 판결에 의하여 등기를 신청하는 경우에는 등기원인은 '확정판결'로, 그 연월일은 '판결 선고일'을 기재한다(등기예규 제1383호 4. 가. 2).}.

소유권보존등기를 신청하는 경우에는 부동산등기규칙 제43조 제1항 제5호에도 불구하고 등기원인과 그 연월일은 신청정보의 내용으로 등기소에 제공할 필요가 없으며(규칙 제121조 제1항), 진정명의회복을 등기원인으로 하는 소유권이전등기를 신청하는 경우에는 신청서에 '등기원인'은 '진정명의회복'으로 기재하며 '등기원인일자'를 기재할 필요는 없다(등기예규 제1376호 2. 4.).

(나) 등기의 말소 또는 말소된 등기의 회복을 명한 판결에 명시될 사항

1) 등기의 말소

등기의 말소를 신청하는 경우 그 말소에 대하여 등기상 이해관계 있는 제3자가 있을 때에는 제3자의 승낙이 있어야 하므로(법 제57조 제1항), 이 경우의 판결주문에는 아래 '7. (3). (다). 판결주문의 기재사항'과 같이 말소대상등기 및 제3자의 등기의 말소에 대한 승낙의 의사표시를 각 명시하여야 한다.

2) 말소된 등기의 회복

말소된 등기의 회복을 신청하는 경우에 등기상 이해관계 있는 제3자가 있을 때에는 그 제3자의 승낙이 있어야 하므로(법 제59조), 이 경우의 판결주문에는 아래 '8. (3), (다). 판결주문의 기재사항'과 같이 말소된 등기, 회복할 등기 및 제3자의 회복등기에 대한 승낙의 의사표시를 각 명시하여야 한다.

(다) 소장에 등기상 이해관계 있는 제3자의 승낙을 누락한 경우(법원이 취할 조치)

등기의 말소를 신청하는 경우(법 제57조 제1항) 또는 말소된 등기의 회복을 신청하는 경우(법 제59조)에 그 말소 또는 회복에 대하여 '등기상 이해관계 있는 제3자가 있을 때'에는 그 제3자의 승낙이 있어야 한다. 즉, 등기의 말소 또는 말소된 등기의 회복에 대한 등기상 이해관계 있는 제3자의 승낙은 부동산등기법상의 법률요건으로 보아야 한다.

따라서 등기의 말소 또는 말소된 등기의 회복을 구하는 청구에 있어 당사자가 제출한 등기사항증명서(구법의 등기부등본)에 의하여 등기상 이해관계 있는 제3자가 있음에도 불구하고 원고가 등기상 이해관계 있는 제3자를 '피고로 지정'하지 아니함은 물론 소장의 청구취지에 등기의 말소나 말소된 등기의 회복에 대한 그 제3자의 '승낙의 의사표시'를 누락한 경우에는 법원은 적극적으로 석명권을 행사하여, 피고의 경정(민소법 제260조) 및 청구취지를 변경하거나 보충 . 정정하도록 조치함으로써 적정한 판결에 의한 등기의 집행을 할 수 있도록 하는 것이 민사소송의 적정(適正)의 이념과 부동산등기제도의 이상(理想)을 구현하는 길이라고 본다.

(2) 등기에 관한 의사표시의무판결에 가집행선고의 가부(소극)

의사표시의무판결은 그 확정으로써 의사의 진술을 한 것으로 간주되므로(민집법 제263조 제1항) 성질상 그 판결이 확정되기 전에는 의제의 효과를 발생시키지는 못하므로 등기에 관한 의사표시의무의 판결에는 가집행선고를 붙이지 못한다. 만일 등기절차이행을 명하는 가집행선고부 판결에 의한 등기를 허용할 경우 그 판결이 상소심에서 취소된 때에는 부동산거래의 안전을 해칠 수 있으므로 가집행선고를 붙일 수 없다.

민사집행법 제263조 제1항 및 부동산등기법 제23조 제4항의 판결은 확정된 이행판결만을 의미하므로, 만일 가집행선고부 판결에 의한 등기신청이 있을 경우 그 등기신청은 '등기에 필요한 첨부정보(판결확정증명)를 제공하지 아니한 경우'(법 제29조 제9호)에 해당하여 등기관이 이를 각하하여야 한다(등기예규 제1383호 2. 나).

(3) 의사표시의무판결에 의한 등기의 집행과 강제집행정지의 허부

등기관이 확정된 이행판결에 기하여 등기부에 일정한 사항을 기입하는 것(법 제23조 제4항)은 광의의 집행으로 그 판결내용의 실현을 위하여 등기의무자(피고)에게 직접강제를 가하는 행위가 아니므로 등기관은 집행기관이 아니다. 따라서 부동산의 소유권이전등기절차 또는 등기의 말소나 말소등기의 회복과 같은 피고의 의사의 진술을 명하는 판결에 대하여는 집행기관이 관여하는 현실적인 강제집행절차가 존재할 수 없으므로 이에 대한 강제집행정지는 허용되지 아니한다.

근저당권설정등기의 말소와 같은 피고의 의사진술을 명하는 판결에 대하여는 집행기관이 관여할 필요가 없는 것이므로 그 집행정지는 허용되지 않는다(대판 1959. 12. 7. 4292민신14, 1970. 6. 9. 70마851). 따라서 등기관은 강제집행정지결정에 구애됨이 없이 등기신청을 받아들여 등기기입을 할 수 있다(대법원 1979. 5. 22. 77마427).

6. 경정등기

(1) 권리경정등기와 등기상 이해관계 있는 제3자의 승낙

(가) 부기등기(승낙이 있는 경우) 또는 주등기(승낙이 없는 경우)

등기관이 권리경정등기를 할 때 등기상 이해관계 있는 제3자의 승낙이 있는 경우에는 부기등기에 의하며, 그의 승낙 또는 이에 대항할 수 있는 재판이 있음을 증명하는 정보를 제공하지 아니한 때에는 주등기에 의하여 경정등기를 하므로(법 제52조 제5호) 후순위가 된다.

(나) 등기상 이해관계 있는 제3자의 의미

구부동산등기법 제72조(현행법 제32조 제2항) 소정의 '등기상 이해관계 있는 제3자'라 함은 기존등기에 존재하는 착오 또는 유루를 바로 잡는 경정등기를 허용함으로써 그 결과 비로소 등기의 형식상 손해를 입을 위험성이 있게 되는 등기상의 권리자를 의미하며(대법원 1987. 1. 23. 86마784), 손해를 입게 될 위험성은 등기의 형식에 의하여 판단하고 실질적으로 손해를 입을 염려가 있는지 여부는 고려의 대상이 되지 아니한다(1998. 4. 9. 98마40).

(2) 부동산표시 및 등기명의인표시의 변경(경정)등기와 제3자의 승낙여부(소극)

'부동산표시'의 변경(경정)의 등기는 그 부동산에 관한 권리에 어떤 변동을 가져오는 것이 아니므로 등기상 이해관계 있는 제3자의 승낙유무가 문제될 여지가 없으며(대판 1992. 2. 28. 91다34967, 등기선례 제5권 508항), '등기명의인표시'의 변경(경정)의 등기도 권리경정의 등기와는 달리 제3자의 권리에 영향을 미치는 일이 없으므로 제3자의 승낙이 문제되지 않는다.

7. 판결에 의한 말소등기

(1) 판결에 의한 등기의 말소신청

(가) 등기권리자의 '등기의무자'를 상대로 한 등기청구권의 행사

말소등기도 일반등기와 같이 등기권리자와 등기의무자의 공동신청에 의하는 것이 원칙(법 제23조 제1항)이나, 등기의무자가 말소등기신청에 협력하지 않을 때에는 등기권리자가 등기의 무자를 상대로 의사표시에 갈음하는 판결(민사집행법 제263조 제1항)을 받아 단독으로 말소등기를 신청할 수 있다(법 제23조 제4항).

여기서의 판결은 민사집행법 제263조 제1항의 의사의 진술, 그 중에서도 등기신청의사의 진술을 명하는 확정된 '이행판결'만을 의미하고 확인판결이나 형성판결은 이에 포함되지 아 니한다(제2장 제17절 "말소에 관한 등기" 참조).

1) 등기말소청구의 상대방(등기명의인)

등기부상의 형식상 그 등기에 의하여 권리를 상실하거나 기타 불이익을 받을 자(등기명의인이 거나 그 포괄승계인)가 아닌 자를 상대로 한 등기의 말소절차이행을 구하는 소는 당사자적격이 없 는 자를 상대로 한 부적법한 소이다(대판 1994. 2. 25. 93다39225). 따라서 등기의 말소절차이행을 구하는 소의 상대방(피고)은 등기명의인이거나 그 포괄승계인이어야 한다.

2) 등기의무자의 소재불명과 말소등기(공시최고신청 및 제권판결)

등기권리자가 등기의무자의 소재불명으로 인하여 공동으로 등기의 말소를 신청할 수 없을 때에는 민사소송법에 따라 '공시최고'를 신청할 수 있으며, 이 경우에 '제권판결'이 있으면 등 기권리자가 그 사실을 증명하여 단독으로 등기의 말소를 신청할 수 있다(법 제56조).

공시최고는 등기권리자의 보통 재판적이 있는 곳의 지방법원 또는 말소대상인 등기를 한 등기소 소재지의 지방법원에 신청할 수 있다(민사소송법 제476조 제1항).

(나) 등기권리자의 '등기상 이해관계 있는 제3자'를 상대로 한 등기청구권의 행사

등기의 말소를 신청하는 경우에 그 말소에 대하여 '등기상 이해관계 있는 제3자가 있을 때'에는 제3자의 승낙이 있어야 한다(법 제57조 제1항). 이 경우 등기상 이해관계 있는 제3자의 승낙을 증명하는 서면 또는 이에 대항할 수 있는 재판이 있음을 증명하는 서면(규칙 제46조 제1항 3호)의 제공이 없으면 등기의 말소를 신청할 수 없다(법 제29조 제9호의 각하사유에 해당함).

따라서 등기상 이해관계 있는 제3자가 등기의 말소에 대한 승낙을 거부할 경우에는 등기권리자는 그 제3자를 상대로 등기의 말소에 대한 승낙의 의사표시를 구하는 소를 제기하여 승낙에 갈음하는 판결(민사집행법 제263조 제1항)을 받아 단독으로 등기의 말소를 신청할 수 있다(법 제23조 제4항). 말소대상인 등기에 터 잡아 이루어진 권리등기의 명의인은 그 등기의 말소에 관하여 등기상 이해관계 있는 제3자에 해당된다.

1) 등기상 이해관계 있는 제3자의 의미

구부동산등기법 제171조(현행법 제57조)에서 말하는 '등기상 이해관계 있는 제3자'란 말소등기를 함으로써 손해를 입을 우려가 있는 등기상의 권리자로서 손해를 입을 우려가 있다는 것이 등기부기재에 의하여 형식적으로 인정되는 자이고, 그와 같은 손해를 입게 될 위험성은 등기의 형식에 의하여 판단하며 실질적으로 손해를 입을 우려가 있는지의 여부는 고려의 대상이 되지 아니한다(대판 1997. 7. 30. 95다39526).

소유권보존(이전)등기의 말소에 있어서는 그 소유권을 목적으로 하는 모든 권리자, 즉, 저당권자, 지상권자, 가압류채권자, 체납처분에 의한 압류권자, 가처분채권자 등은 모두 등기상 이해관계 있는 제3자가 된다. 다만 소유권이전등기를 함에 있어서 타인에게 명의를 신탁하여 등기를 하게한 자(명의신탁자 ; 대판 1992. 7. 28. 92다1073, 10180), 예고등기의 원인이 된 소의 제기자(대판 2005. 7. 14. 2004다25679)는 등기상 이해관계 있는 제3자가 아니다.

2) 등기의 말소와 등기상 이해관계 있는 제3자의 승낙의무 여부

가) 승낙을 하여야 할 실체법상의 의무가 있는 경우

등기의 말소에 관하여 등기상 이해관계 있는 제3자가 있는 경우 그 제3자가 등기의 말소에 관하여 승낙의무가 있는 제3자인지의 여부는 그 제3자가 말소등기권리자에 대한 관계에서 그 승낙을 하여야 할 '실체법상의 의무'가 있는지 여부에 의하여 결정될 문제이다.

나) 기존등기의 실체법상 부적법(등기원인의 무효, 취소, 해제) 또는 특약이 있는 경우

기존등기가 '실체법상 부적법'(등기원인의 무효 . 취소 . 해제)이라는 이유로 말소되는 경우, 현행법상 등기의 공신력이 인정되지 않으므로 무효인 등기에 터 잡은 등기도 무효가 되므로(등기절차는 종전의 등기부상 명의를 출발점으로 하여 연속되어야 한다는 '등기연속의 원칙'에 위배되는 등기) 그 등기명의인은 기존등기의 말소에 대하여 승낙의무를 부담한다.

등기상 이해관계 있는 제3자가 승낙을 하여야 할 '특약'이 있는 경우에는 제3자의 승낙의무가 인정된다.

3) 제3자가 승낙을 거부하는 경우 등기권리자의 등기청구권의 행사

등기의 말소를 신청하는 경우에 그 말소에 대하여 등기상 이해관계 있는 제3자가 있을 때 그 제3자가 등기의 말소에 대한 승낙을 거부할 경우 등기권리자는 그 제3자를 피고로 지정한 후 소장의 청구취지에 아래 "(다) 소장의 청구취지 및 판결주문의 기재례 2"와 같이 등기의 말소에 대한 제3자의 승낙의 의사표시를 명시하여 그 승낙의 의사표시에 갈음하는 판결(민사집행법 제263조 제1항)을 받아야 승소한 등기권리자로서 단독으로 판결에 의한 등기의 말소를 신청할 수 있다(법 제23조 제4항).

가) 등기상 이해관계 있는 제3자의 피고지정(당사자 적격)

등기의 말소를 신청하는 경우에 그 말소에 대하여 등기상 이해관계 있는 제3자가 있을 때에는 그 제3자의 승낙이 있어야 하므로(법 제57조 제1항), 만약 제3자가 승낙을 거부할 경우에는 등기권리자는 그 제3자를 상대로 등기의 말소에 대한 승낙의 의사표시에 갈음하는 판결(민집법 제263조 제1항)을 받아야 한다. 따라서 등기권리자는 그 제3자를 피고로 지정한 후 소장의 청구취지에는 아래 "(3) 소장의 청구취지 기재례 2"와 같이 등기의 말소에 대한 제3자의 승낙의 의사표시를 명시하여야 한다.

나) 피고의 경정

원고가 피고를 잘못 지정한 것이 분명한 경우에는 제1심법원은 변론을 종결할 때까지 원고의 신청에 따라 결정으로 피고를 경정하도록 허가 할 수 있다(민소법 제260조 제1항). '피고를 잘못 지정한 것이 명백한 때'라고 함은 청구취지나 청구원인의 기재내용 자체로 보아 원고가 법률적 평가를 그르치는 등의 이유로 피고의 지정이 잘못된 것이 명백한 경우를 말하고, 피고로 되어야 할 자가 누구인지를 증거조사를 거쳐 사실을 인정하고 그 인정사실에 터 잡아 법률판단을 해야 인정할 수 있는 경우는 이에 해당하지 않는다(대법원 1997. 10. 17. 97마1632).

(다) 소장의 청구취지 및 판결주문의 기재사항(제3자의 승낙의 의사표시)

등기의 말소청구에 대하여 등기상 이해관계 있는 제3자가 있을 때에는 그 제3자를 피고로 지정(당사자 적격)한 후 소장의 '청구취지'에는 아래와 같이 등기의 말소에 대한 '제3자의 승낙의 의사표시'(이것은 이행의 소의 소송물로 소장의 필요적 기재사항이다)를 명시하여야 하며, 판결의 주문에도 등기상 이해관계 있는 제3자의 등기의 말소에 대한 승낙의 의사표시가 명시되어 있어야 그 판결에 의한 등기의 집행을 할 수 있다(법 제23조 제4항, 민사집행법 제263조 제1항).

---

* 등기의 말소(등기상 이해관계 있는 제3자가 있는 경우)를 구하는 소장의 청구취지 및 판결주문의 기재례 *

1. 피고(등기의무자) 김OO는 별지목록기재부동산에 대한 OO지방법원 OO등기소 0000년 0월 0일 접수 제0000호로 경료 된 OOOOO등기의 말소등기절차를 이행하라.
2. 피고(등기상 이해관계 있는 제3자) 박OO는 위 제1항의 OOOOO등기의 말소등기에 대하여 승낙의 의사표시를 하라.
3. 소송비용은 피고들의 부담으로 한다.
   라는 판결을 구합니다.

(라) 등기관의 심사대상

등기신청의 적법여부에 관한 등기관의 심사권의 범위에 관하여 부동산등기법은 형식적 심사주의를 채택하고 있으므로(법 제29조), 등기관은 제3자에게 등기의 말소에 대하여 '승낙의무가 있는지 여부'는 판단할 필요가 없으며 그 제3자가 등기의 말소에 대하여 등기상 이해관계가 있는 제3자인지 여부, 이해관계 있는 제3자라면 승낙 또는 이에 대항할 수 있는 재판이 있음을 증명하는 서면(규칙 제46조 제1항 3호)이 제출되었는지 여부만 심사하면 된다.

위에서 '대항할 수 있는 재판'이라 함은 등기상 이해관계 있는 제3자를 피고로 하여 말소등기에 관하여 승낙을 할 뜻을 명한 확정된 이행판결정본 또는 이와 동일한 효력이 있는 화해조서, 인낙조서, 조정조서 등의 정본을 말한다.

(2) 진정명의회복을 원인으로 한 소유권이전등기

무효의 등기를 순차로 말소하는 대신 진정한 등기명의의 회복을 원인으로 하여 직접 소유권이전등기를 구할 수 있는 경우도 있다.

(가) 진정명의회복을 원인으로 한 소유권이전등기절차이행의 직접청구가부(적극)

실체관계와 부합하지 않는 원인무효의 등기가 있는 경우(위조문서에 의한 등기 또는 법률행위의 무효, 취소, 해제 등으로 인한 권리변동원인의 소급적 실효)에는 그 등기를 말소하는 것이 원칙이다. 이 경우 말소등기 외에 무효인 등기의 최종 명의인으로부터 직접 진정한 소유자에게 '진정명의회복'을 원인으로 하여 '소유권이전등기'를 하는 방법을 인정할 수 있는가가 문제 된다.

진정명의회복을 원인으로 한 소유권이전등절차에 관하여 초기의 판례는 '원인무효등기의 말소를 청구하는 대신 소유권회복을 원인으로 한 이전등기절차의 이행을 청구할 수 없다(대판 1972. 12. 26. 72다1846, 1981. 1. 13. 78다1916)'라고 하여 이를 부정하였으나, 그 후 '이미 자기 앞으로 소유권을 표상하는 등기가 되어 있었거나 법률에 의하여 소유권을 취득한 자가 진정한 등기명의를 회복하기 위한 방법으로는 현재의 등기명의인을 상대로 그 등기의 말소를 구하는 외에 "진정한 등기명의회복"을 원인으로 한 소유권이전등기절차의 이행을 직접 청구하는 것도 허용되어야 한다(대판 1990. 11. 27. 89다카12398. 전원합의체판결, 본 판결로 1972. 12. 26. 72다1846, 1847. 1981. 1. 13. 78다1916 판결 등 변경)'고하여 종전의 판례를 변경하였다.

(나) 진정명의회복을 위한 소유권이전등기청구의 요건

진전한 등기명의회복을 위한 소유권이전등기청구는 '자기명의로 소유권을 표상하는 등기'가 되어 있었거나 '법률에 의하여 소유권을 취득한 진정한 소유자'가 그 등기명의를 회복하기 위한 방법으로 그 소유권에 기하여 현재의 등기명의인을 상대로 '진정한 등기명의회복을 원인'으로 한 소유권이전등기절차의 이행을 구하는 것이다(대판 1990. 12. 21. 88다카20026, 2001. 8. 21. 2000다36484).

(다) 진정명의회복을 위한 소유권이전등기 신청절차

등기권리자의 상속인이나 그 밖의 포괄승계인은 부동산등기법 제27조의 규정에 의하여 진정명의회복을 원인으로 한 소유권이전등기절차의 이행을 명하는 판결을 받아 등기를 신청할 수 있으며(등기예규 제1376호. 3항), 이 경우 신청서에 '등기원인 일자'를 기재할 필요는 없다(동 예규 4항). 위 등기를 신청할 때에는 토지거래허가증, 농지취득자격증명의 제출을 요하지 아니하나 취득세를 납부하고 국민주택채권을 매입하여야 한다(동 예규 6항).

8. 판결에 의한 말소회복등기

(1) 등기권리자의 '등기의무자'를 상대로 한 등기청구권의 행사

말소등기의 회복등기도 다른 등기와 마찬가지로 등기권리자와 등기의무자의 공동신청에 의함이 원칙(법 제23조 제1항)이나 등기의무자가 회복등기신청에 협력하지 않을 때에는 등기권리자가 의사표시에 갈음하는 판결(민사집행법 제263조 제1항)을 받아 승소한 등기권리자로서 단독으로 회복등기를 신청할 수 있다(법 제23조 제4항)(제2장 제18절 제1관 "말소회복등기" 참조).

(가) 승낙청구권자(등기권리자)

말소회복등기에 있어서 승낙청구권의 근거는 '등기는 원인 없이 말소되었어도 등기의 효력은 존속 한다' 또는 '말소되었던 등기에 관한 회복등기가 된 경우에는 그 회복등기는 말소된 종전의 등기와 동일한 효력을 가진다(대판 1968. 8. 30. 68다1187)'는 데 있으므로, 등기의 효력 발생의 근원을 이루는 물권자에게 만 승낙청구권이 인정되므로 말소회복등기에 있어서 승낙청구권을 갖는 자는 '등기권리자'에 한한다.

부적법하게 말소된 등기가 법원의 촉탁이나 등기관의 잘못에 의하여 된 경우에도 제3자에 대하여 승낙청구권을 갖는 자는 법원이나 등기관이 아니라 등기권리자로 본다(법원행정처 발행 부동산등기실무 2권 102면 (나)).

(나) 회복등기청구의 상대방(등기말소당시의 소유자)

불법하게 말소된 것을 이유로 한 회복등기청구는 그 '등기말소당시의 소유자'를 상대로 하여야 한다(대판 1969. 3. 18. 68다1617). 말소된 등기의 회복등기절차의 이행을 구하는 소에서는 회복등기의무자에게만 피고적격이 있는바, 가등기가 된 부동산에 관하여 제3취득자 앞으로 소유권이전등기가 된 후 그 가등기가 말소된 경우 말소된 가등기의 회복등기절차에서 회복등기의무자는 가등기가 말소될 당시의 소유자인 제3취득자이므로, 그 가등기의 회복등기청구는 회복등기의자인 제3취득자를 상대로 하여야 한다(대판 2009. 10. 15. 2006다43903).

(2) 등기권리자의 '등기상 이해관계 있는 제3자'를 상대로 한 등기청구권의 행사

말소된 등기의 회복을 신청하는 경우에 그 등기의 회복에 대하여 '등기상 이해관계 있는 제3자'가 있을 때에는 그 제3자의 승낙이 있어야 하므로(법 제59조, 규칙 제118조), 등기상 이해관계 있는 제3자의 승낙서 또는 이에 대항할 수 있는 재판의 등본을 첨부함이 없이 된 말소회복등기는 제3자에 대한 관계에 있어서는 무효이다(대판 1981. 6. 9. 81다10,11.).

따라서 그 제3자가 말소된 등기의 회복에 대한 승낙을 거부할 경우 등기권리자는 그 제3자를 상대로 말소된 등기의 회복에 대한 승낙의 의사표시를 구하는 소를 제기하여 승낙의 의사표시에 갈음하는 판결(민집법 제263조 제1항)을 받아 승소한 등기권리자로서 단독으로 판결에 의한 등기를 신청할 수 있다(법 제23조 제4항).

(가) 등기상 이해관계 있는 제3자의 의미

구부동산등기법 제75조(현행법 제59조)소정의 '등기상 이해관계 있는 제3자'란 말소회복등기가 된다고 하면 손해를 입을 우려가 있는 사람으로서 그 손해를 입을 우려가 있다는 것이 기존의 등기부기재에 의하여 형식적으로 인정되는 자를 의미하고, 여기서 말하는 '손해를 입을 우려'가 있는지의 여부는 제3자의 권리취득 등기시(말소등기 시)를 기준으로 하여야 한다(대판 1990. 6. 26. 89다카5673).

(나) 등기상 이해관계 있는 제3자의 승낙의무 여부

말소회복등기를 함에 있어 등기상 이해관계 있는 제3자가 승낙의무를 부담하는지 여부는 실체법상의 관계에 따라 결정된다.

1) 말소된 등기가 원인무효인 경우

등기가 그 권리자의 의사에 의하지 아니하고 말소되어 그 말소등기가 '원인무효'인 경우에는 등기상 이해관계 있는 제3자는 선의, 악의 또는 그 회복등기로 인하여 받는 손해의 유무에 불구고 등기권리자의 회복등기절차에 필요한 승낙을 할 의무가 있다(대판 1970. 2. 24. 69다2193).

어떤 등기가 등기신청 서류의 위조 등의 방법으로 등기권리자의 의사에 의하지 아니하고 원인관계 없이 말소되어 그 말소등기가 '원인무효'인 경우에는 등기상 이해관계 있는 제3자는 선의, 악의, 과실의 유무 또는 그 회복등기로 인하여 받는 제3자의 손해와 가등기권리자의 얻게 되는 이익의 경중에 불구하고 가등기권리자의 회복등기절차에 필요한 승낙을 할 의무가 있다(대판 1972. 12. 12. 72다158, 1997. 9. 30. 95다39526).

2) 불법 된 방법에 의하여 등기가 말소된 경우

'불법' 된 방법에 의하여 등기권리자의 등기가 말소 된 후에 등기부상 권리를 취득한 자들은 그 등기권리자의 회복등기절차에 승낙을 할 의무가 있다(대판 1971. 8. 31. 71다1285).

3) 제3자가 승낙을 하여야 할 실체법상의 의무가 없는 경우

말소회복등기절차에 있어서 등기상 이해관계 있는 제3자가 있어 그의 승낙이 필요한 경우라고 하더라도, 그 제3자가 등기권리자에 대한 관계에 있어서 그 승낙을 하여야 할 '실체법상의 의무'가 있는 경우가 아니면, 그 승낙요구에 응하여야 할 이유가 없다(대판 1979. 11. 13. 78다 2040, 2004. 2. 27. 2003다35567).

(3) 소장의 청구취지 및 판결주문의 기재사항

말소된 등기의 회복을 청구하는 경우 말소된 등기의 회복에 대하여 등기상 이해관계 있는 제3자가 있을 때에는 그 제3자의 승낙이 있어야 하므로(법 제59조), 소장의 청구취지 및 판결주문에는 아래와 같이 말소된 등기의 회복에 대한 그 제3자의 승낙의 의사표시를 명시하여야 한다.

*** 말소된 등기의 회복(등기상 이해관계 있는 제3자가 있을 때)을 구하는
소장의 청구취지 및 판결주문의 기재례 ***

1. 피고 甲(등기의무자)은 원고에게 별지목록기재부동산에 관하여 서울중앙지방법
   원 강남등기소 1998년 10월 18일 접수 제32553호로 말소등기 된 같은 등기소
   1997년 3월 2일 접수 제7885호 근저당권설정등기의 회복등기절차를 이행하라.

2. 피고 乙(등기상 이해관계 있는 제3자)은 원고에게 별지목록기재부동산에 관하
   여 서울중앙지방법원 강남등기소 1988년 10월 18일 접수 제32553호로 말소
   등기 된 같은 등기소 1997년 3월 2일 접수 제7885호 근저당권설정등기의 회
   복등기에 대하여 승낙의 의사표시를 하라.

3. 소송비용은 피고들의 부담으로 한다.

9. 법원의 직권조사사항

직권조사라 함은 당사자의 이의나 신청을 기다리지 않고 법원이 스스로 일정한 소송상의 사항에 대하여 조사하고 판단하는 것을 말한다. 법원의 직권조사는 민사소송법상 당사자의 항변(抗辯)이나 다툼의 여부를 불문하고 소송상의 사항에 관하여 법원이 자진하여 고려 . 판단하는 것으로 주로 소송요건이나 개개의 소송행위의 적법요건과 같은 직권조사사항에 관하여 행해진다. '직권조사사항'이라 함은 법원이 직권으로 조사하여 적당한 조치를 취하여야 하는 사항을 말한다.

(1) 등기신청의 각하사유

등기의 말소(법 제57조 제1항) 또는 말소된 등기의 회복(법 제59조)을 신청하는 경우에 그 말소 또는 회복에 대하여 등기상 이해관계 있는 제3자가 있을 때의 제3자의 승낙은 등기의 말소 및 말소등기의 회복에 대한 부동산등기법상의 '법률요건'으로 규정되어 있으므로, 등기의 말소를 신청하면서 구부동산등기법 제171조(현행법 제57조)에 위배하여 이해관계 있는 제3자의 승낙서 또는 재판의 등본을 첨부하지 아니하였다면 이는 부동산등기법 제55조 제8호(현행법 제29조 제9호)의 '신청에 필요한 서면을 첨부하지 아니한 때'에 해당하여 등기관이 각하하여야 한다 (대법원 1967. 11. 29. 67마1092).

(2) 등기의 말소 또는 말소된 등기의 회복에 대한 등기상 이해관계 있는 제3자의 승낙과 법원의 지적의무

(가) 법률요건 및 소송요건

등기의 말소(법 제57조 제1항) 또는 말소된 등기의 회복(법 제59조)을 신청하는 경우에 그 말소 또는 회복에 대하여 '등기상 이해관계 있는 제3자'가 있을 때에는 '제3자의 승낙'이 있어야 한다.

즉, 등기의 말소나 말소된 등기의 회복에 대한 '제3자의 승낙'은 부동산등기법상의 법률요건(法律要件)이므로, 그 제3자가 등기의 말소나 말소된 등기의 회복에 대하여 승낙을 거부할 경우, 등기의 말소나 회복을 하고자 하는 등기권리자는 그 제3자를 피고(당사자적격)로 지정한 후 등기의 말소나 회복에 대한 제3자의 승낙의 의사표시를 청구취지(소장의 기재사항으로서의 소송요건)에 명확히 표시하여야 한다.

이와 같이 등기상 이해관계 있는 제3자를 상대로 등기의 말소(법 제57조 제1항) 또는 말소된 등기의 회복(법 제59조)에 대한 승낙의 의사표시를 청구하는 경우에 제3자의 등기의 말소 또는 말소된 등기의 회복에 대한 '승낙(承諾)의 의사표시(意思表示)'는 부동산등기법상의 '법률요건(法律要件)'이며, 민사소송법상의 소송요건(訴訟要件 즉, 당사자적격 및 소장의 필요적 기재사항)이므로, 법원은 이 부분에 관하여 직권(職權)으로 조사할 사항(職權調査事項)이므로 이것은 변론주의(辯論主義)와는 무관한 사항으로 법원은 이에 부분에 관하여 석명(釋明)할 의무(義務)가 있다고 본다.

(나) 법원의 지적의무

1) 민사소송법 제136조 제4항

1990년 민사소송법의 개정으로 신설된 민사소송법 제136조 제4항은 '법원은 당사자가 간과하였음이 분명하다고 인정되는 법률상 사항에 관하여 당사자에게 의견을 진술할 기회를 주어야 한다'고 규정하여 법률적 측면에서 법원의 석명권이 강화되었다. 위규정은 당사자가 간과(看過)하였음이 분명한 법률적 관점에 기하여 법원이 판결하고자 할 때에는 먼저 당사자에게 지적하여 그에 관한 의견진술의 기회를 부여하여야 한다는 취지로 당사자의 절차적 기본권을 보장하려는 것이다. 민사소송법 제136조 제4항의 입법취지는 지적의무(指摘義務)를 법원의 의무(義務)로 명백히 규정하여 지적의무가 석명권(釋明權)의 내용을 이루는 이상 법원의 석명권이 권한인 동시에 의무임을 입법화한 것이다.

민사소송법 제136조 제4항의 지적의무의 행사요건은 첫째, 당사자가 '간과하였음이 분명한' 법률상의 사항이어야 한다. 당사자가 간과한 '법률상 사항'이 지적의무의 대상이 된다. 둘째, 지적의무의 대상은 '판결의 결과'에 영향이 있는 것이어야 한다. 셋째, 법원은 적절한 방법으로 당사자가 간과한 법률적 관점을 지적하여 당사자로 하여금 불이익의 배제를 위한 방어적 의견진술의 기회를 주어야 한다.

법원이 지적의무를 어기고 판결한 경우에는 당연히 절차위배로 상고이유가 되며(독일의 통설), 이 때의 상고이유는 절대적 상고이유가 아니라 일반상고이유(민소법 제423조)가 되므로 법원의 의무위반이 판결에 영향을 미칠 것을 요한다(李時潤 저 제6판 신민사소송법).

2) 대법원 판례

당사자가 부주의 또는 오해로 인하여 명백히 간과한 법률상의 사항이 있거나 당사자의 주장이 법률상의 관점에서보아 불명료 또는 불완전하거나 모순이 있는 경우, 법원은 적극적으로 석명권을 행사하여 당사자에게 의견진술의 기회를 부여해야하고, 만일 이를 게을리 한 채 당사자가 전혀 예상하지 못하였던 법률적 관점에 기한 재판으로 당사자 일방에게 불의의 타격을 가하였다면 석명 또는 지적의무를 다하지 아니하여 심리를 제대로 하지 아니한 것으로서 위법하다(대판 2002. 1. 25. 2001다11055).

민사소송법 제136조 제4항은 '법원은 당사자가 간과하였음이 분명하다고 인정되는 법률상 사항에 관하여 당사자에게 의견을 진술할 기회를 주어야 한다'고 규정하고 있으므로, 당사자가 부주의 또는 오해로 인하여 명백히 간과한 법률상의 사항이 있거나 당사자의 주장이 법률상 관점에서 보아 모순이나 불명료한 점이 있으면 법원은 적극적으로 석명권을 행사하여 당사자에게 의견진술의 기회를 주어야 하고, 만일 이를 게을리 한 경우에는 석명 또는 지적의무를 다하지 아니한 것으로서 위법하다(대판 2010. 2. 11. 2009다83599, 2011. 11. 10. 2011다55405).

3) 등기권리자가 등기의 말소 또는 회복에 대한 제3자의 승낙의 의사표시를 간과한 경우(법원의 석명의무)

등기의 말소(법 제57조 제1항) 또는 말소된 등기의 회복(법 제59조)을 청구하는 등기권리자(원고)가 소장의 청구취지에 등기의 말소 또는 회복에 대한 등기상 이해관계 있는 제3자의 '승낙(承諾)의 의사표시(意思表示)'를 누락한 경우, 이것은 원고가 부동산등기법에 대하여 부주의 또는 오해로 인하여 명백히 간과한 법률상의 사항에 해당되므로 법원은 이 부분에 관하여 원고에게 의견을 진술할 기회를 주어야 한다. 이와 같은 법원의 지적의무 또는 석명권의 적정한 행사는 변론주의(辯論主義)와는 무관한 것으로서 법원이 석명의무(釋明義務)를 다하는 것으로 보아야 할 것이다.

10. 제3자의 동의 또는 승낙을 증명하는 서면의 제출시 인감증명의 첨부

등기신청서에 등기상 이해관계 있는 제3자의 동의 또는 승낙(예 : 권리변경(경정)등기, 등기의 말소 또는 말소등기의 회복을 신청하는 경우)을 증명하는 서면을 첨부하는 경우, 그 동의서 또는 승낙서에는 동의 또는 승낙을 한 자의 인감도장을 날인하고, 그 제3자의 인감증명을 첨부하여야 한다(규칙 제60조 제7항). 등기신청서에 동의자나 승낙자의 인감증명을 제출하도록 한 이유는 동의자나 승낙자의 진정한 의사를 확인함으로써 등기의 진정을 확보하기 위함이다.

11. 등기신청의 각하

(1) 제3자의 승낙 없이 말소 또는 회복된 등기의 효력(무효)

등기의 말소(법 제57조) 또는 말소된 등기의 회복(법 제59조)을 신청하는 경우에 그 말소 또는 말소된 등기의 회복에 대하여 등기상 이해관계 있는 제3자가 있는 때에는 신청서에 그 승낙서 또는 이에 대항할 수 있는 재판의 등본을 첨부하여야 한다(규칙 제46조 제1항 제3호),

등기의 말소 또는 말소된 등기의 회복을 신청하는 경우에 등기상 이해관계 있는 제3자의 승낙서 또는 이에 대항할 수 있는 재판이 있음을 증명하는 서면을 첨부하지 아니한 채 말소등기나 회복등기가 이루어진 경우 그 등기는 제3자에 대한 관계에 있어서는 무효이다(대판 1981. 6. 9. 81다10.11, 1983. 2. 22. 82다529, 1987. 5. 26. 85다카2203, 1996. 8. 20. 94다58988, 2001. 1. 16. 2000다49473).

(2) 등기신청의 각하사유

등기의 말소 또는 말소된 등기의 회복을 신청하는 경우에 그 말소나 회복에 대한 제3자의 승낙을 증명하는 승낙서 또는 이에 대항할 수 있는 재판이 있음을 증명하는 서면을 제공하지 아니한 때에는 등기관은 "등기에 필요한 첨부정보를 제공하지 아니한 경우"를 이유로 그 신청을 각하(법 제29조 제9호)하여야 한다(대법원 1967. 11. 29. 67마1092).

(3) 소장을 작성한 법무사, 변호사 등의 책임

법무사나 변호사가 수임인으로서 등기의 말소 또는 말소된 등기의 회복을 구하는 소장을 작성함에 있어 등기의 말소나 회복에 관하여 등기상 이해관계 있는 제3자가 있음도 불구하고 제3자를 피고로 지정하지 아니하고 또한 이에 대한 제3자의 승낙의 의사표시를 소장의 청구취지에 기재하지 아니한 경우, 법원도 이를 간과하고 청구인용판결을 한 경우 원고가 그 확정판결을 등기원인증서로 하여 등기신청을 하게 되면 등기관은 그 신청을 '등기에 필요한 첨부정보를 제공하지 아니한 경우(법 제29조 제9호)에 의하여 각하하게 된다. 이 경우 소장을 작성한 법무사나 변호사는 위임계약상의 선관의무(善管義務)위반의 책임(민법 제681조)이 문제된다.

(4) 민사소송의 적정의 이상

민사소송제도는 사인의 권리보호와 사법질서의 유지를 목적으로 하여 국가가 마련한 제도이다. 따라서 올바르고 잘못이 없는 진실발견의 재판은 민사소송의 가장 중요한 이상(理想)이다. 법관은 올바르게 사실을 확정하고 확정된 사실에 법을 올바로 적용하여 재판을 통해 사회정의를 구현해야한다. 이는 법원의 의무인 것이므로 당사자로서는 권리로 요구할 수 있다(李時潤 著 제6판 신민사소송법 23면).

헌법 제103조는'법관은 헌법과 법률에 의하여 그 양심에 따라 독립하여 심판한다'고 하여, 법관이 구체적 사건을 재판함에 있어서 법관의 직무상의 독립을 규정하였다. 사법권의 독립은 권력분립의 원리를 실현하기 위한 것일 뿐 아니라, 민주적 법치국가에 있어서 법질서의 안정적 유지와 국민의 자유 및 권리의 보장을 완벽한 것이 되게 하기 위하여 공정하고 적정한 재판을 확보하기 위한 제도이다.

우리 헌법에 있어서 사법권의 독립은 법원의 자치를 위한 '법원의 독립'(헌법 제101조 제1항)과 재판의 독립을 위한 '법관의 독립'(헌법 제103조)을 그 내용으로 한다. 헌법 제103조에서 법관이 '법률'에 의하여 심판한다고 하는 것은 법관이 올바르게 사실을 확정하고 그 확정된 사실에 법을 올바로 적용하여 적정(適正)한 재판을 통해 민사소송의 이상을 구현하는 것이다.

따라서 부동산등기에 관하여 의사의 진술을 명하는 판결(예 : 등기의 말소나 말소된 등기의 회복을 명하는 판결을 할 경우 그 말소 또는 말소된 등기의 회복에 대하여 '등기상 이해관계 있는 제3자가 있을 때')을 하는 경우 이에 관련된 법률(예 : 부동산등기법 제57조 제1항, 제59조, 제29조 제9호, 민사집행법 제263조 제1항 등)을 올바로 적용하여 그 확정판결에 의하여 등기의 집행을 할 수 있는 적정한 판결(부동산등기법 제23조 제4항)을 하는 것을 의미한다.

(5) 집행불능판결을 한 법관의 책임

부동산등기에 관하여 의사의 진술을 구하는 소를 제기하여 승소확정판결을 받은 원고는 그 판결에 의한 등기의 집행(민집법 제263조, 법 제23조 제4항)을 위하여 그 판결을 등기원인증서로 하여 등기를 신청함에 있어 '취득세(등록면허세), 등기신청수수료의 납부 등 등기신청과 관련하여 다른 법률에 따라 부관된 의무'를 이행(법 제29조 제10호)하고 등기신청을 하게 된다.

그러나 그 판결이 이른바 "집행불능판결"에 해당하여 등기관이 등기신청을 각하할 경우 그 판결은 원고승소의 확정판결이므로 원고는 그 판결에 대하여 불복절차나 시정절차에 의하여 자신의 권리나 이익을 회복할 방법이 없으므로 다시 소를 제기하여 등기의 집행이 가능한 판결을 받아야 한다.

이것은 민사소송의 적정, 신속, 경제의 이념에 반한다. 그러나 법관의 재판상의 행위를 이유로 국가배상문제를 고찰하기 위하여는 재판의 특수성을 고려하여 엄격하고 신중하게 해석하여야 한다.

법관의 재판에 대한 국가배상책임이 인정되기 위한 요건에 관하여 대법원 2003. 7. 11. 선고 99다24218 판결은 '법관의 재판에 법령의 규정에 따르지 아니한 잘못이 있다 하더라도 이로써 바로 그 재판상 직무행위가 국가배상법 제2조 제1항에서 말하는 위법한 행위로 되어 국가의 손해배상책임이 발생하는 것은 아니고, 그 배상책임이 인정되려면 당해 법관이 위법 또는 부당한 목적을 가지고 재판을 하였다거나 법이 법관의 직무수행 상 준수할 것을 요구하고 있는 기준을 현저하게 위반하는 등 법관이 그에게 부여된 권한의 취지에 명백히 어긋나게 이를 행사하였다고 인정할만한 특별한 사정이 있어야 한다'고 엄격하게 해석하고 있다.

또한 대법원은 재판에 대하여 불복절차 내지 시정절차 자체가 없는 경우에 관하여 '재판에 대하여 따로 불복절차 또는 시정절차가 마련되어 있는 경우에는 재판의 결과로 불이익 내지 손해를 입었다고 여기는 사람은 그 절차에 따라 자신의 권리 내지 이익을 회복하도록 함이 법이 예정하는 바이므로, 재판에 대하여 불복절차 내지 시정절차 자체가 없는 경우에는 부당한 재판으로 인하여 불이익 내지 손해를 입은 사람은 국가배상 이외의 방법으로는 자신의 권리 내지 이익을 회복할 방법이 없으므로, 이와 같은 경우에는 배상책임의 요건이 충족되는 한 국가배상책임을 인정하지 않을 수 없다'고 엄격히 해석하고 있다.

또한 위 판결은 '헌법재판소 재판관이 청구기간 내에 제기된 헌법소원심판청구사건에서 청구기간을 오인하여 각하결정을 한 경우, 이에 대한 불복절차 내지 시정절차가 없는 때에는 국가배상책임(위법성)을 인정할 수 있다'라고 했다.

등기에 관하여 의사의 진술을 명한 판결은 확정된 이행판결이므로 그 판결에 의한 등기신청이 각하된 원고는 그 판결에 대하여 불복절차 내지 시정절차에 의하여 권리나 이익을 회복할 방법이 없으므로 배상책임의 요건이 충족되는 한 국가배상책임을 인정해야 할 것이다.

판결에 의한 등기신청이 각하된 경우 이것은 민사소송의 적정의 이념에 관한 문제로서 변론주의나 처분권주의와는 무관한 것으로 본다. 그러므로 원고에 대한 구제문제와 집행불능 판결을 한 법관의 책임문제는 앞으로 법원이 민사소송의 '적정, 신속, 경제의 이념'의 구현과 관련하여 논의해야 할 중요한 과제의 하나라고 본다.

12. 등기상 이해관계 있는 제3자 명의등기의 말소절차(직권말소)

　등기의 말소에 관하여 등기상 이해관계 있는 제3자의 승낙이 필요한 경우 제3자의 승낙서 또는 이에 대항할 수 있는 재판이 있음을 증명하는 서면(확정된 이행판결정본)에 의하여 등기를 말소할 때에는 등기상 이해관계 있는 제3자 명의의 등기는 등기관이 '직권'으로 말소한다(법 제57조 제2항).

제18절 등기신청의 접수·보정·취하·각하

Ⅰ. 등기신청서의 접수

신청서의 접수란 당사자 등이 제출한 신청서의 일정한 등기신청정보를 전산정보처리조직에 입력하는 것을 말한다. 등기절차는 등기신청(촉탁)의 접수로부터 시작한다.

방문신청을 하는 경우 신청인이 스스로 작성한 등기신청서를 제출하는 "일반 서면신청"과 신청서를 등기소에 제출하기 전에 전산정보처리조직에 신청정보를 입력하고 그 입력한 신청정보를 서면으로 출력하여 등기소에 제출하는 "전자표준양식에 의한 신청(이른바 e-Form 신청)"이 있다.

1. 등기신청서의 접수

등기는 등기권리자와 등기의무자 또는 대리인이 등기소에 출석하여 이를 신청하여야 하며 (법 제24조 제1항 제1호), 방문신청을 하고자 하는 신청인은 신청서를 등기소에 제출하기 전에 전산정보처리조직에 신청정보를 입력하고, 그 입력한 신청정보를 서면으로 출력하여 등기소에 제출하는 방법으로 할 수 있다(규칙 제64조).

2. 등기신청서의 접수절차

등기신청서를 받은 등기관은 전산정보처리조직에 접수연월일, 접수번호, 등기의 목적, 신청인의 성명 또는 명칭, 부동산의 표시, 등기신청수수료, 취득세 또는 등록면허세, 국민주택채권매입금액 및 그 밖에 대법원예규로 정하는 사항을 입력한 후 신청서에 접수번호표를 붙여야 한다(규칙 제65조 제1항).

3. 동일 부동산에 관한 수개의 등기신청

같은 부동산에 관하여 동시에 여러 개의 등기신청이 있는 경우에는 같은 접수번호를 부여하여야 한다(규칙 제65조 제2항).

4. 접수증의 발급

등기관이 신청서를 접수하였을 때에는 신청인의 청구에 따라 그 신청서의 접수증을 발급하여야 한다(규칙 제65조 제3항).

5. 전자신청에 의한 등기신청서의 접수시기

등기신청은 대법원규칙으로 정하는 등기신청정보가 전산정보처리조직에 저장된 때 접수된 것으로 본다(법 제6조 1항).

법 제6조제1항에서 "대법원규칙으로 정하는 등기신청정보"란 해당 부동산이 다른 부동산과 구별될 수 있게 하는 정보를 말한다(규칙 제3조 제1항).

법 제11조 제1항에 따른 등기관이 등기를 마친 경우 그 등기는 접수한 때부터 효력을 발생한다(법 제6조 2항).

같은 토지 위에 있는 여러 개의 구분건물에 대한 등기를 동시에 신청하는 경우에는 그 건물의 소재 및 지번에 관한 정보가 전산정보처리조직에 저장된 때 등기신청이 접수된 것으로 본다(규칙 제3조 제2항).

6. 전자신청등기소의 등기신청서 접수

가. 전자신청(전자촉탁을 포함한다)

전자신청의 경우 접수절차가 전산정보처리조직에 의하여 자동으로 처리되므로 접수담당자가 별도로 접수절차를 진행하지 않는다(등기예규 제1154호. 5. 가. 제1610호).

나. 일반신청

등기신청서를 제출받은 즉시(단, 당일접수 창구를 이용한 신청의 경우에는 신청서를 제출받은 당일 이내에) 접수담당자는 등기의 목적, 신청인의 성명 또는 명칭, 접수의 연월일, 부동산의 소재와 지번 또는 건물번호, 건물명칭, 등록세, 등기신청수수료, 국민주택채권에 관한 사항 등 기타 필요한 사항을 전산정보처리조직에 입력한 후 전산정보처리조직에서 자동적으로 생성된 접수번호표를 신청서의 첫 번째 좌측 상단 접수란에 붙인다. 단, 접수업무의 신속한 처리를 위한 사정이 있는 경우에는 부동산표시에 관한 사항만 입력한 채 접수번호표를 생성하여 신청서에 붙일 수 있다(등기예규 제1154. 5. 나. (1).).

다. e-Form신청

(1) e-Form신청서를 제출받은 접수공무원은 전산정보처리조직에 e-Form신청서의 신청번호를 입력하거나 바코드리더기를 사용하여 신청서의 바코드를 읽는 방법으로 신청정보를 입력한다. e-Form신청서에 접수번호표를 붙이는 방법은 일반신청과 같다.

(2) 신청인이 e-Form신청서를 수기에 의하여 정정한 경우에는 신청서를 접수담당자에게 제출할 때 그 사실을 고지하여야 한다(등기예규제1154호. 5. 다. 제1610호).

(3) 전자신청 사건을 접수한 때에는 등기신청서접수장에 전자신청 사건이라는 취지를 기록하여야 한다(등기예규제1154호. 6. 제1610호).

II. 등기신청의 보정

등기관이 신청을 심사한 결과 부동산등기법 제29조 각 호의 어느 한 사유에 해당하는 경우에는 이유를 기재한 결정으로 신청을 각하하여야 한다. 그러나 신청의 흠결이 보정될 수 있고 신청인이 등기관이 보정을 명한 날의 다음날까지 그 잘못된 부분을 보정하였을 때에는 그러하지 아니한다(법 제29조). 신청의 보정이란 등기신청을 한 당사자가 등기관으로부터 지적을 받은 신청서의 기재사항 및 첨부서면의 흠결을 보충하는 것을 말한다.

등기관이 신청서류에 흠결이 있음을 발견한 경우 신청인 또는 대리인에게 이를 보정하도록 권장함은 바람직하지만, 법률상 보정명령을 하거나 석명해야 할 의무는 없다(대법원 1969. 11. 6.자 67마243 결정). 그러나 신청인이 신청의 흠결을 당일 보정한 때에는 신청을 각하할 수 없다는 부동산등기법 제29조 단서규정 및 등기관이 등기신청에 대하여 보정을 명하는 경우에는 보정할 사항을 구체적으로 적시하고 그 근거법령이나 예규 등을 제시하여야 한다는 등기예규 제1370호(등기예규 제1601호) 제5조로 미루어 볼 때, 신청의 흠결이 보정가능한 사항일 경우에 등기관은 보정을 명하는 것이 바람직하다.

1. 보정명령을 할 수 있는 경우

등기관은 흠결사항에 대한 보정이 없으면 그 등기신청을 각하할 수밖에 없는 경우에만 그 사유를 등록한 후 보정명령을 할 수 있으며, 등기소장은 보정명령의 적정 여부에 관하여 철저히 감독을 하여야 한다(등기예규 제1449호. 3. 라. (1).).

2. 보정통지의 방법(근거법령의 적시)

등기관이 등기신청에 대하여 보정을 명하는 경우에는 보정할 사항을 구체적으로 적시하고 그 근거법령이나 예규, 보정기간 등을 제시하여야 하며(등기예규 제1370호 제5조, 등기예규 1601호), 매 건 조사 완료 후 즉시 구두 또는 전화나 모사전송의 방법에 의하여 등기신청인에게 통지하여야 한다(등기예규 제1449호. 3. 라. (2).).

보정은 반드시 등기관의 면전에서 하여야 하며 보정을 위하여 신청서 또는 그 부속서류를 신청인에게 반환할 수 없다. 보정된 사건은 처리가 지연되지 않도록 즉시 처리하여야 한다(등기예규 제1449호. 3. 라. (2)~(4)).

동일 부동산에 대하여 여러 개의 등기신청사건이 접수된 경우 그 상호간에는 위 지연처리, 보정명령을 한 경우에도 반드시 접수순서에 따라 처리하여야 한다(등기예규 제1449호. 3. 마.).

3. 전자신청의 경우

(1) 보정 통지의 방법

전자신청의 경우 보정사항이 있는 경우 등기관은 보정사유를 등록한 후 전자우편, 구두, 전화 기타 모사전송의 방법에 의하여 그 사유를 신청인에게 통지하여야 한다(등기예규 제1422호. 제1477호. 7.다.(1)).

(2) 보정의 방법

전자신청의 보정은 전산정보처리조직에 의하여 하여야 한다. 다만, 행정정보 공동이용의 대상이 되는 첨부정보에 관하여 해당 행정기관의 시스템 장애, 행정정보공동이용망의 장애 등으로 이를 첨부할 수 없는 경우 또는 등기소의 전산정보처리조직의 장애 등으로 인하여 등기관이 이를 확인할 수 없어 보정을 명한 경우에는 그 정보를 담고 있는 서면(주민등록등본, 건축물대장등본 등)을 등기소에 직접 제출하거나, 신청인이 자격자대리인인 경우에는 그 서면을 전자적 이미지 정보로 변환하여 원본과 상위 없다는 취지의 부가정보와 자격자대리인의 공인인증서정보를 덧붙여 등기소에 송신할 수 있다(등기예규 제1422호. 7. 다. (2).).

🔍 판 례

등기관의 흠결 발견과 보정명령의무의 유무   등기관은 등기선청서류에 흠결을 발견하였을 경우 보정명령을 할 의무가 없고 즉일 보정되지 않는 한 각하하여야 한다(대판 1996. 3. 4, 67마216).

III. 등기신청의 취하

등기신청의 취하란 그 신청에 따른 등기가 완료되기 전에 등기신청의 의사표시를 철회하는 것을 말한다. 등기신청의 취하에 관해서는 부동산등기규칙 제51조에 규정되어 있으며, 등기신청을 각하해야 할 경우에도 각하를 하는 대신에 당사자로 하여금 취하를 권유하는 경우가 있다.

1. 등기신청취하의 시기

등기신청의 취하는 등기관이 등기를 마치기 전까지 할 수 있다(규칙 제51조 제1항)(대판 1966. 6. 7. 66다538).

규칙 제51조 제1항의 취하는 다음 각 호의 구분에 따른 방법으로 하여야 한다(규칙 제51조 제2항).

1. 법 제24조제1항 제1호에 따른 등기신청(이하 "방문신청"이라 한다) : 신청인 또는 그 대리인이 등기소에 출석하여 취하서를 제출하는 방법
2. 법 제24조제1항 제2호에 따른 등기신청(이하 "전자신청"이라 한다) : 전산정보처리조직을 이용하여 취하정보를 전자문서로 등기소에 송신하는 방법

등기신청을 각하하여야 할 경우에는 등기관은 등기신청인 또는 그 대리인에게 취하를 권하고 이에 응하지 아니하면 각하하고 취하를 강요하여서는 아니된다(등기예규 제528호).

등기신청은 방문신청과 전자신청의 두 가지 방식이 있으므로, 등기신청의 취하 또한 그 등

기를 신청한 방식에 따라 달리 규정할 필요가 있다. 이에 따라 그 취하방식은 신청방식과 동일하게 방문신청의 경우에는 신청인 또는 그 대리인이 등기소에 출석하여 취하서를 제출하는 방법에 의하도록 하고, 전자신청의 경우에는 전산정보처리조직을 이용하여 취하정보를 전자문서로 등기소에 송신하는 방법에 의하도록 하였다.

등기신청의 취하는 서면으로 하여야 하며, 그 양식은 별지와 같다.

2. 취하할 수 있는 자

(1) 등기신청인 또는 그 대리인(법 제24조 제1항 제1호)은 등기신청을 취하할 수 있다. 다만 대리인이 등기신청을 취하하는 경우에는 취하에 대한 특별수권이 있어야 한다.

(2) 등기신청이 등기권리자와 등기의무자의 공동신청에 의하거나 이들 쌍방으로부터 위임받은 대리인에 의한 경우에는 그 취하도 등기권리자와 등기의무자가 공동으로 하거나 그 쌍방으로부터 취하에 대한 특별수권을 받은 대리인이 할 수 있고, 등기권리자 또는 등기의무자 중의 어느 일방만에 의하여 그 등기신청을 취하할 수 없다(등기예규 제1362호. 1).

🔍 판 례

등기신청을 취하할 수 있는 시기 : 등기는 등기부소에 등기사항을 기입한 후에 등기관이 날인함으로써 끝나는것이므로 등기신청인은 그 끝나기 전까지는 그 등기신청을 취하할 수 있다.(66. 6. 7. 66다538 카1249)

3. 일부취하

부동산등기법 제25조에 의하여 수개의 부동산에 관한 등기신청을 일괄하여 동일한 신청서에 의하여 한 경우 그 중 일부 부동산에 대하여만 등기신청을 취하할 수 있다(등기예규 제1362호. 4.).

4. 등기신청 취하의 방식

등기신청인 또는 그 대리인이 등기소에 출석하여 취하서(별지 양식)를 제출하는 방법으로 한다(규칙 51조 2항 1호). 등기신청과 마찬가지로 우편에 의한 취하는 할수 없다. 서면에 의한 등기신청(e-Form신청 포함)의 취하절차는 등기예규 제1643호에 규정되어 있다.

취 하 서

1. 부동산의 표시
2. 신 청 인
   등기의무자

        -

   주 소
   등기권리자

        -

   주 소
3. 등기의 목적
4. 접수연월일 및 번호

        년   월   일 접 수 제   호

        위 등기신청을 취하합니다.

        위 대리인 법무사 : ○ ○ ○ ○

    년   월   일 지방법원   지원   등기(과)소 귀중

5. 등기신청이 취하된 경우 등기관의 업무처리

등기관은 등기신청의 취하서가 제출된 때에는, 그 취하서의 좌측하단 여백에 접수인을 찍고 접수번호를 기재한 다음 기타문서접수장에 등재한다.

부동산등기신청서접수장에는 비고란에 취하라고 주서하고, 등기신청서에 부착된 접수번호표를 제거하고 그 등기신청서와 그 부속서류를 신청인 또는 그 대리인에게 환부하며, 취하서는 신청서기타부속서류편철장의 취하된 등기신청서를 편철하였어야 할 곳에 편철한다.

수개의 부동산에 관한 등기신청을 일괄하여 동일한 신청서에 의하여 한 경우 그 중 일부의 부동산에 대하여만 등기신청을 취하한 때에는, 부동산 등기신청서접수장의 비고란에 일부 취하라고 주서하고, 등기신청서의 부동산표시란 중 취하되는 부동산의 표시 좌측에 취하라고 주서한 다음 취하서를 등기신청서에 합철하여야 한다. 이 경우 등기신청서 및 부속서류의 기재사항 중 취하된 부동산에 관련된 사항은 이를 정정, 보정케 하여야 한다(등기예규 제1362호. 5.).

6. 전자신청의 취하

전자신청의 취하는 전산정보처리조직을 이용해서 하여야 한다. 이 경우 전자신청과 동일한 방법으로 사용자인증을 받아야 한다(등기예규제1422호. 9.).

7. 서면에 의한 등기신청(e-form 신청포함)의 취하와 등기관의 업무처리

(1) 전산정보처리조직을 이용한 취하

전산정보처리조직을 이용하여 취하처리를 함으로써 신청서접수장의 비고란에 취하의 뜻을 기록한 후, 등기신청서에 부착된 접수번호표에 취하라고 주서하며 그 등기신청서와 그 부속서류를 신청인 또는 그 대리인에게 환부하며, 취하서는 신청서기타부속서류편철장의 취하된 등기신청서를 편철하였어야 할 곳에 편철한다(등기예규 제1643호 5.나).

(2) 일괄신청한 부동산 중 일부에 대한 취하의 경우

수개의 부동산에 관한 등기신청을 일괄하여 신청한 경우 그 중 일부의 부동산에 대하여만 취하한 때에는, 전산정보처리조직을 이용하여 일취하처리를 함으로써 접수장의 비고란에 일부취하의 뜻을 기록한 후, 등기신청서의 부동산표시란 중 취하되는 부동산의 표시좌측에 취하라고 주서한 후 취하서를 등기신청서에 합철하여야 한다(위 예규 5.다).

8. 첨부서면의 원본 환부의 청구

신청서에 첨부한 서류의 원본의 환부를 청구하는 경우에 신청인은 그 원본과 같다는 뜻을 적은 사본을 첨부하여야 하고, 등기관이 서류의 원본을 환부할 때에는 그 사본에 원본 환부의 뜻을 적고 기명날인하여야 한다. 다만, 다음 각 호의 서류에 대하여는 환부를 청구할 수 없다(규칙 제59조).

1. 등기신청위임장, 제111조제2항의 확인정보를 담고 있는 서면 등 해당 등기신청만을 위하여 작성한 서류
2. 인감증명, 법인등기사항증명서, 주민등록표등본·초본, 가족관계등록사항별증명서 및 건축물대장·토지대장·임야대장 등본 등 별도의 방법으로 다시 취득할 수 있는 서류

Ⅳ. 등기신청의 각하

등기신청서가 제출되면 등기관은 이를 접수하여야 하고(규칙 제65조) 신청서에 관한 모든 사항을 조사하여야 한다. 신청에 대한 조사를 한 결과 등기신청이 적법하면 이를 수리하여 등기를 실행하고(법 제11조 제3항), 신청된 등기가 부동산등기법 제29조 각 호의 사유 중 어느 하나에 해당하고 그 사유가 보정할 수 없는 사항이거나 신청인이 보정하지 아니할 때에는 등기관은 이유를 기재한 결정으로써 각하처분을 하여야 한다. 각하란 신청한 등기에 대하여 등기관이 등기부에 기록하는 것을 거부하는 소극적 처분을 말하며, 이로써 당해 등기신청절차는 종료한다.

법 제29조의 각하사유에 해당하지 않는 등기신청에 대하여는 등기를 거부할 수 없다. 등기신청에 대해서는 등기관의 자유재량에 의한 판단이 인정되지 않는다.

1. 각하

등기신청이 법 제29조 각호에 해당하거나 그 흠결이 당일 보정되지 않는 한 이유를 기재한 결정으로 각하하여야 하고 이를 고지할 때까지 보정되었다 하여 이미 내려진 각하결정을

내려지지 않은 것으로 돌릴 수는 없다(대결 1968. 7. 8.자 67마300).

2. 등기신청의 각하절차(등기예규 제1417호)

(1) 등기신청의 각하방식

등기신청(촉탁을 포함한다)이 부동산등기법 제29조 각호에 해당하는 경우에는 별지 1 또는 별지 2 의 양식에 의하여 이유를 기재한 결정으로 이를 각하한다.

(2) 각하취지의 접수장 등에의 기재 및 등기신청서의 편철

등기신청을 각하한 경우에는 접수장의 비고란 및 등기신청서표지에 '각하'라고 주서하고, 그 등기신청서는 신청서 기타부속 서류편철장에 편철한다.

(3) 각하결정의 고지 및 첨부서류의 환부 등

(가) 각하결정의 고지방법 등기신청을 각하한 경우에는 각하결정등본을 작성하여 신청인 또는 대리인에게 교부하거나 특별우편 송달방법으로 송달하되, 교부의 경우에는 교부받은 자로부터 영수증을 수령하여야 한다.

(나) 각하결정서의 편철 등 위 **(가)** 항에 의하여 각하결정등본을 신청인 또는 대리인에게 교부 또는 송달한 경우에는 지체없이 아래 양식으로 된 고무인을 결정원본의 등기소 표시 우측 여백에 찍고 해당 사항을 기재한 후 등기관이 날인한 후 각하결정원본을 결정원본편철장에 편철한다.

결정의 고지	방 법	일 자	등 기 관 ㉑

(다) 첨부서류의 환부 각하결정등본을 교부하거나 송달할 때에는 등기신청서 이외의 첨부서류(등록세 영수필확인서 및 국민주택채권매입필증 포함)도 함께 교부하거나 송달하여야 한다. 다만, 첨부서류 중 각하사유를 증명할 서류는 이를 복사하여 당해 등기신청서에 편철한다.

(라) 각하결정등본의 교부영수증 또는 송달보고서의 편철 각하결정등본 및 등기신청서 이외의

서류를 교부 또는 송달한 경우에는 그 영수증 또는 송달보고서를 당해 등기신청서에
편철한다.

(마) 전자신청의 경우　전자신청에 대한 각하 결정의 방식 및 고지방법은 서면신청과 동일
한 방법으로 처리한다(등기예규 제1422호. 10.).

(4) 각하결정등본 등이 송달불능된 경우의 처리

송달한 각하결정등본 및 신청서 이외의 첨부서류가 소재불명 등의 사유로 송달불능되어
반송된 경우에는 별도의 조치를 취하지 아니하고 결정등본 등 반송서류 일체를 그 송달불능
보고서와 함께 등기신청서에 편철한다.

(5) 각하 통지

등기신청이 부동산등기법 제37조 제1항 또는 제42조 제1항에 위반함을 이유로 각하한 경
우 등기관은 부동산등기사무의양식에관한예규(등기예규 제1417호. 5. 나.) 별지 제4호 양식(생략)에
의하여 그 사유를 지체 없이 지적공부 소관청 또는 건축물대장 소관청에 통지하여야 한다(등
기예규 제1417호. 5. 나).

○○지방법원(○○지원)○○등기소

결 정(등기신청사건)

신청인 등기권리자 ○ ○ ○(-)
        주 소
        등기의무자 ○ ○ ○(-)
        주 소
        위 쌍방대리인 법무사 ○ ○ ○
        주 소

위 당사간의 2011. . . 접수 제   호 ·· 등기신청사건에 대하여 다음과 같이 결정한다.

주 문

별지 기재 부동산에 대한 2011.   .   . ··············를 원인으로 한··등기신청은 이를 각하한다.

이 유

주문 기재 부동산에 대한 위 당사자간의 ·· 등기신청은 ··

··························한 바 이는 부동산등기법 제29조 ○○○호에 해당하므로 주문과 같이 결정한다.

2011. . .

등기관 ○ ○ ○   ㉑

[별지 2] 등기촉탁을 각하하는 경우의 양식

○○지방법원(○○지원)○○등기소

결   정(등기촉탁사건)

등기권리자   ○ ○ ○(-)
　　　　　　주 소
등기의무자   ○ ○ ○(-)
　　　　　　주 소
촉탁인　　　 ○○지방법원(○○지원)판사 ○ ○ ○

　위 당사자간의 2011. . . 접수 제   호 ……등기신청사건에 대하여 다음과 같이 결정한다.

주   문

　별지 기재 부동산에 대한 2011. . . ○○지방법원(○○지원) ……결정(사건번호)을 원인으로 한 ‥ 등기촉탁은 이를 각하한다.

이   유

주문 기재 부동산에 대한 위 당사자간의 ‥ 등기촉탁은 ‥

‥한 바 이는 부동산등기법 제29조 ○○○호에 해당하므로 주문과 같이 결정한다.

2011. . .

등기관 ○ ○ ○   ㊞

주 : 관공서 촉탁의 경우에는 위 [별지 1, 2] 양식을 준용하여 처리한다.

제19절 등기신청의 각하사유

등기관으로 하여금 등기신청서에 필요한 서면이 첨부되어 있는지를 심사하여 보정을 명하고 등기신청인이 등기관이 보정을 명한 날의 다음날까지 보정하지 않는 경우에는 등기신청을 각하하도록 한 부동산등기법 제29조의 취지는 신청인이 진정한 등기의무자이고 그 신청이 등기의무자의 진의에 의한 것임을 등기관으로 하여금 확인 할 수 있도록 함으로써 무효이거나 부실한 등기의 발생을 예방하기 위한 것이다.

등기관은 다음 각 호의 어느 하나에 해당하는 경우에만 이유를 적은 결정으로 신청을 각하 (却下)하여야 한다. 다만, 신청의 잘못된 부분이 보정(補正)될 수 있는 경우로서 신청인이 등기관이 보정을 명한 날의 다음 날까지 그 잘못된 부분을 보정하였을 때에는 그러하지 아니하다 (법 제29조).

✎ 판 례

부동산등기법 제29조 단서의 "보정을 명한 날의 다음날"의 의미
구부동산등기법 제55조 단서에서 규정하고 있는 "즉일"(이는 1996. 12. 30.개정된 부동산등기법 "당일"로, 2011. 4. 12. 개정된 부동산등기법에서 "보정을 명한날의 다음날"로 변경되었다)의 의미는 문리상으로는 등기신청서가 제출된 바로 그 날을 말하는 것으로 볼 수 있으나, 등기소의 인적·물적 시설이 한정되어 있는 데다가 복잡사건, 집단사건 등이 빈발하고 있는 등기실무의 현황에 비추어 볼 때 등기소에 신청된 모든 등기사건을 예외 없이 신청된 그 날에 처리한다는 것은 현실적으로 불가능할 뿐만 아니라, 등기관에게 그와 같이 물리적으로 불가능한 등기업무를 처리할 것을 요구할 수도 없다고 할 것이므로 결국 위에서 말하는 즉일의 의미는 등기신청에 대한 조사가 완료되어 보정할 사항이 명확하게 된 날이라고 해석함이 상당하다(대판 2000. 9. 29. 2000다29240).

등기신청에 대한 각하사유는 부동산등기법 제29조 제1호에서 제11호까지 규정되어 있는데, 이러한 11개의 각하사유는 예시가 아니라 한정적 열거로 본다.

등기관이 일단 등기신청을 받아들여 등기부에 기입을 마친 경우에는 그 등기가 법 제29조 제1호·제2호에 해당하는 경우라면 몰라도 법 제29조 제3호 이하에 해당하는 사유로써는 이를 직권으로 말소할 수 없고, 이 등기에 대하여는 등기관의 처분에 대한 이의의 방법으로 그 등기의 말소를 구할 수 없으며(대결 1984. 4. 6.자 84마99), 통상소송으로 다투어야 한다(대결 1970. 12. 29.자 70마738, 1996.3.4. 95마1700).

부동산등기신청에 대한 각하사유는 아래와 같다(구법 제55조, 신법 제29조).

Ⅰ. 사건이 그 등기소의 관할이 아닌 경우(구법 제55조 제1호, 신법 제29조 제1호)

등기사무는 등기할 권리의 목적인 부동산의 소재지를 관할하는 지방법원(지원) 소속 등기소에서 처리하고(법 제7조 제1항), 1개의 부동산이 수개의 등기소의 관할구역에 걸쳐 있는 때에는 대법원 규칙으로 정하는 바에 따라 각 등기소를 관할하는 상급법원의 장이 관할등기소를 지정한다(법 제7조 제2항). 그러나 관할의 위임(법 제8조)이 없는데도 다른 등기소의 관할에 속하는 부동산에 대하여 등기를 신청하거나 또는 상급법원의 관할지정 없이 수개의 등기소의 관할에 걸쳐 있는 부동산에 관하여 등기를 신청한 경우, 현행법상 그 신청을 관할등기소로 이송하는 절차가 없기 때문에 그 흠결을 보정할 여지가 없다. 따라서 등기관은 이러한 신청을 각하하여야 한다.

이를 간과하고 등기가 실행된 경우 그 등기는 당연무효이고 등기관이 위와 같은 등기를 발견한 때에는 직권으로 말소하여야 하며(규칙 제159조 제1항), 이해관계인은 관할을 위반하여 실행된 등기에 대하여 이의신청을 할 수 있다(법 제100조, 규칙 제158조).

Ⅱ. 사건이 등기할 것이 아닌 경우(구법 제55조 제2호, 신법 제29조 제2호)

1. 사건이 등기할것이 아닌때의 의의

구부동산등기법 제55조 제2호(현행법 제29조 제2호)에서 말하는 "사건이 등기할 것이 아닌 때"라 함은 등기신청이 그 신청취지 자체에 의하여 법률상 허용될 수 없음이 명백한 경우를 말하고, 이에 해당하는 경우에는 등기관의 잘못으로 등기가 마쳐졌다 하더라도 그 등기는 그 자체가 어떠한 의미도 가지지 않는 무효의 등기이기 때문에 등기관은 같은 법 제175조 제1항에 의하여 직권으로 그 등기를 말소(현행법 제58조 제4항)하게 된다(대법원 1972. 11. 29. 72마776, 1980. 7. 10. 80마150, 1984. 4. 6. 84마99, 1988. 2. 24. 87마469, 1993. 11. 28. 93마1645, 대판 2000. 9. 29. 2000다29240).

"사건이 등기할 것이 아닌 때"라고 함은 등기신청이 그 취지자체에 있어서 법률상허용 될 수 없음이 명백한 에 해당되는 경우로서 다음 두 가지로 나누어 볼 수 있다.

첫째, 실체법상 등기가 허용되지 않는 경우이다

둘째, 부동산등기법상 등기가 허용되지 않는 경우이다. 등기능력 없는 물건(예 구분건물의 공용부분)이나 권리(예 유치권, 특수지역권 등에 관한 등기, 법 제3조 참조)에 대한 등기신청으로 이와 같은 법 제29조 제2호에 위반한 등기는 직권말소(규칙 제159조 제1항)의 대상이 된다.

부동산등기법 제55조 제2호에서 "사건이 등기할 것이 아닌 때"라고 함은 등기신청이 그 신청취지 자체에 의하여 법률상 허용할 수가 없음이 명백한 경우를 말하는 것이므로 부동산소유권이전등기를 신청하면서 그 등기원인을 증명하는 서면으로 화해조서 정본이 아닌 화해조서 경정신청기각결정 정본이 첨부되었거나 대위등기 요건의 미비 또는 대위등기 원인서류로서 적법한 서류가 구비되지 아니하였다고 하더라도 이는 "사건이 등기할 것이 아닌 때"에 해당하는 것이 아니다(대법원 1980. 7. 10 80마150).

2. 사건이 등기할 것이 아닌 경우에 해당되는 사례

사건이 등기할 것이 아닌 때에 해당하는 사례를 예시하면 다음과 같다.

(1) 부동산등기규칙 제52조의 규정

법 제29조제2호에서 "사건이 등기할 것이 아닌 경우"란 다음 각 호의 어느 하나에 해당하는 경우를 말한다(규칙 제52조).

1. 등기능력 없는 물건 또는 권리에 대한 등기를 신청한 경우
2. 법령에 근거가 없는 특약사항의 등기를 신청한 경우
3. 구분건물의 전유부분과 대지사용권의 분리처분 금지에 위반한 등기를 신청한 경우
4. 농지를 전세권설정의 목적으로 하는 등기를 신청한 경우(민법 제303조 제2항)
5. 저당권을 피담보채권과 분리하여 양도하거나, 피담보채권과 분리하여 다른 채권의 담보로 하는 등기를 신청한 경우(민법 제361조)
6. 일부지분에 대한 소유권보존등기를 신청한 경우
7. 공동상속인 중 일부가 자신의 상속지분만에 대한 상속등기를 신청한 경우
8. 관공서 또는 법원의 촉탁으로 실행되어야 할 등기를 신청한 경우

9. 이미 보존등기된 부동산에 대하여 다시 보존등기를 신청한 경우

10. 그 밖에 신청취지 자체에 의하여 법률상 허용될 수 없음이 명백한 등기를 신청한 경우

실명등기 유예기간 경과 후 명의신탁약정의 해지를 원인으로 한 명의신탁자의 소유권이전 등기신청은 그 신청취지 자체에 의하여 법률상 허용될 수 없음이 명백한 경우로서 부동산등 기법 제55조(개정법 제29조) 제2호의 "사건이 등기할 것이 아닌 때"에 해당되어 등기관은 이를 각하하여야 한다(대법원 1997. 5. 1. 97마384결정).

(2) 부동산등기규칙 제52조 외의 규정

(가) 구분건물의 구조상 공용부분, 방수문, 잠관 등의 농지개량시설의 공작물, 방조제부대시 설물인 배수갑문・권양기・양수기 등에 대한 등기는 신청할 수 없다(등기예규 제1086호).

(나) 공유지분에 대한 전세권・지상권・지역권의 설정등기(부동산의 일부에 대하여는 전세권 등을 설 정할 수 있다. 등기예규 제574호, 등기선례 요지집 제4권 449항, 제5권 417항)

(다) 건물합병의 제한규정을 위반한 등기

소유권・전세권・임차권의 등기 이외의 권리에 관한 등기가 있는 건물에 관하여는 합병의 등기를 할 수 없는바 등기관이 이에 위반한 등기의 신청을 각하한 때에는 지 체없이 그 사유를 건축물대장 소관청에 통지하여야 한다(법 제42조).

(라) 공동상속인 중 일부가 자기의 상속지분만에 관하여 상속으로 인한 소유권이전등기신 청을 한 경우(등기선례요지집 제1권 307항)

(마) 도시및주거환경정비법 제40조 제3항 위반의 등기

도시 및 주거환경 정비사업에 관하여 도시및주거환경정비법 제54조 제2항의 규정에 의한 이전의 고시가 있는 날부터 대지 및 건축물에 관한 등기가 있을 때까지는 저당 권 등의 다른 등기를 하지 못한다(동법 제56조 3항).

(바) 대지권인 취지의 등기를 한 토지

1) 대지권이 등기된 구분건물의 등기기록에는 건물만에 관한 소유권이전등기 또는 저당 권설정등기, 그 밖에 이와 관련이 있는 등기를 할 수 없다(법 제61조 제3항).

2) 토지의 소유권이 대지권인 경우에 대지권이라는 뜻의 등기가 되어 있는 토지의 등기 기록에는 소유권이전등기, 저당권설정등기, 그 밖에 이와 관련이 있는 등기를 할 수 없다(법 제61조 제4항).

3) 지상권, 전세권 또는 임차권이 대지권인 경우에는 법 제61조 제4항을 준용한다(법 제61조 제5항).

(사) 등기명의인 2 인을 그 중 1 인만으로 경정하는 등기명의인 표시 경정등기 신청(대결 1981. 11. 6. 자 80마592)

(아) 실명등기의 유예기간 경과 후의 기존 명의신탁약정에 의한 명의신탁해지로 인한 소유권이전등기의 신청(대결 1997.5.1. 97마384).

(자) 소유권에 종기를 부한 등기(사법연구자료 14집 300면)

(차) 예고등기의 원인이 된 판결의 확정시 그 판결에 의한 등기의 말소등기 신청을 하지 아니하고 예고등기만의 말소신청을 한 경우(대판 1987. 3. 20, 87마카3, 법 제170조의2. 1983. 6. 18. 83마200)

(카) 토지합필의 제한(구법 제90조의3), 건물합병의 제한(구법 제103조 1항) 규정에 위반한 등기의 신청

(타) 환지처분공고 후 환지등기 경료 전에 종전 토지에 관한 등기신청을 하는 경우(대판 1983. 12. 27, 81다1039)

(파) 농지에 대한 전세권 설정등기(민법 제303 조2항)

(하) 중복등기(법 제15조 1항)

(거) 가등기에 기한 본등기 금지의 가처분등기(대판 1992. 9. 25, 92다21258)

(너) 등기할 권리가 아닌 것(점유권, 유치권 등)

(더) 1필의 토지의 특정 일부에 대한 소유권이전등기(법 제15조1항).

(러) 주등기의 말소없이 부기등기만의 말소신청(대판 1994. 10. 21. 94다17109, 2000. 10. 10. 2000다19526)

3. "사건이 등기할 것이 아닌 때"에 해당하는 등기가 경료된 경우 등기관의 직권말소

구 부동산등기법(96. 12. 30. 법률 제5205호 개정 전) 제55조(개정법 제29조) 제2호에서 규정하고 있는 "사건이 등기할 것이 아닌 때"라 함은 등기신청이 그 신청취지 자체에 의하여 법률상 허용할 수 없음이 명백한 경우를 말하고, 이에 해당하는 경우에는 등기관의 잘못으로 등기가 마쳐졌다하더라도 그 등기는 그 자체가 어떠한 의미도 가지지 않는 무효의 등기이기 때문에 등기관은 같은 법 제175조 제1항(개정법 제58조 제1항)에 의하여 직권으로 그 등기를 말소하게 된다(대판

200. 9. 29. 2000다29240).

청산절차 없이 이루어진 담보가등기에 기한 본등기를 「부동산등기법」 제29조 제2호에 의하여 직권말소 할 수는 없다(2014.5.22. 부동산등기과-1233).

4. 부동산등기법 제29조 제3호 이하의 사유로 각하할 등기가 경료된 경우의 말소방법

부동산등기법 제55조(현행법 제29조) 제1,2호, 제175조(현행법 제58조)에 해당하는 경우라면 본조 제3호 이하의 사유로 각하하여야 할 등기가 일단 경료되었다면 등기공무원이 직권으로 그 등기를 말소하거나 처분에 대한 이의신청을 할 수 없고 통상소송으로 다투어야 한다(대법원 70. 12. 29. 70마738).

Ⅲ. 신청할 권한이 없는 자가 신청한 경우(신법 제29조 제3호)

1. 등기당사자능력, 등기신청능력, 등기신청당사자적격

유효한 등기신청을 하기 위해서는 신청인에게 등기당사자능력, 등기신청능력(법 제23조), 등기신청당사자적격이 있어야 한다.

'등기당사자 능력'이라함은 등기신청의 당사자로서 등기상의 모든 효과가 귀속될 수 있는 주체(공동신청의 경우 등기권리자 · 등기의무자 또는 단독신청의 경우 등기신청인)가 되는 능력을 말한다.

'등기신청능력'이란 자기 명의로 단독으로 등기를 신청하기 위한 능력으로서, 의사능력과 민법상 행위능력이 요구된다. '등기신청당사자적격'이란 특정한 등기신청에 있어서 정당한 등기신청인(등기권리자 · 등기의무자 또는 등기신청인)이 될 수 있는 자로서, 특정한 등기신청에 있어서 신청권이 있는 자를 의미한다(법 제23조 제1항~제6항).

2. 등기신청 당사자 적격자

등기신청적격자인 등기신청인은 다음과 같다.

등기는 법률에 다른 규정이 없는 경우에는 등기권리자(登記權利者)와 등기의무자(登記義務者)가 공동으로 신청한다. 소유권보존등기(所有權保存登記) 또는 소유권보존등기의 말소등기(抹消登記)는 등기명의인으로 될 자 또는 등기명의인이 단독으로 신청한다.

상속, 법인의 합병, 그 밖에 대법원규칙으로 정하는 포괄승계에 따른 등기는 등기권리자가 단독으로 신청한다. 판결에 의한 등기는 승소한 등기권리자 또는 등기의무자가 단독으로 신청한다. 부동산표시의 변경이나 경정(更正)의 등기는 소유권의 등기명의인이 단독으로 신청한다. 등기명의인표시의 변경이나 경정의 등기는 해당 권리의 등기명의인이 단독으로 신청한다(법 제23조 제1항~제6항). 개정부동산등기법 제29조 제3호는 실체적 권리관계에 부합하는 등기제도의 이상을 살리기 위하여 "신청할 권한이 없는 자가 신청한 경우"(법 제23조 제1~6항의 등기신청인)의 등기신청을 각하사유로 신설함으로써 부실등기를 예방하는 하나의 방법이 될 수 있도록 하였다.

3. 신청할 권한이 없는 자의 등기신청

등기를 신청할 권한이 없는 자(등기신청 당사자적격이 없는 자나 대표권 또는 대리권이 없는 자)가 등기신청을 한 경우에는 정당한 당사자나 대리인이 등기소에 출석(법 제24조 제1항 1호)한 것이 아닌 것으로 보기 때문이다.

전자신청(법 제24조 제1항 2호)의 경우에는 출석주의(법 제24조 제1항 1호)가 적용되지 않는다. 따라서 신청할 권한이 없는 자가 전자신청을 할 경우 구법 제55조 제3호(당사자 또는 그 대리인이 출석하지 아니한 때)에 의하여 그 등기신청을 각하할 수 없으므로 개정법에서는 제29조 제3호(신청할 권한이 없는 자가 신청한 경우)를 신설하여 신청할 권한이 없는 자가 전자신청을 한 경우 등기관이 그 등기신청을 각하할 수 있도록 하였다.

IV. 법 제24조 제1항 제1호에 따라 등기를 신청할 때에 당사자 또는 그 대리인이 출석하지 아니한 경우(구법 제55조 제3호, 신법 제29조 제4호)

1. 당사자 또는 그 대리인이 등기소에 출석하여 등기신청을 하는 경우(방문신청)

당사자 또는 그 대리인 등이 등기소에 출석하지 아니한 때에는 그 등기신청을 각하해야 한다(법 제29조 4호). 등기신청에 당사자 또는 그 대리인 등의 출석을 요하는 것은 등기관이 출석자의 당사자 또는 그 대리인의 본인 여부, 신청의사 등을 확인함으로써 등기의 진정을 보장할 수 있을 뿐만 아니라 신청인에게 흠결을 보정할 기회를 주어 신청인을 보호하고자 함에 있다(출석주의).

2. 출석하지 아니한 때

「출석하지 아니한때」라 함은 전혀출석자가 없는 경우(등기신청서류의 우송)는 물론, 당사자라고 주장하는 출석자가 정당한 당사자가 아니라는 것이 명백한 경우도 포함된다.

3. 구부동산등기법 제55조 제3호(당사자 또는 그 대리인이 출석하지 아니한 때)

구 부동산등기법 제55조 제3호(당사자 또는 그 대리인이 출석하지 아니한 때)의 각하사유는 등기신청의 진정을 담보하고 신청의 흠결을 보정할 기회를 주기위하여 당사자나 대리인의 출석을 강제(출석주의)한 규정이다.

구 부동산등기법 제55조 제3호의 각하사유에는 2가지 예외가 인정되는데, 전자신청의 경우(구법 제177조의8 제3항, 신법 제24조 제1항 제2호)와 관공서의 촉탁이 그러하다(구 규칙 제72조의2, 신법 제22조 제1항 제2항). 전자의 경우 본질적으로 당사자의 출석을 요하지 않는 것이고, 후자의 경우 관공서의 공신력을 이유로 신청의 진정이 담보되기 때문에 출석주의의 예외를 인정한 것이다.

4. 개정부동산등기법 제29조 제3호

신법 제29조 제3호(신청할 권한이 없는 자가 신청한 경우)의 각하사유는 등기신청의 당사자 적격이 없는 자에 대한 등기신청을 각하하는 규정이며, 구법 제55조 제3호(당사자 또는 그 대리인이 출석하지 아니한 때)의 각하사유는 출석주의 위반에 대한 각하규정으로 위 양 규정은 그 성질을 달리하는 규정이다.

5. 전자신청

전자신청(법 제24조 제1항 2호 규칙 제67조)은 당사자 또는 대리인의 출석이 필요 없으므로 법

제29조 제4호의 적용대상이 아니며, 방문신청(법 제24조 제1항 1호)만이 적용대상이다.

V. 신청정보의 제공이 대법원규칙으로 정한 방식에 맞지 아니한 경우(구법 제55조 제4호, 법 제29조 제5호)

1. 신청정보의 제공이 방식에 맞지 아니한 경우

신청정보라 함은 등기신청에 필요한 정보로써 법령에 규정된 정보를 말한다(규칙 제43조). 방문신청의 경우에는 신청서에 기재하여야 할 사항이나 서식을 말하고(법 제24조 1항 1호) 전자신청의 경우에는 당사자가 등기신청을 하기 위해 전산정보처리조직에 접속하여 입력하여야 할 정보를 말한다(법 제24조 1항 2호). 예를 들면, 신청인이 신청서 기재사항 중 일부를 기재하지 않고 등기신청을 하거나, 전자신청을 하면서 필요한 정보를 입력하지 않은 경우에는 이 규정에 따라 등기관이 해당 등기신청을 각하하게 된다.

등기신청은 반드시 서면에 의하여야 하는 요식행위로서 등기신청서에는 부동산등기규칙 제43조 각항의 사항을 기재하고 신청인이 이에 기명날인 또는 서명하여야 하며(규칙 제56조 1항), 부동산에 관한 각종 등기신청서의 양식과 용지규격, 첨부서면 등은 등기예규 제1334호 및 등기예규 제1489호, 제1583호, 제1611호에 규정되어 있다. 따라서 법이 규정한 기재요건 등을 갖추지 못한 신청은 유효한 신청으로 볼 수 없으며, 이 경우에는 법 제29조 제5호에 해당하여 등기관은 이를 각하하게 된다.

부동산등기법 제29조 제5호의 "신청정보의 제공이 방식에 맞지 아니한 경우"라 함은 등기신청서(촉탁서 포함)가 방식에 적합하지 아니한 때를 말하는 것이고, "신청서에 첨부된 부속서면이 방식에 적합하지 아니한 때"를 말하는 것이 아니다(등기예규 제1350호).

신청정보의 제공이 방식에 맞지 아니한 경우라 함은 다음과 같은 경우를 말한다.
(가) 필요적 기재사항의 미기재(규칙 제43조 등)
(나) 신청서의 기재문자가 부동산등기규칙 제57조의 규정 및 "등기부 등의 기재문자에 관한 처리지침"(예규1187호)에 위반하여 작성된 경우
　① 신청서의 자획이 명확하지 않은 경우(규칙 제57조 제1항)

② 기재문자의 변개, 기재문자의 정정·삽입·삭제의 방법에 위반한 경우(규칙 제57조 제2
항, 등기예규 제585호)

③ 금액, 수량의 표기 방법 위반, 외래어표기법 위반

④ 부동산소재지 및 등기명의인의 주소 등의 표기방법 위반

⑤ 수개의 부동산에 일련번호를 붙이지 않는 경우 등(등기예규 제681호)

(다) 신청인 또는 대리인의 기명날인 또는 서명 누락(규칙 제56조 제1항)

(라) 신청서의 간인 누락(규칙 제56조 제2항)

(마) 신청서에 날인한 인영이 인감증명서와 상위한 경우

(바) 법령상 반드시 동일한 신청서에 의한 일괄신청을 하여야 하는 등기를 별도의 신청서
로 신청한 경우(법 제82조 제1항, 규칙 제139조 제1항 등, 농업기반정비등기처리규칙 제5조. 도시및주거환경
정비등기처리규칙 제6조, 8조, 10조, 12조 참조)

2. 동시에 신청하여야 할 등기(동일한 신청서에 의한 일괄신청을 요하는 등기)

법령상 반드시 "동일한 신청서"에 의한 일괄신청을 하여야 하는 다음 1~4의 등기를 별도
의 신청서로 신청한 경우에는 신청서가 방식에 적합하지 아니한 때에 해당되어 이를 각하하
게 된다(등기예규 제1473호. 1. 가. (1).).

(1) 신탁등기와 소유권이전등기는 동일한 신청서로 하여야 하므로(법 제82조 제1항) 신탁등기
의 말소등기만을 신청하거나 신탁된 부동산에 관하여 소유권이전등기만 신청한 경우
는 법 제29조 제5호의 각하사유에 해당한다(등기예규 제958호 4. 가. 참조). 환매특약의 등기
는 매매에 의한 소유권이전등기와 동시에 신청하여야 하지만 동일한 신청서가 아니라
별개의 신청서에 의한다는 점에서 부동산등기법 제29조 제2호에 의하여 각하되므로
신탁등기와 다르다(선례 4-443).

(2) 농어촌정비법에 의한 환지등기의 촉탁은 농업기반등정비사업지역 내의 토지전부에 대
하여 동일 촉탁서로 하여야 한다(농업기반정비등기 처리규칙 5조).

(3) 도시 및 거주환경정비등기처리규칙에 따른 종전 건물(토지)에 대한 말소등기신청과 새
로운 건축시설(대지)에 대한 소유권보존등기, 담보권 기타 권리등기에 관한 신청은 각각
동일한 신청서로 일괄 신청하여야 한다(동 규칙 6조. 8조. 10조. 12조).

(4) 농지의 교환, 분할, 합병등기

　　동일의 토지에 대하여 등기의 목적이 수개인 경우에도 권리의 이전, 소멸, 설정등기의 신청은 동일의 촉탁서에 의한다(등기예규 제1384호 3. 나. (1).).

(5) 승계집행문

　　등기절차의 이행을 명하는 확정판결의 변론종결 후 그 판결에 따른 등기신청 전에 등기의무자인 피고 명의의 등기를 기초로 한 제3자 명의의 새로운 등기가 경료 된 경우로서 제3자가 민사소송법 제218조 제1항의 변론을 종결한 뒤의 승계인에 해당하여 위 판결의 기판력이 그에게 미친다는 이유로 원고가 제3자에 대한 승계집행문을 부여 받은 경우에는 원고는 그 제3자 명의의 등기의 말소등기와 판결에서 명한 등기를 단독으로 신청 할 수 있으며, 위 각 등기는 동시에 신청하여야 한다(등기예규 제1383호 5. 다).

VI. 신청정보의 부동산 또는 등기의 목적인 권리의 표시가 등기기록과 일치하지 아니한 경우(구법 제55조 제5호, 신법 제29조 제6호)

1. 등기신청서에 기재된 부동산 또는 등기의 목적인 권리의 표시가 등기부와의 일치를 요구하는 것은 부실등기를 예방하기 위한 것으로 그 등기신청이 어떤 부동산 또는 어떤 권리에 대한 것인가를 명백히 하기 위한 것이다.

2. 신청서에 기재된 '부동산의 표시'라 함은 토지의 소재·지번·지목·면적, 건물의 소재·지번·종류·구조·면적 등을 말하며, '권리의 표시'라 함은 부동산등기법 제3조의 등기할 사항인 소유권·지상권·지역권·전세권·저당권·권리질권·채권담보권·임차권 및 법 제48조 각항의 등기사항(갑구사항란 및 을구 사항란에 기록된 부동산의 권리관계에 관한 등기)을 말한다.

3. 위 각하사유는 부실등기의 발생을 예방하여 어떤 부동산 또는 어떤 권리에 대한 등기를 요구하는 것인가를 명확히 하기 위한 것이다. 신청서에 기재된 부동산의 표시 또는 등기의 목적인 권리의 표시와 등기부상의 표시와의 일치하는 것을 요구하고 있다. 따라서 신청서상의 기재가 실체관계와 부합하는 경우에도 등기부상의 기재와 일치하지 아니하는

경우에는 부동산의 표시 또는 등기의 목적인 권리의 표시를 먼저 변경·경정하지 아니하면 다른 등기신청을 할 수 없다.

Ⅶ. 신청정보의 등기의무자의 표시가 등기기록과 일치하지 아니한 경우. 다만, 제27조에 따라 포괄승계인이 등기신청을 하는 경우는 제외한다(구법 제55조 제6호, 법 제29조 제7호)

1. 신청서에 기재된 등기의무자의 표시가 등기기록과 일치하지 아니한 경우

신청서상 등기의무자의 표시와 등기기록상 등기의무자의 표시가 일치하지 아니한 경우에는 본 호에 의하여 각하하도록 한 것은 진정한 등기의무자의 신청이 있는 것인지 분명하지 않기 때문이다.

등기의무자라 함은 등기부상의 형식상 신청하는 그 등기에 의하여 권리를 상실하거나 기타 불이익을 받을 자(등기명의인이거나 그 포괄승계인)를 말한다(대판 1979. 7. 24, 79다345). 신청서에 기재된 등기의무자의 표시가 등기부와 부합하지 아니한 때라 함은 등기의무자의 성명·주소·주민등록번호, 법인·회사·외국회사·법인 아닌 사단이나 재단 등인 경우에는 명칭, 사무소의 소재지, 부동산등기용등록번호(재외국민·외국인의 경우도 해당됨) 등이 서로 일치하지 아니하는 경우를 말한다.

따라서 종전의 등기 후에 등기의무자의 표시가 변경되었거나, 기존등기에 착오 또는 유루가 있는 경우에는 등기명의인 표시변경등기 또는 경정등기를 하여 등기부의 표시를 변경한 후에 새로운 등기를 하여야 한다(법 제23조 제6항, 등기선례 Ⅰ권 제229항, 제233항).

2. 부실등기의 예방

신청정보와 등기기록에 기재된 등기의무자의 표시의 일치를 요구하는 것은 양자에 표시된 등기의무자의 진정 여부를 확인하여 부실등기를 방지하기 위함에 그 목적이 있다. 신청서에 기재된 등기의무자의 표시가 등기부상의 표시와 부합하여야 하지만 신청인이 등기의무자의 상속인인 때에는 그 신분을 증명하는 서면만을 첨부하면 된다. 이미 말소된 등기의 등기명의인의 표시변경등기신청은 본조 제7호에 의하여 각하하여야 한다(대결 1979. 11. 20.자 79마360).

3. 고유 필수적 공동소송

고유 필수적 공동소송(민소법 제67조)으로 보는 공유물분할 소송(대판 2001. 7. 10. 99다31124), 합유 부동산에 관한 소송(대판 : 1983. 10. 25. 83다카850, 1991. 6. 25. 90누5184), 총유부동산(비법인사단의 사원이 집합체로서 물건을 소유할 때)에 관한 소송(대판 1995. 9. 5. 95다21303, 2005. 9. 15. 2004다44971)에서는 등기 부상의 소유자이인 공유자 또는 합유자 전원이 공동으로 원고 또는 피고가 되지 않으면 당사자 적격을 잃어 소가 부적법하게 되므로 변론종결 당시의 등기부상의 공유자 또는 합유자 전원을 피고로 하여야 할 뿐만 아니라 그 소는 공유자등 전원에 대하여 합일적으로 확정되어야 하므로 당사자 중 일부가 누락된 판결에 의한 등기신청은 부동산등기법상의 등기신청 각하사유인 "신청서에 기재된 등기의무자의 표시가 등기기록과 일치하지 아니한 경우"에 해당되어 등기관은 그 등기신청을 각하하게 된다.

Ⅷ. 신청정보와 등기원인을 증명하는 정보가 일치하지 아니한 경우(구법 제55조 제7호, 법 제29조 제8호)

1. 신청정보의 의의

"신청정보"라 함은 부동산등기규칙 제43조 각항의 사항중 등기부에 기재할 사항, 즉 등기사항으로서 신청서에 기재된 사항(부동산의 표시, 등기원인과 그 연월일, 등기의 목적, 등기의무자와 등기권리자 등)만을 말하며 그 외 부동산등기규칙이나 기타의 규정에 의하여 신청서에 기재된 사항은 이에 포함되지 아니한다.

🔍 판 례

> 등기신청서의 기재사항이 등기원인을 증명하는 서면과 부합하지 아니함에도 신청서대로 등기가 경료되었다면 이는 부동산등기법 제55조 제2호에 해당하는 것이 아니므로 일단 등기가 경료된 후에는 등기관이 이를 직권으로 말소할 수 없고, 등기의무자가 불응하는 경우 그를 상대로 말소등기의 회복등기절차의 이행을 명하는 판결을 받아 부적법하게 말소된 등기를 회복하여야 한다(대판 2004. 5. 14. 2004다11896)

"등기원인을 증명하는 정보"란 고유한 의미의 등기원인증서뿐만 아니라 해당 등기의 원인이 되는 법률행위 또는 법률사실을 증명하는 정보이면 모두 포함된다. 주소를 증명하는 주민등록표 등본, 상호변경 등을 증명하는 법인 등기사항증명서, 상속을 증명하는 가족관계등록사항별증명서 및 제적부 등·초본도 이에 포함된다.

다만 법 29조에서 별도의 각하사유로 정하고 있는 부동산 및 권리의 표시에 관한 사항(6호), 등기명의인의 표시에 관한 사항(7호), 대장과 신청서의 불일치(11호)와 같은 경우에는 본 호의 각하사유에 해당하지 않는다.

2. 신청정보 및 등기원인증서의 정보의 일치를 요구하는 취지

(1) 부실등기의 예방

신청서에 기재된 사항의 등기원인증서상의 기재사항과의 일치를 요구하는 것은 실체관계와 부합하지 않는 등기, 즉 부실등기의 발생을 예방함과 동시에 등기원인증서로서 등기필증을 작성(구법 제67조 제1항)하기 때문에 등기된 사항과 등기필증 기재내용의 부합에 그 취지가 있다고 본다.

(2) 검인계약서의 부동산표시가 등기신청서와 불일치하는 경우

검인계약서(부동산등기특별조치법 제3조, 판결서 등은 제외)의 부동산표시가 신청서의 그것과 엄격히 일치하지 아니하더라도 양자사이에 동일성을 인정할 수 있으면 그 등기신청을 수리하여도 무방하다(등기예규 제1419호. 1. 다. (1).).
구분건물과 대지권(법 제40조 제3항)이 함께 등기신청의 목적인 경우에는 그 검인계약서에 대지권의 구체적인 표시가 없더라도 대지권이 포함된 취지의 표시는 되어있어야 한다.

(3) 등기원인증서의 당사자표시

등기원인을 증명하는 서면인 계약서 등의 계약당사자의 표시가 신청서의 그것과 엄격하게 일치하지 아니하더라도(주소가 변동된 경우 포함) 다른 제출서면에 의하여 양자 사이의 동일성을 인정할 수 있으면 그 등기신청을 수리하여도 무방하다(등기예규 제1419호. 1. 라.).

IX. 등기에 필요한 첨부정보를 제공하지 아니한 경우(신청서에 필요한 서면을 첨부하지 아니한 때)(구법 제55조 제8호, 법 제29조 제9호)

1. 등기에 필요한 첨부정보의 의의

등기에 필요한 첨부정보라 함은 등기원인증서, 등기필증, 인감증명서, 제3자의 허가, 동의, 승낙서, 위임장, 주소를 증명하는 서면, 법인등기부등·초본, 부동산등기용등록번호를 증명하는 서면, 판결에 의한 등기신청의 경우 확정증명서(법 제24조 제2항, 규칙 제43조) 등기필정보(구법의 등기필증, 법 제50조 제2항, 규칙 제43조 제1항 7호)등 부동산등기 규칙 제46조 기타 법규에 규정된 서면 등을 말한다. 따라서 등기관은 각종 등기신청서에 첨부할 서면이 무엇인가를 법령 등에 의하여 확인하여 첨부할 서면이 누락된 경우에는 물론이고, 첨부된 서면 등이 적정·타당한지를 조사하여 위조 또는 변조되었거나 효력을 상실한 것으로 인정되는 경우에도 첨부하지 아니한 것으로 보아 해당 등기신청을 각하하여야 한다.

등기신청에 필요한 정보를 제공하지 아니하여 법 제29조 제9호에 해당하는 각하사유가 있었다고 하더라도, 등기관이 그 등기신청을 수리하여 등기가 일단 완료된 경우에는 그 등기를 직권으로 말소할 수 없다.

🔍 판 례

(1) 부동산등기법 제31조, 제48조의 규정에 위배하여 등기명의인이 아닌 자의 등기명의인표시의 경정등기신청을 받아들여 경정등기를 한 경우에는 부동산등기 법 제55조 8호에 해당하는 것으로서 등기공무원이 직권으로 경정등기를 말소할 수 없다(대결 1973. 12. 27.자 73마793).

(2) 상속재산을 둘러싼 소송의 확정판결에 상속관계에 대한 설시가 있다 하더라도 그 부분에 등기관에 대한 어떤 기속력이 인정되는 것은 아니어서, 등기관으로서는 형식적심사권의 범위 내에서 적법하게 그 확정판결이 부동산등기법 제46조 소정의 상속을 증명함에 족한 서면인지 여부를 심사할 뿐 아니라, 제출된 서면을 종합하여 객관적으로 상속인의 범위 및 상속지분을 판단할 수 있는 것이고, 그러한 형식적 심사에 필요한 서면을 신청서에 첨부하지 않는다면 부동산등기법 제55조 제8호에 따라 등기신청을 각하하여야 한다(대결 1995. 1. 20.자 94마535).

2. 공동상속인 중 일부만이 당사자가 된 확정판결에 의한 상속등기신청

확정판결이 공동상속인 전원이 당사자가 된 것이 아니라 일부만이 당사자가 소송에서 선고된 것이라면 그 판결문은 상속재산의 협의분할에 관한 공동상속인전원의 의사합치가 있었다는 점을 증명하는 서면에 해당한다고 볼 수 없으므로 위 판결은 상속을 증명함에 족한 서면(법제46조)을 제출하지 않았음을 이유로 등기관은 구 부동산등기법 제55조8호(신법 제29조 제9호)에 의하여 등기신청을 각하하여야 한다(대법원 2004. 9. 3. 2004마599 결정).

판 례

협의분할에 의한 상속등기의 신청에서 그 등기원인을 증명하는 서면으로 제출된 확정판결의 이유 중에, 등기신청인을 포함한 공동상속인 사이에 상속재산에 대한 분할의 협의가 있었음을 인정하는 설시가 있더라도, 등기관은 이에 구속받지 아니하고 형식적 심사권의 범위 내에서 위 확정판결 정본이 상속재산의 협의분할에 관하여 공동상속인 전원의 의사합치가 있었음을 명확히 하고 있는 서면으로 볼 수 있는지 여부를 판단할 수 있다 할 것인바, 위 확정판결이 공동상속인 전원이 당사자가 된 소송에서 선고된 것이라면 그 판결문은 상속재산의 협의분할에 관하여 공동상속인 전원의 의사합치가 있었다는 점을 객관적으로 명확히 증명하는 서면에 해당한다고 할 것이나, 위 확정판결이 공동상속 중 일부만이 당사자가 된 소송에서 선고된 것이라면 그 판결문은 상속재산의 협의분할에 관하여 공동상속인 전원의 의사합치가 있었다는 점을 객관적으로 명확히 증명하는 서면에 해당한다고 볼 수 없다 할 것이므로, 등기신청인이 제출한 확정판결 정본이 후자에 해당한다면 등기관은 상속을 증명함에 족한 서면을 제출하지 않았음을 이유로 부동산등기법 제55조 제8호에 의하여 등기신청을 각하하여야 한다(대법원 2004.9.3. 2004마599 결정).

3. 등기원인에 대하여 행정관청의 허가 등을 요하는 서면

등기원인에 대하여 행정관청의 허가, 동의 또는 승낙 등을 요하는 경우에 이를 증명하는 서면인 농지취득자격증명(농지법 제8조 1항), 학교법인의 기본재산의 처분에 관한 관할청의 허가서(사립학교법 제28조 1항), 허가 구역 안의 토지에 관한 소유권·지상권의 이전 또는 설정(대가를 받고 하는 경우에 한함)하는 계약(예약을 포함한다)의 체결에 대한 시장 등의 허가증(부동산거래신고등에관한법률 제11조 1항), 전통사찰의 부동산의 처분에 대한 감독청의 허가증(전통사찰보존법 제16조 1항), 향교재산의 처분 등에 대한 감독청의 허가서(향교재산법 제11조 1항 1호), 외국인의 토지취득에 관한 허가서(부동산거래신고등에관한법률 제9조) 등이 제출되지 아니한 경우에도 본호에 의하여 그 등기신청은 각하하여야 한다.

4. 이해관계인의 승낙서 불첨부와 각하사유

등기의 말소를 신청하면서 구 부동산등기법 제171조(신법 제57조 제1항 규칙 제46조 제1항 2호) 소정의 승낙서 또는 재판의 등본을 첨부하지 아니 하였다면 구법 제55조 제8호(신법 제29조 제9호)의 "신청서에 필요한 서면을 첨부하지 아니한 때"에 해당하고, 구법조 제2호의 "사건이 등기할 것이 아닌 때"에 해당하지 아니한다(대결 1967. 11. 29. 67마1092. 1969. 3. 4. 68마861. 등기예규 제116호).

판결에 의하여 원인무효인 소유권보존등기의 말소를 신청하는 경우에 그 부동산에 관하여 예고등기 이후에 등기한 저당권자 또는 임차권자도 등기상 이해관계 있는 제3자에 해당하므로 이들의 승낙이 없으면 동 신청서는 각하하여야 한다(대법원 1965. 1. 30. 선고 63마74 결정, 등기예규 제41호).

🔍 판 례

1. 이해관계인의 승낙서 등을 첨부하지 아니한 경우의 각하 사유 등기의 말소를 신청하면서 부동산등기법 제171조에 위배하여 이해관계 있는 제3자의 승낙서 또는 재판의 등본을 첨부하지 아니하였다면 이는 같은 법 제55조 제8호의 "신청서에 필요한 서면을 첨부하지 아니한 때"에 해당하고 같은 법 조 제2호의 "사건이 등기할 것이 아닌 때"에 해당한다고는 볼 수 없다(대결 1967. 11. 29.자 67마1092).
2. 법정상속분과 다른 비율의 지분이전등기의 각하사유 공동상속을 원인으로 한 상속등기신청에 있어서 신청인이 법정상속분과 다른 비율의 지분이전등기를 신청하는 경우에는 호적등본이나 제적등본 등의 상속을 증명하는 서면 이외에 법정상속분에 따른 지분이 신청인 주장의 지분으로 변동된 사실을 증명하는 서면도 제출할 필요가 있는 것이며, 이와 같은 서면을 신청서에 첨부하여 제출하지 않은 경우 이 흠결은 부동산등기법 제55조 제8호의 경우에 해당하는 것이어서 위 신청은 각하를 면할 수가 없다(대결 1990. 10. 29.자 90마772).
3. "사건이 등기할 것이 아닌 때"의 의미 부동산등기법 제55조 제2호가 정한 "사건이 등기할 것이 아닌 때"란 등기신청이 그 취지 자체로 보아 법률상 허용할 수 없음이 명백한 경우를 말하므로 등기명의인과 동일성이 없는 자의 신청에 따라 허위 또는 무효인 서류를 근거로 등기명의인 표시변경등기가 이루어졌다는 사유는 위 법조 제8호 소정의 "신청서에 필요한 서면을 첨부하지 아니한 때"에 해당할 뿐 위 제2호에 해당하지 아니하며, 위 경우 원래의 등기명의인은 새로운 등기명의인을 상대로 그 변경등기의 말소를 구할 수밖에 없다(대결 1993. 11. 29.자 93마1645).

5. 공동담보목록을 첨부하지 아니한 때

동일채권을 담보하기 위하여 5개이상의 부동산위에 저당권설정등기를 신청하는 경우에 신청서에 공동담보목록을 첨부하지 아니한 때에는 법 제29조 8호에 의한 각하사유로 된다.

6. 상속등기신청 시 신청인이 법정상속분과 다른 비율의 지분이전등기를 신청한 경우의 신청의 각하사유

공동상속을 원인으로 한 상속등기신청에 있어서 신청인이 법정상속분과 다른 비율의 지분이전등기를 신청하는 경우에는 호적등본이나 제적등본 등의 상속을 증명하는 서면 이외에 법정상속분에 따른 지분이 신청인 주장의 지분으로 변동된 사실을 증명하는 서면도 제출할 필요가 있는 것이며 이와 같은 서면을 신청서에 첨부하여 제출하지 않은 경우 이 흠결은 부동산등기법 제55조 제8호(현행법 제29조 제9호)의 경우에 해당하는 것이어서 위 신청은 각하를 면할 수가 없다(대법원 1990. 10. 29. 90마772).

X. 취득세(「지방세법」 제20조의 2에 따라 분할납부하는 경우에는 등기하기 이전에 분할납부하여야 할 금액을 말한다), 등록면허세(등록에 대한 등록면허세만 해당한다) 또는 수수료를 내지 아니하거나 등기신청과 관련하여 다른 법률에 따라 부과된 의무를 이행하지 아니한 경우(법 제29조 제10호)

「지방세법」 제7조 제1항에 따른 취득세, 같은 법 제24조 제1호에 따른 등록면허세, 개정법 제22조 제3항에 따른 등기신청수수료를 내지 않은 경우, 또는 그 밖에 등기신청과 관련하여 다른 법률에 다라 부과된 의무(국민주택채권의 매입, 인지세의 납부)를 이행하지 아니한 경우에는 법 제29조 제10호에 의하여 각하된다. 등기관은 취득세·등록면허세 등의 납부 여부를 철저히 조사한 후 필요한 조치를 하여야 한다(등기예규제 1566호. 1.).

XI. 신청정보 또는 등기기록의 부동산의 표시가 토지대장·임야대장 또는 건축물대장과 일치하지 아니한 경우(구법 제55조 제10호, 법 제29조 제11호)

1. 부동산의 표시가 "대장"과 일치하지 아니한 경우

부동산등기법 제29조 제11호는 부동산의 물리적 현황 내지 동일성의 확인은 언제나 대장을 기초로 하여야 한다는 취지이다.

본 호는 등기명의인이 등기신청을 하는 경우에 적용되는 규정이므로 관공서가 등기촉탁을 하는 경우에는 등기기록과 대장의 부동산 표시가 일치하지 아니하더라도 그 등기촉탁을 수리하여야 한다(예규 1517호 5.).

등기부에 기재된 부동산의 표시가 토지대장·임야대장 또는 건축물대장과 일치하지 아니하는 경우에는 그 부동산 소유권의 등기명의인은 부동산 표시의 변경등기를 하지 아니하면 그 부동산에 대하여 다른 등기를 신청할 수 없다.

2. 부동산의 표시가 "등기부"와 불일치 하는 경우

신청서에 기재된 부동산의 표시가 대장등본의 기재와는 일치하나 등기부의 기재와 불일치할 때에는 본호를 적용할 것이 아니라 법 제29조 제6호를 적용하여 각하하여야 한다.

제20절 등기절차

등기절차는 당사자의 등기신청을 접수(법 제6조, 규칙 제3조)하면서부터 시작되며, 등기관은 등기신청이 접수되면 이를 조사하여 법 29조 각 호의 각하사유가 없는 한 신청에 따른 등기를 실행하며, 신청에 흠이 있다면 그 흠이 보정 가능한 경우에는 보정을 명하고, 보정이 불가능한 흠이 있거나 당사자가 보정명령에 응하지 않는 경우에는 각하하게 된다.

등기관이 등기신청을 접수하여 그 신청의 적법 여부를 심사한 후에 신청을 수리하여 등기기록에 기록하고 등기필정보를 통지(규칙 제50조)하는 등의 행위를 하거나, 그 신청을 각하(법 제29조)하는 처분을 함으로써 등기절차가 종료될 때까지의 모든 절차를 등기절차라고 한다.

등기관은 등기사무를 전산정보처리조직을 이용하여 등기부에 등기사항을 기록하는 방식으로 처리하여야 한다(법 제11조 제2항). 등기관은 접수번호의 순서에 따라 등기사무를 처리해야 하며, 등기관이 등기사무를 처리한 때에는 등기사무를 처리한 등기관이 누구인지 알 수 있는 조치를 하여야 한다(법 제11조 3항. 4항).

부동산등기절차와 관련하여 필요한 사항 중 부동산등기법 및 부동산등기규칙에서 정하고 있지 아니한 사항은 대법원예규로 정할 수 있다(규칙 제166조).

1. 등기의 실행

개정법에서는 종전의 법률에 존재하던 구체적인 등기실행방법에 관한 규정이 모두 삭제됨에 따라 토지분필·합필, 건물분할·구분·합병 등의 부동산 표시변경등기 및 그 밖에 등기의 구체적인 실행방법에 관한 규정을 부동산등기규칙에 신설하였다(규칙 제75조~제80조, 제96조~제101조 등).

(1) 등기관의 처분

등기관은 등기신청에 대한 형식적 심사를 통하여 얻은 판단에 따라 등기의 실행 또는 각하라는 처분(구법 제55조, 신법 제29조)중의 어느 하나를 하여야 한다. 등기신청에 대하여 신청한 대로 등기를 하느냐 또는 각하 하느냐의 결정은 언제나 신청전부를 불가분의 일체로 보아서 하여야 하며 소송에 있어서의 청구의 일부인용이나 일부 기각과 같은 처분은 하지 못한다고 한다.

등기관은 심사의 결과 법 제29조 각호에 해당하는 사유가 없는 경우에 한하여 신청에 따른 등기를 하여야 한다. 등기의 실행이란 등기관이 등기신청을 적법한 것으로 인정하여 등기기록의 소정란에 등기신청에 따라 일정한 사항을 기재하거나 기타의 처리(등기용지의 개설, 제거, 말소 등)를 하는 것을 말한다.

(2) 등기사항

등기사항이란 부동산등기법 또는 기타 법률에 의하여 등기하는 것이 허용되는 사항을 말한다. 등기부(등기기록)는 물권변동의 공시를 목적으로 하는 장부이므로 법률에 의하여 등기할 수 있는 사항으로 규정된 사항만을 등기할 수 있다.

부동산등기는 부동산의 물권변동을 공시하기 위한 제도이므로 원칙적으로 부동산물권의 발생, 변경, 소멸에 관한 사항이 등기사항(권리의 등기)이 되나 부동산의 표시에 관한 사항(법 제34조, 제40조)과 등기명의인의 표시에 관한 사항(법 제48조 제1항 및 제2항 내지 제4항)은 물권변동과 무관하나 부동산 및 등기명의인의 현황을 정확하게 공시(사실의 등기)하기 위하여 등기능력이 인정된다.

환매권, 임차권은 물권은 아니나 실체법에서 등기능력을 인정하고 있어(민법 제592조, 제621조) 등기사항이 인정되며, 거래가액(법 제68조)과 같이 물권변동과 전혀 무관한 사항이 공익적 필요에 의하여 등기사항이 되는 경우도 있다.

(3) 등기관의 업무처리의 제한·재정보증

등기관은 자기, 배우자 또는 4촌 이내의 친족(이하 "배우자등"이라 한다)이 등기신청인인 때에는 그 등기소에서 소유권등기를 한 성년자로서 등기관의 배우자등이 아닌 자 2명 이상의 참여가 없으면 등기를 할 수 없다. 배우자등의 관계가 끝난 후에도 같다. 등기관은 제1항의 경우에 조서를 작성하여 참여인과 같이 기명날인 또는 서명을 하여야 한다(법 제12조 제1항 제2항).

법원행정처장은 등기관의 재정보증(財政保證)에 관한 사항을 정하여 운용할 수 있다(법 제13조).

2. 등기의 순서(접수번호의 순서)

등기관은 등기사무를 전산정보처리조직을 이용하여 등기부에 등기사항을 기록하는 방식으로 처리하여야 한다(법 제11조 제2항).

등기관은 당사자가 제출한 신청서 및 첨부서면이 부동산등기법 등 제반 법령에 부합되는지의 여부를 조사한 후 접수번호의 순서대로 등기사무를 처리하여야 한다(법 제11조 제3항). 등기관이 등기사무를 처리한 때에는 등기사무를 처리한 등기관이 누구인지 알 수 있는 조치를 하여야 한다(법 제11조 제4항).

법 제11조 제4항의 등기사무를 처리한 등기관이 누구인지 알 수 있도록 하는 조치는 각 등기관이 미리 부여받은 식별부호를 기록하는 방법으로 한다(규칙 제7조).

3. 등기한 권리의 순위, 등기의 효력발생시기

(1) 등기한 권리의 순위

같은 부동산에 관하여 등기한 권리의 순위는 법률에 다른 규정이 없으면 등기한 순서에 따르며, 등기의 순서는 등기기록 중 같은 구(區)에서 한 등기 상호간에는 순위번호에 따르고, 다른 구에서 한 등기 상호간에는 접수번호에 따른다(법 제4조).

🔍 판 례

동일한 부동산이나 동일한 지분에 관하여 이중으로 소유권 또는 지분이전등기가 경료된 경우 후순위등기의 효력(한정 무효)
동일한 부동산에 관하여 등기한 권리의 순위는 법률에 다른 규정이 없는 때에는 등기의 전후에 의하고, 등기의 전후는 등기용지의 동구에서 한 등기에 대하여는 순위번호에 의하므로, 동일한 부동산이나 동일한 지분에 관하여 이중으로 소유권 또는 지분이전등기가 경료된 경우, 선순위 등기가 원인무효이거나 직권말소될 경우에 해당하지 아니하는 한, 후순위등기는 실체적 권리관계에 부합하는지에 관계없이 무효이다(대판 98. 9. 22. 98다23393).

(2) 등기의 효력발생시기

등기관이 등기를 마친 경우 그 등기는 접수한 때부터 효력을 발생한다(법 제6조 제2항). 법 제6조제2항에서 "등기관이 등기를 마친 경우"란 법 제11조제4항에 따라 등기사무를 처리한 등기관이 누구인지 알 수 있는 조치를 하였을 때를 말한다(규칙 제4조).

4. 새 등기기록에의 이기(移記)

(1) 현재 효력있는 등기만을 이기(移記)

등기기록에 기록된 사항이 많아 취급하기에 불편하게 되는 등 합리적 사유로 등기기록을 옮겨 기록할 필요가 있는 경우에 등기관은 현재 효력이 있는 등기만을 새로운 등기기록에 옮겨 기록할 수 있다(법 제33조). 등기기록에 불필요한 내용이 기록되어 있을 때 이를 정리하기 위한 근거를 마련하기 위함이다(부동산등기부의 전산이기사무처리절차는 등기예규 제1630호 참조).

(가) 토지의 분필등기의 이기 전사(移記轉寫)방법

토지의 분필등기에 있어서는 현재 효력이 있는 등기만을 이기 또는 전사할 수 있다(대판 81. 9. 22. 79다2191,2192).

(나) 공유토지의 분할등기시 공유자 1인의 단독소유로 이기된 등기의 효력

수인의 공유로 등기된 토지의 일부가 분필되는 경우 분필된 토지의 등기부에는 본조 제1항의 규정에 따라서 종전 토지의 등기부상에 나타나 있던 공유관계가 그대로 전사되어야 하는 바, 만일 종전토지의 등기부상의 공유관계가 그대로 전사되지 아니한 채 공유자중 1인의 단독소유로 이기되었다면 그 단독소유의 등기기재는 종전 토지의 등기부상 그 사람의 지분비율을 초과하는 범위에서는 원인무효의 등기라 할 것이다(대판 87. 2. 24. 85다카1485).

(2) 종전 등기기록의 폐쇄

등기관이 법 제33조에 따라 등기를 새로운 등기기록에 옮겨 기록한 경우에는 옮겨 기록한 등기의 끝부분에 같은 규정에 따라 등기를 옮겨 기록한 뜻과 그 연월일을 기록하고, 종전 등기기록을 폐쇄하여야 한다(규칙 제55조 제1항).

등기기록을 폐쇄할 때에는 표제부의 등기를 말소하는 표시를 하고, 등기원인 및 기타사항 란에 폐쇄의 뜻과 그 연월일을 기록하여야 한다(규칙 제55조 제2항).

이 규칙이나 그 밖의 다른 법령에 따라 등기기록을 폐쇄하는 경우에는 규칙 제55조 제2항 을 준용한다(규칙 제55조 제3항).

(3) 폐쇄된 등기기록상 등기사항을 현재의 등기기록에 이기하는 경우 및 그 절차

폐쇄된 등기기록(폐쇄된 종이등기부를 포함한다. 이하 같다)상의 등기사항을 현재의 등기 기록에 이기하는 경우 및 그 절차는 등기예규 제1595호 및 제1630호에 규정되어 있다.

1. 등기관은 다음 각 호의 어느 하나에 해당하는 경우에는 폐쇄된 등기기록상 등기사항을 현재의 등기기록에 이기한다. 다만, 등기상 이해관계 있는 제3자가 있는 경우에는 제3 자의 승낙이 있어야 한다(등기예규 제1595호 제2조 제1항).

   1) 등기기록을 폐쇄할 당시 현재의 등기기록에 이기되어 기록되었어야 할 등기사항이 누락된 경우(별지 기록례 1 참조).

   2) 폐쇄된 등기기록상 등기사항이 부적법하게 말소되지 아니하였더라면 현재의 등기기 록에 이기되었어야 할 경우(별지 기록례 2, 3, 4, 5, 6 참조)

   3) 현재의 등기기록에서 등기의 말소(일부말소 의미의 경정등기 포함)로 인하여 폐쇄된 등기기록에서 등기사항을 이기하여야 하는 경우(별지 기록례 7, 8, 9 참조)

2. 현재의 등기기록에 이기의 목적인 등기사항과 양립할 수 없는 등기가 있는 때에는 양립 할 수 없는 등기에 대한 말소등기신청에 의해 선행적으로 그 등기의 말소등기가 이루어 져야 한다(동예규 제2조 제2항) (이하 생략).

(4)부동산등기부의 전산이기

부동산등기부의 전산이기 등에 관한 사무처리지침은 등기예규 제1630호에 규정되어있다.

5. 등기절차의 하자와 등기의 효력

현재의 권리관계에 부합하는 등기는 그 등기과정에 하자가 있다하여도 유효하며(대판 1962. 2. 15. 4294민상638), 부동산등기는 부동산에 관한 현재의 진실한 권리상태를 공시하면 그에 이른 과정과 태양을 여실하게 반영치 아니하였다 하여도 유효하다(대판 1964. 6. 2. 63다880). 따라서 위 조된 등기신청서류에 의하여 경류된 소유권이전등기라 할지라도 그 등기가 실체적 권리관계에 부합하는 경우에는 유효하다(대판 1965. 5. 25, 65다365, 1971. 5. 24. 70다2511).

등기가 '실체적 권리관계에 부합 한다'고 하는 것은 그 등기절차에 어떤 하자가 있다고 하더라도 진실한 권리관계와 합치한다는 것을 말하며, 그 등기원인이 매매로서 매매대금이 전부 지급되지 않았다면, 그 대금완불 전에 소유권이전등기를 하기로 특약이 없는 한, 그 등기로써 실체관계에 부합한다고 할 수는 없다(대판 1994. 6. 28. 93다55777).

등기의 공신력(公信力)이 인정되지 않는 현행 등기제도 하에서는 등기기재에 부합하는 실체상의 권리관계가 존재함을 전제로 그 등기의 유효성이 인정된다(대판 1969. 6. 10. 68다199). 따라서 설사 그 절차에 있어서 하자가 있었다고 할지라도 공시된 외형과 같은 권리관계가 실재하고 있다면 그 공시방법으로서의 등기의 효력을 부인할 것이 아니다(1972. 8. 22. 72다1059, 1976. 7. 27. 75다2034, 2035).

등기부 멸실의 경우에 소정기간 내에 회복등기를 하면 종전의 순위를 보유시티는 효력이 있다는 것이지 회복등기의 방법 만에 의하여 등기를 복구하는 것이 아니므로 보존등기를 하였다하여 권리의 공시에 무슨 하자가 있다고 할 수 없다(1975. 6. 10. 74다1340).

소유권이전등기신청서류에 첨부된 등기의무자의 인감증명이 유효기간을 경과하였다는 사실만으로 그 등가 무효라고 볼 수 없고 부동산등기법 제55조 제8호(현행법 제29조 제9호)에 위배된다고 볼 수도 없다(대판 1980. 6. 10. 80다788).

제21절 등기완료 후의 조치

등기관이 등기를 마친 경우 그 등기는 접수한 때로부터 등기의 효력이 발생한다(법 제6조 제2항). 등기가 완료되면 등기관은 등기필증을 작성하여 등기권리자에게 교부하고, 각종의 통지를 하여야 한다. 전자신청의 경우 종래의 등기필증의 교부를 갈음하는 등기필정보의 통지제도(법 제50조 제1항)와 등기완료통지제도(법 제30조)가 새로이 시행되었다.

등기관에 의한 등기실행의 절차가 끝나면 등기는 형식적으로 성립하며, 그 신청이 유효요건을 갖추지 못한 경우를 제외하고는 실질적으로도 유효한 것이 되어 그 효력을 발생하게 된다. 이러한 등기실행의 절차가 완료되어도 그 후에 하여야 할 아래와 같은 부수적 절차가 남아 있다. 등기관이 등기를 마쳤을 때에는 등기부부본자료를 작성하여야 한다(법 제16조).

Ⅰ. 등기필증(등기필정보)의 교부(통지)

1. 등기필증(등기필정보)

(1) 등기필증의 의의

등기필증이란 등기관이 등기를 완료하였을 때 등기신청인이 등기신청서에 첨부하여 제출한 등기원인을 증명하는 서면 또는 신청서의 부본에 신청서의 접수연월일, 접수번호, 순위번호와 등기필의 뜻을 기재하고 등기소인을 찍어 등기권리자에게 교부하는 등기완료의 증명서를 말한다(구법 제67조 제1항).

등기필증(구법 제67조 제1항)이 "등기필정보"(법 제50조. 규칙 제106조)로 대체된 현행제도 아래에서는 등기원인을 증명하는 서면을 가지고 등기필증을 작성할 필요가 없고 등기필증 작성을 위한 신청서 부본도 제출할 필요가 없다.

(2) 등기필증의 소지와 부동산 소유권자임의 사실상 추정

부동산의 실질적인 소유자가 어떤 사람인지를 확정함에 있어서는 그 부동산에 관한 등기필증을 누가 소지하고 있는지가 상당히 중요한 판단자료가 된다(대판 1990. 1. 12. 89다카 14363).

(3) 등기필정보의 작성

"등기필정보"(登記畢情報)란 등기부에 새로운 권리자가 기록되는 경우에 그 권리자를 확인하기 위하여 법 제11조 제1항에 따른 등기관이 작성한 정보를 말한다(법 제2조 제4호). 등기관이 새로운 권리(법 제3조)에 관한 등기를 마쳤을 때에는 등기필정보를 작성하여 등기권리자에게 통지하여야 한다(법 제50조 제1항).

(가) '권리'에 관한 등기

등기필정보는 '권리'에 관한 등기(갑구의 소유권 및 올구의 소유권 이외의 권리)를 마쳤을 때 작성·통지하고, 표시에 관한 등기를 마쳤을 때에는 작성하지 않는다.

(나) '새로운' 권리에 관한 등기

등기필정보는 모든 권리에 관한 등기가 아니라 '새로운' 권리에 관한 등기를 마쳤을 때 작성·통지한다. 즉 등기부에 '새로운 권리자'가 기록되는 경우에 그 권리자를 확인하기 위하여 등기관이 작성한다(법 제2조 제4호).

(다) 새로운 권리에 관한 등기를 '마쳤을 때'

등기필정보는 등기를 마쳤을 때 즉 새로운 권리자가 등기기록에 기록(등기관의 교합)된 후에 작성, 통지 한다. 등기(교합)전에 등기필정보를 작성, 통지할 수는 없다.

(라) 등기권리자의 '신청'에 따른 등기

등기필정보는 등기관이 '신청'에 따라 등기부에 새로운 권리에 관한 등기를 마쳤을 때 작성, 통지한다. 등기관공서(국가 또는 지방자치단체)가 등기권리자인 경우를 제외하고는 촉탁에 따른 등기의 경우에도 등기필정보를 작성, 통지한다(법 제22조 제2항, 제50조 제1항 제2호, 등기예규 제1447호. 4. 나).

(4) 등기필증에 관한 경과조치

부동산등기법 전부개정법률 시행 전에 권리취득의 등기를 한 후 종전의 제67조 제1항에 따라 등기필증을 발급받거나 종전의 제68조 제1항에 따라 등기완료의 통지를 받은 자는 이 법 시행 후 등기의무자가 되어 법 제24조 제1항 제1호의 개정규정에 따라 등기신청(방문신청)을 할 때에는 법 제50조 제2항의 개정규정에 따른 등기필정보의 제공을 갈음하여 신청서에 종전의 제67조 제1항에 따를 등기필증 또는 종전의 제68조 제1항에 따른 등기완료통지서를 첨부할 수 있다(부칙 제2조).

개정법 제50조 제2항에 따르면 등기권리자와 등기의무자가 공동으로 권리에 관한 등기를 신청하는 경우에는 등기의무자의 등기필정보를 등기소에 제공하여야 하는바, 이러한 규정에 따르면 종전의 규정에 따라 권리취득의 등기를 하면서 등기필증을 교부받은 자는 등기신청을 할 수 없게 되는 문제점이 있으므로 이에 관한 경과조치를 두어 종전의 규정에 따라 등기필증(구법 제67조 제1항)을 교부받은 자는 등기필정보(법 제50조)의 제공을 갈음하여 그 등기필증을 첨부할 수 있도록 하였다.

(5) 등기필증과 등기필정보와의 관계

등기권리자와 등기의무자가 공동으로 권리에 관한 등기를 신청하는 경우 등기의무자는 부동산등기법 제50조 제1항에 따라 통지 받은 등기필정보를 등기소에 제공하여야 한다(법 제50조 제2항). 등기필증(구법 제67조 제1항)은 부동산등기법 일부개정법률(2006. 5. 1. 법률 제7954호)에 의하여 등기필정보(개정법 제50조 제1항)로 대체되었다.

등기필증과 등기필정보의 차이점은 다음과 같다.

첫째, 구법상의 '등기필증'은 등기관이 등기를 완료하였을 때 등기원인을 증명하는 서면 또는 신청서의 부본에 신청서의 접수연월일, 접수번호, 순위번호와 등기필의 뜻을 기재하고 등기소인을 찍어 등기권리자에게 교부(구법 제67조 제1항)한 등기완료의 증명서로서 등기필증을 소유한 자는 권리자로 추측되므로 이를 '권리증'이라고도 하며 이 권리에 관하여 다음에 다른 등기를 신청할 경우에는 등기필증을 제출하여야 했다(구법 제40조 제1항 제3호).

개정법상의 '등기필정보'는 등기관이 새로운 권리에 관한 등기를 마쳤을 때에 등기필정보를 작성하여 등기권리자에게 통지(법 제50조 제1항)하는 것으로, 부동산 및 등기명의인별로 작성한다. 다만, 대법원예규로 정하는 바에 따라 등기명의인별로 작성할 수 있다(규칙 제106조). 등기권리자와 등기의무자가 공동으로 권리에 관한 등기를 신청하는 경우에 신청인은 그 신청정보와 함께 통지받은 등기의무자의 등기정보를 등기소에 제공하여야 한다(법 제50조 제2항).

둘째, 등기필증은 신청에 따른 모든 등기에 발급(구법 제67조 제1항)하였으나, 등기필정보는 새로운 권리에 관한 등기를 마쳤을 때에만 발급(통지)한다(법 제50조 제1항).

셋째, 등기필증은 등기의무자 본인확인의 기능, 등기완료사실의 통지기능, 경정등기의 근거로서의 기능을 하나, 등기필정보는 등기의무자의 본인확인기능만을 갖는다(법 제2조 제4호 참조).

넷째, 등기필증의 경우 그 서면을 등기신청서에 반드시 첨부했어야 하나(구법 제40조 제1항 제3호), 등기필정보는 등기권리자와 등기의무자가 공동으로 권리에 관한 등기를 신청하는 경우에 등기의무자의 등기필정보를 등기소에 제공하여야 한다(법 제50조 제2항). 종전에 등기필증을 발급받은 자는 등기필정보의 제공에 갈음하여 그 등기필증을 신청서에 첨부할 수 있다(법 부칙 제2조).

(6) 등기필정보의 작성을 요하는 경우

등기관이 등기권리자의 신청에 의하여 다음 각 호 중 어느 하나의 등기를 하는 때에는 등기필정보를 작성하여야 한다. 그 이외의 등기를 하는 때에는 등기필정보를 작성하지 아니한다(등기예규 제1447호. 2.).

① 「부동산등기법」 제3조 기타 법령에서 등기할 수 있는 권리로 규정하고 있는 권리를 보존, 설정, 이전하는 등기를 하는 경우
② 위 ①의 권리의 설정 또는 이전청구권 보전을 위한 가등기를 하는 경우
③ 권리자를 추가하는 경정 또는 변경등기(갑 단독소유를 갑, 을 공유로 경정하는 경우나 합유자가 추가되는 합유명의인표시변경 등기 등)를 하는 경우

(7) 등기필정보의 기재사항, 작성 방법

법 제50조 제1항의 등기필정보는 아라비아 숫자와 그 밖의 부호의 조합으로 이루어진 일련번호와 비밀번호로 구성한다(규칙 제106조 제1항). 등기필정보는 부동산 및 등기명의인별로 작성한다. 다만 대법원 예규로 정하는 바에 따라 등기명의인별로 작성할 수 있다(규칙 제106조 제2항).

(가) 등기필정보의 기재사항

등기필정보에는 권리자, 주민등록번호, 부동산 고유번호, 부동산 소재지, 접수일자, 접수번호, 등기목적, 일련번호 및 비밀번호를 기재한다(규칙 제106조 제1항, 등기예규 제1447호. 3. 가).

(나) 등기필정보의 구성

등기필정보의 일련번호는 영문 또는 아라비아 숫자(규칙 제106조 제1항)를 조합한 12개로 구성하고 비밀번호는 50개를 부여한다(위 예규 3. 나).

(다) 등기필정보의 작성방법

가) 일반신청의 경우

등기필정보는 부동산 및 등기명의인이 된 신청인별로 작성하되(규칙 제106조 제2항), 신청서의 접수년월일 및 접수번호가 동일한 경우에는 부동산이 다르더라도 등기명의인별로 작성할 수 있다. 그러므로 등기명의인이 신청하지 않은 채권자대위에 의한 등기, 등기관의 직권에 의한 보존등기, 승소한 등기의무자의 신청에 의한 등기를 하는 경우에는 등기명의인을 위한 등기필정보를 작성하지 아니한다(위 예규 4. 가).

나) 관공서촉탁의 경우

관공서가 등기를 촉탁하는 경우에는 등기필정보를 작성하지 아니한다. 다만, 관공서가 등기권리자를 위해 등기를 촉탁하는 경우에는 그러하지 아니하다(위 예규 4. 나).

(8) 등기원인증서에 기재된 사항 중 일부에 대하여 등기를 하는 경우의 등기필증 작성방법

등기원인증서에 기재된 사항 중 그 일부에 대하여 등기를 하는 경우의 등기필증 작성방법에 관하여는 등기예규 제1016호에 규정되어 있다.

(9) 미수령 등기필증의 보존기간

지방법원의 등기과·소에서 보관하고 있는 미수령 등기필증의 보존기간 및 그 처리방법은 등기예규 제1172호에 규정되어 있다.

(10) 등기권리증의 추정력

구 부동산등기법 제60조(현행법 제50조)의 규정에 의하면 등기관리는 등기를 완료하였을 때에는 등기원인을 증명하는 서면 또는 신청서부본에 등기번호 등을 기재하여 등기소의 직인을 찍어 등기권리자에게 환부하여야 된다고 규정되어 있으므로 권리증이 발부되었으면 그에 기재된 내용의 등기신청이 있어서 등기관리는 이를 등기한 것으로 추정하여야 할 것이다(대판 65. 2. 3. 64다1481, 1996. 6. 28. 95다36725).

2. 등기완료의 통지

(1) 등기관이 등기완료통지를 하여야 하는 경우

등기관이 등기를 마쳤을 때에는 대법원규칙으로 정하는 바에 따라 신청인 등에게 그 사실을 알려야 하며(법 제30조), 법 제30조에 따른 등기완료통지는 신청인 및 다음 각 호의 어느 하나에 해당하는 자에게 하여야 한다(규칙 제53조 제1항).

1. 법 제23조 제4항(판결에 의한 등기신청)에 따른 승소한 등기의무자의 등기신청에 있어서 등기권리자
2. 법 제28조(채권자 대위권에 의한 등기신청)에 따른 대위자의 등기신청에서 피대위자
3. 법 제51조(등기필정보가 없는 경우)에 따른 등기신청에서 등기의무자
4. 법 제66조(미등기부동산의 처분제한등기)에 따른 직권 소유권보존등기에서 등기명의인
5. 관공서가 촉탁하는 등기에서 관공서

규칙 제53조 제1항의 통지는 대법원예규(등기예규 제1397호)로 정하는 방법으로 한다(규칙 제53조 제2항).

(2) 등기완료통지서의 작성

등기관이 부동산등기규칙 제53조 제1항 각호의 등기를 마쳤을 때 등기권리자, 피대위자, 등기의무자, 등기명의인, 관공서에 등기완료의 통지를 하여야 하는바, 통지서의 양식은 별지 제1호와 같다(등기예규 제1397호, 제1530호, 제1623호).

등 기 완 료 통 지 서

접수번호 : 3456 　　　　　　　　　　　　　대리인 : 법무사 홍길동

　　　　　　아래의 등기신청에 대해서 등기가 완료되었습니다.

신청인 : 김갑동
(주민)등록번호 : 730305-1○○○○○○
주　소 : 서울특별시 서초구 서초동 200

부동산고유번호 : 1102-2006-002634
부동산 소재 : [토지] 서울특별시 서초구 서초동 111

접수일자 : 2011년 9월 15일
접수번호 : 3456
등기목적 : 근저당권설정등기말소
등기원인 및 일자 : 2011년 9월 15일 해지

　　　　　　　　　　2011년 9월 28일

　　　　　　　　서울중앙지방법원 등기국
　　　　　　　　　　　　등기관

[별지 제5호]

각통 제 35 호 (전산)

등기의무자에 의한 등기완료통지서

접 수 일 자 : 2011년 9월 14일
접 수 번 호 : 3456
등 기 목 적 : 소유권이전
등기원인및일자 : 2011년 9월 13일 매매

권 리 자 : 김갑동
(주민) 등록번호 : 730305-*******
주   소 : 서울특별시 서초구 서초동 200

의 무 자 : 이을동
(주민) 등록번호 : 700407-*******
주   소 : 서울특별시 강남구 청담동 300

부 동 산 소 재 : [토지] 서울특별시 서초구 서초동 111 (1102-2006-002634)

　

위와 같이 등기의무자의 등기신청에 의하여 등기를 완료하였으므로 「부동산등기규칙」 제53조에 의하여 통지합니다.

2011년 9월 28일

서울중앙지밥법원 등기국
등기관

김갑동
서울특별시 서초구 서초동 200

각통 제 36 호 (전산)

대위등기완료통지서

접 수 일 자 : 2011년 9월 14일
접 수 번 호 : 3456
등 기 목 적 : 소유권이전
등기원인및일자 : 2008년 1월 3일 상속

권 리 자 : 김갑동
(주민) 등록번호 : 730305-*******
주 소 : 서울특별시 서초구 서초동 200

대 위 원 인 : 2011년 9월 13일 서울중앙지방법원의 가압류결정

대 위 자 : 박병동
주 소 : 서울특별시 강남구 청담동 300

부 동 산 소 재 : [토지] 서울특별시 서초구 서초동 111 (1102-2006-002634)

위와 같이 등기를 완료하였으므로 「부동산등기규칙」 제53조에 의하여 통지합니다.

2011년 9월 28일

서울중앙지밥법원 등기국
등기관

김갑동
서울특별시 서초구 서초동 200

각통 제 37 호 (전산)

직권에 의한 등기완료통지서

접 수 일 자 : 2011년 9월 14일
접 수 번 호 : 3456
등 기 목 적 : 소유권이전
등기원인및일자 : 2011년 9월 12일 서울중앙지방법원의 가처분결정 (2011카합323)

권 리 자 : 김갑동
(주민) 등록번호 : 650203-*******
주 소 : 서울특별시 서초구 서초동 200

부 동 산 소 재 : [토지] 서울특별시 서초구 서초동 111 (1102-2006-002634)

위와 같이 등기를 하기 위하여 직권으로 소유권보존등기를 하였으므로 「부동산등기규칙」 제53조에 의하여 통지합니다.

2011년 9월 28일

서울중앙지방법원 등기국
등기관

이을동
서울특별시 서초구 서초동 100

각통 제 38 호 (전산)

확인서(공증서)에 의한 등기완료통지서

접 수 일 자 : 2011년 9월 14일
접 수 번 호 : 3456
등 기 목 적 : 소유권이전
등기원인및일자 : 2011년 9월 13일 매매

권 리 자 : 김갑동
(주민) 등록번호 : 701102-*******
주 소 : 서울특별시 서초구 서초동 200

부 동 산 소 재 : [토지] 서울특별시 서초구 서초동 111 (1102-2006-002634)

등기필정보의 부존재(등기필증의 멸실)로 확인서(공증서)를 첨부하여 위와 같이 등기를 완료하였으므로 「부동산등기규칙」 제53조에 의하여 통지합니다.

2011년 9월 28일

서울중앙지밥법원 등기국
등기관

이을동
서울특별시 서초구 서초동 100

3. 등기필증(등기필정보)의 교부(통지)

(1) 등기필정보의 통지

등기관이 새로운 권리에 관한 등기를 마쳤을 때에는 등기필정보를 작성하여 등기권리자에게 통지하여야 한다. 다만, 다음 각 호의 어느 하나에 해당하는 경우에는 그러하지 아니하다(법 제50조 제1항).

1. 등기권리자가 등기필정보의 통지를 원하지 아니하는 경우
2. 국가 또는 지방자치단체가 등기권리자인 경우
3. 제1호 및 제2호에서 규정한 경우 외에 대법원규칙으로 정하는 경우
   법 제50조 제1항 제3호에서 "대법원규칙으로 정하는 경우"란 다음 각 호의 어느 하나에 해당하는 경우를 말한다(규칙 제109조 2항).
   (1) 등기필정보를 전산정보처리조직으로 통지받아야 할 자가 수신이 가능한 때부터 3개월 이내에 전산정보처리조직을 이용하여 수신하지 않은 경우
   (2) 등기필정보통지서를 수령할 자가 등기를 마친 때부터 3개월 이내에 그 서면을 수령하지 않은 경우
   (3) 법 제23조 제4항에 따라 승소한 등기의무자가 등기신청을 한 경우
   (4) 법 제28조에 따라 등기권리자를 대위하여 등기신청을 한 경우
   (5) 법 제66조 제1항에 따라 등기관이 직권으로 소유권보존등기를 한 경우

(2) 등기필정보의 통지방법

등기필정보는 다음 각 호의 구분에 따른 방법으로 통지한다(규칙 제107조 제1항).

1. 방문신청의 경우 : 등기필정보를 적은 서면(이하 "등기필정보통지서"라 한다)을 교부하는 방법. 다만, 신청인이 등기신청서와 함께 대법원예규에 따라 등기필정보통지서 송부용 우편봉투를 제출한 경우에는 등기필정보통지서를 우편으로 송부한다(규칙 제107조 1항 1호).

2. 전자신청의 경우 : 전산정보처리조직을 이용하여 송신하는 방법(규칙 제107조 1항 2호).

규칙 제107조 제1항 제2호에도 불구하고, 관공서가 등기권리자를 위하여 등기를 촉탁한 경우 그 관공서의 신청으로 등기필정보통지서를 교부 할 수 있다(규칙 제107조 제2항).

등기필정보를 통지할 때에는 그 통지를 받아야 할 사람 외의 사람에게 등기필정보가 알려지지 않도록 하여야 한다(규칙 제107조 제3항)(등기필정보의 통지서의 교부방법에 관하여는 등기예규 제1399호 및 1447호, 1513호, 1529호 참조).

(3) 등기필정보 통지의 상대방

(가) 등기명의인 또는 등기권리자

등기관은 등기를 마치면 등기필정보를 등기명의인이 된 신청인에게 통지한다. 다만, 관공서가 등기권리자를 위하여 등기를 촉탁한 경우에는 대법원예규로 정하는 바에 따라 그 관공서 또는 등기권리자에게 등기필정보를 통지한다(규칙 제108조 제1항).

(나) 등기신청대리인

법정대리인이 등기를 신청한 경우에는 그 법정대리인에게, 법인의 대표자나 지배인이 신청한 경우에는 그 대표자나 지배인에게, 법인 아닌 사단이나 재단의 대표자나 관리인이 신청한 경우에는 그 대표자나 관리인에게 등기필정보를 통지한다(규칙 제108조 제2항).

등기신청 대리권한에는 등기필정보 수령권한이 포함된다고 볼 것이고, 한편 등기를 신청함에 있어서 임의대리인이 될 수 있는 자격에는 제한이 없으므로, 등기의무자라고 하더라도 등기권리자로부터 등기신청에 대한 대리권을 수여받아 등기를 신청한 경우나 등기권리자로부터 등기필정보 수령행위에 대한 위임을 받은 경우에는 등기필정보를 교부받을 수 있다. 다만, 등기필정보 수령행위만을 위임받은 경우에는 그 위임사실을 증명하기 위하여 위임인의 인감증명 또는 신분증 사본을 첨부한 위임장을 제출하여야 하고, 가족관계증명서는 위임사실을 증명하는 서면이라고 볼 수 없다(2017. 5. 15. 부동산등기과-1156).

(4) 등기필정보를 작성 또는 통지할 필요가 없는 경우

등기관이 새로운 권리에 관한 등기를 마쳤을 때에는 등기필정보를 작성하여 등기권리자에게 통지하여야 하는바, 이때 등기권리자가 등기필정보의 통지를 원하지 아니하는 경우에는 등기신청할 때에 그 뜻을 신청정보의 내용으로 하여야 한다(규칙 제109조 제1항).

(5) 등기필정보의 실효신고

등기명의인 또는 그 상속인 그 밖의 포괄승계인은 등기필정보의 실효신고를 할 수 있다(규칙 제110조 제1항).

규칙 제110조 제1항의 신고는 다음 각 호의 방법으로 한다(규칙 제110조 제2항).
1. 전산정보처리조직을 이용하여 신고정보를 제공하는 방법
2. 신고정보를 적은 서면을 제출하는 방법

등기필정보의 실효신고를 할 때에는 대법원예규로 정하는 바에 따라 본인확인절차를 거쳐야 한다(규칙 제110조 제3항).

등기필정보의 실효신고를 대리인이 하는 경우에는 신고서에 본인의 인감증명을 첨부하여야 한다(규칙 제110조 제4항).

등기관은 등기필정보의 실효신고가 있는 경우에 해당 등기필정보를 실효시키는 조치를 하여야 한다(규칙 제110조 제5항).

(6) 등기필정보를 제공할 수 없는 경우(확인조서, 확인정보)

(가) 등기관의 확인조서 작성

등기권리자와 등기의무자가 공동으로 등기를 신청하는 경우에 등기의무자의 등기필증(등기필정보)이 없을 때에는 등기관은 주민등록증, 외국인등록증, 국내거소신고증, 여권 또는 운전면허증(이하 "주민등록증등"이라 한다)에 의하여 본인 여부를 확인하고 조서를 작성하여 이에 기명날인하여야 한다(별지 제30호 양식). 다만, 등기신청인의 대리인(변호사·법무사)이 등기의무자 등으로부터 위임받았음을 확인한 경우에는 그러하지 아니하다(법 제51조, 등기예규 제1602호 2).

법 제51조 본문의 경우에 등기관은 주민등록증, 외국인등록증, 국내거소신고증, 여권 또는 운전면허증(이하 "주민등록증등"이라 한다)에 의하여 본인 여부를 확인하고 조서를 작성

하여 이에 기명날인하여야 한다. 이 경우 주민등록증등의 사본을 조서에 첨부하여야 한다(규칙 제11조 제1항). 등기관이 확인조서를 작성하는 경우 확인의 대상 및 방법, 등기의무자 드의 필적기재방법은 등기예규 제1602호 2항에 명시되어 있다(이책 제1장 제13절 Ⅲ. 6. 등기필증(등기필정보)의 멸실참조).

(나) 자격자 대리인의 확인서면 작성

법 제51조 단서에 따라 자격자대리인이 등기의무자 또는 그 법정대리인으로부터 위임받았음을 확인한 경우에는 그 확인한 사실을 증명하는 정보(이하 "확인정보"라 한다)를 첨부정보로서 등기소에 제공하여야 한다(규칙 제111조 제2항).

자격자대리인이 규칙 제111조 제2항의 확인정보를 등기소에 제공하는 경우에는 규칙 제111조 제1항을 준용한다(규칙 제111조 제3항). 법 제51조의 규정에 의하여 변호사 또는 법무사가 작성하는 확인서면은 별지양식에 의하되 작성방법은 "등기예규 제1602호 3"을 참조.

4. 등기필증의 재교부 가부

등기관이 등기를 완료하여 일단 등기권리자에게 등기필증이 교부된 후에는 구 부동산등기법 제49조(신법 제51조)의 취지에 비추어 어떠한 사유(분실 등)로든 이를 재교부할 수 없다(등기선례요지집 제2권 157항). 매각에 의한 소유권이전등기를 촉탁한 사건에 대하여 등기관이 등기를 완료한 후, 등기필증을 작성하고 이를 촉탁관서인 집행법원에 우송하여 집행법원에 도달 되었으나, 집행법원이 매수인에게 교부하기 전에 등기필증이 분실되었다 하더라도 등기관은 이를 재교부할 수 없다(등기선례요지집 제7권 39항).

Ⅱ. 대장소관청에 소유권변경사실의 통지 및 과세자료의 제공

등기관이 다음 각 호의 등기를 하였을 때에는 지체 없이 그 사실을 토지의 경우에는 지적소관청에, 건물의 경우에는 건축물대장 소관청에 각각 알려야 한다(법 제62조).
1. 소유권의 보존 또는 이전
2. 소유권의 등기명의인표시의 변경 또는 경정

3. 소유권의 변경 또는 경정

4. 소유권의 말소 또는 말소회복

법 제62조의 소유권변경사실의 통지나 법 제63조의 과세자료의 제공은 전산정보처리조직을 이용하여 할 수 있다(규칙 제120조).

부동산등기법 제62조, 부동산등기규칙 제120조에 의한 소유권변경등기의 통지는 부동산등기규칙 제120조에 의하여 지적대장소관청, 건축물대장소관청(이하 대장소관청이라 함)에 소유권변경사실의 정보를 전송하는 방법으로 한다(등기예규 제1372호 제3조).

Ⅲ. 과세자료의 송부

등기관은 소유권의 보존 또는 이전의 등기(가등기를 포함한다)를 한 때에는 대법원 규칙으로 정하는 바에 따라 지체없이 그 사실을 부동산소재지 관할세무서장에게 통지하여야 한다(법 제63조). 과세자료의 제공은 전산정보처리조직을 이용하여 할 수 있다(규칙 제120조).

Ⅳ. 과태료부과

(1) 과태료의 부과 및 통지

법 제41조 및 제43조에 따른 등기신청의 의무가 있는 자가 그 등기신청을 게을리하였을 때에는 50만원 이하의 과태료를 부과한다(법 제112조).

등기관은 법 제112조에 따른 과태료에 처할 사유가 있다고 인정하면 지체없이 과태료에 처할 자의 주소지를 관할하는 지방법원 또는 지원에 통지하여야 한다(규칙 제164조).

(2) 과태료의 폐지

부동산등기법 중 개정법률(2017. 10. 13. 법률 제14901호)에 의하여 부동산등기법 제112조 및 부동산등기규칙 제164조는 각 삭제되었다.

제22절 등기관의 처분에 대한 이의

I. 이의신청

1. 등기관의 결정 또는 처분이 부당한 경우

등기관의 결정(각하 결정) 또는 처분(등기를 실행한 처분)에 이의가 있는 자는 관할 지방법원에 이의신청을 할 수 있다(법 제100조, 규칙 제158조 등기예규 제1411호).

등기관의 처분이 부당한 것 일때 이에 대한 구제방법으로 이의신청제도 이외에 부당한 처분으로 인한 손해배상을 청구할 수 있다(헌법 제29조제1항. 국가배상법 제2조).

손해배상의 청구는 등기관의 부당한 결정이나 처분으로 과거에 발생한 손해의 전보(塡補)를 목적으로 하는 것이나, 이의신청제도에 의하여서는 당사자는 원상회복적인 구제를 받게 되는데 차이가 있다. 등기관의 결정 또는 처분이 부당하다는 것은 등기관이 하여야 할 것을 하지 않는것(부작위, 소극적 부당)과 해서는 아니될 것을 하는 것(작위, 적극적 부당)을 말한다.

2. 신사실에 의한 이의금지

등기관의 결정 기타의 처분이 부당한 것인지의 여부는 그 처분을 한 시점을 기준으로 하여 판단되어야 한다. 따라서 이의는 새로운 사실이나 새로운 증거방법으로써 이를 하지 못한다 (법 제102조 등기예규 제1411호 제1조 4항).

법 102조는 이의신청은 새로운 사실이나 새로운 증거방법을 근거로 할 수는 없다고 규정하고 있으므로, 등기관의 결정 또는 처분이 부당하다고 하여 이의신청을 하는 경우에는 등기관의 결정 또는 처분 시에 주장되거나 제출되지 아니한 사실이나 증거방법으로써 이의사유를 삼을 수 없다(대법원 1994. 12. 30. 자 94마2124 결정, 예규 1411호 1조 4항).

3. 이의신청서의 제출

부동산등기법 제100조에 의한 이의신청이 있은 경우에 법원은 형식적 심사권을 가지고 있는 등기관의 당해 결정·처분이 부동산등기법의 관련 규정에 비추어 부당한지 여부만을 판단하여야 하는 것이므로, 만약 등기관의 당해 결정·처분이 관련규정에 비추어 부당한 것으로 인정되는 경우에만 다른 실체적인 이유로 그 결정·처분이 결과적으로 정당하다고 볼 수 있더라도, 이의신청을 함부로 배척하여서는 아니 된다(대법원 2008. 7. 11. 2088마615결정. 등기관의 처분에 대한 이의).

(1) 이의신청서의 기재사항

이의신청은 구술로는 할 수 없고 대법원 규칙이 정하는 바에 따라 이의신청서를 당해 등기소에 제출하여야 한다(법 제101조·등기예규 제1411호 제1조).

이의신청서에는 이의신청인의 성명·주소, 이의신청의 대상인 등기관의 결정 또는 처분, 이의신청의 취지와 이유, 신청연월일, 관할지방법원 등의 표시를 기재하고 신청인이 기명날인 또는 서명하여야 한다(규칙 제158조·등기예규 제1411호 제1조).

(2) 이의신청기간

이의신청기간에는 제한이 없으므로 이의의 이익이 있는 한 언제라도 이의신청을 할 수 있다(등기예규 제1411호. 제1조 3항).

II. 이의신청인

등기관의 처분이 부당하다고 하여 이의신청을 할 수 있는 자는 등기상 직접적인 이해관계를 가진 자에 한한다(대결 1987. 3. 18.자 87마206).

1. 각하결정에 대한 이의신청인

등기신청의 각하결정에 대하여는 등기신청인인 등기권리자 및 등기의무자에 한하여 이의신청을 할 수 있고, 제3자는 이의신청을 할 수 없다.

2. 등기를 실행한 처분에 대한 이의신청인

등기를 실행한 처분에 대하여는 등기상 이해관계 있는 제3자가 그 처분에 대하여 그 이의

신청을 할 수 있다. 이의신청을 할 수 있는지의 여부에 대한 구체적 예시는 아래와 같다(등기예규 제1411호 2조 2항).

1. 채권자가 채무자를 대위하여 경료한 등기가 채무자의 신청에 의하여 말소된 경우에는 그 말소처분에 대하여 채권자는 등기상 이해관계인으로서 이의신청을 할 수 있다.
2. 상속인이 아닌 자는 상속등기가 위법하다 하여 이의신청을 할 수 없다.
3. 저당권설정자는 저당권의 양수인과 양도인 사이의 저당권이전의 부기등기에 대하여 이의신청을 할 수 없다.
4. 등기의 말소신청에 있어 「부동산등기법」 제57조 소정의 이해관계 있는 제3자의 승낙서 등 서면이 첨부되어 있지 아니하였다는 사유는 제3자의 이해에 관련된 것이므로, 말소등기의무자는 말소처분에 대하여 이의신청을 할 수 있는 등기상 이해관계인에 해당되지 아니하여 이의신청을 할 수 없다.

판 례

> 등기관의 처분이 부당하다고 하여 본조에 의하여 이의신청을 할 수 있는 자는 등기상 직접적인 이해관계를 가진 자에 한한다 할 것이므로 등기의 신청인도 아니고 다만 등기관의 처분으로 보존등기가 된 토지의 대장상 소유자로 등재되었던 자의 상속인들은 등기상 직접적인 이해관계가 있다고 볼 수 없다(대결 1987. 3. 18.자 87마206).

III. 이의사유

구 부동산등기법 제178조(신법 제100조)에 의하여 이의를 신청할 수 있는 사유는 구법 제55조 제1호, 제2호의 경우에 국한한다(대판 1964. 7. 22, 63ㄱ63, 1980. 2. 6. 79마105). 등기관이 등기신청에 따라 등기절차를 완료하였을 때에는 비록 그 처분이 부동산등기법 기타 법령에 비추어 위법하거나 부당할지라도, 그것이 본법 55조(개정법 제29조) 제1호, 제2호에 해당하는 사유가 아닌 때에는 이의의 방법으로 다툴 수 없는바, 그 이유는 일단 등기를 함으로써 형식상 이해관계인이 생긴 후에는 특별히 직권말소를 할 수 있는 규정이 있는 경우가 아니고는 함부로 등기기재를 말소할 수 없기 때문이다(대법원 1979. 11. 20. 79마360).

1. 등기신청의 각하결정에 대한 이의사유

등기관의 각하결정이 부당하다는 사유면 족하고 그 이의사유에 특별한 제한은 없다(등기예규 제1411호. 제3조 1항).

2. 등기신청을 수리하여 완료된 등기에 대한 이의사유(구법 제55조 제1호, 제2호)

등기관이 등기신청에 따라 등기절차를 완료하였을 때에는 비록 그 처분이 부동산등기법 기타 법령에 비추어 위법하거나 부당할 지라도, 그것이 부동산등기법 제55조(현행법 제29조) 제1호, 제2호에 해당되는 사유가 아닌 때에는 의의의 방법으로 다툴 수 없는바, 그 이유는 일단 등기를 함으로써 형식상 이해관계인이 생긴 후에는 특별히 직권말소를 할 수 있는 규정이 있는 경우가 아니고는 함부로 등기기재를 말소할 수 없기 때문이다(대법원 1979. 11. 20. 79마360).

등기신청이 「부동산등기법」 제29조 각호에 해당되어 이를 각하하여야 함에도 등기관이 각하하지 아니하고 등기를 실행한 경우에는 그 등기가 「부동산등기법」 제29조 제1호, 제2호에 해당하는 경우에 한하여 이의신청을 할 수 있고, 동법 제29조 제3호 이하의 사유로는 이의신청의 방법으로 그 등기의 말소를 구할 수 없다(등기예규 제1411호 제3조 2항. 1980. 2. 6. 79마105).

🔍 판 례

1. 이의신청사유

   등기관이 등기신청인의 신청에 따라 등기절차를 완료한 적극적인 처분을 하였을 때에는 비록 그 처분이 부당하더라도 구 부동산등기법(2011. 4. 12. 법률 제10580호로 전부 개정되기 전의 것. 이하 '구 부동산등기법'이라 한다) 제55조 제1호, 제2호에 해당하지 아니하는 한 소송으로 등기의 효력을 다투는 것은 별론으로 하고 구 부동산등기법 제178조에 의한 이의의 방법으로는 말소를 구할 수 없고, 구 부동산등기법 제55조 제2호의 '사건이 등기할 것이 아닌 경우'란 주로 등기신청이 신청취지 자체에 의하여 법률상 허용할 수 없음이 명백한 경우를 말한다(대법원 2012. 2. 9. 2011마1892결정)

2. 등기관이 등기를 완료한 적극적 처분을 한 경우

   (1) 이의신청 사유

   등기관이 등기신청인의 신청에 따라 그 등기절차를 완료한 적극적 처분을 하였을 때에는 비록 그 처분이 부당한 것이었더라도 부동산등기법 제55조 제1호, 제2호에 해당하지 아니하는 한 소송으로 그 등기의 효력을 다투는 것은 별론으로 하고 동법 제178조에 의한 이의의 방법으로는 그 말소를 구 할 수 없다(대법원 1968. 8. 23. 68마823. 1988. 2. 24. 87마469결정. 1989. 11. 30. 89마645결정, 1996. 3. 4.95마1700결정)

   (2) 부동산등기법 제55조 제3호 이하의 사유로 각하할 등기가 일단 경료 된 경우

   부동산등기법 제55조 제1호, 제2호, 제175조에 해당하는 경우라면 몰라도 동법 제3호 이하의 사유로

각하하여여 할 등기가 일단 경료되었다면 등기관이 직권으로 그 등기를 말소하거나 처분에 대한 이의신청을 할 수 없고 통상소송으로 다투어야 한다(대법원 1970. 12. 29. 70마738).

3. 등기관이 등기신청을 각하한 소극적인 부당한 처분을 한 경우

등기관이 등기신청을 각하하는 등의 소극적인 부당한 처분을 하였을 때에는 이에 대하여 이의를 신청할 수 있으나 일단 등기를 함으로써 형식상 이해관계인이 생긴 후에는 특별히 직권으로 말소 할 수 있는 규정이 있는 경우가 아니고서는 이의를 할 수 없다(대법원 1965. 4. 13. 64마1099).

4. 이의신청의 대상여부(유효기간이 경과한 인감증명에 의한 등기)

유효기간이 경과한 인감증명을 첨부한 등기신청을 수리한 처분은 이의신청의 대상이 될 수 없다(대법원 1971. 1. 26. 70마812).

Ⅳ. 등기관의 조치

1. 등기신청의 각하결정에 대한 이의신청

(1) 이의가 이유 없다고 인정한 경우

등기관은 이의가 이유 없다고 인정하면 이의신청일부터 3일 이내에 의견을 붙여 이의신청서를 관할 지방법원에 보내야 한다(법 제103조 제2항).

(2) 이의가 이유 있다고 인정한 경우

등기관은 이의가 이유 있다고 인정(각하결정이 부당하다고 인정)하면 그 등기신청에 의한 등기를 하여야 한다(법 제103조 제1항).

2. 완료된 등기에 대한 이의신청

등기를 마친 후에 이의신청이 있는 경우에는 3일이내에 의견을 붙여 이의신청서를 관할 지방법원에 보내고 등기상 이해관계 있는 자에게 이의신청 사실을 알려야 한다(법 제103조 제3항).

(1) 이의가 이유 없다고 인정한 경우

그 등기에 대하여 이의신청이 있다는 사실을 등기상 이해관계인에게 통지하고, 이의신청서가 접수된 날로부터 3일 이내에 의견서를 첨부하여 사건을 관할지방법원에 송부하여야 한다.

(2) 이의가 이유 있다고 인정한 경우

이의신청의 대상이 되는 등기가 「부동산등기법」 제29조 제1호 또는 제2호에 해당하여 이의가 이유 있다고 인정한 경우에는 동법 제58조의 절차를 거쳐 그 등기를 직권말소한다(규칙 제159조 제1항).

다만, 완료된 등기에 대하여는 「부동산등기법」 제29조 제3호 이하의 사유를 이의사유로 삼을 수는 없는 것이어서, 동법 제29조 제3호 이하의 사유에 기한 이의신청은 그 사유가 인정된다 하더라도 결국 그 이의가 이유가 없는 경우에 해당하므로, 이 경우에는 위 제1호의 예에 따라 사건을 관할법원에 송부하여야 한다.

🔍 판 례

법률상 허용될 수 없는 등기명의인 표시경정등기가 수리되어 기입된 경우, 그 잘못된 등기의 시정 방법 : 2인의 공유등기를 그 중 1인의 단독 소유로 경정하여 달라는 등기신청은 그 취지 자체에 있어서 이미 법률상 허용될 수 없음이 명백한 경우에 해당하므로 본법 제55조 제2호 소정의 사건이 등기할 것이 아닌 때에 해당하여 등기공무원은 이를 각하하여야 하고, 등기공무원이 이를 간과하고 등기신청을 수리하여 등기가 행하여진 경우에는 등기상 이해관계 있는 자는 본조 소정의 등기공무원의 처분에 대한 이의신청의 방법으로 그 등기의 시정을 구할 수 있으므로, 민사소송의 방법으로 그 시정을 구할 수는 없다(96. 4. 12. 95다33214) 공1996상, 1506)

(3) 법 제29조 제1호 및 제2호 외의 사유로 이의를 신청한 경우

이미 마쳐진 등기에 대하여 법 제29조제1호 및 제2호 외의 사유로 이의한 경우 등기관은 이의신청서를 관할 지방법원에 보내야 한다(규칙 제159조 제3항).

🔍 판 례

1. 부동산등기법 제55조 제3호이하의 경우는 등기공무원이 이를 간과하고 등기신청을 접수하여 그 등기를 완료한 경우에는 이해관계인은 등기공무원의 처분에 대한 이의의 방법에 의하여 등기의 말소를 청구할 수 없다(대법원 1968. 8. 23. 68마823).
2. 등기공무원이 신청에 따라 마친 등기 중 본조 제1호, 제2호에 해당하지 않는 등기의 효력을 본법 제178조에 의한 이의신청으로 다룰 수 있는지 여부(소극) 및 본조 제2호 소정의 '사건이 등기할 것

이 아닌 때'의 의미 : 등기공무원이 등기신청인의 신청에 따라 등기를 마친 경우 그 등기가 본조 제1호, 제2호에 해당하는 것이 아니라면 소송으로 그 등기의 효력을 다투어야 본법 제178조에 의한 이의신청으로는 이의를 다툴수 없고, 본조 제2호의 '사건이 등기할 것이 아닌 때'라 함은 등기신청이 그 신청 취지 자체에 의하여 법률상 허용될 수 없음이 명백한 경우를 뜻한다(2000. 1. 7. 99재마4 공2000상).

3. (1) 등기신청인의 신청 또는 관공서의 촉탁에 따라 등기절차를 완료한 등기관의 적극적 처분에 대하여 부동산등기법 제100조에 의한 이의신청을 할 수 있는지 여부(원칙적 소극) 및 부동산등기법 제29조 제2호에서 정한 '사건이 등기할 것이 아닌 때'의 의미 : 등기관이 등기신청인의 신청 또는 관공서의 촉탁에 따라 등기절차를 완료한 적극적인 처분을 하였을 때에는 비록 그 처분이 부당하더라도 등기가 부동산등기법 제29조 제1호, 제2호에 해당하는 것이 아니라면 소송으로 등기의 효력을 다투는 것은 별론으로 하고 부동산등기법 제100조에 의한 등기관의 처분에 대한 이의신청으로는 다툴 수 없고, 부동산등기법 제29조 제2호의 사건이 등기할 것이 아닌 때는 등기신청이 신청 취지 자체에 의하여 법률상 허용될 수 없음이 명백한 경우를 뜻한다.

(2) 부동산에 대한 가압류가 본압류로 이행된 후 이루어진 집행법원의 가압류등기 말소촉탁이 그 취지 자체로 법률상 허용될 수 없음이 명백한 경우에 해당하는 지 여부(소극) : 부동산에 대한 가압류가 집행된 후 강제경매개시결정 등으로 인하여 본압류로 이행된 경우에는 가압류집행이 본집행에 포섭됨으로써 당초부터 본집행이 행하여진 것과 같은 효력이 있고, 본집행이 유효하게 존속하는 한 가압류등기는 집행법원의 말소촉탁이 있는 경우라도 말소할 수 없다. 따라서 부동산에 대한 가압류가 본압류로 이행되어 본집행의 효력이 요호하게 존속하는 한 집행법원의 가압류등기 말소촉탁은 그 취지 자체로 보아 법률상 허용될 수 없음이 명백한 경우에 해당된다(대판 2012. 5. 10. 2010마180).

3. 이의에 대한 결정과 항고

관할 지방법원은 이의에 대하여 이유를 붙여 결정을 하여야 한다. 이 경우 이의가 이유 있다고 인정하면 등기관에게 그에 해당하는 처분을 명령하고 그 뜻을 이의신청인과 등기상 이해관계 있는 자에게 알려야 한다(법 제105조 제1항).

법 제105조제1항의 통지는 결정서 등본에 의하여 한다(규칙 제160조).

법 제105조 제1항의 결정에 대하여는 「비송사건절차법」에 따라 항고할 수 있다(법 제105조 제2항).

4. 처분전의 가등기 및 부기등기의 명령

(1) 관할 지방법원의 가등기 또는 부기등기 명령

관할 지방법원은 이의신청에 대하여 결정하기 전에 등기관에게 가등기 또는 이의가 있다는 뜻의 부기등기를 명령할 수 있다(법 제106조).

이의가 있는 때부터 관할지방법원의 결정에 이르기까지는 상당한 시일이 소요되며, 이의신청에는 집행정지의 효력이 없기 때문에 그 사이에 다른 등기가 행해지면 이의신청이 이유가 있다 하더라도 실질적으로 구제되지 못하는 문제점이 있으므로 이 규정은 이러한 문제점을 해결하기 위한 것이다. 이의 신청인은 가등기에 의하여 순위 번호를 미리 확보할 수 있고, 이의신청이 있다는 취지의 부기등기에 의하여 제3자에게 해당 등기가 말소될 수 있다는 경고를 함으로써 추가적인 등기를 방지할 수 있다.

(2) 가등기 또는 부기등기의 말소

법 제106조에 따른 가등기 또는 부기등기는 등기관이 관할 지방법원으로부터 이의신청에 대한 기각결정(각하, 취하를 포함한다)의 통지를 받았을 때에 말소한다(규칙 제162조).

🔍 판 례

> 등기신청을 각하한 등기공무원의 처분에 대한 이의를 인용한 법원의 결정에 따라 등기부에 기입이 미쳐진 경우, 그 법원의 결정에 대한 항고의 적부(소극)
>
> 등기신청을 각하한 등기공무원의 처분에 대하여 이의신청을 한 결과 관할 법원이 이의가 이유 있다고 인정하여 등기공무원에게 그 등기신청에 따른 처분을 명함으로써 등기공무원이 이에 따라 등기부에 기입을 마친 경우, 등기신청에 대한 등기공무원의 각하처분은 이미 존재하지 아니하므로 등기공무원의 등기신청 각하처분의 당부를 판단한 법원의 결정에 대하여는 이를 다툴 항고의 이익은 없게 된다(대법원 1996. 12. 11. 96마1954 결정).

V. 관할법원의 명령에 따른 등기

등기관이 관할 지방법원의 명령에 따라 등기를 할 때에는 명령을 한 지방법원, 명령의 연월일, 명령에 따라 등기를 한다는 뜻과 등기의 연월일을 기록하여야 한다(법 제107조).

1. 관할법원의 명령에 따른 등기절차

등기관의 처분에 대한 이의신청에 대하여 관할지방법원(항고법원 포함, 이하 관할지방법원이라 한다)

이 결정전에 가등기 또는 이의가 있다는 취지의 부기등기를 명하거나 이의신청을 인용하여 일정한 등기를 명한 경우 등기관은 그 명령에 따른 등기를 하여야 한다.

이 경우 관할지방법원의 등기명령의 결정등본은 접수연월일과 접수번호를 부여하여 등기사건접수장에 기재하고, 위 결정등본을 신청서 기타부속서류 편철장에 편철한다.

관할지방법원의 (가)등기기록명령에 의한 등기를 하는 때에는 「○년 ○월 ○일 ○○지방법원의 명에 의하여 ○년 ○월 ○일 (가)등기」라고 기록하여 명령을 한 법원, 명령의 연월일, 명령에 의하여 등기를 한다는 취지와 등기의 연월일을 기록하여야 한다.

관할지방법원의 부기등기 기록명령에 의한 등기를 하는 때에는 등기원인을 「○년 ○월 ○일 ○○지방법원의 명령」으로 하고 이의신청인의 성명과 주소를 기록하여야 하며 기록례는 별지1과 같다(등기예규 제1411호 제6조).

2. 법원의 기록명령에 따른 등기를 할 수 없는 경우

이의신청에 대한 관할 지방법원의 기록명령은 등기관에 대하여 절대적 기속력을 갖지만 등기절차상 기록명령에 따른 등기를 할 수 없는 경우가 있는바, 이에 관한 규정을 신설하였다(규칙 제161조).

(1) 법원의 기록명령에 따른 등기를 할 수 없는 경우

등기신청의 각하결정에 대한 이의신청에 따라 관할 지방법원이 그 등기의 기록명령을 하였더라도 다음 각 호의 어느 하나에 해당하는 경우에는 그 기록명령에 따른 등기를 할 수 없다(규칙 제161조 제1항 등기예규 제1411호 제6조 2항).

1. 권리이전등기의 기록명령이 있었으나, 그 기록명령에 따른 등기 전에 제3자 명의로 권리이전등기가 되어 있는 경우
2. 지상권, 지역권, 전세권 또는 임차권의 설정등기의 기록명령이 있었으나, 그 기록명령에 따른 등기 전에 동일한 부분에 지상권, 전세권 또는 임차권의 설정등기가 되어 있는 경우
3. 말소등기의 기록명령이 있었으나 그 기록명령에 따른 등기 전에 등기상 이해관계인이

발생한 경우

4. 등기관이 기록명령에 따른 등기를 하기 위하여 신청인에게 첨부정보를 다시 등기소에 제공할 것을 명령하였으나 신청인이 이에 응하지 아니한 경우

규칙 제161조 제1항과 같이 기록명령에 따른 등기를 할 수 없는 경우에는 그 뜻을 관할 지방법원과 이의신청인에게 통지하여야 한다(규칙 제161조 제2항).

(2) 기록명령에 따른 등기를 함에 장애가 되지 아니하는 경우

소유권이전등기신청의 각하결정에 대한 이의신청에 기하여 관할지방법원의 소유권이전등기 기록명령이 있기 전에 제3자 명의의 근저당권설정등기가 경료된 때와 같은 경우에는 기록명령에 따른 등기를 함에 장애가 되지 아니하므로, 기록명령에 따른 등기를 하여야 한다(등기예규 제1411호, 제6조 3항).

3. 이의신청이 기각된 경우의 부기등기 및 가등기의 말소

이의신청에 대한 기각결정(각하, 취하를 포함한다)의 통지를 받은 등기관은 그 통지서에 접수인을 찍고 접수연월일과 접수번호를 기재한 후 해당 가등기나 부기등기를 말소하고(기록례는 별지 2와 같다), 등기상 이해관계인에게 그 취지를 통지하며, 그 통지서는 신청서 기타 부속서류편철장에 편철한다(등기예규 제1411호 제7조).

(별지1-부기등기 기록례)

【갑 구】 (소유권에 관한 사항)				
순위 번호	등기목적	접 수	등기원인	권리자 및 기타사항
3	소유권이전청구가등기	(생략)	(생략)	(생략)
	소유권이전	(생략)	(생략)	(생략)
4	~~소유권이전~~	~~2003년5월25일 제2030호~~	~~2003년5월20일~~	~~소유자 김을동~~ ~~000-000~~ ~~서울특별시 중구~~ ~~정동 7~~
5	4번소유권이전등기말소			3번가등기에 기한 본등기로 인하여
5-1	4번소유권이전등기말소이 의	2004년4월17일 제2009호	2004년4월14일서 울중앙지방 법원의 명령	이의신청인 김을동 서울특별시 중구 정동 7

(별지2-부기등기 말소 기록례)

【갑 구】 (소유권에 관한 사항)				
순위 번호	등기목적	접 수	등기원인	권리자 및 기타사항
3	소유권이전청구권 가등기	(생략)	(생략)	(생략)
	소유권이전	(생략)	(생략)	(생략)
4	~~소유권이전~~	~~2003년5월25일 제2030호~~	~~2003년5월20일~~	~~소유자 김을동~~ ~~000-000 서울특별시~~ ~~중구 정동 7~~
5	4번소유권이전등기 말소			3번가등기에 기한 본등기로 인하여
5-1	~~4번소유권이전가 말소이의~~	~~2004년4월17일 제2009호~~	~~2004년4월14일서울중 앙지방법원의 명령~~	~~이의신청인 김을동 서울특별시 중구 정동 7~~
6	5-1 말소	2004년7월27일 제3389호	2004년7월25일 서울중앙지방법원의 이의기각결정	

VI. 이의와 집행부정지

이의는 집행정지의 효력이 없다(법 제104조). 따라서 이의의 대상이 된 등기를 기초로 한 다른 등기신청이 있으면 등기관은 이를 수리하여야 한다.

매매를 원인으로 한 소유권이전등기신청에 대하여 등기관이 각하결정을 하였고 이에 대하여 등기권리자가 이의신청을 하여 관할지방법원이 이유가 있다고 인정하여 등기관에게 위 등기신청에 따른 등기실행을 명한 경우 이해관계인이 관할지방법원의 기재명령에 대하여 항고를 하더라도 집행정지의 효력은 없으므로 당해 등기관은 기재명령에 따른 등기를 실행하여야 한다(등기선례요지집 제7권 135항).

제23절 전산정보자료의 교환, 이용, 등기필정보의 안전확보

1. 전산정보 자료의 교환

 법원행정처장은 국가기관 또는 지방자치단체로부터 등기사무처리와 관련된 전산정보자료를 제공받을 수 있다(법 제109조 제1항).

 등기부에 기록된 등기정보자료를 이용하거나 활용하려는 자는 관계 중앙행정기관의 장의 심사를 거쳐 법원행정처장의 승인을 받아야 한다. 다만, 중앙행정기관의 장이 등기정보자료를 이용하거나 활용하려는 경우에는 법원행정처장과 협의하여야 하고, 협의가 성립되는 때에 그 승인을 받은 것으로 본다(법 제109조 제2항).

 등기정보자료의 이용 또는 활용과 그 사용료 등에 관하여 필요한 사항은 대법원규칙으로 정한다(법 제109조 제3항).

2. 등기정보자료의 이용

(1) 법 제109조에 따라 등기정보자료를 이용 또는 활용하려고 하는 자는 관계 중앙행정기관의 장에게 다음 각 호의 사항을 적은 서면을 제출하고 그 심사를 신청하여야 한다. 이 경우 신청할 수 있는 등기정보자료는 필요한 최소한의 범위로 한정하여야 한다(규칙 제163조 제1항).

　　1. 자료의 이용 또는 활용 목적 및 근거

　　2. 자료의 범위

　　3. 자료의 제공방식·보관기관 및 안전관리대책

(2) 규칙 제163조 제1항에 따른 신청을 받은 관계 중앙행정기관의 장은 다음 각 호의 사항을 심사한 후 그 심사결과를 신청인에게 통보하여야 한다(규칙 제163조 제2항).

　　1. 신청 내용의 타당성·적합성·공익성

　　2. 개인의 사생활 침해의 가능성 또는 위험성 여부

　　3. 자료의 목적 외 사용방지 및 안전관리대책

(3) 등기정보자료를 이용 또는 활용하려고 하는 자는 규칙 제163조 제2항에 따른 심사결과를 첨부하여 법원행정처장에게 승인신청을 하여야 한다. 다만, 중앙행정기관의 장이 등기정보자료를 이용 또는 활용하려고 하는 경우에는 법원행정처장에게 제1항 각 호

의 사항을 적은 서면을 제출하고 협의를 요청하여야 한다(규칙 제163조 제3항).

(4) 법원행정처장이 규칙 제163조 제3항에 따른 승인신청 또는 협의요청을 받았을 때에
  는 다음 각 호의 사항을 심사하여야 한다(규칙 제163조 제4항).

  1. 제2항 각 호의 사항

  2. 신청한 사항의 처리가 전산정보처리조직으로 가능한지 여부

  3. 신청한 사항의 처리가 등기사무처리에 지장이 없는지 여부

(5) 규칙 제163조 제4항에 따른 심사결과 신청이 승인되었거나 협의가 성립되었을 때에는 법
  원행정처장은 등기정보자료제공대장에 그 내용을 기록·관리하여야 한다(규칙 제163조 제5항).

3. 등기필정보의 안전확보

등기관은 취급하는 등기필정보의 누설·멸실 또는 훼손의 방지와 그 밖에 등기필정보의 안
전관리를 위하여 필요하고도 적절한 조치를 마련하여야 한다(법 제110조 제1항).

등기관과 그 밖에 등기소에서 부동산등기사무에 종사하는 사람이나 그 직에 있었던 사람
은 그 직무로 인하여 알게 된 등기필정보의 작성이나 관리에 관한 비밀을 누설하여서는 아니
된다(법 제110조 제2항).

누구든지 부실등기를 하도록 등기의 신청이나 촉탁에 제공할 목적으로 등기필정보를 취득
하거나 그 사정을 알면서 등기필정보를 제공하여서는 아니 된다(법 제110조 제3항).

4. 부동산등기부의 전산이기

부동산등기부의 전상이기 등에 관한 사무처리지침은 등기예규 제1630호에 규정되어 있다.

5. 벌칙

다음 각 호의 어느 하나에 해당하는 사람은 2년 이하의 징역 또는 1천만원 이하의 벌금에
처한다(법 제111조).

  1. 제110조제2항을 위반하여 등기필정보의 작성이나 관리에 관한 비밀을 누설한 사람

  2. 제110조제3항을 위반하여 등기필정보를 취득한 사람 또는 그 사정을 알면서 등기필
    정보를 제공한 사람

  3. 부정하게 취득한 등기필정보를 제2호의 목적으로 보관한 사람

제2장

각 론

제2장 각 론

제1절 소유권보존등기

소유권이라 함은 물건을 전면적·일반적으로 지배하는 물권(物權)을 말하는바, 물건을 부분적·일시적으로 지배하는 제한물권(制限物權)과 상대되는 개념이다. 즉 물건이 가지는 사용가치·교환가치의 전부를 지배할 수 있는 권리인 점에서 소유권은 완전물권(完全物權)이라하고, 그 밖의 물권(점유권은 제외)은 제한물권(制限物權)이라고 부른다.

소유자는 법률의 범위 내에서 그 소유물을 사용, 수익, 처분할 권리가 있으며(민법 제211조), 토지의 소유권은 정당한 이익이 있는 범위 내에서 토지의 상하(上下)에 미친다(민법 제212조). 수인이 한 채의 건물을 구분하여 각각 그 일부분을 소유한 때에는 건물과 그 부속물 중 공용(共用)하는 부분은 그의 공유(共有)로 추정한다(민법 제215조 제1항).

소유권은 물권법의 기초를 이루고 있으며, 다음과 같은 특성을 가진다.
(1) 권리의 성격상 소유권은 관념성(觀念性)을 가진다. (2) 소유권은 물건의 사용가치와 교환가치 전부에 대하여 지배할 수 있는 전면성(全面性)을 가지며, (3) 그러한 권능은 획일한 지배권능에서 유출한다는 획일성(劃一性)을 가진다. (4) 소유권은 다른 제한물권에 의한 제한을 받을 수는 있지만 그 제한은 유한한 것이며, 그 제한이 해소되면 소유권은 본래의 상태로 되돌아간다(소유권의 탄력성(彈力性)이라 한다). (5) 소유권은 항구성(恒久性)을 가진다. 즉 소유권은 존속기간이라는 것이 없고 시효(時效)로 소멸하지도 않는다.

부동산에 관한 법률행위로 인한 물권의 득실변경(得失變更)은 등기하여야 그 효력이 생긴다(민법 제186조). 부동산에 관한 등기부상 소유권이전등기가 경료 되어 있는 이상 그 절차와 원인이 정당한 것이라는 추정을 받게되고, 그 절차와 원인의 부당을 주장하는 당사자에게 추정을 깨는 입증책임이 있다(대판 2003. 2. 28. 2002다46256).

1. 등기부의 개설

소유권보존등기란 등기의 대상인 토지와 건물(법 제14조 제1항)의 표시 및 소유권에 관한 사항(법 제3조 제1호)을 등기부라는 공적 장부에 최초로 등기하여 등기부(등기기록)를 개설(법 제15조)하는 것을 말한다.

소유권보존등기는 부동산을 원시취득을 한 경우에 하는 것이나 절차상의 이유로 원시취득이 아님에도 보존등기를 하거나{멸실회복등기 기간 내에 회복등기를 신청하지 못하여 소유권보존등기를 하는 경우(등기예규 제1223호 1.라)}, 원시취득임에도 보존등기가 아닌 소유권이전등기로 하는 경우(민법 제245조 제1항, 예규 1388호 3.가)도 있다.

2. 물권의 확정

소유권보존등기는 새로이 등기용지를 개설함으로써 그 부동산을 등기부상 확정하고 이후에는 그에 대한 권리변동은 모두 보존등기를 시발점으로 하게 되는 까닭에 등기가 실체법상의 권리관계와 합치할 것을 보장하는 관문이며 따라서 그 외의 다른 보통등기에 있어서와 같이 당사자간의 상대적 사정만을 기초로 하여 이루어질 수 없고, 물권의 존재 자체를 확정하는 절차가 필요하다(대판 1987. 5. 2, 86다카2518).

3. 토지소유권의 범위

특별한 사정이 없는 한 토지에 대한 소유권의 범위는 지적공부상의 경계선에 의하여 확정되는 것이므로 지적도에 등록되어 특정된 토지의 경계를 침범하였다면 토지소유권을 침해한 것이 된다(1985. 3. 26. 84다71).

4. 실체관계상 공유부동산이 단독소유로, 단독소유인 부동산이 공유로, 소유권 보존등기가 된 경우 진정한 권리자의 소유권보존등기절차

실체관계상 공유인 부동산에 관하여 단독소유로 소유권보존등기가 마쳐졌거나 단독소유인 부동산에 관하여 공유로 소유권보존등기가 마쳐진 경우에 소유권보존등기 중 진정한 권리자의 소유부분에 해당하는 일부 지분에 관한 등기명의인의 소유권보존등기는 무효이므로 이를 말소하고 그 부분에 관한 진정한 권리자의 소유권보존등기를 하여야 한다. 이 경우 진정한 권리자는 소유권보존등기의 일부말소를 소로써 구하고 법원은 그 지분에 한하여만 말소를 명할 수 있으나, 등기기술상 소유권보존등기의 일부말소는 허용되지 않으므로, 그 판결의 집행은 단독소유를 공유로 또는 공유를 단독소유로 하는 경정등기의 방식으로 이루어진다. 이와 같이 일부말소 의미의 경정등기는 등기절차 내에서만 허용될 뿐 소송절차에서는 일부말소를 구하는 외에 경정등기를 소로써 구하는 것은 허용될 수 없다(대판 2017. 8. 18. 2016다6309).

Ⅰ. 토지의 소유권보존등기를 신청할 수 있는 자

미등기의 토지에 관한 소유권보존등기는 다음 각호의 1 에 해당하는 자가 이를 신청할 수 있다(구법 제130조, 법 제65조). 미등기인 공유토지의 소유권보존등기는 공유자 전원이 공동으로 신청할 수 있음은 물론이나 공유물의 보존행위로서 공유자의 1 인이 공유자 전원을 위하여 신청할 수도 있다.

1. 토지대장, 임야대장에 최초의 소유자로 등록되어 있는 자 또는 그 상속인, 그 밖의 포괄승계인(법 제65조 1호, 등기예규 제1427호 2. 가.)

토지의 소유권보존등기는 토지대장등본 또는 임야대장등본에 최초의 소유자로 등록되어 있는 자 또는 그 상속인 그 밖의 포괄승계인이 신청할 수 있는바(대판 2009. 10. 15. 2009다48633), 여기에서 신청인이 될 수 있는 자는 자연인과 법인은 물론이고 종중, 문중 기타 대표자나 관리인이 있는 법인 아닌 사단이나 재단(법 제26조)도 포함된다.

부동산등기법상 토지의 개별성과 동일성은 일응 지번이 그 기준이 되는 것이므로 기존 등기와 동일한 지번의 토지에 관하여는 지적이 다르다고 하더라도 기존등기를 말소하고 등기용지가 폐쇄되지 아니하는 한 별개의 소유권보존등기를 할 수 없다(대법원 1980. 9. 30. 80마404).

폐쇄된 구토지대장등본에 의한 소유권보존등기는 할 수 없다(등기선례요지집 제1권 757항).

대장등본에 의하여 자기 명의로 토지소유권보존등기를 신청할 수 있는 자는 다음과 같다(등기예규 제1427호, 제1483호).

(가) 대장에 최초의 소유자로 등록된 자

1) 대장등본에 의하여 소유권보존등기를 신청할 수 있는 자는 대장에 최초의 소유자로 등록되어 있는 자(토지의 원시취득자. 대장상 소유자의 성명, 주소 등의 일부 누락 또는 착오가 있어 대장상 소유자표시를 정정 등록한 경우를 포함한다) 또는 그 상속인, 그 밖의 포괄승계인(포괄적 수증자, 법인이 합병된 경우 존속 또는 신설법인, 법인이 분할된 경우 분할 후 법인 등)이어야 한다.

2) 대장에 소유명의인으로 등록된 후 성명복구(일본식 씨명이 군정법령 제122호인 조선성명복구령 또는 호적 관련 법령이나 예규 등에 의하여 대한민국식 성명으로 호적에 복구된 경우를 말한다), 개명, 주소변경 등으로 등록사항에 변경이 생긴 경우에는 대장등본 외에 제적등본, 기본증명서, 주민등록표 등본 등 변경사실을 증명하는 서면을 첨부하여 소유건 보존등기를 신청할 수 있다(등기예규 제1427호. 2. 가. (1).).

(나) 대장에 최초의 소유자로 복구된 자

1) 대장 멸실 후 복구된 대장에 최초의 소유자로 기재(복구)된 자는 그 대장등본에 의하여 소유권보존등기를 신청할 수 있다. 다만, 1950. 12. 1. 법률 제165호로 제정된 구「지적법」(1975. 12. 31. 법률 제2801호로 전문개정되기 전의 것)이 시행된 시기에 복구된 대장에 법적 근거 없이 소유자로 기재(복구)된 자는 그 대장등본에 의한 소유권 보존등기를 신청할 수 없다.

2) 현재의 대장의 기초가 되었던 폐쇄된 구 대장의 기재내용 또는 형식으로 보아 대장 멸실 후 위 1)의 단서에 해당하는 시기에 소유자가 복구된 것으로 의심되는 경우, 등기관은 소유자 복구여부에 대하여 신청인으로 하여금 소명하게 하거나 대장 소관청에 사실 조회를 할 수 있고, 그 소명 또는 사실조회 결과 대장상 최초의 소유자가 위 1)의 단서에 해당하는 시기에 법적 근거 없이 복구된 것으로 밝혀진 때에는, 그 대장등본에 의한 소유권보존등기를 신청할 수 없다.

구「지적법」(1975. 12. 31. 법률 제2801호로 개정되기 전의 것) 시행당시에 지적복구된 토지대장등본에 의하여 소유권보존등기를 신청할 수 없다(등기선례 제7권 146항, 2011. 7. 20. 부동-1373).
위 선례도 판례(대판 1995. 8. 22. 95다16493)의 견해에 따라, 구 지적법(1975. 12. 31. 법률 제2801호로 개정되기 전의 것) 시행 당시의 토지대장상 소유자 복구는 법적 근거 없이 이루어진 것이어서 적법하게 소유자로 등록되었다고 볼 수 없고, 따라서 위 토지대장상에 소유자로 기재된 자는 그 토지대장등본을 첨부하여 직접 자기명의로 소유권보존등기를 신청할 수 없으며, 등기권리자가 국가를 상대로 그 토지가 등기권리자의 소유임을 확정하는 판결을 받아 그 판결에 따라 등기권리자 앞으로 소유권보존등기를 신청할 수 있다고 한 것이다.

(다) 대장상 소유권이전등록을 받은 자

대장상 소유권이전등록을 받은 소유명의인 및 그 상속인, 그 밖의 포괄승계인은 아래 각 호의 경우를 제외하고는 자기 명의로 직접 소유권보존등기를 신청할 수 없고, 대장상 최초의 소유자 명의로 소유권보존등기를 한 다음 자기명의로 소유권이전등기를 신청하여야 한다(대판 2009. 10. 15. 2009다48633, 등기예규 제1427호 2. 가. (3).).

1) 삭제

2) 미등기 토지의 지적공부상 '국'으로부터 소유권이전등록을 받은 경우

🔍 판 례

토지대장 또는 임야대장상 소유권이전등록을 받은 자가 자기 앞으로 바로 소유권보존등기를 신청할 수 있는지 여부(소극)

소유권보존등기는 토지대장등본 또는 임야대장등본에 의하여 자기 또는 피상속인이 토지대장 또는 임야대장에 소유자로서 등록되어 있는 것을 증명하는 자(부동산등기법 제130조 제1호), 판결에 의하여 자기의 소유권을 증명하는 자(같은 조 제2호), 수용으로 소유권을 취득한 자(같은 조 제3호)가 신청할 수 있는데, 대장(토지대장, 임야대장)등본에 의하여 자기 또는 피상속인이 대장에 소유자로서 등록되어 있는 것을 증명하는 자는 대장에 최초의 소유자로 등록되어 있는 자 및 그 자를 포괄승계한 자이며, 대장상 소유권이전등록을 받았다 하더라도 물권변동에 관한 형식주의를 취하고 있는 현행 민법상 소유권을 취득했다고 할 수 없고, 따라서 대장상 소유권이전등록을 받은 자는 자기 앞으로 바로 보존등기를 신청할 수는 없으며, 대장상 최초의 소유명의인 앞으로 보존등기를 한 다음 이전등기를 하여야 한다(대판 2009.10.15. 2009다48633).

(라) 대장상 소유자로 등록되어 있는자가 있는 경우 그 명의자를 상대로 한 소송에서 당해 부동산이 보존등기신청인의 소유임을 확인하는 내용의 판결을 받은 자

어느 토지에 관하여 등기부나 토지대장 또는 임야대장상 소유자로 등기 또는 등록되어 있는 자가 있는 경우에는 그 명의자를 상대로 한 소송에서 당해 부동산이 보존등기신청인의 소

유임을 확인하는 내용의 확정판결을 받으면 소유권보존등기를 신청할 수 있는 것이므로 그 명의자를 상대로 한 소유권확인청구에 확인의 이익이 있는 것이 원칙이다(대판 2010. 11. 11. 2010다45944).

(마) 대장상의 소유자에 관한 기재의 추정력이 인정되지 아니하는 경우

토지대장 또는 임대대장의 소유자에 관한 기재의 권리추정력이 인정되지 아니하는 경우에는 국가를 상대로 소유권확인청구를 할 수 밖에 없다(대판 2010. 11. 11. 2010다45944).

🔍 판 례

토지대장 또는 임야대장의 소유자에 관한 기재의 권리추정력이 인정되지 아니하는 경우, 국가를 상대로 소유권확인청구를 하여야 하는지 여부(적극)
국가를 상대로 한 토지소유권확인청구는 그 토지가 미등기이고 토지대장이나 임야대장상에 등록명의자가 없거나 등록명의자가 누구인지 알 수 없을 때와 그 밖에 국가가 등기 또는 등록명의자인 제3자의 소유를 부인하면서 계속 국가 소유를 주장하는 등 특별한 사정이 있는 경우에 한하여 그 확인의 이익이 있다. 그리고 어느 토지에 관하여 등기부나 토지대장 또는 임야대장상 소유자로 등기 또는 등록되어 있는 자가 있는 경우에는 그 명의자를 상대로 한 소송에서 당해 부동산이 보존등기신청인의 소유임을 확인하는 내용의 확정판결을 받으면 소유권보존등기를 신청할 수 있는 것이므로 그 명의자를 상대로 한 소유권확인청구에 확인의 이익이 있는 것이 원칙이지만, 토지대장 또는 임야대장의 소유자에 관한 기재의 권리추정력이 인정되지 아니하는 경우에는 국가를 상대로 소유권확인청구를 할 수밖에 없다(대법원 2010.11.11. 2010다45944).

(바) 대장에 최초의 소유자로 등록되어 있는 자의 상속인 그 밖의 포괄승계인

1) 대장에 최초의 소유자로 등록되어 있는 자의 상속인

대장에 최초의 소유자로 등록 되어 있는 자의 상속인이라 함은 대장에 최초의 소유자로 등록되어 있는 자의 사망으로 인하여 그의 권리·의무를 포괄적으로 승계한자를 말한다.

2) 대장에 최초의 소유자로 등록되어 있는 자의 포괄승계인

포괄승계라 함은 특정승계에 상대되는 개념으로, 단일 원인에 터잡아 전주(前主)의 모든 권리·의무를 일괄하여 승계하는 승계취득을 말한다. 예컨대 회사의 합병(상법 제235조). 상속(민법 제1005조). 포괄유증(민법 제1078조)으로 인한 상속인, 수증자(受贈者)는 합병전의 회사 및 피상속인의 권리·의무를 포괄적으로 승계한다.

부동산등기법 제65조 제1호에서 정한 미등기의 토지 또는 건물에 관한 소유권보존 등기를 신청할 수 있는 '그 밖의 포괄승계인'에는 '포괄적 유증을 받은 자'도 포함된다고 보아야 한다(대법원 2013. 1. 25. 자 2012마1206결정. 등기관의 처분에 대한 이의).

(사) 지적공부상 일본국으로 이전등록된 미등기토지에 대한 국가명의의 소유권보존등기

1945.8.9. 현재 일본국 소유 재산은 「조선 내 소재 일본인 재산취득권에 관한 건」(군정법령 제33호)에 의하여 군정청에 귀속되고, 다시 그 재산은 1948.9.20. 발효된 「대한민국정부 및 미국 정부 간의 재정 및 재산에 관한 최초협정」제5조에 의하여 대한민국정부에 이양되어 소유권이 국가에 귀속되었으므로, 지적공부상 1928년에 국(일본국)으로 이전등록이 되어 있는 미등기 토지의 경우 국가가 위 대장등본을 첨부하여 자기명의로 소유권보존등기를 할 수 있다(2017. 4. 4. 부동산등기과-844).

2. 확정판결에 의하여 자기의 소유권을 증명하는 자(법 제65조 제2호)

국가를 상대로 한 토지소유권확인청구는 그 토지가 미등기이고 토지대장이나 임야대장상에 등록명의자가 없거나 등록명의자가 누구인지 알 수 없을 때와 그 밖에 국가가 등기 또는 등록명의자인 제3자의 소유를 부인하면서 계속 국가 소유를 주장하는 등 특별한 사정이 있는 경우에 한하여 그 확인이 이익이 있다. 그리고 어느 토지에 관하여 등기부나 토지대장 또는 임야대장상 소유자로 등기 또는 등록되어 있는 자가 있는 경우에는 그 명의자를 상대로 한 소송에서 당해 부동산이 보존등기신청인의 소유임을 확인하는 내용의 확정판결을 받으면 소유권보존등기를 신청할 수 있는 것이므로 그 명의자를 상대로 한 소유권확인청구에 확인의 이익이 있는 것이 원칙이지만, 토지대장 또는 임야대장의 소유자에 관한 기재의 권리추정력이 인정되지 아니하는 경우에는 국가를 상대로 소유권확인청구를 할 수밖에 없다(대판 2010. 11. 11. 2010다45944).

'판결에 의한 소유권보존등기'라 함은 확정판결에 의하여 자기의 소유권을 증명하는 자가 승소한 등기권리자로서 그 확정판결을 등기원인을 증명하는 서면으로 하여 미등기의 토지 또는 건물에 관한 소유권보존등기를 신청하는 것을 말한다(법 제65조 제2호).

부동산등기법 제130조(현행법 제65조)에 비추어 볼 때 부동산에 관한 소유권보존등기를 함에 있어 토지대장등본 또는 임야대장등본에 의하여 소유자임을 증명할 수 없다면 판결에 의하여 소유권을 증명하여 소유권보존등기를 할 수 밖에 없고, 더욱이 대장소관청인 국가기관이 그 소유를 다투고 있다면 이와 같은 판결을 얻기 위한 소송은 국가를 상대로 제기할 수 있다(대판 1993. 4. 27. 93다5727, 5734, 1994. 3. 11. 93다57704, 1994. 12. 2. 93다58738, 1995. 7. 25. 95다14187, 2001. 7. 10. 99다34390).

확인의 소는 분쟁 당사자 사이의 현재의 권리 또는 법률관계에 관하여 즉시 확인할 이익이 있는 경우에 허용되는 것이므로, 소유권을 다투고 있지 않은 국가를 상대로 소유권확인을 구하기 위하여는 그 판결을 받음으로써 원고의 법률상 지위의 불안을 제거함에 실효성이 있다고 할 수 있는 특별한 사정이 있어야 할 것인바, 건물의 경우 가옥대장이나 건축물관리대장의 비치, 관리업무는 지방자치단체의 고유사무로서 국가시무라고 할 수 없는데다가 당해 건물의 소유권에 관하여 국가가 이를 특별히 다투고 있지도 아니하다면, 국가는 그 소유권귀속에 관한 직접 분쟁의 당사자가 아니어서 이를 확인해 주어야 할 지위에 있지 않으므로, 국가를 상대로 미등기건물의 소유권확인을 구하는 것은 그 확인의 이익이 없어 부적법하다(대판 1999. 5. 28. 99다2188).

국가를 상대로 건물소유권확인판결을 받는다 하더라도 그 판결은 부동산등기법 제131조 제2호(현행법 제65조 제2호)에 해당하는 판결이라고 볼 수 없어 이를 근거로 소유권보존등기를 신청할 수 없으며(대판 1995. 5. 12. 94다20464), 미등기간물에 관하여 국가를 상대로 한 소유권확인판결을 받는다고 하더라도 그 판결은 부동산등기법 제131조 제2호(현행법 제65조 제2호)에 해당하는 판결이라고 볼 수 없어 이를 근거로 소유권보존등기를 신청할 수 없다(1999. 5. 28. 99다2188).

(1) 법 제65조 제2호의 판결의 종류

부동산의 소유권보존등기는 판결(화해조서, 제소전화해조서, 인낙조서, 조정조서 포함)에 의하여 그 부동산이 자기의 소유임을 증명하는 자도 신청할 수 있는바, 여기의 판결은 그 부동산이 등기신청인의 소유임을 인정하는 취지가 포함되어 있는 것이라면 확인판결이든 이행판결이든 형성판결이든 관계가 없으며(대판 : 1994. 3. 11. 93다57704) 화해조서 등 확정판결에 준하는 것도 포함한다. 피고에게 소유권보존등기의 말소등기를 명하는 판결(의제자백판결도 해당됨. 등기선례요지집 제7권 1이항)이라 하더라도 그 판결이유 중에 그 부동산이 원고의 소유임을 인정하는 이유 설시가 되어 있으면 그 판결에 의하여 원고명의로 소유권보존등기를 할 수 있지만(다만 이 경우에는 피고명의의 소유권보존등기를 먼저 말소하여야 한다)(대법원 1990. 10. 29.자 90마772결정; 등기선례요지집 제1권 239항, 제3권 253항, 339항, 제4권 199항, 제5권 220항 제6권 142항, 178항, 제7권 124항), 소유권보존등기의 말소소송에서 원고가 원래의 소유자로부터 증여에 의하여 전전 양수받은 사실을 이유로 승소판결을 받았다면, 원래의 소유자 명의로 대위보존등기를 한 후 순차로 원고 앞으로 소유권이전등기를 하여야 한다(대판 1990. 1. 12. 88다카24622).

다만, 판결 이유에서 소송 당사자가 아닌 제3자의 소유임이 설시된 경우에는 그 제3자는 판결의 효력을 받는 자가 아니므로(민사집행법 제218조) 그 판결에 의해 자기 명의로 소유권보존등기를 신청할 수 없다.

부동산등기법 제131조(건물의 소유권보존등기, 현행법 제65조) 제2호의 판결에는 소유권확인 판결뿐만 아니라 그 판결설시(說示)로서 등기의무자의 소유임을 인정하고 그 이전등기를 명한 급부판결도 포함된다(대법원 1971. 11. 12. 71마657).

🔍 판 례

1. 부동산등기법 제130조 제2호의 판결의 의의 부동산등기법 제130조 제2호 소정의 판결은 그 내용이 신청인에게 소유권이 있음을 증명하는 확정판결이면 족하고, 그 종류에 관하여 아무런 제한이 없어 반드시 확인판결이어야 할 필요는 없고, 이행판결이든 확인판결이든 관계가 없으며, 또한 화해조서 등 확정판결에 준하는 것도 포함한다(대판 1994. 3. 11, 93다57704).
2. 토지소유권보존등기 신청인 : 부동산등기법 제130조에 비추어 볼 때 부동산에 관한 소유권보존등기를 함에 있어 토지대장등본 또는 임야대장등본에 의하여 소유자임을 증명할 수 없다면 판결에 의하여 소유권을 증명하여 소유권보존등기를 할 수밖에 없고, 더욱이 대장소관청인 국가기관이 그 소유를 다투고 있다면 이와 같은 판결을 얻기 위한 소송은 국가를 상대로 제기할 수 있다(대판 1993. 4. 27. 93다5727·5734).

(2) 소유권을 증명하는 판결에 있어서의 상대방

소유권보존등기를 신청할 수 있는 자를 상대방으로 하여 승소판결을 받아야 한다.

부동산등기법 제65조 제2호 소정의 소유권을 증명하는 '판결'(판결과 동일한 효력이 있는 화해조서·제소전화해조서·인낙조서·조정조서를 포함한다. 이하 같다)(화해조서·제소전 화해조서·인낙조서·조정조서 포함)은 다음 각호에 해당하는 자를 대상으로 한 것이어야 한다(등기예규 제1427호 3. 가.).

1. 토지(임야)대장 또는 건축물대장상에 최초의 소유자로 등록되어 있는 자(대장상 소유자 표시에 일부 오류가 있어 대장상 소유자 표시를 정정등록한 경우의 정정등록된 소유명의인을 포함한다) 또는 그 상속인, 그 밖의 포괄승계인

2. (삭제)

3. 미등기토지의 지적공부상 "국"으로부터 소유권이전등록 받은 자

4. 토지(임야)대장상의 소유자 표시란이 공란으로 되어 있거나 소유자표시에 일부 누락이 있어 대장상의 소유자를 특정할 수 없는 경우에는 국가

🔍 판 례

1. 국가를 상대로 한 토지소유권확인청구가 확인의 이익이 있는 경우
국가를 상대로 한 토지소유권확인청구는 그 토지가 미등기이고 토지대장이나 임야대장상에 등록명의자가 없거나 등록명의자가 누구인지 알 수 없을 때와 그 밖에 국가가 등기 또는 등록명의인 제3자의 소유를 부인하면서 계속 국가소유를 주장하는 등 특별한 사정이 있는 경우에 한하여 그 확인의 이익이 있다.(대판 2009.10.15. 2009다48633)

2. 소유권보존등기를 하기 위하여 국가를 상대로 제기한 소유권확인청구소송의 적부
본조에 비추어 볼 때 부동산에 관한 소유권보존등기를 함에 있어 토지대장등본 또는 임야대장등본에 의하여 소유자임을 증명할 수 없다면 판결에 의하여 소유권을 증명하여 소유권보존등기를 할 수밖에 없고, 더욱이 대장 소관청인 국가기관이 그 소유를 다투고 있다면 이와 같은 판결을 얻기 위한 소송은 국가를 상대로 제기할 수 있다(대판 : 93. 4. 27. 93다5727, 5734 집41①348 공 1993하, 1569).

(3) 판결에 의한 등기신청기간

소유권이전등기절차의 이행을 명하는 확정판결을 받았다면 그 확정시기가 언제인가에 관계없이 그 판결에 의한 소유권이전등기신청을 할 수 있다(등기예규 제628호).

(4) 위 판결에 해당하는 경우의 예시

다음 각호의 판결은 법 제65조 제2호의 판결에 해당된다.

1) 당해 부동산이 보존등기신청인의 소유임을 이유로 소유권보존등기의 말소를 명한 판결

보존등기명의인인 군을 상대로 소유권보존등기의 말소를 명한 판결을 받았을 경우, 그 판결이유 중에 이민(里民)의 총유임을 확정하는 내용이 있다면 그 판결에 의하여 '○○리'명의로

소유권보존등기를 신청할 수 있다(등기선례요지집 제6권 178항).

갑이 등기부상의 소유명의인 을을 상대로 하여 토지소유권보존등기말소의 승소판결을 받았고, 그 이유에서 갑이 위 토지 소유자의 상속인임이 인정되었다면, 갑은 위 판결에 의하여 자신의 명의로 위 토지에 관한 소유권보존등기를 신청할 수 있다(등기선례요지집 제7권 124항).

2) 토지대장상 공유인 미등기토지에 대한 공유물분할의 판결

이 경우에는 공유물분할의 판결에 따라 토지의 분필절차를 먼저 거친 후에 보존등기를 신청하여야 한다(등기예규 제1174호).

3) 의제자백판결

의제자백판결이라도 그 이유(소장사본을 판결서 말미에 첨부한 경우 포함)중에서 신청인의 소유임을 확정하는 내용이 있는 경우, 그 판결은 구 부동산등기법 제130조 제2호 및 제131조 제2호 소정의 소유권을 증명하는 판결(신법 제65조 제2호)에 해당된다(등기선례 제7권 101항).

4) 미등기부동산의 공유자 중 1인의 보존등기 말소판결에 의한 소유권보존등기 절차

1. 미등기부동산이 공동소유인 경우 공유자 중 1인은 공유물의 보존행위로서 공유자 전원을 위하여 소유권보존등기를 신청할 수 있으므로 상속인 중 일부인 '갑'이 국가를 상대로 제기한 소유권보존등기말소판결의 판결이유 중에 그 부동산이 '갑'을 포함한 공동상속인 '을'과 '병'의 상속재산이라는 사실과 구체적 상속분이 기재되어 있다면 '갑'은 위 판결에 의하여 단독으로 소유권보존등기의 말소등기 및 '갑'을 포함한 '을'과 '병' 전원명의의 소유권보존등기를 신청할 수 있다.

2. 이 경우 소유권보존등기신청서에는 피상속인과 상속인의 제적등본 기타 가족관계등록사항별증명서 등의 상속을 증명하는 서면을 별도로 첨부할 필요가 없으나 판결이유 중에 그 부동산이 피상속인의 소유였다는 사실만이 기재되어 있거나 상속인과 상속분이 구체적으로 기재되어 있지 않은 경우에는 상속을 증명하는 서면을 첨부하여야 한다.

3. 비록 상속인 및 상속분이 구체적으로 기재되어 있으나 등기사항인 상속인들의 주소, 주민등록번호가 기재되어 있지 않은 경우에는 상속을 증명하는 서면의 첨부 여부와 별개로

위 상속인들과 소유권보존등기명의인들이 동일인임을 소명하기 위하여 피상속인과 상속인의 제적등본 기타 가족관계등록사항별증명서 등을 첨부하여야 한다(등기선례 제8권 105항).

(5) 위 판결에 해당하지 않는 경우의 예시

다음 각호의 판결은 법 제65조 제2호의 판결에 해당하지 않는다.

(1) 매수인이 매도인을 상대로 토지의 소유권이전등기를 구하는 소송에서 매도인이 매수인에게 매매를 원인으로 한 소유권이전등기절차를 이행하고 당해 토지가 매도인의 소유임을 확인한다는 내용의 화해조서

(2) 건물에 대하여 국가를 상대로 한 소유권확인판결

(3) 건물에 대하여 건축허가명의인(또는 건축주)을 상대로 한 소유권확인판결(등기예규 제1427호. 3. 라)

3. 수용으로 인하여 소유권을 취득하였음을 증명하는 자(구 법 제130조 3호, 115조, 신법 65조 3호)

수용(收用) 또는 공용수용(公用收用)이라 함은 특정한 공익사업(公益事業: 공익사업을 위한 토지 등의 취득 및 보상에 관한 법률 제2조 제2호, 이하에서 '토지보상법'이라 약칭함)을 위하여 보상(補償)을 전제로 개인의 특정한 재산권을 강제적으로 취득하는 공법상(公法上)의 제한을 말한다.

수용으로 인한 소유권취득은 원시취득(原始取得)이므로 이미 등기된 부동산에 관한 종전 등기기록을 폐쇄하고 사업시행자를 위하여 소유권보존등기를 하여야 할 것이나 기존의 등기기록상의 권리변동과정을 그대로 공시(公示)하는 것이 등기의 공시기능을 할 수 있는 점을 고려하여 이미 등기된 부동산에 대하여는 종전 등기부에 이전등기형식으로 사업시행자가 등기권리자로서 단독으로 소유권이전등기를 신청할 수 있도록 하였다(법 제99조 제1항). (이책 제2장 제14절 수용으로 인한 토지 등의 소유권이전등기 참조)

🔍 판 례

토지수용에 의한 소유권취득(원시취득)　토지수용법에 의한 토지수용의 경우 기업자가 과실 없이 진정한 토지소유자를 알지 못하여 등기부상 소유명의자를 토지소유자로 보고 그를 피수용자로하여 수용절차

를 마쳤다면 그 수용의 효과를 부인할 수 없으며 수용목적물의 소유자가 누구임을 막론하고 이미 가지고 있던 소유권은 소멸함과 동시에 기업자가 그 권리를 원시취득한다(대판 1991. 5. 10. 91다8654, 1995. 12. 22. 94다 40765).

4. 토지소유권보존등기신청서의 기재사항

토지소유권보존등기신청서에는 다음 각호의 사항을 기재하고 신청인이 이에 기명날인 또는 서명하여야 한다(규칙 제46조 제1항).

(1) 부동산의 표시(규칙 제 43조 제1항 제1호)

부동산의 표시란에는 대장등본에 등록된 토지의 소재와 지번, 지목, 면적을 기재한다.

(2) 등기의 목적(규칙 제43조 제1항 제6호). 등기원인과 그 연월일의 기재여부(소극)

등기의 목적은 "소유권보존"이라고 기재한다.

법 제65조에 따라 소유권보존등기를 신청하는 경우에는 규칙 제43조 제1항 제5호에도 불구하고 "등기원인과 그 연월일"은 신청정보의 내용으로 등기소에 제공할 필요가 없다(규칙 제121조 제1항 후단).

(3) 신청근거 규정(규칙 제121조 제1항)

신청근거규정란에는 대장등본에 의할 경우에는 "부동산등기법 제65조 제1호", 판결에 의할 경우에는 "법 제65조 제2호" 또는 기타 시, 구, 읍, 면의 장의 서면에 의할 경우에는 "부동산등기법 제65조 제4호", 수용에 의할 경우에는 "부동산등기법 제65조 제3호"라고 기재한다(규칙 제121조 제1항 전단).

(4) 신청인(규칙 제43조 제1항 제2호)

신청인란에는 소유자의 성명, 주민등록번호, 주소를 기재하되, 소유자가 수인인 경우에는 공유자별로 성명, 주민등록번호, 주소를 기재하고, 각자의 지분을 표시하며, 신청인이 법인인 경우에는 상호(명칭), 본점(주사무소 소재지), 등기용등록번호를 기재하고,. 법인 아닌 사단이나 재단인 경우에는 상호(명칭), 본점(주사무소 소재지), 등기용등록번호 및 대표자(관리인)의 성명, 주민등록번호, 주소를 각 기재한다.

(5) 시가표준액 및 국민주택채권매입금액 등(규칙 제44조 제2항)

(6) 등록세 · 교육세(규칙 제44조 제1항)

취득세(등록면허세)영수필확인서에 기재된 등록세 및 교육세와 등록세액과 교육세액의 합계를 각 기재한다.

(7) 등기신청수수료(규칙 제44조 제2항)

부동산 1개당 등기사항증명서 수수료 규칙 제5조의2 및 제5조의5 제1항에 규정된 등기수입증지금액을 등기신청수수료로 기재한다(등기수입증지는 등기과 · 소 및 지정금융기관에서 판매). 등기신청수수료의 납부는 그 수수료 상당액을 전자적 방법으로 납부하거나, 법원행정처장이 지정하는 금융기관에 현금으로 납부한 후 이를 증명하는 서면을 등기신청서에 첨부하여 제출하는 방법으로 하고, 등기관은 납부액의 상당여부를 조사한 다음 납부를 증명하는 서면에 소인하여야 한다(등기사항증명서 등 수수료 규칙 제6조 제3항).

(8) 소유권보존 등기신청서 및 등기부의 기재사항이 아닌 경우

등기관이 소유권보존등기를 할 때에는 법 제48조 제1항 제4호에도 불구하고 등기원인과 그 연월일을 기록하지 아니한다(규칙 제121조 제1항).

5. 토지소유권보존 등기신청서의 첨부서면

토지의 소유권보존등기를 신청할 때에는 다음의 서면을 제출하여야 한다(규칙 제46조).

(1) 위임장(규칙 제46조 제1항 제5호)

등기신청을 법무사 등 대리인에게 위임하는 경우에 첨부한다.

(2) 신청서 부본(삭제)

(3) 등록세영수필확인서(지방세법 제131조 제1항 제4호)

시장, 구청장, 군수 등으로부터 등록세납부서를 발급받아 납세지를 관할하는 해당금융기관에 세금을 납부한 후 등록세영수필확인서와 영수증을 교부받아 영수증은 본인이 보관하고 '취득세(등록면허세)영수필확인서'만 신청서의 등록세액표시란의 좌측상단 여백에 첨부한다.

(4) 토지(임야)대장등본(법 제65조 제1호, 2호, 규칙 제121조 제2항) 또는 판결정본

등기하고자 하는 토지 또는 임야의 대장등본(발행일로부터 3월 이내)을 첨부하며, 대장의 소유자란에는 신청인 명의로 등록되어 있어야 한다.

확정판결에 의하여 자기의 소유권을 증명하는 자는 판결정본을 첨부하여야 한다(법 제65조 제2호).

(5) 주민등록표등(초)본 (규칙 제46조 제1항 제6호)

신청인의 주소를 증명하기 위한 서면으로 주민등록표등본 또는 초본(각 발행일로부터 3월 이내)을 첨부한다.

(6) 기타서면

(가) 상속인이 신청하는 경우에는 상속을 증명하는 서면인 제적등본, 가족관계등록사항별 증명서(발행일로부터 3월 이내), 판결에 의하여 자기의 소유권을 증명하는 자가 신청하는 경우에는 확정판결정본, 수용으로 인하여 소유권을 취득한 자가 신청하는 경우에는 재결서 등을 첨부하여야 한다.

(나) 신청인이 법인인 경우에는 법인등기부등본 또는 초본(각, 발행일로부터 3월 이내)을 첨부한다(규칙 제46조 제1항 제6호).

제1호양식

<table>
<tr><td colspan="6" align="center">소유권보존등기신청</td></tr>
<tr><td rowspan="2">접
수</td><td colspan="3">년   월   일</td><td rowspan="2">처
리
인</td><td>등기관확인</td><td>각종 통지</td></tr>
<tr><td colspan="3">제   호</td><td></td><td></td></tr>
</table>

<table>
<tr><td colspan="4" align="center">부동산의 표시</td></tr>
<tr><td colspan="4" height="400"></td></tr>
<tr><td colspan="2">등 기 의 목 적</td><td colspan="2">소유권 보존</td></tr>
<tr><td colspan="2">신 청 근 거 규 정</td><td colspan="2">부동산등기법 제   조 제   호(항)</td></tr>
<tr><td>구
분</td><td>성   명
(상호·명칭)</td><td>주민등록번호
(등기용등록번호)</td><td>주   소(소 재 지)</td><td>지 분
(개인별)</td></tr>
<tr><td>신

청

인</td><td></td><td></td><td></td><td></td></tr>
</table>

시가표준액 및 국민주택채권매입금액		
부동산 표시	부동산별 시가표준액	부동산별 국민주택채권매입금액
1.	금 원	금 원
2.	금 원	금 원
3.	금 원	금 원
국 민 주 택 채 권 매 입 총 액	금 원	
국 민 주 택 채 권 발 행 번 호	○ ○ ○	

취득세(등록면허세) 금 원	지방교육세 금 원
	농어촌특별세 금 원

세 액 합 계	금 원
등 기 신 청 수 수 료	금 원
	납부번호 :

첨 부 서 면

• 취득세(등록면허세)영수필확인서 통 • 토지·임야·건축물대장등본 통 • 주민등록표등(초)본 통 • 위임장 통	• 등기신청수수료현금영수필확인서 통 〈기 타〉

년   월   일

위 신청인   (전화 :   )

(또는)위 대리인   (전화 :   )

지방법원   등기소 귀중

− 신청서 작성요령 −

* 1. 부동산표시란에 2개 이상의 부동산을 기재하는 경우에는 그 부동산의 일련번호를 기재하여야
합니다.
 2. 신청인란 등 해당란에 기재할 여백이 없을 경우에는 별지를 이용합니다.

II. 건물의 소유권보존등기

1. 건물에 관한 보존등기의 유효요건

(1) 등기상의 표시와 당해 건물의 상태의 동일성, 유사성

건물에 관한 보존등기가 어떤 건물을 공시하는 효력이 있는 유효한 등기가 되기 위하여는 그 등기상의 표시와 이에 의하여 공시하려는 당해 건물의 실제상의 상태간의 동일성 또는 적어도 유사성이 있다고 인식될 수 있어야 하므로 등기상의 표시건물과 당해 실제 건물간에 그 소재 지번이나 건물의 종류, 구조, 면적 등에 관하여 중대한 차이가 있어 양자간에 도저히 동일성 또는 유사성조차 인식될 수 없는 것이면 그 등기는 무효이다(대판 87. 6. 9. 86다카977).

(2) 독립된 부동산으로서의 건물의 요건

독립된 부동산으로서의 건물이라고 하기 위하여는 최소한의 기둥과 지붕 그리고 주벽이 이루어지면 된다(대판 2003. 5. 30. 2002다21592,21608).

2. 건물의 소유보존등기를 신청할 수 있는 자

건물소유권보존등기란 등기되어 있지 않은 건물을 등기부에 기재하기 위하여 하는 최초의 등기로 건축물대장에 소유자로서 등록되어 있는 자, 판결 또는 기타 시, 구, 읍, 면의 장의 서면에 의하여 자기의 소유권을 증명하는 자, 수용으로 인하여 소유권을 취득하였음을 증명하는 자가 신청할 수 있다(법 제65조).

미등기건물의 소유권보존등기는 다음 각호의 1 에 해당하는 자가 이를 신청할 수 있다(구법 제131호, 개정법 제65조).

🔍 판 례

1. 건물 완성 전에 한 보존등기의 효력 : 신축건물의 보존등기를 건물완성 전에 하였다 하더라도 그 후 건물이 곧 완성된 이상 그 등기는 무효라고 볼 수 없다(70. 4. 14. 70다260).
2. 완공전의 건물에 대한 보존등기의 가부 : 건물에 관한 소유권보존등기는 그것이 건물로서의 형태와 효용을 갖춘 것이라면 반드시 그 완공을 기다릴 필요 없이 이를 할 수 있다(70. 5. 12. 70다205, 206).

(1) 건축물대장에 최초의 소유자로 등록되어 있는 자 또는 그 상속인, 그 밖의 포괄승계인(법 제65조 제1호)

건축물대장이란 건축물의 소유·이용 상태를 확인하거나 건축정책의 기초자료로 활용하기 위하여 건축물 및 대지에 관한 현황을 기재한 장부이다(건축법 제38조 제1항).

건축물 대장등본에 의하여 자기 명의로 건물소유권보존등기를 신청할 수 있는 자는 아래와 같다.

(가) 건축물대장에 최초의 소유자로 등록된 자

대장등본에 의하여 소유권보존등기를 신청할 수 있는 자는 대장에 최초의 소유자로 등록되어 있음을 증명하는 자(대장상 소유자의 성명, 주소 등의 일부 누락 또는 착오가 있어 대장상 소유자 표시를 정정 등록한 경우를 포함한다) 또는 그 상속인, 그 밖의 포괄승계인(포괄적 수증자, 법인이 합병된 경우 존속 또는 신설법인, 법인이 분할된 경우 분할 후 법인 등)이어야 한다.

건축물대장에 최초 소유자의 성명만 기재되어 있고 주소가 기재되어 있지 않은 미등기 건물을 매수한 자가 대장상 최초 소유자로 등록되어 있는 자 명의의 소유권보존등기를 대위신청하기 위해서는 지방자치단체를 상대로 위 건물이 그 자의 소유임을 확인하는 확정판결(판결에는 성명과 주소 등이 기재됨으로써 소유자를 특정할 수 있어야 함)과 그 자의 주소를 증명하는 서면을 제공하여야 한다(2015. 8. 24. 부동산등기과-2018 질의회답).

(나) 대장에 최초의 소유자로 복구된 자

대장 멸실 후 복구된 대장에 최초의 소유자로 기재(복구)된 자는 그 대장등본에 의하여 소유권보존등기를 신청할 수 있다.

(다) 대장상 소유권이전등록을 받은 자의 소유권이전등기신청

대장상 소유권이전등록을 받은 소유명의인 및 그 상속인, 그 밖의 포괄승계인은 자기 명의로 건물에 대하여 직접 소유권보존등기를 신청할 수 없고, 대장상 최초의 소유자 명의로 소유권보존등기를 한 다음 자기명의로 소유권이전등기를 신청하여야 한다(등기예규 제1427호. 2. (3).).

(라) 미등기건물의 매수인의 소유권보존등기가부(소극)

건물의 소유권보존등기는 그 건물 소유자만이 할 수 있으므로 미등기건물을 매수한 자는 원소유자명의로 소유권보존등기를 거친 후 소유권이전등기를 하여야 하고 직접 자기명의로 소유권보존등기를 신청할 수 없다. 건축물관리대장상의 권리이전사실기재를 부동산등기법 제131조 제1호(현행법 제65조 제1호) 소정의 가옥대장상 소유자등록과 같이 볼 수는 없다(1985. 12. 16. 85마798).

(2) 확정판결에 의하여 자기의 소유권을 증명하는 자

미등기 건물에 관하여 국가를 상대로 한 소유권확인판결을 받는다고 하더라도 그 판결은 구 부동산등기법 제131조 제2호에 해당하는 판결이라고 볼 수 없어 이를 근거로 소유권보존등기를 신청할 수 없다(대판 99. 5. 28. 99다2188).

(가) '확정판결에 의하여 자기의 소유권을 증명하는 자'의 의미

건축물대장상 최초의 소유자를 확인할 수 없는 경우 누구를 상대로 소유권확인을 구해야 할지가 문제된다.

"토지의 경우" 그 토지대장상 최초의 소유자가 누구인지를 모를 경우에는 국가를 상대로 소유권확인을 구하여야 한다.

"건물의 경우" 건축물대장의 소유자표시란이 공란이거나 소유자표시에 일부 누락이 있어 대장상의 소유자를 확정할 수 없는 미등기건물에 관하여는 국가를 상대방으로 하여 소유권확인의 판결을 받을 수 없고(대법원 1995. 5. 12. 선고 94다20464 판결, 선례 5-255), 건축물대장의 비치·관리업무의 소관청인 "지방자치단체"를 상대로 하여 소유권확인을 구하여야 한다(선례 6-122). 따라서 건물에 대하여 건축허가명의인(또는 건축주)을 상대로 한 소유권확인판결로도 소유권보존등기신청을 할 수 없다(예규 1483호 3. 라.).

그 이유는 건축물대장의 비치·관리업무는 "지방자치단체의 고유사무"로서 국가사무라고 할 수도 없고, 지방자치단체는 건축허가 등의 건축과정을 관할함으로써 건축물의 소유관계를 가장 정확하게 파악할 수 있으며 또한 법 65조 4호의 서면을 발급하여 주어야 할 지위에 있기 때문이다.

건축물대장이 생성되어 있지 않은 건물에 대하여는 판결에 의해 소유권보존등기를 신청할 수는 없다(대법원 2011. 11. 10. 선고 2009다93428 판결).

따라서 건물 소유권보존등기의 신청인을 규정한 법 65조 2호에서 말하는 '확정판결에 의하여 자기의 소유권을 증명하는 자'란 ① "미등기 건물"의 경우에는 건축물대장에 등록된 소유자 또는 대장소관청인 특별자치도지사, 시장, 군수, 구청장(자치구의 구청장을 말한다)을 상대로 소유권확인판결을 받은 사람을 말한다. 이러한 판결을 받은 경우 판결과 함께 건축물대장 정보를 첨부하여야 소유권보존등기를 신청할 수 있다. ② "등기된 건물"의 경우에는 소유권보존등기의 명의인을 상대로 소유권보존등기 말소판결을 받은 사람을 말하며, 이 경우에도 판결과 함께 건축대장 정보를 첨부하여야 한다.

(나) 소유권을 증명하는 판결에 있어서의 상대방

구 부동산등기법 제131조 제2호(법 제65조 제2호) 소정외 소유권을 증명하는 '판결(판결과 동일한 효력이 있는 화해조서·제소전화해조서·인낙조서·조정조서를 포함한다. 이하 같다)'은 다음 각호에 해당하는 자를 대상으로 한 것이어야 한다.

　a) 건축물대장상에 최초의 소유자로 등록되어 있는 자, 자기 또는 그 상속인, 그 밖의 포괄승계인

　b) 건축물대장상의 소유자 표시란에 오류가 있어 소유자를 특정할 수 없는 경우에는 건축물대장상 소유자 표시를 정정등록하여 대장상의 소유자를 특정한 후 정정등록된 소유명의인(등기예규 제1174호)

(다) 판결의 종류

1) 판결의 종류　소유권을 증명하는 판결은 보존등기신청인의 소유임을 확정하는 내용의 것이어야 한다. 그러나 그 판결은 소유권확인판결에 한하는 것은 아니며, 형성판결이나 이행판결이라도 그 이유 중에서 보존등기신청인의 소유임을 확정하는 내용의 것이면

이에 해당한다(등기예규 제1427호. 3. 나. 대법원 1971. 11. 12. 71마657).

2) 의제자백판결 의제자백판결이라도 그 이유(소장사본을 판결서 말미에 첨부한 경우 포함) 중에서 신청인의 소유임을 확정하는 내용이 있는 경우, 그 판결은 구 부동산등기법 제130조 제2호 및 제131조 제2호(신법 제65조 제2호) 소정의 소유권을 증명하는 판결에 해당된다(등기선례요지집 제7권 1이항.).

3) 시장·군수·구청장을 상대로 하여 받은 소유권확인판결 건축물대장의 소유자표시란이 공란이거나 소유자 표시에 일부 누락이 있어 대장상의 소유자를 확정할 수 없는 미등기 건물에 관하여 갑이 시장·군수·구청장을 상대로 하여 당해 건물이 그의 소유임을 확인하는 내용의 확정판결을 받았다면, 갑은 그 판결정본을 첨부하여 그 명의의 소유권보존등기를 신청할 수 있다(등기선례요지집 제6권 122항).

(라) 위 판결에 해당하는 경우의 예시

1) 당해 부동산이 보존등기신청인의 소유임을 이유로 소유권보존등기의 말소를 명한 판결은 구 부동산등기법 제131조 제2호의 판결에 해당한다(등기예규 제900호3.가.). 피고에게 소유권보존등기의 말소등기를 명하는 판결이라 하더라도 그 판결이유 중에 그 부동산이 원고의 소유임을 인정하는 이유 설시가 되어 있으면 그 판결에 의하여 원고 명의로 소유권보존등기를 할 수 있지만, 소유권보존등기의 말소소송에서 원고가 원래의 소유자로부터 증여에 의하여 전전 양수받은 사실을 이유로 승소판결을 받았다면, 원래의 소유자 명의로 대위보존등기를 한 후 순차로 원고 앞으로 소유권이전등기를 하여야 한다(등기선례요지집 제5권 제220항).

2) 당해 부동산이 보존등기신청인의 소유임을 이유로 소유권보존등기의 말소를 명한 판결

(마) 위 판결에 해당하지 않는 경우의 예시

다음 각호의 판결은 구 부동산등기법 제131조(개정법 제65조) 제2호의 판결에 해당하지 않는다.

1) 건물에 대하여 국가를 상대로 한 소유권확인판결(대판 1995. 5.12. 94다20464, 1995. 5. 28. 99다2188)

2) 건물에 대하여 건축허가명의인을 상대로 한 소유권 확인판결(등기예규 제1427호. 3. 라)

[1] 미등기 건물에 대하여 국가를 상대로 소유권확인을 구할 이익이 있는지 여부(소극)

확인의 소는 분쟁 당사자 사이에 현재의 권리 또는 법률관계에 관하여 즉시 확정할 이익이 있는 경우에 허용되는 것이므로, 소유권을 다투고 있지 않은 국가를 상대로 소유권확인을 구하기 위하여는 그 판결을 받음으로써 원고의 법률상 지위의 불안을 제거함에 실효성이 있다고 할 수 있는 특별한 사정이 있어야 할 것인바, 건물의 경우 가옥대장이나 건축물관리대장의 비치·관리업무는 당해 지방자치단체의 고유사무로서 국가사무라고 할 수도 없는 데다가 당해 건물의 소유권에 관하여 국가가 이를 특별히 다투고 있지도 아니하다면, 국가는 그 소유권 귀속에 관한 직접 분쟁의 당사자가 아니어서 이를 확인해 주어야 할 지위에 있지 않으므로, 국가를 상대로 미등기 건물의 소유권 확인을 구하는 것은 그 확인의 이익이 없어 부적법하다.

[2] 국가를 상대로 한 미등기 건물의 소유권확인판결이 부동산등기법 제131조 제2호 소정의 판결에 해당하는지 여부(소극)

미등기 건물에 관하여 국가를 상대로 한 소유권확인판결을 받는다고 하더라도 그 판결은 부동산등기법 제131조 제2호에 해당하는 판결이라고 볼 수 없어 이를 근거로 소유권보존등기를 신청할 수 없다. (대판 : 1999. 5. 28. 99다2188)

(3) 수용으로 인하여 소유권을 취득하였음을 증명하는 자(구 법 제130조 제 3호, 개정법 제65조 제3호)

부동산에 관한 소유권보존등기는 수용으로 인하여 소유권을 취득하였음을 증명하는 자도 신청할 수 있다(법 제65조 제3호). 수용의 대상은 토지, 건물 뿐만 아니라 소유권 이외의 권리도 대상이 될 수 있다.

수용(공용수용)이라 함은 특정한 공익사업(공익사업을 위한 토지 등의 취득 및 보상에 관한 법률 제4조. 이하에서 "공익사업법"이라함)을 위하여 보상(공익사업법 제1조, 제40조)을 전제로 개인의 특정한 재산권(공익사업법 제3조의 토지, 물건 및 권리)을 강제적으로 취득하는 것을 말한다(헌법 제23조 제3항).

공익사업을 위하여 특정한 재산권(토지 및 토지와 함께 공익사업을 위하여 필요한 입목, 건물, 그 밖에 토지에 정착된 물건, 광업권, 어업권 등)이 필요한 경우 공익사업의 신속하고 효과적인 수행을 위하여 권리자의 의사여하에 관계없이 그 재산권을 취득하지 않으면 아니 될 경우에 대비하여 인정된 제도가 공용수용(公用收用)이다.

미등기건물(공익사업법 제3조 제2호)의 수용으로 인하여 소유권을 취득하였음을 증명하는 사업시행자가 건물의 소유권보존등기를 신청할 수 있는 것은 토지의 경우와 같다.

사업시행자는 수용의 개시일에 토지나 물건의 소유권을 취득하며, 그 토지나 물건에 관한 다른 권리는 이와 동시에 소멸한다(법 제174조. 공익사업을위한토지등의취득및 보상에관한법률 제45조 1항).

🔍 판 례

1. **부동산등기법 제131조 제2호의 '판결'**　부동산 등기법 제131조 제2호의 '판결'에는 소유권확인의 판결 뿐만 아니라 그 판결설시로서 등기의무자의 소유임을 인정하고 그 이전등기를 명한 소위 급부판결도 포함된다(대결 1971. 11.12.자 71마657).
2. **국가를 상대로 한 건물소유권 확인판결에 의한 소유권보존등기 가부**　국가를 상대로 건물소유권확인판결을 받는다 하더라도 그 판결은 부동산등기법 제131조 제2호에 해당하는 판결이라고 볼 수 없어 이를 근거로 소유권보존등기를 신청할 수 없다(대판 1995. 5. 12, 94다20464).

(4) 특별자치도지사, 시장, 군수 또는 구청장(자치구의 구청장을 말한다)의 확인에 의하여 자기의 소유권을 증명하는 자(건물의 경우로 한정한다)(개정법 제65조 제4호)

(가) 법 제65조 제4호의 "시장 등의 확인에 의하여 소유권을 증명하는 자"의 요건

건물의 경우 토지와는 달리 도지사 · 시장 · 군수 · 구청장의 서면을 소유권을 증명하는 서면으로 첨부하여 건물의 소유권보존등기를 신청할 수 있다. 부동산등기법 제65조 제4호 소정의 소유권을 증명하는 도지사 · 시 · 구 · 읍 · 면장의 서면에 해당하기 위해서는 ① 건물의 소재와 지번, 건물의 종류, 구조 및 면적 등 건물의 표시와 ② 건물의 소유자의 성명이나 명칭과 주소나 사무소의 소재지 표시가 있어야 하는 등 일정한 요건을 갖추어야 한다(등기예규 제1427호 4. 가.).

(나) 위 확인서에 해당하는지 여부에 대한 판단

1) 납세증명서 및 세목별과세증명서

「지방세기본법」 제63조 제2항의 규정에 의하여 교부받은 「지방세기본법 시행규칙」 별지 제23호 서식의 납세증명서 및 「민원사무처리에 관한 법률」에 의하여 교부받은 세목별과세증명서는 법 제65조 제4호의 서면에 해당하지 않는다(대판 1999. 10. 8. 97다45266).

2) 사용승인서

「건축법」 제22조 제2항의 규정에 의하여 교부받은 「건축법 시행규칙」 별지 제18호 서식의 건축물 사용승인서는 법 제65조 제4호 후단의 서면에 해당하지 않는다.

3) 사실확인서

시·구·읍·면의 장이 발급한 사실확인서로, 건물의 소재와 지번, 건물의 종류, 구조, 면적 등 건물의 표시와 소유자의 표시 및 그 건물이 완성되어 존재한다는 사실이 기재되어 있고, 특히 집합건물의 경우에는 1동 건물의 표시 및 1동의 건물을 이루는 모든 구분건물의 표시가 구체적으로 기재되어 있다면 법 제65조 제4호 후단의 서면에 해당할 수 있을 것이다. 다만, 구체적인 경우에 그 해당여부는 담당 등기관이 판단할 사항이다.

4) 임시사용승인서, 착공신고서, 건물현황사진, 공정확인서, 현장조사서, 건축허가서 등은 법 제65조 제4호 후단의 서면에 해당하지 않는다(대법원 1992. 12. 28. 92그32. 공1993상. 608).

3. 건물소유권보존등기신청서의 기재사항

건물소유권보존 등기신청서에는 다음 각 호의 사항을 기재하고 신청인이 이에 기명날인 또는 서명하여야 한다(규칙 제43조, 제56조).

(1) 부동산의 표시

① 부동산의 표시란에는 소유권을 증명하는 서면에 표시된 건물의 표시와 일치되게 기재하여야 하며, 건물의 소재와 지번, 구조, 종류, 면적, 건물의 번호가 있는 때에는 그 번호, 부속건물이 있는 때에는 그 구조와 종류, 면적을 기재한다(규칙 제43조 제1항 제1호 나목).

② 구분건물의 경우(규칙 제43조 제1항 제1호 다목)

㉮ 1동의 건물의 표시

건물이 1동의 건물을 구분한 것인 때에는 그 1동의 건물의 소재, 지번, 종류, 구조, 면적(구조상 공용부분을 포함하되, 전체의 면적을 층별로 표시)을 기재하고, 1필지 또는 수필지상에 수동의 건물이 있을 때에는 건물의 번호, 건물에 명칭이 있는 때에는 그 명칭을 기재한다.

㉯ 전유부분의 건물의 표시

전유부분의 건물의 번호, 구조, 면적과 부속건물이 있는 때에는 그 구조와 면적만 기재한다.

㉰ 대지권의 표시

대지권의 목적인 토지의 표시, 대지권의 종류, 비율, 등기원인과 그 연월일 등을 기재한다.

(i) 대지권의 목적인 토지의 표시는 토지의 소재와 지번, 지목, 면적을,

(ii) 대지권의 종류는 소유권, 지상권, 전세권, 임차권 등 권리의 종류에 따라 기재하며,

(iii) 대지권의 비율은 대지권의 목적인 토지에 대한 지분비율을 기재하고,

(iv) 등기원인은 "대지권"으로, 그 연월일은 1동의 건물의 신축일 등 대지권 발생연월일을 기재한다.

(v) 대지권의 내용이 각 전유부분별로 동일한 때에는 전유부분의 건물의 표시를 일괄하여 표시한 다음에 대지권의 표시를 하여도 무방하지만, 전유부분의 대지권의 내용이 다른 경우에는 각각의 전유부분마다 대지권을 별도로 표시하여야 한다.

(2) 등기의 목적(규칙 제43조 제1항 제6호)

등기의 목적은 "소유권보존"이라고 기재한다.

(3) 신청근거 규정(규칙 제121조 제1항)

법 제65조에 따라 소유권보존등기를 신청하는 경우에는 법 제65조 각 호의 어느 하나에 따라 등기를 신청한다는 뜻을 신청정보의 내용으로 등기소에 제공하여야 한다. 이 경우 규칙 제43조 제1항 제5호에도 불구하고 등기원인과 그 연월일은 신청정보의 내용으로 등기소에 제공할 필요가 없다(규칙 제121조 제1항).

(4) 신청인의 성명(명칭)과 주소(규칙 제43조 제1항 제2호)

소유자의 성명, 주민등록번호, 주소를 기재하되, 소유자가 수인인 경우에는 공유자별로 성명, 주민등록번호, 주소를 기재하고, 각자의 지분을 표시하며, 신청인이 법인인 경우에는 상호(명칭), 본점(주사무소 소재지), 등기용등록번호를 기재하고, 법인 아닌 사단이나 재단인 경우에는 상호(명칭), 본점(주사무소 소재지), 등기용등록번호 및 대표자(관리인)의 성명, 주민등록번호, 주소를 각 기재한다.

(5) 시가표준액(규칙 제44조 제2항)

건물의 소유권보존등기시 국민주택채권은 매입하지 않으므로 국민주택채권 매입금액 등은 기재하지 아니한다.

(6) 등록세 · 교육세(규칙 제44조 제1항)

등록세영수필확인서에 의하여 등록세, 교육세의 세액 및 그 합계를 기재한다.
건물의 소유권보존등기시 국민주택채권은 매입하지 않으므로 시가표준액, 국민주택채권 매입금액, 매입총액, 발행번호 란은 기재하지 않는다.

(7) 등기신청수수료(규칙 제44조 제2항)

부동산 1개당 등기사항증명서 등 수수료규칙 제5조의2에 규정된 등기신청수수료액과 금융기관에 납부한 납부번호를 등기신청서에 기재하여야 한다.

4. 건물소유권보존등기신청서의 첨부서면

건물의 소유권보존 등기신청서에는 다음의 서면을 첨부하여야 한다(규칙 제46조).

(1) 도면(건물의 소재도)

건물의 소유권보존등기를 신청하는 경우에 그 대지 위에 여러 개의 건물이 있을 때에는 그 대지 위에 있는 건물의 소재도를 첨부정보로서 등기소에 제공하여야 한다. 다만, 건물의 표시를 증명하는 정보로서 건축물대장 정보를 등기소에 제공한 경우에는 그러하지 아니하다(규칙 제121조 제3항).

구분건물에 대한 소유권보존등기를 신청하는 경우에는 1동의 건물의 소재도, 각 층의 평면도와 전유부분의 평면도를 첨부정보로서 등기소에 제공하여야 한다. 이 경우 제3항 단서를 준용한다(규칙 제121조 제4항).

(2) 신청서 부본(삭제)

(3) 취득세(등록면허세)영수필확인서(지방세법 제131조 제1항 제4호)

시장, 구청장, 군수 등으로부터 등록세납부서를 발급받아 납세지를 관할하는 해당금융기관에 세금을 납부한 후 등록세영수필확인서와 영수증을 교부받아 영수증은 본인이 보관하고 '취득세(등록면허세)영수필확인서'만 신청서의 등록세액표시란의 좌측상단 여백에 첨부한다.

(4) 건축물대장등본(규칙 제121조 제2항)

(가) 건물의 표시를 증명하는 서면(건축물대장)

건물의 소유권보존등기를 신청하는 경우는 건물의 표시를 증명하는 건축물대장 정보나 그 밖의 정보를 첨부정보로서 등기소에 제공하여야 한다(규칙 제121조 제2항).

등기하고자 하는 건물의 대장등본(발행일로부터 3월 이내)을 첨부하여야 하며(구 법 제132조 제2항) 대장의 소유자란에는 신청인 명의로 등록되어 있어야 한다.

(나) 부속건물 또는 증축건물의 소유권보존등기신청시 첨부하는 건축물대장

① "부속건물"의 소유권보존등기

주된 건물의 사용에 제공되는 부속건물은 주된 건물의 건축물대장에 부속건물로 등재하여 1개의 건물로 소유권보존등기를 함이 원칙이나, 소유자가 주된 건물과 분리하여 별도의 독립건물로 소유권보존등기를 신청할 수도 있다. 다만 부속건물을 독립건물로 소유권보존등기를 신청하기 위해서는 주된 건물과 부속건물의 건축물대장이 각각 별도로 작성되어 있어야 한다(등기예규 제902호. 2.).

② 별개의 신축 건물이 기존 건축물대장에 "증축"으로 등재된 경우 신축 건물의 소유권보존등기

  기존건물과 별개로 신축된 건물이 기존 건축물대장에 증축으로 함께 등재되어 있는 경우에 그 신축건물을 별개의 독립건물로 소유권보존등기를 신청할 수 있으나, 이를 위해서는 먼저 기존 건축물대장에서 신축건물을 분리하여 별도로 신축건물에 대한 건축물대장을 작성한 다음 그 대장등본을 첨부하여야 한다(등기예규 제902호. 3.).

(5) 주민등록표등(초)본(규칙 제46조 제1항 제6호)

  신청인의 주소를 증명하기 위한 서면으로 주민등록표등본 또는 초본(각, 발행일로부터 3월 이내)을 첨부한다(규칙 제46조 제1항 제6호).

(6) 기타서면(확정판결정본, 재결서 등)

  상속인이 신청하는 경우에는 상속을 증명하는 서면(각, 발행일로부터 3월 이내), 판결에 의하여 자기의 소유권을 증명하는 자가 신청하는 경우에는 확정판결정본, 수용으로 인하여 소유권을 취득하는 자가 신청하는 경우에는 재결서 등을 첨부하여야 한다.

(7) 법인등기부등(초)본(규칙 제46조 제1항 제6호)

  신청인이 법인인 경우에는 법인등기부등본 또는 초본(각, 발행일로부터 3월 이내)을 첨부한다. 다만 규칙 제46조 제5항의 경우(상업등기를 관할하는 등기소와 부동산소재지를 관할하는 등기소가 동일한 경우)에는 법인등기부등본을 생략할 수 있다.

5. 부속건물 또는 증축건물의 소유권보존등기시 첨부하는 건축물대장

(1) 건물의 소유권보존등기신청시 첨부하는 건축물대장

  건물의 소유권보존등기 신청시 첨부하는 건축물대장은 1동의 건물을 단위로 하여 각 건축물마다 작성된 것이어야 한다(등기예규 제902호 1).

(2) 부속건물의 소유권보존등기

주된 건물의 사용에 제공되는 부속건물은 주된 건물의 건축물대장에 부속건물로 등재하여 1개의 건물로 소유권보존등기를 함이 원칙이나, 소유자가 주된 건물과 분리하여 별도의 독립건물로 소유권보존등기를 신청할 수도 있다. 다만 부속건물을 독립건물로 소유권보존등기를 신청하기 위해서는 주된 건물과 부속건물의 건축물대장이 각각 별도로 작성되어 있어야 한다(등기예규 제902호 2).

(3) 별개의 신축건물이 기존 건축물대장에 증축으로 등재된 경우 신축건물의 소유권보존등기

기존건물과 별개로 신축된 건물이 기존 건축물대장에 증축으로 함께 등재되어 있는 경우에 그 신축건물을 별개의 독립건물로 소유권보존등기를 신청할 수 있으나, 이를 위해서는 먼저 기존 건축물대장에서 신축건물을 분리하여 별도로 신축건물에 대한 건축물대장을 작성한 다음 그 대장등본을 첨부하여야 한다(등기예규 제902호 3).

Ⅲ. 개방형 축사 및 농업용 고정식 온실의 소유권보존등기

축사의 부동산등기에 관한 특례법은 개방형 축사의 부동산등기에 관한 특례를 규정하여 개방형 축사에 대한 재산권보장과 거래의 안전을 목적으로 한다(제1조).

1. 개방형 축사의 개념

축사의 부동산등기에 관한 특례법에서 "개방형 축사"란 소(牛)의 질병을 예방하고 통기성(通氣性)을 확보할 수 있도록 둘레에 벽을 갖추지 아니하고 소를 사육하는 용도로 사용할 수 있는 건축물을 말한다(동법 제2조).

2. 개방형 축사의 등기요건

다음 각 호의 요건을 모두 갖춘 개방형 축사는 건물로 본다(동법 제3조).

1. 토지에 견고하게 정착되어 있을 것

2. 소를 사육할 용도로 계속 사용할 수 있을 것

3. 지붕과 견고한 구조를 갖출 것

4. 건축물대장에 축사로 등록되어 있을 것

5. 연면적이 200제곱미터를 초과할 것

3. 개방형 축사의 부동산등기

법 제3조 각 호의 요건을 모두 갖춘 개방형 축사는 부동산등기법에서 정하는 절차에 따라 건물등기부에 등기할 수 있다(동법 제4조).

4. 개방형 축사의 소유권보존등기절차

(1) 등기신청서의 기재사항

축사의 부동산등기에 관한 특례법 제4조에 따른 개방형 축사의 소유권보존등기신청서에는 특례법에 따른 건물소유권보존등기신청을 하는 뜻을 적고{축사의 부동산등기에 관한 특례규칙 (2009. 12. 31. 대법원규칙 제12266호) 제2조 제1항}, 신청근거규정으로 특례법 제4조와 「부동산등기법」 제65조 각 호의 어느 하나에 해당하는 규정을 같이 적어야 한다(등기예규 제1396호, 제2조 제1항, 등기예규 제1587호).

제(1)항에 따라 등기를 할 경우 등기관은 등기기록 중 표제부의 등기원인 및 기타사항란에 특례법에 따른 등기임을 기록한다(위 예규 2. ②).

특례법에 의한 소유권보존 등기신청서의 양식은 [별지1]과 같고, 그 기재례는 [별지2]와 같다(위 예규 2. ③).

(2) 등기부의 기록(표제부)

규칙 제2조 제1항에 따라 등기를 할 경우 등기관은 등기기록 중 표제부에 법에 따른 등기임을 기록한다(규칙 제2조 제2항).

(3) 등기신청서의 제출서면

1) 규칙 제2조제1항의 등기를 신청하는 경우에는 신청서에 건물의 표시를 증명하는 건축물대장등본을 첨부하여야 한다(규칙 제3조 제1항).

2) 법 제3조 제2호의 "소를 사육할 용도로 계속 사용할 수 있을 것"을 소명하기 위하여 다음 각 호의 어느 하나를 제출하여야 한다. 다만, 건축물대장등본에 의하여 등기할 건축물의 용도가 개방형 축사임을 알 수 있는 경우에는 그러하지 아니하다(규칙 제3조 제2항).

   1. 건축허가신청서나 건축신고서의 사본(건축사가 작성한 축사 설계도 또는 「건축법」 제23조 제4항 및 「표준설계도서등의운영에관한규칙」 제3조에 따른 축사 표준설계도서가 첨부된 것에 한한다)

   2. 그 밖에 건축물의 용도가 개방형 축사임을 알 수 있는 시·군·읍·면의 장이 작성한 서면

(4) 준용규정

이 규칙에 특별한 규정이 없는 경우에는 성질에 반하지 아니하는 한 「부동산등기규칙」을 준용한다(규칙 제4조).

[별지 1] 신청서 양식

<table>
<tr>
<td colspan="5">축사의 부동산등기에 관한 특례법에 따른
건물소유권보존등기신청</td>
</tr>
<tr>
<td rowspan="2">접

수</td>
<td>년 월 일</td>
<td rowspan="2">처
리
인</td>
<td>등기관 확인</td>
<td>각종 통지</td>
</tr>
<tr>
<td>제 호</td>
<td></td>
<td></td>
</tr>
</table>

<table>
<tr>
<td colspan="5">부동산의 표시</td>
</tr>
<tr>
<td colspan="5" style="height:300px"></td>
</tr>
<tr>
<td colspan="2">등 기 의 목 적</td>
<td colspan="3">소유권 보존</td>
</tr>
<tr>
<td colspan="2">신 청 근 거 규 정</td>
<td colspan="3">축사의 부동산등기에 관한 특례법 제4조
부동산등기법 제65조 제 호</td>
</tr>
<tr>
<td>구
분</td>
<td>성 명
(상호·명칭)</td>
<td>주민등록번호
(등기용등록번호)</td>
<td>주 소(소재지)</td>
<td>지 분
(개인별)</td>
</tr>
<tr>
<td>신
청
인</td>
<td></td>
<td></td>
<td></td>
<td></td>
</tr>
</table>

<후 면>

시가표준액 및 국민주택채권매입금액		
부동산의 표시	부동산별 시가표준액	부동산별 국민주책채권매입금액
1.	금 원	금 원
2.	금 원	금 원
3.	금 원	금 원
	국민주택채권매입총액	금 원
	국민주택채권발행번호	

취득세(등록면허세) 금 원	지방교육세	금 원
	농어촌특별세	금 원

세액합계	금 원
등기신청수수료	금 원
	은행수납번호 :

첨 부 서 면

1. 취득세(등록면허세)영수필확인서 통 1. 건축물대장등본 통 1. 주민등록등(초)본 통 1. 위임장 통 1. 등기신청수수료현금영수필확인서 1통	<기 타> • 건축허가신청서(건축신고서) 사본 통 • 시·구·읍·면의 장의 확인서면 통 • 도면 통

년   월   일

위 신청인   ㊞ (전화 :   )

(또는)위 대리인   ㊞ (전화 :   )

지방법원 등기소 귀중

[별지 2] 기록례

【표 제 부】(건물의 표시)				
표시 번호	접 수	소재지번 및 건물번호	건물내역	등기원인 및 기타사항
1	2010년 2월 1일	충청남도 논산시 광석면 이사리 345	철골조 칼라강판지붕 단층 동물 및 식물 관련 시설 201㎡	축사의 부동산등기에 관한 특례법에 따른 등기

1개의 건물로서 건축물대장의 건축물현황에 일부 용도는 축사로, 일부는 퇴비사 또는 착유사 등으로 등록되어 있는 경우에도 그 건물의 연면적이 「축사의 부동산등기에 관한 특례법」상 요건인 200제곱미터를 초과한다면 축사의 소유권보존등기를 신청할 수 있다.

1개의 건축물대장에 주된 건물인 축사와 그 축사의 사용에 제공하기 위해 부속하게 한 퇴비사, 착유사 등이 등록되어 있는 경우에도 축사와 부속건물의 연면적이 200제곱미터를 초과한다면 축사의 소유권보존등기를 신청할 수 있다.

다만, 하나의 대지위에 2개 이상의 축사가 건축되어 총괄표제부가 작성되고 건축물대장도 각각 별개로 작성된 경우에는 각각의 건축물대장별로 축사의 소유권보존등기를 신청하여야 하며, 위 특례법상 연면적 기준도 각각의 건축물대장별로 개별적으로 판단하여야 하므로, 개별 건축물대장에 등록된 축사의 연면적이 200제곱미터를 초과하지 못한다면 위 특례법에 의한 축사의 소유권보존등기를 신청할 수 없다(2010. 11. 2. 부동산등기과－2065, 등기선례 제7권 151항).

5. 가설건축물대장에 등록된 농업용 고정식 온실의 소유권보존등기

가설건축물대장에 등록되어 있는 농업용 고정식 유리온실이 토지에 견고하게 정착되어 있고, 철골조의 조립식 구조와 내구성 있는 유리에 의한 벽면과 지붕 또는 이와 유사한 설비를 갖추고 있으며, 일정한 용도로 계속 사용할 수 있는 경우에는 대장상의 존속기간과 관계없이 소유권보존등기를 신청할 수 있다(2016. 2. 24. 부동산등기과-406 질의회답).

참조판례 : 대법원 1990. 7. 27. 선고 90다카6160 판결

Ⅳ. 미등기부동산의 처분제한의 등기와 직권보존등기

1. 등기관의 직권보존등기

(1) 사용승인을 받지 아니한 건물인 경우

등기관이 미등기부동산에 대하여 법원의 촉탁에 따라 소유권의 처분제한의 등기를 할 때에는 직권으로 소유권보존등기를 하고, 처분제한의 등기를 명하는 법원의 재판에 따라 소유권의 등기를 한다는 뜻을 기록하여야 한다(법 제66조 제1항).

따라서 미등기건물에 대한 집행법원의 결정에 의하여 법원사무관등이 등기관에게 소유권 처분제한의 등기를 촉탁할 때에는 그 미등기건물에 대한 소유권보존등기에 필요한 채무자의 소유임을 증명할 서류, 그 건물의 지번·구조·면적을 증명할 서류 및 그 건물에 관한 건축허가 또는 건축신고를 증명할 서류를 붙여야 한다(민집법 제81조 제1항 제2호). 소유권보존등기를 마친 등기관은 다시 주등기로 경매개시결정 등의 소유권 처분제한의 등기를 하게 된다.

등기관이 법 제66조 제1항에 따라 건물에 대한 소유권보존등기를 하는 경우에는 법 제65조(소유권보존등기의 신청인)를 적용하지 아니한다. 다만, 그 건물이 「건축법」상 사용승인을 받아야 할 건물임에도 사용승인을 받지 아니하였다면 그 사실을 표제부에 기록하여야 한다(법 제66조 제2항). 기록(기재)례는 아래와 같다.

＊ 직권 보존등기(부동산등기 기록례집 8면)

(가) 표제부

사용승인을 받지 않은 경우 10

【표 제 부】(건물의 표시)				
표시 번호	접 수	소재지번 및 건물번호	건물내역	등기원인 및 기타사항
1	2003년 3월 5일	경기도 의왕시 내손동 967	시멘트블록조 기와지붕 주택 1층 200㎡ 2층 150㎡	
2				건축법상 사용승인 받지 않은 건물임

(2) 건물에 대한 사용승인이 된 경우

법 제66조 제2항 단서에 따라 등기된 건물에 대하여 「건축법」상 사용승인이 이루어진 경우에는 그 건물 소유권의 등기명의인은 1개월 이내에 제2항 단서의 기록에 대한 말소등기를 신청하여야 한다(법 제66조 제3항). 말소등기 기록(기재)례는 아래와 같다.

사용승인을 사후에 받은 경우 11

【표 제 부】(건물의 표시)				
표시 번호	접 수	소재지번 및 건물번호	건물내역	등기원인 및 기타사항
1	2003년 3월 5일	경기도 의왕시 내손동 967	시멘트블록조 기와지붕 주택 1층 200㎡ 2층 150㎡	
2				~~건축법상 사용승인 받지 않은 건물임~~
3	2003년 4월 9일			2003년 3월 20일 사용승인으로 인하여 2번 등기 말소

2. 직권보존등기의 말소절차(말소신청 또는 확정판결에 의하여 말소)

미등기 건물에 관하여 법원의 가처분등기촉탁에 의한 가처분 등기를 함에 있어서 등기관이 부동산등기법 제66조의 규정에 의하여 직권으로 한 소유권보존등기는 보존등기 명의인의 말소신청 또는 그 말소등기의 이행을 명하는 확정판결에 의하여서만 말소될 수 있을 뿐 가처분법원의 말소촉탁에 의하여 말소될 수는 없는 것이며, 가령 부동산등기법 제29조 제11호의 규정에 위반된 등기신청에 의하여 등기가 경료되었다 하더라도 그 등기는 동법 제29조 제1호 및 제2호에 해당하는 당연무효의 등기는 아니므로 등기관이 직권으로 그 등기를 말소할 수는 없고 등기권리자와 등기의무자의 공동신청에 의한 적법한 말소신청이나 그 말소등기의 이행을 명하는 확정판결에 의하여서만 말소할 수 있다(등기예규 제1353호).

제2절 구분건물에 관한 등기

제1관 집합건물의 소유 및 관리에 관한 법률의 제정

민법 제215조 제1항은 건물의 구분소유에 관하여 '수인이 한 채의 건물을 구분하여 각각 그 일부분을 소유한 때에는 건물과 그 부속건물 중 공용하는 부분은 그의 공유로 추정한다'고 규정하고 있으나, 건물의 구분소유권에 관한 공용부분의 공유추정규정에 의하여 고층아파트나 연립주택, 상가 등 집합건물의 복잡, 다양한 법률관계를 통일적으로 규율할 수 없게 되었다.

이에 따라 1동의 건물 중 구조상 구분(구조상 독립성)된 여러 개의 부분이 독립한 건물로서 사용(이용상 독립성)될 수 있을 때에는 그 각 부분은 이 법이 정하는 바에 따라 각각 소유권의 목적으로 할 수 있다는 집합건물의 소유 및 관리에 관한 법률(1984년 4월 10일 법률 제3725호. 이하에서 "집건법"이라 약칭함)이 제정되었고, 이에 따라 부동산등기법도 개정되어 집합건물에 관한 등기절차의 기초가 마련되었다.

제2관 구분건물

1. 구분건물 . 집합건물 . 구분소유권. 구분소유자

외형상 1동의 건물은 그 전체에 대하여 하나의 소유권이 성립함이 원칙(一物一權主義)이나, 예외적으로 구조상 구분된 여러 개의 부분이 독립된 건물로서 사용될 수 있을 때에는 그 부분도 각각 독립한 소유권의 객체로 된다(민법 제215 제1항, 집건법 제1조). 이 경우 1동의 건물 중 독립된 구분소유권의 대상이 되는 것을 건물을 '구분건물'이라하며, 그와 같은 1동의 건물전체를 '집합건물'이라고 한다. 각 구분건물은 '구분소유권'의 객체가 되며, 구분건물의 소유자를 '구분소유자'라고 한다.

(1) 건물의 분할

민법 제215조 및 부동산등기법 제104조(현행 부동산등기규칙 제96조)가 건물구분소유와 그에 관한 등기의 방법을 규정하고 있는 이상 1개의 기존건물의 일부를 이루고 있는 부분이라 할지라도 그것이 독립한 경제적인 가치를 보유하고 다른 부분과 구분되어 거래의 대상이 될 수 있는 것이라면 그것을 원(原) 건물과는 별개의 독립된 건물로 분할하여 거래하고 이에 대한 등기절차를 이행할 수 있다(대판 1968. 2. 6. 67다2505, 2506).

(2) 1동의 건물 중 일부에 대한 경매신청과 분할등기

단일소유자의 1동의 건물 중 일부에 대하여 경매신청을 하고자 할 경우에는 그 부분에 대한 분할등기를 한 연후에 하여야 한다(대법원 1973. 5. 31. 73마283).

(3) 부속건물의 등기방법(본건물과 합한 1개의 건물 또는 1개의 독립건물로 등기)

본건물의 사용에만 제공되는 부속건물이라 하여도 부속건물이라는 이유만으로는 그 자체를 독립된 하나의 건물로 등기할 수 없는 것이라 할 수 없고, 소유자의 신청에 따라 본건물과 합하여 1개의 건물로 등기를 할 수 있고 또는 그 부속건물을 본건물과는 별도로 1개의 독립건물로 등기를 할 수 있다(대판 1974. 12. 24. 74다1163).

2. 구분건물의 요건

(1) 구조상 . 이용상의 독립성 및 소유자의 구분행위

1동의 건물에 대하여 구분소유가 성립하기 위해서는 객관적 . 물리적인 측면에서 1동의 건물이 존재하고 구분된 건물이 구조상 . 이용상 독립성을 갖추어야 할 뿐만 아니라 1동의 건물 중 물리적으로 구획된 건물부분을 각각 구분소유권의 객체로 하는 구분행위가 있어야 한다.

'구조상의 독립성'은 구획된 한 부분이 다른 부분으로부터 벽, 문, 계단, 천정 등에 의하여 물리적으로 분리되어 그 자체로서 독립한 건물부분으로서의 외형을 갖추는 것을 말하며, '이용상의 독립성'은 당해 건물부분이 그 자체만으로 독립하여 하나의 건물로서의 기능과 효용을 갖출 것을 말한다.

여기서 구분행위는 건물의 물리적 형질에 변경을 가함이 없이 법률 관념상 건물의 특정부분을 구분하여 별개의 소유권의 객체로 하려는 일종의 법률행위로서, 시기나 방식에 특별한 제한이 있는 것은 아니고 처분권자의 구분의사가 객관적으로 표시되면 된다. 따라서 구분건물이 물리적으로 완성되기 전에도 건축허가신청이나 분양계약 등을 통하여 장래 신축되는 건물을 구분건물로 하겠다는 구분의사가 객관적으로 표시되면 구분행위의 존재를 인정할 수 있고, 이후 1동의 건물 및 구분행위에 상응하는 구분건물이 객관적, 물리적으로 완성되면 아직 건물이 집합건축물대장에 등록되거나 구분건물로서 등기부에 등기되지 않았더라도 그 시점에서 구분소유가 성립된다(대판 2016. 5. 27. 2015다77212, 2016. 6. 28. 2016다1854. 1861, 2018. 2. 13. 2016다245289).

그러나 구조와 형태 등이 1동의 건물로서 완성되고 구분행위에 상응하는 구분건물이 객관적·물리적으로 완성되어야 그 시점에 구분소유가 성립한다(대판 2018. 6. 28. 2018다219419. 219426). 그러나 구조와 형태 등이 1동의 건물로서 완성되고 구분행위에 상응하는 구분건물이 객관적·물리적으로 완성되어야 그 시점에 구분소유가 성립된다(대판 2018.6.28. 2018마 21941. 219426).

1동의 건물에 대하여 구분소유가 성립하기 위해서는 객관적, 물리적 측면에서 1동의 건물이 존재하고, 구분된 건물부분이 구조상, 이용상 독립성을 갖추어야 할 뿐만 아니라, 1동의 건물 중 물리적으로 구획된 건물부분을 각각 구분소유권의 객체로 하려는 구분행위가 있어야 한다. 여기서 이용상 독립이란 구분소유권의 대상이 되는 해당 건물부분이 그 자체만으로 독립하여 하나의 건물로서의 기능과 효용을 갖춘 것을 말한다. 이와 같은 의미의 이용상 독립성이 인정되는지는 해당부분의 효용가치, 외부로 직접 통할 수 있는지 등을 고려하여 판단하여야 한다. 특히 해당 건물부분이 집합건물법 제1조의2의 적용을 받는 '구분점포'인 경우에는 그러한 구분점포의 특성을 고려하여야 한다(대판 2017. 12. 22. 2017다225398).

(2) 1동의 건물의 증축된 부분이 구분건물로 되기 위한 요건

건물의 증축부분이 구조상으로나 이용상으로 다른 부분과 구분되는 독립성이 있으면 구분소유권의 객체로 될 수 있다할 것인바, 건물의 증축부분이 기존건물부분과 벽으로 구분되어 있고 기존건물 부분과 무관한 용도로 사용되고 있다면 구조상으로나 이용상으로 독립되어 있어 구분소유권의 객체가 될 수 있다(1996. 8. 20. 94다44705, 44712).

법률상 1개의 부동산으로 등기된 기존건물이 증축되어 증축부분이 구분소유의 객체가 될 수 있는 구조상 및 이용상의 독립성을 갖추었다고 하더라도 이로써 곧바로 그 증축부분이 법률상 기존건물과 별개인 구분건물로 되는 것이 아니고, 구분건물이 되기 위하여는 증축된 부분의 소유자의 구분소유의사가 객관적으로 표시된 '구분행위'가 있어야 한다(대판 1999. 7. 27. 98다32540).

1동의 건물의 일부분이 구분소유권의 객체가 될 수 있으려면 그 부분이 이용상은 물론 구조상으로도 다른 부분과 구분되는 독립성이 있어야 한다. 이러한 구분소유권의 객체로서 적합한 물리적 요건을 갖추지 못한 건물의 일부는 그에 관한 구분소유권이 성립할 수 없다. 그와 같은 건물부분이 건축물관리대장상 독립한 별개의 구분건물로 등재되고 등기부상에도 구분소유권의 목적으로 등기되어 있어 이러한 등기에 기초하여 경매절차가 진행되어 매각허가를 받고 매수대금을 납부하였다 하더라도 그 상태만으로는 그 등기는 효력이 없으므로 매수인은 소유권을 취득할 수 없다(대판 2018. 3. 27. 2015다3471).

(3) 1동의 건물의 일부분이 구분소유권의 객체가 되기 위한 요건

1동의 건물의 일부분이 구분소유권의 객체가 될 수 있으려면 그 부분이 구조상으로나 이용상으로 다른 부분과 구분되는 독립성이 있어야 하고, 그 이용 상황 내지 이용 형태에 따라 구조상의 독립성판단의 엄격성에 차이가 있을 수 있으나, 구조상의 독립성은 주로 소유권의 목적이 되는 객체에 대한 물적지배의 범위를 명확히 할 필요성 때문에 요구된다고 할 것이므로 구조상의 구분에 의하여 구분소유권의 객체의 범위를 확정할 수 없는 경우에는 구조상의 독립성이 있다고 할 수 없다(대판 1993. 3. 9. 92다41214, 1999. 11. 9. 99다46096).

3. 집합건물에 관한 소송의 당사자적격

집합건물법 제43조(공동의 이익에 반하는 행위의 정지청구 등) 제1,2,3항의 규정들에 의하면 집합건물의 관리인이 관리단의 대표자로서 위 규정들에 의한 소송을 제기할 수 있을 뿐만 아니라 관리단집회의 결의에 의하여 지정받은 구분소유자도 관리단집회의 결의가 있으면 관리인과는 별도로 소송당사자가 되어 위와 같은 소송을 제기할 수 있다(대판 1987. 5. 26. 86다카2478).

4. 구분소유의 성립시기(건축물대장에 등록된 시점)

집합건물의 어느 부분이 전유부분인지 공용부분인지 여부는 구분소유가 성립한 시점, 즉 원칙적으로 건물전체가 완성되어 당해 건물에 관한 건축물대장에 구분건물로 등록된 시점을 기준으로 판단하여야 하고, 그 후 건물개조나 이용상황의 변화 등은 전유부분인지 공용부분인지 여부에 영향을 미칠 수 없다(대판 1999. 9. 17. 99다1345).

5. 구분소유권을 인정할 수 없는 경우

1개의 건물을 수개로 분할하더라도 사회관념상 독립된 건물로서의 경제적 효용을 다하는 것이 아니면 이를 각별히 소유하거나 양도할 수 없다(대법원 1956. 4. 19. 4288민상303). 1동의 건물 중 구분된 부분을 타부분과 합치지 않고서는 독립된 건물로서의 효용이 없는 것인 때에는 부분적인 구분소유권을 인정할 수 없다(대판 1967. 11. 21. 67다638).

6. 집합건물의 소유 및 관리에 관한 법률의 적용대상

집합건물법은 법 시행 전에 건축되거나 구분된 건물에 관하여도 그 적용이 있다(대판 1989. 4. 11. 88다카2981).

제3관 용어의 정의

1. 구분소유권

'구분소유권'이란 집건법 제1조 또는 제1조의2에 규정된 건물부분(공용부분으로 된 것을 제외한다)을 목적으로 하는 소유권을 말한다(동법 제2조 제1호).

2. 구분소유자

'구분소유자'란 구분소유권을 가지는 자를 말한다(동법 제2조 제2호).

3. 전유부분

'전유부분'이란 구분소유권의 목적인 건물부분을 말한다.(동법 제2조 제3호). 즉 구분소유권은 전유부분을 객체로 하는 소유권이며, 구분소유자는 전유부분의 소유자이다.

4. 공용부분

'공용부분'이란 전유부분 이외의 건물부분, 전유부분에 속하지 아니하는 건물의 부속물 및 제3조 제2항 및 제3항에 따라 공용부분으로 된 부속의 건물을 말한다(동법 제2조 제4호).

5. 건물의 대지

'건물의 대지'란 전유부분이 속하는 1동의 건물이 있는 토지(법정대지) 및 제4조에 따라 건물의 대지로 토지(규약상대지)를 말한다(동법 제2조 제5호).

6. 대지사용권

'대지사용권'리란 구분소유자가 전유부분을 소유하기 위하여 건물의 대지(법정대지 및 규약상 대지)에 대하여 가지는 권리를 말한다(동법 제2조 제6호). 따라서 대지사용권은 전유부분에 대하여 '종된 권리'로서의 성질을 갖는다.

{**대지사용권과 대지권의 구분** : '대지사용권'은 구분건물을 소유하기 위하여 대지를 사용할 수 있는 '실체법상 권리(본권)'이며, '대지권'(부동산등기법 제40조 제3항)은 대지사용권이 전유부분과 분리처분 될 수 없음을 등기기록상 공시하기 위한 '절차법상의 권리'이다}

제4관 물적편성주의(1부동산 1등기기록)원칙에 대한 예외

1. 물적편성주의 · 인적편성주의 · 연대적 편성주의

'물적편성주의'라 함은 1필의 토지 또는 1동의 건물을 기준으로 하여 하나의 부동산에 관한 용지를 사용하여 등기부를 편성하는 방식을 말하며(독일 . 스위스 등), '인적편성주의'라 함은 부동산의 소유자를 기준으로 각자에게 한 용지로 등기부를 편성하는 것을 말한다(프랑스).

'연대적 편성주의'라 함은 부동산상의 권리의 변동을 기재한 것을 순차적으로 편찬하여 등기부를 편성하는 것을 말한다(미국의 각 주가채용하고 있는 Recording System).

2. 물적편성주의에 대한 예외

부동산등기법상 등기부를 편성할 때에는 1필의 토지 또는 1개의 건물에 대하여 1개의 등기기록을 둔다(법 제15조 제1한 전단). 이것을 '물적 편성주의' 또는 '1부동산 1등기기록'이라고 한다. 그러나 1동의 건물을 구분한 건물에 있어서는 1동의 건물에 속하는 전부에 대하여 1개의 등기기록을 둔다(법 제15조 제1항 단서). 따라서 1동의 건물에 속하는 수개의 구분건물에 대하여 1등기기록이 사용되므로 형식상으로는 '1부동산 1등기기록주의의 원칙'에 대한 예외라고 할 수 있다.

제5관 구분건물의 건축물대장

1. 건축물대장의 편성

(1) 건축물대장 · 도면 · 평면도의 비치

특별자치도지사, 시장, 군수 또는 자치구의 구청장은 집건법을 적용받는 건물에 대하여는 이 법에서 정하는 건축물대장과 건물의 도면 및 각 층의 평면도를 갖추어 두어야 한다(집건법 제53조 제1항). 구분건물의 건축물대장의 등록사항은 집건법 제54조에 규정되어 있다.

(2) 구분소유의 성립시점

집합건물법 제53조, 제54조, 제56조, 제57조의 규정에 비추어보면, 집합건물의 어느 부분이 전유부분인지 공용부분인지 여부는 구분소유가 성립한 시점, 즉 원칙적으로 건물 전체가 완성되어 당해 건물에 관한 건축물대장에 구분건물로 등록된 시점을 기준으로 판단하여야 하고, 그 후의 건물 개조나 이용 상황의 변화 등은 전유부분인지 공용부분인지 여부에 영향을 미칠 수 없다(대판 1999. 9. 17. 99다1345).

2. 건축물대장의 신규등록신청

집건법을 적용받는 건물을 신축한 자는 1개월 이내에 1동의 건물에 속하는 전유부분부에 대하여 동시에 건축물대장 등록신청을 하여야 한다(집건법 제56조 제1항).

3. 건축물대장의 변경등록신청

건축물대장에 등록한 사항이 변경된 경우에는 소유자는 1개월 이내에 변경등록신청을 하여야 한다(집건법 제57조 제1항).

제6관 구분건물의 대지 · 대지사용권

1. 구분건물의 대지(법정대지 · 규약상대지 · 간주규약상대지)

구분건물의 대지란 전유부분이 속하는 1동의 건물이 있는 토지(법정대지) 및 규약으로써 그 토지와 일체로 관리 또는 사용할 것으로 정한 토지(규약상대지)를 말한다(집건법 제2조 제5호). 건물이 있는 토지(법정대지)가 건물의 일부멸실 또는 토지의 일부가 분할로 인하여 건물이 있는 토지가 아닌 토지로 된 경우에는 이를 규약으로써 건물의 대지로 정한 것으로 본다(집건법 제4조 제3항). 이를 법에 의하여 규약상대지로 간주된다고 하여 '간주규약상대지'라고 한다.

2. 대지사용권과 대지권의 구분

'대지사용권'이란 구분소유자가 전유부분을 소유하기 위하여 건물의 대지에 대하여 가지는 권리를 말한다(집건법 제2조 제6호). 집합건물의 건축자로부터 전유부분과 대지지분을 함께 매수하여 그 대금을 모두 지급함으로써 소유권취득의 실질적 요건은 갖추었지만 전유부분에 대한 소유권이전등기만 경료 받고 대지지분에 대하여는 소유권이전등기를 받지 못한 경우, 매수인은 매매계약의 효력으로써 건물의 대지를 점유 . 사용할 권리가 있으며, 매수인의 지위에서 전유부분의 소유를 위하여 가지는 위와 같은 대지의 점유 . 사용권이 집합건물의 소유 및 관리에 관한 법률 제2조 제6호 소정의 '대지사용권'에 해당한다(대판 2000.11.16. 98다45652, 45669).

대지사용권은 대지권과 구별하여야 한다. 즉, '대지사용권'은 구분건물을 소유하기 위하여 대지를 사용할 수 있는 '실체법상 권리(본권)'인 반면, '대지권'(부동산등기법 제40조 제3항)은 대지사용권이 전유부분과 분리처분 될 수 없음을 등기기록상 공시하기 위한 '절차법상 권리'이다. 구분건물에 집건법 제2조 제6호의 대지사용권(垈地使用權)으로서 건물과 분리하여 처분할 수 없는 것을 대지권(垈地權)이라 한다(법 제40조 제3항).

대지권이 성립하기 위해서는, 1) 토지상에 집합건물이 존재하여야 하고, 2) 구분소유자가 당해 대지에 관하여 사용권을 취득하여야 하며, 3) 일체불가분성이 있어야 한다.

(1) 집합건물의 구분소유자들이 가지는 대지사용권의 내용

1동의 건물의 구분소유자들이 그 건물의 대지를 공유하고 있는 경우, 각 구분소유자는 별도의 규약이 존재하는 등의 특별한 사정이 없는 한 그 대지에 대하여 가지는 공유지분의 비율에 관계없이 그 건물의 대지전부를 용도에 따라 사용할 수 있는 적법한 권원(權原)을 가진다 할 것이고, 이러한 법리(法理)는 1필의 토지 위에 축조된 수동의 건물의 구분소유자들이 그 토지를 공유하고 있는 경우에도 마찬가지로 적용된다고 보아야 한다(대판 1995. 3. 14. 93다60144).

집합건물의 소유 및 권리에 관한 법률 제20조에 따라 분리처분이 금지되는 대지사용권이란 구분소유자가 전유부분을 소유하기 위하여 건물의 대지에 대하여 가지는 권리로서, 구분소유의 성립을 전제로 한다. 따라서 구분소유가 성립하기 전에는 집합건물의 대지에 관하여 분리처분금지 규정이 적용되지 않는다(대판 2018. 6. 28. 2016다219419. 219426).

(2) 전유부분과 대지사용권의 일체성

구분소유자의 대지사용권은 그가 가지는 전유부분의 처분에 따른다. 구분소유자는 그가 가지는 전유부분과 분리하여 대지사용권을 처분할 수 없다(집건법 제21조 1항 본문)고 규정하여 "전유부분과 대지사용권의 일체성"을 명시하고 있다. 다만, 규약으로써 달리 정한 경우에는 그러하지 아니하다(집건법 제20조 제1항, 제2항).

집합건물법 제20조에 의하여 분리처분이 금지되는 대지사용권이란 구분소유자가 전유부분을 소유하기 위하여 건물의 대지에 대하여 가지는 권리이므로, 구분소유자 아닌 자가 집합건물의 건축 전부터 전유부분의 소유와 무관하게 집합건물의 대지로 된 토지에 대하여 가지고 있던 권리는 같은 법 제20조에 규정된 분리처분금지의 제한을 받지 않는다(대판 2017. 9. 12. 2015다242849).

(가) 구분건물에 있어서 대지사용권의 전유부분에 대한 일체불가분성의 내용

구분건물의 대지사용권은 전유부분 및 공용부분과 분리처분이 가능한 규약이나 공정증서가 없는 때에는 전유부분과 종속적 일체불가분성이 인정되어 전유부분에 대한 경매개시결정과 압류의 효력이 당연히 종물 내지 종 된 권리인 대지사용권에도 미치며, 그와 같은 내용의 규약이나 공정증서가 있는 때에는 종속적 일체불가분성이 배제되어 전유부분에 대한 경매개시결정과 압류의 효력이 대지사용권에는 미치지 아니한다(대법원 1997. 6. 10. 97마814).

(나) 전유부분과 대지지분을 함께 매수하여 대금을 완납한 후 전유부분에 대한 소유권이전등기만 경료 받고 대지지분에 대하여는 소유권이전등기를 받지 못한 경우 매수인의 대지사용권여부(적극)

집합건물의 건축자로부터 전유부분과 대지지분을 함께 매수하여 그 대금을 모두 지급함으로써 소유권취득의 질적 요건은 갖추었지만 전유부분에 대한 소유권이전등기만 경료 받고 대지지분에 대하여는 소유권이전등기를 받지 못한 경우, 매수인은 매매계약의 효력으로써 건물의 대지를 점유 . 사용할 권리가 있으며, 매수인의 지위에서 전유부분의 소유를 위하여 가지는 위와 같은 대지의 점유 . 사용권이 집합건물법 제2조 제6호 소정의 대지사용권에 해당하며, 수분양자로부터 전유부분과 대지지분을 다시 매수하거나 증여 등의 방법으로 양수받거나 전전 양수받은 자 역시 당초 수분양자가 가졌던 이러한 대지사용권을 취득한다(대판 2000. 11. 16. 98다45652, 45669 전원합의체판결).

(다) 위 매수인이 대지지분에 대한 소유권이전등기 전에 대지사용권을 전유부분과 분리하여 처분할 수 있는지 및 대지지분을 양수인이 아닌 제3자에게 분리처분 할 수 있는지 여부(소극)

집합건물에 대하여 전유부분의 등기와 대지지분의 등기가 동시에 이루어져야 하나 특별한 사정으로 인하여 전유부분에 대하여만 소유권이전등기를 받은 매수인이 대지지분에 대한 소유권이전등기를 받기 전에 대지사용권을 전유부분과 분리하여 처분할 수 없을 뿐만 아니라,

전유부분 및 장래 취득할 대지지분을 다른 사람에게 양도한 후 그 중 전유부분에 한 소유권 이전등기를 경료해 준 다음 사후에 취득한 대지지분도 전유부분의 소유권을 취득한 양수인 이 아닌 제3자에게 분리처분하지 못하며, 이를 위반한 대지지분의 처분행위는 그 효력이 없 다(대판 2000. 11. 16. 98다45652, 45669. 전원합의체판결).

(라) 전유부분에 대한 경매개시결정과 압류의 효력

1) 전유부분에 대한 경매개시결정 및 압류의 효력이 대지사용권에 미치는지 여부

구분건물의 대지사용권은 전유부분 및 공용부분과 분리처분이 가능한 규약이나 공정증서 가 없는 때에는 전유부분과 종속적 일체불가분성이 인정되어 전유부분에 대한 경매개시결정 과 압류의 효력이 당연히 종물 내지 종된 권리인 대지사용권에도 미치며, 그와 같은 내용의 규약이나 공정증서가 있는 때에는 종속적 일체불가분성이 배제되어 전유부분에 대한 경매개 시결정과 압류의 효력이 대지사용권에는 미치지 아니한다(대법원 1997. 6. 10. 97마814).

2) 분양자의 수분양자에 대한 지적정리 후의 대지지분이전등기약정과 제3자의 전유부분경락 및 대지권취득여부(적극)

집합건물의 분양자가 수분양자에게 대지지분의 소유권이전등기나 대지권변경등기는 지적 정리 후에 해주기로 하고 전유부분의 소유권이전등기만을 마쳐 준 상태에서 전유부분에 대 한 경매절차가 진행되어 제3자가 이를 경락 받은 경우, 수분양자가 분양대금을 완납하지 않 더라도 경락인이 대지사용권을 취득하며 이때 경락인이 분양자와 수분양자를 상대로 대지지 분의 소유권이전등기절차이행 등을 청구할 수 있다(대판 2006.9.22. 2004다58611).

구분건물의 전유부분에 대한 저당권 또는 경매개시결정과 압류의 효력은 당연히 종물 내 지 종 된 권리인 대지사용권에 까지 미치고, 그에 터잡이 진행된 경매절차에서 전유부분을 경락받은 자는 그 대지사용권도 함께 취득한다(대판 2008.3.13. 2005다15048, 등기선례 6권 596항).

(마) 전유부분 만에 설정된 저당권의 효력과 대지사용권

구분건물의 전유부분 만에 관하여 설정된 저당권의 효력은 대지사용권의 분리처분이 가능하도록 규약으로 정하는 등의 특별한 사정이 없는 한 그 전유부분의 소유자가 사후에라도 대지사용권을 취득함으로써 전유부분과 대지권이 동일 소유자의 소유에 귀속하게 되었다면, 그 대지사용권에 까지 미치고 여기의 대지사용권에는 지상권 등 용익권 이외에 대지소유권도 포함된다(대판 1995. 8. 22. 94다12722).

구분건물의 전유부분 만에 관하여 저당권설정등기가 경료 된 후에 대지권등기가 경료 되면서 그 저당권설정등기는 전유부분 만에 관한 것이라는 취지의 부기등기가 직권으로 경료 되었다고 하더라도 이를 대지사용권의 분리처분이 가능하도록 규약으로 정하거나 공정증서로써 정한 경우에 해당한다고 볼 수 없다(대판 2001. 2. 9. 2000다62179).

(바) 구분소유자가 애초부터 대지사용권을 보유하지 않거나 대지사용권이 소멸한 경우

집합건물의 구분소유자가 애초부터 대지사용권을 보유하고 있지 않거나 대지사용권보유의 원인이 된 계약의 종료 등에 따라 대지사용권이 소멸한 경우에는 특별한 사정이 없는 한 집합건물법 제20조가 정하는 전유부분과 대지사용권의 일체적 취급이 적용될 여지가 없다(대판 2017. 9. 12. 2015다242849).

(사) 구분건물의 대지에 관하여 구분소유자 외의 다른 공유자가 있는 경우(부당이득반환 의무)

1동 건물의 구분소유자들이 당초 건물을 분양받을 당시 대지 공유지분 비율대로 건물의 대지를 공유하고 있는 경우에는 별도의 규약이 존재하는 등 특별한 사정이 없는 한 구분소유자들이 대지에 대하여 가지는 공유지분의 비율과 상관없이 대지 전부를 용도에 따라 사용할 수 있는 적법한 권한이 있으므로, 구분소유자들 사이에서는 대지 공유지분 비율의 차이를 이유로 부당이득반환을 구할 수 없다. 그러나 그 대지에 관하여 구분소유자 외의 다른 공유자가 있는 경우에는 공유물에 관하여 일반 법리에 따라 대지를 사용·수익·관리할 수 있다고 보아야 하므로, 특별한 사정이 없으면 구분소유자들이 무상으로 대지를 전부 사용·수익할 수 있는 권원을 가진다고 할 수 없고 다른 공유자는 대지 공유지분권에 기초하여 부당이득의 반환을 청구 할 수 있다(대판 2018. 6. 28. 2016다219419, 219426).

(아) 대지 사용권이 없는 전유부분의 소유자(부당이득반환의무)

　대지사용권이 없는 전유부분의 소유자는 법률상 원인 없이 전유부분의 대지를 점유하고 있으므로 대지 중 자기의 전유부분이 집합건물 전체 전유면적에서 차지하는 비율만큼의 차임에 해당하는 부당이득을 얻고 있고, 대지 지분 소유자는 그에 해당하는 손해를 입고 있다고 볼 수 있다. 따라서 특별한 사정이 없는 한 대지사용권이 없는 전유부분의 소유자는 위 지분의 소유자에게 부당이득을 반환할 의무가 있다.

　대지사용권이 없는 전유부분의 공유자는 위와 같이 대지 지분 소유자에게 부당이득을 반환할 의무가 있는데, 이 의무는 특별한 사정이 없는 한 불가분채무이므로, 일부지분만을 공유하고 있더라도 전유부분 전체 면적에 관한 부당이득을 반환할 의무가 있다(대판 2018. 6. 28. 2016다219419. 219426).

(3) 전유부분의 처분에 따른 대지사용권의 비율

　구분소유자가 둘 이상의 전유부분을 소유한 경우에는 각 전유부분의 처분에 따르는 대지사용권은 그가 가지는 전유부분의 면적비율에 따른다. 다만, 규약으로써 달리 정할 수 있다(집건법 제21조 제1항).

대지권비율의 계산방법은 아래와 같다 (법률출판사발행 최돈호 저 "부동산등기법" : 501면)

※ 대지권 비율의 계산방법

$$각\ 전유부분의\ 대지권의비율(D) = \frac{각호수별전유부분의면적(B)}{건물의총전유부분의면적(A)} \times 대지권의목적인\ 토지의총면적(C)$$

집합건물 대지권 계산표

면적 호수	전용면적(B)	공용면적	합계	연면적	대지면적(C)	대지권(D)
201	19.7	2.79	22.49	22.49		9.971
202	38.94	5.52	44.46	44.46		19.710
203	39.57	5.62	45.19	45.19		20.029
204	20.08	2.85	22.93	22.93		10.164
301	58.01	8.23	66.24	66.24		29.362
302	39.51	5.6	45.11	45.11		19.998
303	20.08	2.85	22.93	22.93		10.164
401	114.94	16.32	131.26	131.26		58.178
501	43.19	6.13	49.32	49.32		21.861
502	37.07	5.26	42.33	42.33		18.763
			0	0		0.000
			0	0		0.000
			0	0		0.000
합 계	431.09(A)	61.17	492.26	492.26	218.2	218.20

제7관 관리단·규약·공정증서

1. 관리단

건물에 대하여 구분소유관계가 성립되면 구분소유자전원을 구성원으로 하여 건물과 그 대지 및 부속시설의 관리에 관한 사업의 시행을 목적으로 하는 관리단이 설립된다(집건법 제23조 제1항). 구분소유자가 10인 이상일 때에는 관리단을 대표하고 관리단의 사무를 집행할 관리인을 선임하여야 한다(집건법 제 24조 제1항).

(1) 관리단의 설립절차(당연설립) 및 관리단집회 결의사항의 효력(결의에 반대한 자에도 효력발생)

집합건물법 제23조 제1항에서는 "건물에 대하여 구분소유관계가 성립되면 구분소유자는 전원으로써 건물 및 그 대지와 부속시설의 관리에 관한 사업의 시행을 목적으로 하는 관리단을 구성한다"고 규정하고 있으므로, 관리단은 어떠한 조직행의를 거쳐야 비로소 성립되는 단체가 니라 구분소유관계가 성립하는 건물이 있는 경우 당연히 그 구분소유자 전원을 구성원으로 하여 성립되는 단체이고, 관리단집회에서 적법하게 결의된 사항은 그 결의에 반대한 구분소유자에 대하여도 효력을 미친다(대판 1995. 3. 10. 94다49687, 49694, 1996. 8. 23. 94다27199).

(2) 관리단 해당여부의 판단기준

관리단은 구분소유자로 구성되어 있는 단체로서 집합건물법 제23조 제1항의 취지에 부합되는 것이면 그 존립형식이나 명칭에 불구하고 관리단으로서의 역할을 수행할 수 있으며, 구분소유자와 구분소유자가 아닌 자로 구성된 단체라 하더라도 구분소유자만으로 구성된 관리단의 성격을 겸유할 수도 있다(대판 1996. 8. 23. 94다27199).

(3) 집합건물의 관리로 인한 책임의 귀속주체 및 각 구분소유자의 책임의 범위

관리단이 실제로 조직되어 자치적 관리를 시작한 이상 구분소유건물의 관리에 관한 권한 및 책임은 종국적으로 동 관리단에 귀속되고, 만일 관리단이 그의 재산으로 채무를 완제할 수 없는 때에는 집합건물법 제23조 제1항에 의하여 구분소유자는 규약으로써 그 부담부분을 달리 정하지 않는 한 그가 가지는 전유부분의 면적의 비율에 따라 결정되는 공유지분의 비율로 관리단의 채무를 변제할 책임을 진다(대판 1997. 8. 29. 97다19625).

(4) 아파트의 전 입주자가 체납한 관리비가 아파트 관리규약의 정함에 따라 그 특별승계인에게 승계되는지 여부(공용부분에 한하여 승계)

아파트의 관리규약에서 체납관리비채권 전체에 대하여 입주자의 지위를 승계한 자에 대하여도 행사할 수 있도록 규정하고 있다 하더라도, '관리규약이 구분소유자 이외의 자의 권리를 해하지 못 한다'고 규정하고 있는 집합건물법 제28조 제3항에 비추어 볼 때, 관리규약으로 전 입주자의 체납관리비를 양수인에게 승계시키도록 하는 것은 입주자 이외의 자들과 사이의 권리 . 의무에 관련된 사항으로서 입주자들의 자치규범인 관리규약 제정의 한계를 벗어나는 것이고, 개인의 기본권을 침해하는 사항은 법률로 특별히 정하지 않는 한 사적자치의 원칙에 반한다는 점 등을 고려하면, 특별승계인이 그 관리규약을 명시적, 묵시적으로 승인하지 않는 이상 그 효력이 없다. ······ 아파트의 특별승계인은 전 입주자의 체납관리비 중 공용부분에 관하여는 이를 승계하여야 한다고 봄이 타당하다(대판 2001. 9. 20. 2001다8677 전원합의체판결).

2. 규약

(1) 규약의 설정 · 변경 · 폐지 결의

집건법 상의 규약은 동법이 공정증서로써 규약에 상당하는 것을 정할 수 있다고 특히 규정하고 있는 경우를 제외하고는 구분소유의 대상이 될 수 있는 건물이 신축된 후 최초의 분양이 이루어져 관리단이 설립된 후에야 비로소 그 관리단집회의 결의에 의하여 설정할 수 있는 것이다(대판 1995. 5. 26. 95누1156).

건물과 대지 또는 부속시설의 관리 또는 사용에 관한 구분소유자들 사이의 사항 중 집건법에서 규정하지 아니한 사항은 규약으로써 정할 수 있다(집건법 제28조 제1항). 규약의 설정, 변경, 폐지는 관리단 집회에서 구분소유자의 4분의 3이상 및 의결권의 4분의 3이상의 찬성을 얻어서 한다(동법 제29조 제1항). 규약은 관리인 또는 구분소유자나 그 대리인으로서 건물을 사용하고 있는 자 중 1인이 보관하여야 한다(동법 제30조 제1항).

(2) 규약의 효력

규약 및 관리단집회의 결의는 구분소유자의 특별승계인에 대하여도 효력이 있다(동법 제42조 제1항).

(3) 규약의 효력유무에 대한 판단기준

집합건물법 제28조는 "건물과 대지 또는 부속시설의 관리 또는 사용에 관한 구분소유자 상호간의 사항 중 이 법에서 규정하지 아니한 사항은 규약으로써 정할 수 있다"라고 규정하고 있고, 같은 법 제29조는 "규약의 설정은 관리단집회에서 구분소유자 및 의결권의 각 4분의 3 이상의 찬성을 얻어 행 한다"고 규정하여 단체자치의 원칙에 따라 자율적으로 규약을 제정할 수 있음을 명시하고 있는데, 이러한 절차에 따라 제정된 집합건물의 규약은 그 내용이 강행법규에 위반된다거나 구분소유자의 소유권을 필요하고 합리적인 범위를 벗어나 과도하게 침해 내지 제한함으로써 선량한 풍속 기타 사회질서에 위반된다고 볼 정도로 사회관념상 현저히 타당성을 잃었다고 여겨지는 등의 특별한 사정이 있는 경우를 제외하고는 이를 유효한 것으로 시인하여야 할 것이다(대판 2004. 5. 13. 2004다2243).

3. 공정증서

(1) 공정증서의 의의

공정증서라 함은 사법상의 법률행위 기타 사권(私權)에 관한 사실에 관하여 공증인이 일정한 방식에 따라 작성하는 증서를 말한다(공증인법 제26조, 제34조, 제35조).

(2) 공정증서로 정할 수 있는 사항

집건법 제1조(건물의 구분소유) 또는 제1조의2(상가건물의 구분소유)에 규정된 건물부분의 전부 또는 부속건물을 소유하는 자는 공정증서로써 집건법 제3조 제2항의 규약에 상응하는 것을 정할 수 있다(동법 제3조 제3항). 공정증서로 정할 수 있는 사항은 규약으로 정할 수 있는 권리내용에 관한 사항 중 공용부분의 공유지분에 관한 사항을 제외한 나머지 사항이다. 이 공정증서는 규약의 일부를 구성하는 것이므로 그 변경, 폐지는 규약의 변경, 폐지절차에 따라야 한다.

4. 등기신청서의 신청정보 및 첨부정보

(1) 등기신청서의 신청정보

구분건물의 등기를 신청하는 경우에는 1동의 건물의 표시로서 소재지번, 건물명칭 및 번호, 구조, 종류, 면적, 전유부분의 건물의 표시로서 건물번호, 구조, 면적, 대지권이 있는 권리의 표시를 신청정보의 내용으로 등기소에 제공하여야 한다(규칙 제43조 제1항 1호 다 목).

(2) 등기신청서의 첨부정보

구분건물에 대하여 대지권(부동산등기법 제40조 제3항)의 등기를 신청할 때 다음 각 호의 어느 하나에 해당되는 경우에는 해당 규약이나 공정증서를 첨부정보로써 등기소에 제공하여야 한다(규칙 제46조 제2항).

1. 대지권의 목적인 토지가 집건법 제4조에 따른 건물의 대지인 경우
2. 각 구분소유자가 가지는 대지권의 비율이 집건법 제21조 제1항 단서 및 제2항에 따른 비율인 경우
3. 건물의 소유자가 그 건물에 속하는 1동의 건물이 있는 집건법 제2조 제5호에 따른 건물의 대지에 대하여 가지는 대지사용권이 대지권이 아닌 경우

제8관 구분건물의 대지권등기(건물의 표시에 관한 등기)

1. 대지권등기의 의의

구분건물의 대지권이 있는 경우 그 등기를 하지 않으면 구분건물과 대지권이 분리처분 될 가능성이 존재하므로 부동산등기법은 대지권등기제도를 두고 있는바 이것은 구분건물에만 인정되는 독특한 등기제도이다. 대지권등기는 전유부분과 일체로서 처분되는 토지의 권리관계를 토지등기기록이 아닌 건물등기기록에 기록하여 그 등기의 효력이 토지에 미치도록 하는 것이다.

즉, 대지권등기란 일체로서 처분되어야 할 전유부분과 대지사용권에 관한 권리관계의 공시를 건물등기기록으로 일원화키는 등기(법 제40조 제3항 및 집건법 제20조 제2항 전단)로서, 건물등기기록에 하는 대지권표시의 등기이다.

2. 대지권등기의 성립요건

대지권이 성립하기 위하여는 첫째, 토지상에 집합건물이 존재하여야 하며, 둘째, 구분소유자가 해당 대지에 대하여 대지사용권을 가지고 있어야 하며, 셋째, 전유부분과 대지사용권에 대하여 처분의 일체성이 있어야 한다(집건법 제20조 제2항 전단).

(1) 대지권 등기절차

건물의 등기기록에 대지권의 등기를 할 때에는 1동의 건물의 표제부 중 대지권의 목적인 토지의 표시란에 표시번호, 지목, 면적과 등기연월일을, 전유부분의 표제부 중 대지권의 표시란에 표시번호, 대지권의 목적인 토지의 일련번호, 대지권의 종류, 대지권의 비율, 등기원인 및 그 연월일과 등기연월일을 각 각각 기록하여야 한다(규칙 제88조 제1항).

(2) 대지권이라는 뜻의 등기

대지권의 목적인 토지의 등기기록에 부동산등기법 제40조 제4항의 대지권이라는 뜻의 등기를 할 때에는 해당 구에 어느 권리가 대지권이라는 뜻과 그 대지권을 등기한 1동의 건물을 표시할 수 있는 사항 및 그 등기연월일을 기록하여야 한다(규칙 제89조 제1항).

(3) 지역권이 설정된 토지

지역권이 설정되어 있는 토지(승역지)를 대지권의 목적으로 하는 대지권등기를 할 수 있다. 다만, 등기관은 직권으로 그 건물의 등기기록 중 전유부분 표제부에 토지 등기기록에 별도의 등기가 있다는 뜻을 기록하여야 한다(2017. 5. 15. 부동산 등기과 – 1158).

3. 건물의 표시에 관한 등기

(1) 건물의 표시에 관한 등기사항

등기할 건물이 구분건물인 경우에 등기관은 건물의 소재, 지번 및 건물번호 대신 1동의 건물의 표제부에는 소재와 지번, 건물명칭 및 번호를 기록하고 전유부분의 등기기록의 표제부에는 건물번호를 기록하여야 한다(법 제40조 제2항). 부동산의 표시에 관한 등기는 부동산의 현황을 명확히 하기 위하여 등기기록의 표제부에 기록하는 것이다. 따라서 당사자가 소유권보존등기의 신청은 하지 않고서 부동산의 표시에 관한 등기만을 신청할 수는 없음이 원칙이다.

(2) 대지권의 목적인 토지의 표시에 관한 사항의 등기

구분건물에 집건법 제2조 제6호의 대지사용권으로서 건물과 분리하야 처분할 수 없는 것 (이하 "대지권"이라함)이 있는 경우에는 등기관은 부동산등기법 제40조(등기사항) 제2항에 따라 기록하여야 할 사항 외에 1동의 건물의 등기기록의 표제부에 대지권의 목적인 토지의 표시에 관한 사항을 기록하여야 한다(법제 40조 제3항).

4. 신청정보의 내용

구분건물에 관한 등기를 신청하는 경우에는 다음 각 호의 사항을 신청정보의 내용으로 등기소에 제공하여야 한다. 즉, 1동의 건물의 표시로서 소재지번, 건물명칭 및 번호, 구조, 종류, 면적, 전유부분의 건물의 표시로서 건물번호, 구조, 면적, 대지권이 있는 경우 그 권리의 표시, 다만 1동의 건물의 구조, 종류, 면적은 건물의 표시에 관한 등기나 소유권보존등기를 신청하는 경우로 한정한다(규칙 제43조 제1항 다목).

5. 구분건물 중 일부 만에 관한 소유권보존등기절차(건물의 표시에 관한 등기 와 동시신청)

1동의 건물을 구분한 건물은 1동의 건물에 속하는 전부에 대하여 1개의 등기기록을 사용 (법 제15조 제1항 단서)하기 때문에 1동의 건물에 속하는 구분건물의 전부를 소유하는 자가 '일괄신청'하거나, 각 구분건물의 소유자가 다른 경우에는 각자 자기소유의 구분건물에 관한 보존등기를 '동시에 신청'하는 것이 바람직하다.

따라서 1동의 건물에 속하는 구분건물 중 일부 만에 관하여 소유권보존등기를 신청하는 경우에는 나머지 구분건물의 표시에 관한 등기를 동시에 신청하여야 한다(법 제46조 제1항). 이 경우에 구분건물의 소유자는 1동에 속하는 다른 구분건물의 소유자를 대위하여 그 건물의 표시에 관한 등기를 신청할 수 있다(법 제46조 제2항).

구분건물이 아닌 건물로 등기된 건물에 접속하여 구분건물을 신축한 경우에 그 신축건물의 소유권보존등기를 신청할 때에는 구분건물이 아닌 건물을 구분건물로 변경하는 건물의 표시변경등기를 '동시에 신청'하여야 한다. 이 경우 법 제46조 제2항을 준용한다(법 제46조 제3항).

6. 대지권등기의 성질(건물의 표시에 관한 등기)

대지권등기(법 제40조 제3항)는 그 자체가 물권변동을 공시하는 권리등기가 아니고, 구분건물과 일체화된 대지사용권이 있음을 건물 등기기록의 표제부에 공시하는 것에 불과하므로 '구분건물의 표시에 관한 등기'로서의 성질을 갖는다.

7. 대지권등기의 효력

(1) 대지권등기와 분리처분의 금지

구분건물의 등기기록에 대지권의 표시등기와 대지권의 목적인 토지의 등기기록에 대지권이라는 뜻의 등기를 하게 되면 그 후에 전유부분과 대지사용권에 대하여 일체적으로 생기는 물권변동은 구분건물의 등기기록에 공시되고 그 효력은 대지권에 대하여도 미치게 된다.

따라서 토지 또는 건물의 어느 일방에만 관한 등기신청은 원칙적으로 허용되지 않는다. 즉, 구분건물의 전유부분과 대지사용권의 분리처분금지(집건법 제20조 제2항 전단)에 위반한 등기신청(규칙 제52조 제3호)은 '사건이 등기할 것이 아닌 경우'에 해당되어 각하된다(법 제29조 제2호).

(2) 등기의 일체적 효력

구분소유자의 대지사용권은 그가 가지는 전유부분의 처분에 따른다(집건법 제20조 제1항). 대지권을 등기한 후에 한 건물의 권리에 관한 등기는 대지권에 대하여 동일한 등기로서 효력이 있다. 다만, 그 등기에 건물만에 관한 것이라는 뜻의 부기가 되어 있을 때에는 그러하지 아니하다(법 제61조 제1항).

(3) 대지권등기 전에 마쳐진 등기의 효력

대지권 발생 전에 토지와 건물의 어느 일방에 마쳐진 등기는 그 후 대지권등기를 하더라도 그 효력이 다른 일방에 미치지 않는다.

(4) 분리처분금지의 배제

구분소유자가 규약으로 전유부분과 대지사용권을 분리하여 처분할 수 있음을 정한 때에는 전유부분과 대지사용권의 처분의 일체성이 배제된다(집건법 제20조 제2항 단서).

제9관 대지권의 사후취득에 따른 대지권등기

집합건물을 신축하여 분양하는 자는 대지사용권을 사후에 취득하여 건물이 완공되면 건물에 관하여 소유권보존등기를 함과 동시에 대지권등기를 마친 다음 건물과 대지권에 대하여 동시에 수분양자 앞으로 소유권이전등기를 해주는 것이 원칙이다.

구분건물을 신축한 자가 대지사용권을 가지고 있으나 지적정리 미필 등의 사유로 대지권등기를 하지 못한 상태에서 구분건물에 대하여만 소유권보존등기를 한 후 수분양자에게 이전등기를 하여준 경우(법 제60조 제1항) 또는 구분건물을 신축하여 양도한 자가 그 건물의 대지사용권을 나중에 취득하여 이전하기로 약정한 경우(법 제60조 제2항), 그 후에 어떠한 방법으로 구분건물의 소유자에게 대지권등기를 하여 줄 것인가가 '대지권의 사후취득에 따른 대지권등기'로서 문제된다.

1. 대지사용권의 사후취득에 따른 대지권등기절차

(1) 대지지분이전등기와 대지권에 관한 등기의 동시신청

부동산등기법 일부개정법률(2006.5.10. 법률 제7954호, 시행일 2006.6.1.)시행 후에는 현재의 구분건물의 소유명의인과 구분건물을 신축한 자(분양자)가 공동으로 대지(토지 지분)사용권에 관한 이전등기신청을 할 수 있으며, 위 등기신청과 동시에 대지권표시의 등기를 신청하여야한다.

(가) 구분건물을 신축한 자가 건물에 관하여만 소유권이전등기를 한 경우

구분건물을 신축한 자가 집합건물법 제2조 제6호의 대지사용권을 가지고 있는 경우에 대지권에 관한 등기를 하지 아니하고 구분건물에 관하여만 소유권이전등기를 마쳤을 때에는 현재의 구분건물의 소유명의인과 공동으로 대지사용권에 관한 이전등기를 신청할 수 있다(법 제60조 제1항).

(나) 구분건물을 신축하여 양도한 자가 대지사용권을 후에 취득하여 이전하기로 약정한 경우

구분건물을 신축하여 양도한 자가 그 건물의 대지사용권을 나중에 취득하여 이전하기로 약정한 경우에는 양도한 자가 대지사용권을 가지고 있는 때에는 현재의 구분건물의 소유명의인과 공동으로 대지사용권에 관한 이전등기를 신청할 수 있다(법 제60조 제2항).

(2) 대지지분이전등기와 대지권등기의 동시신청

부동산등기법 제60조 제1항 및 제2항에 따른 대지사용권에 관한 이전등기는 대지권에 관한 등기와 '동시'에 신청하여야 한다(법 제60조 제3항, 등기선례 제8권320항).

2. 구분건물이 전전양도 된 경우

(1) 분양자로부터 전유부분의 최종소유명의인에게 직접 지분이전등기신청

구분건물이 전전양도 된 경우라 하더라도 전유부분의 최종 소유명의인은 중간자명의의 등기를 생략(중간생략등기의 허용)하고 분양자로부터 직접 자신에게 지분이전등기를 공동(법 제23조 제1항) 또는 판결(법 제23조 제4항)을 얻어 단독으로 신청할 수 있다. 구분소유자의 대지사용권은 그가 가지는 전유부분의 처분에 따르기 때문에(집건법 제20조 제1항) 구분건물의 소유자는 전유부분에 대한 소유권이전등기를 함으로써(즉, 대지에 대한 지분이전등기 전에) 이미 대지사용권을 취득한 것이므로 중간자명의의 지분이전등기를 거칠 필요가 없기 때문이다.

(2) 판례

분양자가 전유부분의 소유자인 경락인을 위하여 하는 부동산등기법시행규칙 제60조의2 (대지사용권의 사후취득. 현행법 제60조)에 의한 대지권변경등기는 그 형식은 건물의 표시변경등기이나 실질은 당해 전유부분의 최종 소유자가 그 등기에 의하여 분양자로부터 바로 대지권을 취득하게 되는 것이어서 분양자로부터 전유부분의 현재의 최종 소유명의인에게 하는 '토지에 관한 공유지분이전등기'에 해당되고, 그 의사표시의 진술만 있으면 분양자와 중간소유자의 적극적인 협력이나 계속적인 행위가 없더라도 그 목적을 달성할 수 있으므로, 전유부분의 소유권자는 분양자로부터 직접 대지권을 이전받기 위하여 분양자를 상대로 대지권변경등기절차의 이행을 소구할 수 있다(대판 2004.7.8. 2002다40210).

3. 등기신청서의 기재사항 및 첨부서면

(1) 등기원인의 기재방법

대지지분이전등기는 매매계약서에 의한 등기가 아니므로 등기원인은 매매가 아니라 '0000년 0월 0일(전유부분에 관한 소유권이전등기를 마친 날) 건물 00동 00호 전유부분취득'으로 기재한다.

(2) 첨부서면

(가) 등기필정보 및 인감증명의 제공

대지지분이전등기신청서에는 별도의 등기원인증서인 최초분양계약서나 매매계약서, 등기권리자의 주소를 증명하는 서면을 첨부할 필요가 없다(규칙 제46조 제4항). 그러나 공동신청이기 때문에 등기필정보의 제공은 필요하며(법 제50조 제2항), 분양자의 인감증명은 부동산매도용인감이 아닌 일반인감을 첨부하면 된다(규칙 제60조 제1항 1호).

(나) 취득세(등록면허세)의 납부 및 국민주택채권의 매입

취득세는 최초의 수분양자 등이 건물과 토지에 관하여 이미 납부한 것을 증명하는 정보를 제공한 경우에는 다시 납부할 필요가 없으며, 표시변경등기(대지권등기)의 등록면허세만 납부하면 된다. 국민주택채권의 경우도 위와 같다.

제10관 구분건물의 소유권보존등기

구분건물의 소유권보존등기절차는 집합건물의 특성상 일반건물의 소유권보존등기(법 제65조)와는 다른 아래와 같은 특칙이 있다.

1. 소유권보존등기신청인(구분소유자 전원의 일괄신청)

구분건물의 소유권보존등기는 부동산등기법 제65조(소유권보존등기의 신청인)의 각 호의 1에 해당하는 자가 신청할 수 있으나 다음과 같은 특칙이 있다.

1동의 건물을 구분한 건물에 있어서는 1동의 건물에 속하는 전부에 대하여 1개의 등기기록을 사용하여야 하므로(법 제15조 제1항 단서), 구분건물의 소유권보존등기는 1동의 건물에 속하는 구분건물의 전부를 소유하는 자가 '일괄신청'하거나 각 구분건물의 소유자가 다른 경우에는 각자 자기소유의 구분건물에 관한 소유권보존등기를 '동시에 신청'하여야 한다.

2. 구분건물 중 일부 만에 관한 소유권보존등기절차

1동의 건물에 속하는 구분건물 중 일부 만에 관하여 소유권보존등기를 신청하는 절차에 관하여는 앞의 '제8관 5. 구분건물 중 일부 만에 관한 소유권보존등기절차(건물의 표시에 관한 등기의 동시신청)' 참조.

3. 소유권보존등기신청서의 기재사항

(1) 부동산의 표시

'1동의 건물의 표시'에는 부동산등기법 제40조 제1항 내지 제3항 및 부동산등기규칙 제43조 제1항 제1호 다 목의 사항을 기재하여야 하며, '전유부분의 표시'에는 부동산등기법 제40조 제2항 및 부동산등기규칙 제43조 제1항 제1호 다 목의 사항을 기재하여야 하며, '대지권의 표시'는 부동산등기법 제40조 제3항 및 부동산등기규칙 제43조 제1항 제1호 다 목의 사항을 기재하여야 한다.

(2) 신청근거조항의 표시

부동산등기법 제65조에 따라 소유권보존등기를 신청하는 경우에는 법 제65조 각 호의 어느 하나에 따라 등기를 신청한다는 뜻을 신청정보의 내용으로 제공하여야 한다. 이 경우 등기원인과 그 연월일은 제공할 필요가 없다(규칙 제121조 제1항).

4. 소유권보존등기신청서의 첨부정보

구분건물의 소유권보존등기신청서의 일반적인 첨부정보(규칙 제46조 각항의 첨부정보)외에 구분건물의 소유권보존등기신청서의 첨부정보에 관하여만 설명한다.

(1) 규약 또는 공정증서

구분건물에 대하여 대지권의 등기를 신청할 때 다음 각 호의 어느 하나에 해당되는 경우에는 규약이나 공정증서를 첨부정보로서 제공하여야 한다(규칙 제46조 제2항).

1. 대지권의 목적인 토지가 집건법 제4조에 따른 건물의 대지인 경우
2. 각 구분소유자가 가지는 대지권의 비율이 집건법 제21조 제1항 단서 및 제2항에 따른 비율인 경우
3. 건물의 소유자가 그 건물에 속하는 1동의 건물이 있는 집건법 제2조 제5호에 따른 건물의 대지에 대하여 가지는 대지사용권이 대지권이 아닌 경우

(2) 건축물대장등본

구분건물의 소유권보존등기를 신청하는 경우에는 건물의 표시를 증명하는 건축물대장정보나 그 밖의 정보를 등기소에 제공하여야 한다(규칙 제121조 제2항).

(3) 도면

구분건물에 대한 소유권보존등기를 신청하는 경우에는 1동의 건물의 소재도, 각 층의 평면도와 전유부분의 평면도를 등기소에 제공하여야 한다(규칙 제121조 제4항).

제11관 대지권등기의 실행

1. 대지권의 등기

건물의 등기기록에 대지권의 등기를 할 때에는 1동의 건물의 표제부 중 대지권의 목적인 토지의 표시란에 표시번호, 대지권의 목적인 토지의 일련번호, 대지권의 종류, 대지권의 비율, 등기원인 및 그 연월일과 등기연월일을 각각 기록하여야 한다(규칙 제88조 제1항 전단).

2. 대지권이라는 뜻의 등기

대지권의 목적인 토지의 등기기록에 부동산등기법 제40조 제4항의 대지권이라는 뜻의 등기를 할 때에는 해당 구에 어느 권리가 대지권이라는 뜻과 그 대지권을 등기한 1동의 건물을 표시할 수 있는 사항 및 그 등기연월일을 기록하여야 한다(규칙 제89조 제1항).

3. 별도의 등기가 있다는 뜻의 기록

부동산등기규칙 제89조에 따라 대지권의 목적인 토지의 등기기록에 대지권이라는 뜻의 등기를 한 경우로서 그 토지등기기록에 소유권보존등기나 소유권이전등기 외의 소유권에 관한 등기 또는 소유권 외의 권리에 관한 등기가 있을 때에는 등기관은 그 건물의 등기기록 중 전유부분의 표제부에 '토지등기기록에 별도의 등기가 있다는 뜻'을 기록하여야 한다(규칙 제90조 제1항 전단). 토지등기기록에 별도의 등기가 있다는 뜻의 기록의 전제가 된 등기가 말소되었을 때에는 등기관은 그 뜻의 기록도 말소하여야 한다(규칙 제90조 제3항).

4. 대지권의 변경, 경정, 또는 소멸의 등기

대지권의 변경, 경정 또는 소멸의 등기를 할 때에는 부동산등기규칙 제 87조 제1항을 준용한다(규칙 제91조 제1항). 대지권인 권리가 대지권이 아닌 것으로 변경되어 규칙 제91조 제3항의 등기를 한 경우에는 그 권리자를 표시하고, 같은 항의 등기를 함에 따라 등기를 하였다는 뜻과 그 연월일을 기록하여야 한다(규칙 제93조 제1항).

대지권이 아닌 것을 대지권으로 한 등기를 경정하여 규칙 제91조 제3항의 등기를 한 경우에 대지권을 등기한 건물 등기기록에 법 제61조 제1항에 따라 대지권의 이전등기로서의 효력이 있는 등기가 있을 때에는 그 건물의 등기기록으로부터 토지의 등기기록 중 해당 구에 그 등기를 전부 전사하여야 한다(규칙 제94조 제1항).

5. 대지권의 말소등기

대지권이 대지권이 아닌 것으로 되거나 대지권 자체가 소멸한 경우에는 대지권등기를 말소하는 의미의 구분건물표시변경등기를 신청하여야 한다. 이 경우 등기의 목적은 '구분건물표시변경(대지권등기의 말소)'로, 등기원인 및 그 연월일은 '0000년 0월 0일 대지권이 아닌 것으로 됨'이라고 기재한다.

제12관 공용부분

공용부분이란 전유부분 외의 건물부분, 전유부분에 속하지 아니하는 건물의 부속물 및 집건법 제3조 제2항 및 제3항에 따라 공용부분으로 된 부속의 건물을 말한다(동법 제2조 제4호).

1. 구조상의 공용부분

(1) 구조상의 공용부분의 귀속(구분소유자 전원의 공유) 및 사용

여러 개의 전유부분으로 통하는 복도, 계단, 그 밖에 '구조상' 구분소유자 전원 또는 일부의 공용(共用)에 제공되는 건물부분('구조상의 공용부분')은 구분소유권의 목적으로 할 수 없다(집건법 제3조 제1항). 공용부분은 구분소유자 전원의 공유에 속하며(동법 제10조 제1항 전단), 각 공유자는 공용부분을 그 용도에 따라 사용할 수 있다(동법 제11조).

(2) 공용부분에 대한 공유자의 지분과 전유부분의 일체성

공용부분에 대한 공유자의 지분은 그가 가지는 전유부분의 처분에 따르며, 공유자는 그가 가지는 전유부분과 분리하여 공용부분에 대한 지분을 처분할 수 없다(동법 제13조 제1~2항).

(3) 공용부분에 대한 물권변동의 등기가부(소극)

공용부분에 관한 물권의 득실변경은 등기가 필요하지 아니한다(동법 제13조 제3항). 구부동산등기법(1984. 4. 10. 법률 제3726호로 개정 전) 제104조 내지 제107조는 수인이 한 채의 건물을 구분소유 하는 경우 그 구분소유자의 등기에 관해서만 고려를 하고 있을 뿐 공용부분에 관해서는 하등 고려한 바 없으므로 구분된 전용부분 구분소유자의 특약에 의하여 공유된 구분건물을 제외하고는 건물의 구조상 구분소유자의 공용으로 되어 있는 건물부분에 대하여는 현행법상 등기능력을 인정할 수 없다(대판 1976. 4. 27. 74다1244).

(4) 공용부분을 구분소유권의 목적으로 할 수 있는지 여부(소극)

집합건물 중 여러 개의 전유부분으로 통하는 복도, 계단 그 밖에 구조상 구분소유자의 전원 또는 일부의 공용에 제공되는 건물부분은 공용부분으로서 구분소유권의 목적이 될 수 없다. 이 때 건물의 어느 부분이 구분소유자의 전원 또는 일부의 공용에 제공되는지는 소유자들 사이에 특단의 합의가 없는 한 건물의 구조에 따른 객관적인 용도에 의하여 결정된다. 따라서 건물에 관하여 구분소유가 성립될 당시 객관적인 용도가 공용부분인 건물부분을 나중에 임의로 개조하는 등으로 이용 상황을 변경하거나 집합건축물대장에 전유부분으로 등록하고 소유권보존등기를 하였더라도 그로써 공용부분이 전유부분이 되어 어느 구분소유자의 전속적인 소유권의 객체가 되지는 않는다(대판 2016. 5. 27. 2015다77212).

(5) 다세대주택의 지하층을 위법하게 건축한 경우(공용부분추정)

집합건물 중에서 전유부분소유자들이 함께 사용하는 것이 일반적인 건물부분의 경우에는 구분소유권의 성립여부가 전유부분 소유자들의 권리관계나 거래의 안전에 미치는 영향을 고려하여 구분의사의 표시행위가 있었는지를 신중하게 판단하여야 한다. 다세대주택의 지하층은 구분소유자들이 공동으로 사용하는 경우가 적지 않은데, 다세대주택인 1동의 건물을 신축하면서 건축허가를 받지 않고 위법하게 지하층을 건축하였다면 처분권자의 구분의사가 명확하게 표시되지 않은 이상 공용부분으로 추정하는 것이 사회관념이나 거래관행에 부 합한다(대판 2018. 2. 13. 2016다245289).

2. 규약상 공용부분

(1) 규약상 공용부분이라는 뜻의 등기

구분건물의 건물부분과 부속의 건물은 규약으로써 공용부분으로 정할 수 있으며, 구분건물부분의 전부 또는 부속건물을 소유하는 자는 공정증서로써 규약에 상응하는 것을 정할 수 있다(동법 제3조 제2~3항). 이 경우에는 공용부분이라는 취지를 등기하여야 한다(동법 제3조 제4항).

구조상 공용부분(복도, 계단, 기계실 등)은 독립하여 등기능력이 없으므로 문제가 없으나, 규약상 공용부분은 구분소유권의 목적이 될 수 있는 전유부분과 부속건물을 규약에 의하여 공용부분으로 정한 것이므로 구조상으로만 보아서는 공용부분인지 여부가 명백하지 않아 이것을 객관적으로 공시할 필요가 있다. 이에 따라 집건법 제3조 제4항은 이 경우에는 '공용부분이라는 취지'를 등기하여야 한다고 규정하고 있다.

(가) 등기신청인

규약상 공용부분이라는 뜻의 등기는 규약에서 공용부분으로 정한 구분건물 또는 부속건물의 소유권의 등기명의인이 신청하여야 한다. 이 경우 공용부분인 건물에 소유권 이외의 권리에 관한 등기가 있을 때에는 그 권리의 등기명의인의 승낙이 있어야 한다(법 제47조 제1항).

공용부분이라는 뜻을 정한 규약을 폐지한 경우에 공용부분의 취득자는 지체 없이 소유권보존등기를 신청하여야 한다(동조 제2항).

(나) 등기신청서의 기재사항

규약상 공용부분이라는 뜻의 등기신청서의 등기의 목적은 '공용부분이라는 뜻의 등기', 등기원인은 '규약의 설정', 등기연월일은 '규약설정일(또는 공정증서의 작성일)'을 각 기재한다.

(다) 등기신청서의 첨부서면

등기신청서의 첨부서면으로 그 건물을 공용부분으로 정한 규약 또는 공정증서를 첨부하여야 하며, 그 건물에 소유권의 등기 외의 권리에 관한 등기가 있을 때에는 그 등기명의인의 승낙이 있음을 증명하는 정보 또는 이에 대항 할 수 있는 재판이 있음을 증명하는 정보를 등기소에 제공하여야 한다(규칙 제104조 제1항). 그 외에 통상의 변경등기신청에 따른 등록면허세 와 등기신청수수료를 납부한 증명서를 제출하여야 한다.

(2) 공용부분이라는 뜻의 등기의 말소

규약상 공용부분은 필요한 경우 언제든지 공용부분으로 정한 규약(집건법 제3조 제2~3항)을 폐지하여 독자적인 등기능력을 가지는 건물로 되돌릴 수 있다. 이에 따라 규약을 폐지한 경우에는 소유권보존등기를 신청(규칙 제104조 제4항)하면서 규약의 폐지를 증명하는 정보를 등기소에 제공한 후 등기관이 규칙 제104조 제4항에 따라 소유권보존등기를 하였을 때에는 공용부분이라는 뜻의 등기를 말소하여야 한다(규칙 제104조 제5항).

<table>
<tr><td colspan="2" style="text-align:center">구분건물 표시변경 등기신청</td><td colspan="2" style="text-align:center">(대지권등기)
<전 면></td></tr>
</table>

접 수	년 월 일 제 호	처 리 인	등기관 확인	각종 통지
부 동 산 의 표 시				

1동의 건물의 표시 서울특별시 서초구 서초동 100
수명산파크 3단지 제 상가 동

전유부분의 건물의 표시
건물의 번호 : 상가 - 1 - ○○○
구   조 : 철근콘크리트구조
면   적 : 1층 101호 26.88 ㎡

등기원인과 그 연월일	2010년 11월 28일 토지소유권취득
등기의 목적	구분건물의 표시변경(대지권의 표시)
대지권의 표시	토지의 표시 : 1. 서울특별시 서초구 서초동 100번지 대 25157.6㎡ 대지권의 종류 : 소유권 대지권의 비율 : 25157.6분의 29.731

구 분	성 명 (상호·명칭)	주민등록번호 (등기용등록번호)	주 소(소재지)	지 분
등 기 권 리 자	김 갑 돌		서울특별시 중구 다동 5	

과 세 표 준		
등 록 세	금	원정
교 육 세	금	원정
합 계 금	금	원정
부속서류	1. 등록면허세 영수필확인서 1통 1. 위임장 1통 1. 주민등록등본은 전건원용함 1통 1. 규약(공유대지 배분표) 1통 1. 등기신청수수료현금영수필확인서 1통	

년   월   일

위 신 청 인
대 리 인 법무사 ○ ○ ○
서울 양천구 신월로 373

서울중앙지방법원 등기과 귀중

법무사 ○ ○ ○ (인)

제3절　소유권이전등기

제1관 소유권이전등기

1. 소유권이전등기

　부동산소유권의 이전등기는 부동산의 소유권이 법률행위(매매·증여 등) 또는 법률의 규정(상속·판결 등)에 의하여 어떤 사람에게 귀속되어 있던 소유권이 다른 사람에게 옮겨가거나 그 지위가 승계되는 때 이를 공시하기 위하여 하는 등기를 말한다(민법 제186조, 제187조).

　소유권이전등기는 등기원인이나 물권의 발생형태에 따른 구분 없이 공동신청에 의하는 것이 원칙(법 제23조 제1항)이고, 단독신청은 상속·판결(법 제23조 제3항, 제4항)·수용(법 제99조 제1항)과 같이 법에 규정되어 있는 경우에만 허용된다.

2. 소유권이전등기와 주소변경의 직권등기

　등기관이 소유권이전등기를 할 때에 등기명의인의 주소변경으로 신청정보 상의 등기의무자의 표시가 등기기록과 일치하지 아니하는 경우라도 첨부정보로서 제공된 주소를 증명하는 정보에 등기의무자의 등기기록 상의 주소가 신청정보 상의 주소로 변경된 사실이 명백히 나타나면 직권으로 등기명의인표시의 변경등를 하여야 한다(규칙 제122조).

제2관 소유권의 일부이전

1. 소유권의 일부이전

　"소유권의 일부이전"이라 함은 단독소유를 공유로 하거나(지분의 설정적 이전) 또는 공유물의 지분을 단순히 이전하는 것을 말하므로, 1필의 토지의 일부를 양도하는 것은 소유권의 일부이전이 아니다. 그러한 경우에는 분필의 등기를 한 다음에 소유권이전등기를 하게 된다. 공유물 분할의 경우에는 각 공유자 사이에 각 지분의 교환적 이전이 있기 때문에 구 부동산등기법 제89조(신법 제67조)의 절차에 의하여야 한다.

2. 지분의 표시

소유권의 일부이전의 등기를 신청하는 경우에는 신청서에 그 지분을 표시하고 만일 등기원인에 민법 제268조 제1항 단서의 약정(공유물을 분할하지 아니하는 약정)이 있는 때에는 이를 기재하여야 한다(법 제67조 제1항). 법 제67조 제1항 후단의 약정의 변경등기는 공유자 전원이 공동으로 신청하여야 한다(법 제67조 제2항). 부동산을 수인에게 지분으로 이전하는 경우 그 지분은 당사자가 임의로 정할 수 있으나 지분의 총합은 1 이 되어야 한다(등기선례요지집 제1권 411항). 등기할 권리자가 2인 이상일 때에는 그 지분을 신청정보의 내용으로 등기소에 제공하여야 한다(규칙 제105조 제1항).

3. 소유권의 일부 이전등기절차

소유권의 일부에 대한 이전등기를 신청하는 경우에는 이전되는 지분을 신청정보의 내용으로 등기소에 제공하여야 한다. 이 경우 등기원인에 「민법」 제268조제1항 단서의 약정이 있을 때에는 그 약정에 관한 사항도 신청정보의 내용으로 등기소에 제공하여야 한다(규칙 제123조).

4. 1필의 토지 일부를 특정하여 취득하고 등기는 편의상 전체에 관하여 공유지분등기를 경료한 경우

1필지 토지 일부를 특정하여 취득하고 등기는 편의상 전체에 관하여 공유지분등기를 경료한 경우 그 특정부분이외 부분에 관한 등기는 상호 명의신탁에 의한 수탁자의 등기로서 유효하고 적어도 외부관계에 있어서는 1필지 전체에 관하여 적법한 공유관계가 성립되어 그 공유지분 이전등기는 내부관계에 있어 소유권을 취득한 특정부분에 한하지 않고, 그 전부에 대하여 유효하게 이전될 수 있다(1979. 6. 26. 79다741).

5. 공유자의 지분을 이전하는 경우 등기의 목적 및 공유자 지분의 기재방법

(1) 등기의 목적의 기재방법(등기예규 제1313호)

(가) 공유자인 갑의 지분을 전부 이전하는 경우

등기의 목적은 "갑지분 전부이전"으로 기재한다.

(나) 공유자인 갑의 지분을 일부 이전하는 경우

1) 등기의 목적은 "갑지분 ○분의 ○ 중 일부(○분의 ○)이전"으로 기재하되, 이전하는 지분은 부동산 전체에 대한 지분을 명시하여 괄호 안에 기재하여야 한다.

┌─── 《 예 시 》 ────────────────────────────
갑지분 2 분의 1 중 2 분의 1 을 이전받은 경우
"갑지분 2 분의 1 중 일부(4 분의 1)이전"
└──

2) 다만 이전하는 갑의 지분이 별도로 취득한 지분 중 특정순위로 취득한 지분 전부 또는 일부인 경우, 소유권 이외의 권리가 설정된 지분인 경우, 가등기 또는 가압류 등 처분제한의 등기 등이 된 경우로서 이전되지 않는 지분과 구분하여 이를 특정할 필요가 있을 경우에는 이를 특정하여 괄호 안에 기재하여야 한다.

┌─── 《 예 시 》 ────────────────────────────
"갑지분 ○분의 ○ 중 일부(갑구 ○번으로 취득한 지분전부 또는 일부 ○분의 ○, 을구 ○번 ○○권 설정된 지분 ○분의 ○, 갑구 ○번으로 가압류된 지분 ○분의 ○ 등) 이전"
└──

(다) 같은 순위번호에 성명이 같은 공유자가 있는 경우

같은 순위번호에 있는 성명이 같은 공유자들 중 일부 공유자만이 그 지분 전부 또는 일부를 이전하는 경우에는 등기목적에 그 공유자를 특정할 수 있도록 다음 예시와 같이 해당 공유자의 주소를 괄호 안에 기록하여야 한다.

┌─── 《 예 시 》 ────────────────────────────
"1번 홍길동지분 전부이전(갑구1번 홍길동의 주소 서울특별시 서초구 서초동 12)"
└──

(2) 공유자 지분의 기재방법

공유자의 지분이전등기시 각 공유자의 지분은 이전받는 지분을 기재하되, "공유자 지분 ○분의 ○"과 같이 부동산 전체에 대한 지분을 기재한다. 다만 수인의 공유자로부터 지분 일부씩을 이전받는 경우에는 이를 합산하여 기재한다.

── 《 예 시 》 ──

갑 지분 5 분의 4 중 2 분의 1 을 을이 이전받는 경우
"공유자 지분의 5 분의 2"
갑 지분 5 분의 2 중 2 분의 1 과 을 지분 5 분의 1 중 2분의 1 을 정이 이전받는 경우
"공유자 지분 10분의 3"(등기예규 제1313호)

6. 수인의 공유자가 수인에게 지분의 전부 또는 일부를 이전하는 경우의 등기 신청방법(등기권리자 또는 등기의무자별로 신청서 작성)

(1) 등기신청방법

수인의 공유자가 수인에게 지분의 전부 또는 일부를 이전하려고 하는 경우 등기신청인은 등기신청서에 등기의무자들의 각 지분 중 각 ○분의 ○지분이 등기권리자 중 1 인에게 이전되었는지를 기재하고 신청서는 "등기권리자별로 작성"하여 제출하거나 또는 등기의무자 1 인의 지분이 등기권리자들에게 각 ○분의 ○지분씩 이전되었는지를 기재하고 "등기의무자별로 신청서를 작성"하여 제출하여야 한다. 한 장의 신청서에 함께 기재한 경우 등기관은 이를 수리해서는 아니된다(등기예규 제1363호. 2.).

── 《 예 시 》 ──

갑(2 분의 1 지분), 을(2 분의 1 지분)이 병, 정에게 소유권을 이전함에 있어 갑지분 중 4 분의 1 지분씩, 을 지분 중 4 분의 1 지분씩을 병, 정에게 각 이전한 경우
(등기권리자별로 신청하는 경우)
갑 지분 2 분의 1 중 일부(4 분의 1) 및 을 지분 2 분의 1 중 일부(4 분의 1)를 병에게 이전한다는 취지를 기재한 등기신청서와 갑 지분 2 분의 1 중 일부(4 분의 1) 및 을 지분 2 분의 1 중 일부(4 분의 1)를 정에게 이전한다는 취지를 기재한 등기신청서를 별도로 작성하여 제출한다(별지기재례 1참조).
(등기의무자별로 신청하는 경우)
갑 지분 2 분의 1 을 병, 정에게 각 4 분의 1 씩 이전한다는 취지를 기재한 등기신청서와 을 지분 2 분의 1 을 병, 정에게 각 4 분의 1 씩 이전한다는 취지를 기재한 등기신청서를 별도로 작성하여 제출한다(별지기재례 2참조).

(2) 등기원인증서의 첨부방법

위 각 이전등기를 동시에 신청하는 경우에는 각 신청서 마다 등기원인증서를 첨부하여야한다. 다만, 등기원인증서가 한 장으로 작성되어 있는 경우에는 먼저 접수되는 신청서에만등기원인증서를 첨부하고, 다른 신청서에는 먼저 접수된 신청서에 그 등기원인증서를 첨부하였다는 뜻을 기재하여야 한다(등기예규 제1363호. 3.).

(3) 등기기재례

위 (1)항의 경우 그 등기기재는 등기권리자별로 신청서가 제출된 경우에는 별지 [기록례 1]과 같은 방법으로, 등기의무자별로 신청서가 제출된 경우에는 별지 [기록례 2]와 같은 방법으로 한다(등기예규 제918호. 4.).

〔기록례 1〕

(가) 수인의 공유자가 수인에게 지분의 전부 또는 일부를 이전하는 경우

① 등기권리자별로 신청한 경우 19

【 갑　구 】		(소유권에 관한 사항)		
순위 번호	등기목적	접수	등기원인	권리자 및 기타사항
3	소유권이전	2002년 8월 10일 제9000호	2002년 6월 2일 매매	공유자 지분 2분의 1 이 갑 동 330102-1014325 서울시 중구 다동 5 지분 2분의 1 김 갑 순 340203-2024425 서울시 중구 저동 6 거래가액 : 300,000,000원
4	3번 이갑동 지분 2 분의1 중 일부(4분 의 1), 3번 김갑순 지분 2분의 1 중 일부(4분의 1)이전	2003년 3월 5일 제3500호	2003년 2월 4일 매매	공유자 지분 2분의 1 김 삼 남 500112-1450214 서울시 중구 저동 4 매매목록 : 제2009-101호
5	3번 이갑동 지분 전부, 3번 김갑순 지분 전부 이전	2003년 3월 5일 제3501호	2003년 2월 4일 매매	공유자 지분 2분의 1 이 을 수 520101-1233221 서울시 중구 다동 8 매매목록 : 제2009-101호

주 : 등기권리자별로 신청하는 경우에는 등기의무자들의 각 지분 중 각 ○분의 ○지분이 등기권리자
　　중 각 1인에게 이전되었는지를 기록하여야 한다(등기예규 제918호 참조).

〔기록례 2〕 등기의무자별로 신청한 경우 20

【 갑 구 】		(소유권에 관한 사항)		
순위 번호	등기목적	접수	등기원인	권리자 및 기타사항
3	소유권이전	2002년 8월 10일 제9000호	2002년 6월 2일 매매	공유자 지분 2분의 1 이 갑 동 330102-1014325 서울시 중구 다동 5 지분 2분의 1 김 갑 순 340203-2024425 서울시 중구 저동 6 거래가액 : 300,000,000원
4	3번 이갑동 지분 전부 이전	2003년 3월 5일 제3500호	2003년 1월 4일 매매	공유자 지분 4분의 1 김 삼 남 500112-1450214 서울시 중구 저동 4 공유자 지분 4분의 1 이 을 수 520101-1233221 서울시 중구 다동 8 매매목록 : 제2009-101호
5	3번 김갑순 지분 전부 이전	2003년 3월 5일 제3501호	2003년 1월 4일 매매	공유자 지분 4분의 1 김 삼 남 500112-1450214 서울시 중구 저동 4 공유자 지분 4분의 1 이 을 수 520101-1233221 서울시 중구 다동 8 매매목록 : 제2009-101호

주 : 등기의무자별로 신청하는 경우에는 등기의무자 1 인의 지분이 등기권리자들에게 각 ○분의 ○
씩 이전되었는지를 기록하여야 한다(등기예규 제918호 참조).

제3관 부동산의 공유

공동소유(共同所有)라 함은 하나의 물건을 2인 이상이 공동으로 소유하는 상태를 말한다. 우리 민법은 공동소유의 형태로서 공유(共有, 민법 제262조 제1항) · 합유(合有, 민법 제271조 제1항) · 총유(總有, 민법 제275조 제1항)의 3가지를 인정하고 있는데, 이는 우리민법의 특색중의 하나이다. 이러한 공동소유의 형태는 인적결합관계(人的結合關係)의 물권법에의 반영인 것이다.

이때 그 물건이 부동산인 경우에는 등기를 해야 하는데, '권리자가 2인 이상인 경우에는 권리자별 지분을 기록하여야 하고, 등기할 권리가 합유(合有)인 때에는 그 뜻을 기록하여야 한다'(부동산등기법 제48조 제4항). 법인 아닌 사단의 공동소유형태를 총유(總有)라고 하며(민법 제275조 제1항), '종중, 문중 그 밖에 대표자나 관리인이 있는 법인 아닌 사단이나 재단에 속하는 부동산의 등기에 관하여는 그 사단이나 재단을 등기권리자 또는 등기의무자로 한다'(부동산등기법 제26조 제1항).

1. 공유

공유(公庾)라 함은 '물건이 지분(持分)에 의하여 수인의 소유로 된 때'의 소유관계(민법 제262조 제1항)를 말한다. 공유의 법률적 성질은 한 개의 소유권이 분량적(分量的)으로 분할되어 수인에게 속하는 것이라는 견해가 통설 · 판례이다. 공유에 있어서 각 공유자가 가지는 권리를 지분(持分)이라고 하며, 이 지분은 한 개의 소유권의 분량적 일부(分量的 一部)라고 하는 것이 통설이다. 등기관이 갑구에 관리에 관한 등기를 할 때 권리자를 기록하여야 하며, 이 경우 권리자가 2인이상인 경우에는 '권리자별 지분'을 기록하여야 한다(법 제48조 제4항).

(1) 공유물 분할의 의의

공유물분할이란 공유자 상호간의 지분의 교환 또는 매매를 통하여 공유의 객체를 단독 소유권의 대상으로 하여 그 객체에 대한 공유관계를 해소하는 것을 말한다. 각 공유자는 언제든지 공유물의 분할을 청구하여 공유관계를 종료시킬 수 있다(민 제268조 1항). 즉, 공유물분할은 자유이다.

공유물분할은 공유자 전원이 참여하는 협의분할을 원칙으로 하고 협의 불성립 시에는 재판상 분할을 인정하고 있다(민법 269조 1항). 이러한 공유물분할청구권은 일방적 의사표시로 행사되는 형성권의 성질을 가지며, 시효로 소멸하지도 않는다. 협의 또는 판결에 의해 공유물분할이 이루어지고 나면 지분이전등기의 방법으로 공유물분할등기를 한다.

(2) 공유물분할의 방법

공유물의 분할은 공유자 간에 협의가 이루어지는 경우에는 그 방법을 임의로 선택할 수 있으나 협의가 이루어지지 아니하여 재판에 의하여 공유물을 분할하는 경우에는 법원은 현물로 분할하는 것이 원칙이고, 현물로 분할할 수 없거나 현물로 분할을 하게 되면 현저히 그 가액이 감손될 염려가 있는 때에 비로소 물건의 경매를 명하여 대금분할을 할 수 있는 것이므로, 그와 같은 사정이 없는 한 법원은 각 공유자의 지분비율에 따라 공유물을 현물 그대로 수개의 물건으로 분할하고 분할된 물건에 대하여 각 공유자의 단독소유권을 인정하는 판결을 하여야 하며, 그 분할의 방법은 당사자가 구하는 방법에 구애받지 아니하고 법원의 재량에 따라 공유관계나 그 객체인 물건의 제반 상황에 따라 공유자의 지분 비율에 따른 합리적인 분할을 하면 된다(대판 1997. 9. 9. 97다18219).

(3) 공유물분할의 소(필요적 공동소송)

공유물분할의 소(訴)라 함은 공유자가 공유물의 분할을 청구할 수 있는 경우에 공유자간에 분할에 관한 협의가 성립되지 않기 때문에 재판상의 분할을 구하는 소송을 말한다. 이 소는 다른 공유자 전원을 피고로 하여 제기함을 요하는 고유 필수적 공동소송이다. 이 소는 공유자 간에 상호의 지분의 확정을 청구하는 점에서는 소송사건이지만, 분할방법을 정하는 점은 성질상 비송사건(非訟事件)으로서 형식적 형성소송(形式的 形成訴訟)에 속한다(민법 제269조 제1항).

재산권이 "공유(共有)"인 경우(민법 제262조), 공유자는 그 지분을 자유로이 처분할 수 있고 공유물 전부를 지분의 비율로 사용, 수익할 수 있으나(민법 제263조), 다른 공유자의 동의 없이 공유물을 처분하거나 변경할 수 없으므로(민법 제264조) "공유물 자체에 관한 소송"은 모두 고유필수적 공동소송이다.

그러나 단독소송이 허용되는 공유지분권 확인소송, 각자가 할 수 있는 보존행위(민법 제265조 단서)에 기한 공유물의 방해배제청구, 공유물의 인도·명도청구, 등기말소청구는 모두 필수적 공동소송이 아니다. 또한 제3자가 공유자 측에 대해서 제기하는 수동소송(受動訴訟)의 경우에는 공유자 전원을 상대로 할 필요가 없다는 것이 판례의 입장이다.

공유물의 분할은 협의에 의한 분할이거나 재판상의 분할이거나를 막론하고 공유자 전원이 분할절차에 참여하여야 한다(대판 1968. 5. 21. 68다414, 415). 따라서 공유대지를 공유자 중 1인의 협의 없이 분할 한 경우 그 공유물분할은 법률상 효력이 없다(대판 1968. 6. 25. 68다647).

2. 공유물 분할에 의한 등기절차

1필의 공유지를 공유물분할등기하기 위하여는 먼저 토지의 분할절차를 밟은 후 그 토지대장에 의하여 분필등기를 하여야 하고, 공유물분할을 원인으로 소유권이전등기는 동시에 하지 않고도 각 분필등기 된 부동산별로 각각 독립하여 공동(등기권리자와 등기의무자)신청할 수 있다(등기예규 제514호).

(1) 등기신청인

공유물분할협의에 의하여 분할된 각 부동산에 관해서 그 권리자 명의의 소유권이전등기는 일반원칙에 따라 공동신청에 의해야 한다(법 제23조 제1항).

공유물분할 판결이 확정되면 공유자는 각자의 취득부분에 대하여 소유권을 취득하게 되는 것이므로 그 소송의 당사자는 원·피고에 관계없이 각각 공유물분할 절차에 따른 등기신청을 할 수 있다(법 제23조 제4항, 민사집행법 제263조 제1항).

(2) 공유자가 상이한 경우의 공유물분할의 가부(소극)

공유물분할은 공유자 사이의 계약으로 공유물의 분할을 청구하며 공유관계를 종료시키는 것(민법 268조 제1항)으로 공유자간에 분할에 관한 협의가 조정되지 않는 경우에는 재판상의 분할을 청구(민법 제269조 제1항) 할 수 있으며 이 소(訴)는 다른 공유자 전원을 피고로 하여 제기함을 요하는 필수적 공동소송(민사소송법 제67조)이다. 따라서 등기부상의 공유자가 아닌 제3자를 포함한 합의에 따른 공유물분할등기 신청은 할 수 없다(등기선례 제6권 285항, 제7권 제235항).

(3) 공유물분할판결에 의한 등기절차

공유물분할의 판결이 확정되거나 재판상 화해가 성립되면 공유자는 각자 분할된 부분에 대한 단독소유권을 취득하게 되는 것이므로, 그 소송의 당사자는 그 확정판결이나 화해조서를 첨부하여 등기권리자 단독으로 공유물분할을 원인으로 한 지분이전등기를 신청할 수 있다(등기선례요지집 제4항 221호, 등기예규 제 346호). 위 판결에 의한 공유물 분할등기를 하기 위하여는 측량, 수로조사 및 지적에 관한 법률이 정하는 절차에 따라 분필을 한 후 이에 따른 분필등기(등기선례 제7권 236항 1)와 위 판결(조서 등)에 따른 등기(법 제23조 제4항, 규칙 제49조 제3항)를 하여야 한다.

공유자들 간에 분할에 관한 협의가 되지 않아서 판결을 받은 경우에는 승소한 등기권리자 또는 등기의무자가 단독으로 등기를 신청할 수 있으므로, 공유물분할판결의 원고 또는 피고 모두 단독소유권을 취득한 부분에 대하여 각자가 승소한 등기권리자로서 단독으로 상대방의 지분을 이전받는 등기신청을 할 수 있다. 그러나 지적소관청인 지방자치단체는 공유물분할을 위한 분필등기를 촉탁할 수 있을 뿐이고, 공유물분할에 의한 소유권이전등기신청의 당사자(등기권리자와 등기의무자)가 아니므로, 공유물분할에 의한 소유권이전등기를 촉탁할 수 없다(2013. 9. 11. 부동산등기과-2053).

(4) 등기신청서의 기재사항 및 첨부서면

공유물분할 판결이 확정되면 당사자는 그 확정판결(조서 등)을 등기원인증서로 첨부하여 등기신청(구 법 제29조, 법 제23조 제4항)을 할 수 있으며 등기의 목적은 공유물분할로 인한 소유권 일부 이전으로, 등기원인 및 그 연월일은 ○○○○년 ○월 ○일 공유물분할로, 이전할 지분을 각 기재하여야 한다.

등기신청서에는 부동산등기규칙 제46조 각항의 규정에 의한 서면을 첨부하여야 한다(공유물분할계약서 또는 확정판결정본 등).

3. 공유토지분할에 관한 특례법에 의한 등기

(1) 특례법의 목적

이 법은 공유토지를 현재의 점유상태를 기준으로 분할할 수 있게 함으로써 토지에 대한 소유권행사와 토지의 이용에 따르는 불편을 해소하고 토지관리제도의 적정을 도모함을 목적으로 한다(법 제1조).

(2) 공유토지의 의의

"공유토지"란 한 필지의 토지가 그 등기부에 2명 이상의 소유명의로 등기된 토지와 「주택법」 제15조에 따른 사업계획 승인을 받아 주택과 부대시설 및 복리시설을 건설한 일단(一團)의 토지 중 「국토의 계획 및 이용에 관한 법률」 제2조 제7호의 도시·군계획시설인 도로나 그 밖에 이와 유사한 시설로 분리되어 각각 관리되고 있는 각각의 토지를 말한다(법 제2조 3호).

(3) 적용대상

(가) 이 법에 따른 분할의 대상이 되는 토지는 공유토지(서로 인접한 여러 필지의 공유토지로서 각 필지의 공유자가 같은 토지를 포함한다. 이하 이 조에서 같다)로서 공유자 총수의 3분의 1 이상이 그 지상에 건물을 소유하는 방법(제3자로 하여금 건물을 소유하게 하는 경우를 포함한다)으로 1년 이상 자기 지분에 상당하는 토지부분을 특정하여 점유하고 있는 토지로 한다(법 제3조 제1항).

법 제3조 제1항에도 불구하고 「주택법」 제2조제14호에 따른 복리시설 중 다음 각 호의 시설을 제외한 나머지 시설의 토지에 대하여는 이 법을 적용한다(법 제3조 2항).

1. 근린생활시설
2. 그 밖에 대통령령으로 정하는 시설

법 제3조 제1항에 따른 점유기간을 계산함에 있어서 점유의 승계가 있는 때에는 승계를 하게 하는 사람이 점유한 기간은 승계를 하는 사람이 점유한 기간으로 본다(법 제3조 제3항).

(나) 다음 각 호의 어느 하나에 해당하는 토지는 이 법에 따른 분할을 할 수 없다(법 제3조 제4항).

1. 공유물분할의 소 또는 이에 준하는 소송에서 공유물분할 또는 이에 준하는 내용의 판결이 있었거나 이에 관한 소송이 법원에 계속중인 토지
2. 「민법」 제268조 제2항 단서에 따라 분할하지 아니할 것을 약정한 토지

(4) 분할의 원칙

이 법에 따른 공유토지의 분할은 각 공유자가 현재 점유하고 있는 상태를 기준으로 하여 행

한다. 다만, 서로 인접한 토지부분을 점유한 공유자 간에 그 점유하고 있는 상태와 다르게 분할하기로 합의(그 분할에 따른 청산금을 포함한 합의를 말한다. 이하 이 조에서 같다)한 경우에는 그 합의에 따라 분할한다. 공유토지 중 점유부분이 특정되지 아니하거나 특정여부가 불분명한 부분에 대하여 해당 공유자간에 합의가 있는 경우에는 그 합의에 따라 분할한다. 이 법에 따른 공유토지의 분할은 현물로 한다. 이 경우 가격배상에 의한 분할을 포함한다(법 제5조. 1~3항).

(5) 공유토지분할위원회

공유토지분할에 관한 사항을 공정하게 심의·의결하기 위하여 지적소관청에 공유토지분할위원회(이하 "위원회"라 한다)를 둔다(법 제9조).

위원회는 다음 각 호의 사항을 결정하거나 의결한다(법 제11조 제1항).

1. 제16조제1항에 따른 분할개시 또는 기각 결정
2. 제18조에 따른 기각결정 및 분할개시결정의 취소 결정
3. 제26조제1항에 따른 분할조서에 대한 의결
4. 제31조에 따른 이의신청에 대한 인용여부의 결정
5. 제32조제4항에 따른 의결
6. 그 밖에 대통령령으로 정하는 사항

(6) 특례법에 의한 등기

(가) 분할개시결정의 등기

지적소관청은 위원회의 분할개시결정이 있는 때에는 지체 없이 촉탁서에 분할개시결정서 등본을 첨부하여 해당 공유토지의 소재지를 관할하는 등기소에 분할개시결정의 등기를 촉탁하여야 한다(법 제16조 제4항).

1) 분할개시등기

이 법에 따른 분할등기를 위하여 그 밖에 필요한 사항은 대법원규칙으로 정한다(법 제38조 제5항). "공유토지분할에 관한 특례법 시행에 따른 등기처리규칙"(대법원규칙 제2398호 2012. 5. 2. 공포)은 법 제38조 제5항에 따른 부동산등기의 특례를 규정함을 목적으로 한다.

법 제16조 제4항에 따른 등기의 촉탁을 받은 등기관은 지체 없이 이를 등기부에 기재하고 관할 등기소장은 그 결과를 지적소관청에 통지하여야 한다.

2) 분할개시 등기절차

지적소관청이 분할개시등기를 촉탁할 때에는 분할개시결정서등본 또는 분하개시의 확정판결등본(또는 정본)을 첨부정보로 제공하여야 한다. 등기관이 분할개시등기를 마쳤을 때에는 촉탁 지적소관청에 그 사실을 지체 없이 통지하여야 한다. 법 제17조에 따른 분할개시등기의 결과통지는 제2항의 통지로 이를 갈음한다.

분할개시등기를 한 공유토지에 관하여 다른 등기신청이 있는 때에는 다른 각하사유가 없는 이상 이를 수리한다(규칙 제2조 1~4항).

3) 분할개시등기 후 다른 등기신청

특례법에 따른 분할개시결정에는 다른 등기 정지의 효력이 없으므로, 분할개시등기를 한 공유토지에 대하여 다른 등기 신청이 있는 때에는 이를 수리하여야 한다.

위의 등기신청에 따라 일부 공유자가 변경된 경우에는 분할등기촉탁서에 새로운 공유자를 표시하여야 한다(등기예규 제1461호. 제2조 1, 2항).

4) 인접한 공유토지에 대한 분할개시등기의 촉탁

서로 인접한 여러 필지의 공유토지로서 각 필지의 공유자가 같은 일단의 토지도 특례법에 따른 분할의 대상이 되는 것이므로, 이러한 일단의 토지에 관한 분할개시등기의 촉탁이 있는 경우에는 한 필지의 공유토지의 분할절차에 준하여 처리한다(등기예규 제1461호 제3호).

5) 구분건물의 대지권에 대한 분할개시등기의 촉탁

한 필지의 공유토지 중 그 일부 지분은 구분건물의 대지권으로서 구분건물 소유자에게, 나머지 지분은 그 밖의 자에게 속하는 경우에 그 토지에 관한 분할개시등기의 촉탁이 있는 때에는 이를 수리하여야 한다. 분할개시등기 또는 분할등기를 할 때에는 「집합건물의 소유 및 관리에 관한 법류」 제20조 제2항 단서에 정한 규약(분리처분가능 규약)을 제공할 필요가 없다(등기예규 제1461호 제4조).

6) 분할개시등기의 말소등기

지적소관청이 분할개시등기의 말소등기를 촉탁할 때에는 분할신청의 취하서, 분할개시결정의 취소결정등본, 분할개시결정을 취소하는 확정판결등본 또는 정본, 공유자 전원의 합의서 중 하나를 첨부정보로 제공하여야 한다.

규칙 제2조 제2항은 분할개시등기의 말소등기를 하는 경우에 이를 준용한다(규칙 제3조 1~2항).

(나) 지적소관청의 분할등기, 표시변경등기의 촉탁

1) 지적소관청의 분할등기촉탁

지적소관청은 법 제36조에 따라 지적공부를 정리한 때에는 지체 없이 관할등기소에 이 법에 따른 분할이 있었다는 취지를 통지하고 분할등기를 촉탁하여야 한다(법 제37조 제1항). 지적소관청은 법 제36조 제1항 후단에 따라 지적공부상의 면적을 정정한 토지에 대하여는 제 1항에 따른 분할등기를 촉탁하기 전에 등기부상의 표시변경등기를 촉탁하여야 한다(법 제37조 제2항). 법 제36조 제1항의 경우 분할한 토지의 지목이 분할전의 지목과 다른 때에는 지목변경의 등기를, 법 제14조 제5항에 따라 합병을 한 경우에는 합병의 등기를 각각 촉탁하여야 한다(법 제37조 제3항). 지적소관청은 분할등기를 촉탁함에 있어서 촉탁서에 그 취지를 기재하고 토지대장등본 또는 임야대장등본과 확정된 분할조서등본을 첨부하여야 한다(법 제37조 제4항). 공유토지분할에 관한 특례법에 의한 등기는 등기신청수수료를 받지 아니한다(등기사항증명서 등 수수료 규칙 제5조의2 제2항 8호).

2) 분할등기절차

분할등기의 촉탁은 분할대상토지의 전부에 대하여 같은 촉탁서로 하여야 한다(등기예규 제 1461호 제5조). 지적소관청이 분할등기를 촉탁하는 때에는 확정된 분할조서등본 및 법 제36조에 따라 정리된 토지대장 정보 또는 임야대장 정보를 첨부정보로 제공하여야 한다(규칙 제4조 제1항). 규칙 제4조 제1항의 토지대장 정보 또는 임야대장 정보와 등기기록에 기록된 부동산의 표시가 서로 다를 때에는 먼저 부동산표시변경등기를 촉탁하여야 한다(규칙 제4조 제2항).

3) 등기기록의 개설

등기관은 법 제37조 제1항에 따른 분할등기의 촉탁을 받은 때에는 분할한 토지마다 따로 등기용지를 사용하고 그 등기용지의 표시란에는 제37조 제1항에 따른 분할등기의 촉탁으로 인하여 등기한 취지를 기재하여야 한다(법 제38조 제1항).

지적소관청으로부터 법 제37조 제1항에 따른 분할등기의 촉탁이 있는 경우 등기관은 분할 후 토지마다 따로 새 등기기록을 개설하고 그 표제부에 분할 후의 토지 표시를 기록한 다음, 법 제37조 제1항에 따른 분할등기의 촉탁으로 인하여 종전 등기기록으로부터 옮겨 기록한 뜻을 기록하여야 한다(규칙 제5조).

4) 갑구의 이기

법 제38조 제1항에 따라 따로 사용한 등기용지의 해당구 사항란에는 분할 전의 등기용지로부터 해당 토지를 분할취득한 공유자의 공유지분에 관한 소유권, 그 밖의 권리에 관한 등기를 옮겨 적은 다음 갑구 사항란에 그 공유자가 이 법에 다른 분할확정을 원인으로 해당 토지의 소유권을 취득한 취지를 기재하여야 한다(법 제38조 제2항). 새 등기기록의 갑구에는 당해 토지를 분할취득한 공유자의 공유지분에 관한 소유권의 등기를 옮겨 기록하되, 그 공유자가 당초 취득한 공유지분을 그대로 가지고 있는 경우에는 그 등기만을 옮겨 기록하며, 소유권 또는 공유지분의 일부를 이전한 경우에는 그 이전등기도 함께 옮겨 기록한다(규칙 제6조 제1항). 당해 토지를 분할취득한 공유자의 공유지분을 목적으로 한 가등기 또는 처분제한등기가 있는 경우 그 가등기 또는 처분제한등기도 함께 옮겨 기록한다(규칙 제6조 제2항). 분할취득한 공유자의 공유지분에 관한 소유권 등기보다 선순위의 가등기가 있는 경우에는 그 가등기 및 그 가등기의 목적이 된 소유권 또는 공유지분에 관한 등기도 함께 옮겨 기록한다(규칙 제6조 제3항). 규칙 제6조 제3항은 분할취득한 공유자의 공유지분에 관한 소유권의 등기보다 선순위의 처분제한등기가 있는 경우에 이를 준용한다(규칙 제6조 제4항).

5) 소유권변경등기

규칙 제6조에 따라 옮겨 기록한 공유자의 공유지분에 관한 소유권의 등기를 그 공유자의 단독소유로 변경등기를 한다(규칙 제7조).

6) 을구의 이기

분할 대상 토지 전부에 관하여 마쳐진 소유권 이외의 권리에 대한 등기는 규칙 제5조에 따라 개설된 새 등기기록마다 이를 옮겨 기록하며 그 권리가 저당권 또는 전세권일 경우에는 공동담보 또는 공동전세의 목적인 뜻을 기록하여야 한다(규칙 제8조 제1항).

분할 전 토지의 일부 공유지분에 대하여 마쳐진 소유권 이외의 권리에 대한 등기는 그 공유자가 분할취득하는 토지의 등기기록에 만 이를 옮겨 기록한다(규칙 제8조 제2항).

7) 종전등기기록의 폐쇄, 등기완료사실의 통지

새 등기기록에 분할등기를 완료한 때에는 종전 등기기록을 폐쇄한다(규칙 제9조).

등기관이 분할등기를 마쳤을 때에는 촉탁 지적소관청에 그 사실을 지체없이 통지하여야 한다(규칙 제10조). 지적소관청은 등기관이 분할등기를 완료한 때에는 지체 없이 각 공유자, 이해관계인 그 밖의 권리자(압류·가압류·가처분의 권리자를 포함한다)에게 그 뜻을 통지하여야 한다(법 제39조).

(다) 분할등기 후의 등기

규칙 제6조 제2항에 따라 분할취득한 공유자의 공유지분을 목적으로 한 가등기를 옮겨 기록한 경우 그 가등기에 의한 본등기의 신청은 그 공유자가 분할확정으로 취득한 소유권을 목적으로 하여야 한다(규칙 제11조 제1항).

규칙 제6조 제3항에 따라 분할취득한 공유자의 공유지분에 관한 소유권등기보다 선순위의 가등기 및 그 가등기의 목적이 된 전자의 소유권 또는 공유지분에 관한 등기를 옮겨 기록한 경우, 그 가등기권자의 본등기신청은 가등기의무자의 종전 지분에 상응하는 분할 후의 소유권 또는 공유지분을 목적으로 하여야 한다(규칙 제11조 제2항).

규칙 제11조 제2항은 규칙 제6조 제4항의 선순위 처분제한등기로 인하여 분할취득 한 공유자의 소유권에 관한 등기를 말소하고, 그 처분제한등기의 등기의무자로부터 소유권 또는 공유지분의 이전등기를 하는 경우에 이를 준용한다(규칙 제11조 제3항).

(라) 분할등기 후 다른 등기신청과 등기필정보의 제공

분할등기가 마쳐진 후 해당 토지의 소유권을 분할취득한 자가 등기의무자가 되어 그 부동산에 대하여 다른 등기를 신청할 때에는 분할 전 공유지분을 취득할 당시에 통지받은 등기필정보를 신청정보로 등기소에 제공하여야 한다(등기예규 제1461호. 제6조).

(마) 전순위 등기의 이기

분할확정으로 옮겨 기록된 공유자의 등기 및 규칙 제6조 제3항 및 제4항에 따라 옮겨 기록된 전자의 소유권에 관한 등기가 말소된 경우에는 종전 등기기록으로부터 전 순위의 등기를 옮겨 기록하고 그 등기명의인이 법에 따라 소유권을 취득한 뜻을 기록하여야 한다(규칙 제12조).

(바) 대지권의 목적인 경우

1필지의 공유토지 중 일부에 대지권 등기가 된 토지에 대하여 분할개시등기를 한 때에는 등기관은 직권으로 전유부분의 표제부 중 대지권의 표시란에 별도의 등기가 있다는 뜻을 기록하여야 한다(규칙 제13조 제1항).

위 토지에 대하여 구분건물의 대지와 그 밖의 토지로 분할하는 분할등기의 촉탁이 있는 경우, 구분건물의 대지가 아닌 토지에 대하여는 통상의 절차에 의하되, 구분건물의 대지에 대하여는 대지권이라는 뜻의 등기를 할 당시의 공유자의 지분에 관한 소유권의 등기를 대지권이라는 뜻의 등기와 함께 옮겨 기록하고, 공유자 지분에 대한 대지권이라는 뜻의 등기를 공유자 전원의 지분에 대한 대지권이라는 뜻의 등기로 변경한다. 이 경우 제7조의 소유권변경등기는 별도로 하지 아니한다(규칙 제13조 제2항).

규칙 제13조 제2항에 따라 분할등기를 한 때에는 1동의 건물 표제부에 기록된 대지권의 목적인 토지의 표시 및 각 전유부분의 표제부에 기록된 대지권비율을 변경하고 규칙 제13조 제1항의 별도의 등기가 있다는 뜻을 말소한다(규칙 제13조 제3항).

소유권(일부)이전등기신청(공유물분할)				
접 수	년 월 일	처 리 인	등기관 확인	각종통지
	제 호			

부동산의 표시
○○시 ○○구 ○○동 ○○○㎡ <div align="center">이   상</div>

③ 등기원인과 그 연월일	2011년 ○월 ○일 공유물 분할
④ 등기의 목적	공유물분할로 인한 소유권 일부이전
⑤ 이전할 지분	공유자 ○○○ 지분 전부

구 분	성 명 (상호·명칭)	주민등록번호 (등기용등록번호)	주소(소재지)	지분 (개인별)
⑥ 등 기 의 무 자	○○○			1/2
⑦ 등 기 권 리 자	△△△			

시가표준액 및 국민주택채권매입금액			
부동산의 표시	부동산별 시가표준액		부동산별 국민주책채권매입금액
1.	금 원	금	원
2.	금 원	금	원
3.	금 원	금	원
국민주택채권매입총액		금	원
국민주택채권발행번호			

취득세(등록면허세) 금 원		지방교육세	금	원
		농어촌특별세	금	원

세액합계	금	원
등기신청수수료(면제)	금	원
	납부번호 :	

등기의무자의 등기필정보		
부동산고유번호		
성명(명칭)	일련번호	비밀번호

첨 부 서 면		
1. 공유물분할계약서	1통	<기 타>
1. 취득세(등록면허세)영수필확인서	1통	
1. 인감증명서	1통	
1. 등기필증	1통	
1. 토지대장	1통	
1. 주민등록등(초)본	1통	
1. 신청서부본	1통	
1. 위임장	1통	

2011년 10월 1일

위 신청인   ○ ○ ○   ㊞ (전화 :   )

○ ○ ○   ㊞ (전화 :   )

(또는)위 대리인   ㊞ (전화 :   )

○○지방법원 ○○지원 귀중

공유물분할계약서

부동산의 표시

○○시 ○○구 ○○동 대 ○○○m²

소유자 김 ○ ○

○○시 ○○구 ○○동 대 ○○○m²

소유자 박 ○ ○

　위 부동산은 본인 등의 각 공유인바, 민법 제268조 제1항의 규정에 의하여 이를 분할하여 각 단독소유로 할 것을 합의하였으므로 이를 증명하기 위하여 본 계약서 2통을 작성하여 각자 1통씩 소지한다.

2011년 ○월 ○일

김 ○ ○ ○　　　　○○시 ○○구 ○○동 ○○

박 ○ ○ ○　　　　○○시 ○○구 ○○동 ○○

공유물분할계약서

<부동산의 표시>

1. 서울 서초구 사임당로17길 123   대 900㎡
1. 서울 서초구 사임당로17길 123-1   대 100㎡

- 이 상 -

위 부동산은 갑, 을의 공유인 바, 이를 분할하여 아래와 같이 각 단독소유로 할것을 합의하였으므로 이를 증명하기 위하여 본 계약서 2통을 작성하여 각자 1통씩 보관한다.

합의내용   1) 1번 부동산은 갑의 소유로 한다.
             2) 2번 부동산은 을의 소유로 한다.

이 계약을 증명하기 위하여 계약당사자가 이의 없음을 확인하고 각자 기명 날인한다.

20 년   월   일

(갑) ○ ○ ○ ㉑
    주민등록번호 :
    주   소 :

(을) ○ ○ ○ ㉑
    주민등록번호 :
    주   소 :

공유물분할계약서(현물분할)

아래의 부동산에 대하여 '갑'·'을'은 다음과 같은 약정으로 분할한다.

제 1. (분할할 공유물) '갑'·'을'의 공유명의로 등기되어 있고 각각 균등한 지분으로 공유하고 있는 부동산은 다음과 같다.
① ○○시 ○○구 ○○동 ○○번지
② 대지 ○○평방미터
제 2. (분할방법) 위 공유부동산은 당사자가 균등한 비율로 현물로서 분할함을 원칙으로 한다.
제 3. (분할표시) 위 공유부동산은 중앙의 ○○점을 기준으로 당사자 간에 동일한 면적으로 분할하며 그 분할선은 별지 도면과 같다.
제 4. (분할절차)
　　1. 분할로 인한 분필절차에 관한 등기·측량비 기타 비용은 '갑'·'을'이 균등하게 부담한다.
　　2. 분필로 인하여 소유권이전등기절차에 필요한 서류는 ○○년 ○월 ○일 ○○장소에서 상호 교환하여야 한다.
제 5. (분할시기) 위 공유물은 ○○년 ○월 ○일까지 분할절차를 완료하고 이로 인하여 분할이 이루어지는 것으로 한다.
제 6. (담보책임) 분할된 이후 1 년 이내에 분할된 부분에 관하여 공유로 인한 권리관계를 주장하는 자가 있을 경우, 상대방은 가액으로 그 책임을 균등히 부담해야 한다.
제 7. (계약의 해제와 손해배상) 이 공유물이 분할절차의 진행중 당사자 일방이 그가 부담한 의무를 이행하지 아니할 경우에는 손해배상을 해야 하며 그 비용은 ○만원으로 예정하고 그 이후는 위 공유물을 매매가액으로 분할하기로 한다.
　　단, 당사자 일방이 공유물을 매수하고자 할 경우에는 평가액의 반액을 상대방에게 지급하고 단독명의로 소유권이전등기절차에 필요한 협조의무를 이행하여야 한다.

위 계약의 증거로서 본 계약서 2통을 작성하여 서명·날인한 후 각각 1통씩 보유한다.

년　월　일

○○시 ○○구 ○○동 ○○번지
갑 ○○○○
○○시 ○○구 ○○동 ○○번지
을 ○○○○

　민법 제268조 (공유물의 분할청구) ① 공유자는 공유물의 분할을 청구할 수 있다. 그러나 5년 내의 기간으로 분할하지 아니할 것을 약정할 수 있다.

제4관 부동산의 합유

합유라 함은 법률의 규정 또는 계약에 의하여 수인이 조합체로서 물건을 소유하는 때의 그 공동소유를 말한다(민 제271조 1항 전단). 즉 합유는 조합재산을 소유하는 형태이며, 합유에 있어서도 공유에서와 같이 합유자는 지분을 가진다. 그러나 합유자의 지분은 자유로이 처분하지 못하는 점에서 공유지분과 다르다. 합유는 계약 또는 법률 규정에 의해 성립하는데, 민법의 조합재산(민 제704조)과 수탁자가 수인 있는 경우의 신탁재산(신탁법 제45조)은 법률의 규정에 의해 합유관계가 성립하는 예이다.

매수인들이 상호 출자하여 공동사업을 경영할 것을 목적으로 하는 조합이 조합재산으로서 부동산의 소유권을 취득하였다면 민법 제271조 제1항의 규정에 의하여 당연히 그 조합체의 합유물이 되고, 다만 그 조합체가 합유등기를 하지 아니하고 그 대신 조합원 1인의 명의로 소유권이전등기를 하였다면 이는 조합체가 그 조합원에게 명의신탁한 것으로 보아야 한다(대판 2006. 4. 13. 2003다25256).

1. 합유재산의 보존등기방법

합유재산을 합유자 1인 명의로 소유권보존등기를 한 것은 실질관계에 부합하지 않는 원인무효의 등기다(1970. 12. 29. 69다22).

2. 합유재산에 관한 소송관계(고유필수적 공동소송)

합유물에 과한 소송은 보존행위가 아닌 한 원칙적으로 소송의 목적이 합유자 전원에 대하여 합일적(合一的)으로 확정되어야 하는 필요적 공동소송이다(대판 1983. 10. 25. 83다카850, 1991. 6. 25. 90누5184).

합유로 소유권이전등기가 마쳐진 부동산에 대하여 명의신탁해지로 인한 소유권이전등기이행청구소송은 합유재산에 관한 소송으로서 고유필수적 공동소송에 해당된다(대판 1983. 10. 25. 83다카850).

3. 합유자 중 일부가 사망한 경우 소유권의 귀속

부동산의 합유자 중 일부가 사망한 경우 합유자 사이에 특별한 약정이 없는 한 사망한 합유자의 상속인은 합유자로서의 지위를 승계하는 것이 아니므로 해당 부동산은 잔존 합유자가 2인 이상일 경우에는 잔존 합유자의 합유로 귀속되고 잔존 합유자가 1인인 경우에는 잔존 합유자의 단독소유로 귀속된다(대판 1994. 2. 25. 93다39225).

4. 합유물의 처분, 변경과 보존

합유물을 처분 또는 변경함에는 합유자 전원의 동의가 있어야 한다. 그러나 보존행위는 각자가 할 수 있다(민법 제272조). 합유에 있어서 목적물의 처분변경에는 전원의 동의 또는 결의를 요하나 보존행위는 각자 단독으로 할 수 있다(대판 1960. 5. 5. 4292민상191).

합유물에 관하여 경료 된 원인무효의 소유권이전등기의 말소를 구하는 소송은 합유물에 관한 보존행위로서 합유자 각자가 할 수 있다(대판 1997. 9. 9. 96다16896).

합유자 전원의 동의 없이 한 지분매매는 그 효력이 없다(대판 1970. 12. 29. 69다22).

5. 합유의 종료

합유는 조합체의 해산 또는 합유물의 양도로 인하여 종료한다(민법 제274조).

6. 합유라는 취지의 등기

(1) 합유등기

등기관이 갑구에 권리에 권한 등기를 할 때 등기할 권리가 합유(合有)인 때에는 그 뜻을 기록하여야 한다(법 제48조 제4항), 등기할 권리가 합유일 때에는 합유라는 뜻을 신청정보의 내용으로 등기소에 제공하여야 한다(규칙 제105조 제2항).

※ 합유등기 기재례 ※

1) 단독소유를 합유로 이전하는 경우 28

【 갑 구 】	(소유권에 관한 사항)			
순위 번호	등기목적	접수	등기원인	권리자 및 기타사항
2	소유권이전	2002년 9월 10일 제9100호	2002년 8월 9일 매매	소유자 이 ○○ 000000-0000000 서울시 중구 회현동 ○
3	소유권이전	2003년 3월 5일 제3500호	2003년 2월 4일 매매	합유자 김 ○○ 000000-0000000 서울시 중구 회현동 ○ 박 ○○ 000000-0000000 서울시 중구 저동 ○

2) 단독소유자를 포함한 합유로 이전하는 경우 29

【 갑 구 】	(소유권에 관한 사항)			
순위번호	등기목적	접수	등기원인	권리자 및 기타사항
2	소유권이전	2002년 9월 10일 제9100호	2002년 8월 9일 매매	소유자 이 갑성 000000-0000000 서울시 중구 다동 ○
3	소유권이전	2003년 3월 5일 제3500호	2003년 2월 4일 매매	합유자 이 갑성 000000-0000000 서울시 중구 다동 ○ 김 ○○ 000000-0000000 서울시 중구 회현동 ○ 박 ○○ 000000-0000000 서울시 중구 저동 ○

주 : 1. 단독소유가 그 단독소유자를 포함한 합유로 되었을 경우 3번 사항란에 전소유자를 합유자로
　　　표시한다.
　　2. 단독소유자와 합유자들의 공동신청으로 소유권이전등기를 신청하여야 한다.

동업을 목적으로 하는 조합이 조합재산으로 취득한 부동산에 관하여 합유등기를 하지 아니하고 조합원 1인의 명의로 소유권이전등기를 한 경우 :
매수인들이 상호 출자하여 공동사업을 경영할 것을 목적으로 하는 조합이 조합재산으로서 부동산의 소유권을 취득하였다면 민법 제271조 제1항의 규정에 의하여 당연히 그 조합체의 합유물이 되고, 다만 그 조합체가 합유등기를 하지 아니하고 그 대신 조합원 1인의 명의로 소유권이전등기를 하였다면 이는 조합체가 그 조합원에게 명의신탁한 것으로 보아야 한다(대판 2006. 4. 13. 2003다25256).

(2) 합유물의 처분 · 변경(합유자 전원의 동의)에 따른 등기

합유자의 권리, 즉 지분은 합유물 전부에 미친다(민 제271조 1항 후단). 합유물의 보존행위는 단독으로 할 수 있으나, 합유물의 처분·변경은 합유자 전원의 동의를 요한다(민 제272조). 또 합유지분의 처분에는 합유자 전원의 동의를 요한다(민 제273 조1항). 합유물을 처분하기 위하여는 그 등기신청서에 합유자 전원의 동의와 인감증명의 첨부가 있어야 하며, 또 합유자 1 인이 전원의 동의 없이 자신의 지분을 처분할 수는 없다. 합유자는 합유물의 분할을 청구하지 못한다(민 제273조 2항).

"합유물(合有物)"을 처분, 변경하려면 합유자 전원의 동의를 필요로 하나 보존행위는 각자가 할 수 있다(민법 제272조). 합유자는 전원의 동의가 없으면 합유물에 관한 지분을 처분하지 못하므로(민법 제273조 제1항), 합유물에 관한 소송은 원칙적으로 고유필수적 공동소송이다.

(3) 합유지분의 처분에 따른 등기

합유자 전원의 동의가 있으면 합유지분을 처분할 수 있다. 합유자 중 일부가 자신의 합유지분을 처분하는 경우 그 등기방법을 이전등기로 할 것인가 아니면 변경등기로 할 것인가의 문제는 조합에 있어 조합원 중 일부의 변동(가입, 탈퇴, 교체)이 있어도 그 조합의 동일성이 그대로 유지되는지 여부에 달려 있다.

조합원인 합유자 중 일부의 변동이 있어도 조합의 동일성이 그대로 유지된다면 합유명의인 변경사유에 불과하며 조합원의 변동에 의하여 조합의 동일성을 잃게 된다면 종전의 합유자들로부터 변동 후의 소유자들로 소유권이전등기를 해야 할 것이다.

합유등기의 절차를 정한 "합유등기의 사무처리에 관한 예규"(예규 911호)는 민법상 조합에 있어 조합원 중 일부의 변동이 있어도 조합의 동일성이 그대로 유지된다는 입장에서 조합원 중 일부의 변동(가입·탈퇴·교체)으로 인한 등기 시 그 등기방법을 "소유권변경"으로 처리하도록 규정되어 있다.

7. 등기부상 합유표시 방법

(1) 합유인 취지의 등기(기재)

등기권리자가 2인 이상인 경우에 등기할 권리가 합유인 때에는 신청서에 합유인 취지를 기재하여야 한다(법 제48조 제4항).

합유등기에 있어서는 등기부상 각 합유자의 지분을 표시하지 아니한다(등기예규 제911호).

● 합유인 경우 ●

【 갑 구 】	(소유권에 관한 사항)			
순위 번호	등기목적	접수	등기원인	권리자 및 기타사항
1	소유권보존	2012년3월5일 제3005호		합유자 이대한 701115-1201257 　서울특별시 서초구 강남대로37길 21 　(서초동) 최민국 680703-1562316 　서울특별시 마포구 마포대로11가길 25 　(염리동) 김우리 600104-1056429 　서울특별시 서초구 서초대로46길 60, 　101동 201호(서초동, 서초아파트)

(2) 합유재산을 합유자 1인의 단독소유로 소유권보존등기를 한 경우의 등기절차

합유재산을 합유자 1인의 단독소유로 소유권보존등기를 한 경우에는 소유권보존등기가 실질관계에 부합하지 않는 원인무효의 등기이므로, 다른 합유자는 등기명의인인 합유자를 상대로 소유권보존등기 말소청구의 소를 제기하는 등의 방법으로 원인무효의 등기를 말소시킨 다음 새로이 합유의 소유권보존등기를 신청할 수 있다(대판 2017. 8. 18. 2016다6309).

8. 등기부상 합유자가 변경되는 경우

(1) 합유자 중 일부가 교체되는 경우(합유명의인 변경등기)

합유자 중 일부가 나머지 합유자들 전원의 동의를 얻어 그의 합유지분을 타에 매도 기타 처분하여 종전의 합유자 중 일부가 교체되는 경우에는 합유지분을 처분한 합유자와 합유지분을 취득한 합유자 및 잔존합유자의 공동신청으로 "○년 ○월 ○일 합유자 변경"을 원인으로 한 잔존합유자 및 합유지분을 취득한 합유자의 합유로 하는 합유명의인 변경등기신청을 하여야 하고, 이 경우 합유지분을 처분한 합유자의 인감증명을 첨부하여야 한다. 이 경우의 등기기재례는 별지 [기재례 1]과 같다(등기예규 제911호 2. 가).

(2) 합유자 중 일부가 탈퇴한 경우(합유명의인 변경등기)

(가) 잔존 합유자가 수인인 경우(합유명의인 변경등기)

합유자 중 일부가 그 합유지분을 합유자에게 처분하고 합유자의 지위에서 탈퇴한 경우 잔존 합유자가 수인인 때에는 탈퇴한 합유자와 잔존 합유자의 공동신청으로 "○년 ○월 ○일 합유자 ○○○ 탈퇴"를 원인으로 한 잔존 합유자의 합유로 하는 합유명의인 변경등기신청을 하여야 하고, 이 경우 탈퇴한 합유자의 인감증명을 첨부하여야 한다. 이 경우의 등기기재례는 별지 [기재례 2]와 같다(등기예규 제911호 2. 나. (1)).

(나) 잔존 합유자가 1 인이 된 경우(잔존합유자의 단독소유로하는 합유명의인 변경등기)

합유자 중 일부가 탈퇴하고 잔존 합유자가 1 인만 남은 경우에는 탈퇴한 합유자와 잔존 합유자의 공동신청으로 "○년 ○월 ○일 합유자 ○○○ 탈퇴"를 원인으로 한 잔존 합유자의 단독소유로 하는 합유명의인 변경등기신청을 하여야 하고, 이 경우 탈퇴한 합유자의 인감증명을 첨부하여야 한다. 이 경우의 등기기재례는 별지 [기재례 3]과 같다(등기예규 제911호 2. 나. (2)).

2인 조합에서 조합원 1인이 탈퇴하면 조합관계는 종료되지만 특별한 사정이 없는 한 조합이 해산되지 아니하고, 조합원의 합유에 속하였던 재산은 남은 조합원의 단독소유에 속하게 되어 기존의 공동사업은 청산절차를 거치지 않고 잔존자가 계속 유지할 수 있다(대판 : 2006. 3. 9. 2004다49693, 49709).

(3) 합유자가 추가된 경우(합유명의인 변경등기)

합유자 중 일부 또는 전부가 그 합유지분 중 일부를 제3자에게 처분하여 제3자가 합유자로 추가된 경우에는 기존의 합유자 및 새로 가입하는 합유자의 공동신청으로 "○년 ○월 ○일 합유자 ○○○ 가입"을 원인으로 한 기존 합유자와 새로 가입하는 합유자의 합유로 하는 합유명의인 변경등기신청을 하여야 하고, 이 경우 기존 합유자의 인감증명을 첨부하여야 한다. 이 경우의 등기기재례는 별지 [기재례 4]와 같다(등기예규 제911호 2. 다).

(4) 합유자 중 일부가 사망한 경우(상속등기불가)

(가) 사망한 합유자의 상속인의 합유자로서의 지위승계 여부(소극)

부동산의 합유자 중 일부가 사망한 경우 합유자 사이에 특별한 약정이 없는 한 사망한 합유자의 상속인은 합유자로서의 지위를 승계하지 못하므로, 해당 부동산은 잔존 합유자가 2인 이상일 경우에는 잔존 합유자의 합유로 귀속되고 잔존 합유자가 1인인 경우에는 잔존 합유자의 단독소유로 귀속된다(1996. 12. 10. 96다23238).

비록 사망한 합유자의 상속인들 중 일부가 다른 상속인을 상대로 상속지분이전등기절차의 이행을 명하는 판결을 받은 경우에도 위 판결에 의하여 사망한 합유자의 합유지분에 대한 소유권이전등기를 신청할 수는 없다(등기선례요지집 제6권 295항).

🔍 판 례

[1] 합유 부동산에 관한 소유권이전등기청구소송의 법적 성질(=고유필요적 공동소송)
합유로 소유권이전등기가 된 부동산에 관하여 명의신탁해지를 원인으로 한 소유권이전등기절차의 이행을 구하는 소송은 합유물에 관한 소송으로서 고유필요적 공동소송에 해당하여 합유자 전원을 피고로 하여야 할 뿐 아니라 합유자 전원에 대하여 합일적으로 확정되어야 하므로, 합유자 중 일부

의 청구인낙이나 합유자 중 일부에 대한 소의 취하는 허용되지 않는다.

[2] 합유자 중 일부가 사망한 경우의 소유권 귀속관계

부동산의 합유자 중 일부가 사망한 경우 합유자 사이에 특별한 약정이 없는 한 사망한 합유자의 상속인은 합유자로서의 지위를 승계하지 못하므로, 해당 부동산은 잔존 합유자가 2인 이상일 경우에는 잔존 합유자의 합유로 귀속되고 잔존 합유자가 1인인 경우에는 잔존 합유자의 단독소유로 귀속된다(대판 1996. 12. 10. 96다23238).

(나) 합유자 일부의 사망과 사망한 합유자의 지분에 관한 등기절차(합유명의인 변경등기)

합유자 중 일부가 사망한 경우 합유자 사이에 특별한 약정이 없는 한, 사망한 합유자의 상속인은 민법 제719조의 규정에 의한 지분반환청구권을 가질 뿐 합유자로서의 지위를 승계하는 것이 아니므로, 사망한 합유자의 지분에 관하여 그 상속인 앞으로 상속등기를 하거나 해당 부동산을 그 상속인 및 잔존 합유자의 합유로 하는 변경등기를 할 것은 아니고, 아래와 같은 등기를 하여야 한다.

1) 합유자가 3인 이상인 경우에 그 중 1인이 사망한 때에는 해당 부동산은 잔존 합유자의 합유로 귀속되는 것이므로, 잔존 합유자는 사망한 합유자의 사망사실을 증명하는 서면을 첨부하여 해당 부동산을 잔존 합유자의 합유로 하는 합유명의인 변경등기신청을 할 수 있다. 이 경우의 등기기재례는 별지 [기재례 5](생략)와 같다(등기예규 제911호 2. 다. (1)).

2) 합유자가 2인인 경우에 그 중 1인이 사망한 때에는 해당 부동산은 잔존 합유자의 단독소유로 귀속되는 것이므로, 잔존 합유자는 사망한 합유자의 사망사실을 증명하는 서면을 첨부하여 해당부동산을 잔존 합유자의 단독소유로 하는 합유명의인 변경등기신청을 할 수 있다. 이 경우의 등기기재례는 별지 [기재례 5](생략)와 같다(등기예규 제911호 2. 라. (2)).

3) 위 1)의 등기를 하지 않고 있는 사이에 다시 잔존 합유자 중 일부가 사망한 때에는 현재의 잔존 합유자는 해당 부동산의 소유명의인을 당초의 합유자 전원으로부터 바로 현재의 잔존 합유자의 합유로 하는 합유명의인 변경등기신청을 할 수 있고, 잔존 합유자가 1인인 경우에는 그 단독소유로 하는 합유명의인 변경등기신청을 할 수 있다. 이 경우 그 등기의 신청서에는 등기원인으로서 사망한 합유자들의 사망일자와 사망의 취지를 모두 기재하고, 그들의 사망사실을 증명하는 서면을 첨부하여야 한다. 이 경우의 등기기재례는 별지 [기재례 6·7](생략)과 같다(등기예규 제911호 2. 라. (3)).

(다) 잔존합유자 1인의 사망과 상속등기

위 3)의 등기를 하지 않고 있는 사이에 그 잔존 합유자도 사망한 때에는 그 잔존 합유자의 상속인은 바로 자기 앞으로 상속등기를 신청할 수 있다. 이 경우 그 상속등기의 신청서에는 등기원인으로서 피상속인이 아닌 다른 합유자(들)의 사망일자 및 사망의 취지와 등기신청인인 상속인의 상속일자 및 상속의 취지를 함께 기재하고, 상속을 증명하는 서면 외에 다른 합유자(들)의 사망사실을 증명하는 서면을 첨부하여야 한다. 이 경우의 등기기재례는 별지 [기재례 8]과 같다(등기예규 제911호 2. 라. (4)).

(5) 공유를 합유로 변경하는 경우

공유자 전부 또는 일부가 그 소유관계를 합유로 변경하는 경우, 합유로 변경하려고 하는 공유자들의 공동신청으로 "○년 ○월 ○일 변경계약"을 원인으로 한 합유로의 변경등기신청을 하여야 한다. 이 경우 등기기재례는 별지 [기재례 9]와 같다(등기예규 제911호 3).

공유자 전부가 그 소유관계를 합유로 변경하는 경우에는 공유자들의 공동신청으로 "○년 ○월 ○일 변경계약"을 원인으로 한 합유로의 변경등기를 신청할 수 있는바, 공유자 전원의 지분 전부에 대하여 처분금지가처분등기가 경료된 경우에도 마찬가지이다(등기선례요지집 제7권 244항).

(6) 합유를 공유로 변경하는 소유권변경등기

수인의 합유자 명의로 등기되어 있는 부동산은 합유자 전원의 합의에 의하여 수인의 공유지분의 소유형태로의 소유권변경등기를 할 수 있다(등기선례요지집 제3권 562항. 564항).

(7) 단독소유를 수인의 합유로 이전하는 경우

단독소유를 수인의 합유로 이전하는 경우, 단독소유자와 합유자들의 공동신청으로 소유권이전등기신청을 하여야 한다. 이 경우 등기기재례는 별지 [기재례 10]과 같다.

그 단독소유자를 포함한 합유로 되었을 경우에도 전소유자인 그 단독소유자를 합유자로 표시하여야 한다. 이 경우 등기기재례는 별지 [기재례 11]과 같다(등기예규 제911호 4).

※ 위 기재례는 법원행정처발행 "부동산등기기록례집" 제1편 제1장 제2절 1. 마. 바. 사. (31~42) 참조

(8) 합유재산을 합유자 1인의 단독소유로 소유권보존등기를 한 경우의 시정 방법

합유재산을 합유자 1인의 단독소유로 소유권보존등기를 한 경우에는 소유권보존등기가 실질관계에 부합하지 않는 원인무효의 등기이므로, 다른 합유자는 등기명의인인 합유자를 상대로 소유권보존등기 말소청구의 소를 제기하는 등의 방법으로 원인무효의 등기를 말소시킨 다음 새로이 합유의 소유권보존등기를 신청할 수 있다(대판 2017. 8. 18. 2016다6309).

(9) 합유지분에 대한 가압류등기의 가부(소극)

합유등기가 경료된 부동산에 대하여 합유자 중 1인의 지분에 대한 가압류 등기촉탁은 할 수 없다(등기선례요지집 제7권 243항).

(10) 처분금지가처분등기된 부동산의 합유로 변경

공유자 전원의 지분 전부에 대하여 처분금지가처분등기가 경료된 부동산을 합유로 변경할 수 있다(등기선례 제7권 244항).

(11) 합유물 전체에 대한 경매신청의 기입등기

합유지분에 대하여는 근저당권을 설정하거나 경매신청의 기입등기를 할 수 없으나, 합유물 전체에 대하여 경매개시결정이 있는 경우에는 그에 따른 경매신청의 기입등기를 할 수 있다(등기선례요지집 제6권 498항).

〔기록례 1〕 부동산등기기재례집 p. 28.

가. 합유자가 변경되는 경우

(1) 합유자 중 일부가 교체되는 경우

【 갑 구 】			(소유권에 관한 사항)	
순위번호	등기목적	접수	등기원인	권리자 및 기타사항
2	소유권이전	2002년 2월 3일 제206호	2002년 1월 30일 매매	합유자 김 갑 을 520115-1056407 서울시 서대문구 홍제동 2 이 을 병 500124-1056427 서울시 서대문구 불광동 5 박 병 정 201124-1057427 서울시 서대문구 홍은동 4
2-1	2번소유권 변경	2003년 4월 1일 제608호	2003년 3월 25일 합유자 변경	합유자 김 갑 을 520115-1056407 서울시 서대문구 홍제동 2 이 을 병 500124-1056427 서울시 서대문구 불광동 5 정 병 삼 310124-1023111 서울시 마포구 서교동 6

〔기록례 2〕 잔존합유자가 수인인 경우(합유자 일부변경)

(2) 합유자 중 일부가 탈퇴한 경우

(가) 잔존 합유자가 수인인 경우 34

【 갑 구 】		(소유권에 관한 사항)		
순위 번호	등기목적	접수	등기원인	권리자 및 기타사항
2	소유권이전	2002년 2월 3일 제206호	2002년 1월 30일 매매	합유자 김 갑 을 520115-1056407 서울시 서대문구 홍제동 2 이 을 병 500124-1056427 서울시 서대문구 불광동 5 박 병 정 201124-1057427 서울시 서대문구 홍은동 4
2-1	2번소유권 변경	2003년 4월 1일 제608호	2003년 3월 25일 합유자 박병정 탈퇴	합유자 김 갑 을 520115-1056407 서울시 서대문구 홍제동 2 이 을 병 500124-1056427 서울시 서대문구 불광동 5

〔기록례 3〕

(나) 잔존 합유자가 1인인 경우 35

【 갑 구 】		(소유권에 관한 사항)		
순위 번호	등기목적	접수	등기원인	권리자 및 기타사항
2	소유권이전	2002년 2월 3일 제206호	2002년 1월 30일 매매	합유자 김 갑 을 520115-1056407 서울사 서대문구 홍제동 2 아 을 병 500124-1056427 서울사 서대문구 불광동 5
2-1	2번소유권 변경	2003년 4월 1일 제608호	2003년 3월 25일 합유자 이을병 탈퇴	소유자 김 갑 을 520115-1056407 서울시 서대문구 홍제동 2

〔기록례 4〕

(3) 합유자가 추가된 경우 36

【 갑 구 】		(소유권에 관한 사항)		
순위번호	등기목적	접수	등기원인	권리자 및 기타사항
2	소유권이전	2002년 2월 3일 제206호	2002년 1월 30일 매매	합유자 김 갑 을 520115-1056407 서울시 서대문구 홍제동 2 아 을 병 500124-1056427 서울사 서대문구 불광동 5
2-1	2번소유권 변경	2003년 4월 1일 제608호	2003년 3월 25일 합유자 박병정 가입	합유자 김 갑 을 520115-1056407 서울시 서대문구 홍제동 2 이 을 병 500124-1056427 서울시 서대문구 불광동 5 박 병 정 201124-1057427 서울시 서대문구 홍은동 4

〔기록례 9〕

(4) 합유자 중 일부의 사망에 따른 변경등기를 하지 않고 있는 사이에 잔존합유자가 모두 사망한 경우 39

【 갑 구 】	(소유권에 관한 사항)			
순위번호	등기목적	접수	등기원인	권리자 및 기타사항
2	소유권이전	2001년 2월 3일 제206호	2003년 1월 2일 매매	합유자 김 갑 을 520115-1056407 서울시 서대문구 홍제동 2 이 을 병 500124-1056427 서울시 서대문구 불광동 5 박 병 정 201124-1057427 서울시 서대문구 홍은동 4
3	소유권이전	2003년 11월 4일 제1505호	2002년 2월 4일 합유자 박병정 사망 2003년 3월 5일 합유자 이을병 사망 2003년 9월 5일 합유자 김갑을 사망으로 상속	공유자 지분 5분의 3 박 영 희 520425-2056408 서울시 서대문구 홍제동 2 지분 5분의 2 김 이 남 800420-1056409 서울시 서대문구 홍제동 2

주 : 1. 마지막 합유자의 상속인은 바로 상속인 앞으로 상속등기를 신청할 수 있다.
    2. 등기원인에는 다른 합유자들의 사망일자와 사망의 취지 및 상속인의 상속일자와 그 취지를 함께 기록한다.
    3. 상속을 증명하는 서면 외에 다른 합유자의 사망사실을 증명하는 서면을 첨부하여야 한다.

〔기록례 9〕

나. 공유를 합유로 변경하는 경우

① 공유의 전부를 합유로 변경하는 경우 31

【 갑 구 】		(소유권에 관한 사항)		
순위번호	등기목적	접수	등기원인	권리자 및 기타사항
2	소유권이전	2002년 2월 3일 제206호	2002년 1월 30일 매매	공유자 ~~지분 3분의 1~~ ~~김 갑 을~~ ~~520115-1056407~~ ~~서울시 서대문구 홍제동 2~~ ~~지분 3분의 1~~ ~~이 을 병~~ ~~500124-1056427~~ ~~서울시 서대문구 불광동 5~~ ~~지분 3분의 1~~ ~~박 병 정~~ ~~301124-1057427~~ ~~서울시 서대문구 홍은동 4~~
2-1	2번소유권변경	2003년 4월 1일 제608호	2003년 3월 25일 변경계약	합유자 김 갑 을 520115-1056407 서울시 서대문구 홍제동 2 이 을 병 500124-1056427 서울시 서대문구 불광동 5 박 병 정 301124-1057427 서울시 서대문구 홍은동 4

변경등기신청(합유자변경)

접수	년 월 일	처리인	등기관 확인	각종통지
	제 호			

부동산의 표시
서울특별시 서초구 남부순환로315길 100 대 300㎡

등기원인과 그 연월일	년 월 일 합유자 박병정 사망
등기의 목적	소유권 변경
변경사항	별지와 같음

구분	성 명 (상호·명칭)	주민등록번호 (등기용등록번호)	주소(소재지)
신청인	1. 김 갑 을 2. 이 을 병 3. 박 병 정		
	1. 김 갑 을 2. 이 을 병		

등록면허세	금		원
지방교육세	금		원
세 액 합 계	금		원
등기신청수수료	금		원
	납부번호 :		

첨 부 서 면

1. 가족관계등록부 1통 1. 등록면허세영수필확인서 1통 1. 신청서 부본 1통 1. 위임장 1통 1. 등기신청수수료현금영수필확인서 1통	< 기 타 >

년   월   일

위 신청인   (전화 :   )
(또는)위 대리인 (전화 :   )

지방법원 등기소 귀중

[별지]

변경사항 : ○○○○년 ○월 ○일 접수 제○○○○호 갑구 순위번호 제○번 권리자 및 기타 사항란의 기재사항 중 "합유자 김갑을 000000-0000000 서울 서초구 남부순환로315길 100, 이을병 000000-0000000 서울 서초구 남부순환로315길 100, 박병정 000000-0000000, 서울 서초구 반포대로 150"을 "합유자 김갑을 000000-0000000 서울 서초구 남부순환로315길 100, 이을병 000000-0000000 서울 서초구 남부순환로315길 100"으로 변경함.

제5관 부동산의 총유

1. 총유의 법률적 성질

총유라 함은 법인 아닌 사단의 공동소유형태(민법 제275조)를 말한다. 총유의 주체는 법인 아닌 사단, 즉 법인격 없는 인적 결합체이며 '권리능력 없는 사단' '종중'등이 그 예이다. 법인 아닌 사단의 사원이 집합체로서 물건을 소유할 때에는 총유로 한다(민법 제275조 제1항).

2. 부동산의 총유등기

부동산의 총유는 등기하여야 한다. 법인 아닌 사단이나 재단에 속하는 부동산의 등기에 관하여는 그 사단이나 재단을 등기권리자 또는 등기의무자로 하며, 등기는 그 사단이나 재단의 명으로 그 대표자나 관리인이 신청한다(법 제26조, 규칙 제48조). 법인 아닌 사단의 등기신청에 관한 업무처리지침은 등기예규 제1435호에 규정되어 있다(이책 제1장 제11절 III. 3. 법인 아닌 사단의 등기신청 참조).

부동산등기법 제26조의 법인 아닌 사단이 등기신청인인 경우에는 명칭, 사무소 소재지 및 부동산등기용등록번호(규칙 제43조 제1항 제2호)와 그 대표자나 관리인의 성명, 주소 및 주민등록번호를 신청정보의 내용으로 등기소에 제공하여야 한다(규칙 제43조 제2항).

● 법인 아닌 사단 또는 재단의 소유인 경우 ●

【 갑 구 】		(소유권에 관한 사항)		
순위 번호	등기목적	접수	등기원인	권리자 및 기타사항
1	소유권보존	2012년9월7일 제8005호		소유자 경주김씨종중 111101-1234567 서울특별시 종로구 인사동6길 8(인사동) 대표자 김정수 600104-1056429 서울특별시 종로구 율곡로1길 16(사간동)

3. 총유물의 관리·처분 및 사용·수익

총유물의 관리 및 처분은 사원총회의 결의에 의한다(민법 제276조 제1항). 총유에 있어서 목적물의 처분변경에는 전원의 동의 또는 결의를 요하나 보존행위(保存行爲)는 각자 단독으로 할 수 있다(대판 1960. 5. 5. 4292민상191).

법인 아닌 사단의 재산은 사원의 총유에 속하는 것이므로 그 관리·처분은 먼저 사단의 규약에 정한 바가 있으면 이에 따라야 하고, 그 점에 관한 규약이 없으면 사원총회의 결의에 의하여야 하므로(대판 1994. 9. 30. 93다27703), 비록 대표자에 의한 재산의 처분이라고 하더라도 그러한 절차를 거치지 아니한 채 한 행위는 무효이다(1996. 8. 20. 96다18656, 2000. 10. 27. 2000다22881). 각 사원은 정관 기타의 규약에 좇아 총유물을 사용, 수익할 수 있다(민법 제276조 제2항).

4. 총유재산에 관한 소송의 당사자 및 필수적 공동소송

법인 아닌 사단의 구성원 개인은 사단의 대표자라거나 사원총회의 결의를 거쳤다 하더라도 총유재산에 관한 소송의 당사자가 될 수 없고, 보존행위로서 소를 제기하는 경우에도 마찬가지이다(대판 2005. 9. 15. 2004다44971).

교회의 총유재산에 관한 소송은 권리능력 없는 사단인 교회 자체의 명의로 하거나 그 교회 구성원 전원이 당사자가 되어 할 수 있을 뿐이고, 후자의 경우에는 필수적 공동소송이다(대판 1995. 9. 5. 95다21303).

총유재산에 관한 소송은 비법인사단이 그 명의로 사원총회의 결의를 거쳐 하거나 또는 그 구성원 전원이 당사자가 되어 필수적 공동소송의 형태로 할 수 있을 뿐이며, 비법인사단이 사원총회의 결의 없이 제기한 소송은 소제기에 관한 특별수권을 결하여 부적법하다(2007. 7. 26. 2006다64573).

5. 총유물에 관한 권리의무의 득상

총유물에 관한 사원의 권리의무는 사원의 지위를 취득, 상실함으로써 취득상실 된다(민법 제277

조). 총유물의 관리, 처분에 참여할 수 있는 것과 총유물의 사용, 수익은 주요한 사원의 권리이다.

6. 법인 아닌 사단의 구성원개인이 총유재산의 보존을 위한 소를 제기할 수 있는지 여부(소극)

민법 제276조 제1항은 "총유물의 관리 및 처분은 사원총회의 결의에 의한다.", 같은 조 제2항은 "각 사원은 정관 기타의 규약에 좇아 총유물을 사용·수익할 수 있다."라고 규정하고 있을 뿐 공유나 합유의 경우처럼 보존행위는 그 구성원 각자가 할 수 있다는 민법 제265조 단서 또는 제272조 단서와 같은 규정을 두고 있지 아니한바, 이는 법인 아닌 사단의 소유형태인 총유가 공유나 합유에 비하여 단체성이 강하고 구성원 개인들의 총유재산에 대한 지분권이 인정되지 아니하는 데에서 나온 당연한 귀결이라고 할 것이므로 총유재산에 관한 소송은 법인 아닌 사단이 그 명의로 사원총회의 결의를 거쳐 하거나 또는 그 구성원 전원이 당사자가 되어 필수적 공동소송의 형태로 할 수 있을 뿐 그 사단의 구성원은 설령 그가 사단의 대표자라거나 사원총회의 결의를 거쳤다 하더라도 그 소송의 당사자가 될 수 없고, 이러한 법리는 총유재산의 보존행위로서 소를 제기하는 경우에도 마찬가지라 할 것이다(대판 2005. 9. 15. 2004다44971 전원합의체판결).

7. 교회재산

(1) 교회재산의 법률관계

교회의 재산은 교인들의 총유에 속하며 그 재산에 관한 권리의무는 교회의 교인으로서의 지위를 상실함과 동시에 상실된다(대판 1988. 3. 22. 86다카1197).

(2) 교회가 분열된 경우 교회재산의 소유관계

교회가 분열된 경우에 그 재산의 귀속에 관하여는 어떤 규정이 있으면 모르되 특별한 정함이 없으면 교회재산은 분열 당시 교인들의 총유에 속하고(대판 1988. 3. 22. 86다카1197), 교인들은 각 교회활동의 목적범위 내에서 총유권의 대상인 교회재산을 사용·수익할 수 있다(대판 2005. 10. 28. 2005도3772).

8. 종중재산

(1) 종중재산의 소유관계

종중의 소유재산은 종중원의 총유이다(대판 1966. 9. 27. 66다1343, 1992. 4. 24. 91다18965). 종중재산인 부동산을 종중원 또는 1인 또는 수인에게 신탁하여 그 명의로 등기하는 신탁적 양도행위는 유효하다(대판 1966. 9. 27. 66다1343).

(2) 종중재산의 관리처분 방법

종중소유의 재산은 종중원의 총유에 속하는 것이므로 그 관리 및 처분에 관하여 먼저 종중규약에 정하는 바가 있으면 이에 따라야 하고, 그 점에 관한 종중규약이 없으면 종중총회의 결의에 의하여야 하므로(대판 1992. 4. 24. 91다18965, 1994. 9. 30. 93다27703), 비록 종중대표자에 의한 종중재산의 처분이라고 하더라도 그러한 절차를 거치지 아니한 채 한 행위는 무효이다(대판 1996. 8. 20. 96다18656, 2000. 10. 27. 2000다22881).{이책 제1장 제11절 III. 3. (6) 종중 참조}

9. 법인 아닌 사단의 구성원 개인이 총유재산의 보존을 위한 소를 제기할 수 있는지 여부(소극)

총유재산에 관한 소송은 법인 아닌 사단이 그 명의로 사원총회의 결의를 거쳐하거나 또는 그 구성원 전원이 당사자가 되어 필수적 공동소송의 형태로 할 수 있을 뿐 그 사단의 구성원은 설령 그가 사단의 대표자라거나 사원총회의 결의를 거쳤다하더라도 그 소송의 당사자가 될 수 없고, 이러한 법리는 총유재산의 보존행위로서 소를 제기하는 경우에도 마찬가지라 할 것이다(대판 2005. 9. 15. 2004다44971 전원합의체판결).

제6관 매매로 인한 소유권이전등기

1. 매매의 의의 및 효력

(1) 매매의 의의

(가) 유상계약

매매란 당사자의 일방(매도인)이 어떤 재산권을 상대방에게 이전할 것을 약정하고 상대방(매수인)은 이에 대하여 그 대금을 지급할 것을 약정함으로써 성립하는 낙성, 쌍무, 불요식의 전형적인 유상계약이다(민 제563조). 재산권은 원칙적으로 이전성이 있으므로 그 성질상 또는 법률상 양도할 수 없는 것을 제외하고는 모두 매매의 목적물이 될 수 있다.

(나) 매도인의 처분권한과 매수인의 과실여부

부동산을 매수하는 사람으로서는 매도인에게 부동산을 처분할 권한이 있는지 여부를 조사하여야 하므로, 이를 조사하였더라면 매도인에게 처분권한이 없음을 알 수 있었음에도 불구하고 그러한 조사를 하지 않고 매수하였다면 부동산의 점유에 대하여 과실이 있다고 보아야 한다. 매도인이 등기부상의 소유명의자와 동일인인 경우에는 일반적으로는 등기부의 기재가 유효한 것으로 믿고 매수한 사람에게 과실이 있다고 할 수 없을 것이다. 그러나 만일 등기부의 기재 또는 다른 사정에 의하여 매도인의 처분권한에 대하여 의심할 만한 사정이 있거나, 매도인과 매수인의 관계 등에 비추어 매수인이 매도인에게 처분권한이 있는지 여부를 조사하였더라면 별다른 사정이 없는 한 그 처분권한이 없음을 쉽게 알 수 있었을 것으로 보이는 경우에는, 매수인이 매도인 명의로 된 등기를 믿고 매수하였다 하여 그것만으로 과실이 없다고 할 수 없다(대판 2017. 12. 13. 2016다248424).

🔍 판례

1. 토지의 매매와 매매대상(지적공부상의 경계와 진실한 경계선이 다른 경우 소유권의 범위)
토지에 대한 매매의 경우 특별한 사정이 없는 한 현실의 경계와 관계없이 지적공부상의 경계와 지적에 의하여 소유권의 범위가 확정된 토지를 매매대상으로 하는 것으로 보아야 할 것이나, 다만 지적도를 작성함에 있어서 기술적인 착오로 인하여 지적도상의 경계선이 진실한 경계선과 다르게 작성되었기 때문에 경계와 지적이 실제의 것과 일치하지 않게 되었다는 등의 특별한 사정이 있는 경우에는 그 토지에 대한 매매에 있어서 매매 당사자 사이에 진실한 경계선과 다르게 작성된 지적도상의 경계대로 매매할 의사를 가지고 매매한 사실이 인정되는 등의 특별한 사정이 없는 한 진실한 경계에 의하여 소유권의 범위가 확정된 토지를 매매대상으로 하는 것으로 보아야 한다(대판 : 1998. 6. 26. 97다2823).

(다) 수인이 부동산을 공동으로 매수한 경우 매수인간의 법률관계

수인이 부동산을 공동으로 매수한 경우, 매수인들 사이의 법률관계는 공유관계로서 단순한 공동매수인에 불과하여 매도인은 매수인 수인에게 그 지분에 대한 소유권이전등기의무를 부담하는 경우도 있을 수 있고, 그 수인을 조합원으로 하는 조합체에서 매수한 것으로서 매도인이 소유권 전부의 이전의무를 그 조합체에 대하여 부담하는 경우도 있을 수 있다(대판 2006. 4. 13. 2003다25256).

(2) 매매의 효력(재산권이전의무와 대금지급의무의 동시이행)

매매의 가장 중요한 효력은 매도인의 재산권이전의무와 매수인의 대금지급의무이다. 매매의 목적인 권리가 등기와 같은 공시방법은 갖추어야 하는 경우에는 매도인은 등기에 협력하여야 한다. 이러한 매도인의 재산권이전의무는 매수인의 대금지급의무와 원칙적으로 동시이행의 관계에 있다(민 제568조 2항).

부동산 매매계약이 체결된 경우 매도인의 소유권이전등기의무와 매수인의 잔대금지급의무는 동시이행의 관계에 있는 것이고, 이 경우 매도인은 특별한 사정이 없는 한 제한이나 부담이 없는 소유권이전등기의무를 진다(대판 1992. 2. 14. 91다12349).

(3) 계약의 해제를 원인으로 한 소유권이전등기의 말소 또는 소유권이전등기 신청

계약의 해제(解除)라 함은 유효한 계약관계에 있어 계약당사자 일방의 의사표시로 계약의 효력을 소멸시켜 그 계약이 "처음부터 없었던 것과 같은 상태"로 만드는 것(민법 제543조)을 말한다. 당사자 일방이 계약을 해제한 때에는 각 당사자는 그 상대방에 대하여 원상회복의 의무가 있다(민법 제548조 제1항).

매매를 원인으로 한 이전등기를 경료한 뒤에 그 매매계약을 해제(합의해제 포함)하였다면 이해관계 있는 제3자가 없는 한 계약해제의 효과인 원상회복의 방법으로 그 등기의 말소를 구할 수 있다(서울민사지방법원 1978. 10. 20. 선고 78파2806 결정 등기예규 제331호).

등기상 이해관계 있는 제3자가 있는 때에도 그의 승낙서 또는 그에게 대항할 수 있는 재판의 등본이 있는 경우에는 말소등기를 할 수 있고 또 이 경우에 그 이해관계인의 권리에 관한 등기가 말소되는 등기를 기초로 한 것인 때에는 등기관이 이를 직권말소하여야 한다(「부동산등기법」 제57조). 또 매매계약 해제로 인한 원상회복 방법으로 당사자가 계약해제를 원인으로 한 소유권이전등기 신청을 하여도 등기관은 이를 수리하여야 한다(등기예규 제1343호).

(4) 1필지 토지의 특정일부의 등기절차

(가) 대위에 의한 분필등기의 선행

1필지의 토지의 특정부분에 대해서 매매계약을 체결하거나, 시효취득을 원인으로 한 소유권이전등기절차를 명한 판결에 의한 등기를 하기 위하여는 먼저 토지 소유자를 대위하여(법 제28조) 그 특정부분을 토지대장상 분할(공간정보의 구축 및 관리 등에 관한 법률 제9조)하여 분필등기(법 제74조~제77조)를 한 후 그 특정부분에 대하여 소유권이전등기를 할 수 있으므로, 토지의 분할을 명함이 없이 1필지의 토지의 일부에 관하여 소유권이전등기절차의 이행을 명한 판결을 집행불능의 판결이라고 할 수 없다(등기예규 제639항, 대판 1994. 9. 27. 94다25032).

부동산의 특정 일부만에 대한 소유권이전등기는 실체법상 허용되지 않는바, 1필의 농지의 특정 일부에 대하여 농지전용협의를 완료하였더라도 지적관계법에 따른 분필절차를 거치지 않는 한 1필지 전부를 이전하여야 하므로, 이 경우에는 농지취득자격증명원을 첨부하여야 할 것이다(2017. 6. 22. 부동산등기과-1469).

(나) 특정부분의 면적이 법률상 분할이 제한되는 경우

1필지의 토지 중 일부를 특정하여 매매계약이 체결되었으나 그 부분의 면적이 건축법 제57조 제1항, 동법시행령 제80조에 따라 분할이 제한되는 경우에 해당한다면, 매도인으로서는 그 부분을 분할하여 소유권이전등기절차를 이행할 수 없다. 따라서 매도인이 매매계약에 따라 매수인에게 부담하는 소유권이전등기절차 이행의무는 이행이 불가능하다고 보아야 한다. 이는 교환계약에서도 마찬가지이다(대판 2017. 8. 29. 2016다212524).

법령에 따라 토지분할에 행정관청의 분할허가를 받아야 하는 토지 중 일부를 특정하여 매매계약이 체결되었으나, 그 부분의 면적이 법령상 분할허가가 제한되는 토지분할 제한면적에 해당하여 분할이 불가능하다면, 매도인이 그 부분을 분할하여 소유권이전등기절차를 이행할 수 없으므로, 특별한 사정이 없는 한 매도인의 소유권이전등기의무는 이행이 불가능하다고 보아야 한다(대판 2017. 10. 12. 2016다9643).

(5) 근저당권이 설정된 부동산의 매매와 근저당권설정등기 말소의무와 대금지급의무의 동시이행관계

근저당권이 설정되어 있는 부동산의 매매에 있어서는 소유권이전등기 소요서류와 아울러 근저당권말소등기절차 소요서류의 교부와 매매대금의 지급은 특별한 사정이 없는 한 동시이행관계에 있다(대판 1973. 6. 5. 68다2342).

(6) 부동산을 매수한 피상속인이 사망한 경우 공동상속인 중 1인이 자신의 법정상속 지분만에 관하여 매매를 원인으로 한 소유권이전등기를 신청할 수 있는지 여부

갑이 을로부터 매수하였으나 소유권이전등기를 하기전에 갑이 사망하고 그 후 갑의 공동상속인 중의 1인인 병이 을을 상대로 병 자신의 법정상속지분만에 관하여 소유권이전등기절차를이행하라는 소를 제기하여 승소의 확정판결을 받은 경우에, 병은 위 확정판결정본과 확정증명서를 첨부하여 자신의 법정상속지분만에 관하여 매매를 원인으로 한 소유권이전등기를 신청할 수 있다(등기선례 제8권 41항).

2. 해산간주 또는 청산종결된 회사소유부동산을 매수한 자의 소유권이전등기절차(청산인 : 등기의무자)

해산간주된 회사(상법 부칙 제42조 제2항) 소유부동산(등기선례요지집 제7권 제88항)이나 회사가 상법

제520조의2(휴면회사)의 규정에 의하여 직권으로 청산종결등기가 경료된 회사소유부동을 매수한 경우, 그 회사가 소유권이전등기의 등기의무자인 이상 청산은 그 범위 내에서 아직 종료되지 않은 것으로 보아야 하므로 그 회사로부터 부동산을 매수하였으나 아직 자기 앞으로의 이전등기를 마치지 못한 자는 그 회사와의 공동신청에 의하거나 그 회사를 상대로 한 판결을 받아 단독으로 소유권이전등기를 신청할 수 있으며, 회사와의 공동신청에 의하여 소유권이전등기를 신청하려면 회사를 대표하는 청산인의 자격증명으로는 폐쇄된 법인등기부등본을 제출하여야 하고, 등기의무자의 인감증명은 인감증명법에 의한 청산인 개인의 인감을 첨부할 수 있다(등기선례요지집 제3권 제469항, 제471항, 제971항).

3. 매매를 원인으로 한 소유권이전등기신청서의 기재사항

매매를 원인으로 한 부동산 소유권이전 등기신청서에는 부동산등기규칙 제43조 제1항 각 호의 사항을 기재하고 신청인이 이에 기명날인하여야 한다.

(1) 부동산의 표시(법 제34조 제3호~제5호, 규칙 제43조 제1항 제1호 가. 나.)

(가) 매매목적물을 기재하되, 등기부상 부동산의 표시와 일치하여야 한다. 부동산이 토지인 경우에는 토지의 소재와 지번, 지목, 면적을 기재하고, 건물인 경우에는 건물의 소재와 지번, 구조, 면적, 건물의 종류, 건물의 번호가 있는 때에는 그 번호, 부속건물이 있는 때에는 그 종류, 구조와 면적을 기재한다. 계약을 원인으로 한 소유권이전등기를 신청하는 경우에는 거래가액을 신청정보의 내용으로 등기소에 제공하여야 한다(법 제68조, 규칙 제124조 2항 전단). 등기부와 토지·건축물대장의 부동산표시가 다른 때에는 먼저 부동산표시변경(또는 경정)등기를 하여야 한다.

(나) 구분건물의 경우(규칙 제43조 제1항 다목) 매매목적물을 기재하되, 등기부상 부동산의 표시와 일치하여야 한다.

㉮ 1동의 건물의 표시

1동의 건물 전체의 소재, 지번, 종류와 구조 및 면적을 기재하며, 1동의 건물의 번호가 있는 경우(예 가동, 나동, 다동 등)에는 1동의 건물의 구조와 면적을 기재하지 아니한다(구 법 제42조 제2항, 제3항).

㉯ 전유부분의 건물의 표시

건물의 번호, 구조, 면적을 기재한다.

㉰ 대지권의 표시(구 법 제42조 제4항, 신법 제40조 제3항)

대지권의 목적인 토지의 표시, 대지권의 종류, 비율을 기재한다.

① 대지권의 목적인 토지의 표시는 토지의 소재와 지번, 지목, 면적을,

② 대지권의 종류는 소유권, 지상권, 전세권, 임차권 등 권리의 종류에 따라 기재하며,

③ 대지권의 비율은 대지권의 목적인 토지에 대한 지분비율을 기재한다.

(2) 등기원인과 그 연월일(규칙 제43조 제1항 제5호)

소유권이전등기에 있어 등기원인이라고 함은 등기를 하는 것 자체에 관한 합의가 아니라 등기하는 것을 정당하게 하는 실체법상의 원인을 뜻하는 것으로서, 등기를 함으로써 일어나게 될 권리변동의 원인행위나 그의 무효, 취소, 해제 등을 가리킨다(대판 1999. 2. 26 98다50999).

등기원인은 "매매"로, 연월일은 매매계약서상 계약체결일을 기재한다.

(3) 등기의 목적(규칙 제43조 제1항 제6호)

소유권 전부이전의 경우에는 "소유권이전"으로, 소유권 일부이전의 경우에는 "소유권 일부이전"으로 기재한다(구 법 제89조, 법 제67조).

(4) 지분(규칙 제48조 제4항)

소유권 일부이전의 경우에만 그 지분을 기재한다.

㉠ "○○○지분 전부" 또는 "○번 ○○○지분 ○분의 ○중 일부(○분의 ○)"

(5) 등기의무자(규칙 제43조 제1항 제2호)

매도인의 성명, 주민등록번호, 주소를 기재하되, 등기부상 소유자 표시와 일치하여야 하며, 매도인이 법인인 경우에는 상호(명칭), 본점(주사무소 소재지), 등기용등록번호를 기재하고, 법인아닌 사단이나 재단인 경우에는 상호(명칭), 본점(주사무소소재지), 등기용등록번호 및 대표자(관리인)의 성명, 주민등록번호, 주소를 각 기재한다.

(6) 등기권리자(규칙 제43조 제1항 제2호)

매수인을 기재하는 란으로, 그 기재방법은 등기의무자란과 같다.

(7) 시가표준액 및 국민주택채권매입금액 등(규칙 제44조)

㉮ 부동산별 시가표준액란은 등록세납부서(OCR용지)에 기재된 시가표준액을 기재하고 부동산별 국민주택채권매입금액란에는 시가표준액의 일정비율에 해당하는 국민주택채권매입금액을 기재한다.

㉯ 부동산이 2개 이상인 경우에는 각 부동산별로 시가표준액 및 국민주택채권매입금액을 기재한 다음 국민주택채권 매입총액을 기재한다.

㉰ 국민주택채권발행번호란에는 국민주택채권 매입시 국민주택채권사무취급기관에서 고지하는 채권발행번호를 기재하며, 하나의 신청사건에 하나의 채권발행번호를 기재하는 것이 원칙이며, 동일한 채권발행번호를 수 개 신청사건에 중복 기재할 수 없다.

(8) 등록세 · 교육세(규칙 제44조 제1항)

등록세영수필확인서에 의하여 등록세액, 교육세액을 기재하며, 등록세액과 교육세액의 합계를 기재한다(지방세법 제28조 제1항 1호나목).

(9) 등기신청수수료(규칙 제44조 제2항)

부동산 1개당 등기사항증명서 등 수수료 규칙 제5조의2 및 제5조의5 제1항 제2항의 규정에 의한 등기수수료액과 납부번호를 기재한다.

(10) 등기의무자의 등기필정보(규칙 제43조 제1항 제7호)

전자신청 지정등기소에서 소유권 취득에 관한 등기를 완료하고 등기필정보를 교부받은 경우, 그 등기필정보 상에 기재된 부동산고유번호, 성명, 일련번호, 비밀번호를 각 기재(등기필정보를 제출하는 것이 아님)하며, 교부받은 등기필 정보를 멸실한 경우에는 부동산등기법 제51조에 의하여 확인서면이나 확인조서 또는 공증서면 중 하나를 첨부한다.

등기신청서에 등기필증이나 확인서면 등을 첨부한 경우 이 란은 기재할 필요가 없다.

(11) 거래신고 일련번호 및 거래가액 (법 제68조, 규칙 제124조)

매매에 관한 거래계약서를 등기원인을 증명하는 서면으로 하여 소유권이전등기를 신청하는 경우에는 거래신고필증에 기재된 거래가액과 거래신고일련번호를 기재하여야 한다.

4. 매매를 원인으로 한 소유권이전 등기신청서의 첨부서면

매매를 원인으로 한 소유권이전 등기신청서에는 다음의 서면을 첨부하여야 한다(법 제24조 제2항, 규칙 제46조).

(1) 매매계약서(규칙 제46조 제1항 제1호)

계약으로 인한 소유권이전등기를 신청하는 경우에는 등기원인을 증명하는 서면인 매매계약서를 첨부하여야 하며 그 계약서에 기재된 거래금액이 1,000만원을 초과하는 경우에는 일정액의 정부수입인지를 첨부하여야 하며, 계약서에 기재된 거래금액이 1억원 이하인 주택의 경우에는 인지세를 납부하지 아니한다(인지세법 제33조 제1항 제6조 제5호).

(2) 등기필증(등기필정보)(법 제50조 제2항, 규칙 제43조 제1항 제7호)

등기권리자와 등기의무자가 공동으로 권리에 관한 등기를 신청하는 경우에 신청인은 그 신청정보와 함께 법 제50조 제1항에 따라 통지받은 등기의무자의 등기필정보(또는 등기필증)를 등기소에 제공하여야 한다. 승소한 등기의무자가 매매를 원인으로 한 소유권이전등기 절차이행의 확정판결을 받아 단독으로 권리에 관한 등기를 신청하는 경우에도 또한 같다(법 제50조 제2항).

다만, 등기필증(등기필정보)을 멸실하여 첨부(기재)할 수 없는 경우에는 부동산등기 법 제51조에 의하여 확인서면이나 확인조서 또는 공증서면 중 하나를 첨부한다(법 제51조).

(3) 위임장(규칙 제46조 제1항 제5호)

등기신청을 법무사 등 대리인에게 위임하는 경우에 첨부한다. 법인 또는 외국회사의 대표자가 부동산에 관한 등기를 신청하는 경우에 그 법인 또는 외국회사의 등기가 있는 등기소와 부동산소재지를 관할하는 등기소가 동일한 때에는 위 서면을 첨부함을 요하지 아니한다(규칙 제46조 제5항).

(4) 주민등록표등(초)본(규칙 제46조 제1항 제6호)

(가) 등기의무자 및 등기권리자의 주민등록표등본 또는 초본(각, 발행일로부터 3일 이내)을 첨부한다.

(나) 국내거소신고증, 국내거소신고사실증명

재외동포(재외국민 및 외국국적동포)가 법령에 규정된 각종절차와 거래관계 등에 있어서 주민등록증, 주민등록등초본, 외국인등록증, 외국인등록사실증명을 요하는 경우에는 국내거소신고증 또는 국내거소신고사실증명으로 이에 갈음할 수 있다(재외동포의 출입국과 법적지위에 관한 법률 제2조, 제9조. 출입국관리법 제88조의2 제1항).

(5) 법인등기부등(초)본(규칙 제46조 제1항 제4호)

등기권리자 또는 의무자가 법인인 경우에는 법인등기부등본 또는 초본(각, 발행일로부터 3월 이내)을 첨부한다. 다만 규칙 제46조 제5항의 경우에는 위 서면을 생략할 수 있다.

(6) 토지 · 임야 · 건축물대장등본(규칙 제46조 제1항 제7호)

(가) 등기신청대상 부동산의 종류에 따라 토지(임야)대장등본, 건축물대장등본(각, 발행일로부터 3월 이내)을 첨부한다.

(나) 대장(토지, 임야, 건축물)등본을 발급받을 수 없는 경우

건축물대장이 작성되어 있지 아니하여 건축물대장 등본을 발급받을 수 없는 경우에는 ① 등기할 건축물이 건축물대장에 등재되지 않았다는 사실 ② 부동산의 표시를 소명할 수 있는 시장 · 군수 · 구청장의 확인서를 첨부하면 건축물대장 등본의 첨부 없이도 소유권이전등기를 신청할 수 있는바, 건물의 소재와 지번 · 종류 · 구조 · 면적이 특정되어 있는 재산세과세대장등본은 부동산의 표시를 소명하는 서면에 해당한다(등기선례 제4권 제379항, 제6권 제245항, 제7권 제210항 제206항).

(7) 부동산거래 신고필증 및 매매목록(규칙 제124조 제2항)

「부동산 거래신고 등에 관한 법률」 제3조제1항에서 정하는 계약을 등기원인으로 하는 소유권이전등기를 신청하는 경우에는 거래가액을 신청정보의 내용으로 등기소에 제공하고, 시장·군수 또는 구청장으로부터 제공받은 거래계약신고필증정보를 첨부정보로서 등기소에 제공하여야 한다. 이 경우 거래부동산이 2개 이상인 경우 또는 거래부동산이 1개라 하더라도 여러 명의 매도인과 여러 명의 매수인 사이의 매매계약인 경우에는 매매목록도 첨부정보로서 등기소에 제공하여야 한다(규칙 제124조 제2항).

(8) 인감증명서(규칙 제60조 제1항 제1호)

소유권의등기명의인(매도인)이 등기의무자로서 등기를 신청하는 경우에는 등기의무자의 인감증명(발행일로부터 3개월 이내의 것)을 제출하여야 한다.

인감증명서의 부동산매수자란에 매수인의 성명(법인은 법인명), 주민등록번호(부동산등기용등록번호) 및 주소가 기재되어 있는 매도인의 부동산매도용 인감증명서(발행일로부터 3월 이내)를 첨부한다.

내국인이 국내 부동산의 처분을 위임하여 수임인이 매매를 원인으로 소유권이전등기를 신청하는 경우에는 인감증명은 위임인의 부동산매도용 인감증명 및 수임인의 인감증명을 첨부하여야 한다(등기선례 제8권 87항).

(9) 취득세(등록면허세) 영수필확인서(규칙 제44조 제1항)

시장, 구청장, 군수 등으로부터 등록세납부서(OCR용지)를 발급받아 납세지를 관할하는 해당 금융기관에 세금을 납부한 후 등록세영수필확인서와 영수증을 교부받아 영수증은 본인이 보관하고 '취득세(등록면허세) 영수필확인서'만 신청서에 첨부한다.

(10) 번역문, 공증담당영사의 확인. 아포스티유(Apostille)

첨부정보가 외국어로 작성된 경우에는 그 번역문을 붙여야 한다(규칙 제46조 제8항).

첨부정보가 외국 공문서이거나 외국 공증인이 공증한 문서(이하 "외국 공문서 등"이라 한다)인 경우에는 「재외공관 공증법」 제30조제1항에 따라 공증담당영사로부터 문서의 확인을 받거나 「외국공문서에 대한 인증의 요구를 폐지하는 협약」에서 정하는 바에 따른 아포스티유(Apostille)를 붙여야 한다. 다만, 외국 공문서 등의 발행국이 대한민국과 수교하지 아니한 국가이면서 위 협약의 가입국이 아닌 경우와 같이 부득이한 사유로 문서의 확인을 받거나 아포스티유를 붙이는 것이 곤란한 경우에는 그러하지 아니하다(규칙 제46조 제9항).

5. 거래가액 등기(등기예규 제1395호)

등기관이 부동산 거래신고 등에 관한 법률 제3조 제1항에서 정하는 계약을 등기원인으로 한 소유권이전등기를 하는 경우에는 대법원 규칙으로 정하는 바에 따라 거래가액(거래가액은 2006. 1. 1. 이후 작성된 매매계약서를 등기원인증서로 하여 소유권이전등기를 신청하는 경우에 한한다. 등기예규 제1395호. 1. 다, 제1633호)을 기록한다(법 제68조).

법 제68조의 거래가액이란 부동산 거래신고 등에 관한 법률 제3조에 따라 신고한 금액을 말한다(규칙 제124조 제1항).

등기관이 거래가액을 등기할 때에는 다음 각 호의 구분에 따른 방법으로 한다(규칙 제125조).

1. 매매목록의 제공이 필요 없는 경우 : 등기기록 중 갑구의 권리자 및 기타사항란에 거래가액을 기록하는 방법
2. 매매목록이 제공된 경우 : 거래가액과 부동산의 표시를 기록한 매매목록을 전자적으로 작성하여 번호를 부여하고 등기기록 중 갑구의 권리자 및 기타사항란에 그 매매목록의 번호를 기록하는 방법

(1) 등기신청서의 기재사항 및 첨부서면 등

거래가액 등기의 대상이 되는 소유권이전등기를 신청하는 경우에는, 신청서에 관할 관청이 확인한 거래신고관리번호를 기재하여야 하고 아래 (가) 및 (나)의 규정에 따른 신고필증과 매매목록을 첨부하여야 한다(등기예규 제1395호. 2. 제1633호).

(가) 신고필증

신고필증에는 거래신고관리번호, 거래당사자, 거래가액, 목적부동산이 표시되어 있어야 한다.

(나) 매매목록

아래 각 호의 어느 하나에 해당하는 경우에는 매매목록을 제출하여야 한다.

① 1개의 신고필증에 2개 이상의 부동산이 기재되어 있는 경우(1개의 계약서에 의해 2개 이상의 부동산을 거래한 경우라 하더라도, 관할 관청이 달라 개개의 부동산에 관하여 각각 신고한 경우에는 매매목록을 작성할 필요가 없다)

② 신고필증에 기재되어 있는 부동산이 1개라 하더라도 수인과 수인사이의 매매인 경우

(2) 거래가액의 등기

신고필증에 기재된 금액을 등기부 중 갑구의 권리자 및 기타사항란에 거래가액으로 기록한다(등기예규 제1395호. 3).

「부동산등기 특별조치법」 제3조 제1항의 검인 대상인 부동산에 대하여 착오로 거래신고를 하여 소유권이전등기를 마친 후에 다시 검인을 신청하여 매매계약서(등기원인증서)에 검인을 받았다면, 해당 매매계약서를 첨부하여 거래가액의 등기를 말소하는 경정등기를 신청할 수 있으며, 이때 등기원인은 "신청착오"로 기재하여야 한다(2012. 5. 18. 부동상등기과-1006).

<거래가액의 등기 기재례>

(1) 1개의 신고필증에 1개의 부동산이 기재되어 있는 경우 13-2

(토지 서울특별시 강남구 신사동 53)

【갑 구】 (소유권에 관한 사항)				
순위번호	등기목적	접수	등기원인	권리자 및 기타사항
2	소유권이전	2005년 5월 10일 제5500호	2012년 5월 9일 매매	소유자 이갑동 000000-0000000 서울시 종로구 인사동길 6길 8(인사동)
3	소유권이전	2006년 6월 5일 제8000호	2012년 6월 4일 매매	소유자 이규호 000000-0000000 서울시 종로구 율곡로1길 16 (사간동) 거래가액 금300,000,000원

		소유권(일부)이전등기신청			<전면>

접 수	년 월 일		처 리 인	등기관 확인	각종 통지
	제 호				

부동산의 표시(거래신고일련번호/거래가액)			
거래신고일련번호 :		거래가액 :	
등기원인과 그 연월일	년 월 일		
등 기 의 목 적	소유권(일부) 이전		
이 전 할 지 분			

구분	성 명 (상호·명칭)	주민등록번호 (등기용등록번호)	주 소 (소 재 지)	지 분 (개인별)
등 기 의 무 자				
등 기 권 리 자				

시가표준액 및 국민주택채권매입금액		
부동산 표시	부동산별 시가표준액	부동산별 국민주택채권매입금액
1.	금 원	금 원
2.	금 원	금 원
3.	금 원	금 원
국 민 주 택 채 권 매 입 총 액	금 원	
국 민 주 택 채 권 발 행 번 호		

취득세(등록면허세) 금 원	지 방 교 육 세 금 원
	농어촌특별세 금 원

세 액 합 계	금 원
등 기 신 청 수 수 료	금 원
	납부번호 :

등기의무자의 등기필정보		
부동산고유번호		
성명(명칭)	일련번호	비밀번호

첨 부 서 면	
1. 계약서 통 1. 취득세(등록면허세)영수필확인서 통 1. 인감증명 통 1. 등기필증 통 1. 토지·임야·건축물대장등본 통	1. 주민등록등(초)본 통 1. 위임장 통 1. 부동산거래계약신고필증 통 1. 매매목록 통 1. 등기신청수수료현금영수필확인서 통 〈기 타〉

년   월   일

위 신청인   (전화 :   )

(또는)위 대리인   (전화 :   )

지방법원   등기소 귀중

제7관 외국인 및 재외국민의 국내 부동산의 처분 및 취득(등기예규 제1393호, 제1640호, 제1641호)

1. 외국인(등기예규 제1393호, 제1640호, 제1641호 1.)

외국인이란 대한민국의 국적을 보유하고 있지 아니한 자를 말한다.

(1) 처 분

(가) 외국인이 입국하지 않고 국내부동산을 처분하는 경우의 신청서에 첨부할 서면(일반적으로 등기신청에 필요한 서면은 제외한다).

1) 처분위임장

a) 위임장의 양식은 특별히 규정된 바 없으나 처분대상의 부동산과 수임인이 구체적으로 특정되도록 기재하여야 한다.

b) 위임하고자 하는 법률행위의 종류와 위임취지(처분권한 일체를 수여한다는 등)가 기재되어야 한다.

2) 인감증명

a) **인감증명의 날인제도가 없는 외국인** 인감증명의 날인제도가 없는 외국인은 위임장에 한 서명에 관하여 본인이 직접 작성하였다는 취지의 본국 관공서의 증명이나 이에 관한 공증이 있어야 한다(규칙 제61조 제3항).

b) **인감증명의 날인제도가 있는 외국인** 인감증명의 날인제도가 있는 외국(일본인, 대만인)은 위임장에 날인한 인감과 동일한 인감에 관하여 그 관공서가 발행한 인감증명이 있어야 한다.

c) **재외국민의 국내부동산의 처분** 재외국민이 국내 부동산을 처분하는 경우에 인감증명의 발급은 타인에게 위임하였더라도 등기신청을 위한 위임장이 재외국민 본인의 이름으로 되어 있고 그 위임장에 날인된 인영이 인감증명서상의 인영과 동일성이 있는 것으로 판단된다면, 등기신청의 위임은 재외국민 본인이 한 것으로 보아야 할 것이므로, 처분위임장이나 등기신청의 위임시에 재외국민 본인이 국내에 있었다는 증빙서류를 첨

부할 것은 아니다(등기선례요지집 제5권 108항).

3) 주소를 증명하는 서면

a) 본국 관공서의 주소증명서 또는 거주사실증명서(예를 들어 일본, 독일, 프랑스, 대만 등의 경우)를 첨부하여야 한다.

b) 본국에 주소증명서 또는 거주사실증명서를 발급하는 기관이 없는 경우(예를 들어, 미국, 영국 등의 경우)에는 주소를 공증한 서면을 첨부하여야 한다. 다만 이 경우에도 주소증명서에 대신할 수 있는 증명서(예컨대, 운전면허증 또는 신분증 등)를 본국 관공서에서 발급하는 경우, 관할등기소의 등기관에게 그 증명서 및 원본과 동일하다는 취지를 기재한 사본을 제출하여 원본과 동일함을 확인받은 때 또는 그 증명서의 사본에 원본과 동일하다는 취지를 기재하고 그에 대하여 본국 관공서의 증명이나 공증인의 공증 또는 외국주재 한국 대사관이나 영사관의 확인을 받은 때에는 그 증명서의 사본으로 주소를 증명하는 서면에 갈음할 수 있다.

4) 외국국적 취득으로 성명이 변경된 경우

변경 전의 성명과 변경 후의 성명이 동일인이라는 본국 관공서의 증명 또는 공증이 있어야 한다.

5) 번역문 및 번역인의 자격

신청서에 첨부된 서류가 외국어로 되어 있으면 모두 번역문을 첨부하여야 한다(규칙 제46조 제8항).

등기신청서에 첨부된 서류가 외국어로 된 경우에 첨부하는 번역문에는 그 번역의 정확성을 보장하기 위하여 번역인의 성명 및 주소를 기재하고 번역인이 성명 또는 기명날인하면 된다. 그러나 등기신청인의 서명 또는 기명날인은 필요 없으며, 또한 번역인의 자격에는 그 제한이 없다(등기선례요지집 제5권 44항).

(나) 외국인이 입국하여 국내 부동산을 처분하는 경우

첨부 서면은 위 (가)의 경우와 같다. 다만,

1) 주소증명은 외국인등록사실증명 또는 국내거소신고를 한 외국국적동포의 경우에는 국내거소사실증명(재외동포의출입국과법적지위에관한법률 제7조 5항의 규정에 의한 국내거소신고사실증명을 말한다.)으로도 가능하다.

2) 날인제도가 없는 외국인의 인감증명에 관하여는 신청서 또는 위임장 등에 한 서명이 본인의 것임을 증명하는 주한 본국 대사관이나 영사관의 확인서면으로 가능하며, 출입국관리법에 의하여 외국인등록을 한 자는 인감증명법에 의한 인감증명을 발급받아 제출할 수 있다(인감증명법 제3조 3항).

(다) 수임인의 신청

① 수임인은 그가 본인(외국인)의 대리인임을 현명하고 대리인 자격으로 직접 신청하거나 법무사 등에게 그 신청을 위임할 수 있다. 이때 수임인의 인감증명을 제출하여야 한다.

② 원인증서도 수임인이 본인을 위한 것임을 표시하고 대리인 자격으로 작성한다.

(2) 취 득

(가) 외국인은 부동산등기용 등록번호를 부여받아야 한다. 다만, 국내거소신고를 한 외국국적 동포의 경우에는 국내거소신고번호(재외동포의출입국과법적지위에관한법률 제7조 제1항에 의한 국내거소신고번호를 말한다.)로 이에 갈음할 수 있다. 외국인의 그 등록번호부여신청은 체류지출입국관리사무소장 또는 출입국관리사무소출장소에게 한다. 다만 국내에 체류지가 없는 경우에는 대법원 소재지 출입국관리사무소장 또는 출입국관리사무소출장소장에게 이를 한다(개정법 제49조).

(나) 토지취득허가증의 첨부. 토지거래계약허가증(생략)

1) 계약을 원인으로 하여 토지를 취득하는 경우에 부동산거래신고 등에 관한 법률 제9조 제1항 각호의 1(재외동포의출입국과법적지위에관한법률에 의하여 국내거소신고를 한 외국국적 동포에 대하여는 같은항 제1호)에 해당하는 때에는 시장·군수·구청장의 토지취득허가증을 첨부하여야 한다. 다만, 위 각호의 1 에 해당하지 않는 때에는 이를 소명하기 위하여 토지이용계획확인서를 첨부하여야 한다.

2) 「부동산거래신고 등에 관한 법률」 제11조에 따라 토지거래계약허가증을 첨부한 경우에는 위 1)의 토지취득허가증은 첨부하지 아니한다.

(다) 주소증명서면은 위 처분시 첨부할 서면에서와 같다.

2. 재외국민(등기예규 제1393호, 제1640호, 제1641호. 2)

대한민국에 현재하지 아니한 자로서 국외로 이주를 하여 주민등록이 말소되거나 처음부터 없는 자를 뜻하며 단지 해외여행자는 이에 포함되지 않는다(등기예규 제1393호. 2).

(1) 처 분

(가) 재외국민이 귀국하지 않고 국내부동산을 처분한 경우 신청서에 첨부할 서면

1) 처분위임장

위임장의 양식은 특별히 규정된 바 없으나 처분대상의 부동산과 수임인이 구체적으로 특정되도록 기재하여야 한다(외국인과 같다).

2) 인감증명

위임장에 찍힌 인영이 본인의 것임을 증명하기 위하여 본인의 인감증명(우리나라의 인감증명)을 제출하여야 한다. 이 때 그 등기원인이 매매인 경우에는 부동산매수자란에 매수자의 성명·주소(법인인 경우에는 법인명과 주된 사무소의 소재지) 및 주민등록번호를 기재한 부동산매도용 인감증명서를 제출하여야 한다(「인감증명법 시행령」 제13조 제3항 참조, 등기예규 제1393호 2. 가.(1). (나).).

3) 주소를 증명하는 서면

a) 외국주재 한국 대사관 또는 영사관에서 발행하는 재외국민 거주사실증명 또는 재외국민 등록부등본을 첨부해야 한다. 다만 주재국에 본국 대사관 등이 없어 그와 같은 증명을 발급받을 수 없을 때에는 주소를 공증한 서면으로 갈음할 수 있다.

b) 공동상속인 중 일부인 재외국민이 상속등기를 기피할 목적으로 재외국민등록부등본의 교부신청에 협력하지 아니하여 현 주소를 알 수 없을 때는 그 상속인의 주소를 증명하는 서면으로 말소된 주민등록표등본과 재외국민의 현 주소를 알 수 없다는 소명자료를 첨부하여 말소된 주민등록표등본상 최후 주소로 상속등기를 신청할 수 있다(등기선례요지집 제7권 74항).

(나) 재외국민이 귀국하여 국내 부동산을 처분하는 경우

첨부서면은 위 (가)의 경우와 같다. 다만 주소를 증명하는 서면은 국내거소신고사실증명으로도 가능하다.

(다) 수임인의 신청

외국인과 같다(위 1.(다). 참조).

(2) 취 득

(가) 주소를 증명하는 서면   위 처분에 관하여 설명한 바와 같다(3. (1) 참조).
외국영주권을 취득한 상속인이 상속등기시 주소를 증명하는 서면으로 외국주재 본국 영사관(재외공관증명법 제2조 1항)에서 발행하는 재외국민 거주사실증명 또는 재외국민등록 표등본을 첨부하여야 한다.

(나) 부동산등기용등록번호   재외국민이 등기권리자(취득, 상속 등)로서 신청하는 때에 주민등록번호가 없는 경우에는 대법원 소재지 관할등기소(현재 서울중앙지방법원 등기과)에서 부동산 등기용 등록번호를 부여받아야 한다(재외국민은 국내거소신고번호를 부여 받은 때에도 이로써 부동산등기용등록번호에 갈음할 수 없으며, 종전에 주민등록번호를 부여받은 재외국민은 새로이 부동산등기용 등록번호를 부여받지 않는다).

(3) 상속에 있어서의 특례

재외국민의 상속재산의 협의분할시 인감증명은 상속재산 협의분할서상의 서명 또는 날인이 본인의 것임을 증명하는 재외공관의 확인서 또는 이에 관한 공정증서로 대신할 수 있다(등기예규 제1393호. 2. 다).

국내 부동산에 대해 재외국민의 단독소유로 하는 상속재산의 협의분할을 재외국민이 입국하지 않고, 외국에서 협의분할서상에 본인의 인감을 날인하여 직접 작성하고 단지 인감증명의 발급신청만을 대리인에게 위임하여 발급받은 경우에는, 상속재산의 협의분할에 관한 권한을 위임하는 위임장을 첨부할 필요는 없다. 그러나 재외국민이 입국하지 아니하고 등기신청을 국내에 있는 대리인에게 위임하는 때에는 인감증명발급신청의 위임장(거주지 관할 재외공관의 확인을 받은)뿐만 아니라 등기신청을 위임하는 위임장도 첨부해야 한다(등기선례요지집 제5권 109항).

제8관 증여로 인한 소유권이전등기

1. 증여(무상증여)의 의의 및 성질

(1) 무상증여

증여라 함은 당사자의 일방(증여자)이 대가 없이 즉 무상으로 재산을 상대방(수증자)에게 준다는 의사를 표시하고, 상대방이 그것을 승낙함으로써 성립하는 계약이다(민법 제554조). 증여는 증여자와 수증자 간의 계약으로서 수증자의 승낙을 요건으로 하므로 아직 형성도 되지 아니한 종중 또는 친족공동체에 대한 증여의 의사표시는 아무런 효력이 없다(대판 1992.2.25. 91다28344).

증여는 무상, 낙성, 편무, 불요식의 계약이다. 증여는 증여자의 단독행위가 아니라 증여자와 수증자간의 의사의 합치로 성립하는 계약이므로 단독행위인 유증은 증여가 아니다.

(2) 서면에 의하지 아니한 증여와 해제

증여의 의사자 서면으로 표시되지 아니한 경우에는 각 당사자는 이를 해제할 수 있다(민법 제555조).

(가) 민법 제555조의 서면에 의한 증여의 의미

민법 제555조에서 서면에 의한 증여에 한하여 증여자의 해제권을 제한하고 있는 입법취지는 증여자가 경솔하게 증여하는 것을 방지함과 동시에 증여자의 의사를 명확히 하여 후일에 분쟁이 생기는 것을 피하려는 데 있다 할 것인바, 비록 서면의 문언 자체는 증여계약서로 되어 있지 않더라도 그 서면의 작성에 이르게 된 경위를 아울러 고려할 때 그 서면이 바로 증여의사를 표시한 서면이라고 인정되면 위 서면에 해당하고, 나아가 증여 당시가 아닌 그 이후에 작성된 서면에 대해서도 마찬가지로 볼 수 있다 할 것이나, 이러한 서면에 의한 증여란 증여계약 당사자 사이에 있어서 증여자가 자기의 재산을 상대방에게 준다는 취지의 증여의사가 문서를 통하여 확실히 알 수 있는 정도로 서면에 나타난 것을 말하는 것으로, 이는 수증 자에 대하여 서면으로 표시되어야 한다(대판 2009. 9. 24. 2009다37831).

(나) 민법 555조 소정의 해제의 법적 성질(=철회) 및 제척기간의 적용 여부(소극)

서면에 의한 증여란 증여계약 당사자 사이에 있어서 증여자가 자기의 재산을 상대방에게 준다는 증여의사가 문서를 통하여 확실히 알 수 있는 정도로 서면에 나타난 증여를 말하는 것으로서, 비록 서면의 문언 자체는 증여계약서로 되어 있지 않더라도 그 서면의 작성에 이르게 된 경위를 아울러 고려할 때 그 서면이 바로 증여의사를 표시한 서면이라고 인정되면 이를 민법 555조에서 말하는 서면에 해당한다고 보아야 한다. 민법 555조에서 말하는 해제 는 일종의 특수한 철회일 뿐 민법 제543조 이하에서 규정한 본래 의미의 해제와는 다르다고 할 것이어서 형성권의 제척기간의 적용을 받지 않는다(대판 2003. 4. 11. 2003다1755).

(다) 증여자의 의사에 기하지 아니한 원인무효의 등기가 경료된 경우

서면에 의하지 아니한 증여의 경우에도 그 이행을 완료한 경우에는 해제로서 수증자에게 대항할 수 없다 할 것인바, 토지에 대한 증여는 증여자의 의사에 기하여 그 소유권이전등기 에 필요한 서류가 제공되고 수증자 명의로 소유권이전등기가 경료됨으로써 이행이 완료되는 것이므로, 증여자가 그러한 이행 후 증여계약을 해제하였다고 하더라도 증여계약이나 그에 의한 소유권이전등기의 효력에 영향을 미치지 아니한다 할 것이지만, 이와는 달리 증여자의 의사에 기하지 아니한 원인무효의 등기가 경료된 경우에는 증여계약의 적법한 이행이 있다 고 볼 수 없으므로 서면에 의하지 아니한 증여자의 증여계약의 해제에 대해 수증자가 실체관 계에 부합한다는 주장으로 대항할 수 없다(대판 2009. 9. 24. 2009다37831).

(라) 민법 제555조의 증여계약의 해제의 법적성질(철회) 및 제척기간의 적용여부(소극)

민법 제555조에서 말하는 증여계약의 해제는 민법 제543조 이하에서 규정한 본래 의미의 해제와는 달리 형성권의 제척기간의 적용을 받지 않는 특수한 철회로서, 10년이 경과한 후 에 이루어졌다 하더라도 원칙적으로 적법하다(대판 2009. 9. 24. 2009다37831).

2. 증여의 효력

(1) 증여자의 채무의 이행

증여계약에 의하여 증여자는 약속한 재산을 수증자에게 주어야 할 채무를 부담하고 수증자는 이에 대응하는 채권을 취득한다. 따라서 증여자가 채무를 이행하지 않는 경우에는 수증자는 이행을 강제할 수 있다. 증여의 의사가 서면으로 표시되지 않은 경우에는 각 당사자는 이를 해제할 수 있다(민법 제555조).

(2) 부동산 증여에 있어 이행의 의미 및 이행의 종료

부동산증여에 있어 이행이 되었다 함은 그 부동산의 인도만으로써는 不足하고 그에 대한 소유권이전등기절차까지 마친 것을 의미한다(대판 1976. 2. 10. 75다2295).

물권변동에 관하여 형식주의를 채택하고 있는 현행 민법의 해석으로서는 부동산 증여에 있어서 이행이 되었다고 함은 그 부동산의 인도만으로써는 부족하고 이에 대한 소유권이전등기절차까지 마친 것을 의미한다(대판 1977. 12. 27. 77다834).

부동산의 증여에 있어서는 목적부동산을 인도받지 아니하여도 그에 대한 소유권이전등기절차를 마침으로써 그 이행이 종료되어 수증자는 그로써 확정적으로 그 소유권을 취득한다(대판 1981. 10. 13. 81다649).

3. 특수한 증여

(1) 부담부 증여(상대부담 있는 증여)

(가) 부담부증여의 개념 및 요건

부담부 증여(負擔附贈與)라 함은 수증자가 증여를 받는 동시에 일정한 부담 즉 일정한 급부를 하여야 할 채무를 부담하는 것을 부관(附款)으로 하는 증여로서 민법은 상대부담(相對負擔) 있는 증여하고 한다(민법 제561조). 상대부담 있는 증여에 대하여는 쌍무계약에 관한 규정을 적용하며

(민법 제561조), 증여자는 그 부담의 한도에서 매도인과 같은 담보책임이 있다(민법 제559조 제2항).

　　부담부 증여계약의 당사자 一方이 상대방보다 먼저 자기의 채무 이행하였을 때에 그 이행의 목적은 상대방의 권리에 속하게 되는 것이므로 특단의 사정이 없는 한 그 일방이 상대방의 권리행사를 방해할 수 없다(대판 1965. 3. 9. 64다949).

　　부담부 증여란 수증자에게 일정한 급부를 할 채무를 부담시키는 것을 말하고 단순히 증여목적물의 사용목적을 지정하는 것은 이에 해당하지 않는다(대판 1972. 7. 25. 72다909).

　　부담부 증여(상대부담 있는 증여)에 있어서 부담의 내용을 이루는 급부는 급부로서의 일반요건 즉 적법성, 가능성, 확정성의 내용을 구비하면 되는 것이므로, 하천점용 및 공작물설치허가에 의하여 원고가 비용을 들여 준공한 공작물의 기부채납약정(원고의 증여)에 하천점용료가 위 공작물 정산설계액에 달할 때까지 토사채취허가를 그 점용료 면제하에 하여 주기로 하는 부담을 붙인 것은 유효하다(대판 1979. 11. 13. 79다1433).

(나) 부담부증여(負擔附贈與)에 있어 부담의무불이행에 따른 증여계약의 해제요건

　　상대부담 있는 증여에 대하여는 민법 제561조에 의하여 쌍무계약에 관한 규정이 준용되어 부담의무 있는 상대방이 자신의 의무를 이행하지 아니할 때에는 비록 증여계약이 이미 이행되어 있다 하더라도 증여자는 계약을 해제할 수 있고, 그 경우 민법 제555조와 제558조는 적용되지 아니한다(대판 1997. 7. 8. 97다2177).

(2) 사인증여(死因贈與)

　　사인증여란 증여자의 사망으로 효력을 발생하는 증여를 말한다(민법 제562조). 즉 증여자의 생전에 증여계약을 맺으나, 그 효력발생은 증여자의 사망을 법정조건으로 하는 계약이다. 무상으로 재산을 준다는 내용의 계약이라는 점에서는 증여와 같으나, 실제로 재산을 감소당하는 것은 증여자 자신이 아니라 상속인 이라는 점에서, 사인증여는 유증과 비슷하다. 민법은 증여자의 사망으로 인하여 효력이 생길 증여에는 유증(민법 제1074조, 제1075조 등)에 관한 규정을 준용한다(민법 제562조, 제10관 유증으로 인한 소유권이전등기 참조).

4. 증여를 원인으로 한 소유권이전등기 신청절차

(1) 등기신청서의 기재사항

증여를 원인으로 한 소유권이전등기신청서에는 규칙 제43조 각항의 사항을 기재하여야 한다. 즉 신청서에는 수증자를 등기권리자, 증여자를 등기의무자로 하여 공동으로 신청하며 (법 제23조 제1항), 판결에 의한 등기신청서의 경우에는 승소한 등기권리자가 단독으로 신청한다 (법 제23조 제4항). 등기원인은 '증여'로 연월일은 증여계약서상 '계약일'을 기재하며, 등기의 목적은 '소유권이전'으로 기재한다.

(2) 등기신청서의 첨부서면

등기신청서에는 규칙 제46조 각항의 서면을 첨부하여야 한다. 즉 증여자의 소유권에 관한 등기필증, 등기원인증서인 증여계약서(증여계약서는 시장 등의 검인을 받아야 하나 인세법에 의한 인지는 첨부하지 아니함), 등기의무자인 증여자의 인감증명서, 등기신청 대상 부동산의 대장(토지, 임야, 건축물)등본, 증여자 및 수증자의 주민등록표등(초)본, 등록세 영수필확인서 등을 첨부하여야 한다.

5. 증여계약해제로 인한 소유권이전등기말소

(1) 소유권이전등기의 말소

증여로 인한 소유권이전등기가 경료된 후 증여계약이 해제되었다면, 이해관계 있는 제3자가 없는 한 위 증여계약해제의 효과인 원상회복의 방법으로 증여로 인한 소유권이전등기의 말소등기를 할 수 있다(등기선례 제3권 605항).

(2) 증여계약의 해제와 등기명의의 회복방법

증여로 인한 소유권이전등기가 해제된 경우 증여자가 소유권이전등기의 말소등기절차이행을 소구하지 아니하고 소유권이전등기를 청구하였다고 하여 위법이라 할 수 없다(대판 70. 7. 24. 70다1005).
증여를 원인으로 소유권이전등기를 경료한 후에 증여계약을 합의해제한 경우 그 등기는 합의해제를 원인으로 소유권이전 등기를 신청할 수도 있다(등기선례 제2권 411항, 제3권 605항, 제5권 367항).

증 여 계 약 서(무상증여)

부동산의 표시

1 통의 건물의 표시
  경기도 광명시 하안로 364-1, 364 주공아파트 제505동
    전유부분의 건물의 표시
      건물의 번호 : 505-1-104
      구　　조 : 철근콘크리트 벽식조
      면　　적 : 1층 104호 59.39m²
    대지권의 표시
      토지의 표시 : 1. 경기도 광명시 하안동 701-1 대 545.8m²
               2. 등소 702 대 84859.5m²
대지권의 종류 : 소유권
대지권의 비율 : 85405.3 분의 39.69

  위 기재 부동산은 증여자 ○○○의 소유인바 이를 수증자 ○○○에게 증여할 것을 약정하고 수증인은 이를 수락하였으므로 이 사실을 증명하기 위하여 이 계약서를 작성하여 각자 기명·날인한다.

2002년 2 월 14일

증 여 자 ○ ○ ○(　-　) ○
    주소 :
수 증 자 ○ ○ ○(　-　) ○
    주소 :
위 이○○은 미성년자이므로
법정대리인　친권자 부 ○ ○ ○(　-　) ○
    주소 :
    친권자 모 ○ ○ ○(　-　) ○
    주소 : 위와 같은 곳

대지 증여계약서(무상증여)

증여자 ○○○과 수증자 ○○○ 간에 다음과 같은 내용의 증여계약을 체결한다.

제 1. (증여계약) 증여자는 자기 소유인 아래의 대지를 수증자에게 무상으로 증여할 것을
　　　약속하고 수증자는 이를 승낙한다.
　　　〈아 래〉
　　　① ○○시 ○○구 ○○동 ○○번지
　　　② 대지 ○○평

제 2. (이전등기) 증여자는 수증자에 대하여 ○○년 ○월 ○일까지 위의 대지를 인도함과
　　　동시에 그 대지에 대한 소유권이전등기절차를 완료하여야 한다.

제 3. (비용부담) 본 계약서 작성에 소요되는 비용온 증여자 ○○○이 부담한다.

　　위 계약의 성립을 증명하기 위하여 본 증서 2 통을 작성, 서명·날인한 다음 각각 1 통씩
보관한다.

　　　　　　　　　　　　　년　　월　　일

　　　　　　　○○시 ○○구 ○○동 ○○번지
　　　　　　　증여자 ○○○
　　　　　　　○○○시 ○○구 ○○동 ○○번지
　　　　　　　수증자 ○○○ ○

주 : 서면에 의하지 아니한 증여는 각 당사자가 해제할 수 있으나, 위 증여는 서면에 의한 의사표시
　　로 이루어졌으므로 각 당사자는 증여계약을 해제할 수 없다(민 제555조).

무 상 증 여 계 약 서

부동산의 표시 : (생략)

　위 부동산은 증여자 김○○의 소유인바, 증여자의 지분 중 60%를 수증자 ① 송○○에게 20%(소유지분 5분지1), ② 김○○에게 20%(소유지분 5분지1), ③ 김○○에게 20%(소유지분 5분지1)를 각 무상으로 증여할 것을 약정하고 수증인들은 이를 수락하였으므로 이 사실을 증명하기 위하여 본 계약서를 작성하여 각자 기명, 날인 함.

구　분	성　명	주　소	소유지분	비　고
증 여 자	김○○	서울 ○○구 ○○동 ○○아파트 215-2204	40%(5분지2)	본인
수 증 자	송○○	상　동	20%(5분지1)	처
수 증 자	김○○	상　동	20%(5분지1)	자
수 증 자	김○○	상　동	20%(5분지1)	자

2006.　4.　6.

　　　　증여자 : 김　　○　　○

　　　　　　　　서울 ○○구 ○○동 407 ○○

　　　주증자 : 1. 송　　○　　○

　　　　　　　　　서울 ○○구 ○○동 407 ○○

　　　　　　　2. 김　　○　　○

　　　　　　　　　서울 ○○구 ○○동 407 ○○

　　　　　　　3. 김　　○　　○

　　　　　　　　　서울 ○○구 ○○동 407 ○○

증여계약서(부담부 증여계약서)

증여자 ○○○과 수증자 ○○○ 간에 다음과 같은 내용의 증여계약을 체결한다.

제 1. (증여계약) 증여자는 자기 소유인 별지의 첨부 목록 기재의 부동산을 다음과 같은 약정으로 수증자에게 증여할 것을 약속하며, 수증자는 이것을 승낙한다.

제 2. (이전등기) 증여자는 수증자에 대하여 ○○년 ○월 ○일까지 위의 부동산소유권이전 등기 절차를 완료한다.

제 3. (수증자의 부담) 수증자는 본 계약상의 증여를 받은 부담으로서 증여자의 모 ○○○를 그 생존중에 부양한다.

제 4. (증여의 해제) 증여자의 모 ○○○가 수증자의 부양을 받을 것을 거절한 때에는 증여자는 곧 계약을 해제할 수 있다.

제 5. (증여목적물의 반환) 제 4.에 의하여 본 계약이 해제될 경우 수증자는 즉시 위의 부동산을 증여자에게 인도하고 그 소유권이전등기 절차를 경료하여야 한다.

제 6. (상계) 수증자가 증여자의 모 ○○○를 부양하기 위하여 지출한 비용은 수증자가 본 증여 계약상의 목적물인 부동산을 사용수익한 대가와 동가치인 것으로 보아 상계한다.

　이상의 내용의 성립을 증명하기 위하여 본 증서 2 통을 작성, 서명·날인한 다음 각각 그 1 통씩 서로 보관한다.

〈첨　　부〉

부동산의 표시 - 1 부 -

년　월　일

○○시 ○○구 ○○동 ○○번지　증여자 ○○○　○○○시 ○○구 ○○동 ○○번지　수증자 ○○○

주 : 상대부담 있는 증여에 대하여는 본절의 규정 외에 쌍무계약에 관한 규정을 준용한다(민 제561 조).

부담부증여계약서

부동산의 표시

(생략)

1. 증여자 권오○은 위 부동산에 관하여 다음과 같은 약정으로 수증자 권혁○에게 증여할 것을 약정하고 수증자는 이를 승낙한다.
2. 증여자는 수증자에 대하여 2009년 12월   일까지 위 부동산에 대한 소유권이전등기절차를 완료한다.
3. 수증자는 본 계약상의 증여를 받는 부담으로 위 부동산에 관한
   (1) 서울중앙지방법원 강남등기소 2009년 12월 18일 접수 제93571호로 경료된 근저당권설정등기(채권최고액 : 36,000,000원. 근저당권자 : (주) 한국스탠다드차타드제일은행. 근저당권설정자 : 권오○)에 의한 2009년 12월 17일 현재 대출금부채잔액 금 30,000,000원의 변제 및
   (2) 2008년 9월 19일 임대인(증여자) 권오○과 임차인 이경○간의 아파트 전세계약(보증금 : 400,000,000원. 임대기간 : 2010년 10월 11일)에 따른 임대보증금 400,000,000원의 반환채무를 수증자가 이를 각 인수한다.
4. 수증자가 위 3항의 약정을 이행하지 아니한 때에는 증여자는 본 계약을 해제할 수 있다.
5. 위 4항에 의하여 본 계약이 해제될 경우 수증자는 즉시 위 부동산을 증여자에게 인도하고 증여자 명의로 소유권이전등기절차를 이행한다.

위 사실을 증명하기 위하여 본 계약서를 작성하여 각자 기명날인 한다.

2009. 12. ○.

증여자 : 권 ○ ○
　　　　주민등록번호 :
　　　　서울 ○○구 ○○동 ○○

수증자 : 권 ○ ○
　　　　주민등록번호 :
　　　　서울 ○○구 ○○동 ○-○

제9관 상속으로 인한 소유권이전등기

Ⅰ. 상속의 의의

1. 상속의 개념

상속은 사망으로 인하여 개시된다(민법 제997조). 상속은 피상속인의 사망(민법 제997조, 제27조, 제28조)에 의하여 상속인(민법 제1000조, 1001조, 1003조)이 피상속인에게 속하였던 모든 재산상의 지위(또는 권리·의무)를 포괄적으로 승계하는 것을 말한다. 그러나 피상속인의 일신에 전속한 것은 그러하지 아니하다(민법 제1005조). 과거에는 재산상속 외에 '호주상속제도'가 있었으나 민법의 개정으로 호주상속제도는 폐지(호주상속제도는 호주승계제도로 변경됨. 민법 제980조~995조)되어 현재 상속에는 재산상속만이 인정된다.

상속인이 상속을 포기(민법 제1019조~1021조, 1041조~1044조)하지 않는 한 재산상속에 관한 재산적권리는 물론 채무도 승계된다(민법 제1005조).

2. 상속개시의 시기

상속의 개시(開始)라 함은 일정의 친족적 신분관계(親族的 身分關係)가 있는 자 중에서 그 일방(피상속인)이 사망하거나 또는 일정한 법률상의 원인이 발생하였을 경우에 재산적 권리·의무의 일체를 이어 받는 상태의 발생을 말한다. 이에는 호주승계(민법 제4편 제8장 戶主承繼)와 재산상속(민법 제5편 相續)이 있다.

재산상속의 개시시기는 재산상속의 개시원인이 발생한 때, 즉 피상속인이 사망한 때(민법 제997조) 또는 사망으로 본 때(민법 제27조, 28조)이다.

자연적 사망의 시는 현실로 사망한 때이며, 사망신고의 때가 아니다. 사망시에 법률상 당연히 상속은 개시되며, 상속인이 사망시를 알고 있느냐 여부는 묻지 않는다.

3. 상속인 · 피상속인

(1) 상속인 · 피상속인의 의의

상속인이라 함은 상속개시 후에 있어서의 법정상속인의 법률상 피상속인의 지위, 권리와

의무를 승계하는 자를 말한다.

상속인은 상속개시된 때로부터 피상속인의 재산에 관한 포괄적 권리와 의무를 승계하며, 상속인이 수인인 때에는 상속재산은 그 공유로 한다. 공동상속인은 각자의 상속분에 따라 피상속인의 권리·의무를 승계한다.

상속인에 대칭되는 개념으로서 사람의 사망에 의한 재산 및 신분상의 지위의 포괄적인 승계가 일어나는 경우에 있어서 사망한 자를 피상속인이라 한다.

상속인은 상속개시된 때로부터 피상속인의 재산에 관한 포괄적 권리의무를 승계한다. 그러나 피상속인의 일신에 전속한 것은 그러하지 아니하다(민법 제1005조).

(2) 피상속인의 등기부상 표시가 불일치하는 경우

1) 등기부와 가족관계증명서상 피상속인 표시의 상이

피상속인의 등기부상 표시가 가족관계증명서상의 표시와 상이한 경우(주소가 다른 경우)와 같이 가족관계등록사항별증명서와 제적등본만으로 등기부상의 등기명의인과 피상속인이 동일인임이 인정된다고 볼 수 없는 경우에는 그 확인을 위하여 피상속인의 주소를 증명하는 서면을 첨부하거나, 서로 동일인임을 인정할 수 있는 시·구·읍·면의 장의 서면 또는 이를 증명함에 족한 서면을 첨부하여야 한다(등기선례 제7권 182항. 1).

2) 동일인 증명을 첨부한 경우

피상속인의 등기부상의 표시와 호적부상의 표시가 상이하더라도 서로 동일인임을 인정할 수 있는 시, 구, 읍, 면의 장의 서면 또는 이를 증명함에 족한 서면을 첨부한 때에는 피상속인인 등기명의인의 표시변경 또는 경정의 등기를 거치지 않고 막바로 상속등기를 할 수 있다(등기선례 제2권 259항, 제3권 396항).

3) 보증서의 제출

시·구·읍·면장으로부터 동일인증명을 얻을 수 없을 때에는 그 사실을 확인하는데 상당하다고 인정되는 자의 보증서면과 그 인감증명 기타 보증인 자격을 인정할 만한 서면(공무원 재직증명, 법무사 자격증 사본 등)을 첨부하였을 때에는 이를 구 부동산등기법 제48조 제1항 중 "이를 증명함에 족한 서면"의 하나로 볼 수도 있을 것이나 구체적인 사건에서 이러한 서면이 첨부되어 있다고 보아 등기신청을 수리할 것인지 여부는 그 등기신청을 받은 등기관이 판단할 사항이다.

4. 일부 상속등기의 불허

공동상속인 중 일부가 상속등기에 협력하지 않거나 행방불명된 경우라 하더라도 나머지 상속인의 상속지분 만에 대한 일부 상속등기는 할 수 는 없고(등기예규 제535호 등기선례 제6권-200), 상속인 중 일부가 나머지 상속인들의 상속등기까지 법정상속분에 따라 신청하여야 하며 등기신청서에도 공동상속인 전원을 표시하여야 한다(등기선례 제5권-276).

5. 상속재산에 관한 소송

상속재산에 관한 소송에 있어서 반드시 상속인 전원을 공동피고로 하여야 하는 것은 아니며(대판 1965. 11. 16. 65다1732), 본건 부동산의 공유자인 공동상속인들을 상대로 한 소유권보존등기말소 및 소유권확인청구소송은 권리관계가 합일적(合一的)으로 확정되어야 할 필요적 공동소송(必要的 共同訴訟)이 아니다(1972. 6. 27. 72다555).

 판 례

> 공동상속인 중 일부 상속인의 상속등기만은 경료할 수 없다(대법원 1995. 2. 22. 결정94마2116 등기공무원의 결정에 대한 이의)

II. 상속권

상속권은 두 가지 의미로 사용된다. 즉 상속개시 전에 상속인이 기대권으로 갖는 상속권과 상속개시 후에 상속인이 상속적 효과를 받을 수 있는 권리와 그 지위를 말한다.

후자의 의미의 상속권의 상속인의 지위는 확정된 것이고 이를 침해 받은 자에게는 상속회복청구가 허용된다(민 제999조).

III. 상속인

1. 상속인

상속은 사망으로 인하여 개시되며(민법 제997조), 상속인은 상속이 개시된 때로부터 피상속인의 재산에 관한 포괄적 권리의무를 승계한다. 그러나 피상속인의 일신(一身)에 전속(專屬)한 것은 그리하지 아니하다(민법 제1005조). 민법에서는 법률상 피상속인의 자녀이면 성별 · 혼인 중의 자 및 혼인 외의 자 · 친권에 복종여부 · 국적의 동일여부 · 법정혈족{法定血族 : 민법의 법정혈족에는 양친자관계(養親子關係)만 있다} 및 자연혈족(自然血族)의 구별 없이 상속권을 인정하고 있다.

(1) 상속인의 의의, 외국인의 상속

상속인이란 상속 개시 후에 있어서의 법정상속인이 법률상 피상속인의 지위, 권리, 의무를 승계하는 것을 말한다(민 제1000조~1004조). 우리나라의 현행법에는 외국인의 재산상속을 부인하는 규정이 없으므로, 외국인이라 하더라도 피상속인과의 사이에 민법 제1000조(상속의 순위) 소정의 신분관계가 있으면 재산상속을 받을 수 있다(등기선례요지집 제2권 277항). 선순위 상속인이 1인이라도 존재하는 경우에는 후순위 상속인은 상속을 할 수 없다.

(2) 생사불명인 상속인(실종선고)

공동상속인 중 일부의 행방을 알 수 없는 경우에는 위 행방불명된 상속인에 대한 실종선고를 받지 않는 한 협의분할을 할 수 없으므로 공동상속인 중 1인이 외국국적을 취득한 후 그 생사를 확인할 수 없고 실종선고도 받을 수 없다면, 나머지 공동 상속인들만에 의한 협의분할에 의한 상속등기는 할 수 없다.

실종선고에 따라 호적부 등이 정리가 되어 있을 경우에는 그 실종선고에 따른 상속 등기시 당해 실종선고심판정본을 첨부할 필요는 없다(등기선례 제5권 302항).

망인의 직계비속인 딸이 이북에 있어 생사불명이라는 이유만으로는 재산상속인에서 제외 될 수 없다(대판 1982. 12. 28. 81다452·453).

(3) 상속인이 수인인 경우

재산상속인은 상속이 개시된 때로부터 피상속인의 재산에 관한 포괄적 권리와 의무를 승 계하며, 상속인이 수인인 때에는 상속재산은 그 공유로 한다(민 제1006조). 공동상속인은 각자 의 상속분(민 제1009조)에 응하여 피상속인의 권리·의무를 승계한다.

(4) 구 관습상(1959. 12. 31 이전)의 상속인

(가) 호주사망

1) 재산상속인 : 호수상속인(적출 장남)

호주 사망 시에는 호주상속인(구 관습법상 호주 상속인의 제1순위는 피상속인의 적출 장남이다)이 재산 전 부를 단독 상속한다(대법원 1979. 12. 27. 76그2, 1988. 1. 19. 87다카1877, 1990. 10. 30. 90다카23301).

2) 적출 장남이 미혼으로 사망한 경우

적출 장남이 미혼자로서 사망하여 자가 없을 경우에는 형망제급의 원칙에 의해 차제 이하 및 서자남이 그 장유의 순서에 따라 호주상속을 한다(대법원 2000. 6. 9. 선고 2000다8359 판결).

적출 남자가 없는 경우에는 피상속인의 생전양자나 유언양자가 호주상속인이 되며, 양자 가 없는 경우에 유복남자가 있으면 그가 호주상속인이 된다. 적출 남자, 양자, 유복남자도 없 는 경우에는 피상속인의 서자가 있으면 그가 호주상속인이 된다.

3) 호주인 기혼의 남자가 호주상속할 남자 없이 사망한 경우

구 관습상 호주인 기혼의 남자가 호주상속할 남자 없이 사망한 경우에는 사후양자가 선정되기까지 망인의 조모, 모, 처, 딸이 존비의 순서에 따라 여호주가 되어 호주권과 재산을 이시 상속하였다가 사후양자가 선정되면 여후주에게 상속되었던 호주권과 재산이 사후양자에게 승계되는 것이고, 이 때 만약 사후양자가 선정되지 않은 채 일시 호주상속을 하였던 여후주가 사망하거나 출가하여 호주상속할 자가 없으며 상당한 기간이 지나도록 전호주 남자를 위하여 사후양자가 선정되지도 않은 경우에는 전호주의 상속재산은 근친자에게 귀속된다(대판 1996.8.23.93다20567).

(나) 현행 민법시행 이전에 호주 아닌 가족이 사망한 경우의 재산상속

민법이 공포시행(시행일 : 1960. 1. 1.)되기 전에는 조선민사령 제11조에 의하여 친족 및 상속에 관하여는 관습에 의하도록 되어 있었는바, 호주 아닌 가족이 사망한 경우에 그 재산은 동일 호적 내에 있는 직계비속인 자녀들에게 균등하게 상속된다는 것이 당시의 우리나라의 관습이었다(대판 1990. 2. 27. 88다카33619 전원합의체판결).

동일호적 내의 직계비속이 상속한다는 취지는 직계비속이 여자인 경우에는 피상속인과 같은 호적 내에 있어야 한다는 의미이고, 지계비속이 남자인 경우에는 피상속인과 같은 호적 내에 있고 없고 여부를 불문하고 상속권이 있다. 이러한 직계비속에는 양자·계녀·서출자녀까지 포함되며, 서출자녀는 적출자녀의 상속분의 반을 상속하고(대법원 1980. 1. 15. 선고 79다1200 판결), 같은 호적 내에 없는 출가녀에게는 상속권이 인정되지 않는다(등기예규 제211호, 등기선례 2-276, 3-448, 5-301).

(다) 호주인 기혼의 남자가 호주 상속할 남자 없이 사망할 경우(사후양자)

구 관습상 호주인 기혼의 남자가 호주상속할 남자 없이 사망한 경우에는 사후양자가 선정되기까지 망인의 조모·모·처·딸이 존비의 순서에 따라 여호주가 되어 호주권과 재산을 일시 상속하였다가, 사후양자가 선정되면 여호주에게 상속되었던 호주권과 재산이 사후양자에게 승계되는 것이다(대판 2004. 6. 11. 2004다10206).

(라) 호주의 기혼 장남이 대를 이을 남자 없이 사망할 경우

호주의 장남이 결혼하여 대를 이을 남자 없이 사망한 경우에 망 장남을 위하여 양자를 선정할 권리는 제1차로 부(父)인 호주에게 속하고, 호주가 사망한 때에는 호주의 처·모·조모에게 순차 속하며, 이러한 사람들이 전혀 없거나 그 권리를 상실하거나 행사할 수 없는 때에는 망 장남의 처에게 속한다는 것이 구 관습이었다(대판 2004. 6. 11. 2004다10206).

(5) 외국국적을 취득한 자(외국인)

우리나라의 현행법에는 외국인의 재산상속을 부인하는 규정이 없으므로, 외국인이라 하더라도 피상속인과의 사이에 민법 제1000조 소정의 신분관계가 있으면 재산상속을 받을 수 있다(등기선례요지집 제2권 제277항, 제1권 제327항).
한국인이 외국국적을 취득한 경우에도 재산상속인이 될 수 있으며, 그 상속부동산인 토지를 외국인에게 증여하는 경우에는 수증자는 외국인토지법의 규정에 의한 허가증 또는 신고필증을 첨부하여야 한다(등기선례요지집 제4권 제365항).

(6) 미수복지구

(가) 미수복지구로 출가한 상속인

현행법상 미수복지구로 출가한 상속인의 상속지분을 아무런 법절차 없이 다른 공동상속인에게 상속등기 할 수는 없으므로, 이 경우에는 그 상속인의 주민등록표등본 대신 그의 제적등본을 첨부하여 공동으로 상속하는 것으로 등기하여야 할 것이다(등기선례요지집 제1권 제295항, 제206항).

(나) 미수복지구에 호적을 가진 자와 혼인한 상속인

재산상속인 중 1인이 미수복지구에 호적을 가진 자와 혼인한 사유로 제적된 사실만 나타날 뿐 혼가의 본적지 이외의 주소지나 최후 주소지를 알 수 없을 때에는 제적사유에 기재된 혼가의 본적지를 주소지로 하고, 그 제적 또는 호적등본을 상속을 증명하는 서면과 주소를 증명하는 서면으로 하여 상속등기를 신청할 수 있다(등기예규 제577호).

(7) 친생자관계 부존재 심판이 확정된 상속인

피상속인의 사망 후 상속등기 전에 피상속인과 호적부상 상속인들 중 1인인 갑사이의 친생자관계부존재확인심판이 확정되어 갑이 호적부에서 말소되었다면 갑을 제외한 나머지 상속인들만으로 상속등기신청을 하여야 한다(등기선례요지집 제4권 제368항, 제2권 261항).

(8) 사실혼배우자의 상속권 유무(소극)

상속등기를 신청함에 있어 피상속인의 제적등본 상 피상속인과 혼인신고가 된 바 없는 사실혼의 배우자는 상속인에서 제외하여야 한다(등기선례요지집 제5권 제307항, 제7권 제193항).

(9) 전처 소생자의 계모의 재산 상속권 여부(계모자 · 적모서자 관계

1960. 1. 1.부터 1990. 12. 31.까지는 계모자관계·적모서자관계에 있는 법정혈족 사이에 당연히 상속권이 있었다. 그러나 1991. 1. 1. 시행된 개정민법에서는 계모자·적모서자 관계의 혈족을 인정하지 않으므로 현행민법하에서는 서로 상속이 일어나지 않는다. 예컨대 갑이 1995년에 사망하고 그의 처인 을이 1997년에 사망한 경우 을 명의의 부동산에 대하여 갑과 그의 전처인 병과의 사이에서 출생한 정은 상속을 원인으로 하는 소유권이전등기를 경료 받을 수 없다(선례 5-304).

(10) 한국 국적 상실 자

한국인 남자와 혼인하여 한국 국적을 취득한 외국인 여자가 한국 국적을 상실한 경우에도 한국인 부(夫)로부터 상속을 받을 수 있다(등기선례요지집 제5권 제306항).

(11) 외국에 귀화한 자

외국에 귀화함으로써 대한민국의 국적을 상실한 자도 상속인의 결격사유(민법 제1004조 참조)가 없는 한 재산상속권이 있으며, 그 상속등기를 신청하는 경우에는 등기신청서에 상속을 증명하는 서면과 주소를 증명하는 서면 외에 외국인토지법의 규정에 의한 허가증 또는 신고필증을 첨부하여야 하나, 상속재산의 협의분할에 의하여 외국국적취득자가 상속을 받지 않기로 한 경우에는 위의 허가증 또는 신고필증을 첨부할 필요는 없다(등기예규 제99호, 등기선례요지집 제1권 제325항, 327항, 제2권 제272항, 제277항).

(12) 피상속인의 사위의 대습상속권

상속개시 전에 사망 또는 결격된 자의 배우자는 그 직계비속과 함께 같은 순위로 공동상속인이 되고 그 직계비속이 없는 때에는 단독으로 대습상속을 한다. 배우자는 법률상의 혼인을 한 배우자이어야 하며 배우자 사망 후에 재혼한 자는 인척관계가 소멸하므로(민법 제775조 제2항) 대습상속권이 없다. 1990. 1. 13. 법률 제4199호에 의한 민법 개정 전에는 처에게만 대습 상속권을 인정하였으나 개정민법은 부(夫 사위)에게도 처와 마찬가지의 대습 상속권을 인정하여 배우자의 대습 상속권으로 개정하였다(민법 제1003조 제2항).

피상속인의 사위가 피상속인의 형제자매보다 우선하여 단독으로 대습상속권이 있음이 규정된 민법 제1003조 제2항이 입법형성의 재량의 범위를 일탈하여 행복추구권이나 재산권보장 등에 관한 헌법규정에 위배되는 것이라고 할 수 없다(대판 2001. 3. 9. 99다13157).

(13) 상속인을 상대로 승소판결을 얻은 경우 상속인을 대위한 상속등기신청

상속인으로부터 부동산을 매수하여 그 상속인을 상대로 소유권이전등기 승소 판결을 얻은 경우 대위원인을 증명하는 서면이 판결정본을 첨부하여 상속을 원인으로 한 소유권이전등기를 상속인을 대위하여 신청할 수 있다(2012. 3. 19. 부동산등기과-547).

(14) 피상속인의 자녀 전부가 상속을 포기한 경우의 상속인

상속을 포기한 자는 상속이 개시된 때부터 상속인이 아니었던 것과 같은 지위에 놓이게 되므로, 피상속인의 배우자와 자녀 중 자녀 전부가 상속을 포기한 경우 배우자는 피상속인의 손자녀와 공동으로 상속인이 되고, 손자녀가 없는 경우에는 피상속인의 직계존속과 공동으로 상속인이 되며, 피상속인의 손자녀와 직계존속이 모두 없는 경우에는 단독으로 상속인이 된다(2015. 8. 18. 부동산등기과-1949 질의회답).

(15) 호적재제시 사망자가 누락된 경우

6·25사변으로 멸실된 호적을 재제하면서 재제된 호적에 사망자가 누락된 경우에는, 이해관계인이 재제된 호적에 사망자가 누락되었다는 사실을 증명하는 서면을 첨부하여 그 호적이 있는 지(地)를 관할하는 가정법원의 허가를 얻어, 본적지 호적관서에 호적정정신청을 하

여 누락된 자의 호적을 정리한 후 상속으로 인한 소유권이전등기를 할 수 있다(등기선례 8-65).

(16) 민법 시행 전에 무후가가 된 호주 및 무후가를 부흥한 자

「민법」시행(1960. 1. 1.)전에 무후가가 된 가의 호주의 재산은 최근친자에게 귀속되며, 그 최근친자가 수인의 출가녀인 경우에는 균등한 비율로 그들에게 귀속된다는 것이 판례이다.

무후가를 부흥한 자는 무후가의 호주가 되어 그 가계를 계승하지만, 호주상속은 아니므로 최후 호주의 지위를 계승하는 것은 아니다(등기선례 제8권 184항).

2. 공동상속인 중 1인의 상속등기신청

(1) 법정상속분에 따른 상속인 전원의 상속등기신청(상속인 중 1인의 등기신청)

공동상속의 경우 "상속인 중 1인"이 법정상속분에 의하여 나머지 상속인들의 상속등기까지 신청할 수 있고 이러한 경우 등기신청서에는 상속인 전원을 표시하여야 한다(등기선례요지집 제1권 314항, 2권 21항, 5권 276항, 275항).

공동상속인 중 일부가 상속을 포기한 경우에 그 포기자가 다른 상속인을 위하여 상속등기를 신청할 수는 없다(등기선례요지집 제2권 246항).

(2) 공동상속인 중 1인의 자신의 법정상속지분에 관한 등기신청(판결)

갑이 을로부터 부동산을 매수하였으나 소유권이전등기를 하기 전에 갑이 사망하고 그 후 갑의 공동상속인 중의 1인인 병이 을을 상대로 병 자신의 법정상속지분만에 관하여 소유권이전등기절차를 이행하라는 소를 제기하여 승소의 확정판결을 받은 경우에, 병은 위 확정판결정본과 확정증명서를 첨부하여 자신의 법정상속지분만에 관하여 매매를 원인으로 한 소유권이전등기를 신청할 수 있다(등기선례요지집 제8권 41항).

(3) 협의에 의한 상속재산의 분할(공동상속인 전원의 참가)

공동상속재산의 협의분할에는 "공동상속인 전원"이 참가하여야 하므로, 공동상속인 중 1인이 외국국적을 취득한 후 그 생사를 확인할 수 없고 실종선고도 받을 수 없다면, 나머지 공동 상속인들만에 의한 협의분할에 의한 상속등기는 할 수 없다(등기선례요지집 제5권 292항). 즉 공동상속인 중 일부 상속인의 상속 등기만은 경료 될 수 없다(대결 1995. 2. 22. 94마2116).

3. 실종선고(상속인의 행방불명)

실종선고라함은 부재자의 생사불명 상태가 일정기간 계속되는 경우에 법원이 하는 선고를 말한다(민법 제27조). 어떤 사람의 생사불명 상태가 오랫동안 지속되고 사망의 개연성은 크지만 그렇다고 사망의 확증도 없는 경우에, 이를 방치하면 그 사람의 법률관계의 불확정으로 이해관계자에게 불이익을 주기 때문에 일정한 조건하에 법원이 실종선고를 하게 되면 사망과 동일한 법률효과가 생기게 하고 있다.

(1) 실종기간이 구 민법 시행기간 중에 만료하는 경우

실종선고로 인하여 호주 또는 재산상속이 개시되는 경우에 그 실종기간이 구민법시행기간 중에 만료하는 때에도 그 실종이 본법 시행일 후에 선고된 때에는 그 상속순위, 상속분 기타 상속에 관하여는 본법의 규정을 적용한다(민법 부칙 제25조 제2항).

(2) 실종선고의 효과

실종선고의 심판이 확정되면 그 선고를 받은 자(실종자)는 실종기간이 만료한 때에 사망한 것으로 간주된다(민법 제28조). 따라서 본인의 생존기타의 반증을 들어서 실종선고의 효과를 다투지 못하며, 이 효과를 뒤집으려면 실종선고를 취소하여야 한다(대판 1970. 3. 10. 69다2103). 즉 실종선고 자체가 취소되지 않는 한 사망의 효과는 그대로 존속한다.

실종선고가 확정되면 실종선고를 받은 자는 사망한 것으로 간주되어 그에 따라 상속이 일어나고 혼인이 해소되어 실종자의 배우자는 재혼할 수 있다.

실종선고로 인한 경우(민법 부칙 제25조 2항) 47

【 갑 구 】		(소유권에 관한 사항)		
순위 번호	등기목적	접수	등기원인	권리자 및 기타사항
3	소유권이전	2001년 3월 5일 제3500호	1959년1월 5일 재산상속 (1964년1월 5일 실종선고)	공유자 지분 6분의 3 김 ○○ 000000-0000000 서울시 용산구 갈월동 ○ 지분 6분의 2 김 ○○ 000000-0000000 서울시 마포구 망원동 ○ 지분 6분의 1 김 ○○ 000000-0000000 서울시 마포구 망원동 ○

주 : 1. 구민법 당시 실종기간이 만료되었으나 실종선고는 신민법 시행 후에 된 경우이다.
    2. 그 상속순위, 상속분 기타 상속에 대하여는 신민법 규정에 따라야 한다.
    3. 등기원인 일자는 실종기간 만료일을 기록한다(민법 제28조 참조).

판 례

실종선고를 받은 자는 실종기간이 만료한 때에 사망한 것으로 간주되는 것이므로, 실종선고로 인하여 실종기간 만료시를 기준으로 하여 상속이 개시된 이상 설사 이후 실종선고가 취소되어야 할 사유가 생겼다고 하더라도 실제로 실종선고가 취소되지 아니하는 한, 임의로 실종기간이 만료하여 사망한 때로 간주되는 시점과는 달리 사망시점을 정하여 이미 개시된 상속을 부정하고 이와 다른 상속관계를 인정할 수는 없다(대판 1994. 9. 27, 94다21542).

Ⅳ. 상속순위

사람이 사망하면 그 순간 상속이 개시{상속의 개시라 함은 피상속인의 사망(자연인의 사망 시기에 관하여는 '맥박 정지설'이 다수설이다)을 말한다}된다(민법 제997조). 즉 상속개시의 원인은 피상속인의 사망이며,

상속의 개시 시기는 피상속인의 사망시 이다. 상속이 개시된 경우 상속인의 자격을 가진 자(상속인)가 수인인 경우 상속인들이 피상속인에 속하였던 모든 재산상의 지위의 공평한 승계를 위하여 상속의 순위를 법률로 정할 필요가 있다. 민법이 정하는 상속순위는 제1000조에 규정되어 있다. 따라서 민법 제1000조에 규정된 선순위 상속인이 1인이라도 존재하는 경우에는 후순위 상속인은 상속을 할 수 없다.

1. 상속순위의 의의

상속순위라 함은 법률상 정해진 상속의 순서를 말한다(민 제1000조). 호주승계와 재산상속에 관하여 법정되어 있다.

재산상속에 있어서는 ① 피상속인의 직계비속, ② 피상속인의 직계존속, ③ 피상속인의 형제자매, ④ 피상속인의 4촌 이내의 방계혈족 등의 순위로 상속인이 된다(민 제1000조 1항).

2. 동순위의 상속인이 수인인 경우

동순위의 상속인이 수인인 때에는 최근친을 선순위로 하고, 동 등친의 상속인이 수인인 때에는 공동상속인이 된다(민 제1000조 2항).

3. 피상속인의 배우자

상속인이 될 수 있는 배우자는 혼인신고를 한 법률상의 배우자로서 상속개시 시에도 혼인관계가 지속되고 있어야 한다(선례 7-193). 상속개시 시에 이미 이혼하였거나 혼인취소의 판결이 확정된 때 또는 사망한 배우자와의 혼인이 무효가 된 때에는 상속권을 잃는다.

피상속인의 배우자는 피상속인의 직계비속과 직계존속이 있는 경우에 그 상속인과 동순위로 공동상속인이 되며 그 상속인이 없는 때에는 단독상속인이 된다(민 제1003조 1항).

4. 등기관의 심사권

상속을 증명하는 시, 구, 읍, 면의 장의 서면 또는 이를 증명함에 족한 서면과 관계법령에 기한 상속인의 범위 및 상속지분의 인정은 등기관의 형식적 심사권한의 범위 내라고 할 것이므로, 위와 같은 서면과 관계법령에 의하여 인정되는 정당한 상속인의 범위 및 상속지분과 다른 내용으로 상속등기를 신청하였을 경우 등기관으로서는 신청 내용이 확정된 판결의 내용과 동일하다고 하더라도 위 등기신청을 각하하여야 한다(대결 1995. 2. 22. 94마2116).

5. 상속의 순위(민법 제1000조)

신민법 시행 이후 현재까지의 상속인의 순위는 다음과 같다.

구 분	1960. 1. 1.~1990. 12. 31.	1991. 1. 1.~현재
제1순위	직계비속·처	직계비속·배우자
제2순위	직계존속·처	직계존속·배우자
제3순위	형제자매	형제자매
제4순위	8촌 이내의 방계혈족	4촌 이내의 방계혈족

(1) 제1순위의 상속인 : 피상속인의 직계비속·배우자(민 제1000조 1항 1호)

(가) 직계비속이 수인인 경우의 상속순위

직계비속이 수인이 있는 경우에 촌수가 같으면 그 직계비속들은 동순위로 상속인이 되고 (민 제1000조 2항 후단), 촌수가 다르면 촌수가 가까운 직계비속이 먼저 상속인이 된다.

현행법상 피상속인의 사망 당시 그의 직계비속(양자 포함)과 형제자매만 있을 경우 재산상속은 그의 직계비속이 하게 된다(등기선례요지집 제2권 282항). 피상속인의 배우자는 그 직계비속과 동순위(제1순위)로 공동상속인이 된다(민법 제1003조).

(나) 직계비속 간의 상속순위

직계비속에 대해서는 그것이 자연혈족이든 법정혈족이든 차별이 없으므로, 친생자이든 양자이든, 또 기혼·미혼이든 혹은 같은 호적 내에 있든 혼인·분가·입양 등에 의하여 다른 호적에 있든, 그 상속순위에는 아무런 차별이 생기지 않는다.

(다) 양자의 상속순위

1) 일반양자·이성양자(異姓養子)의 경우

양자는 입양된 때부터 양부모의 친생자와 같은 지위를 가지며, 양자의 입양 전의 친족관계는 존속한다(민법 제882조의2). 일반양자의 경우에는 입양의 효력(입양은 '가족관계의 등록에 관한 법률'에서 정한 바에 따라 신고함으로써 그 효력이 생긴다. 민법 제878조)이 발생한 날로부터 양친의 친생자로서 신분을 취득하기 때문에(민법 제878조, 제882조의2) 상속인이 될 수 있는지 여부는 입양신고가 있는 때를 기준으로 판단하여야 한다. 이성양자{동성동본(同姓同本)의 혈족(血族)이 아닌 양자를 말한다}도 다른 직계비속과 같이 상속권이 있다(등기선례 제2권 270항).

2) 친양자의 경우

친양자(親養子)는 부부의 혼인 중 출생자로 본다(민법 제908조의3 제1항). 친양자의 입양 전의 친족관계는 민법 제908조의2 제1항의 청구에 의한 친양자 입양이 확정된 때에 종료한다. 다만, 부부의 일방이 그 배우자의 친생자를 단독으로 입양한 경우에 있어서의 배우자 및 그 친족과 친생자간의 친족관계는 그러하지 아니하다(동조 제2항). 친양자의 경우에는 친양자 입양이 확정된 때에 입양 전의 친족관계가 종료하기 때문에 친양자 입양이 확정된 후에 생가(生家)에 상속개시원인이 발생한 경우 생가가족의 재산에 대한 상속권이 없다(민법 제908조의3 제2항).

3) 사후양자

사후양자(死後養子)란 호주상속을 보장하기 위하여 호주가 직계비속 없이 사망한 경우 또는 이미 폐가(廢家)나 무후가(無後家)가 된 가(家)를 부흥하기 위하여 선정된 양자제도(구민법 제867조 제1항, 제868조)로, 1991.1.시행 개정민법에서 폐지되었다. 사후양자의 호주상속에 따른 재산상속권은 피상속인의 사망당시가 아닌 사후양자의 선정당시의 민법규정에 따라 판단하여야 한다. 호주가 후손 없이 사망하여 무후가가 된 후 사후양자가 되어 그 무후가를 부흥하였다 하더라도 전 호주의 유산을 소급하여 상속할 권리가 없다(대판 1969.10.14. 68다1544, 등기예규 제140호).

(라) 계모자 사이 및 적모서자 간의 상속순위

1960. 1. 1.부터 1990. 12. 31. 까지는 계모자 사이와 적모서자 사이에도 상속권이 인정되었으나, 1990년의 민법의 일부개정(1990. 1. 13 법률 제4199호 시행일: 1991. 1. 1)으로 계모자 관계와 적모서자관계가 폐지되었으므로, 상속권이 없다. 따라서 1991. 1. 1이전에는 계모와 전처의

출생자 사이에는 친족관계가 인정되었으므로 91. 1. 1. 이전에 계모가 사망한 경우에는 전처의 출생자들은 다른 상속인들과 공동으로 그 재산상속인이 된다(등기선례요지집 제3권 452항).

(마) 태아

태아는 상속순위에 관하여는 이미 출생한 것으로 본다(민법 제1000조 제3항).

(2) 제2순위의 상속 : 피상속인의 직계존속(민법 제1000조 1항 2호)

피상속인의 직계존속은 피상속인의 직계비속이 없을 때 상속인이 된다. 즉 제2순위 상속인이다(민법 제1000조제1항제2호).

(가) 직계존속이 수인인 경우

직계존속이 수인인 경우에 그 직계존속들이 촌수가 같으면 동순위이며, 촌수를 달리하면 최근친이 먼저 상속인이 되는 것은 직계비속의 경우와 마찬가지이다(민 제1000조 2항). 따라서 예컨대 부모와 조부모가 있으면 부모가 선순위가 된다. 또 직계존속은 부계이든 모계이든 양가측이든 생가측이든 묻지 않는다. 즉 친생부모와 양부모가 있을 때에는 함께 동순위로 상속인이 된다.

(나) 직계존속의 대습상속 가부(소극)

직계존속에 대해서는 대습상속은 인정되지 않는다. 따라서 피상속인의 모가 이미 사망하고 부만 있을 때에는 부만이 상속하며, 모의 직계존속은 대습상속을 할 수 없다. 그리고 양부모가 사망하고 양자가 거액의 유산을 상속한 후 처와 직계비속 없이 사망한 경우에, 양자의 상속재산은 전부 친생부모가 상속하며, 양 조부모가 생존해 있더라도 상속할 수 없다.

(3) 제3순위의 상속인 : 피상속인의 형제자매(민법 제1000조 1항 3호)

(가) 피상속인의 형제자매의 의의

민법 제1000조 제1항 제3호 소정의 피상속인의 형제자매라 함은, 민법 개정시 친족의 범위에서 부계와 모계의 차별을 없애고, 상속의 순위나 상속분에 관하여도 남녀 간 또는 부계와 모계 간의 차별을 없앤 점 등에 비추어 볼 때, 부계 및 모계의 형제자매를 모두 포함하는 것으로 해석하는 것이 상당하다(대판 1997. 11. 28, 96다5421). 따라서 이성동복(異姓同腹)의 형제자매도 상속인의 범위에 포함된다.

(나) 피상속인의 형제자매 사이의 상속순위

형제자매는 남녀의 성별, 기혼·미혼의 차별, 호적의 이동, 자연혈족·법정혈족, 동복·이복의 차별을 묻지 않는다. 형제자매가 수인인 경우에는 동순위로 상속인이 된다.

(다) 이성동복(異姓同腹)의 형제자매도 상속인의 범위에 포함되는지 여부(적극)

민법 제1000조 제1항 제3호 소정의 '피상속인의 형제자매'라 함은, 民法 개정시 친족의 범위에서 부계와 모계의 차별을 없애고, 상속의 순위나 상속분에 관하여도 남녀 간 또는 부계와 모계 간의 차별을 없앤 점 등에 비추어 볼 때, 부계 및 모계의 형제자매를 모두 포함하는 것으로 해석하는 것이 상당하다(대판 97. 11. 28. 96다5421).

(4) 제4순위의 상속인 : 피상속인의 4촌 이내의 방계혈족(민법 제1000조 제1항 4호)

4촌이내의 방계혈족은 피상속인의 지계비속 · 직계존속 · 배우자 · 형제자매가 없는 경우에만 상속인이 되고, 촌수가 다른 4촌 이내의 방계혈족이 있는 때에는 촌수가 가장 가까운 3촌이 4촌에 우선하여 상속인이 되며, 촌수가 같으면 공동상속인이 된다(민법 제1000조 제2항).

(가) 피상속인의 4촌 이내의 방계혈족

피상속인의 3촌부터 4촌 이내의 방계혈족이다(민 제1000조 1항 4호). 1990년의 민법의 일부개정 전에는 8촌 이내의 방계혈족까지 상속권이 인정되었으나, 개정법은 이를 4촌 이내의 방계혈족으로 축소시켰다.

(나) 피상속인의 4촌 이내의 방계혈족이 상속인이 될 수 있는 경우

이들은 피상속인의 직계비속·직계존속·배우자·형제자매(1~3순위의 상속인)가 없는 경우에만 상속인이 되고, 촌수가 같으면 공동상속인이 된다.

(다) 방계혈족 간의 상속순위

방계혈족이면 남녀의 성별, 기혼·미혼의 차별, 호적의 이동에 따른 차별, 부계·모계의 차별 등을 묻지 않는다. 그러므로 예컨대 3촌이 되는 방계혈족으로는 백숙부와 고모·외숙부와 이모 및 질 등이 공동상속인이 된다. 4촌이 되는 방계혈족으로는 종형제자매·고종형제자매·외종형제자매·이종형제자매 등이 공동상속인이 된다.

(라) 피상속인이 기혼여자인 경우

민법 제1000조 제2호 및 제4호에서 말하는 직계존속이나 4촌 이내의 방계혈족은 피상속인이 기혼의 여자인 경우 피상속인의 친가의 직계존속과 4촌 이내의 방계혈족을 의미한다(등기선례요지집 제5권 295항).

6. 배우자의 상속권

상속인으로 인정되는 피상속인의 배우자는 혼인신고를 한 법률상 배우자를 의미하며, 피상속인의 제적등본 상 피상속인과 혼인신고가 된 바 없는 사실혼의 배우자는 상속인에서 제외하여야 한다. 혼인 취소의 경우 그 취소의 효력은 기왕에 소급하지 않는다는 민법 제824조(혼인취소의 효력)를 근거로 상속권을 잃지 않는다(대법원 1996. 12. 23. 선고 95다48308 판결).

(1) 배우자의 상속순위

피상속인의 배우자는 그 직계비속과 동순위(즉 제1순위)로 공동상속인이 되고, 그 직계비속이 없는 경우에는 피상속인의 직계존속과 동순위로 공동상속인이 되며, 피상속인의 직계비속도 직계존속도 없는 경우에는 단독상속인이 된다(민 제1003조).

처가 피상속인인 경우에는 부는 그 직계비속과 동순위로 공동상속인이 되고 그 직계비속이 없는 때에는 바로 단독상속인이 되었다(민법 제1002조).

1991. 1. 1. 시행 개정민법에서는 부와 처의 상속순위를 같게 하였다(민법 제1002조 삭제). 즉 피상속인의 배우자가 부 또는 처를 구분하지 아니하고 제1순위 직계비속이 있는 경우에는 그 직계비속과 동순위로 공동상속인이 되고, 직계비속이 없는 때는 피상속인의 직계존속과 동순위로 공동상속인이 되며, 직계비속이나 직계존속이 모두 없을 때에는 단독상속인이 되는 것으로 하였다(민법 제1003조 제1항).

(2) 피상속인의 직계비속 전원이 상속을 포기한 경우

피상속인의 직계비속이 모두 상속을 포기한 경우, 피상속인의 배우자는 피상속인의 직계존속과 동순위로 공동상속인이 된다(등기선례요지집 제7권 197항).

(3) 부(夫) 사망 후 친가에 복적한 처, 부 사망 후 재혼한 처, 사실상 이혼상태의 배우자

(가) 부(夫) 사망 후 친가 복적한 처

재산상속은 피상속인의 사망으로 인하여 개시되는 것이므로 피상속인인 부(夫)의 사망 당시의 처는 그가 부의 사망 후 친가에 복적함으로써 부의 호적에서 제적되었다 하더라도 부의 재산을 상속하게 되나(등기선례요지집 제 2 권 271항), 호적등본 및 제적등본에 피상속인의 처(妻) '갑'이 그의 부(夫) '을'이 사망한 이후에 혼인신고를 한 것으로 기재되어 있는 경우(그 혼인신고는 무효이다) 위 호적등본 및 제적등본을 첨부하여 상속등기신청을 함에 있어서 위 '갑'이 '을'의 상속인으로 표시되어 있다면, 등기관으로서는 그 등기신청을 받아들일 수 없다(등기선례요지집 제2권 274항).

(나) 상속개시 전에 재혼한 처에게 대습상속권이 있는지 여부

민법 제1003조 제2항(「민법」의 개정(1990. 1. 13.)으로 「민법」 제1003조 제2항 중 '사망 또는 결격된 자의 배우자'로 변경됨)의 '사망한 자의 처'라 함은 부(夫)의 사망 후에도 계속 혼가와의 인척관계가 유지되는 처를 의미하므로, 부(夫)의 사망 후 재혼한 처는 전부(前夫)의 순위에 갈음하는 대습상속인으로 될 수 없다(등기예규 제694호 민법775②).

(다) 사실상 이혼 상태의 배우자

사실상 이혼 상태에 있는 법률상의 배우자 일방이 사망한 경우에도 다른 생존배우자에게는 법률상의 배우자로서 상속권이 있다(대법원 1969. 7. 8. 선고 69다427판결).

(4) 피상속인의 법률상 배우자가 아닌자

피상속인의 혼인외 자의 생모로서 피상속인의 법률상 배우자가 아닌 자는 상속인에 해당되지 아니한다(등기선례 제7권 193항).

🔍 판 례

> 현행 민법 시행 이전에 호주 아닌 가족이 사망한 경우의 재산상속에 관한 관습
> 1960. 1. 1 민법이 공포시행되기 전에 있어서는 조선민사령 제11조의 규정에 의하여 친족 및 상속에 관하여는 관습에 의하도록 되어 있었던바, 호주 아닌 가족이 사망한 경우에 그 재산은 동일 호적 내에 있는 직계비속인 자녀들에게 균등하게 상속된다는 것이 당시의 우리 나라의 관습이었다(대판 1990. 2. 27, 88다카 33619. 전원합의체 판결.).

7. 피상속인의 배우자와 자녀 중 자녀 전부가 상속을 포기한 경우의 상속인

상속을 포기하는 자는 상속개시된 때부터 상속인이 아니었던 것과 같은 지위에 놓이게 되므로, 피상속인의 배우자와 자녀 중 자녀 전부가 상속을 포기한 경우에는 배우자와 피상속인의 손자녀 또는 직계존속이 공동으로 상속인이 되고, 피상속인의 손자녀와 직계존속이 존재하지 아니하면 배우자가 단독으로 상속인이 된다(대판 2015. 5. 14. 2013다48852).

V. 대습상속

1. 대습상속의 의의

대습상속이라 함은 상속인이 될 직계비속 또는 형제자매가 "상속개시(피상속인의 사망) 전"에 사망하거나 결격자가 된 경우에 그 자의 직계비속이나 처가 있는 경우에 그 직계비속 또는 처가 사망하거나 결격된 자의 순위에 가름하여 상속인이 되는 것을 말한다(민법 제1001조, 제1003조 제2항).

2. 대습상속제도의 의의

대습상속제도를 인정하는 이유는 자기의 직계존속에게 사망 결격 등의 사유가 없었다면 자신이 당연히 상속권을 승계할 것이라는 상속에 대한 기대를 보호함으로써 공평을 꾀하고 생존 배우자의 생계를 보호하려고 하는 형평의 원리에 근거하고 있다.

3. 대습상속의 요건

(1) 상속인의 상속권 상실

상속인이 "상속개시(피상속인의 사망) 전"에 사망, 실종선고, 결격으로 인하여 그 상속권을 상실하여야 한다(민법 제1001조). 이와 같이 상속인이 상속권을 상실하는 원인은 상속개시 전에 사망, 실종선고, 결격으로 인하여 상속권을 상실하지 않으면 안 되기 때문에 "상속개시 후" 상속인이 상속을 포기한 경우에는 대습상속이 일어나지 않는다.

(2) 대습상속인의 자격(피대습자의 직계비속이나 배우자, 외국인)

대습상속인은 피대습자의 직계비속이나 배우자이어야 한다. 직계비속은 상속인이 될 자가 상속권을 잃을 당시(사망 또는 결격자가 된 때)에 존재하여야 하고, 배우자는 상속인이 될 자와 법률상 혼인을 한 자이어야 하며 여기에서 배우자라 함은 상속인이 될 자가 상속권을 잃은 후에도 계속 혼가 또는 처가와의 사이에 인척관계가 유지되는 자를 말한다(예규 649호).

한국인 갑(女)과 외국인 을(男)이 혼인한 후 갑의 부(父) 병(피상속인)이 사망하였고 그 후 갑에 대한 실종선고심판이 확정되어 갑이 병보다 먼저 사망한 것으로 간주된 경우, 외국인이라 하더라도 대습상속인이 될 수 있다(2014. 10. 28. 부동산등기과-2567).

(3) 대습자의 자격

대습자는 상속인의 자격을 가지고 있는 자이어야 한다. 대습자가 상속결격자(민법 제1004조)인 경우에는 이미 상속의 기대가 없기 때문에 대습상속권이 없다.

(4) 동순위의 공동상속인 전원의 사망 등

동순위의 공동상속인이 전부 상속개시 전에 사망, 실종선고, 결격자가 된 경우에는 그 상속인의 직계비속이 대습상속을 하게 된다.

(5) 재대습상속

피상속인의 상속인에게 대습원인이 발생한 후에 다시 그 상속인의 상속인에게 대습원인이 발생한 경우에는 그 상속인의 상속인에게 대습상속 되는데, 이를 재대습상속이라 한다. 이에 관해서는 명문의 규정은 없으나, 민법 제1001조 규정이 대습상속인을 직계비속이라고 규정하고 있기 때문에 당연히 위와 같이 해석될 수 있다. 이 경우 재대습상속은 직계비속의 직계비속뿐만 아니라 형제자매의 직계비속의 경우에도 인정된다고 할 것이다.

4. 대습상속분

(1) 대습자의 상속분은 상속인이 될 자의 상속분에 의하므로(민법 1010조 1항) 상속인이 될 자가 상속인이었다면 그가 받을 상속분에 한하여 대습자가 그들의 상속비율에 따라 받게 된다. 이것은 대습상속이 피대습자의 사망 또는 상속권 상실에 의하여 그 직계비속 또는 배우자가 불이익을 받지 않도록 하기 위한 제도이기 때문이다.

(2) 대습상속인이 1인인 때에는 피대습자의 상속분을 그대로 이어받는 것이지만, 같은 피대습자의 직계비속이 수인 있을 때에는 그 사이의 상속분은 민법 제1009조의 규정에 의하여 정한다. 피대습자의 배우자의 경우도 마찬가지다. 즉 동순위의 상속인이 수인인 때에 그 상속분은 균분으로 한다. 그리고 피대습자의 배우자의 상속분은 직계비속과 공동으로 하는 때에는 직계비속의 상속분의 5할을 가산한다.

5. 배우자의 대습상속권(부(夫) 사망 후 재혼한 처의 대습상속권 여부 : 소극)

(1) 상속개시 전에 사망 또는 결격된 자의 배우자

상속개시 전에 사망 또는 결격된 자의 배우자는 그 직계비속과 함께 같은 순위로 공동상속을 하며, 그 직계비속이 없는 때에는 단독으로 대습상속을 한다(민법 제1003조 2항). 배우자는 법률상의 혼인을 한 배우자이어야 하며, 배우자가 사망한 후 재혼한 자는 인척관계가 소멸하므로(민 제775조 2항), 대습상속권이 없다.

(2) 사망한 자의 처

민법 제1003조 제2항(「민법」의 개정(1990. 1. 13)으로 「민법」 제1003조 제2항 중 '사망 또는 결격된 자의 배우자'로 변경됨)의 '사망한 자의 처'라 함은 부의 사망 후에도 계속 혼가와의 인척관계가 유지되는 처를 의미하므로, 부의 사망 후 재혼한 처는 전부의 순위에 갈음하는 대습상속인으로 될 수 없다(등기예규 제694호).

1990년의 민법 일부 개정 전에는 처에게만 대습상속권을 인정하였으나, 개정법은 부에게도 처와 마찬가지의 대습상속권을 인정하여, 배우자의 대습상속으로 개정하였다.

(3) 재혼한 배우자가 데려온 자녀의 상속권여부

상속권을 가진 사녀가 되기 위해서는 피상속인의 피가 섞인 혈족(민법 제768조)이어야 하므로, 재혼한 배우자의 자녀가 상속권을 가진 자녀가 되기 위해서는 입양절차(민법 제866조~제882조의2)를 거치면 법정혈족(민법 제772조)이 될 수 있으므로 상속권을 가질 수 있다.

6. 피상속인의 사위 · 며느리의 대습상속권(민법 제1003조 제2항의 위헌 여부)

(1) 피상속인의 사위

원래 사위나 며느리는 상속인(민법 제1000조)이 아니지만 대습상속제도에 의하면 상속인이 될 수 있다. 즉 아내가 사망하고 혼자 살던 사위는 장인이 사망한 경우, 대습상속(민법 제1003조 제2항)으로 아내가 장인에게 받을 수 있었던 만큼의 재산을 그 자녀와 같이 상속 받을 수 있으나, 장인이 사망 전에 재혼을 했다면 상속대상에서 제외된다.

외국에서 사위의 대습상속권을 인정한 입법례를 찾기 어렵고, 피상속인의 사위가 피상속인의 형제자매보다 우선하여 단독으로 대습상속하는 것이 반드시 공평한 것인지 의문을 가져볼 수는 있다 하더라도 이를 이유로 곧바로 피상속인의 사위가 피상속인의 형제자매보다 우선하여 단독으로 대습상속할 수 있음이 규정된 민법 제1003조 제2항이 입법형성의 재량의 범위를 일탈하여 행복추구권이나 재산권보장 등에 관한 헌법규정에 위배되는 것이라고 할 수 없다(대판 2001. 3. 9. 99다13157. 소유권이전등기말소).

(2) 피상속인의 며느리

반대로 남편이 사망하고 혼자 살던 며느리도 시아버지로부터 재산을 상속받을 수 있으나, 시아버지가 사망하기 전에 재혼을 했다면 상속대상에서 제외 된다(등기예규 제694호).

7. 상속을 포기한 상속인의 직계비속등의 대습상속가부(소극)

상속인이 수인인 경우에 어느 상속인이 상속을 포기한 때에는 그 상속분은 다른 공동상속인의 상속분의 비율로 그 상속인에게 귀속한다(민법 제1043조). 따라서 수인의 공동상속인 중 일부가 상속을 포기한 경우에 포기한 상속인의 직계비속 또는 형제자매가 그 상속재산을 대습상속하는 것이 아니다(대판 1995. 9. 26. 95다277769)(2012. 11. 30. 부동산등기과-2260 질의회답).

VI. 상 속 분

1. 상속분의 의의

2 인 이상의 상속인이 공동으로 상속재산을 승계하는 경우에 각 상속인이 승계할 몫을 널리 상속분이라 한다. 그 몫은 보통 전체에 대한 비율이나 가액으로 표시된다.

✄ 판 례

① 등기신청인이 산정한 상속분이 그 상속재산을 둘러싼 소송에서도 받아들여져 판결로써 확정된 바 있다 하더라도 상속등기신청에 대하여 등기공무원이 부동산등기법 소정의 서면만에 의하여 형식적심사를 함에 있어서는 위 확정판결의 기판력이 미칠 여지가 없다.

② 등기원인이 상속인 때 부동산등기법 제46조가 신청서에 첨부하도록 한 상속을 증명하는 시, 구, 읍, 면의 장의 서면 또는 이를 증명함에 족한 서면의 조사에 기한 상속분의 산정은 등기공무원의 형식적 심사권한의 범위내라 할 것이다(대법원 1995. 2. 22. 94마2116).

2. 상속분의 결정

상속분은 피상속인의 의사 또는 법률의 규정에 의하여 정해진다. 전자를 지정상속분이라고 하고, 후자를 법정상속분이라고 한다.

🔍 판 례

상속재산을 둘러싼 소송의 확정판결에 상속관계에 대한 설시가 있다 하더라도 그 부분에 등기공무원에 대한 어떤 기속력이 인정되는 것은 아니어서, 등기공무원으로서는 형식적 심사권의 범위 내에서 적법하게 그 확정판결이 부동산등기법 제46조 소정의 상속을 증명함에 족한 서면인지 여부를 심사할 뿐 아니라, 제출된 서면을 종합하여 객관적으로 상속인의 범위 및 상속지분을 판단할 수 있는 것이고, 그러한 형식적 심사에 필요한 서면을 신청서에 첨부하지 않았다면 부동산등기법 제55조 제8호에 따라 등기신청을 각하하여야 한다.(대판 1995. 1. 20. 94마535)

(1) 지정상속분

피상속인은 유언에 의하여 공동상속인의 상속분을 지정(지정상속분)할 수 있다. 민법의 일부개정으로 유류분제도가 신설되었으므로, 유류분에 반하는 지정을 할 수 없다(민 제1112조~1118조).

만약 유류분에 반하는 지정을 하였을 경우에는 침해를 받은 유류분권리자는 반환을 청구할 수 있다(민 제1115조).

(2) 법정상속분

피상속인이 공동상속인의 상속분을 지정하지 않았을 때에는 그 상속분은 민법이 규정(민법 제1009조, 제1010조)하는 상속분에 따라 상속된다.

(가) 동순위 상속인 사이의 상속분

동순위의 상속인이 수인인 경우에 그 상속분은 균분으로 한다(민법 제1009조제1항). 1990년 민법개정 이전에는 호주상속인과 호주상속인이 아닌 상속인 사이에, 그리고 남자와 여자 사이에 상속분의 차별이 있었으나, 1990년 민법개정으로 상속분이 평등하게 되었다. 그들의 성별이나 부계인지 모계인지, 혼인 중의 자인지 여부 등은 문제가 되지 않는다.

(나) 배우자의 상속분

1960. 1. 1 ~ 1978. 12. 31. 사이에 개시된 상속의 처의 상속분은 직계비속과 공동으로 상속하는 때에는 남자의 2분의 1, 직계존속과 공동으로 상속하는 때에는 남자와 동일의 상속분으로 하며, 1979. 1. 1 ~ 1990. 12. 31. 사이에 개시된 상속의 처의 상속분은 직계비속과 공동으로 상속하는 때에는 직계비속의 상속분의 5할을 가산하고, 직계존속과 공동으로 상속하는 때에는 직계존속의 상속분의 5할을 가산하며(구민법 제1009조 제2항), 1991. 1. 1. 이후 개시된 상속의 배우자의 상속분은 위와 같이 직계비속과 공동으로 상속하는 때에는 직계비속의 상속분의 5할을 가산하고, 직계존속과 공동으로 상속하는 때에는 직계존속의 상속분의 5할을 가산(민법 제1009조 제2항)하도록 하여 배우자의 상속분을 확대하였다.

(다) 여자의 상속분

구민법은 출가녀의 상속권을 인정하지 않았다. 민법은 처음에는 여자의 상속분은 남자의 상속분의 2분의 1이었는데(구민법 제1009조 제1항 단서 후단), 1977년의 민법일부개정으로 삭제되어 남녀의 상속분의 차별을 없앴으나 동일가적 내에 없는 여자의 상속분은 남자의 상속분의 4분의 1로 하여 차별했으나, 민법 일부개정(1990. 1. 13. 법률 제4199호)으로 동일가적 내에 없는 여자의 상속분에 대한 차별을 없애 현재는 남녀, 출가여부와 관계없이 모두 균등하게 상속지분이 1이다.

(라) 대습상속인의 상속분

대습상속인의 상속분은 피대습상속인의 상속분에 의한다(민법 제1010조 제1항). 피대습자의 대습상속인이 수인인 때에는 그 상속분은 피대습상속인의 상속분의 한도에서 법정상속분(민법 제1009조)에 의하여 정한다(민법 제1010조 제2항 전단). 배우자가 대습상속하는 경우에도 같다(민법 제1010조제2항 후단).

(3) 1959. 12. 31. 이전(민법시행 전)의 경우

(가) 민법시행(1960. 1. 1.)전에 있어서의 호주사망의 경우 그 망인의 유산은 호주 상속인(구 판

습법상의 호주상속인의 제1순위는 피상속인의 적출장남이다. 김주수저 : 주석 친족상속법 제788면 (2). (가). ① 참조)에게만 상속된다(대판 1969. 2. 18. 68다2105, 1988. 1. 19. 87다카1877, 1990. 10. 30. 90다카23301).

(나) 신민법시행이전에 호주 아닌 가족이 사망한 경우에 그 유산은 직계비속이 평등하게 공동 상속하는 것이 그 당시의 관습이었다(1981. 11. 24. 80다2346, 1990. 2. 27. 88다카33619).

(다) 현행 민법이 시행되기 전에 호주 아닌 남자가 사망한 경우 그 재산은 동일호적 내에 있는 직계비속인 자녀들이 균등하게 상속하는 것이 우리나라의 관습이었다(대판 : 2009. 3. 26. 2006다55692, 55708).

 판 례

> 구 민법에 의하면 호주가 사망하면 그의 전재산이 호주상속인에게 이전되고 차남 이하의 상속인들은 호주상속인에 대하여 재산의 분배를 청구할 권한만이 있을 뿐 구체적인 재산에 대하여는 아무런 권리를 취득하지 못하는 것이어서 아직 호주상속인으로부터 재산의 분배를 받지 못한 상태에 있는 차남 이하 상속인들은 그 구체적인 재산이 다른 사람 앞으로 등기가 되어있다 하여 그 등기의 말소를 구할 법률상의 이해관계를 갖지 못한다.(1998. 1. 19. 87다카1877 소유권이전등기말소)

3. 민법 개정에 따른 법정상속분

민법상의 법정상속분은 다음과 같다(민 제1009조).

(1) 1960. 1. 1~1978. 12. 31. 사이에 개시된 상속의 상속분

(가) **원 칙** 공동상속분은 균등(민법 제1009조 제1항 전단).

(나) **예 외**

1) 여자는 남자의 1/2

2) 동일가적 내에 없는 여자는 남자의 1/4

판 례

3) 호주상속인은 고유분에 5할 가산

4) 처는 직계비속과 공동상속시는 남자의 1/2, 직계존속과 공동상속시는 남자와 동일의 상속지분

※ 피상속인의 직계비속인 장남(호주상속)과 차남, 출가한 장려, 미혼인 차녀와 처가 공동상속을 받는 경우

상속인	상속분		전체에 대한 상속분
	민법규정	통분	
처	1/2	2	2/15
장남(호주상속)	1.5	6	6/15
차 남	1	4	4/15
장녀(출가)	1/4	1	1/15
차 녀	1/2	2	2/15

(2) 1979. 1. 1~1990. 12. 31. 사이에 개시된 상속의 상속분

(가) 원 칙   동순위의 상속인이 수인인 경우 그 상속분은 균등으로 한다(민법 제1009조 제1항).

(나) 예 외   1) 호주상속인은 고유분에 5 할 가산

2) 동일가적에 없는 여자는 남자의 1/4

3) 처는 직계비속과 공동상속하는 경우에는 동일가적 내 직계비속의, 직계존속과 공동상속하는 경우에는 직계존속의 상속분의 각 5 할 가산

※ 피상속인의 직계비속인 장남과 차남, 출가한 장녀, 미혼인 차녀와 처가 공동상속을 받는 경우

(호주상속을 받지 아니하는 남자를 기준으로 하여 계산함)

상속인	상속분		전체에 대한 상속분
	민법규정	통분	
처	1.5	6	6/21
장남(호주상속)	1.5	6	6/21
차 남	1	4	4/21
장녀(출가)	1/4	1	1/21
차 녀	1	4	4/21

(다) 1991. 1. 1. 전에 개시된 상속에 있어 상속인의 형제자매의 범위

1991. 1. 1. 전까지 개시된 상속에 있어 피상속인의 형제자매가 상속인이 되는 경우에는 부계(父系)의 방계혈족인 형제자매만이 상속인이 되는 것이고, 아버지는 다르고 어머니만 같은 이성동복(異姓同腹) 관계에 있는 형제자매는 피상속인의 형제자매에 해당하지 아니하여 상속인이 되는 것이 아니다(2014. 8. 19. 부동산등기과-2116).

(3) 1991. 1. 1. 이후 개시된 상속의 상속분

1991. 1. 1. 이후 상속이 개시된 경우에 등기원인을 재산상속으로 기재할 수 없고, 그냥 상속으로 기재하여야 한다.

(가) 상 속 분

1) **원 칙(남녀 상속비율의 균등화)** : 동순위의 상속인이 수인인 때에는 그 상속분은 균등으로 한다. 상속인이 여자인 경우에 동일가적 내에 있고 없고를 불문한다.
2) **예 외** : 배우자의 상속분은 남녀구별이 없이 다른 공동상속인의 상속분의 5 할을 가산한다.

상속인	상속분		전체에 대한 상속분
	민법규정	통분	
처	1.5	3	3/11
장 남	1	2	2/11
차 남	1	2	2/11
장녀(출가)	1	2	2/11
차 녀	1	2	2/11

(나) 상속인의 범위

4 순위 상속인의 범위 변경(민 제1000조 1항 4호)

종래 ·· 피상속인의 8 촌 이내 방계혈족

변경 ·· 피상속인의 4 촌 이내 방계혈족

단, 혈족의 정의가 변경됨으로써(민 제768조) 종래 상속권이 없는 생질(피상속인이 외척인 경우)·이질(피상속인이 이모인 경우)·이종 4촌·고종 4 촌도 방계혈족이 되므로 상속권이 있다.

(다) 배우자의 상속권 변경

1) 배우자가 피상속인 경우 직계비속이 있으면 그들과 공동상속(현행과 같음).

2) 배우자가 피상속인인 경우 직계비속이 없고 직계존속이 있는 경우에는 그 직계존속과 공동상속한다.

   종래는 처가 피상속인 경우 직계비속이 없으면 부가 단독상속하였으나(민 제1002조 삭제), 이제는 처의 직계존속이 있으면 부(夫)와 그 직계존속이 공동상속한다(민 제1003조 1항).

3) 남편도 처의 대습상속인이 된다(민 제1003조 2항). 처가 그의 부모보다 먼저 사망한 경우 부(夫)는 재혼하지 아니하면 처의 직계존속이 피상속인이 된 경우에 처의 대습상속인이 된다.

피상속인의 사위가 피상속인의 형제자매보다 우선하여 단독으로 대습상속(사위의 대습상속권)한다는 민법 제1003조 제2항이 위헌이라고 할 수 없다(대판 2001. 3. 9. 99다13157).

동순위의 상속인이 수인인 때에는 그 상속분은 균분으로 한다. 피상속인의 '배우자'의 상속분은 직계비속과 공동으로 상속하는 때에는 직계비속의 상속분의 5 할을 가산하고, 직계존속과 공동으로 상속하는 때에는 직계존속의 상속분의 5 할을 가산한다.

Ⅶ. 상속재산의 국가귀속

상속인 수색공고 중의 소정기간 내에 상속인으로서의 권리를 주장하는 자가 없거나 상속인으로서 그 권리를 주장한 자가 상속인이 아니라고 판명된 경우에 상속인 수색의 공고기간이 경과된 후 2월이 지나도 특별연고자가 상속재산분여의 청구를 하지 않는 경우 그 상속재산은 국가에 귀속한다(민법 제1058조 제1항). 여기에서 상속재산이란 청산종료 후의 잔여재산(다만, 적극재산만이며 채무는 포함되지 않는다.)을 말한다.

Ⅷ. 상속재산의 분할

상속재산분할이란 공동으로 상속받은 상속인이 다수 있는 경우에 공동상속받은 상속재산을 공동상속인들의 상속분에 따라 분할하여 공동상속인들의 단독소유로 분배하는 것을 말한다.

1. 협의에 의한 상속재산의 분할의 의의(계약)

상속재산의 분할협의는 상속이 개시되어 공동상속인 사이에 잠정적 공유(민법 제1006조)가 된 상속재산에 대하여 그 전부 또는 일부를 각 상속인의 단독소유로 하거나 새로운 공유관계로 이행시킴으로써 상속재산의 귀속을 확정시키는 것으로 그 성질상 재산권을 목적으로 하는 법률행위(일종의 계약)이다(대판 2001. 2. 9. 2000다51797). 공동상속인은 피상속인의 유언으로 분할방법이나 분할금지가 정해지지 아니한 이상(민법 제1012조) 언제든지 그들 사이의 협의에 의하여 상속재산을 분할할 수 있고, 그 협의가 성립되지 아니한 때에는 가정법원에 그 분할심판을 청구할 수 있다(민법 제1013조).

🔍 판 례

공동상속재산은 상속인들의 공유이고, 또 부동산의 공유자인 한 사람은 그 공유물에 대한 보존행위로서 그 공유물에 관한 원인무효의 등기전부의 말소를 구할 수 있다(1996. 2. 9. 94다61649).

2. 협의에 의한 상속재산 분할의 성질(계약)

공동상속인은 언제든지 그 협의에 의하여 상속재산을 분할할 수 있다(민법 제1013조). 협의에 앞서 상속을 단순승인할 필요가 있지만, 분할협의는 상속재산의 처분행위에 해당하므로(민 제 1026조 1호), 상속인 자격으로 분할협의에 참가한 자에 대하여는 그로 인하여 단순승인의 효과가 생기게 된다. 분할협의는 그 성질상 공동상속인 간의 일종의 계약이고(대판 1995. 4. 7. 93다 54736. 2004. 7. 8. 2002다73203), 그 형식에는 아무런 제한이 없다.

3. 미성년자의 후견인의 상속재산의 분할절차(친족회의 동의)

미성년자의 후견인이 미성년자를 대리(갈음)하여 공동상속재산을 협의분할하는 행위는 민법 제950조 제1항 제3호 소정의 "부동산 또는 중요한 재산에 관한 권리의 득실변경을 목적으로 하는 행위"에 해당하므로 공동상속인이 아닌 미성년자의 후견인이 미성년자를 대리하여 상속재산의 분할협의를 하는 경우에는 친족회의 동의를 얻어야 할 것이다.

4. 상속재산분할의 요건(공동상속인 전원의 동의)

협의에 의한 상속재산의 분할은 공동상속인 전원의 동의가 있어야 유효하고 공동상속인 중 일부의 동의가 없거나 그 의사표시에 대리권의 흠결이 있다면 분할은 무효이다(대법원 1987. 3. 10. 85프80, 2001. 6. 29. 2001다28299).

피상속인은 유언으로 상속재산의 분할방법을 정할 수는 있지만, 생전행위에 의한 분할방법의 지정은 그 효력이 없어 상속인들이 피상속인의 의사에 구속되지는 않는다(대법원 1995. 2. 22. 9나마2116. 1995. 4. 7. 93다54736. 2001. 6. 29. 2001다28299).

(가) 상속재산에 있어서 공유관계가 존재할 것

분할의 대상은 상속재산 전부이므로 공동상속인이 여러 명인 경우에는 분할하기 전까지는 공동상속인 전원의 공유관계에 있다(민법 제1006조).

상속인이 한 사람이면 공유관계가 생길 수 없기 때문에 상속재산분할의 여지가 없다.

(나) 공동상속인이 확정되었을 것

예컨대 공동상속인의 1 인 또는 수인이 상속의 승인 또는 포기를 하지 않은 동안은 상속인이 확정되지 않았으므로 분할할 수 없다. 또 한정승인·재산분리 등의 경우에는 상속재산 전

체에 대하여 청산이 행하여지므로 분할할 여지가 없다. 따라서 상속재산을 분할하기 위하여
는 상속인들이 확정되어야 한다.

(다) 분할의 금지가 없을 것

각 공동상속인은 피상속인이 유언으로 상속재산의 분할방법을 정하거나 이를 정할 것을 제
3자에게 위탁한 경우 또는 그 분할을 금지할 경우(민 제1012조) 이외에는 언제든지 협의로 상속
재산을 분할할 수 있다. 따라서 유언으로 분할을 금지한 경우뿐만 아니라, 분할방법의 지정이
있는 경우에 그 지정과 충돌하는 범위에서는 협의에 의한 분할은 할 수 없는 것이다.

(라) 공동상속인 전원의 참가 및 협의

분할의 협의는 공동상속인 간의 일종의 계약이다. 따라서 공동상속인 전원이 참가하여 동
의하여야 하며, 일부의 상속인만으로써 한 협의분할은 무효이나(대판 1987. 3. 10. 85므80, 1995. 4. 7.
93다54736. 대결 1995. 2. 22.자 94마2116. 2001. 6. 29. 2001라28299), 반드시 한 자리에서 이루어질 필요는
없고 순차적으로 이루어질 수도 있으며, 상속인 중 한 사람이 만든 분할 원안을 다른 상속인
이 후에 돌아가며 승인하여도 무방하다(대판 2010. 2. 25. 2008다96963. 96970).

협의분할에 의한 상속등기를 신청하는 경우에 증명 서면으로 제출하여야 하는 '상속을 증
명함에 족한 서면'은 등기신청인을 포함한 공동상속인들이 상속재산에 대한 분할의 협의를
하였다는 것을 명확히 하고 있는 서면을 의미하므로, 협의분할에 의한 상속등기의 신청에서
그 등기원인을 증명하는 서면으로 제출된 확정판결의 이유 중에, 등기신청인을 포함한 공동
상속인 사이에 상속재산에 대한 분할의 협의가 있었음을 인정하는 설시가 있더라도, 등기관
은 이에 구속받지 아니하고 형식적 심사권의 범위 내에서 위 확정판결 정본이 상속재산의 협
의분할에 관하여 공동상속인 전원의 의사합치가 있었음을 명확히 하고 있는 서면으로 볼 수
있는지 여부를 판단할 수 있다 할 것인바, 위 확정판결이 공동상속인 전원이 당사자가 된 소
송에서 선고된 것이라면 그 판결문은 상속재산의 협의분할에 관하여 공동상속인 전원의 의
사합치가 있었다는 점을 객관적으로 명확히 증명하는 서면에 해당한다고 할 것이나, 위 확정
판결이 공동상속인 중 일부만이 당사자가 된 소송에서 선고된 것이라면 그 판결문은 상속재
산의 협의분할에 관하여 공동상속인 전원의 의사합치가 있었다는 점을 객관적으로 명확히

증명하는 서면에 해당한다고 볼 수 없다 할 것이므로, 등기신청인이 제출한 확정판결 정본이 후자에 해당한다면 등기관은 상속을 증명함에 족한 서면을 제출하지 않았음을 이유로 부동산등기법 제55조 제8호에 의하여 등기신청을 각하하여야 한다(2004. 9. 3. 2004마599).

공동상속인의 주소가 상이하여 동일한 분할협의서(복사본이나 프린트 출력물 등)를 수통 작성하여 각각 날인하였더라도 결과적으로 공동상속인 전원이 분할협의에 참가하여 합의한 것으로 볼 수 있다면, 그 소유권이전등기신청을 수리하여도 무방하다(등기선례 8권 192항).

공동상속인은 상속재산의 분할에 관하여 공동상속인 사이에 협의가 성립되지 아니하거나 협의할 수 없는 경우에 가사소송법이 정하는 바에 따라 가정법원에 상속재산 분할심판을 청구할 수 있을 뿐이고, 상속재산에 속하는 개별 재산에 관하여 민법 제268조의 규정에 따라 공유물분할청구의 소를 제기하는 것은 허용되지 않는다(대판 2015. 8. 13. 2015다18367).

(마) 공동상속인인 친권자와 미성년인 수인의 자 사이의 상속재산 분할협의(각자 특별대리인 선임)

공동상속인인 친권자와 미성년인 수인의 자 사이에 상속재산 분할협의를 하게 되는 경우에는 미성년자 각자마다 특별대리인을 선임하여 그 각 특별대리인이 각 미성년자인 자를 대리하여 상속재산분할의 협의를 하여야 한다(대판 2001. 6. 29. 2001다28299).

✂ 판 례

[1] 피상속인은 유언으로 상속재산의 분할방법을 정할 수는 있지만, 생전행위에 의한 분할방법의 지정은 그 효력이 없어 상속인들이 피상속인의 의사에 구속되지는 않는다.

[2] 협의에 의한 상속재산의 분할은 공동상속인 전원의 동의가 있어야 유효하고 공동상속인 중 일부의 동의가 없거나 그 의사표시에 대리권의 흠결이 있다면 분할은 무효이다.

[3] 상속재산에 대하여 그 소유의 범위를 정하는 내용의 공동상속재산 분할협의는 그 행위의 객관적 성질상 상속인 상호간의 이해의 대립이 생길 우려가 있는 민법 제921조 소정의 이해상반되는 행위에 해당하므로 공동상속인인 친권자와 미성년인 수인의 자 사이에 상속재산 분할협의를 하게 되는 경우에는 미성년자 각자마다 특별대리인을 선임하여 그 각 특별대리인이 각 미성년자인 자를 대리하여 상속재산분할의 협의를 하여야 하고, 만약 친권자가 수인의 미성년자의 법정대리인으로서 상속재산 분할협의를 한 것이라면 이는 민법 제921조에 위반된 것으로서 이러한 대리행위에 의하

5. 분할의 당사자

(1) 공동상속인 전원

공동상속인 전원이 상속재산분할의 당사자가 된다. 공동상속인인 이상 특별수익(민 제1008조)으로 인하여 구체적 상속분이 영인자라도 당사자적격을 가진다(법원실무제요 가사편, 819면 (2) ①).

(2) 상속인 중 일부가 행방불명인 경우

공동상속인 중 일부가 행방불명인 경우, 다수설은 행방불명자를 위한 부재자재산관리인을 선임하여 분할을 할 것이라고 한다.

(3) 상속인이 외국인인 경우

상속재산 협의분할시 상속인들 중 외국인이 포함되어 있고 그 외국인이 상속재산 협의분할서에 서명을 하여 협의분할에 의한 상속등기를 신청할 경우에는 그 서명에 관하여 본인이 직접 작성하였다는 취지의 본국 관공서의 증명이나 이에 관한 공증인의 공증을 받아 제출하여야 하는바, 이 증명이나 공증은 상속재산협의 분할서와 별도로 서명에 대한 증명이나 공증을 받아야 하는 것이 아니라 서명을 한 상속재산협의분할서 자체에 증명이나 공증을 받아야 한다(2013. 4. 29. 부동산등기과-958).

6. 분할의 시기

공동상속인은 언제든지 협의로 상속재산의 분할을 할 수 있다. 공동상속인의 전원이 참가하는 한, 이른바 고려기간 중에도(민 제1019조 참조) 협의에 의한 분할을 할 수 있다.

7. 분할의 대상

분할의 대상이 되는 재산은 피상속인이 남겨 놓은 재산의 전부가 분할의 대상이 된다. 협의에 의한 분할의 경우에 반드시 각 공동상속인의 상속분에 따라서 분할할 필요는 없다. 따라서 공동상속인의 한 사람이 분할할 때에 그 권리를 다른 공동상속인에게 양도하고, 상속분보다 적은 몫을 받거나 또는 전혀 그 몫을 받지 않을 수도 있다. 이와 같이 법정상속분보다 적게 받거나 전혀 받지 않는 경우에, 그것은 자기상속분의 포기라고 볼 수 있으며, 결과적으로 그 포기된 부분은 포기하지 않은 다른 공동상속인에게 귀속하게 된다. 자기상속분보다 많이 받게 되는 공동상속인은 상속분을 포기한 다른 공동상속인으로부터 실질적으로 증여를 받는 셈이 된다.

8. 분할의 방법

협의의 방식에는 특별한 제한은 없으므로 상속재산을 구체적으로 어떻게 분할하느냐도 협의의 성질상 공동상속인이 자유롭게 결정할 수 있다.

(1) 상속재산분할협의서의 작성방법

상속인 중 한 사람이 일방적으로 작성한 분할 원안을 다른 상속인이 후에 돌아가며 승인하여도 무방하다고 한다. 상속재산분할은 개개 재산의 공유관계를 해소하는 절차가 아니라 상속재산 전체를 제반 사정을 고려하여 총합적 판단에 따라 각 상속인에게 분할하는 절차이므로, 상속재산의 범위가 전혀 불분명한 채로 일부 재산만을 분할하는 것을 원칙적으로 허용되지 않는다. 그러나 반드시 상속재산 전체를 일괄하여 분할할 필요는 없으므로, 잔여재산을 별도로 분할하더라도 상속재산분할의 총합성을 해치지 않는 한 '상속재산 중 일부'만 먼저 분할하고 '나머지'를 다시 협의하여 분할하여도 무방하다.

(2) 상속인 각자의 상속분(상속분을 "영"으로 하는 협의)

상속인들 간의 합의가 있으면 각자의 구체적 상속분에 따르지 않는 분할을 하여도 무방하므로, 당사자들 간에 합의가 있으면 어떤 상속인의 상속분을 '영'으로 하는 협의도 유효하다.

상속재산을 구체적으로 어떻게 분할하느냐도 협의의 성질상 공동상속인이 자유롭게 결정할 수 있으므로, 현물분할은 물론이고 환가분할 또는 이를 병용, 절충하여도 좋고, 상속재산의 일부 또는 전부를 공동상속인들의 공유(이른바 공유분할)로 하는 것도 가능하다.

(3) 상속재산 분할협의의 방법

상속재산 분할협의는 상속인 전원이 참여하여야 하나, 반드시 한 자리에서 이루어질 필요는 없고, 순차적으로 이루어질 수도 있다(대판 2001. 11. 27. 자, 2000두9731).

공동상속인은 분할의 협의에 의하여 어떠한 분할방법도 택할 수 있다. 현물분할·환가분할·채무부담을 가미한 분할 등 어떠한 방법에 의하든 자유이다. 일정한 기간 분할하지 않는다는 분할(그 효과는 불분할계약을 수반하는 공유관계를 생기게 한다)도 가능하다.

협의분할에 있어서 반드시 상속분과 부합할 필요는 없다.

9. 분할의 효과

(1) 분할의 소급효

상속재산의 분할은 상속이 개시된 때에 소급하여 그 효력이 생긴다(민 제1015조 본문). 따라서 각 공동상속인이 분할에 의하여 취득하는 재산은 다른 공동상속인을 거쳐서 취득하는 것이 아니라 상속이 개시된 때로부터 피상속인으로부터 직접 취득하는 것으로 의제된다.

(2) 소급효의 제한

분할의 소급효는 상속개시 시부터 분할 시까지 사이에 상속재산에 관하여 생긴 거래의 안전을 해하는 일이 많으므로, 그 소급효로 인하여 제3자의 권리를 해하지 못하도록 하고 있다(민 제1015조 단서). 제3자가 권리를 주장하기 위하여는 상속재산에 속하는 개개의 재산에 대한 상속인의 지분에 관한 권리를 취득하고 효력발생요건(민 제186조, 제188조)과 대항요건(민 제450조)을 갖추어야 한다.

🔍 판 례

(1) 공동상속인 상호간에 상속재산에 관하여 협의분할이 이루어짐으로써 공동상속인 중 일부가 고유의 상속분을 초과하는 재산을 취득하게 되었다고 하여도 이는 상속개시 당시에 소급하여 피상속인으로부터 승계받은 것으로 보아야 하고 다른 공동상속인으로부터 증여받은 것으로 볼 수 없다 할 것인바, 그러한 상속재산 분할협의는 상속인 전원이 참여하여야 하나, 반드시 한 자리에서 이루어질

필요는 없고, 순차적으로 이루어질 수도 있다.

(2) 상속재산에 관하여 일부 상속인들 간에 조정을 통하여 협의가 이루어진 경우, 이를 상속재산 분할 협의로서의 효력이 없다고 판단한 원심판결을 심리미진 등을 이유로 파기한 사례(대판 2001. 11. 27. 자 2000두9731).

10. 상속재산 분할협의의 해제

(1) 분할협의의 합의해제

상속재산분할협의의 전부 또는 일부를 공동상속인 전원의 합의로 해제 할 수 있으며, 합의 해제 후 다시 새로운 분할협의를 할 수 있다.

상속재산분할협의가 합의해제 된 경우에도 민법 제548조 제1항 단서(당사자일방이 계약을 해제 한 때에는 각 당사자는 그 상대방에 대하여 원상회복의 의무가 있다. 그러나 제3자의 권리를 해하지 못한다)의 규정이 적용된다.

(2) 상속재산 분할협의의 합의해제 후 재분할협의에 따른 등기절차(선례변경)

상속인 전원이 상속인 중 갑, 을 공동으로 상속하기로 하는 상속재산 분할협의를 하여 상속등기를 마친 후 다시 공동상속인 전원의 합의에 따라 갑이 단독으로 상속하기로 하는 새로운 상속재산 분할협의를 한 경우 갑, 을 공유를 갑 단독소유로 하는 소유권경정등기를 신청할 수 있다.

다만 이 경우의 경정등기에는 을 지분의 등기가 말소되는 의미가 포함되어 있으므로 을 지분의 말소등기에 관하여 등기상 이해관계 있는 제3자가 있는 때에는 신청서에 그 승낙서 또는 이에 대항할 수 있는 재판의 등본을 첨부하여야 한다(등기선례 제8권 199항).

상속재산의 협의분할계약에 의하여 상속등기를 한 후 공동상속인 전원의 합의에 의하여 이미 이루어진 상속재산 협의분할계약을 해체하고 다시 새로운 분할협의를 할 수 있으며 이 경우의 등기절차는 기존 상속등기를 말소하고 새로운 분할협의에 의한 상속등기를 할 수 있을 것이다. 다만 위 말소등기에 대하여 등기상 이해관계 있는 제3자가 있는 경우에는 신청서에 그 승낙서 또는 이에 대항할 수 있는 재판의 등본을 첨부하여야 할 것이다(법 제57조 1항).

이에 따라 종전의 상속재산 분할협의를 합의해제하고 새로운 분할협의를 한 경우에 이러한 합의해제로 소급하여 소유권이 협의분할 전의 상태로 복귀하는 것은 아니어서 이를 원인으로 협의분할에 의한 상속등기를 말소할 수는 없고 새로운 소유권이전등기를 하여야 한다는 내용의 종전 선례(등기선례 제5권 283항)는 변경되었다.

판 례

[1] 상속재산 분할협의는 공동상속인들 사이에 이루어지는 일종의 계약으로서, 공동상속인들은 이미 이루어진 상속재산 분할협의의 전부 또는 일부를 전원의 합의에 의하여 해제한 다음 다시 새로운 분할협의를 할 수 있다.

[2] 상속재산 분할협의가 합의해제 되면 그 협의에 따른 이행으로 변동이 생겼던 물권은 당연히 그 분할협의가 없었던 원상태로 복귀하지만, 민법 제548조 제1항 단서의 규정상 이러한 합의해제를 가지고서는, 그 해제 전의 분할협의로부터 생긴 법률효과를 기초로 하여 새로운 이해관계를 가지게 되고 등기·인도 등으로 완전한 권리를 취득한 제3자의 권리를 해하지 못한다(대법원 2004. 7. 8. 선고 2002다73203 판결).

11. 상속재산 분할의 금지

(1) 유언에 의한 분할금지

피상속인은 유언으로 상속개시일로부터 5년을 초과하지 아니하는 기간 내에 상속재산의 전부 또는 일부의 분할을 금지할 수 있다(민 제1012조). 반드시 유언으로 금지하여야 하고, 다른 방법에 의한 금지는 효력이 없고, 5년이 넘는 기간분할을 금지한 경우는 5년간의 분할금지의 효력밖에 없다고 본다.

(2) 협의에 의한 분할금지

민법에 아무런 규정을 두고 있지 않으나, 상속재산의 공동소유를 공유로 새기는 입장에서는 당연히 공유에 관한 일반규정이 적용된다고 보므로 민법 제268조 제1항에 의하여 공동상속인 상호간의 협의로 5년의 기간 내에서 분할을 금지할 수 있다고 해석된다.

(3) 분할금지의 효과

분할금지는 분할연기의 효과밖에 없고 종래의 상속재산 공유관계가 계속된다고 본다. 분할금지가 된 경우에도 원칙적으로 공동상속인 전원의 합의가 있으면 금지기간 내라도 유효하게 분할할 수 있다고 본다.

12. 상속재산 분할협의와 사해행위취소권 행사의 대상 여부(적극)

상속재산의 분할협의는 상속이 개시되어 공동상속인 사이에 잠정적 공유가 된 상속재산에 대하여 그 전부 또는 일부를 각 상속인의 단독소유로 하거나 새로운 공유관계로 이행시킴으로써 상속재산의 귀속을 확정시키는 것으로 그 성질상 재산권을 목적으로 하는 법률행위이므로 사해행위취소권 행사의 대상이 될 수 있다(대판 2001. 2. 9, 2000다51797).

13. 기타 관련사항

(1) 재외국민의 협의분할에 의한 상속등기시 처분위임장 요부

국내 부동산에 대해 재외국민의 단독소유로 하는 상속재산의 협의분할을 재외국민이 입국하지 않고 외국에서 협의분할서상에 본인의 인감을 날인하여 직접 작성하고 단지 인감증명의 발급신청만을 대리인에게 위임하여 발급받은 경우에는, 상속재산의 협의분할은 상속인 자신이 한 것이지 대리인이 한 것은 아니므로 협의분할에 관한 권한을 위임하는 위임장을 첨부할 필요는 없다.

그러나 재외국민이 입국하지 아니하고 등기신청을 국내에 있는 대리인에게 위임하는 때에는 인감증명발급신청의 위임장(거주지 관할 재외 공관의 확인을 받은) 뿐만 아니라 등기 신청을 위임하는 위임장도 첨부하여야 한다(등기예규 제776호, 등기선례요지집 5항 109호).

(2) 협의분할에 의한 상속의 경우 국민주택채권매입

상속등기신청시 매입하여야 할 국민주택채권은 각 부동산별로 산정된 과세시가표준액을 기준으로 하므로 토지 및 건물에 대한 협의분할에 의한 상속등기신청의 경우에는, 토지와 건물별로 산정된 과세시가표준액을 기준으로 하여 주택도시기금법시행령 제8조 제2항 별표 부표 15호 소정의 국민주택채권을 매입하여야 한다.

(3) 상속인 중 미성년자가 있는 경우의 특별대리인 선임

재산상속에 있어서 협의에 의한 분할을 함에는 협의서를 작성하여야 하는바 친권자는 자기도 당사자이면서 미성년자를 대리하는 것이므로 자기계약이 되며, 미성년자가 수인인 경우에는 친권자는 쌍방대리가 되고 또 민법 제921조에 저촉되어 미성년자를 위한 특별대리인을 선임하여 협의분할을 하여야 한다(등기예규 제405호).

그러나 피상속인의 처와 그 친권에 복종하는 미성년자를 포함한 수인의 상속인이 협의분할에 인한 상속등기를 신청하는 경우에 그 처(친권자)가 상속재산을 전혀 취득하지 아니할 때에는 그 미성년자를 위한 특별대리인을 선임할 필요가 없다(등기선례요지집 제1권 49항).

(4) 공동상속인의 인감증명의 제출

공동상속인 사이에 상속재산분할협의가 성립한 때에는 그 협의가 성립하였음을 증명하는 서면과 분할협의서에 날인한 상속인 전원의 인감증명을 제출하여야 한다(부동산등기규칙 제53조 제5호). 다만, 재외국민인 경우에는 인감증명에 갈음하여 상속재산분할협의서상의 서명 또는 날인이 본인의 것임을 증명하는 재외공관의 확인서 또는 이에 관한 공정증서로 대신할 수 있다(등기예규 제992호 2. 다. 등기선례 제7권 182항3).

IX. 상속등기의 경정등기

소유권경정등기는 등기명의인의 동일성이 인정되는 범위 내에서 제한적으로 허용되어야 하나, 상속등기에서는 법정상속분대로 등기된 후 협의분할에 의하여 소유권경정등기를 신청하는 경우 또는 협의분할에 의한 상속등기 후 협의해제를 원인으로 한 법정상속분대로의 소유권경정등기 등을 폭넓게 허용하고 있다(등기예규 제1421호).

상속개시 후에 상속인 중 1인이 상속을 포기하거나 결격자(상속등기 후 공동상속인 중 1인에 대하여 친생자관계부존재확인 판결이 확정되어 호적이 정리된 경우(등기선례 제6권-411). 상속등기 후 공동상속인 중 1인에게 실종선고심판이 확정된 경우(등기선례 제6권-213))가 될 수도 있고, 상속인들이 상속재산을 언제든지 협의분할을 할 수도 있다.

　　공동상속인 중 1인 또는 피상속인(또는 상속인)의 채권자의 대위에 의한 공동상속등기신청에 의하여 공동상속등기가 경료되면 이는 공동상속인의 의사에 반하거나 실체관계에 부합하지 아니하는 결과가 될 수 있으므로 이를 바로잡기 위하여 상속등기의 경정등기를 인정한다.

　　법정상속분에 의한 등기를 상속재산 협의분할에 의하여 소유권경정등기를 하거나 반대로 협의분할에 의한 상속등기를 협의해제를 원인으로 법정 상속분에 의한 등기로 경정할 수 있으며, 협의분할에 의한 상속등기를 다시 상속재산 협의분할에 의하여 소유권 경정등기를 할 수 있다(등기예규 제1421호 2. 나. (3). (나). ②).

　　다만 위와 같이 소유권경정등기를 하는 경우에 등기상 이해관계 있는 제3자가 있고 그 제3자의 동의서나 이에 대항할 수 있는 재판의 등본을 첨부한 때 또는 등기상 이해관계 있는 제3자가 없는 경우에는 부기등기로 하고, 등기상 이해관계 있는 제3자가 있으나 그 이해관계 있는 제3자의 동의서나 이에 대항할 수 있는 재판의 등본이 없는 경우에는 주등기로 한다(규칙 제112조 제1항).

1. 법정상속분에 의한 상속등기 후 상속재산 협의분할에 의한 소유권 경정등기

　　법정상속분대로 등기된 후 협의분할에 의하여 소유권경정등기를 신청할 수 있다(등기예규 제1421호 2. 나. (3). (나). ②).

　　법정상속지분대로 승소판결을 받은 경우에도 상속재산 협의분할 등기를 할 수 있다(등기선례8권 19항. 본 선례에 의하여 등기선례요지집 제5권 152항은 그 내용이 변경됨. 등기선례 제6권 210항. 등기예규 제613호).

2. 협의분할에 의한 상속등기 후의 협의분할에 의한 소유권 경정등기

　　상속인 전원이 상속인 중 갑, 을 공동으로 상속하기로 하는 상속재산 분할협의를하여 상속등기를 마친 후 다시 공동상속인 전원의 합의에 따라 갑이 단독으로 상속하기로 하는 새로운 상속재산 분할협의를 한 경우 갑, 을 공유를 갑 단독소유로 하는 소유권경정등기를 신청할 수 있다.

다만 이 경우의 경정등기에는 을 지분의 등기가 말소되는 의미가 포함되어 있으므로 을 지분의 말소등기에 관하여 등기상 이해관계 있는 제3자가 있는 때에는 신청서에 그 승낙서 또는 이에 대항할 수 있는 재판의 등본을 첨부하여야 한다(법 제52조5호. 등기선례8권 199항, 본 선례에 의하여 제5권 283항은 일부 변경됨).

협의에 의한 상속재산의 분할등기 후 재협의에 의한 경정등기를 신청하는 경우에는 등기신청서에 기재할 등기원인을 "협의분할로 인한 상속"으로, 등기원인일자를 "재협의분할일"로 기재하여야 한다(2012. 10. 24. 부동산등기과-2043).

3. 협의분할에 의한 상속등기 후 협의해제를 원인으로 법정 상속분에 의한 소유권 경정등기

협의분할에 의한 상속등기 후 협의해제를 원인으로 법정상속분대로 소유권경정등기를 신청할 수 있다(등기예규 제1421호 2. 나. (3). (나). ②).

4. 경정사유를 증명하는 서면

경정사유를 증명하는 서면으로 상속재산 분할협의서 또는 판결이나 심판서의 정본을 등기신청서에 첨부하여야하며, 상속재산분할협의서(여러 장인 경우 공동 상속인 전원의 인감으로 간인해야 함)은 공동상속인 전원이 참가하여 작성하며 각자의 인감으로 날인 후 인감증명서를 첨부하여 제출하며(규칙 제60조 제1항 제6호), 심판에 의한 경우에는 그 심판서정본 등을 첨부하여야 한다.

상속등기 후 상속재산의 협의분할 등으로 인한 소유권경정 107(부동산등기기재례집)

【 갑 구 】	(소유권에 관한 사항)			
순위번호	등기목적	접수	등기원인	권리자 및 기타사항
2	소유권이전	2003년 3월 3일 제2062호	2003년 3월 1일 상속	공유자 ~~지분 3분의 1~~ ~~김일남~~ ~~420125-1045215~~ ~~서울시 서대문구~~ ~~홍제동 2~~ ~~지분 3분의 1~~ ~~김이남~~ ~~450125-1045216~~ ~~서울시 서대문구~~ ~~홍제동 2~~ ~~지분 3분의 1~~ ~~김삼남~~ ~~4809252-1045217~~ ~~서울시 서대문구~~ ~~홍제동 2~~
2-1	2번소유권경정	2003년 6월 1일 제3305호	2003년 5월 27일 협의분할로 인한 상속	공유자 지분 2분의 1 김일남 420125-1045215 서울시 서대문구 홍제동 2 지분 2분의 1 김이남 450125-1045216 서울시 서대문구 홍제동 2

주 : 1. 등기원인일자는 협의분할일로 한다.

2. 재판에 의한 상속재산분할의 경우에 등기원인은 ○○지방법원의 확정판결(또는 화해, 인낙)로 인한 상속이라고 기록한다.

3. 소유권경정등기로 인하여 공유지분을 상실한 공동상속인의 지분을 목적으로 하는 저당권등기 등을 직권말소하며, 공유지분이 변경(감소)된 경우에는 변경 전 지분을 목적으로 한 저당권등기 등을 직권경정한다(단, 소유권경정등기신청서에 저당권자 등의 승낙서 또는 이에 대항할 수 있는 재판의 등본이 첨부되어야 한다).

협의분할로 인한 소유권경정등기신청

접 수	년 월 일 제 호	처 리 인	등기관 확인	각종통지

① 부동산의 표시
1. 서울특별시 서초구 효령로 400 　대 500㎡ 2. 서울특별시 서초구 효령로 400 　시멘트 벽돌조 슬래브지붕 2층 주택 　1층 200㎡ 　2층 200㎡ 　　　　　　　　　　　　이　상

② 등기원인과 그 연월일	2010년 9월 15일 협의분할로 인한 상속
③ 등기의 목적	소유권 경정
④ 경정할 사항	2010년 9월 11일 접수 제1001호로 경료한 갑구 순위 제3번의 소유권이전등기 사항 중 "원인 2010년 9월 1일 상속"을 "원인 2010년 9월 15일 협의분할로 인한 상속"으로, "공유자 지분 2분의 1, 이상호, 서울 노해로 상계동 200, 지분 2분의 1, 이대백, 서울 서초구 서초중앙로 200"을 "소유자 이대백, 서울 서초구 서초중앙로 200"로 경정

구 분	성　명 (상호 · 명칭)	주민등록번호 (등기용등록번호)	주소(소재지)	지분 (개인별)
⑤ 등 기 의 무 자	이 ○○	000000-0000000	서울 노원구 노해로 ○○○	
⑥ 등 기 권 리 자	이 ○○	000000-0000000	서울 서초구 서초중앙로 ○○○	

⑦ 시가표준액 및 국민주택채권매입금액				
부동산표시	부동산별 시가표준액		부동산별 국민주택채권매입금액	
1.	금	원	금	원
2.	금	원	금	원
3.	금	원	금	원

⑦ 국민주택채권매입총액		금	원
국민주택채권발행번호			
⑧ 취득세(등록면허세) 금	원	지방교육세 금	원
		농어촌특별세 금	원
⑨ 등기신청수수료		금	원
		납부번호 :	

⑩ 첨 부 서 면		
• 상속재산분할협의서　　　　1통 • 등록면허세영수필확인서　　1통 • 인감증명서　　　　　　　　2통 • 신청서부본　　　　　　　　2통 • 위임장　　　　　　　　　　통 • 등기필증　　　　　　　　　1통 • 등기신청수수료현금영수필확인서　1통		<기 타>

2011년 ○월 ○일

⑫ 위 신청인 이　상　호 ㉑ (전화 :　　　　)
이　대　백 ㉑ (전화 :　　　　)
(또는)위 대리인　　　 (전화 :　　　　)

지방법원　등기과　귀중

X. 상속등기를 생략할 수 있는 경우

다음과 같은 경우에는 상속등기를 생략하고 다른 등기를 할 수 있다.

1. 매매계약 후 등기신청 전의 매도인의 사망

(1) 매매계약 후 등기신청 전의 매도인의 사망

피상속인 소유의 부동산에 관하여 피상속인과의 사이에 매매 등의 원인행위가 있었으나 아직 등기신청을 하지 않고 있는 사이에 상속이 개시된 경우, 상속인은 신분을 증명할 수 있는 서류를 첨부하여 피상속인으로부터 바로 원인행위자인 매수인 등 앞으로 소유권이전등기를 신청할 수 있고, 그러한 경우에는 상속등기를 거칠 필요가 없이 바로 매수인 앞으로 등기명의를 이전할 수 있다(대판 1995. 2. 28, 94다23999; 등기예규 제1214호. 3. 나. 제1408호 4. 가., 등기선례요지집 제1권 395항, 제2권 555항, 제5권 378항, 제6권 117항, 제8권 39항, 40항, 93항).

(2) 매수인이 매도인의 상속인을 상대로 소유권이전등기절차를 명하는 판결을 받은 경우

피상속인 갑으로부터 부동산을 매수한 을이 이를 이유로 갑의 상속인들에 대하여 소유권이전등기절차를 명하는 확정판결을 받은 경우, 상속등기를 거칠 필요 없이 바로 을 명의로 소유권이전등기신청을 할 수 있으나, 이때 피상속인 갑이 등기부상의 소유명의인이라는 점과 피고들이 갑의 상속인이라는 점을 증명할 수 있는 자료로서 갑 및 그 상속인들의 주소를 증명하는 서면을 첨부하여야 한다(등기선례: 8-93, 2-99, 7-75).

피상속인 갑으로부터 부동산을 취득한 을이 갑의 상속인들에 대하여 소유권이전등기절차를 명하는 확정판결을 받은 경우에는 상속등기를 거칠 필요없이 바로 을(원고) 명의로 소유권이전등기신청을 할 수 있으며, 이때 판결문과 상속을 증명하는 서면에 의하여 갑의 상속인임이 확인된다면 피고의 주소를 증명하는 서면을 제출할 필요가 없다(등기선례: 6-72).

2. 가등기권리자 및 의무자의 사망과 본등기 신청시 상속등기의 생략

(1) 가등기권리자가 사망한 경우

가등기를 마친 후에 가등기권자가 사망한 경우, 가등기권자의 상속인은 상속등기를 할 필요없이 상속을 증명하는 서면을 첨부하여 가등기의무자와 공동으로 본등기를 신청할 수 있다(등기예규 제1057호. 4. 가; 등기선례요지집 제 5 권 577항, 전단).

(2) 가등기의무자가 사망한 경우

가등기를 마친 후에 가등기의무자가 사망한 경우, 가등기의무자의 상속인은 상속등기를 할 필요없이 상속을 증명하는 서면과 인감증명 등을 첨부하여 가등기권자와 공동으로 본등기를 신청할 수 있다(등기예규 제1057호, 4. 가).

3. 상속인이 상속등기 없이 상속 부동산을 제3자에게 양도한 경우

부동산을 상속한 자가 그 부동산을 제3자에게 양도하였다면 일단 자기 앞으로 상속에 의한 소유권이전등기를 한 다음 양수인인 제3 자에게 다시 소유권이전등기를 하여 주어야 하지만, 그 상속등기를 생략하고 피상속인으로부터 바로 양수인인 제3자 앞으로 소유권이전등기를 하였다 하더라도 그 등기는 유효하다(등기선례요지집 제2권 3항. 대판 1967. 5. 2. 66다2642).

4. 협의분할에 의한 재산상속인의 가등기에 기한 본등기와 상속등기의 생략

소유권이전등기청구권 가등기의 권리자가 사망하여 상속인이 그 지위를 승계한 경우에는, 상속인은 상속등기를 하지 않고 상속을 증명하는 서면을 첨부하여 그 가등기에 기한 본등기를 신청할 수 있다.

상속인들 전원이 협의분할에 의하여 소유권이전등기청구권을 1 인이 상속받기로 한 경우에도 그 상속인은 마찬가지로 상속을 증명하는 서면 및 분할협의서 등을 첨부하여 상속등기를 하지 않고 가등기에 기한 본등기를 할 수 있을 것이다(등기선례요지집 제5권 577항).

5. 판결에 의한 소유권이전등기와 상속등기의 생략

(1) 판결 후 등기신청전의 등기의무자사망

판결(화해조서 포함)후 등기신청 전에 등기의무자가 사망한 경우에는 상속을 증명하는 서면을 첨부하여 등기권리자가 단독으로 그 판결에 의한 소유권이전등기신청을 할 수 있다(등기선례요 지집 제1권 344항).

(2) 매도인의 상속인을 상대로 한 판결에 의한 소유권이전등기

부동산을 매수하였으나 소유권이전등기를 마치기 전에 매도인이 사망하여 그 재산상속인 들을 상대로 소유권이전등기절차이행청구의 소를 제기하여 그 승소판결이 확정되었다면 재 산상속인들인 피고들 명의의 상속등기를 거치지 않고 판결에 의한 소유권이전등기신청을 할 수 있다. 다만 그 등기신청서에는 피고들이 매도인의 상속인임을 증명하는 시, 구, 읍, 면의 장의 서면을 첨부하여야 하나 피고의 주소를 증명하는 서면은 제출할 필요가 없다(등기선례요지 집 제1권 384항, 제5권 378항, 제6권 72항).

(3) 등기원인 날자가 소유자의 사망일 이후인 경우

등기부상 소유 명의인인 갑의 상속인들을 상대로 을이 취득시효 완성을 원인으로 한 소유 권이전등기절차 이행의 승소판결을 받았는데 그 취득시효 완성일이 갑의 사망일 이후라면, 을은 위 갑명의의 부동산에 대하여 갑의 상속인인 피고들 앞으로 상속으로 인한 소유권이전 등기를 경료한 후에(을의 대위신청이 가능)판결에 따라 을 앞으로 취득시효 완성을 원인으로 한 소유권이전등기를 할 수 있다(등기선례요지집 제4권 408항).

(4) 상속인의 가등기의 말소신청과 상속등기의 생략

가등기명의인이 사망한 후에 그의 상속인이 가등기의 말소신청을 하는 경우(공동신청에 의하는 경우이든 단독신청에 의하는 경우이든)에는 '상속등기'를 경유할 필요없이 신청서에 상속인임을 증명하는 서면과 그의 인감증명서를 첨부하여 가등기의 말소를 신청할 수 있다 (등기예규 제1057호 5. 나.).

XI. 상속으로 인한 소유권이전등기

상속이라 함은 피상속인의 사망으로 그에게 속하였던 모든 재산상의 지위를 상속인이 포괄적으로 승계하는 것을 말한다(민법 제1005조). 상속재산이 부동산인 경우에는 민법 제187조의 규정에 따라 등기 없이 상속인은 당연히 그 부동산에 대한 소유권을 취득하나, 등기를 마치지 아니하면 상속인은 이를 제3자에게 처분하지 못한다(민법 제187조).

상속에 따른 등기는 등기권리자가 단독으로 신청하며(법 제23조 제3항), 등기원인이 발생한 후에 등기권리자 또는 등기의무자에 대하여 상속이 있는 경우에는 상속인이 그 등기를 신청할 수 있다(법 제27조). 부동산 등기법 제27조에 따라 상속인이 등기를 신청하는 경우에는 가족관계등록에 관한 정보 등 상속이 있었다는 사실을 증명하는 정보를 첨부정보로써 등기소에 제공하여야 한다(규칙 제49조).

1. 상속으로 인한 소유권이전등기신청서의 기재사항

(1) 등기원인(규칙 제43조 제1항 제5호)

등기원인은 상속 또는 협의분할에 의한 상속(협의분할의 경우)으로 기재하고, 연월일은 피상속인의 사망일을 기재한다.

(예) ○년 ○월 ○일 상속, ○년 ○월 ○일 협의분할에 의한 상속

재산상속은 피상속인이 사망한 날로부터 개시되므로 상속재산을 협의에 의하여 분할하더라도 그것은 재산상속에 의한 소유권이전이며 따라서 피상속인이 사망한 날을 등기원인일로 하여야 한다(등기예규 제438호).(유산상속, 실종선고에 의한 재산상속의 경우의 등기부의 등기원인 및 그 일자의 기재례에 관하여는 부동산등기기재례집 p. 35, 36, 40 참조).

(2) 등기의 목적(규칙 제43조 제1항 제6호)

등기의 목적은 소유권이전으로 기재하며, 피상속인은 등기부상 소유자 표시와 일치되게 피상속인의 성명, 주민등록번호, 주소를 기재하되, 등기부에 사망자의 성명이 한자로 기재되어 있는 때에는 그 성명에 한자를 병기하여야 한다.

(3) 등기권리자 및 피상속인(규칙 제43조 제1항 제2호)

등기권리자란에는 상속인(협의분할에 의한 상속인 경우에는 협의분할에 의하여 상속을 받는 자)의 성명, 주민등록번호, 주소를 기재하되, 상속인이 수인인 경우 이전받는 각자의 지분을 지분란에 기재한다. 부동산등기신청서의 양식에 관한 예규 제1334호에 의하면 등기신청서에는 피상속인의 성명, 주민등록번호, 주소를 기재하게 되어 있다.

2. 상속으로 인한 소유권이전등기신청서의 첨부서면

부동산등기법 제27조에 따라 상속인이 등기를 신청하는 경우에는 가족관계등록에 관한 정보 등 상속이 있었다는 사실을 증명하는 정보를 첨부정보로써 등기소에 제공하여야 한다 _(규칙 제49조).

상속으로 인한 소유권이전등기신청에 필요한 서면은, 첫째, 상속인이 민법 제1009조에 의한 '법정상속분'에 의한 상속등기신청절차 둘째, 민법 제1013조에 의한 공동상속인의 협의분할에 의한 상속등기신청절차에 따라 아래와 같이 구분할 수 있다.

(1) 법정상속분에 따른 상속등기의 준비서류

민법 제1009조에 의한 법정상속분에 의한 상속등기에는 다음 서류를 제출하여야 한다.

(가) 피상속인의 준비서류

1. 전 제적등본(피상속인의 직계존속인 父의 제적등본)
2. 제적등본(피상속인 자신의 제적등본)
3. 친양자 입양관계증명서
4. 가족관계증명서
5. 혼인관계증명서(미혼자는 해당 없음)
6. 기본증명서
7. 주민등록 말소자 초본 각 1부

(나) 상속인의 준비서류

1. 가족관계증명서
2. 혼인관계증명서
3. 기본증명서
4. 주민등록등본 각 1부
5. 공동상속인 전원의 도장(막도장도 가능함)

(2) 협의분할에 따른 상속등기의 준비서류

민법 제1013조에 의한 협의분할에 의한 상속등기에는 다음 서류를 제출하여야 한다.

(가) 피상속인의 준비서류

위 '(1) (가)'항의 준비서류와 동일하다.

(나) 상속인의 준비서류

1. 협의분할 계약서
2. 상속인 전원의 가족관계증명서, 혼인관계증명서, 기본증명서, 주민등록등본 각 1통
3. 상속인 전원의 인감증명서 및 인감도장(막도장은 불가함)

등기신청서에 첨부하는 위의 서류는 발행일로부터 3개월 이내의 것이어야 한다(규칙 제63조).
상속으로 인한 소유권이전등기신청에 필요한 서면을 상술하면 아래와 같다.

상속을 원인으로 한 소유권이전등기신청서에는 다음 각 호의 정보를 그 신청정보와 함께
첨부정보로서 등기소에 제공하여야 한다(규칙 제46조 제1항).

(3) 상속을 증명하는 서면(규칙 제46조 제1항 제1호)

(가) 구 부동산등기법 제46조(상속을 증명하는 서면)의 규정 취지

구 부동산등기법 제46조(신법 제23조 제3항)가 등기원인이 상속인 때에는 신청서에 상속을 증
명하는 시·구·읍·면의 장의 서면 또는 이를 증명함에 족한 서면을 첨부하도록 한 것은,

이 경우에는 등기원인을 증명하는 서면이 처음부터 있을 수가 없으나 구 법 제45조 소정의 신청서 부본 이외에 같은 구 법 제46조 소정의 서면들도 제출케 함으로써 이들에 대한 형식적 심사만에 의하더라도 등기명의인이 사망하여 등기신청인이 그 상속인이 되었고, 달리 상속인이 없으며, 또한 그 상속분이 변경된 때에는 그 변경이 생긴 사실 등을 명확히 하여 그 신청의 수리 여부를 결정할 수 있도록 하기 위한 것이다(대법원 : 2004. 9. 3. 2004마599 결정. 등기관 처분에 대한 이의기각).

상속을 증명하는 서면은 등기원인을 증명하는 서면이 아니라 상속관계를 증명하는 서면의 성격을 갖는다. 상속으로 인한 소유권이전등기를 신청할 경우 그 신청서에는 피상속인의 사망사실과 상속인 전원을 알 수 있는 가족관계등록사항별증명서 및 제적등본을 첨부하여야 한다.

구 부동산등기법 제46조에서 말하는 시·구·읍·면의 장의 서면 또는 이를 증명함에 족한 서면이란 상속을 증명하는 시·구·읍·면장의 서면인 가족관계등록사항별증명서와 제적등·초본 및 그 이외에 상속사실을 증명할 수 있는 서면을 지칭하고, 등기신청인이 제출한 서면이 상속사실을 증명하는 서면에 해당하는지의 여부는 구체적인 사안에 따라서 그 서면이 등기명의인이 사망하여 신청인이 그 상속인이 되었고, 달리 상속인이 없다는 것을 명확히 하고 있는 서면이라고 볼 수 있는지의 여부에 따라 결정되어져야 한다(대결 1994. 9. 8. 자 94마1374, 등기공무원의 처분에 대한 이의).

(나) 입양관계증명서(2순위 이하의 상속인이 등기권리자로서 상속등기를 신청하는 경우)

「가족관계의 등록 등에 관한 법률」의 개정으로 2010년 6월 30일부터는 자의 가족관계증명서의 부모란에 양부모만을 부모로 기록하고, 친생부모는 양부모와 함께 자의 입양관계증명서에 기록하는 것으로 변경됨에 따라 2순위 이하의 상속인이 등기권리자가 되어 상속등기를 신청할 때에는 2순위 상속인(직계존속 중 친생부모+양부모)을 확인하기 위하여 추가로 피상속인의 입양관계증명서를 첨부하여야 한다(2010. 6. 28. 부등-1251).

(다) 상속인이 등기권리자로서 소유권이전등기의 승소판결을 받은 경우 위 판결에 의한 등기신청시 상속을 증명하는 서면을 첨부하여야 하는지 여부(소극)(선례변경)

갑의 증조부가 사정받은 토지를 망조부를 거쳐 망부로 순차 단독상속된 후 망부의 공동상속인들 사이에 상속재산 협의분할을 통하여 갑이 망부의 토지를 단독으로 상속받은 사실이 인정되어, 갑이 소유권보존등기명의인인 국가를 상대로 진정명의회복을 원인으로 한 소유권이전등기절차이행을 명하는 승소판결을 받은 경우, 위 판결에 의하여 소유권이전등기를 신청함에 있어서는 호적등본, 제적등본, 망부의 상속인들 사이의 상속재산 협의분할서 등 부동산등기법 제46조 소정의 상속을 증명하는 서면을 첨부할 필요가 없다(등기선례 제7권 179항).

위와 같이 "등기권리자 측"에 상속이 개시되고 그 상속인들이 소유권이전등기절차 또는 소유권보존등기말소 절차를 명하는 판결을 얻어 등기신청을 하는 경우 원칙적으로 별도로 상속을 증명하는 서면을 첨부할 필요가 없으나, "등기의무자 측"에 상속이 발생하였다면 등기부상 등기의무자와 판결문상의 등기의무자가 일치하는지 여부를 심사하기 위해서 상속을 증명하는 서면을 첨부하여야 한다.

참조판례: 1990. 10. 29. 90마772 결정, 1995. 1. 20. 94마535 결정, 1995. 2. 22. 94마2116결정
　　주) 이 선례에 의하여 등기선례요지집 Ⅳ 제65항, Ⅴ 제185항, 제206항, 제207항, 본집 제116항, 제118항은 그 내용이 변경됨.

 판 례

가. 등기신청인이 산정한 상속분이 그 상속재산을 둘러싼 소송에서도 받아들여져 판결로써 확정된바 있다고 하더라도 상속등기신청에 대하여 등기공무원이 부동산등기법 소정의 서면만에 의하여 형식적 심사를 함에 있어서는 위 확정판결의 기판력이 미칠 여지가 없다.
나. 상속을 증명하는 시, 구, 읍, 면의 장의 서면 또는 이를 증명함에 족한 서면과 관계법령에 기한 상속인의 범위 및 상속지분의 인정은 등기공무원의 형식적 심사권한의 범위 내라 할 것이므로, 위와 같은 서면과 관계법령에 의하여 인정되는 정당한 상속인의 범위 및 상속지분과 다른 내용으로 상속등기를 신청하였을 경우 등기공무원으로서는 신청내용이 확정된 판결의 내용과 동일하다고 하더라도 위 등기신청을 각하하여야 한다(대법원 1995. 2. 22. 94마2116 등기공무원의 결정에 대한 이의).

1) 가족관계등록사항별증명서, 제적등본

가) 가족관계등록사항별 증명서(규칙 제46조 제1항 제1호), 제적등본

가족관계등록사항별증명서(1. 가족관계증명서, 2. 기본증명서, 3. 혼인관계증명서)은 상속인 전원의 것을 첨부하여야 한다. 호주인 피상속인이 사망한 경우에는 민법 제984조(호주승계의 순위)에 규정된 자의 호주승계에 따라 새로운 호적부가 편제되고, 그 호적등본에는 피상속인의 사망사실이

기재되어 있으나 호주승계인의 형제, 자매 등 분가, 출가한 사람은 나타나지 않으므로 상속인의 범위를 명확히 확정하기 위하여는 제적등본(피상속인 및 피상속인의 부(父)의 제적등본)을 첨부하여야 한다.

피상속인의 최후 주소지의 이장이나 그 이웃사람들의 인우보증서는 상속을 증명하거나 증명함에 족한 서면이라고 보기는 어렵다(대결 1994. 9. 8. 자 94마1373).

나) 제적부가 소실된 경우(공동상속인의 진술서 제출)

상속을 증명하는 서면의 하나인 제적부가 소실되어 그 등본을 발급받을 수 없을 경우에는 그 제적부가 멸실된 후 회복되지 아니하였다는 취지의 시·읍·면장의 증명서와 다른 상속인이 존재하지 아니한다는 취지의 공동상속인 연서의 진술서를 제출케 하여 가족관계등록사항별증명서상에 다른 상속인이 있는 것으로 보이는 특별한 사유(예컨대 장남 갑, 2녀 을이라고 표시되어 있고 장녀가 사망했는지 출가했는지 여부가 제적등본이 없어서 판단될 수 없는 경우)가 없는 한, 현 가족관계등록사항별증명서에 의하여 상속등기를 하여도 무방할 것으로 본다(등기예규 제409호, 등기선례 4-346).

다) 피상속인의 입양관계증명서(상속순위 2순위 이하의 상속인의 상속등기 신청)

입양가정의 경우 현재는 자의 가족관계증명서의 「부모」란에 친생부모와 양부모가 모두 기록되고 있으나, 「가족관계의 등록 등에 관한 법률」이 개정되어 2010년 6월 30일부터는 양부모만을 부모란에 기록하고, 친생부모는 양부모와 함께 자의 입양관계증명서에 기록하는 것으로 변경되었다. 따라서, 자가 사망함에 따라 상속순위 2순위 이하가 상속권리자가 되어 상속등기를 신청하는 경우에는 2순위 상속인(직계존속 중 친생부모 + 양부모)을 확인하기 위하여 기존의 첨부서면 외에 피상속인의 입양관계증명서를 추가로 첨부하여야 한다(2010. 6. 28. 부동산등기과 - 1251호).

2) 상속을 증명하는 서면을 첨부할 수 없는 경우

가) 제적부가 소실된 경우

상속을 증명하는 서면의 하나인 제적부가 소실되어 그 등본을 발급받을 수 없을 경우에는 그 제적부가 멸실된 후 회복되지 아니하였다는 취지의 시·읍·면장의 증명서와 다른 상속인이 존재하지 아니한다는 취지의 공동상속인 연서의 진술서를 제출케 하여 호적등본상에 다른 상속인이 있는 것으로 보이는 특별한 사유(예컨대 장남 갑, 2녀 을이라고 표시되어 있고, 장녀가 사망했는지 출가했는지 여부가 제적 등본이 없어서 판단될 수 없는 경우)가 없는 한, 현 호적등본에 의하여 상속등기를 하여도 무방할 것으로 본다(등기예규 제409호; 등기선례요지집 제4권 346항).

　상속인 중 일부가 외국인으로서 호적이나 제적에 등재되어 있지 않은 경우, 그 상속인과 피상속인의 관계를 증명할 수 있는 본국 관공서 발행의 증명 등 상속을 증명함에 족한 서면과 주소를 증명하는 서면을 첨부하여야 한다(등기선례 8권 193항).

나) 상속인의 가족관계등록부가 작성되지 않은 경우

　「가족관계등록에 관한 법률」의 시행에 따라 무연고 호적은 이미지 전산제적부로 관리되고 있고, 이미지 전산제적부를 종전의 호적부 또는 제적부와 같이 보고 있으므로, 공동상속인 중 일부가 행방불명되어 그의 기본증명서를 발급받을 수 없는 경우에는 기본증명서 대신 상속인의 이미지 전산제적부 등본을 첨부하여 상속으로 인한 소유권이전등기를 신청할 수 있다(2015. 8. 10. 부동산등기과-1892 질의회답).

3) 등기명의인과 피상속인이 동일인으로 볼 수 없는 경우(보증서면의 첨부)

　상속으로 인한 소유권이전등기를 신청함에 있어 호적등본과 제적등본만으로 등기부상의 등기명의인과 피상속인이 동일인임이 인정된다고 볼 수 없는 경우에는 그 확인을 위하여 피상속인의 주소를 증명하는 서면을 첨부하여야 하는바(구 부동산등기법 제40조, 55조 참조), 피상속인이 주민등록법이 시행되기 이전인 1950년대에 사망하였다면 동일인 증명은 시·구·읍·면장의 증명에 의할 것이며, 만일 그 증명이 불가능할 때에는 그 사실을 확인하는 데 상당하다고 인정되는 자의 보증서면과 그 인감증명 및 기타 보증인 자격을 인정할 만한 서면(공무원 재직증명, 법무사 인가증 사본 등)에 의할 것(등기예규 제1148호 2. 다. (3).)이나 구체적인 사건에서의 이러한 서면에 의한 동일인 여부는 등기관이 판단할 사항이다(등기선례요지집 제4권 351항).

상속을 증명하는 서면에 해당여부의 판단기준

1. 협의분할에 의한 상속등기를 신청하는 경우에 등기신청인이 제출한 서면이 '상속을 증명함에 족한 서면'에 해당하는 자의 여부는 구체적인 사안에 따라서 그 서면이 등기명의인이 사망하여 등기신청인이 그 상속인이 되었고 등기신청인을 포함한 공동상속인들이 상속재산에 대한 분할의 협의를 하였다는 것을 명확히 하고 있는 서면이라고 볼 수 있는지의 여부에 따라 결정되어져야 한다.

2. 협의분할에 의한 상속등기를 신청하는 경우에 증명 서면으로 제출하여야 하는 '상속을 증명함에 족한 서면'은 등기신청인을 포함한 공동상속인들이 상속재산에 대한 분할의 협의를 하였다는 것을 명확히 하고 있는 서면을 의미하므로, 협의분할에 의한 상속등기의 신청에서 그 등기원인을 증명하는 서면으로 제출된 확정판결의 이유 중에 등기신청인을 포함한 공동상속인 사이에 상속재산에 대한 분할의 협의가 있었음을 인정하는 설시가 있더라도, 등기관은 이에 구속받지 아니하고 형식적 심사권의 범위 내에서 위 확정판결 정본이 상속재산의 협의분할에 관하여 공동상속인 전원의 의사합치가 있었음을 명확히 하고 있는 서면으로 볼 수 있는지 여부를 판단할 수 있다(대법원 : 2004. 9. 3. 2004마599 결정. 등기관처분에대한 이의기각).

4) 상속재산분할협의시

① 상속재산분할협의서(규칙 제46조 제1항 제1호)

공동상속인 간에 상속재산분할협의가 성립한 때에는 상속재산분할협의서를 첨부하여야 하며, 분할협의서에 날인한 상속인 전원의 인감증명도 함께 첨부한다(규칙 제60조 제6호). 재외국민의 상속재산의 협의분할시 인감증명은 상속재산 협의분할서상의 성명 또는 날인이 본인의 것임을 증명하는 재외공관의 확인서 또는 이에 관한 공정증서로 대신할 수 있다(1999. 7. 6, 등기예규 제980호).

② 상속인 전원의 인감증명서

부동산등기규칙 제60조 제6호에서는 협의분할에 의한 상속등기를 신청하는 경우 분할협의서에 날인된 상속인 전원의 인감증명을 제출하여야 하는 것으로 규정되어 있으나, 이는 협의분할에 의한 상속등기를 신청함에 있어 분할협의서를 등기원인을 증명하는 서면으로 제출하는 경우에는 그 분할협의서에 날인된 공동상속인 전원의 인감증명서를 반드시 첨부하여야 한다는 취지에 불과할 뿐, 협의분할에 의한 상속 등기를 신청함에 있어 그 증명 서면을 공동상속인 전원의 인감증명이 첨부된 분할협의서로만 제한하는 취지는 아니다(대법원 : 2004. 9. 3. 2004마599 결정).

③ 상속재산분할협의서의 검인여부(소극)

　공동상속인이 협의에 의하여 상속재산을 분할(민법 제1013조)하고 상속재산분할협의서(계약서)를 첨부하여 상속등기를 신청할 경우에도 등기원인은 "상속"이며(민법 제997조는 "상속은 사망으로 인하여 개시 된다"고 규정함) "협의분할계약" 이 아니므로 상속재산분할협의서는 검인의 대상이 될 수 없다(부동산등기특별조치법 제3조).

(4) 토지 · 건축물대장등본(규칙 제46조 제1항 제7호)

　소유권이전의등기를 신청하는 경우에는 토지대장 등 부동산의 표시를 증명하는 서면을 제출하여야 하므로 등기신청대상 부동산의 종류에 따라 토지·임야·건축물 대장등본(발행일로부터 3월 이내)을 첨부하여야 한다(규칙 제46조 제1항 6호).

(5) 신청인의 주소를 증명하는 서면(규칙 제46조 제1항 제6호)

(가) 상속인의 주소를 증명하는 서면

　상속으로 인한 소유권 이전등기를 신청하는 경우에는 신청인 즉 상속인의 주소를 증명하는 서면인 주민등록등본(발행이로부터 3월 이내의 것)을 제출하여야 한다(규칙 제62조).

(나) 피상속인의 주소증명서면의 제출여부(소극)

　상속으로 인한 소유권 이전의 등기를 신청하는 경우에는 신청인(상속인)의 주소를 증명하는 서면을 첨부하여야 하나, 상속을 원인으로 한 소유권이전등기를 신청함에 있어 피상속인의 주소를 증명하는 서면은 등기명의인이 피상속인임을 증명하기 위하여 요구되는 경우 외에는 첨부할 필요가 없다(등기선례요지집 제3권 672항.).

(다) 공동상속인 중 일부의 행방불명 또는 주소증명서면의 제출불능의 경우

　공동상속인 중 일부가 행방불명되어 주민등록이 「주민등록법」 제20조제5항의 규정에 의하여 말소된 경우에는 주민등록표등본을 첨부하여 그 최후 주소를 주소지로 하고, 위 주민등록표등본을 제출할 수 없을 때는 이를 소명하여 「가족관계의 등록 등에 관한 법률」 제15조 제1항 제2호의 기본증명서상 등록기준지를 그 주소지로 하여 상속등기의 신청을 할 수 있다 (등기예규 제1218호).

(라) 채권자 대위에 의한 상속등기

채권자 대위에 의하여 상속등기를 하고자 할 때, 공동상속인 중 재외국민 및 외국 국적을 취득하여 우리나라 국적을 상실한 자가 각 행방불명되어 그 소재를 알 수 없는 경우에는 그 상속인들(재외국민 및 외국인)의 주민등록표상의 최후 주소를 주소지로 기재하고, 그 말소된 주민등록표등본을 주소를 증명하는 서면으로 첨부하여 할 수 있고, 그 상속인들의 말소된 주민등록표등본을 발급 받을 수 없는 경우라면, 이를 소명하여 호적(제적)등본상의 본적지를 주소지로 기재하고 그 호적(제적)등본을 주소를 증명하는 서면으로 첨부하여 상속등기를 할 수 있다 (2013. 11. 11. 부동산등기과-2514).

위의 경우, 공동상속인 중 외국 국적을 취득하여 우리나라 국적을 상실한 자에 대하여 신법 제49조에 의한 부동산등기용 등록번호를 부여받을 수 없는 경우에는 이를 소명하여 부동산등기용 등록번호를 병기하지 아니하고 위 대위에 의한 상속등기를 신청할 수 있다(등기선례요지집 제7권 78항).

(6) 위임장(규칙 제46조 제1항 제5호)

등기신청을 법무사등 대리인에게 위임하는 경우에 첨부한다.

(7) 취득세(등록면허세)영수필확인서(개정법 제29조 10호, 규칙 제44조 제1항, 지방세법 제28조 1항 1호. 나. 2).)

상속을 원인으로 한 소유권이전등기 신청인이 등록세신고서를 시·군·구에 제출할 경우 징수기관에서 피상속인의 기본증명서와 상속인의 가족관계증명서의 사본제출을 요구하는 것이 실무관례이므로 사전에 위 서류의 사본을 준비하여 등록세신고서에 첨부할 필요가 있다.

🔍 판 례

상속을 증명하는 서면　부동산등기법 제46조에서 말하는 시·구·읍·면의 장의 서면 또는 이를 증명함에 족한 서면이란 상속을 증명하는 시·구·읍·면 장의 서면인 호적등·초본과 제적등·초본 및 그 이외에 상속사실을 증명할 수 있는 서면을 지칭하고, 등기신청인이 제출한 서면이 상속사실을 증명하는 서면에 해당하는지의 여부는 구체적인 사안에 따라서 그 서면이 등기명의인이 사망하여 신청인이 그 상속인이 되었고, 달리 상속인이 없다는 것을 명확히 하고 있는 서면이라고 볼 수 있는지의 여부에 따라 결정되어져야 한다(대결 1994. 9. 8.자 94마1374).

매매계약 후 등기신청 전의 매도인의 사망과 상속등기의 생략가부(적극)　피상속인 소유의 부동산에 관하여 피상속인과의 사이에 매매 등의 원인행위가 있었으나 아직 등기신청을 하지 않고 있는 사이에 상속이 개시된 경우, 상속인은 신분을 증명할 수 있는 서류를 첨부하여 피상속인으로부터 바로 원인행위자인 매수인 등 앞으로 소유권이전등기를 신청할 수 있고, 그러한 경우에는 상속등기를 거칠 필요가 없이 바로 매수인 앞으로 등기명의를 이전할 수 있으며, 이러한 법리는 상속인과 등기권리자의 공동신청에 의한 경우 뿐만 아니라 피상속인과의 원인행위에 의한 권리의 이전·설정의 등기청구권을 보전하기 위한 처분금지가 처분신청의 인용에 따른 법원의 직권에 의한 가처분기입등기의 촉탁에서도 그대로 적용되므로, 상속관계를 표시한 기입등기의 촉탁이 있을 경우 적법하게 상속기입등기를 할 수 있다(대판 1995. 2. 28, 94다23999).

(8) 등기신청수수료현금영수필확인서(법 제22조 제3항, 등기예규 제1565호)

| | 소유권이전등기신청(상속) | | | |

접수	년　월　일	처리인	등기관 확인	각종통지
	제　　　　호			

부동산의 표시					
등기원인과 그 연월일	년　　월　　일 (협의분할에 의한) 상속				
등 기 의 목 적	소유권(일부)이전				
이 전 할 지 분					
구분	성　　명	주민등록번호	주소(소재지)	상속분	지분
피상속인					
등기권리자					

650　부동산등기법

상속재산분할협의서

　　○○○○년 ○월 ○일 서울 ○○구 ○○동 ○○-○에서 피상속인 ○○○의 사망으로 인하여 개시된 상속에 있어 공동상속인 ○○○, ○○○, ○○○, ○○○, ○○○는 다음과 같이 상속재산을 분할하기로 협의한다.

1. 상속재산: 서울특별시 ○○구 ○○동 ○○-○대 ○○○m²는 ○○○의 소유로 한다.

　　위 협의를 증명하기 위하여 협의서 5 통을 작성하고 아래 서명날인하여 각자 그 1 통씩 보유한다.

○○○○년 ○월 ○일

1. 홍길동(　　　　－　　　　) (인) 서울　구　동　변지
2.
3.
4.
5.

상속재산분할협의서

　20○○년 ○월 ○일 ○○구 ○○동 ○, 김△△의 사망으로 인하여 개시된 상속에 있어 공동상속인 김○○, 김□□ 등은 다음과 같이 상속재산을 분할할 것을 협의한다.

1. 상속재산 ○○시 ○○구 ○○동 ○대 500m²을 각자의 지분 2 분의 1 씩 균등 배분하여 공동상속인 각자의 소유로 한다.

　위 협의를 증명하기 위하여 협의서 2 통을 작성하고, 아래와 같이 기명 날인하여 각 1 통씩 보유한다.

20○○년 ○월 ○일

　성 명 김 ○ ○ ○　　　000000-0000000주 소 ○○시 ○○구 ○○동 ○

　성 명 김 □ □ ○　　　000000-0000000주 소 ○○시 ○○구 ○○동 ○

주 : 분할협의서를 제출하는 때에는 그 서면의 일부로서 공동상속인 전원의 인감증명과 주민등록등본을 첨부할 것이다.

XII. 남북주민사이의 상속

1. 목적

남북주민사이의 가족관계와 상속등에 관한 법률(2012. 2. 10. 법률제11299호)은 남한주민과 북한주민 사이의 가족관계와 상속·유증 및 이와 관련된 사항을 규정함으로써 남한주민과 북한주민 사이의 가족관계와 상속·유증 등에 관한 법률관계의 안정을 도모하고, 북한주민이 상속이나 유증 등으로 소유하게 된 남한 내 재산의 효율적인 관리에 이바지함을 목적으로 한다(동법 제1조).

2. 용어의 정의

이 법에서 사용하는 용어의 뜻은 다음과 같다(동법 제3조).
1. "남한"이란 군사분계선 이남지역을 말하고, "북한"이란 군사분계선 이북지역을 말한다.
2. "남한주민"이란 남한지역에 거주하는 주민을 말하고, "북한주민"이란 북한지역에 거주하는 주민을 말한다.
3. "분단의 종료"란 남북한이 법률적 또는 사실적으로 하나의 국가체제를 형성한 상태를 말한다.
4. "자유로운 왕래"란 남북한 사이에 서신과 통신의 왕래가 완전히 자유롭게 허용되고, 상호 방문에 있어 외국에 비하여 특별한 제한이 없어진 경우를 말한다.
5. "남북이산"이란 그 사유와 경위를 불문하고 가족이 남한과 북한으로 흩어져 있는 것을 말한다.

3. 재판관할

① 이 법이 적용되거나 그와 관련된 사건에서 법원은 당사자 또는 분쟁이 된 사안이 남한과 실질적 관련이 있는 경우에 재판관할을 가진다. 이 경우 법원은 재판관할 배분의 이념에 부합하는 합리적인 원칙에 따라 실질적 관련의 유무를 판단하여야 한다.
② 법원은 국내법의 관할규정을 참작하여 재판관할의 유무를 판단하되, 제1항의 취지 및 제2조의 기본원칙을 고려하여야 한다.

③ 제1항 및 제2항에 따라 재판관할을 가지는 법원에 사실상의 장애로 인하여 제소(提訴)할 수 없는 경우에는 대법원이 있는 곳의 관할법원에 소를 제기할 수 있다(동법 제4조1~3항).

4. 가정법원의 관할

① 이 법이 적용되는 사건으로서 「가사소송법」 제2조에 따른 가정법원의 전속관할에 속하는 사건은 가정법원의 전속관할로 하며, 각 사건의 관할에 관하여는 「가사소송법」의 각 해당 규정을 적용한다.
② 제11조제1항에 따른 상속회복청구 사건은 가정법원의 합의부의 전속관할로 하며, 「가사소송법」에 따른 다류(類) 가사소송사건의 절차에 따라 심리·재판한다.
③ 제13조에 따른 북한주민의 재산관리인의 선임·변경에 관한 사건은 북한주민의 재산 소재지에 있는 가정법원의 전속관할로 한다(동법 제5조 1~3항).

5. 적용범위

특례법 시행 전에 북한지역에 거주하는 주민(이하 "북한주민"이라 한다)이 상속·유증 또는 상속재산반환청구권의 행사로 남한 내 부동산에 관한 권리(이하 "상속·유증재산등"이라 한다)를 취득한 경우에도 등기예규 제1457호(시행일 : 2012. 5. 11)의 규정을 적용한다.

6. 재산관리인의 상속등기신청

특례법에 따른 북한주민의 상속·유증 재산등에 관한 등기는 법원이 선임한 재산관리인이 북한주민을 대리하여 신청한다(동법 제13조1~3항, 위 예규 제3항).

7. 상속등기신청서의 기재사항

특례법에 따른 북한주민의 상속·유증재산등에 관한 등기를 신청하는 경우에는 법무장관이 발급한 "북한주민 등록번호 및 주소 확인서"에 기재된 사항을 「부동산등기규칙」(이하 "규칙"이라 함) 제43조 제1항 제2호의 신청정보로 제공하여야 한다(위 예규 제4조).

8. 상속등기신청서의 첨부서면

① 특례법에 다른 북한주민의 상속·유증재산등에 관한 등기를 신청하는 경우에는 규칙 제46조 제1항 제5호 및 제6호의 첨부정보로 다음 각호의 정보를 제공하여야 한다(위 예규 제5조1항).

1. 법원의 재산관리인 선임(변경)을 증명하는 정보
2. 법무부장관이 발급한 북한주민의 부동산등기용등록번호 및 주소를 확인하는 정보

② 재산관리인이 「민법」 제118조를 초과하는 처분행위를 원인으로 등기를 신청하는 경우에는 법무부장관이 발급한 북한주민의 재산처분 등을 허가(변경)한 정보를 첨부정보로 제공하여야 한다. 다만, 처분 등을 할 수 있는 허가기간이 도과한 경우에는 위 허가정보를 제공하지 않은 것으로 본다(위 예규 제5조2항).

③ 규칙 제60조 제1항에 따라 인감증명을 제출하여야 하는 경우에는 재산관리인의 인감증명을 제출하여야 한다(위 예규 제5조3항).

XIII . 상속회복청구권

1. 상속회복청구권의 의의

상속회복청구권이라 함은 상속을 할 권리가 없는데도 사실상 상속의 효과를 보유하는 자에 대하여 진정한 상속인이 상속권의 확인을 요구하고, 아울러 가족관계등록부의 정정(가족관계의 등록 등에 관한 법률 제104조 내지 제108조), 재산의 반환 등과 같은 상속의 효과를 회복할 것을 청구하는 권리를 말한다.

상속이 개시되었을 때 상속인이 아닌 자가 고의로 혹은 잘못하여 사실상의 상속을 하고 있는 경우 이와 같은 외관(外觀) 때문에 정당한 상속인이 상속권을 박탈당하지 않는 것이나 이러한 경우 진정하지 않은 상속인, 즉 참칭(僭稱)상속인에 대하여 진정한 상속인은 상속회복청구를 할 수 있는바(민법 제999조 제1항), 이것을 상속회복청구권이라고 한다.

2. 상속회복청구권의 입법취지

상속인은 피상속인의 사망과 동시에 당연히 피상속인의 재산에 관한 포괄적 권리의무를 승계하며(민법 제1005조), 그 효력이 발생하기 위하여 특별한 의사표시나 등기절차도 필요로 하지 않는다(민법 제187조). 그럼에도 불구하고 민법에 상속회복청구권이 규정된 까닭은 다음과 같다.

첫째, 수년 내지 수 10년 후에 사실상 상속한 자의 재산에 대하여 반환청구를 한다는 것은 당사자간은 물론 제3자에 대한 권리의무관계에 혼란을 가져오며, 둘째, 진정한 상속인이 상속재산전체를 정확하게 파악하는 것이 곤란한 경우가 많으므로 상속재산을 일일이 열거하지 않고 상속을 침해한 자에 대하여 일괄하여 상속의 회복청구를 할 수 있도록 한 것이다.

상속회복청구권은 소유권에 기인한 반환청구권과 같은 개개의 회복청구권과는 별도로 상속의 회복을 위한 독립청구권으로서 발달하여 독일민법(독일민법 제2018조 이하)과 스위스민법(스위스민법 제598조 이하)에는 상세한 규정이 있다. 진정한 상속인의 보호라는 점에서 상속인에게 상속회복청구권이라는 독립적 청구권을 인정하여 이에 따라 진정상속인이 일괄하여 상속재산을 회복할 수 있게 된 것이다.

상속회복청구권은 진정한 상속인이 그 상속권의 내용의 실현을 방해하고 있는 자에 대하여 상속권을 주장함으로써 그 방해를 배제하고, 현실적으로 상속권의 내용을 실현하는 것을 목적으로 하는 청구권이다.

3. 회복청구권자

상속권이 참칭상속권자로 인하여 침해된 때에는 상속권자 또는 그 법정대리인은 상속회복의 소(訴)를 제기할 수 있다(민법 제999조 제1항). 상속에 있어서는 보통 공동상속이므로 상속회복청구를 공동상속인전원이 하는 경우가 있을 것이나 전원이 반드시 공동으로 하여야 할 필요는 없다. 상속회복청구권은 진정상속인의 일신전속권(一身專屬權)이라고 하여야 할 것이므로 상속권을 침해당한 상속인이 상속회복청구를 하지 않고 사망한 경우에는 그 청구권은 당연히 소멸하며, 그 상속인의 상속인이 이를 승계하지 않는다고 해석하여야 할 것이다.

4. 상속회복청구권의 상대방

(1) 참칭상속인

상속인인 것을 신뢰시키는 외관을 지니는 자나 상속인이라고 참칭하여 상속재산의 전부나 일부를 점유하는 자는 당연히 상속회복청구의 상대방이 된다. 상대방의 선의·악의, 과실의 유무는 묻지 않는다. 참칭상속인의 상속인도 참칭상속인이며 상속재산을 점유하는 한 상대방이 된다.

상속회복청구의 상대방이 되는 참칭상속인이라 함은 재산상속인인 것을 신뢰케 하는 외관을 갖추고 있는 자나 상속인이라고 참칭하여 상속재산의 전부 또는 일부를 점유하는 자를 가리키는 것으로서, 공동상속인의 한 사람이 다른 상속인의 상속권을 부정하고 자기만이 상속권이 있다고 참칭하는 경우도 여기에 해당할 것이고, 이와 같은 요건을 충족하면서 진정한 상속인의 상속권(또는 지분권)을 침해하기만 하면 참칭상속인은 별다른 요건을 필요로 하지 아니하고 상속회복청구의 상대방이 될 수 있다(대판 1991. 2. 22. 90다카19470).

사망자의 상속인이 아닌 자가 상속인인 것처럼 허위 기재된 위조의 제적등본, 호적등본 등을 기초로 하여 상속인인 것처럼 꾸며 상속등기가 이루어진 사실만으로는 민법 제999조 소정의 참칭상속인에 해당한다고 할 수 없다(대판 1993. 11. 23. 93다34848).

(2) 상속권을 주장하지 않고 상속재산을 점유하는 자

자기의 상속권을 주장하지 않고 상속회복청구자의 상속권만을 다투는 상속재산의 점유자는 물론, 상속권을 다투지 않고 단순히 자기의 점유하에 있는 재산이 상속재산에 속하지 않는 것만을 주장하는 자도 상속회복청구의 상대방이 된다고 본다.

(3) 다른 공동상속인의 상속분을 침해하는 공동상속인

상속재산인 부동산에 관하여 공동상속인 중 1인 명의로 소유권이전등기가 경료된 경우 그 등기가 상속을 원인으로 경료된 것이라면 등기명의인의 의사와 무관하게 경료된 것이라는 등의 특별한 사정이 없는 한 그 등기명의인은 재산상속인임을 신뢰케 하는 외관을 갖추고 있는 자로서 참칭상속인에 해당된다(대판 1997. 1. 21. 96다4688).

(4) 위 (1)~(3)자로부터 상속재산을 전득한 제3자

진정한 상속인임을 내세워 상속으로 인한 지분권의 귀속을 주장하고 참칭상속인으로부터 상속재산을 양수한 자들을 상대로 상속재산에 대한 등기의 말소를 구하는 소는 상속회복의 소에 해당한다(대판 1984. 2. 14. 83다60083다카2056).

진정상속인이 참칭상속인으로부터 상속재산을 양수한 제3자를 상대로 등기말소청구를 하는 경우에도 상속회복청구권의 단기의 제척기간이 적용된다(1981. 1. 27. 79다854 전원합의체판결).

5. 상속회복청구권의 행사

(1) 행사의 방법 및 거증책임

상속회복청구는 반드시 소송에 의한 필요는 없으며, 재판외의 청구도 상관없다. 상속재산의 인도나 상속등기의 말소청구의 내용이 상속회복청구의 소(訴)이다. 상속회복을 청구하는 상속인은 자기가 상속권을 가지는 사실과 청구의 목적물이 상속개시당시 피상속인의 점유에 속하였던 사실을 입증하여야 하며, 상대방이 상속회복청구를 거절함에는 상속재산에 특정의 권원을 가지는 것을 입증하여야 한다.

(2) 행사의 효과

상속회복의 재판에서 원고 승소판결이 확정된 경우에는 참칭상속인은 진정상속인에게 그가 점유하는 상속재산을 반환하여야 한다. 진정상속인이 다수일 때에는 이들 상속인의 상속분에 따라서 반환한다.

6. 상속회복청구권의 소멸

(1) 제척기간의 경과에 의한 상속회복청구권의 소멸

상속회복청구권은 그 침해를 안 날부터 3년, 상속권의 침해행위가 있은 날부터 10년을 경과하면 소멸된다(민법 제999조 제2항). 이것은 제척기간이다. '상속권의 침해를 안 때'라 함은 사실상 상속권의 침해를 안 때를 말하며 상속인 또는 그 법정대리인이 이를 알았다는 사실은 그것을 주장하는 자가 입증하여야 한다(대판 1962. 6. 21. 62다196).

참칭상속인으로 부터 상속재산을 양수한 제3자(본건에 있어서는 피고가 참칭상속인인 위 이광재로 부터 동인의 지분을 양수한 제3자에 해당한다)를 상대로 등기말소 청구를 하는 경우에도 상속회복청구권의 단기의 제척기간이 적용되며(대판 1981. 1. 27. 79다854 전원합의체판결), 상속개시일로부터 10년을 경과한 후에 상속권의 침해가 있는 경우라도 10년의 제척기간 경과로 인하여 상속회복청구권은 소멸되었다고 보아야 한다(1991. 12. 24. 90다5740 전원합의체판결).

상속회복의 소는 상속권의 침해를 안 날로부터 3년, 상속개시된 날로부터 10년 내에 제기하도록 제척기간을 정하고 있는바, 이 기간은 제소기간으로 볼 것이므로, 상속회복청구의 소에 있어서는 법원이 제척기간의 준수 여부에 관하여 직권으로 조사한 후 기간도과 후에 제기된 소는 부적법한 소로서 흠결을 보정할 수 없으므로 각하하여야 할 것이다(대판 1993. 2. 26. 92다3083).

(2) 상속회복청구권소멸의 효과

상속회복청구권이 소멸하면 이후 기존의 법률관계가 절대적으로 확정된다. 따라서 진정상속인은 상속권을 상실하며, 참칭상속인은 상속재산에 대한 정당한 권한을 취득한다. 상속회복청구권이 제척기간의 경과로 소멸하게 되면 상속인은 상속인으로서의 지위, 즉 상속에 따라 승계한 개개의 권리의무도 또한 총괄적으로 상실하게 되고, 그 반사적 효과로서 참칭상속인의 지위는 확정되어 참칭상속인이 상속개시의 시로부터 소급하여 상속인으로서의 지위를 취득한 것으로 봄이 상당하다고 할 것이다(대판 1994. 3. 25. 93다57155).

7. 진정명의회복을 원인으로 한 소유권이전등기절차이행의 청구

(1) 진정명의회복

이미 자기 앞으로 소유권을 표상하는 등기가 되어 있었거나 '법률에 의하여 소유권을 취득한 자'가 진정한 등기명의를 회복하기 위한 방법으로는 현재의 등기명의인을 상대로 그 등기의 말소를 구하는 외에 '진정한 등기명의의 회복'을 원인으로 한 소유권이전등기절차의 이행을 직접 구하는 것도 허용되어야한다(대판 1990. 11. 27. 89다카12398 전원합의체판결).

위 판결 중 '법률에 의하여 소유권을 취득한 자'라는 표현은 '법률의 규정에 의하여 부동산에 관한 물권을 취득한 자'로 표시하는 것이 보다 정확한 표현으로 본다(민법 제187조 참조).

(2) 법률의 규정에 의한 부동산에 관한 물권의 취득

상속인은 상속이 개시된 때로부터 피상속인의 재산에 관한 포괄적 권리의무를 승계하며(민법 제1005조), 그 효력의 발생을 위하여 특별한 의사표시나 등기절차(민법 제187조 참조)도 필요하지 않다.

상속인의 상속개시에 따른 피상속인의 재산에 관한 포괄적 권리의무의 승계는 법률의 규정에 의한 부동산에 관한 물권의 취득으로 등기를 요하지 아니하나 이를 처분하려면 민법 제187조 단서의 규정에 의하여 우선 자기 명의에의 등기를 하여야 한다.

(3) 진정명의회복을 원인으로 한 소유권이전등기

상속인의 상속권이 참칭상속인에 의해 침해된 때에는 진정한 상속인은 상속회복청구권을 행사하는 방법으로 참칭상속인을 상대로 '진정명의회복'을 원인으로 한 소유권이전등기절차의 이행을 명하는 판결을 받아 소유권이전등기신청을 할 수 있다(대판 1990. 11. 27. 89다카12398, 등기예규 제1376호).

위 등기를 신청하는 경우 신청서에 '등기원인 일자'를 기재할 필요는 없으며, 토지거래허가증이나 농지취득자격증명의 제출을 요하지 아니하나 취득세를 납부하고, 국민주택채권도 매입하여야 한다(등기예규 제1376호)(제1장 제8절 "진정한 등기명의회복을 원인으로 한 소유권이전등기" 참조).

제10관 유증으로 인한 소유권이전등기

유증으로 인한 소유권이전등기란 유언자가 유언에 의하여 부동산을 수증자(증여 받을 자)에게 증여하는 것으로 유언자의 사망시 유증을 원인으로 하여 그 부동산의 소유권을 이전하는 것을 말한다.

1. 유증의 의의

(1) 유증의 의의

유증이라 함은 유언에 의하여 자기재산의 전부 또는 일부를 무상으로 타인에게 주는 행위로서 증여자의 사망에 의해서 효력이 생기지만 상대방이 없는 단독행위이다. 따라서 유언증서(자필증서, 녹음, 공정증서, 비밀증서, 구수증서)에는 검인을 요하지 아니한다(부동산등기특별조치법 제3조 제1항 참조)·유증은 일종의 무상증여이다. 사인증여라는 점에서 생전증여와 차이가 있다. 그러나 증여자의 사망에 의해서 효력이 생기지만 단독행위라는 점에서는 계약인 사인증여와 다르다. 단 여러 가지 점에서 사인증여와 유사하므로 유증에 관해서는 사인증여에 관한 규정이 준용된다(민 제562조).

(2) 포괄적 유증과 특정유증의 구별 기준

유증이 포괄적 유증인가 특정유증인가는 유언에 사용한 문언 및 그 외 제반 사정을 종합적으로 고려하여 탐구된 유언자의 의사에 따라 결정되어야 하고, 통상은 상속재산에 대한 비율의 의미로 유증이 된 경우는 포괄적 유증, 그렇지 않은 경우는 특정유증이라고 할 수 있지만, 유언공정증서 등에 유증한 재산이 개별적으로 표시되었다는 사실만으로는 특정유증이라고 단정할 수는 없고 상속재산이 모두 얼마나 되는지를 심리하여 다른 재산이 없다고 인정되는 경우에는 이를 포괄적 유증이라고 볼 수도 있다(대판 2003. 5. 27. 2000다73445).

(3) 특정유증을 받은 자의 법적 지위 및 그가 유증받은 부동산에 대하여 직접 진정한 등기명의 회복을 원인으로 한 소유권이전등기청구권을 행사할

수 있는지 여부(소극)

포괄적 유증을 받은 자는 민법 제187조에 의하여 법률상 당연히 유증받은 부동산의 소유권을 취득하게 되나, 특정유증을 받은 자는 유증의무자에게 유증을 이행할 것을 청구할 수 있는 채권을 취득할 뿐이므로, 특정유증을 받은 자는 유증받은 부동산의 소유권자가 아니어서 직접 진정한 등기명의의 회복을 원인으로 한 소유권이전등기를 구할 수 없다(대판 2003. 5. 27. 2000다73445).

(4) 유증의 당사자

(가) 유증의무자

유증을 실행할 의무를 지는 자를 유증의무자라고 한다. 유증의 대상이 되는 재산의 양도의무는 유언자의 사망 후에 집행되므로 유언자 자신이 양도의무를 수행할 수 없으므로 별도의 유증의무자가 존재한다. 즉 유증의무자는 보통은 유언자의 상속인(민법 제1000조)이나 유언집행자(민법 제1101조), 포괄적 수증자(민법 제1078조), 상속인 없는 재산의 관리인(민법 제1053조) 등이 유증의무자가 된다.

(나) 유증을 받는 자(수증자)

유증을 받는 자란 유증에 의하여 유언자의 재산을 받는 자(수증자)로서, 수증자는 다음의 요건을 갖추어야 한다. 첫째, 자연인뿐만 아니라 태아 또는 법인이나 유언자의 상속인도 수증자가 될 수 있으며, 둘째, 수증자는 유언자의 사망시에 권리능력을 갖추고 있어야 하며, 셋째, 수증자는 상속결격자(민법 제1004조)가 아니어야 한다.

(5) 재외국민의 유증을 원인으로 한 소유권이전등기와 등기관의 심사권

외국에 거주하는 대한민국 국민이 행위지법이 정한 방식에 따라 공정증서에 의한 유언을 한 경우, 수증자는 공정증서를 첨부하여 유증을 원인으로 한 소유권이전등기신청을 할 수있으며, 이 경우 공정증서의 내용이 행위지법의 법규와 부합하는 지 여부는 형식적 심사권을 가진 등기관의 판단 사항이 아니다(등기선례 5권 332항 8권 28항).

(6) 유언집행자의 단독에 의한 등기신청의 가부(소극)

유증을 등기원인으로 하는 소유권이전등기는 수증자를 등기권리자, 유언집행자를 등기의
무자로 하여 공동으로 신청하여야 하므로(법 제23조 제1항). 비록 공정증서에 의한 유언인 경우
에는 등기의무자인 유언집행자가 유증을 등기원인으로 하는 소유권이전등기를 단독으로 신
청할 수는 없다(등기선례요지집 제6권 249항).

2. 유언의 요식성

유언은 민법의 정한 방식(민법 제1065조 : 자필증서, 녹음, 공정증서, 비밀증서, 구수증서의 5종)에 의하지 아
니하면 효력이 발생하지 아니한다(민법 제1060조). 민법 제1065조 내지 제1070조가 유언의 방
식을 엄격하게 규정한 것은 유언자의 진의를 명확히 하고 그로 인한 법적 분쟁과 혼란을 예
방하기 위한 것이므로, 법정된 요건과 방식에 어긋난 유언은 그것이 유언자의 진정한 의사에
합치하더라도 무효라고 하지 않을 수 없다(대판 1999. 9. 3. 98다17800, 2014. 9. 26. 2012다1688).

유언의 법률상의 특징은 다음과 같다.
1) 유언은 요식행위이다(민법 제1060조).
2) 유언은 상대방이 없는 단독행위이다.
3) 유언은 반드시 유언자본인의 독립된 의사에 의하여 이루어져야 하는 행위이다
4) 유언은 사후행위이다(민법 제1073조 제1항).
5) 유언은 법정 사항에 한하여 할수 있는 행위이다(민법 제1060조. 제1065조 내지 제1070조).

판 례

[1] 민법 제1065조 내지 제1070조가 유언의 방식을 엄격하게 규정한 것은 유언자의 진의를 명확히
하고 그로 인한 법적 분쟁과 혼란을 예방하기 위한 것이므로, 법정된 요건과 방식에 어긋난 유언은
그것이 유언자의 진정한 의사에 합치하더라도 무효라고 하지 않을 수 없다(대판 2006. 3. 9.
2005나57899).

3. 유언의 효력

(1) 유언은 유언자가 사망한 때로부터 그 효력이 생긴다(민법 제1073조 제1항). 유언 자체의 성립은 유언하였을 때이지만, 유언의 효력은 유언자의 사망시에 발생하는 것은 유언의 성질상 당연하다. 따라서 유언자는 유언의 방식(민법 제1065조)에 대하여 언제든지 자유로이 철회, 변경할 수 있다(민법 제1108조~제1111조).

(2) 정지조건 또는 기한이 있는 유언

유언에 정지조건이 있는 경우(예 ○○○가 혼인할 때에는 특정의 부동산을 준다)에 그 조건이 유언자의 사망 후에 성취한 때에는 그 조건성취한 때로부터 유언의 효력이 생긴다(민법 제1073조 제2항).

유언에 시기(始期)를 붙였을 경우에는 유언은 유언자의 사망시에 그 효력이 생기나 그 이행은 기한이 도래한 때에 비로서 청구할 수 있다(민법 제152조 제1항). 유언에 종기(終期)를 붙였을 경우에는 유언자가 사망한 때로부터 그 효력이 생기며, 기한의 도래에 의하여 그 효력을 상실한다(민법 제152조 제2항).

4. 유언의 방식

유언의 방식은 자필증서(민법 제1066조), 녹음(민법 제1067조), 공정증서(민법 제1068조), 비밀증서(민법 제1069조)와 구수증서(민법 제1070조)의 5종으로 한다(민 제1065조).

유언은 민법 제1065조에 정하는 5종의 방식에 의한다. 즉 통상의 경우에는 자필증서, 녹음, 공정증서, 비밀증서 중에서 어느 하나의 형식을 밟아서 유언서를 작성하여야 한다. 그 방식은 각각 민법 제1066조, 제1067조, 제1068조, 제1069조, 제1070조가 정하는 바에 의한다. 이 보통방식에 의할 수 없는 경우, 즉 질병 기타 급박한 사유로 인하여 전술한 방식에 의할 수 없는 경우에는 간이한 방식에 의하지 않으면 결과적으로 유언의 자유를 박탈하는 것이 되므로, 이와 같은 때에는 구수증서(민법 제1070조)에 의하는 것을 허용하고 있다.

(1) 자필증서에 의한 유언

자필증서에 의한 유언은 유언자가 그 전문과 연월일, 주소, 성명을 자서하고 날인하여야 한다(민법 제1066조 제1항). 전항의 증서에 문자의 삽입, 삭제 또는 변경을 함에는 유언자가 이를 자서하고 날인하여야 한다(민법 제1066조 제2항).

(가) 자필증서에 의한 유언의 요건 및 유언자의 주소를 유언 전문이 담긴 봉투에 기재하고 무인의 방법으로 날인한 자필유언증서의 효력(유효)

본조에서 규정하는 자필증서에 의한 유언은 유언자가 그 전문과 연월일, 주소 및 성명을 자서(自書)하는 것이 절대적 요건이므로 전자복사기를 이용하여 작성한 복사본은 이에 해당하지 아니하나, 주소를 쓴 자리가 반드시 유언 전문 및 성명이 기재된 지편이어야 하는 것은 아니고 유언서의 일부로 볼 수 있는 이상 그 전문을 담은 봉투에 기재하더라도 무방하며, 날인은 인장 대신에 무인에 의한 경우에도 유효하다(대판 1998. 6. 12. 97다38510).

(나) 자필유언증서의 문자 수정 방식 및 명백한 오기를 정정하면서 위 방식을 위배한 자필 유언증서의 효력(유효)

자필증서에 의한 유언에 있어서 그 증서에 문자의 삽입, 삭제 또는 변경을 함에는 本條 제2항의 규정에 따라 유언자가 이를 자서하고 날인하여야 하나, 자필증서 중 증서의 기재 자체에 의하더라도 명백한 오기를 정정한 것에 지나지 않는다면 설령 그 수정 방식이 위 법조항에 위배된다고 할지라도 유언자의 의사를 용이하게 확인할 수 있으므로 이러한 방식의 위배는 유언의 효력에 영향을 미치지 아니한다(98. 6. 12. 97다38510).

(다) 봉투에 유언자의 주소를 자서하고 유언 전문 말미에 무인으로 날인하였으며, 오기부분을 정정하면서 날인하지 아니한 자필증서에 의한 유언이 유효하다고 본 사례

자필증서에 의한 유언은 유언자가 그 전문과 연월일, 주소, 성명을 자서(自書)하고 날인하여야 하는바(본조 제1항), 유언자의 주소는 반드시 유언 전문과 동일한 지편에 기재하여야 하는 것은 아니고, 유언증서로서 일체성이 인정되는 이상 그 전문을 담은 봉투에 기재하더라도 무방하며, 그 날인은 무인에 의한 경우에도 유효하고, 유언증서에 문자의 삽입, 삭제 또는 변경을 함에는 유언자가 이를 자서하고 날인하여야 하나(본조 제2항), 증서의 기재 자체로 보아 명백한 오기를 정정함에 지나지 아니하는 경우에는 그 정정 부분에 날인을 하지 않았다고 하더라도 그 효력에는 영향이 없다(대판 98. 5. 29. 97다38503).

(라) 유언자가 주소를 자서하지 않은 경우

민법 제1065조 내지 제1070조가 유언의 방식을 엄격하게 규정한 것은 유언자의 진의를 명확히 하고 그로 인한 법적 분쟁과 혼란을 예방하기 위한 것이므로, 법정된 요건과 방식에 어긋난 유언은 그것이 유언자의 진정한 의사에 합치하더라도 무효이다. 따라서 자필증서에 의한 유언은 민법 제1066조 제1항의 규정에 따라 유언자가 전문과 연월일, 주소, 성명을 모두 자서하고 날인하여야만 효력이 있고, 유언자가 주소를 자서하지 않았다면 이는 법정된 요건과 방식에 어긋난 유언으로서 효력을 부정하지 않을 수 없으며, 유언자의 특정에 지장이 없다고 하여 달리 볼 수 없다. 여기서 자서가 필요한 주소는 반드시 주민등록법에 의하여 등록된 곳일 필요는 없으나, 적어도 민법 제18조에서 정한 생활의 근거되는 곳으로서 다른 장소와 구별되는 정도의 표시를 갖추어야 한다(대판 2014. 9. 26. 2012다71688).

(마) 연월일의 기재가 없는 경우

"자필증서에 의한 유언은 유언자가 그 전문과 연월일, 주소, 성명을 자서하고 날인하여야 한다"고 규정하고 있으므로, 연월일의 기재가 없는 자필유언증서는 효력이 없다. 그리고 자필유언증서의 연월일은 이를 작성한 날로서 유언능력의 유무를 판단하거나 다른 유언증서와 사이에 유언 성립의 선후를 결정하는 기준일이 되므로 그 작성일을 특정할 수 있게 기재하여야 한다. 따라서 연·월만 기재하고 일의 기재가 없는 자필유언증서는 그 작성일을 특정할 수 없으므로 효력이 없다(대판 2009. 5. 14, 2009다9768).

(바) 유언자의 날인이 없는 경우

유언자의 날인이 없는 유언장 : 민법 제1065조 내지 제1070조가 유언의 방식을 엄격하게 규정한 것은 유언자의 진의를 명확히 하고 그로 인한 법적 분쟁과 혼란을 예방하기 위한 것이므로, 법정된 요건과 방식에 어긋난 유언은 그것이 유언자의 진정한 의사에 합치하더라도 무효라고 하지 않을 수 없고, 민법 1066조 1항은 "자필증서에 의한 유언은 유언자가 그 전문과 연월일, 주소, 성명을 자서하고 날인하여야 한다."고 규정하고 있으므로, 유언자의 날인이 없는 유언장은 자필증서에 의한 유언으로서의 효력이 없다(대판 2006. 9. 8. 2006다25103,25110).

(2) 녹음에 의한 유언

녹음에 의한 유언은 유언자가 유언의 취지, 그 성명과 연월일을 구술하고 이에 참여한 증인이 유言의 정확함과 그 성명을 구술하여야 한다(민법 제1067조).

(3) 공정증서에 의한 유언

공정증서에 의한 유언은 유언자가 증인 2인이 참여한 공증인의 면전에서 유언의 취지를 구수하고 공증인이 이를 필기낭독하여 유언자와 증인이 그 정확함을 승인한 후 각자 서명 또는 기명날인하여야 한다(민법 제1068조).

(가) '공정증서에 의한 유언'이 유효하기 위한 요건

민법 제1060조는, "유언은 본법의 정한 방식에 의하지 아니하면 효력이 발생하지 아니한다."고 규정하여 유언에 관하여 엄격한 요식성을 요구하고 있는바, 민법이 유언의 한 방식으로 규정하고 있는 제1068조 소정의 '공정증서에 의한 유언'이 유효하기 위해서는 ① 증인 2인의 참여가 있을 것, ② 유언자가 공증인의 면전에서 유언의 취지를 구수(口授)할 것, ③ 공증인이 유언자의 구수를 필기해서 이를 유언자와 증인에게 낭독할 것, ④ 유언자와 증인이 공증인의 필기가 정확함을 승인한 후 각자 서명 또는 기명날인할 것 등을 필요로 한다(대판 2002. 10. 25. 2000다21802).

(나) 본조 소정의 '공정증서에 의한 유언'의 방식에 위배되었다는 이유로 공정증서에 의한 유언을 무효라고 한 사례

공정증서에 기재된 내용과 같은 유언의 구수가 있었는지에 관하여 강력한 의심이 들뿐만 아니라, 유언의 구수가 있었다고 하더라도 '공증인이 유언자의 구술을 필기해서 이를 유언자와 증인에게 낭독할 것'과 '유언자와 증인이 공증인의 필기가 정확함을 승인할 것'이라는 요건을 갖추지 못하였고, '유언자가 서명 또는 기명날인할 것'이라는 요건도 갖추지 못하여 민법 제1068조 소정의 '공정증서에 의한 유언'의 방식에 위배되었다는 이유로 공정증서에 의한 유언을 무효라고 한 사례(대판 2002. 10. 25. 2000다21802).

(4) 비밀증서에 의한 유언

(가) 비밀증서에 의한 유언의 요건

비밀증서에 의한 유언은 유언자가 필자의 성명을 기입한 증서를 엄봉날인하고 이를 2인 이상의 증인의 면전에 제출하여 자기의 유언서임을 표시한 후 그 봉서표면에 제출연월일을 기재하고 유언자와 증인이 각자 서명 또는 기명날인하여야 한다(민법 제1069조 제1항).

전항의 방식에 의한 유언봉서는 그 표면에 기재된 날로부터 5일내에 공증인 또는 법원서 기에게 제출하여 그 봉인상에 확정일자인을 받아야 한다(민법 제1069조 제2항).

(나) 비밀증서에 의한 유언의 자필증서에 의한 유언의 전환

비밀증서에 의한 유언이 그 방식에 흠결이 있는 경우에 그 증서가 자필증서의 방식에 적합한 때에는 자필증서에 의한 유언으로 본다(민법 제1071조).

(5) 구수증서(口授證書)에 의한 유언

구수증서에 의한 유언은 질병 기타 급박한 사유로 인하여 전4조의 방식에 의할 수 없는 경우에 유언자가 2인 이상의 증인의 참여로 그 1인에게 유언의 취지를 구수하고 그 구수를 받은 자가 이를 필기낭독하여 유언자의 증인이 그 정확함을 승인한 후 각자 서명 또는 기명날인하여야 한다(민법 제1070조 제1항).

전항의 방식에 의한 유언은 그 증인 또는 이해관계인이 급박한 사유의 종료한 날로부터 7일내에 법원에 그 검인을 신청하여야 한다(민법 제1070조 제2항).

제1063조제2항의 규정은 구수증서에 의한 유언에 적용하지 아니한다(민법 제1070조 제3항).

(가) 구수증서에 의한 유언의 요건

민법 제1070조 제1항이 구수증서에 의한 유언은 질병 기타 급박한 사유로 인하여 민법 제1066조 내지 제1069조 소정의 자필증서, 녹음, 공정증서 및 비밀증서의 방식에 의하여 할 수 없는 경우에 허용되는 것으로 규정하고 있는 이상, 유언자가 질병 기타 급박한 사유에 있는지 여부를 판단함에 있어서는 유언자의 진의를 존중하기 위하여 유언자의 주관적 입장을 고려할 필요가 있을지 모르지만, 자필증서, 녹음, 공정증서 및 비밀증서의 방식에 의한 유언이 객관적으로 가능한 경우까지 구수증서에 의한 유언을 허용하여야 하는 것은 아니다(대판 1999. 9. 3. 98다17800).

(나) 법정방식에 의하지 아니한 유언서의 검인청구에 대한 조치

법원은 유언서의 검인청구가 있을 때에는 유언서의 내용이나 형식이 어떠하든 간에, 이에 대하여 구 가사심판규칙(90. 12. 31. 대법원규칙 제1139호로 폐지) 제101조에 따라 조서를 작성함을 요한다 할 것이다(대법원 80. 11. 19. 80스23 카12587).

(다) 구수증서에 의한 유언의 검인신청기간

민법 제1070조의 규정에 따라 유언자의 질병으로 인하여 구수증서의 방식으로 유언을 한 경우에는 특별한 사정이 없는 한 유언이 있은 날에 급박한 사유가 종료하였다고 할 것이므로 유언이 있은 날로부터 7일 이내에 법원에 그 검인을 신청하여야 할 것이고 그 기간을 도과한 검인신청은 부적법하다(대법원 86. 10. 11. 86스18).

(라) 제3자에 의하여 미리 작성된 유언의 취지가 기재된 서면

증인이 제3자에 의하여 미리 작성된 유언의 취지가 적혀 있는 서면에 따라 유언자에게 질문을 하고 유언자가 동작이나 간략한 답변으로 긍정하는 방식은, 유언 당시 유언자의 의사능력이나 유언에 이르게 된 경위 등에 비추어 그 서면이 유언자의 진의에 따라 작성되었음이 분명하다고 인정되는 등의 특별한 사정이 없는 한 민법 제1070조 소정의 유언취지의 구수에 해당한다고 볼 수 없다(대판 2006. 3. 9. 2005다57899).

5. 유증으로 인한 소유권보존 및 이전등기절차(등기예규 제1482호, 제1512호)

(1) 등기신청인

(가) 소유권보존등기의 신청인

유증의 목적 부동산이 미등기인 경우에는 토지대장, 임야대장 또는 건축물대장에 최초의 소유자로 등록되어 있는 자 또는 그 상속인의 포괄적 수증자가 단독으로 소유권보존등기를 신청할 수 있다.

유증의 목적 부동산이 미등기인 경우라도 특정유증을 받은 자는 소유권보존등기를 신청할 수 없고, 유언집행자가 상속인 명의로 소유권보존등기를 마친 후에 아래 (나).의 절차에 따라 유증을 원인으로 한 소유권이전등기를 신청하여야 한다.

(나) 소유권이전등기의 신청인

1) 등기권리자(수증자)·등기의무자(유언집행자 또는 상속인)

유증을 원인으로 한 소유권이전등기는 포괄유증이나 특정유증을 불문하고 수증자를 등기권리자, 유언집행자 또는 상속인을 등기의무자로 하여 공동으로 신청하여야 한다. 수증자가 유언집행자로 지정되거나 상속인인 경우에도 같다.

2) 유언집행자

가) 유언집행자의 선정

유언집행자는 유언자가 유언으로 지정할 수 있고, 그 지정을 제3자에게 위탁할 수도 있다 (민법 1093조, 1094조). 그러나 유언자가 유언집행자를 지정하지 않거나 그 지정을 위탁하지 않아 유언집행자가 없을 때에는 상속인이 유언집행자가 되며(민법 1095조, 선례 5-330), 상속인도 없을 때에는 이해관계인의 청구에 의하여 가정법원이 유언집행자를 선임하게 된다(민법 1096조).

나) 유언집행자가 수인인 경우

유언집행자가 여럿인 경우(유언집행자의 지정이 없어서 여러 명의 상속인들이 유언집행자가 된 경우를 포함한다)에는 그 과반수 이상이 수증자 명의의 소유권이전등기절차에 동의하면 그 등기를 신청할 수 있다.

3) 수인의 수증자가 포괄유증을 받는 경우

수증자가 여럿인 포괄유증의 경우에는 수증자 전원이 공동으로 신청하거나 각자가 자기 지분만에 대하여 소유권이전등기를 신청할 수 있다. 그러나 포괄적 수증자 이외에 유언자의 다른 상속인이 있는 경우에는 유증을 원인으로 한 소유권이전등기와 상속을 원인으로 한 소유권이전등기를 각각 신청하여야 한다.

4) 유언집행자가 유언자보다 먼저 사망한 경우의 등기신청인(상속인)

유언집행자가 유언자보다 먼저 사망한 경우에는 상속인이 유언집행자가 되어 유증을 원인으로 소유권이전등기를 신청할 수 있고, 이 경우 수증인은 민법 제1102조 공동 유언집행자에 관한 규정에 의하여 과반수의 상속인들이 소유권이전등기절차에 협력한다면, 등기절차에 협력하지 아니한 일부 상속인들에 대하여 별도로 소유권이전등기절차의 이행을 명하는 판결을 받지 않아도 수증인 명의의 소유권이전등기를 신청할 수 있다(2015. 8. 24. 부동산등기과-2015 질의회답).

(2) 소유권이전등기의 신청방법

(가) 수증자 명의로 직접 신청

유증을 원인으로 한 소유권이전등기는 포괄유증이든 특정유증이든 모두 상속등기를 거치지 않고 유증자로부터 직접 수증자 명의로 등기를 신청하여야 한다. 그러나 유증을 원인으로 한 소유권이전등기 전에 상속등기가 이미 마쳐진 경우에는 상속등기를 말소하지 않고 상속인으로부터 수증자에게로 유증을 원인으로 한 소유권이전등기를 신청할 수 있다.

(나) 1필지의 토지(또는 1개의 건물)의 특정 일부만을 유증한 경우 등

① 1필의 토지(또는 1개의 건물)의 특정 일부만을 유증한다는 취지의 유언이 있는 경우, 유언집행자는 유증할 부분을 특정하여 분할(또는 구분)등기를 한 다음 수증자 명의로 소유권이전등기를 신청하여야 한다.
② 특정유증의 수증자가 유증자의 사망 후에 1필의 토지(또는 1개의 건물)의 특정 일부에 대하여 유증의 일부포기를 한 경우에도 유언집행자는 포기한 부분에 대하여 분할(또는 구분)등기를 한 다음 포기하지 아니한 부분에 대하여 유증을 원인으로 한 소유권이전등기를 신청하여야 한다.

(다) 유증의 가등기

유증을 원인으로 한 소유권이전등기청구권보전의 가등기는 유언자가 사망한 후인 경우에는 이를 수리하되, 유언자가 생존 중인 경우에는 이를 수리하여서는 아니 된다.

(라) 유증을 원인으로로한 소유권이전등기와 상속등기말소여부(소극)

상속등기 및 그 상속인 중 일부에 대한 순차 상속등기(협의분할)가 마쳐진 경우에도 협의분할에 의한 상속등기를 말소하지 않고 유증을 원인으로 한 소유권이전등기를 신청할 수 있다(2014. 9. 24. 부동산등기과-2335).

(3) 유증으로 인한 등기신청서의 기재사항

(가) 소유권보존등기

포괄적 수증자가 소유권보존등기를 신청하는 경우에는 「부동산등기규칙」 제65조제1호에 따라 등기를 신청한다는 뜻과 「부동산등기규칙」(이하 "규칙"이라 함) 제43조에 규정된 사항을 신청정보의 내용으로 등기소에 제공하여야 한다. 다만, 등기원인과 그 연월일은 신청정보로 제공할 필요가 없다.

(나) 소유권이전등기

유증을 원인으로 한 소유권이전등기를 신청하는 경우에는 규칙 제43조에 규정된 사항을 신청정보의 내용으로 등기소에 제공하되, 다음 1), 2)의 신청정보를 각각 규칙 제43조제1항 제5호 및 제7호의 신청정보의 내용으로 등기소에 제공한다.

1) 등기원인은 "○년 ○월 ○일 유증"으로 기재하되, 그 연월일은 유증자가 사망한 날을 기재한다. 다만, 유증에 조건 또는 기한이 붙은 경우에는 그 조건이 성취한 날 또는 그 기한이 도래한 날을 신청정보의 내용으로 제공한다.
2) 유증자의 등기필정보를 신청정보의 내용으로 제공한다.

(4) 유증으로 인한 등기신청서의 첨부서면

(가) 소유권보존등기

포괄적 수증자가 소유권보존등기를 신청하는 경우에는 다음의 첨부정보를 등기소에 제공하여야 한다.

1) 유증자의 사망을 증명하는 정보

2) 유증자가 최초의 소유자로 등록된 토지대장, 임야대장 또는 건축물 대장 정보

3) 토지대장, 임야대장 또는 건축물대장에 최초의 소유자로 등록되어 있는 자의 상속인으로부터 포괄적 유증을 받은 경우에는 그 상속인의 상속을 증명하는 정보

4) 유언증서 및 유언 검인조서 등

① 유언증서가 자필증서, 녹음, 비밀증서에 의한 경우에는 유언의 집행을 위하여 유언자 사망 후 지체없이 법원에 제출하여 검인을 받은 유언검인조서등본(민법 제1091조 제1항)을, 구수증서(민법 제1070조)에 의한 경우에는 검인신청에 대한 심판서등본을, 유증에 정지조건 등이 붙은 경우(민법 제1073조 제2항)에는 그 조건성취를 증명하는 서면을 각 첨부하여야 한다.

② 유언증서에 가정법원의 검인이 되어 있는 경우에도 등기관은 그 유언증서가 적법한 요건을 갖추지 아니한 경우에는 그 등기신청을 수리하여서는 아니된다.

③ 검인기일에 출석한 상속인들이 "유언자의 자필이 아니고 날인도 유언자의 사용인이 아니라고 생각한다"는 등의 다툼 있는 사실이 기재되어 있는 검인조서를 첨부한 경우에는 유언 내용에 따른 등기신청에 이의가 없다는 "위 상속인들의 진술서(인감증명서 첨부) 또는 위 상속인들을 상대로 한 유언유효확인의 소나 수증자 지위 확인의 소의 승소 확정판결문을" 첨부하여야 한다.

(나) 소유권이전등기

유증을 원인으로 한 소유권이전등기를 신청하는 경우에는 규칙 제46조에 규정된 사항을 첨부정보로 등기소에 제공하되, 다음 1), 2)의 첨부정보를 각각 규칙 제46조제1항제5호 및 제1호의 첨부정보로 등기소에 제공한다.

1) 유언자의 사망을 증명하는 정보(기본증명서)

2) 유언집행자의 자격을 증명하는 서면

① 유언집행자의 자격을 증명하는 서면으로, 유언집행자가 유언으로 지정된 경우에는 유언증서, 유언에 의해 유언집행자의 지정을 제3자에게 위탁한 경우에는 유언증서 및 제

3자의 지정서(그 제3자의 인감증명 첨부), 가정법원에 의해 선임된 경우에는 유언증서 및 심판서를 각 제출하여야 한다.

② 유언자의 상속인이 유언집행자인 경우에는 상속인임을 증명하는 서면을 첨부하여야 한다.

3) 위 (가) 1)의 규정과 (가) 4)의 규정은 유증을 원인으로 한 소유권이전등기를 신청하는 경우에 준용한다.

(5) 유류분과의 관계

포괄적 수증자의 소유권보존등기 및 유증으로 인한 소유권이전등기 신청이 상속인의 유류분을 침해하는 내용이라 하더라도 등기관은 이를 수리하여야 한다(등기예규 제1482호 6).

소유권 이전등기 신청 (유증)					〈전 면〉

접 수	년 월 일	처리인	등기관 확인	각종 통지
	제 호			

부 동 산 의 표 시	(생 략)

등기원인과 그 연월일	년 월 일 유증
등기의 목적	소유권이전

구 분	성 명 (상호 · 명칭)	주민등록번호 (등기용등록번호)	주 소(소재지)	지 분 (개인별)
등 기 의 무 자	유증자 망 김○○ 유언집행자 백○○	000000-0000000 000000-0000000	전북 김제시 백구면 번영3길 ○○ 서울 양천구 목적 ○○○ 목동신시가지아파트 ○○○-305	
등 기 권 리 자	수증자 박○○	000000-0000000	서울 양천구 신정로 ○○○ 신정5차 현대아파트 ○○○-○○○	

시가표준액 및 국민주택채권매입금액		
부동산의 표시	부동산별 시가표준액	부동산별 국민주책채권매입금액
매매가	금 원	
과세표준액	금 원	
국민주택채권매입총액		금 원
국민주택채권발행번호		
취득세(등록면허세) 금 원	지방교육세	금 원
	농어촌특별세	금 원
세액합계	금 원	
등기신청수수료	금 원	
	납부번호 :	

등기의무자의 등기필정보		
부동산고유번호		
성명(명칭)	일련번호	비밀번호

첨부서면	
1. 등록세면허세영수필확인서 1통 1. 유언공정증서 1통 1. 등기권리증 1통 1. 토지대장 1통 1. 건축물관리대장 1통 1. 유증자 망 김○○의 제적등본, 기본증명서, 　가족관계증명서, 혼인관계증명서, 　주민등록말소자초본, 각 1통 1. 유언집행자 백○○의 　인감증명서, 주민등록등본 각 1통	1. 수증자 박○○의 기본증명서, 　가족관계증명서, 혼인관계증명서, 　주민등록등본 각 1통 1. 위임장 1통 1. 등기신청수수료현금영수필확인서 1통 <기타>

년   월   일

위 신청 대리인 법무사   ○○○ (전화번호 : 000-0000)
서울양천구 신월로 373

서울남부지방법원 강서등기소 귀중

법무사 ○○○ (인)

자필증서에 의한 부동산증여 유언서

유언자 ○○○는 이 유언서에 의하여 다음 유언을 한다.

1. 유언자 ○○○는 그 소유인 아래 부동산을 ○○시 ○○구 ○○동 ○○가 ○○번지 ○○
○에게 증여한다.

<아   래>

서울특별시 ○○구 ○○동 ○○번지 대 ○○m²
　　　동 지상
　　　　　시멘트블록조 시멘트기와지붕 단층주택 ○○○m²

2. ○○시 ○○구 ○○동 ○○번지 ○○○를 유언집행자로 지정한다.

　위 유언을 위하여 유언자 자신이 이 증서전문을 쓰고 일자 및 성명을 자필로 쓰고 날인
한다.

년   월   일

○○시 ○○구 ○○동 ○○가 ○○번지유언자 ○ ○ ○ ○

유 언 증 서

부동산의 표시
 ○○시 ○○구 ○○동 ○○번지
    대 ○○m²

수증자의 표시
 ○ ○ ○
 ○○시 ○○구 ○○동 ○○

본인 소유 위 부동산을 본인이 사망하였을 때에 위 수증자에게 증여한다.

위에 대한 유언집행자로 다음 사람을 지정한다.

　　　　　　　○ ○ ○　　○○시 ○○구 ○○동 ○○
　　　　　　　　　　김 ○ ○

　　　　위 사항을 명확히 하기 위하여 다음에 서명날인 한다.

　　　　　　　　20○○년 ○월 ○일

　　　　　　　유언자 ○ ○ ○　　㊞
　　　　　　　○○시 ○○구 ○○동 ○○

제11관 유류분 반환을 원인으로 한 소유권일부이전등기

1. 유류분제도

유류분(遺留分 reserve)이라 함은 일정한 상속인을 위하여 법률상 유보된 상속재산의 일부분을 말한다. 피상속인은 유언 또는 증여에 의하여 재산을 자유로이 처분할 수 있지만, 일정한 범위의 유족에게 일정액을 유보해 두지 않으면 안 되며, 그 한도를 넘는 유증이나 증여가 있을 때 그 상속인은 반환을 청구할 수 있게 한 제도이다.

피상속인이 상속인의 생계를 고려함이 없이 사망 직전에 그의 재산을 모두 타인에게 유언이나 증여에 의하여 처분하는 행위는 바람직하지 못하므로 일정비율의 재산을 상속인을 위하여 남기도록 하는 것이 유류분제도의 취지이다. 우리나라는 관습에 없던 제도이므로 이를 채택하지 않았으나 1977년 12월 31일 민법개정으로 이 제도를 신설하였다.

2. 유류분의 권리자와 유류분

유류분의 권리자는 피상속인의 직계비속, 배우자, 직계존속, 형제자매인 근친자에 한하며, 유류분의 비율도 상속순위에 따라 차이가 있다. 즉, 피상속인의 직계비속과 배우자는 그 법정상속분의 2분의1이며, 직계존속과 형제자매는 그 법정상속분의 3분의1이다(민법 제1112조).

3. 유류분의 산정

유류분은 피상속인의 상속개시시에 있어서 가진 재산의 가액에 증여재산의 가액을 가산하고 채무의 전액을 공제하여 이를 산정한다(민법 제1113조 제1항). 유류분반환범위는 상속개시 당시 피상속인의 순재산과 문제된 증여재산을 합한 재산을 평가하여 그 재산액에 유류분청구권자의 유류분비율을 곱하여 얻은 유류분액을 기준으로 하는 것인바, 그 유류분액을 산정함에 있어 반환의무자가 증여받은 재산의 시가는 상속개시 당시를 기준으로 하여 산정하여야 한다(대판 2009. 7. 23. 2006다28126).

4. 산입(算入)될 증여

증여는 상속개시전의 1년간에 행한 것에 한하여 민법 제1113조의 규정에 의하여 그 가액을 산정한다. 당사자 쌍방이 유류분 권리자에게 손해를 가할 것을 알고 증여를 한 때에는 1년 전에 한 것도 같다(민법 제1114조).

5. 반환의 순서 및 소멸시효

증여에 대하여는 유증을 반환받은 후가 아니면 이것을 청구할 수 없다(민법 제1116조). 반환의 청구권은 유류분 권리자가 상속의 개시와 반환하여야 할 증여 또는 유증을 한 사실을 안 때로부터 1년 내에 하지 아니하면 시효에 의하여 소멸한다. 상속이 개시한 때로부터 10년을 경과한 때도 같다(민법 제1117조).

6. 유류분 반환을 원인으로 한 소유권이전등기신청절차

(1) 유류분 권리자의 유류분 반환청구

피상속인의 직계비속 및 배우자는 그 법정상속분의 2분의1을, 직계존속 및 형제자매는 그 법정상속분의 3분의1을 유류분으로 청구할 수 있다(민법 제1112조). 상속개시시를 기준으로 하여 피상속인의 유증 또는 증여가 유류분(민법 제1112조)을 침해한 경우에는 유류분의 권리자는 유류분의 반환청구를 행사할 수 있다.

(2) 상속등기와 유류분 반환청구

상속등기 후에 유류분반환청구가 인정되면 그 상속등기는 유류분 반환을 원인으로 한 소유권이전등기를 하여야 하고, 상속등기 전에 유류분 반환청구가 이미 인정되었다면 그 유류분이 인정되는 상속분에 따라 상속등기를 하여야 할 것이다(법원행정처 발행 부동산등기실무2권 298면).

(3) 유증을 원인으로 한 소유권이전등기

유증을 원인으로 한 소유권이전등기신청이 상속인의 유류분을 침해하는 내용이라 하더라도 등기관은 수리하여야 하고, 상속인은 그의 유류분에 부족이 생긴 때에는 부족한 한도 내에서 그 재산의 반환을 청구할 수 있다(등기선례 2권 329항).

(4) 유류분 반환을 원인으로 한 판결에 의한 소유권일부이전등기 신청절차

(가) 등기신청서의 기재사항

유류분 반환을 원인으로 한 소유권이전등기절차이행의 확정판결에 의하여 유류분 반환 청구권자가 등기신청을 하는 경우에는 부동산등기규칙 제43조 각항의 사항을 기재하되 '등기목적'은 소유권일부이전으로, '등기원인'은 유류분 반환으로, '등기원인일자'는 반환청구의 의사표시를 한 날(소에 의하여 반환청구의 의사표시를 한 때에는 소장 송달일)을 기재한다{법원행정처발행 부동산 등기 기록례집 53면 (6) 유류분 반환 참조}.

그러나 판결에 의한 등기신청의 경우 등기원인을 증명하는 서면은 소장이 아니라 확정판결정본이므로, 판결주문에 등기원인과 그 연월일이 명시되어 있지 아니한 경우 등기신청서에는 등기원인은 '확정판결'로, 그 연월일은 '판결 선고일'을 기재하므로{등기예규 제1383호. 4. 가.2)}, 그 판결주문에 등기원인이 유류분 반환으로 기재되어 있으면 등기원인은 '유류분반환'으로 기재하고, 그 연월일이 명시되어 있지 아니한 경우 등기원인 연월일은 소장 송달일을 기재할 것이 아니라 '판결 선고일'을 기재하는 것이 타당하다고 본다.

(나) 등기신청서의 첨부면

등기신청서에는 판결정본 및 확정증명서, 등기권리자의 주소를 증명하는 서면, 대장(토지 또는 건축물)등본, 취득세(등록면허세)영수필확인서, 등기신청수수료 영수필확인서 등 부동산등기규칙 제46조 각 항의 서면을 첨부하여야 하나 농지취득자격증명서는 첨부할 필요가 없다(등기선례 제5권 741항).

【 갑 구 】		(소유권에 관한 사항)		
순위 번호	등기목적	접수	등기원인	권리자 및 기타사항
5	소유권 일부이전	2012년3월5 일 제3500호	2012년2월5일 유류분반환	공유자　지분 3분의 1 박나라 620201-2024425 서울특별시 마포구 성암로15길 12(상암동)

(주) 원인일자는 반환청구의 의사표시를 한 날(소에 의하여 반환청구의 의사표시를 한 때에는 소장
송달일)이다.

제12관 현물출자를 원인으로 한 소유권이전등기

1. 현물출자의 의의 및 요건

현물출자라 함은 회사설립(상법 제288조) 또는 신주발행(상법 제416조 제4호)시에 금전이외의 재산을 목적으로 하는 출자를 말한다. 주식회사 설립시에 현물출자를 하기 위하여는 정관(상대적 기재사항, 변태설립 사항)에 '현물출자를 하는 자의 성명과 그 목적인 재산의 종류, 수량, 가격과 이에 의하여 부여할 주식의 종류와 수'를 기재함으로써 그 효력이 있다(상법 제290조 제2호).

2. 현물출자의 목적인 재산

현물출자의 목적으로 할 수 있는 재산은 대차대조표에 자산으로서 기재할 수 있고, 그 종류도 묻지 않는다. 동산, 부동산, 유가증권, 특허권, 실용신안권 등 재산적 가치 있는 사실관계라도 출자의 목적으로 할 수 있다. 현물출자는 출자의 1 형태로서 쌍무·유상계약의 성질을 가진다. 그러므로 현물출자를 이행하지 아니하는 때에는 회사성립 전에 한하여 해제할 수 있고, 위험부담, 담보책임에 관하여는 민법의 규정이 유추 적용된다. 현물출자의 목적물이 과대평가 될 경우에는 회사의 자본기초를 위협하여 회사채권자를 해할 위험이 많으므로 주식회사 및 유한회사에는 현물출자가 법의 엄격한 감독하에서만이 인정된다.

3. 현물출자의 방법 및 이행

현물출자의 방법으로는 재산권 자체를 회사에 이전하는 것, 또는 소유권은 출자자에게 유보하고 회사로 하여금 그 물건의 사용수익만을 제공하는 것 등을 불문한다. 현물출자를 하는 발기인은 납입기일에 지체없이 출자의 목적인 재산을 인도하고, 등기 등록 기타 권리의 설정 또는 이전을 요할 경우에는 이에 관한 서류를 완비하여 교부하여야 한다(상법 제295조 제2항). 현물출자의 목적물이 부동산인 경우 소유권이전등기는 회사성립 후에 회사명의로 이전등기를 하고 있다. 다만 부동산에 관하여 설립 중의 회사의 명의로 등기한 경우에는 회사성립 후 다시 회사명의로 이전등기를 하지 아니하여도 성립된 회사에 귀속한다(同一性說).

4. 현물출자이행의 조사 또는 감정인의 감정

검사인은 현물출자의 이행을 조사하여 법원에 보고하여야 한다(상법 제299조 제1항). 그러나 현물출자의 이행에 관하여는 공인된 감정인의 감정으로 상법 제299조 제1항의 규정에 의한 검사인의 조사에 갈음할 수 있다. 이 경우 감정인은 감정결과를 법원에 보고하여야 한다(상법 제299조의2).

5. 이사회 또는 주주총회의 결정

회사가 그 성립 후에 주식을 발행하는 경우에는 '현물출자를 하는 자의 성명과 그 목적인 재산의 종류, 수량, 가격과 이에 대하여 부여할 주식의 종류와 수'에 관한 사항으로서 정관에 규정이 없는 것은 이사회가 결정한다. 다만, 상법에 다른 규정이 있거나 정관으로 주주총회에서 결정하기로 한 경우에는 그러하지 아니하다(상법 제416조 제4호). 주주총회 및 이사회의 의사(議事)에 관하여는 의사록을 작성하여야 한다(상법 제373조 제391조의3).

6. 현물출자를 원인으로 한 소유권이전등기절차

현물출자를 원인으로 한 소유권이전등기를 신청하는 경우에 등기원인을 증명하는 서면은 '현물출자계약서'이며, 원인일자는 '계약의 성립일'이 된다. 현물출자자가 납입기일에 출자의 목적인 재산을 인도하고 소유권이전등기에 필요한 서류를 교부한 뒤에 받은 이른바 '인도증서'(상법 제295조 제2항 참조)는 등기원인을 증명하는 서면이 아니므로 이를 제출할 필요가 없으며,

현물출자에 관한 사항을 정한 정관(상법 제290조 제2호)이나 이사회이사록(상법 제416조 제4호) 역시 첨부할 필요가 없다(2012. 11. 30. 부동산등기과-2261).

라. 현물출자77

【 갑 구 】		(소유권에 관한 사항)		
순위 번호	등기목적	접수	등기원인	권리자 및 기타사항
3	소유권이전	2012년3월5 일 제3005호	2012년2월4일 현물출자	소유자 대림주식회사 110111-0432125 서울특별시 마포구 성암로15길 12 (상암동)

			소유권이전등기신청		

접 수	년 월 일	처 리 인	등기관 확인	각종통지
	제 호			

부동산의 표시
서울특별시 서초구 서초동 100 대 500㎡

등기원인과 그 연월일	2013년 10월 5일 현물출자
등기의 목적	소유권 이전
이전할 지분	

구분	성 명 (상호 · 명칭)	주민등록번호 (등기용등록번호)	주소(소재지)	지 분 (개인별)
등 기 의 무 자	김 ○○			
등 기 권 리 자	○○건설주식회사 대표이사 ○○○			

시가표준액 및 국민주택채권매입금액		
부동산표시	부동산별 시가표준액	부동산별 국민주택채권매입금액
1.	금 원	금 원
2.	금 원	금 원
3.	금 원	금 원
국민주택채권매입총액	금 원	
국민주택채권발행번호		
취득세(등록면허세) 금 원	지방교육세 금 원	
	농어촌특별세 금 원	
세 액 합 계	금 원	
등기신청수수료	금 원	
	납부번호 :	

등기의무자의 등기필정보		
부동산고유번호		
성명(명칭)	일련번호	비밀번호

첨 부 서 면	
1. 현물출자 계약서 통 1. 취득세(등록면허세)영수필확인서 통 1. 인감증명 통 1. 등기필증 통 1. 토지대장등본 통	1. 등기신청수수료현금영수필확인서 1통 1. 주민등록표등(초)본 통 1. 위임장 통 < 기 타 >

년   월   일

위 신청인   (전화 :   )
　(또는)위 대리인   (전화 :   )

지방법원 등기과 귀중

- 신청서 작성요령 -
※ 1. 부동산표시란에 2개 이상의 부동산을 기재하는 경우에는 그 부동산의 일련번호를 기재하여야
　　 합니다.
　 2. 신청인란 등 해당란에 기재할 여백이 없을 경우에는 별지를 이용합니다.

현물출자계약서

1. 부동산의 표시
   서울특별시 서초구 서초동 100
   대 500㎡

○○건설주식회사를 甲이라 하고, 김○○을 乙로 하여 다음과 같은 계약을 체결한다.

1. 乙은 甲의 신주발행의 모집에 관한 정관 및 주식청약서의 기재내용을 승인하고 위 부동
   산을 금 5억원으로 환산하여 甲에게 현물출자하기로 하고 乙은 甲이 발행하는 신주식
   의 보통주식(1주의 금액 50,000원) 10,000주를 부여받기로 한다.

2. 乙은 위 부동산을 상법소정절차가 완료되는 즉시로 甲명의로 소유권을 이전할 수 있도
   록 등기절차에 소요되는 일체의 서류를 甲에게 제공한다.

위 계약의 성립을 입증하기 위하여 본 증서 2통을 작성하고 당사자는 각자 서명날인하여
甲·乙 각 1통씩 소지한다.

2013년 10월 5일

(甲) ○○건설주식회사

서울 ○○구 ○○동 ○○○-○

대표이사 ○○○   ㊞

(乙) 김 ○○   ㊞

서울 ○○구 ○○동 ○○○

제13관 대물변제로 인한 소유권이전등기

1. 대물변제의 의의

대물변제(代物辨濟)라 함은 채무자가 부담하고 있는 본래의 급부(급여)에 갈음하여 다른 급부를 현실적으로 함으로써 채권을 소멸시키는 채권자·채무자(채무자에 한하지 아니함) 사이의 계약(예 : 5,000만원을 차용하고 있는 자가 채권자의 양해를 얻어 그가 본래 지급하여야 할 5,000원의 금전급부에 갈음하여 1필의 토지나 1동의 건물을 급부하는 것)을 말하며, 변제와 같은 효력을 가진다(민법 제466조). 따라서 채권은 소멸한다.

2. 대물변제의 성질

(1) 요물계약(要物契約)

요물계약(要物契約)이라 함은 당사자의 합의(合意) 외에 당사자의 일방이 물건의 인도(引渡)나 기타의 급부(給付)를 하여야만 성립되는 계약을 말한다. 민법의 전형계약(典型契約)으로서 요물계약이라고 할 수 있는 것은 현상광고(懸賞廣告)뿐이다.

대물변제는 본래의 급부와는 상이한 다른 급부를 현실적으로 하여야 하는 점에서 단순히 다른 급부를 하여야 할 신채무를 부담하는데 그치는 갱개(更改. 민법 제500조)와는 다르다. 대물변제는 반드시 채권자의 승낙이 있어야 하며, 기존의 '본래의 채무에 갈음하여' 다른 급부를 현실적으로 하는 때에 성립하는 계약이므로 요물계약(要物契約)이다. '다른급부'의 내용이나 종류는 이를 묻지 않는다. 본래의 급부와 다른 급부(즉 대물급부)는 동가치(同價値)이어야 하는 것은 아니며 과부족이 있더라도 대물변제의 성립을 방해하지 않는다. 다른 급부(대물급부)는 '본래의 채무이행에 갈음하여' 하는 것이어야 한다.

(2) 대물변제의 요물성(要物性)

대물변제는 본래의 채무에 갈음하여 다른 급부를 현실적으로 하는 때에 성립되는 요물계약이므로 다른 급부가 부동산의 소유권이전인 때에는 등기도 완료하여야만 대물변제가 성립되어 기존채무가 소멸한다(대판 1978. 8. 22. 77다1940).

대물변제란 본래의 채무에 갈음하여 다른 급부를 현실적으로 하는 때에 성립되는 요물계약이므로, 그 급부가 소유권이전일 때에는 그 이전등기가 마쳐져야 본래의 채무가 소멸된다 할 것이고 그 이전등기가 경료되지 아니한 한 대물변제의 예약에 불과하여 본래채무가 소멸하지 아니한다(대판 1979. 9.11. 79다381).

3. 대물변제의 효력발생요건

대물변제가 효력을 발생하려면 채무자가 본래의 이행에 갈음하여 행하는 다른 급여가 현실적이어야 하고 등기나 등록을 요하는 경우 그 등기나 등록까지 경료하여야 한다(대판 1955. 10. 6. 4288민상244, 1963. 10. 22. 63다168, 1965. 9. 7. 65다1389, 1969. 1. 28. 68다1467, 1995. 9. 15. 95다13371). 따라서 채무자가 채권자에 대하여 어느 부동산을 대물변제하기로 약정하였다 하더라도 채권자는 그 부동산의 소유권이전등기를 경료할 때까지 소유권을 취득할 수 없다(대판 1969. 7. 29. 69다868).

4. 대물변제예약 완결권의 법적성질 및 행사기간, 행사방법

대물변제예약 완결권은 일종의 형성권으로 당사자 사이에 그 행사기간을 약정한 때에는 그 기간 내에, 그러한 약정이 없는 때에는 그 권리가 발생한 때로부터 10년 내에 이를 행사하여야 하고, 이 기간을 도과한 때에는 예약 완결권은 제척기간의 경과로 인하여 소멸한다. 대물변제예약 완결의 의사표시는 특별한 방식을 요하는 것이 아니고 예약 의무자에 대한 의사표시로 할 수 있다(대판 1997. 6. 27. 97다12488).

5. 대물변제를 원인으로 한 소유권이전등기절차

(1) 등기신청서의 기재사항

대물변제를 원인으로 한 소유권이전등기신청서에는 규칙 제43조 각항의 사항을 기재하여야 한다. 신청서에는 채무자를 등기의무자, 채권자를 등기권리자로 하여 공동으로 신청하며(법 제23조 제1항), 판결에 의한 경우에는 승소한 채권자가 단독으로 신청한다(법 제23조 제4항). 등기원인은 '대물변제'로, 연월일은 대물변제계약서상 '계약일'을, 등기의 목적은 '소유권이전'으로 각 기재한다.

(2) 등기신청서의 첨부서면

등기신청서에는 규칙 제46조 각 항의 서면을 첨부하여야 하다. 즉 채무자의 소유권에 관한 등기필증, 등기원인증서인 대물변제계약서(검인 요함). 채무자의 인감증명서, 부동산의 대장등본, 당사자의 주민등록표등(초)본, 등록세 영수필확인서 등을 첨부하여야 한다.

다. 대물변제 76

【 갑 구 】	(소유권에 관한 사항)			
순위 번호	등기목적	접수	등기원인	권리자 및 기타사항
3	소유권이전	2012년3월5일 제3005호	2012년3월4일 대물변제	소유자 이겨레 750614-1035852 서울시 종로구 창덕궁길 105 (원서동)

대물변제계약서

1. 부동산의 표시

    서울특별시 서초구 서초동 100

    대 500㎡

    박○○을 갑으로 하고, 김○○을 을로 하여 갑·을 간에 다음 채무의 대물변제에 관한 계약을 체결한다.

2. 갑·을 간에 있어서의 2012년 1월 10일 체결한 금전소비대차계약에 기한 乙이 甲에게 대하여 부담하는 원금 5천만원 및 그 원금에 대한 2012년 1월 10일부터 2013년1월 10일까지의 이자 금 ○○원의 채무변제에 갈음하여 乙은 그의 소유 위 부동산의 소유권을 갑에게 이전한다.

3. 을은 대물변제를 할 위 부동산에 대하여 즉시 소유권이전의 등기절차를 이행하기로 하고 갑은 위 등기를 필한 때에 위 채권일체가 모두 소멸하는 것을 승낙한 것으로 한다.

    위 계약의 성립을 입증하기 위하여 본증서 2통을 작성하고 당사자는 각자 서명날인하여 갑·을 각 1통씩 소지한다.

2013년 1월 20일

채권자(갑) 박 ○○ ㉑

서울 ○○구 ○○동 ○○○

채무자(을) 김○○ ㉑

서울 ○○구 ○○동 ○○○

제14관 재산분할을 원인으로 한 소유권이전등기

1. 재산의 형성에 기여한 몫의 분배

부부가 혼인 중에 취득한 실질상의 공동재산을 청산하여 이를 분배함과 동시에 이혼 후에 상대방의 생활유지에 이바지하는데 재산분할제도의 의의가 있다.

부부가 이혼하게 되면 부부의 생활공동체가 해체되므로 공동경제의 청산단계에 들어가게 되는데 이 경우 일방이 다른 일방의 명의로 취득한 재산의 형성에 기여한 몫을 돌려 받고 나아가 생활능력이 약한 배우자에 대하여 이혼 후에도 능력이 있는 상대방에게 부양의무를 지운다는 의미에서 재산분할제도가 도입된 것이다.

2. 재산분할의 청구(협의이혼, 재판상 이혼, 혼인취소)

재산분할은 협의이혼(민법 제843조~839조의2.) 또는 재판상의 이혼(민법 제840조~843조)으로 혼인관계가 해소됨에 따라 부부의 일방이 타방에게 하는 재산적 급여의 하나로서, 당사자의 협의로 분할의 액수와 방법을 정하는 것이 원칙이고, 협의가 되지 아니하거나 협의할 수 없는 때에는 가정법원이 당사자의 청구에 의하여 이를 정한다(민법 839조의2, 843조). 혼인취소(민법 제816~제825조)의 경우에는 이를 인정하는 민법상의 명문의 규정이 없으나, 혼인취소의 효력이 과거에 소급하지 않는다는 점(민법 제824조)에서 이혼과 실질적으로 다를 바 없으므로 혼인취소의 경우에도 재산분할을 인정하여야 할 것이다. 왜냐하면 가사소송법 제2조 나(가사비송사건) (2) (마류사건)4호에서 "민법 제839조의2 제2항(동법 제843조의 규정에 의하여 준용되는 경우 및 혼인의 취소를 원인으로 하는 경우를 포함한다)의 규정에 의한 재산분할에 관한 처분"에서 "혼인의 취소를 원인으로 하는 경우를 포함한다"고 규정하고 있는 것은 이러한 취지이다.

3. 재산분할의 방법(협의 또는 심판이나 조정신청)

재산분할은 당사자의 협의로 정하는 것이 원칙이고, 협의가 이루어지지 않거나 협의를 할 수 없는 때에 비로소 심판이나 조정을 신청할 수 있다. 따라서 이미 이루어진 재산분할에 관한 약정의 이행을 구하는 것은 민사사건이고 마류 가사비송사건으로서의 재산분할청구에는 해당되지 않는다.

4. 재산분할청구권에 관한 주요판례

(1) 유책배우자의 재산분할청구가부

혼인 중에 부부가 협력하여 이룩한 재산이 있는 경우에는 혼인관계의 파탄에 책임이 있는 배우자라도 재산의 분할을 청구할 수 있다(대판 1993. 5. 11. 93스6).

(2) 재산분할청구권 행사기간의 법적성질

재산분할청구권은 이혼한 날부터 2년 내에 행사하여야 하고 그 기간이 경과하면 소멸되어 이를 청구할 수 없는바, 이 때의 2년이라는 기간은 일반 소멸시효기간이 아니라 제척기간으로서 그 기간이 도과하였는지 여부는 당사자의 주장에 관계없이 법원이 당연히 조사하여 고려할 사항이다(대판 1994. 9. 9. 94다17536).

(3) 협의이혼을 전제로 재산분할의 약정을 한 경우, 그 후 혼인관계가 존속하거나 재판상 이혼이 이루어진 경우 약정의 효력여부

이혼하지 않은 당사자가 장차 '협의이혼'할 것을 약정하면서 이를 전제로 재산분할에 관한 협의를 한 경우, 어떠한 원인으로든지 협의이혼이 이루어지지 아니하고 혼인관계가 존속하게 되거나 당사자 일방이 제기한 이혼청구의 소에 의하여 재판상 이혼(화해, 조정을 포함한다)이 이루어진 경우에는, 그 협의는 조건의 불성취로 인하여 효력이 발생하지 않는다(대판 1995. 10. 12. 95다23156, 2003. 8. 19. 2001다14061).

(4) 향후 수령할 퇴직금이 재산분할의 대상이 되는지 여부(소극)

향후 수령할 퇴직연금은 여명을 확정할 수 없으므로 이를 바로 분할대상 재산에 포함시킬 수는 없고, 이를 참작하여 분할액수와 방법을 정함이 상당하다(대법원 1997. 3. 14. 96므1533, 1540). 부부 일방이 아직 퇴직하지 아니한 채 직장에 근무하고 있을 경우 그의 퇴직일과 수령할 퇴직금이 확정되었다는 등의 특별한 사정이 없다면, 그가 장차 퇴직금을 받을 개연성이 있다는 사정만으로 그 장래의 퇴직금을 청산의 대상이 되는 재산에 포함시킬 수 없고, 장래 퇴직금을 받을 개연성이 있다는 사정은 민법 제839조의2 제2항 소정의 재산분할의 액수와 방법을 정하는 데 필요한 '기타 사정'으로 참작되면 족하다(대법원 2002. 8. 28. 2002스36).

(5) 부부일방의 특유재산이 재산분할의 대상이 되는 경우

부부일방의 특유재산은 원칙적으로 분할의 대상이 되지 아니하나 특유재산일지라도 다른 일방이 적극적으로 그 특유재산의 유지에 협력하여 그 감소를 방지하였거나 그 증식에 협력하였다고 인정되는 경우에는 분할의 대상이 될 수 있다(대법원 1998. 2. 13. 97므1486, 1493, 2002. 8. 28. 2002스36).

(6) 재산분할액 산정의 기초가 되는 재산가액의 평가방법

재산분할액 산정의 기초가 되는 재산의 가액은 반드시 시가감정에 의하여야 하는 것은 아니지만 객관성과 합리성이 있는 자료에 의하여 평가하여야 한다(대법원 1999. 6. 11. 96므1397, 2002. 8. 28. 2002스36).

5. 재산분할의 성질(공동재산의 분배)

(1) 공동재산의 분배, 청산

재산분할은 「당사자 쌍방의 협력으로 이룩한 재산의 액수 기타 사정」을 참작하여 분할의 액수와 방법을 정하도록 되어 있는바, 그 성격에 관하여는 혼인중에 부부 쌍방의 협력으로 이룩한 실질적인 공동재산의 분배를 주된 목적으로 하는 것(대법원 1993. 5. 11. 93스6 결정)이다.

(2) 유책배우자의 재산분할의 청구

재산분할의 주된 목적은 실질적인 부부 공유재산의 분배에 있는 것이므로 혼인관계의 파탄 또는 해소에 책임이 있는지의 여부와는 직접적인 관련이 없다. 따라서 유책배우자라도 재산분할을 청구할 수 있다(대법원 1993. 5. 11. 93스6 결정).

(3) 재산분할과 혼인관계의 해소

재산분할은 협의이혼, 재판상 이혼 또는 혼인취소에 의하여 혼인관계가 해소되는 효과로서 인정되는 것이다. 따라서 이혼이 성립되거나 혼인취소의 판결이 확정된 후에 청구하는 것이 원칙이고, 혼인관계가 해소되지도 않은 상태에서 재산분할을 먼저 청구할 수는 없다.

6. 재산분할청구의 정당한 당사자

(1) 부부 중의 일방

부부 중 일방이 다른 일방을 상대방으로 하여 청구하여야 한다(가사소송규칙 제96조). 민법 제839조의2 제1항은 협의상 이혼한 자의 일방은 다른 일방에 대하여 재산분할을 청구할 수 있다고 규정하고, 민법 제843조에 의하여 이를 재판상 이혼에 준용한다.

(2) 재산분할청구권의 상속

재산분할청구권이 상속의 대상인지의 여부에 관하여는 이론이 있으나, 긍정설이 다수설이다.

(3) 사실혼이 해소된 경우(공유물의 분할청구)

사실혼이 해소된 경우에 재산분할청구를 할 수 있는지에 관하여는 견해가 나뉜다. 이를 부정하는 경우에는, 사실혼 당사자는 그 사실혼 중에 상대방 명의로 취득한 개개의 재산이 실질적으로는 부부의 공유 재산임을 주장, 입증하여 민법 제268조의 규정에 의한 공유물의 분할을 청구할 수밖에 없을 것이다(대판 1990. 10. 23 90다카5624).

7. 제척기간

1. 재산분할청구권은 이혼한 날부터 2년이 경과한 때에는 소멸한다(민법 제839조의2 제3항). 이는 제척기간이다. 혼인취소의 경우에는 명문의 규정이 없으나, 이를 유추적용하여 혼인취소의 판결이 확정된 후 2년이 경과하면 재산분할청구권은 소멸한다고 볼 것이다.

2. 「민법」제839조의2에서 "재산분할청구권은 이혼한 날로부터 2년을 경과한 때에는 소멸한다."라고 규정하고 있으나 재산분할 협의결과 발생한 소유권이전등기를 반드시 위 기간 내에 신청하도록 제한하는 것은 아니므로 협의이혼 당시 재산분할약정을 한 후 15년이 경과하더라도 재산분할협의서에 검인을 받고 혼인관계 증명서와 일반적인 소유권이전등기신청에 필요한 서면 등을 첨부하여 재산분할을 원인으로 소유권이전등기 신청을 할 수 있다(2009. 1. 9. 부동산등기과-71).

판 례

민법 제839조의2 제3항, 제843조에 따르면 재산분할청구권은 협의상 또는 재판상 이혼한 날부터 2년이 지나면 소멸한다. 2년 제척기간 내에 재산의 일부에 대해서만 재산분할을 청구한 경우 청구 목적물로 하지 않은 나머지 재산에 대해서는 제척기간을 준수한 것으로 볼 수 없으므로, 재산분할청구 후 제척기간이 지나면 그때까지 청구 목적물로 하지 않은 재산에 대해서는 청구권이 소멸한다.
재산분할재판에서 분할대상인지 여부가 전혀 심리된 바 없는 재산이 재판확정 후 추가로 발견된 경우에는 이에 대하여 추가로 재산분할청구를 할 수 있다. 다만 추가 재산분할청구 역시 이혼한 날부터 2년 이내라는 제척기간을 준수하여야 한다(대법원 2018.6.22. 2018스18결정).

8. 재산분할의 대상(혼인 중 쌍방의 협력으로 이룩한 재산)

재산분할의 대상이 되는 것은 혼인중 당사자 쌍방의 협력으로 이룩한 재산이다. 당사자가 혼인중에 취득한 재산은 민법 830조의 규정상, ① 부부 각자의 특유재산, ② 명실공히 부부의 공유에 속하는 재산, ③ 소유명의는 부부의 일방에게 있지만 실질적으로는 부부의 공유에 속하는 재산, ④ 소유명의가 제3자로 되어 있지만 실질적으로는 부부의 일방의 소유에 속하거나 부부 쌍방의 공유에 속하는 재산, ⑤ 소극재산으로서의 채무 등으로 나누어 볼 수 있고, 그 중 ②의 공유재산 및 ③의 실질적 공유재산이 분할의 대상임은 명백하다(법원실무제요 : 가사 p752).

9. 관할(상대방의 보통재판적 소재지의 가정법원합의부)

재산분할청구는 상대방의 보통재판적 소재지의 가정법원의 토지관할에 속하고(가사소송법 제46조 본문), 가정법원 합의부의 사물관할에 속한다(민사및가사소송의사물관할에관한규칙 제2조 제2항 제3호). 위자료나 재산분할은 어느 것이나 재판상 이혼청구에 병합할 수 있고 또 병합하여 청구하는 것이 일반적이다.

10. 재산분할의 방법

재산분할의 구체적인 방법은 금전지급에 의한 분할, 현물분할, 상속재산분할의 경우에 준하여 특정재산을 일방의 소유로 하고 그 일방으로 하여금 다른 일방에게 일정액의 금전을 지급하게 하거나 이들을 혼용하거나 또는 목적물을 경매에 붙여 그 매각대금을 분할하게 하는 등, 가정법원이 후견적 입장에서 가장 합리적으로 당사자간의 법률관계를 조정할 수 있는 것이면 어느 것이라도 무방하다.

11. 등기신청서의 기재사항 및 첨부서면

재산분할을 원인으로 한 소유권 이전등기 신청서의 기재사항(규칙 제43조) 및 첨부서면(규칙 제46조)은 다음과 같다.

(1) 재산분할을 원인으로 한 소유권이전 등기신청서의 기재사항

재산분할을 원인으로한 소유권이전 등기신청서에는 부동산등기규칙 제43조 각항의 기재사항을 기재한다. 등기의 목적은 소유권이전으로, 등기원인은 재산분할로, 등기원인일자는 협의상이혼(민법 제839조의2 제1항)의 경우에는 재산분할계약서(약정서) 상의 계약일자를 기재하며, 가정법원의 심판에 의한 경우에는 심판확정일자를 기재한다.

(2) 재산분할을 원인으로 한 소유권이전 등기신청서의 첨부서면

재산분할을 원인으로 한 소유권 이전등기신청서에는 부동산등기규칙 제46조 각항 의 서면을 첨부하여야 한다. 협의이혼에 따른 재산분할약정의 경우에는 검인 받은 약정서를 등기원인증서로 첨부하며, 민법 제839조의2의 규정에 의한 재산분할의 판결에 의하여 이혼당사자 중 일방이 그의 지분에 대한 농지의 소유권이전등기를 신청할 경우 그 절차는 판결에 의한 소유권이전등기신청절차와 동일하며 부동산등기특별조치법 소정의 검인을 받아야 하나 농지취득자격증명, 토지거래허가서 등은 첨부할 필요가 없다(등기선례요지집 제4권 261항). 재산분할을 원인으로 한 소유권이전등기신청서에는 이혼하였음을 소명하는 서면(호적등본 등)을 첨부하여야 한다(등기선례 8권 170항).

(3) 취득세, 등록세의 납부 및 국민주택채권의 매입

민법 제839조의2의 재산분할에 따른 부동산 소유권의 이전은 취득세의 비과세 대상을 한정적으로 규정한 지방세법 제110조 제4호 소정의 취득세 비과세 대상인 "공유권의 분할로 인한 취득"에 해당하지 아니하며, 이혼에 따른 재산분할을 원인으로 한 부동산 소유권 이전등기는 무상의 승계취득으로서 지방세법 제128조의 등록세 비과세 대상에 포함되지 아니하고, 지방세법 131조 제1항 제5호의 공유물 분할에도 해당하지 아니한다(대판 2003. 8. 19. 2003두 4331. 지방세 환급).

따라서 재산분할을 원인으로 한 부동산 소유권 이전등기신청의 경우에는 지방세법 제131조 제1항 제2호(현행지방세법 제28조 제1항 1호. 나. 2. 무상으로 인한 소유권의 취득 : 부동산 가액의 1,000분의 15)에 의한 등록세를 납부하여야 하며, 주택도시기금법 제8조의 규정에 따른 국민주택 채권도 매입하여야 한다.

이혼(협의상 이혼, 재판상 이혼, 혼인취소)에 따른 재산분할 약정서

부동산의 표시 : 서울시 금천구 독산동 ○○○번지   대○○○㎡

  위 부동산은 김○○의 소유인 바 부(夫) 김○○와 처(妻) 박○○ 사이의 이혼(협의상이혼, 재판상이혼, 혼인취소)에 따른 재산분할을 원인으로 하여 처 박○○에게 그 소유권을 이전하기로 쌍방이 약정하였으므로 이를 증명하기 위하여 본 약정서 2통을 작성하여 각자 1통씩 소지한다.

2011년 월 일

약정인 : 1. 부 김 ○ ○ (주민등록번호)
                  주 소

            2. 처 박 ○ ○ (주민등록번호)
                  주 소

소유권이전 등기신청 (재산분할)

접 수	년 월 일	처 리 인	등기관 확인	각종 통지
	제 호			

부동산의 표시
(생 략)

등기원인과 그 연월일	년 월 일 재산분할
등기의 목적	소유권 이전
이전할 지분	

구분	성 명 (상호 · 명칭)	주민등록번호 (등기용등록번호)	주소(소재지)	지분 (개인별)
등 기 의 무 자	박 ○ ○			
등 기 권 리 자	김 ○ ○			

시가표준액 및 국민주택채권매입금액		
부동산의 표시	부동산별 시가표준액	부동산별 국민주책채권매입금액
1.	금 원	금 원
2.	금 원	금 원
3.	금 원	금 원
국 민 주 택 채 권 매 입 총 액		금 원
국 민 주 택 채 권 발 행 번 호		

취득세(등록면허세) 금 원	지방교육세	금	원
	농어촌특별세	금	원

세 액 합 계	금 원
등 기 신 청 수 수 료	금 원
	납부번호 :

등기의무자의 등기필정보		
부동산고유번호		
성명(명칭)	일련번호	비밀번호

첨 부 서 면

1. 검인계약서(재산분할약정서 또는 판결정본 및 확정증명서 1통)	통	1. 주민등록등(초)본	통
1. 취득세(등록면허세)영수필확인서	통	1. 신청서부본	통
1. 인감증명	통	1. 위임장	통
1. 등기필증	통	<기 타>	
1. 토지·임야·건축물대장	통		
1. 등기신청수수료현금영수필확인서	1통		

년   월   일

위 신청인   (전화 :   )
(또는)위 대리인   (전화 :   )

지방법원   등기소   귀중

※ 부동산등기기재례

가. 민법 제839조의2의 규정에 의한 재산분할의 경우 85

【 갑 구 】		(소유권에 관한 사항)		
순위 번호	등기목적	접수	등기원인	권리자 및 기타사항
3	소유권이전	2003년 7월 20일 제10350호	2003년 3월 4일 재산분할	소유자 송○○ 000000-0000000 서울시 종로구 동숭동 ○

제15관 수용으로 인한 토지 등의 소유권이전등기

1. 수용의 개념

수용(收用) 또는 공용수용(公用收用)이라 함은 특정한 공익사업(公益事業: 공익사업을 위한 토지 등의 취득 및 보상에 관한 법률 제2조 제2호, 이하에서 '토지보상법'이라 약칭함)을 위하여 보상(補償)을 전제로 개인의 특정한 재산권을 강제적으로 취득하는 공법상(公法上)의 제한을 말한다.

공익사업을 위하여 특정한 재산권이 필요한 경우에 매매 기타의 민사상의 방법에 의하여 그 재산권을 취득하는 것이 바람직하나 당해 재산권의 소유권자가 그 매도를 원하지 아니한다거나 기타 이유로 민사상의 방법으로는 재산권을 취득할 수 없는 경우에 특정한 공익사업의 신속하고 효과적인 수행을 위하여 권리자의 의사(意思)여하에 관계없이 그 재산권을 취득하지 않으면 아니 될 경우에 대비하여 인정된 제도가 공용수용이다.

2. 사업시행자의 소유권취득(원시취득)

수용으로 인한 소유권취득은 원시취득(原始取得)이므로 이미 등기된 부동산에 관한 종전 등기기록을 폐쇄하고 사업시행자를 위하여 소유권보존등기를 하여야 할 것이나 기존의 등기 기록상의 권리변동과정을 그대로 공시(公示)하는 것이 등기의 공시기능을 할 수 있는 점을 고려하여 이미 등기된 부동산에 대하여는 종전 등기부에 이전등기형식으로 사업시행자가 등기권리자로서 단독으로 소유권이전등기를 신청할 수 있도록 하였다(법 제99조 제1항).

사업시행자는 수용의 개시일에 토지나 물건의 소유권을 취득하며, 그 토지나 물건에 관한 다른 권리는 이와 동시에 소멸한다(공익사업법 제45조 제1항). 따라서 등기관이 수용으로 인한 소유권이전등기를 할 경우에는 그 부동산의 소유권(수용의 개시일 이후의 소유권등기를 말한다). 소유권 이외의 등기 그 밖의 처분제한에 관한 등기를 직권으로 말소한다. 다만 수용된 부동산을 위하여 존재하는 지역권의 등기나 재결로써 존속이 인정되는 권리는 말소할 수 없다.

3. 사업시행자의 소유권 취득

(1) 수용을 원인으로 한 소유권이전등기신청

수용으로 인한 등기는 소유권이전등기의 형식을 취하므로 공동신청에 의하여야 하나 수용으로 인한 사업시행자의 소유권취득은 원시취득으로서 등기의무자의 의사에 기한 것이 아니므로 사업시행자의 단독신청을 인정하고 있다. 즉, 수용으로 인한 소유권이전등기는 부동산등기법 제23조 제1항에도 불구하고 등기권리자가 단독으로 신청할 수 있다(법 제99조 제1항).

사업시행자가 관공서인 경우에는 그 등기를 촉탁하여야 하나(법 제99조 제3항), 사업시행자와 등기의무자가 공동신청을 할 경우 이를 수리하여도 무방하다(대판 1977. 5. 24. 77다206).

(2) 소유권의 원시취득

토지수용으로 인한 사업시행자의 소유권취득은 토지소유지와 사이에 법률행위로 인한 승계취득이 아니라 법률의 규정에 의한 원시취득이며(대판 1991. 5. 10. 91다8654) 그 효과는 대인적인 것이 아니라 대물적인 것으로 모든 권리자에 대하여 발생하는데, 이를 "대물적 효과"라고 한다.

토지수용은 피수용자(등기의무자)의 자유의사에 의한 것이 아니므로 등기신청에 협력하는 것이 곤란하므로 사업시행자(등기권리자)가 단독으로 등기를 신청할 수 있다(법 제99조 제1항 등기예규 제1388호).

4. 사업시행자의 대위등기신청

사업시행자(등기권리자)는 부동산등기법 제99조 제1항의 등기신청을 하는 경우에 필요한 때에는 등기명의인이나 상속인, 그 밖의 포괄승계인을 갈음하여 부동산의 표시 또는 등기명의인의 표시의 변경, 경정 또는 상속, 그 밖의 포괄승계로 인한 소유권이전등기를 부동산등기법 제28조에 의하여 대위신청(代位申請)할 수 있다(법 제99조 제2항).

이 경우 대위원인은 '0000년 0월 0일 토지수용으로 인한 소유권이전등기청구권'으로 기재하고, 대위원일을 증명하는 서면으로 재결서등본을 첨부한다. 수용으로 인한 소유권이전등기를 신청하는 경우에 토지수용위원회의 재결로써 존속이 인정된 권리가 있으면 이에 관한 사항을 신청정보의 내용으로 등기소에 제공하여야 한다(규칙 제156조 제1항).

사업시행자가 '보상금을 받을 자가 그 수령을 거부하거나 보상금을 수령할 수 없을 때, 사업시행자의 과실 없이 보상금을 받을 자를 알 수 없을 때 등'의 경우에는 수용의 개시일 까지 수용하려는 토지 등의 소재지의 공탁소에 보상금을 공탁할 수 있다(토지보상법 제40조 제2항). 이 경우 사업시행자는 공탁서원본 및 재결서등본을 첨부하여 단독으로 그 명의로 소유권이전등기를 신청(촉탁)할 수 있다(법 제99조 제1항).

5. 국가 또는 지방자치단체가 등기권리자인 경우(등기촉탁)

국가 또는 지방자치단체가 등기권리자인 경우에는 지체 없이 부동산등기법 제99조 제1항의 수용으로 인한 소유권이전등기와 제2항의 대위등기를 등기소에 촉탁하여야 한다(법 제99조 제3항).

판 례

기업자가 과실 없이 진정한 토지소유자를 알지 못하여 형식상의 권리자인 등기부상 소유명의자를 그 피수용자로 확정하더라도 적법하고, 그 수용의 효과로서 수용목적물의 소유자가 누구임을 막론하고 이미 가졌던 소유권이 소멸함과 동시에 기업자는 완전하고 확실하게 그 권리를 원시취득한다(대판 1995. 12. 22. 94다40765).

6. 협의취득에 의한 등기절차

(1) 협의성립의 경우(사업시행자명의로 소유권이전등기)

공익사업을위한토지등의취득및보상에관한법률(이하 법이라 한다)에 의하여 토지 등의 대장상 소유명의인 또는 등기부상 소유명의인과 협의가 성립된 경우(등기예규 제1388호 2. 가)

(1) 미등기 토지 등의 대장상 소유명의인과 협의가 성립된 경우에는 먼저 그 대장상 소유명의인 앞으로 소유권보존등기를 한 후 사업시행자명의로 소유권이전등기 한다.

(2) 등기부상 소유명의인과 협의가 성립된 경우에는 사업시행자 명의로 소유권이전등기를 한다.

(3) 위 (1), (2)항에 의하여 사업시행자 명의로 소유권이전등기를 함에 있어서는 그 등기신 청서에 등기원인을 증명하는 서면으로 공공용지의 취득협의서를 첨부하여야 한다(규칙 제46조 제1항 제1호).

등기부상의 소유명의인인 갑을 피수용자로 하여 수용재결 후 사업시행자가 피수용자인 갑에게 보상금을 지급하였으나 수용의 시기 이전에 갑이 을에게 소유권이전등기를 경료한 경우, 사업시행자는 을을 등기의무자로 하여 재결서 등본 및 갑이 보상금을 수령하였음을 증명하는 서면을 첨부하여 단독으로 수용을 원인으로 한 소유권이전등기를 신청할 수 있다(등기선 례요지집 제 7 권 225항).

(2) 1필의 토지 중 특정 일부분이 수용된 경우의 등기방법

1필의 토지 중 특정 일부분을 수용하는 재결을 받은 사업시행자는 먼저 토지소유자를 대위하여 토지대장의 분할 등록과 그에 따른 분필등기를 한 후 수용을 원인으로 한 소유권이전 등기를 신청할 수 있다(2012. 12. 14. 부동산등기과-2329).

7. 수용으로 인한 소유권이전등기신청절차(등기예규 제1388호)

(1) 수용으로 인한 소유권이전 등기신청의 기재사항

등기원인은 "토지수용"으로, 원인일자는 "수용의 개시일"을 각 기재한다. 토지수용위원회의 재결에 의하여 존속이 인정된 권리가 있는 때에는 소유권이전등기신청서에 이를 기재하여야 한다(등기예규 제1388호. 3.가.).

(2) 수용으로 인한 소유권이전 등기신청서의 첨부서면

(가) 등기원인을 증명하는 서면

수용으로 인한 소유권이전등기신청서에는 부동산등기규칙 제46조의 일반적 첨부서면 이외에 등기원인을 증명하는 서면(규칙 제46조 제1항 제1호)으로 수용을 증명하는 서면(협의성립의 경우에는 협의성립확인서, 토지수용위원회의 재결을 한 경우에는 재결서등본)을 첨부하여야 한다.

(나) 보상금을 지급하였음을 증명하는 서면

수용으로 인한 소유권이전등기신청서에는 보상금을 지급하였음을 증명하는 서면(피수용자에게 보상금을 지급한 때에는 보상금수령증원본, 보상금을 공탁한 때에는 공탁서원본)을 첨부하여야 한다(규칙 제46조 제1항 제1호, 규칙 제156조 제2항).

(다) 제3자의 허가서 등의 첨부여부(소극)

수용으로 인한 등기의 형식은 소유권이전등기라 하더라도 수용목적물의 소유자가 누구임을 막론하고 이미 가지고 있던 소유권은 소멸함과 동시에 사업시행자가 그 권리를 원시취득(原始取得)하므로(대판 1991. 5. 10. 91다8654, 1995. 12. 22. 94다40765), 행정관청의 허가 등을 요하는 경우(규칙 제46조 제1항 제2호)라 하더라도 수용을 원인으로 한 소유권이전등기신청에는 원칙적으로 이러한 허가(예: 농지취득 자격증명, 토지거래 허가서 등)를 받을 필요가 없다(등기선례 제6권 50항).

(3) 등기절차

사업시행자가 수용의 개시일까지 관할 토지수용위원회가 재결한 보상금을 공탁한 때에는 수용의 개시일에 토지나 물건의 소유권을 취득한다(공익사업토지보상법 45조 제1항). 이 경우 소유권의 취득은 원시취득이다(대판 1991. 5. 10. 91다8654, 1993. 11. 12. 93다34756, 1995. 12. 22. 94다40765).

등기관이 수용을 인한 소유권이전등기를 하는 경우 그 부동산의 등기기록 중 소유권, 소유권 외의 권리, 그 밖의 처분제한에 관한 등기가 있으면 그 등기를 직권으로 말소하여야 한다. 다만, 그 부동산을 위하여 존재하는 지역권의 등기 또는 토지수용위원회의 재결(裁決)로써 존속(存續)이 인정된 권리의 등기는 그러하지 아니하다(법 제99조 제4항).

부동산에 관한 소유권 외의 권리의 수용으로 인한 권리이전의 등기에 관하여는 부동산등기법 제99조 제1항부터 제4항까지의 규정을 준용한다(법 제99조 제5항).

8. 등기신청서의 심사(등기예규 제1388호. 3. 다)

(1) 협의성립확인서의 첨부

토지수용으로 인한 소유권이전등기신청서에 협의서만 첨부한 경우에는 협의성립확인서를 첨부하도록 보정을 명하고, 이를 제출하지 않는 경우에는 등기신청을 수리하여서는 아니된다.

(2) 재결 전에 소유권의 변동이 있는 경우

사업인정고시 후 재결 전에 소유권의 변동이 있었음에도 사업인정 당시의 소유자를 피수용자로 하여 재결하고 그에게 보상금을 지급(공탁)한 후 소유권이전등기를 신청한 경우에는 등기신청을 수리하여서는 아니된다. 다만, 등기부상 소유자가 사망하였음을 간과하고 재결한 후 상속인에게 보상금을 지급(공탁)한 경우에는 등기신청을 수리한다.

(3) 피상속인명의로 등기된 토지(대위상속등기 후 소유권이전등기)

상속인 또는 피상속인을 피수용자로 하여 재결하고 상속인에게 보상금을 지급(공탁)하였으나 피상속인의 소유명의로 등기가 되어 있는 경우에는 대위에 의한 상속등기를 먼저 한 후 소유권이전등기를 신청하여야 하므로 상속등기를 하지 아니한 채 소유권이전등기신청을 한 경우에는 이를 수리하여서는 아니된다.

9. 토지수용으로 인한 타등기의 직권말소

토지수용으로 인한 소유권이전등기의 신청(촉탁)이 있는 경우에 그 부동산의 등기용지 중 소유권(소유권이전등기는 수용시기 이후의 등기에 한한다) 또는 소유권 이외의 권리, 그 밖의 처분제한에 관한 등기가 있는 때에는 등기관이 직권으로 그 등기를 말소하여야 한다(법 제99조 제4항). 왜냐하면 사업시행자는 수용의 개시 일에 토지의 소유권을 "원시취득"하며 그 권리에 관한 다른 권리는 이와 동시에 소멸(공익사업법 제45조 1항)하기 때문이다.

(1) 등기관의 직권에 의한 말소대상인 등기

토지수용으로 인한 소유권이전등기를 하는 경우에는 다음의 등기는 등기관이 이를 직권으로 말소하여야 한다(등기예규 제1388호 3. 라).

(가) 수용의 개시일 이후에 경료된 소유권이전등기. 다만, 수용의 날 이전의 상속을 원인으로 한 소유권이전등기는 그러하지 아니하다.

(나) 소유권 이외의 권리 즉 지상권, 지역권, 전세권, 저당권, 권리질권 및 임차권에 관한 등

기. 다만 그 부동산을 위하여 존재하는 지역권의 등기와 토지수용위원회의 "재결에 의하여 존속이 인정된 권리"는 그러하지 아니하다(공익사업법 제45조 3항, 법 제99조 제4항 후단).

(다) 가등기, 가압류, 가처분, 압류 및 예고등기.

(라) 부동산에 관한 소유권 외의 권리의 수용으로 인한 권리이전등기에 관하여는 법 제99조 제1항부터 제4항까지를 준용한다(법 제99조 제5항).

(2) 등기를 말소한 뜻의 통지

법 제99조제4항에 따라 등기관이 직권으로 등기를 말소하였을 때에는 수용으로 인한 등기말소통지서에 다음 사항을 적어 등기명의인에게 통지하여야 한다(규칙 제157조 제1항).

　　1. 부동산의 표시

　　2. 말소한 등기의 표시

　　3. 등기명의인

　　4. 수용으로 인하여 말소한 뜻

말소의 대상이 되는 등기가 채권자의 대위신청에 따라 이루어진 경우 그 채권자에게도 제1항의 통지를 하여야 한다(규칙 제157조 제2항, 등기예규 제1338호, 1531호 별지 제32호 양식).

각통 제   호

토지수용으로 인한 등기말소 통지서

1. 부동산의 표시 :

2. 말소한 등기 및 등기명의인의 표시
    접   수 :   년 월 일 접수제   호
    등기의 목적 :
    성 명(명 칭) :
    주   소 :

            (으)로부터 토지수용에 인한 이전등기신청(촉탁)이 있어 「공익사업을
위한 토지 등의 취득 및 보상에 관한 법률」 제45조, 「부동산등기법」 제99조 제4항에 따라
위와 같이 말소등기를 하였으므로 이에 통지합니다.

                    년   월   일

                        지방법원   등기소

                            등기관   (인)

                                                        귀하

(등기예규 제1067호. 3. 라. (2))   (후 면)

10. 토지수용위원회의 재결이 실효된 경우

(1) 사업시행자명의 등기의 말소

수용으로 인한 소유권이전등기가 경료된 후 토지수용위원회의 재결이 실효된 때에는 그 소유권이전등기는 말소되어야 하는바, 그 말소등기는 수용에 의한 등기의 단독신청(법 제99조 제1항)과는 달리 공동신청에 의하여야 한다(법 제23조 제1항). 피수용자는 사업시행자와 공동신청에 의하거나 또는 사업시행자의 협력을 얻을 수 없는 경우에는 그 등기의 말소를 명하는 판결(민사집행법 제263조 제1항)을 받아 단독으로 말소등기를 신청(법 제23조 제4항)하여야 하며, 재결을 취소하는 판결만으로는 단독으로 사업시행자명의의 소유권이전등기말소신청을 할 수 없다(등기선례 제6권 136항).

(2) 직권말소한 등기의 직권회복

피수용자의 신청에 의하여 수용으로 인한 소유권이전등기를 말소한 때에는 등기관은 수용으로 인한 소유권이전등기를 경료할 때에 직권으로 말소한 등기(법 제99조 제4항 전단)를 다시 직권으로 회복하여야 한다(등기선례 제2권 413항).

제16관 부동산실권리자 명의등기제도

부동산실권리자 명의등기제도는 부동산에 관한 소유권 기타 물권을 실체적 권리관계에 부합하도록 실권리자명의로 등기하게 함으로써 부동산등기제도를 악용한 투기·탈세·탈법행위 등 반사회적 행위를 방지하고 부동산거래의 정상화와 부동산가격의 안정을 도모하여 국민경제의 건전한 발전에 이바지함을 목적으로 한다.

실명등기제도의 도입으로 명의신탁을 하는 경우 명의신탁자와 명의수탁자 간의 명의신탁을 하기로 한 약정은 무효가 되고, 명의신탁약정에 의해 이루어진 등기도 무효가 된다.

"부동산실권리자명의등기(실명등기)"라 함은 부동산실권리자명의등기에관한법률(1995. 3. 30, 법률 제74944호, 이하 "실명법"이라 함.) 시행 전에 명의신탁약정에 의하여 명의수탁자의 명의로 등기된 부동산에 관한 물권을 동법 시행일(1995. 7. 1.) 이후 명의신탁자의 명의로 등기하는 것을 말한다(동법 제2조 4호).

1. 명의신탁제도의 연혁 및 명의신탁의 개념

(1) 명의신탁제도

명의신탁제도는 일제 하 토지조사령 및 임야조사령에 의한 토지 및 임야의 사정 당시 종중재산을 종중 자체의 명의로 등기하는 방법(법 제26조 참조)이 없어서 종중원 명의로 등기를 하게 된 것에서부터 비롯된 것으로 그후 법원이 이러한 법률관계를 독일의 신탁행위이론으로 설명한 것에서 유래한다고 한다.

명의신탁과 중간생략등기를 통한 부동산투기를 규제하고자 하는 목적에서 1990. 8. 1. 부동산등특별조치법과 1995. 3. 30. 부동산실권리자명의등기에관한법률이 각 제정되어 시행되고 있다.

(2) 명의신탁의 개념

명의신탁(名義信託)이라 함은 대내적 관계(對內的 關係)에서는 신탁자가 소유권을 보유하여 이를 관리·수익하면서 공부상의 소유명의만을 수탁자로 하여 두는 것을 말한다(대판 1965. 5. 18. 65다312). 명의신탁은 실정법(實定法)에는 근거가 없으며 판례에 의하여 확립된 이론으로서 독일의 신탁행위이론(信託行爲理論)을 확대 적용한 것이다.

(3) 명의신탁의 대상(소유권)

명의신탁을 할 수 있는 것은 '공부(公簿)'에 의하여 소유관계가 공시(公示)되는 재화(토지, 건물, 입목에 관한 법률에 의하여 등기된 입목, 선박, 항공기 등)에 한한다. 명의신탁이라고 할 때의 '명의(名義)'는 '소유명의(所有名義)'를 의미하는 것이므로 소유권에 관하여서만 명의신탁이 인정된다.

(4) 1필지 토지 중 일부의 매매와 매도하지 아니한 토지의 명의신탁관계의 성립

1필지의 토지 중 일부를 매도하면서 토지가 등기부상 분할되어 있지 아니하였던 관계로 전부에 관하여 매도인으로부터 매수인에게 소유권이전등기를 경료한 경우, 매도인이 매수인에게 매도하지 아니하였던 토지 부분에 관하여는 특별한 사정이 없는 한 두 사람 사이에 명의신탁관계가 성립되었다고 할 것이다(대판 2008. 2. 14. 2007다63690, 20110. 2. 11. 2009가40264).

2. 명의신탁등기의 의의

명의신탁등기라 함은 당사자의 신탁에 관한 채권계약에 의하여 신탁자가 실질적으로는 그의 소유에 속하는 부동산의 실체적인 거래관계가 없는 수탁자에게 이전하기 위하여 매매 등의 형식을 취하여 경료하는 등기로서 신탁자와 수탁자의 관계에서는 신탁자가 소유권을 보유하여 이를 관리 수익하면서 등기부상의 소유명의만을 형식적으로 수탁자 앞으로 하여 두는 것을 말한다. 명의신탁이라고 할 때의 '명의'는 '소유명의'를 의미하는 것이므로 소유권에 관하여서만 명의신탁이 인정된다.

3. 명의신탁의 법률관계

명의신탁의 법률관계, 즉 명의신탁에 있어서의 소유관계는 신탁행위에 있어서의 소유관계와 같기 때문에 대외관계(對外關係) 내지 제3자에 대한 관계에서는 소유권이 수탁자에게 이전·귀속하게 되고, 대내관계(對內關係) 즉 신탁자·수탁자 사이의 관계에 있어서는 소유권이 신탁자에게 보류된다는 것이 판례이론이다. 이와 같이 대외적으로는 소유권이 수탁자에게 있는 것으로 되기 때문에 수탁자가 신탁자의 승낙 없이 신탁재산을 처분한 경우 제3취득자는 선의·악의를 묻지 않고 적법하게 소유권을 취득하게 된다(대판 1963. 9. 19. 63다388).

4. 명의신탁자의 제3자에 대한 진정한 등기명의회복을 원인으로 한 소유권이 전등기청구의 가부(소극)

명의신탁에 있어서 대외적으로는 수탁자가 소유자라고 할 것이고, 명의신탁재산에 대한 침해배제를 구하는 것은 대외적 소유권자인 수탁자만이 가능한 것이며, 신탁자는 수탁자를 대위(代位)하여 그 침해에 대한 배제를 구할 수 있을 뿐이므로, 명의신탁사실이 인정된다고 할지라도 신탁자는 제3자에 대하여 진정한 등기명의의 회복을 원인으로 한 소유권이전등기청구를 할 수 있는 진정한 소유자의 지위에 있다고 볼 수 없다(대판 2001. 8. 21. 2000다36384).

5. 수탁자의 명의신탁 된 부동산의 처분과 명의신탁관계의 소멸

부동산을 명의신탁한 경우에는 소유권이 대외적으로는 수탁자에게 귀속되는 것이므로 수탁자가 수탁부동산을 제3자에게 처분하였을 때에는 그 처분행위가 무효 또는 취소되는 등의 사유가 없는 한 제3취득자는 신탁재산에 대한 소유권을 적법하게 취득하고 명의신탁관계는 소멸된다(대판 1993. 6. 8. 92다18634, 1997. 10. 10. 96다38896).

6. 종중 등에 대한 명의신탁약정에 따른 등기금지의 특례

(1) 명의신탁양정에 따른 등기의 금지 및 명의신탁약정의 효력

누구든지 부동산에 관한 물권을 명의신탁약정에 따라 명의수탁자의 명의로 등기하여서는 아니 된다(부동산 실권리자명의 등기에 관한 법률 제3조 제1항). 명의신탁약정은 무효로 하며, 명의신탁약정에 따른 등기로 이루어진 부동산에 관한 물권변동은 무효로 한다. 다만, 부동산에 관한 물권을 취득하기 위한 계약에서 명의수탁자가 어느 한쪽 당사자가 되고 상대방 당사자는 명의신탁약정이 있다는 사실을 알지 못한 경우에는 그러하지 아니하다(동법 제4조).

(2) 종중, 배우자 및 종교단체에 대한 특례

다음 각 호의 어느 하나에 해당하는 경우로서 조세포탈, 강제집행의 면탈 또는 법령상 제한의 회피를 목적으로 하지 아니하는 경우에는 실명법 제4조부터 제7조까지 및 제12조 제1항부터 제3항까지를 적용하지 아니한다(동법 제8조).

1. 종중이 보유한 부동산에 관한 물권을 종중(종중과 그 대표자를 같이 표시하여 등기한 경우를 포함한다)
   외의 자의 명의로 등기한 경우
2. 배우자명의로 부동산에 관한 물권을 등기한 경우
3. 종교단체의 명의로 그 산하 조직이 보유한 부동산에 관한 물권을 등기한 경우

7. 명의신탁약정

(1) 명의신탁약정의 의의(원칙 : 무효)

'명의신탁약정'이라 함은 부동산에 관한 소유권 기타 물권(이하 '부동산에 관한 물권'이라 한다)을 보유한 자 또는 사실상 취득하거나 취득하려고 하는 자(이하 '실권리자'라 한다)가 타인과의 사이에서 대내적으로는 실권리자가 부동산에 관한 물권을 보유하거나 보유하기로 하고 그에 관한 등기(가등기를 포함한다)는 그 타인의 명의로 하기로 하는 약정(위임·위탁매매의 형식에 의하거나 추인에 의한 경우를 포함한다)을 말한다(동법 제2조 제1호).

(2) 명의신탁의 유형

명의신탁은 강학상 등기명의신탁과 계약명의신탁으로 나눌 수 있고, 등기명의신탁은 다시 "2자간 등기명의신탁"과 "3자간 등기명의신탁"으로 구분할 수 있다(부동산등기실무Ⅲ권 412면 2. 나.).

(가) 2자간 등기명의신탁(명의신탁약정)

등기부상 명의인인 갑(신탁자)과 을(수탁자)간에 명의신탁약정을 체결하고, 갑이 을 명의로 소

유권을 이전하는 형식의 명의신탁을 말한다.

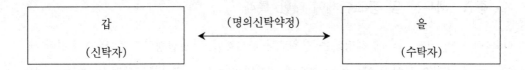

(나) 3자간 등기명의신탁(매매계약 및 명의신탁약정)

갑(신탁자)과 병(매도인)이 매매계약을 체결하되, 갑과 을(수탁자)간에는 명의신탁약정을 체결하여 등기는 병으로부터 을로 이전하는 형식의 명의신탁을 말한다.

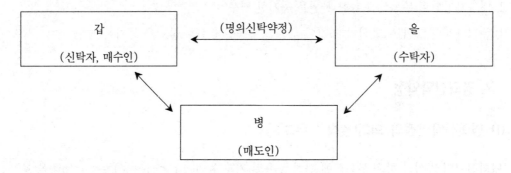

(다) 계약명의신탁(명의신탁약정 및 매매계약)

갑(신탁자)과 을(수탁자)간에 명의신탁약정을 체결하고, 을이 매매계약의 당사자가 되어 병(매도인)으로부터 을 명의로 소유권 이전을 받는 형식의 명의신탁을 말한다. 위 3자간 등기명의신탁의 경우에는 갑과 병이 매매계약의 당사자이나, 계약명의 신탁의 경우에는 을과 병이 매매계약의 당사자라는 점에서 차이가 있다.

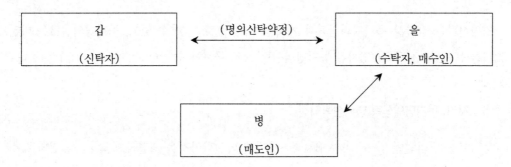

8. 실권리자의 실명등기의무(실명등기유예기간)

부동산실권리자명의등기에관한법률(이하 '부동산실명법')은 그 시행일인 1995년 7월 1일 이후 모든 부동산에 관한 물권은 명의신탁을 이용하여 다른 사람의 이름으로 등기할 수 없고, 실권리자의 명의로 등기하도록 의무화하였다.

부동산실명법시행 이전에 명의신탁한 경우에는 부동산실명법 제11조가 정하는 바에 따라 실명등기 등을 하여야 하며, 그 유예기간은 1996년 6월 30일까지이며, 다만 그 이전에 소송이 법원에 제기된 경우에는 확정판결이 있은 날로부터 1년 이내에 실명등기 등을 하도록 하였다.

(1) 실권리자 명의등기의무

누구든지 부동산에 관한 물권을 명의신탁약정에 의하여 명의수탁자의 명의로 등기하여서는 아니되며(동법 제3조 1항) 채무의 변제를 담보하기 위하여 채권자가 부동산에 관한 물권을 이전받는 경우에는 채무자·채권금액 및 채무변제를 위한 담보라는 뜻이 기재된 서면을 등기신청서와 함께 등기관에게 제출하여야 한다(동법 제3조 2항).

(2) 명의신탁금지에 대한 특례

다음의 경우에는 예외적으로 명의신탁등기가 허용된다.

(가) 양도담보

양도담보는 저당권을 설정하는 대신 매매계약을 하고 변제기에 변제가 없는 경우에는 채권자로 하여금 담보목적물을 임의로 처분케 하여 그 대금으로 채권을 청산케 하는 것을 그 내용으로 한다(대판 1955. 10. 6. 4288민상34). 채권담보를 위하여 채무자가 그 소유부동산을 채권자 명의로 이전하였다면 별단의 특약이 없는 한 '약한 의미의 양도담보'라고 추정할 것이다(대판 1960. 10. 13. 4293민상222).

채무의 변제를 담보하기 위하여 채권자가 부동산에 관한 물권을 이전받는 경우(동법 제2조 1호 가목)에는 채무자, 채권금액 및 채무변제를 위한 담보라는 뜻이 기재된 서면을 등기신청서와 함께 등기관에게 제출하여야 한다(동법 제3조 2항).

1) 채무변제를 위한 담보라는 뜻이 기재된 서면의 제출 부동산실권리자명의등기에관한법률

시행 전에 채무의 변제를 담보하기 위하여 채권자가 부동산에 관한 물권을 이전받은 경우에는 이 법 시행일로부터 1년의 기간 이내에 채무자, 채권금액 및 채무변제를 위한 담보라는 뜻이 기재된 서면을 등기관에게 제출하여야 한다(동법 제14조 1항).

2) 등기관의 확인 등기관은 양도담보를 원인으로 하는 부동산에 관한 소유권 기타 물권의 이전등기신청이 있는 경우 부동산실권리자명의등기에관한법률 제3조 제2항에 규정된 채무자, 채권금액 및 채무변제를 위한 담보라는 뜻이 기재된 서면의 제출 여부를 확인하여야 한다. 다만 위 사항이 전부 기재된 원인증서부본으로 위 서면을 갈음할 수 있다.

등기관은 양도담보증서편철장을 조제하여 위 서면과 위 법 제14조 제1항에 의하여 제출하는 서면을 편철하되 그 편철장을 5년마다 별책으로 하고 5년간 보존하여야 한다.

(나) 가등기

채무의 변제를 담보하기 위하여 채권자가 가등기하는 경우(동법 제2조 제1호. 가목)

(다) 상호명의 신탁등기(상호명의신탁해지를 원인으로 한 공유지분에 대한 소유권이전등기)

부동산의 위치와 면적을 특정하여 2인 이상이 구분소유하기로 하는 약정을 하고 그 구분소유자의 공유로 등기한 이른바 상호명의신탁등기는 부동산실권리자명의등기에관한법률이 금지하는 명의신탁등기가 아니므로(같은 법률 제2조 제1호 (나)목 참조), 이 경우에는 위 법률 제11조가 정하는 유예기간에 상관없이 상호명의신탁해지를 원인으로 하여 공유지분에 대한 소유권이전등기를 신청할 수 있으며, 이는 판결에 의하지 아니하고 당사자가 공동으로 소유권이전등기를 신청하는 경우에도 마찬가지이다(등기선례 6권 485항 제5권 632항).

판결이유에 상호명의신탁관계임을 인정하는 설시가 있는 경우에는 위 법률 제11조가 정하는 유예기간에 상관없이 상호명의신탁해지를 원인으로 하여 공유지분에 대한 소유권이전등기를 신청할 수 있다(등기선례요지집 제7권 410항. 413항. 414항).

(라) 부동산의 신탁

신탁법 또는 신탁업법에 의한 신탁재산인 사실을 등기한 경우(동법 제2조 제1호. 다목).

(마) 종중에 대한 특례(명의신탁해지를 원인으로 한 종중명의로의 소유권이전등기)

1) 종중이 보유한 부동산에 관한 물권을 종중(종중과 그 대표자를 같이 표시하여 등기한 경우를 포함한다) 외의 자의 명의로 등기한 경우에 그 등기가 조세포탈, 강제집행의 면탈 또는 법령상 제한 의 회피를 목적으로 하지 아니하는 경우에는 동법 제4조(명의신탁약정의 효력), 제5조(과징금), 제6조(이행강제금), 제7조(벌칙) 및 제12조(실명등기의무위반의 효력) 제1항, 제2항의 규정을 적용 하지 아니한다(동법 제8조 1항의 배우자명의로 부동산에 관한 물권을 등기한 경우에도 동일함).

따라서 위 경우에는 부동산실권리자명의등기에관한법률이 정한 유예기간(1995. 7. 1~1996. 6. 30.)과 관계없이 종중명의로 명의신탁해지를 원인으로 하는 소유권이전등기를 신청할 수 있지만(같은 법 제8조 참조), 종중은 원칙적으로 농지를 취득할 수 없다. 다만 농지개혁 당 시 위토대장에 등재된 기존 위토인 농지인 경우에는 당해 농지가 위토대장에 등재되어 있음을 확인하는 내용의 위토대장 소관청 발급의 증명서를 첨부하여 종중명의로 소유권 이전등기를 신청할 수 있다(등기선례 제5권 624. 637. 제6권 475항. 484항).

2) 종중명의로의 명의신탁해지를 원인으로 하는 소유권이전등기신청시 제출서면(조세포탈 등을 목적으로 하지 아니함을 증명하는 서면의 제출 여부 : 소극) : 종중원의 공유로 명의신탁한 종중 부 동산을 명의신탁해지를 원인으로 종중 명의로의 소유권이전등기신청을 하는 경우에 는 부동산실권리자명의등기에관한법률 제8조의 규정에 의한 "조세포탈, 강제집행의 면탈 또는 법령상 제한의 회피를 목적으로 하지 아니하는 경우"에 해당함을 증명하는 서면을 제출할 필요는 없다(등기선례요지집 제5권 637항).

종중이 명의신탁해지를 원인으로 한 소유권이전등기를 명하는 판결을 받아 확정된 경 우에는 부동산실권리자명의등기에관한법률 제11조 제4항이 적용되지 않는다(등기선례 제7권 26항1.).

(바) 배우자에 대한 특례(명의신탁해지를 원인으로한 소유권이전등기)

1) 명의신탁등기의 허용

배우자 명의로 부동산에 관한 물권을 등기한 경우에 그 등기가 조세포탈, 강제집행의 면탈 또는 법령상 제한의 회피를 목적으로 하지 아니하는 경우에는 부동산실권리자명의등기에관한법률 제4조(명의신탁약정의 효력), 제5조(과징금), 제6조(이행강제금), 제7조(벌칙) 및 제12조(실명등기의 무위반의 효력) 제1항, 제2항의 규정을 적용하지 아니한다(동법 제8조 제2호).

따라서 배우자 명의로 부동산에 관한 소유권등기를 한 경우에는 조세포탈, 강제집행의 면탈 또는 법령상 제한의 회피를 목적으로 하는 경우가 아닌 한 부동산실권리자명의등기에관한법률상의 유예기간과 관계없이 명의신탁해지를 원인으로 하는 소유권이전등기를 신청할 수 있다(등기선례요지집 제7권 411항, 제5권 624항. 637항.).

2) 사실혼배우자

판례는 "부동산실권리자명의등기에관한법률 제5조에 의하여 부과되는 과징금에 대한 특례를 규정한 부동산실권리자명의등기에관한법률 제8조 제2호 소정의 '배우자'에는 사실혼 관계에 있는 배우자는 포함되지 아니한다."(대판 1999. 5. 14. 99두35)고 하였다.

3) 배우자 일방이 사망한 경우 명의신탁약정의 효력

부동산실명법 제8조 제2호에 따라 부부간 명의신탁이 일단 유효한 것으로 인정되었다면 그 후 배우자 일방의 사망으로 부부관계가 해소되었다하더라도 그 명의신탁약정은 사망한 배우자의 다른 상속인과의 관계에서도 여전히 유효하게 존속한다고 보아야 한다(대판 2013. 1. 24. 2011다99498).

🔍 판 례

① 부동산실권리자명의등기에관한법률 시행 이전에 행하여진 명의신탁등기로서 같은 법 시행 당시 신탁자와 수탁자가 배우자 관계에 있었고, 신탁자가 조세포탈, 강제집행의 면탈 또는 법령상 제한의 회피를 목적으로 명의신탁하였다고 볼 수 없는 이상, 비록 신탁자가 같은 법 제11조에 정한 유예기간 중에 제기된 부동산물권에 관한 쟁송의 본안판결 확정일로부터 1년 이내에 재판상 이혼을 하고 그의 명의로 실명등기를 하지 아니하였다고 하더라도 수탁자와 사이의 명의신탁약정 및 이에 따른 부동산물권변동은 유효하다(대판 2002. 9. 27, 2001다42592).

② 부동산실권리자명의등기에관한법률 제8조 제2호에서는 배우자 명의로 부동산에 관한 물권을 등기한 경우로서 조세포탈, 강제집행의 면탈 또는 법령상 제한의 회피를 목적으로 하지 아니하는 경우에는 그 명의신탁약정과 그 약정에 기하여 행하여진 물권변동을 무효로 보는 위 법률 제4조 등을 적용하지 않는다고 규정하고 있는바, 어떠한 명의신탁등기가 위 법률에 따라 무효가 되었다고 할지라도 그

후 신탁자와 수탁자가 혼인하여 그 등기의 명의자가 배우자로 된 경우에는 조세포탈, 강제집행의 면탈 또는 법령상 제한의 회피를 목적으로 하지 아니하는 한 이 경우에도 위 법률 제8조 제2호의 특례를 적용하여 그 명의신탁등기는 당사자가 혼인한 때로부터 유효하게 된다고 보아야 한다(대판 2002. 10. 25, 2002다23840).

4) 부부간 명의신탁관계의 종료 시 신탁자의 수탁자에 대한 소유권이전등기청구권이 일반채권 자들의 공동담보로 제공되는 책임재산인지 여부(적극)

부부간의 명의신탁약정은 특별한 사정이 없는 한 유효하고(부동산실권리자명의등기에관한법률 제8조 참조), 이때 명의신탁자는 명의수탁자에 대하여 신탁해지를 하고 신탁관계의 종료 그것만을 이유로 하여 소유 명의의 이전등기절차의 이행을 청구할 수 있음은 물론, 신탁해지를 원인으로 하고 소유권에 기해서도 그와 같은 청구를 할 수 있는데, 이와 같이 명의신탁관계가 종료된 경우 신탁자의 수탁자에 대한 소유권이전등기청구권은 신탁자의 일반채권자들에게 공동담보로 제공되는 책임재산이 된다.

그런데 신탁자가 유효한 명의신탁약정을 해지함을 전제로 신탁된 부동산을 제3자에게 직접 처분하면서 수탁자 및 제3자와의 합의 아래 중간등기를 생략하고 수탁자에게서 곧바로 제3자 앞으로 소유권이전등기를 마쳐 준 경우 이로 인하여 신탁자의 책임 재산인 수탁자에 대한 소유권이전등기청구권이 소멸하게 되므로 이로써 신탁자의 소극재산이 적극재산을 초과하게 되거나 채무초과상태가 더 나빠지게 되고 신탁자도 그러한 사실을 인식하고 있었다면 이러한 신탁자의 법률행위는 신탁자의 일반채권자들을 해하는 행위로서 사해행위에 해당한다(대판 2016. 7. 29. 2015다56086).

(사) 명의신탁약정이 있다는 사실을 알지 못한 경우

명의신탁약정에 따라 행하여진 등기에 의한 부동산에 관한 물권변동은 무효로 되나 다만, 부동산에 관한 물권을 취득하기 위한 계약(계약명의신탁)에서 명의수탁자가 그 일방 당사자가 되고 그 타방 당사자는 명의신탁약정이 있다는 사실을 알지 못한 경우에는 그러하지 아니하다(동법 제4조 제2항).

(3) 명의신탁유형에 따른 법률관계

(가) 2자간 등기명의신탁(신탁자 : 수탁자명의의 소유권이전등기의 말소 또는 진정 명의회 복을 원인으로 한 소유권이전등기의 청구)

명의신탁약정이 무효이므로(부동산실명법 제4조 제1항), 신탁자는 명의신탁약정이 유효임을 전 제로 수탁자를 상대로 명의신탁해지를 원인으로 한 소유권이전등기청구 또는 소유권이전 기말소청구를 할 수 없다. 그러나 명의신탁약정에 기한 수탁자 명의의 소유권이전등기가 원 인 무효인 등기가 되어 신탁자는 소유권을 회복하므로, 신탁자는 소유권에 기한 방해배제청 구로서 을을 상대로 위 소유권이전등기의 말소를 구하거나 진정명의회복을 원인으로 하여 소유권이전등기를 구할 수 있다(대법원 2002. 9. 6. 선고 2002다35157 판결, 선례 7-419).

"양자 간 등기명의신탁"에서 명의수탁자가 신탁부동산을 처분하여 제3취득자가 유효하게 소유 권을 취득하고 이로써 명의신탁자가 신탁부동산에 대한 소유권을 상실하였다면, 명의신탁자의 소 유권에 기한 물권적 청구권, 즉 말소등기청구권이나 진정명의회복을 원인으로 한 이전등기청구권 도 더 이상 그 존재 자체가 인정되지 않는다. 그 후 명의수탁자가 우연히 신탁부동산의 소유권을 다시 취득하였다고 하더라도 명의신탁자가 신탁부동산의 소유권을 상실한 사실에는 변함이 없으 므로 여전히 물권적 청구권은 그 존재 자체가 인정되지 않는다(대판 2013. 2. 28. 2010다89814).

(나) 3자간 등기명의신탁(명의수탁자명의등기의 말소 및 명의신탁자의 매매계약에의한 소유 권이전등기청구)

1) 매도인의 명의수탁자명의등기(무효)의 말소청구 및 명의신탁자의 매도인에 대한 매매계약에 기한 소유권이전등기청구

부동산 실권리자명의 등기에 관한 법률에 의하면, 이른바 "3자간 등기명의신탁"의 경우 같은 법에서 정한 유예기간의 경과에 의하여 기존 명의신탁약정과 그에 의한 등기가 무효로 되고 그 결과 명의신탁된 부동산은 매도인 소유로 복귀하므로, 매도인은 명의수탁자에게 무 효인 명의 등기의 말소를 구할 수 있고, 한편 같은 법에서 정한 유예기간 경과 후에도 매도인 과 명의신탁자 사이의 매매계약은 여전히 유효하므로, 명의 신탁자는 매도인에게 매매계약 에 기한 소유권이전등기를 청구할 수 있고, 소유권이전등기청구권을 보전하기 위하여 매도인을 대위하여 명의수탁자에게 무효인 명의 등기의 말소를 구할 수 있다(대판 2011. 9. 8. 2009다 49193, 49209, 2002. 3. 15. 2001다61654).

2) 신탁부동산이 제3취득자명의로 소유권이전등기가 경료된 경우(명의수탁자의 명의신탁자에 대한 부당이득반환 의무)

이른바 " 3자간 등기명의신탁"에서 부동산 실권리자명의 등기에 관한 법률에서 정한 유예기간이 경과한 후 명의수탁자가 신탁부동산을 임의로 처분하거나 강제수용이나 공공용지 협의취득 등을 원인으로 제3취득자 명의로 이전등기가 마쳐진 경우, 특별한 사정이 없는 한 제3취득자는 유효하게 소유권을 취득하게 되므로(같은 법 제4조 제3항). 그로 인하여 매도인의 명의신탁자에 대한 소유권이전등기의무는 이행불능으로 되고 그 결과 명의신탁자는 신탁부동산의 소유권을 권리를 상실하는 손해를 입게 되는 반면, 명의수탁자는 신탁부동산의 처분대금이나 보상금을 취득하는 이익을 얻게 되므로, 명의수탁자는 명의신탁자에게 그 이익을 부당이득으로 반환할 의무가 있다(대판 2011. 9. 8. 2009다49193, 49209). 이 경우 수탁자가 부동산을 처분하면 횡령죄가 성립하는지, 특히 누구에 대한 횡령죄가 되는지에 대하여, 대법원은 '신탁자가 수탁자와 맺은 명의신탁약정에 따라 매도인으로부터 바로 그 수탁자에게 중간생략의 소유권이전등기를 경료한 경우, 그 수탁자가 그와 같은 명의신탁 약정에 따라 그 명의로 신탁된 부동산을 임의로 처분하였다면 신탁자에 대한 횡령죄가 성립한다'고 판시하였다(대판 2001. 11. 27. 2000도3463).

3) 유예기간 경과 후에 명의수탁자가 자의로 명의신탁자에게 바로 소유권이전등기를 해준 경우 그 등기의 효력(유효)

이른바 3자간 등기명의신탁에 있어서, 명의수탁자가 부동산실권리자명의등기에관한 법률에서 정한 유예기간 경과 후에 자의로 명의신탁자에게 바로 소유권이전등기를 경료해준 경우, 그 등기는 실체관계에 부합하는 등기로서 유효하다(대판 2004. 6. 25. 2004다6764).

4) 3자간 등기명의신탁과 계약명의신탁의 구별 기준

명의신탁약정이 이른바 "3자간 등기명의신탁"인지 아니면 "계약명의신탁"인지의 구별은 계약당사자가 누구인가를 확정하는 문제로 귀결된다. 그런데 타인을 통하여 부동산을 매수함에 있어 매수인 명의를 그 타인 명의로 하기로 하였다면 이때의 명의신탁관계는 그들 사이의 내부적인 관계에 불과하므로, 설령 계약의 상대방인 매도인이 그 명의신탁관계를 알고 있었다고 하더라도, 계약명의자인 명의수탁자가 아니라 명의신탁자에게 계약에 따른 법률효과를 직접 귀속시킬 의도로 계약을 체결하였다는 등의 특별한 사정이 인정되지 아니하는 한, 그 명의신탁관계는 계약명의신탁에 해당한다고 보아야함이 원칙이다(대법원 2013. 10. 7. 2013스133 결정).

명의신탁약정이 3자 간 등기명의신탁인지 아니면 계약명의신탁인지의 구별은 계약당사자가 누구인가를 확정하는 문제로 귀결되고, 계약명의자인 명의수탁자가 아니라 명의신탁자에게 계약에 따른 법률효과를 직접 귀속시킬 의도로 계약을 체결한 사정이 인정된다면 명의신탁자가 계약당사자이므로, 이 경우의 명의신탁관계는 3자 간 등기명의신탁으로 보아야 한다(대판 2016. 10. 27. 2016두43091).

(다) 계약명의신탁(명의신탁자의 수탁자를 상대로한 부당이득반환청구)

신탁자와 수탁자간의 명의신탁약정은 실명법 제4조 제1항에 따라 무효이나, 소유권이전등기의 유무효 여부는 매도인이 명의신탁약정에 관하여 선의·악의였는지에 따라 결정된다. 명의신탁자와 명의수탁자가 이른바 "계약명의신탁 약정"을 맺고 명의수탁자가 당사자가 되어 명의신탁 약정이 있다는 사실을 알지 못하는 소유자와 부동산에 관한 매매계약을 체결한 후 그 매매계약에 따라 당해 부동산의 소유권이전등기를 명의수탁자 명의로 마친 경우에는, 명의신탁자와 명의수탁자의 명의신탁 약정이 무효임에도 불구하고 부동산 실권리자명의 등기에 관한 법률 제4조 제2항 단서에 의하여 명의수탁자가 당해 부동산의 완전한 소유권을 취득한다. 반면에 소유자가 계약명의신탁 약정이 있다는 사실을 안 경우에는 수탁자 명의의 소유권이전등기는 무효이고 당해 부동산의 소유권은 매도인이 그대로 보유하게 된다. 어느 경우든지 명의신탁자는 그 매매계약에 의해서는 당해 부동산의 소유권을 취득하지 못하게 되어, 결국 그 부동산은 명의신탁자에 대한 강제집행이나 보전처분의 대상이 될 수 없다(대판 2011. 12. 8. 2010도4129).

명의신탁자와 명의수탁자가 계약명의신탁약정을 맺고 명의수탁자가 당사자가 되어 명의신탁약정이 있다는 사실을 알지 못하는 소유자와 부동산 취득에 관한 계약을 체결한 경우, 계약은 유효하다(대판 2015. 12. 23. 2012다202932).

아파트의 수분양자가 타인과 대내적으로는 명의신탁약정을 맺으면서 수분양자로서의 지위를 포괄적으로 이전하는 계약인수약정을 체결하고 이에 대하여 명의신탁약정의 존재를 모르는 분양자가 동의 내지 승낙을 한 경우, 분양계약인수약정은 유효하다(대판 2015. 12. 23. 2012다202932).

🔍 판 례

[1] 구 부동산 실권리자명의 등기에 관한 법률(2010. 3. 31. 법률 제10203호로 개정되기 전의 것) 제4조 제1항은 "명의신탁약정은 무효로 한다."고 규정하고, 제2항은 "명의신탁약정에 따라 행하여진 등기에 의한 부동산에 관한 물권변동은 무효로 한다. 다만 부동산에 관한 물권을 취득하기 위한 계약에서 명의수탁자가 그 일방당사자가 되고 그 타방당사자는 명의신탁약정이 있다는 사실을 알지 못한 경우에는 그러하지 아니하다."고 규정하고 있다. 따라서 명의신탁자와 명의수탁자가 계약명의신탁약정을 맺고 명의수탁자가 당사자가 되어 명의신탁약정이 있다는 사실을 알지 못하는 소유자와 부동산의 취득에 관한 계약을 체결하면 계약은 유효하다.

[2] 아파트의 수분양자가 타인과 대내적으로는 자신이 수분양권을 계속 보유하기로 하되 수분양자 명의만을 타인의 명의로 하는 내용의 명의신탁약정을 맺으면서 분양계약의 수분양자로서의 지위를 포괄적으로 이전하는 내용의 계약인수약정을 체결하고 이에 대하여 명의신탁약정의 존재를 모르는 분양자가 동의 내지 승낙을 한 경우, 이는 계약명의신탁 관계에서 명의수탁자가 당초 명의신탁약정의 존재를 모르는 분양자와 분양계약을 체결한 경우와 다를 바 없으므로, 분양계약인수약정을 유효하다(대판 2015. 12. 23. 2012다202932).

1) 매도인이 "선의"인 경우(명의신탁자의 부당이득반환청구)

"매도인의 선의"였다면 수탁자명의의 소유권이전등기는 유효하므로(동법 제4조 제2항 단서, 대판 2000. 3. 24. 98도4377), 수탁자가 최종적인 소유자가 된다. 이러한 경우 신탁자는 수탁자를 상대로 "부당이득을 원인"으로 한 매매대금 상당의 부당이득 반환을 청구할 수 있다.

명의신탁자와 명의수탁자가 이른바 "계약명의신탁약정"을 맺고 명의수탁자가 당사자가 되어 명의신탁약정이 있다는 사실을 알지 못하는 소유자와 부동산에 관한 매매계약을 체결한 뒤 수탁자 명의로 소유권이전등기를 마친 경우에는, 명의신탁자와 명의수탁자 사이의 명의신탁약정은 무효이지만 그 명의수탁자는 당해 부동산의 완전한 소유권을 취득하게 되고(부동산 실권자명의 등기에 관한 법률 제4조 제1항, 제2항 참조), 반면 명의신탁자는 애초부터 당해 부동산의 소유권을 취득할 수 없고 다만 그가 명의수탁자에게 제공한 부동산 매수자금이 무효의 명의신탁약정에 의한 법률상 원인 없는 것이 되는 관계로 명의수탁자에 대하여 등액 상당의 부당이득반환청구권을 가질 수 있을 뿐이다(대판 2009. 3. 26. 2008다34828).

① 실명법 "시행전"에 계약명의신탁을 한 경우(부당이득의 대상 : 당해 부당산 자체)

실명법 "시행 전"에 이른바 계약명의산탁에 따라 명의신탁 약정이 있다는 사실을 알지 못하는 소유자로부터 명의수탁자 앞으로 소유권이전등기가 경료되고 같은 법 소정의 유예기간이 경과하여 명의수탁자가 당해 부동산의 완전한 소유권을 취득한 경우, 명의수탁자가 명의신탁자에게 반환하여야 할 부당이득의 대상은 "당해 부동산 자체"이다.

판 례

대법원 2008.11.27. 선고 2008다62687 판결 【소유권이전등기】
부동산 실권리자명의 등기에 관한 법률 시행 전에 이른바 계약명의신탁에 따라 명의신탁 약정이 있다는 사실을 알지 못하는 소유자로부터 명의수탁자 앞으로 소유권이전등기가 경료되고 같은 법 소정의 유예기간이 경과하여 명의수탁자가 당해 부동산의 완전한 소유권을 취득한 경우, 명의수탁자가 명의신탁자에게 반환하여야 할 부당이득의 대상(=당해 부동산 자체) : 부동산 실권리자명의 등기에 관한 법률 시행 전에 명의수탁자가 명의신탁 약정에 따라 부동산에 관한 소유명의를 취득한 경우 위 법률의 시행 후 같은 법 제11조 소정의 유예기간이 경과하기 전까지는 명의신탁자는 언제라도 명의신탁 약정을 해지하고 당해 부동산에 관한 소유권을 취득할 수 있었던 것인데 실명화 등의 조치 없이 위 유예기간이 경과함으로써 같은 법 제12조 제1항, 제4조에 의해 명의신탁 약정은 무효로 되는 한편, 명의수탁자가 당해 부동산에 관한 완전한 소유권을 취득하게 되어 결국 명의수탁자는 당해 부동산 자체를 부당이득하게 되고, 같은 법 제3조 및 제4조가 명의신탁자에게 소유권이 귀속되는 것을 막는 취지의 규정은 아니므로 명의수탁자는 명의신탁자에게 자신이 취득한 당해 부동산을 부당이득으로 반환할 의무가 있다.

② 실명법 "시행후"에 계약명의신탁을 한 경우(부당이득의 대상 : 매수자금)

실명법 "시행 후"에 계약명의신탁약정을 한 경우 명의수탁자가 명의신탁자에게 반환하여야 할 부당이득의 대상은 "매수자금"이다.

부동산실권리자명의등기에관한법률 제4조 제1항, 제2항에 의하면, 명의신탁자와 명의수탁자가 이른바 계약명의신탁약정을 맺고 명의수탁자가 당사자가 되어 명의신탁약정이 있다는 사실을 알지 못하는 소유자와의 사이에 부동산에 관한 매매계약을 체결한 후 그 매매계약에 따라 당해 부동산의 소유권이전등기를 수탁자 명의로 마친 경우에는 명의신탁자와 명의수탁자 사이의 명의신탁약정의 무효에도 불구하고 그 명의수탁자는 당해 부동산의 완전한 소유권을 취득하게 되고, 다만 명의수탁자는 명의신탁자에 대하여 부당이득반환의무를 부담하게 될 뿐이라 할 것인데, 그 계약명의신탁약정이 부동산실권리자명의등기에관한법률 시행 후인 경우에는 명의신탁자는 애초부터 당해 부동산의 소유권을 취득할 수 없었으므로 위 명의신탁약정의 무효로 인하여 명의신탁자가 입은 손해는 당해 부동산 자체가 아니라 명의수탁자에게 제공한 매수자금이라 할 것이고, 따라서 명의수탁자는 당해 부동산 자체가 아니라 명의신탁자로부터 제공받은 매수자금을 부당이득하였다고 할 것이다(대판 2005. 1. 28. 2002다 66922, 2014. 8. 20. 2014다30483).

　명의수탁자가 완전한 소유권 취득을 전체로 사후적으로 명의신탁자와 매수자금반환의무의 이행에 갈음하여 명의신탁된 부동산을 양도하기로 약정하고 명의신탁자 앞으로 소유권이전등기를 마쳐준 경우, 위 소유권이전등기는 유효하다(대판 2014. 8. 20. 2014다30483).

2) 매도인이 "악의"인 경우(신탁자의 수탁자명의등기의 말소 또는 진정명의회복을 원인으로 한 소유권이전등기청구)

① 신탁자의 수탁자를 상대로한 소유권이전등기청구

　"매도인이 악의"였다면 명의신탁약정뿐만 아니라 수탁자 명의의 소유권이전등기도 부동산 실명법 제4조 제2항 본문에 따라 무효이고 매도인과 수탁자간의 매매계약도 원시적으로 목적을 달성할 수 없는 계약이 되어 무효이므로 소유권은 매도인에게 그대로 남아있다. 따라서 신탁자는 3자간 등기명의신탁의 경우와 같이 "수탁자를 상대"로 "소유권이전의 말소"를 구하거나 "진정명의회복을 원인으로 소유권이전등기"를 구할 수 있다. 그러나 신탁자와 매도인간에 매매계약을 체결한 사실이 없으므로 매도인 명의로 소유권이 회복되더라도 신탁자는 "매도인을 상대"로 소유권이전등기를 청구 할 수 없다(법원행정처 발행 : 부동산등기실무 Ⅲ권 418면).

② 악의의 매도인이 명의수탁자 앞으로 부동산의 소유권이전등기를 한 경우 수탁자가 그 부동산을 제3자에게 처분한 행위(불법행위)

　명의신탁자와 명의수탁자가 이른바 계약명의신탁 약정을 맺고 매매계약을 체결한 소유자도 명의신탁자와 명의수탁자 사이의 명의신탁약정을 알면서 그 매매계약에 따라 명의수탁자 앞으로 당해 부동산의 소유권이전등기를 마친 경우 부동산 실권리자명의 등기에 관한 법률 제4조 제2항 본문에 의하여 명의수탁자 명의의 소유권이전등기는 무효이므로, 당해 부동산의 소유권은 매매계약을 체결한 소유자에게 그대로 남아있게 되고, 명의수탁자가 자신의 명의로 소유권이전등기를 마친 부동산을 제3자에게 처분하면 이는 매도인의 소유권 침해행위로서 불법행위가 된다. 그러나 명의수탁자로부터 매매대금을 수령한 상태의 소유자로서는 그 부동산에 관한 소유명의를 회복하기 전까지는 신의칙 내지 민법 제536조 제1항 본문의 규정에 의하여 명의수탁자에 대하여 이와 동시이행의 관계에 있는 매매대금 반환채무의 이행을 거절할 수 있는데, 이른바 계약명의신탁에서 명의수탁자의 제3자에 대한 처분행위가 유효하게 확정되어 소유자에 대한 소유명의 회복이 불가능한 이상, 소유자로서는 그와 동시이행관계에 있는 매매대금 반환채무를 이행할 여지가 없다. 또한 명의신탁자는 소유자와 매매계약관계가 없어 소유자에 대한 소유권이전등기청구도 허용되지 아니하므로, 결국 소유자인 매도인으로서는 특별한 사정이 없는 한 명의수탁자의 처분행위로 어떠한 손해도입은 바가 없다(대판 2013. 9. 12. 2010다95185 소유권이전등기).

③ 명의신탁자의 소유자를 상대로 한 소유권이전등기청구 가부(소극) 및 명의신탁자가 이행강제금 부과대상에 해당여부(소극)

명의신탁자와 명의수탁자가 이른바 계약명의신탁 약정을 맺고 매매계약을 체결한 소유자도 명의신탁자와 명의수탁자 사이의 명의신탁약정을 알면서 매매계약에 따라 명의수탁자 앞으로 부동산의 소유권이선등기를 마친 경우 부동산 실권리자명의 등기에 관한 법률(이하 '부동산실명법'이라 한다) 제4조 제2항 본문에 따라 명의수탁자명의 소유권이전등기는 무효이고 매도인과 명의수탁자가 체결한 매매계약도 원시적으로 무효이므로, 부동산의 소유권은 매매계약을 체결한 소유자에게 그대로 남아 있게 되며, 명의신탁자는 소유자와 매매계약관계가 없기 때문에 명의신탁자가 소유자를 상대로 부동산에 관하여 소유권이전등기청구를 하는 것도 허용되지 아니한다.

이와 같이 매도인이 악의인 계약명의신탁에서 부동산실명법 제4조에 따라 명의신탁약정과 물권변동이 모두 무효인 까닭으로 명의신탁자가 부동산의 소유자를 상대로 이전등기청구권을 가지지 못하는 경우까지 부동산에 관한 물권을 자신의 명의로 등기하지 아니하였다는 이유로 명의신탁자에게 이행강제금을 부과하는 것은 부동산실명법 제6조가 정한 이행강제금의 제도적 취지에 부합한다고 보기 어렵다. 매도인이 악의인 계약명의신탁에서 명의신탁자는 부동산실명법 제6조가 정한 이행강제금 부과대상에 해당하지 아니한다(대판 2016. 6. 28. 2014두6465 이행강제금부과처분취소).

④ 신탁자와 수탁자가 계약명의신탁약정을 맺고 수탁자가 당사자가 되어 매도인과 매매계약을 체결하는 경우, 계약과 등기의 효력을 판단하는 기준(계약체결당시 매도인의 인식)

부동산 실권리자명의 등기에 관한 법률 제4조 제2항 단서는 부동산 거래의 상대방을 보호하기 위한 것으로 상대방이 명의신탁약정이 있다는 사실을 알지 못한 채 물권을 취득하기 위한 계약을 체결한 경우 그 계약과 그에 따른 등기를 유효라고 한 것이다. 명의신탁자와 명의수탁자가 계약명의신탁약정을 맺고 명의수탁자가 당사자가 되어 매도인과 부동산에 관한 매매계약을 체결하는 경우 그 계약과 등기의 효력은 매매계약을 체결할 당시 매도인의 인식을 기준으로 판단해야 하고, 매도인이 계약 체결 이후에 명의신탁약정 사실을 알게 되었다고 하더라도 위 계약과 등기의 효력에는 영향이 없다. 매도인이 계약 체결 이후 명의신탁약정 사실을 알게 되었다는 우연한 사정으로 인해서 위와 같이 유효하게 성립한 매매계약이 소급적으로 무효로 된다고 볼 근거가 없다. 만일 매도인이 계약 체결 이후 명의신탁약정 사실을 알게 되었다는 사정을 들어 매매계약의 효력을 다툴 수 있도록 한다면 매도인의 선택에 따라서 매매계약의 효력이 좌우되는 부당한 결과를 가져올 것이다(대판 2018. 4. 10. 2017다257715).

9. 명의신탁약정의 효력

(1) 명의신탁약정 및 명의신탁등기의 무효(강행적 효력규정)

동법 제4조 제1항은 "명의신탁약정은 무효로 한다"고 규정하고 있다. 동 규정은 거래유형으로서의 명의신탁약정 자체의 사법적 유효성을 부인함으로써 이를 일반적으로 규제하고자 하는 정책적 견지에서 마련된 강행적 효력규정이라고 본다.

대법원 1998. 6. 26. 선고 98다12874 판결(공 1998하. 1992)도 명의신탁약정이 비록 부동산등기제도를 악용한 투기, 탈세, 탈법 등 반사회적 행위에 해당하지 아니한다고 할지라도 법 제4조 제1항에 의거하여 무효로 된다는 취지로 판시하고 있다.

그러므로 무효인 명의신탁약정이나 명의신탁등기에 기하여는 어떠한 부동산물권변동의 효력도 발생할 수 없으며(민법 제186조), 동법 제4조의 규정은 효력규정으로 보아야 한다.

(2) 제3자에 대한 효력

실명법 제4조 제3항은 같은 조 제1항에 의거한 명의신탁약정의 무효를 제3자에게 대항할 수 없는 것으로 하는 외에, 명의신탁등기에 따른 신탁대상인 부동산물권변동의 같은 조 제2항에 의거한 무효는 제3자에게 대항할 수 없는 것으로 정하고 있다.

제3자의 의의

부동산 실권리자명의 등기에 관한 법률(이하 '부동산실명법'이라 한다) 제4조 제3항에서 "제3자"라고 함은 명의신탁약정의 당사자 및 포괄승계인 이외의 자로서 명의수탁자가 물권자임을 기초로 그와의 사이에 직접 새로운 이해관계를 맺은 사람을 말한다고 할 것이므로, 명의수탁자로부터 명의신탁된 부동산의 소유명의를 이어받은 사람이 위 규정에 정한 제3자에 해당하지 아니한다면 그러한 자로서는 부동산실명법 제4조 제3항의 규정을 들어 무효인 명의신탁등기에 터 잡아 마쳐진 자신의 등기의 유효를 주장할 수 없고, 따라서 그 명의의 등기는 실체관계에 부합하여 유효라고 하는 등의 특별한 사정이 없는 한 무효라고 할 것이고, 등기부상 명의수탁자로부터 소유권이전등기를 이어받은 자의 등기가 무효인 이상, 부동산등기에 관하여 공신력이 인정되지 아니하는 우리 법제 아래서는 그 무효인 등기에 기초하여 새로운 법률원인으로 이해관계를 맺은 자가 다시 등기를 이어받았다면 그 명의의 등기 역시 특별한 사정이 없는 한 무효임을 면할 수 없다고 할 것이므로, 이렇게 명의수탁자와 직접 이해관계를 맺은 것이 아니라 부동산실명법 제4조 제3항에 정한 제3자가 아닌 자와 사이에서 무효인 등기를 기초로 다시 이해관계를 맺은 데 불과한 자는 위 조항이 규정하는 제3자에 해당하지 않는다고 보아야 한다(대판 : 2005. 11. 10. 2005다34667,34674).

(3) 기존명의신탁자의 실명등기의무에 대한 특례(실명등기의 유예기간 경과 후 명의신탁해지를 원인으로 한 실명등기)

다음 각호의 경우에는 기존의 명의신탁등기가 된 경우에도 기존명의신탁자는 그 실명등기를 요하지 아니한다(동법 제11조 제1항 단서). 따라서 다음 각호의 경우에는 실명등기의 유예기간 경과 후에도 명의신탁해지를 원인으로 한 실명등기를 할 수 있다(동법 제11조 제1항 단서).

(가) 법률의 규정에 의한 물권변동

공용징수, 판결, 경매, 기타 법률의 규정에 의하여 명의수탁자로부터 제3자에게 부동산에 관한 물권이 이전된 경우(상속에 의한 경우를 제외한다)에는 실명등기를 요하지 아니한다(동법 제11조 제1항. 단서).

(나) 종교단체, 향교 등이 명의신탁한 부동산

다음 각 호에 규정된 종교단체, 향교 등이 조세포탈, 강제집행의 면탈을 목적으로 하지 아니하고 명의신탁한 부동산으로서 다음 1)호의 종단과 2)호의 소속종교단체 간에 명의신탁한 부동산으로서 대통령이 정하는 부동산(동법시행령 제5조 2항)의 경우에는 유예기간 이내에 실명등기를 요하지 아니하므로 실명등기의 유예기간 경과 후에도 명의신탁 해지를 원인으로 한 실명등기를 할 수 있다(동법 제11조 1항 단서). 위에서 "종교단체, 향교 등"이라 함은 다음 각 호에 해당하는 것을 말한다(동법시행령 제5조 1항).

1) 법인 또는 구 부동산등기법 제41조의2 제1항 제3호의 규정에 의하여 등록번호를 부여받은 법인 아닌 사단, 재단으로서 종교의 보급 기타 교화를 목적으로 설립된 종단, 교단, 유지재단 또는 이와 유사한 연합종교단체(이하 종단이라 한다) 및 개별단체(동법시행령 제5조 1항 1호)

2) 종단에 소속된 법인 또는 단체로서 종교의 보급 기타 교화를 목적으로 설립된 것(이하 '소속 종교단체'라 한다)(동령 제5조 1항 2호)

3) 향교재산법에 의한 향교재단법인 및 개별 향교와 문화재보호법에 의하여 문화재로 지정된 서원(동령 제5조 1항 3호)

4) 부동산 실권리자 명의등기에 관한 법률 제11조 제1항 안서에서 "대통령령이 정하는 부동산"이라함은 다음 각 호의 1에 해당하는 부동산을 말한다(동법 시행령 제5조 제2항).

① 동법시행령 제5조 제1항 제1호의 종단과 제1항 제2호의 소속종교단체간에 명의신탁한 부동산(동법 시행령 제5조 제2항 제1호)

② 동법시행령 제5조 제1항의 종교단체 및 향교등이 그 고유목적을 위하여 사용하는 농지법에 의한 농지(농지에 장착된 건축물을 포함한다)(동법 시행령 제5조 제2항 제2호).

(4) 실명등기를 한 것으로 간주하는 경우

다음 각호의 1 에 해당하는 경우에는 부동산실권리자명의등기에관한법률 제11조 제1항의 규정에 의하여 실명등기를 한 것으로 본다(동법 제11조 2항).

(가) **기존 명의신탁자의 처분행위**　기존 명의신탁자가 당해 부동산에 관한 물권에 관하여 매매 기타 처분행위를 하고 유예기간 이내에 그 처분행위로 인한 취득자에게 직접 등기를 이전한 경우(동법 제11조 제2항 1호)

(나) **기존 명의신탁자의 매각위탁**　기존 명의신탁자가 유예기간 이내에 다른 법률에 의하여 당해 부동산의 소재지를 관할하는 시장, 군수 또는 구청장에게 매각을 위탁하거나 금융기관불실자산등의효율적처리및한국자산관리공사의설립에관한법률에 의하여 설립

된 한국자산관리공사에 매각을 의뢰한 경우, 다만, 매각위탁 또는 매각의뢰를 철회한 경우에는 그러하지 아니하다(동법 제11조 제2항 2호).

(5) 실권리자의 귀책사유 없이 유예기간 내에 실명등기를 할 수 없는 경우

기존 명의신탁자, 즉 실권리자가 그의 귀책사유 없이 다른 법률의 규정에 의하여 실명등기 또는 매각처분을 할 수 없는 경우에는 그 사유가 소멸한 때로부터 1년 이내에 실명등기 또는 매각처분 등을 하여야 한다(동법 제11조 3항).

☜ 판 례

실명등기 또는 매각처분의 유예기간의 연장을 받기 위한 요건
부동산실권리자명의등기에관한법률 제11조 제3항에 의한 실명등기 또는 매각처분의 유예기간의 연장을 받기 위하여는 경제적 손실의 우려 등에 의한 사실상의 제약이 아니라 다른 법률의 규정에 의한 제한에 의하여 유예기간 내에 실명등기도 할 수 없고 매각처분(시장 등에 대한 매각위탁 및 한국자산관리공사에 대한 매각의뢰 포함)도 할 수 없어야 할 것이고, 또한 명의신탁을 한 시점에서는 이러한 제한이 없었다가 그 후 법률의 개정 또는 운영상의 변동 등으로 인하여 이러한 제한이 생긴 경우에 해당하여야만 귀책사유가 없었다고 할 수 있다(대판 2002. 5. 10, 2000다32765·32772).

(6) 부동산에 관한 쟁송이 제기된 경우

(가) 확정판결로부터 1년 이내에 실명등기 또는 매각처분

부동산실명법 시행전 또는 유예기간 중에 부동산물권에 관한 쟁송이 법원에 제기된 경우에는 당해 쟁송에 관한 확정판결(외와 동일한 효력이 있는 경우를 포함한다)이 있은 날로부터 1년 이내에 실명등기 또는 매각처분을 하여야 한다(동법 제11조 제4항).

동법 제11조 제4항의 '부동산물권에 관한 쟁송'이란 명의신탁자가 당사자로서 해당 부동산에 관하여 자신이 실권리자임을 주장하여 이를 공적으로 확인받기 위한 쟁송을 의미하므로(대판 2011. 5. 26. 2010다21214), 명의신탁자가 행정관청을 상대로 하여 제기한 부동산실권리자명의등기에관한법률의 위반으로 인한 과징금부과처분취소판결이 확정된 경우에는 같은 법 제11조 제4항에 의하여 명의신탁해지를 등기원인으로 하는 소유권이전등기를 신청할 수 없다(등기선례 제7권 416항. 제5권 625항. 6권 486항).

(나) 소의 변경·청구의 예비적 추가, 판결경정, 채권자 대위권

소의 변경과 청구의 예비적 추가(대판 1999. 4. 9. 98다51541). 판결의 경정신청(대법원 1999. 9. 9. 97마722 결정). 명의신탁자의 채권자가 명의신탁자를 대위하여 명의수탁자를 상대로 소송을 제기할 경우(대판 2000. 10. 6. 2000다32147)등은 부동산물권에 관한 쟁송에 해당되나, 가처분은 해당되지 아니한다(1999. 1. 26. 99다1027).

종중이 명의신탁해지를 원인으로 한 소유권이전등기를 명하는 판결을 받아 확정된 경우에는 부동산실권리자명등기에 관한 법률 제11조 제4항이 적용되지 않는다(등기선례 7권 26항).

(다) 당해 쟁송에 관한 확정판결이 있는 날

동법 제11조 제4항의 소정의 '당해 쟁송에 관한 확정판결이 있은 날'이라고 함은 그에 관한 '판결이 최종적으로 확정된 때'를 의미한다(대법원 1999. 9. 9. 97마722).

(7) 실명등기의 유예기간 경과 후 또는 명의신탁 약정일이 동법시행일 이후인 경우, 명의신탁해지를 원인으로 소유권이전등기 또는 소유권이전등기말소 등기신청의 각하

(가) 명의신탁해지를 원인으로 한 등기신청의 가부(소극)

명의신탁해지를 원인으로 하는 소유권이전등기 또는 소유권이전등기말소등기의 신청은 수리하여서는 아니된다. 다만, 동법 제8조 또는 제11조 제1항 단서에 해당하거나 위 법 시행 전에 명의수탁자명의로 등기된 부동산에 대하여 위법 시행일(1995. 7. 1.)로부터 1년 이내에 실명등기를 하는 경우에는 그러하지 아니하다(등기예규 제824호. 3).

(나) 명의신탁해지를 원인으로 소유권이전등기절차이행을 명한 판결에 의한 등기신청의 가부(소극)

명의신탁해지를 원인으로 하여 소유권이전등기절차 이행을 명하는 판결에 의한 등기신청이 있는 경우에 그 명의신탁이 「부동산 실권리자 명의등기에 관한 법률」에서 정한 명의신탁약정의 범위에서 제외되는 경우(같은 법 제2조 제1호 단서 나호의 이른바 상호명의신탁) 또는 특례(같은 법 제8조 제11조 제1항 단서)에 해당하지 않으면서 판결문상의 사건번호로 보아 위 법률 소정의 유예기간(1995. 7. 1. - 1996. 6. 30.)이 지난 후에 소를 제기하였음을 알 수 있거나(같은 법 제11조 제4항 참조), 판결 주문 또는 이유 중의 판단으로 볼 때 명의신탁의 약정일이 위 법률의 시행일(1995. 7. 1.) 이후인 경우에는 등기관은 이를 각하하여야 한다(등기선례 제8권 361항).

위 선례는 명의신탁해지를 원인으로 한 소유권이전등기를 명한 판결에 의해 등기신청이 있는 경우, 등기관은 판결문상의 사건번호로 보아 유예기간이 지난 후에 소를 제기하였는지 여부와 판결주문 또는 이유를 통하여 명의신탁약정일이 부동산실명법 시행일 이후인지 여부도 심사하도록 종전 선례를 변경한 것이다.

등기관이 소제기일 및 명의신탁 약정일에 대하여 형식적 심사를 하지 아니한 결과 명의신탁해지를 원인으로 한 소유권이전등기가 판결확정일로부터 1년 이내에 신청되었다는 이유만으로 수리된다면, 소제기가 유예기간 이후에 이루어진 경우 및 명의신탁 약정이 부동산실명법 시행일 이후에 이루어져 무효임이 명백한 경우까지 명의신탁 해지로 인한 등기를 인정하는 결과가 되어 매우 부당한 결과를 초래하게 될 것이다.

이 선례는 등기관이 신청서에 첨부된 판결문의 사건번호를 통하여 부동산실명법에서 정하고 있는 소제기 기간이 지났는지 여부를 판단하고, 판결의 주문 또는 이유를 통하여 명의신탁 약정일이 부동산실명법 시행일 이후임을 밝혀내는 것은 모두 실체법상의 권리관계를 심사하는 것이 아니고 절차법상의 하자 여부를 판단하는 것이어서 등기관의 형식적 심사권의 범위에 속하는 것으로 보았고, 이로써 부동산실명법의 취지에 반하는 등기를 방지하도록 하였다는 점에서 그 의의가 매우 크다고 할 것이다(주요 부동산등기선례해설집 II권 281면).

판례

부동산실권리자명의등기에관한법률 제11조 제1항 본문, 제12조 제1항, 제4조의 각 규정에 따르면, 부동산실권리자명의등기에관한법률 시행 전에 명의신탁 약정에 의하여 부동산에 관한 물권을 명의수탁자 명의로 등기한 명의신탁자는 유예기간 이내에 실명등기 등을 하여야 하고, 유예기간 이내에 실명등기 등을 하지 아니한 경우에는 유예기간이 경과한 날 이후부터 명의신탁 약정은 무효가 되고, 명의신탁 약정에 따라 행하여진 등기에 의한 부동산에 관한 물권변동도 무효가 되므로, 유예기간이 경과한 후 명의신탁 약정의 해지를 원인으로 한 명의신탁자의 소유권이전등기 신청은 그 신청취지 자체에 의하여 법률상 허용될 수 없음이 명백한 경우로서 부동산등기법 제55조 제2호의 '사건이 등기할 것이 아닌 때'에 해당하여 등기공무원은 이를 각하하여야 한다(대법원 1997. 5. 1. 97마384 결정).

(8) 과징금 · 이행강제금 · 벌칙

(가) 과징금(過徵金)

다음 각 호의 어느 하나에 해당하는 자에게는 해당 부동산 가액의 100분의 30에 해당하는 금액의 범위에서 부동산의 소재지를 관할하는 특별자치도지사, 시장, 군사, 구청장이 과징금을 부과한다(동법 제5조 제1항, 제5항).

1. 동법 제3조 제1항(부동산에 관한 물권을 명의신탁약정에 따라 명의수탁자명의로 등기한 자)을 위반한 명의신탁자

2. 동법 제3조 제2항을 위반한 채권자 및 같은 항에 따른 서면에 채무자를 거짓으로 적어 제출하게 한 실채무자(實債務者)

판례

[1] 부동산 실권리자명의 등기에 관한 법률은 누구든지 부동산에 관한 물권을 명의신탁약정에 따라 명의수탁자의 명의로 등기하여서는 아니 된다고 하고(제3조 제1항), 이를 위반한 명의신탁자에게는 해당 부동산 가액의 100분의 30에 해당하는 금액의 범위에서 과징금(이하 '명의신탁등기 과징금'이라고 한다)을 부과하도록 규정하고 있다(제5조 제1항 제1호). 또한 부동산의 소유권이전을 내용으로 하는 계약을 체결하고 반대급부의 이행이 사실상 완료된 날부터 3년 이내에 소유권이전등기를 신청하지 아니한 등기권리자 등에게는 부동산평가액의 100분의 30의 범위에서 과징금(이하 '장기미등기 과징금'이라고 한다)을 부과하도록 규정하고 있다(제10조 제1항).
이와 같이 명의신탁등기 과징금과 장기미등기 과징금은 위반행위의 태양, 부과 요건, 근거 조항을 달리하므로, 각 과징금 부과처분의 사유는 상호 간에 기본적 사실관계의 동일성이 있다고 할 수 없

다. 그러므로 그중 어느 하나의 처분사유에 의한 과징금 부과처분에 대하여 당해 처분사유가 아닌 다른 처분사유가 존재한다는 이유로 적법하다고 판단하는 것은 특별한 사정이 없는 한 행정소송법 상 직권심사주의의 한계를 넘는 것으로서 허용될 수 없다.

[2] 구 국토의 계획 및 이용에 관한 법률(2016. 1. 19. 법률 제13797호로 개정되기 전의 것)에 의한 토지거래허가구역 내의 토지에 관한 거래계약은 관할 행정청으로부터 허가받기 전까지는 채권적 효력도 발생하지 않아 무효이어서 권리의 이전 또는 설정에 관한 어떠한 내용의 이행청구도 할 수 없다. 그러므로 토지거래허가구역 내에 있는 토지를 매수한 사람이 토지거래허가를 받지 않은 이상 부동산 실권리자명의 등기에 관한 법률 제10조 제1항이 정하는 기간 내에 소유권이전등기를 신청하지 않았다고 하더라도 과징금을 부과할 수는 없다(대판 2017. 5. 17. 2016두53050).

(나) 이행강제금(履行强制金)

동법 제5조 제1항에 따른 과징금을 부과 받은 자가 지체 없이 해당부동산에 관한 물권을 자신의 명의로 등기하지 않은 자에 대하여는 과징금부과일로부터 1년이 지난 때에는 부동산 평가액의 100분의 10에 해당하는 금액을, 다시 1년이 지난 때에는 그 가액의 100분의 20에 해당하는 금액을 각각 이행강제금으로 부과한다(동법 제6조).

(다) 벌칙

다음 각 호의 어느 하나에 해당하는 자 및 그를 교사(教唆)하여 해당규정을 위반하게 한 자는 5년 이하의 징역 또는 2억원이하의 벌금에 처한다(동법 제7조 1항).

1. 제3조제1항을 위반한 명의신탁자
2. 제3조제2항을 위반한 채권자 및 같은 항에 따른 서면에 채무자를 거짓으로 적어 제출하게 한 실채무자

(9) 실명등기의무위반의 효력

동법 제11조(기존 명의신탁약정에 따른 등기의 실명등기기간)에 규정된 기간 이내에 실명등기 또는 매각처분 등을 하지 아니한 경우 그 기간이 지난 날 이후의 명의신탁약정의 효력은 무효로 한다(동법 제12조 제1항).

제17관 중간생략등기

1. 중간생략등기의 의의

중간생략등기라 함은 부동산물권이 최초의 양도인으로부터 중간취득자에게, 중간취득자로부터 최종취득자에게 전전 이전되어야 할 경우에, 그 중간취득자에의 등기를 생략하고 최초의 양도인으로부터 직접 최후의 취득자에게 하는 등기를 말한다. 예컨대 A가 그의 소유부동산을 B에게 매도하고, B는 자기 앞으로 이전등기를 하지 않은 채 그 부동산을 다시 C에게 매각한 경우에 A로부터 직접 C에게 이전등기를 하였다면, 이러한 등기를 일컬어 중간생략등기라고 한다.

2. 중간생략등기의 유효성

비록 중간생략이 된 등기라 하더라도 그 등기가 실체관계에 부합하는 등기일 때에는 유효한 등기이다(대판 65. 8. 31. 65다1329). 민법 제186조가 물권변동에 관하여 형식주의를 채택하였다 하여 물권에 관한 채권적인 거래관계에 따른 중간등기 생략에 의한 등기절차의 이행이나 미등기부동산의 전득자에 대한 보존등기절차의 이행까지를 무효로 할 이유는 없다(대판 66. 1. 31. 65다2515).

최종 양수인이 중간생략등기의 합의를 이유로 최초 양도인에게 직접 중간생략등기를 청구하기 위하여는 관계 당사자 전원의 의사합치가 필요하지만, 당사자 사이에 적법한 원인행위가 성립되어 일단 중간생략등기가 이루어진 이상 중간생략등기에 관한 합의가 없었다는 이유만으로는 중간생략등기가 무효라고 할 수는 없다(대법원 2005. 9. 29. 선고 2003다40651 판결).

현행 민법하에서의 판례는 중간생략등기의 유효성을 인정하나, 3자합의가 필수적 요건은 아니라고 한다. 즉 3자합의가 있을 때에 유효함은 물론이지만, 그러한 합의가 없더라도 이미 중간생략등기가 적법한 등기원인에 기하여 성립되어 있는 때에는, 합의가 없었음을 이유로 그 무효를 주장하지 못하고, 따라서 그 말소를 청구하지도 못한다고 한다(대판 1967. 5. 30, 67다588; 대판 1972. 7. 25, 71다2053; 대판 1980. 2. 12, 79다2104).

3. 중간생략등기의 합의

(1) 중간생략등기의 합의의 의미

중간등기생략합의는 중간등기를 생략하여도 당사자간에 이의가 없겠고 그 등기의 효력에 영향을 미치지 않게 하겠다는 의미가 있을 뿐이다(대판 79. 2. 27. 78다2446).

부동산이 전전 매도된 경우 각 매매계약이 유효하게 성립함을 전제로 그 이행의 편의상 최초의 매도인으로부터 최종의 매수인 앞으로 소유권이전등기를 경료하기로 한다는 당사자 사이의 합의에 불과할 뿐이므로, 이러한 합의가 있다고 하여 최초의 매도인이 자신이 당사자가 된 매매계약상의 매수인인 중간자에 대하여 갖고 있는 매매대금청구권의 행사가 제한되는 것은 아니다(대판 2005. 4. 29. 2003다66431).

"중간생략등기의 합의"란 부동산이 전전 매도된 경우 각 매매계약이 유효하게 성립함을 전제로 그 이행의 편의상 최초의 매도인으로부터 최종의 매수인 앞으로 소유권이전등기를 경료하기로 한다는 당사자 사이의 합의에 불과할 뿐이므로, 이러한 합의가 있다고 하여 최초의 매도인이 자신이 당사자가 된 매매계약상의 매수인인 중간자에 대하여 갖고 있는 매매대금청구권의 행사가 제한되는 것은 아니다(대판 2005. 4. 29. 2003다66431).

중간생략등기의 합의가 있었다 하더라도 이러한 합의는 중간등기를 생략하여도 당사자 사이에 이의가 없겠고, 또 그 등기의 효력에 영향을 미치지 않겠다는 의미가 있을 뿐이지 그러한 합의가 있었다 하여 중간매수인의 소유권이전등기청구권이 소멸된다거나 첫 매도인의 그 매수인에 대한 소유권이전등기의무가 소멸되는 것은 아니라고 한다(대판 1991. 12. 13, 91다18316: 소유권이전등기).

(2) 합의없이 이루어진 중간생략등기의 효력

중간생략등기절차에 있어서 이미 중간생략등기가 이루어져 버린 경우에는 그 관계 계약당사자 사이에 적법한 원인행위가 성립되어 이행된 이상, 중간생략등기에 관한 합의가 없었다는 사유로써 이를 무효라고 할 수는 없다(대판 79. 7. 10. 79다847).

당사자 사이에 적법한 원인행위가 성립되어 중간생략등기가 이루어진 이상, 중간생략등기에 관한 합의가 없었다는 사유만으로는 그 소유권이전등기를 무효라고 할 수 없다(대판 80. 2. 12. 79다2104).

최종 양수인이 중간생략등기의 합의를 이유로 최초 양도인에게 직접 중간생략등기를 청구하기 위하여는 관계 당사자 전원의 의사합치가 필요하지만, 당사자 사이에 적법한 원인행위가 성립되어 일단 중간생략등기가 이루어진 이상 중간생략등기에 관한 합의가 없었다는 이유만으로는 중간생략등기가 무효라고 할 수는 없다(대판 2005. 9. 29. 2003다40651).

4. 부동산등기특별조치법과 중간생략등기의 금지

「부동산등기특별조치법」 제2조 제2항은 계약의 체결이 있을 때마다 이에 다른 소유권이전등기를 순차로 하여야 한다고 하여 중간생략등기를 금지하고 있는 데, 체비지가 전전 매수되는 경우에도 이와 다를 바 없으므로, 체비지에 대하여도 중간매수인마다 그들 명의로의 소유권이전등기를 순차로 마쳐야 할 것이다(2013. 10. 15. 부동산등기과-2301 질의회답).

대법원판례는 "부동산등기특별조치법상 조세포탈과 부동산투기 등을 방지하기 위하여 위 법률 제2조 제2항 및 제8조 제1호에서 등기하지 아니하고 제3자에게 전매하는 행위를 일정 목적범위 내에서 형사처벌 하도록 되어 있으나 이로써 순차 매도한 당사자 사이의 중간생략등기합의에 관한 사법상 효력까지 무효로 한다는 취지는 아니다"라고 판시하였다(대판 1993. 1. 26, 제 2 부(차) 판결 92다39112: 소유권이전등기).

제18관 취득시효완성으로 인한 부동산의 소유권취득

'취득시효(取得時效)'라 함은 물건 또는 권리를 점유하는 사실상태가 일정기간 동안 계속되는 경우에, 그 상태가 진실한 권리관계에 부합하느냐 않느냐를 묻지 않고서, 그 사실 상태를 그대로 존중하여 권리취득의 효과가 생기게 하는 시효제도를 말한다. 소멸시효(消滅時效)와 대립되는 개념이다.

부동산에 대한 취득시효 제도의 존재이유는 부동산을 점유하는 상태가 오랫동안 계속된 경우 권리자로서의 외형을 지닌 사실상태를 존중하여 이를 진실한 권리관계로 높여 보호함으로써 법질서의 안정을 기하고, 장기간 지속된 사실상태는 진실한 권리관계와 일치될 개연성이 높다는 점을 고려하여 권리관계에 관한 분쟁이 생긴 경우 점유자의 증명곤란을 구제하려는 데에 있다(대판 2016. 10. 27. 2016다224596).

'소멸시효(消滅時效)'란 권리의 불행사가 일정한 기간 계속함으로써 권리의 소멸을 초래하는 제도이다. 일정한 상태의 계속으로 권리를 취득하게 되는 취득시효(取得時效)와 대립되며, 권리불행사의 계속을 요건으로 하지 않는 제척기간(除斥期間)과 구별된다.

1. 취득시효의 대상

구민법은 취득시효의 객체가 되는 것은 '타인의 물건'이여야 함을 명백히 규정하고 있었으나(구민법 제162조) 현행민법에는 그러한 규정이 없다. 시효취득은 원시취득(대판 1993. 10. 12. 93다1886, 1994. 12. 22. 92다3489, 2004. 9. 24. 2004다31463)으로 타인의 소유권을 바탕으로 하여 그것을 승계하는 것이 아닐 뿐만 아니라, 원래 취득시효는 누구의 소유이냐를 묻지 않고서 사실상태를 권리관계로 높이려는 제도이므로 취득시효의 객체가 되는 물건은 타인의 물건이어야 할 필요가 없다.

국유재산(국유재산이란 국가의 부담, 기부채납(기부채납이란 국가 이외의 자가 국유재산법 제5조 제1항 각 호에 해당하는 재산의 소유권을 무상으로 국가에 이전하여 국가가 이를 취득하는 것을 말한다)이나 법령 또는 조약에 따라 국가소유로 된 국유재산법 제5조 제1항 각호의 재산을 말한다)에는 사권(私權)을 설정하지 못한다(국유재산법 제11조 제2항 전단).

국유재산(국유재산은 그 용도에 따라 행정재산(행정재산은 공용재산, 공공용재산, 기업용재산, 보존용재산으로 구분된다)과 일반재산(행정재산 외의 모든 국유재산)으로 구분한다. 동법 제6조)에는 사권(私權)을 설정하지 못하므로 원칙적으로 취득시효의 대상이 될 수 없다(대판 1970. 8. 31, 1973. 11. 27. 73다869다1792, 1972. 12. 26. 72다334, 1996. 5. 28. 95다52383 등).

가. 취득시효의 대상이 될 수 있는 경우

(1) 1필의 토지의 일부

공부상 아직 분필되지 않은 토지의 일부라도 요건을 갖추면 그 부분에 관하여 취득시효가 완성되고 권리의 득실이 생길 수 있는 것이고, 수인이 분필되지 아니한 토지를 일부분씩 각기 점유한 탓으로 각자 그 점유부분에 관하여 취득시효로 인한 권리취득의 대상이 생겼다하여 1 물1권주의(1物1權主義)의 법리(法理)에 위반된다고 할 수 없다(대판 1965. 1. 19. 64다1254).

1필의 토지의 일부에 대한 시효취득은 그 토지의 일부가 점유에 속한다는 것을 인식하기에 충분한 객관적 징표가 계속존재 하였음을 필요로 한다(대판 1965. 11. 16. 65다1819, 1820, 1989. 4. 25. 88다카9494, 1996. 1. 26. 95다24654).

(2) 자기소유 부동산

취득시효의 목적물은 타인의 물건임을 요하지 아니하고 자기의 물건이라도 시효득의 목적이 될 수 있으며(대판 1973. 7. 24. 73다559, 560), 취득시효는 원시취득이고 사실상태를 권리관계로 높이는 것이므로 점유물건의 타인성(他人性)은 그 요건이 되지 못한다(대판 1973. 8. 31. 73다387,388).

자기 소유의 부동산을 점유하고 있는 상태에서 다른 사람 명의로 소유권이전등기가 된 경우 자기 소유 부동산을 점유하는 것은 취득시효의 기초로서의 점유라고 할 수 없고, 그 소유권의 변동이 있는 경우에 비로소 취득시효의 기초로서의 점유가 개시되는 것이므로, 취득시효의 기산점은 소유권의 변동일 즉 소유권이전등기가 경료된 날이다(대판 1997. 3. 14. 96다55860).

취득시효는 당해 부동산을 오랫동안 계속하여 점유한다는 사실상태를 일정한 경우에 권리관계로 높이려고 하는 데에 그 존재이유가 있는 점에 비추어 보면, 시효취득의 목적물은 타인의 부동산임을 요하지 않고 자기 소유의 부동산이라도 시효취득의 목적물이 될 수 있다고 할 것이고, 취득시효를 규정한 민법 제245조가 '타인의 물건인 점'을 규정에서 빼놓은 것도 같은 취지에서라고 할 것이다(대판 2001. 7. 13. 2001다17572).

(3) 공유지분·지분소유권 및 공유재산

토지의 지분소유권도 취득시효의 대상이 되며(대판 1975. 6. 24. 74다1877), 공유지분의 일부에 대하여서도 시효취득이 가능하다(대판 1979. 6. 26. 79다639). 지분소유권의 취득시효의 경우에는 특정된 토지부분의 취득을 주장하는 것이 아니고 지분권(持分權)의 시효취득을 주장하는 것이므로 점유의 범위를 특정할 수 있는 객관적 징표가 계속 존재할 필요가 없다(대판 1975. 6. 24. 74다1877).

구 지방재정법상 공유재산에 대한 취득시효가 완성되기 위하여는 그 공유재산이 취득시효 기간 동안 계속하여 시효취득의 대상이 될 수 있는 잡종재산이어야 하고, 이러한 점에 대한 증명책임은 시효취득을 주장하는 자에게 있다(대판 2009. 12. 10. 2006다19177).

토지를 수인이 공유하는 경우에 공유자들의 소유권이 지분의 형식으로 공존하는 것뿐이고, 그 처분권이 공동에 속하는 것은 아니므로 공유토지의 일부에 대하여 취득시효완성을 원인으로 공유자들을 상대로 그 시효취득부분에 대한 소유권이전등기절차의 이행을 청구하는 소송은 필요적 공동소송이라고 할 수 없다(대판 1994. 12. 27. 93다32880, 32897).

(4) 국가가 압류한 재산 및 성명불상자의 소유물

국가가 압류한 부동산이라도 민법 제245조 제1항 소정의 점유로 인한 부동산소유권 시효취득의 대상이 될 수 있으며(대판 1991. 10. 22. 91다28153), 시효로 인한 부동산 소유권의 취득은 원시취득으로서 취득시효의 요건을 갖추면 곧 등기청구권을 취득하는 것이고 또 타인의 소유권을 승계취득(承繼取得)하는 것이 아니어서 시효취득의 대상이 반드시 타인의 소유물이어야 하거나 그 타인이 특정되어 있어야만 하는 것은 아니므로 성명불상자의 소유물에 대하여 시효취득을 인정할 수 있다(대판 1992. 2. 25. 91다9132).

(5) 통행지역권

지역권은 계속되고 표현된 것에 한하여 민법 제245조의 규정을 준용하도록 되어 있으므로, 통행지역권은 요역지의 소유자가 승역지 위에 도로를 설치하여 승역지를 사용하는 객관적 상태가 민법 제245조에 규정된 기간 계속된 경우에 한하여 그 시효취득을 인정할 수 있다(대판 2001. 4. 13. 2001다8493).

(6) 위토

위토(位土)라 함은 제사(祭祀) 등에 관련되는 일을 처리하기 위하여 설정된 토지인 위전(位田)과 위답(位畓)을 말한다. 분묘(墳墓)에 속한 1정보(町步) 이내의 금양임야(禁養林野)와 600평 이내의 묘토(墓土)인 농지의 소유권은 제사를 주재(主宰)하는 자가 이를 승계한다(민법 제1008조의3).

계쟁 토지가 위토(位土)로서 위토대장에 등재되어 있었다하여 시효취득의 대상이 되지 아니한다고 볼 수 없다(대판 1992. 1. 21. 91다33377).

나. 시효취득의 대상이 될 수 없는 경우

(1) 행정재산

(가) 국유재산의 구분 및 사권(私權)의 설정가부(소극)

국유재산은 그 용도에 따라 행정재산과 일반재산(행정재산 외의 모든 국유재산)으로 구분하며, 행정재산의 종류에는 공용재산, 공공용재산, 기업용재산, 보존용재산이 있다(국유재산법 제6조). 국유재산에는 사권(私權)을 설정하지 못한다. 다만, 일반재산에 대하여 대통령령으로 정하는 경우에는 그러하지 아니하다(동법 제11조 제2항).

(나) 행정재산의 종류

행정재산 중 '공용재산(公用財産)'이란 국가가 직접 사무용, 사업용 또는 공무원의 주거용으로 사용하거나 대통령령으로 정하는 기한까지 사용하기로 결정한 재산을 말하며, '공공용재산(公共用財産)'이란 국가가 직접 공공용으로 사용하거나 대통령령으로 정하는 기한까지 사용하기로 결정한 재산이며, '기업용재산(企業用財産)'이란 정부기업이 직접 사무용, 사업용 또는 그 기업에 종사하는 직원의 주거용으로 사용하거나 대통령령으로 정하는 기한까지

사용하기로 결정한 재산을 말하며, '보존용재산(保存用財産)'이란 법령이나 그 밖의 필요에 따라 국가가 보존하는 재산을 각 의미한다(동법 제6조 제2항).

(다) 행정재산의 시효취득대상 여부

국유재산에는 사권을 설정하지 못하므로(국유재산법 제11조 제2항) 국유재산인 행정재산은 점유로 인한 소유권취득의 대상이 될 수 없다(대판 1970. 8. 31. 69다1792, 1972. 12. 26. 72다334). 행정재산은 공용폐지가 되지 아니하는 한 사법상 거래의 대상이 될 수 없으므로 취득시효의 대상도 되지 아니하고, 또한 행정재산이 사실상 공용 또는 공공용에 제공된 바 없다 하여 당연히 공용폐지가 되었다고 할 수는 없다(1993. 7. 27. 92다49973).

국유재산법 제7조 제2항은 "행정재산은 민법 제245조에도 불구하고 시효취득의 대상이 되지 아니한다"라고 규정하고 있으므로, 국유재산에 대한 취득시효가 완성되기 위해서는 그 국유재산이 취득시효기간 동안 계속하여 행정재산이 아닌 시효취득의 대상이 될 수 있는 일반재산이어야 한다. 또 행정재산이 기능을 상실하여 본래의 용도에 제공되지 않는 상태에 있다 하더라도 관계 법령에 의하여 용도폐지가 되지 아니한 이상 당연히 취득시효의 대상이 되는 일반재산이 되는 것은 아니고, 공용폐지의 의사표시는 묵시적인 방법으로도 가능하나 행정재산이 본래의 용도에 제공되지 않는 상태에 있다는 사정만으로는 묵시적인 공용폐지의 의사표시가 있다고 볼 수도 없다(대판 2010. 11. 25. 2010다58957).

(라) 공용폐지처분

인공공물(人工公物)인 공공용물(公共用物)은 공물주체(公物主體)가 앞으로 당해 물건의 공공목적을 위한 사용을 폐지하려는 의사표시가 있음으로써 소멸하는데, 행정주체의 이러한 의사표시를 공용폐지처분(公用廢止處分)이라고 한다. 공용폐지(公用廢止)가 된 경우에는 당해물건에 대한 공법적 제한은 해제되고, 원칙적으로 완전한 사권(私權)의 대상이 된다.

국유 또는 공공단체의 소유재산으로서 그 행정목적을 위하여 공용되고 있는 부동산은 공용폐지처분이 없는 이상 소유권취득의 대상이 될 수 없으며(대판 1968. 8. 30. 68다1198), 하천부지는 공공용물로서 용도폐지(用途廢止) 전(前)에는 사법상의 거래 또는 취득시효의 대상이 될 수 없다(대판 1969. 1. 21. 68다2164).

국유 또는 공공단체의 소유재산으로서 그 행정목적을 위하여 공용(公用)되어 있는 부동산은 그 공용이 폐지되지 않은 한 그것이 사인(私人)의 점유로 인한 소유권 취득의 대상이 될 수 없다(대판 1974. 2. 12. 73다557, 1982. 12. 14. 80다236).

1) 공용폐지의 의사표시방법 및 그 입증책임

공용폐지의 의사표시는 명시적이든 묵시적이든 상관없으나 적법한 의사표시가 있어야 하고, 행정재산이 사실상 본래의 용도에 사용되고 있지 않다는 사실만으로 공용폐지의 의사표시가 있었다고 볼 수는 없으며, 원래의 행정재산이 공용폐지되어 취득시효의 대상이 된다는 입증책임은 시효취득을 주장하는 자에게 있다(대판 1995. 11. 14. 94다42877).

행정 목적을 위하여 공용되는 행정재산은 공용폐지가 되지 않는 한 사법상 거래의 대상이 될 수 없으므로 취득시효의 대상도 되지 않는 것이고, 공물의 용도폐지 의사표시는 명시적이든, 묵시적이든 불문하나 적법한 의사표시여야 하고 단지 사실상 공물로서의 용도에 사용되지 아니하고 있다는 사실만으로 용도폐지의 의사표시가 있다고 볼 수는 없다(대판 1995. 12. 22. 95다19478).

2) 공용폐지처분 된 국유재산(행정재산)의 시효취득 가부(적극)

행정목적을 위하여 공용되는 행정재산은 공용폐지가 되지 않는 한 사법상 거래의 대상이 될 수 없으므로 시효취득의 대상도 될 수 없으며(대판 1983. 6. 14. 83다카181), 행정재산은 공용폐지가 되지 아니하는 한 사법상 거래의 대상이 될 수 없으므로 시효취득의 대상이 되지 아니하고, 관재당국이 이를 모르고 행정재산을 매각하였다 하더라도 그 매매는 당연 무효이다(대판 1996. 5. 28. 95다52383).

국유재산법(1976. 12. 31. 법률 제2950호)의 제정 이전에 있어서는 국유재산이라도 공용폐지 된 토지에 대하여는 시효취득이 가능하며(대판 1979. 11. 27. 79다1675), 행정목적을 위한 공용이 폐지된 토지는 시효취득의 대상이 된다(대판 1979. 9. 25. 76다1080).

(2) 귀속재산

귀속재산(歸屬財産)이라 함은 1948. 9. 11. '대한민국정부와 미국정부간에 체결된 재정 및 재산에 관한 최초협정' 제5조의 규정에 의하여 대한민국 정부에 이양된 모든 재산을 말한다. 1964. 12. 31까지 매매계약이 체결되어 있는 것 외의 모든 귀속재산은 1965. 1. 1자로 국유재산이 된 것이다. 귀속재산을 적산(敵産)이라고도 한다. 귀속재산은 취득기간만료에 의한 소유권취득이 대상이 될 수 없다(대판 1969. 5. 27. 69다500).

(3) 문화재보호구역 내의 국유토지

문화재보호구역 내의 국유토지는 "법령의 규정에 의하여 국가가 보존하는 재산", 즉 국유재산법 제4조 제3항(현행법 제6조 제2항 제4호) 소정의 "보존재산"에 해당하므로 구 국유재산법 (1994.1.5. 법률 제4698호로 개정 전) 제5조 제2항에 의하여 시효취득의 대상이 되지 아니한다(대판 1994. 5. 10. 93다23442).

(4) 국립공원으로 지정 · 고시된 국유토지

국립공원으로 지정·고시된 국유토지는 설사 이를 시인이 점유·사용중이라고 하더라도 국유재산법 제4조 제2항 제2호(현행법 제6조 제2항 제2호)의 "국가가 직접 공공용으로 사용하거나 사용하기로 결정한 재산"으로서 행정재산인 공공용재산으로 된다고 보아야 하고, 공원사업에 직접 필요한 공원구역 내의 물건에 한하여 행정재산에 해당한다고 할 수 없으므로, 국유토지가 국립공원으로 지정·고시된 이후에는 시효취득의 대상이 되지 아니한다(대판 1996. 7. 30. 95다21280).

(5) 자연공물

자연공물(自然公物)이라 함은 하천, 항만(港灣), 호소(湖沼) 등과 같이 그 물건이 자연의 상태 그대로 공공목적에 공용(公用)될 수 있는 실체를 가지는 물건을 말한다.
자연의 상태 그대로 공공용(公共用)에 제공될 수 있는 실체를 갖추고 있는 이른바 자연공물은 자연력 등에 의한 현상변경으로 공공용에 제공될 수 없게 되고 그 회복이 사회통념상 불가능하게 되지 아니한 이상 공물로서의 성질이 상실되지 않고 따라서 시효취득의 대상이 되지 아니한다(1994. 8. 12. 94다12593).

2. 점유취득시효

(1) 점유취득시효의 의의

20년간 소유의 의사로 평온, 공연하게 부동산을 점유하는 자는 등기함으로써 그 소유권을 취득한다(민법 제245조 제1항). 이것을 '점유취득시효(占有取得時效)'라고 한다. 부동산의 시효취득은 법률행위에 의한 물권변동(민법 제186조)이 아니지만 민법 제245조 제1항은 '등기함으로써 그 소유권을 취득 한다'고 규정하여 취득시효기간의 만료만으로는 소유권취득의 효력이 발생하지 않고, 이를 원인으로 하여 소유권이전등기청구권(所有權移轉登記請求權)을 취득하는데 그친다.

판례는 이 권리를 채권적 청구권(債權的 請求權)으로 보고 있다(대판 1995. 12. 5. 95다24241). 점유취득시효의 요건을 갖춘 때에는 점유취득시효에 있어서는 등기청구권이 발생하며 이를 행사하여 등기함으로써 소유권을 취득하게 된다(민법 제 245조 제1항).

원래 취득시효제도는 일정한 기간 점유를 계속한 자를 보호하여 그에게 실체법상의 권리를 부여하는 제도이므로, 부동산을 20년 간 소유의 의사로 평온·공연하게 점유한 자는 민법 제245조 제1항에 의하여 점유부동산에 관하여 소유자에 대한 소유권이전등기청구권을 취득하게 되며, 점유자가 취득시효기간의 만료로 일단 소유권이전등기청구권을 취득한 이상, 그후 점유를 상실하였다고 하더라도 이를 시효이익의 포기로 볼 수 있는 경우가 아닌 한, 이미 취득한 소유권이전등기청구권은 소멸되지 아니한다(대판 1995. 3. 28. 93다47745). 전원합의체판결).

(2) 점유자의 등기청구권의 행사

민법 제245조 제1항은 '등기함으로써 그 소유권을 취득 한다'고 규정하고 있으므로, 점유취득시효에 있어서는 취득시효완성으로 인하여 점유자에게 '등기청구권(登記請求權)'이 발생한다(대판 1972. 1. 31. 71다24416, 1990. 11. 13. 90다카25352, 1997. 4. 25. 96다 53420).

(가) 등기청구권의 의의

등기청구권(登記請求權)이라 함은 등기는 등기권리자와 등기의무자의 공동신청에 의하여 행해지는 것이 원칙이므로(법 제23조 제1항) 일방 당사자가 등기의 공동신청에 협력을 거절하면 등기를 할 수 없게 된다.

(나) 등기청구권의 대위행사

등기제도의 원활한 운영을 위하여 등기를 원하는 일방당사자는 타방당사자에 대하여 등기신청에 협력할 것을 요구하는 권리, 즉 등기청구권을 갖는 것이 인정된다. 등기청구권은 사인(私人)에게 등기신청에 필요한 협력을 구하는 사법상(私法上)의 권리이다. 등기청구권은 채권자 대위권(債權者代位權)의 객체가 될 수 있다(법 제28조).

(다) 등기청구권의 성질

등기청구권의 성질에 관하여는 다음과 같이 견해가 대립되고 있다. 즉 법률행위에 의한 물권변동의 경우에는 채권적 청구권(債權的 請求權)이라는 견해와 물권적 청구권(物權的 請求權)이라는 견해의 대립이 있다. 등기가 실체관계와 부합하지 않는 경우에는 진실한 권리자가 그 물권의 완전한 실현을 등기의무자에 의해 방해당하고 있다고 할 수 있으므로 그러한 방해를 제거할 것을 요구하는 진정한 권리자의 등기청구권은 물권적 청구권(物權的 請求權)의 성질을 가진다.

(라) 판례

등기청구권을 채권적 청구권이라고 보게 되면 10년의 소멸시효에 걸리게 되나, 물권적 청구권으로 보는 경우에는 소멸시효에 걸리지 않게 된다. 이 문제에 대하여 판례는, 법률행위로 인한 등기청구권을 채권적 청구권이라고 보면서도 매수인이 매매 목적물을 인도받은 경우에는 다른 채권과는 달리 소멸시효에 걸리지 않는다고 한다.

토지에 관한 취득시효의 완성을 원인으로 한 소유권이전등기청구권은그 토지에 대한 점유가 계속되는 한 시효로 소멸하지 아니한다(대판 1992. 3. 10. 91다24311). 부동산을 매수한 자가 그 목적물을 인도받은 경우에는 그 매수인의 소유권이전등기청구권은 채권적 청구권에 불과하지만 다른 채권과는 달라 소멸시효에 걸리지 않는다(대판 1962. 5. 10. 4294, 1976. 11. 6. 76다148, 2013. 12. 12. 2013다26647).

시효제도는 일정기간 계속된 사회질서를 유지하고 시간의 경과로 인하여 곤란해지는 증거보존으로부터의 구제를 꾀하며 자기의 권리를 행사하지 않고 소위 '권리 위에 잠자는 자'는 법적보호에서 이를 제외하기 위하여 규정된 제도라 할 것인바, 부동산에 관하여 인도, 등기 등의 어느 한쪽 만에 대하여서라도 권리를 행사하는 자는 전체적으로 보아 그 부동산에 관하여 권리 위에 잠자는 자라고 할 수 없다 할 것이므로, 매수인이 목적 부동산을 인도받아 계속 점유하는 경우에는 그 소유권이전등기청구권의 소멸시효가 진행하지 않는다(대판 1999. 3. 18. 98 다32175 전원합의체판결).

(마) 등기청구권의 행사방법

등기청구권은 통상 등기의무자에 대한 등기권리자의 의사표시로 행사되나(민사집행법 제263조 제1 항), 등기청구권에 기한 판결에 의하여 단독으로 등기를 신청할 수 있다(법 제23조 제4항).

점유취득시효에 있어서는 취득시효가 완성되면 시효취득자(점유자)에게 등기청구권이 발생하여 점유자는 시효완성 당시의 진정한 소유자를 상대로 '시효취득을 원인으로 한 소유권이전등기절차이해의 소'를 제기하여 승소확정판결을 받아 등기함으로써(부동산등기법 제23조 제4 항) 그 소유권을 취득하게 된다.

(바) 소유권이전등기청구권의 성질 및 소멸시효기간

부동산에 대한 점유취득시효완성을 원인으로 하는 소유권이전등기청구권은 채권적 청구권으로서 취득시효가 완성된 점유자가 그 부동산에 대한 점유를 상실한 때로부터 10년간 이를 행사하지 아니하면 소멸시효가 완성한다(대판 1995.12. 5. 95다24241, 1996. 3. 8. 95다34866, 43783).

(사) 점유자의 소유권이전등기청구권의 소멸여부

취득시효완성을 원인으로 한 소유권이전등기청구권에 대하여는 점유자가 그 점유를 계속하는 동안 소멸시효가 진행되지 않는 것이고, 또 일단 취득시효기간의 만료로 점유자가 소유권이전등기청구권을 취득한 이상 그 후 부동산에 대한 점유가 중단되더라도 이를 시효이익이 포기로 볼 수 있는 경우가 아닌 한 이미 취득한 소유권이전등기청구권이 소멸되는 것은 아니다(대판 1990. 11. 13. 90다카25352).

(아) 점유를 승계한 현 점유자의 소유권이전등기청구가부(소극)

전 점유자의 점유를 승계한 자는 그 점유 자체와 하자만을 승계하는 것이지 그 점유로 인한 법률효과까지 승계하는 것은 아니므로 부동산을 취득시효기간 만료 당시의 점유자로부터 양수하여 점유를 승계한 현 점유자는 자신의 전 점유자에 대한 소유권이전등기청구권을 보전하기 위하여 전 점유자의 소유자에 대한 소유권이전등기청구권을 대위행사할 수 있을 뿐, 전 점유자의 취득시효 완성의 효과를 주장하여 직접 자기에게 소유권이전등기를 청구할 권원(權原)은 없다(대판 1995. 3. 28. 93다47745 전원합의체 판결).

(3) 등기청구권행사의 상대방

(가) 시효완성 당시의 소유자

토지에 대한 취득시효의 완성을 이유로 소유권이전등기를 청구하려면 '시효완성 당시의 소유자'를 상대로 하여야 한다(대판 1997. 4. 25. 96다53420, 1999. 2. 23. 98다59132). 따라서 20년간 소유의 의사로 평온, 공연하게 부동산을 점유한 자는 등기부상 소유자를 상대로 시효취득을 원인으로 한 소유권이전등기청구의 소를 제기하여 승소판결을 받으면 그 확정판결을 등기원인을 증명하는 서면으로 하여 소유권이전등기신청을 할 수 있다.

(나) 등기명의인이 변경된 경우 또는 소유자의 변동이 없는 경우

점유취득시효 완성당시 점유자명의로 소유권보존등기가 경료 되어 있다가 그 후 확정판결에 의하여 점유자명의의 소유권보존등기가 말소되고 소유자명의의 소유권보존등기가 경료 됨으로써 '등기명의인이 바뀐 경우', 점유로 인한 부동산취득시효가 완성된 경우에 있어서 점유자는 그 취득시효 완성당시의 소유자에 대하여 취득시효완성을 원인으로 한 소유권이전등기절차의 이행을 청구할 수 있으므로, 확정된 판결에 의하여 점유취득시효 완성당시의 그 부동산의 소유자가 밝혀지고 그 때부터 현재에 이르기까지 그 부동산에 관한 '소유자의 변동이 없는 이상' 점유자는 소유자에 대하여 소유자명의의 등기가 언제 경료 되었느냐에 상관없이 취득시효완성을 원인으로 하여 그 소유권이전등기절차의 이행을 구할 수 있다(대판 1997. 11. 14. 97다32239).

(다) 시효취득을 원인으로 한 소유권이전등기 전에 제3자에게 소유권이전등기가 경료 된 경우 점유자의 제3자에 대항가부(소극)

취득시효완성에 의한 등기를 하기 전에 먼저 부동산의 소유권을 취득한 제3자에 대하여는 그 제3자의 소유권취득이 당연 무효가 아닌 한 시효취득을 주장할 수 없고, 이러한 제3자의 소유권취득에는 법률의 규정에 의한 소유권취득으로 인하여 등기를 경료하지 아니한 경우도 포함된다(대판 1995. 2. 24. 94다18195).

부동산에 대한 점유취득시효가 완성 되었다 하더라도 이를 등기하지 아니하고 있는 사이에 그 부동산에 관하여 제3자에게 소유권이전등기가 마쳐지면 점유자는 그 제3자에게 대항할 수 없는 것이고, 이 경우 제3자의 이전등기원인이 점유자의 취득시효완성 전의 것이라 하더라도 마찬가지이다(대판 1998. 7. 10. 97다45402).

(라) 시효완성 후 원소유자의 상속인이 소유권이전등기를 경료 한 경우

취득시효완성 후에 원소유자가 일시 상실하였던 소유권을 회복한 것이 아니라 그 상속인이 소유권이전등기를 미쳤을 뿐인 경우에는 그 상속인의 등기가 실질적으로 상속재산의 협의분할과 동일시 할 수 있는 등의 특별한 사정이 없는 한 그 상속인은 점유자에 대한 관계에 있어서 종전 소유자와 같은 지위에 있는 자로 볼 수 없고, 취득시효완성 후의 새로운 이해관계인으로 보아야 하므로 그에 대하여는 취득시효완성으로 대항할 수 없다(대판 1999. 2. 12. 98다40688).

(마) 취득시효완성 후 제3자 앞으로 경료 된 등기가 원인무효인 경우 및 제3자가 취득시효완성 당시 소유자의 상속인인 경우 점유자의 소유권이 전등기청구의 가부(적극)

취득시효가 완성된 후 점유자가 그 등기를 하기 전에 제3자가 소유권이전등기를 경료 한 경우에는 점유자는 그 제3자에 대하여는 시효취득을 주장할 수 없는 것이 원칙이기는 하지만 이는 어디까지나 그 제3자 명의등기가 적법 유효함을 전제로 하는 것으로서 위 제3자 명의등기가 원인무효인 경우에는 점유자는 취득시효완성 당시의 소유자를 대위하여 위 제3자 앞으로 경료 된 원인무효의 등기의 말소를 구함과 아울러 위 소유자에게 취득시효완성을 원인으로 한 소유권이전등기를 구할 수 있고, 또 위 제3자가 취득시효완성당시의 소유자의 상속인인 경우에는 그 상속분에 한 하여는 위 제3자에 대하여 직접 취득시효완성을 원인으로 한 소유권이전등기를 구할 수 있다(대판 2002. 3. 15. 2001다77352, 773690).

취득시효 완성 후 제3자 앞으로 경료된 소유권이전등기가 원인무효인 경우 취득시효 완성을 원인으로 한 소유권이전등기청구권을 가진 자는 취득시효 완성 당시의 소유자를 대위하여 제3자 명의 등기의 말소를 구할 수 있다. 한편 취득시효 완성을 원인으로 하는 소유권이전등기청구권을 피보전권리로 하는 부동산처분금지가처분 등기가 마쳐진 후에 가처분채권자가 가처분채무자를 상대로 가처분의 피보전권리에 기한 소유권이전등기를 청구함과 아울러 가처분 등기 후 가처분채무자로부터 소유권이전등기를 넘겨받은 제3자를 상대로 가처분채무자와 제3자 사이의 법률행위가 원인무효라는 사유를 들어 가처분 채무자를 대위하여 제3자 명의 소유권이전등기의 말소를 청구하는 경우, 가처분채권자가 채무자를 상대로 본안의 승소판결을 받아 확정되면 가처분에 저촉되는 처분행위의 효력을 부정할 수 있다고 하여, 그러한 사정만으로 위와 같은 제3자에 대한 청구가 소의 이익이 없어 부적법하다고 볼 수는 없다. 가처분채권자가 대위 행사하는 가처분채무자의 위 제3자에 대한 말소청구권은 가처분 자체의 효력과는 관련이 없을 뿐만 아니라, 가처분은 실체법상의 권리관계와 무관하게 효력이 상실될 수도 있어, 가처분채권자의 입장에서는 가처분의 효력을 원용하는 외에 별도로 가처분채무자를 대위하여 제3자 명의 등기의 말소를 구할 실익도 있기 때문이다(대판 2017. 12. 5. 2017다237339).

(바) 점유취득시효완성 당시의 소유권보존등기 또는 이전등기가 무효인 경우 시효취득자의 권리행사 방법

점유취득시효완성을 원인으로 한 소유권이전등기청구는 '시효완성 당시의 소유자'를 상대로 하여야 하므로 시효완성당시의 소유권보존등기 또는 이전등기가 무효라면 원칙적으로 그 등기명의인은 시효취득을 원인으로 한 소유권이전등기청구의 상대방이 될 수 없고, 이 경우 시효취득자는 소유자를 대위하여 위 무효등기의 말소를 구하고 다시 위 소유자를 상대로 취득시효완성을 원인으로 한 소유권이전등기를 구하여야 한다(대판 2005. 5. 26. 2002다43417).

(사) 구분소유자 중 일부의 취득시효완성을 원인으로 한 대지지분이전등기청구

집합건물의 소유 및 관리에 관한 법률(이하 '집합건물법'이라고 한다)은 구분소유자의 대지사용권은 그가 가지는 전유부분의 처분에 따르고(동법 제20조 제1항)구분소유자는 규약에 달리 정한 경우를 제외하고는 그가 가지는 전유부분과 분리하여 대지사용권을 처분할 수 없다(동법 제20조 제2항)고 정함으로써 전유부분과 대지사용권의 일체성을 선언하고 있다.

나아가 집합건물법은 각 공유자의 지분은 그가 가지는 전유부분의 면적 비율에 따르고(동법 제12조 제1항), 구분소유자가 둘 이상의 전유부분을 소유한 경우에 규약으로 달리 정하지 않는 한 대지사용권이 전유부분의 면적비율대로 각 전유부분의 처분에 따르도록 규정하고 있다(동법 제21조 제1항, 제12조). 이 규정은 전유부분을 처분하는 경우에 여러 개의 전유부분에 대응하는 대지사용권의 비율을 명백히 하기 위한 것인데 대지사용권의 비율은 원칙적으로 전유부분의 면적 비율에 따라야 한다는 것이 집합건물법의 취지라고 할 수 있다.

이러한 취지에 비추어보면 집합건물의 구분소유자들이 대지전체를 공동점유하여 그에 대한 점유취득시효가 완성된 경우에도 구분소유자들은 대지사용권으로 전유부분의 면적비율에 따른 대지지분을 보유한다고 보아야 한다. 집합건물의 대지 일부에 관한 점유취득시효의 완성당시 구분소유자들 중 일부만 대지권등기나 대지지분이전등기를 마치고 다른 일부 구분소유자들은 이러한 등기를 마치지 않았다면, 특별한 사정이 없는 한 구분소유자들은 각 전유부분의 면적비율에 따라 대지권으로 등기되어야 할 지분에서 부족한 지분에 관하여 등기명의인을 상대로 점유취득시효완성을 원인으로 한 대지지분이전등기를 청구할 수 있다(대판 2017. 1. 25. 2012다72469. 소유권이전등기절차이행).

(4) 점유취득시효의 법적성질(원시취득)

부동산점유취득시효는 20년의 시효기간이 완성된 것만으로 점유자가 곧 바로 소유권을 취득하는 것은 아니고 민법 제245조에 따라 점유자명의로 등기를 함으로써 소유권을 취득하게 되며, 이는 '원시취득(原始取得)'에 해당하므로 특별한 사정이 없는 한 원소유자의 소유권에 가하여진 각종 제한에 의하여 영향을 받지 아니하는 완전한 내용의 소유권을 취득하게 되고, 이와 같은 소유권취득의 반사적 효과로서 그 부동산에 관하여 취득시효기간이 진행 중에 체결되어 소유권이전등기청구권가등기에 의하여 보존된 매매예약상의 매수인의 지위는 소멸된다 할 것이지만, 시효기간이 완성되었다 하더라도 점유자 앞으로 등기를 마치지 아니한 이상 전 소유권에 붙어 있는 위와 같은 부담은 소멸되지 아니한다(대판 2004. 9. 24. 2004다31463).

(5) 점유취득시효의 요건

부동산소유권의 점유취득시효의 요건은, 첫째 소유의 의사를 가지고 하는 자주점유(自主占有)이어야 하며, 둘째 평온(平穩), 공연(公然)한 점유이어야 하며, 셋째 점유가 일정기간(20년) 동안 계속되어야 하며, 넷째 이상과 같은 요건을 갖춘 때에는 점유취득시효에 있어서는 점유자에게 등기청구권(登記請求權)이 발생하며, 점유자가 등기청구권을 행사하여 등기함으로써 그 소유권을 원시취득(原始取得)하게 된다.

취득시효의 요건으로서의 물건에 대한 '점유(占有)'란 사회관념 상 어떤 사람의 사실적 지배에 있다고 보여지는 객관적 관계를 말하는 것으로서, 사실상의 지배가 있다고 하기 위하여는 반드시 물건을 물리적 . 현실적으로 지배하는 것만을 의미하는 것이 아니고, 물건과 사람과의 시간적, 공간적 관계와 본권관계, 타인지배의 배제가능성 등을 고려하여 사회관념에 따라 합목적적으로 판단하여야 한다(대판 2000. 12. 8. 2000다14934, 14941).

부동산의 점유권원의 성질이 분명하지 않을 때에는 민법 제197조 제1항에 의하여 점유자는 소유의 의사로 선의, 평온 및 공연하게 점유한 것으로 추정되는 것이며, 이러한 추정은 지적공부 등의 관리주체인 국가나 지방자치단체가 점유하는 경우에도 마찬가지로 적용된다(대판 2007. 12. 27. 2007다42112).

점유취득시효는 법률의 규정에 의한 물권변동이나 민법 제187조의 예외로서 등기하여야 소유권을 취득한다(민법 제245조 제1항). 점유취득시효의 요건을 상술하면 아래와 같다.

(가) 자주점유

자주점유(自主占有)란 소유의 의사(意思)를 가지고 하는 점유를 말한다. '소유의 의사'란 소유자와 같은 배타적 지배를 사실상 행사하려는 의사를 말하는 것으로, 소유권을 가지고 있거나 소유권이 있다고 믿어야 하는 것은 아니다.

취득시효의 요건이 되는 자주점유의 내용인 '소유의 의사'는 점유의 권원(權原)의 성질에 따라 결정하거나 또는 점유자가 소유자에게 소유의 의사가 있다는 뜻을 밝힌 경우에 인정할 수 있다(대판 1976. 9. 14. 76다159, 1980. 3. 11. 79다2344).

부동산취득시효를 인정하기 위한 요건으로서의 자주점유(自主占有)라 함은 소유자와 동일한 지배를 하려는 의사를 가지고 하는 점유를 의미하는 것이지 법률상 그러한 지배를 할 수 있는 권원, 즉 소유권을 가지고 있거나 또한 소유권이 있다고 믿고서하는 점유를 의미하는 것은 아니다(대판 1987. 4. 14. 85다카2230, 1994. 11. 25. 94다14612, 19960 10. 11. 96다23719).

1) 소유의 의사로 점유한다는 의미

'소유(所有)의 의사(意思)'로 점유한다고 함은 소유자와 동일한 지배를 하는 의사로 점유한다는 것이고 점유자가 그 물건의 소유자임을 믿고 있어야 하는 것은 아니다(대판 1980.5. 27. 80다671). 권원의 성질상 자주점유인지 타주점유인지를 판정할 수 없는 때에는 소유자는 소유의 의사로 점유하는 것으로 추정된다.

취득시효의 요건인 '소유의 의사'는 점유권원의 성질에 의하여 결정하거나 또는 점유자가 소유자에 대하여 소유의 의사가 있다는 뜻을 표시한 경우에 인정될 수 있는 것이다(대판 1980. 7. 22. 80다908).

2) 소유의 의사를 갖추어야 할 시기

부동산소유권의 취득시효의 요건인 소유의 의사는 '점유의 시초'부터 갖추어져야 한다(대판 1980. 5. 27. 80다748). 타인으로부터 부동산을 매수하여 점유하게 된 자는 그 매도인이 무권리자(無權利者라)는 사정을 알았다는 등의 특별한 사정이 없는 한 그 점유의 시초에 있어서 소유의 의사로 점유한 것이라 할 것이다(대판 1979.4. 24. 79다208).

3) 소유의 의사를 인정하기 위한 요건

취득시효의 요건이 되는 자주점유의 내용인 '소유의 의사'는 점유의 권원의 성질에 따라 결정하거나 또는 점유자가 소유자에게 소유의 의사가 있다는 뜻을 밝힌 경우에 인정할 수 있다(대판 1980. 3. 11. 79다2344). 소유의 의사의 유무는 점유취득의 원인이 된 사실 즉 권원(權原)의 성질에 의하여 객관적으로 정하여 진다(대판 1969. 3. 4.69다5). 권원의 성질상 점유자에게 소유의 의사가 없는 경우에는 점유자에게 소유권취득의 효과가 발생하지 않는다(대판 1969.3. 18. 68다1578).

4) 자주점유의 입증책임

점유자는 소유의 의사로 점유하는 것으로 추정되는 것이므로 점유로 인한 부동산소유권의 취득을 주장하는 자는 그 점유사실만 입증하면 되는 것이고 그 점유가 자주점유이거나 그 점유의 권원의 성질이 자주점유인 것까지를 입증할 책임은 없다(대판 1990. 2. 13. 89다카2469).

취득시효에 있어서 자주점유의 요건인 소유의 의사는 점유취득의 원인이 된 점유권원(占有權原)의 성질에 따라 결정하여야 할 것이나 점유권원의 성질이 분명하지 아니할 때라도 민법 제197조 제1항에 의하여 점유자는 소유의 의사로 점유한 것으로 추정되므로 점유자가 적극적으로 그 점유가 자주점유임을 입증할 책임이 없고 점유자의 점유권을 다투는 상대방에게 타주점유에 관한 입증책임(立證責任)이 있다(대판 1983. 12. 13. 83다카1523, 1984. 1. 31. 83다615, 1984. 3. 27. 83다카2406, 1987. 7. 7. 86다카2689).

물건의 점유자는 소유의 의사로 점유한 것으로 추정된다(민법 제197조 제1항). 따라서 점유자가 취득시효를 주장하는 경우 스스로 소유의 의사를 증명할 책임은 없고, 그 점유자의 점유가 소유의 의사가 없는 점유임을 주장하여 취득시효의 성립을 부정하는 자에게 그 증명책임이 있다(대판 2017. 12. 22. 2017다360,377).

5) 소유의 의사의 입증책임의 소재와 그 입증의 정도

취득시효에 있어서 자주점유의 요건인 소유의 의사는 객관적으로 점유취득의 원인이 된 점유권원의 성질에 의하여 그 존부(存否)를 결정하여야 할 것이나, 점유권원의 성질이 분명하지 아니한 때에는 민법 제197조 제1항에 의하여 점유자는 소유의 의사로 점유한 것으로 추정되므로 점유자가 스스로 그 점유권원의 성질에 의하여 자주점유임을 입증할 책임이 없고, 점유자의 점유가 소유의 의사가 없는 타주점유(他主占有)임을 주장하는 상대방에게 타주점유에 대한 입증책임(立證責任)이 있다(대판 1983. 7. 12. 82다708, 709 전원합의체판결, 1983. 9. 13. 83다카857, 858, 1987. 11. 10. 85다카1644).

점유자의 상대방이 타주점유(他主占有)임을 입증하기 위하여는 적어도 점유자가 타인의 소유권을 배제하여 자기의 소유물처럼 배타적지배를 행사하는 의사를 가지고 점유하는 것으로 볼 수 없는 객관적인 사정이 있음을 입증하여야 한다(대판 1993. 8. 27. 93다17829).

민법 제197조 제1항에 의하면 물건의 점유자는 소유의 의사로 점유한 것으로 추정되므로 점유자가 취득시효를 주장하는 경우에 있어서 스스로 소유의 의사를 입증할 책임은 없고, 오히려 그 점유자의 점유가 소유의 의사가 없는 점유임을 주장하여 점유자의 취득시효의 성립을 부정하는 자에게 그 입증책임이 있다(대판 1997. 8. 21. 95다28625 전원합의체판결).

6) 타주점유가 자주점유로 전환(轉換)되기 위한 요건

타주점유(他主占有)가 자주점유(自主占有)로 전환되기 위하여는 새로운 권원(權原)에 의하여 다시 소유의 의사로 점유하거나 자기에게 점유시킨 자에게 소유의 의사가 있음을 표시하여야 하며, 타주점유자가 그 명의로 소유권보존등기를 경료 한 것만으로는 소유자에 대하여 소유의 의사를 표시하여 자주점유로 전환되었다고 볼 수 없다(대판 1989. 4. 11. 88다카95).

7) 자주점유의 추정이 번복되는 경우(점유자의 소유의 의사의 추정이 깨어지는 경우)

부동산의 점유권원의 성질이 분명하지 않을 때에는 민법 제197조 제1항에 의하여 점유자는 소유의 의사로 선의·평온 및 공연하게 점유한 것으로 추정되는 것이며, 부동산 취득시효에 있어서 점유자가 그 성질상 소유의 의사가 없는 것으로 보이는 권원에 바탕을 두고 점유를 취득한 사실이 증명되었거나, 점유자가 진정한 소유자라면 통상 취하지 아니할 태도를 나타내거나 소유자라면 당연히 취했을 것으로 보이는 행동을 취하지 아니한 경우 등 외형적·객관적으로 보아 점유자가 타인의 소유권을 배척하고 점유할 의사를 갖고 있지 아니하였던 것이라고 볼 만한 사정이 증명된 경우에 비로소 소유의 의사로 점유한 것이라는 위의 추정이 깨어지는 것이다(대판 2005. 12. 9. 2005다33541).

가) 자주점유에 있어서 소유의 의사

자주점유에 있어서 소유의 의사라 함은 타인의 소유권을 배제하여 자기의 소유물처럼 배타적지배를 행사하려는 의사를 말하는 것이므로 지상권, 전세권, 임차권 등과 같은 전형적인 타주점유의 권원에 의한 점유가 아니라도 타인의 소유권을 배제하여 자기의 소유물처럼 배타적지배를 행사하려는 의사를 가지고 점유하는 것으로 볼 수 없는 객관적 사정이 증명되었을 때에는 자주점유의 추정은 번복된다(대판 1994. 2. 25. 93다50505).

나) 타인의 부동산을 무단점유한 경우

점유자가 점유개시 당시에 소유권취득의 원인이 될 수 있는 법률행위 기타 법률요건이 없이 그와 같은 법률요건이 없다는 사실을 잘 알면서 타인의 부동산을 무단점유 한 것이 입증된 경우에는 특별한 사정이 없는 한 점유자는 타인의 소유권을 배척하고 점유할 의사를 갖고 있지 아니하다고 보아야 할 것이므로 이로써 점유자의 소유의 의사의 추정은 깨어졌다고 할 것이다(대판 1998. 11. 27. 97누2337).

점유자가 점유 개시 당시에 소유권 취득의 원인이 될 수 있는 법률행위 기타 법률요건이 없이 그와 같은 법률요건이 없다는 사실을 잘 알면서 타인 소유의 부동산을 무단점유한 것임이 입증된 경우에는, 특별한 사정이 없는 한 점유자는 타인의 소유권을 배척하고 점유할 의사를 갖고 있지 않다고 보아야 할 것이므로 이로써 소유의 의사가 있는 점유라는 추정은 깨진다(대판 2007. 12. 27. 2007다42112).

점유자는 소유의 의사로 선의, 평온 및 공연하게 점유한 것으로 추정되므로(민법 제197조 제1항), 점유자가 취득시효를 주장할 때 자신이 소유의 의사로 점유하였음을 증명할 책임은 없고, 오히려 점유가 소유의 의사로 이루어진 것이 아님을 주장하여 점유자의 취득시효의 성립을 부정하려는 사람이 증명책임을 부담하는 것이 원칙이다. 그런데 점유자의 점유가 소유의 의사 있는 자주점유인지는 점유자의 내심의 의사에 의하여 결정할 것은 아니고 점유취득의 원인이 된 권원의 성질이나 점유와 관계있는 모든 사정에 비추어 외형적·객관적으로 결정하여야 할 문제이므로, 점유자가 점유 개시 당시에 소유권 취득의 원인이 될 수 있는 법률행위 기타 법률요건이 없이 그와 같은 법률요건이 없다는 사실을 잘 알면서 다른 사람 소유의 부동산을 무단으로 점유한 것이라면 특별한 사정이 없는 한 점유자는 타인의 소유권을 배척하고 점유할 의사를 갖고 있지 않다고 보아야 하고, 이로써 소유의 의사가 있는 점유라는 추정은 깨어진 것이다.

이러한 법리는 국가나 지방자치단체가 점유하는 경우에도 적용된다. 국가나 지방자치단체가 자신의 부담이나 기부의 채납 등 국유재산법 또는 지방재정법 등에 정한 공공용 재산의 취득절차를 밟거나 소유자들의 사용승낙을 받는 등 토지를 점유할 수 있는 일정한 권원 없이 사유토지를 점유·사용하였다면 특별한 사정이 없는 한 자주점유의 추정은 깨어진다. 다만 국가나 지방자치단체가 취득시효의 완성을 주장하는 토지의 취득절차에 관한 서류를 제출하지 못하고 있다 하더라도 점유의 경위와 용도 등을 감안할 때 국가나 지방자치단체가 점유 개시 당시 공공용 재산의 취득절차를 거쳐서 적법하게 소유권을 취득하였을 가능성을 배제할 수 없다고 보이는 경우에는 국가나 지방자치단체가 소유권 취득의 법률요건이 없이 그러한 사정을 잘 알면서 무단점유한 것임이 증명되었다고 보기 어려우므로 자주점유의 추정은 깨어지지 않는다고 보는 것이 옳다(대판 2017. 9. 7. 2017다228342).

다) 점유자가 소유의 의사가 없는 것으로 보이는 권원에 바탕을 두고 점유를 취득한 경우 등

점유자의 점유가 소유의 의사 있는 자주점유인지 아니면 소유의 의사가 없는 타주점유인지의 여부는 점유자의 내심의 의사에 의하여 결정되는 것이 아니라 점유취득의 원인이 된 권원(權原)의 성질이나 점유관계가 있는 모든 사정에 의하여 외형적, 객관적으로 결정되어야 하는 것이기 때문에 점유자가 성질상 소유의 의사가 없는 것으로 보이는 권원에 바탕을 두고 점유를 취득한 사실이 증명되었거나, 점유자가 타인의 소유권을 배제하여 자기의 소유물처럼 배타적지배를 행사하는 의사를 가지고 점유하는 것으로 볼 수 없는 객관적 사정, 즉 점유자가 진정한 소유자라면 통상 취하지 아니할 태도를 나타내거나 소유자라면 당연히 취했을 것으로 보이는 행동을 취하지 아니한 경우 등 외형적, 객관적으로 보아 점유자가 타인의 소유권을 배척하고 점유할 의를 갖고 있지 아니하였던 것이라고 볼만한 사정이 증명된 경우에도 그 추정은 깨어진다(대판 1997. 8. 21. 95다28625 전원합의체판결, 2017. 12. 22. 2017다360,377).

(나) 평온·공연한 점유

'평온(平穩)'한 점유라 함은 점유자가 점유를 취득 또는 보유하는데 있어 법률상 용인 될 수 없는 강폭행위(强暴行爲)를 쓰지 않는 점유이고, '공연(公然)'한 점유란 은비(隱秘)의 점유가 아닌 점유를 말한다(대판 1996. 6. 14. 96다14036).

점유는 평온. 공연한 점유이어야 한다. 민법 제245조에 규정된 '평온(平穩)'한 점유라 함은 점유자가 그 점유를 취득 또는 보유하는데 법률상 용인할 수 없는 강폭행위(强暴行爲)를 쓰지 아니하는 점유이고, '공연(公然)'한 점유라 함은 은자(隱疵)의 점유가 아닌 점유를 말하는 것이므로 그 점유가 불법이라고 주장하는 자로부터 이의를 받은 사실이 있거나 점유물의 소유권을 위요(圍繞)하여 당사자 사이에 분쟁이 있었다 하더라도 그러한 사실만으로 곧 평온, 공연성이 상실된다고 할 수는 없다(대판 1982. 9. 28. 81사9).

(다) 시효기간

취득시효기간은 소유권의 취득시효에 필요한 점유의 계속기간을 말한다. 점유가 일정기간(時效期間) 동안 계속하여야 한다. 소유자로 등기되어 있지 않은 자가 점유만하는 경우(즉 점유취득시효의 경우)에는 점유는 20년간 계속되어야 한다.

점유자가 소유자는 아니지만 소유자로 등기되어 있는 경우(즉 登記簿取得時效)에는 점유는 10년간 계속되어야 한다(민법 제245조 제2항). 전후 양시에 점유한 사실이 있는 때에는 그 점유는 계속한 것으로 추정한다(민법 제198조).

1) 취득시효기간의 기산일(起算日)

가) 취득시효의 기산점

취득시효의 기산점(起算點)은 그 시효의 법정기간이 넘은 경우에도 반드시 '점유를 개시한 때'를 기산점으로 삼아야 되는 것이요 , 그 이익을 받으려는 자가 적당한 시기를 선택할 수는 없다(대판 1966. 2. 28. 66다108).

부동산의 취득시효에 있어 시효기간의 경과를 계산하기 위한 기산점(起算點)은 그 부동산에 대한 소유명의자가 동일하고 그 변동이 없는 경우가 아니라면 원칙적으로 시효취득의 기초가 되는 점유가 '개시(開始)'된 시점이 기산점이 되고, 당사자가 기산점을 임의로 선택할 수 없으며, 그 기산점을 기초로 취득시효가 일단 완성된 후에 제3취득자가 소유권이전등기를 마친 경우에는 그 자에 대하여 취득시효로 대항 할 수 없다(대판 1999. 2. 12. 98다40688).

나) 시효기간 중 등기명의자가 동일하고 취득자의 변동이 없는 경우

시효기간 중 계속해서 등기명의자가 동일하고 그 간에 취득자의 변동이 없는 경우에는 시효의 기산점을 어디에 두던지 간에 시효의 완성을 주장할 수 있는 시점에서 보아 시효기간이 경과된 사실만 확정되면 시효취득이 된다(1979. 10. 16. 78다2117).

취득시효는 그 기간 동안 등기명의자가 동일하고 취득자의 변동이 없는 경우가 아닌 한 그 기초되는 점유의 개시일로부터 기산(起算)하여야 하고 임의로 기산일을 정할 수 없다(대판 1989. 4. 25. 88다카3618).

2) 점유개시 기산점의 임의선택 가부(소극)

취득시효의 기초가 되는 점유가 법정기간 이상으로 계속된 경우에 시효의 기초가 되는 점유가 '개시'된 때를 그 기산점으로 하여야 하고 시효취득을 주장하는 사람이 임의로 그 기산점을 선택할 수 없다(대판 1983. 2. 8. 80다940).

소유자의 변동이 없는 토지에 관하여 점유취득시효완성을 주장함에 있어서는 그 점유의 기산점을 어디에 두든지 간에 그 시효기간이 경과한 사실만 확정되면 이를 인용할 수 있다(대판 1990. 11. 9. 90다타16723).

취득시효기간의 계산에 있어 그 점유개시의 기산일은 임의로 선택할 수 없으나 그 등기명의인에 변경이 없는 경우에는 취득시효완성을 주장할 수 있는 시점에서 보아 소요기간이 경과된 사실만 확정되면 족하다. 토지에 대한 취득시효완성으로 인한 소유권이전등기청구권은 그 토지에 대한 점유가 계속되는 한 시효로 소멸되지 아니한다(대판 1991. 7. 26. 91다8104).

부동산의 점유자는 소급하여 20년 이상 점유한 사실만 입증하면 다른 반대의 사정이 없는 한 20년 이전의 기산점을 선택하여 취득시효의 완성을 주장할 수 있다고 보아야하고, 반드시 점유의 최초 개시일이 구체적으로 언제라고 확정되어야 된다고 할 필요는 없으나, 점유기간 중에 당해 부동산의 '소유권자에 변동이 있는 경우'에는 취득시효를 주장하는 자가 임의로 기산점을 선택하거나 소급하여 20년 이상 점유한 사실만 내세워 시효완성을 주장할 수 없다(대판 1992. 11. 10. 92다29740).

3) 취득시효 기산점을 임의 선정하여 시효완성을 주장할 수 있는 경우

가) 소유자의 변동이 없는 경우(기산점의 임의선택)

취득시효를 주장하는 자는 소유자의 변동이 없는 토지에 관하여는 취득시효의 기산점을 임의로 선택할 수 있고, 취득시효를 주장하는 날로부터 역산하여 20년 이상의 점유사실이 인정되고 그것이 자주점유가 아닌 것으로 밝혀지지 않는 한 취득시효를 인정할 수 있다(대판 1992. 11. 10. 92다20774).

취득시효기간의 계산에 있어 그 점유개시의 기산일(起算日)은 임의로 선택할 수 없으나, '소유자의 변경이 없는 경우'에는 취득시효완성을 주장할 수 있는 시점에서 보아 그 기간이 경과된 사실만 확정되면 된다(대판 1998. 4. 14. 97다44089).

부동산의 시효취득에 있어서 시효기간 중 계속해서 등기명의자가 동일하고 그 간에 취득자의 변동이 없는 경우에는 시효의 기산점을 어디에 두든지 간에 시효의 완성을 주장할 수 있는 시점에서보아 시효기간이 경과된 사실만 확정되면 시효의 주장을 할 수 있다(대판 1979. 10. 16. 78다2117).

나) 법원의 소송자료에 의한 기산일의 확정

취득시효의 기산일은 당사자의 주장과는 상관없이 법원이 소송자료에 의하여 확정하여야 한다(대판 1992. 11. 10. 92다20774). 취득시효에 있어서 점유개시의 시기(始期)를 당사자의 주장에 구애됨이 없이 법원이 증거에 의하여 스스로 결정할 수 있다(1979. 12. 26.79다1806). 소송에 의하여 어떠한 청구를 하는 경우에 그 청구의 당부는 그 소송의 사실심 변론종결 당시를 기준으로 판단하여야 하고, 소제기 당시를 기준으로 할 것은 아니므로, 그 청구가 취득시효완성을 원인으로 한 소유권이전등기청구의 경우에 취득시효가 완성되었는지 여부는 사실심 변론종결일을 기준으로 하여야 한다(1995. 2. 28. 94다1995).

4) 점유승계의 경우 취득시효기산점의 선택가부

가) 점유가 순차로 승계된 경우 시효완성을 주장하는 자의 점유선택권

점유가 순차로 승계된 경우에 취득시효의 완성을 주장하는 자는 자기의 점유만을 주장하거나 또는 자기의 점유와 전점유자의 점유를 아울러 주장할 수 있는 선택권이 있으나, 다만 그러한 경우에도 점유의 개시시기를 전점유자의 점유기간 중의 임의시점을 택하여 주장할 수 없다(대판 1992. 12. 11. 92다9968,9975).

점유취득시효의 기초가 되는 점유가 법정기간 이상으로 계속되는 경우 취득시효는 그 기초가 되는 점유가 개시된 때를 기산점으로 하여야 하고 취득시효를 주장하는 사람이 임의로 기산점을 선택할 수는 없으나, 점유가 순차로 승계된 경우에 있어서는 취득시효의 완성을 주장하는 자는 자기의 점유만을 주장하거나 또는 자기의 점유와 전 점유자의 점유를 아울러 주장할 수 있는 선택권이 있는 것이고, 전 점유자의 점유를 아울러 주장하는 경우에도 어느 단계의 점유자의 점유까지를 아울러 주장할 것인가도 이를 주장하는 사람에게 선택권이 있다(대판 1991. 10. 22. 91다26577, 2015. 9. 10. 2014다68884).

나) 취득시효기간 중 정리절차개시로 관리인이 선임된 경우 점유자의 취득시효기산점의 임의선택

취득시효기간 중 점유 부동산의 등기명의자에 대하여 구 회사정리법(2005. 3. 31. 법률 제7248호 채무자 회생 및 파산에 관한 법률 부칙 제2조로 폐지)에 따른 정리절차가 개시되어 관리인이 선임된 사실이 있다고 하더라도 점유자가 취득시효 완성을 주장하는 시점에서 정리절차가 이미 종결된 상태라면 등기명의자에 대하여 정리절차상 관리인이 선임된 적이 있다는 사정은 취득시효기간 중 점유 부동산에 관하여 등기명의자가 변경된 것에 해당하지 아니하므로, 점유자는 그가 승계를 주장하는 점유를 포함한 점유기간 중 임의의 시점을 취득시효의 기산점으로 삼아 취득시효 완성을 주장할 수 있다(대판 2015. 9. 10. 2014다68884).

5) 취득시효완성 후 토지소유자에 변동이 있고, 소유자가 변동된 시점을 새로운 기산점으로 삼아도 다시 취득시효기간이 완성되는 경우 취득시효완성의 주장가부(적극)

취득시효를 주장하는 자는 점유기간 중에 '소유자의 변동이 없는 토지'에 관하여는 취득시효의 기산점을 임의로 선택할 수 있고, 취득시효를 주장하는 날로부터 역산하여 20년 이상의 점유사실이 인정되고 그것이 자주점유가 아닌 것으로 밝혀지지 않는 한 취득시효를 인정할 수 있는 것이고, 이는 취득시효완성 후 '토지소유자에 변동'이 있어도 당초의 점유자가 계속 점유하고 있고 소유자가 변동된 시점을 새로운 기산점으로 삼아도 다시 취득시효의 점유기간이 완성되는 경우에도 역시 타당하므로 시효취득을 주장하는 점유자로서는 '소유권 변동시'를 새로운 취득시효의 기산점으로 삼아 취득시효의 완성을 장할 수 있다(대판 1994. 3. 22. 93다46360 전원합의체판결).

부동산에 대한 점유취득시효가 완성된 후 취득시효 완성을 원인으로 한 소유권이전등기를 하지 않고 있는 사이에 그 부동산에 관하여 제3자 명의의 소유권이전등기가 경료된 경우라 하더라도 당초의 점유자가 계속 점유하고 있고 소유자가 변동된 시점을 기산점으로 삼아도 다시 취득시효의 점유기간이 경과한 경우에는 점유자로서는 제3자 앞으로의 소유권 변동시를 새로운 점유취득시효의 기산점으로 삼아 2차의 취득시효의 완성을 주장할 수 있다(대판 2009. 7. 16. 2007다15172,15189 전원합의체판결).

취득시효기간이 경과하기 전에 등기부상의 소유명의자가 변경된다고 하더라도 그 사유만으로는 점유자의 종래의 사실상태의 계속을 파괴한 것이라고 볼 수 없어 취득시효를 중단할 사유가 되지 못하므로, 새로운 소유명의자는 취득시효 완성 당시 권리의무 변동의 당사자로서 취득시효 완성으로 인한 불이익을 받게 된다 할 것이어서 시효완성자는 그 소유명의자에게 시효취득을 주장할 수 있는바, 이러한 법리는 새로이 2차의 취득시효가 개시되어 그 취득시효기간이 경과하기 전에 등기부상의 소유명의자가 다시 변경된 경우에도 마찬가지로 적용된다고 봄이 상당하다(대판 2009. 7. 16. 2007다15172,15189 전원합의체판결).

취득시효가 완성된 후에 제3취득자가 소유권이전등기를 마친 경우에도 당초의 점유자가 계속점유하고 있고, 또 소유자가 변동된 시점을 새로운 기산점으로 삼아도 다시 취득시효의 점유기간이 완성되는 경우에는 취득시효를 주장하는 점유자로서는 소유권변동시를 새로운 취득시효의 기산점으로 삼아 취득시효의 주장을 할 수 있지만, 이 경우에도 그 점유기간 중에는 등기명의자가 동일하고 소유자의 변동이 없어야만 한다(대판 1992. 2. 12. 98다40688).

6) 취득시효기간 중 등기명의자가 동일한 경우 기산점의 임의선택가부(적극)

취득시효기간 중 계속해서 '등기명의자가 동일'한 경우에는 그 기산점을 어디에 두든지 간에 취득시효의 완성을 주장할 수 있는 시점에서 보아 기간이 경과한 사실만 확정되면 충분하다(대판 1993. 1. 15. 92다12377). 취득시효기간의 계산에 있어 그 점유개시의 기산일은 임의로 선택할 수 없으나, 소유자의 변경이 없는 경우에는 취득시효 완성을 주장할 수 있는 시점에서 보아 그 기간이 경과된 사실만 확정되면 된다(대판 1998. 4. 14. 97다44089).

부동산의 취득시효에 있어서 시효기간 중 계속해서 '등기명의자가 동일'하고 그 간에 '취득자의 변동이 없는 경우'에는 시효의 기산점을 어디에 두든지 간에 시효의 완성을 주장할 수 있는 시점에서 보아 시효기간이 경과한 사실만 확정되면 충분하므로(대판 1979. 10. 16. 78다 2117), 전 점유자의 점유를 승계하여 자신의 점유기간을 통산하여 20년을 경과한 경우에 있어서도 전 점유자가 점유를 개시한 이후의 임의의 시점을 그 기산점으로 삼을 수 있다(대판 1998. 5. 12. 97다8496, 8502).

7) 점유기간 중에 부동산소유자의 변동이 있는 경우 취득시효 기산점의 인정방법

취득시효기간의 계산에 있어 점유기간 중에 당해부동산의 '소유자의 변동이 있는 경우'에는 취득시효를 주장하는 자가 임의로 기산점을 선택하거나 소급하여 20년 이상 점유한 사실만 내세워 시효완성을 주장할 수 없고, 이와 같은 경우에는 법원이 당사자의 주장에 구애됨이 없이 소송자료에 의하여 인정되는 바에 따라 진정한 점유의 개시시기를 인정하고, 그에 터 잡아 취득시효 주장의 당부를 판단하여야 한다(대판 1995. 5. 23. 95다15742, 15759).

8) 취득시효기간의 만료로 소유권이전등기청구권을 취득한 후 점유를 상실한 경우 소유권이전 등기청구권의 소멸여부(소극)

원래 취득시효제도는 일정한 기간 점유를 계속한 자를 보호하여 그에게 실체법상의 권리를 부여하는 제도이므로 부동산을 20년간 소유의 의사로 평온 공연하게 점유한자는 민법 제245조 제1항에 의하여 점유부동산에 관하여 소유자에 대한 소유권이전등기청구권을 취득하게 되며, 점유자가 취득시효기간의 만료로 일단 소유권이전등기청구권을 취득한 이상 그 후 '점유를 상실'하였다고 하여도 이를 시효이익의 포기로 볼 수 있는 경우가 아닌 한 이미 취득한 소유권이전등기청구권은 소멸되지 아니한다(대판 1995. 3. 28. 93다47745 전원합의체판결).

9) 전 점유자의 점유를 승계한 자의 소유권이전등기청구의 가부

전 점유자의 '점유를 승계한 자'는 그 점유 자체와 하자만을 승계하는 것이지 그 점유로 인한 법률효과까지 승계하는 것은 아니므로 부동산을 취득시효기간 만료당시의 점유자로부터 양수하여 점유를 승계한 현 점유자는 자신의 전 점유자에 대한 소유권이전등기청구권을 보전하기 위하여 전 점유자의 소유자에 대한 소유권이전등기청구권을 대위행사 할 수 있을 뿐, 전 점유자의 취득시효완성의 효과를 주장하여 직접 자기에게 소유권이전등기를 청구할 권원은 없다.

10) 취득시효기간 만료 후 새로이 토지소유권을 취득한 자에 대한 시효취득주장 가부(소극)

취득시효기간이 만료된 토지의 점유자는 만료 당시의 토지 소유자에 대하여 시효취득을 원인으로 하는 소유권이전등기청구권을 가짐에 그치고, 취득시효기간 만료 후에 새로이 토지의 소유권을 취득한 사람에 대하여는 시효취득으로 대항할 수 없다(1992. 12. 11. 92다9968).

11) 시효에 관한 경과규정

가) 민법시행당시 구법의 규정에 의한 시효기간을 경과한 권리

민법(1958. 2. 22. 법률 제471호, 시행일 1960. 1. 1.)시행당시에 구법의 규정에 의한 시효기간을 경과한 권리는 본법의 규정에 의하여 취득 또는 소멸한 것으로 보며(민법 부칙 제8조 제1항), 민법시행당시에 구법에 의한 소멸시효기간을 경과하지 아니한 권리에는 본법의 시효에 관한 규정을 적용한다(민법 부칙 제8조 제2항).

나) 민법시행일 전의 취득시효완성으로 물권을 취득한 자가 민법부칙 제10조 소정기간 내에 등기를 하지 아니하여 물권을 잃게 된 경우 시효완성을 원인으로 한 소유권이전등기청구권을 상실하는지 여부(소극)

민법 시행일 전의 취득시효완성으로 인하여 물권을 취득한 자가 민법 부칙 제10조 소정의 기간 내에 등기를 하지 아니함으로써 물권을 취득한 효력을 잃게 된다고 하더라도, 그로 인하여 취득시효의 완성을 원인으로 소유권이전등기를 청구할 수 있는 채권까지 잃는 것은 아니다(대판 1992. 3. 10. 91다24311).

12) 타인 소유의 토지상에 분묘설치와 분묘기지권의 시효취득

타인 소유의 토지에 분묘를 설치한 경우에 20년간 평온, 공연하게 분묘의 기지를 점유하면 지상권과 유사한 관습상의 물권인 분묘기지권을 시효로 취득한다는 점은 오랜 세월 동안 지속되어 온 관습 또는 관행으로서 법적 규범으로 승인되어 왔고, 이러한 법적 규범이 장사법(법률 제6158호) 시행일인 2001. 1. 13. 이전에 설치된 분묘에 관하여 현재까지 유지되고 있다고 보아야 한다(대판 2017. 1. 19. 2013다17292 전원합의체판결).

(라) 점유자의 등기청구권의 행사에 따른 등기

점유자가 이상과 같은 요건을 갖춘 때에는 점유취득시효에 있어서는 점유자에게 '등기청구권(登記請求權)'이 발생하며, 점유자가 시효완성 당시의 부동산소유자를 상대로 시효취득을 원인으로 한 소유권이전등기청구권을 행사(민사집행법 제263조 제1항)하여 등기함으로써(부동산등기법 제23조 제4항) 그 소유권을 원시취득(原始取得)하게 된다.

(6) 점유취득시효의 효과(점유자의 등기청구권의 취득)

민법 제245조 제1항의 취득시효기간의 완성만으로는 소유권취득의 효력이 바로 생기는 것이 아니라, 다만 이를 원인으로 하여 소유권취득을 위한 등기청구권이 발생할 뿐이고, 미등기 부동산의 경우라고 하여 취득시효기간의 완성만으로 등기 없이도 점유자가 소유권을 취득한다고 볼 수 없다(대판 2006. 9. 28. 2006다22074,22081).

점유취득시효가 완성된 경우에 그 효력으로 시효완성점유자는 다른 특별한 사정이 없는 한 당해 부동산의 시효완성 당시의 소유자에 대하여 소유권이전등기청구권을 취득하는 것이고, 비록 등기부상 소유자 또는 공유자로 등기되어 있는 사람이라고 하더라도 그가 진정한 소유자가 아닌 이상 그를 상대로 취득시효의 완성을 원인으로 소유권이전등기를 청구할 수 없다(대판 2009. 12. 24. 2008다71858).

(가) 점유자의 시효완성당시의 소유자를 상대로 한 소유권이전등기청구권의 행사

부동산 소유권의 취득시효의 요건을 갖춘 경우, '등기부취득시효(登記簿取得時效)'에 있어서는 점유자는 즉시 소유권을 취득하고, '점유취득시효(占有取得時效)'에 있어서는 취득시효 완성으로 인하여 소유권을 상실하게 되는 시효완성 당시의 소유자를 상대로 소유권이전등기청구권(所有權移轉登記請求權)을 행사하여 등기를 함으로서 소유권을 취득하게 된다.

1) 점유자의 소유권이전등기 전에 제3자에게 소유권이 이전된 경우

부동산에 대한 점유취득시효가 완성되었다고 하더라도 이를 등기하지 아니하고 있는 사이에 그 부동산에 관하여 제3자에게 소유권이전등기가 마쳐지면 점유자는 그 제3자에게 대항할 수 없다(대판 1998. 4. 10. 97다56495).

취득시효가 완성된 후 그 소유권이전등기 이전에 제3자에게 소유권이 이전되어 등기가 경료 된 이상 그 제3자가 악의의 취득자라고 하더라도 취득시효를 주장하지 못한다(대판 1967. 10. 13. 67다1635, 1968. 5. 21. 68다472, 1968. 5. 28. 68다554, 555, 1969. 1. 21. 68다1526).

부동산 점유자가 소유의 의사로 점유하여 20년의 취득시효기간이 경과되었더라도 그 소유권이전등기를 하지 아니하고 있는 동안에 그 등기의무자로부터 동 부동산을 적법하게 매수하여 등기한 제3자명의의 소유권이전등기를 부인할 수 없다(대판 1969. 5. 13. 69다243, 1970. 9. 29. 70다1875).

취득시효완성으로 인한 등기를 하기 전에 먼저 소유권이전등기를 경료 하여 그 부동산 소유권을 취득한 제3자에 대하여는 시효취득을 주장할 수 없다할 것이지만 이는 어디까지나 그 제3자명의 등기가 적법 유효함을 전제로 하는 것이므로 만일 위 제3자명의의 등기가 '원인무효의 등기'라면 취득시효완성으로 인한 소유권이전등기청구권을 가진 자는 취득시효완성 당시의 소유자에 대하여 가지는 소유권이전등기청구권으로써 위 소유자를 대위하여 위 제3자 앞으로 경료 된 원인무효인 등기의 말소를 구할 수 있다(대판 1989. 1. 31. 87다카2561).

2) 점유자의 소유자를 대위(代位)한 제3자명의의 원인무효등기의 말소 및 소유권이전등기청구

취득시효가 완성된 후 점유자가 그 등기를 하기 전에 경료 된 제3자명의의등기가 '원인무효'인 경우에는 점유자는 취득시효완성 당시의 소유자를 대위(代位)하여 위 제3자 앞으로 경료 된 원인무효인 등기의 말소를 구함과 아울러 위 소유자에게 취득시효완성을 원인으로 한 소유권이전등기를 구할 수 있다(대판 1993. 9. 14. 93다12268).

3) 점유취득시효가 완성된 자가 시효 완성 후 점유를 상실한 경우

부동산의 소유명의자는 그 부동산에 대해 점유취득시효가 완성된 자에게 소유권이전등기를 하여 줄 의무를 부담하지만, 그 시효가 완성된 자가 시효완성 후에 어떤 사정에 의하여 그 점유를 잃었다고 해서 그 점유자로부터 점유를 회수하여 다시 이를 시효가 완성된 자에게 돌려 줄 의무까지 부담한다고 할 수 없다(대판 1997. 3. 28. 96다10638).

(나) 점유취득시효 완성 당시의 소유권보존등기 또는 이전등기가 무효인 경우, 시효취득자의 권리행사 방법

점유취득시효 완성을 원인으로 한 소유권이전등기청구는 시효 완성 당시의 소유자를 상대로 하여야 하므로 시효 완성 당시의 소유권보존등기 또는 이전등기가 무효라면 원칙적으로 그 등기명의인은 시효취득을 원인으로 한 소유권이전등기청구의 상대방이 될 수 없고, 이 경우 시효취득자는 소유자를 대위하여 위 무효등기의 말소를 구하고 다시 위 소유자를 상대로 취득시효 완성을 이유로 한 소유권이전등기를 구하여야 한다(대판 2007. 7. 26. 2006다64573).

(다) 부동산점유취득시효완성으로 인한 소유권취득의 법적성질(원시취득)

부동산의 점유취득시효는 20년의 시효기간의 완성만으로 점유자가 곧바로 소유권을 취득하는 것은 아니고 민법 제245조 제1항에 따라 점유자명의로 등기를 함으로써 소유권을 취득하게 되며, 이는 '원시취득(原始取得)'에 해당하므로 특별한 사정이 없는 한 원소유자의 소유권에 가하여진 각종 제한에 의하여 영향을 받지 아니하는 완전한 내용의 소유권을 취득하게 되고, 이와 같은 소유권취득의 반사적 효과로서 그 부동산에 관하여 취득시효의 기간이 진행 중에 체결되어 소유권이전등기청구권가등기에 의하여 보전된 매매예약상의 매수인의 지위는 소멸된다고 할 것이지만, 시효기간이 완성되었다고 하더라도 점유자 앞으로 등기를 마치지 아니한 이상 전 소유권에 붙어 있는 위와 같은 부담은 소멸되지 아니한다(대판 1993. 10 12. 93다1886, 1994. 12. 22. 92다3489, 2004. 9. 24. 2004다31463).

(라) 취득시효완성사실을 아는 부동산소유자의 처분행위(불법행위)

부동산에 관한 취득시효가 완성된 후에 그 취득시효를 주장하거나 이로 인한 소유권이전등기청구를 하기 이전에는 그 등기명의인인 부동산소유자로서는 특단의 사정이 없는 한 그 시효취득사실을 알 수 없는 것이므로 이를 제3자에게 처분하였다 하더라도 불법행위가 성립한다고는 할 수 없다(대판 1974. 6. 11. 73다1276).

부동산소유자가 취득시효완성사실을 알고 그 부동산을 제3자에게 처분하여 소유권이전등기를 넘겨줌으로써 취득시효완성을 원인으로 한 소유권이전등기의무가 이행불능에 빠지게 되어 시효취득을 주장하는 자가 손해를 입었다면 불법행위를 구성한다할 것이고, 부동산을 취득한 제3자가 부동산소유자의 이와 같은 불법행위에 적극 가담하였다면 이는 사회질서에 반하는 행위로서 무효라고 할 것이다(대판 2002. 3. 15. 2001다77352, 77369).

(7) 점유취득시효완성에 의한 등기절차

부동산에 대한 점유취득시효는 20년간 소유의 의사로 평온, 공연하게 부동산을 점유하는 것만으로 점유자가 곧바로 소유권을 취득하는 것이 아니라 민법 제245조 제1항에 따라 점유자 명의로 등기를 함으로써 비로소 소유권을 원시적으로 취득하게 된다. 점유취득시효에 의하여 부동산의 소유권을 취득하는 권리는 전(前)소유자의 권리를 계승(繼承)한 승계취득(承繼取得)이 아니라 원시취득(原始取得)이며, 그 효력은 점유를 개시한 때에 소급한다(민법 제247조 제1항).

부동산의 점유취득시효의 경우에는 점유자가 취득시효의 요건을 갖추어 취득시효가 완성되었다 하더라도 단지 이를 원인으로 한 소유권이전등기청구권(所有權移轉登記請求權)이 발생할 뿐 점유자가 바로 소유권을 취득하지는 못한다.

시효취득은 법률의 규정에 의한 물권변동이나 민법 제187조의 예외로서 '등기'하여야 소유권을 취득한다. 부동산의 시효취득의 등기절차에 관하여 부동산등기법은 특별히 규정한 바가 없으므로 시효취득에 의한 등기는 어떤 등기이어야 하는가(즉, 소유권보존등기절차로 하느냐 아니면 소유권이전등기절차로 하느냐)가 문제될 수 있다.

점유취득시효가 완성된 부동산이 '등기된 부동산'된 경우에는 시효취득자명의로 '소유권이전등기'를 하여야 하며, 소유권보존등기가 되지 아니한 '미등기 부동산'인 경우에는 시효취득자가 스스로 시효취득을 원인으로 한 판결에 의하여 소유권보존등기를 신청하여야 한다

(부동산등기법 제65조 제2호).

점유취득시효의 완성에 의한 등기절차는 취득시효대상인 부동산이 '등기된 부동산'인가 또는 '미등기 부동산'인가의 여부에 따라 그 등기절차가 상이(相異)하다.

(가) '등기된 부동산'의 시효취득에 의한 등기절차(소유권이전등기)

부동산의 점유취득시효에 있어서는 등기부상의 권리자와 시효취득자는 부합(동일)하지 아니하므로 민법 제245조 제1항은 '20년간 소유의 의사로 평온, 공연하게 부동산을 점유하는 자는 등기함으로써 그 소유권을 취득한다'라고 규정하고 있다.

따라서 20년간 소유의 의사로 평온, 공연하게 부동산을 점유한 자는 시효완성 당시의 소유자(등기부상 소유자)를 상대(대판 1997. 4. 25. 96다3420, 1999. 2. 23. 98다59132)로 시효취득을 원인으로 한 소유권의 보존등기 또는 이전등기청구의 소를 제기하여 승소판결을 받으면 그 판결을 등기원인을 증명하는 서면(규칙 제46조 제1항 제1호)으로 하여 승소한 등기권리자로서 단독으로 등기를 신청할 수 있다(법 제23조 제4항).

부동산등기법 제23조 제4항의 판결은, 동법 제65조 제2호의 소유권을 증명하는 판결과는 달리, 등기절차의 이행을 명하는 확정된 '이행판결'만을 의미하며(민사집행법 제263조 제2항 참조), 확인판결이나 형성판결은 이에 포함되지 아니한다. 따라서 민사집행법 제263조 제1항에 의하여 채무자의 의사표시가 있는 것으로 보게 되는 판결 그 밖의 재판은 확정된 이행판결이나 이행을 명하는 재판이어야 하며, 확인의 재판이나 형성의 재판은 이에 해당되지 아니한다.

이미 등기 된 부동산에 대한 점유로 인한 소유권의 취득은 전(前)소유자의 권리를 계승(繼承)한 승계취득(承繼取得)이 아니라 원시취득(原始取得)이므로(대판 1991. 10. 22. 90다1628, 1993. 10. 12. 93다1886, 1994. 12. 22. 92다3489, 2004. 9. 24. 2004다31463), 그 등기절차는 소유권보존등기를 할 것이냐가 문제 될 수 있으나 소유권이전등기를 하여야 한다.

부동산의 점유취득시효가 완성된 경우 그 취득시효의 대상인 부동산이 이미 등기된 부동산인 때에는 '등기부를 편성할 때에는 1필의 토지 또는 1동의 건물에 대하여 1개의 등기기록을 둔다'라는 물적편성주의(物的編成主義 또는 1不動産 1用紙主義라고 함)원칙(법 제15조 제1항)에 의하여 '소유권이전등기의 형식'으로 하는 것이 타당하며, 등기실무에서도 이와 같이 처리하고 있다(등기선례 제8권 89항).

1) 등기신청서의 기재사항

등기된 부동산에 대하여 시효취득을 원인으로 한 소유권이전등기절차이행을 명한 확정된 이행판결에 의하여 소유권이전등기를 신청하는 경우에는 부동산등기규칙 제43조 제1항 각호의 사항을 신청정보의 내용으로 등기소에 제공하여야 한다.

가) 등기신청인

부동산의 점유자가 이미 등기된 부동산에 대하여 20년간 소유의 의사로 평온, 공연하게 부동산을 점유한 자는 취득시효완성으로 인하여 소유권을 상실하게 되는 '시효완성 당시의 소유자(등기부상 소유자)'를 상대로 시효취득을 원인으로 한 소유권이전등기청구의 소를 제기하여 승소판결을 받으면 그 판결을 등기원인증서(규칙 제46조 제1항 제1호)로 하여 승소한 등기권리자로서 단독으로 소유권이전등기를 신청할 수 있다(법 제23조 제4항).

위 등기를 신청하는 경우에는 등기신청인, 즉 '등기권리자'는 원고(성명, 주소, 주민등록번호를 기재함)를, '등기의무자'는 시효완성 당시의 등기부상 소유자인 피고를 신청정보의 내용으로 등기소에 제공하여야 한다(규칙 제43조 제1항 제2호).

나) 등기원인과 그 연월일, 등기의 목적

'등기원인'은 시효취득으로 기재하며, '그 연월일'은 법률의 규정에 의한 다른 물권변동의 경우에는 법률상의 등기원인이 발생한 날을 기재함에 반하여, 시효취득의 경우에는 시효기간의 기산일(起算日), 즉 점유개시일(占有開始日)을 기재한다. 취득시효에 의한 소유권취득의 효력은 점유를 개시(開始)한 때에 소급하기 때문이다(민법 제247조 제1항). '등기의 목적'은 소유권이전으로 기재한다(규칙 제43조 제1항).

2) 등기신청서의 첨부서면

가) 부동산등기규칙 제46조 제1항 각호의 정보

이미 등기된 부동산에 대하여 시효취득을 원인으로 한 소유권이전등기절차이행을 명한 판결을 받아 등기를 신청하는 경우에는 등기원인을 증명하는 정보로 확정된 이행판결정본, 등기권리자의 주소 및 주민등록번호를 증명하는 정보, 토지(임야, 건축물)대장정보나 그 밖에 부동산의 표시를 증명하는 정보 등 부동산규칙 제46조 제1항 각호의 정보를 그 신청정보와 함께 첨부정보로서 등기소에 제공하여야 한다(규칙 제46조).

위 소유권이전등기를 신청하는 경우의 첨부정보 중 '등기원인을 증명하는 정보'로 확정된 이행판결정본을 첨부하여야 하나 판결에 한하지 아니하며, 화해조서, 인낙조서, 화해권고결정, 민사조정조서, 조정에 갈음하는 결정 등도 등기의무자의 등기신청에 관한 의사표시의 기재(민사집행법 제263조 제1항)가 있는 경우에는 이를 등기원인증서로 하여 등기신청을 할 수 있다(규칙 제46조 제1항 제1호).

나) 농지취득 자격증명, 국민주택채권의 매입

시효의 완성으로 농지를 취득(농지법 시행령 제6조 제1호)하는 것은 원시취득이므로 농지취득자격증명을 발급 받지 아니하고 농지를 취득할 수 있으며(농지법 제8조 제1항 제3호, 대판 1993. 4. 27. 93다5000, 1993. 10. 12. 93다1886, 등기선례 제3권 529항, 제4권 724항), 시효취득을 원인으로 한 소유권이전등기 절차이행을 명한 판결에 의한 소유권이전등기를 신청하는 경우에는 국민주택채권을 매입하여야 한다(등기선례 제4권 235항).

(나) '미등기 부동산' 의 시효취득에 의한 등기절차(소유권보존등기)

취득시효의 대상인 부동산이 미등기 부동산인 경우에는 시효취득자는 대장(토지, 임야, 건축물)에 최초의 소유자로 등록되어 있는 자 또는 그 상속인 그 밖의 포괄승계인, 미등기 토지의 지적공부상 "국"으로부터 소유권이전등록을 받은 자, 대장상의 소유자 표시란이 공란으로 되어 있거나 그 소유자표시에 일부 누락이 있어 대장상의 소유자를 특정할 수 없는 경우에는 국가를 상대방으로 하여 소유권을 증명하는 판결을 받아 승소한 권리자로서 소유권보존등기를 신청하여야 한다(춘천지방법원 1987. 12. 15. 87가단282).

'확정판결에 의하여 자기의 소유권을 증명하는 자'는 미등기 부동산에 관한 소유권보존등기를 신청할 수 있다(법 제65조 제2호). 부동산등기법 제65조 제2호의 판결은 대장(토지, 임야 등)에 최초의 소유자로 등록되어 있는 자 또는 그 상속인이나 그 밖의 포괄승계인을 상대로 소유권이 자기에게 있음을 증명하는 판결을 받아야 한다. 대장상의 소유자 표시란이 공란으로 되어 있거나 소유자 표시에 일부 누락이 있어 소유자를 특정할 수 없는 경우에는 국가를 상대방으로 로 소유권확인을 구할 수 있다.

점유로 인한 부동산소유권의 취득은 전(前)소유자의 권리를 계승(繼承)한 승계취득(承繼取得)이 아니라 원시취득(原始取得)이므로, 대장상 소유자 미복구인 미등기 토지에 대하여 국가를 상대로 시효취득을 원인으로 한 소유권이전등기절차이행판결이 확정된 경우 원고는 위 판결에 의하여 국가를 대위할 필요 없이 '직접 자기명의로 소유권보존등기'를 신청할 수 있다(대법원 1971. 11. 12. 71마657 결정, 등기선례 제1권 245항, 제4권 220항).

부동산등기법 제130조(현행법 제65조 제2호)에 비추어 볼 때 부동산에 관한 소유권보존등기를 함에 있어 토지대장등본 또는 임야대장등본에 의하여 소유자임을 증명할 수 없다면 판결에 의하여 소유권을 증명하여 소유권보존등기를 할 수밖에 없고, 더욱이 대장소관청인 국가기관이 그 소유를 다투고 있다면 이와 같은 판결을 얻기 위한 소송은 국가를 상대로 제기할 수 있다(대판 1993. 4. 27. 93다5727, 5734).

국가를 상대로 한 토지소유권확인청구는 그 토지가 미등기이고 토지대장이나 임야대장상에 등록명의자가 없거나 등록명의자가 누구인지 알 수 없을 때와 그 밖에 국가가 등기 또는 등록명의자인 제3자의 소유를 부인하면서 계속 국가소유를 주장하는 등 특별한 사정이 있는 경우에 한하여 그 확인의 이익이 있다(대판 2009. 10. 15. 2009다48633).

확정판결에 의하여 자기의 소유권을 증명하는 자(법 제65조 제2호)는 단독으로 판결에 의한 등기를 신청할 수 있다(법 제23조 제4항). 소유권을 증명하는 부동산등기법 제65조 제2호의 판결은 소유권확인판결에 한하는 것은 아니며(대판 1994. 3. 11. 93다57704) 형성판결이나 이행판결이라도 그 이유 중에서 점유자의 소유임을 확정하는 내용의 판결이면 이에 해당하며, 조정조서, 화해조서 등 확정판결에 준하는 것도 포함된다(등기예규 제1383호. 3. 다.).

1) 등기신청서의 기재사항

미등기 부동산에 대하여 시효취득을 원인으로 한 소유권보존등기 또는 이전등기절차이행을 명한 판결에 의하여 소유권보존등기를 신청하는 경우에는 부동산등기규칙 제43조 제1항 각 호의 사항을 신청정보의 내용으로 등기소에 제공하여야 한다.

가) 등기신청인

미등기 부동산에 대하여 시효취득을 원인으로 한 소유권보존등기를 신청하는 경우에는 등기신청인(원고)의 성명, 주소 및 주민등록번호 등 부동산등기규칙 제43조 제1항 각 호의 사항을 신청정보의 내용으로 등기소에 제공하여야 한다.

나) 등기의 목적, 신청근거규정

미등기 부동산에 대하여 시효취득을 원인으로 한 소유권보존등기를 신청하는 경우에는 부동산등기규칙 제43조 제1항 각 호의 신청정보 중 '등기의 목적'은 소유권보존으로, 동 규칙 제121조 제1항 전단의 규정에 의한 '신청근거규정'은 부동산등기법 제65조 제2호로 기재하여야 한다. 그러나 '등기원인과 그 연월일'은 신청정보의 내용으로 등기소에 제공할 필요가 없다(규칙 제121조 제1항 후단).

2) 등기신청서의 첨부서면

가) 부동산등기규칙 제46조 제1항 각호의 정보

미등기 부동산에 대하여 대장(토지, 임야 등)상 최초의 소유자로 등록되어 있는 자 또는 그 상속인이나 그 밖의 포괄승계인, 국가 등을 상대로 시효취득을 원인으로 한 소유권보존등기청구의 소를 제기하여 승소판결을 받으면 그 판결을 등기원인증서로 하여 소유권보존등기를 신청할 수 있다. 위 등기를 신청하는 경우에는 부동산등기규칙 제46조 제1항 각 호의 정보를 그 신청정보와 함께 첨부정보로서 등기소에 제공하여야 한다(규칙 제46조).

나) 등기원인을 증명하는 정보

위 등기를 신청하는 경우에는 첨부정보 중 '등기원인을 증명하는 정보'로 원고의 소유권을 증명하는 확정판결정본(여기의 판결은 미등기 부동산에 대한 소유권을 증명하는 서면으로서 판결을 의미하는 것으로 보존등기신청인의 소유임을 확정하는 내용의 판결이면 족하고 반드시 확인판결이어야 할 필요는 없으며(대판 1994. 3. 11. 93다57704), 형성판결이나 이행판결이라도 그 이유 중에서 보존등기 신청인의 소유임을 확정하는 내용의 것이면 이에 해당하며, 조정조서, 화해조서 등 확정판결에 준하는 것도 포함된다) 등 부동산등기규칙 제46조 각 항의 정보를 첨부정보로서 등기소에 제공하여야 하며(규칙 제46조 제1항 제1호), 부동산의 표시를 증명하는 토지대장정보나 임야대장정보 또는 건물의 표시를 증명하는 건축물대장정보나 그 밖의 정보를 첨부정보로 등기소에 제공하여야 한다(규칙 제121조 제2항).

다) 농지취득자격증명, 국민주택채권의 매입

'시효의 완성'으로 농지를 취득하는 경우(농지법시행령 제6조 제1호)에는 농지취득 자격증명을 발급받지 아니하고 농지를 취득할 수 있으며(농지법 제8조 제1항 제3호, 대판 1993. 4. 27. 93다5000, 등기선례 제3권 529항, 제4권 724항), 시효취득완성을 원인으로 한 소유권이전등기절차를 이행하라는 판결에 의한 소유권이전등기를 신청하는 경우에는 국민주택채권을 매입하여야 한다(등기선례 제4권 235항).

농지개혁법 제6조, 동법시행령 제11조 제2호 등의 규정에 의하여 농지의 취득·자경이 허용되는 종교단체가 농지에 관하여 시효취득을 원인으로 한 소유권이전등기를 신청하는 경우에는 농지매매증명(현행법상의 농지취득 자격증명)을 첨부할 필요가 없다(등기선례 3-529, 4-724, 대판 1993. 4. 27. 93다5000).

◈ 시효취득의 등기부 기재례

【 갑 구 】		(소유권에 관한 사항)		
순위 번호	등기 목적	접수	등기원인	권리자 및 기타사항
3	소유권 이전	2012년 5월 20일 제10340호	1983년 3월 25일 시효취득 (점유개시일)	소유자 최철 000000-0000000 서울특별시 종로구 인사동길 ○(인사동)

3. 등기부취득시효

(1) 등기부취득시효의 개념

등기부취득시효(登記簿取得時效)라 함은 부동산의 소유자로 등기한 자가 10년간 소유의 의사로 평온, 공연하게 선의이며 과실 없이 그 부동산을 점유한 때에는 소유권을 취득하는 것을 말한다(민법 제245조 제2항).

민법 제245조 제2항에 의한 부동산의 등기부시효취득을 인정하기 위하여는 소유자로 등기한 자가 10년간 소유의 의사로 평온, 공연하게 선의로 부동산을 점유하였다는 요건외에 점유의 시초에 과실이 없었음을 필요로 하며, 이 무과실에 관한 입증책임은 그 등기부시효취득을 주장하는 자에게 있다(1986. 5. 27. 86다카280).

우리민법은 부동산소유권의 취득시효에 있어 점유 취득시효(占有取得時效)(민법 제245조 제1항)와 등기부취득시효(登記簿取得時效)(민법 제245조 제2항)의 두 가지를 인정하고 있다. 등기부취득시효에 있어서는 이미 시효취득자가 등기부상 명의인으로 되어 있으므로 등기는 요건이 아니다.

(2) 등기부 취득시효의 요건

부동산의 소유자로 등기한 자가 10년간 소유의 의사로 평온·공연하게 선의이며 과실 없이 그 부동산을 점유한 때에는 소유권을 취득한다(민법 제245조 제2항).

(가) 부동산의 소유자로 등기한 자

10년간 소유의 의사로 평온(平穩)·공연(公然)하게 선의(善意)이며 과실(過失) 없이 부동산을 점유함으로써 그 소유권을 취득하려면 그 점유의 시초부터 부동산의 소유자로 등기된 자임을 요한다(대판 1966. 7. 19. 66다925). 등기부 취득시효에 의하여 소유권을 취득하는 자는 '10년간 반드시 그의 명의로 등기되어 있어야 하는 것은 아니고, 앞 사람의 등기까지 아울러 그 기간 동안 부동산의 소유자로 등기되어 있으면 된다(대판 1989. 12. 26. 87다카2176. 전원합의체판결).

부동산의 특정부분만을 점유해온 자가 그 점유부분의 전체면적에 상응한 공유지분권자로 등기되어 있는 경우, 그 특정부분에 대한 공유지분의 범위내에서는 민법 제245조 제2항에서 말하는 「부동산의 소유자로 등기한 자」와 「부동산을 점유한 때」라는 등기부 취득시효의 요건을 충족하였으나 그 나머지 부분에 대하여는 부동산의 점유라는 요건이 흠결된 것이므로 동인은 위 부동산전체에 대한 공유지분을 등기부시효취득하였다고 볼 수 없고, 또 점유하는 그 특정부분에 대하여는 동인앞으로 공유지분이전등기만 경료되어 있어 「부동산의 소유자로 등기한 자」라는 요건을 충족하지 못하여 역시 등기부시효취득하였다고 볼 수 없다(대판 1986. 5. 27. 86다카280).

1) '소유자로 등기한 자'의 의미

등기부취득시효의 요건으로서 '소유자로 등기한 자'라 함은 적법·유효한 등기를 마친 자일 필요는 없고 무효의 등기를 마친 자라도 상관없으며, 등기부취득시효에서의 선의·무과실은 등기에 관한 것이 아니고 점유취득에 관한 것이다(대판 1998. 1. 20. 96다48527).

2) 민법 제245조 제2항의 '등기'의 의미

민법 제245조 제2항은 부동산의 소유자로 등기한 자가 10년간 소유의 의사로 평온, 공연하게 선의이며 과실 없이 그 부동산을 점유한 때에는 소유권을 취득한다고 규정하고 있는바, 위 법조항의 '등기'는 부동산등기법 제15조가 규정한 1부동산1용지주의에 위배되지 아니하는 등기를 말한다(대판 1998. 7. 14. 97다34693).

민법 제245조 제2항은 부동산의 소유자로 등기한 자가 10년간 소유의 의사로 평온, 공연하게 선의이며 과실 없이 그 부동산을 점유한 때에는 소유권을 취득한다고 규정하고 있는바, 위 법조항의 '등기'는 부동산등기법 제15조가 규정한 1부동산 1용지주의에 위배되지 아니하는 등기를 말하므로 어느 부동산에 관하여 등기명의인을 달리하여 소유권보존등기가 이중으로 경료 된 경우 먼저 이루어진 소유권보존등기가 원인무효가 아니어서 뒤에 된 소유권보존등기가 무효로 되는 때에는 뒤에 된 소유권보존등기나 이에 터잡은 소유권이전등기를 근거로 하여서는 등기부취득시효의 완성을 주장 할 수 없다(대판 1996. 10. 17. 96다12511. 전원합의체판결).

소유권이전등기에 있어 부동산등기법 제57조(현행법 제34조, 제40조, 제48조)에서 정한 등기의 기재사항 중 등기원인이 누락되었더라도 그것은 실제의 권리관계를 표시함에 족할 정도로 동일 또는 유사성이 있는 것이므로, 민법 제245조 제2항의 소유자로 등기한 자에 있어서의 등기에 해당한다(대판 1998. 2. 24. 96다8888).

(나) 소유의 의사(자주점유)

점유는 소유의 의사를 가지고 하는 자주점유(自主占有)이어야 하고, 평온 공연하게 선의이며 과실 없는 점유임을 요한다. '소유의 의사'라 함은 소유자가 할 수 있는 것과 같은 배타적 지배를 사실상 행사하려고 하는 의사를 말하며, 법률상 그러한 지배를 할 수 있는 권한 즉, 소유권을 가지고 있거나 또는 소유권이 있다고 믿고서 하는 점유를 의미하는 것은 아니며(대판 1996. 10. 11. 96다23719), 사실상 소유할 의사가 있는 것으로 충분하다.

1) '소유의 의사로 점유 한다'의 의미

'소유의 의사로 점유 한다'고 함은 소유자와 동일한 지배를 하는 의사로 점유한다는 것을 의미하는 것이고 점유자가 그 물건의 소유자임을 믿고 있어야 하는 것은 아니다(대판 1980. 5. 27. 80다671). 자주점유(自主占有)는 소유의 의사를 가지고서 하는 점유이다.

민법 제245조 제2항의 등기부 취득시효의 요건인 '점유'란 사회관념상 어떤 사람의 사실적 지배에 있다고 보여 지는 객관적 관계를 말하는 것으로서 사실상의 지배가 있다고 하기 위하여는 반드시 물건을 물리적, 현실적으로 지배하는 것만을 의미하는 것이 아니고 물건과 사람의 시간적, 공간적 관계와 본권관계, 타인지배의 배제가능성 등을 고려하여 사회 관념에 따라 합목적적으로 판단하여야하며, 특히 임야에 대한 점유의 이전이나 점유의 계속은 반드시 물리적이고 현실적인 지배를 요한다고 볼 것은 아니고 관리나 이용의 이전이 있으면 인도가 있었다고 보아야하고, 임야에 대한 소유권을 양도하는 경우라면 그에 대한 지배권도 넘겨지는 것이 거래에 있어서 통상적인 형태이며 점유의 계속은 추정된다(대판 1998. 2. 24. 96다8888, 2000. 12. 8. 2000다14934).

2) 자주점유의 의미

점유는 소유의 의사를 가지고 하는 이른바 자주점유(自主占有)이어야 한다. 부동산취득시효를 인정하기 위한 요건으로서의 자주점유라 함은 소유자와 동일한 지배를 하려는 의사를 가지고 하는 점유를 의미하는 것이지 법률상 그러한 지배를 할 수 있는 권원, 즉 소유권을 가지고 있거나 또는 소유권이 있다고 믿고서 하는 점유를 의미하는 것은 아니다(대판 1994. 12. 27. 94다25513).

타주점유자가 그 명의로 소유권보존등기를 경료한 것만으로는 소유자에 대하여 소유의 의사를 표시하여 자주점유로 전환되었다고 볼 수 없다(대판 1975. 5. 30. 97다2344).

3) 소유의 의사의 의미

'소유의 의사(意思)'라 함은 소유자가 할 수 있는 것과 같은 배타적 지배를 사실상 행사하려고 하는 의사를 말하며, 법률상 그러한 지배를 할 수 있는 권한, 즉 소유권을 가지고 있거나 또는 소유권이 있다고 믿고서 하는 점유를 의미하는 것은 아니며(1996. 10. 11. 96다23719), 사실상 소유할 의사가 있는 것으로 충분하다.

4) 소유의 의사를 인정하기 위한 요건

취득시효의 요건이 되는 자주점유의 내용인 소유의 의사는 점유의 권원(權原)의 성질에 의하여 결정하거나 또는 점유자가 소유자에 대하여 소유의 의사가 있다는 것을 표시한 경우에 한하여 인정할 수 있다(대판 1976. 9. 14. 76다159, 1980. 3. 11. 79다2344, 1980. 7. 22. 80다908).

5) 소유의 의사를 갖추어야 할 시기(時期)

부동산소유권의 취득시효의 요건인 소유의 의사는 점유의 '시초'부터 갖추어져야 한다(1980. 5. 27. 80다748).

6) 취득시효에 있어서 자주점유의 추정이 번복되는 경우

부동산의 취득시효에 있어서 외형적 . 객관적으로 보아 점유자가 타인의 소유권을 배척하고 점유할 의사를 갖고 있지 아니하였던 것이라고 볼만한 사정이 증명된 경우에 비로소 소유의 의사로 점유한 것이라는 추정이 깨어지는 것이다(대판 2006. 1. 16. 2005다36045).

(다) 평온 · 공연한 점유

점유는 평온, 공연한 점유이어야 한다. '평온(平穩)'한 점유란 점유자가 점유를 취득 또는 보유하는데 있어 법률상 용인될 수 없는 강폭행위(强暴行爲)를 쓰지 않는 점유이고, '공연(公然)'한 점유란 은비(隱祕)의 점유가 아닌 점유를 말한다(대판 1982. 9. 28. 81사91996, 1996. 6. 14. 96다14036).

(라) 점유자의 선의 · 무과실

등기부취득시효(登記簿取得時效)의 특유한 요건으로 요구되는 점유에 관하여는 점유자의 선의(善意) · 무과실(無過失)도 요구되는 반면(민법 제245조 제2항), 점유취득시효(占有取得時效)의 요건으로서 요구되는 20년간의 점유는 소유의 의사로 평온 · 공연하게 하는 것으로 충분하고 점유자의 선의, 무과실은 그 요건이 아니나(대판 1966. 9. 27. 66다977, 1972. 6. 27. 69다560, 1980. 7. 8. 80다953), 등기부취득시효에 있어서는 그 밖에 점유자의 선의, 무과설도 요구된다.

등기부취득시효에 있어서는, 점유취득시효와는 달리 점유자의 선의, 무과실도 요구되며, 등기부취득시효에 있어서 선의 . 무과실은 등기에 관한 것이 아니고 점유의 취득에 관한 것이다(대판 1992. 4. 28. 91다46779).

등기부취득시효가 인정되려면 점유의 개시에 과실이 없어야 하고 증명책임은 주장자에게 있으며, 여기서 무과실이란 점유자가 자기의 소유라고 믿은 데에 과실이 없음을 말한다. 그런데 부동산에 등기부상 소유자가 존재하는 등 소유자가 따로 있음을 알 수 있는 경우에는 비록 소유자가 행방불명되어 생사를 알 수 없더라도 부동산이 바로 무주부동산에 해당하는 것은 아니므로, 소유자가 따로 있음을 알 수 있는 부동산에 대하여 국가가 국유재산법 제8조에 따른 무주부동산 공고절차를 거쳐 국유재산으로 등기를 마치고 점유를 개시하였다면, 특별한 사정이 없는 한 점유의 개시에 자기의 소유라고 믿은 데에 과실이 있다(대판 2016. 8. 24. 2016다220679).

1) 무과실의 입증

점유자는 소유의 의사로 선의(善意), 평온(平穩) 및 공연(公然)하게 점유한 것으로 추정한다(민법 제197조 제1항). 따라서 등기부취득시효의 요건인 점유자의 선의는 추정되나 무과실은 추정되지 아니하므로 무과실(無過失)을 입증(立證)하여야 한다.

2) 무과실의 시점

부동산의 등기부시효취득을 인정함에 있어서 점유에 과실이 없다고 함은 그 점유의 개시시(開始時)에 과실이 없으면 된다는 취지이다(대판 1993. 11. 23. 93다21132).

3) 무과실의 입증책임의 소재(시효취득을 주장하는 사람)

등기부취득시효에 있어서 선의 무과실은 등기에 관한 것이 아니고 점유취득에 관한 것으로서, 그 무과실에 대한 입증책임은 그 시효취득을 주장하는 사람에게 있다(대판 1981. 6. 23. 80다1642, 1995. 2. 10. 94다22651, 2017. 12. 13. 2016다248424).

부동산에 대한 등기부 시효취득의 요건인 무과실에 관한 입증책임은 그 시효취득을 주장하는 사람에게 돌아가며(대판 1981. 1. 13. 80다2179, 1981. 6. 23. 80다1642, 1985. 7. 9. 84다카1866, 1990. 10. 16. 90다카16792), 부동산의 등기부취득시효에 있어서 점유의 시초에 과실이 없었음을 필요로 하고, 이와 같은 무과실에 대하여는 그 주장자(시효취득을 주장하는 사람)에게 입증책임이 있다(1983. 10. 11. 83다카531, 1986. 2. 25. 85다카771, 1987. 8. 18. 87다카191, 1990. 10. 16. 90다카16792).

민법 제245조 제2항에서 정한 부동산의 등기부 시효취득을 인정하기 위하여는 소유자로 등기된 자가 10년간 소유의 의사로 평온, 공연하게 선의로 부동산을 점유하였다는 요건 외에 점유의 개시에 과실이 없음을 요하며 위와 같은 무과실(無過失)에 대하여는 그 주장자에게 입증책임이 있다(대판 1987. 8. 18. 87다카191).

4) 선의 · 무과실이 요구되는 시점

부동산의 등기부 시효취득을 인정함에 있어서 점유에 과실이 없다고 함은 그 점유의 개시 시에 과실이 없으면 된다는 취지이다(대판 1993. 11. 23. 93다21132). 등기부취득시효에 있어서 점유자의 선의, 무과실은 등기에 관한 것이 아니고 점유의 취득에 관한 것이므로, 등기경료 이전부터 점유를 하여 온 경우에는 그 점유개시 당시를 기준으로 그 점유의 개시에 과실이 없었는지 여부에 관하여 심리 판단하여야 한다(1994. 11. 11. 96다28089).

5) 점유의 개시에 자기의 소유라고 믿은 데에 과실을 인정한 사례

부동산에 등기부상 소유자가 존재하는 등 소유자가 따로 있음을 알 수 있는 경우에는 비록 소유자가 행방불명되어 생사를 알 수 없더라도 부동산이 바로 무주부동산에 해당하는 것은 아니므로, 소유자가 따로 있음을 알 수 있는 부동산에 대하여 국가가 국유재산법 제8조에 따른 무주부동산 공고절차를 거쳐 국유재산으로 등기를 마치고 점유를 개시하였다면, 특별한 사정이 없는 한 점유의 개시에 자기의 소유라고 믿은 데에 과실이 있다(대판 2016. 8. 24. 2016다220679).

(마) 시효기간

1) 10년간 점유

등기부취득시효에 요구되는 요건으로 점유가 일정기간 계속하여야 한다. 즉, 점유자가 소유자는 아니지만 소유자로서 등기되어 있는 경우, 즉 등기부취득시효의 경우에는 점유는 10년간 계속되어야 한다.

2) 점유자의 등기기간이 전 점유자의 등기기간을 합하여 10년이 되는 경우

등기부취득시효에 관한 민법 제245조 제2항의 규정에 하여 소유권을 취득하는 자는 10년간 반드시 그의 명의로 등기되어야 하는 것은 아니고 앞 사람의 등기까지 아울러 그 기간 동안 부동산의 소유자로 등기되어 있으면 된다(대판 1989. 12. 26. 87다타2176 전원합의체판결).

(3) 등기부취득시효의 효과

(가) 점유자의 소유권취득

등기부취득시효에 있어서는 부동산의 소유자로 등기한 자가 10년간 소유의 의사로 평온, 공연하게 선의이며 과실 없이 그 부동산을 점유한 때에는 민법 제245조 제2항의 규정에 의하여 바로 소유권을 취득한다.

점유취득시효에 의한 소유권취득의 효과는 점유를 개시한 때에 소급하며(민법 제247조 제1항), 취득시효에 의한 소유권의 취득은 원시취득(原始取得)이다. 따라서 전주(前主)의 권리에 존재하였던 모든 제한은 취득시효의 완성과 더불어 소멸한다. 다만 취득시효의 기초가 된 점유가 이미 타인의 지역권을 인용하고 있는 경우에는 지역권의 제한이 있는 소유권을 취득하는 것이 된다.

(나) 등기부취득시효완성 후 점유자명의등기가 말소 또는 적법한 원인 없이 타인명의로 소유권이전등기가 된 경우 점유자의 소유권 상실 여부(소극)

1) 점유자의 현재의 등기명의인을 상대로 한 방해배제청구

부동산의 소유자로 등기한 자가 10년간 소유의 의사로 평온, 공연하게 선의이며 과실 없이 그 부동산을 점유한 때에는 민법 제245조 제2항의 규정에 의하여 바로 그 부동산에 대한 소유권을 취득하는 것이므로, 등기부취득시효가 완성된 경우에는 별도로 이를 원인으로 한 소유권이전등기청구권이 발생할 여지가 없으므로, 등기부취득시효의 완성 후에 그 부동산에 관한 점유자명의의 등기가 말소되거나 적법한 원인 없이 다른 사람 앞으로 소유권이전등기가 경료 되었다 하더라도 그 점유자는 등기부취득시효의 완성에 의하여 취득한 소유권에 기하여 현재의 등기명의자를 상대로 방해배제청구를 할 수 있을 뿐이고, 등기부취득시효의 완성을 원인으로 현재의 등기명의자를 상대로 소유권이전등기를 구할 수는 없다(대판 1999. 12. 10. 99다25785).

2) 등기부취득시효완성 후 점유자명의등기가 말소되었거나 부적법하게 타인명의로 이전등기가 된 경우 점유자의 소유권의 상실여부(소극)

민법 제245조 제2항의 규정에 의하여 소유권을 취득하는 자는 10년간 반드시 그의 명의로 등기되어 있어야 하는 것은 아니고 앞 사람의 등기까지 아울러 그 기간 동안 부동산의 소유자로 등기되어 있으면 된다고 할 것이고, 등기는 물권의 효력발생요건이고 효력존속요건이 아니므로 물권에 관한 등기가 원인 없이 말소된 경우에 그 물권의 효력에 아무런 영향을 미치지 않는 것이므로, 등기부취득시효가 완성된 후에 그 부동산에 관한 점유자명의의 등기가 말소되거나 적법한 원인 없이 다른 사람 앞으로 소유권이전등기가 경료 되었다 하더라도, 그 점유자는 등기부취득시효의 완성에 의하여 취득한 소유권을 상실하는 것은 아니다(대판 2001. 1. 16. 98다20110).

◆ 시효취득을 원인으로 한 소유권이전등기의 등기부 기재례

【 갑 구 】		(소유권에 관한 사항)		
순위 번호	등기 목적	접수	등기원인	권리자 및 기타사항
1	소유권 이전	2003년 5월 20일 제10340호	1983년 3월 25일 시효취득	소유자 이도령 000000-0000000 서울 종로구 혜화동 ○

제4절 특별법에 의한 특약사항의 등기

부동산등기부의 양식 및 표제부, 각 구(갑구, 을구)사항란의 기재사항에 관하여는 부동산등기법 제15조 제2항에 규정되어 있으므로 등기사항을 등기관이나 등기신청 당사자가 임의로 정할 수 없다. 따라서 특별법에 의한 특약사항의 등기 또는 금지사항의 등기는 그러한 사항을 등기할 수 있다는 특별한 규정이 있는 경우에 한하여만 이를 등기할 수 있다(등기예규 제1319호 1).

1. 특별법에 의한 특약사항 등을 등기할 수 있는 경우(등기예규 제1319호 제1527호 2.)

(1) 「국유재산법」에 의한 국유재산 양여 등에 따른 특약등기

(가) 「국유재산법」 제49조의 규정에 의하여 국유재산을 용도를 지정하여 매각하고 소유권이전등기를 하는 경우, '「국유재산법」 제52조 제3호 사유가 발생한 때에는 당해 매매계약을 해제한다'는 내용의 특약사항은 「국유재산법 시행령」 제53조 3항의 규정에 의하여 이를 등기할 수 있다.

(나) 「국유재산법」 제55조 제1항 제1호의 규정에 의하여 국유재산을 양여하고 소유권이전등기를 하는 경우, '「국유재산법」 제55조 제2항의 사유가 발생한 때에는 당해 양여계약을 해제한다'는 내용의 특약사항은 「국유재산법 시행령」 제59조의 규정에 의하여 이를 등기할 수 있다.

(다) 특약등기의 말소
위 (가) 또는 (나)에 다라 등기된 특약사항이 그 효력을 상실한 경우, 현재의 소유권의 등기명의인은 소관청의 확인서 등 위 특약의 효력이 상실하였음을 증명하는 서면을 첨부하여 특약등기의 말소를 신청할 수 있다. 다만, 그 양여 부동산의 반환, 원상회복 및 손해배상 등에 관한 사항은 이를 등기할 수 없다.

(2) 「공유수면 관리 및 매립에 관한 법률」 제46조 제2항 및 같은법 제35조 제5항의 규정에 의하여 매립지에 대한 소유권 보존등기 시 소유권행사의

제한의 부기등기(등기예규 제1319호. 2. 나)

(가) 매립지에 대한 소유권보존등기와 소유권행사 제한의 부기등기

「공유수면 관리 및 매립에 관한 법률」 제46조 제1항 제3호의 규정에 의하여 매립면허를 받은 자가 취득한 매립지, 같은법 제46조 제1항 제4호의 규정에 의하여 국가가 취득한 잔여 매립지 및 같은법 제35조 제4항의 규정에 의하여 국가·지방자치단체 또는 정부투자기관이 매립승인(또는 협의)을 얻어 취득한 매립지(이상 다른 법률에서 공유수면매립면허를 의제한 경우를 포함한다)에 대하여 소유권보존등기를 하는 때에는 그 신청서에 같은법 시행령 제53조의 소유권행사의 제한사항을 기재하여야 하며, 등기관은 소유권보존등기시 직권으로 소유권행사의 제한에 관한 사항을 부기하여야 한다.

(나) 부기등기의 대상여부 확인

부기등기의 대상여부는 공유수면매립공사준공인가필증 또는 공유수면매립면허를 의제한 다른 법률에 의한 인·허가의 준공인가서를 제출 받아 매립면허연월일 또는 매립면허의제일을 확인한다.

(다) 매립목적의 변경등기

「공유수면 관리 및 매립에 관한 법률」 제49조 제1항·제2항 및 제35조 제5항의 규정에 의하여 면허관청으로부터 매립목적의 변경인가를 받은 자, 제50조 제3항의 규정에 의하여 재평가매립지를 매수한 자는 매립목적변경인가서를 첨부하여 매립목적의 변경등기를 신청할 수 있다.

(라) 부기등기의 말소

부기등기의 말소등기 신청시 등기관은 등기부에 기재된 준공인가일로부터 10년이 경과하였는지 여부를 확인한 후 실행하여야 한다.

(마) 소유권행사 제한의 부기등기에 관한 기록례는 별지(위 기록례는 부동산등기기재례집 제68항 참조)와 같다.

(3) 「주택법」 제64조 제3항에 따른 금지사항의 부기등기

「주택법」 규정에 의한 사업주체는 같은법 제15조 제1항의 규정에 의한 사업계획승인을 얻어 시행하는 주택건설사업에 의하여 건설된 주택 및 대지에 대하여 입주예정자의 동의없이는 양도하거나 제한물권을 설정하거나 압류·가압류·가처분 등의 목적물이 될 수 없는 재산임을 소유권등기에 부기등기하여야 한다(등기예규 제1319호. 2. 라. 주택법 제40조 제3항의 규정에 의한 금지사항의 부기등기에 관하여는 등기예규 제1379호, 제1523호, 제1600호, 제1616호 참조).

(4) 「주택법」 제64조 제4항에 따른 금지사항의 부기등기

(가) 주택의 전매행위제한의 부기등기

「주택법」 규정에 의한 사업주체가 같은 법 제64조 제1항 제2호 또는 제3호에 해당하는 주택을 공급하는 경우에는 당해 주택의 소유권을 제3자에게 이전할 수 없음을 소유권에 관한 등기에 부기등기하여야 한다(등기예규 제1319호. 2. 마).

(나) 부기등기의 말소

1) 「주택법」 제64조 제1항 및 「주택법 시행령」 제73조 제1항·제3항에서 정한 전매제한기간이 경과한 경우, 현재의 소유권의 등기명의인은 그 기간이 경과한 사실을 증명하는 서면을 첨부하여 위 (가)의 금지사항 부기등기의 말소를 신청할 수 있다(등기예규 제1617호).
「주택법」 제64조 제2항 및 「주택법 시행령」 제73조 제2항에 해당하여 사업주체의 동의서를 첨부하여 전매에 따른 소유권이전등기를 신청하는 경우, 위 (가)의 금지사항 부기등기의 말소도 동시에 신청할 수 있다. 다만, 그 부기등기의 말소가 동시에 신청되지 아니한 경우, 현재의 소유권의 등기명의인은 위의 절차에 따라 소유권이전등기가 경료되었음을 증명하는 사업주체의 확인서 등을 첨부하여 그 부기등기의 말소를 신청할 수 있다. 기타 부기등기의 말소절차는 등기예규 제1527호. 2. 자. (3)에 규정 되어 있다.
2) 「주택법」 제40조제3항(현행법 제64조 제4항, 제5항) 단서 및 「주택법 시행령」 제45조(현행주택법시행령 제72조) 제3항에 따르면 해당 주택의 입주자로 선정된 지위를 취득한 자가 없는 경우에는 「주택법」 제40조제3항(현행법 제64조 제4항~제5항)에 따른 부기등기를 할 수 없으

므로, 「주택법」에 따른 주택에 대하여 소유권보존등기와 동시에 위 부기등기가 되어 있으나 해당 주택의 입주자로 선정된 지위를 취득한 자가 없는 경우에는 이를 소명하여 신청착오를 원인으로 위 부기등기의 말소신청을 할 수 있을 것이다(등기선례 제8권 237항).

(5) 「한국주택금융공사법」 제43조의 7 제2항에 따른 금지사항의 부기등기

(가) 담보주택에 대한 금지사항의 부기등기

「한국주택금융공사법」 규정에 의하여 주택담보노후연금보증을 받은 자는 그 담보주택에 대하여 저당권설정과 동시에 한국주택금융공사의 동의 없이는 제한물권을 설정하거나 압류·가압류·가처분 및 임대차 등의 목적물이 될 수 없는 재산임을 소유권등기에 부기등기하여야 한다.

(나) 부기등기신청서의 첨부서면

위 금지사항의 부기등기신청서에는 당해 주택이 주택담보노후연금보증의 담보주택임을 증명하는 한국주택금융공사의 서면을 첨부하여야 한다.

(다) 부기등기의 말소

위 (가)의 부기등기를 말소하기 위해서는 그 말소등기신청서에 한국주택금융공사의 동의가 있음을 증명하는 서면을 첨부하여야 한다. 다만 주택담보노후연금대출의 원리금을 모두 상환하여 이를 이유로 말소하는 경우에는 이러한 사실을 증명하는 금융기관의 서면을 첨부한다(「한국주택금융공사법 시행령」 제28조의 6 제3항 참조). (등기예규 제1319호. 2. 사.).

(6) 「한강수계 상수원수질개선 및 주민지원 등에 관한 법률」 제11조의 2, 「금강수계 물관리 및 주민지원 등에 관한 법률」 제21조의 2, 「낙동강수계 물관리 및 주민지원 등에 관한 법률」 제23조의 2, 「영산강·섬진강수계 물관리 및 주민지원 등에 관한 법률」 제21조의 2에 따른 금지사항 부기등기(등기예규 제1527호 아).

(7) 주차장법 제19조의 23에 따른 부기등기(등기예규 제1527호. 자항 참조).

(8) 「농어업경영체 육성 및 지원에 관한 법률」 제7조의2에 따른 금지사항 부기등기

(가) 위 법률에 따라 농어업경영체가 「보조금 관리에 관한 법률」에 따른 보조금으로 취득하였거나 그 효용가치가 증가한 토지 등 부동산에 관한 소유권보존등기, 소유권이전등기 또는 건물표시변경등기와 동시에 금지사항 부기등기를 신청하는 경우 등기관은 보조금을 지원받아 취득 또는 효용가치가 증가한 부동산으로서 중앙행정기관의 장이 정하는 기간이 경과하지 아니하였음에도 보조금의 교부 목적에 위배되는 사용, 양도, 교환, 대여 및 담보제공을 할 경우 중앙행정기관의 장의 승인을 받아야 하는 재산이라는 뜻을 부기하여야 한다.

(나) 위 금지사항 부기등기의 신청이 있는 경우 등기관은 농업경영체 (또는 어업경영체) 등록(변경등록) 확인서와 보조금이 지원된 부동산 증명서가 첨부정보로서 제공되었는지를 확인하여야 한다.

(다) 위 (가)의 부기등기 말소등기의 신청이 있는 경우 등기관은 부기등기 말소 대상 부동산 증명서가 첨부정보로서 제공되었는지를 확인하여야 한다(등기예규 제1578호 차).

(9) 「공공주택 특별법」 제49조의6제6항에 따른 공공분양주택의 공급계약 해제 또는 소유권 재취득 특약의 부기등기

(1) 공공주택사업자가 공공분양주택의 소유권보존등기와 동시에 「공공주택 특별법」 제49조의6제6항에 따른 부기등기를 신청하는 경우 등기관은 같은 법 시행령 제51조제4항의 내용을 부기하여야 한다.

(2) 입주자가 「공공주택 특별법 시행규칙」 제35조에 따라 위 부기등기의 말소등기를 신청하는 경우 등기관은 공공주택사업자의 거주의무기간이 지났음을 증명하는 정보가 첨부정보로서 제공되었는지를 확인하여야 한다.

(3) 위 (1)의 부기등기 신청과 동시에 다른 금지사항 등의 부기등기 신청이 있는 경우 등기관은 그 내용을 각각 부기하여야 한다.

(4) 위 (1)의 부기등기에 관한 기록례는 별지(생략)와 같다(등기예규 제1597호 카).

(10) 「공유재산 및 물품 관리법」에 따른 공유재산의 양여계약 또는 매매계약 해제특약의 부기등기

(1) 특약사항에 관한 등기의 신청 등

   (가) 「공유재산 및 물품 관리법」에 따라 공유재산을 양여하면서 같은 법 제19조제2항 또는 제40조제2항에 따른 특약등기를 신청하는 경우 등기관은 '이 재산은 10년 이내에 그 양여목적 외의 용도로 사용되면 양여계약을 해제한다'는 내용을 부기하여야 한다.

   (나) 「공유재산 및 물품 관리법」에 따라 공유재산을 매각하면서 같은 법 제36조제2항, 같은 법 시행령 제37조의3제2항에 따른 특약등기를 신청하는 경우 등기관은 '이 재산은 「공유재산 및 물품 관리법」 제38조제1항제2호의 사유가 발생하면 매매계약을 해제한다'는 내용을 부기하여야 한다.

(2) 위 (1)의 부기등기의 말소등기신청이 있는 경우 등기관은 양여 또는 매각한 지방자치단체의 장의 특약사항의 효력이 소멸하였음을 증명하는 정보가 첨부정보로서 제공되었는지를 확인하여야 한다(등기예규 제1597호. 타.).

(11) 「보조금 관리에 관한 법률」 제35조의2제1항에 따른 금지사항 등의 부기등기

(1) 보조사업자 또는 간접보조사업자가 보조금 또는 간접보조금으로 취득하거나 그 효용이 증가된 부동산에 대하여 「보조금 관리에 관한 법률」 제35조의2제1항에 따른 금지사항 등의 부기등기를 신청하는 경우 등기관은 '이 부동산은 보조금 또는 간접보조금을 교부받아 취득하였거나 그 효용가치가 증가한 재산으로서 보조금 또는 간접보조금의 교부 목적과 해당 부동산의 내용연수를 고려하여 중앙관서의 장이 정한 기간이 지나지 아니하였음에도 그 부동산을 보조금 또는 간접보조금의 교부 목적에 위배되는 용도에 사용, 양도, 교환, 대여 및 담보로 제공하려는 경우에는 중앙관서의 장의 승인을 받아야 한다'는 내용을 부기하여야 한다.

(2) 위 부기등기는 「보조금 관리에 관한 법률」 제35조의2제2항에 따라 소유권보존등기, 소유권이전등기 또는 토지·건물표시변경등기와 동시에 신청하여야 한다. 다만, 부동산의 등기내용이 변경되지 아니하는 경우에는 같은 법 제27조에 따른 보조사업실적보

고서 제출 전까지 신청하여야 한다. 이 경우 등기관은 같은 법에 따라 보조금 또는 간접
보조금으로 취득하거나 그 효용이 증가된 부동산임을 증명하는 정보가 첨부정보로서
제공되었는지를 확인하여야 한다.

(3) 부기등기의 말소

보조사업자 또는 간접보조사업자가 위 (1)의 부기등기의 말소등기를 신청하는 경우 등기
관은 「보조금 관리에 관한 법률」 제35조의2제4항에 해당함을 증명하는 중앙관서의 장
의 확인서 등의 정보가 첨부정보로서 제공되었는지를 확인하여야 한다(등기예규 제1597호. 파).

2. 특별법에 의한 특약사항 등을 등기할 수 없는 경우

특별법에 의한 특약사항 등을 등기할 수 없는 경우를 예시하면 아래와 같다(등기예규 제1319
호. 3.).

「산업집적활성화 및 공장설립에 관한 법률」 제39조 및 제43조의 규정에 의한 처분제한 사항

「보조금의 예산 및 관리에 관한 법률」 제35조의 규정에 의한 재산처분 제한에 관한 사항

「공익사업을 위한 토지 등의 취득 및 보상에 관한 법률」 제91조에서 규정하는 환매권

3. 특별법에 의한 특약사항 등의 등기가 있는 부동산에 대한 업무처리

특별법에 의한 특약사항 등의 등기가 되어 있는 부동산에 대하여는 관련기관 등의ㆍ허가
또는 승인 없이는 양도, 담보제공 등 특약사항에 위배되는 처분을 할 수 없는 것이므로, 등기
관은 위 부동산에 대한 등기신청사건을 처리함에 있어서는 이 점을 유의하여야 한다(등기예규
제1319호. 4.).

제5절 환매특약등기

1. 환매의 의의

(1) 특약에 의한 환매권의 보류

환매라 함은 매도인이 매매계약과 동시에 특약으로 환매권을 보류한 경우에 그 환매권을 일정한 기간(환매기간) 내에 행사함으로써 매매의 목적물을 다시 사오는 것, 즉 일단 매도한 물건을 원래의 매도인에게 다시 파는 계약을 말한다(민법 제590조). 민법은 이러한 환매권의 유보를 등기사항으로 규정하고 있는데(민법 592조), 이를 환매특약등기(환매권등기)라고 한다.

매도인은 환매권을 행사하여 매매목적물에 대하여 환매를 원인으로 한 소유권이전등기를 신청할 수 있는데, 이를 환매등기라고 한다. 매매대금 및 비용을 제공하지 않고 한 환매의 의사표시는 무효이며, 기간을 정하지 않은 환매기간연장의 합의도 무효이다(대판 1954. 9. 14. 4284민상74).

(2) 한필지 전부에 대한 매매계약과 일부지분에 대한 환매권보류약정

한 필지 전부를 매매의 목적물로 하여 매매계약을 체결함과 동시에 그 목적물 소유권의 일부 지분에 대한 환매권을 보류하는 약정은 민법상 환매특약에 해당하지 않으므로 이러한 환매특약등기신청은 할 수 없다(2011. 11. 22. 부동산등기과-2218).

(3) 환매의 성질(해제권 보류부 매매)

매매계약에 환매권을 보류하는 특약을 붙인 매매를 환매약관부매매라고 한다. 환매의 법률적 성질에 관하여 다수설은 환매를 매매계약의 해제, 즉 해제권보류부매매의 일종으로 보고 있다. 환매의 특약은 부동산·동산, 그 외의 재산권(채권·무체재산권 등)에 관하여도 할 수 있으나 매매계약과 동시에 하여야 한다(민 제590조 1항).

2. 환매기간

부동산의 환매기간은 5 년을 넘지 못하며 약정기간이 이를 넘은 때에는 5 년으로 단축한다(민 제591조 1항). 환매기간을 정한 때에는 다시를 연장하지 못하며(민법 제591조 제2항). 환매기간을 정하지 아니한 때에는 그 기간은 부동산은 5년으로 한다(민법 제591조 제3항).

환매기간을 제한하는 환매특약이 등기부에 기재되어 있는 때에는 반증이 없는 한 등기부 기재와 같은 환매특약이 진정하게 성립된 것으로 추정함이 상당하다(대판 1991. 10. 11. 91다13700).
매도인이 환매기간 내에 환매를 하지 아니하면 그 기간의 경과와 동시에 매수인의 소유로 귀속되는 것이지만 당해 부동산이 미등기로서 매수인이 '그 취득등기를 하고 있지 아니하였다면 매수인은 소유권을 취득할 수 없고 다만 환매기간 경과 후에는 채권적인 담보권만을 행사할 수 있다(대판 1980. 9. 9. 80다941).

3. 환매특약등기의 신청

매매의 목적물이 부동산이 경우에 매매등기와 동시에 환매권의 유보를 등기한 때에는 제3자에 대하여 그 효력이 있다(민법 제592조).
환매특약이란 매매계약과 동시에 매도인이 환매할 권리를 유보한 경우에 그 환매권을 일정한 기간 내에 행사하여 매매의 목적물을 다시 사오는 것을 내용으로 하는 특약을 말한다. 이러한 환매특약은 등기할 수 있으며(법 제52조 제6호), 등기한 때부터 제3자에게 대항할 수 있다(민법 제592조). 환매특약의 등기를 신청하는 경우에는 법 제53조의 환매특약의 등기사항을 신청정보의 내용으로 등기소에 제공하여야 한다(규칙 제113조).

부동산에 관하여 매매등기와 아울러 환매특약의 등기가 경료된 이후 그 부동산 매수인으로부터 그 부동산을 전득한 제3자가 환매권자의 환매권행사에 대항할 수 없으나, 환매특약의 등기가 부동산의 매수인의 처분권을 금지하는 효력을 가지는 것은 아니므로 그 매수인은 환매특약의 등기 이후 부동산을 전득한 제3자에 대하여 여전히 소유권이전등기절차의 이행의무를 부담하고, 나아가 환매권자가 환매권을 행사하지 아니한 이상 매수인이 전득자인 제3자에 대하여 부담하는 소유권이전등기절차의 이행의무는 이행불능 상태에 이르렀다고 할 수 없으므로, 부동산의 매수인은 전득자인 제3자에 대하여 환매특약의 등기사실만으로 제3자의 소유권이전등기청구를 거절할 수 없다(1994. 10. 25. 94다35527).

4. 환매특약의 부기등기

(1) 동시신청 · 부기등기

환매권부매매의 매도인이 등기권리자, 환매권부매매의 매수인이 등기의무자가 되어 환매권 행사로 인한 소유권이전등기를 공동으로 신청한다. 다만 환매권부매매의 매도인으로부터 환매권을 양수받은 자가 있는 경우에는 그 양수인이 등기권리자가 되고, 환매권부매매의 목적 부동산이 환매특약의 등기 후 양도된 경우에는 그 전득자(현재 등기부상 소의명의인)가 등기의무자가 된다(등기예규 제1359호 1. 가.).

매매계약과 동시에 환매(매도인이 판물건을 대가를 지불하고 다시 사들임)의 특약을 체결하여 그 환매특약의 등기를 신청하고자 하는 경우에는 매매에 의한 소유권이전등기신청과 동시에 환매특약의 등기를 별개 독립한 신청서에 매수인이 지급한 대금 및 매매비용을 기재하여 신청을 하여야 하며, 그 환매특약의 등기는 매수인의 권리취득의등기에 이를 부기하는 형식으로 기재한다(법 제52조 제6호).

환매권리자는 매도인에 국한되는 것이므로 제3자를 환매권리자로 하는 환매등기는 할 수 없다(등기선례요지집 제3권 566항).

(2) 환매특약 등기신청서의 기재사항

환매특약의 등기를 신청하는 경우에는 신청서에 일반적 기재사항인 규칙 제43조 각항의 기재사항 외에 매수인이 지급한 대금 및 매매비용을 기재하고 등기원인에 환매기간(민법 제591조 1항)이 정하여져 있는 때에는 이를 기재하여야 한다. 위 소유권이전등기의 '등기원인'은 "환매"로 하고, 환매의 의사표시가 상대방에게 도달한 날을 '등기원인 일자'로 한다.
아래 2항 단서의 규정에 의하여 환매특약의 등기를 말소할 수 없는 경우에는 환매권 행사로 인한 소유권이전등기를 할 수 없다.

(3) 환매특약 등기신청서의 첨부서면

등기신청서의 첨부서면은 부동산등기 규칙 제46조 각항의 일반적인 첨부서면 외에 환매조건부매매계약서(환매특약증서)를 첨부하여야 한다(규칙 제113조).

(4) 환매특약등기의 기록사항(등기사항)

등기관이 환매특약의 등기를 할 때에는 다음 각 호의 사항을 기록하여야 한다. 다만, 제3호는 등기원인에 그 사항이 정하여져 있는 경우에만 기록한다(법 제53조).

1. 매수인이 지급한 대금
2. 매매비용
3. 환매기간

환매특약등기의 기재례는 아래와 같다(등기선례요지집 제 4 권 433항).

※ 환매권에 관한 등기(부동산등기기재례집)

(갑 구)

【갑 구】		(소유권에 관한 사항)		
순위번호	등기목적	접수	등기원인	권리자 및 기타사항
1	소유권보존	2002년 6월 5일 제5789호		소유자 최 추 석 490616-2047114 서울시 마포구 염리동 81-49
2	소유권이전	2002년 11월 10일 제37890호	2002년 11월 8일 환매특약부 매매	소유자 김 상 옥 400804-1543181 서울시 마포구 염리동 24-6
2-1	환매특약	2002년 11월 10일 제37890호	2002년 11월 8일 특약	매수인이 지급한 대금 금 20,000,000원 매매비용 금 30,000원 환매기간 2005년 7월 25일 까지 환매권자 최 추 석 490616-2047114 서울시 마포구 염리동 81-49

주 : 환매특약의 등기는 별개의 독립된 신청서에 의하여 신청하여야 하나, 동일접수번호로 접수한다.

(5) 환매특약등기의 말소

환매에 따른 권리취득의 등기를 하였을 때에는 법 제53조의 환매특약의 등기를 말소하여야 한다(규칙 제114조 제1항).

등기관은 환매권의 행사로 인한 소유권이전등기를 할 때에는 직권으로 환매특약의 등기를 말소하여야 한다. 다만 환매권에 가압류, 가처분, 가등기 등의 부기등기가 경료되어 있는 경우에는 그 등기명의인의 승낙서 또는 이에 대항할 수 있는 재판서의 등본이 첨부되어 있지 아니하면 환매특약의 등기를 말소할 수 없다(등기예규 제1359호. 2.).

(6) 환매특약의 등기 이후에 경료된 소유권 이외의 권리에 관한 등기의 말소

환매특약의 등기 이후 환매권 행사 전에 경료된 제3자 명의의 소유권 이외의 권리에 관한 등기의 말소등기는 일반원칙에 따라 공동신청에 의하고, 그 말소등기의 원인은 "환매권행사로 인한 실효"로 기록한다(등기예규 제1359호 3.).

【 갑 구 】		(소유권에 관한 사항)		
순위번호	등기목적	접수	등기원인	권리자 및 기타사항
2-1	환매특약	2000년 11월 10일 제37890호	2000년 11월 8일 특약	환매대금 금 20,000,000원 계약비용 금 30,000원 환매기간 2003년 7월 25일까지 환매권자 최 추 석 490616-2047114 서울시 마포구 염리동 81-49
2-1-1	2-1번환매권이전	2001년 7월 25일 제6789호	2001년 7월 25일 매매	환매권자 박 갑 남 330220-1562316 서울시 종로구 익선동 661-49
3	소유권이전	2003년 7월 30일 제9895호	2003년 7월 25일 환매	소유자 박 갑 남 330220-1562316 서울시 종로구 익선동 661-49
4	2-1-1번 환매권이전 등기권말소	2001년 7월 31일 제12051호	2001년 7월 29일 해제	3번 소유권이전등기로 인하여 2001년 7월 31일 등기

주 : 환매권을 행사한 경우 환매권말소의 등기는 직권으로 하되 주등기에 의하고, 환매특약의 등기를 말소하는 기호를 기록한다.

〈동시신청〉 (가) 토지소유권이전 및 환매특약등기(동시신청)

토지소유권이전등기신청				
접 수	년 월 일	처 리 인	등기관 확인	각종 통지
	제 호			

부동산의 표시(거래신고 일련번호, 거래가액)				
(생 략)				
거래신고 일련번호 :　　　　　　　　　　　　　　거래가액 :				
등기원인과 그 연월일	○○년 ○○월 ○○일 매매			
등 기 의 목 적	소유권 이전			
이 전 할 지 분				
구 분	성 명 (상호 · 명칭)	주민등록번호 (등기용등록번호)	주 소 (소 재 지)	지 분 (개인별)
등기의무자	박 ○ ○			
등기권리자	김 ○ ○			

시가표준액 및 국민주택채권매입금액		
부동산 표시	부동산별 시가표준액	부동산별 국민주택채권매입금액
1.	금 ○○,○○○,○○○원	금 ○○○,○○○ 원
2.	금 원	금 원
3.	금 원	금 원
국 민 주 택 채 권 매 입 총 액		금 ○○○,○○○ 원
국 민 주 택 채 권 발 행 번 호		○ ○ ○

등록세 금 ○○○,○○○원	교육세 금 ○○○,○○○원	
취득세(등록면허세) 금 원	지방교육세 금 원	
	농어촌특별세 금 원	
등 기 신 청 수 수 료	금 원	
	납부번호 :	

등기의무자의 등기필정보		
부동산 고유번호		
성명(명칭)	일련번호	비밀번호

첨 부 서 면	
1. 검인계약서 통	1. 위임장 통
1. 취득세(등록면허세) 통	〈기 타〉
1. 인감증명 통	1. 등기신청수수료현금영수필확인서 1통
1. 등기필증 통	
1. 토지·임야·건축물대장등본 통	
1. 주민등록등(초)본 통	

년   월   일

위 신청인   ㉘   (전화 : 296-9782)

(또는)위 대리인   (전화 :   )

지방법원 등기소 귀중

이 서식은 매도인이 토지에 대한 매매계약과 동시에 환매할 권리를 유보한 때에 매매로 인한 소유권이 전등기와 동시에 매도인이 등기권리자, 매수인이 등기의무자로서 환매특약의 등기를 공동으로 매매로 인한 소유권이전등기와 동에 신청하는 예이다(민법 제592조, 부동산등기법 제43조·64조의2, 공공용지 9조, 공익사업 91조).

〈동시신청〉(나) 토지소유권이전 및 환매특약등기신청(환매특약부매매)

접 수	년 월 일 제 호	처 리 인	등기관 확인	각종 통지

표제: 토지환매특약등기신청

① 부동산의 표시			
○○시 ○○구 ○○동 ○ 대 ○○○㎡			

② 등기원인과 그 연월일	○○년 ○○월 ○○일 환매		
③ 등 기 의 목 적	소유권 이전		
④ 매 매 대 금	금 ○○,○○○,○○○원		
⑤ 매 매 비 용	금 ○○○,○○○원		
⑥ 환 매 기 간	○○○○년 ○월 ○일부터 5년간		

구 분	성 명 (상호 · 명칭)	주민등록번호 (등기용등록번호)	주 소 (소 재 지)	지 분 (개인별)
⑦ 등 기 의 무 자	박 ○ ○			
⑧ 등 기 권 리 자	김 ○ ○			

시가표준액 및 국민주택채권매입금액		
부동산 표시	부동산별 시가표준액	부동산별 국민주택채권매입금액
1.	금 ○○,○○○,○○○원	금 ○○○,○○○ 원
2.	금 원	금 원
3.	금 원	금 원
국 민 주 택 채 권 매 입 총 액		금 ○○○,○○○ 원
국 민 주 택 채 권 발 행 번 호		○ ○ ○

취득세(등록면허세) 금 원	지방교육세 금 원
	농어촌특별세 금 원
등 기 신 청 수 수 료	금 원
	납부번호 :

등기의무자의 등기필정보		
부동산고유번호		
성명(명칭)	일련번호	비밀번호

첨 부 서 면	
1. 환매특약증서 통 2. 위임장 통 3. 등기신청수수료현금영수필확인서 1통	〈기 타〉

년 월 일

위 신청인   ㉑   (전화 : 296-9782)
(또는)위 대리인   (전화 :)

지방법원 등기소 귀중

환매조건부매매계약

매 도 인 ○ ○ ○
주   소
매 수 인 ○ ○ ○
주   소

　　매도인을(○○○) 甲, 매수인(○○○)을 乙이라 하여 양 당사자는 다음과 같이 부동산매매계약을 체결한다.

제1조 매도인 甲은 그의 소유 다음 표시의 부동산을 매수인에게 매도하고 매수인 乙은 금 ○○○원에 이를 매수한다.

※ 부동산의 표시
○○시 ○○구 ○○동 ○○○번지
대지 ○○m²
위 지상건물 ○○○m²

제2조 이건 매매계약 이행기일인 ○○년 ○월 ○일에 매도인 갑은 그 소유권이전등기를 경료하여야 하고, 매수인 을은 이와 동시에 관할등기소에서 위의 대금을 대도인 갑에게 지급한다.

제3조 매도인 갑은 이건 부동산에는 저당권 등의 담보물권이 설정되어 있지 않음을 확약한다.

제4조 1. 매도인 갑은 ○○년 ○월 ○일까지 이건 매매대금 및 계약의 비용을 제공하여 이건 부동산을 환매하기로 하며 매수인 을은 이를 승낙한다.
　　　 2. 매도인 갑이 전항의 환매권을 행사할 때는 그 기일을 매수인 을에게 통지하여 관할등기소에서 전항의 대금 및 계약의 비용을 반환하고, 매수인 을은 이와 동시에 그 소유권이전등기 절차를 이행하여야 한다.

제5조 이건 부동산의 소유권이전등기에 소요되는 등록세 및 등기절차에 관한 비용 기타 이 계약에 관한 비용은 모두 매수인이 이를 부담한다.

20 ．　．　．

〈이하 생략〉

주 : 보통 환매라 함은 매매에 있어서 매도인이 매매계약과 동시에 특약에 따라 유보한 환매권에 의하여 원칙적으로 매수인이 지급한 대금 및 매매에 대한 비용을 반환하여 매매를 해제함을 말하는데(민법 제592조) 이는 재매매의 예약·매도담보·해제권유보의 매매 등을 총칭하는 말이기도 하다.

제6절　지상권

Ⅰ. 지상권 설정등기

(1) 지상권의 내용

지상권이라 함은 타인의 토지에 건물 기타의 공작물(교량·탑·터널 등)이나 수목을 소유하기 위하여 그 토지를 사용할 수 있는 물권(민 제279조)을 말한다. 즉 타인의 소유권을 제한해서 토지를 일면적으로 지배하는 용익물권을 말한다. '지상권'이라고는 하지만 지표나 지상에 한하지 않고, 지하의 사용을 그 내용으로 하여 설정할 수도 있다.

지상권은 토지의 배타적 사용권이므로 같은 토지 위에 2개 이상 중첩하여 성립할 수 없다. 토지사용권의 대가인 지료의 지급은 지상권의 요소가 아니다. 통상 지료를 지급하게 되겠지만 무상의 지상권을 설정할 수도 있다.

(2) 1필의 토지의 일부에 대한 지상권 설정

지상권의 목적인 부동산은 1필의 토지 전부라야 할 필요는 없고 그 일부라도 무방하나(다만 이미 지상권이 설정되어 있는 토지부분에 대하여는 다시 지상권을 설정할 수 없을 것임), 1필의 토지의 일부에 대하여 지상권설정등기를 신청하고자 할 경우에는 신청서에 지상권의 범위를 특정할 수 있도록 기재하고 그 부분을 표시한 지적도를 첨부하여야 한다(규칙 제126조 제1항).

(3) 공유지분에 대한 지상권설정등기의 가부(소극)

지상권은 타인의 토지에 건물기타공작물이나 수목을 소유하기 위하여 그 토지를 "사용"하는 권리이다. 즉 지상권은 위와같은 목적을 위하여 타인의 토지를 "사용"하는것을 본질적 내용으로 하는 권리이므로 그 "이용권"으로서의 성질상(용익물권) 공유지분에는 지상권(전세권·지역권)을 설정할 수 없다(등기예규 제574호, 등기선례요지집 제4권 449항. 제5권 417항).

(4) 담보지상권

지상권은 용익물권으로서 담보물권이 아니므로 피담보채무라는 것이 존재할 수 없다. 근저당권 등 담보권 설정의 당사자들이 담보로 제공된 토지에 추후 용익권이 설정되거나 건물 또는 공작물이 축조·설치되는 등으로 토지의 담보가치가 줄어드는 것을 막기 위하여 담보권과 아울러 설정하는 지상권을 이른바 담보지상권이라고 하는데, 이는 당사자의 약정에 따라 담보권의 존속과 지상권의 존속이 서로 연계되어 있을 뿐이고, 이러한 경우에도 지상권의 피담보채무가 존재하는 것은 아니다.

따라서 지상권설정등기에 관한 피담보채무의 범위 확인을 구하는 청구는 원고의 권리 또는 법률상의 지위에 관한 청구라고 보기 어려우므로, 확인의 이익이 없어 부적법하다(대판 2017. 10. 31. 2015다65042).

(5) 지상권 설정계약

지상권은 지상권설정자인 토지소유자와 지상권자 사이의 설정계약, 즉 지상권의 설정을 목적으로 하는 물권적 합의와 등기에 의하여 취득되는 것이 보통이다. 그 밖에 유언과 지상권의 양도에 의해서도 취득되나, 이들도 모두 법률행위이므로 역시 물권행위와 등기를 하는 때에 취득된다.

2. 법정지상권

법정지상권(法定地上權)이라 함은 동일인의 소유에 속하였던 토지와 건물이 각각 그 소유자를 달리하게 된 때에, 건물소유자에게 그의 건물소유를 위하여 법률상 당연히 생기는 지상권을 말하며, 이는 토지뿐만 아니라 건물도 독립한 부동산으로 취급하고 있는 우리법제(法制)의 특수성에 기인하는 제도이다. 실정법상 이 법정지상권이 인정되는 경우는 민법 제305조 제1항, 제366조, 입목에 관한 법률 제6조, 가등기담보 등에 관한 법률 제10조가 있다.

🔍 판 례

민법 제366조의 법정지상권은 저당권설정 당시 동일인의 소유에 속하던 토지와 건물이 경매로 인하여 양자의 소유자가 다르게 된 때에 건물의 소유자를 위하여 발생하는 것으로서, 토지에 관하여 저당권이 설정될 당시 토지 소유자에 의하여 그 지상에 건물이 건축 중이었던 경우 그것이 사회관념상 독립된 건물로 볼 수 있는 정도에 이르지 않았다 하더라도 건물의 규모, 종류가 외형상 예상할 수 있는 정도까지 건축이 진전되어 있었고, 그 후 경매절차에서 매수인이 매각대금을 다 낸 때까지 최소한의 기둥과 지붕 그리고 주벽이 이루어지는 등 독립된 부동산으로서 건물의 요건을 갖춘 경우에는 법정지상권이 성립한다(대판 2011.1.13. 2010다67159 판결).

(1) 법정지상권을 인정하는 취지

저당물의 경매로 인하여 토지 및 그 지상 건물의 소유지가 달라질 경우 그 지상 건물의 소유자에게 토지이용의 권원이 없게 되면 그 건물을 철거할 수밖에 없게 되는데 이러한 사회경제적 손실을 방지하고자 공익적 이유에서 민법 제366조의 법정지상권 규정을 두고 있으며, 나아가 이 규정은 건물에 저당권이 설정된 때에는 건물경락인을 위하여 토지이용권을 부여하려는 의사를 토지에 저당권이 설정된 때에는 그 토지를 계속 사용하려는 토지소유자의 의사와 이를 용인하는 저당권자의 의사를 실현시켜 주는 의미를 갖고 있다(민법 제305조 제366조).

(2) 관습법상의 법정지상권의 의의

판례는 일정한 요건아래서 관습법(慣習法)상 법정지상권을 당연히 인정해야 되는 경우가 있는 바, 이것이 '관습법상(慣習法上) 법정지상권(法定地上權)'이다. 즉 동일인에게 속하였던 토지와 건물 중 어느 일방의 매매 기타 원인에 의하여 각각 소유자를 달리하게 된 때에 그 건물을 철거한다는 특약이 없다면 건물소유자가 당연히 취득하게 되는 법정지상권이다.

(3) 민법 제350조 제1항 및 제366조의 규정

민법 제305조 제1항은 '대지와 건물이 동일한 소유자에 속한 경우에 건물에 전세권을 설정한 때에는 그 대지소유권의 특별승계인은 전세권설정자에 대하여 지상권을 설정한 것으로 본다'고 규정하였고, 민법 제366조는 '저당물의 경매로 인하여 토지와 그 지상건물이 다른 소유자에 속한 경우에는 토지소유자는 건물소유자에 대하여 지상권을 설정한 것으로 본다'고 하여 법정지상권을 각각 규정하고 있다.

(4) 법정지상권 또는 관습법상의 법정지상권의 발생요건

민법 제366조에 의한 법정지상권 또는 관습에 의한 법정지상권이 인정되려면 동일인의 소유에 속하는 토지와 그 위에 있는 가옥이 경매 기타 적법한 원인행위로 인하여 각기 그 소유자를 달리하는 경우에 발생하는 것이고 토지와 그 위의 가옥의 소유자가 각기 달리하고 있던 중 토지 또는 가옥만이 경매기타 원인으로 다시 다른 사람에게 소유권이 이전된 경우에는 인정할 수 없다(대판 1988. 9. 27. 88다카4017).

(5) 관습법상의 법정지상권의 성립요건

토지 또는 건물이 동일한 소유자에게 속하였다가 건물 또는 토지가 매매 기타의 원인으로 인하여 양자의 소유자가 다르게 된 때에 그 건물을 철거 한다는 조건이 없는 이상 건물 소유자는 토지 소유자에 대하여 그 건물을 위한 관습상의 법정지상권을 취득한다(대판 1984. 9. 11. 83다카2245). 관습법상의 법정지상권이 성립되기 위하여는 토지와 건물 중 어느 하나가 처분될 당시에 토지와 그 지상건물이 동일인의 소유에 속하였으면 족하고 원시적으로 동일인의 소유였을 필요는 없다(대판 1995. 7. 28. 95다9075, 9082).

관습에 의한 법정지상권에 관한 등기는 지상권 자체의 등기를 지칭하는 것이고 지상건물의 등기를 말하는 것은 아니다(대판 1967. 1. 24. 66다2243).

(6) 관습에 의한 법정지상권의 취득과 등기의 여부

관습에 의한 지상권의 설정에 있어서는 그 설정등기를 요하지 아니한다(대판 1969. 4. 22. 68다2247, 2248). 관습법에 의하여 취득된 지상권은 법률에 의한 물권취득이므로 지상권의 부담이 있는 대지소유권에 변동이 있는 경우에도 지상권자는 등기 없이 새로운 대지매수인에게 법정지상권을 주장할 수 있다(대판 1967. 6. 27. 67다698). 그러나 관습에 의한 법정지상권도 등기하지 아니하면 처분할 수 없다(대판 1970. 6. 30. 70다809).

관습법상의 법정지상권도 등기하지 않으면 이를 타에 처분할 수 없으므로 이를 양수한 자도 법정지상권의 등기를 마쳐야만 그 지상권을 주장할 수 있다(1966. 9. 27. 66다1433). 관습에 의한 법정지상권이 붙은 건물을 승계취득하려면 신민법 하에서는 본법 제187조에 의하여 관습에 의한 법정지상권을 취득한 자가 우선 지상권취득등기를 하고 그 건물과 지상권의 승계취득등기를 거쳐야 한다(1966. 10. 18. 66다1432).

(7) 관습에 의한 법정지상권이 성립된 경우 그 지료청구방법

민법 제305조 제1항의 규정에 의하여 지상권을 설정한 것으로 보는 경우 및 제366조에 의하여 지상권을 설정한 것으로 보는 경우의 '지료(地料)는 당사자의 청구에 의하여 법원이 이를 정한다'고 규정하고 있다.

지상권에 있어서 지료의 지급은 그 요소가 아니어서 지료에 관한 약정이 없는 이상 지료의 지급을 구할 수 없는 점에 비추어보면 분묘기지권을 시효취득 하는 경우에도 지료를 지급할 필요가 없다고 해석함이 상당하다(1995. 2. 28. 94다37912).

국유재산에 관하여 관습에 의한 법정지상권이 성립된 경우 그 지료에 관하여는 당사자의 청구에 의하여 법원이 이를 정한다고 규정한 민법 제366조를 준용하여야 할 것이고, 이 때 토지소유자는 법원에서 상당한 지료를 결정할 것을 전제로 하여 바로 그 급부를 청구할 수 있다(대판 1996. 2. 13. 95누11023).

3. 지상권의 존속기간

(1) 최단기간

지상권의 존속기간과 관련하여 민법은 최단기간만을 제한하고 있다. 즉 견고한 건물(석조·석회조·연와조 등)이나 수목의 소유를 목적으로 하는 때에는 30년, 그 밖의 건물의 소유를 목적으로 하는 때에는 15년, 건물 이외의 공작물인 때에는 5 년을 각각 최단기로 하여 지상권을 설정할 수 있다(민 제280 조 1항). 따라서 이들 기간보다 짧은 기간을 약정한 때에는 이들 최단기간까지 연장한다(민 제280조 2항). 최장기간에 관하여는 민법상 제한이 없기 때문에 지상권의 존속기간을 영구무한으로 정할 수 있는가에 관하여 긍정설과 부정설이 대립하고 있는데, 긍정설이 다수설이며, 판례도 같다(대판 2001. 5. 29, 99다66410).

(2) 최장기간

(1) 지상권의 존속기간을 「민법」제280조 제1항 각호의 기간보다 긴 기간으로 하는 약정은 유효하므로, 그 기간을 위 기간보다 장기로 하거나 불확정기간(예) 철탑존속기간으로 한다)으로 정할 수도 있다(등기예규 제1425호. 1.).

(2) 「민법」제280조 제1항 제1호의 30년은 수목의 소유를 목적으로 하는 때에는 그 원인(예) 수목의 육림, 벌채 등)에 관계없이 일률적으로 최단기인 30년보다 단축하지 못한다는 것이나, 등기신청서에 지상권의 존속기간을 같은 조 제1항 각호의 기간보다 단축한 기간으로 기재한 경우라도 그 기간은 같은 조 제2항에 의하여 법정기간까지 연장되므로, 신청서 기재대로 수리하여야 한다(등기예규 제1425호. 2.).

「민법」제280조는 지상권의 존속기간에 대하여 그 최단기간만을 제한하고 있으므로 존속기간을 100년, 120년 또는 그보다 장기(특정된 기간임)로 하는 지상권설정등기도 경료받을 수 있다.

(3) 영구인 지상권

민법상 지상권의 존속기간은 최단기간만이 규정되어 있을 뿐 최장기에 관하여는 아무런 제한이 없으며, 존속기간이 영구(永久)인 지상권을 인정할 실제의 필요성도 있고, 이러한 지상권을 인정한다고 하더라도 지상권의 제한이 없는 토지의 소유권을 회복할 방법이 있을 뿐만 아니라, 특히 구분지상권의 경우에는 존속기간이 영구라고 할지라도 대지의 소유권을 전면적으로 제한하지 아니한다는 점 등에 비추어 보면, 지상권의 존속기간을 영구로 약정하는 것도 허용된다(대판 2001. 5. 29, 99다66410).

(4) 존속기간의 약정이 없는 지상권의 존속기간

존속기간을 정하지 아니한 지상권에 있어서의 존속기간은 본법 제280조의 규정의 구분에 따라 30년, 15년, 5년의 존속기간으로 한다는 뜻이며 5년으로 한다는 것은 아니다(63. 5. 9. 63아141).

4. 구분지상권

(1) 구분지상권과 보통의 지상권과의 구별

민법 제289조의2 제1항 전단은 "지하 또는 지상의 공간은 상·하의 범위를 정하여 건물 기타 공작물을 소유하기 위한 지상권의 목적으로 할 수 있다"고 규정하고 있다. 결국 '공중권' 및 '지중권' 내지 '지하권'이라 할 수 있는 권리가 인정된 것이며, 이것을 구분지상권이라 한다. 이는 토지이용의 효율화를 위해 인정된 제도이다. 구분지상권은 지상권의 일종으로서 토지의 어떤 구분층만을 대상으로 한다는 점에서 토지의 모든 층을 대상으로 하는 보통의 지상권과 구별된다. 그러나 구분지상권은 보통의 일반지상권과 본질적인 차이는 없고 양적인 차이가 있을 뿐이므로 일반 지상권에 관한 규정은 원칙적으로 구분지상권에 대하여도 준용된다(민 제290조 2항).

(2) 신탁등기된 부동산

신탁등기가 경료된 토지에 대하여 수탁자를 등기의무자로 하는 구분지상권 설정등기의 신청은 그 등기신청이 신탁목적에 반하지 않으면 할 수 있다(등기예규 제1141호 제5항, 등기선례 8권 245항).

(3) 대지권인 취지의 등기가 된 토지

대지권인 취지의 등기가 경료된 토지에 대하여도, 집합건물의소유및관리에관한법률 제24조의 규정에 의한 관리인이 선임되어 있고 관리인에게 구분지상권을 설정할 수 있는 권한이 부여되어 있는 때에는, 그 관리인과 구분지상권설정계약을 체결한 후 그와 공동으로 등기를 신청할 수 있을 것이나, 그와 같은 관리인이 없는 경우에는 토지공유자인 전유부분의 소유자 전원과 구분지상권 설정계약을 체결한 후 그들과 공동으로 등기를 신청하는 방법으로 구분지상권설정등기를 경료받을 수 있다(등기선례요지집 제5권 410항).

(4) 공유토지에 대한 구분지상권등기

수인이 공유하고 있는 토지에 대하여 구분지상권등기를 경료받으려면 공유자 전원을 등기의무자로 하여야 하며, 공유자 중 1인 또는 수인을 등기의무자로 하여 그의 지분만을 목적으로 하는 구분지상권등기를 경료받을 수는 없다(등기선례요지집 제6권 305항).

(5) 도시철도법에 의한 구분지상권등기

도시철도법 제2조 제2항의 도시철도건설자(이하 '도시철도건설자'라 한다)가 공익사업을 위한 토지등의 취득 및 보상에 관한 법률에 의하여 구분지상권을 설정하는 내용의 수용재결을 받은 경우 그 재결서 및 보상 또는 공탁을 증명하는 서면을 첨부하여 토지수용을 원인으로 하는 구분지상권설정등기를 신청할 수 있다(도시철도법및도로법에의한구분지상권등기처리규칙 제2조 1항).

구분지상권설정등기를 하고자 하는 토지의 등기용지에 그 토지를 사용·수익하는 권리에 관한 등기 또는 그 권리를 목적으로 하는 권리에 관한 등기가 있는 경우에도 그 권리자들의 승낙을 받지 아니하고 구분지상권설정등기를 신청할 수 있다(동 규칙 제2조 2항).

(6) 한국전력공사가 송전철탑에 대한 사용재결을 받은 경우의 구분지상권설정 등기 신청

「전기사업법」 제2조 제2호의 전기사업자가 타인의 토지에 송전철탑을 설치하기 위하여 「전기사업법」 제89조의 2 및 「도시철도법 등에 의한 구분지상권 등기 규칙」 제2조 제1항에 따라 구분지상권의 설정을 내용으로 하는 사용재결을 받은 경우에는 그 재결서와 보상 또는 공탁을 증명하는 서면 등을 첨부정보로 제공하여 토지사용을 원인으로 하는 구분지상권설정등기를 단독으로 신청할 수 있으나, 지상권설정을 내용으로 하는 사용재결에 관하여는 법령상에 그 근거규정이 없으므로 설령 사업시행자가 지상권설정에 관한 사용재결을 받았다고 하더라도 이에 따른 지상권설정등기를 단독으로 신청할 수 없다(2013. 7. 24. 부동산등기과-1765).

(7) 구분지상권이 설정된 토지에 통상의 지상권의 추가설정 가부(적극)

구분지상권이 설정된 토지에 기존 구분지상권자의 승낙서(인감증명포함)를 첨부하여 통상의 지상권설정등기를 신청할 수 있다(2014. 7. 17. 부동산등기과-1848).

5. 등기신청서의 기재사항 및 첨부서면

(1) 지상권설정등기신청서의 기재사항

지상권등기를 신청할 때에는 신청서에 법 제69조 및 규칙 제43조 각항의 사항을 기재하고 신청인이 이에 기명날인하여야 한다.

지상권설정의 등기를 신청하는 경우에는 다음 각호의 등기사항을 신청정보의 내용으로 등기소에 제공하여야 한다(규칙 제126조 제1항).

(가) 지료와 지급시기

지상권에 있어서 유상인 지료에 관하여 지료액 또는 그 지급시기 등의 약정은 이를 등기하여야만 그 뒤에 토지소유권 또는 지상권을 양수한 사람 등 제3자에게 대항할 수 있고, 지료에 관하여 등기되지 않은 경우에는 무상의 지상권으로서 지료증액청구권도 발생할 수 없다(대판 99. 9. 3. 99다24874). 토지사용의 대가인 지료의 지급은 지상권의 요소가 아니므로(민법 제279조. 제618조 참조), 임차권(민법 제618조)과는 달라 무상의 지상권도 있을 수 있다.

지상권에 있어서 유상인 지료에 관하여 지료액 또는 그 지급시기 등의 약정(법 제69조 제4호)은 이를 등기하여야만 그 뒤에 토지소유권 또는 지상권을 양수한 사람 등 제3자에게 대항할 수 있고, 지료에 관하여 등기되지 않은 경우에는 무상의 지상권으로서 지료증액청구권도 발생할 수 없다(대판 1999. 9. 3, 99다24874).

(나) 「민법」 제238조의2 제1항 후단의 약정

(다) 지상권설정의 범위가 토지의 일부인 경우에는 그 부분을 표시한 도면의 번호

(라) 등기의무자·등기권리자
등기의무자란에는 지상권설정자의 성명, 주민등록번호, 주소를 기재하되, 등기부상 소유자 표시와 일치하여야 한다. 그러나 소유자가 법인인 경우에는 상호(명칭), 본점(주사무소 소재지), 등기용등록번호를 기재하고, 비법인 사단이나 재단인 경우에는 상호(명칭), 본점(주사무소 소재지), 등기용등록번호 및 대표자(관리인)의 성명, 주민등록번호, 주소를 각 기재하며, 등기권리자란에는 지상권자를 기재하는 난으로, 그 기재방법은 등기의무자란과 같다.

(마) 등기원인 및 그 연월일
등기원인과 그 년월일란에는 등기원인은 '지상권설정계약'으로, 년월일은 지상권설정계약의 체결일을 기재한다.

(라) 등기의 목적
"등기의 목적"란에는 '지상권 설정'이라고 기재한다.

(사) 지상권설정의 목적
지상권설정의 목적(민법 제279조. 구 부동산등기법 제136조, 개정법 제69조)은 건물의 소유, 수목의 소유, 공작물의 소유 등으로 기재한다.

(아) 범 위 범위란에는 지상권의 목적이 부동산의 전부인 경우에는 '토지의 전부'로 토지의 일부인 경우에는 '토지의 서북쪽 50㎡' 등으로 특정하고 그 면적, 위치(도면첨부) 등을 기재한다(법 제69조 제2호).

(자) 존속기간 존속기간란에는 계약으로 존속기간을 약정하는 경우(민법 제280조, 법 제69조 제3호)에는 견고한 건물이나 수목의 소유를 목적으로 하는 때에는 30년, 기타 건물의 소유를 목적으로 하는 때에는 15년으로 기재하며, 건물 이외의 공작물의 소유를 목적으로 하는 때에는 5 년의 기간보다 단축하지 못한다(민법 제280조 제1항).

판 례

지상권자는 지상권을 유보한 채 지상물 소유권만을 양도할 수도 있고 지상물 소유권을 유보한 채 지상권만을 양도할 수도 있는 것이어서 지상권자와 그 지상물의 소유권자가 반드시 일치하여야 하는 것은 아니며, 또한 지상권설정시에 그 지상권이 미치는 토지의 범위와 그 설정 당시 매매되는 지상물의 범위를 다르게 하는 것도 가능하다(대법원 2006.6.15. 선고 2006다6126,6133 판결).

(2) 지상권설정등기신청서의 첨부서면

(가) 위 임 장 신청을 법무사 등 대리인에게 위임하는 경우에 첨부한다(규칙 제46조 제1항 제5호).

(나) 지상권설정계약서 등기원인을 증명하는 서면으로 첨부한다(규칙 제46조 제1항 제1호). 지상권에 관한 증서(지상권 설정 계약서)에는 인지세법 제3조 1항 6호의 국정에 의한 3,000원의 인지를 첨부하여야 한다.

(다) 등기필증 등기의무자의 소유권에 관한 등기필증으로서 등기의무자가 소유권취득시 등기소로부터 교부받은 등기필정보를 제공하여야 하며(법 제50조 제2항, 규칙 제43조 제1항 제7호), 등기필정보를 멸실하여 제공할 수 없는 경우에는 법 제51조에 의하여 확인서면이나 확인조서 또는 공증서면 중 하나를 첨부한다.

(라) 도 면 지상권설정의 범위가 부동산의 일부인 경우에는 그 부분을 표시한 지적도를 첨부정보로서 등기소에 제공하여야 한다(규칙 제126조 제2항). 1필 토지의 특정 일부에 대한 지상권설정 등기신청서에 첨부되는 지적도는 지상권의 목적인 토지부분을 특정할 수 있을 정도의 것이면 되고, 반드시 측량성과에 따라 정밀하게 작성된 것일 필요는 없다(등기선례요지집 제4편 412항.나).

(마) **등록면허세영수필확인서**(지방세법 제28조 1항 1호 다. 1).)

(바) **인감증명서**　소유자인 등기의무자의 인감증명서(발행일로부터 3 월 이내)을 첨부한다(규칙 제
　　　60 조 제1항 제1호).

(사) **주민등록표등**(초)**본**　지상권자의 주민등록표등(초)본(발행일로부터 3 월 이내)을 첨부하여야 한
　　　다(규칙 제46조 제1항 제6호).

6. 지상권의 등기사항

등기관이 지상권설정의 등기를 할 때에는 법 제48조에서 규정한 사항 외에 다음 각 호의
사항을 기록하여야 한다. 다만, 제3호부터 제5호까지는 등기원인에 그 약정이 있는 경우에만
기록한다(법 제69조).

　1. 지상권설정의 목적
　2. 범위
　3. 존속기간
　4. 지료와 지급시기
　5. 「민법」 제289조의 2 제1항 후단의 약정
　6. 지상권설정의 범위가 토지의 일부인 경우에는 그 부분을 표시한 도면의 번호

7. 지상권이전등기

지상권은 양도·상속에 따른 이전등기를 할 수 있으며, 그 이전등기에는 토지 소유자의 승
낙이 필요 없다.

(1) 등기신청서의 기재사항

지상권의 이전등기는 양수인과 양도인이 공동으로 신청해야 하고, 지상권이전등기신청서에
는 부동산의 표시, 신청인의 성명 또는 명칭과 주소, 등기원인과 그 연월일과 같이 규칙 43조에
서 정한 일반적인 기재사항 외에 이전할 지상권의 접수연월일과 접수번호를 기재하여야 한다.

(2) 등기신청서의 첨부서면

등기원인을 증명하는 서면 등 규칙 46조 1항, 법 50조 2항 등에서 정한 일반적인 첨부정보 외에 토지거래허가구역 안의 지상권 이전 시 지료의 약정이 있는 경우에는 토지거래허가서를 첨부하여야 한다.

다만 양도인인 등기의무자는 소유권의 등기명의인이 아니므로 인감증명을 제출할 필요는 없으나, 등기필정보가 없는 경우에는 법 51조의 규정에 따라 확인서면과 인감증명을 제출하여야 한다.

(3) 등기의 실행

소유권 외의 권리의 이전등기는 부기에 의하여 하므로(법 52조 2호), 지상권의 이전등기는 부기등기로 하여야 한다.

8. 지상권변경등기

지상권의 내용 즉 지상권설정의 목적(예컨대 공작물 또는 수목의 소유를 목적으로 하는 지상권에서 건물의 소유를 목적으로 하는 지상권으로의 변경 등), 존속기간(연장 또는 단축, 폐지 또는 신설), 지료(증액 또는 감액, 폐지 또는 신설), 지료의 지급시기 등이 변경된 때에는 등기를 하여야 제3자에게 대항할 수 있다.

(1) 신청인

지상권변경등기는 권리의 변경등기로서 지상권자와 지상권설정자(토지의 소유권등기명의인)의 공동신청에 의한다. 위 당사자 중 변경등기에 의하여 등기기록상 이익을 받는 자가 등기권리자이고, 반대로 불이익을 받는 자가 등기의무자가 된다.

(2) 신청서의 기재사항(신청정보)

지상권변경등기신청서에는 부동산의 표시, 신청인의 성명 또는 명칭과 주소, 등기원인과 그 연월일 등과 같이 규칙 43조에서 정한 일반적인 기재사항 외에 변경할 사항과 변경하고자 하는 지상권을 특정하여 기재한다.

(3) 첨부정보

등기원인을 증명하는 서면 등 규칙 46조 1항, 법 50조 2항에서 정한 일반적인 첨부정보 외에 지료의 폐지와 같이 지상권 변경등기의 등기의무자가 소유권의 등기명의인(지상권설정자)인 때에는 그의 인감증명서를(규칙 60조 1항), 등기상 이해관계 있는 제3자가 있는 경우에 승낙을 증명하는 정보 또는 이에 대항할 수 있는 재판의 등본을 제출하여야 한다(법 제52조 5호).

(4) 등기의 실행

지상권변경등기는 부기등기에 의하나(법 52조 5호), 당해 토지를 목적으로 하는 후순위의 저당권자나 압류권자 등과 같이 등기상 이해관계인이 존재하는 경우 그 자의 승낙을 증명하는 정보 또는 이들에게 대항할 수 있는 재판의 등본을 첨부하지 않은 때는 주등기로 한다.

9. 지상권말소등기

지상권은 목적 토지의 멸실, 존속기간의 만료, 혼동(민법 191조), 소멸시효 완성(민법 162조 2항), 선순위 담보권의 실행으로 인한 경매, 토지의 수용, 토지소유자와 지상권자의 합의해제, 지상권자의 포기, 당사자 간의 약정소멸사유 발생(법 54조), 지상권설정자의 소멸청구(민법 287조) 등으로 소멸한다.

(1) 신청인

지상권말소등기는 지상권자(지상권이전등기가 되어 있는 때에는 그 이전등기를 받은 현재의 등기명의인)가 등기의무자, 토지의 소유권자가 등기권리자가 되어 공동신청하는 것이 원칙이다.

(2) 신청서의 기재사항(신청정보)

지상권말소등기신청서에는 부동산의 표시, 신청인의 성명 또는 명칭과 주소, 등기원인과 그 연월일 등과 같이 규칙 43조에서 정한 일반적인 기재사항 외에 말소할 지상권의 표시로서 신청서 접수연월일과 접수번호를 기재한다.

(3) 신청서의 첨부서면

등기원인을 증명하는 서면 등 규칙 46조 1항, 법 50조 2항에서 정한 일반적인 첨부정보 외에 제권판결을 받아 등기권리자가 단독으로 지상권말소등기를 신청하는 때에는 제권판결의 등본을(법 56조), 지상권을 목적으로 하는 저당권 등 이해관계 있는 제3자가 있는 경우에는 그 승낙을 증명하는 정보 또는 대항할 수 있는 재판의 등본을 첨부하여야 한다(법 57조 1항).

(4) 등기의 실행

말소등기의 일반원칙에 따라 주등기의 형식으로 말소등기를 한 후 지상권등기를 말소하는 표시를 한다(규칙 116조 1항).

접 수	년 월 일	처 리 인	등기관 확인	각종 통지
	제 호			

지상권설정등기신청

부동산의 표시		
등기원인과 그 연월일	년 월 일 지상권설정계약	
등 기 의 목 적	지상권 설정	
설 정 의 목 적		
범 위		
존 속 기 간	년 월 일부터 년	

구 분	성 명 (상호·명칭)	주민등록번호 (등기용등록번호)	주 소
등 기 의 무 자			
등 기 권 리 자			

등 록 면 허 세	금		원
지 방 교 육 세	금		원
농 어 촌 특 별 세	금		원
세 액 합 계	금		원
등 기 신 청 수 수 료	금		원
	납부번호 :		

등기의무자의 등기필정보		
부동산고유번호		
성명(명칭)	일련번호	비밀번호

<table>
<tr><td colspan="2" align="center">첨 부 서 면</td></tr>
<tr>
<td>
1. 지상권설정계약서   통
1. 등록면허세영수필확인서   통
1. 인감증명서나 본인서명사실확인서
   또는 전자본인서명확인서 발급증   통
1. 등기필증   통
1. 주민등록표등(초)본   통
1. 위임장   통
</td>
<td>
1. 등기신청수수료영수필확인서   통
<기타>
</td>
</tr>
</table>

년 월 일

위 신청인 (전화 :)

(또는)위 대리인 (전화 :)

○○ 지방법원 등기과 귀중

－신청서작성요령－

1. 부동산표시란에 2개 이상의 부동산을 기재하는 경우에는 그 부동산의 일련번호를 기재하여야 합니다.

2. 신청인란 등 해당란에 기재할 여백이 없을 경우에는 별지를 이용합니다.

지상권설정 계약서

지상권자 :
지상권설정자(토지소유자) :

제1조 위 당사자는 아래 표시토지에 관하여 다음과 같은 약정으로 지상권설정 게
    1. 목   적 :
    2. 범   위 :
    3. 존속기간 : 년 월 일부터 년
    4. 지   료 : 월 금 원(지료지급시기 : 매월말일 등)
제2조 (지상권의 내용 및 범위) 지상권설정자 소유의 아래 표시 토지전부에 관하여 지상
    권자는 건물의 소유를 목적으로 한 지상권을 설정한다.
제3조 (지료의 지급) 지료는 매월 금 원으로 정하고, 지상권자는 제1조 4호에 약정한 지
    급기일에 토지소유자에게 이를 지급한다.
제4조 (지료의 감면) 지상권자는 토지를 사용함에 있어서 자료가 조세기타 부담의 증감이
    나 지가의 변동으로 인하여 상당하지 아니하게 된 때에는 당사자는 그 증감을 청구
    할 수 있다.
제5조 (지상권의 소멸청구) 지상권자가 계속하여 ○회 이상 자료를 지급하지 아니할 때에는
    토지소유자는 지상권자에 대하여 지상권의 소멸을 청구할 수 있다.
제6조 (지상권의 존속기간) 지상권의 존속기간은 본 계약체결일로부터 ○년으로 한다.
제7조 (토지의 명도) 지상권자가 제5의 소멸청구에 응하지 않는 경우, 토지소유자는 본 게
    약을 해제할 수 있고, 이때 지상권자는 지체 없이 토지를 원상회복하여 명도 하여
    야 한다.

  위 계약을 증명하기 위하여 본 증서를 작성하고, 서명·날인한 후 각자 1통씩 보관한다.

년   월   일

부동산의 표시 :
지상권자 :
지상권 설정자 :

<table>
<tr><td colspan="5" align="center">지상권설정등기신청(토지의 특정일부)</td></tr>
</table>

접 수	년 월 일	처리인	등기관 확인	각종통지
	제 호			

부동산의 표시

서울특별시 서초구 남부순환로315길 100
대 500㎡

이   상

등기원인과 그 연월일	2008년 10월 1일 지상권설정계약
등 기 의 목 적	지상권설정
설 정 의 목 적	철근 콘크리트조 건물의 소유
범 위	토지의 일부(별지도면표시 나. 다. 라. 마. 나를 순차로 연결한 동쪽 300㎡)
존 속 기 간	2008년 10월 1일부터 30년
지 료	월 500,000원
지료지급시기	매월 말일

구 분	성 명 (상호·명칭)	주민등록번호 (등기용등록번호)	주 소(소재지)
등기의무자	이 ○ ○		
등기권리자	김 ○ ○		

등 록 면 허 세	금	원
지 방 교 육 세	금	원
농 어 촌 특 별 세	금	원
세 액 합 계	금	원
등 기 신 청 수 수 료	금	원
	납부번호 :	

등기의무자의 등기필정보

부동산고유번호	1102-2006-002095	
성명(명칭)	일련번호	비밀번호
이대백	Q77C-LO71-35J5	40-4636

첨 부 서 면

• 지상권설정계약서 1통	< 기 타 >	
• 등록면허세영수필확인서 1통		
• 인감증명서 1통		
• 등기필증 1통		
• 주민등록등(초)본 1통		
• 도면 1통		
• 위임장 1통		
• 등기신청수수료현금영수필확인서 1통		

2008년 10월 5일

위 신청인 이 ○ ○ ㊞ (전화 :)
김 ○ ○ ㊞ (전화 :)
(또는)위 대리인 (전화 :)

서울중앙지방법원 등기과 귀중

별지도면

```
┌─────────────────────────────────────────────────────────────────┐
│  │                                                                │
│  │        서울특별시 서초구 남부순환로315길 100번지 대 500㎡          │
│  │                                                                │
│  │                                                                │
│  │   가   200m      나          300m              다               │
│  │  ┌──────────────┬──────────────────────────┐                  │
│  │  │    서쪽        │         동쪽               │                  │
│  │  │               │                          │                  │
│  │  │  남부순환로315길 │     남부순환로315길          │                  │
│  │  │   100번지      │      100번지              │                  │
│  │  │   200㎡       │      300㎡               │                  │
│  │  │               │                          │                  │
│  │  └───────────────┴───────────────────────────────────────┐    │
│  │   바          마                              라            │    │
│  │                                                                │
└─────────────────────────────────────────────────────────────────┘
```

지상권(또는 전세권)변경등기신청

접 수	년 월 일 제 호	처 리 인	등기관 확인	각종 통지

부동산의 표시
(생   략)

등기원인과 그 연월일	2002년 10월 1일 변경계약(존속기간 연장)
등 기 의 목 적	지상권(또는 전세권) 변경
변 경 할 사 항	2000년 10월 1일 접수 제6000호로 경료한 지상권등기사항 중 존속기간 "2002년 10월 1일부터 10년"을, "2004년 10월 1일부터 15년"으로 변경

구 분	성 명 (상호 · 명칭)	주민등록번호 (등기용등록번호)	주 소 (소 재 지)	지 분 (개인별)
등 기 의 무 자	○ ○ ○ (지상권 또는 전세권 설정자)			
등 기 권 리 자	○ ○ ○ (지상권자, 전세권자)			

등록면허세	금	○ ○ ○ 원
교육세	금	○ ○ ○ 원
세액합계	금	○○○○ 원
등기신청수수료	금	원
	납부번호 :	

첨 부 서 면	
• 변경계약서　　　　　　1통 • 등록면허세영수필확인서　1통 • 인감증명서　　　　　　1통 • 등기필증　　　　　　　1통 • 위임장　　　　　　　　1통 • 등기신청수수료현금영수필확인서　1통	〈기타〉

년　　월　　일

위 신청인　등기의무자　○ ○ ○　㉐　(전화 :　　　　)
　　　　　　등기권리자　○ ○ ○　㉐　(전화 :　　　　)
　(또는)위 대리인　　○○법무사 사무소　(전화 :　　　　)

○○ 지방법원　등기과　귀중

지상권 말소등기신청(해지)				
접 수	년 월 일 제 호	처 리 인	등기관 확인	각종 통지

부동산의 표시
1. 서울특별시 서초구 서초중앙로 200 　　대 500㎡   　　　　　　　　　　이　상

등기원인과 그 연월일	2011년 10월 1일 해지
등 기 의 목 적	지상권 말소
말 소 할 사 항	2010년 10월 1일 접수 제6000호로 등기한 지상권

구 분	성　명 (상호·명칭)	주민등록번호 (등기용등록번호)	주　소 (소 재 지)
등 기 의 무 자	○ ○ ○ (지상권자)		
등 기 권 리 자	○ ○ ○ (토지소유자)		

등 록 면 허 세	금	○○○	원
교 육 세	금	○○○	원
세 액 합 계	금	○○○○ 원	

등기신청수수료	금 원
	납부번호 :

등기의무자의 등기필정보

부동산고유번호	

성명(명칭)	일련번호	비밀번호

첨 부 서 면	
• 해지증서 1통 • 등록면허세영수필확인서 1통 • 등기필증 1통 • 등기신청수수료현금영수필확인서 1통	<기타>

2011년   월   일

위 신청인 등기의무자 ○ ○ ○ ㊞ (전화 :   )
          등기권리자 ○ ○ ○ ㊞ (전화 :   )
          (또는)위 대리인   ○○법무사 사무소 (전화 :   )

서울중앙지방법원 등기과 귀중

지상권의 변경계약 (존속기간연장의 경우)

지상권변경 계약서

〈부동산의 표시〉

○○시 ○○구 ○○동 ○○번지 소재 대지 ○○평방미터

　위의 토지에 대한 ○○법원 ○○등기소 ○○년 ○월 ○일 접수 제 ○호 순위 제○번으로 등기한 지상권의 존속기간 ○○년을 ○○년으로 변경한다.

년　월　일

○○시 ○○구 ○○동 ○○번지
지상권설정자 ○ ○ ○ ㊞
○○시 ○○구 ○○동 ○○번지
지상권자 ○ ○ ○ ㊞

제7절 지역권

I. 지역권 설정등기

(1) 요역지, 승역지

지역권이란 일정한 목적을 위하여 타인의 토지(승역지)를 자기의 토지(요역지)의 편익에 이용하는 것을 내용으로 하는 용익물권을 말한다(민 제291조). 편익을 받는 토지를 "요역지(要役地)"라 하고 편익을 주는 토지를 "승역지(承役地)"라 한다. 지역권에 의하여 승역지 소유권은 제한되어 일정한 이용행위를 하지 못하게 된다.

(2) 지역권의 부종성

지역권은 요역지 소유권의 내용이 아닌 독립된 권리이지만 요역지를 위하여 존재하는 권리이므로 당사자 간에 다른 약정이 없는 한 요역지 소유권에 부종하여 이전한다. 지역권은 요역지와 분리하여 양도하거나 다른 권리의 목적으로 하지 못한다(민법 제292조).

(3) 지역권의 시효취득

(가) 지역권 시효취득의 요건

지역권을 원시취득하려면 요역지의 소유자가 타인의 토지를 20년간 통행하였다는 사실만으로는 부족하고 요역지의 소유자가 승역지상에 통로를 개설하여 승역지를 항시 사용하고 있는 상태가 민법 제245조에 규정된기간 계속한 사실이 있어야 한다(대판 70. 7. 21. 70다772,773).

(나) 점유로 인한 지역권의 시효취득요건

민법 제294조에 의하여 지역권은 계속되고 표현된 것에 한하여 본법 제245조의 규정을 준용하게 되어 있으므로 지역권을 시효취득한 자는 등기함으로써 그 지역권을 취득하는 것이라고 보아야 할 것인데 원고가 지역권을 등기한 바 없고 그 대지는 취득시효기간이 지난 뒤에 피고가 소유자로부터 매수하여 소유권이전등기까지 경료하였다면 원고가 지역권을 승계취득하였다고 하더라도 피고에 대하여 이를 주장할 수 없다(대판 90. 10. 30. 90다카20395).

(다) 통행지역권의 시효취득요건

지역권은 계속되고 표현된 것에 한하여 민법 제245조의 규정을 준용하도록 되어 있으므로, 통행지역권은 요역지의 소유자가 승역지 위에 도로를 설치하여 승역지를 사용하는 객관적 상태가 민법 제245조에 규정된 기간 계속된 경우에 한하여 그 시효취득을 인정할 수 있다(대판 2001. 4. 13. 2001다8493).

(4) 지역권 설정계약

지역권은 통상 설정계약과 등기에 의해 취득되고, 그 밖에 시효로 취득되기도 한다. 지역권의 취득시효에 관하여는 특별규정이 있다. 즉 지역권은 그 내용의 행사상태가 계속적(예 수로를 통한 인수, 도로상의 통행)이고, 표현적(지하의 수로를 통한 인수는 표현적이 아니다)인 것에 한하여 시효로 취득된다(민 제294조).

토지 위에 등기된 건물이 있다 하더라도, 당해 토지의 등기부상 지상권과 양립할 수 없는 용익물권이 존재하지 않는다면, 그 토지에 대하여 지상권설정등기를 신청할 수 있다(등기선례요지집 제6권 311항).

(가) 관할 등기소

승역지와 요역지의 관할등기소가 다를 경우 지역권설정등기신청은 승역지를 관할하는 등기소에 하여야 한다.

(나) 신청인

지역권설정등기는 지역권자가 등기권리자, 지역권설정자가 등기의무자로서 공동신청하여야 한다(법 제23조 제1항).

(5) 지역권설정등기신청서의 기재사항

지역권설정의 등기를 신청하는 경우에는 규칙 제43조 각항의 내용 이외에 다음의 등기사항을 신청정보의 내용으로 등기소에 제공하여야 한다(규칙 제127조 제1항).

(1) 지역권설정의 목적

(2) 범위

(3) 요역지

　　신청서에는 요역지와 함께 승역지를 기재한다. 요역지와 승역지는 반드시 인접해 있을 필요가 없으며, 서로 다른 등기소의 관할에 속하는 경우에도 무방하다.

(4) 「민법」 제292조 제1항 단서, 제297조 제1항 단서 또는 제298조의 약정

(5) 승역지의 일부에 지역권설정의 등기를 할 때에는 그 부분을 표시한 도면의 번호

'등기의 목적'은 지역권설정, '등기원인'은 지역권설정계약으로, 연월일은 지상권설정계약의 체결일을 기재한다. 그 외에 신청서에는 요역지의 표시, 지역권설정의 목적(통행 또는 인수 등)과 범위(전부 또는 동측 50㎡, 북측 100㎡등)를 기재하고(필요적 기재사항) 지역권 설정의 범위가 승역지의 일부인 때에는 그 범위를 표시한 도면을 첨부하여야 한다(법 제70조 제6호). 만일 등기원인에 민법 제292조 제1항 단서, 제297조 제1항 단서, 또는 민법 제298조의 약정(용수는 요역지를 위하여 먼저 사용한다, 요역지 소유자는 자신의 비용으로 인수시설을 설치, 수리한다 등)이 있는 때에는 이를 기재하여야 한다(임의적 기재사항)(법 제70조). 등기의무자는 승역지 소유자, 등기권리자는 요역지 소유자를 각 기재한다.

(6) 지역권설정등기신청서의 첨부서면

지역권등기를 신청할 때에는 다음의 서면을 제출하여야 한다(규칙 제46조).

(가) **신청서**(규칙 제46조 제1항)

(나) **등기원인을 증명하는 서면**(법 제24조 제1항, 규칙 제46조 제1항 제1호)　등기원인증서로 지역권설정계약서를 첨부하여야 한다.

(다) **등기의무자의 권리에 관한 등기필정보**(법 제50조 제2항, 규칙 제43조 제1항 제7호)　등기의무자(지역권설정자)인 승역지 소유자의 소유권에 관한 등기필정보를 제공하여야 한다.

(라) **위임장**(규칙 제46조 제1항 제5호)

(마) **법인등기부등(초)본 또는 부동산등기용등록번호를 증명하는 서면**(규칙 제46조 제1항 제4호 제6호)　법인이 등기권리자인 경우에는 법인등기부등(초)본, 법인 아닌 사단이나 재단 또는 외

국인 등기권리자인 경우에는 부동산등기용등록번호를 증명하는 서면을 첨부하여야 한다. 다만 규칙 제46조 제5호의 경우에는 법인등기부등본을 생략할 수 있다.

(바) **도면**(법 제70조 제5호, 규칙 제127조 제2항) 지역권 설정의 범위가 승역지의 일부일 때에는 그 범위를 표시한 도면을 첨부하여야 한다.

(사) **주민등록등(초)본**(규칙 제46조 제1항 제6호) 등기권리자(요역지 소유자, 지역권자)의 주민등록표등(초)본이나 주민등록증의 사본을 첨부하여야 한다.

(아) **인감증명**(규칙 제60조 제1항 제1호) 등기의무자(지역권설정자, 승역지소유자)의 인감증명서(구 규칙 제55조 1항)를 첨부하여야 한다.

(자) **등록면허세 영수필확인서**(지방세법 제28조 제1항 1호 마 3.)

(7) 지역권의 등기사항

(가) 승역지의 등기기록에 등기할 사항

등기관이 승역지의 등기기록에 지역권설정의 등기를 할 때에는 법 제48조 제1항 제1호부터 제4호까지에서 규정한 사항 외에 다음 각 호의 사항을 기록하여야 한다. 다만, 제4호는 등기원인에 그 약정이 있는 경우에만 기록한다(법 제70조).

    1. 지역권설정의 목적
    2. 범위
    3. 요역지
    4.「민법」제292조 제1항 단서, 제297조 제1항 단서 또는 제298조의 약정
    5. 승역지의 일부에 지역권설정의 등기를 할 때에는 그 부분을 표시한 도면의 번호

(나) 요역지의 등기기록에 등기할 사항(직권등기)

등기관이 승역지에 지역권설정의 등기를 하였을 때에는 직권으로 요역지의 등기기록에 다음 각 호의 사항을 기록하여야 한다(법 제71조 제1항).

    1. 순위번호   4. 지역권설정의 목적
    2. 등기번호   5. 범위
    3. 승역지   6. 등기연월일

＜등기기록례＞

1. 통행지역권

가. 승역지 137

【 갑 구 】		(소유권 이외의 권리에 관한 사항)		
순위번호	등기목적	접수	등기원인	권리자 및 기타사항
1	지역권설정	2012년 3월 5일 제3005호	2012년 3월 4일 설정계약	목 적 통행 범 위 동측 50㎡ 요역지 경기도 고양군 원당면 신원리 5 도 면 제2012-5호

(주) 1필지의 승역지 일부에 지역권설정등기를 신청하는 경우에는 그 부분을 표시한 도면의 번호를 기록한다.

나. 요역지(동일 등기소 관내일 때) 138

【 갑 구 】		(소유권 이외의 권리에 관한 사항)		
순위번호	등기목적	접수	등기원인	권리자 및 기타사항
1	요역지 지역권			승역지 경기도 고양군 원당면 신원리 5 목 적 통행 범 위 동측 50㎡ 2012년 3월 5일 등기

(다) 요역지가 다른 등기소의 관할에 속하는 경우

등기관은 요역지가 다른 등기소의 관할에 속하는 때에는 지체없이 그 등기소에 승역지, 요역지, 지역권설정의 목적과 범위, 신청서의 접수연월일을 통지하여야 한다(법 제71조 제2항). 통지를 받은 등기소의 등기관은 지체없이 요역지인 부동산의 등기기록에 법 제71조 제1항 제1호부터 제5호까지의 사항, 그 통지의 접수연월일 및 그 접수번호를 기록하여야 한다(법 제71조 제3항).

2. 지역권의 변경등기

(1) 지역권변경등기신청서의 기재사항

지역권의 변경등기란 지역권 설정의 목적과 범위 및 등기원인에 민법 제292조 제1항 단서. 제297조 1항 단서. 제298조의 약정사항에 변경이 있는 경우에 그 변경사항에 관한 등기를 말하는 것으로 지역권 설정자와 지역권자의 공동신청에 의한다. 신청서에는 규칙 제43조 각항의 기재사항외에 지역권의 범위를 변경하는 경우에는 등기원인과 그 연월인은 「○○○○년 ○월 ○일 지역권변경계약」으로, 등기의 목적은 「지역권변경」으로, 변경할 사항은 「○○○○년 ○월 ○일 접수 제○○○호로 경료한 지역권 등기사항 중 범위 남측 100㎡를 남측 130㎡로 변경」으로 기재한다.

등기권리자와 등기의무자의 지위는 지역권의 변경내용에 따라 기재한다.

(2) 지역권변경등기신청서의 첨부서면

등기신청서에는 법 제25조 및 규칙 제46조 각 항의 서면을 첨부하여야 한다.

(가) 변경계약서 : 등기원인을 증명하는 서면으로 첨부한다(규칙 제46조 제1항 제1호).

(나) 등록면허세영수필확인서(규칙 제44조 제1항)

(다) 인감증명서 : 승역지 소유자의 인감증명서를 첨부하되 유효기간은 발행일로부터 3개월 이내의 것이어야 한다(규칙 제60조 제1항 제1호).

(라) 등기필정보 : 승역지 소유자의 소유권에 관한 등기필정보를 제공하여야 한다(법 제50조 제2항, 규칙 제43조 제1항 제7호).

(마) 위임장 : 대리인이 등기신청을 하는 경우할 대리권을 증명하는 서면으로 첨부한다(규칙 제46조 제1항 제5호).

(바) 권리변경의 등기에 관하여 등기상 이해관계 있는 제3자가 있는 경우에는 그의 승낙서 또는 이에 대항할 수 있는 재판의 등본을 첨부하여야 부기로서 등기를 실행할 수 있다(규칙 제46조 제1항 제3호).

3. 지역권의 말소등기

(1) 지역권말소등기신청서의 기재사항

지역권의 말소등기란 지역권설정계약의 해지, 포기 등 지역권의 소멸사유가 발생한 경우에 지역권설정등기를 말소하기 위하여 하는 등기로서(규칙 제116조), 등기의무자(요역지소유자인 지역권자)와 등기권리자(승역지소유자인 지역권설정자)의 공동신청에 의한다.

부동산의 표시란에는 승역지와 요역지를 등기부상의 표시와 일치되게 기재하여야 한다. 등기원인과 그 연월일은 「○○○○년 ○월 ○일 해지」 등으로 기재하며, 등기목적은 「지역권설정등기말소」로, 말소할 등기의 표시란에는 「○○○○년 ○월 ○일 접수 제○○호로 경료된 지역권설정등기」로 기재한다.

(2) 지역권말소등기신청서의 첨부서면

등기신청서에는 규칙 제46조 각항의 서면을 첨부하여야 한다.

(가) 원인증서 : 해제, 해지(해지증서) 등과 같이 원인증서가 있는 경우에는 이를 첨부한다(규칙 제46조 제1항 제1호).

(나) 등록면허세영수필확인서(지방세법 제28조 제1항 다 32.)

(다) 등기필증 : 지역권자의 지역권설정등기에 관한 등기필정보를 제공하여야 하며, 등기필증이 없는 경우에는 법 제51조에 의한 확인서면과 등기의무자의 인감증명서를 첨부하여야 한다(규칙 제43조 제1항 제7호).

(라) 위임장 : 대리인이 등기신청을 하는 경우에 대리권을 증명하는 서면으로 첨부한다(규칙 제46조 제1항 제5호).

(마) 말소에 대하여 등기상 이해관계 있는 제3자가 있는 때에는 그의 승낙서 또는 이에 대항할 수 있는 재판의 등본을 첨부하여야 한다(규칙 제46조 제1항 제3호).

지역권설정등기신청

접 수	년 월 일	처 리 인	등기관 확인	각종 통지
	제 호			

부동산의 표시		
승역지 :		
요역지 :		
등기원인과 그 연월일	년 월 일 지역권설정계약	
등 기 의 목 적	지역권설정	
설 정 의 목 적		
범 위		

구 분	성 명 (상호·명칭)	주민등록번호 (등기용등록번호)	주 소 (소 재 지)
등 기 의 무 자			
등 기 권 리 자			

등 록 면 허 세	금		원
지 방 교 육 세	금		원
세 액 합 계	금		원
등기신청수수료	금		원
	납부번호 :		

등기의무자의 등기필정보		
부동산고유번호		
성명(명칭)	일련번호	비밀번호

<table>
<tr><td colspan="2" align="center">첨 부 서 면</td></tr>
<tr>
<td>
1. 지역권설정계약서   1통
1. 등록면허세영수필확인서   1통
1. 인감증명서나 본인서명사실확인서
    또는 전자본인서명확인서 발급증   1통
1. 등기필증   1통
1. 주민등록표등(초)본   1통
1. 도면   1통
1. 위임장   1통
</td>
<td>
1. 등기신청수수료영수필확인서   1통
<기타>
</td>
</tr>
</table>

년 월 일

위 신청인 (전화 :)

(또는)위 대리인 (전화 :)

지방법원 등기소 귀중

- 신청서작성요령 -

1. 부동산표시란에 2개 이상의 부동산을 기재하는 경우에는 그 부동산의 일련번호를 기재하여야 합니다.
2. 신청인란 등 해당란에 기재할 여백이 없을 경우에는 별지를 이용합니다.

지역권설정 계약서

승역지 소유자 :

요역지 소유자 :

제1조 위 당사자는 아래표시 토지에 관하여 다음과 같은 약정으로 지역권설정계약을 체결
     한다.

다　음

1. 요역지 :
2. 목적 :
3. 범위 :
4. 특약사항 :

제2조 (지역권설정의 목적) 통행을 목적으로 한다.
제3조 (지역권설정의 범위) 동쪽 길이 ○○○m, 폭 ○○m(별지 도면표시와 같다)
제4조 (특약사항) 지역권은 요역지와 분리하여 양도하거나 다른 권리의 목적으로 하지 못
     한다.

부동산의 표시 : 1. 승역지 :　　　　시　　　구　　　동　　　번지　　　대　㎡
                1. 요역지 :　　　　시　　　구　　　동　　　번지　　　대　㎡

1. 승역지 소유자 : ○○○(　　　-　　　)
                 시　　　구　　　동　　　번지
2. 요역지 소유자 : ○○○(　　　-　　　)
                 시　　　구　　　동　　　번지

지역권 변경등기신청

접 수	년 월 일 제 호	처 리 인	등기관 확인	각종 통지

① 부동산의 표시
승역지 : 서울특별시 서초구 남부순환로 315길 ○○○ 대 300㎡ 요역지 : 서울특별시 서초구 남부순환로 315길 ○○ 대 300㎡ 이   상

② 등기원인과 그 연월일	2011 년 9 월 1 일 지역권변경계약
③ 등 기 의 목 적	지역권변경
④ 변경할 사항 및 범위	2006년 12월 5일 접수 제29782호로 등기한 지역권 등기사항 중 범위 "동측 50㎡"를 "동측80㎡"으로 변경.

구 분	성 명 (상호 · 명칭)	주민등록번호 (등기용등록번호)	주 소(소 재 지)
⑦ 등 기 의 무 자	이 대 백	730320-*******	서울특별시 서초구 서초중앙로 ○○○
⑧ 등 기 권 리 자	김 갑 동	480412-*******	서울특별시 종로구 창덕궁5길 ○○

⑨ 등 록 면 허 세	금	원
⑩ 지 방 교 육 세	금	원
⑪ 세 액 합 계	금	원
⑫ 등기신청수수료	금	원
	납부번호 :	

<table>
<tr><td colspan="3" align="center">⑪ 등기의무자의 등기필정보</td></tr>
<tr><td align="center">부동산고유번호</td><td colspan="2" align="center">1102-2006-123456</td></tr>
<tr><td align="center">성명(명칭)</td><td align="center">일련번호</td><td align="center">비밀번호</td></tr>
<tr><td align="center">이대백</td><td align="center">Q77C-LO71-35J5</td><td></td></tr>
</table>

⑫ 첨 부 서 면	
1. 지역권설정계약서 　　　　1통 1. 등록면허세영수필확인서　1통 1. 등기필증 　　　　　　　　1통 1. 도면(토지의 일부인 경우)　1통 1. 등기신청수수료현금영수필확인서　1통	<기타> 1. 위임장 　　　　　　　　　1통

2011년 10월 1일

　　　　　⑬ 위 신청인 등기의무자 이 대 백 ㉑ (전화 : 200-0000)
　　　　　　　　　　　　　등기권리자 김 갑 동 ㉑ (전화 : 211-0000)
　　　　　　　(또는)위 대리인   ○○법무사 사무소　(전화 :　　　　　)

서울중앙지방법원 등기과 귀중

지역권 말소등기신청 (해지)				
접 수	년 월 일	처 리 인	등기관 확인	각종 통지
	제 호			

부동산의 표시
승역지 : 서울특별시 서초구 남부순환로 315길 ○○○ 　　　　대 300㎡ 요역지 : 서울특별시 서초구 남부순환로 315길 ○○ 　　　　대 300㎡ 　　　　　　　　　이　　　상

등기원인과 그 연월일	2011년 9월 1일 해지
등 기 의 목 적	지역권말소
말소한 등기	2000년 12월 5일 접수 제29782호로 등기한 지역권

구 분	성 명 (상호 · 명칭)	주민등록번호 (등기용등록번호)	주　　소 (소 재 지)
등 기 의 무 자	이 대 백 (지역권자)	730320-*******	서울특별시 서초구 서초중앙로 ○○○
등 기 권 리 자	김 갑 동 (승역지 소유자)	480412-*******	서울특별시 종로구 창덕궁5길 ○○

등 록 면 허 세	금		원
지 방 교 육 세	금		원
세 액 합 계	금		원
등기신청수수료	금		원
	납부번호 :		

등기의무자의 등기필정보		
부동산고유번호	1102-2006-123456	
성명(명칭)	일련번호	비밀번호
이대백	Q77C-LO71-35J5	

<table>
<tr><td colspan="3" align="center">첨 부 서 면</td></tr>
<tr>
<td>
1. 해지증서   1통
1. 등록면허세영수필확인서   1통
1. 등기필증   1통
1. 등기신청수수료현금영수필확인서   1통
</td>
<td colspan="2"><기타></td>
</tr>
</table>

2011년 10월 1일

위 신청인 등기의무자 이 대 백 ㉑ (전화 : 200-0000)
등기권리자 김 갑 동 ㉑ (전화 : 211-0000)
(또는)위 대리인 ○○○법무사 사무소 (전화 :)

서울중앙지방법원 등기과 귀중

지역권변경 계약서

1. 부동산의 표시
   서울특별시 양천구 신정로 5길 ○○, 대300㎡

   위 토지에 대한 2004년 3월 1일 접수 제300호 순위 제1번으로 등기한 지역권 중 설정의 범위 50㎡를 80㎡로 변경한다.
   위 계약을 증명하기 위하여 이 증서를 2통 작성하여 다음에 기명 날인하고 각자 1통씩 소지한다.

                              2011년 9월 1일

지역권 설정자   김   ○   ○   ㊞
                서울 양천구 신정로 5길 ○○

지역권자   이   ○   ○   ㊞
                서울 양천구 신정로 5길 ○○-1

해지증서(지역권)

1. 부동산의 표시
   승역지 : 서울특별시 양천구 신정로5길 ○○. 대300㎡
   요역지 : 서울특별시 양천구 신정로5길 ○○-1. 대200㎡

   위 토지에 관하여 2004년 3월 1일 접수 제300호로 등기한 지역권은 이를 해지한다.

                              2011년 9월 1일

지역권자   이   ○   ○   ㉑
               서울 양천구 신정로 5길 ○○-1

승역지 소유자   김   ○   ○   귀하
               서울 양천구 신정로 5길 ○○

제8절 전세권

전세권설정등기란 전세권자가 전세금을 지급하고 다른 사람의 부동산을 점유하여 그 부동산의 용도에 따라 사용, 수익하기 위하여 하는 등기로 등기신청에서는 전세권자를 등기권리자, 전세권설정자인 소유자를 등기의무자로 표시한다. 부동산의 특정된 일부에는 전세권을 설정할 수 있으나(법 제72조 제1항 6호. 규칙 제128조 제2항. 대법원 1962. 3. 22. 4294민상1297), 공유지분에는 전세권을 설정할 수 없다.

I. 전세권 설정등기

1. 전세권

전세권은 전세금을 지급하고 타인의 부동산(농경지 제외. 민법303②)을 점유하여 그 부동산의 용도에 좇아 사용·수익하며 그 부동산 전부에 대하여 후순위권리자 기타 채권자보다 전세금의 우선변제를 받을 권리를 내용으로 하는 물권이다(민법 303①).

(1) 전세권의 목적인 부동산

(가) 타인의 부동산

전세권은 '타인의 부동산'에 대한 권리로서, 그 목적부동산은 1 필의 토지, 1 동의 건물의 전부임을 요하지 않고, 그 일부에 대해서도 설정할 수 있다(법 제72조 제1항 제6호, 규칙 제128조 제2항). 그러나 공유지분(등기예규 제574호. 등기선례요지집 제5권 420항. 제6권 315항) 및 전유부분의 대지권(등기선례요지집 제2권 363항. 제5권 418항)에는 전세권을 설정할 수 없으며, 농경지는 전세권의 목적으로 하지 못한다(민 제303조 2항).

(나) 여러개의 부동산에 관한 전세권등기

여러개의 부동산에 관한 전세권의 등기에는 부동산등기규칙 제133조(공동담보), 제134조(추가공동담보), 제135조(공동담보라는 뜻의 기록), 제136조(공동담보의 일부소멸 또는 변경)의 규정 즉, 공동저당의 등기에 관한 규정을 준용한다(규칙 제128조 제3항).

(2) 전세권과 임대차의 법적성질

전세권은 전세금을 지급하고 타인의 부동산을 점유하여 그 부동산의 용도에 좇아 사용·수익하며 그 부동산 전부에 대하여 후순위권리자 기타 채권자보다 전세금의 우선변제를 받을 권리를 내용으로 하는 물권이지만, 임대차는 당사자 일방이 상대방에게 목적물을 사용·수익하게 할 것을 약정하고 상대방이 이에 대하여 차임을 지급할 것을 약정함으로써 그 효력이 발생하는 채권계약으로서, 주택임차인이 주택임대차보호법 제3조 제1항의 대항요건을 갖추거나 민법 제621조의 규정에 의한 주택임대차등기를 마치더라도 채권계약이라는 기본적인 성질에 변함이 없다(대판2007. 6. 28. 2004다69741).

(3) 전세금(전세권의 요소) 및 전세금반환채권의 양도가부

(가) 전제권의 요소

전세금(전세보증금)의 지급은 전세권의 요소이다(민 제303조 1항). 따라서, 전세금을 지급하지 않는다는 특약은 무효이고 전세권은 성립하지 않는다(학설, 판례, 주석 민법 상권 534면[4]). 전세금은 전세권자가 설정자에게 교부하는 금전으로서 전세권이 소멸하는 때에는 다시 전세권자에게 반환된다(민 제317조. 318조). 전세금의 액은 등기하여야 한다(법 제72조 제1항 제1호).

전세금의 지급은 전세권성립의 요소가 되는 것이지만 그렇다고 하여 전세금의 지급이 반드시 현실적으로 수수되어야만 하는것은 아니고 기존의 채권으로 전세금의 지급에 갈음할 수도 있다(대판 1995. 2. 10. 94다18508).

법인 아닌 사단이나 재단이 등기권리자로서 전세권설정등기를 신청하는 경우에도 시장(구가 설치되어 있는 시에서는 구청장)·군수로부터 부동산등기용등록번호를 부여받을 수 있다(등기선례요지집 제5권 113항).

(나) 전세권이 존속하는 동안에 전세권을 존속시키기로 하면서 전세금반환채권만을 전세권과 분리하여 확정적으로 양도할 수 있는지 여부(소극)

전세권은 전세금을 지급하고 타인의 부동산을 그 용도에 따라 사용·수익하는 권리로서 전세금의 지급이 없으면 전세권은 성립하지 아니하는 등으로 전세금은 전세권과 분리될 수 없는 요소일 뿐 아니라, 전세권에 있어서는 그 설정행위에서 금지하지 아니하는 한 전세권자는 전세권 자체를 처분하여 전세금으로 지출한 자본을 회수할 수 있도록 되어 있으므로 전세권이 존속하는 동안은 전세권을 존속시키기로 하면서 전세금반환채권만을 전세권과 분리하여 확정적으로 양도하는 것은 허용되지 않는 것이며, 다만 전세권 존속 중에는 장래에 그 전세권이 소멸하는 경우에 전세금 반환채권이 발생하는 것을 조건으로 그 장래의 조건부 채권을 양도할 수 있을 뿐이라 할 것이다(대판 2002. 8. 23. 2001다69122).

(다) 전세권 존속 중 전세금반환청구권만의 양도가부(소극)

전세권자는 전세권이 존속하는 한 전세권과 분리하여 전세금반환청구권만을 양도하여도 전세권의 요소가 되는 전세금에 관한 반환청구권은 이전되지 않는다(1966. 6. 28. 66다771, 1966. 7. 5. 66다850).

(라) 전세권성립 후 목적물의 소유권이 이전된 경우, 전세권관계 및 전세금반환의무가 신 소유자에게 이전되는지 여부(적극)

전세권이 성립한 후 목적물의 소유권이 이전되는 경우에 있어서 전세권 관계가 전세권자와 전세권설정자인 종전 소유자와 사이에 계속 존속되는 것인지 아니면 전세권자와 목적물의 소유권을 취득한 신 소유자와 사이에 동일한 내용으로 존속되는지에 관하여 민법에 명시적인 규정은 없으나, 전세목적물의 소유권이 이전된 경우 민법이 전세권 관계로부터 생기는 상환청구, 소멸청구, 갱신청구, 전세금증감청구, 원상회복, 매수청구 등의 법률관계의 당사자로 규정하고 있는 전세권설정자 또는 소유자는 모두 목적물의 소유권을 취득한 신 소유자로 새길 수밖에 없다고 할 것이므로, 전세권은 전세권자와 목적물의 소유권을 취득한 신 소유자 사이에서 계속 동일한 내용으로 존속하게 된다고 보아야 할 것이고, 따라서 목적물의 신 소유자는 구 소유자와 전세권자 사이에 성립한 전세권의 내용에 따른 권리의무의 직접적인 당사자가 되어 전세권이 소멸하는 때에 전세권자에 대하여 전세권설정자의 지위에서 전세금반환의무를 부담하게 되고, 구 소유자는 전세권설정자의 지위를 상실하여 전세금반환의무를 면하게 된다고 보아야 하고, 전세권이 전세금 채권을 담보하는 담보물권적 성질을 가지고 있다고 하여도 전세권은 전세금이 존재하지 않으면 독립하여 존재할 수 없는 용익물권으로서 전세금은 전세권과 분리될 수 없는 요소이므로 전세권 관계로 생기는 위와 같은 법률관계가 신 소유자에게 이전되었다고 보는 이상, 전세금 채권 관계만이 따로 분리되어 전 소유자와 사이에 남아 있다고 할 수는 없을 것이고, 당연히 신 소유자에게 이전되었다고 보는 것이 옳다(대판 2000. 6. 9. 99다15122).

(4) 전세권자(제3자 명의로 경료된 전세권 설정등기)

전세권은 다른 담보권과 마찬가지로 전세권자와 전세권설정자 및 제3자 사이에 합의가 있으면 그 전세권자의 명의를 제3자로 하는 것도 가능하므로, 임대차계약에 바탕을 두고 이에 기한 임차보증금반환채권을 담보할 목적으로 임대인, 임차인 및 제3자 사이의 합의에 따라 제3자 명의로 경료된 전세권설정등기는 유효하다(대법원 2005. 5. 26. 선고 2003다12311 판결).

(5) 전세권과 임대차의 법적성질

전세권은 전세금을 지급하고 타인의 부동산을 점유하여 그 부동산의 용도에 좇아 사용·수익하며 그 부동산 진부에 대하여 후순위권리자 기타 채권자보다 전세금의 우선변제를 받을 권리를 내용으로 하는 물권이지만, 임대차는 당사자 일방이 상대방에게 목적물을 사용·수익하게 할 것을 약정하고 상대방이 이에 대하여 차임을 지급할 것을 약정함으로써 그 효력이 발생하는 채권계약으로서, 주택임차인이 주택임대차보호법 제3조 제1항의 대항요건을 갖추거나 민법 제621조의 규정에 의한 주택임대차등기를 마치더라도 채권계약이라는 기본적인 성질에 변함이 없다(대판 2007. 8. 28. 2004다69741).

2. 부동산의 일부에 대한 전세권설정등기(범위의 특정 및 도면의 첨부)

건물 중 1층 부분에 국한하여 전세권설정등기를 할 수 있다(대판 1962. 3. 22. 4294민상1297).

전세권의 목적인 부동산은 1 필의 토지 또는 1 동의 건물의 전부라야 할 필요는 없고 그 일부라도 무방한 것이나, 부동산의 일부에 대하여 전세권설정등기를 신청하고자 할 때에는 전세권의 범위를 특정하고 그 도면을 첨부하여야 하며(법 제72조 제1항 제6호, 규칙 제128조 제2항), 건물 중 특정층 전부에 대하여 전세권설정등기를 신청할 때에도 마찬가지이다.

3. 공유지분에 대한 전세권설정등기의 가부(소극)

건물의 특정부분이 아닌 공유지분에 대하여는 이용권으로서의 성질상(용익물권) 전세권은 등기할 수 없다(등기예규 제1351호.등기선례요지집 제2권 365항, 367항, 제4권 449항, 제5권 417항). 건물의 특정부분이 아닌 공유지분에 대하여는 전세권이 설정될 수 없으므로 수인의 공유자들이 전세권설정등기를 한 후 그 일부 공유자의 지분에 대하여만 전세권말소등기를 신청할 수는 없으며, 이는 판결을 받는다고 하더라도 마찬가지이다. 다만, 전세권이 설정된 부분 중 일정 부분을 전세권범위변경등기의 형식으로 말소할 수는 있으며, 이 경우의 등기는 전세권자와 건물의 공유자 전원이 공동으로 신청하여야 한다(등기선례요지집 제6권 제315항 등기예규 제1351호).

4. 추가전세권설정등기

건물에 대하여 전세권설정등기가 경료된 후 그 전세권의 목적으로 건물의 대지를 추가하는 추가전세권설정등기를 신청할 수 있으며, 이때 추가전세권설정등기의 등록세는 지방세법 제28조 제1항 마(매 1건당 6,000원)에 의한다(등기선례요지집 제6권. 316항, 317항).

5. 건물 전세권자의 그 건물 대지에 대한 전세권설정등기

(1) 건물의 대지(집합건물의 대지권)에 대한 전세권설정등기

토지와 건물은 별개의 부동산이므로 건물의 일부에 대한 전세권설정등기와 관계없이 그 대지의 전부에 대하여도 전세권설정등기를 경료받을 수 있을 것이나, 그 대지가 공유지분 등의 형식으로 되어 있는 경우 그 지분에 대하여는 전세권설정등기를 경료받을 수 없다(등기선례요지집 제5권 420항, 6권 315항. 등기예규 제74호). 지상권과 지역권의 목적은 타인의 "토지"에 한 하며(민법 제279조. 제291조 참조), 건물은 그 대상이 될 수 없으나, 민법은 구법과는 달리 전세권은 "타인의 부동산"에 대한 권리로 규정하여(민법 제303조 제1항 참조) 전세권은 "부동산" 즉 타인의 건물뿐만 아니라 "토지"도 전세권의 목적이 될 수 있음을 규정하고 있다(민법 제303조 제1항). 민법 제303조 제1항의 규정에 의하여 토지도 전세권의 목적이 될 수 있으며, 전세권의 이용권(용익물권)으로서의 성질상 집합건물의 전유부분과 대지권(아파트의 주차장, 대지 등의 이용 등)을 함께 전세권의 목적으로 할 수 있는 것으로 보는 것(등기선례요지집 제5권 420항 참조)이 타당하다고 본다.

(2) 토지에 대한 별도의 전세권설정등기

건물 전부에 대한 전세권설정등기가 경료된 경우에도 토지에 대하여 별도의 전세권설정등기를 신청할 수 있으며, 또한 이미 건물의 일부에 전세권이 설정된 경우에도 위 건물부분과 중복되지 않는 다른 건물부분에 대하여 전세권설정등기를 신청할 수 있다(등기선례요지집 제6권 318항).

건물에 대하여 전세권설정등기가 경료된 후 그 전세권의 목적으로 건물의 대지를 추가하는 추가전세권설정등기를 신청할 수 있다(등기선례요지집 제6권 316항, 317항).

6. 전세권 성립 후 목적물의 소유권이 이전된 경우

전세권이 성립한 후 목적물의 소유권이 이전되는 경우에 있어서 전세권 관계가 전세권자와 전세권설정자인 종전 소유자와 사이에 계속 존속되는 것인지 아니면 전세권자와 목적물의 소유권을 취득한 신 소유자와 사이에 동일한 내용으로 존속되는지에 관하여 민법에 명시적인 규정은 없으나, 전세목적물의 소유권이 이전된 경우, 전세권은 전세권자와 목적물의 소유권을 취득한 신 소유자 사이에서 계속 동일한 내용으로 존속하게 된다고 보아야 할 것이고, 따라서 목적물의 신 소유자는 구 소유자와 전세권자 사이에 성립한 전세권의 내용에 따른 권리의무의 직접적인 당사자가 되어 전세권이 소멸하는 때에 전세권자에 대하여 전세권설정자의 지위에서 전세금반환의무를 부담하게 되고, 구 소유자는 전세권설정자의 지위를 상실하여 전세금반환의무를 면하게 된다(대판 2000. 6. 9, 99다15122. 등기선례요지집 제5권 413항).

🔍 판 례

전세권이 성립한 후 전세목적물의 소유권이 이전된 경우 민법이 전세권 관계로부터 생기는 상환청구, 소멸청구, 갱신청구, 전세금증감청구, 원상회복, 매수청구 등의 법률관계의 당사자로 규정하고 있는 전세권설정자 또는 소유자는 모두 목적물의 소유권을 취득한 신 소유자로 새길 수밖에 없다고 할 것이므로, 전세권은 전세권자와 목적물의 소유권을 취득한 신 소유자 사이에서 계속 동일한 내용으로 존속하게 된다고 보아야 할 것이고, 따라서 목적물의 신 소유자는 구 소유자와 전세권자 사이에 성립한 전세권의 내용에 따른 권리의무의 직접적인 당사자가 되어 전세권이 소멸하는 때에 전세권자에 대하여 전세권설정자의 지위에서 전세금 반환의무를 부담하게 된다(대법원 2006.5.11. 선고 2006다6072 판결【전세보증금】).

7. 전세권의 존속기간

(1) 전세권의 존속기간(10년을 넘지 못한다)

전세권의 존속기간을 10년을 넘지 못한다. 당사자의 약정기간이 10년을 넘는 때에는 이를 10년으로 단축한다. 건물에 대한 전세권의 존속기간을 1년 미만으로 정한 때에는 이를 1년으로 한다. 전세권의 설정은 이를 갱신할 수 있으나 그 기간은 갱신한 날로부터 10년을 넘지 못한다(민 제312조 1항~3항).

(2) 전세권의 존속기간이 시작되기 전에 마친 전세권설정등기의 효력여부(유효)

전세권 존기간이 시작되기 전에 마친 전세권설정등기가 유효한 것으로 추정되며, 전세권의 순위를 결정하는 기준은 등기된 순서에 따른다.

🔍 판 례

전세권자는 전세금을 지급하고 타인의 부동산을 점유하여 그 부동산의 용도에 좇아 사용·수익하며, 그 부동산 전부에 대하여 후순위권리자 기타 채권자보다 전세금의 우선변제를 받을 권리가 있다(민법 제303조 제1항). 이처럼 전세권이 용익물권적인 성격과 담보물권적인 성격을 모두 갖추고 있는 점에 비추어 전세권 존속기간이 시작되기 전에 마친 전세권설정등기도 특별한 사정이 없는 한 유효한 것으로 추정된다. 한편 부동산등기법 제4조 제1항은 "같은 부동산에 관하여 등기한 권리의 순위는 법률에 다른 규정이 없으면 등기한 순서에 따른다."라고 정하고 있으므로, 전세권은 등기부상 기록된 전세권설정등기의 존속기간과 상관없이 등기된 순서에 따라 순위가 정해진다(대법원 2018. 1. 25. 2017마1093 결정, 법원사무관의 처분에 대한 이의)

8. 존속기간의 만료로 인한 전세권의 소멸

전세계약이 그 존속기간의 만료로서 종료하게 되면 전세권설정등기말소청구권도 소멸한다(대판 1974. 4. 23. 73다1262).

(1) 전세권의 묵시적 갱신과 그 등기의 요부

전세권의 법정갱신(본조 제4항)은 법률의 규정에 의한 부동산에 관한 물권의 변동이므로 전세권갱신에 관한 등기를 필요로 하지 아니하고 전세권자는 그 등기없이도 전세권설정자나 그 목적물을 취득한 제3자에 대하여 그 권리를 주장할 수 있다(89. 7. 11. 88다카21029).

(2) 전세권이 기간만료로 종료된 경우, 전세권을 목적으로 한 저당권의 소멸 여부(적극)

전세권이 기간만료로 종료된 경우 전세권은 전세권설정등기의 말소등기 없이도 당연히 소멸하고, 저당권의 목적물인 전세권이 소멸하면 저당권도 당연히 소멸하는 것이므로 전세권을 목적으로 한 저당권자는 전세권의 목적물인 부동산의 소유자에게 더 이상 저당권을 주장할 수 없다(대판 1999. 9. 17. 98다31301).

전세계약은 그 존속기간의 만료로서 종료하게 되는 것이므로 갱신(更新)계약 등 다른 사유가 없는 한, 그 전세권설정등기가 말소되지 않았다 하여 전세권이 유효하게 존속하는 것은 아니다(등기선례요지집 제3권 577항).

부동산 전세권설정등기를 신청할 때에 존속기간은 전세권설정계약서에 따라야 할 것인바, 위 존속기간의 시작일이 등기신청접수일자 이전이라고 하더라도 등기관으로서는 당해 전세권설정등기신청을 수리하여야 한다(등기선례요지집 제6권 319항).

9. 전세권자의 경매 청구권

(1) 전세권설정자가 전세금반환을 지체한 경우

전세권설정자가 전세금의 반환을 지체한 때에는 전세권자는 민사집행법(민사집행법 제88조 제1항. 제264조)의 정한바에 의하여 전세권의 목적물의 경매를 청구할 수 있다(민법 제318조).

전세권자의 전세목적물 인도의무 및 전세권설정등기말소등기의무와 전세권설정자의 전세금반환의무는 서로 동시이행의 관계에 있으므로(민법 제317조) 전세권자인 채권자가 전세목적물에 대한 경매를 청구하려면 우선 전세권설정자에 대하여 전세목적물의 인도의무 및 전세권설정등기말소의무의 이행제공을 완료하여 전세권설정자를 이행지체에 빠뜨려야 한다(대법원 1977.4.13. 77마90 결정).

(2) 건물의 일부에 대한 전세권자의 나머지 건물부분에 대한 경매신청가부(소극)

건물의 일부에 대하여 전세권이 설정되어 있는 경우 그 전세권자는 민법 제303조 제1항, 본법 제318조의 규정에 의하여 그 건물 전부에 대하여 후순위 권리자 기타 채권자보다 전세금의 우선변제를 받을 권리가 있고, 전세권설정자가 전세금의 반환을 지체한 때에는 전세권의 목적물의 경매를 청구할 수 있다 할 것이나, 전세권의 목적물이 아닌 나머지 건물부분에 대하여는 우선변제권은 별론으로 하고 경매신청권은 없다(대법원 92. 3. 10. 91마256,257).

건물의 일부에 대하여 전세권이 설정되어 있는 경우 그 전세권자는 민법 제303조 제1항의 규정에 의하여 그 건물 전부에 대하여 후순위권리자 기타 채권자보다 전세금의 우선변제를 받을 권리가 있고, 민법 제318조의 규정에 의하여 전세권설정자가 전세금의 반환을 지체한 때에는 전세권의 목적물의 경매를 청구할 수 있는 것이나, 전세권의 목적물이 아닌 나머지 건물부분에 대하여는 우선변제권은 별론으로 하고 경매신청권은 없으므로, 위와 같은 경우 전세권자는 전세권의 목적이 된 부분을 초과하여 건물 전부의 경매를 청구할 수 없다고 할 것이고, 그 전세권의 목적이 된 부분이 구조상 또는 이용상 독립성이 없어 독립한 소유권의 객체로 분할할 수 없고 따라서 그 부분만의 경매신청이 불가능하다고 하여 달리 볼 것은 아니다(대법원 2001. 7. 2. 2001마212).

(3) 전세권에 대하여 저당권이 설정된 경우, 전세기간 만료 후에 그 저당권을 실행하는 방법

전세권에 대하여 설정된 저당권은 민사소송법 제724조 소정의 부동산경매절차에 의하여 실행하는 것이나, 전세권의 존속기간이 만료되면 전세권의 용익물권적 권능이 소멸하기 때문에 더 이상 전세권 자체에 대하여 저당권을 실행할 수 없게 되고, 이러한 경우는 민법 제370조, 제342조 및 민사소송법 제733조에 의하여 저당권의 목적물인 전세권에 갈음하여 존속하는 것으로 볼 수 있는 전세금반환채권에 대하여 추심명령 또는 전부명령을 받거나(이 경우 저당권의 존재를 증명하는 등기부등본을 집행법원에 제출하면 되고 별도의 채무명의가 필요한 것이 아니다), 제3자가 전세금반환채권에 대하여 실시한 강제집행절차에서 배당요구를 하는 등의 방법으로 자신의 권리를 행사할 수 있을 뿐이다(대법원 95. 9. 18. 95마684).

10. 전세권설정 등기신청서의 기재사항

(1) 전세권의 등기사항

전세권설정 또는 전전세(轉傳貰)의 등기를 신청하는 경우에는 규칙 제43조 각항의 사항 이외에 다음 각항의 등기사항을 신청정보의 내용으로 등기소에 제공하여야 한다(법 제72조 제1항, 규칙 제128조 제1항).

1. 전세금 또는 전전세금
2. 범위
3. 존속기간
4. 위약금 또는 배상금
5. 민법 제306조 단서의 약정
6. 전세권의 범위가 부동산의 일부인 경우에는 그 부분을 표시한 도면의 번호

(2) 부동산의 표시

부동산의 표시란에는 전세권의 목적부동산을 기재하되, 등기부상 표시와 일치하여야 한다.

㉮ 1동의 건물의 표시(구분건물에 대한 전세권 설정등기)

1동의 건물의 소재, 지번, 종류와 구조 및 면적을 기재한다. 다만, 1동의 건물의 번호가 있는 경우(예 가동, 나동, 다동 등)에 이를 기재한 때에는 1동의 건물의 구조와 면적은 기재하지 아니한다.

㉯ 전유부분의 건물의 표시

건물의 번호, 구조, 면적을 기재한다.

㉰ 대지권의 표시

특정 전유부분의 대지권에 대하여는 전세권설정등기를 할 수 없으므로, 신청서에 대지권에 표시를 기재하지 아니한다.

(3) 등기의무자, 등기권리자

등기의무자란에는 전세권설정자의 성명, 주민등록번호, 주소를 기재하되, 등기부상 소유

자 표시와 일치하여야 하며, 소유자가 법인인 경우에는 상호(명칭), 본점(주사무소 소재지), 등기용 등록번호를 기재하고, 비법인 사단이나 재단인 경우에는 상호(명칭), 본점(주사무소 소재지), 등기용등록번호 및 대표자(관리인)의 성명, 주민등록번호, 주소를 각 기재한다. 등기권리자란에는 전세권자를 기재하며, 기재방법은 등기의무자란과 같다.

(4) 등기원인과 그 연월일, 등기의 목적

등기원인과 그 연월일란의 등기원인은 '전세권설정계약'으로, 연월일은 전세권설정계약의 체결일을 기재한다. 등기의 목적란에는 '전세권설정'이라고 기재하며, 전세금란에는 '금 ○○○원'이라고 기재한다.

(5) 전세권의 범위

전세권의 범위 란에는 전세권의 목적이 부동산의 전부인 때에는 '토지 전부', '주택 전부' 등으로, 부동산의 일부인 때에는 '2 층 중 동측 50m²'로 특정하여 그 위치와 면적을 기재하며, 존속기간 란에는 전세권설정계약에서 정한 전세기간을 기재한다.

(6) 특약사항

민법 제306조의 약정(특약사항)이 있는 때에는 이를 기재하여야 한다(예 전세권자는 전세권 설정자의 승낙없이 전세권을 타인에게 양도, 담보제공, 전전세 또는 임대하지 못한다.).

11. 전세권설정 등기신청서의 첨부서면

전세권설정등기를 신청할 때에는 다음의 서면을 제출하여야 한다(규칙 제46조).

(1) 신청서(법 제24조 제1항, 규칙 제46조 제1항)

(2) 등기원인을 증명하는 서면(전세권설정계약서)(규칙 제46조 제1항 제1호)

부동산 전세권에 관한 증서(전세권설정계약서)에는 인지세법 제3조1항4호의 규정에 의하여 1만원의 인지를 첨부하여야 한다. 그러나 주택의 전세권에 관한 증서에는 인지세를 납부하지 아니한다(인지세법 제6조6호).

(3) 등기의무자의 권리에 관한 등기필정보(법 제50조 제2항, 규칙 제43조 제1항 제7호)

등기의무자의 소유권에 관한 등기필정보으로서 등기의무자가 소유권취득시 등기소로부터 교부받은 등기필정보를 제공하여야 하며, 등기필증을 멸실하여 첨부할 수 없는 경우에는 부동산등기법 제51조에 의하여 확인서면이나 확인조서 또는 공증서면 중 하나를 첨부한다.

(4) 위임장(규칙 제46조 제1항 제5호)

대리인에 의하여 등기를 신청할 때에는 그 권한을 증명하는 서면인 위임장을 첨부하여야 한다.

(5) 인감증명서(규칙 제60조 제1항 제1호)

소유권의 등기명의인이 등기의무자(전세권설정자)로서 전세권설정등기를 신청하는 경우에는 등기의무자의 인감증명을 제출하여야 한다.

(6) 주민등록표등(초)본(규칙 제46조 제1항 제6호)

등기를 함에 있어 등기권리자(전세권자)의 주민등록번호를 병기하여야 하는 경우에는 등기를 신청할 때에 등기권리자의 주민등록표등(초)본을 첨부하여야 한다(규칙 제46조 제1항 제6호).

(7) 도면(규칙 제128조 제2항)

전세권의 목적이 부동산의 일부일 때에는 그 도면을 첨부하여야 한다(규칙 제128조 제2항). 건물 중 특정층 전부에 대한 전세권설정등기 신청의 경우는 도면을 첨부할 필요가 없다(등기선례 8권 88항).

(8) 등록면허세영수필 확인서(지방세법 제28조 제1항 제1호 다 4).)

Ⅱ. 전세권 변경등기

1. 전세권 변경등기의 의의

전세권변경등기란 전세권의 범위, 전세계약의 존속기간이나 전세금 등 부동산등기법 제72조 제1항 제1호 내지 제5호의 사항을 변경하는 등기로서 등기기재의 형식상 변경등기를 함으로써 유리한 지위에 서는 자가 '등기권리자', 불리한 지위에 서는 자가 '등기의무자'가 된다. 따라서 존속기간을 변경하는 경우 존속기간의 연장으로 이익을 얻는 자는 전세권자이므로 등기권리자가 되고 반대로 전세권설정자는 불이익을 받으므로 등기의무자가 된다. 만약 존속기간을 단축하는 변경등기인 때에는 그 반대가 된다.

전세권설정등기 후 목적부동산의 소유권이 제3자에게 이전된 경우, 그 소유권을 이전받은
제3 취득자는 전세권설정자의 지위까지 승계하였다고 할 것이므로, 그 존속기간을 단축하거
나 연장하기 위한 전세권변경등기신청은 전세권자와 제3취득자(소유자)가 공동으로 신청하여
야 한다.

2. 등기상 이해관계 있는 제3자가 있는 경우

전세권설정등기에 대한 변경등기를 신청하는 경우, 그 변경등기에 대하여 '등기상 이해관
계가 있는 제3자'가 있는 경우에는 신청서에 그 승낙서 또는 그에 대항할 수 있는 재판등본
을 첨부한 때에 한하여 부기에 의하여 그 등기를 하고, 승낙서 등을 첨부하지 않은 때에는 주
등기(독립등기)에 의하여 변경등기(변경등기는 후순위가 된다)를 하게 된다(규칙 제46조 제1항 제3호)(제2권
366항, 제6권 320항. 등기예규 제551호).

3. 전세기간의 만료와 전세권변경등기

(1) 전세권자의 갱신청구권(전세권의 존속기간)

전세권의 존속기간은 10년을 넘지 못한다. 당사자의 약정기간이 10년을 넘는 때에는 이를
10년으로 단축한다(민법 제312조제1항). 건물에 대한 전세권의 존속기간을 1년미만으로 정한때
에는 이를 1년으로 한다(민법 제312조 제2항). 전세권은 이를 갱신할 수 있다. 그 기간은 갱신한
날로부터 10년을 넘지 못한다(민법 제312조 제3항). 전세권자에게 민법 제281조제1항을 유추하
여 갱신청구권을 인정하여야 하나 묵시의 갱신(민법 제639조제1항)은 존속기간의 약정이 없는 경
우와는 달리 허용되지 않는다(학설. 판례주석민법 상권 542면).

건물 전세권의 경우에는 토지 전세권과는 달리 '법정갱신'제도가 인정되고 있으므로, 존속
기간이 만료된 때에도 그 전세권설정등기의 존속기간이나 전세금에 대한 변경등기신청은 가
능하다(등기선례요지집 제5권 416항). 전세계약이 그 존속기간의 만료로서 종료하게 되면 전세권설
정등기청구권도 소멸한다(대판 1974. 4. 23, 선고 73다1262 판결).

(2) 전세금의 변경(증액, 감액)에 따른 전세권변경등기

전세금액을 "증액"하는 전세권변경등기신청의 경우에는 전세금의 증액으로 이익을 얻는자는 전세권자이므로 전세권자가 등기권리자가 되며 반대로 전세권설정자는 불이익을 얻으므로 등기의무자가 된다. 따라서 전세금을 "감액"하는 전세권변경등기 인때는 그 반대가 된다.

전세금 "증액"에 따른 전세권변경등기를 신청하는 경우에는 증액된 금액에 관하여 전세권설정등기 신청의 경우와 같이 등록세(지방세법 제28조 제1항마호(4).)를 납부하여야 한다(등기선례 제3권1009항).

전세금증액의 전세권변경등기신청의 경우에는 전세권설정자인 소유권의 등기명의인이 등기의무자로서 등기를 신청하므로 그자의 인감증명서를 제출하여야 한다(규칙 제60조 제1항 제1호). 전세금을 감액하는 변경등기인 때에는 전세권자가 등기의무자이므로 인감증명서는 불필요하다. 전세금증액의 경우에는 전세권설정자의 소유권취득등기를 한 등기필증을 제출히여야 한다. 그러나 전세금을 감액하는 변경등기인 때에는 전세권자의 전세권설정 또는 취득등기를 한 등기필증을 제출하여야 한다.

전세금이 상향 조정되었다면 전세금변경계약에 의한 전세권변경등기를 하여야 하고, 그 등기를 신청하는 때에는 신청서에 이해관계인인 후순위 저당권자의 승낙서 또는 이에 대항할 수 있는 재판의 등본을 첨부한 때에 한하여 부기등기를 할 수 있고 그렇지 아니한 때에는 독립등기로 할 수 있다(등기예규 제551호. 등기선례요지집 제6권 320항).

(3) 존속기간 연장 및 전세금 감액을 위한 전세권변경등기

전세권설정등기 후에 제3자 명의의 근저당권설정등기가 경료된 후 전세권설정등기의 변경등기를 신청하는 경우, 그 내용이 전세금의 '감액'인 경우에는 근저당권자의 승낙서 등을 첨부하지 않아도 부기에 의하여 그 등기를 할 것이나, 전세권의 존속기간 '연장'과 전세금의 '감액'을 함께 신청하는 경우에는 근저당권자의 승낙서 등을 첨부한 때에 한하여 부기의 의하여 그 등기를 할 수 있다(법 제52조 제5호)(등기선례요지집 제5권 421항; 제7권 264항).

(4) 존속기간이 만료된 전세권이전등기와 존속기간연장을 위한 변경등기신청

「민법」 제312조 제4항에 따라 법정갱신된 건물전세권에 대하여 전세권이전등기나 전세권에 대한 저당권을 설정하기 위해서는 존속기간을 연장하는 변경등기의 신청을 선행 또는 동시에 하여야 한다(2013. 2. 1. 부동산등기과-246).

(5) 존속기간이 만료된 건물전세권의 존속기간 변경 없이 전세권의 범위를 축소하는 전세권변경등기 가부(소극)

건물전세권은 존속기간이 만료되더라도 법정갱신으로 등기하지 않아도 전세권자는 전세권설정자 및 제3자에게 그 권리를 주장할 수 있지만, 위 등기의 처분 또는 내용을 변경하는 등기를 신청하기 위해서는 존속기간의 변경등기의 신청을 선행 또는 동시에 하여야 한다(등기선례 제8권 247항).

종전 선례도 법정갱신된 건물전세권을 목적으로 근저당권을 설정하는 등기신청을 하기 위해서는 먼저 존속기간 변경등기를 하여야 한다고 하였다. 이 선례는 더 나아가 법정갱신된 건물전세권의 내용을 변경하는 등기신청을 하는 경우에도 존속기간변경등기를 선행 또는 동시에 신청하도록 하였다는 점에 그 의의가 있다.

다만, 전세권이전등기는 존속기간이 만료된 경우에도 신청할 수 있으므로 법정갱신된 건물전세권에 대한 이전등기신청은 존속기간변경등기를 선행하지 않고도 가능하다는 점을 유의하여야 할 것이다.

전세권 변경등기(존속기간 및 반환기간의 연장)에 대한 승낙서

부동산의 표시 : 생략

  위 부동산에 관하여 2003. 5. 13. 접수번호 제34949호로 경료된 전세권설정등기 사항
중 존속기간 2006. 4. 21을 "2008. 4. 21"로, 반환기 2006. 4. 21을 "2008. 4. 21."로
각 변경함을 승낙함.

2006. 4.

위 승낙자 : 2003년 4월 28일 제30912호로 경료된
            근저당권설정 등기의 근저당권자
            주식회사 국민은행
            지배인 :   (가양동지점)

첨부서류 : 1. 승낙자의 법인인감증명서 1통

전세권자 : (주) 휘닉스벤딩서비스(110111-1862104)
            서울 강남구 삼성동 141-32 보광빌딩 6층
            대표이사 ○ ○ ○ 귀하

4. 전세권변경등기신청서의 기재사항 및 첨부서면

(1) 전세권변경등기신청서의 기재사항

등기원인과 그 연월일란의 등기원인은 변경계약으로, 연월일은 변경계약의 성립 연월일을 기재하며, 등기의 목적란에는 전세권변경이라고 기재한다(규칙 제43조 제1항 제5호 제6호). 변경할 사항란에는 변경할 전세권의 표시로 변경대상등기의 접수 연월일 및 접수번호와 변경할 등기의 내용을 기재한다. 등기의무자란에는 등기의무자의 성명, 주민등록번호, 주소를 기재하되, 등기부상 표시와 일치하여야 한다. 그러나 등기의무자가 법인인 경우에는 상호(명칭), 본점(주사무소 소재지), 등기용등록번호를 기재하고, 비법인 사단이나 재단인 경우에는 상호(명칭), 본점(주사무소 소재지), 등기용등록번호 및 대표자(관리인)의 성명, 주민등록번호, 주소를 각 기재한다(규칙 제43조 제1항 제2호 제3호).

등기권리자란에는 등기권리자를 기재하는 란으로, 그 기재방법은 등기의무란과 같다.

(2) 전세권변경등기신청서의 첨부서면

(가) 전세권변경계약서

변경계약으로 인한 전세권변경등기신청의 경우에는 등기원인을 증명하는 서면으로 전세권변경계약서를 첨부하여야 한다(규칙 제46조 제1항 제1호).

(나) 등기필증

등기의무자가 소유자인 경우(전세금의 증액 또는 기간의 연장)에는 소유권에 관한 등기필증으로서 소유권 취득시 등기소로부터 교부받은 등기필정보를, 전세권자가 등기의무자인 경우(전세금의 감액 또는 기간의 단축)에는 전세권설정 후 등기소로부터 교부받은 등기필정보를 제공하여야 한다. 다만, 등기필증을 멸실하여 첨부할 수 없는 경우에는 법 제51조에 의하여 확인서면이나 확인조서 또는 공증서면 중 하나를 첨부한다(법 제50조 제2항, 규칙 제43조 제1항 제7호).

(다) 등록면허세영수필확인서(지방세법 제28조 1항 1호 마)

(라) 인감증명서

소유권의 등기명의인이 등기의무자(전세권 설정자)로서 등기를 신청할 때(전세금의 증액 또는 기간연장의 경우)에는 그의 인감증명서(발행일로부터 3월 이내)를 첨부한다(규칙 제60조 제1항 제1호).

(마) 위 임 장

등기신청을 법무사 등 대리인에게 위임하는 경우에 첨부한다(규칙 제46조 제1항 제5호).

Ⅲ. 전세권이전등기

1. 전세권자의 전세권의 양도, 담보제공, 전전세, 임대

소유권 외의 권리의 이전등기는 부기에 의하여 이를 하므로 전세권이전등기는 부기등기에 의한다(법 제52조 제2호). 전세권자는 설정행위로 금지하지 않는 한 전세권을 타인에게 양도 또는 담보로 제공할 수 있고, 그 존속기간 내에서 그 목적물을 타인에게 전전세 또는 임대할 수 있으며(민법 제306조), 전세금반환과 전세권설정등기의 말소 및 전세목적물의 인도와는 동시이행의 관계에 있으므로(민법 제317조), 전세권이 존속기간의 만료로 인하여 소멸된 경우에도 당해 전세권설정등기는 전세금반환채권을 담보하는 범위 내에서는 유효한 것이다. 따라서 전세권의 존속기간이 만료되고 전세금 반환시기가 경과된 전세권의 경우에도 설정행위로 금지하지 않는 한 그러한 전세권의 이전등기는 가능하다. 그러나 전전세는 전세권의 존속기간 내에서만 타인에게 할 수 있으며, 전세권의 존속기간이 만료된 건물 전세권에 대한 전전세등기는 이를 할 수 없다(민법 제306조). 전세권 양수인은 전세권설정자에 대하여 전세권양도인과 동일한 권리 의무가 있다(민법 제307조).

2. 전세금반환채권의 일부양도에 따른 전세권 일부이전등기

전세권설정등기를 마친 민법상의 전세권은 그 성질상 용익물권적 성격과 담보물권적 성격을 겸비한 것으로서, 전세권의 존속기간이 만료되면 전세권의 용익물권적 권능은 전세권설정등기의 말소 없이도 당연히 소멸하고 단지 전세금반환채권을 담보하는 담보물권적 권능의 범위 내에서 전세금의 반환시까지 그 전세권설정등기의 효력이 존속하고 있다 할 것인데, 이와 같이 존속기간의 경과로서 본래의 용익물권적 권능이 소멸하고 담보물권적 권능만 남은 전세권에 대해서도 그 피담보채권인 전세금반환채권과 함께 제3자에게 이를 양도할 수 있다 할 것이지만 이 경우에는 민법 제450조 제2항 소정의 확정일자 있는 증서에 의한 채권양도절차를 거치지 않는 한 위 전세금반환채권의 압류·전부 채권자 등 제3자에게 위 전세보증금반환채권의 양도사실로써 대항할 수 없다(대판 2005. 3. 25. 2003다35659).

등기관이 전세금반환채권의 일부 양도를 원인으로 한 전세권 일부 이전등기를 할 때에는 양도액을 기록한다(개정법 제73조 제1항). 법 제73조 제1항의 전세권 일부이전등기의 신청은 전세권의 존속기간의 만료전에는 할 수 없다. 다만, 존속기간 만료 전이라도 해당 전세권이 소멸하였음을 증명하여 신청하는 경우에는 그러하지 아니하다(법 제73조 제2항).

전세금반환채권의 일부양도에 따른 전세권 일부 이전등기에 관한 개정 부동산등기법 제73조의 규정은 전세권이 존속기간의 만료 등으로 소멸한 경우 해당 전세권은 전세금반환채권을 담보하는 범위에서 유효한 것이고 이때에는 전세금반환채권의 일부 양도가 가능하다는 판례의 태도를 반영하여 개정안에 신설한 것이다.

개정법 제73조에 전세금반환채권의 일부양도에 따른 전세권 일부이전등기에 관한 규정이 신설됨에 따라 그 신청절차에 관한 규정을 신설하였다(규칙 제129조).

(1) 전세권이전 등기신청서의 기재사항 및 첨부서면

(가) 전세권이전 등기신청서의 기재사항

전세금반환채권의 일부양도를 원인으로 한 전세권의 일부이전등기를 신청하는 경우에는 규칙 제43조 각 항의 기재사항 이외에 양도액을 신청정보의 내용으로 등기소에 제공하여야 한다(규칙 제129조 제1항).

(나) 전세권이전 등기신청서의 첨부서면

전세권의 존속기간 만료 전에 전세권 일부이전의 등기를 신청하는 경우에는 규칙 제46조의 서면 외에 전세권이 소멸하였음을 증명하는 정보를 첨부정보로서 등기소에 제공하여야 한다(규칙 제129조 제2항).

(2) 전세금반환채권의 일부양도에 따른 전세권 일부이전등기절차(등기예규 제 1406호)

(가) 등기신청인

전세권 일부이전등기는 전세권의 양도인이 등기의무자가 되고 양수인이 등기권리자가 되어 공동으로 신청하여야 한다(제2조).

(나) 신청정보

① 전세권 일부이전등기를 신청할 때에는 규칙 제43조에서 정한 일반적인 신청정보 외에 이전할 전세권의 접수연월일과 접수번호, 양도액을 신청정보의 내용으로 등기소에 제공하여야 한다.

② 등기의 목적으로는 "전세권 일부이전", 등기원인은 "전세금반환채권 일부양도"로 표시한다(제3조).

(다) 첨부정보(전세권이 소멸하였음을 증명하는 정보)

① 전세권 일부이전등기를 신청할 때에는 규칙 제46조에서 정한 일반적인 첨부정보 외에 법 제73조 제2항 단서에 따라 전세권의 존속기간만료 전에 등기를 신청하는 경우에는 전세권이 소멸하였음을 증명하는 정보(전세권의 소멸청구나 소멸통고 등)를 첨부정보로서 등기소에 제공하여야 한다(제4조 제1항).

② 건물전세권의 존속기간이 만료되어 등기를 신청하는 경우에는 「민법」 제312조 제4항에 따라 전세권이 소멸하였음을 증명하는 정보(갱신거절의 통지 등)를 첨부정보로서 등기소에 제공하여야 한다(제4조 제2항).

(라) 등기실행절차(부기등기)

전세금반환채권의 일부양도에 따른 전세권 일부이전등기는 부기등기로 한다(제5조 제1항). 등기관이 전세금반환채권의 일부양도를 등기원인으로 하여 전세권 일부이전등기를 할 때에는 양도액을 기록하여야 한다(제5조 제2항).

(마) 등기기록례

전세금반환채권의 일부양도에 따른 전세권 일부이전등기의 등기기록례는 별지와 같다(제6조).

[별지] 전세금반환채권의 일부양도에 따른 전세권 일부이전등기에 따른 등기기록례

【을 구】	(소유권 이외의 권리에 관한 사항)			
순위번호	등기목적	접수	등기원인	권리자 및 기타사항
1	전세권설정	2009년 5월 10일 제5678호	2000년 5월 8일 설정계약	전세금 금 200,000,000원 범 위 건물 전부 존속기간 2009년 5월 9일부터 2011년 5월 8일까지 전세권자 이병한 700407-1234567 서울특별시 서초구 서초동 123
2	1번 전세권 일부이전	2011년 11월 3일 제10567호	2011년 11월 1일 전세금반환채권 일부양도	양도액 금 100,000,000원 전세권자 장동군 690707-1012518 서울특별시 강남구 테헤란로 568 (역삼동)

🔍 판 례

[1] 전세권설정등기를 마친 민법상의 전세권을 존속기간 만료 후에 양도할 수 있는지 여부(적극)
전세권설정등기를 마친 민법상의 전세권은 그 성질상 용익물권적 성격과 담보물권적 성격을 겸비한 것으로서, 전세권의 존속기간이 만료되면 전세권의 용익물권적 권능은 전세권설정등기의 말소 없이도 당연히 소멸하고 단지 전세금반환채권을 담보하는 담보물권적 권능의 범위 내에서 전세금의 반환시까지 그 전세권설정등기의 효력이 존속하고 있다 할 것인데, 이와 같이 존속기간의 경과로서 본래의 용익물권적 권능이 소멸하고 담보물권적 권능만 남은 전세권에 대해서도 그 피담보채권인 전세금반환채권과 함께 제3자에게 이를 양도할 수 있다 할 것이지만 이 경우에는 민법 제450조 제2항 소정의 확정일자 있는 증서에 의한 채권양도절차를 거치지 않는 한 위 전세금반환채권의 압류·전부 채권자 등 제3자에게 위 전세보증금반환채권의 양도사실로써 대항할 수 없다(대법원 2005. 3. 25. 선고 2003다35659 판결【사해행위취소】).

Ⅳ. 전세권설정등기의 말소

1. 전세권설정등기의 말소와 전세금의 반환(동시이행)

전세권이 소멸한 때에는 전세권설정자는 전세권자로부터 그 목적물의 인도 및 전세권설정등기의 말소등기에 필요한 서류의 교부를 받는 동시에 전세금을 반환하여야 한다(민법 제317조. 대법원 1977. 4. 13. 77마90결정).

건물 전세권의 존속기간이 만료된 경우에도 그 전세권설정등기를 말소하지 않고는 후순위로 중복하여 전세권설정등기를 신청할 수 없다(등기선례요지집 제7권 268항).

2. 등기상 이해관계 있는 제3자의 승낙서 등

전세권은 해지, 혼동, 목적물의 멸실 등에 의하여 소멸된다. 전세권설정등기의 말소를 신청하는 경우에 그 말소에 대하여 등기상 이해관계 있는 제3자가 있을 때에는 신청서에 그 승낙서 또는 이에 대항할 수 있는 재판의 등본을 첨부하여야 한다(법 제57조 제1항).

전세권자가 전세권설정자에 대하여 그 전세권설정등기의 말소의무를 부담하고 있는 경우라면, 그 전세권을 가압류하여 부기등기를 경료한 가압류권자는 등기상 이해관계 있는 제3자로서 등기권리자인 전세권설정자의 말소등기절차에 필요한 승낙을 할 실체법상의 의무가 있다(대판 1999. 2. 5, 97다33997).

(1) 판결에 의한 전세권설정등기의 말소등기와 이해관계 있는 제3자

전세권설정자가 전세권자를 상대로 하여 존속기간 만료를 원인으로 한 전세권설정등기의 말소등기절차이행을 명하는 확정판결을 받아 판결에 의한 말소등기를 신청하는 경우, 그 판결의 사실심 변론종결 전에 당해 전세권을 목적으로 하는 가압류등기가 경료되었다면, 가압류등기가 경료된 시점이 판결에 나타난 전세권의 존속기간 만료 시점 후라 하더라도 그 신청서에는 가압류 채권자의 승낙서 또는 그에 대항할 수 있는 재판등본을 첨부하여야 한다(등기선례요지집 제5권 198항).

(2) 전세권에 대한 근저당권설정 후 전세권에 대한 가압류와 전세권 설정등기의 말소

갑 소유 부동산에 대하여 을이 전세권을 설정한 후 병이 그 전세권에 대하여 근저당권을 설정하였고, 그 후 전세권자의 채권자에 의하여 전세권에 대한 가압류등기가 경료된 경우, 전세권자 을이 전세권말소등기신청을 하기 위하여는 근저당권자 병과 가압류채권자의 동의서를 첨부하거나 이들에 대항할 수 있는 재판의 등본을 첨부하여야 한다(등기선례요지집 제4권 450항, 6권 314항).

3. 전세권말소 등기신청서의 기재사항 및 첨부서면

(1) 전세권말소 등기신청서의 기재사항

전세권말소등기신청서에는 부동산등기규칙 제43조 각항의 사항을 기재하고 신청인이 기명날인하여야 한다.

등기의무자란에는 전세권자의 성명, 주민등록번호, 주소를 기재하되, 등기부상 표시와 일치하여야 하며, 전세권자가 법인인 경우에는 상호(명칭), 본점(주사무소 소재지), 등기용등록번호를 기재하고, 비법인 사단이나 재단인 경우에는 상호(명칭), 본점(준사무소 소재지), 등기용등록번호 및 대표자(관리인)의 성명, 주민등록번호, 주소를 각 기재한다.

등기권리자란에는 소유자(전세권 설정자)를 기재하는 난으로, 그 기재방법은 등기의무자란과 같다. 등기의 목적은 전세권설정등기 말소, 등기원인은 해지이며 해지일자가 등기원인일자이다. 등기신청은 전세권설정자가 등기권리자, 전세권자가 등기의무자로서 공동신청에 의한다.

(2) 전세권말소 등기신청서의 첨부서면

전세권설정등기의 말소등기신청서에는 규칙 제46조 각항의 첨부정보 이외에 다음 서류를 등기소에 제공하여야 한다(법 제25조, 규칙 제46조).

(가) 등기원인증서(해지증서)(규칙 제46조 제1항 제1호)

(나) 등기의무자의 권리에 관한 등기필정보(법 제50조 제2항, 규칙 제43조 제1항 제7호)

등기의무자인 전세권자가 전세권설정등기 후 등기소로부터 교부받은 등기필정보를 제공하여야 하며, 등기필증을 멸실하여 첨부할 수 없는 경우에는 부동산등기법 제51조에 의하여 확인서면이나 확인조서 또는 공증서면 중 하나를 첨부한다.

(다) 등록면허세영수필확인서(지방세법 제28조 제1항 제1호. 마.)

(라) 등기신청수수료(규칙 제44조 제2항)현금영수필확인서

(마) 위임장(규칙 제46조 제1항 제5호)

접 수	년 월 일	처 리 인	등기관 확인	각종 통지
	제 호			

표 제목: 전세권설정등기신청

부동산의 표시

등기원인과 그 연월일	년 월 일 전세권설정계약
등 기 의 목 적	전세권설정
전 세 금	금 원
전 세 권 의 범 위	
존 속 기 간	년 월 일부터 년 월 일까지

구 분	성 명 (상호 · 명칭)	주민등록번호 (등기용등록번호)	주 소(소 재 지)
등 기 의 무 자	○ ○ ○ (전세권 설정자)		
등 기 권 리 자	○ ○ ○ (전세권자)		

등 록 면 허 세	금		원
지 방 교 육 세	금		원
농어촌특별세	금		원
세 액 합 계	금		원
등기신청수수료	금		원
	납부번호 :		

등기의무자의 등기필정보		
부동산고유번호		
성명(명칭)	일련번호	비밀번호

첨 부 서 면

1. 전세권설정계약서	1통	1. 지적도(또는 건물도면)	1통
1. 등록면허세영수필확인서	1통	1. 위임장	1통
1. 인감증명서나 본인서명사실확인서		1. 등기신청수수료영수필확인서	1통
또는 전자본인서명확인서 발급증	1통	<기타>	
1. 등기필증	1통		
1. 주민등록등(초)본	1통		

년 월 일

위 신청인   (전화 :   )

(또는)위 대리인   (전화 :   )

지방법원   등기소   귀중

-신청서작성요령-

*1. 부동산표시란에 2개 이상의 부동산을 기재하는 경우에는 그 부동산의 일련번호를 기재하여야 합니다.

2. 신청인란 등 해당란에 기재할 여백이 없을 경우에는 별지를 이용합니다.

전세권설정 계약서

제1조 전세권설정자는 전세권자 소유의 아래표시 부동산에 대하여 다음과 같은 약정으로 전세권설정계약을 체결한다.

    1. 전세금 :　　　　　　　　원
    2. 전세권의 범위 :
    3. 존속기간 :　　　월　　　월　　　일부터　　년　　　월　　　일 k지
    4. 전세권자 :　　○○○(　-　　)
               ○○시 ○○구 ○○동 ○○번지
    5. 기타 약정사항

제2조 전세권자는 아래 부동산을　　　　　　　이외의 용도로 사용하지 못한다.

제3조 전세금의 반환기는　　　　년　　　월　　　일까지로 한다.

제4조 전세권자는 전세금을 지급하고 전세목적물을 점유하여 위 제2조에 규정한 용도에 따라 사용, 수익하여야 한다.

제5조 전세권자가 제2조에 규정된 용법으로 이를 사용, 수익하지 아니한 경우에는 전세권설정자는 전세권의 소멸을 청구할 수 있다.

제6조 전세권자가 제5조의 규정에 의한 사용, 수익으로 인하여 전세권설정자에게 손해가 발생한 경우에는 전세권설정자는 전세권자에 대하여 원상회복 또는 손해배상을 청구할 수 있다.

제7조 전세권의 목적물의 전부 또는 일부가 전세권자의 책임 있는 사유로 인하여 멸실된 때에는 전세권자는 전세권설정자에 대하여 손해를 배상 할 책임이 있다.

제8조 전세권이 소멸한 때에는 전세권설정자는 전세권자로부터 그 목적물의 인도 및 전세권설정등기의 말소등기에 필요한 서류의 교부를 받는 동시에 전세금을 반환하여야 한다.

  위 계약을 확실히 하기 위하여 본 증서를 작성하고 다음에 기명, 날인한다.

년　　　월　　　일

전세 부동산의 표시 :
전세권 설정자 :
전 세 권 자 :

[별지] 도 면 (전세권의 범위)

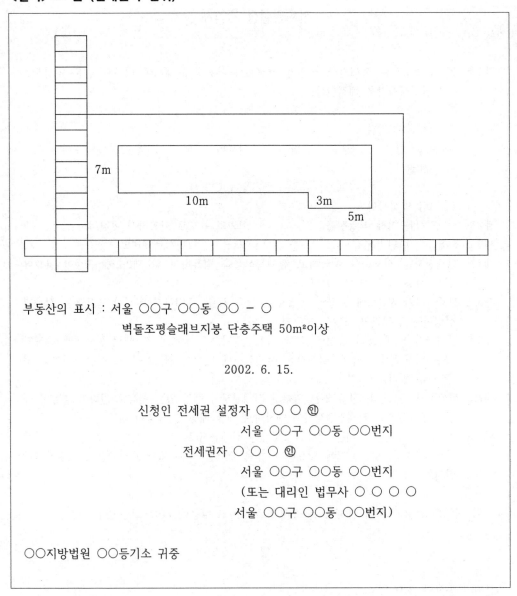

부동산의 표시 : 서울 ○○구 ○○동 ○○ – ○
            벽돌조평슬래브지붕 단층주택 50m²이상

                2002. 6. 15.

        신청인 전세권 설정자 ○ ○ ○ ㊞
                    서울 ○○구 ○○동 ○○번지
        전세권자 ○ ○ ○ ㊞
                    서울 ○○구 ○○동 ○○번지
                (또는 대리인 법무사 ○ ○ ○ ○
                서울 ○○구 ○○동 ○○번지)

○○지방법원 ○○등기소 귀중

1. 위 도면은 전세권의 목적이 건물의 일부인 경우에 첨부할 도면이다.
2. 건물의 도면에는 부동산의 소재와 지번, 택지의 방위, 건물의 형상, 길이, 위치, 신청인의 성명(또
   는 명칭), 주소, 대리인의 경우에는 대리인의 성명 및 주소, 작성 연월일을 기재하고 신청인이 기
   명날인하여야한다(규칙 제61조 1항).
3. 도면은 전부 묵선. 묵서로 하고 만일 등기의 목적 외의 건물이 있는 때에는 그 도면은 주선·주서
   로 하여야 한다(규칙 제61조 2항).

전세권변경등기				
접 수	년 월 일	처 리 인	등기관 확인	각종 통지
	제 호			

① 부동산의 표시	
(생 략)	
② 등기원인과 그 연월일	2002년 2월 1일 변경계약
③ 등 기 의 목 적	전세권 변경
④ 변 경 할 사 항	2000년 3월 1일 접수 제4168호로 경료한 전세권등기사항 중 존속기간 '2002년 2월 1일까지'를 '2004년 2월 1일까지'로 변경함.

구 분	성 명 (상호·명칭)	주민등록번호 (등기용등록번호)	주 소(소 재 지)
⑦ 등 기 의 무 자	김 ○ ○ (전세권설정자)		
⑧ 등 기 권 리 자	이 ○ ○ (전세권자)		

⑨ 등 록 면 허 세	금	○○○	원
⑩ 지 방 교 육 세	금	○○○	원
⑪ 세 액 합 계	금	○○○○	원
⑫ 등기신청수수료	금		원
	납부번호 :		

⑪ 등기의무자의 등기필정보

부동산고유번호		
성명(명칭)	일련번호	비밀번호

⑫ 첨 부 서 면

1. 전세권변경계약서 1통 1. 등록면허세영수필확인서 1통 1. 인감증명서 1통 1. 등기필증 1통 1. 위임장 통 1. 등기신청수수료현금영수필확인서 1통	<기타>	

년 월 일

⑬ 위 신청인 등기의무자 김 ○ ○ ㊞ (전화 :)
등기권리자 이 ○ ○ ㊞ (전화 :)
(또는)위 대리인 ○○법무사 사무소 (전화 :)

지방법원 등기과 귀중

전세권말소등기신청(해지)

접 수	년 월 일 제 호	처 리 인	등기관 확인	각종 통지

① 부동산의 표시
1. 서울특별시 서초구 남부순환로315길 100 　　대 300㎡ 2. 서울특별시 서초구 남부순환로315길 100 　　시멘트 벽돌조 슬래브지붕 2층 주택 　　1층 100㎡ 　　2층 100㎡ 　　　　　　　　　　이　　　상

② 등기원인과 그 연월일	1999년 9월 1일 해지
③ 등 기 의 목 적	전세권 말소
④ 말 소 할 사 항	1997년 3월 1일 접수 제4168호로 경료한 전세권설정등기

구 분	성　명 (상호 · 명칭)	주민등록번호 (등기용등록번호)	주　소(소 재 지)
⑦ 등 기 의 무 자	이 ○ ○ (전세권자)		
⑧ 등 기 권 리 자	김 ○ ○ (전세권설정자)		

⑨ 등 록 면 허 세	금	원
⑩ 지 방 교 육 세	금	원
⑪ 세 액 합 계	금	원

⑫ 등기신청수수료	금	원
	납부번호 :	

<table>
<tr><td colspan="3" align="center">⑪ 등기의무자의 등기필정보</td></tr>
<tr><td>부동산고유번호</td><td colspan="2"></td></tr>
<tr><td>성명(명칭)</td><td>일련번호</td><td>비밀번호</td></tr>
<tr><td></td><td></td><td></td></tr>
</table>

⑫ 첨 부 서 면

		<기타>
• 해지증서	1통	
• 등록면허세영수필확인서	1통	
• 등기필증	1통	
• 등기신청수수료현금영수필확인서	1통	

년   월   일

⑬ 위 신청인 등기의무자 이 ○ ○ ㉞ (전화 :   )

　　　　　　　　　　등기권리자 김 ○ ○ ㉞ (전화 :   )

　　　(또는)위 대리인 ○○법무사 사무소   (전화 :   )

서울중앙지방법원 등기과 귀중

해지증서(전세권)

　　○○○○년 ○월 ○일 전세권 설정계약에 기하여 본인이 전세금 ○○○만원으로 아래 부동산에 전세권을 취득하고 ○○○○년 ○월 ○일 접수 제○○○호로써 전세권 설정등기를 받았는바 금번 이를 해지한다.

1. 부동산의 표시
　　○○시 ○○구 ○○동 ○○
　　시멘트 블록조 슬래브지붕 단층주택○○○m²

○○○○년 ○월 ○일

전세권자　○ ○ ○ ㊞
　　　　　　○○시 ○○구 ○○동 ○○
　　　　　　○○○귀하
　　　　　　○○시 ○○구 ○○동 ○○

제9절 저당권에 관한 등기

1. 저당권의 의의

저당권이란 채무자 또는 제3자(물상보증인)가 채무의 담보로서 제공한 부동산 또는 부동산물권(지상권·전세권, 민법 제371조 1항)을, 채권자가 그 제공자로부터 인도받지 않고서, 다만 관념상으로만 지배하여, 채무의 변제가 없는 경우에 그 목적물로부터 우선변제를 받는 담보물권을 말한다(민 제356조). 목적물을 설정자의 수중에 남겨 두어 계속 이용할 수 있게 하는 점에서 질권과 근본적인 차이가 있다. 채권자가 아닌 제3자 명의로 설정된 저당권등기도 유효하다(대판 2000. 12. 22, 2000다49879).

2. 저당권의 목적물

(1) 부동산 · 지상권 및 전세권 · 공유지분

저당권은 등기·등록에 의하여 공시될 수 있는 것에만 설정될 수 있다. 민법이 인정하는 것은, ① 부동산(민 제356조), ② 지상권 및 전세권(민 제371 조 1항)에 한한다.

저당권은 권리의 일부에 관하여도 설정할 수 있으므로, 1필의 토지 또는 1동의 건물의 공유지분에 대하여 공유자는 다른 공유자의 동의 없이 자기 지분에 대한 저당권을 설정할 수 있다. 단독소유권의 일부 또는 공유지분의 일부에 대해서도 저당권설정등기를 할 수 있으나 부동산의 특정일부(물리적 일부분)에 대해서는 저당권을 설정하지 못한다.

(2) 부동산의 특정일부에 대한 설정가부(소극)

1필의 토지 또는 1동의 건물 중 특정 일부에 대하여는 이를 분할 또는 구분하기 전에는 저당권을 설정할 수 없다(선례 1-429). 1동의 건물의 일부이더라도 그 일부가 구분소유권의 목적이 되는 때에는 당연히 저당권을 설정할 수 있다.

(3) 저당권의 부종성(附從性)

부종성(附從性)이라 함은 담보물권(擔保物權)의 통유성(通有性)의 하나로서, 담보물권은 피담보채권(被擔保債權)의 존재를 전제로 하여서만 존재할 수 있게 되는 성질을 담보물권의 부종성이라고 한다. 즉 피담보채권이 존재하고 있지 않거나 소멸한 때에는 담보물권도 존재하지 않게 되는 것이다. 민법 제369조는 '저당권으로 담보한 채권이 시효의 완성 기타의 사유로 인하여 소멸한 때에는 저당권도 소멸한다'고 하여 저당권의 부종성을 규정하고 있다.

(가) 채권과 저당권의 주체

채권과 그를 담보하는 저당권은 담보물권의 부종성에 의하여 각 그 주체(主體)를 달리할 수 없다(대판 1963. 3. 14. 62다918, 1986. 1. 21. 84다카681).

근저당권설정계약의 채무자 아닌 제3자를 채무자로 하여 된 근저당권설정등기는 채무자를 달리 한 것이므로 근저당권의 부종성에 비추어 원인 없는 무효의 등기이다(1981. 9. 8. 80다1468).

(나) 피담보채권의 불발생과 저당권설정등기의 말소의무

피담보채권이 소멸하거나 또는 피담보채권이 발생하지 않기로 확정된 경우에는 저당권명의자는 그 설정등기를 말소할 의무가 있다할 것이고 그 법리는 피담보채권이 발생하지 아니하기로 확정된 것이 채무자의 의사에 의한 경우에도 같다(대판 1966. 10. 4. 66다1387).

저당권에 의한 피담보채권이 소멸한 때에는 담보물권의 부종성에 의하여 근저당권설정등기도 원인 없는 등기로 돌아간다(대판 1969. 3. 18. 68다2334).

근저당권의 피담보채권인 채무가 존재하지 않는다는 판결이 확정되었다면 이에 대한 재심소송이 계속 중이라고 하더라도 근저당권설정등기가 원인무효이다(대판 1970. 3. 10. 69다2294).

(다) 채무변제와 저당권설정등기말소의무와의 관계

소비대차계약(消費貸借契約)에 있어서 채무의 담보목적으로 저당권 설정등기를 경료한 경우에 채무자의 채무변제는 저당권설정등기 말소등기에 앞서는 선행의무(先行義務)이며 채무의 변제와 저당권설정등기 말소등기의무가 동시이행 관계에 있는 것이 아니다(대판 1969. 9. 30. 69다1173).

(라) 저당권을 양도하기 위하여 물권적 합의를 요하는 당사자의 범위

저당권의 양도에 있어서도 물권변동의 일반원칙에 따라 저당권을 이전할 것을 목적으로 하는 물권적 합의와 등기가 있어야 저당권이 이전된다고 할 것이나, 이 때의 물권적 합의는 저당권의 양도·양수받는 당사자 사이에 있으면 족하고 그 외에 그 채무자나 물상보증인 사이에 까지 있어야 하는 것은 아니다(대판 1994. 9. 27. 94다23957).

(마) 저당권설정등기비용의 부담자

저당권설정등기에 있어서 당사자 간에 특별한 약정이 없는 한 그 비용은 채무자가 부담함이 거래상 원칙이라 할 것이다(대판 1962. 2. 15. 4294민상291).

(바) 근저당권말소서류의 교부를 조건으로 한 저당채권변제공탁의 효력

근저당권설정자가 그 말소등기의 청구를 할 때에는 특약이 없는 한 현재 근저당권에 의하여 담보되는 모든 채무를 변제 기타의 방법으로 소멸시킨 후라야 할 것이므로, 저당채무와 경매비용 등을 변제공탁 함에 있어 그 공탁금수령의 조건으로 근저당권설정등기의 말소등기 절차소요서류의 제공을 요구하는 경우에는, 근저당권자에게 특별한 사정의 주장입증이 없는 한 그 공탁은 변제의 효력이 없다(대판 1975. 12. 23. 75다1134).

(4) 임차권대지권이 등기된 구분건물의 등기기록에 건물만을 목적으로 하는 저당권설정등기

임차권이 대지권인 경우에 임차권은 저당권의 목적으로 할 수 없는 권리이므로 건물소유권과 대지권(토지임차권)을 공동저당의 목적으로 할 수 없고, 대지권을 제외한 건물만에 관하여 저당권이 설정되어야 하며, 이 경우 건물만의 취지의 부기등기를 하여야 한다(2016. 4. 19. 부동산등기과-914 질의회답).

(5) 재단법인의 기본재산

민법상 재단법인의 기본재산에 관한 저당권 설정행위는 특별한 사정이 없는 한 정관의 기재사항을 변경하여야 하는 경우에 해당하지 않으므로, 그에 관하여는 주무관청의 허가를 얻을 필요가 없다(대법원 2018.7.20. 2017마1565 결정).

3. 공유지분에 대한 저당권설정등기 후의 공유물분할

공유자의 지분을 목적으로 하는 저당권설정등기를 한 후 공유물분할에 따라 저당권설정자의 단독 소유로 된 부동산 전부에 관하여 그 저당권의 효력을 미치게 하기 위하여서는 「부동산등기규칙」 제112조 제1항의 규정에 의한 저당권의 변경등기를 하여야 한다(등기예규 제1347호).

제1관 저당권 설정등기

1. 저당권설정등기의 신청

저당권설정의 등기를 신청하는 경우에는 법 제75조의 등기사항을 신청정보의 내용으로 등기소에 제공하여야 한다(규칙 제131조 제1항).

저당권설정의 등기를 신청하는 경우에 그 권리의 목적이 소유권 외의 권리일 때에는 그 권리의 표시에 관한 사항을 신청정보의 내용으로 등기소에 제공하여야 한다(규칙 제131조 제2항).

일정한 금액을 목적으로 하지 않는 채권을 담보하기 위한 저당권설정등기를 신청하는 경우에는 그 채권의 평가액을 신청정보의 내용으로 등기소에 제공하여야 한다(규칙 제131조 제3항).

2. 저당권의 등기사항

등기관이 저당권설정의 등기를 할 때에는 법 제48조(등기사항)에서 규정한 사항 외에 다음 각 호의 사항을 기록하여야 한다. 다만, 제3호부터 제8호까지는 등기원인에 그 약정이 있는 경우만 기록한다(법 제75조 제1항).

1. 채권액
2. 채무자의 성명 또는 명칭과 주소 또는 사무소 소재지

   채무자와 저당권 설정자가 동일인인 저당권설정등기에 있어서도 신청서와 등기부에 채무자를 표시하여야 한다(등기예규 제264호).
3. 변제기(辨濟期)
4. 이자 및 그 발생기 · 지급시기
5. 원본(元本) 또는 이자의 지급장소

6. 채무불이행(債務不履行)으로 인한 손해배상에 관한 약정

7. 「민법」 제358조 단서의 약정

8. 채권의 조건

3. 피담보채권이 금액을 목적으로 하지 아니하는 저당권의 등기사항

등기관이 일정한 금액을 목적으로 하지 아니하는 채권을 담보하기 위한 저당권설정의 등기를 할 때에는 그 채권의 평가액을 기록하여야 한다(법 제77조).

4. 공동저당의 등기

(1) 공동저당의 의의

공동저당이란 채권자가 동일한 채권을 담보하기 위하여 수개의 부동산 위에 설정된 특수한 저당권을 말한다(민법 제368조 1항. 법 제78조).

공동저당은 수개의 부동산 위에 동일한 채권을 담보하기 위한 저당권을 설정한 경우에 성립하게 되는데(법 제78조), 동일한 채권을 담보한다는 의미는 채권자와 채무자, 채권의 발생원인, 채권액 등이 동일한 것을 의미하고, 또한 공동저당을 이루는 각 부동산에 대한 복수의 저당권은 그 불가분성에 의하여 서로 연대관계를 형성하고 있기 때문에, 공동저당권이 설정된 후에 그 담보부동산의 일부를 취득한 제3자가 그 취득한 일부 부동산에 대한 피담보채무만을 인수하고 그 채무인수를 원인으로 하여 채무자를 변경하기 위한 저당권변경등기는 공동저당관계가 존속되는 한 이를 할 수 없다(등기선례요지집 제5권 450항).

(가) 공동담보의 경우 담보권불가분의 원칙

수개의 부동산이 동일채권을 담보한 경우(공동담보)에는 담보권불가분의 원칙에 의하여 각 담보물이 각기 채권 전부의 변제를 담보하는 것으로 채권자는 담보물 전부에 대하여 동시에 또는 각 부분에 대하여 이시에 각기 담보물을 실행할 수 있으나 다만 일부분에 대하여 담보권을 실행함으로 인하여 채권의 변제를 받으면 그 부분에 대한 채권이 소멸되고 전부의 변제를 받으면 채권이 소멸됨으로 담보물을 상실케 되는 것이다(57. 5. 4. 4290민재항30).

1개 채권의 담보로서 수개 부동산에 저당권이 설정된 소위 공동담보가 있는 경우에는 그 중 일부가 제3자 소유라 하더라도 채권자는 담보물권의 불가분성에 의하여 그 목적물을 일괄하여 또는 그 중 어느 것을 분리하여 먼저 저당권을 실행할 수 있다(60. 2. 27. 4292민재항307).

(나) 공동근저당의 경우 일부목적물의 하자와 저당권의 효력

1개의 채무를 담보하기 위하여 수개의 부동산에 근저당권설정등기를 하였을 경우에 있어서 근저당권설정당시 목적물이 될 수 없는 것이거나 또는 설정 후 일부가 멸실되었다 하더라도 근저당권 자체가 무효가 된다고 할 수 없을 것이고 저당권의 불가분성에 의하여 저당권자는 채권 전부의 변제를 받을 때까지 저당목적물 전부에 대하여 권리를 행사할 수 있는 만큼 저당목적물의 일부가 무효라고 할지라도 나머지 저당목적물에 대하여 채권전부의 변제를 받을 수 있다(대판 67. 11. 14. 67다1992).

(다) 공동담보분리를 요청할 사정이 있는 경우

매매부동산 이외에 매도인 소유 다른 부동산이 공동담보로 저당권설정등기가 되어 있고 매수인이 위 저당채무를 이행인수한 경우에 매도인은 소유권이전등기에 앞서 적어도 그와 동시에 공동담보분리절차를 매수인에게 요청할 사정이 있음은 당연한 일이다(대판 69. 12. 9. 69다1784).

(라) 공동담보물의 담보가치의 산정비율

공동담보 중 1개의 부동산에 대하여 먼저 담보권이 실행된 경우에 공동담보가 된 각 부동산의 피담보채권에 대한 담보가치의 산정은 그 각 부동산의 가격비율에 의하여 산정함이 타당하다(대판 71. 6. 22. 71다513,514).

(2) 공동저당의 등기사항, 공동담보목록

공동담보란 동일채권의 담보를 위하여 여러 개의 부동산을 제공하는 것을 하면 이러한 공동담보에 의한 저당권을 공동저당이라고 한다. 공동저당은 반드시 동시에 설정되는 것을 요하지 않으며 추가적으로 저당권이 설정되는 것에 의하여도 성립한다.

(가) 공동저당의 등기

등기관이 동일한 채권에 관하여 여러 개의 부동산에 관한 권리를 목적으로 하는 저당권설정의 등기를 할 때에는 각 부동산의 등기기록에 그 부동산에 관한 권리가 다른 부동산에 관한 권리와 함께 저당권의 목적으로 제공된 뜻을 기록하여야 한다(법 제78조 제1항).

(나) 공동담보목록

등기관은 법 제78조 제1항의 경우에 부동산이 5개 이상일 때에는 공동담보목록을 작성하여야 한다(법 제78조 제2항).

법 제78조 제2항의 공동담보목록은 등기기록의 일부로 본다(법 제78조 제3항).

법 제78조제2항의 공동담보목록은 전자적으로 작성하여야 하며, 1년마다 그 번호를 새로 부여하여야 한다(규칙 제133조 제2항).

공동담보목록에는 신청정보의 접수연월일과 접수번호를 기록하여야 한다(규칙 제133조 제3항).

(다) 공동담보의 일부의 소멸 또는 변경

여러 개의 부동산에 관한 권리가 저당권의 목적인 경우에 그 중 일부의 부동산에 관한 권리를 목적으로 한 저당권의 등기를 말소할 때에는 다른 부동산에 관한 권리에 대하여 법 제78조제1항 및 제4항에 따라 한 등기에 그 뜻을 기록하고 소멸된 사항을 말소하는 표시를 하여야 한다. 일부의 부동산에 관한 권리의 표시에 대하여 변경의 등기를 한 경우에도 또한 같다(규칙 제136조 제1항).

규칙 제136조 제1항의 경우 다른 부동산의 전부 또는 일부가 다른 등기소 관할일 때에는 법 제71조제2항 및 제3항을 준용한다(규칙 제136조 제2항).

규칙 제136조 제1항에 따라 등기를 할 때 공동담보목록이 있으면 그 목록에 하여야 한다(규칙 제136조 제3항).

(3) 공동저당의 대위등기

(가) 공동저당 대위등기의 기록사항

등기관이 「민법」 제368조 제2항 후단의 대위등기를 할 때에는 법 제48조(등기사항)에서 규정한 사항 외에 다음 각 호의 사항을 기록하여야 한다(법 제80조 제1항).

    1. 매각 부동산(소유권 외의 권리가 저당권의 목적일 때에는 그 권리를 말한다)

    2. 매각대금

    3. 선순위 저당권자가 변제받은 금액

법 제80조 제1항의 등기에는 법 제75조(저당권의 등기사항)를 준용한다(법 제80조 제2항).

공동저당 대위등기에 관한 개정부동산등기법 제80조의 규정은 「민법」 제368조 제2항에 따르면 공동저당이 설정되어 있는 경우에 채권자가 그 중 일부 부동산에 관하여만 저당권을 실행하여 채권전부를 변제받은 경우, 후순위저당권자는 공동담보로 제공되어 있는 다른 부동산에 대하여 선순위자를 대위하여 저당권을 행사할 수 있음에도 현행 「부동산등기법」에는 이에 관한 등기절차가 마련되어 있지 않아 그 등기의 가부에 대한 논란이 있으므로 불필요한 논란을 막고자 이를 명문화하는 규정을 신설한 것이다.

개정법 제80조에 공동저당의 대위등기에 관한 규정이 신설됨에 따라 그 시행을 위하여 그 등기를 신청하는 경우에 신청정보의 내용으로 할 사항과 첨부정보에 관한 규정을 신설하였다(규칙 제138조).

(나) 공동저당 대위등기신청서의 첨부정보

공동저당 대위등기를 신청하는 경우에는 법 제80조의 등기사항을 신청정보의 내용으로 등기소에 제공하고, 배당표 정보를 첨부정보로서 등기소에 제공하여야 한다(규칙 제138조).

(다) 공동저당 대위등기(등기예규 제1407호)

1) 목적

이 예규는 부동산등기법(이하 "법"이라 한다) 제80조 및 부동산등기규칙(이하 "규칙"이라 한다) 제138조에 따른 공동저당의 대위등기에 관한 사항을 규정함을 목적으로 한다(제1조).

2) 신청인

공동저당 대위등기는 선순위저당권자가 등기의무자로 되고 대위자(차순위저당권자)가 등기권리자로 되어 공동으로 신청하여야 한다(제2조).

3) 신청정보

① 공동저당의 대위등기를 신청할 때에는 규칙 제43조에서 정한 일반적인 신청정보 외에 매각부동산, 매각대금, 선순위 저당권자가 변제받은 금액 및 매각 부동산 위에 존재하는 차순위저당권자의 피담보채권에 관한 사항을 신청정보의 내용으로 등기소에 제공하여야 한다.

② 등기의 목적은 "○번 저당권 대위"로, 등기원인은 "「민법」 제368조 제2항에 의한 대위"로, 그 연월일은 "선순위저당권자에 대한 경매대가의 배당기일"로 표시한다(제3조).

4) 첨부정보

공동저당의 대위등기를 신청하는 경우에는 규칙 제46조에서 정한 일반적인 첨부정보 외에 집행법원에서 작성한 배당표정보를 첨부정보로서 등기소에 제공하여야 한다(제4조).

5) 등록면허세 등

공동저당의 대위등기를 신청할 때에는 매1건당 6천원에 해당하는 등록면허세를 납부하고, 매 부동산별로 6천원에 해당하는 등기신청수수료를 납부하여야 하나 국민주택채권을 매입하지 아니한다(제5조).

6) 등기실행절차

공동저당 대위등기는 대위등기의 목적이 된 저당권등기에 부기등기로 한다.

등기관이 공동저당 대위등기를 할 때에는 법 제48조의 일반적인 등기사항 외에 매각부동산 위에 존재하는 차순위저당권자의 피담보채권에 관한 내용과 매각부동산, 매각대금, 선순위 저당권자가 변제받은 금액을 기록하여야 한다(제6조).

7) 등기기록례

공동저당의 대위등기에 따른 등기기록례는 별지와 같다.

[별지] 공동저당의 대위등기에 따른 등기기록례

【을구】		(소유권 이외의 권리에 관한 사항)		
순위번호	등기목적	접수	등기원인	권리자 및 기타사항
1	근저당권 설정	2009년 10월 12일 제13578호	2009년 10월 11일 설정계약	채권최고액 금 300,000,000원 채무자 장동군 서울특별시 송파구 방이동 45 근저당권자　　　　　　　　이병한 700407-1234567 서울특별시 종로구 혜화동 45 공동담보 토지 서울특별시 서초구 　　　　　　　서초동 123
2	1번 근저당권 대위	2011년 11월 7일 제13673호	2011년 11월 4일 민법 제368조 제2항에 의한 대위	매각부동산 토지 서울특별시 서초구 　　　　　　서초동 123 매각대금 금 700,000,000원 변제액 금 250,000,000원 채권최고액 금 200,000,000원 채무자 장동군 　　서울특별시 송파구 올림픽대로 45(방이동) 대위자 김희선 740104-2012345 　　서울특별시 송파구 송파대로 345 (송파동)

5. 피담보채권의 범위

저당권에 의하여 담보되는 채권의 범위는 원본·이자·위약금·채무불이행에 의한 손해배상, 저당권의 실행비용에 미친다. 그러나 지연배상(지연이자)에 관하여는 원본의 이행기일을 경과한 후의 1년분에 한하여 저당권을 행사할 수 있다(민 제360조). 저당권자는 피담보채권이 일부라도 남아 있으면 저당물의 전부에 관하여 저당권을 행사할 수 있다(민 제370조, 321조). 즉 저당권에는 불가분성이 인정된다.

6. 저당권의 효력의 범위

(1) 부합물·종물

저당권의 효력은 저당부동산에 부합된 물건과 종물에 미친다. 그러나 법률에 특별한 규정 또는 설정행위에 다른 약정이 있으면 그러하지 아니하다(민법 제358조).

(2) 저당권의 효력이 미치는 저당부동산의 종물의 의미

저당권의 효력이 미치는 저당부동산의 종물이라 함은 민법 제100조가 규정하는 종물과 같은 의미로서 종물이기 위하여는 주물의 상용에 이바지 되어야 하는 관계가 있어야 하는바 여기에서 주물의 상용에 이바지 한다 함은 주물 그 자체의 경제적 효용을 다하게 하는 작용을 하는 것을 말하는 것으로서 주물의 소유자나 이용자의 상용에 공여되고 있더라도 주물 그 자체의 효용과는 직접 관계없는 물건은 종물이 아니다(대판 1985. 3. 26. 84다카269).

판례

1. 저당권의 효력은 저당부동산의 종물에 미친다(민 제358조). 저당권의 효력이 미치는 저당부동산의 종물은 민법 제100조가 규정하는 종물과 같은 의미인바, 어느 건물이 주된 건물의 종물이기 위하여는 주물의 상용에 이바지하는 관계에 있어야 하고 이는 주물 자체의 경제적 효용을 다하게 하는 것을 말하는 것이므로, 주물의 소유자나 이용자의 사용에 공여되고 있더라도 주물 자체의 효용과 관계없는 물건은 종물이 아니다(대법원 2007.12.13. 선고 2007도7247 판결).

2. 구분건물의 전유부분만에 관하여 설정된 저당권의 효력은 대지사용권의 분리처분이 가능하도록 규약으로 정하는 등의 특별한 사정이 없는 한, 그 전유부분의 소유자가 사후에라도 대지사용권을 취득함으로써 전유부분과 대지권이 동일 소유자의 소유에 속하게 되면 그 대지사용권에까지 미치고, 여기의 대지사용권에는 지상권 등 용익권 이외에 대지소유권도 포함되는 것이다(대법원 2005.11.14. 자 2004그31 결정. 2001. 2. 9. 2000다62179, 2000. 11. 16. 98마45652. 45669. 전원합의체 판결).

3. 집합건물의소유및관리에관한법률 제20조 제1항, 제2항과 민법 제358조 본문의 각 규정에 비추어 볼 때, 집합건물의 대지의 분·합필 및 환지절차의 지연, 각 세대당 지분비율 결정의 지연 등으로 인하여 구분건물의 전유부분에 대한 소유권이전등기만 경료되고 대지지분에 대한 소유권이전등기가 경료되기 전에 전유부분만에 관하여 설정된 저당권의 효력은, 대지사용권의 분리처분이 가능하도록 규약으로 정하였다는 등의 특별한 사정이 없는 한, 그 전유부분의 소유자가 나중에 대지지분에 관한 등기를 마침으로써 전유부분과 대지권이 동일 소유자에게 귀속하게 되었다면 당연히 종물 내지 종된 권리인 그 대지사용권에까지 미친다.(대판 2001. 9. 4. 2001다22604)

(3) 저당권설정 후의 공유물분할과 저당권의 효력

공유자의 지분을 목적으로 하는 저당권설정등기를 한 후 공유물분할에 따라 저당권설정자의 단독소유로 된 부동산 전부에 관하여 그 저당권의 효력을 미치게 하기 위하여서는 구 부동산등기법 제63조(개정법 제52조 제5호)의 규정에 의한 저당권의 변경등기를 하여야 한다(등기예규 제449호).

(4) 증축된 건물에 대한 저당권의 효력

저당권의 효력은 저당부동산에 부합된 물건과 종물에 미치는 것이 원칙이므로 다른 특별한 사정이 없는 한 저당건물에 증축된 부분에 대하여도 저당권의 효력이 미친다(66. 7. 20. 66마592).

저당목적 건물위에 증축한 건물은 그것이 타인의 권원에 의하여 부속시킨 것이라는 등 특별한 사유가 없는 한 저당권의 효력은 그 증축된 건물에도 미친다(69. 8. 26. 69마80).

(5) 구분건물의 전유부분에만 설정된 저당권의 효력범위

(가) 구분건물의 전유부분만에 관하여 설정된 저당권의 효력은 대지사용권의 분리처분이 가능하도록 규약으로 정하는 등의 특별한 사정이 없는 한, 그 전유부분의 소유자가 사후에라도 대지사용권을 취득함으로써 전유부분과 대지권이 동일 소유자의 소유에 속하게 되면 그 대지사용권에까지 미치고, 여기의 대지사용권에는 지상권 등 용익권 이외에 대지소유권도 포함되는 것이다(대판 1995. 8. 22. 94다12722, 2005. 11. 14. 2004그31 결정).

(나) 民法 제358조, 집합건물법 제20조 제1항, 제2항, 제2조 제6항 등의 규정에 의하면, 구분건물의 전유부분만에 관하여 설정된 저당권의 효력은 대지사용권의 분리처분이 가능하도록 규약으로 정하는 등의 특별한 사정이 없는 한 그 전유부분의 소유자가 사후에라도 대지사용권을 취득함으로써 전유부분과 대지권이 동일소유자의 소유에 속하게 되었다면 그 대지사용권에까지 미치고 여기의 대지사용권에는 지상권 등 용익권 이외에 대지소유권도 포함된다고 해석함이 상당하다고 할 것이며, 구분건물의 전유부분만에 관하여 저당권설정등기가 경료된 후에 대지권등기가 경료되면서 그 저당권설정등기는 전유부분만에 관한 것이라는 취지의 부기등기가 직권으로 경료되었다고 하더라도 이를 대지사용권의 분리처분이 가능하도록 규약으로 정하거나 공정증서로써 정한 경우에 해당한다고 볼 수 없다(2001. 2. 9. 2000다62179).

(6) 건물의 멸실

건물의 철거로 인한 멸실등기(법 제101조 제1항)가 되면 그 등기용지는 폐쇄되고 저당권의 담보권으로서의 효력은 소멸한다(대판 1992. 3. 31. 91다39184).

종전건물의 소유자가 이를 헐어내고 물을 신축한 경우에 새 건물에 대한 근저당권을 설정할 의사를 가지고 종전건물의 등기부에 근저당권 설정등기를 하고 후에 그 표제부표시를 새 건물로 변경등기를 하였다고 하여 새 건물에 대한 등기로서 유효하게 된다고 할 수 없다(대판 1992. 3. 31. 91다39184).

7. 저당권설정 등기신청서의 기재사항 및 첨부서면

(1) 저당권설정 등기신청서의 기재사항

저당권설정등기신청서에는 부동산등기법 제75조 제1항 각호 및 규칙 제43조 각 항의 사항외에 다음사항을 기재하여야 한다(필요적 기재사항).

채무자와 저당권설정자가 동일인인 저당권설정등기에 있어서도 신청서와 등기부에 채무자를 표시하여야 한다(등기예규 제264호).

등기의 목적은 저당권설정이며, 등기원인은 저당권설정계약이고, 저당권설정계약의 체결일자가 등기원인일자이다. 등기신청은 등기의무자(저당권 설정자)와 등기권리자(저당권자)의 공동신청에 의한다.

저당권 또는 근저당권(이하 "저당권"이라 한다) 설정의 등기를 신청하는 경우에는 법 제75조의 등기사항을 신청정보의 내용으로 등기소에 제공하여야 한다(규칙 제131조 제1항).

저당권설정의 등기를 신청하는 경우에 그 권리의 목적이 소유권 외의 권리일 때에는 그 권리의 표시에 관한 사항을 신청정보의 내용으로 등기소에 제공하여야 한다(규칙 131조 제2항).

일정한 금액을 목적으로 하지 않는 채권을 담보하기 위한 저당권설정등기를 신청하는 경우에는 그 채권의 평가액을 신청정보의 내용으로 등기소에 제공하여야 한다(규칙 제131조 제3항).

(2) 저당권설정 등기신청서의 첨부서면

저당권설정등기를 신청하는 때에는 규칙 제46조 각 항의 서면 외에 다음의 서면을 제출하여야한다(규칙 제46조, 제60조).

(가) **신청서**(법 제24조 제1항, 규칙 제46조 제1항)

(나) **등기원인을 증명하는 서면**(저당권설정계약서)(법 제46조 제1항 제1호)

저당권설정계약은 물권계약으로서 채권계약의 일종인 소비대차(민법 제598조 내지 제608조)에 관한 증서(인지세법 제3조 제1항2호의 "금전소비대차에관한증서")에 해당되지 아니하므로 저당권설정계약서에는 인지세법의 규정에 의한 인지를 첨부하지 아니한다.

(다) **등기의무자**(저당권설정자)**의 권리에 관한 등기필정보**(법 제50조 제2항, 규칙 제43조 제1항 제7호)   등기필정보를 멸실하여 첨부할 수 없는 경우에는 부동산등기법 제51조에 의하여 확인서면이나 확인조서 또는 공증서면 중 하나를 첨부한다.

(라) **위임장**(규칙 제46조 제1항 제5호)   대리인에 의하여 등기를 신청할 때에는 그 권한을 증명하는 서면인 위임장을 제출하여야 한다.

(마) **인감증명**(규칙 제60조 제1항 제1호)   소유권의 등기명의인(저당권설정자)이 등기의무자로서 등기를 신청하는 경우에는 등기의무자(저당권설정자)의 인감증명을 제출하여야 한다.

(바) **주민등록등(초)본**(규칙 제46조 제1항 제6호)   등기를 함에 있어 등기권리자(전세권자)의 주민등록번호를 병기하여야 하는 경우에는 등기를 신청할 때에 등기권리자의 주민등록표등(초)본(또는 주민등록증 사본)을 첨부하여야 한다.

(사) **등록면허세영수필확인서**(지방세법 제28조 1항 1호 다 2).

(아) **공동담보목록**(법 제78조 제3항)   수개의 부동산에 관한 권리를 목적으로 하는 저당권설정등기를 신청하는 경우에는 그 부동산이 5개 이상일 때에는 신청서에 공동담보목록을 첨부하여야 한다.

[서식 17]

	저당권설정등기신청		

접 수	년 월 일	처 리 인	등기관 확인	각종 통지
	제 호			

부동산의 표시

등기원인과 그 연월일	년 월 일 저당권설정계약
등 기 의 목 적	저당권 설정
채 권 액	금 원
변 제 기	년 월 일
이 자	
이 자 지 급 시 기	
채 무 자	
설 정 할 지 분	

구 분	성 명 (상호·명칭)	주민등록번호 (등기용등록번호)	주 소(소 재 지)
등 기 의 무 자	(저당권 설정자)		
등 기 권 리 자	(저당권자)		

등 록 면 허 세	금	원
지 방 교 육 세	금	원
농 어 촌 특 별 세	금	원
세 액 합 계	금	원
등 기 신 청 수 수 료	금	원
	납부번호 :	
국민주택채권매입금액	금	원
국민주택채권발행번호		

등기의무자의 등기필정보		
부동산고유번호		
성명(명칭)	일련번호	비밀번호

첨 부 서 면

1. 저당권설정계약서	통	1. 주민등록등(초)본(등기권리자)	통
1. 등록면허세영수필확인서	통	1. 위임장	통
1. 인감증명나 본인서명사실확인서		1. 등기신청수수료영수필확인서	통
또는 전자본인서명확인서발급증	통	<기타>	
1. 등기필증	통		

년　　월　　일

위 신청인　　　　　　　　　　　　(전화 :　　　　)

(또는)위 대리인　　　　　　　　　(전화 :　　　　)

지방법원　　　　　　　　등기소 귀중

- 신청서작성요령 -

*1. 부동산표시란에 2개 이상의 부동산을 기재하는 경우에는 그 부동산의 일련번호를 기재하여야 합니다.

2. 신청인란 등 해당란에 기재할 여백이 없을 경우에는 별지를 이용합니다.

1. 금전소비대차 저당권설정계약서

김○○를 갑이라 하고, 박○○를 을이라 하여 갑·을 양 당사자는

다음과 같이 금전소비대차 및 저당권설정계약을 체결한다.

제 1. (갑의 금원대여의무) 갑은 금○○만원을 이자 월 ○분, 변제기 ○○년 ○월 ○일, 지
　　　연이자 월 ○분으로 하여, ○○년 ○월 ○일까지 대여한다.
제 2. (을의 담보제공의무) 을은 위 대여금에 대한 반환의무를 담보하기 위하여 자신의 소
　　　유인 아래의 건물에 갑을 저당권자로 하여, 제 1. 의 저당권을 설정하고, 위 금액의
　　　수령과 동시에 그 이행절차를 밟는다.

〈아　　래〉

○○시 ○○구 ○○동 ○○번지의 지상목조건물 1 동(건평 ○○평)
제 3. (피담보채권) 위 저당권은 대여원금, 이자, 지연손해금, 저당권 실행비용, 위약금 등
　　　을 담보한다.
제 4. (저당권의 범위) 위 저당권은 목적 건물에 부속시킨 종물 기타의 공작물, 부가물에
　　　도 효력이 미친다.
제 5. (물상대위) 위 건물이 멸실·훼손 또는 공용징수로 인하여 을이 보험금·손해배상금
　　　·수용보상금 등을 지급받게 되었을 경우 을 지체없이 이를 갑에게 통고하여야 하
　　　며, 갑이 이를 수령하여 변제에 충당하며, 부족분이 있을 때에는 을은 그 부족금을
　　　즉시 갑에게 지급하여야 한다.
제 6. (대지저당 등의 금지) '을'은 자신이 소유한 위 건물에 대한 대지를 임의로 타인에
　　　게 처분하거나 저당의 목적으로 한 때에는 기한의 이익을 상실한다.
제 7. (저당물사용에 대한 의무) 을은 위 건물을 사용함에 있어 선량한 관리자의 주의로서
　　　사용·수익하여야 하고, 본 계약상의 저당권을 침해하는 행위를 한 경우에는 금○○
　　　원의 위약금을 갑에게 지급하여야 한다.
제 8. (갑의 채권양도금지) 갑은 위 대여금채권을 타인에게 양도하거나 질권을 설정할 수
　　　없으며, 이를 위반한 경우 을은 제7.에 정한 위약금을 갑에게 청구할 수 있다.

제 9. (저당권의 실행) 갑은 을이 위 이자의 지급을 지체하거나 변제기에 원리금을 지급치 아니할 때에는 ○일간의 기간을 주어 이행을 청구한 후 이행이 없으면 즉시 저당권을 실행할 수 있다. 저당권을 실행한 결과 채무를 완제하는 데 부족분이 있을 경우 을은 그 부족금을 즉시 갑에게 지급하여야 한다.

이상과 같은 내용을 증명하기 위하여 본 계약서 2 통을 작성하고, '갑'·'을' 모두 서명날인한 후 각자 1 통씩 보관한다.

년 월 일

○○시 ○○구 ○○동 ○○번지
      저당권자   김 ○ ○ ㉑
○○시 ○○구 ○○동 ○○번지
      저당권설정자 박 ○ ○ ㉑

2. 저당권설정계약서

○○○을 갑으로 하고, ○○○을 을으로 하여 갑·을 간에 다음과 같이 저당권설정계약을 체결한다.

제 1. (금전소비대차) 을은 갑에게 ○○년 ○월 ○일자 금전소비대차계약에 따른 아래의 채무를 지고 있음을 확인한다.

〈아　　래〉

① 금 액 금 ○○만원
② 차입일 ○○년 ○○월 ○○일
③ 변제기 ○○년 ○○월 ○○일
④ 이 자 ○년 ○할 ○푼

제 2. (저당권설정)
    1. 을은 위의 금전소비대차상의 채무이행을 담보하기 위하여 자신 소유의 별지목록에 기재한 부동산에 대하여 갑을 저당권자로 하는 제 1 순위의 저당권을 설정한다.
    2. 저당권설정 등기절차에 필요한 비용은 을이 부담한다.
제 3 (기한의 이익상실) 을이 다음 사유에 해당할 경우, 을은 갑으로부터의 통지나 최고없이 기한의 이익을 상실하고, 즉시 저당권을 실행당하더라도 이의를 제기하지 아니한다.
    1. 1 회라도 채무의 지급을 지체하였을 때
    2. 어음·수표의 부도를 냈을 때
    3. 다른 채권자로부터 가압류·가처분·강제집행·경매·공조공과로 인한 체납처분을 받았을 때
    4. 다른 채권자로부터 파산·화의 또는 회사정리절차 등의 신청이 있었을 때
    5. 담보물건의 멸실·훼손 또는 가치를 현저히 감소시켰을 때
    6. 기타 본 계약에 위반하는 행위가 있었을 때

제 4. (추가담보등의 제공) 갑이 추가담보를 청구하였을 경우 을은 즉시 새로운 담보를 제
　　　공하든가 혹은 채무의 전부 또는 일부를 변제하여야 한다.

제 5. (무단양도·임대 등의 금지) 을은 갑의 서면에 의한 사전승낙 없이 담보물건의 전부
　　　또는 일부를 제3자에게 양도·임대·무상대여할 수 없고, 또한 담보물건의 현상도 변
　　　경할 수 없다.

제 6. (담보물건의 조사·보고) 갑이 담보물건의 조사 또는 이에 관한 보고를 요구하였을
　　　때, 을은 언제라도 이 요구에 응하여야 한다.

제 7. (화재보험계약체결 및 질권설정) 본 계약상의 담보물건인 건물에 대하여 을은 채무
　　　전액을 완제할 때까지 갑이 지정한 보험회사와 갑이 인정하는 금액 이상으로 화재
　　　보험계약을 체결하고, 갑을 위하여 위 보험증권에 질권을 설정하여야 한다.

　본 계약 성립을 증명하기 위하여 본 증서 2통을 작성하고, 서명 날인한 후 각자 1 통씩
소지한다.

〈첨 부 서 류〉

담보 부동산의 표시 1 부

년　　월　　일

○○시 ○○구 ○○동 ○○번지
김 ○ ○ ㊞
○○시 ○○구 ○○동 ○○번지
박 ○ ○ ㊞

주 : 본 계약은 금전소비대차상의 채무를 담보하기 위하여 채무자 자신 소유의 부동산에 저당권을
　　설정하고 또한 보험계약을 체결하여 그 보험증권상에 질권을 설정함을 내용으로 하고 있다.

3. 채권질권설정계약서

제1조 채무자 박○○는 질권자 김○○으로부터 금○,○○○,○○○만원을 차용할 것을 약
　　　속하고 이를 수령한다.

제2조 전조 차입금의 변제는 19○○년 ○월 ○일로 하고 이자는 연 ○할 ○푼, 그 지급기
　　　는 매월 ○일로 한다.

제3조 전조의 이자지급을 이행하지 않을 경우에는 일변 ○전의 위약금을 지급한다.

제4조 제1조의 대여금의 변제장소는 변제시 질권자의 주소로 한다.

제5조 채무자는 채무의 이행을 담보하기 위하여 19○○년 ○월 ○일자 금전소비대차계약
　　　에 의하여 19○○년 ○월 ○일 채무자 박○○이 ○○시 ○○구 ○○동 ○○번지
　　　○○○으로부터 받은 금 ○,○○○,○○○원의 아래 부동산에 관한 저당권부채권
　　　(19○○년 ○월 ○일 접수 제○○호 순위 제○번 저당권)에 대하여 질권을 설정하
　　　고 질권자는 당해 채권증서의 교부를 받 았다.

제6조 질권자는 저당물건이 공매처분에 붙여지거나 또는 수용되었을 때 및 저당권의 해제
　　　가 있었을 때에는 변제기 전이라도 질권의 목적인 채권을 징수, 채무의 변제에 충
　　　당할 수 있다.

년　　월　　일

채권자 김 ○ ○ ㉑

○○시 ○○구 ○○동 ○

채무자 박 ○ ○ ㉑

○○시 ○○구 ○○동 ○

[부동산의 표시] 생략

제2관 공장 및 광업재단저당법에 의한 공장저당 등기

1. 공장 및 광업재단저당법

공장 및 광업재단저당법(이하에서 "법"이라 약정함)은 공장재단 또는 광업재단의 구성, 각 재단에 대한 저당권의 설정 및 등기 등의 법률관계를 적절히 규율함으로써 공장 소유자 또는 광업권자가 자금을 확보할 수 있게 하여 기업의 유지와 건전한 발전 및 지하자원의 개발과 산업의 발달을 도모함을 목적으로 한다(동법 제1조).

2. 용어의 정의

공장 및 광업재단저당법에서 사용하는 용어의 뜻은 다음과 같다(동법 제2조).

1. "공장"이란 영업을 하기 위하여 물품의 제조·가공, 인쇄, 촬영, 방송 또는 전기나 가스의 공급목적에 사용하는 장소를 말한다.

2. "공장재단"이란 공장에 속하는 일정한 기업용 재산으로 구성되는 일단의 기업재산으로서 이 법에 따라 소유권과 저당권의 목적이 되는 것을 말한다.

   기업들로부터 인터넷 서비스 업무를 위탁받아 서버와 네트워크를 제공하고 콘텐츠를 대신 관리해 주는 사업을 하기 위하여 건물에 서버컴퓨터 및 관련시설을 설치하였다면 이를 그 건물과 함께 「공장 및 광업재단저당법」 제6조의 근저당권의 목적으로 할 수 있다(2011. 11. 11. 부동산등기과-2127).

3. "광업재단"이란 광업권과 광업권에 기하여 광물을 채굴·취득하기 위한 각종 설비 및 이에 부속하는 사업의 설비로 구성되는 일단의 기업재산으로서 이 법에 따라 소유권과 저당권의 목적이 되는 것을 말한다.

3. 공장저당의 성립요건

⑴ 토지 또는 건물이 공장에 속하는 것일 것

공장저당의 목적으로 하는 토지 또는 건물은 공장이라는 장소 즉 공장 구내에 소재하는 것이어야 하고, 그 토지 또는 건물에는 기계, 기구등이 설치되어 있어야 한다. 그러므로 공장

구내에 소재하는 토지 또는 건물이라 하더라도 기계, 기구 등이 설치되지 아니한 것에 대하여는 공장저당이 성립할 수 없으며, 공장에서 떨어져 있는 사원기숙사 건물과 그 대지 등과 같은 것은 공장저당의 목적으로 될 수 없다.

(2) 토지 또는 건물이 속하는 공장이 「공장 및 광업재단 저당법」 제2조 1호 소정의 공장일 것

(3) 소유자가 같을 것

공장저당의 목적으로 하기 위해서는 그 목적물인 토지 또는 건물과 기계·기구 그 밖의 공장의 공용물은 동일한 소유자에 속하는 것이어야 하며, 기계·기구 등이 다른 사람의 소유에 속하는 것인 때에는 공장저당을 설정할 수 없다.

(4) 설정행위와 등기

공장저당권도 보통의 저당권과 같이 당사자의 저당권설정의 합의와 설정등기에 의하여 성립한다.

판례는 공장의 토지 또는 건물에 설치된 기계·기구 기타 공장의 공용물은 「공장 및 광업재단 저당법」 제6조 소정의 기계·기구목록에 기재되어야만 공장저당의 효력이 미친다고 한다(대법원 1988. 2. 9. 선고 87다카1514, 1515 판결).

4. 공장에 속하는 토지의 저당권

(1) 공장에 속하는 토지의 저당권

공장 소유자가 공장에 속하는 토지에 설정한 저당권의 효력은 그 토지에 부합된 물건과 그 토지에 설치된 기계, 기구, 그 밖의 공장의 공용물에 미친다. 다만, 설정행위에 특별한 약정이 있는 경우와 「민법」 제406조에 따라 채권자가 채무자의 행위를 취소할 수 있는 경우에는 그러하지 아니하다(동법 제3조).

(2) 저당권목적물의 목록

1) 목록의 제출

공장에 속하는 토지나 건물에 대한 저당권설정등기를 신청하려면 그 토지나 건물에 설치된 기계, 기구, 그 밖의 공장의 공용물로서 동법 제3조 및 제4조에 따라 저당권의 목적이 되는 목록을 제출하여야 한다. 동법 제6조 제1항의 목록에 관하여는 동법 제31조 제2항, 제36조 및 제42조부터 제45조까지의 규정을 준용한다(동법 제6조. 1항. 2항.).

2) 목록의 효력

공장재단의 소유권보존등기가 있는 경우 공장재단 목록은 등기부의 일부로 보고 기재된 내용은 등기된 것으로 본다(동법 제36조).

공장저당법 제4조, 제5조, 제7조, 제47조, 제53조 및 민법 제186조의 규정 등을 종합하여 보면 공장의 토지 또는 건물에 설치된 기계, 기구 기타 공장의 공용물은 공장저당법 제7조 소정의 기계, 기구목록에 기재되어야만 공장저당의 효력이 미친다고 해석하여야 한다(1988. 2. 9. 87다카1514).

3) 공장저당 목록의 제출, 변경 및 보존등에 관한 등기(등기예규 제1475호)

가) 공장저당등기의 신청

공장에 속하는 토지나 건물에 설치된 기계, 기구, 그 밖의 공장의 공용물(이하 "기계·기구"라 한다)에 효력을 미치게 하기 위해 그 토지나 건물에 대한 저당권설정등기를 신청하는 경우에는 「부동산등기규칙」 제46조의 일반적인 첨부정보 이외에 다음 각호의 첨부정보를 제공하여야 한다(등기예규 제1475호 제2조).

    1. 토지나 건물이 법 제2조의 공장에 속한 것임을 증명하는 정보
    2. 법 제6조의 규정에 의한 공장소유자의 기계·기구 목록(이하 "목록"이라 한다)

나) 목록 변경등기의 신청

종전목록에 새로운 기계·기구를 추가하는 경우에는 신청인은 새로이 추가된 목록에 관한 정보만을 제공하여야한다.

종전목록에 기록한 기계·기구의 일부가 멸실하거나 또는 기계·기구에 관하여 저당권이 일부 소멸한 경우에는 멸실 또는 분리된 목록에 관한 정보만을 제공하여야한다.

기계·기구의 일부멸실 또는 분리에 의한 변경등기신청의 경우에는 저당권자의 동의가 있음을 증명하는 정보(인감증명정보 첨부) 또는 이에 대항할 수 있는 재판이 있음을 증명하는 정보를 제공하여야 한다(위 예규 제3조 1~3항).

다) 목록의 변경등기

① 새로운 목록추가의 경우

등기관은 종전 목록에 새로운 목록추가의 신청이 있는 경우 변경내역표에 신청정보의 접수연월일, 접수번호 및 종전 목록에 추가한다는 뜻을 기록하고, 전산정보처리조직을 이용하여 추가목록을 종전 목록에 결합한다(위 예규 제4조 제1항).

㉮ 신청서의 기재(신청정보)

등기의 목적은 "「공장 및 광업재단 저당법」제6조에 의한 목록기재변경", 등기원인과 그 연월일은 "○○년 ○○월 ○○일 설치", 변경할 사항으로는 "○○년 ○○월 ○○일 접수 제○○호로 등기한 근저당권설정등기사항 중 기계·기구를 추가함"과 같이 기재한다.

㉯ 첨부정보

종전 목록에 새로운 물건을 추가하는 목록추가의 변경등기를 신청하는 경우 일반적인 첨부서류 외에 새로이 추가된 목록을 제출하여야 한다. 신청인(기계기구의 소유자)의 인감증명서는 이를 첨부할 필요가 없으며(선례 6-330), 토지 또는 건물이 「공장 및 광업재단 저당법」2조 1호의 공장에 속하는 것임을 증명하는 서면을 첨부할 필요도 없다(선례 5-431). 단독신청이므로 등기필정보도 첨부할 필요가 없다.

② 종전 목록 중 기계·기구의 분리 또는 일부 멸실의 경우

등기관은 종전목록에 기계·기구의 분리 또는 일부 멸실의 신청이 있는 변경내역표에 신청정보의 접수연월일, 접수번호 및 종전 목록에서 분리하거나 멸실된 뜻을 기록하고, 전산정보처리조직을 이용하여 분리 또는 멸실목록을 종전 목록에 결합한다(위 예규 제4조 제2항).

멸실은 목록에 기재된 기계·기구가 물리적으로 멸실된 경우이고, 분리는 공장의 소유자가 저당권자의 동의를 얻어 토지 또는 건물에 설치한 기계, 기구 그 밖의 물건을 기계·기구목록에서 제외하여 저당권의 효력이 미치지 않게 변경하는 것(같은 법 9조 2항)을 말한다.

㉮ 신청서의 기재(신청정보)

등기의 목적은 "「공장 및 광업재단 저당법」 제6조에 의한 목록기재변경", 등기원인과 그 연월일은 "○○년 ○○월 ○○일 분리(멸실)", 변경할 사항으로는 "○○년 ○○월 ○○일 접수 제○○호로 등기한 근저당권설정등기사항 중 기계·기구목록 제○호에서 별지목록 기재의 기계·기구를 분리함"과 같이 기재한다.

㉯ 첨부정보

멸실 또는 분리된 목록, 저당권자의 동의서(인감증명 첨부) 또는 이에 대신할 수 있는 재판의 등본을 첨부하여야 한다(같은 법 42조 2항, 「공장 및 광업재단 저당등기 규칙」 29조).

③ 목록의 변경등기

목록의 변경등기를 함에 있어서는 목록을 전부 폐지하고 일반 저당권으로 변경등기를 하는 경우 외에는 을구 사항란에 부기에 의한 변경 등기를 하지 아니한다(위 예규 제4조 제3항).

라) 목록의 보존관리

전자문서로 작성된 목록은 보조기억장치에 저장하여 보존하고, 서면으로 제출된 목록은 전자적 이미지정보로 변환하여 그 정보를 보조기억장치에 저장하여 보존한다(위 예규 제5조 제1항). 제5조 제1항 후단에 따라 전자적 이미지정보로 변환을 마친 목록은 신청서 기타 부속서류 편철장으로 조제하여 5년간 이를 보존한다(위 예규 제5조 제2항).

종전 규정에 따라 종이형태로 작성된 공장저당목록은 영구보존한다. 다만, 이 예규 시행 전에 공장저당권의 말소 또는 일반 저당권으로의 변경등기가 마쳐진 폐쇄목록은 전자적 이미지정보로 변환하여 그 정보를 보존하고, 전자적 이미지정보로 변환이 완료된 종이형태의 폐쇄목록은 30년간 이를 보존한다(위 예규 제5조 제3항).

4) 공장근저당권설정등기 절차

가) 신청서 기재사항(신청정보)

신청서의 표제는 "「공장 및 광업재단 저당법」 제6조에 의한 근저당권설정등기신청"이라고 기재하지만, 등기 목적은 공장근저당권설정이 아니라 "근저당권설정"이라고 기재한다.
또 부동산의 표시란에는 「공장 및 광업재단 저당법」 6조에 의한 기계·기구목록이 제출되어
있음을 표시한다. 나머지 기재사항은 일반 근저당권과 같다.

　　당사자 간에 저당목적 부동산에 설치된 기계·기구 그 밖의 공장공용물의 일부에 관하여 저
당권의 목적에서 제외하기로 특약한 때에는 이를 신청서에 기재하여야 한다(같은 법 5조).

　나) 첨부정보
① 기계·기구 등의 목록 제출
　　신청서에는 목적 부동산에 설치한 기계, 기구 그 밖의 공장의 공용물로서 저당권의 목
　적이 되는 것을 기재한 목록을 제출하여야 한다(예규 1475호 2조 2호).

공장 및 광업재단 저당법 제6조에 의한 목록

공장 및 광업재단 저당법 제6조 목록(표지)
근저당권자겸 채　권　자　　　　　이 겨 래 근저당권설정 자겸　채무자　　　　김 한 울 신 청　대리인 법　무　사　　　　　김 갑 동 (인)

(목록)

공장 및 광업재단 저당법 제6조에 의한 기계기구 목록

기호 및 번　호	종　류	구　조 (특　질)	개수 또는 연　장	제작자의 성명 또는 명　칭	제　조 연 월 일
1	환편기	∅ 19 마무리용 85G Beet	1	국　산	1994. 7. 1.

　　이 목록은 공장저당권설정의 등기가 된 때에는 등기기록의 일부로 보고 그 기록은 등기
　로 본다(같은 법 6조 2항, 36조).

② 공장증명서의 제출

신청서에는 토지 또는 건물이 「공장 및 광업재단 저당법」 2조 1호의 공장에 속하는 것임을 증명함에 족한 서면을 첨부하여야 하는데(「공장 및 광업재단 저당등기 규칙」 2조), 실무상 채권자인 저당권자가 작성한 공장증명서를 제출하고 있다.

(2) 등기의 실행

등기기록의 을구에는 보통의 저당권과 동일한 등기사항을 등기하되, 그 말미에 「공장 및 광업재단 저당법」 제6조에 의한 목록의 제출이 있다는 뜻을 기록한다(위 규칙 3조).

5. 저당권목적물의 분리

(가) 공장 소유자가 저당권자의 동의를 받아 토지나 건물에 부합된 물건을 분리한 경우 그 물건에 관하여는 저당권이 소멸한다.

(나) 공장 소유자가 저당권자의 동의를 받아 토지나 건물에 설치한 기계, 기구, 그 밖의 공용물을 분리한 경우 그 물건에 관하여는 저당권이 소멸한다.

(다) 공장 소유자가 저당권의 목적인 토지, 건물이나 동법 제3조 또는 제4조에 따라 저당권의 목적이 되는 물건에 대한 압류, 가압류 또는 가처분이 있기 전에 저당권자의 이익을 위하여 정당한 사유를 들어 제1항 또는 제2항의 동의를 요구하면 저당권자는 그 동의를 거절하지 못한다(동법 제9조 1~3항).

6. 공장재단의 저당

(1) 공장재단의 설정

공장 소유자는 하나 또는 둘 이상의 공장으로 공장재단을 설정하여 저당권의 목적으로 할 수 있다. 공장재단에 속한 공장이 둘 이상일 때 각 공장의 소유자가 다른 경우에도 같다(법 제10조 제1항).

(2) 공장재단의 구성물

공장재단의 구성물은 동시에 다른 공장재단에 속하게 하지 못한다(동법 제10조 제2항).

(3) 저당권설정등기의 각하

공장재단의 저당권설정등기 신청은 부동산등기법 제29조에 규정된 경우 외에 제11조 제2항의 기간(소유권보존등기를 한 날로부터 10개월)이 지나면 각하하여야 한다(동법 제40조).

(4) 저당권설정등기에 따른 조치

등기관은 공장재단의 저당권설정등기를 하였으면 동법 제17조 제1항에 따라 효력을 잃은 등기는 말소하여야 한다(동법 제41조 1항).

(5) 공장재단의 소유권보존등기

공장재단은 공장재단등기부에 소유권보존등기를 함으로써 설정한다. 공장재단의 소유권보존등기의 효력은 소유권보존등기를 한 날부터 10개월 내에 저당권설정등기를 하지 아니하면 상실된다(동법 제11조).

(6) 공장재단의 구성물

공장재단은 다음 각 호에 열거하는 것의 전부 또는 일부로 구성할 수 있다(법 제13조 제1항).
   1. 공장에 속하는 토지, 건물, 그 밖의 공작물
   2. 기계, 기구, 전봇대, 전선(電線), 배관(配管), 레일, 그 밖의 부속물
   3. 항공기, 선박, 자동차 등 등기나 등록이 가능한 동산
   4. 지상권 및 전세권
   5. 임대인이 동의한 경우에는 물건의 임차권
   6. 지적재산권

공장에 속하는 토지나 건물로서 미등기된 것이 있으면 공장재단을 설정하기 전에 그 토지나 건물의 소유권보존등기를 하여야 한다(법 제13조 제2항).

다음 각 호의 물건은 공장재단의 구성물이 될 수 없다(동법 제13조. 제3항).
   1. 타인의 권리의 목적인 물건
   2. 압류, 가압류 또는 가처분의 목적인 물건

(7) 공장재단 구성물의 양도등의 금지

공장재단의 구성물은 공장재단과 분리하여 양도하거나 소유권 외의 권리, 압류, 가압류 또는 가처분의 목적으로 하지 못한다. 다만, 저당권자가 동의한 경우에는 임대차의 목적물로 할 수 있다(동법 제14조).

7. 공장재단의 등기

(1) 관할등기소

(가) 관할등기소

공장재단의 등기에 관하여는 공장 소재지의 지방법원, 그 지원 또는 등기소(이하 "등기소"라 한다)를 관할 등기소로 한다(동법 제25조 제1항).
공장이 여러 개의 등기소의 관할 구역에 걸쳐 있거나 공장재단을 구성하는 여러 개의 공장이 여러 개의 등기소의 관할 구역에 있는 경우에는 신청을 받아 그 각 등기소를 관할하는 바로 위의 상급법원의 장이 관할 등기소를 지정한다(동법 제25조 제2항).

(나) 공장재단의 분할에 따른 관할 변경

공장재단의 분할로 새로 성립한 공장재단으로서 그 등기소의 관할 구역에 공장재단을 구성하는 공장이 없어지게 되는 경우 등기소는 분할등기를 한 후 지체없이 그 공장재단에 관한 등기용지와 부속서류 또는 그 등본및 공장재단 목록을 제25조에 따른 공장재단의 관할 등기소에 이송하여야 한다(동법 제26조).

(다) 공장재단의 합병과 관할등기소

합병하려는 공장재단을 관할하는 등기소가 여러 개일 때에는 제25조의 제2항을 준용한다. 다만, 합병하려는 여러 개의 공장재단 중 이미 저당권이 설정된 것이 있으면 그 공장재단의 등기를 관할하는 등기소를 관할 등기소로 한다.
합병등기 신청을 받으면 관할 등기소는 그 취지를 다른 등기소에 통지하여야 한다.

통지를 받은 등기소는 합병할 공장재단에 관한 등기용지와 그 부속서류 또는 그 등본과 공장재단 목록을 지체 없이 관할등기소에 이송하여야 한다. 다만, 등기용지에 소유권등기 외의 등기가 있을 때에는 그러하지 아니하되, 지체 없이 그 취지를 관할 등기소에 통지하여야 한다(동법 제27조 1~3항).

(2) 물적편성주의(공장재단등기부)

공장재단등기부를 편성할 때에는 1개의 공장재단에 대하여 1개의 등기기록을 둔다(동법 제28조).

(3) 등기기록의 편성

등기기록에는 공장재단의 표시에 관한 사항을 기록하는 표제부와 소유권에 관한 사항을 기록하는 갑구(甲區) 및 저당권에 관한 사항을 기록하는 을구(乙區)를 둔다(동법 제29조).

(4) 표제부의 등기사항

등기관은 공장재단 등기기록의 표제부에 다음 각 호의 사항을 기록하여야 한다(동법 제30조).
1. 표시번호
2. 접수연월일
3. 공장의 명칭
4. 공장의 위치
5. 주된 영업소
6. 영업의 종류
7. 공장 소유자의 성명 또는 명칭. 2개 이상의 공장으로 재단을 구성하는 경우로서 각 공장의 소유자가 다른 경우에만 해당한다.
8. 공장재단목록의 번호
9. 공장도면의 번호

(5) 소유권보존등기

(가) 소유권보존등기의 신청

공장재단에 관한 소유권보존등기 신청을 받으면 그 공장재단의 구성물로 예정된 것으로서 등기가 된 것에 관하여 등기관은 직권으로 그 등기용지 중 관련 구(區)의 사항란에 공장재단에 속하게 될 것으로서 그 재단에 관하여 소유권보존등기가 신청되었다는 사실, 신청시의 접수연월일과 접수번호를 적어야 한다(동법 제32조 제1항).

제1항에 따라 기재할 사항이 다른 등기소의 관할에 속할 때에는 지체 없이 그 등기소에 그 사항을 통지하여야 한다(동법 제32조 제2항).

제2항에 따른 통지를 받은 등기소는 제1항에 따른 기재를 하고 그 등기사항증명서를 제2항에 따라 통지한 등기소에 송부하여야 한다. 이 경우 그 등기사항증명서에는 말소에 관계되는 사항은 기록하지 아니한다(동법 제32조 제3항).

지적재산권이 공장재단에 속하는 경우에는 제1항부터 제3항까지의 규정을 준용한다. 다만, 제2항에 따른 통지는 특허청에 하여야 한다(동법 제32조 제4항).

(나) 소유권보존등기신청의 각하

1) 공장재단의 소유권보존등기 신청은 부동산등기법 제29조에 규정된 경우 외에 다음 각 호의 어느 하나에 해당하는 경우에도 각하하여야 한다.

① 등기기록 또는 그 등기사항증명서나 등록에 관한 원부의 등본에 의하여 공장재단에 속하게 될 것이 타인의 권리의 목적이거나 압류, 가압류 또는 가처분의 목적인 것이 명백한 경우

② 공장재단 목록 기록 내용이 등기기록 또는 그 등기사항증명서나 등록에 관한 원부의 등본과 일치하지 아니하는 경우

③ 공장재단에 속하게 될 동산에 대하여 권리를 가지는 자 또는 압류, 가압류나 가처분의 채권자가 그 권리를 신고한 경우에 제33조 제1항의 권리신고 기간이 끝난 후 1주 내에 권리신고가 취소되지 아니하거나 그 권리신고가 이유 없다는 사실이 증명되지 아니할 경우

2) 등기관은 소유권보존등기 신청을 각하하였으면 동법 제32조 제1항에 따른 기록을 말소하여야 한다(동법 제34조 제2항).

3) 제2항의 경우 다른 등기소나 특허청에 소유권보존등기가 신청되었다는 사실을 통지한 등기소는 그 신청을 각하한 사실을 지체 없이 통지하여야 한다(동법 제34조 제3항).

4) 제3항의 통지를 받은 등기소나 특허청은 제32조 제3항 및 제4항에 따른 기재를 말소하

여야 한다(동법 제34조 제4항).

8. 공장재단목록의 변경등기

공장재단 목록에 기록한 사항이 변경되면 소유자는 지체 없이 공장재단 목록의 변경등기를 신청하여야 한다(동법 제42조 제1항). 변경등기를 신청하는 경우에는 저당권자의 동의서가 있어야 한다(동법 제42조 제2항).

공장재단의 등기에 관하여 이 법에 특별한 규정이 있는 경우를 제외하고는 부동산등기법을 준용한다(동법 제51조).

9. 광업재단등기

(1) 광업재단의 설정

광업권자는 광업재단을 설정하여 저당권의 목적으로 할 수 있다(동법 제52조).

(2) 광업재단의 구성

광업재단은 광업권과 다음 각 호에 열거하는 것으로서 그 광업에 관하여 동일한 광업권자에 속하는 것의 전부 또는 일부로 구성할 수 있다(동법 제53조).

　　1. 토지, 건물, 그 밖의 공작물

　　2. 기계, 기구, 그 밖의 부속물

　　3. 항공기, 선박, 자동차 등 등기 또는 등록이 가능한 동산

　　4. 지상권이나 그 밖의 토지사용권

　　5. 임대인이 동의하는 경우에는 물건의 임차권

　　6. 지적재산권

(3) 표제부의 등기사항

등기관은 광업재단 등기기록의 표제부에 다음 각 호의 사항을 기록하여야 한다(동법 제53조의 2).

　　1. 표시번호

2. 접수연월일

3. 광구의 위치

4. 광구의 면적

5. 광물의 명칭

6. 광업권의 등록번호

7. 광업사무소의 소재지

8. 광업재단목록의 번호

9. 도면의 번호

(4) 공장재단규정의 준용

광업재단에 관하여는 이장에 특별한 규정이 있는 경우를 제외하고는 제2항의 공장재단에 관한 규정을 준용한다. 이 경우 "공장재단"은 "광업재단"으로 본다(동법 제54조).

(5) 광업권의 취소와 저당권의 실행

산업통상자원부장관은 「광업법」에 따른 광업권 취소의 등록을 하면 지체없이 저당권자에게 통지하여야 한다(동법 제55조 제1항).

저당권자는 제1항에 따른 통지를 받으면 즉시 그 권리를 실행할 수 있다. 이 경우 통지를 받은 날부터 6개월내에 그 절차를 밟아야 한다(동법 제55조 제2항).

광업권은 다음 각 호의 기한까지 저당권 실행의 목적 범위에서 존속하는 것으로 본다(동법 제55조 제3항).

1. 제1항의 광업권 취소 등록 통지를 받은 날부터 6개월이 지날 때까지

2. 저당권의 실행이 끝날 때까지

제2항의 권리 실행에 따라 매수인이 취득한 광업권은 광업권 취소 등록일에 취득한 것으로 본다(동법 제55조 제4항).

제1항부터 제4항까지의 규정은 「광업권」 제34조에 따른 공익상의 이유에 다른 광업권 취소에 관하여는 적용하지 아니한다(동법 제55조 제5항).

[별지1] 목록

<table>
<tr><td colspan="3" align="center">목록(표지)</td></tr>
<tr><td colspan="3">목록 제20호</td></tr>
<tr>
<td rowspan="3">신청서
접 수</td>
<td>1997년 5월 20일</td>
<td>근저당권자겸
채 권 자   김 상 남</td>
</tr>
<tr>
<td rowspan="2">제1565호</td>
<td>근저당권자겸
채 무 자   이 도 령</td>
</tr>
<tr>
<td>신청대리인
법 무 사   이 갑 돌 ㊞</td>
</tr>
<tr>
<td>1</td>
<td>1997년 공장저당목록
제50호를 본호에 추가
1997년 12월 3일
제3000호 ㊞</td>
<td>6</td>
</tr>
</table>

1	1997년 공장저당목록 제50호를 본호에 추가 1997년 12월 3일 제3000호 ㊞	6	년 공장저당목록 제 호를 본호에 추가 년 월 일 제 호 ㊞
2	년 공장저당목록 제 호를 본호에 추가 년 월 일 제 호 ㊞	7	년 공장저당목록 제 호를 본호에 추가 년 월 일 제 호 ㊞
3	년 공장저당목록 제 호를 본호에 추가 년 월 일 제 호 ㊞	8	년 공장저당목록 제 호를 본호에 추가 년 월 일 제 호 ㊞
4	년 공장저당목록 제 호를 본호에 추가 년 월 일 제 호 ㊞	9	년 공장저당목록 제 호를 본호에 추가 년 월 일 제 호 ㊞
5	년 공장저당목록 제 호를 본호에 추가 년 월 일 제 호 ㊞	10	년 공장저당목록 제 호를 본호에 추가 년 월 일 제 호 ㊞

(주) 추가목록을 종전목록에 편철·간인하고 종전목록 말미에 신청서의 접수년월일, 접수번호와 추가목록기재 물건을 공장에 포함시킨다는 취지를 기재한 경우에는 「1997년 공장저당목록 제50호를 본호에 추가 1997년 12월 3일 제3000호 ㊞」은 기재할 필요가 없음

[별지 2] 목록(표지)

목록(표지)

목록 제50호

신청서 접 수	1997년 12월 3일	1997년 10월 20일 설치에 의하여 1997년 공장저당목록 제20호에 본호를 추가 ㉕
	제3000호	

근저당권자겸
채 무 자   이 도 령

근저당권자겸
법 무 사   이 갑 돌 ㉕

[별지 3] 목록

<table>
<tr>
<td colspan="6" align="center">목록(표지)</td>
</tr>
<tr>
<td colspan="6">목록 제20호</td>
</tr>
<tr>
<td rowspan="2" align="center">신청서
접 수</td>
<td align="center">1997년 5월 20일</td>
<td colspan="2">근저당권자겸
채 권 자</td>
<td colspan="2">김 상 남</td>
</tr>
<tr>
<td rowspan="2" align="center">제1565호</td>
<td colspan="2">근저당권자겸
채 무 자</td>
<td colspan="2">이 도 령</td>
</tr>
<tr>
<td></td>
<td colspan="2">신청대리인
법 무 사</td>
<td colspan="2">이 갑 돌 ㊞</td>
</tr>
<tr>
<td align="center">1</td>
<td colspan="2" align="center">년 공장저당목록
제 호를 본호에 추가
년 월 일
제 호 ㊞</td>
<td align="center">6</td>
<td colspan="2" align="center">년 공장저당목록
제 호를 본호에 추가
년 월 일
제 호 ㊞</td>
</tr>
<tr>
<td align="center">2</td>
<td colspan="2" align="center">년 공장저낭목록
제 호를 본호에 추가
년 월 일
제 호 ㊞</td>
<td align="center">7</td>
<td colspan="2" align="center">년 공장저당목록
제 호를 본호에 추가
년 월 일
제 호 ㊞</td>
</tr>
<tr>
<td align="center">3</td>
<td colspan="2" align="center">년 공장저당목록
제 호를 본호에 추가
년 월 일
제 호 ㊞</td>
<td align="center">8</td>
<td colspan="2" align="center">년 공장저당목록
제 호를 본호에 추가
년 월 일
제 호 ㊞</td>
</tr>
<tr>
<td align="center">4</td>
<td colspan="2" align="center">년 공장저당목록
제 호를 본호에 추가
년 월 일
제 호 ㊞</td>
<td align="center">9</td>
<td colspan="2" align="center">년 공장저당목록
제 호를 본호에 추가
년 월 일
제 호 ㊞</td>
</tr>
<tr>
<td align="center">5</td>
<td colspan="2" align="center">년 공장저당목록
제 호를 본호에 추가
년 월 일
제 호 ㊞</td>
<td align="center">10</td>
<td colspan="2" align="center">년 공장저당목록
제 호를 본호에 추가
년 월 일
제 호 ㊞</td>
</tr>
</table>

[별지 4] 기계기구 목록

기 호 및 번 호	종류	구조 (특질)	개수 또는 연장	제작자의 성명 또는 명칭	제조년월일
1	환편기	o 19 마무리용 85G Beet	1	국산	공장에서 분리 접수 1997년 12월 10일 제1234호 ㊞
2		생	략		
3					

(주) 분리한 기계·기구목록의 표시를 말소한다.

[별지 1] 공장 및 광업재단 저당법 제6조 목록 (표지)

<table>
<tr>
<td colspan="3" align="center">공장 및 광업재단 저당법 제6조 목록(표지)</td>
</tr>
<tr>
<td colspan="3">목록 제   호</td>
</tr>
<tr>
<td rowspan="2">신청서
접   수</td>
<td align="center">년   월   일</td>
<td>근저당권자겸 주식회사 국민은행
채   권   자 취급지점 : 신정중앙지점</td>
</tr>
<tr>
<td align="center">제   호</td>
<td>근저당권자겸
채   무   자 주식회사 어드반텍 대표이사 : 백낙규
신청대리인   서울특별시 양천구 신정구 1010-14
법 무 사   전화 : 2696-3456   ㊞</td>
</tr>
<tr>
<td>1</td>
<td align="center">1997년 공장저당목록
제50호를 본호에 추가
1997년 12월 3일
제3000호 ㊞</td>
<td align="center">6</td>
</tr>
</table>

1	1997년 공장저당목록 제50호를 본호에 추가 1997년 12월 3일 제3000호 ㊞	6
		년 공장저당목록 제 호를 본호에 추가 년 월 일 제 호 ㊞
2	년 공장저당목톡 제 호를 본호에 추가 년 월 일 제 호 ㊞	7
		년 공장지당목록 제 호를 본호에 추가 년 월 일 제 호 ㊞
3	년 공장저당목록 제 호를 본호에 추가 년 월 일 제 호 ㊞	8
		년 공장저당목록 제 호를 본호에 추가 년 월 일 제 호 ㊞
4	년 공장저당목록 제 호를 본호에 추가 년 월 일 제 호 ㊞	9
		년 공장저당목록 제 호를 본호에 추가 년 월 일 제 호 ㊞
5	년 공장저당목록 제 호를 본호에 추가 년 월 일 제 호 ㊞	10
		년 공장저당목록 제 호를 본호에 추가 년 월 일 제 호 ㊞

(주) 추가목록을 종전목록에 편철·간인하고 종전목록 말미에 신청서의 접수년월일, 접수번호와 추가목록기재 물건을 공장에 포함시킨다는 취지를 기재한 경우에는 「1997년 공장저당목록 제50호를 본호에 추가 1997년 12월 3일 제3000호 ㊞」은 기재할 필요가 없음

[별지 2] 공장 및 광업재단 저당법 제6조에 의한 기계기구 목록

공장 및 광업재단 저당법 제6조에 의한 기계기구 목록					
기 호 및 번 호	종류	구조 (특질)	개수 또는 연장	제작자의 성명 또는 명칭	제조년월일
1	환편기	o 19 마무리용 85G Beet	1	국산	1996. 7. 1.
2	노광기	SM E80D−A	1	국산	2010. 1. 5.
3					
4					
5					
6					

(주) 분리한 기계·기구목록의 표시를 말소한다.

<table>
<tr><td colspan="5" style="text-align:center">공장 및 광업재단저당법 제6조
목록의 기재 변경등기 신청</td></tr>
</table>

접 수	년　월　일 제　　　　　호	처 리 인	등기관 확인	각종 통지

① 부동산의 표시	
생　　략	
② 등기원인과 그 연월일	년　월　일 추가 (설치, 분리)
③ 등 기 의 목 적	공장 및 광업재단저당법 제6조 목록기재변경
④ 변 경 할 사 항	○○○○년 ○월 ○일 접수 ○○호 공장 및 광업재단저당법 제6조에 의한 근저당권등기사항중 기계·기구목록 제○○호에 별지목록 기계·기구를 추가

구 분	성　명 (상호·명칭)	주민등록번호 (등기용등록번호)	주　　소 (소 재 지)
⑤ 등 기 의 무 자	○ ○ ○		
⑥ 등 기 권 리 자	○ ○ ○		

⑦ 등 록 면 허 세	금	3,000	원
⑧ 지 방 교 육 세	금	600	원
⑨ 세 액 합 계	금	3,600	원
⑩ 등기신청수수료	금	2,000	원
	납부번호 :		

⑪ 등기의무자의 등기필정보		
부동산고유번호		
성명(명칭)	일련번호	비밀번호

⑫ 첨 부 서 면

1. 인감증명서(근저당권설정자)) 1. 등록면허세영수필확인서 1. 신청서 부본 1. 위임장 1. 등기신청수수료현금영수필확인서 1통	\<기타\>

년　　월　　일

⑬ 위 신청인　등기의무자 ○ ○ ○ ㉑ (전화 :　　　)

등기권리자 ○ ○ ○ ㉑ (전화 :　　　)

(또는)위 대리인　○○법무사 사무소　(전화 :　　　)

서울○○지방법원　등기과　귀중

제3관 지상권 · 전세권을 목적으로 하는 저당권

1. 저당권에 관한 규정의 준용

민법 제2편 제9장 저당권에 관한 규정은 지상권 또는 전세권을 저당권(근저당권)의 목적으로 한 경우에 준용한다(민법 제371조 1항). 전세권도 저당권의 목적이 될 수 있는 것이므로(민법 제371조 제1항 참조), 전세권을 목적으로 하고 그 전세금을 채권최고액으로 하는 근저당권설정등기를 할 수 있으며, 이 경우 근저당권설정자(전세권자)는 근저당권자의 동의 없이는 근저당권의 목적이 된 지상권 또는 전세권을 소멸시키는 행위를 할 수 없다(민법 제371조 2항).

(1) 전세권이 기간만료로 종료된 경우, 전세권을 목적으로 한 저당권의 소멸 여부(적극)

전세권이 기간만료로 종료된 경우 전세권은 전세권설정등기의 말소등기 없이도 당연히 소멸하고, 저당권의 목적물인 전세권이 소멸하면 저당권도 당연히 소멸하는 것이므로 전세권을 목적으로 한 저당권자는 전세권의 목적물인 부동산의 소유자에게 더 이상 저당권을 주장할 수 없다(대판 1999. 9. 17. 98다31301).

(2) 전세권에 대하여 저당권이 설정된 경우, 전세기간 만료 후에 그 저당권을 실행하는 방법

전세권에 대하여 설정된 저당권은 민사소송법 제724조 소정의 부동산경매절차에 의하여 실행하는 것이나, 전세권의 존속기간이 만료되면 전세권의 용익물권적 권능이 소멸하기 때문에 더 이상 전세권 자체에 대하여 저당권을 실행할 수 없게 되고, 이러한 경우는 民法 제370조, 본조 및 민사소송법 제733조에 의하여 저당권의 목적물인 전세권에 갈음하여 존속하는 것으로 볼 수 있는 전세금반환채권에 대하여 추심명령 또는 전부명령을 받거나(이 경우 저당권의 존재를 증명하는 등기부등본을 집행법원에 제출하면 되고 별도의 채무명의가 필요한 것이 아니다.), 제3자가 전세금반환채권에 대하여 실시한 강제집행절차에서 배당요구를 하는 등의 방법으로 자신의 권리를 행사할 수 있을 뿐이다(대법원 95. 9. 18. 95마684).

(3) 저당권자가 물상대위권을 행사하여 우선변제를 받기 위한 권리실행방법

(가) 민법 제370조, 제342조 단서가 저당권자는 물상대위권을 행사하기 위하여 저당권설정자가 받을 금전 기타 물건의 지급 또는 인도 전에 압류하여야 한다고 규정한 것은 물상대위의 목적인 채권의 특정성을 유지하여 그 효력을 보전함과 동시에 제3자에게 불측의 손해를 입히지 않으려는 데 있는 것이므로, 저당목적물의 변형물인 금전 기타 물건에 대하여 이미 제3자가 압류하여 그 금전 또는 물건이 특정된 이상 저당권자가 스스로 이를 압류하지 않고서도 물상대위권을 행사하여 일반 채권자보다 우선변제를 받을 수 있으나, 그 행사방법으로는 민사소송법 제733조에 의하여 담보권의 존재를 증명하는 서류를 집행법원에 제출하여 채권압류 및 전부명령을 신청하는 것이거나 민사소송법 제580조 제1항에 의하여 배당요구를 하는 것이므로, 이러한 물상대위권의 행사에 나아가지 아니한 채 단지 수용대상토지에 대하여 담보물권의 등기가 된 것만으로는 그 보상금으로부터 우선변제를 받을 수 없다(대판 1998. 9. 22. 98다12812).

(나) 담보권자는 토지수용법 제14조, 제16조 소정의 사업인정의 고시가 있으면 수용대상토지에 대한 손실보상금의 지급이 확실시되므로 토지수용의 재결 이전 단계에서도 물상대위권의 행사로서 피수용자의 기업자에 대한 손실보상금 채권을 압류 및 전부받을 수 있어, 설사 그 압류 전에 양도 또는 전부명령 등에 의하여 보상금 채권이 타인에게 이전된 경우라도 보상금이 직접 지급되거나 보상금지급청구권에 관한 강제집행절차에 있어서 배당요구의 종기에 이르기 전에는 여전히 그 청구권에 대한 추급이 가능하다(대판 1998. 9. 22. 98다12812).

2. 저당권의 목적물(지상권·전세권)

민법은 부동산을 저당권 본래의 목적으로 하고, 부동산물권상의 저당권은 이에 준한 것으로 한다(민법 제371조 1항). 지상권이나 전세권은 독립된 물권으로서 양도성을 갖고 따라서 저당권의 목적이 될 수 있음은 당연하다. 전세권이 존속기간의 만료로 종료된 경우 전세권은 전세권설정등기의 말소등기 없이 당연히 소멸하므로 그 전세권을 목적으로 하는 근저당권은 설정할 수 없다(등기선례요지집 제6권 321항). 따라서 존속기간이 만료된 건물전세권을 목적으로 한 저당권설정등기신청을 하기 위하여는 우선 존속기간에 대한 변경등기를 경료하여야 한다.

3. 지상권, 전세권의 소멸행위의 금지

권리는 그 성질에 반하지 않는 한, 권리자에 의하여 자유로 포기될 수 있는 것이 원칙이며, 지상권이나 전세권도 그 예외는 아니다. 그러나 이러한 권리가 제3자의 권리의 객체로 되어 있는 경우에는, 이러한 권리의 포기는 동시에 제3자의 권리의 객체의 멸실로 되고 제3자의 권리까지도 소멸하게 하여 제3자에게 불측의 손해를 끼치게 된다. 따라서 민법은 제371조 제2항에 특칙을 두어 지상권 또는 전세권을 목적으로 저당권을 설정한 자는 저당권자의 동의없이 지상권 또는 전세권을 소멸하게 하는 행위를 하지 못한다고 규정하였다.

4. 전세권의 존속기간이 만료된 경우

전세권이 존속기간의 만료로 종료된 경우 전세권은 전세권설정등기의 말소등기 없이도 당연히 소멸하므로, 그 전세권을 목적으로 하는 근저당권은 설정할 수 없다(등기선례요지집 제6권 322항).

〔기재례〕〈부동산등기기재례집〉 p. 144.

• **지상권을 목적으로 하는 근저당권 189**

【을 구】 (소유권 이외의 권리에 관한 사항)				
순위번호	등기목적	접수	등기원인	권리자 및 기타사항
1	지상권설정	(생략)	(생략)	(생략)
1-1	1번지상권 근저당권설정	2003년 3월 5일 제300호	2003년 3월 4일 설정계약	채권최고액 금10,000,000원 채무자 이 도 령 서울시 종로구 원남동 6 근저당권자 김갑동 540525-1562312 서울시 종로구 원남동 10

【을 구】 (소유권 이외의 권리에 관한 사항)				
순위번호	등기목적	접수	등기원인	권리자 및 기타사항
1	전세권설정	(생략)	(생략)	(생략)
1-1	1번전세권 근저당권설정	2003년 3월 5일 제3005호	2003년 3월 4일 설정계약	채권최고액 금10,000,000원 채무자 이 도 령 서울시 중구 필동 9 근저당권자 김갑동 501212-2345789 서울시 종로구 평창동 3

5. 전세권의 존속기간이 만료된 경우 저당권자의 전세금의 지급청구(물상대위권)

전세권을 목적으로 한 저당권이 설정된 경우, 전세권의 존속기간이 만료되면 전세권의 용익물권적 권능이 소멸하기 때문에 더 이상 전세권 자체에 대하여 저당권을 실행할 수 없게 되고, 저당권자는 저당권의 목적물인 전세권에 갈음하여 존속하는 것으로 볼 수 있는 전세금반환채권에 대하여 압류 및 추심명령 또는 전부명령을 받거나 제3자가 전세금반환채권에 대하여 실시한 강제집행절차에서 배당요구를 하는 등의 방법으로 물상대위권을 행사하여 전세금의 지급을 구하여야 한다(대판 2014. 10. 27. 2013다91672. 양수금).

전세권을 목적으로 하는 저당권설정등기신청				
접 수	년 월 일 제 호	처 리 인	등기관 확인	각종 통지

① 부동산의 표시			
(생 략)			
등기원인과 그 연월일	서기 2004년 1월 15일 전세권을 목적으로 하는 저당권설정계약		
등 기 의 목 적	을구 순위번호 제2번 전세권 저당권설정		
채 권 액	금 이천만원정(20,000,000)		
변 제 기	2013년 12월 31일		
채 무 자	장○○ 고양시 덕양구 행신동 235-8 ○호		
구 분	성 명 (상호 · 명칭)	주민등록번호 (등기용등록번호)	주 소 (소 재 지)
등 기 의 무 자			
등 기 권 리 자			

등 록 면 허 세	금		40,000	원
지 방 교 육 세	금		8,000	원
농어촌특별세	금			원
세 액 합 계	금		48,000	원
등기신청수수료	금		9,000	원
	납부번호 :			

등기의무자의 등기필정보		
부동산고유번호		
성명(명칭)	일련번호	비밀번호

첨 부 서 면	
1. 저당권설정계약서) 1통 1. 등록면허세영수필확인서 1통 1. 인감증명 1통 1. 등기필증 1통 1. 위임장 1통 1. 등기신청수수료현금영수필확인서 1통	<기타>

년 월 일

⑮ 위 신청인 등기의무자 ○ ○ ○ ㊞ (전화 :   )

등기권리자 ○ ○ ○ ㊞ (전화 :   )

(또는)위 대리인 법무사 ○○○ (전화 :   )

서울 지방법원 등기과 귀중

전세권을 목적으로 하는 저당권설정계약서

1. 저당권자(채권자):
2. 채　무　자:
3. 저 당 권 설 정 자:
4. 채　권　액:
5. 부동산의 표시:

　위 부동산에 대하여 ○○지방법원 ○○지원 ○○○○년 ○월 ○일 접수 제○○○호로써 경료한 전세금○○○원, 전세권의 목적: 주택용2 층 건물전부, 존속기간 : ○○○○년 ○월 ○일로 한 전세권에 대하여 을구 순위 제○번의 저당권을 설정하고, 상기금액을 확실히 차용하였으므로 이 약정사항을 준수하기 위하여 다음에 기명날인함.

○○○○년 ○월 ○일

채무자겸 저당권설정자

저당권자(채권자)

제4관 저당권 이전등기

1. 저당권의 이전등기(부기등기)

민법은 "저당권은 그 담보한 채권과 분리하여 타인에게 양도하거나 다른 채권의 담보로 하지 못한다"고 규정함으로써(민법 제361조), 저당권의 부종성을 강화하여 자유로운 처분을 인정하지 않는다. 따라서 저당권은 언제나 피담보채권과 함께 이전될 수 있을 뿐이다.

저당권의 이전등기를 신청하는 경우에는 신청서에 저당권이 채권과 같이 이전한다는 뜻을 기재하여야 한다(법 제79조, 규칙 제137조 제1항). 저당권의 이전등기는 부기에 의하여 이를 한다(법 제52조 제2호). 근저당도 저당권과 마찬가지로 순위양도와 이에 따른 등기는 할 수 없다(등기선례 요지집 제5권 427항).

(1) 채권과 저당권의 주체의 동일성

채권과 그를 담보하는 저당권은 담보물권의 부종성(附從性)에 의하여 그 주체(主體)를 달리할 수 없다(대판 1963. 3. 14. 62다918).

(2) 근저당권의 양도에 관한 부기등기

소유권 외의 권리의 이전등기는 부기(附記)로 하여야 하므로(법 제52조 제2호), 근저당권의 양도에 의한 등기는 부기등기에 의하여야 하고 그 경우에 근저당권설정등기의 말소등기청구는 양수인(讓受人)만을 상대로 하여야 한다(대판 1967. 8. 29. 67다987).

(3) 근저당권만의 양도의 효력

저당권은 그 담보한 채권과 분리하여 타인에게 양도하거나 다른 채권의 담보로 하지 못하므로(민법 제361조), 피담보채권이 없는 근저당권만의 양도는 법률상 효력이 없다(대판 1968. 2. 20. 67다2543).

(4) 피담보채권의 처분에 따르지 않은 담보권의 소멸여부(적극)

담보권의 수반성(隨伴性)이란 피담보채권의 처분이 있으면 언제나 담보권도 함께 처분된다는 것이 아니라 채권담보라고 하는 담보권 제도의 존재 목적에 비추어 볼 때 특별한 사정이 없는 한 피담보채권의 처분에는 담보권의 처분도 당연히 포함된다고 보는 것이 합리적이라는 것일 뿐이므로, 피담보채권의 처분이 있음에도 불구하고, 담보권의 처분이 따르지 않는 특별한 사정이 있는 경우에는 채권양수인은 담보권이 없는 무담보의 채권을 양수한 것이 되고 채권의 처분에 따르지 않은 담보권은 소멸한다(대판 2004. 4. 28. 2003다61542).

🔍 판 례

> **저당권의 양도에 있어서 물권적 합의를 요하는 당사자의 범위**
> 저당권은 피담보채권과 분리하여 양도하지 못하는 것이어서 저당권부 채권의 양도는 언제나 저당권의 양도와 채권양도가 결합되어 행해지므로 저당권부 채권의 양도는 민법 제186조의 부동산물권변동에 관한 규정과 민법 제449조 내지 제452조의 채권양도에 관한 규정에 의해 규율되므로 저당권의 양도에 있어서도 물권변동의 일반원칙에 따라 저당권을 이전할 것을 목적으로 하는 물권적 합의와 등기가 있어야 저당권이 이전된다고 할 것이나, 이 때의 물권적 합의는 저당권의 양도·양수받는 당사자 사이에 있으면 족하고 그 외에 그 채무자나 물상보증인 사이에까지 있어야 하는 것은 아니라 할 것이고, 단지 채무자에게 채권양도의 통지나 이에 대한 채무자의 승낙이 있으면 채권양도를 가지고 채무자에게 대항할 수 있게 되는 것이다(대법원 2005. 6. 10. 선고 2002다15412,15429 판결【근저당권말소】).

2. 채권의 일부양도, 대위변제로 인한 저당권일부 이전등기

등기관이 채권의 일부에 대한 양도 또는 대위변제(代位辨濟)로 인한 저당권 일부이전등기를 할 때에는 법 제48조(등기사항)에서 규정한 사항 외에 양도액 또는 변제액을 기록하여야 하며(법 제79조), 양도나 대위변제의 목적인 채권액을 신청정보의 내용으로 등기소에 제공하여야 한다(규칙 제137조 제2항).

3. 회사합병으로 인한 저당권이전등기(근저당권등기의 말소)

회사의 합병이란 2개 이상의 회사가 계약에 의하여 신회사를 설립(신설합병)하거나 또는 그 중의 한 회사가 다른 회사를 흡수(흡수합병)하여, 해산회사의 재산과 사원이 신설회사 또는 존속회사로 법률상 당연히 포괄적으로 이전, 수용되는 효과를 가져오는 행위를 말한다.

(1) 회사의 합병

합병 후 존속하는 회사 또는 합병으로 인하여 설립된 회사는 합병으로 인하여 소멸된 회사의 권리의무를 포괄승계하므로(상법 제530조 2항, 235조), 합병으로 인하여 소멸된 회사가 합병 전에 그 회사명의로 설정받은 근저당권에 관하여는 합병으로 인한 근저당권이전등기를 거치지 아니하고서도 합병 후 존속하는 회사 또는 합병으로 인하여 설립된 회사가 그 권리행사를 할 수 있다.

(2) 근저당권 이전등기의 요부(말소등기의 등기원인이 합병등기 후에 발생한 경우)

근저당권등기의 말소등기는 그 등기원인이 "합병등기 전"에 발생한 것인 때에는 합병으로 인한 근저당권이전등기를 거치지 아니하고서도 합병 후 존속하는 회사 또는 합병으로 인하여 설립된 회사가 합병을 증명하는 서면을 첨부하여 신청할 수 있을 것이나, 말소등기의 등기원인이 "합병등기 후"에 발생한 것인 때에는 먼저 합병으로 인한 근저당권이전등기를 거치지 않고서는 신청할 수 없다(등기선례요지집 제2권 385항; 등기예규 제458호).

(3) 합병으로 인한 저당권이전등기와 소멸회사의 주소변경등기의 생략

합병 후 존속하는 회사가 합병으로 인하여 소멸된 회사명의로 있는 근저당권의 이전등기를 신청할 경우에, 소멸된 회사의 주소변경(또는 경정)의 사유가 있을 때에는, 근저당권이전등기신청서에 주소변경(또는 경정)의 사유를 증명하는 서면을 첨부하여 근저당권자 명의의 표시변경(또는 경정)의 등기를 생략할 수 있다(등기선례요지집 제2권 387항).

(4) 순차회사합병과 중간생략에 의한 근저당권이전등기

합병 후 존속하는 회사 또는 합병으로 인하여 설립된 회사는 합병으로 인하여 소멸한 회사의 권리의무를 포괄승계하므로, 을 회사가 갑 회사를 흡수합병한 후 병 회사가 을 회사를 다시 흡수합병한 경우에는 갑 회사로부터 병 회사 앞으로 바로 근저당권이전등기를 할 수 있다 (등기선례요지집 제1권 439항).

4. 저당권 있는 채권의 전부명령·양도명령·매각명령

(1) 저당권 있는 채권의 압류

저당권이 있는 채권을 압류할 경우 채권자는 채권 압류사실을 등기부에 기입하여 줄 것을 법원사무관 등에게 신청할 수 있다. 이 신청은 채무자의 승낙 없이 법원에 대한 압류명령의 신청과 함께 할 수 있다(민사집행법 제228조 1항).

법원사무관 등은 의무를 지는 부동산 소유자에게 압류명령이 송달된 뒤에 민사집행법 제228조 제1항의 신청에 따른 등기를 촉탁하여야 한다(동법 제228조 2항).

(2) 전부명령·양도명령 등의 확정과 저당권이전등기의 촉탁

저당권이 있는 채권에 관하여 전부명령이나 양도명령이 확정된 때 또는 매각명령에 따른 매각을 마친 때에는 법원사무관 등은 신청에 따라 등기관에게 다음 각호의 사항을 촉탁하여야 한다(민사집행규칙 제167조 1항).
  ① 채권을 취득한 채권자 또는 매수인 앞으로 저당권을 이전하는 등기
  ② 민사집행법 제228조의 규정에 따른 등기(저당권이 있는 채권의 압류)의 말소

5. 저당권이전등기신청서의 기재사항 및 첨부서면

(1) 저당권이전등기신청서의 기재사항

저당권이전등기신청서에는 규칙 제43조 각항의 기재사항 이외에 저당권이 채권과 같이 이전한다는 뜻을 신청정보의 내용으로 등기소에 제공하여야 한다(규칙 제137조 제1항).

채권일부의 양도나 대위변제로 인한 저당권의 이전등기를 신청하는 경우에는 양도나 대위변제의 목적인 채권액을 신청정보의 내용으로 등기소에 제공하여야 한다(규칙 제137조 제2항).

등기의 목적은 저당권이전으로, 등기원인은 채권양도로 기재한다. 채권양도계약 성립일자가 등기원인일자가 된다. 등기신청은 등기권리자(채권양수인)와 등기의무자(채권양도인 저당권자)의 공동신청에 의한다(규칙 제46조 제1항).

(2) 저당권이전등기신청서 첨부서면

저당권이전등기를 신청하는 경우에는 규칙 제46조 각항의 서면 이외에 다음 각 호의 정보를 그 첨부정보로서 등기소에 제공하여야 한다(규칙 제46조 제1항 제1호).

(1) **신청서**(법 제24조 제1항, 규칙 제46조 제1항)

(2) **등기원인을 증명하는 서면**(저당권양도증서)(규칙 법 제46조 제1항 제1호)

저당권양도증서에는 목적부동산 및 저당권의 표시·피담보채권 양도의 취지 등을 기재하고 당사자(양도인·양수인), 채무자 등의 성명, 주소 및 날인(반드시 인감의 날인을 요하지 아니한다)이 필요하다.

(3) **등기의무자의 권리에 관한 등기필정보**(법 제50조 제2항, 규칙 제43조 제1항 제7호)

저당권이전등기신청서에 제출하는 등기의무자의 권리에 관한 등기필정보는 등기의무자인 저당권자가 저당권 설정등기를 할 때 교부받은 저당권의 등기필증을 의미한다. 등기필정보를 멸실하여 첨부할 수 없는 경우에는 부동산등기법 제51조에 의하여 확인서면이나 확인조서 또는 공증서면 중 하나를 첨부한다.

(4) **주민등록등(초)본**(규칙 제46조 제1항 제6호)

(5) **인감증명서**(규칙 제60조 제1항 제1호)

근저당권자가 등기의무자로서 근저당권이전등기를 신청하는 경우에는 그 권리에 관한 등기필증이 멸실되어 부동산등기법 법 제51조 규정에 의한 서면(확인조서·확인서면·공정증서)을 첨부하여 등기를 신청하는 경우를 제외하고는, 저당권이전등기신청시에 등기의무자(저당권자)의 인감증명을 첨부할 필요가 없다. 왜냐하면 저당권이전등기신청의 경우 등기의무자는 저당부동산의 소유권의 등기명의인인 저당권설정자가 아니라 저당권자이기 때문이다(등기선례요지집 제5권 428항, 449항).

(6) **등록면허세영수필확인서**(지방세법 제28조 1항 1호 다)

(7) **채권양도 통지서 또는 승낙서의 첨부 여부**(소극)

지명채권의 양도는 양도인이 채무자에게 통지하거나 채무자가 승낙하지 아니하면 채무가 기타 제3자에게 대항하지 못하는 것이나(민법 제450 조1항), 근저당권이전등기를 신청함에 있어 피담보채권 양도의 통지서나 승낙서를 신청서에 첨부할 필요는 없다(등기선례요지집 제5권 104항, 428항).

○○지방법원

등기촉탁서

등기관 귀하

사건 20타채 채권압류

부동산의 표시 :
등기권리자(압류채권자) :
등기의무자(저당권자) :
등기원인과 그 연월일 : 20 . . . ○○법원의 저당권 있는 채권의 압류
등기목적 : ○○지방법원 ○○등기소 접수 20 . . . 제○○○○호
저당권설정등기에 기한 피담보채권의 압류기입등기

등록세 :   금   원
지방교육세 :   금   원
등기신청수수료 :   금   원

첨 부 1. 등기촉탁서 부본 1통

위 등기를 촉탁합니다.

20 . . .

법원사무관 ○ ○ ○

접 수	. . .	처 리 인	등기관확인	등기필 통지
	제 호			

제2장 각 론 931

저당권이전등기신청				
접 수	년 월 일 제 호	처 리 인	등기관 확인	각종 통지

부동산의 표시

등기원인과 그 연월일	년 월 일 양도
등 기 의 목 적	저당권 이전
이 전 할 저 당 권	년 월 일 접수 제 호로 설정된 저당권

구 분	성 명 (상호 · 명칭)	주민등록번호 (등기용등록번호)	주 소 (소 재 지)
등 기 의 무 자			
등 기 권 리 자			

등 록 면 허 세	금		원
지 방 교 육 세	금		원
농어촌특별세	금		원
세 액 합 계	금		원
등기신청수수료	금		원
	납부번호 :		
국민주택채권매입금액			
국민주택채권발행번호			

<table>
<tr><td colspan="3" align="center">등기의무자의 등기필정보</td></tr>
<tr><td align="center">부동산고유번호</td><td colspan="2"></td></tr>
<tr><td align="center">성명(명칭)</td><td align="center">일련번호</td><td align="center">비밀번호</td></tr>
<tr><td></td><td></td><td></td></tr>
</table>

첨 부 서 면

1. 저당권 양도증서	통	1. 주민등록표등(초)본	통
1. 등록면허세영수필확인서	통	1. 위임장	통
1. 인감증명서나 본인서명사실확인서		1. 등기신청수수료영수필확인서	통
또는 전자본인서명확인서 발급증	통	<기타>	
1. 등기필증	통		

년   월   일

위 신청인   (전화 :   )

(또는)위 대리인   (전화 :   )

지방법원   등기소   귀중

-신청서작성요령-

*1. 부동산표시란에 2개 이상의 부동산을 기재하는 경우에는 그 부동산의 일련번호를 기재하여야 합니다.

2. 신청인란 등 해당란에 기재할 여백이 없을 경우에는 별지를 이용합니다.

제5관 저당권 변경등기

저당권변경등기라 함은 저당권의 등기사항인 채권액, 채무자(법 제75조 제1항), 저당권자 등이 변경된 경우에 그 변경의 등기를 하는 것을 말하며 권리변경등기의 일종이다.

저당권변경의 등기도 권리변경등기의 하나이므로 등기상 이해관계 있는 제3자가 있는 경우에는 신청서에 그 승낙서 또는 이에 대항할 수 있는 재판의 등본을 첨부한 때에 한하여 부기에 의하여 그 등기를 한다(법 제52조 후단, 제5호). 그러나 등기상의 이해관계인이 있는 경우에 그의 승낙서 또는 그에게 대항할 수 있는 재판등본의 제출이 없는 때에는 주등기에 의한다 (즉, 등기상 이해관계인의 등기보다 후순위 독립등기에 의한다).

일반적으로 채무의 이전은 법률의 규정이나 계약에 의해 행해지는데, 채무를 그 동일성을 유지하면서 그대로 인수인에게 이전하는 것을 목적으로 하는 계약을 채무인수라고 하며, 면책적 채무인수와 병존적 채무인수가 있다. 채무인수는 채무의 동일성이 유지된다는 점에서 갱개(更改)와 구별된다.

1. 채무인수계약(채권자와 인수인간의 계약 : 기본적 형태)

(1) 채무인수계약의 종류

채무인수는 ① 채권자·채무자·인수인의 세 당사자에 의한 3면계약, ② 채권자와 인수인 사이의 계약(민 제453조 1항 본문) ③ 채무자와 인수인 사이의 계약(민 제454조 1항)에 의해 행해질 수 있다. 이 중 채권자와 인수인 사이의 계약에 의한 채무인수가 기본적인 형태를 이룬다. 여기서는 채무인수에 채무자의 동의나 수익의 의사표시는 요하지 않으나, 이해관계 없는 제3자는 채무자의 의사에 반하여 채무를 인수하지 못하며(민 제453 조 2항), 채무자의 의사에 반한다는 사실은 이를 주장하는 자가 입증하여야 한다(대판 1966. 2. 22, 65다2512).

(2) 채권자와의 계약에 의한 채무인수

제3자는 채권자와의 계약으로 채무를 인수하여 채무자의 채무를 면하게 할 수 있다. 그러나 채무의 성질이 인수를 허용하지 아니하는 때에는 그러하지 아니하다. 이해관계 없는 제3

자는 채무자의 의사에 반하여 채무를 인수하지 못한다(민법 제453조).

계약당사자 일방이 상대방의 제3자에 대한 채무와 동일한 내용의 채무를 중첩적으로 인수하여 직접 제3자에게 이행하기로 하는 약정은 제3자를 위한 계약이다(대판 1989. 4. 25. 87다카2443).

(3) 채무자와의 계약에 의한 채무인수

채무자와 인수인 사이의 계약에 의한 채무인수는 채권자의 승낙이 있어야만 그 효력이 생긴다(민 제454조 1항). 채권자의 승낙 또는 거절의 의사표시는 채무자 또는 인수인의 어느 쪽에 대해서 하여도 좋으며(민 제454조 2항), 채무자나 인수인은 상당한 기간을 정하여 승낙 여부의 확답을 채권자에게 최고할 수 있고(민 제455조 1항), 그 기간 내에 채권자가 확답을 발송하지 않으면 승낙을 거절한 것으로 보게 된다(민 제455조 2항). 채무자나 인수인은 채권자의 승낙이 있을 때까지는 계약을 철회 또는 변경할 수 있다(민 제456조). 채무인수에 의하여 채무자는 채무를 면하고, 인수인이 채무자가 된다.

2. 면책적 채무인수

(1) 면책적 채무인수의 의의

면책적 채무인수란 채무의 동일성을 유지하면서 신채무자가 구채무자의 채무를 인수하여 이행할 책임을 부담하고 구채무자는 면책되는 채무인수계약을 말한다. 근저당권의 채무자가 갑에서 을로 변경되었다면 면책적 채무인수를 원인으로 하여 근저당권변경(채무자변경)등기를 하여야 한다.

(2) 병존적(중첩적) 채무인수와의 구별

면책적 채무인수는 종래의 채무자가 채무를 면하지 않고 신채무자가 그 동일한 채무를 인수하여 신·구양채무자가 공동으로 채무를 부담하는 병존적(또는 중첩적) 채무인수와 구별되는 개념이다.

3. 병존적(중첩적) 채무인수

(1) 병존적 채무인수의 의의

병존적 채무인수란 제3자(인수인)가 채무관계에 가입해서 채무자가 되고, 종래의 채무자와 더불어 새로이 동일 내용의 채무를 부담하는 계약을 말한다. 중첩적·부가적·첨가적·확보적 채무인수라고도 하기도 한다.

(2) 면책적 채무인수와의 구별

병존적 채무인수는 채무의 이전이 일어나지 않는다는 점에서 면책적 채무인수와 구별된다. 따라서 병존적 채무인수에 있어서는 종래의 채무자가 채무를 면함이 없어 채무자·인수인이 함께 같은 내용의 채무를 부담하게 되어 일종의 인적담보로서의 기능이 존재한다.

(3) 면책적 채무인수 및 병존적(중첩적) 채무인수에 관한 판례

채무인수에 있어서 면책적 인수(免責的 引受)인가 혹은 중첩적 인수(重疊的 引受)인가가 분명하지 아니한 때에는 중첩적으로 인수한 것으로 본다(대판 1988. 5. 24. 87다카3104, 2002. 9. 24. 2002다36228). 제3자가 중첩적으로 채무를 인수한 경우에는 원채무자의 의사에 반한다 하여도 이를 무효라 할 수 없다(대판 1962. 4. 4. 4294민상1087),

중첩적인 채무인수는 채무의 면책적 인수와 달리 채무자의 의사에 반하여도 할 수 있다(대판 1965. 3. 9. 64다1702, 1966. 9. 6. 66다1202), 중첩적 채무인수는 채권자와 채무인수인과의 합의가 있는 이상 채무자의 의사에 반하여서도 이루어질 수 있다(대판 1988. 11. 22. 87다카1836).

채무인수의 효력이 생기기 위하여 채권자의 승낙을 요하는 것은 면책적 채무인수의 경우에 한하고, 채무인수가 면책적인가 중첩적인가 하는 것은 채무인수계약에 나타난 당사자의 의사의 해석에 관한 문제이다. 채권자의 승낙에 의하여 채무인수의 효력이 생기는 경우, 채권자가 승낙을 거절하면 그 이후에는 채권자가 다시 승낙하여도 채무인수로서의 효력이 생기지 않는다(대판 1998. 11. 24. 98다33765).

4. 저당권변경 등기신청서의 기재사항 및 첨부서면

(1) 저당권변경 등기신청서의 기재사항

저당권변경등기의 등기원인은 그 변경사유에 따라 ○○○○년 ○월 ○일 변경계약(예 채권액 금 1 억원을 금 5 천만원으로 변경), 면책적 채무인수계약(예 ○○○○년 ○월 ○일 접수 제○○○호로 등기한 을구 순위 ○번 저당권의 등기사항중 "채무자 김○○, 서울 ○○구 ○○동 ○○번지를 박○○, 서울 ○○구 ○○동 ○○번지"로 변경), 중첩적 채무인수계약(예 ○○○○년 ○월 ○일 접수 제○○○호로 등기한 을구 순위 ○번 저당권등기사항에 "연대채무자 김○○, 서울 ○○구 ○○동 ○○번지"을 추가) 등으로 기재한다.

변경할 사항란에는 변경할 저당권 등기의 접수년월일, 접수번호를 기재하여 변경할 등기를 특정하고, 채무자 변경 등 변경되는 사항을 기재한다.

등기의무자란에는 부동산소유자의 성명, 주민등록번호, 주소를 기재하되, 등기부상 소유자 표시와 일치하여야 한다. 그러나 법인인 경우에는 상호(명칭), 본점(주사무소 소재지), 등기용등록번호를 기재하고, 비법인 사단이나 재단인 경우에는 상호(명칭), 본점(주사무소 소재지), 등기용등록번호 및 대표자(관리인)의 성명, 주민등록번호, 주소를 각 기재한다.

등기권리자란에는 근저당권자를 기재하며, 그 기재방법은 등기의무자란과 같다(규칙 제43조 제1항 제2호).

(2) 저당권변경 등기신청서의 첨부서면

저당권변경등기신청서에는 부동산등기규칙 제46조 각항 각호의 서면을 첨부하여야 하나, 면책적 채무인수로 인한 근저당권변경등기 신청시 구채무자인 회사의 등기부등본을 첨부할 필요는 없다(등기선례요지집 제4권 463항).

(가) 신청서(규칙 제46조 제1항)

(나) 등기원인을 증명하는 서면(규칙 제46조 제1항 제1호)

저당권변경등기의 등기원인을 증명하는 서면은 채무자 변경(면책적 채무인수, 중첩적 채무인수)의 경우에는 면책적 채무인수계약서 또는 중첩적 채무인수계약서 등이며, 저당권의 효력범위변경(예 ○년 ○월 ○일 접수 제○○○호로 경료된 등기 사항 중 ○○○의 지분 2분의 1을 목적으로 한 저당권의 효력을 토지 전부에 미치게 하는 변경등기), 이자의 변경(예 ○년 ○월 ○일 접수 제○○○호로 경료된 등기 사항 중 이자 월 ○푼을 월 ○푼으로 변경) 채무자의 주소, 취급지점의 변경 등의 경우에는 저당권변경계약서가 그 서면이 된다.

(다) 등기의무자의 권리에 관한 등기필정보(법 제50조 제2항, 규칙 제43조 제1항 제7호)

저당권변경등기 신청시에 제출하는 등기의무자의 권리에 관한 등기필정보는 저당권 설정등기를 할때 교부받은 저당권의 등기필정보를 의미한다.

등기필정보를 멸실하여 첨부할 수 없는 경우에는 부동산등기법 제51조에 의하여 확인서면이나 확인조서 또는 공증서면 중 하나를 첨부한다.

(라) 인감증명(규칙 제60조 제1항 제1호, 제3호)

(마) 위임장(규칙 제46조 제1항 제5호)

(바) 등록면허세영수필확인서(지방세법 제28조 1항 1호 마)

저당권변경등기신청 (채무인수)				
접 수	년　월　일 제　　　　호	처 리 인	등기관 확인	각종 통지

부동산의 표시		
등기원인과 그 연월일	19○○년 ○월 ○일 중첩적 채무인수계약	
등 기 의 목 적	저당권 변경	
변 경 할 사 항	19○○년 ○월 ○일 접수 제○○○호의 저당권 설정등기사항에 "채무자 ○○○, ○○시 ○○구 ○○동 ○"을 추가함.	
구 분	성　명 (상호 · 명칭)	주민등록번호 (등기용등록번호)	주　소 (소 재 지)
등 기 의 무 자	저당권설정자 ○ ○ ○		
등 기 권 리 자	저당권자 ○ ○ ○		

등 록 면 허 세	금		원
지 방 교 육 세	금		원
세 액 합 계	금		원
등기신청수수료	금		원
	납부번호 :		

등기의무자의 등기필정보		
부동산고유번호		
성명(명칭)	일련번호	비밀번호

첨 부 서 면	
1. 중첩적 채무인수계약서　　　1통 1. 등록면허세영수필확인서　　1통 1. 인감증명서　　　　　　　　1통 1. 등기필증　　　　　　　　　1통 1. 위임장　　　　　　　　　　1통 1. 주민등록표등본　　　　　　1통 1. 등기신청수수료현금영수필확인서　1통	<기타>

년　　월　　일

⑮ 위 신청인　등기의무자　○ ○ ○　㉑ (전화：　　　)

등기권리자　○ ○ ○　㉑ (전화：　　　)

(또는)위 대리인　　○○법무사 사무소　(전화：　　　)

서울○○지방법원　등기과　귀중

중첩적 채무인수계약서

　채권자 박○○을 갑으로, 채무자 이○○을 을로, 채무인수인 김○○을 병으로 하여 갑·병 양인은 다음과 같이 채무인수계약을 체결한다.

제1조　병은 갑이 을에 대하여 가지고 있는 아래 채권에 대한 채무를 인수하여 을과 함께 이행할 것을 약속하며, 갑은 이를 승낙하였다. 갑이 을에 대하여 가지고 있는 1994 년 10월 5 일 저당권 설정계약에 의한 채권액 금 50,000,000원, 변제기 1995년 10월 4 일, 이자 연 2 할, 이자발생기 및 이자지급시기 1994년 11월 5 일부터 매 월 5 일, 채무불이행으로 인한 손해배상은 연 2 할 5 푼으로 하는 특약에 따른 말 미기재부동산에 대한 1994년 10월 6 일 접수 제27863호로 등기한 저당권의 원금 및 이자채권.

제2조　병은 갑에 대하여 전조와 같은 계약에 따른 채무를 이행하여야 한다.

제3조　갑은 제1조의 채무에 관하여 을 및 병에 대하여 동시 또는 순차로 전부 또는 일부 의 이행을 청구할 수 있다. 위 계약의 성립을 증명하기 위하여 본 증서 2 통을 작 성하여 갑, 병이 각 1 통씩 보관한다.

1994년 10월 20일

채무인수인 김 ○ ○ ○

서울 ○○구 ○○동 ○○

채 권 자　박 ○ ○ ○

서울 ○○구 ○○동 ○○

부동산의 표시

서울 특별시 ○○구 ○○동 ○○○
대 ○○○m²

이　상

<table>
<tr><td colspan="5" align="center">저당권변경등기신청 (채무인수)</td></tr>
<tr>
<td rowspan="2">접
수</td>
<td>년 월 일</td>
<td rowspan="2">처
리
인</td>
<td>등기관 확인</td>
<td>각종 통지</td>
</tr>
<tr>
<td>제 호</td>
<td></td>
<td></td>
</tr>
</table>

① 부동산의 표시
생 략

② 등기원인과 그 연월일	2011년 ○월 ○일 면책적 채무인수계약
③ 등 기 의 목 적	저당권 변경
④ 변 경 할 사 항	19○○년 ○년 ○일 접수 제○○○호로 등기한 저당권의 등기사항 중 '구채무자 김○○, ○○시 ○○구 ○○동 ○'을 '신채무자 박○○, ○○시 ○○구 ○○동 ○'으로 변경함.

구분	성 명 (상호 · 명칭)	주민등록번호 (등기용등록번호)	주소(소재지)
⑤ 등기의무자	김 ○ ○ (설정자)	000000-0000000	○○시 ○○구 ○○동 ○
⑥ 등기권리자	(주)○○ 은행 지배인 (○○지점)	000000-000000	○○시 ○○구 ○○동 ○

⑦ 등 록 면 허 세	금	원
⑧ 지 방 교 육 세	금	원
⑨ 세 액 합 계	금	원

⑩ 등 기 신 청 수 수 료	금	원
	납부번호 :	

등기의무자의 등기필정보		

부동산고유번호		
성명(명칭)	일련번호	비밀번호

첨 부 서 면	
1. 면책적 채무인수계약서 1. 등록면허세영수필확인서 1. 인감증명서 1. 등기필증 통 1. 위임장 통 1. 주민등록표등본 1. 등기신청수수료현금영수필확인서 1통	<기타>

2011년 ○월 ○일

위 신청인 ○ ○ ○ ㉑ (전화 :   )

○ ○ ○ ㉑ (전화 :   )

(또는) 위 대리인   (전화 :   )

법무사 ○ ○ ○ ㉑

○○지방법원 등기소 귀중

채무자교체에 인한 채무갱개계약서(면책적 채무인수 계약서)

1. 신채무자 ○○○
   ○○시 ○○구 ○○동 ○○
2. 구채무자 ○○○
   ○○시 ○○구 ○○동 ○○
3. 저당권자 ○○○
   ○○시 ○○구 ○○동 ○○

　위 당사자 간 채무자 교체로 인한 채무의 갱개를 하기 위하여 다음과 같이 계약을 체결한다.
1. 2003년　월　일 채권자와 구채무자 간에 체결한 금전대차계약에 인하여 채권자는 구채무자에게 있는 원금 ○○○만원, 이자 연○할 ○ 푼, 이자지급기일 매월 말일, 변제기 2003년 ○월 ○일의 채권을 구채무자의 승낙을 얻어 동일한 조건으로 신채무자가 이를 부담한다.
1. 채권자는 구채무자에게 있는 상기 채권은 구채무자에 대하여 이를 소멸시킨다.
1. 상기 채무를 담보하기 위하여 19○○년 월 일 접수 제○○○호로써 등기한 다음 부동산의 저당권은 계속 존속함.

2011년　월　일

신채무자 박 ○ ○ ○　　저당권자 (주)○○은행　지배인 ○○○　　(○○지점)

1. 부동산의 표시
   ○○시 ○○구 ○○동 ○○
   대 ○○○m²

※ 채무자의 변경으로 인한 갱개는 채권자(저당권자)와 신채무자 간의 계약에 의한다(민법 제501조), 즉 구채무자를 당사자로 할 필요는 없다. 그러나 구채무자의 의사에 반하여서는 하지 못한다(민법 제501조 단서).

제6관 저당권 말소등기

1. 저당권의 소멸

저당권은 물권에 공통되는 소멸원인(목적물의 멸실, 소멸시효, 공용징수, 포기, 혼동 등), 담보물권에 공통되는 소멸원인(피담보채권의 소멸)으로 소멸하는 외에 경매, 제3취득자의 변제 등에 의하여 소멸하게 된다.

(1) 피담보채권의 불발생과 저당권설정등기의 말소의무

피담보채권이 소멸하거나 또는 피담보채권이 발생하지 않기로 확정된 경우에는 저당권명의자는 그 설정등기를 말소할 의무가 있다할 것이고 그 법리는 피담보채권이 발생하지 아니하기로 확정된 것이 채무자의 의사에 의한 경우에도 같다(대판 1966. 10. 4. 66다1387).

(2) 채무변제와 저당권설정등기 말소의무와의 관계

소비대차계약에 있어서 채무의 담보목적으로 저당권설정등기를 경료 한 경우에 채무자의 채무변제는 저당권설정등기 말소등기에 앞서는 선 이행의무이고 채무의 변제와 저당권설정등기 말소등기의무가 동시이행관계에 있는 것이 아니다(대판 1969. 9. 30. 69다1173).

2. 등기신청절차

(1) 등기신청인

저당권말소등기는 소유권의 등기명의인, 즉 저당권 설정자가 등기권리자, 저당권자(저당권이 이전된 경우에는 저당권의 양수인)가 등기의무자로서 공동 신청을 한다.

저당권설정등기의 말소등기를 함에 있어서 저당권설정 후 소유권이 제3자에게 이전된 경우에는 저당권설정자 또는 제3취득자가 저당권자와 공동으로 그 말소등기를 신청할 수 있다(등기예규 제554호). 동일 부동산에 관하여 저당권자가 같은 수 개의 저당권설정등기를 동일한 등기원인에 따라 말소하는 경우 그 등기신청은 동일한 신청서로 할 수 있다(등기선례요지집 제5권 480항).

(가) 등기의무자의 행방불명(공시최고신청)

채무가 변제되었음에도 불구하고 등기의무자(근저당권자)가 행방불명되어서 근저당권설정등기를 말소할 수 없는 경우에는 민사소송법의 규정에 의하여 공시최고신청(법 제56조)을 한 후 제권판결을 받아 그 판결등본을 첨부하거나 변제증명(채권증서, 채권과 최후 1년분의 이자의 영수증)을 첨부하여 등기권리자 단독으로 말소등기신청을 하든가(구 부동산등기법 제167조, 개정법 제56조), 등기의무자를 상대로 근저당권설정등기말소청구의 소를 제기하고 그 승소판결을 받아 말소등기신청을 할 수 있다(등기선례요지집제 1권 502항).

(나) 저당권 등 등기의 정리에 관한 특별조치(등기예규 제1156호)

1968년 12월 31일 및 1980년 12월 31일 이전에 등기부에 기재된 다음 1~8호의 등기는 이 법(부동산등기법중개정법률 1991. 12. 14, 법률 제4422호) 시행일(1992. 2. 1.부터 시행)부터 90일(1992. 5. 1) 이내에 이해관계인으로부터 권리가 존속한다는 뜻의 신고가 없는 때에는 등기관이 이를 직권말소하여야 한다(부동산등기법(1991.12.14.법률 제4422호) 부칙제4조. 2006.5.10. 법률 제 795호 부칙 제2조, 등기선례요지집 제4권 585항.제5권 487항 584항. 부등3402-614호 2004. 12. 1).(등기예규 제1156호 2. 가. 나. 제1592호).

1. 저당권
2. 질 권
3. 압 류
4. 가압류
5. 가처분
6. 예고등기
7. 파 산
8. 경 매

(※ 이 책 제1장 제3절 Ⅲ. (8) 등기의 정리에 관한 특별조치 참조)

(2) 저당권말소 등기신청서의 기재사항 및 첨부서면

(가) 저당권말소 등기신청서의 기재사항

저당권말소 등기신청서에는 부동산등기규칙 제43조 각항 각호의 사항을 기재하여야 한다. 즉 부동산의 표시, 등기원인 및 그 년월일(등기원인은 저당권의 소멸원인을, 등기년월일은 그 발생년월일을 기재한다). 등기의 목적(등기의 목적은 저당권 설정등기말소라고 기재한다), 말소할 등기(말소할 저당권의 접수년월일 및 접수번호를 기재한다), 등기의무자(저당권자의 성명, 주민등록번호, 주소를 기재), 등기권리자(저당권설정자의 성명, 주민등록번호, 주소를 기재) 등을 기재하여야 한다.

(나) 저당권 말소 등기신청서의 첨부서면

저당권 말소 등기신청서에는 부동산등기규칙 제46조 각항의 서면을 첨부하여야 한다.

1) 등기원인을 증명하는 서면(규칙 제46조 제1항 제1호)

등기원인을 증명하는 서면으로는 변제증서, 해지증서 등이다.

2) 등기 의무자의 권리에 관한 등기필정보(법 제50조 제2항, 규칙 제43조 제1항 제7호)

저당권자의 저당권에 관한 등기필정보(저당권설정계약서)를 첨부한다.

등기필정보를 멸실한 경우에는 구 부동산등기법 제51조의 규정에 의한 확인 조서, 확인서면, 공증부본등을 첨부하여야 한다.

3) 등기상 이해관계 있는 제3자의 승락서 등(규칙 제46조 제1항 제3호)

저당권 설정등기의 말소에 관하여 등기상 이해관계 있는 제3자가 있는 때에는 신청서에 그 승락서 또는 이에 대항할 수 있는 재판의 등본을 첨부하여야 한다(법 제57조).

4) 등록면허세 영수필 확인서(지방세법 제28조 1항 1호 마)

5) 위임장(규칙 제46조 제1항 제5호)

저당권 말소등기신청 (해지)				
접 수	년 월 일 제 호	처 리 인	등기관 확인	각종 통지

① 부동산의 표시			
② 등기원인과 그 연월일	년 월 일 해지		
③ 등 기 의 목 적	저당권 등기말소		
④ 말 소 할 등 기	년 월 일 접수 제 호로 경료된 저당권설정등기		
구 분	성 명 (상호·명칭)	주민등록번호 (등기용등록번호)	주 소 (소 재 지)
⑤ 등 기 의 무 자	(저당권자)		
⑥ 등 기 권 리 자	(저당권 설정자)		

⑦ 등 록 면 허 세	금	원
⑧ 지 방 교 육 세	금	원
⑨ 세 액 합 계	금	원

⑩ 등기신청수수료	금	원
	납부번호 :	

⑬ 등기의무자의 등기필정보

부동산고유번호		
성명(명칭)	일련번호	비밀번호

⑭ 첨 부 서 면

1. 해지증서 1통 1. 등록면허세영수필확인서 1통 1. 등기필증 1통 1. 위임장 1통 1. 이해관계인이 있는 때 : 승낙서 등 1통 1. 등기신청수수료현금영수필확인서 1통	〈기타〉

년   월   일

⑮ 위 신청인   등기의무자   ○ ○ ○   ㊞ (전화 :   )

등기권리자   ○ ○ ○   ㊞ (전화 :   )

(또는)위 대리인   ○○법무사 사무소 (전화 :   )

서울 지방법원 등기과 귀중

제7관 저당권부 권리질권 설정등기

1. 권리질권의 의의

권리질권이라 함은 재산권을 목적으로 하는 질권을 말한다(民 제345조 전단). 질권의 목적은 양도성을 가지는 재산권이다. 즉 금전적 가치로 평가할 수 있는 권리어야하며 환가가 가능한 것이어야 한다(민법 제345조, 제355조, 제331조). 부동산의 사용, 수익을 목적으로 하는 권리(지상권, 전세권, 임차권)는 권리질권의 목적이 될 수 없다(민 제345조 후단).

권리질권의 설정은 법률에 다른 규정이 없으면 그 권리의 양도에 관한 방법에 의하여야 하므로(민법 346조), 채권에 대하여 질권을 설정하기 위해서는 질권설정의 합의와 채권양도의 절차를 밟으면 된다.

질권의 목적이 되는 채권이 서당권에 의하여 담보되는 것(저당권부 채권)인 때에는 저당권은 채권과 분리하여 양도 또는 담보로 제공될 수 없으므로(민법 361조) 그 저당권등기에 질권의 부기등기를 하여야 질권의 효력이 저당권에 미친다(민법 248조). 저당권에 의하여 담보되는 채권에 대하여 질권을 설정하면 저당권의 부종성에 의하여 저당권도 당연히 권리질권의 목적으로 되지만, 만약 이를 공시하지 않으면 거래안전에 위협이 될 수 있기 때문에 민법 348조의 특칙을 두고 있다.

2. 저당권부채권에 대한 질권의 등기사항

저당권으로 담보한 채권을 질권의 목적으로 한 때에는 그 저당권등기에 질권의 부기등기를 하여야 그 효력이 저당권에 미친다(민법 제348조).

등기관이 「민법」 제348조에 따라 저당권부채권(抵當權附債權)에 대한 질권의 등기를 할 때에는 법 제48조(등기사항)에서 규정한 사항 외에 다음 각 호의 사항을 기록하여야 한다(개정법 제76조 제1항).

  1. 채권액 또는 채권최고액

2. 채무자의 성명 또는 명칭과 주소 또는 사무소 소재지

3. 변제기와 이자의 약정이 있는 경우에는 그 내용

등기관이 「동산·채권 등의 담보에 관한 법률」 제37조에서 준용하는 「민법」 제348조에 따른 채권담보권의 등기를 할 때에는 제48조에서 정한 사항 외에 다음 각 호의 사항을 기록하여야 한다(법 제76조 제2항).

1. 채권액 또는 채권최고액

2. 채무자의 성명 또는 명칭과 주소 또는 사무소 소재지

3. 변제기와 이자의 약정이 있는 경우에는 그 내용

3. 등기 신청절차

(1) 등기신청인

저당권부채권에 대한 질권설정등기 신청의 경우 등기신청서에는 채권자인 질권자를 등기권리자로, 채무자인 저당권자를 등기의무자로 표시하여 공동으로 신청하여야 한다(법 제23조 제1항).

(2) 저당권부 권리질권설정등기신청서의 기재사항

저당권에 대한 권리질권의 등기를 신청하는 경우에는 일반적인 기재사항(규칙 제43조)외에 질권의 목적인 채권을 담보하는 저당권의 표시에 관한 사항과 법 제76조제1항의 등기사항을 신청정보의 내용으로 등기소에 제공하여야 한다(규칙 제132조 제1항, 제43조 제1항).

저당권에 대한 채권담보권의 등기를 신청하는 경우에는 담보권의 목적인 채권을 담보하는 저당권의 표시에 관한 사항과 법 제76조제2항의 등기사항을 신청정보의 내용으로 등기소에 제공하여야 한다(규칙 제132조 제2항).

등기의 목적은 '○번 저당권부권리질권설정'으로, 등기원인은 '○○○○년 ○월 ○일 설정계약'으로 기재한다(규칙 제43조 제1항 제5호, 제6호).

(가) 부동산의 표시(규칙 제43조 제1항 제1호)

질권을 설정하고자 하는 저당권설정등기가 경료된 부동산을 기재한다.

(나) 등기원인과 그 연월일(규칙 제43조 제1항 제5호)

채권질권설정계약의 성립일자를 기재하며 등기원인은 '저당권부권리질권설정계약'이라고 기재한다.

(다) 등기의 목적(규칙 제43조 제1항 제6호)

등기의 목적은 '저당권부권리질권설정'이라고 기재한다.

(라) 채권액 또는 채권최고액

권리질권에 의하여 담보되는 채권액을 기재한다(법 제76조 제1항 제1호).

(마) 채무자의 표시

채무자는 성명, 주소를 기재한다(법 제76조 제1항 제2호).

(바) 변제기와 이자의 약정이 있는 때에는 그 내용(법 제76조 제1항 제3호)

(사) 담보할 저당권의 표시

담보할 저당권의 접수 연월일, 접수번호를 기재한다(예 ○○○○년 ○월 ○일 제○○○호. 순위0번의 저당권)(규칙 제132조 제1항).

(아) 신청인(규칙 제43조 제1항 제2호)

등기의무자란에는 저당권자의 성명, 주민등록번호, 주소를 기재하며, 등기부상 저당권자의 표시와 일치하여야 하며, 등기권리자란에는 질권자의 성명, 주민등록번호, 주소를 기재한다.

(3) 저당권부 권리질권설정등기신청서의 첨부서면

등기원인서면으로 권리질권의 설정계약서를, 등기의무자의 등기필증으로 근저당권설정등기필증을 첨부하고, 권리질권자의 주민등록번호나 부동산등기용등록번호를 증명하는 서면을 첨부하여야 한다. 등기의무자(근저당권자)의 인감증명은 첨부할 필요가 없다(규칙 제46조 제1항).

근저당권부 질권의 부기등기에 대해서는 매 1건당 6,000원의 등록세 및 지방교육세(선례 5-884), 등기신청수수료를 각 납부하여야 한다. 국민주택채권은 매입하지 않아도 된다(선례 6-348).

(가) 신청서(규칙 제46조 제1항)

(나) 등기원인을 증명하는 서면(규칙 제46조 제1항 제1호)

저당권부 권리질권설정계약서를 등기원인증서로 첨부한다.

(다) 등기의무자의 권리에 관한 등기필정보(법 제50조 제2항, 규칙 제43조 제1항 제7호)

등기필정보를 멸실하여 첨부할 수 없는 경우에는 부동산등기법 제51조에 의하여 확인서면이나 확인조서 또는 공증서면 중 하나를 첨부한다.

(라) 주민등록등(초)본(규칙 제46조 제1항 제6호)

(마) 등록면허세 영수필확인서(지방세법 제28조 1항 1호 다 2))

저당권부채권질권설정등기신청서에는 매 1 건당 6,000원의 등록세를 납부하여야 한다(등기선례요지집 제5권 884항, 제6권 348항, 지방세법 제28조 1항 마).

(바) 위임장(규칙 제46조 제1항 제5호)

(사) 등기신청수수료증지(법 제22조 3항)

(4) 등기부기재례

저당권부 권리질권설정등기(민법제345조, 제348조)의 등기부기재례는 다음과 같다.

4. 질권의 이전등기

근저당권부 채권의 질권자가 해당 질권을 제3자에게 전질한 경우 「부동산등기법」 제3조에 의하여 질권의 이전등기를 할 수 있다. 근저당권부 채권에 질권이 설정된 경우 질권자의 동의 없이는 근저당권의 채권최고액을 감액하는 근저당권변경등기를 할 수 없다(2010. 5. 3. 부동산등기과 - 870 질의회답).

〔별 지〕
• 근저당권부 권리질권 설정 192 〈부동산등기기재례집 p. 146〉

【을 구】(소유권 이외의 권리에 관한 사항)				
순위번호	등기목적	접수	등기원인	권리자 및 기타사항
1	근저당권 설정	2002년 9 월 11일 제174호	2002년 9 월 10일 설정계약	채권최고액 금30,000,000원 채무자 이 병 성 서울시 종로구 혜화동 2 근저당권자 김 갑 남 501212-1345689 서울시 종로구 혜화동 10 공동담보 토지 서울특별시 종로구 혜화동 1
1-1	1 번근저당권부권리질권 설정	2003년 2 월 2 일 제3500호	2003년 1월 30일 설정계약	채권액 금2,000,000원 변제기 2003년 8 월 30일 이 자 월 2 푼 채무자 이 을 여 서울시 종로구 혜화동 1 채권자 박 갑 일 400704-1188149 서울시 종로구 혜화동 15 공동담보 토지 서울특별시 종로구 혜화동 1 을구 제 1 번의 근저당권

【을 구】(소유권 이외의 권리에 관한 사항)				
순위번호	등기목적	접수	등기원인	권리자 및 기타사항
1-1	1 번근저당 권부권리질 권 설정	2003년 5월 2일 제11567호	2003년 4월 30일 설정계약	채권액 금2,000,000원 변제기 1990년 8월 30일 이 자 월 2 푼 채무자 이 을 여 서울시 종로구 혜화동 1 채권자 박 갑 일 400704-1188149 서울시 종로구 혜화동 15 공동담보 토지 서울특별시 노원구 상계동 100-5 을구 제 1 번의 근저당권
1-1-1	1-1번질권이 전	2003년 7월 10일 제13000호	2003년 7월 9일 채권양도	채권자 김 삼 돌 410105-2154785 서울시 종로구 혜화동 9

주 : 1 번부기1호의 권리자의 표시를 말소하는 기호를 기록한다.

저당권부권리질권 설정등기신청

접 수	년 월 일	처 리 인	등기관 확인	각종통지
	제 호			

부동산의 표시	
등기원인과 그 연월일	2011년 10월 1일 저당권부 권리질권설정계약
등 기 의 목 적	저당권부 권리질권설정
채 권 액	금 ○○,○○○,○○○원
변 제 기	2011년 ○월 ○일
이 자	년 ○할
이 자 지 급 시 기	○○○○년 ○월 ○일
채 무 자	○○○ 서울 ○○구 ○○동 ○○
설 정 할 지 분	
담보할저당권의 표시	2011년 ○월 ○일 접수 제 호로 등기된 저당권

구분	성 명 (상호 · 명칭)	주민등록번호 (등기용등록번호)	주소(소재지)	지분 (개인별)
등기의무자	○ ○ ○ (저당권자)			
등기권리자	○ ○ ○ (질권자)			

등 록 면 허 세	금		원
지 방 교 육 세	금		원
농 어 촌 특 별 세	금		원
등 기 신 청 수 수 료	금		원
	납부번호 :		

등기의무자의 등기필정보		
부동산고유번호		
성명(명칭)	일련번호	비밀번호

첨 부 서 면	
1. 저당권부질권설정계약서 통 2. 등록면허세영수필확인서 통 3. 등기필증 통 4. 주민등록등(초)본 통 5. 위임장 6. 등기신청수수료현금영수필확인서 1통	<기타>

2011년 10월 1일

위 신청인 김 ○ ○ ㊞   (전화 :   )
(또는) 위 대리인   (전화 :   )

○○지방법원 등기소 귀중

채권질권설정계약서

제1조 채무자 김○○는 질권자 박○○로부터 금 5,000,000만원을 차용할 것을 약속하고 이를 수령한다.

제2조 전조 차입금의 변제는 2002년 10월 31로 하고 이자는 년 2 할 4 푼, 그 지급기는 매월 말일로 한다.

제3조 전조의 이자지급을 이행하지 않을 경우에는 일변 ○전의 위약금을 지급한다.

제4조 제1조의 대여금의 변제장소는 변제시 질권자의 주소로 한다.

제5조 채무자는 채무의 이행을 담보하기 위하여 2000년 3 월 1일자 금전소비대차계약에 의하여 2002년 10월 31일 채무자 김○○가 ○○시 ○○동 ○○번지 ○○○으로부터 받을 금 5,000,000원의 아래 부동산에 관한 저당권부채권(2000년 2월 1일 접수 제1000호 순위 제 1 번 저당권)에 대하여 질권을 설정하고 질권자는 당해 채권증서의 교부를 받았다.

제6조 질권자는 저당물건이 공매처분에 붙여지거나 또는 수용되었을 때 및 저당권의 해제가 있었을 때에는 변제기 전이라도 질권의 목적인 채권을 징수, 채무의 변제에 충당할 수 있다.

2011년 9월 1일

채권자 박 ○ ○ ○
주소 :
채무자 김 ○ ○ ○
주소 :

[부동산의 표시]생략

5. 저당권부채권에 대한 채권담보권의 부기등기

등기관이 「동산·채권 등의 담보에 관한 법」 제37조에서 준용하는 「민법」 제348조에 따른 채권담보권의 등기를 할 때에는 부동산등기법 제48조에서 정한 사항 외에 다음 각 호의 사항을 기록하여야 한다(법 제76조 제2항).

1. 채권액 또는 채권최고액
2. 채무자의 성명 또는 명칭과 주소 또는 사무소 소재지
3. 변제기와 이자의 약정이 있는 경우에는 그 내용

저당권에 대한 채권담보권의 등기를 신청하는 경우에는 담보권의 목적인 채권을 담보하는 저당권의 표시에 관한 사항과 법 제76조 제2항의 등기사항을 신청정보의 내용으로 등기소에 제공하여야 한다(규칙 제132조 제2항).

(1) 등기신청인

채권담보권의 부기등기는 저당권자가 등기의무자가 되고 채권담보권자가 등기권리자가 되어 공동으로 신청한다. 이 경우 저당권자는 법인 또는 상업등기법에 따라 상호등기를 한 사람이어야 한다(등기예규 제1462호 제2조).

(2) 채권담보권의 부기등기신청서 기재사항

채권담보권의 부기등기를 신청하는 경우에는 규칙 제43조에서 정한 일반적인 신청정보 외에 담보권의 목적인 채권을 담보하는 저당권의 표시, 채권액 또는 채권최고액, 채무자의 표시 및 변제기와 이자의 약정이 있는 경우에는 그 내용을 신청정보의 내용으로 등기소에 제공하여야 한다(위예규 제3조 제1항).

등기의 목적은 "저당권부 채권담보권의 설정"이라 하고, 채권담보권의 목적이 되는 저당권의 표시는 "접수 ○○년 ○○월 ○○일 제○○○호 순위 제○번의 저당권"과 같이 한다(제3조 제2항).

(3) 채권담보권의 부기등기신청서 첨부서면

채권당보권의 부기등기를 신청하는 경우에는 규칙 제46조에서 정한 일반적인 첨부정보 외에 등기원인을 증명하는 정보로 채권담보권설정계약서와 「동산·채권 등의 담보에 관한 법률」에 따라 채권담보권등기가 되었음을 증명하는 등기사항증명서를 첨부정보로서 등기소에 제공하여야 한다(위예규 제4조).

(4) 등록세·등기신청수수료의 납부

채권담보권의 부기등기를 신청하는 경우에는 매 1건당 6천원에 해당하는 등록면허세를 납부하고, 매 부동산별로 3,000원에 해당하는 등기신청수수료를 납부하여야 한다(위 예규 제5조 제1항).

(5) 국민주택채권의 매입면제

채권담보권의 부기등기를 신청하는 경우에 국민주택채권은 매입하지 아니한다(위 예규 제5조 제2항).

(6) 등기실행절차(부기등기)

채권담보권의 부기등기는 채권담보권의 목적이 된 저당권등기에 부기등기로 한다.

등기관이 채권담보권의 부기등기를 할 때에는 법 제48조의 일반적인 등기사항 외에 채권액 또는 채권최고액, 채무자의 표시, 변제기와 이자의 약정이 있는 경우에는 그 내용 및 저당권이 공동저당인 경우에는 공동담보인 뜻을 기록하여야 한다(위 예규 제6조 1~2항).

(7) 등기기록례

채권담보권의 부기등기에 관한 등기기록례는 별지와 같다(위 예규 제7조).

[별지] 채권담보권의 부기등기에 따른 등기기록례

【을 구】 (소유권 이외의 권리에 관한 사항)				
순위번호	등기목적	접수	등기원인	권리자 및 기타사항
1	근저당권 설정	2009년 10월 12일 제13578호	2009년 10월 11일 설정계약	채권최고액 금300,000,000원 채무자 장동군 서울 강남구 테헤란로 568 근저당권자 이병한 700407-1234567 서울 서초구 서초대로 123 공동담보 토지 서울특별시 강남구 삼성동 110
1-1	1번 근저당 권부 채권 담보권	2011년 11월 11일 제13673호	2011년 11월 9일 설정계약	채권최고액 금200,000,000원 변제기 2012년 12월 25일 이자 월 2푼 채무자 한이슬 서울시 종로구 광화문로 321 채권자 김희선 74104-2012345 서울시 송파구 송파대로 345 공동담보 토지 서울특별시 강남구 삼성동 110 을구 제1 번의 근저당권

제10절 근저당권에 관한 등기

1. 근저당권의 의의

근저당이라 함은 계속적인 거래관계(예) 당좌대월계약, 어음할인계약등)로부터 발생하는 불특정 다수의 채권을 장래의 결산기에 일정한 한도액까지 담보하기 위하여 설정하는 저당권을 말하며, 이를 '근저당권'이라고 한다(민 제357조). 근저당권은 담보할 채권의 최고액만을 정하고 채무의 확정을 장래에 유보하여 설정하는 저당권을 말한다.

장래의 채권의 담보이기는 하지만 특정·단일의 채권을 담보하는 것이 아니라, 증감·변동하는 일단의 불특정 채권을 최고한도 내에서 담보하는 점에 특색이 있다. 근저당은 장래의 채권을 위한 담보로서 저당권의 부종성 완화에 의해 인정된 제도이다.

(1) 근저당권의 내용

근저당권 설정계약 당시에 있어서는 근저당권이 담보한 채권한도액만을 표시함으로써 족하고 그 기간의 확정을 장래에 유보할 수도 있다(대판 1959. 5. 14. 4291민상564). 근저당에 있어서는 그 피담보채권은 근저당권설정계약에서 약정한 확정시기에 있어서의 채권을 담보하는 것이며 또 그 확정시기는 당사자 간의 약정에 의하여 연장할 수 있다(대판 1961. 12. 14. 4293민상893).

(2) 근저당권과 보통저당권의 차이

근저당권은 장래 채권의 발생을 기대할 수 있는 기본적 법률관계 있음을 그 요건으로 하는 것이나 그 기본관계가 종료하여 피담보채권이 확정된 때에는 보통저당권과 아무 차이가 없다(대판 1962. 5. 10. 62다138).

(3) 근저당에 의하여 담보되는 채권액의 범위

근저당권에 의하여 담보되는 채권액의 범위는 결산기에 이르러 확정되는 채권 중 근저당권설정계약에 정하여진 채권최고액을 한도로 하는 것이고 민법 제357조의 "그 담보할 채무의 최고액"이란 뜻도 같은 내용으로 해석할 것이다(대판 1971. 4. 6. 71다26).

민법 제357조 제2항의 근저당의 경우에는 채무의 이자를 최고증액에 산입한 것으로 본다는 취지의 규정은 근저당권에 있어서 채무최고액 약정에는 원본은 물론 그 이자까지도 산입되어 있는 것으로 본다는 취지의 규정에 불과하고 원본과 이자를 포함하여 채무최고액을 초과할 수 없다는 규정이라고는 볼 수 없다(대법원 1972. 1. 26. 71마1151).

근저당권자가 그 피담보채무의 불이행을 이유로 경매신청을 한 때에는 그 경매신청시에 근저당권은 확정되는 것이며 근저당권이 확정되면 그 이후에 발생하는 원금채권은 그 근저당권에 의하여 담보되지 않는다(대판 1988. 10. 11. 87다카545).

(4) 근저당권을 피담보채권과 분리하여 양도할 수 있는지 여부(소극)

저당권을 그 담보한 채권과 분리하여 다른 사람에게 양도하거나 또는 다른 채권의 담보로 할 수는 없는 것이며, 이는 특별한 경우를 제외하고 근저당권이라 하여 다를 바가 없다(대판 1974. 2. 26. 72다2560).

(5) 근저당권설정등기의 유용

근저당권설정등기의 유용(流用)은 그 유용합의 이전에 있어서 등기상의 이해관계가 있는 제3자가 없는 경우에 한하여 가능한 것이므로 유용합의 이전에 가등기권자가 있는 경우에는 근저당권설정등기 유용에 관한 합의는 가등기권자에 대한 관계에 있어서 그 효력이 없으며 그 범위 내에서 위 등기는 실체관계에 부합치 아니하는 무효의 등기다(대판 1974. 9. 10. 74다482).

(6) 근저당권의 피담보채무의 확정시기(경매신청 시)

근저당권설정계약이나 기본계약에서 결산기를 정하거나 근저당권의 존속기간이 있는 경우라면 원칙적으로 결산기가 도래하거나 존속기간이 만료한 때에 피담보채무가 확정된다. 여기에서 결산기의 지정은 일반적으로 근저당권 피담보채무의 확정시기와 방법을 정한 것으로서 피담보채무의 이행기에 관한 약정과는 구별된다. 근저당권의 존속기간이나 결산기를 정하지 않은 때에는 피담보채무의 확정방법에 관한 다른 약정이 있으면 그에 따르고, 이러한 약정이 없는 경우라면 근저당권설정자가 근저당권자를 상대로 언제든지 계약 해지의 의사표시를 함으로써 피담보채무를 확정시킬 수 있다(대판 2017. 10. 31. 2015다65042).

근저당권자가 피담보채무의 불이행을 이유로 경매신청을 한 경우에는 경매신청시에 근저당권의 피담보채무액이 확정되고, 그 이후부터 근저당권은 부종성을 가지게 되어 보통의 저당권과 같은 취급을 받게 된다(대판 1997. 12. 9. 97다25521).
후순위 근저당권자가 경매를 신청한 경우 선순위 근저당권의 피담보채권은 그 근저당권이 소멸하는 시기, 즉 경락인이 경락대금을 완납한 때에 확정된다고 보아야 한다(대판 1999. 9. 21. 99다26085).

피담보채무는 근저당권설정계약에서 근저당권의 존속기간을 정하거나 근저당권으로 담보되는 기본적인 거래계약에서 결산기를 정한 경우에는 원칙적으로 존속기간이나 결산기가 도래한 때에 확정되지만, 이 경우에도 근저당권에 의하여 담보되는 채권이 전부 소멸하고 채무자가 채권자로부터 새로이 금원을 차용하는 등 거래를 계속할 의사가 없는 경우에는, 그 존속기간 또는 결산기가 경과하기 전이라 하더라도 근저당권설정자는 계약을 해지하고 근저당권설정등기의 말소를 구할 수 있고, 한편 존속기간이나 결산기의 정함이 없는 때에는 근저당권의 피담보채무의 확정방법에 관한 다른 약정이 있으면 그에 따르되 이러한 약정이 없는 경우라면 근저당권설정자가 근저당권자를 상대로 언제든지 해지의 의사표시를 함으로써 피담보채무를 확정시킬 수 있다(대판 2002. 2. 26. 2000다48265, 2002. 5. 24. 2002다7176).

2. 저당권과 근저당권의 등기절차 상의 차이

근저당과 보통의 저당권과의 차이는
1) 보통의 저당권이 현재 확정액의 채권에 부종하여 성립하는데 반하여 근저당권은 장래의 증감·변동하는 불특정채권을 담보하므로 결산일에 피담보채권이 확정되기 전까지는 피담보채권이 소멸하더라도 저당권은 소멸하지 않으며,
2) 보통의 저당권은 변제에 따라 피담보채권의 소멸, 즉 채권액의 소멸이 이루어지는 데 반하여, 근저당은 현재의 채무 없이도 저당권이 성립하고 한 번 성립한 채권은 변제되어도 차순위의 저당권의 순위가 승격하지 않으며, 결산기 전의 변제는 피담보채권액의 소멸을 가져오지 않고,

3) 보통의 저당권에 있어서는 피담보채권액이 등기되는 데 반하여, 근저당에서는 피담보 채권 최고액이 등기되는 것이다. 근저당은 근저당이라는 뜻과 채권의 최고액(이자를 포함한 원리금의 최고한도액) 및 채무자를 등기하여야 한다. 계속적 거래관계가 종료하면 채권액이 확정되고 근저당권자는 우선변제를 받을 수 있게 된다.

제1관 근저당권설정등기

근저당권설정등기란 계속적인 거래관계로부터 발생하는 다수의 불특정 채권을 담보하는 것을 목적으로 저당권을 설정한 후 결산기에 이르러 채권최고액의 한도 내에서 우선 변제를 받을 수 있는 특수한 저당권의 일종으로서 이를 등기하는 것이다(법 제75조 제2항).

1. 근저당권설정계약

(1) 근저당권설정계약의 당사자

근저당권설정계약의 당사자는 채권자(근저당권자)와 담보제공자(근저당권설정자)이다. 설정자는 채무자인 것이 보통이나, 채무자 이외의 제3자(물상근보증인)도 될 수 있다(민법 제356조. 제341조. 제370조). 근저당권설정계약서에 날인된 인영이 반드시 인감과 동일할 필요는 없으나 위임장에 날인된 인영은 그 인감과 동일하여야 한다.

(2) 채권자 아닌 제3자 명의의 근저당권설정등기의 효력(한정 유효)

근저당권은 채권담보를 위한 것이므로 원칙적으로 채권자와 근저당권자는 동일인이 되어야 하고, 다만 제3자를 근저당권 명의인으로 하는 근저당권을 설정하는 경우 그 점에 관하여 채권자와 채무자 및 제3자 사이에 합의가 있고, 채권양도, 제3자를 위한 계약, 불가분적 채권관계의 형성 등 방법으로 채권이 그 제3자에게 실질적으로 귀속되었다고 볼 수 있는 특별한 사정이 있는 경우에 한하여 제3자 명의의 근저당권설정등기도 유효하다(대판 2007. 1. 11. 2006다50055).

등기가 실체적 권리관계에 부합한다고 하는 것은 그 등기절차에 어떤 하자가 있더라도 진실한 권리관계와 합치되는 것을 의미하는바, 채권자가 채무자와 사이에 근저당권설정계약을 체결하였으나 그 계약에 기한 근저당권설정등기가 채권자가 아닌 제3자의 명의로 경료되고 그 후 다시 채권자가 위 근저당권설정등기에 대한 부기등기의 방법으로 위 근저당권을 이전 받았다면 특별한 사정이 없는 한 그 때부터 위 근저당권설정등기는 실체관계에 부합하는 유효한 등기로 볼 수 있다(대판 2007. 1. 11. 2006다50055).

2. 피담보채권의 성립(담보할 채무)

(1) 피담보채권을 성립시키는 법률행위

근저당권은 그 담보할 채무의 최고액만을 정하고, 채무의 확정을 장래에 보류하여 설정하는 저당권으로서, 계속적인 거래관계로부터 발생하는 다수의 불특정채권을 장래의 결산기에서 일정한 한도까지 담보하기 위한 목적으로 설정되는 담보권이므로 근저당권설정행위와는 별도로 근저당권의 피담보채권을 성립시키는 법률행위가 있어야 한다(대법원 2004. 5. 28. 선고 2003다70041).

(2) 근저당권의 피담보채권의 범위

근저당권의 효력은 피담보채권의 원본과 제한이자율의 범위 내인 약정이자 전부에 미친다(대판 1969. 1. 28. 68다2294). 근저당권은 그 설정계약으로 약정한 거래관계로 인하여 장차 발생할 가능성이 있는 채권을 담보하기 위하여 미리 그 담보채권의 최고액을 정하여 설정하여 두는 것으로서 그것이 현실적으로 담보하는 채권은 약정거래를 결산할 당시의 그 최고액 한도 내에서 인정되는 실존액(實存額)이다(대판 1969. 2. 4. 68다2329).

근저당권자가 그 피담보채무의 불이행을 이유로 경매를 신청한 때에는 그 경매신청 시에 근저당권은 확정되는 것이며 근저당권이 확정되면 그 이후에 발생하는 원금채권은 그 근저당권에 의하여 담보되지 않는다(1988. 10. 11. 87다카545).

근저당권이 있는 채권이 가압류되는 경우, 근저당권설정등기에 부기등기의 방법으로 그 피담보채권의 가압류사실을 기입등기하는 목적은 근저당권의 피담보채권이 가압류되면 담보물권의 수반성에 의하여 종된 권리인 근저당권에도 가압류의 효력이 미치게 되어 피담보채권의 가압류를 공시하기 위한 것이므로, 만일 근저당권의 피담보채권이 존재하지 않는다면 그 가압류명령은 무효라고 할 것이고, 근저당권을 말소하는 경우에 가압류권자는 등기상 이해관계 있는 제3자로서 근저당권의 말소에 대한 승낙의 의사표시를 하여야 할 의무가 있다(대법원 2004. 5. 28. 선고 2003다70041)

3. 비영리종교법인(재단 법인)의 기본재산의 담보제공

재단법인으로서 공익법인이 아닌 비영리종교법인은 정관에 특단의 규정이 없는 한 주무관청의 승인 없이도 기본재산을 담보로 제공하고 그에 따른 등기를 할 수 있다(등기선례요지집 제6권 50항). 종교단체소유의 부동산에 대하여 근저당권설정등기를 신청하는 경우에는 국민주택채권을 매입하여야 할것이다(등기선례요지집 제5권 889항).

4. 유치원으로 사용되고 있는 부동산의 담보제공 가부(소극)

(1) 사립학교법에 의한 유치원 경영자(담보제공불가)

자기 소유의 토지 및 건물에 사립학교법에 의하여 유치원(유아교육법 제2조 2호, 제7조. 사립학교법 제28조 제2항 참조)을 설립·경영하고 있는 자는 사립학교법 제2조 제3항 소정의 사립학교 경영자(사립학교법 제2조 3항)이므로, 그 유치원을 폐원하지 않는 한 유치원으로 사용되고 있는 건물 및 토지를 타인에게 매도하거나 담보제공을 할 수 없다(사립학교법 제28조 2항 제51조, 등기선례요지집 제 5권 68항. 제4권 104항. 등기예규 제887호 제5조).

(2) 부동산소유자가 사립학교법상 사립학교 경영자가 아닌 때(담보제공허용)

토지대장·건축물대장 또는 등기부 등에 의하여 당해 부동산이 유치원교육에 직접 사용되는 부동산임을 알 수 있는 경우에도 그 소유자가 사립학교법상 사립학교경영자가 아닌 때에 한하여 그 소유명의인은 그 부동산을 매도하거나 담보에 제공할 수 있다(등기선례요지집 제5권 82항). 다만 그러한 등기신청서에는 그 소유명의인이 사립학교경영자가 아니라는 사실을 증명하는 서면을 첨부하여야 할 것이다(등기선례 5권 82항).

🔍 판 례

> [1] 사립학교법 제28조 제2항, 사립학교법 시행령 제12조는 학교교육에 직접 사용되는 학교법인의 재
> 산 중 교지, 교사, 체육장, 실습 또는 연구시설 등은 매도하거나 담보에 제공할 수 없다고 규정하
> 고 있고, 사립학교법 제51조는 사립학교 경영자에게도 학교법인에 관한 같은 법 제28조 제2항을
> 준용한다고 규정하고 있다. 그러므로 사립학교 경영자가 사립학교의 교지, 교사로 사용하기 위하여
> 출연·편입시킨 토지나 건물이 등기부상 사립학교 경영자 개인 명의로 있는 경우에도 그 토지나
> 건물에 관하여 마쳐진 근저당권설정등기는 사립학교법 제51조에 의하여 준용되는 같은 법 제28조
> 제2항 제2항, 같은 법 시행령 제12조에 위배되어 무효이다(대판 2011. 9. 29. 2010다5892).

5. 공유지분(지분일부)에 대한 근저당권 설정등기

지분권의 처분은 자유이므로(민 제263조 전단) 지분권자는 그 지분권 위에 자유로 저당권을 설
정할 수 있다. 따라서 공유자는 다른 공유자의 동의 없이 자기지분(갑구 ○번 ○○○지분 ○○○중 ○○
근저당권설정)에 대한 저당권설정등기신청을 할 수 있으므로 등기의 목적인 지분이 특정되는 이
상 그에 대한 저당권설정등기는 적법하다(등기선례요지집 제1권 100항,m 409항, 429항, 등기예규 제1356호).
그러나 합유지분(민법 제273조 1항)에 관한 저당권설정계약은, 비록 다른 조합원 전원의 동의를
얻었다 하여도, 물권적 효과가 발생하지 아니한다고 한다.

🔍 판 례

> [1] 부동산의 일부 공유지분에 관하여 저당권이 설정된 후 부동산이 분할된 경우, 그 저당권은 분할된
> 각 부동산 위에 종전의 지분비율대로 존속하고, 분할된 각 부동산은 저당권의 공동담보가 된다.
> [2] 저당권이 설정된 1필의 토지가 전체 집합건물에 대한 대지권의 목적인 토지가 되었을 경우에는 종
> 전의 저당목적물에 대한 담보적 효력은 그대로 유지된다고 보아야 하므로 저당권은 개개의 전유부
> 분에 대한 각 대지권 위에 분화되어 존속하고, 각 대지권은 저당권의 공동담보가 된다고 봄이 타당
> 하다. 따라서 집합건물이 성립하기 전 집합건물의 대지에 관하여 저당권이 설정되었다가 집합건물
> 이 성립한 후 어느 하나의 전유부분 건물에 대하여 경매가 이루어져 경매 대가를 먼저 배당하는
> 경우에는 저당권자는 매각대금 중 대지권에 해당하는 경매 대가에 대하여 우선변제받을 권리가 있
> 고 그 경우 공동저당 중 이른바 이시배당에 관하여 규정하고 있는 민법 제368조 제2항의 법리에
> 따라 저당권의 피담보채권액 전부를 변제받을 수 있다고 보아야 한다(대판 2012. 3. 29. 2011다
> 74932).

6. 부동산의 일부에 대한 저당권설정등기 가부(소극)

1필의 토지 또는 1동의 건물 중 특정 일부(예 76.91㎡ 중 동쪽 42.93㎡)에 대하여는 이를 분할 또는 구분하기 전에는 저당권을 설정할 수 없다(등기선례요지집 제1권 429항).

7. 근저당권의 피담보채권의 확정시기

(1) 근저당권에 의하여 담보되는 피담보채권의 확정시기

근저당권을 실행하여 피담보채권의 우선변제를 받기 위하여는 채권이 확정되어야 한다.

저당권의 피담보채권은 특정채권이지만 근저당권의 피담보채권은 기본계약이 존속하는 동안에는 특정되지 않고 증감·변동하다가 일정한 사유가 있으면 구체적으로 확정한다.

근저당권에 의하여 담보되는 피담보채권은 ① 근저당권의 설정계약 내지 기본계약이 규정하고 있는 결산기가 도래하거나, ② 근저당권의 존속기간이 있는 경우 그 기간이 만료되거나, ③ 기본계약 또는 근저당권 설정계약이 해지 또는 해제되는 때(대판 2002. 2. 26. 2000다48265. 2002. 5. 24. 2002다7176), ④ 근저당권자가 경매를 신청하는 때(대판 1997. 12. 9. 97다25521. 2002. 11. 26. 2001다73022, 2007. 4. 26. 2005다38300), ⑤ 제3자(예를 들어 후순위저당권자)가 경매신청한 경우에는 경매 매수인이 매각대금을 완납한 때(대판 1999. 9. 21. 99다26085) ⑥ 후순위근저당권자가 경매를 신청한 경우, 선순위근저당권자의 피담보채권액이 확정되는 시기는 경낙대금 완납시(대판 1999. 9. 21. 99다20685). 등의 경우에 확정된다. 근저당권의 존속기간의 약정이 없는 때에는 다른 특약이 없는 한 당사자는 기본계약 또는 설정계약을 언제든지 해지할 수 있다(대판 2002. 5. 24. 2002다7176). 피담보채권이 일단 확정되면 그 후에 발생하는 채권은 그 근저당권에 의하여 담보되지 못하고(대판 1988. 10. 11. 87다카545), 확정시부터 근저당권은 보통의 저당권으로 전환된다(대판 1963. 2. 7. 62다796).

(2) 근저당권의 존속기간의 정함이 없는 경우

근저당권의 피담보채권은 기본계약의 존속기간이나 결산기, 근저당권의 존속기간 등의 정함이 있으면 그 시기의 도래에 의하여 확정되나, 기본계약에 그 존속기간의 정함이 없고 또 근저당권의 존속기간의 정함도 없는 경우에는 그 기본계약을 해지하였을 때에 채권액이 확정된다(1966. 3. 22. 66다68).

(3) 후순위 근저당권자가 경매를 신청한 경우

후순위 근저당권자가 경매를 신청한 경우 선순위 근저당권의 피담보채권은 그 근저당권이 소멸하는 시기, 즉 매수인이 매각대금을 완납한 때에 확정된다고 보아야 한다(대판 1999. 9. 21. 99다26085, 2002. 2. 26. 2000다48265).

근저당권자의 경매신청 등의 사유로 인하여 근저당권의 피담보채권이 확정되었을 경우, 확정 이후에 새로운 거래관계에서 발생한 원본채권은 그 근저당권에 의하여 담보되지 아니하지만, 확정 전에 발생한 원본채권에 관하여 확정 후에 발생하는 이자나 지연손해금 채권은 채권최고액의 범위 내에서 근저당권에 의하여 여전히 담보되는 것이다(대판 2007. 4. 26. 2005다38300).

(4) 공동근저당권자의 우선변제권범위

공동근저당권자가 목적 부동산 중 일부 부동산에 대하여 제3자가 신청한 경매절차에 소극적으로 참가하여 우선배당을 받은 경우, 해당 부동산에 관한 근저당권의 피담보채권은 그 근저당권이 소멸하는 시기, 즉 매수인이 매각대금을 지급한 때에 확정되지만, 나머지 목적 부동산에 관한 근저당권의 피담보채권은 기본거래가 종료하거나 채무자나 물상보증인에 대하여 파산이 선고되는 등의 다른 확정사유가 발생하지 아니하는 한 확정되지 아니한다. 공동근저당권자가 제3자가 신청한 경매절차에 소극적으로 참가하여 우선배당을 받았다는 사정만으로는 당연히 채권자와 채무자 사이의 기본거래가 종료된다고 볼 수 없고, 기본거래가 계속되는 동안에는 공동근저당권자가 나머지 목적 부동산에 관한 근저당권의 담보가치를 최대한 활용할 수 있도록 피담보채권의 증감·교체를 허용할 필요가 있으며, 위와 같이 우선배당을 받은 금액은 나머지 목적 부동산에 대한 경매절차에서 다시 공동근저당권자로서 우선변제권을 행사할 수 없어 이후에 피담보채권액이 증가하더라도 나머지 목적 부동산에 관한 공동근저당권자의 우선변제권 범위는 우선배당액을 공제한 채권최고액으로 제한되므로 후순위 근저당권자나 기타 채권자들이 예측하지 못한 손해를 입게 된다고 볼 수 없기 때문이다(대판 2017. 9. 21. 2015다50637).

8. 근저당권의 효력

근저당권의 효력은 다음과 같다.

(1) 일반적 효력

근저당권은 증감 변동하는 채권의 '결산기'에 있어서의 총액을 일정한 최고액까지 담보한다. 따라서 결산기가 도래하기 전에 일시적으로 채권액이 최고액을 넘거나 변제·상계 등으로 인한 0으로 되더라도 근저당권에는 영향이 없다.

근저당권자는 결산기에 저당권을 실행하여 우선변제를 받을 수 있다.

(2) 증축된 건물

(가) 증축된 건물이 기존건물과 동일성이 인정되는 경우(부합물)

증축건물이 건물의 구조나 이용상 기존건물과 '동일성'이 인정되어 기존건물에 건물표시 변경등기 형식으로 증축등기를 하였다면, 그 부분은 기존건물에 부합되는 것으로 보아야 하고, 근저당권의 효력은 다른 특별한 규정이나 약정이 없는 한 근저당 부동산에 부합된 부분에도 미치므로(민법 제358조), 증축된 건물에 근저당권의 효력을 미치게 하는 변경등기는 할 필요가 없다(등기예규 제110항; 등기선례요지집 제2권 384항, 5권 433항. 대결 1967. 6. 15. 67마439).
저당권의 효력은 저당부동산에 부합된 물건과 종물에 미친다(민법 제358조). 그러나 법률에 특별한 규정 또는 설정행위에 다른 약정(구 부동산등기법 제140조, 개정법 제75조)이 있으면 그러하지 아니한다(민법 제358조, 제100조 2항).

저당권의 효력이 저당부동산에 부합된 물건과 종물에 미친다는 민법 제358조 본문을 유추하여 보면 건물에 대한 저당권의 효력은 그 건물에 종된 권리인 건물의 소유를 목적으로 하는 지상권에도 미치게 되므로, 건물에 대한 저당권이 실행되어 경락인이 그 건물의 소유권을 취득하였다면 경락 후 건물을 철거한다는 등의 매각조건에서 경매되었다는 등 특별한 사정이 없는 한, 경락인은 건물 소유를 위한 지상권도 민법 제187조의 규정에 따라 등기 없이 당연히 취득하게 된다(1996. 4. 26. 95다52864).

판 례

> 저당권의 효력이 저당부동산에 부합된 물건과 종물에 미친다는 민법 제358조 본문을 유추하여 보면 건물에 대한 저당권의 효력은 그 건물에 종된 권리인 건물의 소유를 목적으로 하는 지상권에도 미치게 되므로, 건물에 대한 저당권이 실행되어 경락인이 그 건물의 소유권을 취득하였다면 경락 후 건물을 철거한다는 등의 매각조건에서 경매되었다는 등 특별한 사정이 없는 한, 경락인은 건물 소유를 위한 지상권도 민법 제187조의 규정에 따라 등기없이 당연히 취득하게 된다(대판 1996. 4. 26, 95다52864).

(나) 기존건물과 별개의 독립건물을 신축한 경우(추가설정)

건물의 구조나 이용상 기존건물과 별개의 '독립건물'을 신축한 경우에는 그 부분은 기존 건물에 부합되지 않는 것이므로, 1 부동산 1 등기용지의 원칙상 그 건물에 대하여 별도의 소유권보존등기를 신청하여야 하는 것이며, 이런 경우 기존건물에 증축등기를 신청할 수 없는데도 증축등기가 경료되었다면 기존건물에 경료된 저당권의 효력은 위 별개의 건물에 미치지 않으며, 위 별개의 건물에 저당권의 효력을 미치게 하는 취지의 변경등기도 신청할 수 없으므로, 기존건물에 경료된 저당권의 효력을 신축건물에 미치게 하기 위해서는 기존 건물에 경료된 증축등기는 말소하고, 건축물대장을 분리하여 새로 보존등기를 한 후 그 보존등기를 바탕으로 저당권을 추가로 설정하여야 한다(대판 1988. 2. 23, 87다카600; 등기선례요지집 제 5 권 443항, 4권 513항).

(다) 저당물에 증축된 부분에 대한 저당권의 효력

저당권의 효력은 저당부동산에 부합(附合)된 물건과 종물(從物)이 미치는 것이 원칙이므로 다른 특별한 사정이 없는 한 저당물에 증축된 부분에 대하여도 저당권의 효력이 미친다(대법원 1966. 7. 20. 66마592, 1967. 6. 15. 67마439).

저당권은 법률에 특별한 규정이 있거나 설정행위에 다른 약정이 있는 경우를 제외하고는 그 저당부동산에 부합된 물건과 종물 이외에 까지 그 효력이 미치는 것이다(대판 1974. 2. 12. 73다298).

(라) 경락인의 증축된 부분에 대한 소유권의 취득

건물의 증축 부분이 기존건물에 부합하여 기존건물과 분리하여서는 별개의 독립물로서의 효용을 갖지 못하는 이상 기존건물에 대한 근저당권은 민법 제358조에 의하여 부합된 증축 부분에도 효력이 미치는 것이므로 기존건물에 대한 경매절차에서 경매목적물로 평가되지 아니하였다고 할지라도 경락인은 부합된 증축 부분의 소유권을 취득한다(대판 2002. 10. 25. 2000다63110).

(3) 구분건물의 전유부분에만 설정된 저당권의 효력범위(대지사용권 포함)

구분건물의 전유부분만에 관하여 설정된 저당권의 효력은 대지사용권의 분리처분이 가능하도록 규약으로 정하는 등의 특별한 사정이 없는 한 그 전유부분의 소유자가 사후에라도 대지사용권을 취득함으로써 전유부분과 대지권이 동일 소유자의 소유에 속하게 되었다면, 그 대지사용권에까지 미치고 여기의 대지사용권에는 지상권 등 용익권 이외에 대지소유권도 포함된다(대판 1995. 8. 22. 94다12722).

구분건물의 전유부분만에 관하여 저당권설정등기가 경료된 후에 대지권등기가 경료되면서 그 저당권설정등기는 전유부분만에 관한 것이라는 취지의 부기등기가 직권으로 경료되었다고 하더라도 이를 대지사용권의 분리처분이 가능하도록 규약으로 정하거나 공정증서로써 정한 경우에 해당한다고 볼 수 없다(대판 2001. 2. 9. 2000다62179).

(4) 건물의 멸실

건물의 철거로 인한 멸실등기가 되면 그 등기용지는 폐쇄되고 근저당권의 담보권으로서의 효력은 소멸한다(대판 1992. 3. 31. 91다39184). 물권은 물건을 직접 지배하는 권리이므로 물건이 멸실하면 물권도 소멸하게 됨은 명문의 규정이 없어도 당연하다.

🔍 판 례

> 가. 소유권보존등기가 되었던 종전건물의 소유자가 이를 헐어 내고 건물을 신축한 경우에 있어 종전건물에 대한 멸실등기를 하고 새 건물에 대한 소유권보존등기를 하기 위하여 종전건물에 대한 소유권보존등기에 터잡아 마쳐진 원인무효의 소유권이전등기 등의 말소를 청구할 소의 이익이 있다.
> 나. 위 "가"항의 경우 새 건물에 대한 근저당권을 설정할 의사를 가지고 종전건물의 등기부에 근저당권설정등기를 하고, 후에 그 표제부 표시를 새 건물로 변경등기하였다고 하여 새 건물에 대한 등기로서 유효하게 된다고 할 수 없다(대법원 1992.3.31. 선고 91다39184 판결【토지소유권이전등기말소】).

9. 근저당권설정등기의 신청절차

(1) 신청인

근저당권설정등기는 근저당권자가 등기권리자가 되고 소유자·지상권자·전세권자 등 근저당권설정자가 등기의무자가 되어 공동으로 신청한다(법 제23조 제1항). 근저당권자는 등기절차에 협력하지 아니하는 근저당권설정자를 피고로 하여 의사진술을 명하는 확정판결을 받아 단독으로 근저당권설정등기를 신청할 수 있다(법 23조 4항).

(2) 근저당권설정 등기신청서의 기재사항

근저당권의 설정등기를 신청하는 경우에는 신청서에 법 제75조 제2항 각호의 사항등을 기재하여야 하며(법 제75조 제2항, 규칙 제43조), 일반적인 기재사항 이외에 등기원인이 근저당권설정계약이라는 뜻과 채권의 최고액 및 채무자를 기재하여야 한다(법 제75조 제2항).

(가) 채권최고액의 기재방법(채권자 또는 채무자별로 채권최고액의 구분기재 불가)

채권최고액은 반드시 단일하게 기재되어야 하고, 채권자 또는 채무자가 수인일지라도 각 채권자 또는 채무자별로 채권최고액을 구분하여(예 채권최고액 : 채무자 갑에 대하여 1억원, 채무자 을에 대하여 2억원 또는 채권최고액 3억원, 최고액의 내역 : 채무자 갑에 대하여 1억원, 채무자 을에 대하여 2억원 등) 기재할 수 없다(등기예규 제1471호. 등기선례요지집 제7권 274항).

채권최고액을 105,000,000원으로 약정한 1개의 근저당권설정계약을 체결한 후 이를 원인서면으로 첨부하여 채권최고액을 9,900,000원으로 하는 10개의 근저당권설정등기와 채권 최고액을 6,000,000원으로 하는 1개의 근저당권설정등기로 분리하여 등기신청을 할 수는 없다(등기선례요지집 제5권 436항).

(나) 채무자의 기재방법

1) 채무자의 표시

근저당권설정등기신청서에는 근저당권설정자와 채무자가 동일인인 경우에도 채무자를 반드시 기재하여야 한다(법 제75조 제2항 제2호 등기예규 제264호). 근저당권설정등기신청서의 "등기의무자"란에는 근저당권설정자의 성명, 주민등록번호, 주소를 기재하되 근저당권설정자는 등기부상의 소유자와 일치하여야 하며, "채무자"란에는 채무자의 성명과 주소를 기재하되 근저당권설정자와 채무자가 동일인인 경우에도 채무자의 표시는 필요적 기재사항이므로 반드시 하여야 한다. 채무의 변제는 제3자도 할 수 있으므로(민법 제469조 제1항) 부동산의 소유자는 타인의 채무를 담보하기 위하여 자기의 부동산에 근저당권을 설정 할 수 있는바 이를 물상보증인(민법 제341조, 제370조)이라고 한다.

채무자가 수인인 경우 그 수인의 채무자가 연대채무자라 하더라도 등기부에는 단순히 채무자로 기재하여야 한다(등기예규 제1471호 제2조 3항).

2) 근저당권설정계약상의 채무자 아닌 자를 채무자로 한 근저당권설정등기의 효력

근저당권설정계약상의 채무자 아닌 제3자를 채무자로 하여 된 근저당권설정등기는 채무자를 달리한 것이므로 근저당권의 부종성에 비추어 원인 없는 무효의 등기다(대판 1981. 9. 8. 80다1468).

3) 법인아닌 사단이나 재단이 채무자인 경우

법인 아닌 사단이나 재단이 (근)저당권설정등기신청서에 채무자로 기재되어 있는 경우, 등기부에 그 사단 또는 재단의 부동산등기용등록번호나 대표자에 관한 사항은 기록할 필요가 없다(등기예규 제1435. 5. (2)).

(다) 민법 제358조 단서의 약정(법 제75조 제2항 제3호)

근저당권 설정등기를 신청할 때 민법 제358조 단서에 관한 약정이 있는 경우에는 그 내용을 기재하여야 한다.

(라) 존속기간(법 제75조 제2항 제4호)

저당권의 존속기간은 이를 반드시 등기할 필요는 없으며, 약정이 있는 경우에만 기재한다(법 제75조 제2항 제4호). 그러나 등기를 한 경우에는 그 기간 만료시를 결산기로 보아야 하므로 그 후에 발생한 채권은 저당권으로써 담보되지 않는다. 또한 당사자의 합의로 결산기를 등기한 시기로부터 연기하여도 그로써 후순위저당권자에게 대항하지 못한다(대판 1961. 12. 14. 4293민상 893). 존속기간의 등기가 없으면 근저당권설정계약의 해지, 즉 기본계약관계에 의한 결산기 도래시의 채권총액이 근저당권에 의해 담보된다.

(3) 근저당권 설정등기신청서의 첨부서면

근저당권설정등기를 신청할 때에는 다음의 서면을 신청정보와 함께 첨부정보로서 등기소에 제공하여야 한다(규칙 제46조 제1항).

(가) 신청서(법 제24조 제1항, 규칙 제46조 제1항)

근저당권설정 등기신청서 양식은 등기예규 제1489호 별표 양식 제9-1-2호 참조.

(나) 등기원인을 증명하는 서면(근저당권 설정계약서, 규칙 제46조 제1항 제1호)

근저당권설정등기신청서에 등기원인을 증명하는 서면으로서 첨부하는 근저당권설정계약서에는 채권최고액과 채무자의 표시 등은 기재되어 있어야 하지만, 채무자의 인영이 반드시 날인되어 있어야만 하는 것은 아니다(등기선례요지집 제6권 32항).

근저당권 설정계약은 물권계약으로서 채권계약의 일종인 소비대차(민법 제598조 내지 제608조)에 관한 증서(인지세법 제32조 제1항 2호)의 "금전소비대차에 관한 증서"에 해당되지 아니하므로 근저당권 설정계약서에는 인지세법의 규정에 의한 인지를 첨부하지 아니한다.

(다) 등기의무자의 권리에 관한 등기필정보(법 제50조 제2항, 규칙 제43조 제1항 제7호)

근저당권 설정자인 소유자의 등기필정보를 첨부하여야 한다. 등기의무자의 권리에 관한 등기필정보로는 등기의무자가 소유권취득 당시 등기소로부터 교부받은 등기필정보를 첨부하면 된다(등기선례요지집 제2권 61항).

등기필정보를 멸실하여 첨부할 수 없는 경우에는 부동산등기법 제51조에 의하여 확인서면이나 확인조서 또는 공증서면 중 하나를 첨부한다.

(라) 위임장(규칙 제46조 제1항 제5호)

대리인에 의하여 등기를 신청할 때에는 그 권한을 증명하는 서면을 첨부하여야 한다.

(마) 인감증명서(규칙 제60조 제1항 제1호)

소유권의 등기명의인이 등기의무자(근저당권설정자)로서 등기를 신청하는 경우에는 등기의무자의 인감증명을 제출하여야 한다.

근저당권설정증등기신청서에 첨부할 인감증명서는 그 사용 용도란에 근저당권설정용이라고 기재되어 있지 않은 것이라도 무방하다(등기선례요지집 제2권 108항).

(바) 주민등록증 등(초)본(규칙 제46조 제1항 제6호)

(사) 공동담보목록(법 제78조 제2항)

동일한 채권에 관하여 수개의 부동산에 관한 권리를 목적으로 하는 근저당권의 설정등기를 신청하는 경우에 부동산이 5개 이상인 때에는 신청서에 공동담보 목록을 첨부하여야 한다(법 제78조 제2항).

(아) 등록면허세영수필(지방세법 제28조 제1항 1호 다 2)

(자) 법인등기부등 · 초본(규칙 제46조 제1항 제6호)

대표자 등의 권한을 증명하는 서면은 법인이 '등기신청인'인 경우에 첨부하는 것이므로(규칙 제46조 제1항 제4호), 법인이 근저당권설정자가 아닌 '채무자'인 근저당권설정등기신청시에는 그 법인등기부등·초본을 첨부할 필요가 없다(등기선례요지집 제6권 43항).

(차) 이사회의 승인결의서의 첨부여부

부동산등기를 신청함에 있어 「상법」 제398조가 적용되는 이사 등과 회사간의 거래라고 하더라도 "이사회의 승인을 증명하는 정보"를 첨부정보로서 등기소에 제공할 필요가 없다 (2012. 4. 6. 부동산등기과-692).

주) 이 선례에 의하여 등기선례요지집 I 제98항, II 제370항, IV 제139항, 제142항, 제451항, 제 456항, 제466항, V 제101항, 제437항, 제445항, VI 제58항, 제61항, 제83항, 제89항, 제337 항, 제438항은 그 내용이 변경됨

[서식 20]

근저당권 설정등기신청				
접수	년 월 일	처리인	등기관확인	각종통지
	제 호			

부동산의 표시	
등기원인과 그 연월일	년 월 일 근저당권설정계약
등 기 의 목 적	근저당권 설정
채 권 최 고 액	금 원
채 무 자	
설 정 할 지 분	

구분	성 명 (상호 · 명칭)	주민등록번호 (등기용등록번호)	주소(소재지)
등기의무자	(근저당권설정자)		
등기권리자	(근저당권자)		

등 록 면 허 세	금	원
지 방 교 육 세	금	원
농 어 촌 특 별 세	금	원
세 액 합 계	금	원
등 기 신 청 수 수 료	금	원
	납부번호 :	
국민주택채권매입금액	금	원
국민주택채권발행번호		

등기의무자의 등기필정보

부동산고유번호		
성명(명칭)	일련번호	비밀번호

첨 부 서 면

1. 근저당설정계약서	통	1. 주민등록표등(초)본	통
1. 등록면허세영수필확인서	통	1. 위임장	통
1. 인감증명나 본인서명사실확인서		1. 등기신청수수료영수필확인서	통
또는 전자본인서명확인서 발급증	통	<기타>	
1. 등기필증	통		

년 월 일

위 신청인 (전화 :)

(또는) 위 대리인 (전화 :)

지방법원 등기소 귀중

-신청서작성요령-

*1. 부동산표시란에 2개 이상의 부동산을 기재하는 경우에는 그 부동산의 일련번호를 기재하여야 합니다.

2. 신청인란 등 해당란에 기재할 여백이 없을 경우에는 별지를 이용합니다.

근저당권설정 계약서

근저당권자 :
채 무 자 :
근저당권 설정자 :

채권최고액 : 금   원

　근저당권 설정자 소유의 아래표시 부동산에 관하여 위 당사자간에 다음과 같은 약정으로 근저당권설정계약을 체결한다.

제1조 근저당권설정자는 채무자가 위 채권최고액의 범위 안에서 채권자에 대하여 현재 또는 장래에 발생할 일체의 채무를 담보코자 아래표시 부동산에 관하여 을구 순위 제 번의 근저당권을 설정한다.
제2조 장래 거래를 함에 있어서 채권자의 사정에 따라 대여를 중지 또는 한도액을 축소시킬지라도 채무자는 이의 제기치 않는다.
제3조 채무자가 본 계약에서 약정한 이행의무를 1회라도 지체하였을 때 또는 다른 채권자로부터 가압류, 압류, 경매를 당하거나 파사선고를 당하였을 때에는 채무자는 기한의 이익을 상실하고 즉시 채무금 전액을 완제 하여야 한다.
제4조 근저당 물건의 증축, 개축, 수리, 개조 등으로 형태가 변경된 물건과 부합물, 종물에도 근저당권의 효력이 미친다.
제5조 보증인은 채무자 및 근저당권설정자와 연대하여 본 계약상의 책임을 진다.
제6조 이 근저당권에 관한 소송은 채권자 주소지를 관할하는 법원으로 한다.

　　　위 계약을 확실히 하기위하여 이 증서를 작성하고, 다음에 기명날인 한다.

　　　　　　　　　년　　　월　　　일

　　　　　　　　근저당권자 :
　　　　　　　　채 무 자 :
　　　　　　　　근저당권설정자:
　　　　　　　　부동산의 표시 :

제2관 근저당권이전등기

Ⅰ. 근저당권의 이전

1. 근저당권의 양도

근저당권의 기본계약인 계속적 거래계약상의 지위(포괄근저당, 민법 제357조 1항 전단)와 현존채권을 함께 양도할 수 있다. 이것은 근저당권자의 지위의 변동을 초래하므로 근저당권자(양도인)와 양수인은 계약양도, 계약의 일부양도, 계약가입(피담보채권의 확정 전) 또는 확정채권양도, 확정채권대위면제(피담보채권의 확정 후)를 원인으로 근저당권이전등기를 신청할 수 있다. 저당권은 그 담보한 채권과 분리하여 타인에게 양도하거나 다른 채권의 담보로 하지 못한다(민 제361조).

(1) 근저당권만의 양도의 효력

피담보채권이 없는 근저당권만의 양도는 법률상 효력이 없다(대판 1968. 2. 20. 67다2543).

(2) 근저당권의 양도에 관한 부기등기

근저당권의 양도에 의한 등기는 부기등기에 의하여야 하고(법 제52조 제2호), 그 경우에 근저당권설정등기의 말소등기청구는 양수인만을 상대로 하여야 한다(대판 1967. 8. 29. 67다987).

(3) 근저당권을 피담보채권과 분리하여 양도할 수 있는지 여부(소극)

저당권은 그 담보한 채권과 분리하여 다른 사람에게 양도하거나 또는 다른 채권의 담보로 할 수 없는 것이며(민법 제361조), 이는 특별한 경우를 제외하고 근저당권이라고 하여 다를 바가 없다(대판 1974. 2. 26. 72다2560).

🔍 판 례

제3자명의의 근저당권등기 후의 가등기와 그 후에 경료된 근저당권 이전의 부기등기
1. 등기가 실체적 권리관계에 부합한다고 하는 것은 그 등기절차에 어떤 하자가 있더라도 진실한 권리관계와 부합한다고 하는 것은 그 등기절차에 어떤 하자가 있더라도 진실한 권리관계와 합치되는 것

을 의미하는바, 채권자가 채무자와 사이에 근저당권설정계약을 체결하였으나 그 계약에 기한 근저당
권설정등기가 채권자가 아닌 제3자의 명의로 경료되고 그 후 다시 채권자가 위 근저당권설정등기에
대한 부기등기의 방법으로 위 근저당권을 이전받았다면 특별한 사정이 없는 한 그 때부터 위 근저당
권 설정등기는 실체관계에 부합하는 유효한 등기로 볼 수 있다.

2. 채권자 아닌 제3자 명의의 근저당권설정등기가 경료된 부동산에 소유권이전청구권 가등기가 경료되
고 그 후 다시 채권자 명의의 위 근저당권이전의 부기등기가 경료된 사안에서, 채권자는 위 부기등
기가 경료된 시점에 비로소 근저당권을 취득하는데, 부기등기의 순위가 주등기의 순위에 의하도록
되어 있는 부동산등기법 제6조 제1항에 따라 등기부상으로는 채권자가 위 제3자 명의의 근저당권설
정등기가 경료된 시점에 근저당권을 취득한 것이 되어 위 가등기보다 그 순위가 앞서게 되므로, 결
국 위 근저당권설정등기는 실체관계에 부합하는 유효한 등기라고 볼 수 없다고 한 사례(대판 2007.
1. 11. 2006다50055).

2. 저당권을 양도하기 위하여 물권적 합의를 요하는 당사자의 범위

저당권은 피담보채권과 분리하여 양도하지 못하는 것이어서 저당권부 채권의 양도는 언제
나 저당권의 양도와 채권양도가 결합되어 행해지므로 저당권부 채권의 양도는 민법 제186
조의 부동산물권변동에 관한 규정과 민법 제449조 내지 제452조의 채권양도에 관한 규정에
의해 규율되므로 저당권의 양도에 있어서도 물권변동의 일반원칙에 따라 저당권을 이전할
것을 목적으로 하는 물권적 합의와 등기가 있어야 저당권이 이전된다고 할 것이나, 이 때의
물권적 합의는 저당권의 양도·양수받는 당사자 사이에 있으면 족하고 그 외에 그 채무자나
물상보증인 사이에까지 있어야 하는 것은 아니라 할 것이고, 단지 채무자에게 채권양도의 통
지나 이에 대한 채무자의 승낙이 있으면 채권양도를 가지고 채무자에게 대항할 수 있게 되는
것이다(대판 2005. 6. 10. 2002다15412, 15429).

3. 근저당권이전의 부기등기의 성질 및 말소절차

근저당권의 이전등기는 부기로 하여야 한다(법 제52조 제2호).

근저당권이전의 부기등기는 기존의 주등기인 근저당권설정등기에 종속되어 주등기와 일
체를 이루는 것이어서, 피담보채무가 소멸된 경우 또는 근저당권설정등기가 당초 원인무효
인 경우 주등기인 근저당권설정등기의 말소만 구하면 되고, 부기등기는 별도로 말소를 구하
지 않더라도 주등기의 말소에 따라 직권으로 말소되는 것이며, 근저당권 양도의 부기등기는

기존의 근저당권설정등기에 의한 권리의 승계를 등기부상 명시하는 것뿐이므로, 그 등기에 의하여 새로운 권리가 생기는 것이 아닌 만큼 근저당권설정등기의 말소등기청구는 양수인만을 상대로 하면 족하고 양도인은 그 말소등기청구에 있어서 피고 적격이 없다(대판 1995. 5. 26, 95다7550; 대판 2000. 4. 11, 2000다5640).

4. 전부명령·양도명령, 매각명령에 따른 집행법원의 근저당권이전등기 촉탁

(1) 압류등기의 말소 및 저당권이전등기의 동시 촉탁

저당권이 있는 채권에 관하여 전부명령(민집법 제230조)이나 양도명령(민집법 제241조 제1항 제2호)이 확정된 때 또는 매각명령(민집법 제41조 제1항 2호)에 따른 매각을 마친 때에는 법원사무관등은 신청에 따라 등기관에게 다음 각호의 사항을 촉탁하여야 한다(민집규 제167조 제1항).
    1. 채권을 취득한 채권자 또는 매수인 앞으로 저당권을 이전하는 등기
    2. 민사집행법 제228조의 규정에 따른 압류등기의 말소

저당권이 있는 채권에 대하여는 전부명령을 얻은 때에는 저당권이 압류채권자에게로 이전되므로 압류채권자가 저당권자로서 저당권을 실행할 수 있다. 저당권이 있는 채권에 관하여 전부명령이 확정된 경우에는 민사집행법 228조의 규정이 준용되므로(민집 230조), 전부채권자의 신청에 의하여 법원사무관 등은 저당권이전등기를 촉탁하여야 한다(민집규 167조, 등기선례요지집 제5권 451항).

저당권이 있는 채권에 관하여 양도명령이 확정된 때에는 법원사무관 등은 압류채권자의 신청에 의하여 등기관에게 채권을 취득한 채권자에 대한 저당권이전등기와 압류기입등기의 말소를 동시에 촉탁하여야 한다. 이 경우 촉탁서에는 양도명령의 정본을 붙여야 하고, 촉탁에 관한 비용은 채권자의 부담으로 한다(민집법 241조 6항, 230조, 민집규 167조).
매각명령이란 압류채권자의 신청에 따라 채권의 추심에 갈음하여 압류된 채권을 집행법원이 정하는 방법으로 집행관에게 매각하도록 하는 결정이다(민집법 241조 1항 2호).
저당권이 있는 채권에 대한 매각이 종료된 때에는 법원사무관등은 저당권이전등기 등을 촉탁한다(민집규 167조 제1항). 법원사무관등은 이전등기촉탁의 신청이 있으면 등기관에게 채권

을 취득한 채권자에게 저당권이전등기를 할 것을 촉탁하여야 하고, 민사집행법 228조에 의하여 이미 저당권 있는 채권의 압류등기가 등기부에 기입되어 있으면 그 말소도 아울러 촉탁하여야 한다(민집규 167조 1항 2호).

(2) 전부명령에 따른 저당권이전등기촉탁서의 기재사항 및 첨부서면

저당권이전등기 촉탁서에는 등기의 목적으로는 저당권이전 및 저당권이 있는 채권압류등기말소를 특정하여 적어야 하고, 등기원인으로는 "전부명령"으로, 등기원인날짜는 전부명령이 확정된 날을 적어야 한다. 등기권리자는 신청인인 압류채권자, 등기의무자는 채무자가 된다. 위 촉탁을 함에는 촉탁서에 전부명령의 정본을 붙여야 하고(민집규 167조 2항), 위 촉탁에 관한 비용(등록세 등)은 채권자가 부담한다(동조 3항).

5. 회사의 합병(흡수합병)으로 소멸한 법인의 근저당권이전절차

회사의 합병(合倂)이라 함은 두 개 이상의 회사가 계약에 의하여 신회사(新會社)를 설립하거나 또는 그 중의 한 회사가 다른 회사를 흡수하여 해산회사의 재산과 사원이 신설회사(新設會社) 또는 존속회사(存續會社)로 법률상 당연히 포괄적으로 이전·수용되는 효과를 가져오는 행위를 말한다.

합병에는 (1) 당사회사(當事會社) 중의 하나가 존속하고 다른 하나는 해산하여 이에 흡수되는 흡수합병(吸收合倂)과, (2) 모든 당사회사가 해산하고 신회사(新會社)가 설립되는 신설합병(新設合倂)이 있는데, 흡수합병의 방법이 많이 이용된다. 어느 경우이든 해산회사의 사원과 재산은 청산절차를 거치지 않고 신설회사 또는 존속회사로 포괄승계(包括承繼)된다.

(1) 합병으로 소멸한 법인이 합병 전에 설정한 근저당권의 이전절차

합병으로 인하여 존속하는 법인은 합병으로 인하여 소멸한 법인의 권리의무를 포괄승계하므로 합병으로 인하여 소멸한 법인이 합병 전에 설정받은 근저당권을 이전받기 위해서는 존속하는 법인이 근저당권이전등기절차에 의하여야 할 것이며, 단순한 등기명의인표시변경절차에 의하여는 할 수 없다(등기선례요지집 제5권 444항). 합병으로 존속된 회사가 합병으로 인하여 소멸된 회사의 권리의무를 포괄승계 함에 따라 근저당권을 이전하는 경우에 하는 등기신청 서식은 아래와 같다.

(2) 근저당권 이전등기와 등기명의인 표시변경등기의 생략

존속법인이 합병으로 소멸한 법인과 동일한 상호로 상호를 변경한 경우 등기명의인 표시변경등기를 할 필요없이 근저당권이전등기를 할 수 있다(2014. 7. 10. 부동산등기과-1785).

(3) 합병으로 인한 근저당권이전등기신청서의 기재사항 및 첨부서면

등기원인은 "회사합병", 그 연월일은 합병등기 연월일을 기재하며, 등기의 목적은 "근저당권이전"으로, 이전할 근저당권은 그 등기신청서의 접수 연월일과 접수번호를 기재한다.

등기의무자란에는 합병으로 인하여 소멸한 법인을 기재하며, 등기권리자란에는 합병 후 신설된 회사 또는 합병 후 존속하는 회사를 기재한다.

등기권리자의 등기용등록번호 및 회사합병을 증명하는 서면으로 법인등기부등본 또는 초본(각, 발행일로부터 3월 이내)을 첨부한다.

6. 해산간주등기된 회사

「상법」제520조의 2 규정에 의하여 해산간주등기는 경료되었지만, 아직 등기기록이 폐쇄되지 아니한 회사가 근저당권이전등기의 등기의무자가 되어 등기를 신청하는 경우, 그 회사의 해산 당시의 이사가 당연히 청산인이 되어 대표권을 행사할 수는 없으므로 청산인 선임등기를 반드시 먼저 하여야 한다.

위 근저당권이전등기신청 시에는 등기예규 제1087호 2.에 따라 청산인임을 증명하는 서면으로서 청산인 등기가 되어 있는 법인등기사항증명서를 등기신청서에 첨부하여야 하고, 인감증명이 필요한 경우에는 법인인감인 청산인의 인감을 첨부하여야 한다(2012. 8. 30. 부동산등기과-1668).

근저당권 이전등기신청 (회사합병)				
접 수	년 월 일	처 리 인	등기관 확인	각종 통지
	제 호			

① 부동산의 표시
생   략

② 등기원인과 그 연월일	2011년 9월 1일 회사합병
③ 등 기 의 목 적	근저당권 이전
④ 이 전 할 저 당 권	2010년 1월 5일 접수 제 113호로 순위 제1번으로 설정한 근저당권 설정등기

구 분	성 명 (상호·명칭)	주민등록번호 (등기용등록번호)	주 소 (소 재 지)
⑤ 등 기 의 무 자	(양 도 인) 주식회사 ○ ○ 은 행	110111-*******	서울특별시 서초구 서초중앙로 200
⑥ 등 기 권 리 자	(양 수 인) 주식회사 ○ ○ 은 행	110111-*******	서울특별시 종로구 창덕궁5길 22

⑦ 등 록 면 허 세	금		원
⑧ 지 방 교 육 세	금		원
⑨ 세 액 합 계	금		원
⑩ 등기신청수수료	금		14,000원
	납부번호 :		

⑪ 등기의무자의 등기필정보		
부동산고유번호		
성명(명칭)	일련번호	비밀번호

⑫ 첨 부 서 면	
1. 등록면허세영수필확인서　　1통 1. 법인등기부등(초)본　　　　1통 1. 위임장　　　　　　　　　　1통 1. 등기신청수수료현금영수필확인서　1통	\<기타\>

년　월　일

⑬ 위 신청인　등기의무자　○ ○ ○　㊞ (전화 :　　)
　　　　　　등기권리자　○ ○ ○　㊞ (전화 :　　)
　(또는)위 대리인　○○법무사 사무소　(전화 :　　)

서울○○지방법원　등기과　귀중

II. 근저당권이전 등기신청절차

근저당권 이전등기의 신청은 등기의무자(근저당권자)와 등기권리자(근저당권 이전을 받은 자)의 공동신청에 의한다(법 제23조 제1항).

1. 신청인

근저당권이전등기는 근저당권자가 등기의무자, 근저당권의 전부 또는 일부의 이전을 받은 자가 등기권리자로서 공동으로 신청한다(법 제23조 제1항). 다만, 상속 또는 회사합병으로 인한 근저당권이전등기의 경우에는 상속인 또는 합병 후 신설(또는 존속)하는 회사가 단독으로 근저당권의 이전등기를 신청한다. 전부명령이나 양도명령에 의한 근저당권의 이전등기는 집행법원의 촉탁에 의한다(법 제22조 제2항).

2. 근저당권이전 등기신청서의 기재사항

근저당권이전의 등기신청서에는 부동산등기규칙 제43조 각항의 기재사항 이외에 "근저당권이 채권과 같이 이전한다는 뜻"을 기재하여야 한다(규칙 제137조 제1항).

채권일부의 양도나 대위변제로 인한 저당권의 이전등기를 신청하는 경우에는 양도나 대위변제의 목적인 채권액을 신청정보의 내용으로 등기소에 제공하여야 한다(규칙 제137조 제2항).

등기관이 채권의 일부에 대한 양도 또는 대위변제(代位辨濟)로 인한 저당권 일부이전등기를 할 때에는 법 제48조에서 규정한 사항 외에 양도액 또는 변제액을 기록하여야 한다(법 제79조).

(1) 등기원인의 기재방법

등기원인은 피담보채권의 확정 전후에 따라 아래와 같이 구분하여 기재하며, 등기원인 일자는 양도계약성립일자를 기재한다.

(가) 피담보채권이 확정되기 전(등기원인의 기재방법: 계약양도, 계약의 일부양도, 계약가입)

근저당권의 피담보채권이 확정되기 전에 근저당권의 기초가 되는 기본 계약상의 채권자 지위가 제3자에게 전부 또는 일부 양도된 경우, 그 양도인 또는 양수인은 계약 양도(채권자의 지위가 전부 제3자에게 양도된 경우), 계약의 일부 양도(채권자의 지위가 일부 제3자에게 양도된 경우) 또는 계약가입(양수인이 기본계약에 가입하여 추가로 채권자가 된 경우)을 등기원인으로 하여 근저당권이전등기를 신청할 수 있다(등기예규 제1471호 제3조 제1항 제1호).

(나) 피담보채권이 확정된 후(등기원인의 기재방법: 확정채권양도, 확정채권일부양도 확정채권 대위변제)

근저당권의 피담보채권이 확정된 후에 그 피담보채권이 양도 또는 대위 변제된 경우에는 근저당권자 및 그 채권양수인 또는 대위변제자는 채권양도에 의한 저당권이전등기에 준하여 근저당권이전등기를 할 수 있다. 이 경우 등기원인은 확정채권 양도(일부양도) 또는 확정채권 대위변제 등으로 기재한다(등기 예규 제1471호 제3조 제2항).

(2) 등기의 목적, 이전할 근저당권

"등기의 목적"은 근저당권이 전부 이전되는 때에는 "근저당권 이전"으로 기재하고, 계약의 일부양도 또는 계약가입을 원인으로 하는 경우에는 "근저당권 일부이전"이라 기재한다. 또 확정채권의 일부 양도를 원인으로 근저당권 일부이전등기를 신청하는 경우에는 신청서에 양도의 목적인 채권액을 기재하여야 한다(기재례 198항 참조).

"이전할 근저당권"은 "○년 ○월 ○일 접수 제○호로 설정한 근저당권, 단 근저당권은 채권과 함께 이전함" 이라고 기재한다.

구분건물에 대한 근저당권이전 등기신청서에는 대지권을 표시하여야 한다.

채권의 일부의 양도 또는 대위변제로 인한 저당권의 이전의 등기를 신청하는 경우에는 신청서에 양도 또는 대위변제의 목적인 채권액을 기재하여야 한다(법 제79조, 규칙 제137조 제2항).

3. 근저당권이전 등기신청서의 첨부서면

근저당권이전등기신청서에는 다음 각 호의 정보를 신청정보와 함께 첨부정보로서 등기소에 제공하여야 한다(규칙 제46조 제1항).

(가) 근저당권양도(이전)계약서(규칙 제46조 제1항 제1호)

(나) 등기의무자의 권리에 관한 등기필정보(법 제50조 제2항, 규칙 제43조 제1항 제7호)

근저당이전등기신청시에 제출하는 등기의무자(근저당권자)의 권리에 관한 등기필정보는 등기의무자인 근저당권자가 근저당권설정을 할 때에 교부받은 근저당권의 등기필정보를 의미한다.

등기필정보를 멸실하여 첨부할 수 없는 경우에는 부동산등기법 법 제51조에 의하여 확인서면이나 확인조서 또는 공증서면 중 하나를 첨부한다.

(다) 등록면허세영수필확인서(지방세법 제28조 제1항 제1호 다)

(라) 주민등록표등본(규칙 제46조 제1항 제6호)

(마) 위임장(규칙 제46조 제1항 제5호)

(바) 인감증명서(규칙 제60조 제3호)

근저당권자가 등기위무자로서 근저당권이전등기를 신청하는 경우에는, 그 권리에 관한 등기필증이 멸실되어 부동산등기법 제51조에 의한 서면을 첨부하여 등기를 신청하는 경우를 제외하고는, 근저당이전등기신청시에 등기의무자(근저당권자)의 인감증명을 첨부할 필요가 없다(등기선례요지집 제5권 120항·449항).

(사) 채권양도통지서 또는 승낙서의 첨부 여부(소극)

지명채권의 양도는 양도인이 채무자에게 통지하거나 채무자가 승낙하지 아니하면 채무자 기타 제3자에게 대항하지 못하는 것이나(민법 제450조 1항), 근저당이전등기를 신청함에 있어 피담보채권 양도의 통지서나 승낙서를 신청서에 첨부할 필요는 없다(등기선례요지집 제5권 104항·428항).

(아) 채무자의 변제동의서 또는 승낙서의 첨부 여부(소극)

확정채권 대위변제를 등기원인으로 하는 근저당권이전등기를 신청하는 경우에는 채무자의 변제 동의서 내지 승낙서를 첨부할 필요는 없다(등기선례요지집 제5권 448항).

(자) 저당권의 목적물의 목록

공장저당법 제7조 목록제출의 근저당권이전등기신청시에 그 계약서와 신청서 및 위임장 등에는 당해 근저당권에 관한 기계기구목록을 표시하거나 첨부할 필요가 없다(등기선례요지집 제5권 432항).

				근저당권 이전등기신청 (계약양도)		
접 수	년 월 일	처 리 인		등기관 확인		각종통지
	제 호					

부동산의 표시	
등기원인과 그 연월일	년 월 일 계약양도(또는 계약의 일부양도, 확정채권양도,확정채권대위변제 등)
등기의 목적	근저당권 이전
이전할 근저당권	년 월 일 접수 제 호로 설정한 근저당권, 단 근저당권은 채권과 함께 이전함.

구분	성 명 (상호 · 명칭)	주민등록번호 (등기용등록번호)	주소(소재지)
등 기 의 무 자	(주)○○은행(갑) 대표이사 ○ ○ ○ 채권양도인 (근저당권자)		
등 기 권 리 자	(주)○○은행(을) 대표이사 ○ ○ ○ (채권양수인)		

등록면허세	금	원
지방교육세	금	원
농어촌특별세	금	원
세액합계	금	원
등기신청수수료	금	원
	납부번호 :	
국민주택채권매입금액	금	원
국민주택채권발행번호		

등기의무자의 등기필정보

부동산고유번호		
성명(명칭)	일련번호	비밀번호

첨 부 서 면

1. 근저당권양도증서	통	1. 주민등록등(초)본(등기권리자)	통
1. 등록면허세영수필확인서	통	1. 위임장	통
1. 인감증명(근저당권자가 양도인인 경우에는 인감증명을 첨부하지 아니함.)	통	1. 등기신청수수료현금영수필확인서 〈기 타〉	1통
1. 등기필증(저당권의 등기명의인이 저당권 설정등기시에 등기소로부터 교부받은 등기필증을 첨부하여야 한다.)	통		

년   월   일

위 신청인 ① 양도인 (주)○○은행(갑) 대표이사 ○○○ (전화 :   )
② 양수인 (주)○○은행(갑) 대표이사 ○○○ (전화 :   )
위 대리인 법무사 ○○○ (전화 :   )

○○지방법원 등기소 귀중

근저당권양도계약(은행거래계약승계계약증서)

제 1. (승계계약의 체결)
    1. 주식회사 ○○은행(이하 '갑'이라 함)과 채무자 ○○○(이햐 '병'이라 함)와 ○○
        년 ○월 ○일 근저당권부 은행거래계약(이하 원계약이라 칭함)을 체결하고 거래
        를 계속해 왔으나, 금번 '갑'의 사정으로 인하여 원계약에 기한 현존채권을 포함
        하여 위의 원계약을 근저당권부 그대로 주식회사 ○○은행(이하 '을'이라 칭함)
        에게 승계시키는 계약을 '갑'·'을'·'병'간에 체결한다.
    2. 위의 원계약은 '갑'은 증서대부·어음대부 및 어음할인방법등에 따라 '병'에게 신
        용을 제공하고 이를 담보하기 위하여 채권최고액 금 ○○만원, 계약기간 ○○년
        ○월 ○일까지로 하는 근저당권을 설정함을 내용으로 하고 있다.
제 2. (이전등기) '갑'은 원계약에 따라 '병' 소유 부동산상에 설정한 근저당권(○○년 ○
    월 ○일 ○○지방법원 ○○등기소 접수 제○호로 된 근저당권)에 대하여 '을'명의로
    이전등기절차를 이행하여야 한다. 위 부동산의 표시는 별도목록(생략)에 기재하여
    본 증서에 첨부한다.
제 3. (하자담보책임) '갑'은 제 1. 에 따라 양도한 채권 및 근저당권에 대하여 하자담보책
    임을 부담한다.
제 4. (채무이행의 약속) '병'은 '을'에게 원계약의 각 조항을 준수하고, 채무를 반드시 이
    행할 것임을 약속한다.
제 5. (연대보증) 보증인 ○○○는 본 승계계약을 승인하고 계속해서 보증인으로서 '병'과
    연대하여 채무이행의 책임을 부담한다.
제 6. (공정증서의 작성) '병' 및 보증인은 '을'의 요청이 있을 경우, 원계약 및 본 승계계
    약상의 채무의 승인 및 강제집행의 인낙을 내용으로 하는 공정증서의 작성에 필요
    한 절차를 밟는다.
제 7. (원계약의 적용) 본 승계계약에 관해서는 본 증서에 별도의 약정사항이 없는 이상
    모두 원계 약상의 각 조항이 적용된다.

    이상의 계약내용을 확인하기 위하여 본 증서를 작성하고 아래와 같이 서명 날인한다.

년　　월　　일

○○시 ○○구 ○○동 ○○번지
주식회사 ○○은행
채권양도인(대표이사) ○ ○ ○
○○시 ○○구 ○○동 ○○번지
주식회사 ○○은행
채권양수인(대표이사) ○ ○ ○
○○시 ○○구 ○○동 ○○번지
채무자겸 근저당권설정자 ○ ○ ○
○○시 ○○구 ○○동 ○○번지
연대보증인 ○ ○ ○○

근저당권양도계약

부동산의표시 : 생략

  위 부동산에 관하여   .   .   설정계약에 의하여 채무자 :
  근저당권자 :   , 채권최고액 금   원으로 근저당권을 취득하고   .
   .   접수번호 제   호로 근저당권설정등기를 경료한 바, 위 채무에 대한 금
원의 채권을 근저당권과 함께 양수인에게 양도함.

2008. 4월   일

                      양도인 :

                      양수인 :

근저당권양도증서

부동산의표시 : 생략

  본인의 채무자(채무자겸근저당권설정자) 박○○ 소유의 위 부동산에 대한 2005. 2. 16.
근저당권설정계약에 의하여 채권최고액 금 45,000,000원으로 근저당권을 취득하고 2005.
2. 16. 제18883호로 근저당권설정등기를 경료한 바, 위 채무자에 대한 금 45,000,000원의
채권을 위 근저당권과 함께 양수인에게 정히 양도함.

2005. 3. 29.

양도인 : 신 ○ ○
          주민등록번호 : 000000-0000000
          주 소 :

양수인 : 김○○
          주민등록번호 : 000000-0000000
          주 소 :

제3관 근저당권변경등기

1. 근저당권변경등기의 의의

근저당권변경등기란 근저당권설정등기 후 채권최고액의 증감, 채무자의 변경 등과 같이 근저당권의 등기사항(법 제75조 제2항 각호)에 변동이 있는 경우에 근저당설정자와 근저당권자 사이의 변경계약에 따른 등기를 말한다.

등기관이 근저당권의 변경등기를 할 때에는 부기로 하여야 한다. 다만 등기상 이해관계 있는 제3자의 승낙이 없는 경우에는 주등기로 하여야 한다(법 제52조 제5호).

2. 등기상 이해관계 있는 제3자가 있는 경우

권리변경의 등기에 관하여 등기상 이해관계 있는 제3자가 있는 경우에는 신청서에 그 승낙서 또는 이에 대항할 수 있는 재판의 등본을 첨부한 때에 한하여 부기에 의하여 그 등기를 한다(법 제52조 제5호). 따라서 이해관계인의 승낙서 등을 첨부하지 않았을 때에는 주등기(독립등기)로 그 변경등기를 하게 된다. 등기신청서에 제3자의 동의 또는 승낙을 증명하는 서면을 첨부하는 경우 그 서면에 날인한 동의 또는 승낙자의 인감증명을 첨부하여야 한다(규칙 제46조 제1항 제3호, 제60조 제1항 제7호).

3. 채권최고액의 변경

등기한 근저당채권의 채권최고액의 증액 또는 감액의 경우에는 근저당권 변경의 등기를 하여야 한다(법 제52조 제5호).

(1) 채권최고액의 증액

(가) 채권최고액의 "증액"(또는 변제기의 "연장")의 근저당권변경 등기신청의 경우에는 채권최고액의 증액으로 이익을 얻는 근저당권자가 등기권리자가 되며, 불이익을 받는 근저당권설정자는 등기의무자가 된다. 따라서 채권 최고액을 "감액"(또는 변제기의 "단축")하는 경우에는 그 반대가 된다.

채권최고액을 "증액"하는 근저당권변경 등기신청의 경우에는 증액된 금액에 관하여
는 근저당권설정등기에 준하여 지방세법 제28조 제1항 제1호. 다. 2)에 해당하는 등
록세를 납부하여야 한다(등기선례 제3권 1009항).

(나) 채권최고액의 "증액"(또는 변제기의 "연장")의 근저당권변경 등기신청의 경우에는 설정자
인 소유권의 등기명의인이 등기의무자로서 등기를 신청하므로 설정자의 인감증명서
를 제출하여야 하나(규칙 제60조 제1항 제1호) 채권최고액을 "감액"(또는 변제기의 "단축")하는
근저당권 변경등기를 하는 경우에는 근저당권설정자의 인감증명을 첨부할 필요가 없
다(등기선례 제5권 126항).

(다) 채권최고액의 "증액"(또는 변제기의 "연장")의 근저당권변경등기신청시에는 설정자의 소유
권취득등기를 한 등기필증을 첨부하여야 하나 채권최고액의 "감액"(또는 변제기의 "단축")
의 근저당권변경등기신청시에는 근저당권자의 근저당권설정등기를 한 등기필증(근저
당권설정계약서)을 제출하여야 한다.

(라) 채권최고액의 증액의 경우에 그 등기에 관하여 등기상 이해관계 있는 제3자가 있는
경우에는 신청서에 그 승낙서 또는 이에 대항할 수 있는 재판의 등본을 첨부한 때에
한하여 부기에 의하여 그 등기를 한다(법 제52호 후단. 제5호).

채권최고액을 증액하는 근저당권변경등기를 신청하는 경우 동일인 명의의 후순위 근
저당권자는 등기상 이해관계 있는 제3자가 아니므로, 다른 이해관계인이 없다면 위
후순위 근저당권자의 승낙이 있음을 증명하는 정보 또는 이에 대항할 수 있는 재판이
있음을 증명하는 정보를 제공하지 않더라도 근저당권변경등기를 부기등기로 할 수
있다(2015. 8. 18. 부동산등기과-1959 질의회답).

(2) 채권최고액의 감액

채권 채고액의 감액의 경우에는 등기상 이해관계 있는 제3자의 승낙이 필요 없으나 그 근
저당권을 목적으로 하는 다른 권리자가 있는 경우에는 그러하지 아니하다(등기예규 제551호, 등기
신례요지집 제5권 421항. 제1권 437항).

근저당권자와 근저당권설정자가 채권최고액을 감액하는 근저당권변경계약을 하고 이에
따라 채권최고액을 감액하는 근저당권변경등기를 하는 경우에는 근저당권자가 등기의무자
가 되므로 근저당권설정자의 인감증명서를 첨부할 필요는 없다(등기선례요지집 제5권 126항).

(3) 최고액을 분할하는 변경등기 가부(소극)

공동근저당권의 채권최고액을 각 부동산별로 분할하여 각 별개의 근저당권등기가 되도록 하는 근저당권변경등기는 등기상 이해관계인이 없거나 그 승낙서를 첨부한 경우라도 허용되지 않는다(선례 6-342).

준공유하고 있는 근저당권을 공유자별로 분할하는 변경등기도 허용되지 않는다. 예컨대 채권최고액이 2억원인 갑, 을 준공유의 근저당권을 저당권 분리(분할)를 원인으로 하여 채권최고액을 각 1억원으로, 근저당권자를 각각 갑과 을로 하는 두 개의 근저당권으로 변경하는 등기신청은 이를 수리할 수 없다(선례 2-396).

다만 국민주택기금 융자금 및 이를 담보하는 근저당권을 세대별로 분리하는 부기에 의한 변경등기는 예외적으로 허용된다. 이 경우 등기는 근저당권의 공동담보를 해제하고 채권최고액을 감액하는 근저당권변경등기의 방법으로 한다(임대주택법 17조 3항 1호).

(4) 외국통화로 표시된 채권최고액을 내국통화로 변경하는 등기

(가) 외국통화로 표시한 채권최고액을 국내통화로 변경하는 근저당권변경등기

채권최고액을 외국통화로 표시한 근저당권설정등기가 경료된 후 그 통화의 표시를 국내통화로 변경하는 근저당권변경등기(환율환산의 기준시점은 변경계약일의 최초 고시 대 고객 전신환 매도율임)는 권리의 변경등기에 해당되므로, 후순위 근저당권자 등과 같은 이해관계인이 존재하는 경우에는 그의 승낙서 또는 이에 대항할 수 있는 재판의 등본을 첨부한 경우에는 부기등기의 방식으로, 승낙을 얻지 못한 경우에는 주등기의 방식으로 등기한다(법 제52조 5호, 등기선례 8권 257항). 근저당권의 채권최고액을 외국통화에서 내국통화로 변경하는 등기는 항상 채권최고액의 변경에 해당하므로, 이러한 등기신청이 있을 때에는 등기상 이해관계 있는 제3자가 있는지 여부를 확인하고 그의 승낙을 증명하는 서면이 첨부되어 있으면 부기등기로 하고, 그 서면의 첨부가 없으면 주등기로 채권최고액 변경등기를 하여야 한다(법 제52조 제5호).

(나) 특약사항의 등기가부

등기사항은 「부동산등기법」 제3조에서 제한적으로 열거하여 규정하고 동법 제53조 및 제

54조 등에 의하여 환매특약 및 권리의 소멸에 관한 약정과 같이 법률에 규정된 것에 한하므로 저당권(근저당권)의 채권액(채권최고액)의 표시로서 외화표시 채권액(채권최고액) 외에 "외환율이 변경될 때에는 그 변경된 환율에 의한 원화 환산액으로 한다"는 특약은 등기할 사항이 아닐 뿐만 아니라 저당권(근저당권)등기에 있어서 피담보채권액(피담보채권최고액)을 특정하지 아니함은 공시제도의 이상에도 반한다 할 것이므로 등기할 것이 아니다(등기예규 제1341호).

4. 채무자의 변경

(1) 채무자변경으로 인한 근저당권 변경등기

채무자변경으로 인한 근저당권변경등기신청은 근저당권자가 등기권리자, 근저당권설정자가 등기의무자로서 공동신청하여야 하고, 이 경우 등기의무자의 권리에 관한 등기필증으로는 등기의무자가 소유권취득 당시 등기소로부터 교부받은 등기필증을 첨부한다(등기선례요지집 제2권 61항).

근저당권의 기본계약상의 채무자의 지위가 채권자 및 신·구채무자 사이의 3면계약에 의하여 승계된 경우에는 채무자 변경계약을 원인으로 근저당권의 채무자변경등기를 신청할 수 있으며, 그 신청서에 후순위 저당권자 등 이해관계인의 승낙서(규칙 제46조 제1항 제3호)는 첨부할 필요가 없다(등기선례요지집 제2권 394항).

채무자변경으로 인하여 근저당권변경등기를 하는 경우로는 채무자의 표시에 변경이 생긴 경우(법 제75조 제2항 제2호)와 채무자가 바뀌는 경우가 있다. 채무자의 표시에 변경이 생긴 경우라 함은 채무자가 개인인 경우 그의 성명 및 주소, 법인인 경우에는 소재지 및 명칭 등의 표시에 변경이 생긴 것을 말한다(법 제75조 제2항 제2호).

채무자 표시변경을 원인으로 근저당권 변경등기를 신청하는 경우 그 실질은 등기명의인이 단독으로 등기명의인 표시변경등기를 신청하는 경우와 다를 바가 없기 때문에 등기의무자의 인감증명을 첨부할 필요가 없고, 또한 권리에 관한 등기가 아닌 표시변경등기에 불과하므로 등기필증(등기필정보)도 첨부할 필요가 없다(2011. 10. 19. 부동산등기과-1953).

(2) 채무자를 이사 개인에서 주식회사로 변경하는 경우

「부동산등기규칙」 제46조 제1항 제2호의 "등기원인에 대하여 제3자의 허가, 동의 또는 승낙이 필요한 경우에는 이를 증명하는 정보"에 는 「상법」 제398조의 "이사회의 승인을 증명하는 정보"가 포함되지 않으므로 부동산등기를 신청함에 있어 「상법」 제398조가 적용되는 이사 등과 회사간의 거래라고 하더라도 "이사회의 승인을 증명하는 정보"를 첨부정보로서 등기소에 제공할 필요가 없다(등기예규 제1444호, 부동산등기과-692. 2012. 4. 6.).

> 주) 이 선례에 의하여 등기선례요지집 Ⅰ 제98항, Ⅱ 제370항, Ⅳ 제139항, 제142항, 제451항, 제456항, 제466항, Ⅴ 제101항, 제106항, 제437항, 제445항, Ⅵ 제58항, 제61항, 제83항, 제89항, 제337항, 제438항은 그 내용이 변경됨

(3) 채무자의 사망으로 인한 근저당권변경등기

근저당권의 채무자가 사망한 후 공동상속인 중 그 1인만이 채무자가 되려는 경우에는 근저당권자 및 근저당권설정자 또는 소유자(제3취득자, 담보물의 공동상속인 등)가 상속재산분할협의서를 첨부하여 협의분할에 의한 상속을 등기원인으로 한 채무자변경의 근저당권변경등기를 공동으로 신청할 수 있다. 위 상속재산분할협의서에는 당해 근저당권의 채무자가 변경된다는 취지가 포함되어야 한다(등기예규 제1471호 제5조. 2013. 6. 7. 부동산등기과-1342).

(4) 근저당권변경의 부기등기의 말소절차

채무자의 추가를 내용으로 하는 근저당권변경의 부기등기는 기존의 주등기인 근저당권설정등기에 종속되어 주등기와 일체를 이루는 것이고 주등기와 별개의 새로운 등기는 아니라 할 것이므로 그 피담보채무가 변제로 인하여 소멸된 경우 위 주등기의 말소만을 구하면 족하다 할 것이고, 주등기가 말소된 경우에는 그에 기한 부기등기는 판결로 그 소멸을 명하지 않더라도 직권으로 소멸되어야 할 성질의 것이다(대판 88. 3. 8. 87다카2585).

5. 증축 또는 부속건물에 근저당권의 효력이 미치게 하는 변경등기

(1) 증축 부분이 기존건물에 부합되는지 여부에 대한 판단 기준

건물이 증축된 경우에 증축부분이 기존건물에 부합된 것으로 볼 것인가 아닌가 하는 점은 증축부분이 기존건물에 부착된 물리적 구조뿐만 아니라 그 용도와 기능의 면에서 기존건물과 독립한 경제적 효용을 가지고 거래상 별개의 소유권 객체가 될 수 있는지의 여부 및 증축하여 이를 소유하는 자의 의사 등을 종합하여 판단하여야 한다(대판 2002. 5. 10. 99다24256, 2002. 10. 25. 2000마63110).

(2) 증축된 건물이 별개의 독립건물로 신축된 경우(소유권보존등기 후 추가설정등기)

건물의 구조나 이용상 기존건물과 별개의 독립건물을 신축한 경우에는 그 부분은 기존건물에 부합되지 않는 것이므로, 1 부동산 1 등기용지주의의 원칙상 그 건물에 대하여 별도의 소유권보존등기를 신청하여야 하는 것이며, 이런 경우 기존건물에 증축등기를 신청할 수 없는데도 증축등기가 경료되었다면 기존건물에 경료된 저당권의 효력은 위 별개의 건물에 미치지 않으며, 위 별개의 건물에 저당권의 효력을 미치게 하는 취지의 변경등기도 신청할 수 없으므로, 기존건물에 경료된 저당권의 효력을 신축건물에 미치게 하기 위해서는 기본건물에 경료된 증축등기는 말소하고, 건축물대장을 분리하여 새로 보존등기를 한 후 그 보존등기를 바탕으로 저당권을 추가로 설정하여야 한다(등기선례요지집 제5권 433항).

(3) 증축 또는 부속건물

(가) 부속건물의 등기방법

본 건물의 사용에만 제공되는 부속건물이라 하여도 부속건물이라는 이유만으로는 그 자체를 독립하여 하나의 건물로 등기할 수 없는 것이라 할 수 없고 소유자의 신청에 따라 본 건물과 합하여 1개의 건물로 등기를 할 수 있고 또는 그 부속건물을 본 건물과는 별도로 1개의 독립건물로 등기를 할 수 있다(대판 74. 12. 24 74다1163).

(나) 증축 또는 부속건물이 기존건물과 일체성이 인정되는 경우

증축한 건물이나 부속건물을 별개 독립한 건물로 보존등기를 하지 않고, 건물의 구조나 이용상 기존 건물과 일체성이 인정되어 기존건물에 건물표시변경등기 형식으로 증축등기나 부속건물등기를 하였다면 그 부분은 기존건물에 부합되는 것으로 보아야 하는 한편, 근저당권의 효력은 다른 특별한 규정이나 약정이 없는 한 근저당부동산에 부합된 부분과 종물에도 미치는 것이므로(민법 제358조), 이 경우 증축된 건물에 근저당권의 효력을 미치게 하는 변경등기는 할 필요가 없을 뿐만 아니라 할 수도 없을 것이다(등기선례요지집 제4권 460항).

6. 근저당권변경 등기신청절차

(1) 신청인

근저당권의 변경등기도 일반적인 경우와 같이 근저당권자와 근저당권설정자가 공동으로 신청하여야 한다(법 제23조 제1항). 근저당권자가 여러 명인 경우에는 전원이 신청하여야 한다. 채권최고액을 변경하는 근저당권변경등기는 증액의 경우에는 근저당권설정자가 등기의무자, 근저당권자가 등기권리자가 된다. 감액의 경우에는 반대이다.

(2) 근저당권변경 등기신청서의 기재사항

근저당권변경등기신청서에는 규칙 제43조 제1항 각호의 사항을 기재하여야 한다. 등기신청서의 기재사항 중 등기원인(규칙 제43조 제1항 제5호)은 피담보채권의 확정의 전후에 따라 다음과 같이 구분하여 기재하면 된다.

(가) 등기원인의 기재방법

1) 근저당권의 피담보채권이 확정되기 전

근저당권의 피담보채권이 확정되기 전에 근저당권의 기초가 되는 기본계약상의 채무자 지위의 전부 또는 일부를 제3자가 계약에 의하여 인수한 경우에는 다음과 같이 구분하여 등기원인을 기재한다(등기예규 제1471호 제4조 제1항).

① **계약인수**   제3자가 기본계약을 전부 인수하는 경우

② **계약의 일부인수** 제3자가 수개의 기본계약 중 그 일부를 인수하는 경우

③ **중첩적 계약인수** 제3자가 기본계약상의 채무자 지위를 중첩적으로 인수하는 경우

2) 근저당권의 피담보채권이 확정된 후

근저당권의 피담보채권이 확정된 후에 제3자가 피담보채무를 면책적 또는 중첩적으로 인수한 경우에는 채무인수로 인한 저당권변경등기에 준하여 채무자변경의 근저당권변경등기를 신청할 수 있다. 이 경우 등기원인은 아래와 같이 기재한다(등기예규 제1471호 제4조 제2항).

① **확정채무의 면책적 인수** 제3자가 피담보채무를 면책적으로 인수하는 경우

② **확정채무의 중첩적 인수** 제3자가 피담보채무를 중첩적으로 인수하는 경우

(나) 등기의 목적

등기의 목적(규칙 제43조 제1항 제6호)은 근저당권변경으로 기재하며, 변경할 사항란에는 변경할 근저당권등기의 접수년월일, 접수번호를 기재하여 변경할 등기를 특정하고, 채무자 변경 등 변경되는 사항을 기재한다.

(예) 1997년 3월 1일 접수 제1128호로 경료한 등기사항 중 구채무자 김을동, 서울 중구 필동 5를 신채무자 이갑동, 서울용산구 청파동 8로 변경.

(3) 근저당권변경 등기신청서의 첨부서면

근저당권변경등기신청에는 신청정보와 함께 그 첨부정보로서 다음 각 호의 정보를 등기소에 제공부하여야 한다(규칙 제46조 제1항).

(가) 근저당권변경계약서(규칙 제46조 제1항 제1호)

(나) 등기의무자의 권리에 관한 등기필정보(법 제50조 제2항, 규칙 제43조 제1항 제7호)

근저당권설정등기가 경료된 부동산을 근저당권채무를 인수하면서 매입하여 채무자변경으로 인한 근저당권변경등기신청을 하는 경우 등기의무자(해당 부동산을 매입한 자)의 권리에 관한 등기필정보로는 등기의무자가 소유권취득 당시 등기소에서 교부받은 등기필정보를 첨부하면 된다(등기선례요지집 제2권 61항, 제4권 95항). 등기필정보를 멸실하여 첨부할 수 없는 경우에는 부

동산등기법 제51조에 의하여 확인서면이나 확인조서 또는 공증서면 중 하나를 첨부한다.

(다) 인감증명서(규칙 제60조 제1항)

면책적 채무인수계약에 의한 근저당권변경등기신청의 경우에는 신채무자의 인감증명을 첨부하여야 하며, 중첩적 채무인수계약의 경우에는 추가되는 채무자의 인감증명을, 채권최고액을 증액하는 경우에는 설정자의 인감증명을 첨부하여야 한다.

근저당권자와 근저당권설정자가 채권최고액을 '감액'하는 근저당권변경계약을 하고 이에 따라 채권최고액을 감액하는 근저당권변경등기를 하는 경우에는 근저당권설정자의 인감증명서를 첨부할 필요는 없다(등기선례요지집 제5권 126항).

(라) 이해관계인의 승낙서 및 인감증명서

권리변경의 등기에 관하여 등기상 이해관계 있는 제3자가 있는 경우에는 신청서에 그 승낙서 또는 이에 대항할 수 있는 재판의 등본을 첨부한 때에 한하여 부기에 의하여 그 등기를 한다(법 제52조 후단. 제5호). 등기신청서에 제3자의 동의 또는 승낙을 증명하는 서면을 첨부하는 경우 그 서면에 날인한 동의 또는 승낙자의 인감증명을 첨부하여야 한다(규칙 제60조 제1항 제7호).

근저당권의 기본계약상의 채무자의 지위가 채권자 및 신·구채무자 사이의 3면계약에 의하여 승계된 경우에는 채무자 변경계약을 원인으로 근저당권의 채무자변경등기를 신청할 수 있으며, 그 신청서에 후순위 저당권자 등 이해관계인의 승낙서는 첨부할 필요가 없다(등기선례요지집 제1권 437항, 2권 394항).

(마) 위임장(규칙 제46조 제1항 제5호)

대리인에 의하여 등기를 신청할 때에는 그 권한을 증명하는 서면인 위임장을 첨부하여야 한다.

(바) 등록면허세영수필확인서(지방세법 제28조 제1항 제1호 마)

토지근저당권변경등기신청 (계약인수 등)

접수	년 월 일	처리인	등기관 확인	각종통지
	제 호			

부동산의 표시	
등기원인과 그 연월일	19○○년 ○월 ○일 확정채무의 면책적 인수
등기의 목적	근저당권 변경
변경할사항	○○○○년 ○○월 일 접수 제○○○○호 근저당권 등기사항 중 채무자 '○○○ 서울 ○○구 ○○동 ○○'을 '○○○ 서울 ○○구 ○○동 ○○'으로 변경함.

구분	성 명 (상호·명칭)	주민등록번호 (등기용등록번호)	주소(소재지)
등기의무자	○ ○ ○	000000-0000000	서울 ○○구 ○○동 ○○
등기권리자	○ ○ ○	000000-0000000	서울 ○○구 ○○동 ○○

등 록 면 허 세	금		원
지 방 교 육 세	금		원
세 액 합 계	금		원
등기신청수수료	금		원
	납부번호 :		

등기의무자의 등기필정보		
부동산고유번호		
성명(명칭)	일련번호	비밀번호

첨 부 서 면

1. 위임장
1. 등록면허세영수필확인서
1. 인감증명서
1. 근저당권변경계약서
1. 등기의무자의 권리에 관한 등기필증
1. 등기신청수수료현금영수필확인서   1통

○○○○년 ○월 ○일

위 신청인 대리인
법무사   ○   ○   ○   ㊞
서울 ○○구 ○○동 ○○

○○지방법원   ○○등기소   귀중

근저당권 변경등기신청 (구분건물)				(확정 채무의 면책적 인수)

접 수	년 월 일 제 호	처리인	등기관 확인	각종통지

① 부동산의 표시

② 등기원인과 그 연월일	1999년 9월 1일 확정채무의 면책적 인수
③ 등기의 목적	근저당권 변경
④ 변경할 사항	1997년 3월 1일 접수 제1128호로 경료한 등기사항 중 구채무자 김을동, '서울 중구 필동 5'를 신채무자 이갑동, '서울 용산구 청파동 8'로 변경

구분	성 명 (상호·명칭)	주민등록번호 (등기용등록번호)	주소(소재지)	지분 (개인별)
⑤ 등기의무자	김 을 동		서울 서초구 남부순환로315길 100	
⑥ 등기권리자	(주) ○○은행 지배인: ○ ○ ○(○○지점)		서울 종로구 원서동 6	

등 록 면 허 세	금		원
지 방 교 육 세	금		원
세 액 합 계	금		원
등기신청수수료	금		원
	납부번호 :		

등기의무자의 등기필정보		
부동산고유번호		
성명(명칭)	일련번호	비밀번호

⑩ 첨 부 서 면

• 확정채무 면책적 인수계약서　1통 • 등록면허세영수필확인서　1통 • 인감증명　1통 • 등기필증　1통 • 위임장　1통 • 주민등록등본　1통 • 등기신청수수료현금영수필확인서　1통	<기타>	

1999년 10월 1일

⑪ 위 신청인 　이 ○ ○ ○ (전화: 　)

김 ○ ○ ○ (전화: 　)

(또는)위 대리인 　(전화: 　)

서울○○지방법원 등기소 귀중

채무자교체에 인한 채무갱개계약서
(면책적 채무인수 계약서)

신채무자 ○ ○ ○
       ○○시 ○○구 ○○동 ○○
구채무자 ○ ○ ○
       ○○시 ○○구 ○○동 ○○
저당권자 ○ ○ ○
       ○○시 ○○구 ○○동 ○○

  위 당사자 간 채무자 교체로 인한 채무의 갱개를 하기 위하여 다음과 같이 계약을 체결한다.
1. 2003년　월　일 채권자와 구채무자 간에 체결한 금전대차계약에 인하여 채권자는 구채무자에게 있는 원금 ○○○만원, 이자 연 ○할 ○푼, 이자지급기일 매월 말일, 변제기 2003년 ○월 ○일의 채권을 구채무자의 승낙을 얻어 동일한 조건으로 신채무자가 이를 부담한다.
1. 채권자는 구채무자에게 있는 상기 채권은 구채무자에 대하여 이를 소멸시킨다.
1. 상기 채무를 담보하기 위하여 19○○년　월　일 접수 제○○○호로써 등기한 다음 부동산의 저당권은 계속 존속함.

2003년　월　일

신채무자 ○ ○ ○
저당권자 ○ ○ ○

1. 부동산의 표시
   ○○시 ○○구 ○○동 ○○
    대 ○○m²

※ 채무자변경으로 인한 갱개는 채권자(근저당권자)와 신채무자 간의 계약에 의한다
  (민법 제501조). 즉 구채무자를 당사자로 할 필요는 없다. 그러나 구채무자의 의사에 반하여서는 하지 못한다(민법 제501조 단서).

<table>
<tr><th colspan="5" style="text-align:center">근저당권변경등기 신청</th></tr>
<tr><td rowspan="2">접
수</td><td>년　월　일</td><td rowspan="2">처
리
인</td><td>등기관 확인</td><td>각종 통지</td></tr>
<tr><td>제　　　호</td><td></td><td></td></tr>
</table>

<table>
<tr><td colspan="4" style="text-align:center">① 부동산의 표시</td></tr>
<tr><td colspan="4" style="text-align:center; height:200px">

생　략

</td></tr>
<tr><td colspan="2">② 등기원인과 그 연월일</td><td colspan="2">년　월　일 취급지점변경</td></tr>
<tr><td colspan="2">③ 등 기 의 목 적</td><td colspan="2">근저당권변경</td></tr>
<tr><td colspan="2">④ 변 경 할 사 항</td><td colspan="2">○○○○년 ○월 ○일 접수 제○○○호로 등기한 저당권 사항중 취급지점 "양재지점"을 "서초지점"으로 변경.</td></tr>
<tr><td>구
분</td><td style="text-align:center">성　명
(상호·명칭)</td><td style="text-align:center">주민등록번호
(등기용등록번호)</td><td style="text-align:center">주　소 (소 재 지)</td></tr>
<tr><td>⑤
등
기
신
청
인</td><td style="text-align:center">○ ○ 은 행</td><td></td><td></td></tr>
</table>

주 : 지점의 폐합·신설 등에 따른 관할 변경으로 인하여 취급지점의 명칭에 변경이 있는 때의 등기부상의 표시변경절차와 등록세 등은 등기명의인표시변경등기(구 법 제31조. 48조)의 예에 준하여 처리한다(등기예규 제287호)

⑦ 등 록 면 허 세	금	원
⑧ 지 방 교 육 세	금	원
⑨ 세 액 합 계	금	원
⑩ 등기신청수수료	금	원
	납부번호 :	

⑪ 첨 부 서 면

1. 법인등기부등본　　　　　　　통 1. 등록면허세영수필확인서　　　통 1. 신청서부본　　　　　　　　　통 1. 위임장　　　　　　　　　　　통 1. 등기신청수수료현금영수필확인서　　1통	<기타>

년　월　일

⑫ 위 신청인　등기의무자　○ ○ ○　㊞ (전화 :　　　)
등기권리자　○ ○ ○　㊞ (전화 :　　　)
(또는)위 대리인　　법무사 ○○○ (전화 :　　　)

서울○○지방법원　등기과　귀중

토지근저당권변경등기신청(채권최고액증액)			

접 수	년 월 일	처 리 인	등기관 확인	각종통지
	제 호			

부동산의 표시
서울특별시 ○○구 ○○동 ○○ 대 ○○㎡ 이 상

등기원인과 그 연월일	2011년 ○월 ○일 변경계약
등기의 목적	근저당권 변경
변경할 사항	○○○○년 ○월 ○일 접수 제○○○○호 순위 1 번 근저당권 등기사항 중 채권최고액 '금 30,000,000원'을 '금40,000,000원'으로 변경함.

구 분	성 명 (상호·명칭)	주민등록번호 (등기용등록번호)	주소(소재지)
등 기 의 무 자	○ ○ ○		
등 기 권 리 자	(주) ○○은행		

등 록 면 허 세	금	원
지 방 교 육 세	금	원
세 액 합 계	금	원
등기신청수수료	금	원
	납부번호 :	

등기의무자의 등기필정보		
부동산고유번호		
성명(명칭)	일련번호	비밀번호

첨 부 서 면	
1. 근저당권변경계약서 1. 인감증명서 1. 등기의무자의 권리에 관한 등기필증 1. 등록면허세영수필확인서 1. 등기신청수수료현금영수필확인서　　1통	1. 위임장 1. 이해관계인의 승낙서(또는 재판의 등본 　및 인감증명

2011년　월　일

위 신청인　　　㊞ (전화 :　　　　)
(또는)위 대리인　　㊞ (전화 :　　　　)

○○지방법원　○○등기소　귀중

〔예시 1〕 근저당권변경계약서 (최고액증액)

근저당권변경계약서(채권최액증액)

근저당권자 갑과 근저당권설정자 을은 ○○년 ○월 ○일 근저당권설정계약에 의하여 아래 부동산에 설정한 근저당권(○○년 ○월 ○일 ○○지방법원 ○○등기소 접수 제○○○호)의 최고액을 다음과 같이 변경하는 약정을 하였다.

채권최고액

1. 변경 전 금 1,000만원정
2. 변경 후 금 2,000만원정

2004년 ○월 ○일

(갑) 근 저 당 권 자 주식회사 ○○은행
　　　　　　　　대표이사 ○ ○ ○ ㊞
　　　　　　　　○시 ○구 ○동 ○번지
(을) 근저당권설정자 ○ ○ ○ ㊞
　　　　　　　　○시 ○구 ○동 ○번지
(병) 채 　무 　자 　○ ○ ○ ㊞
　　　　　　　　○시 ○구 ○동 ○번지

아　　래

부동산의 표시	순위	소유자
○시 ○구 ○동 ○번지 대지 ○○평방미터	1	○ ○ ○

주: 1. 최고액 증액의 경우에는 후순위자 등 이해관계인들의 승낙이 필요하다. 승낙을 얻을 수 없을 때에는 후순위로 별개의 근저당권설정계약을 체결하면 된다(부동산등기법 제63조).

〔예시 2〕 **최고액 증액 승낙서**

채권최고액 증액 승낙서

　본인은 귀 은행과 근저당권설정자 ○○○ 사이에 ○○년 ○월 ○일자 근저당권변경계약서에 의해 근저당권(○○년 ○월 ○일 ○○지방법원 ○○등기소 접수 제○○○호 등기필)의 최고액을 금 ○○만원으로 변경(증액)함을 이의없이 승낙하였다.

2004년 ○월 ○일

첨 부 서 류

1. 이해관계인 ○○○의 인감증명서　　　　　　　　　1 부

이해관계인 ○ ○ ○
　　　　○○시 ○구 ○동 ○번지

근저당권자(甲) 주식회사 ○○은행　　　　　　　　귀중
○시 ○구 ○동 ○번지

주 : 후순위저당권자 등 이해관계인이 있을 때에는 별지로 승낙서를 첨부하여야 하며(법 제63조), 승낙서에는 그 서면에 날인한 승낙자의 인감증명서를 첨부하여야 한다(규칙 제53조 6호).

<table>
<tr><td colspan="5" align="center">근저당권변경 등기신청서
(채권최고액 감액)</td><td align="center"><전 면></td></tr>
</table>

접 수	년 월 일	처 리 인	등기관 확인	각종 통지
	제 호			

부 동 산 의 표 시	(생 략)

등기원인과 그 연월일	2011 년 8 월 25 일 근저당권변경계약
등기의 목적	근저당권 변경
변경할 사항	2011. 7. 8. 접수 제31934호로서 등기된 근저당권사항 중 채권최고액 180,000,000원을 60,000,000원으로 변경

구 분	성 명 (상호·명칭)	주민등록번호 (등기용등록번호)	주 소(소재지)	지 분 (개인별)
등 기 의 무 자	중소기업은행	000000-0000000	서울특별시 중구 을지로 2가 50 취급지점 : 신정동지점 지 배 인 : 신 ○○	
등 기 권 리 자	조 ○ ○	000000-0000000	서울특별시 양천구 신정동 ○○○ 푸른마을 아파트 000-703	

<후 면>

과 세 표 준	금	원
등 록 면 허 세	금	원
지 방 교 육 세	금	원
합 계 금	금	원
등 기 신 청 수 수 료	금	원
	납부번호 :	

등기의무자의 등기필정보		
부동산고유번호		
성명(명칭)	일련번호	비밀번호

첨 부 서 면

1. 위임장   1부
2. 법인등기부등본은 귀 등기소에 비치된 것을 원용함
3. 등기필증 (근저당권설정계약서)   1부
4. 근저당권변경계약서   1부
5. 등록면허세영수필확인서   1부
6. 등기신청수수료영수필확인서   1부

2011년 8월 25일

     위 신청인
     대리인 법무사   ㉑
     서울시 양천구 신월로 373

서울남부지방법원 등기과 귀중

                           법무사   (인)

〔예시 3〕 근저당권변경계약서(최고액 감액)

근저당권 변경계약서(채권최고액 감액)

근저당권자 ○○은행과 근저당권설정자는 ○○년 ○일 근저당권설정계약에 의해 아래 물건 위에 설정된 근저당권(○○년 ○월 ○일 ○○지방법원 ○○등기소 접수 제○○○호 등기필)의 최고액을 다음과 같이 변경(감액)할 것을 약정을 한다.

채권최고액
1. 변경 전 금 180,000,000만원정
2. 변경 후 금　60,000,000만원정

채무자는 이 최고액의 변경을 이의 없이 승낙한다.

1994년 ○월 ○일

1. 근저당권자 주식회사 ○○은행
　　대표이사　　　　　　○○○ ㊞
　　○○시 ○구 ○동 ○번지
2. 근저당권설정자　　　　　　○○ ㊞
　　○○시 ○구 ○동 ○번지
3. 채무자　　　○○○ ㊞
　　○○시 ○구 ○동 ○번지

아　　래

부동산의 표시	순 위	소 유 자
○시 ○구 ○동 ○번지 대지 ○○평방미터	1	○○○

주 : 1. 근저당권 최고액 감액의 경우에 후순위자의 이익을 해치는 일은 없기 때문에 그 승낙을 필요로 하지 않는다(부동산등기법 제63조).

제4관 추가근저당권설정등기

1. 추가근저당권설정등기의 개념

추가근저당권설정등기라함은 한 개 또는 수개의 부동산에 관한 권리를 목적으로 하는 근저당권설정등기를 한 후 동일한 채권을 담보하기 위하여 다른 한 개 또는 수개의 부동산에 대하여 추가로 근저당권(근저당)을 설정하는 등기를 말한다(법 제78조 제4항, 규칙 제134조).

공동근저당이 성립하기 위해서는 설정행위에서 정한 기본계약이 동일하여야 하므로 추가근저당권설정등기신청을 하는 경우 신청서에 기재된 채무자의 주소와 종전의 근저당권설정등기에 기록되어 있는 채무자의 주소가 다른 경우에는 먼저 종전 근저당권설정등기의 채무자 주소를 변경하는 근저당권변경등기를 선행하여야 한다. 다만, 추가되는 부동산과 종전 부동산의 근저당권설정자(소유자)는 동일할 필요가 없으므로, 설령 추가되는 부동산과 종전 부동산의 근저당권설정자의 주소가 다르다고 하더라도 종전 부동산의 근저당권설정자의 등기명의인표시변경등기를 선행하여야 하는 것은 아니다(2012. 1. 4. 부동산등기과-27).

2. 종전의 등기의 표시

(1) 등기신청서 기재사항(종전의 등기를 표시하는 사항)

1개 또는 여러 개의 부동산에 관한 권리를 목적으로 하는 저당권설정의 등기를 한 후 같은 채권에 대하여 다른 1개 또는 여러 개의 부동산에 관한 권리를 목적으로 하는 저당권설정의 등기를 신청하는 경우에는 종전의 등기를 표시하는 사항으로서 공동담보목록의 번호 또는 부동산의 소재지번(건물에 번호가 있는 경우에는 그 번호도 포함한다)을 신청정보의 내용으로 등기소에 제공하여야 한다(규칙 제134조).

추가(근)저당권설정등기를 신청하는 경우 그 등기신청서에는 종전의 등기를 표시하는 사항(「부동산등기규칙」 제134조)으로서 공동담보목록의 번호 또는 부동산의 소재지번(건물에 번호가 있는 경우에는 그 번호도 포함한다) 외에 종전등기의 순위번호와 접수년월일 및 접수번호를 신청정보로 제공하여야 하고, 그 등기를 한 후 「부동산등기법」 제78조 제5항, 「부동산등기규칙」 제136조 제2항에 의하여 다른 등기소에 추가공동담보의 등기의 통지를 함에 있어서도 그 통지서 [부동산등기사무의 양식에 관한 예규(등기예규 제1338호. 제1603호) 별표 제8호 양식] 상의 "귀 소 관내의 부동산 표시"에 공동담보목록의 번호 또는 부동산의 소재지번 등 종전의 등기를 표시하는 사항을 기재하여야 한다(등기예규 제1429호).

🔍 **판 례**

추가저당권설정등기청구를 인용하는 판결주문의 기재 정도
본조와 본법 제152조 제1항은 등기신청절차와 등기부의 기재에 있어서 추가저당권설정등기를 단순한 저당권설정등기와 구별하고 있는바, 저당권설정등기를 명하는 판결은 그 등기신청서에 갈음하는 것이므로 추가저당권설정등기청구를 인용하는 판결에서는 주문에 종전의 등기를 표시함에 족한 사항을 기재하여 그것이 추가저당권임을 분명히 하여야 하고, 그래야만 이에 기한 등기와 종전의 등기에 그것이 추가 저당권임이 기재될 수 있는 것이다(대법원 92. 9. 15. 92그20).

(2) 추가근저당설정등기의 등기사항

등기관이 1개 또는 여러개의 부동산에 관한 권리를 목적으로 하는 저당권설정의 등기를 한 후 동일한 채권에 대하여 다른 1개 또는 여러 개의 부동산에 관한 권리를 목적으로 하는 저당권설정의 등기를 할 때에는 그 등기와 종전의 등기에 각 부동산에 관한 권리가 함께 저당권의 목적으로 제공된 뜻을 기록하여야 한다. 이 경우 부동산이 5개 이상일 때에는 공동담보목을 작성하여야하며, 공동담보목록은 등기기록의 일부로 본다(법 제78조 제4항).

법 제78조제4항의 경우 공동담보의 목적으로 새로 추가되는 부동산의 등기기록에는 그 등기의 끝부분에 공동담보라는 뜻을 기록하고 종전에 등기한 부동산의 등기기록에는 해당 등기에 부기등기로 그 뜻을 기록하여야 한다(규칙 제135조 제3항).

3. 구분건물과 그 대지권의 어느 일방에만 설정되어 있는 저당권의 추가담보로써 다른 일방을 제공하려는 경우(등기예규 제1470호 4. 나)

(1) 대지에 관하여 이미 저당권이 설정되어 있는 상태에서 대지권의 등기를 하고, 그와 아울러 또는 그 후에 구분건물에 관하여 동일채권의 담보를 위한 저당권을 추가설정하려

는 경우에는, 구분건물과 대지권을 일체로 하여 그에 관한 추가저당권설정등기의 신청을 할 수 있다.

(2) 위 추가저당권설정등기를 신청하는 경우에는 구분건물 외에 그 대지권의 표시에 관한 사항(『부동산등기규칙』 제119조 제1항)과 대지에 관하여 설정된 종전의 저당권등기를 표시하는 사항을 신청정보의 내용으로 제공하여야 한다(『부동산등기규칙』 제134조).

(3) 위 추가저당권설정의 등기는 구분건물에 관한 등기의 일반원칙에 따라 구분건물의 등기기록 을구에만 이를 기록하고, 대지권의 목적인 토지에 관하여 설정된 종전의 저당권등기에 저당권담보추가의 부기등기를 할 필요는 없다.

(4) 위 (1)과 반대로 구분건물에 관하여 먼저 저당권이 설정되고 새로 건물의 대지권의 목적이 된 토지에 관하여 동일채권의 담보를 위한 저당권을 추가설정하려는 경우에도 위 (1) 및 (2)에 준하여 처리한다. 이 경우에는 그 추가저당권설정의 등기는 구분건물 등기기록의 을구에만 이를 기록하고, 토지의 등기기록에는 별도의 기록을 할 필요가 없으며, 구분건물 등기의 기록례는 부동산등기기재례집 710~717·754항과 같다.

4. 추가근저당권설정 등기신청서의 기재사항

추가근저당권 설정 등기신청서에는 규칙 제43조 각항의 사항을 기재하여야 한다.

(1) 부동산의 표시란

추가근저당권을 설정하는 부동산을 기재하되, 등기부상 부동산 표시와 일치하여야하며, 토지는 소재, 지번, 지목, 면적 순으로 기재하고, 건물은 소재, 지번, 구조, 종류, 면적 순으로 기재하되 "추가할 부동산"과 "전에 등기한 부동산"을 구분하여 기재하여야 한다.

(2) 등기원인과 그 연월일란, 등기의 목적란, 채무자란, 채권최고액란

등기원인은 "추가설정계약"으로, 연월일은 추가근저당권설정계약의 체결일을 기재하며 등기의 목적은 근저당권설정이라고 기재한다.

채무자란에는 채무자의 성명(명칭)과 주소를 기재하며 근저당권설정자와 채무자가 동일인인 경우에도 채무자의 표시를 반드시 하여야 한다(법 제75조 제1항 제2호).

채권최고액은 전에 등기한 근저당권과 동일한 채권을 담보하는 것이므로 전에 등기한 채권최고액을 기재한다.

(3) 전에 등기한 근저당권란

전에 등기한 근저당권란(법 제78조 제4항, 규칙 제134조)에는 전에 등기한 근저당권(예 2005년 4월 7일 접수 제135호로 등기한 순위 1번 근저당권)을 기재한다(법 제78조 제4항).

(4) 등기의무자란 · 등기권리자란

등기의무자란에는 소유자의 성명, 주민등록번호, 주소를 기재하되, 등기부상 소유자 표시와 일치하여야 하며 법인인 경우에는 상호(명칭), 본점(주사무소 소재지), 등기용등록번호를 기재하고, 법인아닌 사단이나 재단인 경우에는 상호(명칭), 본점(주사무소 소재지), 등기용등록번호 및 대표자(관리인)의 성명, 주민등록번호, 주소를 각 기재한다. 등기의무자의 등기부상 주소와 현재의 주소와 다른 경우, 등기명의인표시변경(또는 경정)등기를 신청하여 등기의무자의 주소를 변경한 후 추가근저당권설정등기를 신청 하여야 한다.

등기권리자란에는 근저당권자를 기재하는 란으로, 그 기재방법은 등기의무자란과 같다.

(5) 등록세, 교육세, 세액합계, 등기신청수수료란(규칙 제44조)

추가근저당권 설정 등기신청서에는 추가로 근저당권을 설정하는 부동산의 개수에 따라 지방세법 제28조 제1항 1호마(매 1건당 6,000원)에 해당하는 등록세와 교육세를 납부한 금액과 합계액을 기재한다.

5. 추가근저당권설정 등기신청서의 첨부서면

추가근저당권설정 등기신청서에는 부동산등기규칙 제46조 각항의 서면을 첨부하여야 한다.

(1) 추가근저당권 설정계약서

등기원인을 증명하는 서면으로 추가근저당권설정계약서를 첨부한다(규칙 제46조 제1항 제1호).

(2) 등기필정보

추가되는 부동산에 대한 등기의무자의 소유권에 관한 등기필정보로서 등기의무자가 소유권 취득시 등기소로부터 교부받은 등기필정보를 제공하여야 한다(법 제50조 제2항, 규칙 제43조 제1항 제7호).

다만, 등기필증(등기필정보)을 멸실하여 첨부(기재)할 수 없는 경우에는 부동산등기법 제51조에 의하여 확인서면이나 확인조서 또는 공증서면 중 하나를 첨부한다.

(3) 인감증명서

등기의무자의 인감증명서(발행일로부터 3월 이내)를 첨부한다(규칙 제60조 제1항 제1호).

(4) 주민등록등(초)본

등기권리자인 근저당권자의 주민등록등본 또는 초본(각 발행일로부터 3월 이내)을 첨부하여야 한다(규칙 제46조 제1항 제6호).

다만 규칙 제46조 제5항의 경우에는 위 서면을 생략할 수 있다.

(5) 위임장

등기신청을 법무사 등 대리인에게 위임하는 경우에 첨부 한다(규칙 제46조 제1항 제5호).

(6) 등록 면허세 영수필확인서(지방세법 제28조 제1항 제1호마)

(7) 공동담보목록(법 제78조 제2항 제5호)

추가하는 부동산과 전에 등기한 부동산을 합하여 5개 이상인 때에는 공동담보목록을 제출하여야 한다(법 제78조 제2항, 제3항).

<table>
<tr><td colspan="2" align="center">추가근저당권설정등기신청</td><td></td><td></td><td></td></tr>
<tr><td rowspan="2">접

수</td><td>년 월 일</td><td rowspan="2">처
리
인</td><td>등기관 확인</td><td>각종통지</td></tr>
<tr><td>제   호</td><td></td><td></td></tr>
</table>

① 부동산의 표시	
	추가할 부동산 ① 서울특별시 서초구 남부순환로 315길 100 　　대 300㎡ ② 서울특별시 서초구 남부순환로 315길 100 　　시멘트 벽돌조 슬래브지붕 2층 주택 　　1층 100㎡ 　　2층 100㎡ 전에 등기한 부동산 표시 서울 특별시 서초구 서초중앙로 200 　　대 200㎡
② 등기원인과 그 연월일	2011년 9월 1일 추가설정계약
③ 등기의 목적	근저당권설정
④ 채권최고액	금 30,000,000원(전에 등기한 채권최고액을 기재)
⑤ 채무자	이대백 서울 서초구 서초중앙로 200
⑥ 전에 등기한 근저당권	2011년 4월 7일 접수 제 135호로 등기한 순위 1번 근저당권

구분	성명 (상호·명칭)	주민등록번호 (등기용등록번호)	주소(소재지)
⑦ 등 기 의 무 자	이 대 백	730320-1617312	서울특별시 서초구 서초중앙로 200
⑧ 등 기 권 리 자	김 갑 동	480412-1011289	서울특별시 종로구 창덕궁5길 22

등 록 면 허 세	금	원
지 방 교 육 세	금	원
농 어 촌 특 별 세	금	원
세 액 합 계	금	원
등 기 신 청 수 수 료	금	원
	납부번호 :	

등기의무자의 등기필정보		
부동산고유번호	1102-2006-002095	
성명(명칭)	일련번호	비밀번호
이대백	Q77C-LO71-35J5	40-4636

첨부서면		
• 추가근저당권설정계약서 1통 • 등록면허세영수필확인서 1통 • 인감증명서 1통 • 등기필증 1통 • 주민등록등(초)본 1통 • 위임장 1통 • 등기신청수수료현금영수필확인서 1통	<기타>	

2011년 10월 1일

⑭ 위 신청인　이 대 백 ㊞ (전화 : 200-7766)
　　　　　　　김 갑 동 ㊞ (전화 : 212-7711)
또는 대리인　　　　　　(전화 :　　　)

서울중앙 지방법원 등기과 귀중

추가근저당권설정등기신청

접	년 월 일	처	등기관 확인	각종 통지
수	제 호	리인		

① 부동산의 표시
1. 추가할 부동산 : 서울특별시 서초구 남부순환로315길 100 대300㎡ 2. 전에 등기한 부동산 : 서울특별시 서초구 서초중앙로 200 대 500㎡

② 등기원인과 그 연월일	년 월 일 추가 근저당권설정계약
③ 등 기 의 목 적	근저당권설정
④ 채 권 최 고 액	금 원 (전에 등기한 채권최고액을 기재)
⑤ 채 무 자	
⑥ 설 정 할 지 분	
④ 전에등기한 근저당권	년 월 일 접수 제 호로 등기한 을구 순위 번 근저당권

구분	성 명 (상호·명칭)	주민등록번호 (등기용등록번호)	주 소 (소 재 지)
⑤ 등기의무자	○ ○ ○		
⑥ 등기권리자	○ ○ ○		

등 록 면 허 세	금	원
지 방 교 육 세	금	원
농 어 촌 특 별 세	금	원
세 액 합 계	금	원
등 기 신 청 수 수 료	금	원
	납부번호 :	

등기의무자의 등기필정보		
부동산고유번호		
성명(명칭)	일련번호	비밀번호

첨 부 서 면	
1. 추가근저당권설정계약서 　　　　통 1. 등록면허세영수필확인서 　　　　통 1. 인감증명 　　　　통 1. 등기필증 　　　　통 1. 법인등기부등본 　　　　통 1. 위임장 　　　　통 1. 등기신청수수료현금영수필확인서 　1통	<기타>

년　월　일

⑮ 위 신청인　등기의무자　○ ○ ○　㊞ (전화 :　　　)
　　　　　　　　 등기권리자　○ ○ ○　㊞ (전화 :　　　)
　　(또는)위 대리인　법무사 ○○○　　(전화 :　　　)

서울 지방법원 등기과 귀중

제5관 근저당권 말소등기

　근저당권에 의하여 담보되는 채권이 전부 소멸하고 채무자가 채권자로부터 새로이 금원을 차용하는 등 거래를 계속할 의사가 없는 경우에는, 그 존속기간 또는 결산기가 경과하기 전이라 하더라도, 근저당권설정자는 계약을 해제하고 근저당권 설정등기의 말소를 구할 수 있다고 할 것이고, 존속기간이나 결산기의 정함이 없는 때에는 근저당권설정자가 근저당권자를 상대로 언제든지 해지의 의사표시를 함으로써 피담보채무를 확정시킬 수 있다(2002. 2. 26. 2000다48265).

　근저당권말소등기란 근저당권설정등기를 당사자의 일방적인 의사표시인 해지(근저당권의 포기) 등을 원인으로 말소하기 위한 등기로, 이 신청에서는 근저당권설정자(또는 부동산소유자)를 등기권리자, 근저당권자를 등기의무자로 표시한다.

1. 근저당권의 말소사유

　근저당권이 설정계약의 해제·취소, 근저당권의 포기, 혼동 등의 사유로 소멸하면(민법 제543조, 제507조) 근저당권말소등기를 한다(법 제57조 제1항). 근저당권은 보통저당권과는 달리 피담보채권의 소멸만으로는 소멸하지 않고 근저당권 설정의 기초가 되는 기본계약이 해지 등의 사유로 종료되어야만 이를 원인으로 근저당권 말소등기를 신청할 수 있다(선례 6-231).

2. 등기신청인

(1) 공동신청

　근저당권의 말소등기도 공동신청주의에 의하여 현재의 소유권(지상권, 전세권)의 등기명의인이 등기권리자, 현재의 근저당권의 등기명의인이 등기의무자가 된다. 다만, 근저당권설정등기 이후에 소유권이 제3자에게 이전된 경우에는 현재 소유명의인 뿐만 아니라 근저당권설정자(설정당시의 소유자)도 근저당권자와 공동으로 그 말소등기를 신청할 수 있다(대법원 1994. 1. 25. 선고 93다16338 전원합의체 판결). 근저당권 양도에 의한 부기등기가 있는 경우에는 근저당권의 양수인이 등기의무자이다.

(2) 근저당권설정 후 소유권이 제3자에게 이전 된 경우(제3취득자와 근저당권자)

근저당부동산에 대하여 소유권을 취득한 제3자는 피담보채무가 확정된 이후에 그 확정된 피담보채무를 채권 최고액의 범위 내에서 변제하고 근저당권의 소멸을 청구할 수 있다(민법 제364조).

근저당권설정등기의 말소등기를 함에 있어 근저당권 설정 후 소유권이 제3자에게 이전된 경우에는 근저당권설정자 또는 현재의 소유자인 제3취득자가 근저당권자와 공동으로 그 말소등기를 신청할 수 있다(등기예규 제1471호 제6조 제1항).

(3) 근저당권이전등기 후의 근저당권말소등기청구

(가) 근저당권설정등기의 말소등기청구의 상대방

근저당권의 양도에 의한 부기등기는 기존의 근저당권설정등기에 의한 권리의 승계관계를 등기부상에 명시하는 것뿐으로 그 등기에 의하여 새로운 권리가 생기는 것이 아닌 만큼 근저당권설정등기 말소등기청구는 양수인만을 상대로 하면 족하고 양도인은 그 말소등기청구에 있어서의 피고적격이 없다 할 것이다(대판 68. 1. 31. 67다2558).

근저당이 이전된 후 근저당권설정등기의 말소등기를 신청하는 경우에는 근저당권의 양수인이 근저당권설정자(소유권이 제3자에게 이전된 경우에는 제3취득자)와 공동으로 그 말소등기를 신청할 수 있다(위 예규 제6조 제2항).

(나) 근저당권이전이 무효임을 이유로 한 근저당권설정등기의 말소청구절차

근저당권 이전의 부기등기는 기존의 주등기인 근저당권설정등기에 종속되어 주등기와 일체를 이루는 것으로서 기존의 근저당권설정등기에 의한 권리의 승계를 등기부상 명시하는 것일 뿐 그 등기에 의하여 새로운 권리가 생기는 것이 아니므로, 근저당권설정자 또는 그로부터 소유권을 이전받은 제3취득자는 피담보채무가 소멸된 경우 또는 근저당권설정등기가 당초부터 원인무효인 경우 등에 근저당권의 현재의 명의인인 양수인을 상대로 주등기인 근저당권설정등기의 말소를 구할 수 있으나, 근저당권자로부터 양수인 앞으로의 근저당권 이전이 무효라는 사유를 내세워 양수인을 상대로 근저당권설정등기의 말소를 구할 수는 없다(대판 2003. 4. 11. 2003다5016).

(4) 혼동으로 근저당권이 소멸하는 경우(등기명의인) 및 제3자 앞으로 소유권 이전 등기가 된 경우(현소유자와 근저당권자)

동일 부동산에 대한 소유권이전청구권 보전의 가등기상의 권리자와 근저당권자가 동일인 이었다가 그 가등기에 기한 소유권이전의 본등기가 경료됨으로써 소유권과 근저당권이 동일인에게 귀속된 경우와 같이 혼동으로 근저당권이 소멸(그 근저당권이 제3자의 권리의 목적이 된 경우 제외)하는 경우에는 등기명의인이 근저당권말소등기를 단독으로 신청한다. 다만, 그 근저당권설정 등기가 말소되지 아니한 채 제3자 앞으로 다시 소유권이전등기가 경료된 경우에는 현 소유자 와 근저당권자가 공동으로 말소등기를 신청하여야 한다(위 예규 제 6조 제3항).

(5) 등기의무자의 행방불명

등기의무자의 행방불명으로 인하여 등기권리자가 그와 공동으로 등기의 말소를 신청할 수 없는 때에는 민사소송법의 규정에 의한 제권판결등본을 첨부하여 등기권리자 단독으로 근저 당권의 말소등기를 신청할 수 있다(법 제56조 제1항).

법 제56조 제1항의 경우에 제권판결이 있으면 등기권리자가 그 사실을 증명하여 단독으로 등기의 말소를 신청할 수 있다(법 제56조 제2항).

(6) 근저당권자인 법인의 취급지점이 변경된 경우

근저당권자인 상사법인의 취급지점이 변경된 경우에 근저당권 말소등기를 신청할 경우에 는 취급지점이 변경된 사실을 증명하는 서면을 첨부하여 취급지점의 변경등기 없이 근저당 권말소등기를 할 수 있다(등기예규 제451호, 등기선례요지집 제4권 468항, 제488항).

(7) 저당권이전의 부기등기를 경료한 자

피담보채권이 소멸하면 저당권은 그 부종성에 의하여 당연히 소멸하게 되므로, 그 말소등 기가 경료되기 전에 그 저당권부채권을 가압류하고 압류 및 전부명령을 받아 저당권이전의 부기등기를 경료한 자라 할지라도, 그 가압류 이전에 그 저당권의 피담보채권이 소멸된 이상, 그 근저당권을 취득할 수 없고, 실체관계에 부합하지 않는 그 근저당권 설정등기를 말소할 의무를 부담한다(대판 2002. 9. 24, 2002다27910).

(8) 종전의 소유자(근저당권설정자)의 근저당권설정등기의 말소청구

근저당권이 설정된 후에 그 부동산의 소유권이 제3자에게 이전된 경우에는 현재의 소유자가 자신의 소유권에 기하여 피담보채무의 소멸을 원인으로 그 근저당권설정등기의 말소를 청구할 수 있음은 물론이지만, 근저당권설정자인 종전의 소유자도 근저당권설정계약의 당사자로서 근저당권소멸에 따른 원상회복으로 근저당권자에게 근저당권설정등기의 말소를 구할 수 있는 계약상 권리가 있으므로 이러한 계약상 권리에 터잡아 근저당권자에게 피담보채무의 소멸을 이유로 하여 그 근저당권설정등기의 말소를 청구할 수 있다고 봄이 상당하고, 목적물의 소유권을 상실하였다는 이유만으로 그러한 권리를 행사할 수 없다고 볼 것은 아니다(대판 1994. 1. 25, 93다16338 전원합의체 판결).

(9) 근저당권설정자가 아닌 채무자의 근저당권말소등기신청의 가부(소극)

근저당권설정자가 아닌 채무자는 근저당권의 말소등기를 신청할 수 없으므로 제3취득자가 채무인수를 하였으나 그 후 다시 제3자에게 소유권이 이전되어 현재 소유자가 아닌 경우 채무자는 근저당권의 말소등기를 신청할 수 없을 것이다(등기선례요지집 제5권 476항).

3. 근저당권자인 회사의 합병으로 인한 근저당권말소신청과 근저당권이전등기의 선행(말소등기원인이 합병등기 후에 발생한 때)

합병 후 존속하는 회사가 합병으로 인하여 소멸한 회사명의로 있는 근저당권등기의 말소신청을 하는 경우에 있어서는 그 등기원인이 "합병등기 전"에 발생한 것인 때에는 합병으로 인한 근저당권이전등기를 생략하고 합병을 증명하여 말소등기신청을 하면 될 것이나, 그 등기원인이 "합병등기 후"에 발생한 것인 때에는 먼저 회사합병으로 인한 근저당권이전등기를 거친 후 말소등기신청을 하여야 한다(등기예규 제458호. 등기선례요지집 제6권 367항. 제8권 212항).

4. 해산 및 청산종결간주된 주식회사가 근저당권리자인 경우(청산인의 말소등기 신청)

(1) 주식회사 청산절차

주식회사가 해산한 경우에는 합병, 분할, 분할합병 또는 파산의 경우를 제외하고는 청산절차에 들어가게 된다(상법 제531조 제1항).

(2) 청산인(청산절차의 담당자)

청산중인 회사는 영업을 전제로 하지 아니하므로 영업담당자인 이사는 지위를 잃고, 청산인이 그 대신 청산사무를 행한다. 청산인은 회사의 청산사무를 담당하는 자이다.

(3) 청산인의 선임

정관이나 주주총회에서 청산인을 정하지 않은 경우에는 합병, 분할, 분할합병 또는 파산의 겨우를 제외하고는 해산전의 이사 전원이 당연히 청산인이 된다(상법 제531조 제1항, 대결 1968. 5. 27. 68마140).

상법 제531조 제1항의 규정에 의한 청산인이 없는 때에는 법원은 이해관계인의 청구에 의하여 청산인을 선임한다(상법 제531조 제2항). 청산인은 회사에 대하여 위임관계에 있으므로(상법 제542조 제2항, 제382조 제2항) 청산인은 선량한 관리자의 주의의무를 가지고 청산사무를 집행하여야 한다(민법 제681조).

(4) 청산인의 등기절차

주식회사의 청산인의 등기절차는 상법 제542조의 규정에 의하여 준용되는 합명회사의 청산인등기절차에 관한 상법 제253조에 따른다. 즉, 청산인이 선임된 때에는 그 선임된 날로부터, 업무집행사원이 청산인이 된 때에는 해산된 날로부터 본점소재지에서는 2주간 내, 지점소재지에서는 3주간 내에 상법 제253조 제1항 각 호의 사항을 등기하여야 한다(상법 제253조 제1항).

* 주식회사 '청산인 취임등기신청서양식'은 등기예규 제1593호 별지 양식 제86호 '주식회사 청산인 취임등기신청'과 같다.

(5) 해산 및 청산종결간주 된 주식회사가 근저당권리자인 경우 청산인의 근저당권설정등기의 말소

해산(청산종결간주)된 회사가 근저당권인 경우 근저당권설정등기의 말소는 상법 제254조 제1항 제1호의 '현존사무의 종결'에 해당하므로 청산인이 청산사무로서 근저당권설정등기의 말소등기를 신청할 수 있다(등기선례 요지집 제6권 365항).

상법 제520조의2의 규정에 의하여 주식회사가 해산되고 그 청산이 종결된 것으로 간주되는 회사라도, 당해 회사를 근저당권자로 하는 근저당권설정등기가 남아 있는 등 그 청산사무가 종료되었다고 할 수 없는 경우에는 그 범위 내에서 아직 소멸하지 아니하므로, 그 주식회사의 청산인이 청산사무로서 위 근저당권의 말소등기를 신청할 수 있을 것이고, 이러한 경우 그 회사의 해산 당시의 이사는 정관에 다른 규정이 있거나 주주총회에서 따로 청산인을 선임하지 아니한 경우에는 당연히 청산인이 되고, 그러한 청산인이 없을 때에는 이해관계인의 청구에 의하여 법원이 선임한 자가 청산인이 된다(등기선례요지집 제6권 365항, 상법 제531조, 제542조, 제253조).

5. 등기상 이해관계 있는 제3자가 있는 경우의 근저당권말소절차

근저당권설정등기의 말소를 신청하는 경우에 그 말소에 대하여 등기상 이해관계에 있는 제3자가 있는 때에는 신청서에 그 승낙서 또는 이에 대항할 수 있는 재판의 등본을 첨부하여야 한다(법 제57조 제1항). 채무가 모두 변제되어 근저당권이 실질상 소멸되었으나 등기부상 말소되지 않은 근저당권에 대한 가압류권리자도 등기상 이해관계 있는 제3자에 해당하므로 가압류등기가 말소되지 않거나 가압류권리자의 승낙서 또는 이에 대항할 수 있는 재판의 등본을 첨부하지 않는 한 근저당권의 말소등기는 할 수 없다(법 제57조 제1항).

법 제57조에 따라 등기를 말소할 때에는 등기상 이해관계 있는 제3자 명의의 등기는 등기관이 직권으로 말소한다(법 제57조 제2항).

6. 근저당권말소등기신청서의 기재사항 및 첨부서면

(1) 근저당권 말소등기신청서의 기재사항

근저당권설정등기의 말소등기신청서에는 규칙 제43조 제1항 각호의 사항을 기재하고 신청인이 이에 기명날인하여야 한다. 등기의 목적은 근저당권설정등기말소, 등기원인은 그 원인에 따라 해지, 혼동 등으로, 등기연월일은 해지일자를 기재하며, 말소할 등기의 표시는 말소할 근저당권으로 ○년 ○월 ○일 접수 제○호로 경료된 근저당권설정등기로 기재한다. 등기의무자란에는 근저당권자(성명, 주민등록번호, 주소)를, 등기권리자란에는 근저당권설정자(또는 소유자)를 기재한다.

(2) 근저당권말소 등기신청서의 첨부서면

근저당권설정등기의 말소등기를 신청하는 경우에는 다음 각호의 정보를 신청정보와 함께 첨부정보로서 등기소에 제공하여야 한다(규칙 제46조 제1항).

(가) 등기원인증서(해지 또는 포기증서 등)(규칙 제46조 제1항 제1호)

(나) 등기의무자의 권리에 관한 등기필정보(법 제50조 제2항, 규칙 제43조 제1항 제7호).

(다) 제3자의 승낙서등

말소에 대하여 등기상 이해관계 있는 제3자가 있는 때에는 그 승낙서 또는 이에 대항할 수 있는 재판의 등본 및 그 승낙자의 인감증명서를 첨부하여야 한다(법 제57조 제1항, 규칙 제46조 제1항 제3호).

(라) 등록면허세영수필확인서(지방세법 제28조 제1항 제1호 마)

(마) 위임장(규칙 제46조 제1항 제5호)

		근저당권등기말소등기신청			(해지, 일부포기등)	
접 수	년 월 일	처 리 인	등기관 확인		각종통지	
	제 호					

① 부동산의 표시			
② 등기원인과 그 연월일	2010년 9월 1일 해지(또는 일부포기, 포기등)		
③ 등기의 목적	근저당권설정등기의 말소		
④ 말소할 등기	2009년 3월 1일 접수 제1128호로 경료한 근저당권 설정등기		
구분	성 명 (상호·명칭)	주민등록번호 (등기용등록번호)	주소(소재지)	지 분 (개인별)
⑤ 등기의무자	김 ○ ○			
⑥ 등기권리자	이 ○ ○			

등 록 면 허 세	금	원
지 방 교 육 세	금	원
세 액 합 계	금	원

등기신청수수료	금	원
	납부번호 :	

<table>
<tr><td colspan="3" align="center">등기의무자의 등기필정보</td></tr>
<tr><td>부동산고유번호</td><td colspan="2"></td></tr>
<tr><td align="center">성명(명칭)</td><td align="center">일련번호</td><td align="center">비밀번호</td></tr>
<tr><td></td><td></td><td></td></tr>
</table>

⑩ 첨 부 서 면	
• 해지 또는 포기증서 1통 • 등록면허세영수필확인서 1통 • 등기필증 1통 • 위임장 1통 • 승낙서 및 인감증명서(등기상 이해 관계 있는 제3자가 있는 경우) • 등기신청수수료현금영수필확인서 1통	(기 타)

2010년 10월 1일

⑪ 위 신청인 김 ○ ○ ㉑ (전화 :   )
이 ○ ○ ㉑ (전화 :   )
(또는) 위 대리인 법무사 ○ ○ ○ ㉑ (전화 :   )

○○지방법원 등기소 귀중

해지증서(근저당)

    20○○년 ○월 ○일자 근저당권설정계약에 기하여 본인이 채권최고액 금   만원의 담보로 다음 기재 부동산(생략)에 근저당권을 취득하고 20○○년 ○월 ○일 접수 제○○○호로써 근저당권설정등기를 받았던바 금번 이를 해지한다.

20○○년 ○월 ○일

        근저당권자 ○ ○ ○ ㊞
               ○○시 ○○구 ○○동 ○○

        ○ ○ ○ 귀하
        ○○시 ○○구 ○○동 ○○

제11절 임차권 설정등기

Ⅰ. 임차권 설정등기

(1) 임대차의 의의

임대차는 당사자의 일방이 상대방에게 임차목적물을 사용·수익하게 할 것을 약정하고, 상대방은 이에 대하여 차임을 지급할 것을 약정함으로써 효력이 발생하는 채권계약이다(민법 제618조). 임대차계약에 의하여 임차인이 임차목적물을 사용·수익할 수 있는 권리를 임차권이라 하며, 목적물이 부동산인 경우 임차권등기를 할 수 있다(민법 제621조, 부동산등기법 제74조, 동규칙 제130조).

(2) 임차권(임차권의 물권화)

임차권이란 임대인에게 목적물을 사용·수익하게 할 것을 요구할 수 있는 임차인의 권리를 말한다. 이는 채권이며 물권은 아니다. 그러나 부동산의 임대차에 있어서는 임차인의 법률상의 지위를 보호 강화하기 위해 부동산임차권에 본래 물권에게만 주어졌던 성질이 인정되고 있는데, 이러한 현상을 「임차권의 물권화」라고 한다. 임차인은 계약 또는 그 목적물의 성질에 의하여 정하여진 용법으로 이를 사용·수익하여야 한다(민법 654·610 ①).

(가) 임차보증금의 법적성질 및 임대차 종료시 그 반환의무의 범위

부동산임대차에 있어서 임차인이 임대인에게 지급하는 보증금은 임대차관계가 종료되어 목적물을 반환하는 때까지 그 임대차관계에서 발생하는 임차인의 모든 채무를 담보하는 것으로서 임차인의 채무불이행이 없으면 그 전액을 반환하고 만약 임차인이 차임을 지급하지 아니하거나 목적물을 멸실. 훼손하여 부담하는 손해배상채무 또는 임대차종료후 목적물 반환시까지 목적물 사용으로 인한 손해배상 내지 부당이득반환채무 등을 부담하고 있다면 임대인은 그 보증금중에서 이를 공제하고 나머지 금액만을 반환하면 되는 것이므로 임대인의 보증금반환의무는 임대차관계가 종료되는 경우에 그 보증금중에서 목적물을 반환받을 때까지 생긴 연체차임 등 임차인의 모든 채무를 공제한 나머지 금액에 관하여서만 비로소 이행기에 도달하여 임차인의 목적물반환의무와 서로 동시이행의 관계에 있다(대판 1987. 6. 23. 87다카98).

임대인은 임대차종료시 임차보증금 중 연체차임 등 임대차에 관련된 일체의 임차인에 대한 채권을 공제한 잔액을 임차인에게 반환할 의무가 있다(대판 1987. 12. 8. 87다카1104).

부동산 임대차에 있어서 수수된 보증금은 임료채무, 목적물의 멸실·훼손 등으로 인한 손해배상채무 등 임대차관계에 따른 임차인의 모든 채무를 담보하는 것으로서 그 피담보채무 상당액은 임대차관계의 종료 후 목적물이 반환될 때에 특별한 사정이 없는 한 별도의 의사표시 없이 보증금에서 당연히 공제되는 것이므로(대판 1999. 12. 7. 99다50729), 임대인은 임대차보증금에서 그 피담보채무를 공제한 나머지만을 임차인에게 반환할 의무가 있다(대판 2005. 9. 28. 2005다8323, 8330).

(나) 영업용건물의 임대차에 있어서 권리금의 성질 및 임대인이 권리금반환의무를 부담하는지 여부(한정소극)

영업용 건물의 임대차에 수반되어 행하여지는 권리금의 지급은 임대차계약의 내용을 이루는 것은 아니고 권리금 자체는 거기의 영업시설·비품 등 유형물이나 거래처, 신용, 영업상의 노우하우(know-how) 또는 점포 위치에 따른 영업상의 이점 등 무형의 재산적 가치의 양도 또는 일정 기간 동안의 이용대가라고 볼 것인바, 권리금이 임차인으로부터 임대인에게 지급된 경우에, 그 유형·무형의 재산적 가치의 양수 또는 약정기간 동안의 이용이 유효하게 이루어진 이상 임대인은 그 권리금의 반환의무를 지지 아니하며, 다만 임차인은 당초의 임대차에서 반대되는 약정이 없는 한 임차권의 양도 또는 전대차의 기회에 부수하여 자신도 그 재산적 가치를 다른 사람에게 양도 또는 이용케 함으로써 권리금 상당액을 회수할 수 있을 것이고, 따라서 임대인이 그 임대차의 종료에 즈음하여 그 재산적 가치를 도로 양수한다든지 권리금 수수 후 일정한 기간 이상으로 그 임대차를 존속시켜 그 가치를 이용케 하기로 약정하였음에도 임대인의 사정으로 중도 해지됨으로써 약정기간 동안의 그 재산적 가치를 이용케 해주지 못하였다는 등의 특별한 사정이 있을 때에만 임대인은 그 권리금 전부 또는 일부의 반환의무를 진다고 할 것이다(2001. 4. 10. 2000다59050 공2001상, 1109).

(3) 임대차의 등기(임차인의 등기청구)

부동산임차인은 당사자간에 반대약정이 없으면 임대인에 대하여 그 임대차등기절차에 협력할 것을 청구할 수 있다. 부동산임대차를 등기한 때에는 그때부터 제3자에 대하여 효력이 생긴다(민법 제621조).

(가) 등기된 임차권이 침해된 경우, 그 임차권에 기한 방해배제를 청구할 수 있는지 여부(적극)

등기된 임차권에는 용익권적 권능 외에 임차보증금반환채권에 대한 담보권적 권능이 있고, 임대차기간이 종료되면 용익권적 권능은 임차권등기의 말소등기 없이도 곧바로 소멸하나 담보권적 권능은 곧바로 소멸하지 않는다고 할 것이어서, 임차권자는 임대차기간이 종료한 후에도 임차보증금을 반환받기까지는 임대인이나 그 승계인에 대하여 임차권등기의 말소를 거부할 수 있다고 할 것이고, 따라서 임차권등기가 원인 없이 말소된 때에는 그 방해를 배제하기 위한 청구를 할 수 있다(대판 2002. 2. 26. 99다67079).

(나) 임대인이 수선의무를 부담하게 되는 임대차 목적물의 파손 · 장해의 정도

임대차계약에 있어서 임대인은 임대차 목적물을 계약 존속 중 그 사용·수익에 필요한 상태를 유지하게 할 의무를 부담하는 것이므로(민법 제623조), 목적물에 파손 또는 장해가 생긴 경우 그것이 임차인이 별비용을 들이지 아니하고도 손쉽게 고칠 수 있을 정도의 사소한 것이어서 임차인의 사용·수익을 방해할 정도의 것이 아니라면 임대인은 수선의무를 부담하지 않지만, 그것을 수선하지 아니하면 임차인이 계약에 의하여 정하여진 목적에 따라 사용·수익할 수 없는 상태로 될 정도의 것이라면 임대인은 그 수선의무를 부담한다(대판 2000. 3. 23. 98두18053).

(4) 임차권의 양도 · 전대의 제한

임차인은 임대인의 동의없이 그 권리를 양도하거나 임차물을 전대하지 못한다. 임차인이 전항의 규정에 위반한 때에는 임대인은 계약을 해지할 수 있다(민법 제629조).

II. 임차권등기의 유형

부동산임차인은 반대의 약정이 없으면 임대인에 대하여 임차권등기청구권이 있고, 임차권이 등기된 경우 임차인은 임차권을 제3자에게 대항할 수 있다(민법 제621조).

현행법상 임차권등기는, 민법 제621조에 의한 임차권설정등기, 주택(상가건물)임차인이 신

청한 임차권등기명령에 의한 임차권등기(주택임대차보호법 제3조의3, 상가건물임대차보호법 제6조), 주택
임대차보호법 제3조의4 제2항 및 상가건물임대차보호법 제7조 제2항에 의한 주택 및 상가
건물에 대한 임대차등기의 3가지 유형이 있다.

1. 민법 제621조에 의한 임차권설정등기

(1) 신청인

임차권설정자가 등기의무자, 임차권자가 등기권리자로서 공동으로 신청하여야 한다(법 제
23조 제1항).

(2) 임차권설정등기신청서의 기재사항

「민법」제621조에 의한 임차권설정등기의 경우 신청서에 「부동산등기법」제74조에서
정한 사항을 기재하여야 하나, 차임을 정하지 아니하고 보증금의 지급만을 내용으로 하는 임
대차 즉 "채권적 전세"의 경우에는 차임을 기재하지 아니한다. 임차권의 목적이 토지 또는
건물의 일부인 때에는 임차권의 범위를 특정하여 기재하여야 한다(등기예규 제1382호. 2. 가.). 임
차권설정등기나 임차권등기명령에 의한 임차권등기는 용익물권이므로 공유지분에 대하여는
임차권설정등기를 할 수 없다.

(3) 임차권설정등기신청서의 첨부서면

1. 임대차계약서

등기원인을 증명하는 서면으로 첨부한다(규칙 제46조 제1항 제1호).

공유부동산에 대한 임차권 등기를 경료하기 위해서는 공유자 전원이 등기의무자로서
계약당사자가 되어 체결한 임대차계약서를 등기원인서류로 첨부하여 임차권 등기를
신청하여야 한다(2012. 5.21. 부동산등기과-1008).

2. 등기필증(등기필정보)

등기의무자의 소유권에 관한 등기필증으로서 등기의무자가 소유권 취득시 등기소로부
터 교부받은 등기필증을 첨부한다. 다만, 등기필증(등기필정보)을 멸실하여 첨부(기재)할 수

없는 경우에는 부동산등기법 제49조에 의하여 확인서면이나 확인조서 또는 공증서면 중 하나를 첨부한다(법 제51조).

3. 도면

임차권의 목적이 부동산의 일부인 때에는 임차권이 설정된 부분의 도면을 첨부한다(법 제74조 제6호 규칙 제130조 제2항).

4. 등록세영수필확인서(지방세법 제28조 제1항 1. 다. 5).)

5. 인감증명서

소유자의 인감증명서(발행일로부터 3월 이내)를 첨부한다(규칙 제60조 제1항 제1호).

6. 주민등록표등(초)본

등기권리자의 주민등록표등본 또는 초본(각 발행일로부터 3월 이내)을 첨부하여야 한다(규칙 제46조 제1항 제6호).

7. 위임장

등기신청을 법무사등 대리인에게 위임하는 경우에 첨부한다(규칙 제46조 제1항 제5호).

2. 임차권등기명령절차에 의한 임차권등기

임차권등기명령절차에 관한 규칙은 주택임대차보호법과 상가건물임대차보호법이 임차권등기명령절차의 시행에 관하여 대법원규칙에 위임한 사항 및 기타 주택임대차보호법과 상가건물임대차보호법의 시행에 필요한 사항을 규정함을 목적으로 한다(규칙 제1조).

(1) 임차인의 임차권등기명령신청

임대차가 종료된 후 보증금을 반환받지 못한 임차인은 임차주택 또는 임차건물의 소재지를 관할하는 지방법원·지원 또는 시·군법원에 임차권등기명령을 신청할 수 있다(주택임대차보호법 제3조의3 제1항, 상가건물임대차보호법 제6조 제1항).

임차권등기명령에 따른 등기는 임대차 종료 후 보증금을 반환받지 못한 임차인의 단독신청에 따라 법원의 촉탁에 의해서만 할 수 있다. 위 등기절차는 "임차권등기명령절차에 관한 규칙(대법원규칙 제1592호 1999. 2. 7.)에 규정되어 있다.

(2) 임차권등기명령신청서의 기재사항

임차권등기명령신청서에는 부동산등기규칙 제46조 각 항의 사항이외에 다음 각호의 사항을 기재하고 임차인 또는 대리인이 기명날인 또는 서명하여야 한다(동규칙 제2조 제1항).

1. 사건의 표시
2. 임차인과 임대인의 성명, 주소, 임차인의 주민등록번호(임차인이나 임대인이 법인 또는 법인 아닌 단체인 경우에는 법인명 또는 단체명, 대표자, 법인등록번호, 본점·사업장소재지)
3. 대리인에 의하여 신청할 때에는 그 성명과 주소
4. 임대차의 목적인 주택 또는 건물의 표시(임대차의 목적이 주택 또는 건물의 일부인 경우에는 그 목적인 부분을 표시한 도면을 첨부한다)
5. 반환받지 못한 임차보증금액 및 차임(주택임대차보호법 제12조 또는 상가건물임대차보호법 제17조의 등기하지 아니한 전세계약의 경우에는 전세금)
6. 신청의 취지와 이유
7. 첨부서류의 표시
8. 연월일
9. 법원의 표시
10. 신청이유 기재사항

임차권등기명령신청서의 신청이유 기재사항은 동규칙 제2조 제2항 참조(신청서에는 2천원의 인지를 붙여야 한다).

(3) 임차권등기명령신청서의 첨부서류

임차권등기명령신청서에는 다음 각호의 서류를 첨부하여야 한다(동규칙 제3조).
1. 임대인의 소유로 등기된 주택 또는 건물에 대하여는 등기사항증명서
2. 임대인의 소유로 등기되지 아니한 주택 또는 건물에 대하여는 즉시 임대인의 명의로 소유권보존등기를 할 수 있음을 증명할 서면
3. 주택임차권등기명령신청의 경우에는 임대차계약증서, 상가건물임차권등기명령신청의 경우에는 임대차계약서

4. 임차인이 신청 당시에 이미 「주택임대차보호법」 제3조제1항부터 제3항까지의 규정에 따른 대항력을 취득한 경우에는 임차주택을 점유하기 시작한 날과 주민등록을 마친 날을 소명하는 서류, 제3조의2제2항에 따른 우선변제권을 취득한 경우에는 임차주택을 점유하기 시작한 날과 주민등록을 마친 날을 소명하는 서류 및 공정증서로 작성되거나 확정일자가 찍혀있는 임대차계약증서, 「상가건물 임대차보호법」 제3조제1항에 따른 대항력을 취득한 경우에는 임차건물을 점유하기 시작한 날과 사업자등록을 신청한 날을 소명하는 서류, 제5조제2항에 따른 우선변제권을 취득한 경우에는 임차건물을 점유하기 시작한 날과 사업자등록을 신청한 날을 소명하는 서류 및 관할세무서장의 확정일자가 찍혀있는 임대차계약서

5. 주택임차권등기명령신청의 경우 임대차목적물에 관한 등기부상의 용도가 주거시설이 아닌 경우에는 임대차계약체결시부터 현재까지 주거용으로 사용하고 있음을 증명하는 서류, 상가건물임차권등기명령신청의 경우 임대차목적물의 일부를 영업용으로 사용하지 아니하는 경우에는 임대차계약체결시부터 현재까지 그 주된 부분을 영업용으로 사용하고 있음을 증명하는 서류

(4) 임차권등기명령의 효력발생시기

임차권등기명령은 판결에 의한 때에는 선고를 한 때에, 결정에 의한 때에는 상당한 방법으로 임대인에게 고지를 한 때에 그 효력이 발생한다(동규칙 제4조).

(5) 임차권등기의 촉탁

법원사무관등은 임차권등기명령의 효력이 발생하면 지체없이 촉탁서에 재판서등본을 첨부하여 등기관에게 임차권등기의 기입을 촉탁하여야 한다(동규칙 제5조).

(6) 등기관의 등기완료통지서의 송부

등기관은 규칙 제5조의 규정에 의한 법원사무관등의 촉탁에 의하여 임차권등기의 기입을 마친 후에 등기완료통지서를 작성하여 촉탁법원에 송부하여야 한다(동규칙 제7조).

(7) 미등기건물에 대한 임차권등기의 촉탁과 직권보존등기

미등기 주택이나 상가건물에 대하여 임차권등기명령에 의한 등기촉탁이 있는 경우에는 등기관은 「부동산등기법」 제66조의 규정에 의하여 직권으로 소유권보존등기를 한 후 주택임차권등기나 상가건물임차권등기를 하여야 한다(등기예규 제1382호 3. 다.).

(8) 이미 전세권설정등기가 경료된 부동산에 대하여 동일인을 권리자로 하는 주택임차권등기의 촉탁을 수리할 수 있는지 여부(적극)(일부 선례변경)

이미 전세권설정등기가 경료된 주택에 대하여 동일인을 권리자로 하는 법원의 주택임차권등기명령에 따른 촉탁등기는 이를 수리할 수 있을 것이다(2015. 10. 29. 부동산등기과-2481 질의회답).

(9) 임차권등기명령의 대위신청

「민법」 제404조의 대위신청에 의한 임차권등기명령에 따라 임차권등기를 하는 경우에는 「부동산등기법」 중 채권자대위에 의한 등기절차에 관한 규정을 준용한다(동규칙 제9조 제1항).
「주택임대차보호법」 제3조의3제9항 또는 「상가건물 임대차보호법」 제6조제9항의 대위신청에 의한 임차권등기명령에 따라 임차권등기를 하는 경우에는 「부동산등기법」 중 「민법」 제404조 외의 법령에 따른 대위등기절차에 관한 규정을 준용한다. 이 경우 임차권등기의 대위원인으로 보증금반환채권의 양수 일자와 그 취지를 적는다(동규칙 제9조 제2항).

III. 임차권의 이전 및 임차물 전대

임차인은 임대인의 동의 없이 그 권리를 양도(讓渡)하거나 임차물을 전대(轉貸)하지 못한다(민법 제629조 제1항). 임차인이 민법 제629조 제1항의 규정에 위반한 때에는 임대인은 계약을 해지할 수 있다(민법 제629조 제2항).

민법 제629조는 임차인은 임대인의 동의 없이 그 권리를 양도하거나 전대하지 못하고, 임차인이 이에 위반한 때에는 임대인은 계약을 해지할 수 있다고 규정하고 있는바 이는 민법상의 임대차계약은 원래 당사자의 개인적 신뢰를 기초로 하는 계속적 법률관계임을 고려하여 임대인의 인적 신뢰나 경제적 이익을 보호하여 이를 해치지 않게 하고자 함에 있으며, 임차인이 임대인의 승낙 없이 제3자에게 임차물을 사용·수익시키는 것은 임대인에게 임대차관계를 계속시키기 어려운 배신적 행위가 될 수 있는 것이기 때문에 임대인에게 일방적으로 임대차관계를 종지시킬 수 있도록 하고자 함에 있다(대판 1993. 4. 27. 92다45308).

임차인이 임대인의 동의를 얻어 임대물을 전대한 때에는 전대인(轉貸人)은 직접 임대인에 대하여 의무를 부담한다. 이 경우에 전차인은 전대인(轉貸人)에 대한 차임의 지급으로써 임대인에게 대항하지 못한다(민법 제630조 제1항). 임차인이 임대인의 동의를 얻어 임차물을 전대한 경우에는 임대인과 임차인의 합의로 계약을 종료한 때에도 전차인의 권리는 소멸하지 아니한다(민법 제631조).

임대인의 동의를 받지 아니하고 임차권을 양도한 계약도 이로써 임대인에게 대항할 수 없을 뿐 임차인과 양수인 사이에는 유효한 것이고 이 경우 임차인은 양수인을 위하여 임대인의 동의를 받아 줄 의무가 있다(대판 1986. 2. 25. 85다카1812).

1. 임차권의 이전, 임차물의 전대의 등기(부기등기)

(1) 임차권의 이전

"임차권의 이전"이란 임차권 그 자체를 양도하는 것으로 임차권의 이전이 있으면 임차인은 그 임차인으로서의 지위를 벗어나고 양수인이 임차인의 지위를 승계하여 임차인으로서의 권리의무를 취득하게 된다.

(2) 임차물의 전대

"임차물의 전대"란 임대차기간 내에 임차인 자신이 임대인이 되어서 임차물을 다시 제3자로 하여금 사용·수익하게 하는 계약으로 임차인은 종전의 계약상의 지위인 임차인으로서의 지위를 지속하면서 동시에 제3자와의 사이에 새로운 임대차 관계가 성립한다. 이 경우 임차인을 전대인이라 하고 제3자를 전차인이라 한다.

임차권의 이전 및 임차물전대의 등기는 임차권등기에 부기등기의 형식으로 한다(법 제52조 제2호). 임대차의 존속기간이 만료된 경우와 주택임차권등기 및 상가건물임차권등기가 경료된 경우에는, 그 등기에 기초한 임차권이전등기나 임차물전대등기를 할 수 없다(등기예규 제1382호.4.).

🔍 판 례

임차인이 임대인의 동의를 얻어 전대한 경우. 전차인의 차임지급

임차인이 임대인의 동의를 얻어 임차물을 전대한 경우, 임대인과 임차인 사이의 종전 임대차계약은 계속 유지되고(민법 제630조 제2항), 임차인과 전차인 사이에는 별개의 새로운 전대차계약이 성립한다. 한편 임대인과 전차인 사이에는 직접적인 법률관계가 형성되지 않지만, 임대인의 보호를 위하여 전차인이 임대인에 대하여 직접 의무를 부담한다(민법 제630조 제1항).

이 경우 전차인은 전대차계약으로 전대인에 대하여 부담하는 의무 이상으로 임대인에게 의무를지지 않고 동시에 임대차계약으로 임차인이 임대인에 대하여 부담하는 의무 이상으로 임대인에게 의무를 지지 않는다.

전차인은 전대차계약상의 차임지급시기 전에 전대인에게 차임을 지급한 사정을 들어 임대인에게 대항하지 못하지만, 차임지급시기 이후에 지급한 차임으로는 임대인에게 대항할 수 있고, 전대차계약상의 차임지급시기 전에 전대인에게 지급한 차임이라도, 임대인의 차임청구 전에 차임지급시기가 도래한 경우에는 그 지급으로 임대인에게 대항할 수 있다(대판2018.7.11. 2018다200518).

2. 신청절차

(1) 신청인

임차권의 양수인 또는 전차인이 등기권리자, 양도인 또는 전대인이 등기의무자로서 공동으로 신청해야 한다(법 제23조 제1항).

(2) 임차권이전등기신청서의 기재사항

임차권이전등기를 신청하는 경우에는 부동산등기규칙 제46조 제1항 각 호의 정보를 그 신청정보와 함께 첨부정보로써 등기소에 제공하여야 한다(규칙 제46조 제1항).

임차권의 이전 또는 임차물의 전대(轉貸)의 등기신청서에는 부동산등기규칙 제43조 제1항 각 호의 사항 외에 임차물 전대의 등기사항인 다음 각호의 사항(다만, 제2호부터 제5호까지는 등기원인에 그 사항이 있는 경우에만 기재한다)을 기재하여야 한다(법 제74조).

1. 차임(借賃)
2. 차임지급시기
3. 존속기간. 다만, 처분능력 또는 처분권한 없는 임대인에 의한 「민법」 제619조의 단
   기임대차인 경우에는 그 뜻도 기록한다.
4. 임차보증금
5. 임차권의 양도 또는 임차물의 전대에 대한 임대인의 동의
6. 임차권설정 또는 임차물전대의 범위가 부동산의 일부인 때에는 그 부분을 표시한 도
   면의 번호

(3) 임차권이전등기신청서의 첨부서면

등기원인을 증명하는 서면, 등기의무자의 권리에 관한 등기필정보 등 부동산등기규칙 제
46조에서 정한 일반적인 첨부서면을 제출하여야 한다(규칙 제46조).

임차권설정 또는 임차물 전대의 범위가 부동산의 일부인 경우에는 규칙 제128조 제2항을
준용한다(규칙 제130조 제2항).

임차권의 양도 또는 임차물의 전대에 대한 임대인의 동의가 있다는 뜻의 등기가 없는 경우
에 임차권의 이전 또는 임차물의 전대의 등기를 신청할 때에는 임대인의 동의가 있음을 증명
하는 정보를 첨부정보로서 등기소에 제공하여야 한다(규칙 제130조 제3항).

이는 민법상 임차권은 전세권과는 달리 임대인의 동의 없이는 그 권리를 양도하거나 임차
물을 전대하지 못하며, 이에 위반한 때에는 제3자에게 효력이 없고 임대인은 그 계약을 해지
할 수 있기 때문이다.

(4) 등록면허세

임차권등기명령에 의한 경우이든 신청에 의한 경우이든 차임이 있는 경우에는 「지방세법」
제28조 제1항 제1호(다)목 5)의 규정에 따른 세액(월임대차금액의 1천분의 2)을 납부하고, 차임이
없는 경우에는 같은 조 같은 항 같은 호 마목의 규정에 따른 세액을 납부한다. 임차권이전 및
임차물전대의 등기를 신청하는 경우에도 마찬가지이다(등기예규 제1382호. 5).

				임차권 설정등기신청		
접 수	년 월 일		처 리 인	등기관 확인		각종통지
	제 호					

부동산의 표시	
등기원인과 그 년월일	년 월 일 임차권 설정계약
등 기 의 목 적	임차권 설정
임 차 보 증 금	금 원
차 임	금 원
차임지급 시기	매월 말일
존 속 기 간	년 월 일부터 년 월 일까지

구 분	성 명 (상호·명칭)	주민등록번호 (등기용등록번호)	주소(소재지)
등 기 의 무 자			
등 기 권 리 자			

등 록 면 허 세	금	원
지 방 교 육 세	금	원
농 어 촌 특 별 세	금	원
세 액 합 계	금	원
등 기 신 청 수 수 료	금	원
	납부번호 :	

등기의무자의 등기필정보

부동산고유번호		
성명(명칭)	일련번호	비밀번호

첨 부 서 면

1. 임차권설정계약서	통	1. 주민등록표등(초)본	통
1. 등록면허세영수필확인서	통	1. 위임장	통
1. 인감증명서나 본인서명사실확인서		1. 등기신청수수료영수필확인서	통
또는 전자본인서명확인서 발급증	통	<기 타>	
1. 등기필증	통		

년   월   일

위 신청인   (전화 :   )
(또는) 위 대리인 법무사   (전화 :   )

지방법원   등기소 귀중

-신청서작성요령-

*1. 부동산표시란에 2개 이상의 부동산을 기재하는 경우에는 그 부동산의 일련번호를 기재하여야 합니다.

2. 신청인란 등 해당란에 기재할 여백이 없을 경우에는 별지를 이용합니다.

부동산 임대차계약서

소 재 지	서울특별시 양천구 신정4동 1007-11. 103호						
토 지	지 목	대지			면적	㎡	평
건 물	구 조	철근콘크리트구조	용도	근린생활시설	면적	48㎡	14.52평
임대부분	103호 전체						

위 부동산에 대하여 임대인과 임차인은 합의에 의하여 다음과 같이 임대차 계약을 체결한다.

제1조 (보증금 및 지급시기) 위 부동산의 임대차에 있어 임대차 보증금 및 차임을 아래와 같이 약정한다.

보 증 금	금 오천 만원 정 (\50.000.000원)
계 약 금	금 오백만 원정은 계약시에 지불함.
중 도 금	
잔 금	금 사천오백만원정은 200 년 9월 일에 지불한다.
차 임	금 이백 십 만원정은 매월 5일에 지불한다.

제2조 (임대목적, 존속기간) 임차인은 위 부동산을 약정한 임대차 목적으로 사용하며, 임대인은 년 월 일 까지 임차인에게 이를 인도하며, 임대차 기간은 인도일로부터 년 월 일로 한다.

제3조 (용도변경 및 전대등) 임차인은 임대인의 사전 동의 없이는 위 부동산의 용도나 구조 등을 변경 하거나 절대 또는 담보제공을 하지 못하며 약정 이외의 목적으로 사용할 수 없다.

제4조 (계약의 해지) 임차인이 계속해서 2회 이상 차임의 지급을 연체하거나 제3조의 규정을 위반 했을 때에는 임대인은 계약해지의 통고 없이 즉시 본 계약을 해지할 수 있다.

제5조 (계약의 종료) ① 임대차 계약이 종료한 경우 임차인은 위 부동산을 원상으로 회복하여 임대인 에게 반환한다. ② 제1항의 경우 임대인은 보증금을 임차인에게 반환하고 연체 임대료 또는 손해배상 금액 등이 있을 때에는 이를 공제한 잔액을 반환한다.

제6조 (계약의 해제) 임차인이 임대인에게 중도금(중도금이 없을 때에는 잔금)을 지불할 때 까지 임대인은 계약금의 배액으로 상환하고, 임차인은 계약금을 포기하고 본 계약을 해제할 수 있다.

특약사항 : 1. 부가세는 별도로 한다(10%).
2. 월 차임은 매월 일 국민은행(922902-01-071488 예금주 최돈호)계좌로 부가세 포함 만원을 송금 한다.
3. 임대기간 만료시 임차인은 임대인에 대하여 필요비, 유익비 기타 어떠한 명목으로도 임대인에 대하여 비용의 상환을 청구하지 아니한다.
4. 임대인은 임차의 권리금 부분에 대하여 관여하지 아니한다.

본 계약에 대하여 임대인과 임차인은 이의 없음을 확인하고 서명 날인 후 각 1통씩 보관한다.

2006년 9월 14일

임대인	주소					
	주민등록번호		전화		성명	
임차인	주소					
	주민등록번호		전화		성명	

임차권 변경계약서

임대 부동산의 표시:

1. 서울특별시 강남구 청담동 129-9   대 1123 평방미터
2. 서울특별시 강남구 청담동 129-16   대 1166.1 평방미터

   위 1.2.토지에 대하여 2002년 12월 20일 제148237호 을구 순위번호 제3번으로 경로된 임차권설정등기사항 중,

임대보증금 : 1억원을 1억3천만으로,
존속기간 : 2006년 2월 17일을 2007년 2월 17일로 변경한다.

위 계약을 증명하기 위하여 본 증서를 작성하여 기명, 날인 후 각 1통씩 보관한다.

2005. 12.

임차권설정자 : 1. 김 ○○   서울 강남구 청담동 129-9
               2. 이 ○○ 서울 성동구 광장동 145-8 ○○○아파트 13동 904호
               3. 정 ○○ 서울 서초구 서초중앙로 200 ○○아파트 17-1403
               4. 박 ○○ 서울 성동구 광장동 145-8 ○○○아파트 13동 904호

임차권자: 주식회사 ○○○건설
               ○○시 ○○구 ○○동 ○○○-○

임차권 전대등기신청				
접 수	년 월 일 제 호	처 리 인	등기관 확인	각종통지

부동산의 표시	
○○시 ○○구 ○○동 ○○ 대 ○○○㎡ 이 상	
등기원인과 그 년월일	년 월 일 임차권 전대차계약
등기의 목적	임차권 전대
전대할임차권의 표시	○○○○년 ○월 ○일 접수 제○○○호 순위 1번으로 등기한 임차권
차 임	월 금 ○○○,○○○원
차임지급시기	매월 말일
존속기간	○○○○년 ○월 ○일부터 ○○○○년 ○월 ○일까지

구분	성 명 (상호·명칭)	주민등록번호 (등기용등록번호)	주소(소재지)
등 기 의 무 자	○○○ (전차인)		
등 기 권 리 자	○○○ (전대인)		

등 록 면 허 세	금	원
지 방 교 육 세	금	원
농 어 촌 특 별 세	금	원
세 액 합 계	금	원
등 기 신 청 수 수 료	금	원
	납부번호 :	

<table>
<tr><td colspan="3" align="center">등기의무자의 등기필정보</td></tr>
<tr><td>부동산고유번호</td><td colspan="2"></td></tr>
<tr><td align="center">성명(명칭)</td><td align="center">일련번호</td><td align="center">비밀번호</td></tr>
<tr><td></td><td></td><td></td></tr>
</table>

첨 부 서 면	
1. 전대계약서 통 1. 등록면허세영수필확인서 통 1. 인감증명 통 1. 등기필증(임차인이 임차권설정 당시에 교부받은 등기필증을 첨부함) 통 1. 주민등록등(초)본 통 1. 위임장 통 1. 임대인의 동의서(민법 제629조 1항) 통	1. 등기신청수수료현금영수필확인서 1통

년   월   일

위 신청인 ○ ○ ○ ㉘ (전화 :   )

○ ○ ○ ㉘ (전화 :   )

(또는) 위 대리인   (전화 :   )

○○지방법원 등기과 귀중

임차권말소등기신청 (해지)

접수	년 월 일	처리인	등기관 확인	각종통지

① 부동산의 표시
서울특별시 서초구 남부순환로315길 100 시멘트 벽돌조 슬래브지붕 2층주택 　　1층 100㎡ 　　2층 100㎡ 　　　　　　　　이　　상

② 등기원인과 그 연월일	○○○○년　○월　○일　해지
③ 등 기 의 목 적	임차권등기말소
④ 말 소 할 등 기	○○○○년　○월　○일 접수 제 ○○○○○호로 경료된 임차권설정등기

구분	성 명 (상호·명칭)	주민등록번호 (등기용등록번호)	주 소(소재지)	지분 (개인별)
⑤ 등기의무자	이 ○ ○ (임차권자)	751015-1234567	서울시 ○○구 ○○동 ○○○	
⑥ 등기권리자	김 ○ ○ (소유자)	481230-1234567	서울시 ○○구 ○○동 ○	

등 록 면 허 세	금		원
지 방 교 육 세	금		원
농 어 촌 특 별 세	금		원
세 액 합 계	금		원
등 기 신 청 수 수 료	금		원
	납부번호 :		

등기의무자의 등기필정보

부동산고유번호		
성명(명칭)	일련번호	비밀번호

첨 부 서 면

• 해지증서 1통 • 등록면허세 영수필확인서 1통 • 등기필증 1통 • ~~위임장~~ ~~1통~~ • 등기신청수수료현금영수필확인서 1통	<기 타>	

년   월   일

위 신청인   이 ○ ○ ㊞ (전화 :   )
                김 ○ ○ ㊞ (전화 :   )
(또는) 위 대리인   (전화 :   )

서울중앙지방법원   등기과   귀중

전대차계약서

　　○○주식회사를 갑으로 하고 ○○○를 을로 하여 당사자 간에 다음과 같은 토지전대차
계약을 체결한다.

제 1. (전대차계약의 약정) 갑은 소유자 주식회사로부터 임대차계약에 따라 임차한 ○○시
　　　○○구 ○○동 ○○번지 소재의 약 ○m²의 토지를 을에게 전대하고, '을'은 해당 지
　　　상에 별지도면 표시의 사설 도로를 부설하고 영화관 및 이의 경영에 필요한 부속건
　　　물, 즉 매표소·간판·게시장·아치·사무소·매점 등을 건축할 것을 승인(전대차계약서
　　　조항에 임대인의 동의(승인)가 있는 때에는 등기신청서에 임대인의 동의서를 별도
　　　로 첨부할 필요가 없다(민법 제629조 1항, 부동산등기법 제156조 2항))한다. 단,
　　　위 토지에 대하여 을은 을 이외의 누구에게도 전대할 수 없다.
제 2. (임료) 갑이 ○○주식회사에 대하여 지급하여야 할 토지의 임료는 을이 갑에게 지급
　　　한다.
제 3. (계약의 소멸) 갑의 위 토지는 ○○주식회사로부터 임차한 것이므로 갑과 동회사와
　　　의 임차권이 소멸될 경우는 이 전대차계약도 원인의 여하를 불문하고 동시에 소멸
　　　될 것으로 한다.
제 4. (존속기간) 이 계약의 존속기간은 향후 3 년간으로 한다. 단, 위 존속기간은 쌍방
　　　협의하여 계약을 계속할 수 있다.
제 5. (계약외의 사항) 위 각조 이외의 문제에 대해서는 갑·을 쌍방 간의 협의에 의하여
　　　결정한다.

　　위 계약을 증명하기 위하여 본 증서를 작성하고 각기 서명 날인하여 각각 그 1 통씩을
보유한다.

년　월　일

○○시 ○○구 ○○동 ○○번지
임대인 ○○주식회사
대표이사 ○ ○ ○ ○
○○시 ○○구 ○○동 ○○번지
임차인 ○ ○ ○

주 : 1. 본 서식은 토지소유자로부터 임차받은 토지를 임차인이 또다시 다른 자에게 임차하는 전대
　　　차계약으로써 시설 설비는 전차인이 부담하게 되어 있는 계약이다.
　　 2. 전대차에 관하여는 민법 제629조에 규정되어 있다.

해 지 증 서(임차권)

　　2015년 ○월 ○일자 임차권설정계약에 존속기간 2015년 ○월 ○일부터 2017년 ○월 ○일까지 만 ○개년 간 사용수익권을 취득하고 서기 2015년 ○월 ○일 접수 제○○○호로써 그 설정등기를 필하였는바 금번 이를 해지한다.

　　　　　　　　　　　서기 2016년 ○월 ○일

　　　　　　　　　임차권자 ○ ○ ○ ○
　　　　　　　　　○○시 ○○구 ○○동 ○○

　　　　　　　　　○ ○ ○ 귀하
　　　　　　　　　○○시 ○○구 ○○동 ○○

---

　　1. 부동산의 표시
　　　　○○시 ○○구 ○○동 ○○○
　　　　대○○m²

　　　　　　　　이 상

제12절 부동산의 표시에 관한 등기

부동산의 표시에 관한 등기란 물권의 객체인 토지 또는 건물의 현황을 명확히 하기 위하여 등기부의 표제부에 하는 등기이다(법 제35조, 제41조). 부동산표시의 등기(법 제34조)는 등기관이 소유권보존등기의 신청을 수리하여 등기부를 개설할 때 하는 등기로서, 소유권등기의 일부이고 그 자체가 독립한 등기는 아니다.

부동산의 표시는 등기의 대상인 부동산을 특정한다. 토지는 소재지번(행정구역 및 지번)·지목·면적에 의하여 특정되며, 건물은 소재지번 및 건물번호·건물의 내역(구조·면적·용도)에 의하여 특정된다. 따라서 부동산 표시의 변경등기는 특정사항에 대하여 변경사항이 있을 때에 하는 등기이다(법 제35조, 제41조, 규칙 제72조, 제86조). 부동산표시 변경등기의 경우에도 변경 전·후의 등기는 같은 부동산을 표상하는 것이어야 한다. 즉 동일성이 있어야 한다.

1. 등기부 표제부의 부동산에 관한 표시가 유효한 것이 되기 위한 요건

등기의 표제부에 표시된 부동산에 관한 권리관계의 표시가 유효한 것이 되기 위하여는 우선 그 표시가 실제의 부동산과 동일하거나 사회관념상 그 부동산을 표시하는 것이라고 인정될 정도로 유사하여야 하고, 그 동일성 내지 유사성 여부는 토지의 경우에는 지번과 지목, 지적에 의하여 판단하여야 한다(2001. 3. 23. 2000다51285).

일반적으로 부동산에 관한 등기의 소재지나 지번 등의 표시에 다소의 착오 또는 오류가 있다고 할지라도 그것이 실제의 권리관계를 표시함에 족할 정도로 동일 혹은 유사성이 있다고 인정되는 경우에는 등기가 유효하고, 만일 이 표시상의 착오 또는 오류가 중대하여 그 실질관계와 동일성 또는 유사성조차 인정할 수 없는 경우에는 그 등기는 공시의 기능을 발휘할 수 없다. 부동산등기부의 표제부의 표시가 실제의 부동산의 위치와 그 행정구역이 서로 다르게 기재되어 있다면, 비록 그 지번, 지목, 지적이 실제의 부동산과 상당 부분 유사하게 기재되어 있다고 하더라도 소재지인 행정구역이 달라 위 등기부상의 표시 부동산과 실제의 위 부동산은 사회관념상 동일하거나 유사한 것이라고 볼 수 없으므로, 그 등기는 실제 부동산을 표상하는 등기로서의 효력이 있다고 할 수 없다(대판 1995. 9. 29. 95다22849, 22856).

(1) 토지의 표시에 관한 등기

등기관은 토지 등기기록의 표제부에 다음 각 호의 사항을 기록하여야 한다(법 제34조).

1. 표시번호
2. 접수연월일
3. 소재와 지번(地番) : 지번이란 필지에 부여하여 지적공부에 등록한 번호를 말한다.
4. 지목(地目) : 지목이란 토지의 주된 용도에 따라 토지의 종류를 구분하여 지적공부에 등록한 것을 말한다.
5. 면적 : 면적이란 지적공부에 등록한 필지의 수편면상 넓이를 말한다.
6. 등기원인 : 소유권보존등기를 신청하는 경우에는 "등기원인"은 기재하지 아니한다(규칙 제121조 제1항).

개정법은 신청서 기재사항 중심으로 되어 있던 구법상 개별규정(구법 41조 제1항 1호, 2호)의 내용을 등기사항 위주로 개편하였다. 이에 따라 이 규정에서는 토지 등기기록의 표제부에 기록하여야 할 등기사항을 정하였다.

표제부에 등기를 할 때에는 갑구나 을구에 등기할 때와 달리 접수번호를 기록하지 않는다. 부동산등기부 표시란에 기재된 면적표시단위를 미터법으로 바꾸기 위하여 행하여진 토지표시변경등기는 실체적 권리관계와 무관한 것으로서 등기권리자와 등기의무자의 관념이 있을 수 없어 말소의 대상이 될 수 없다(2002. 4. 26. 2000다38480).

(2) 건물의 표시에 관한 등기

등기관은 건물 등기기록의 표제부에 다음 각 호의 사항을 기록하여야 한다(법 제40조 제1항).

1. 표시번호
2. 접수연월일
3. 소재, 지번 및 건물번호. 다만, 같은 지번 위에 1개의 건물만 있는 경우에는 건물번호는 기록하지 아니한다.
4. 건물의 종류, 구조와 면적. 부속건물이 있는 경우에는 부속건물의 종류, 구조와 면적도 함께 기록한다.

5. 등기원인 : 소유권보존등기를 신청하는 경우에는 "등기원인"은 기재하지 아니한다(규칙 제121조 제1항).

6. 도면의 번호[같은 지번 위에 여러 개의 건물이 있는 경우와 「집합건물의 소유 및 관리에 관한 법률」 제2조제1호의 구분소유권(區分所有權)의 목적이 되는 건물(이하 "구분건물"이라 한다)인 경우로 한정한다]

2. 부동산의 표시에 관한 등기절차

(가) 신청인 및 신청의무

부동산 표시의 변경등기는 그 부동산의 소유권의 등기명의인이 변경사유가 있는 날로부터 1월 이내에 신청하여야 한다(법 제35조, 제39조, 제41조, 제43조). 공유 부동산인 경우에는 공유자 중 1인이 공유물 보존행위로서 단독으로 신청할 수 있다.

이러한 신청의무는 등기기록과 대장의 일치를 기하기 위한 것으로 위와 같은 부동산 표시 변경등기를 하지 아니하면 해당 부동산에 대하여 다른 등기를 신청할 수 없다(법 29조 11호).

(나) 신청절차

등기신청서에 변경사항을 표시할 때 부동산표시란에 "변경 전의 표시"와 "변경 후의 표시"로 구분 기재한다.

토지의 표시변경 즉 소재지번의 변경·지적의 증감·지목의 변경이 수회에 걸쳐 된 경우 중간과정을 생략하고 바로 현재의 지번·지적·지목으로 변경할 수 있다. 건물의 경우에도 건물의 구조·면적이 수회 변경된 경우 중간과정을 생략할 수 있다.

3. 직권에 의한 토지의 표시변경등기

등기관이 지적(地籍)소관청으로부터 「공간정보의 구축 및 관리 등에 관한 법률」 제88조 제3항의 통지를 받은 경우에 부동산등기법 제35조의 기간 이내에 등기명의인으로부터 등기신청이 없을 때에는 그 통지서의 기재내용에 따른 변경의 등기를 직권으로 하여야 한다(법 제36조 제1항).

부동산등기법 제36조 제1항의 등기를 하였을 때에는 등기관은 지체 없이 그 사실을 지적소관청과 소유권의 등기명의인에게 알려야 한다. 다만, 등기명의인이 2인 이상인 경우에는 그 중 1인에게 통지하면 된다(법 제36조 제2항).

4. 등기부와 대장상의 소유자에 관한 사항이 일치하지 않는 경우 변경(경정) 절차

지적법과 부동산등기법의 제규정을 종합하면, 지적공부는 등기된 토지에 관한 한 토지소유자에 관한 사항을 증명하는 것은 아니라고 할 것이고, 그리하여 부동산등기부상의 소유자의 주소와 임야대장상의 소유자의 주소가 다른 경우에는 먼저 진정한 소유자의 신청에 의한 경정등기가 이루어져야 하고, 그 다음에 경정등기가 이루어진 등기필증·등기부등본 또는 초본에 의하여 임야대장상의 등록사항 정정이 이루어져야 하는 것으로서, 등기된 부동산의 경우 지적공부가 직접 경정등기의 자료로 사용되는 것이 아니어서 부동산 등기에 직접적으로 영향을 미치는 것이 아니라, 오히려 등기부에 먼저 소유자에 관한 사항이 변경 또는 경정된 후에 그에 따라 후속적으로 공부의 기재사항이 변경되어야 하는 것이고, 이러한 절차를 거쳐 부동산등기부와 대장상의 소유자에 관한 사항이 일치하지 아니하면 당해 부동산에 대하여 다른 등기를 신청할 수 없다(대판 2003. 11. 13. 2001다37910).

제1관 토지의 분필등기

지적법상 토지의 분할이라 함은 지적공부에 등록된 1필지를 2필지 이상으로 나누어 등록하는 것을 말한다(공간정보의 구축 및 관리 등에 관한 법률. 이하에서 "공간정보법"이라 함. 제2조 31호).

1. 토지의 분할

토지의 분할이란 토지대장 등의 지적공부에 등록된 1필지의 토지를 2필지 이상으로 나누어 등록하는 것을 말하고 이와 같이 분할된 토지의 현황을 등기부에 기재하여 부동산의 표시를 실제와 맞게 공시하는 분필의 등기는 토지분할의 요건은 아니라 할 것이다(대판 1991. 10. 8. 91다1363).

(1) 토지분할의 방법

토지를 분할하는 경우에는 원칙적으로는 각 공유자가 취득하는 토지의 면적이 그 공유지분의 비율과 같도록 하여야 할 것이나 반드시 그런 방법으로만 분할하여야 하는 것은 아니고, 토지의 형상이나 위치, 그 이용상황이나 경제적 가치가 균등하지 아니할 때에는 이와 같은 제반 사정을 고려하여 경제적 가치가 지분 비율에 상응되도록 분할하는 것도 허용된다(대판 2004.7.22. 2004다10183, 10190).

(2) 분할신청

토지소유자는 토지의 분할을 하고자 하는 때에는 공간정보법시행령 제65조 제1항의 규정에 의하여 소관청에 신청하여야 한다(공간정보법 제79조 1항).

토지의 분할을 신청할 수 있는 경우는 다음 각호와 같다(동법시행령 제65조 1항 동규칙 제83조).

① 소유권 이전, 매매 등을 위하여 필요한 경우

② 토지이용상 불합리한 지상경계를 시정하기 위한 경우

③ 관계법령에 따라 토지분할이 포함된 개발행위허가 등을 받은 경우

2. 토지분필등기의 의의

토지의 "분필(분할)"이란 지적공부에 등록된 1필지를 2필지 이상으로 나누어 등록하는 것을 말한다(공간정보법 제2조 제31호).

토지가 분할되면 "1부동산 1등기용지" 원칙(법 제15조)에 따라 등기용지도 분할되어야 하는데, 1개의 토지에 대한 등기용지를 지적법상 분할된 토지의 수만큼 나누는 등기를 분필등기라 하며, 분필등기가 있으면 새로운 등기용지가 개설된다.

지적법상의 절차에 따라 대장상 분할이 이루어진 후에는 그 대장을 첨부하여 분필의 등기를 신청할 수 있다(규칙 제46조 제1항 제1호). 지적법상의 분할절차를 거치지 아니하고 분필의 등기가 실행되었다면 분필의 효과가 발생할 수는 없으므로 이러한 분필등기는 1부동산 1등기용지의 원칙에 반하는 등기로서 무효이다(대법원 1990. 12. 7. 90다카25208 판결). 부동산등기법에서

는 "분필의 등기"를 갑지를 분할하여 그 일부를 일지로 하는 등기라고 표현하는데(규칙 제75조 제1항), 여기서 갑지란 분할 전 토지를, 을지란 갑지로부터 분할된 토지를 말한다. 분필등기는 을지의 등기용지를 새로이 개설하여 갑지의 권리관계에 관한 사항을 을지에 전사한다.

3. 토지분필등기의 신청

1필의 토지의 일부에 지상권·전세권·임차권이나 승역지(승역지 : 편익제공지)의 일부에 관하여 하는 지역권의 등기가 있는 경우에 분필등기를 신청할 때에는 권리가 존속할 토지의 표시에 관한 정보를 신청정보의 내용으로 등기소에 제공하고, 이에 관한 권리자의 확인이 있음을 증명하는 정보를 첨부정보로서 등기소에 제공하여야 한다. 이 경우 그 권리가 토지의 일부에 존속할 때에는 그 토지부분에 관한 정보도 신청정보의 내용으로 등기소에 제공하고, 그 부분을 표시한 지적도를 첨부정보로서 등기소에 제공하여야 한다(규칙 제74조).

4. 토지의 분필등기절차

토지의 개수는 지적법에 의한 지적공부상의 토지의 필수를 표준으로 하여 결정되는 것으로 1필지의 토지를 수필의 토지로 분할하여 등기하려면 먼저 위와 같이 지적법이 정하는 바에 따라 분할의 절차를 밟아 지적공부에 각 필지마다 등록이 되어야 하고 지적법상의 분할절차를 거치지 아니하는 한 1개의 토지로서 등기의 목적이 될 수 없는 것이며 설사 등기부에만 분필의 등기가 실행되었다 하여도 이로써 분필의 효과가 발생할 수는 없는 것이므로 결국 이러한 분필등기는 1부동산1부등기용지의 원칙에 반하는 등기로서 무효라 할 것이다.

1필지의 임야가 2필지로 등기부상으로는 분필등기가 되어 있다 하더라도 그 전제가 되는 임야대장과 임야도상 분할되어 있지 않는 이상 분할의 효력은 발생하지 아니하고 원래 임야 내에서 소송의 목적인 임야부분의 위치 및 면적을 특정할 수 있는 이상 그 부분에 대한 소유권이전등기가 불가능하다고 할 수 없다(대판 1990. 12. 7. 90다카25208).

(1) 갑 토지를 분할하여 그 일부를 을 토지로 한 경우에 등기관이 분필등기를 할 때에는 을 토지에 관하여 등기기록을 개설하고, 그 등기기록 중 표제부에 토지의 표시와 분할로

인하여 갑 토지의 등기기록에서 옮겨 기록한 뜻을 기록하여야 한다(규칙 제75조 제1항).

(2) 규칙 제75조 제1항의 절차를 마치면 갑 토지의 등기기록 중 표제부에 남은 부분의 표시를 하고, 분할로 인하여 다른 부분을 을 토지의 등기기록에 옮겨 기록한 뜻을 기록하며, 종전의 표시에 관한 등기를 말소하는 표시를 하여야 한다(규칙 제75조 제2항).

(3) 제75조 제1항의 경우에는 을 토지의 등기기록 중 해당 구에 갑 토지의 등기기록에서 소유권과 그 밖의 권리에 관한 등기를 전사(轉寫)하고, 분할로 인하여 갑 토지의 등기기록에서 전사한 뜻, 신청정보의 접수연월일과 접수번호를 기록하여야 한다. 이 경우 소유권 외의 권리에 관한 등기에는 갑 토지가 함께 그 권리의 목적이라는 뜻도 기록하여야 한다(규칙 제76조 제1항).

(4) 갑 토지의 등기기록에서 을 토지의 등기기록에 소유권 외의 권리에 관한 등기를 전사하였을 때에는 갑 토지의 등기기록 중 그 권리에 관한 등기에 을 토지가 함께 그 권리의 목적이라는 뜻을 기록하여야 한다(규칙 제76조 제2항).

(5) 소유권 외의 권리의 등기명의인이 을 토지에 관하여 그 권리의 소멸을 승낙한 것을 증명하는 정보 또는 이에 대항할 수 있는 재판이 있음을 증명하는 정보를 첨부정보로서 등기소에 제공한 경우에는 갑 토지의 등기기록 중 그 권리에 관한 등기에 을 토지에 대하여 그 권리가 소멸한 뜻을 기록하여야 한다(규칙 제76조 제3항).

(6) 소유권 외의 권리의 등기명의인이 갑 토지에 관하여 그 권리의 소멸을 승낙한 것을 증명하는 정보 또는 이에 대항할 수 있는 재판이 있음을 증명하는 정보를 첨부정보로서 등기소에 제공한 경우에는 을 토지의 등기기록 중 해당 구에 그 권리에 관한 등기를 전사하고, 신청정보의 접수연월일과 접수번호를 기록하여야 한다. 이 경우 갑 토지의 등기기록 중 그 권리에 관한 등기에는 갑 토지에 대하여 그 권리가 소멸한 뜻을 기록하고 그 등기를 말소하는 표시를 하여야 한다(규칙 제76조 제4항).

(7) 규칙 제76조 제3항 및 제4항의 권리를 목적으로 하는 제3자의 권리에 관한 등기가 있는 경우에는 그 자의 승낙이 있음을 증명하는 정보 또는 이에 대항할 수 있는 재판이 있음을 증명하는 정보를 첨부정보로서 등기소에 제공하여야 한다(규칙 제76조 제5항).

(8) 규칙 제76조 제5항의 정보를 등기소에 제공한 경우 그 제3자의 권리에 관한 등기에 관하여는 제3항 및 제4항을 준용한다(규칙 제76조 제6항).

(9) 규칙 제74조의 경우에 갑 토지에만 해당 권리가 존속할 때에는 규칙 제76조제3항을 준용하고, 을 토지에만 해당 권리가 존속할 때에는 규칙 제76조제4항을 준용한다(규칙

제77조 제1항).

(10) 규칙 제74조 후단의 경우 분필등기를 할 때에는 갑 토지 또는 을 토지의 등기기록 중 지상권·지역권·전세권 또는 임차권의 등기에 그 권리가 존속할 부분을 기록하여야 한다(규칙 제77조 제2항).

5. 토지 일부에 대한 등기의 말소 등을 위한 분필

규칙 제76조 제1항의 경우에 토지 중 일부에 대한 등기의 말소 또는 회복을 위하여 분필의 등기를 할 때에는 그 등기의 말소 또는 회복에 필요한 범위에서 해당 부분에 대한 소유권과 그 밖의 권리에 관한 등기를 모두 전사하여야 한다(규칙 제115조 제1항).

부동산등기규칙 제115조 제1항의 규정에 의하여 토지의 일부에 관한 등기의 말소 또는 회복을 위한 분필등기신청을 하는 경우 그 신청서상의 등기의 목적을 「말소(또는 회복)를 위한 분필」로 기재하여야 한다(등기예규 제1354호).

규칙 제115조 제1항에 따라 분필된 토지의 등기기록에 해당 등기사항을 전사한 경우에는 분필 전 토지의 등기기록에 있는 그 등기사항에 대하여는 그 뜻을 기록하고 이를 말소하여야 한다(규칙 제115조 제2항).

6. 토지분필등기신청절차

(1) 분필등기절차

(가) 신청인

분필등기는 토지 소유자의 신청 또는 지적공부 소관청의 촉탁이나 직권에 의하여 이루어지며(법 제22조 1~2항), 촉탁에 의한 경우가 대부분이다.

토지가 대장상 분할이 된 때에는 그 토지의 소유권의 등기명의인은 1개월 이내에 토지표시의 변경등기를 신청하여야 한다(법 35조). 부동산등기법은 대장과 등기기록의 부동산표시를 일치시키기 위하여 소유권의 등기명의인에게 등기신청의무를 부담시키는 한편, 신청정보 또는 등기기록의 부동산의 표시가 토지대장·임야대장 또는 건축물대장과 일치하지 아니한 경우를 각하사유로 하여(법 29조 11호) 변경등기를 하지 아니하면 그 부동산에 관하여 다른 등기신청을 할 수 없도록 하고 있다.

(나) 지적공부소관청의 촉탁

지적공부 소관청은 토지의 표시의 변경(분할 또는 합병) 또는 말소로 인하여 토지표시의 변경에 관한 등기를 할 필요가 있는 때에는 지체 없이 관할 등기관서에 그 등기를 촉탁하여야 한다. 이 경우 그 등기촉탁은 국가가 국가를 위하여 하는 등기로 본다(공간정보법 89조 1항).

(다) 등기관의 직권에 의한 분필등기

지적공부 소관청이 토지대장에 소유권변동에 관한 사항을 정리함에 있어서 등기기록에 기록된 토지의 표시가 토지대장과 부합하지 아니한 경우 그 사실을 관할등기소에 통지하여야 하고(공간정보법 88조 3항), 이 통지를 받은 등기소는 소유권의 등기명의인으로부터 1개월 이내에 등기신청이 없으면 직권으로 변경등기를 하여야 한다(법 36조 1항).

(2) 토지분필 등기신청서의 기재사항

토지의 분필등기를 신청하는 경우에는 신청서에 부동산등기규칙 제43조 제1항의 기재사항이외에 토지의 분필로 증감된 면적과 현재의 면적을 기재하고(규칙 제72조 제1항) 토지대장등본을 첨부하여야 한다(규칙 제46조 제1항 제1호, 제72조 제2항). 등기의 목적은 토지표시변경으로, 등기원인은 분할로, 그 연월일은 등기대장상의 분할일자를 기재한다(규칙 제43조 제1항 제5호, 제6호).

등기신청서의 부동산표시란에는 분할 전의 표시, 분할의 표시, 분할 후의 표시로 나누어 기재하되 ① 분할 전의 표시는 분할되기 전의 토지의 표시를, ② 분할의 표시는 분할되어 나가는 토지의 표시를, ③ 분할 후의 표시는 분할되어 나간 토지를 제외하고 남아 있는 토지의 표시를 각 토지대장등본의 내용과 일치되게 기재하여야 하며, 토지의 소재·지번·지목·면적 순으로 기재한다. 분필전의 부동산표시가 등기부와 일치하지 아니할 때에는 먼저 부동산표시변경(또는 경정)등기를 하여야 한다.

(3) 토지분필 등기신청서의 첨부서면

토지의 분필 등기신청서에는 규칙 제46조 각항 및 규칙 제72조 제2항의 서면을 첨부하여야 한다.

(가) 토지대장등본(규칙 제46조 제1항 제1호, 제72조 제2항)

토지의 분철등기신청서에는 분할사유가 기재된 분할 전의 토지대장등본과 분할되어 나간 토지대장등본(각 발행일로부터 3월 이내의 것)을 첨부한다.

(나) 신청서부본(삭제)

등기필증 작성용의 신청서 부본을 첨부한다(구 법 제45조).

(다) 소멸승낙서 및 인감증명서

부동산등기규칙 제76조 제3항 및 제4항의 권리를 목적으로 하는 제3자의 소유권이외의 권리에 관한 등기가 있는 때에는 신청서에 그 자의 승낙을 증명하는 서면 또는 이에 대항할 수 있는 재판의 등본을 첨부하여야 한다(규칙 제76조 제5항).

즉, 분할되어 나간 토지나 분할 후의 토지에 대하여 소유권 이외의 권리의 소멸승낙이 있는 경우에는 그 소멸승낙서와 인감증명서(발행일로부터 6월 이내)를 첨부하여야 한다(규칙 제60조 제1항 제7호).

(라) 권리자의 인감증명

토지의 분할등기신청에서는 부동산등기규칙 제74조(토지분필의 등기신청)의 규정에 의한 권리자의 서면을 첨부하는 경우에는 그 서면에서 날인한 권리자의 인감증명을 첨부하여야 한다(규칙 제60조 제1항 제7호).

(마) 지상권 등의 존속을 증명하는 서면, 도면

분할 전 토지의 일부에 존속하던 지상권, 지역권, 전세권, 임차권이 분할 후 특정 토지에만 존속하게 되는 경우에는 이를 증명하는 권리자의 서면(예 권리자의 확인서 및 인감증명)을 첨부하여야 하며(규칙 제74조 전단), 특히 분할 후 토지의 일부에만 존속하는 경우에는 그 부분을 표시한 도면을 첨부하여야 한다(규칙 제74조 후단).

(바) 위 임 장

등기신청을 대리인에게 위임하는 경우에 첨부한다(규칙 제46조 제1항 제5호).

(사) 등록면허세영수필확인서(지방세법 제28조 제1항 제1호 마)

(아) 등기신청수수료(면제. 등기사항증명서등 수수료규칙 제5조의 2. 제2항 5호)

(4) 분필 전 토지의 일부에 대하여 용익권에 관한 등기가 있는 경우

용익권의 대상인 토지의 분필등기에 의하여 갑 토지 또는 을 토지의 일부에 위와 같은 용익권이 존속하는 경우 그 신청서에는 권리가 존속할 토지를 기재하고 이를 증명하는 권리자의 서면(예: 지상권자가 작성한 어느 토지의 어느 부분에 지상권이 존속한다는 취지가 기재된 서면)을 첨부하여야 한다(규칙 47조). 이때 권리자의 인감증명도 같이 제출하여야 한다(규칙 60조 1항 5호).

이 경우 그 권리가 분필 후의 토지(갑 토지 또는 을 토지)의 일부에 존속할 때에는 그 부분을 표시한 지적도를 제공하여야 한다(규칙 74조, 기록례 307-311항 참조).

토지분필등기신청				
접 수	년　　월　　일 제　　　　　호	처 리 인	등기관확인	각종통지

① 부동산의 표시
  분할전의 표시 : ○○시 ○○구 ○○동 100 대 300㎡ 분할의 표시 : ○○시 ○○구 ○○동 100-1 대 200㎡ 분할 후의 표시 : ○○시 ○○구 ○○동 100 대 100㎡

② 등기원인과 그 연월일	○○○○년 ○월 ○일 분할
③ 등기의 목적	토지 표시변경
④	

구분	성　명 (상호·명칭)	주민등록번호 (등기용등록번호)	
⑤ 신 청 인	○○○ (토지소유자)		

등 록 면 허 세	금	원	(없음)
지 방 교 육 세	금	원	
세 액 합 계	금	원	

⑬ 첨 부 서 면

1. 토지대장등본   통
1. 등록면허세영수필확인서   통
1. 신청서 부본   통
1. 위임장   통
1. 권리자의 확인서 및 인감증명서 (분할 전의
   토지의 일부에만 지상권·지역권·전세권^임
   차권등기가 있는 경우 분할 후의 토지 중
   위 권리가 존속할 토지를 증명하는 권리자
   의 확인서 및 인감증명서
	1. 도면(분할 후 토지의 일부만에만 지상권^
	   전세권·임차권·지역권이 존속하는 경우에
	   는 그 부분을 표시한 도면
	1. 소멸승낙서 및 인감증명서(분할되어 나간
	   토지나 분할 후의 토지에 대하여 소유권
	   이외의 권리의 소멸이 있는 경우)

년   월   일

⑨ 위 신청인   ○ ○ ○ ㉑ (전화:)
   (토지소유자)
   (또는) 위 대리인 법무사   ○ ○ ○ ㉑ (전화:)

○○지방법원 등기소 귀중

제2관 토지의 분합필등기

1. 토지의 분필 및 합필(토지의 "분합필")의 등기절차

토지의 "분합필"이란 분필과 합필을 통틀어 일컫는 말로서 토지의 분합(分合)이라고도 한다.

(1) 갑 토지의 일부를 분할하여 이를 을 토지에 합병한 경우에 등기관이 분필 및 합필의 등기를 할 때에는 을 토지의 등기기록 중 표제부에 합병 후의 토지의 표시와 일부합병으로 인하여 갑 토지의 등기기록에서 옮겨 기록한 뜻을 기록하고, 종전의 표시에 관한 등기를 말소하는 표시를 하여야 한다(규칙 제78조 제1항).

(2) 규칙 제78조 제1항의 경우에는 을 토지의 등기기록 중 갑구에 갑 토지의 등기기록에서 소유권의 등기를 전사하고, 일부합병으로 인하여 갑 토지의 등기기록에서 전사한 뜻, 신청정보의 접수연월일과 접수번호를 기록하여야 한다(규칙 제78조 제2항).

2. 갑토지에 용익권에 관한 등기가 있는 경우

(1) 갑 토지의 등기기록에 지상권·지역권·전세권 또는 임차권의 등기가 있을 때에는 을 토지의 등기기록 중 을구에 그 권리에 관한 등기를 전사하고, 일부합병으로 인하여 갑 토지의 등기기록에서 전사한 뜻, 합병한 부분만이 갑 토지와 함께 그 권리의 목적이라는 뜻, 신청정보의 접수연월일과 접수번호를 기록하여야 한다(규칙 제78조 제3항).

(2) 소유권·지상권·지역권 또는 임차권의 등기를 전사하는 경우에 등기원인과 그 연월일, 등기목적과 접수번호가 같을 때에는 전사를 갈음하여 을 토지의 등기기록에 갑 토지에 대하여 "같은 사항의 등기가 있다는 뜻"을 기록하여야 한다(규칙 제78조 제4항).

구 부동산등기법 제96조(현행규칙 제78조) 및 구법 제98조 제1항, 제3항(현행규칙 제80조)의 규정에 비추어 볼때, 어느 토지가 다른 토지들과 함께 합병되면서 합병된 토지 등기부의 갑구 사항란에 합병된 토지에 관한 권리의 전사로서 "...동일한 등기 있음"이라고 기재되어 있다면, 합병된 토지의 등기부상 갑구 사항란의 전사등기에 의하여 합병

전 토지에 관한 소유권이전등기도 그대로 함께 이기된 것으로 보아야 할 것이다(대판 92. 9. 14. 91다46830).

토지의 합병·분할에 의하여 지적공부상의 표시가 달라지게 되었다 하더라도 합병·분할 전의 토지 자체가 없어지거나 그 토지에 대한 권리관계에 변동이 생기는 것이 아니므로, 토지소유자는 자기 소유 토지를 특정할 수 있는 한 지적공부상 구 지번의 경계를 복원하거나 경계확정의 소에 의한 경계확정절차를 거치지 않고서도 그 소유권을 주장하는 데에는 아무런 지장이 없다(대판 2002. 9. 24. 2001다20103).

(3) 규칙 제78조 제1항의 경우에 모든 토지에 관하여 등기원인과 그 연월일, 등기목적과 접수번호가 같은 저당권이나 전세권의 등기가 있을 때에는 을 토지의 등기기록 중 그 등기에 해당 등기가 합병 후의 토지 전부에 관한 것이라는 뜻을 기록하여야 한다(규칙 제78조 제5항).

(4) 규칙 제78조 제1항의 경우에는 규칙 제75조 제2항, 제76조 제2항부터 제6항까지 및 제77조를 준용한다(규칙 제78조 제6항).

제3관 토지의 합필등기

"합필"(합병)이라함은 지적공부에 등록된 2필지 이상의 토지를 1필지로 합하여 등록하는 것을 말한다(공간정보법 제2조 제32호). 즉 수필의 토지를 합하여 이를 1필의 토지로 하는 것을 말한다. 즉 갑지를 을지에 합병하는 것이다.

토지의 합필등기라 함은 토지대장상 2필지 또는 여러필지의 토지를 합필하여 1필지의 토지로 된 경우에 하는 등기를 말한다(규칙 제79조).

합필등기는 대장상 합병된 토지에 대하여 등기부상으로도 1필지의 토지로 만드는 토지의 표시변경등기이다. 즉, 갑지를 을지에 합병하여 을지의 1필지로 만드는 것을 말한다(규칙 제79조). 합필등기도 분필등기와 마찬가지로 토지 소유권의 명의인이 토지합병일로부터 1월 이내에 토지대장 등을 첨부하여 그 등기를 신청하여야 한다(법 제35조). 합필등기신청서의 부동산표시란에는 합필 전 토지(합병되기 전의 을지), 합필의 토지(합병되는 갑지), 합필 후 토지(합병한 후의 을

지)를 표시하여야 한다.

1. 토지의 합병

토지의 합병이라함은 지적공부에 등록된 2필지 이상을 1필지로 합하여 등록하는 것을 말한다(공간정보법 제2조. 32호.).

(1) 합병신청

토지소유자는 공간정보법 제80조 제1항 및 제2항에 따라 토지의 합병을 하려면 동법시행령 제66조 제1항에 따라 소관청에 합병사유를 기재한 합병신청서를 제출하여야 한다(동법 제80조 1항. 동법 시행령 제66조 제1항).

토지소유자는 「주택법」에 따른 공동주택의 부지, 도로, 제방, 하천, 구거, 유지, 그 밖에 대통령령으로 정하는 토지로서 합병하여야 할 토지가 있으면 그 사유가 발생한 날부터 60일 이내에 지적소관청에 합병을 신청하여야 한다(동법 제80조 제2항).

(2) 합병신청을 할 수 없는 경우

다음 각 호의 어느 하나에 해당하는 경우에는 합병 신청을 할 수 없다(동법 제80조 제3항).

1. 합병하려는 토지의 지번부여지역, 지목 또는 소유자가 서로 다른 경우
2. 합병하려는 토지에 다음 각 목의 등기 외의 등기가 있는 경우
 가. 소유권 · 지상권 · 전세권 또는 임차권의 등기
 나. 승역지(承役地)에 대한 지역권의 등기
 다. 합병하려는 토지 전부에 대한 등기원인(登記原因) 및 그 연월일과 접수번호가 같은 저당권의 등기
3. 그 밖에 합병하려는 토지의 지적도 및 임야도의 축척이 서로 다른 경우 등 대통령령으로 정하는 경우

(3) 토지합필의 제한

소유권·지상권·전세권·임차권 및 승역지(승역지: 편익제공지)에 하는 지역권의 등기 외의

권리에 관한 등기가 있는 토지에 대하여는 합필(合筆)의 등기를 할 수 없다. 다만, 모든 토지에 대하여 등기원인 및 그 연월일과 접수번호가 동일한 저당권에 관한 등기가 있는 경우에는 그러하지 아니하다(법 제37조 제1항).

등기관이 법 제37조 제1항을 위반한 등기의 신청을 각하하면 지체 없이 그 사유를 지적소관청에 알려야 한다(법 제37조 제2항).

토지의 합필에 제한사유를 두는 것은 1물1권주의 원칙(법 제15조) 때문이다.

2. 토지합필등기의 신청절차

(1) 등기신청인

합필등기도 분필등기와 마찬가지로 토지 소유권의 명의인이 토지합병일로부터 1월 이내에 토지대장 등본 등을 첨부하여 신청하여야 한다(법 35조). 등기기록에 기록된 토지의 표시가 토지대장, 임야대장과 부하하지 아니하는 경우에는 토지의 표시변경등기를 하기 전에는 다른 등기를 신청할 수 없다(법 29조 11호).

(2) 토지합필 등기신청서의 기재사항

토지합필의 등기를 신청하는 경우에는 신청서에 규칙 제43조 제1항 각호 및 제72조 제1항의 사항을 기재하고 신청인이 이에 기명날인하여야 한다. 신청서에는 토지의 합필로 증감된 면적과 현재의 면적을 기재하고, 이에 토지대장등본을 첨부하여야 한다(규칙 제72조). 등기의 목적은 '토지표시변경'으로, 등기원인과 그 연월일은 토지대장에 표시된 합병일자(○○○○년 ○월 ○일 합병)를 기재한다.

등기신청서의 부동산 표시란에는 합필 전의 표시, 합필의 표시, 합필 후의 표시로 나누어 기재하되 ① 합필 전의 표시에는 합필하는 토지의 표시를, ② 합필의 표시에는 합필되는 토지의 표시를, ③ 합필 후의 표시에는 합필의 결과 하나가 된 토지의 표시를 각 토지대장등본의 내용과 일치되게 기재하여야 하며, 토지의 소재·지번·지목·면적순으로 기재한다. 합필 전의 부동산표시가 등기부와 일치하지 아니할 때에는 먼저 부동산표시변경(또는 경정)등기를 하여야 한다. 등기원인 연월일은 토지대장에 표시된 합필일자를 기재한다.

(3) 토지합필 등기신청서의 첨부서면

(가) 토지대장등본 합필사유가 기재된 합필 후의 토지(임야)대장등본과 합필되는 토지(임야)대장등본(각, 발행일로부터 3월 이내)을 각 1통씩 첨부하여야 한다(규칙 제46조 제1항 제1호, 제72조 제2항).

(나) 신청서 부본(삭제)

(다) 위임장 등기신청을 법무사 등 대리인에게 위임하는 경우에 첨부한다(규칙 제46조 제1항 제5호).

(라) 등록면허세영수필확인서(지방세법 제28조 제1항 제1호 마)

(마) 등기신청수수료(면제. 등기사항증명서등 수수료규칙 제5조의 2 제2항 5호)

3. 토지의 합필등기절차

(1) 갑토지를 을토지에 합병한 경우

(가) 갑 토지를 을 토지에 합병한 경우에 등기관이 합필등기를 할 때에는 을 토지의 등기기록 중 표제부에 합병 후의 토지의 표시와 합병으로 인하여 갑 토지의 등기기록에서 옮겨 기록한 뜻을 기록하고 종전의 표시에 관한 등기를 말소하는 표시를 하여야 한다(규칙 제79조 제1항).

(나) 규칙 제79조 제1항의 절차를 마치면 갑 토지의 등기기록 중 표제부에 합병으로 인하여 을 토지의 등기기록에 옮겨 기록한 뜻을 기록하고, 갑 토지의 등기기록 중 표제부의 등기를 말소하는 표시를 한 후 그 등기기록을 폐쇄하여야 한다(규칙 제79조 제2항).

(다) 규칙 제79조의 경우에 을 토지의 등기기록 중 갑구에 갑 토지의 등기기록에서 소유권의 등기를 옮겨 기록하고, 합병으로 인하여 갑 토지의 등기기록에서 옮겨 기록한 뜻, 신청정보의 접수연월일과 접수번호를 기록하여야 한다(규칙 제80조 제1항).

(2) 갑토지의 등기에 용익권에 관한 등기가 있는 경우

(가) 갑 토지의 등기기록에 지상권·지역권·전세권 또는 임차권의 등기가 있을 때에는 을 토지의 등기기록 중 을구에 그 권리의 등기를 옮겨 기록하고, 합병으로 인하여 갑 토지의 등기기록에서 옮겨 기록한 뜻, 갑 토지이었던 부분만이 그 권리의 목적이라는

뜻, 신청정보의 접수연월일과 접수번호를 기록하여야 한다(규칙 제80조 제2항).

(나) 규칙 제80조 제1항과 제2항의 경우에는 규칙 제78조 제4항을 준용하고, 모든 토지에 관하여 등기원인과 그 연월일, 등기목적과 접수번호가 같은 저당권이나 전세권의 등기가 있는 경우에는 규칙 제78조 제5항을 준용한다(규칙 제80조 제3항).

4. 토지합필의 특례

(1) 개정 부동산등기법 제38조의 규정(토지합필의 특례)

「공간정보의 구축 및 관리 등에 관한 법률」에 따른 토지합병절차를 마친 후 합필등기(合筆登記)를 하기 전에 합병된 토지 중 어느 토지에 관하여 소유권이전등기가 된 경우라 하더라도 이해관계인의 승낙이 있으면 해당 토지의 소유권의 등기명의인들은 합필 후의 토지를 공유(공유)로 하는 합필등기를 신청할 수 있다(법 제38조 제1항).

「공간정보의 구축 및 관리 등에 관한 법률」에 따른 토지합병절차를 마친 후 합필등기를 하기 전에 합병된 토지 중 어느 토지에 관하여 법 제37조 제1항에서 정한 합필등기의 세한 사유에 해당하는 권리에 관한 등기가 된 경우라 하더라도 이해관계인의 승낙이 있으면 해당 토지의 소유권의 등기명의인은 그 권리의 목적물을 합필 후의 토지에 관한 지분으로 하는 합필등기를 신청할 수 있다. 다만, 요역지(要役地 : 편익필요지)에 하는 지역권의 등기가 있는 경우에는 합필 후의 토지 전체를 위한 지역권으로 하는 합필등기를 신청하여야 한다(법 제38조 제2항).

합필등기를 엄격히 제한하게 되면 대장상 적법한 합병을 했더라도 그에 따른 합필등기를 하기 전에 합필제한 사유가 발생한 경우 합필등기를 할 수 없게 되고, 이에 따라 토지 소유자는 해당 토지를 거래하기 위하여 대장상 합병된 토지를 다시 분할해야 하는 불편함이 있으므로 이를 해결하기 위하여 본 규정에서는 합필등기의 제한을 완화하였다. 이 규정은 대장상 이미 합병이 완료된 토지에 대해서만 적용되는 것이므로, 대장상 합병이 안 된 토지에 관하여 합필제한 사유가 발생한 경우에는 이를 근거로 합필등기를 할 수는 없다.

(2) 토지합필의 특례에 따른 등기신청

(가) 법 제38조에 따른 합필등기를 신청하는 경우에는 종전 토지의 소유권이 합병 후의 토

지에서 차지하는 지분을 신청정보의 내용으로 등기소에 제공하고, 이에 관한 토지소유자들의 확인이 있음을 증명하는 정보를 첨부정보로서 등기소에 제공하여야 한다(규칙 제81조 제1항).

(나) 규칙 제81조 제1항의 경우에 이해관계인이 있을 때에는 그 이해관계인의 승낙이 있음을 증명하는 정보를 첨부정보로서 등기소에 제공하여야 한다(규칙 제81조 제2항).

(다) 법 제38조에 따라 합필의 등기를 할 때에는 규칙 제79조 및 제80조에 따른 등기를 마친 후 종전 토지의 소유권의 등기를 공유지분으로 변경하는 등기를 부기로 하여야 하고, 종전 등기의 권리자에 관한 사항을 말소하는 표시를 하여야 한다(규칙 제82조 제1항).

(라) 규칙 제82조 제1항의 경우에 이해관계인이 있을 때에는 그 이해관계인 명의의 등기를 규칙 제82조 제1항의 공유지분 위에 존속하는 것으로 변경하는 등기를 부기로 하여야 한다(규칙 제82조 제2항).

○ 토지합필의 특례에 따른 등기사무처리지침(등기예규 제1371호)

1. 목적
이 예규는 「부동산등기법」 제38조(합필의 특례)에 따른 등기절차를 규정함을 목적으로 한다.

2. 특례에 따른 합필등기의 신청
가. 합필 대상 토지의 소유자가 동일한 경우에는 그의 단독으로 소유자가 다른 경우에는 공동으로, 신청서에 합필 후의 공유지분을 기재하여 합필등기를 신청하여야 한다. 다만, 소유자가 동일하고 합필하려는 토지의 전부에 등기원인, 그 연월일, 등기의 목적과 접수번호가 동일한 합필제한사유에 해당하는 권리에 관한 등기가 있는 경우에는 신청서에 합필 후의 공유지분을 기재할 필요가 없다.

나. 이해관계인의 범위
법 제38조의 이해관계인은 등기기록상 근저당권이나 가압류 등의 등기가 경료되어 있는 권리자를 의미한다.

3. 특례에 따른 합필등기의 요건
등기관은 관련법령(「공간정보의 구축 및 관리 등에 관한 법률」등)에 따른 일반적인 합병요건뿐만 아니라 특례에 따른 다음의 각 요건을 심사하여 합필등기를 하여야 한다.
(1) 「공간정보의 구축 및 관리 등에 관한 법률」에 의하여 대장상 합병이 되었을 것
(2) 대장상 합병 후 등기기록상 합필 전에 토지의 일부가 이전등기 되었거나 토지의 일부에 대하여 합필의 제한사유에 해당하는 권리에 관한 등기가 되었을 것

4. 첨부서면
(1) 토지(임야)대장 등본
(2) 소유자의 확인서 및 인감증명
확인서에 토지의 소재지번·지목·면적이 표시되고, 합필 후의 공유지분을 기재한 후 소유자가 기명날인하여야 한다. 다만, 2. 가. 단서의 경우에는 확인서를 첨부할 필요가 없다.

(3) 이해관계인의 승낙서 및 인감증명

이해관계인은 승낙서에 신청서상 기재한 합필 후의 지분을 표시하고 이에 대한 동의 또는 승낙의 의사를 기재한 후 기명날인하여야 한다. 다만, 2. 가. 단서의 경우에는 합필 후의 지분을 표시할 필요가 없다.

5. 특례에 따른 합필등기절차

신청인은 4.의 서면을 첨부하여 신청서에 각 공유지분을 명확히 기재하여 신청하여야 하고, 등기관은 신청서, 소유자의 확인서 및 이해관계인의 승낙서상의 지분관계가 정확한지 여부를 심사한 후 다음절차에 따라 등기를 하여야 한다.

가. 대장상 합병 후 토지일부에 관하여 소유권이전등기가 이루어진 경우

〈예시〉 대장상 합병 후 합필등기 전에 갑지 또는 을지의 소유권이 이전된 경우

등기관은 갑지의 소유권에 관한 등기를 을지의 갑구에 이기하고, 그 등기가 갑지이었던 부분만에 관한 것이라는 뜻과 신청서 접수의 연월일과 접수번호를 기록한 후, 이기된 갑지의 소유권에 관한 등기 및 을지의 소유권에 관한 등기를 공유지분으로 변경하는 등기를 실행하여야 한다.

나. 대장상 합병 후 합필제한사유에 해당하는 권리에 관한 등기가 이루어진 경우

(1) 합필제한사유에 해당하는 권리에 관한 등기의 등기원인, 그 연월일, 등기목적과 접수번호가 동일한 경우

〈예시〉 대장상 합병 후 합필등기 전에 갑지와 을지에 동일한 가압류 등의 등기가 이루어진 경우

등기관은 갑지의 소유권에 관한 등기를 을지의 갑구에 이기하고, 그 등기가 갑지이었던 부분만에 관한 것이라는 뜻과 신청서 접수의 연월일과 접수번호를 기록한 후, 합필되는 각 토지의 소유권에 관한 등기를 공유지분으로 변경하는 등기를 하지 않고 종전과 동일하게 기록하되, 합필제한사유에 해당하는 권리에 관한 등기에는 합필 후의 토지전부에 관한 것이라는 뜻을 기록하여야 한다.

(2) 합필제한사유에 해당하는 권리에 관한 등기의 등기원인, 그 연월일, 등기목적과 접수번호가 동일하지 않은 경우

〈예시〉 대장상 합병 후 합필등기 전에 갑지 또는 을지에 동일하지

않은 가압류 등의 등기가 어느 한쪽 또는 양쪽에 이루어진 경우

등기관은 갑지의 소유권에 관한 등기를 을지의 갑구에 이기하고, 그 등기가 갑지이었던 부분만에 관한 것이라는 뜻과 신청서 접수의 연월일과 접수번호를 기록한 후, 합필되는 각 토지의 소유권에 관한 등기를 합필 후의 공유지분으로 변경하는 등기를 실행하고, 합필제한사유에 해당하는 권리에 관한 등기의 목적을 합필 후의 공유지분으로 변경하는 등기를 직권으로 하여야한다.

다. 토지의 일부에 요역지의 등기가 있는 경우

(1) 등기방법은 다른 합필 제한 사유와는 달리 지분에 관한 등기로 변경 등기할 수 없고, 토지 전체에 관한 등기로 변경하는 등기를 하여야 한다. 동시에 승역지에 관하여서는 요역지의 표시를 변경하는 등기를 하여야 한다.

(2) 요역지의 지역권등기가 있는 갑지와 을지를 합필하는 경우에, 갑지와 을지의 소유자가 같은 때에는 그의 단독으로, 소유자가 다른 때에는 공동으로 승역지 소유자(지역권설정자)의 승낙서를 첨부하여 합필 후의 토지 전체를 위한 지역권으로 하는 합필등기를 신청하여야 하고, 등기관은 이에 따라 요역지를 합필 후 토지의 전체로 하는 변경등기를 실행하여야 한다. 이 때 합필등기신청서에는 지역권이 합필 후의 토지 전체에 미친다는 취지의 기록을 하여야 한다.

6. 기타

가. 토지합필의 특례에 따른 등기기록례는 별지(생략)와 같다.

나. 이 예규에 따른 합필등기절차이외의 사항에 대해서는 종전 합필등기절차에 따른다.

접수	년　월　일	처리인	등기관 확인	각종통지
	토지합필등기신청			
	제　　　　호			

① 부동산의 표시	

합병 전의 표시 : ○○시 ○○구 ○○동 100번지 대 100㎡
합병의 표시 : ○○시 ○○구 ○○동 100-1번지 대 100㎡
합병 후의 표시 : ○○시 ○○구 ○○동 100번지 대 200㎡

② 등기원인과 그 년월일	년　　월　　일 합병
③ 등기의 목적	토지표시변경

구분	성　명 (상호·명칭)	주민등록번호 (등기용등록번호)	주소(소재지)
④ 신청인	○○○ (토지소유자)		

등 록 면 허 세	금	원
지 방 교 육 세	금	원
세 액 합 계	금	원

첨 부 서 면	
1. 토지대장　　　　　　　　　　통 1. 등록면허세영수필확인서　　　통 1. 신청서 부본　　　　　　　　　통 1. 위임장　　　　　　　　　　　통 1. 등기신청수수료영수필확인서　통	\<기 타\>

년　　월　　일

⑧ 위 신청인　○ ○ ○ ㉑ (전화 :　　　　　)
　 (토지소유자)
　 (또는) 위 대리인 법무사 ○ ○ ○ ㉑　(전화 :　　　　　)

지방법원　등기소　귀중

제4관 지목의 변경등기

1. 지목·지목변경의 의의

"지목"이라함은 토지의 주된 용도에 따라 토지의 종류를 구분하여 지적공부에 등록한 것을 말하며(공간정보법 제2조 제24호), 지목은 전답, 과수원, 목장용지, 임야, 잡종지등 28종류로 구분된다(동법시행령 제58조).

"지목변경"이라 함은 지적공부에 등록된 지목을 다른 지목으로 바꾸어 등록하는것을 말한다(동법 제2조 33호).

2. 지목변경신청

(1) 지목변경신청사유 및 지목변경신청

토지소유자는 지목변경할 토지가 있는 때(다음 각 호의 1에 해당하는 경우)에는 다음 각호의 사유가 발생한 날부터 60일 내에 지적 소관청에 지목변경신청을 하여야 한다(동법 제81조. 동령 제67조 제1항).

1) 국토의 계획 및 이용에 관한 법률등 관계법령에 의한 토지의 형질변경 등의 공사가 준공된 경우

2) 토지 또는 건축물의 용도가 변경된 경우

3) 동법 제86조의 규정에 의한 도시개발사업 등의 원활한 사업추진을 위하여 사업시행자가 공사준공 전에 토지의 합병을 신청하는 경우

(2) 지목변경 신청서의 첨부서면

토지 소유자가 동법 제81조의 규정에 의하여 지목변경을 신청하고자 하는 때에는 지목변경사유(동법시행령 제16조 제1항 각호)를 기재한 신청서에 다음 각 호의 1에 해당하는 서류(동법시행규칙 제84조)를 첨부하여 소관청에 제출하여야 한다(동법시행령 제67조 제2항).

1) 관계법령에 의하여 토지의 형질변경 등의 공사가 준공되었음을 증명하는 서류의 사본

2) 국·공유지의 경우에는 용도폐지 되었거나 사실상 공공용으로 사용되고 있지 아니함

을 증명하는 서류의 사본

3) 토지 또는 건축물의 용도가 변경되었음을 증명하는 서류의 사본

3. 지목변경등기절차

토지의 지목의 변경이 있는 때에는 그 토지의 소유권의 등기명의인은 1월 이내에 그 등기를 신청하여야 한다(법 제35조). 지목변경의 등기를 하는 때에는 종전의 표시를 말소하는 기호를 기록하여야 한다.

등기신청서 기재사항 중 등기원인은 "지목변경"으로, 그 연월일은 토지대장에 표시된 지목변경일을, 등기의 목적은 "토지표시변경"이라 기재한다(규칙 제43조 제1항 제5호, 제6호). 등기신청서에는 일반적인 첨부서면 외에 지목변경사유가 기재된 토지대장을 첨부하여야 한다(규칙 제46조 제1항 제1호).

지목변경등기신청

접 수	년 월 일	처리인	등기관 확인	각종통지
	제 호			

---

① 부동산의 표시

변경전의 표시　서울특별시 서초구 남부순환로315길 100
　　　　　　　　　전 300㎡
변경후의 표시　서울특별시 서초구 남부순환로315길 100
　　　　　　　　　대 300㎡

이　상

② 등기원인과 그 년월일	1999년 9월 1일 지목변경
③ 등기의 목적	토지 표시 변경

구분	성　명 (상호·명칭)	주민등록번호 (등기용등록번호)	주소(소재지)
④ 신청인	○○○		서울 서초구 서초중앙로 200

등 록 면 허 세	금	원
지 방 교 육 세	금	원
세 액 합 계	금	원

첨 부 서 면

• 토지대장등본　　　　　　　1통 • 등록면허세영수필확인서　　1통 • 신청서 부본　　　　　　　　1통 • 위임장　　　　　　　　　　1통 • 등기신청수수료영수필확인서　1통	(기　타)

년　　월　　일

　　　　　⑧ 위 신청인　　이 ○ ○ ⑳ (전화 :　　　　　)
　　　　　　(또는) 위 대리인　　　　 (전화 :　　　　　)

서울중앙지방법원　등기과　귀중

제5관 토지의 멸실등기

1. 등기신청인(등기명의인)

　토지가 멸실된 경우에는 그 토지 소유권의 등기명의인은 그 사실이 있는 때부터 1개월 이내에 그 등기를 신청하여야 한다(법 제39조).

　토지의 멸실의 사실이 있는 때라 함은 그 사실이 지적공부에 기록된 때를 말한다.

2. 토지멸실등기신청서의 첨부서면

　법 제39조에 따라 토지멸실등기를 신청하는 경우에는 그 멸실을 증명하는 토지대장 정보나 임야대장 정보를 첨부정보로서 등기소에 제공하여야 한다(규칙 제83조).

　토지에 관한 멸실등기는 그 신청수수료를 받지 아니한다(등기사항 증명서 등 수수료규칙 제5조의2 제2항 5호).

3. 토지멸실등기 및 등기록의 폐쇄

(1) 등기관이 토지의 멸실등기를 할 때에는 등기기록 중 표제부에 멸실의 뜻과 그 원인을 기록하고 표제부의 등기를 말소하는 표시를 한 후 그 등기기록을 폐쇄하여야 한다(규칙 제84조 제1항).

(2) 규칙 제84조 제1항의 경우에 멸실등기한 토지가 다른 부동산과 함께 소유권 외의 권리의 목적일 때에는 그 다른 부동산의 등기기록 중 해당구에 멸실등기한 토지의 표시를 하고, 그 토지가 멸실인 뜻을 기록하며, 그 토지와 함께 소유권 외의 권리의 목적이라는 뜻을 기록한 등기 중 멸실등기한 토지의 표시에 관한 사항을 말소하는 표시를 하여야 한다(규칙 제84조 제2항).

(3) 규칙 제84조 제2항에 따른 등기는 공동전세목록이나 공동담보목록이 있는 경우에는 그 목록에 하여야 한다(규칙 제84조 제3항).

(4) 규칙 제84조 제2항의 경우에 그 다른 부동산의 소재지가 다른 등기소 관할일 때에는 등기관은 지체없이 그 등기소에 부동산 및 멸실등기한 토지의 표시와 신청정보의 접수

연월일을 통지하여야 한다(규칙 제84조 제4항).

(5) 규칙 제84조 제4항에 따른 통지를 받은 등기소의 등기관은 지체없이 제2항 또는 제3
항의 절차를 마쳐야 한다(규칙 제84조 제5항).

제6관 토지재개발사업에 따른 등기
(종전토지에 대한 말소등기 및 새로운 토지에 대한 소유권보존등기)

1. 「도시개발법」에 따른 도시개발사업, 「주택법」에 따른 주택건설사업, 「택지개발촉진법」
에 따른 택지개발사업 또는 그 밖의 토지개발사업으로 인한 토지의 이동(異動)에 따라
종전 지적공부가 폐쇄되고 새로 지적공부가 작성된 경우에 소유권의 등기명의인은 종
전 토지에 관한 등기의 말소등기와 새로운 토지에 관한 소유권보존등기를 동시에 신청
하여야 한다(규칙 제85조 제1항).

2. 규칙 제85조 제1항의 등기를 신청하기 위해서는 다음 각 호의 요건을 모두 갖추어야 한
다(규칙 제85조 제2항).

① 모든 토지의 소유권의 등기명의인이 동일할 것

② 모든 토지의 등기기록에 소유권보존등기 또는 소유권이전등기 외의 다른 등기가 없
을 것

3. 규칙 제85조 제2항 제2호에도 불구하고 다음 각 호의 어느 하나에 해당하는 경우에는
제1항의 등기를 신청할 수 있다(규칙 제85조 제3항).

① 모든 토지의 등기기록에 법 제81조제1항 각 호의 사항이 모두 같은 신탁등기가 있는
경우

② 모든 토지의 등기기록에 「주택법」 제61조제3항의 금지사항 부기등기가 있는 경우

4. 규칙 제85조 제3항의 경우에는 새로운 토지에 관한 소유권보존등기와 함께 신탁등기
또는 「주택법」 제61조제3항의 금지사항 부기등기를 1건의 신청정보로 일괄하여 신청
하여야 한다(규칙 제85조 제4항).

제7관 건물의 표시변경등기

1. 건물의 표시변경등기의 의의

건물의 표시변경등기라 함은 건물의 분할·구분·합병이 있는 경우와 건물의 소재·지번, 건물의 번호, 종류 또는 구조와 면적, 건물의 멸실, 건물면적의 증감, 부속건물의 신축, 건물 대지의 지번의 변경, 대지권의 변경, 소멸이 있는 경우의 그 등기를 말한다(법 제41조 제1항).

건물의 "분할"이란 하나의 일반건물을 두 개 이상의 일반건물로 나누는 것을 말한다. 건물의 "구분"이란 1동의 건물을 1동 그대로 두고 내부적으로 구분하여 구분소유권의 목적으로 하는 것을 말하며, 건물의 "합병"이란 건물의 현상을 변경함이 없이 두 개의 건물을 1개의 건물로 하거나, 건물에 변경을 가하여 2개 이상의 건물을 1개의 건물로 합체하는 것을 말한다.

2. 건물의 표시변경등기절차

(1) 등기신청인(등기명의인의 등기신청의무)

건물의 분할, 구분, 합병이 있는 경우와 법 제40조의 등기사항에 변경이 있는 경우에는 그 건물 소유권의 등기명의인은 그 사실이 있는 때부터 1개월 이내에 그 등기를 신청하여야 한다(법 제41조 제1항).

건물의 표시에 변경이 발생한 경우에 등기신청의무를 부과한 취지는 토지의 경우와 동일하나(법 제35조) 건물의 경우 등기신청의무를 게을리하면 과태료에 처하게 된다(법 제112조).

(2) 건물표시변경 등 등기신청서의 기재사항

부동산등기법 제41조에 따라 건물의 표시변경등기를 신청하는 경우에는 그 건물의 변경 전과 변경 후의 표시에 관한 정보를 신청정보의 내용으로 등기소에 제공하여야 한다(규칙 제86조 제1항).

(3) 건물표시변경 등기신청서의 첨부서면

건물의 표시변경 등기신청서에는 규칙 제46조 제1항 각 호의 첨부정보 외에 변경사유가 기재된 건축물대장등본(발행일로부터 3월 이내의 것)을 첨부하여야 한다(규칙 제46조 제2항 제1호).

대지권의 변경·경정 또는 소멸의 등기를 신청하는 경우에는 그에 관한 규약이나 공정증서 또는 이를 증명하는 정보를 첨부정보로서 등기소에 제공하여야 한다(규칙 제86조 제2항).

규칙 제86조 제2항의 경우 외에는 그 변경을 증명하는 건축물대장 정보를 첨부정보로서 등기소에 제공하여야 한다(규칙 제86조 제3항).

건물의 멸실등기신청서에는 건물소유자의 인감증명을 첨부할 필요가 없다(등기선례요지집 제1 권 143항).

(4) 건물표시변경등기절차

법 제40조의 건물표시에 관한 사항을 변경하는 등기를 할 때에는 종전의 표시에 관한 등 기를 말소하는 표시를 하여야 한다(규칙 제87조 제1항).

신축건물을 다른 건물의 부속건물로 하는 등기를 할 때에는 주된 건물의 등기기록 중 표제 부에 부속건물 신축을 원인으로 한 건물표시변경등기를 하고, 종전의 표시에 관한 등기를 말 소하는 표시를 하여야 한다(규칙 제87조 제2항).

3. 구분건물의 표시등기만 있는 건물·대지권의 변경이나 소멸의 경우

구분건물로서 표시등기만 있는 건물에 관하여는 법 제65조(소유권보존등기의 신청인) 각 호의 어 느 하나에 해당하는 자가 건물의 표시변경 등기를 신청하여야 한다(법 제41조 제2항).

구분건물로서 그 대지권의 변경이나 소멸이 있는 경우에는 구분건물의 소유권의 등기명의 인은 1동의 건물에 신청할 수 있다(법 제41조 제3항).

대지권의 변경·경정 또는 소멸의 등기를 신청하는 경우에는 그에 관한 규약이나 공정증서 또는 이를 증명하는 정보를 첨부정보로서 등기소에 제공하여야 한다(규칙 제86조 제2항).

규칙 제86조 제2항의 경우 외에는 그 변경을 증명하는 건축물대장 정보를 첨부정보로서 등기소에 제공하여야 한다(규칙 제86조 제3항).

4. 행정구역 또는 그 명칭변경의 직권등기

행정구역 또는 그 명칭이 변경된 경우에 등기관은 직권으로 부동산의 표시변경등기 또는 등기명의인의 주소변경등기를 할 수 있다(규칙 제54조).

제8관 건물의 멸실등기

1. 건물의 멸실등기신청

(가) 등기신청인

1) 건물의 소유권의 등기명의인

건물이 멸실한 경우 그 건물의 소유권의 등기명의인은 그 사실이 있는 때부터 1월 이내에 멸실등기를 신청하여야 한다(법 제43조 제1항, 제112조).

2) 건물대지소유자의 대위신청

법 제43조 제1항의 경우 그 소유권의 등기명의인이 1개월 이내에 멸실등기를 신청하지 아니하면 그 건물대지의 소유자가 건물 소유권의 등기명의인을 대위하여 그 등기를 신청할 수 있다(법 제43조 제2항).

(나) 구분건물의 1동 전부멸실과 대위멸실등기신청

구분건물로서 그 건물이 속하는 1동 전부가 멸실된 경우에는 그 구분건물의 소유권의 등기명의인은 1동의 건물에 속하는 다른 구분건물의 소유권의 등기명의인을 대위하여 1동 전부에 대한 멸실등기를 신청할 수 있다(법 제43조 제3항).

건물의 멸실이란 건물의 소실, 파괴 등으로 인하여 사회통념상 건물이라고 할 수 없는 상태로 된 것을 말한다. 그리고 멸실은 건물 전부가 멸실된 것을 말하며 일부가 멸실하여도 잔여 부분이 사회통념상 건물이라고 할 수 있는 상태이면 건물의 면적 감소로 인한 변경등기를 하여야 할 것이다.

판 례

멸실된 건물에 대한 소유권이전등기말소청구의 적부 : 건물이 멸실된 경우에 멸실된 건물에 대한 등기용지는 폐쇄될 운명에 있으므로, 그 건물에 관하여 경료된 소유권이전등기가 원인무효로 될 사정이 있다 하여도 그 건물의 종전의 소유자로서는 등기부상의 소유명의자에게 그 말소등기를 소구할 이익이 없다(94. 6. 10. 93다24810).

(다) 건물의 멸실등기와 다른 등기의 생략

1) 건물대지의 지번변경 등기의 생략

건축물대장상 건물 대지의 지번이 변경된 후 건물이 멸실된 경우 지번변경 등기절차를 생략하고 곧 바로 멸실등기를 신청할 수 있다(등기선례요지집 제4권 506호).

2) 증축등기의 생략

증축된 부분에 대한 등기가 경료되지 아니하여 등기부의 건물면적과 건축물 대장의 건물면적이 다소 차이가 있는 상태에서 그 건물이 멸실된 경우 등기부상의 건물과 건축물대장상의 건축물 사이에 동일성이 인정된다면 증축된 부분에 대한 표시변경등기를 경료한 후 다시 멸실등기를 신청하는 절차를 생략하고 곧바로 멸실등기를 신청할 수 있다(등기선례요지집 제3권 638항, 부등3402-446 2004.9.2.).

3) 주소변경등기의 생략

건물 멸실등기를 신청하는 경우, 멸실 건축물대장에 등기부상 소유권 변동사항, 등기명의인의 주소의 변경 등이 등록되지 않은 채 멸실되었더라도 건축물대장상 소유자나 주소 표시가 등기부에 의하여 전 소유자이었거나 전 주소임이 나타나면 그 건축물대장으로 현 등기명의인이 바로 멸실등기를 신청할 수 있다(등기선례요지집 제3권 639항).

4) 등기명의인 표시변경등기의 생략

건물멸실등기를 신청하는 경우에 그 등기명의인이 표시에 변경 또는 경정사유가 있어도 그 변경 또는 경정을 증명하는 서면을 첨부하여 등기명의인의 표시변경 또는 경정등기를 생략할 수 있다(등기예규 제593호).

(라) 등기상 이해관계인이 있는 건물의 멸실등기 및 건물 멸실등기 통지절차

소유권 외의 권리가 등기되어 있는 건물에 대한 멸실등기의 신청이 있는 경우에 등기관은 그 권리의 등기명의인에게 1개월 이내의 기간을 정하여 그 기간까지 이의(異議)를 진술하지 아니하면 멸실등기를 한다는 뜻을 알려야 한다. 다만, 건축물대장에 건물멸실의 뜻이 기록되어 있거나 소유권 외의 권리의 등기명의인이 멸실 등기에 동의한 경우에는 그러하지 아니하다(개정법 제45조 제1항).

1) 멸실등기 통지방법

「부동산등기법」 제45조 제1항의 규정에 의한 건물멸실등기 통지는 등기취급 우편에 의하되, 그 우편료는 신청인이 등기신청시 우표로서 납부하여야 한다.

그 통지서는 소유권 외의 권리의 등기명의인의 등기기록상 주소지에 송부 하여야 한다(등기예규 제1428호. 가.).

2) 접수장에의 기재 및 부전지의 기록

그 통지서를 송부한 때에는 접수장의 비고란에 그 뜻과 그 날짜를 기재하고, 등기기록의 표제부 상단에 아래 예시와 같은 내용을 기록하여야 한다(위 예규. 나.).

- 아   래 -

부전지 : 「○○○○년 ○월 ○일 멸실등기통지 중」

3) 통지받을 자의 주소 등이 불명인 경우

그 통지를 받을 자의 주소 또는 거소를 알 수 없을 때에는 그 통지서를 1월 이내의 정해진

기간 동안 등기소 게시장이나 대법원 인터넷등기소에 게시하여야 한다(위 예규. 다.).

4) 이의 신청서의 처리

이의 신청서는 일반문건으로 접수하여 멸실등기신청서에 합철하여야 하며, 이의신청이 건물의 존재를 전제로 한 것으로서 이유 있다고 인정한 때에는 멸실등기신청을 각하하고, 이의신청이 건물이 멸실되는 등으로 부존재하는 것을 인정하거나 이를 전제로 하는 것이라면 이의신청을 각하한다(위 예규. 라.).

5) 소정의 기간 경과전의 등기신청(촉탁)사건 등의 처리

해당 건물에 대하여 그 소정의 기간 경과전에 등기신청(촉탁)이 있는 경우에는 이를 수리하고 멸실등기신청은 이를 각하한다. 이 기간동안 등기사항증명서는 발급하되 위 「나」의 부전지가 함께 표시되도록 하여야 한다(위 예규. 마.).

(마) 건물멸실등기신청서의 첨부서면

법 제43조 및 법 제44조에 따라 건물멸실등기를 신청하는 경우에는 그 멸실이나 부존재를 증명하는 건축물대장 정보나 그 밖의 정보를 첨부정보로서 등기소에 제공하여야 한다(규칙 제102조).

2. 건물의 멸실등기 및 등기기록의 폐쇄

등기관이 건물의 멸실등기를 할 때에는 등기기록 중 표제부에 멸실의 뜻과 그 원인 또는 부존재의 뜻을 기록하고 표제부의 등기를 말소하는 표시를 한 후 그 등기기록을 폐쇄하여야 한다. 다만, 멸실한 건물이 구분건물인 경우에는 그 등기기록을 폐쇄하지 아니한다(규칙 제103조 제1항).

대지권을 등기한 건물의 멸실등기로 인하여 그 등기기록을 폐쇄한 경우에는 규칙 제93조(대지권의 변경)를 준용한다(규칙 제103조 제2항).

규칙 제103조 제1항의 경우에는 규칙 제84조(토지멸실등기) 제2항부터 제5항까지의 규정을 준용한다(규칙 제103조 제3항).

3. 멸실등으로 인하여 폐쇄된 등기기록의 부활

부동산의 멸실(해물 포함). 토지의 하천구역 편입을 원인으로 대장의 등록이 말소된 사실이 없음에도 착오로 등기기록이 폐쇄된 경우와 등록이 말소된 대장에 의하여 등기기록이 폐쇄되었으나 후에 대장의 등록말소가 착오임이 밝혀져 대장이 원상회복한 경우 등기기록의 부활절차는 등기예규 제1207호에 규정되어 있다.

제9관 건물분할등기, 건물구분등기

건물의 일부에 전세권이나 임차권의 등기가 있는 경우에 그 건물의 분할이나 구분의 등기를 신청할 때에는 규칙 제74조(토지분필의 등기신청)를 준용한다(규칙 제95조).

1. 건물분할등기

건물의 분할등기라 함은 어떤 건물(갑 건물)로부터 그 부속건물을 분할하여 이를 독립된 건물(을 건물)로 하는 것, 즉 1개의 건물을 2 이상으로 나누는 것을 말한다(규칙 제96조 제1항). 건물의 분할등기는 그에 따라 갑 건물의 등기부를 갑 건물과 을 건물의 등기부로 나누는 표시변경등기를 말한다(법 제41조).

민법 제215조 및 부동산등기법 제104조(현행 부동산등기규칙 제96조)가 건물구분소유와 그에 관한 등기의 방법을 규정하고 있는 이상 1개의 기존건물의 일부를 이루고 있는 부분이라 할지라도 그것이 독립한 경제적인 가치를 보유하고 다른 부분과 구분되어 거래의 대상이 될 수 있는 것이라면 그것을 원(原) 건물과는 별개의 독립된 건물로 분할하여 거래하고 이에 대한 등기절차를 이행할 수 있다(대판 1968. 2. 6. 67다2505, 2506).

단일소유자의 1동의 건물 중 일부에 대하여 경매신청을 하고자 할 경우에는 그 부분에 대한 분할등기를 한 연후에 하여야 한다(대법원 1973. 5. 31. 73마283).

건물의 분할등기를 위해서는 먼저 건축물대장에 분할의 변경등록을 하여야 한다.

(1) 등기신청인

대장상 건물이 분할된 때에는 그 건물 소유권의 등기명의인은 1월 이내에 분할등기를 신청하여야 한다(법 제41조 제1항). 등기기록에 기록된 건물의 표시가 건축물대장과 부합하지 아니하는 경우에는 그 건물소유권의 등기명의인이 건물 표시변경의 등기를 하지 아니하면 다른 등기를 신청할 수 없다.

(2) 신청서의 기재사항

건물의 분할등기신청서에는 분할한 면적을 기재하여야 한다(법 제102조 제1항). 실무상 신청서의 부동산표시란에 분할 전의 표시, 분할의 표시, 분할 후의 표시로 나누어 기재하는 것은 토지 분필등기와 같다. 그리고 등기원인은 "분할"로, 그 연월일은 건축물 대장등본에 기재된 연월일을 기재하며, 등기의 목적으로는 "건물표시변경"이라고 기재한다.

(3) 신청서의 첨부서면

건물의 분할로 인한 변경등기신청서에는 변경의 사실을 증명하는 건축물대장등본을 첨부하여야 한다(규칙 제86조 제3항).

토지의 변경등기와 마찬가지로 건물의 분할로 인한 변경등기도 권리관계의 변동에 영향을 미치지 않으므로 등기상 이해관계 있는 제3자의 승낙서나 소유권의 등기명의인의 등기필증을 제출할 필요가 없다.

건물의 분할등기를 하기 위해서는 먼저 건축물대장에 분할의 변경등록을 하여야 한다.

(4) 건물분할 등기절차

갑 건물로부터 그 부속건물을 분할하여 이를 을 건물로 한 경우에 등기관이 분할등기를 할 때에는 을 건물에 관하여 등기기록을 개설하고, 그 등기기록 중 표제부에 건물의 표시와 분할로 인하여 갑 건물의 등기기록에서 옮겨 기록한 뜻을 기록하여야 한다(규칙 제96조 제1항).

규칙 제96조 제1항의 절차를 마치면 갑 건물의 등기기록 중 표제부에 남은 부분의 표시를 하고, 분할로 인하여 다른 부분을 을 건물의 등기기록에 옮겨 기록한 뜻을 기록하며, 종전의 표시에 관한 등기를 말소하는 표시를 하여야 한다(규칙 제96조 제2항).

규칙 제96조 제1항의 경우에는 규칙 제76조 및 제77조를 준용한다(규칙 제96조 제3항).

※ 건물분할의 등기

(1) 갑 건물의 부속건물을 분할(분리)하여 을 건물로 하는 경우 348

(갑건물)

【 표 제 부 】		(건물의 표시)		
표시번호	접수	소재지번 및 건물번호	건물내역	등기원인 및 기타사항
~~1~~	~~2012년1월3일~~	~~서울특별시 서초구 서초동 43 [도로명주소] 서울특별시 서초구 명달로22길 23~~	~~목조기와지붕 단층주택 200㎡ 부속건물 목조기와지붕 단층창고 20㎡~~	
2	2012년3월31일	서울특별시 서초구 서초동 43 제1호 [도로명주소] 서울특별시 서초구 명달로22길 23	목조기와지붕 단층주택 200㎡	분할로 인하여 부속건물 20㎡를 서울특별시 서초구서초동 43 제2호에 이기 도면 제2012-35호

(주) 건물 자체의 물리적 분할은 통상 있을 수 없으므로 규칙 제96조에서는 갑 건물과 그 부속건물의 분할만을 전제로 하여 규정하고 있다.

(을건물)

【 표 제 부 】		(건물의 표시)		
표시번호	접수	소재지번 및 건물번호	건물내역	등기원인 및 기타사항
1	2012년3월31일	서울특별시 서초구 서초동 43 제2호 [도로명주소] 서울특별시 서초구 명달로22길 23-1	목조기와지붕 단층창고 20㎡	분할로 인하여 서울특별시 서초구 서초동 43에서 이기 도면 제2012-35호

2. 건물구분등기

건물구분등기라함은 구분건물이 아닌 어떤 건물(갑 건물)을 구분하여 갑 건물과 을 건물로 구분하여 이를 독립된 건물 하는 것, 즉 1개의 건물을 2 이상으로 구분하는 것을 말한다.

(1) 등기기록의 개설

구분건물이 아닌 갑 건물을 구분하여 갑 건물과 을 건물로 한 경우에 등기관이 구분등기를 할 때에는 구분 후의 갑 건물과 을 건물에 대하여 등기기록을 개설하고, 각 등기기록 중 표제부에 건물의 표시와 구분으로 인하여 종전의 갑 건물의 등기기록에서 옮겨 기록한 뜻을 기록하여야 한다(규칙 제97조 제1항).

(2) 등기록의 폐쇄

규칙 제97조 제1항의 절차를 마치면 종전의 갑 건물의 등기기록 중 표제부에 구분으로 인하여 개설한 갑 건물과 을 건물의 등기기록에 옮겨 기록한 뜻을 기록하고, 표제부의 등기를 말소하는 표시를 한 후 그 등기기록을 폐쇄하여야 한다(규칙 제97조 제2항).

(3) 종전 건물의 소유권과 그 밖의 권리에 관한 등기의 전사

규칙 제97조 제1항의 경우에는 개설한 갑 건물과 을 건물의 등기기록 중 해당 구에 종전의 갑 건물의 등기기록에서 소유권과 그 밖의 권리에 관한 등기를 옮겨 기록하고, 구분으로 인하여 종전의 갑 건물의 등기기록에서 옮겨 기록한 뜻, 신청정보의 접수연월일과 접수번호를 기록하여야 하며, 소유권 외의 권리에 관한 등기에는 다른 등기기록에 옮겨 기록한 건물이 함께 그 권리의 목적이라는 뜻도 기록하여야 한다. 이 경우 규칙 제76조 제3항부터 제6항까지의 규정을 준용한다(규칙 제97조 제3항).

(4) 구분건물을 구분하여 2개의 건물로 한 경우

구분건물인 갑 건물을 구분하여 갑 건물과 을 건물로 한 경우에는 등기기록 중 을 건물의 표제부에 건물의 표시와 구분으로 인하여 갑 건물의 등기기록에서 옮겨 기록한 뜻을 기록하여야 한다(규칙 제97조 제4항). 위의 경우에는 규칙 제76조, 제77조를 준용한다(규칙 제97조 제6항).

(5) 종전의 표시에 관한 등기의 말소

규칙 제97조 제4항의 절차를 마치면 갑 건물의 등기기록 중 표제부에 남은 부분의 표시를 하고, 구분으로 인하여 다른 부분을 을 건물의 등기기록에 옮겨 기록한 뜻을 기록하며, 종전의 표시에 관한 등기를 말소하는 표시를 하여야 한다(규칙 제97조 제5항).

<table>
<tr><td rowspan="2">접 수</td><td colspan="2">년 월 일</td><td rowspan="2">처 리 인</td><td>등기관 확인</td><td>각종 통지</td></tr>
<tr><td colspan="2">제 호</td><td></td><td></td></tr>
</table>

건물구분등기신청

〈전 면〉

접수	년 월 일	처리인	등기관 확인	각종 통지
	제 호			

부동산의표시	별지기재 목록과 같음

등기원인과 그 년월일	2011년 10월 24일 전환
등기의 목적	건물표시변경

구분	성 명 (상호·명칭)	주민등록번호 (등기용등록번호)	주 소(소재지)	지 분 (개인별)
신청인	박 ○○			9/10
	전 이○○			1/10

<후 면>

과 세 표 준	금	원
등 록 면 허 세	금	원
지 방 교 육 세	금	원
세 액 합 계	금	원
등 기 신 청 수 수 료	금	원
	납부번호 :	

부 속 서 류	1. 위임장　　　　　　　　　　　1통 1. 건축물관리대장　　　　　　　1통 1. 토지대장등본　　　　　　　　1통 1. 도면　　　　　　　　　　　　3통 1. 등기신청수수료현금영수필확인서　1통

2011년 10월 25일

위 신청인
대리인 법무사 ○ ○ ○
서울 양천구 신월로 373

서울남부지방법원 등기과 귀중

법무사　　　　(인)

별지목록

부동산의 표시

- 구분전의 표시 -

서울특별시 양천구 신월로 300
철근콘크리트조 슬래브지붕 4층 근린생활시설
1층   159.12㎡
2층   159.12㎡ 사무실
3층   159.12㎡ 사무실
4층   159.12㎡ 당구장
지층 159.12㎡
(내역 : 지층 근린생활시설(다방) 1층 중 근리생활시설(116.28㎡) 주차통로 42.84㎡ 2층,
3층 사무실 4층 당구장)

- 구분 후의 표시 -

1동의 건물의 표시
서울특별시 양천구 신월로 373
철근콘크리트조 평슬라브지붕 4층 근린생활시설
1층   116.28㎡ 근린생활시설
1층   42.84㎡ 주차통로
2층   159.12㎡ 사무실
3층   159.12㎡ 사무실
4층   159.12㎡ 당구장
지층 155.27㎡ 근린생활시설(다방)

① 전유부분의 건물의 표시
건물의 번호 1-101
구   조 철근콘크리트구조
면   적 제1층 제101호 42.84㎡
대지권의 목적인 토지의 표시
1. 서울특별시 양천구 신월로 373 대 389.8㎡
대지권의 종류 : 소 유 권

대지권의 비율 : 389.8분의 26.5

② 전유부분의 건물의 표시
건물의 번호 1 - 102
구   조 철근콘크리트구조
면   적 제1층 제102호 50.04㎡
대지권의 목적인 토지의 표시
1. 서울특별시 양천구 신정동 101-14 대 389.8평방미터
대지권의 종류 : 소유권
대지권의 비율 : 389.8분의 30.9(이하생략)

제10관 건물의 분할합병등기

1. 건물의 분할합병등기

갑 건물로부터 그 부속건물을 분할하여 을 건물의 부속건물로 한 경우에 등기관이 분할 및
합병의 등기를 할 때에는 을 건물의 등기기록 중 표제부에 합병 후의 건물의 표시와 일부합
병으로 인하여 갑 건물의 등기기록에서 옮겨 기록한 뜻을 기록하고, 종전의 표시에 관한 등
기를 말소하는 표시를 하여야 한다(규칙 제98조 제1항).

규칙 제98조 제1항의 경우에는 규칙 제96조 제2항 및 제78조 제2항부터 제6항(제6항 중 제
75조 제2항을 준용하는 부분은 제외한다)까지의 규정을 준용한다(규칙 제98조 제2항).

2. 건물의 분할합병 등기절차

위의 절차를 마치면 갑 건물의 등기기록 중 표제부에 남은 부분의 표시를 하고, 분할로 인
하여 다른 부분을 을 건물의 등기기록에 옮겨 기록한 뜻을 기록하며, 종전의 표시에 관한 등
기를 말소하는 표시를 하여야 한다(규칙 제98조 제2항, 제96조 제2항).

을 건물의 등기기록 중 갑구에 갑 건물의 등기기록에서 소유권의 등기를 전사하고, 일부합
병으로 인하여 갑 건물의 등기기록에서 전사한 뜻, 신청정보의 접수연월일과 접수번호를 기

록하여야 한다.

갑 건물의 등기기록에 지상권·지역권·전세권 또는 임차권의 등기가 있을 때에는 을 건물의 등기기록 중 을구에 그 권리에 관한 등기를 전사하고, 일부합병으로 인하여 갑 건물의 등기기록에서 전사한 뜻, 합병한 부분만이 갑 건물과 함께 그 권리의 목적이라는 뜻, 신청정보의 접수연월일과 접수번호를 기록하여야 한다.

소유권·지상권·지역권 또는 임차권의 등기를 전사하는 경우에 등기원인과 그 연월일, 등기목적과 접수번호가 같을 때에는 전사를 갈음하여 을 건물의 등기기록에 갑 건물에 대하여 같은 사항의 등기가 있다는 뜻을 기록하여야 한다.

모든 건물에 관하여 등기원인과 그 연월일, 등기목적과 접수번호가 같은 저당권이나 전세권의 등기가 있을 때에는 을 건물의 등기기록 중 그 등기에 해당 등기가 합병 후의 건물 전부에 관한 것이라는 뜻을 기록하여야 한다(규칙 제78조 2~5항, 제98조 제2항).

소비자가 동일한 합병대상 구분건물 전부에 대하여 등기원인, 그 연월일과 접수번호가 동일한 근저당권등기가 있는 경우에 구분건물의 소유자는 (집합)건축물대장을 첨부하여 구분건물의 합병등기를 신청할 수 있는데, 이 때 근저당권자의 승낙서는 첨부정보로 제공할 필요가 없다(2013. 11. 6. 부동산등기과-2462).

제11관 건물의 구분합병등기

1. 건물의 구분합병등기

갑 건물을 구분하여 을 건물 또는 그 부속건물에 합병한 경우에 등기관이 구분 및 합병의 등기를 할 때에는 제98조제1항을 준용한다(규칙 제99조 제1항).
규칙 제99조 제1항의 경우에는 규칙 제97조 제5항 및 제78조 제2항부터 제6항(제6항 중 제75조 제2항을 준용하는 부분은 제외한다)까지의 규정을 준용한다(규칙 제99조 제2항).

2. 건물의 구분합병등기 절차

구분건물인 갑 건물을 구분하여 갑 건물을 건물에 합병한 경우에는 등기기록 중 을 건물의 표제부에 건물의 표시와 구분으로 인하여 갑 건물의 등기기록에서 옮겨 기록한 뜻을 기록하여야 한다. 위 절차를 마치면 갑 건물의 등기기록 중 표제부에 남은 부분의 표시를 하고, 구분으로 인하여 다른 부분을 을 건물의 등기기록에 옮겨 기록한 뜻을 기록하며, 종전의 표시에 관한 등기를 말소하는 표시를 하여야 한다(규칙 제97조 4~5항. 제99조 제2항).

을 건물의 등기기록 중 갑구에 갑 건물의 등기기록에서 소유권의 등기를 전사하고, 일부합병으로 인하여 갑 건물의 등기기록에서 전사한 뜻, 신청정보의 접수연월일과 접수번호를 기록하여야 한다.

갑 건물의 등기기록에 지상권·지역권·전세권 또는 임차권 등기가 있을 때에는 을 건물의 등기기록 중 을구에 그 권리에 관한 등기를 전사하고, 일부합병으로 인하여 갑 건물의 등기기록에서 전사한 뜻, 합병한 부분만이 갑 건물과 함께 그 권리의 목적이라는 뜻, 신청정보의 접수연월일과 접수번호를 기록하여야 한다.

소유권·지상권·지역권 또는 임차권의 등기를 전사하는 경우에 등기원인과 그 연월일, 등기목적과 접수번호가 같을 때에는 전사를 갈음하여 을 건물의 등기기록에 갑 건물에 대하여 같은 사항의 등기가 있다는 뜻을 기록하여야 한다.

위의 경우에 모든 건물에 관하여 등기원인과 그 연월일, 등기목적과 접수번호가 같은 저당권이나 전세권의 등기가 있을 때에는 을 건물의 등기기록 중 그 등기에 해당 등기가 합병 후의 건물전부에 관한 것이라는 뜻을 기록하여야 한다(규칙 제78조 2~5항, 제99조제2항).

제12관 건물합병등기

건물합병등기란 갑 건물을 을 건물에 합치는 등기를 말한다. 건물의 합병에는, ① 갑 건물을 을 건물에 합병하는 경우 ② 갑 건물을 을 건물의 부속건물에 합병하는 경우 ③ 갑 건물을 을 건물의 부속건물로 하는 경우가 있다(규칙 제100조 제1항). 위 각 경우는 모두 건물의 물리적 변경은 없이 건물의 일정부분이 소속되는 등기부를 바꾸는 처분이다. 건물의 합병등기가 있으면 갑 건물의 등기부는 폐쇄된다.

1. 건물합병등기절차

(1) 갑 건물을 을 건물 또는 그 부속건물에 합병하거나 을 건물의 부속건물로 한 경우에 등기관이 합병등기를 할 때에는 규칙 제79조 및 제80조를 준용한다. 다만, 갑 건물이 구분건물로서 같은 등기기록에 을 건물 외에 다른 건물의 등기가 있을 때에는 그 등기기록을 폐쇄하지 아니한다(규칙 제100소 제1항).

(2) 합병으로 인하여 을 건물이 구분건물이 아닌 것으로 된 경우에 그 등기를 할 때에는 합병 후의 건물에 대하여 등기기록을 개설하고, 그 등기기록의 표제부에 합병 후의 건물의 표시와 합병으로 인하여 갑 건물과 을 건물의 등기기록에서 옮겨 기록한 뜻을 기록하여야 한다(규칙 제100조 제2항).

(3) 규칙 제100조 제2항의 절차를 마치면 갑 건물과 을 건물의 등기기록 중 표제부에 합병으로 인하여 개설한 등기기록에 옮겨 기록한 뜻을 기록하고, 갑 건물과 을 건물의 등기기록 중 표제부의 등기를 말소하는 표시를 한 후 그 등기기록을 폐쇄하여야 한다(규칙 제100조 제3항).

(4) 규칙 제100조 제2항의 경우에는 규칙 제80조를 준용한다(규칙 제100조 제4항).

(5) 대지권을 등기한 건물이 합병으로 인하여 구분건물이 아닌 것으로 된 경우에 제2항의 등기를 할 때에는 규칙 제93조를 준용한다(규칙 제100조 제5항).

2. 건물합병의 제한

(1) 소유권 · 전세권 및 임차권의 등기 외의 권리에 관한 등기가 있는 건물에 관하여는 합

병의 등기를 할 수 없다. 이 경우 법 제37조 제1항 단서를 준용한다(법 제42조 제1항).

(2) 등기관이 법 제42조 제1항을 위반한 등기의 신청을 각하하면 지체 없이 그 사유를 건축물대장 소관청에 알려야 한다(법 제42조 제2항).

제13관 비구분건물이 구분건물로 된 경우 및
구분건물이 비구분건물로 된 경우

구분건물이 아닌 건물이 건물구분 외의 사유로 구분건물로 된 경우에는 규칙 제97조(건물구분등기)를 준용하고, 구분건물이 건물합병 외의 사유로 구분건물이 아닌 건물로 된 경우에는 규칙 제100조(건물합병등기) 제2항부터 제5항까지의 규정을 준용한다(규칙 제101조).

		건 물 멸 실 등 기 신 청		

접 수	년 월 일	처 리 인	등기관 확인	각종통지
	제 호			

① 부동산의 표시
서울특별시 서초구 남부순환로 315길 ○○○ 시멘트 벽돌조 스레트지붕 단층주택 100㎡ 부속 시멘트 벽돌조 슬래브 지붕 단층창고 50㎡ 이　　상

② 등기원인과 그 연월일	2011년 9월 1일 멸실
③ 등기의 목적	건물멸실

구 분	성명(상호 · 명칭)	주민등록번호 (등기용등록번호)	주소(소재지)
④ 신 청 인	○ ○ ○		

등 록 면 허 세	금	원
지 방 교 육 세	금	원
세 액 합 계	금	원
등기신청수수료	금 원	
	납부번호 :	

<table>
<tr><td colspan="2" align="center">첨 부 서 면</td></tr>
<tr>
<td>

• 건축물대장등본   1통
• 등록면허세영수필확인서   1통
• 신청서부본   1통
• 등기신청수수료현금영수필확인서   1통

</td>
<td>(기　타)</td>
</tr>
</table>

2011년 9월 10일

위 신청인 ○ ○ ○ ㊞   (전화 :   )
     (또는) 위 대리인   (전화 :   )

서울중앙지방법원 등기과 귀중

	건물증축등기신청			

접	년 월 일	처	등기관 확인	각종통지
수	제 호	리 인		

① 부동산의 표시
변경 전의 표시　　　서울특별시 서초구 서초중앙로 ○○○ 　　　　　　　　　　벽돌조 기와지붕 단층주택 　　　　　　　　　　150㎡ 변경 후의 표시　　　서울특별시 서초구 서초중앙로 ○○○ 　　　　　　　　　　벽돌조 기와지붕 단층주택 　　　　　　　　　　200㎡   　　　　　　　　　　　이　　상

② 등기원인과 그 연월일	2011년 9월 5일 증축

③ 등기의 목적	건물표시변경

구분	성명 (상호·명칭)	주민등록번호	주　　소(소 재 지)
④ 신 청 인			

등 록 면 허 세	금	원
지 방 교 육 세	금	원
세 액 합 계	금	원
등기신청수수료	금	원
	납부번호 :	

첨 부 서 면	
• 건축물대장등본　　　　　　　1통 • 등록면허세영수필확인서　　　1통 • 신청서부본　　　　　　　　　1통 • 등기신청수수료현금영수필확인서　1통	<기 타>

2011년 9월 10일

⑨ 위 신청인　　이 ○ ○ ㉑ (전화 :　　　　)
　　(또는) 위 대리인　　　　　(전화 :　　　　　)

서울중앙지방법원　등기과　귀중

건물구조변경등기신청				
접 수	년 월 일 제 호	처 리 인	등기관 확인	각종통지

① 부동산의 표시
변경 전의 표시　서울특별시 서초구 서초중앙로 ○○○ 　　　　　　　　목조 기와지붕 단층주택 150㎡ 변경 후의 표시　서울특별시 서초구 서초중앙로 ○○○ 　　　　　　　　시멘트 벽돌조 기와지붕 단층주택 100㎡ 이　상

② 등기원인과 그 연월일	2011년 9월 1일 구조변경
③ 등기의 목적	건물표시변경

구분	성명 (상호 · 명칭)	주민등록번호 (등기용등록번호)	주소 (소재지)
④ 신 청 인			

등 록 면 허 세	금	원
지 방 교 육 세	금	원
세 액 합 계	금	원
등 기 신 청 수 수 료	금	원
	납부번호 :	

<table>
<tr><td colspan="2" align="center">⑨ 첨 부 서 면</td></tr>
<tr>
<td>
• 건축물대장등본   1통
• 등록면허세영수필확인서   1통
• 위임장   1통
• 등기신청수수료현금영수필확인서   1통
</td>
<td>〈기 타〉</td>
</tr>
</table>

2011년 9월 10일

⑨ 위 신청인   ○ ○ ○ ㉑   (전화 : 000-0000)
    (또는) 위 대리인   (전화 :   )

서울중앙지방법원   등기과   귀중

건물지번변경등기신청				
접 수	년 월 일 제 호	처 리 인	등기관 확인	각종통지

① 부동산의 표시
변경 전의 표시   서울특별시 서초구 남부순환로315길 ○○○ 　　　　　　　　　 시멘트 벽돌조 슬래브지붕 단층주택 100㎡ 변경 후의 표시   서울특별시 서초구 남부순환로315길 ○○○-1 　　　　　　　　　 시멘트 벽돌조 슬래브지붕 단층주택 100㎡ 　　　　　　　　　　　　　　　이　　상

② 등기원인과 그 연월일	2011년 9월 1일 지번변경
③ 등기의 목적	건물표시변경

구분	성명 (상호·명칭)	주민등록번호 (등기용등록번호)	주소 (소재지)
④ 신 청 인	이 ○ ○		

등 록 면 허 세	금	원
지 방 교 육 세	금	원
세 액 합 계	금	원

첨 부 서 면

• 건축물대장등본　　　　　　　1통 • 등록면허세영수필확인서　　　1통 • 등기신청수수료현금영수필확인서　1통	<기 타>

2011년 9월 10일

⑨ 위 신청인　　이 ○　○ ㉑ (전화 :　　　)

위 대리인 법무사 ○○○ (전화 :　　　)

서울중앙지방법원　등기과　귀중

제14관 부동산의 표시에 관한 경정등기

1. 부동산의 표시에 관한 경정등기의 의의

부동산의 표시에 관한 경정등기란 등기용지의 표제부에 등기된 부동산의 물리적 현황이 객관적 사항에 합치하지 아니하고 그 등기가 착오 또는 유루로 인하여 생긴 경우에 동일성이 인정되는 범위 내에서 이를 바로잡는 것을 목적으로 하여 행하여지는 등기를 말한다(대판 1997. 2. 25. 96다51561).

2. 부동산의 표시에 관한 경정등기의 신청권자

부동산의 표시에 관한 경정등기는 그 성질상 등기의무자의 존재를 생각할 수 없는 것으로서 그 등기는 등기명의인이나 대위권자의 단독신청에 의하여 행하여질 것이고, 그 대위권자에는 등기명의인에 대한 채권적 청구권을 갖는 자뿐만 아니라 물권적 청구권을 갖는 자도 포함된다(대판 1992. 2. 28. 91다34967).

3. 부동산의 표시에 관한 경정등기와 이해관계 있는 제3자의 승낙요부(소극)

부동산의 표시에 관한 경정등기는 그 등기에 의하여 그 부동산에 관한 권리에 어떤 변동을 가져 오는 것도 아니며, 또한 부동산등기법 제74조에 의하여 경정등기에 준용되는 같은 법 제63조는 권리변경의 등기에 관하여 이해관계 있는 제3자가 있는 경우에 그 승낙서 또는 이에 대항할 수 있는 재판의 등본을 첨부하도록 한 것이므로, 부동산의 표시에 관한 경정등기에 있어서는 등기상 이해관계 있는 제3자의 승낙의 유무가 문제될 여지가 없다(대판 1992. 2. 28. 91다34697).

제13절 등기명의인의 표시변경(경정)등기

1. 등기명의인표시의 변경(경정)등기

(1) 등기명의인의 표시변경(경정)등기

"등기명의인"이란 권리에 관한 등기의 현재의 명의인 즉 권리자를 말한다.

"등기명의인의 표시"라함은 등기명의인의 성명 또는 명칭, 주소 또는 사무소 소재지, 주민등록번호 또는 부동산등기용 등록번호 등을 의미하므로 등기명의인의 개명, 주소의 이전, 상호의 변경 등 개별적인 변경과 행정구역 또는 그 명칭의 변경과 같은 행정적사유에 의한 변경이 있다.

"등기명의인의 표시경정"이란 등기부에 기재되어 있는 등기명의인의 성명, 주소나 상호, 사무소 등에 착오 또는 유루가 있는 경우에 그 명의인으로 기재되어 있는 자의 동일성을 변함이 없이 이를 경정하는 것을 말하므로, 이미 행하여진 2인의 공유등기를 그 뒤에 생긴 원인으로 그 중 1인의 지분을 말소하고 나머지 1인의 단독 소유로 경정하여 달라는 경정등기신청의 경우, 이러한 등기신청을 받아 들인다면 그에 의하여 소유자가 변경되는 결과로 되어서 등기명의인의 동일성을 잃게 된다(대판 1996. 4. 12. 95다33214).

이미 말소된 등기의 등기명의인의 표시변경등기신청은 부동산등기법 제55조 제6호(현행법 제29조 제7호)에 의하여 각하하여야 한다(대법원 1979. 11. 20. 79마360).

등기명의인의 표시에 변경사유가 있다고 해서 그 변경등기를 신청하여야 할 의무가 부과되는 것은 아니나 신청서에 기재된 등기의무자의 표시가 등기부와 부합하지 아니하면 신청의 각하사유(법 제29조 제7호)에 해당하므로 간접적으로 신청의무가 있다고 할 수 있다.

등기명의인표시변경등기란 등기부상 소유명의인 또는 소유권 이외의 권리자(저당권자, 전세권자, 임차권자 등)의 표시(성명, 주소 등)가 변경되어 등기부상 표시와 일치하지 아니할 경우에 그 표시를 일치시키기 위하여 하는 등기이다.

등기명의인 표시변경등기는 등기명의인의 동일성이 유지되는 범위 내에서 등기부상의 표시를 실제와 합치시키기 위하여 행하여지는 것에 불과할 뿐 어떠한 권리변동을 가져오는 것은 아니다(대판 : 2000. 5. 12. 99다69983).

등기명의인표시 변경등기는 동일한 등기명의인에 관하여 그 표시를 변경하는 절차이므로 변경등기 전과 후의 명의인표시는 동일인을 나타내는 표상으로서 "인격의 동일성"이 유지되어야 한다. 개명이나 법인 명칭의 변경 등으로 명의인 표시가 전혀 달라지더라도 기본증명서 또는 법인등기부등본에 의하여 변경 전후의 명의인이 동일인이라는 것이 증명되면 등기명의인 표시변경등기를 할 수 있다.

그러나 변경등기의 전과 후의 명의인에 대하여 동일성이 인정되지 않는 때에는 권리주체의 변경이 있는 경우이므로 변경등기를 할 수 없고 이전등기에 의하여야 한다.

(2) 등기명의인의 표시변경(경정)등기와 다른 등기의 신청

(가) 원칙(등기명의인표시변경등기의 선행)

등기명의인의 표시에 변경사유(예 : 개명, 진거나 행정구역변경 등으로 인한 수소변경, 주민등록변호의 변경 등)가 있는 때에는 다른 등기를 신청하기에 앞서 '먼저 등기명의인표시변경등기를 신청'하여야 한다. 등기명의인의 표시에 변경사유가 있음에도 불구하고 등기명의인표시변경등기를 하지 않고 신청서에는 등기명의인의 표시를 '변경 후의 표시'로 기재하여 '다른 등기'를 신청하였다면 '신청정보의 등기의무자의 표시가 등기기록과 일치하지 아니한 경우(법 제29조 제7호)'에 해당하여 그 신청은 각하된다.

(나) 예외

1) 등기부와 대장상의 소유자에 관한 사항이 일치하지 않는 경우의 변경(경정)등기절차

지적법과 부동산등기법의 제규정을 종합하면, 지적공부는 등기된 토지에 관한 한 토지소유자에 관한 사항을 증명하는 것은 아니라고 할 것이고, 그리하여 부동산등기부상의 소유자의 주소와 임야대장상의 소유자의 주소가 다른 경우에는 먼저 진정한 소유자의 신청에 의한 경정등기가 이루어져야 하고, 그 다음에 경정등기가 이루어진 등기필증·등기부등본 또는 초본에 의하여 임야대장상의 등록사항 정정이 이루어져야 하는 것으로서, 등기된 부동산의 경우 지적공부가 직접 경정등기의 자료로 사용되는 것이 아니어서 부동산 등기에 직접적으로 영향을 미치는 것이 아니라, 오히려 등기부에 먼저 소유자에 관한 사항이 변경 또는 경정된 후에 그에 따라 후속적으로 공부의 기재사항이 변경되어야 하는 것이고, 이러한 절차를 거쳐 부동산등기부와 대장상의 소유자에 관한 사항이 일치하지 아니하면 당해 부동산에 대하여 다른 등기를 신청할 수 없다(대판 2003. 11. 13. 2001다37910).

2) 소유권이전등기(직권에 의한 등기명의인표시변경등기)

등기관이 '소유권이전등기'를 할 때에 등기명의인의 주소변경으로 신청정보상의 '등기의무자의 표시'가 등기기록과 일치하지 아니하는 경우라도 첨부정보로서 제공된 '주소를 증명하는 정보'에 등기의무자의 등기기록상의 주소가 신청정보상의 주소로 '변경된 사실이 명백히' 나타나면 '직권'으로 등기명의인표시의 변경등기를 하여야 한다(규칙 제122조).

3) 소유권 이외의 권리에 관한 등기의 말소 및 건물멸실등기신청(등기명의인표시변경등기의 생략)

저당권 등 소유권 이외의 권리에 관한 '등기의 말소'를 신청하는 경우에 있어서는 그 등기명의인의 표시에 변경(경정)의 사유가 있는 때라도 신청서에 그 변경(경정)을 증명하는 서면을 첨부함으로써 등기명의인표시변경(경정)의 등기를 '생략'할 수 있다(등기예규 제451호).

'건물멸실등기'(법 제433조, 규칙 제102조, 제103조)를 신청하는 경우에 그 등기명의인의 표시에 변경(경정)사유가 있어도 그 변경(경정)을 증명하는 서면을 첨부하여 등기명의인의 표시변경(경정)등기를 '생략'할 수 있다(등기예규 제593호).

4) 회사의 본점이나 주소가 수차 변경된 경우(중간생략등기)

근저당권자인 회사의 본점이 여러번 이전되었을 때에는 '중간의 변경사항을 생략'하고 '최종 본점소재지'로 등기명의인표시변경(경정)등기를 할 수 있으며(등기예규 제428호, 등기선례 제2권 제568항). 부동산을 취득한 후 주소가 여러번 바뀌었다 하더라도 '중간의 변동사항을 생략'하고 '현주소지'로 직접 등기명의인표시변경(경정)등기신청을 할 수 있다(등기선례 제1권 제570항, 제2권 제498항).

2. 등기명의인의 표시변경(경정)등기의 요건

(1) 등기의 착오 또는 유루

등기가 일단 완료된 다음, 등기명의인의 표시에 관하여 착오(등기신청 당시 이미 개명하여 이름이 변경되었음에도 불구하고 구명을 가지고 신청하여 등기가 된 경우에도 경정등기가 가능하다. 다만 등기신청 후에 개명이 된 경우에는 등기명의인표시변경등기를 하여야 한다) 또는 유루가 있는 경우, 그 중 일부 또는 전부를 경정하기 위한 등기가 등기명의인의 표시경정등기이며, 여기서 등기명의인의 표시라 함은 자연인의 경우에는 성명과 주소, 주민등록번호를 말하고 법인 기타 단체의 경우에는 명칭과 사무소 등을 말한다.

(2) 등기명의인의 동일성의 요부

(가) 등기명의인의 표시경정등기와 동일성

등기명의인표시경정등기는 경정 전후의 등기가 표창하고 있는 등기명의인이 인격의 동일성을 유지하는 경우에만 신청할 수 있다. 그러므로 법인 아닌 사단을 법인으로 경정하는 등기를 신청하는 등 동일성을 해하는 등기명의인표시경정등기신청은 수리할 수 없다(등기예규 제1421호 2. 다. (1). (나). 2012. 2. 13. 부동산등기과-277).

등기명의인의 표시변경(경정)의 등기가 등기명의인의 동일성을 해치는 방법으로 행하여져서 등기가 타인을 표상하는 결과에 이르렀다면 이 경우에는 원래의 등기명의인은 새로운 등기명의인을 상대로 변경(경정)등기의 말소를 구할 수밖에 없다(대판 1992. 11. 13, 92다39167). 그러나 등기명의인의 동일성이 인정되는 범위를 벗어나 등기명의인을 다른 사람으로 바꾼 위법한 경정등기에 터잡아 제3자 명의의 소유권이전등기가 마쳐진 경우라도 그 등기가 실체관계에 부합하는 것이라면 그 등기는 유효하다고 보아야 한다(대판 1989. 9. 26, 88다카11930·11947, 1993. 7. 27. 93다7945).

갑 종중과 을 종중이 별개의 종중이라면 갑 종중 소유명의의 부동산에 대하여 을 종중 명의로의 등기명의인표시변경(경정)등기를 경료받을 수는 없다(등기선례 요지집 제6권 22항).

(나) 동일성을 해하는 등기명의인표시경정등기가 된 경우

동일성을 해하는 등기명의인표시경정등기의 신청임에도 등기관이 이를 간과하여 수리한 경우, 종전 등기명의인으로의 회복등기 신청은 현재의 등기명의인이 단독으로 하거나 종전 등기명의인과 공동으로 하여야 하고, 종전등기명의인이 단독으로 한 등기신청은 수리할 수 없다(등기예규 제1421호. 2. 다.(1). (다)).

(다) 종전 등기명의인 또는 사망자에 대한 등기명의인표시경정의 가부

등기기록상 권리를 이전하여 현재 등기명의인이 아닌 종전 등기명의인 또는 이미 사망한 등기명의인에 대한 등기명의인표시경정등기신청은 수리할 수 없다(위 예규 2. 다. (2)).

(라) 등기명의인 2인을 1인으로의 변경의 가부(소극)

가) 등기명의인 2인을 그 중 1인만으로 경정하는 등기신청을 받아들인다면 그에 의하여 소유자가 변경되는 결과로 되어서 등기명의인의 동일성을 잃게 되어, 이와 같은 경정 등기신청은 본조 제2호 소정의 '사건이 등기할 것이 아닌 때'에 해당한다(대결 1981. 11. 6. 자 80마592(공보 671호36)).

나) 갑으로부터 을·병 명의로의 소유권이전등기신청이 있었음에도 등기관의 착오로 을 단독명의로 소유권이전등기가 경료된 경우에는 등기관의 직권에 의한 경정등기는 불가능하고 병이 갑·을과 함께 공동신청을 하거나 판결에 기한 단독신청을 하여야만 그와 같은 등기의 착오를 바로 잡는 경정등기를 할 수 있다(등기선례요지집 제3권 693항).

🔍 판 례

> 등기명의인의 표시경정이란 등기부에 기재되어 있는 등기명의인의 성명, 주소나 상호, 사무소 등에 착오 또는 유루가 있는 경우에 그 명의인으로 기재되어 있는 자의 동일성을 변함이 없이 이를 정정하는 것을 말하므로, 이미 행하여진 2인의 공유등기를 그 뒤에 생긴 원인으로 그 중 1인의 지분을 말소하고 나머지 1인의 단독 소유로 경정하여 달라는 경정등기신청의 경우, 이러한 등기신청을 받아들인다면 그에 의하여 소유자가 변경되는 결과로 되어서 등기명의인의 동일성을 잃게 된다. 2인의 공유등기를 그 중 1인의 단독 소유로 경정하여 달라는 등기신청은 그 취지 자체에 있어서 이미 법률상 허용될 수 없음이 명백한 경우에 해당하므로 부동산등기법 제55조 제2호 소정의 사건이 등기할 것이 아닌 때에 해당하여

등기공무원은 이를 각하하여야 하고, 등기공무원이 이를 간과하고 등기신청을 수리하여 등기가 행하여
진 경우에는 등기상 이해관계 있는 자는 부동산등기법 제178조 소정의 등기공무원의 처분에 대한 이의
신청의 방법으로 그 등기의 시정을 구할 수 있으므로, 민사소송의 방법으로 그 시정을 구할 수는 없다
(대법원 1996. 4. 12. 95다33214 경정등기).

(마) 등기명의인표시경정등기가 가능한 경우 국가를 상대로 소유권확인을 구할 이익이 있는 지 여부(소극)

국가를 상대로 한 토지소유권확인청구는 토지가 미등기이고 토지대장이나 임야대장에 등록명의자가 없거나 등록명의자가 누구인지 알 수 없는 경우, 미등기 토지에 대한 토지대장이나 임야대장의 소유자에 관한 기재에 권리추정력이 인정되지 아니하는 경우, 그 밖에 국가가 등기 또는 등록된 제3자의 소유를 부인하면서 계속 국가 소유를 주장하는 등 특별한 사정이 있는 경우에 한하여 확인의 이익이 있다.

등기명의인의 표시경정은 등기부에 기재되어 있는 등기명의인의 성명, 주소 또는 주민등록번호 등에 착오나 빠진 부분이 있는 경우에 명의인으로 기재되어 있는 사람의 동일성을 변함이 없이 이를 정정하는 것을 말한다.

따라서 토지에 관하여 등기가 되어 있는 경우에, 등기부상 명의인의 기재가 실제와 일치하지 아니하더라도 인격의 동일성이 인정된다면 등기명의인의 표시경정등기가 가능하며, 국가를 상대로 실제 소유에 대하여 확인을 구할 이익이 없다(대판 2016. 10. 27. 2015다23815).

(3) 변경(경정)을 증명하는 서면(동일인보증서)

등기명의인의 표시의 변경 또는 경정의 등기를 신청하는 경우에는 신청서에 그 표시의 변경 또는 경정을 증명하는 시·구·읍·면의 장의 서면 또는 이를 증명함에 족한 서면을 첨부하여야 하며(규칙 제46조 제1항 제1호), 후단에 속하는 서면으로 동일인보증서를 첨부할 경우에는 동일인임을 보증하는 자의 인감증명 및 기타 보증인의 자격을 인정할 만한 서면(공무원 재직증명, 법무사 인가증 사본 등)을 함께 제출하여야 한다(위 예규 2. 다. (3)).

3. 등기명의인의 표시변경(경정)등기의 유형

(1) 등기신청인 및 등기방법(부기등기)

등기명의인의 표시의 변경 또는 경정의 등기는 등기명의인만으로 이를 신청할 수 있다(법 제23조 6항). 등기명의인의 표시의 변경 또는 경정의 등기는 부기에 의하여 이를 한다(법 제52조 제1호).

🔍 판 례

등기명의인의 표시변경등기는 등기명의인의 동이성이 유지되는 범위 내에서 등기부상의 표시를 실제와 합치시키기 위하여 행하여지는 것에 불과할 뿐 어떠한 권리변동을 가져오는 것이 아니므로, 그 표시변경이 등기명의인의 동일성을 해치는 방법으로 행하여져 타인을 표상하는 결과에 이른 경우가 아닌 한, 등기명의인은 그 표시변경등기가 잘못되었더라도 다시 소정의 서면을 갖추어 경정등기를 하면 되는 것이고, 소로써 그 표시변경등기의 말소를 구하는 것은 소의 이익이 없어 허용되지 않는다(대판 1999. 6. 11. 98다60903).

(2) 주민등록번호를 추가하는 등기명의인표시변경등기의 가부(소극)

개정 부동산등기법이 시행되기 이전에 등기되어 등기명의인의 주민등록번호가 기재되어 있지 않은 경우에는 등기명의인의 주민등록번호를 추가로 기재하는 내용의 등기명의인표시변경등기를 신청할 수 없다(등기선례요지집 제6권 164항).

(3) 창씨명으로 기재된 등기명의인의 표시변경등기

등기명의인의 표시가 창씨명으로 되어 있는 경우에는 창씨개명한 후 성명복구령에 의하여 다시 원래 이름으로 복구하였다 하더라도 이를 증명하는 시·구읍·면의 장의 서면 또는 이를 증명함에 족한 서면에 의하여 창씨개명된 성명과 복구된 성명이 동일인으로 인정되는 때에 한하여 성명복구를 원인으로 한 등기명의인 표시변경 등기를 할 수 있다(등기선례요지집 제2권 제494항, 제3권 663항·662항).

(4) 부동산등기용등록번호를 국내거소신고번호로 변경하는 등기명의인 표시변경 등기신청

외국인이 부동산등기용등록번호를 부여받아 등기를 한 이후 「재외동포의 출입국과 법적 지위에 관한 법률」 제6조에 의한 국내거소신고를 하여 같은 법 제7조에 따라 국내거소신고 번호를 부여받은 경우 국내거소신고사실증명과 변경을 증명함에 족한 서면을 첨부하여 부동 산등기용등록번호를 국내거소신고번호로 변경하는 등기명의인 표시변경등기신청을 할 수 있다. 다만, 변경을 증명하는 서면으로 동일인보증서를 첨부하는 경우 동일인임을 보증하는 자의 인감증명과 공무원 재직증명, 법무사 인가증 사본 등 보증인의 자격을 인정할 만한 서 면을 함께 제출하여야 한다(2010. 10. 27. 부동산등기과-2002).

(5) 개명으로 인한 등기명의인표시변경등기 신청시 등기원인을 증명하는 서면

개명으로 인한 등기명의인표시변경등기신청시 등기소에 제출하여야 하는 등기원인을 증 명하는 서면은 「가족관계의 등록 등에 관한 법률」 제15조 제1항 제2호의 "기본증명서"이다 (2012. 3. 23. 부동산등기과-580).

(6) 법인 아닌 사단, 재단의 대표자의 변경등기

부동산등기법상 법인 아닌 사단이나 재단(법 제26조 규칙 제48조)의 대표자나 관리인은 등기의 기재사항이고, 그 대표자나 관리인이 변경된 경우(대표자나 관리인이 기재되지 아니한 경우는 제외)에는 등기명의인 표시변경등기를 하여야 하므로 신대표자나 신관리인은 정관 기타 규약이나 결의 서등 그 변경을 증명하는 서면을 첨부하여 그 변경등기를 신청할 수 있다(규칙 제48조 2호).

법인 아닌 사단(종중, 문중 교회)의 대표자가 변경된 경우, 새 대표자는 ① 정관 그 밖의 규약, ② 정관 그 밖의 규약에서 정한 방법에 의하여 대표자로 선임되었음을 증명하는 정보(그 사실을 확인하는 데 상당하다고 인정되는 2인 이상의 성년자가 위 서면이 사실과 상위 없다는 취지와 성명을 기재하고 인감을 날인하 여야 하며, 날인한 인감에 관한 인감증명도 제출하여야 함), ③ 대표자의 주소 및 주민등록번호를 증명하는 정보를 첨부정보로 제공(규칙 제48조)하여 등기명의인 표시변경등기를 신청할 수 있다(2013. 10. 15. 부동산등기과-2292).

(7) 종중의 대표자 또는 명칭의 변경등기

종중의 대표자가 변경된 경우(대표자가 기재되지 아니한 경우에 제외) 종중원 총회에서의 신대표자

선출시 구대표자가 참석하고 그 총회회의록에 서명날인하였다면 신대표자는 그 대표자의 변경을 증명하는 서면(규칙 제48조 2호)으로서 정관 기타의 규약 및 그 회의록을 첨부하여 등기명의인표시변경등기를 신청할 수 있다. 등기명의인인 종중 또는 문중의 명칭이 변경되었다면 정관 기타 규약이나 결의서 등 그 명칭의 변경을 증명하는 서면을 첨부하여 등기명의인표시변경등기를 할 수 있다(법 제23조 제6항).

(8) 회사의 조직변경을 원인으로 한 등기명의인 표시변경등기

유한회사를 주식회사로 조직을 변경한 경우에도 권리주체로서의 동일성은 유지되지만 등기의 기술적 처리를 위한 편의상 전자에 있어서는 해산의 등기, 후자에 있어서는 설립의 등기(본래 의미의 설립등기는 아님)를 하여야 하며, 전자 명의의 부동산에 관하여는 후자 명의로 소유권이전등기신청을 할 것이 아니라 조직변경을 등기원인으로 하여 소유권의 등기명의인 표시변경등기를 하여야 한다(등기예규 제612항).

(9) 주민등록번호 또는 부동산등기용등록번호의 정정 또는 추가에 따른 등기 명의인의 표시변경(경정)등기

(1) 주민등록사무 관장기관이 착오로 부여한 주민등록표상의 주민등록번호를 정정함에 따라 등기명의인의 표시에 기재된 주민등록번호를 정정하여야 할 필요가 있는 경우에는 당해 기관은 별지 양식에 따른 등기명의인 표시경정등기촉탁을 할 수 있다(등기예규 제791호, 등기예규 제1585호).

(2) 등기부에 등기명의인의 주민등록번호가 잘못 기재되어 있는 경우 이를 정정하기 위하여는 그 사실을 증명하는 시·구·읍·면의 장의 서면 또는 이를 증명함에 족한 서면을 첨부하여 등기명의인표시경정등기신청을 하여야 한다.

(3) 개정부동산등기법(1983. 12. 31 법률 제3692호 시행일: 1984. 7. 1.)이 시행되기 이전에 등기되어 등기명의인의 주민등록번호가 기재되어 있지 않은 경우에는 등기명의인의 주민등록번호를 추가로 기재하는 내용의 등기명의인표시변경등기를 신청할 수 없다(등기선례 제6권 164항, 등기예규 제1620호. 2. 마 (1)(2)).

위 표시변경등기를 신청할 때에는 주민등록표등(초)본 또는 부동산등기용등록번호증명서 등 추가 기재할 주민등록번호 또는 부동산등기용등록번호가 등기명의인의 것임을 증명하는 서면을 첨부하여야 하고, 등기관은 위 증명에 대한 심사를 엄격히 한 후에 그 수리 여부를 결정하여야 한다. 특히 법인 아닌 사단·재단이 등기명의인일 경우에는 「법인 아닌 사단의 등기신청에 관한 업무처리지침」을 준용하여 부동산등기용등록번호증명서 외에 정관 기타의 규약, 대표자 또는 관리인을 증명하는 서면 등도 첨부하여야 하고, 등기관은 첨부된 서면을 종합적으로 고려하여 부동산등기용등록번호가 등기명의인의 것이고 신청인이 적법한 대표자나 관리인인 것에 대해 엄격히 심사를 하여야 한다(등기예규 제1620호 2. 마. (2)).

(10) 법인의 합병에 따른 등기절차

한국산업은행(이하 "존속법인"이라고 함)은 합병으로 인하여 산은금융지주 주식회사 및 한국정책금융공사(이하 "소멸법인"이라고 함)의 재산과 권리·의무를 포괄승계하고, 등기부에 표시된 소멸법인의 명의는 존속법인의 명의로 간주하고 있으므로, 소멸법인을 근저당권자로 하여 마쳐진 근저당권설정등기에 대하여 근저당권자 명의를 "등기명의인표시변경등기(등기원인은 '2014. 5. 21. 법률 제12663호')" 방법에 의하여 존속법인 명의로 변경할 수 있다.

같은 이유에서 소멸법인을 근저당권자로 하여 마쳐진 근저당권설정등기에 대하여 존속법인 명의로 근저당권이전등기를 하지 않고도 위 근저당권의 말소 또는 증액 등의 변경등기를 직접 신청할 수 있다(2015. 8. 10. 부동산등기과-1893 질의회답).

			등기명의인표시경정등기촉탁		

접 수	년 월 일	처 리 인	등기관 확인	각종 통지
	제 호			

부동산의 표시

등기원인과 그 연월일	년 월 일 주민등록번호정정
등기의 목적	등기명의인표시경정
변경할 사항	소유자^{주)} ○○○의 주민등록번호○○○○○○-○○○○○○○ ○○을 ○○○○○○-○○○○○○○으로 정정함.
소유자^{주)}의 성명·주소 및 주 민 등 록 번 호	
등 록 면 허 세	면세(지방세법 제26조 제2항)

위 등기를 촉탁함. 20 년 월 일 (○○시 ○○구 ○○로 (○○군 ○○면(읍)) 동(읍, 면)장 ○○○ ㊞ ○○지방법원 ○○등기소 귀중	부 속 서 류 1. 주민등록표등본 1통 2. 촉탁서 1통

주 : 소유자의 주민등록번호를 경정할 경우에는 「소유자」라고 표시하지만 소유권 이외의 권리자의
　　주민등록번호를 경정할 경우에는 그 권리자(예 : 근저당권자, 전세권자, 가등기권자, 지상권자
　　등)로 표시하여야 한다.

4. 경정등기의 효력

등기명의인 표시변경등기는 등기명의인의 동일성이 유지되는 범위 내에서 등기부상의 표시를 실제와 합치시키기 위하여 행하여지는 것에 불과할 뿐 어떠한 권리변동을 가져오는 것은 아니다. 등기명의인 표시변경등기가 등기명의인의 동일성을 해치는 방법으로 행하여져 등기가 타인을 표상하는 결과에 이르렀다면 그 경우 원래의 등기명의인은 새로운 등기명의인을 상대로 그 변경등기의 말소를 구할 수 있을 것이나, 그 표시변경이 등기명의인의 동일성이 유지되는 범위 내에서 행하여진 것에 불과한 경우에는 그것이 잘못되었더라도 다시 소정의 서면을 갖추어 경정등기를 하면 되므로 소로써 그 표시변경등기의 말소를 구하는 것은 소의 이익이 없어 허용되지 아니한다(대판 2000. 5. 12. 99다69983).

등기명의인의 경정등기는 그 명의인의 동일성이 인정되는 범위를 벗어나는 것이면 허용될 수 없는 것으로서 가사 그 등기명의자가 무권리자라고 하더라도 그 명의인을 다른 사람으로 바꾸는 것을 경정등기의 방법으로 할 수는 없으나, 등기명의인의 동일성 유무가 명백하지 아니하여 경정등기 신청이 받아들여진 결과 명의인의 동일성이 인정되지 않는 위법한 경정등기가 마쳐졌다 하더라도, 그것이 일단 마쳐져서 경정 후의 명의자의 권리관계를 표상하는 결과에 이르렀고 그 등기가 실체관계에도 부합하는 것이라면 그 등기는 유효하다(96. 4. 12. 95다2135).

5. 부동산등기용등록번호의 정정

법인 및 재외국민의 부동산등기용등록번호(법 제48조 제2항. 법 제49조 제2항)에 오류가 있는 경우에는 등기관은 등록번호부의 등록번호를 정정하고 그 비고란에 정정일자를 기재한 후 정정부분 및 비고란에 날인하여야 한다.

법인의 경우에는 법인등기부의 등록번호를 정정한 다음 기타의 사항란에 20 . . . 등록번호 정정이라고 기재한 후 등기관이 날인하고 법인의 대표자와 지점소재지 등기소에 정정의 뜻을 통지하여야 하며, 지점소재지 등기소의 등기관은 지점등기부의 등록번호를 정정하여야 한다. 재외국민의 경우에는 그 뜻을 본인에게 통지하여야 한다.

행정안전부장관과 국세청장에게도 정정의 뜻을 통지하여야 한다.

위 정정의 뜻을 통지하는 통지서에는 법인의 명칭(재외국민의 경우에는 성명), 종전 등록번호 및 정정된 등록번호를 기재하여야 한다.

등록번호를 정정한 경우 등기관은 부동산의 등기명의인이 부동산등기부등본을 제출한 때에는 이를 첨부하여 부동산소재지 관할 등기소장에게 등기명의인표시 경정등기촉탁을 할 수 있다.

위의 정정통지는 별지 제1호 양식(생략)에 의하여 등기명의인표시 경정등기촉탁은 별지 제2호 양식에 의한다(등기예규 제1357호).

		등기명의인표시경정등기촉탁			
접 수	년 월 일	처 리 인	등기관 확인		각종통지
	제 호				

부 동 산 의 표 시	
등기원인과 그 년월일	년 월 일 부동산등기용등록번호정정
등기의 목적	등기명의인의 표시경정
경정사항	○○○의 부동산등기용등록번호○○○○○○-○○○○○ ○○을 ○○○○○○-○○○○○○○으로 정정
등기명의인의 성명·주소 및 부동산등기용등록번호	
등록세	비과세 (지방세법 제26조 제2항 제2호)

위 등기를 촉탁함. 20 년 월 일 ○○지방법원 ○○등기소 등기관 ○○○ ㉑ ○○지방법원 ○○등기소 귀중	부속서류 1. 등록번호부 사본 또는 등기사항증명서 1통

6. 등기명의인 표시변경등기의 생략(변경사실이 명백히 나타나는 서면을 첨부하는 경우)

등기명의인의 주소 등이 수차례 변동된 경우에는 중간의 변동사항을 생략하고 바로 현재의 표시로 변경할 수 있다. 이 경우 등기원인과 등기연월일도 최종의 사유와 그 발생연월일을 기재하면 된다. 예컨대, 소유자의 주소가 여러번 변경된 경우 변경된 주소를 최종 주소지로, 원인일자는 최종 전거일을 기재한다. 또 근저당권자인 회사의 본점이 여러 번 이전되거나 상호를 여러 번 변경한 경우에도 마찬가지이다(예규 제428호).

(1) 근저당권이전등기와 근저당권자 명의의 표시변경등기의 생략

합병 후 존속하는 회사가 합병으로 인하여 소멸된 회사명의로 있는 근저당권의 이전등기를 신청할 경우에, 소멸된 회사의 주소변경(또는 경정)의 사유가 있을 때에는, 근저당권이전등기신청서에 주소변경(또는 경정)의 사유를 증명하는 서면을 첨부하여 근저당권자 명의의 표시변경(또는 경정)의 등기를 생략할 수 있다(등기선례요지집 제2권 387항).

(2) 채무자변경으로 인한 근저당권변경등기와 채무자 명의 표시변경등기의 생략

채무자변경으로 인한 근저당권변경등기를 신청하는 경우 종전 채무자의 표시에 변경사유가 있더라도 그러한 사실이 명백히 나타나는 서면(주민등록등·초본 또는 법인등기부등·초본 등)을 첨부하였다면 종전 채무자에 관한 사항의 변경등기를 생략하고 신채무자로의 변경등기를 할 수 있다(등기선례 제8권 제256항).

(3) 건물멸실등기의 경우

건물멸실등기를 신청하는 경우에 그 등기명의인의 표시에 변경 또는 경정사유가 있어도 그 변경 또는 경정을 증명하는 서면을 첨부하여 등기명의인의 표시변경 또는 경정등기를 생략할 수 있다(등기예규 제593호).

(4) 가등기의 말소

가등기의 말소신청(법 제93조)을 하는 경우에는 가등기명의인의 표시에 변경 또는 경정의 사유가 있는 때라도 신청서에 그 변경 또는 경정을 증명하는 서면을 첨부함으로써 가등기명의인표시의 변경 또는 경정등기를 생략할 수 있다(등기예규 제1408호 6. 나).

(5) 허무인명의 등기의 말소

판결에 의하여 허무인 명의의 등기의 말소를 신청하는 경우 허무인 명의표시의 경정등기를 경유할 필요는 없으며, 말소등기의 등기원인은 ○○법원의 확정판결로, 그 원인일자는 판결확정일자를 각 기재한다(등기예규 제865호).

(6) 근저당권말소등기

저당권(근저당권) 등 소유권 이외의 권리에 관한 등기의 말소를 신청하는 경우에 있어서는 그 등기명의인의 표시에 변경 또는 경정의 사유가 있는 때라도 신청서에 그 변경 또는 경정을 증명하는 서면을 첨부함으로써 등기명의인의 표시변경 또는 경정의 등기를 생략할 수 있다(등기예규 제451호).

(7) 중간생략등기

부동산을 취득한 후 주소가 여러 번 바뀌었다 하더라도 중간의 변동사항을 생략하고 현주소지로 직접 등기명의인의 표시변경등기신청을 할 수 있다(등기선례요지집 제1권 568항·570항). 근저당권자인 회사의 본점이 여러 번 이전되었을 때에는 중간의 변경사항을 생략하고 최종 본점소재지로 등기명의인의 표시변경등기를 할 수 있다(등기예규 제428호).

7. 등기명의인표시변경 등기신청절차

(1) 신청인

등기명의인표시 변경등기는 등기명의인이 단독으로 신청한다(법 제23조 6항). 등기상 이해관계 있는 제3자도 있을 수 없으므로 등기명의인표시 변경등기를 함에 있어서 다른 등기명의인의 승낙을 요하지 않는다.

법원의 촉탁에 의하여 가압류등기, 가처분등기, 주택임차권등기 및 상가건물임차권등기가 이루어진 후 그 등기명의인의 주소, 성명 및 주민등록번호가 변경된 경우 법원의 촉탁에 의하지 않고 등기명의인이 바로 변경등기를 신청할 수 있다(등기예규 1064호).

(2) 등기명의인표시변경 등기신청서의 기재사항

등기명의인표시의 변경(경정)의 등기신청서에는 규칙 제43조 제1항 각 호의 사항을 기재하고 신청인이 이에 기명·날인하여야 한다.

신청서에는 "변경 전의 표시"와 "변경 후의 표시"로 나누어 기재하고 등기원인으로는 개명, 상호변경, 전거, 본점이전 등과 같이 기재한다. 등기원인일자는 전거의 경우 주민등록표등·초본상 전거 연월일을, 개명의 경우 가족관계등록부상 법원의 개명허가 연월일을, 본점이전의 경우 법인 등기사항증명서상의 본점이전 연월일을 각 기재한다.

등기명의인의 주소 등이 여러 차례 변동된 경우에는 중간의 변동사항을 생략하고 바로 현재의 표시로 변경할 수 있다. 이 경우 등기원인과 등기연월일도 최종의 사유와 그 발생연월일을 기재하면 된다.

(3) 등기명의인표시변경 등기신청서의 첨부서면

등기명의인표시 변경등기를 신청하는 경우에는 그 표시의 변경을 증명하는 정보를 제공하여야 한다(규칙 46조 1항 1호).

표시변경사실을 증명하는 시장 등의 서면(정보)을 제출할 수 없는 경우에는 실무상 그 사실을 확인하는데 상당하다고 인정되는 자의 보증서면과 그 인감증명 및 그 밖의 보증인자격을 인정할 만한 서면(공무원재직증명, 법무사등록증 사본 등)을 제출할 수 있다.

1) 주민등록표등(초)본

주소 등 변경사실을 증명하는 서면으로 개인의 경우에는 주민등록표등(초)본(발행일로부터 3월 이내)을 첨부하며(규칙 제46조 제1항 제1호), 주민등록표등·초본에는 등기부상의 전 주소와 변경하고자 하는 주소가 나타나고 변경 전후의 주소가 연결되어야 한다(등기선례요지집 제4권 149항).

2) 법인등기부등·초본

주소 등 변경사실을 증명하는 서면으로 법인인 경우에는 법인등기부등본 또는 초본을 첨부하며, 등기부등·초본에는 등기부상의 전 주소 등과 변경하고자 하는 하는 주소 등이 나타나고 변경 전후의 주소 등이 연결되어야 한다(규칙 제46조 제4항, 제6항).

3) 등록면허세영수필확인서(규칙 제44조 제1항)

4) 위 임 장

등기신청을 법무사 등 대리인에게 위임하는 경우에 첨부한다(규칙 제46조 제1항 제5호).

<table>
<tr><td colspan="2" rowspan="2">등기명의인표시경정(또는 변경)등기신청</td><td colspan="3">(신청착오, 전거)</td></tr>
</table>

접수	년 월 일	처리인	등기관 확인	각종통지
	제 호			

① 부동산의 표시	
(생 략)	
② 등기원인과 그 연월일	2011년 9월 1일 신청착오(또는 전거)
③ 등기의 목적	등기명의인의 표시경정(또는 변경)
④ 경정할사항	소유명의인의 주소 '서울 서초구 서초중앙로 201'을 '서울 서초구 서초중앙로 200'으로 경정(또는 변경)

구분	성 명 (상호·명칭)	주민등록번호 (등기용등록번호)	주소(소재지)
⑤ 신청인	이 ○ ○		서울 서초구 서초중앙로 200

등 록 면 허 세	금		원
지 방 교 육 세	금		원
세 액 합 계	금		원
등 기 신 청 수 수 료	금		원
	납부번호 :		

첨 부 서 면

• 동일인보증서　　　　　　　　　1통 • 주민등록표등본　　　　　　　　1통 • 등록면허세영수필확인서　　　　1통 • 등기신청수수료현금영수필확인서　1통	(기 타)

년　　월　　일

⑩ 위 신청인　○ ○ ○ ㊞ (전화 :　　　　　)

(또는) 위 대리인　○ ○ ○ ㊞ (전화 :　　　　)

서울중앙지방법원　등기과　귀중

등기명의인 표시변경등기신청		(주민등록번호정정)

접수	년 월 일	처리인	등기관 확인	각종통지
	제 호			

① 부동산의 표시		

② 등기원인과 그 연월일	년 월 일 주민등록번호 정정(또는 개명)	
③ 등기의 목적	등기명의인 표시변경	
④ 변경사항	소유자 ○○○의 주민등록번호 − 을 − 으로 변경(이름○○을 ○○으로 변경)	

구분	성 명 (상호·명칭)	주민등록번호 (등기용등록번호)	주소(소재지)
⑤ 신청인	○○○	000000−0000000	○○시 ○○구 ○○동 ○○

등 록 면 허 세	금	원
지 방 교 육 세	금	원
세 액 합 계	금	원
등 기 신 청 수 수 료	면제(등기부등초본등수수료규칙 제5조의2 2항 6호)	

첨 부 서 면

1. 주민등록표등본　　　　　　　통 1. 등록면허세영수필확인서　　　통 1. 위임장　　　　　　　　　　　통 1. 등기신청수수료현금영수필확인서　　통	(기타) 가족관계등록사항별증명서(구 법 제 48조 제1항)

년　월　일

⑩ 위 신청인 김 ○ ○ ㉑ (전화 :　　　　　　)

(또는) 위 대리인 법무사 박 ○ ○ ㉑ (전화 :　　　　　　)

○○지방법원 등기소 귀중

제14절 중복등기

1. 중복등기의 의의

우리 부동산등기법은 1 부동산 1 등기용지의 원칙(법 제15조 1항)을 채택하고 있으므로 1 등기용지에 수개의 부동산을 등기하거나 1 개의 부동산의 일부만을 등기하는 것은 허용되지 아니한다. 따라서 어느 부동산에 관하여 이미 보존등기가 되어 있음에도 불구하고(등기용지가 개설되어 있음에도 불구하고) 중복하여 보존등기의 신청이 있으면 "사건이 등기할 것이 아닌 때"에 해당하므로 등기관은 그 신청을 각하하여야 한다(법 제29조 제2호).

그러나 실제로는 여러 가지 사정으로 동일 부동산에 관하여 내용에 있어서 모순·저촉되는 2개 이상의 등기가 절차상의 잘못으로 출현하게 되는 경우가 흔히 있게 되는데, 이 경우 어느 등기를 유효로 할 것인가 하는 것이 이중등기의 효력의 문제이다.

2. 중복등기의 효력

중복등기가 된 경우 그 중 어느 등기를 유효한 것으로 보아야 할 것인가에 관하여 학설이 대립한다.

(1) 학설

(가) 절차법설

이설은 먼저 보존등기가 되어 있는 이상 나중에 된 보존등기는 1부동산 1등기기록주의(물적편성주의 : 법 제15조)원칙에 반하는 위법한 것으로서 무효이므로 실체적 권리관계를 가릴 것 없이 후 등기기록이 말소되어야 한다고 한다.

(나) 실체법설

이설은 등기신청 단계에서는 후 등기신청이 당연히 각하되어야 하지만 일단 등기신청이 받아 들려져 등기가 된 이상 양 등기의 실체관계를 가려 그에 부합하는 등기를 유효한 것으로 하고, 실체관계에 부합하지 아니한 등기를 무효인 것으로 처리하자고 한다. 이 설은 실체관계에 부합하여 궁극적으로 존속할 등기를 존속시키는 것이 등기절차상 경제적이라는 입장이다.

(다) 절충설

이설은 기본적으로 절차법설을 취하지만 선등기가 무 권리자(無 權利者)에 의하여 행해진 반면 후등기는 실체적 권리자에 의해 행해진 경우에는 예외적으로 선등기를 무효로 하고 후등기를 유효로 하자고 한다.

(2) 판례

대법원은 처음에는 절차법설을 채택하여 중복등기의 유행에 관계없이 후에 한 보존등기와 이를 기초로 한 다른 등기는 무조건 무효라는 입장이 지배적 이었으나(대판 1956.2.23. 4288민상 549, 1979.1.16. 75다1648, 1981.10.24. 80다3265) 현재의 판례는 절차법설에 가까운 절충설의 입장을 취하고 있는 것으로 보인다.

3. 동일인명의의 중복등기(후의 등기가 무효)

(1) 동일부동산에 대하여 등기용지를 달리하여 동일인명의로 소유권보존등기가 중복되어 있는 경우에는 1물 1용지주의를 채택하고 있는 부동산등기법상 시간적으로 뒤에 경료된 중복등기는 그것이 실체권리관계에 부합되는 여부를 가릴 것 없이 무효이다(대판 1979. 1. 16. 78다1648, 1979. 12. 26. 79다1555, 1981. 10. 24. 80다3265). 따라서 선행 보존등기에 기한 상속등기신청 등 소유권이전등기신청을 등기할 것이 아닌 때에 해당한다 하여 각하한 등기관의 처분은 위법하다(대결 1981. 6. 29. 80마601).

(2) 동일한 건물에 관하여 동일인 명의의 보존등기가 중복하여 경료되었는데 뒤에 된 등기부에는 그 소유권보존등기를 기초로 한 새로운 등기가 있고, 앞에 된 등기부에는 그 소유권보존등기 이외에 다른 등기가 없는 때에 등기관은 그 중복 등기를 정리하기 위하여는 구 부동산등기법 제175조 내지 제177조(개정법 제58조)의 절차에 따라 뒤에 된 등기부에 등기된 일체의 등기를 직권말소하여 등기부를 폐쇄함과 동시에 그 등기부에 기재된 소유권보존등기 외의 다른 등기를 앞에 된 등기부에 이기(미처리된 등기의 실행방법의 의미로서)하여야 할 것이다(등기선례 제7권 350항 (이 선례에 의하여 제4권 568항, 제6권 379항은 일부변경됨)).

4. 등기명의인을 달리한 중복등기

동일 부동산에 관하여 등기명의인을 달리하여 중복된 소유권보존등기가 경료된 경우에는, 먼저 이루어진 소유권보존등기가 원인무효가 되지 아니하는 한, 뒤에 된 소유권보존등기는 실체권리관계에 부합되는지의 여부를 따질 필요도 없이 무효이다(대판 1996. 10. 17. 96다12511 전원합의체판결).

(1) 등기명의인을 달리한 중복된 소유권보존등기(먼저된 보존등기가 원인무효로 되지 아니하는 한 나중에 된 보존등기는 무효)

소유권보존등기가 이중으로 된 등기이기 때문에 당연무효의 등기인 이상 그 보존등기가 실체관계에 부합되는 여부(피고가 적법하게 전득하였건, 그 토지에 대하여 취득시효가 완성되었건 또는 농지개혁법이 적용되어서 원고로부터 소유권이 상실되었다는 등 사유를 가리지 아니하고)를 가리지 아니하고 동일토지에 대하여 먼저 경유된 보존등기 명의자는 이중등기 명의자에 대하여 이중보존등기의 말소를 청구할 수 있다(1975. 10. 7. 75다1602 소유권보존등기 말소).

동일부동산에 관하여 등기명의인을 달리하여 중복된 보존등기가 이루어지고 또 이것이 그대로 존속하여 소송절차에서 서로 그 등기의 효력을 다투는 경우에 있어서는 법원은 그 실체적관계에 들어가서 어느것이 진실한 소유권에 기하여 이루어진 것인가를 확정하므로써 그 유·무효를 결정하여야 한다(1978. 12. 26. 77다2427 전원합의체판결 소유권보존등기말소등).

동일 부동산에 관하여 등기명의인을 달리하여 중복된 소유권보존등기가 경료된 경우에는 먼저 된 소유권보존등기가 원인무효가 되지 아니하는 한 나중 된 소유권보존등기는 1부동산

1용지주의를 채택하고 있는 현행 부동산등기법 아래에서는 무효라고 해석함이 상당하고, 동일 부동산에 관하여 중복된 소유권보존등기에 터잡아 등기명의인을 달리하는 각 소유권이전등기가 경료된 경우에 등기의 효력은 소유권이전등기의 선후에 의하여 판단할 것이 아니고 각 소유권이전등기의 바탕이 된 소유권보존등기의 선후를 기준으로 판단하여야 하며, 그 이전등기가 멸실회복으로 인한 이전등기라 하여 달리 볼 것은 아니다(대판 2001. 2. 15. 99다66915, 전원합의체판결).

동일 부동산에 관하여 등기명의인을 달리하여 중복된 소유권보존등기가 경료된 경우에는 먼저 이루어진 소유권보존등기가 원인무효가 되지 아니하는 한 뒤에 된 소유권보존등기는 비록 그 부동산의 매수인에 의하여 이루어진 경우뿐만 아니라 그 명의인이 당해 부동산의 소유권을 원시적으로 취득하였다 하더라도 1부동산 1용지주의를 채택하고 있는 부동산등기법 아래에서는 무효라고 해석함이 상당하고, 이 법리가 적용되기 위하여는 부동산에 관한 등기용지가 두 개 이상 존재하는 것이 전제되어야 한다(대판 99. 9. 21. 99다29084).

🔍 판 례

> 동일부동산에 관하여 등기명의인을 달리하여 중복된 소유권보존등기가 경료된 경우에는 먼저 이루어진 소유권보존등기가 원인무효가 되지 아니하는 한 뒤에 된 소유권보존등기는 비록 그 부동산의 매수인에 의하여 이루어진 경우에는 1부동산1용지주의를 채택하고 있는 부동산등기법 아래에서는 무효라고 해석함이 상당하다(대판 1990. 11. 27. 87다카2961).
> 동일부동산에 대하여 동일인 명의로 소유권보존등기가 중복되어 있는 경우에는 뒤에 경료된 보존등기는 그에 기한 소유권이전등기 등이 실체관계에 부합하는 여부를 가릴 것 없이 무효이므로 선행 보존등기에 기한 상속등기신청등 소유권이전등기신청을 '등기할 것이 아닌 때'에 해당한다 하여 각하한 등기공무원의 처분은 위법하다(대법원 1981. 6. 29. 80마601).

(2) 등기명의인을 달리하여 멸실회복에 의한 각 소유권이전등기가 중복된 경우

동일 부동산에 관하여 하나의 소유권보존등기가 경료된 후 이를 바탕으로 순차로 소유권이전등기가 경료되었다가 그 등기부가 멸실된 후 등기명의인을 달리하는 소유권이전등기의 각 회복등기가 중복하여 이루어진 경우에는 중복등기의 문제는 생겨나지 않고 멸실 전 먼저 된 소유권이전등기가 잘못 회복등재된 것이므로 그 회복등기 때문에 나중 된 소유권이전등기의 회복등기가 무효로 되지 아니하는 것이지만, 동일 부동산에 관하여 등기명의인을 달리하여 멸실회복에 의한 각 소유권이전등기가 중복등재되고 각 그 바탕이 된 소유권보존등기가 동일등기인지 중복등기인지, 중복등기라면 각 소유권보존등기가 언제 이루어졌는지가 불명인 경우에는 위 법리로는 중복등기의 해소가 불가능하므로 이러한 경우에는 적법하게 경료된 것으로 추정되는 각 회복등기 상호간에는 각 회복등기일자의 선후를 기준으로 우열을 가려야 한다(대판 2001. 2. 15. 99다66915. 전원합의체 판결).

(3) 소유권보존등기명의인이 동일인이 아닌 경우

동일한 건물에 대하여 중복하여 명의인을 달리하는 소유권 보존등기가 경료된 경우에는 어느 한 쪽의 등기명의인이 스스로 그 소유권보존등기의 말소등기를 신청(이해관계인이 있는 경우에는 그 승낙서를 첨부하여야 할 것임)하거나, 선등기의 등기명의인이 선등기가 유효함을 이유로 후등기명의인을 상대로 그 소유권보존등기의 말소등기절차이행을 구하는 소를 제기하여 그 승소의 확정판결에 의해 후등기에 대한 말소등기를 신청하는 방법으로 중복등기를 해소할 수 있을 것이며, 이 경우 말소되는 등기에 대해 이해관계 있는 제3자가 있는 경우에는 신청서에 그 승낙서 또는 이에 대항할 수 있는 재판등본을 첨부하여야 한다(대법원 1994. 2. 25. 선고 93다37298, 93다37304 판결; 대법원 1996. 11. 29. 선고 94다60783 판결).

(4) 뒤에 된 등기명의인이 소유권을 원시취득한 경우

동일 부동산에 관하여 등기명의인을 달리하여 중복된 소유권보존등기가 경료된 경우에는 먼저 이루어진 소유권보존등기가 원인무효로 되지 않는 한 뒤에 된 소유권보존등기는 그것이 비록 실체관계에 부합한다고 하더라도 1부동산 1등기용지주의의 법리에 비추어 무효이고, 이러한 법리는 뒤에 된 소유권보존등기의 명의인이 당해 부동산의 소유권을 원시취득한 경우에도 그대로 적용된다(대판 1996. 9. 20. 93다20177, 20184).

(5) 후등기명의등기가 점유취득시효완성에 의한 보존등기인 경우

동일 부동산에 대하여 이미 소유권이전등기가 경료되어 있음에도 그 후 중복하여 소유권보존등기를 경료한 자가 그 부동산을 20년간 소유의 의사로 평온·공연하게 점유하여 점유취득시효가 완성되었더라도, 선등기인 소유권이전등기의 토대가 된 소유권보존등기가 원인무효라고 볼 아무런 주장·입증이 없는 이상, 뒤에 경료된 소유권보존등기는 실체적 권리관계에 부합하는지의 여부에 관계없이 무효이다(대판 96. 9. 20. 93다20177, 20184).

5. 중복등기의 정리

(1) 토지의 경우

등기관이 같은 토지에 관하여 중복하여 마쳐진 등기기록을 발견한 경우에는 대법원규칙으로 정하는 바에 따라 중복등기기록 중 어느 하나의 등기기록을 폐쇄하여야 한다(법 제21조 제1항).

법 제21조 제1항에 따라 폐쇄된 등기기록의 소유권의 등기명의인 또는 등기상 이해관계인은 대법원규칙으로 정하는 바에 따라 그 토지가 폐쇄된 등기기록의 소유권의 등기명의인의 소유임을 증명하여 폐쇄된 등기기록의 부활을 신청할 수 있다(법 제21조 2항).

「부동산등기법」 제21조에 의한 중복등기기록의 정리에 있어 부동산등기규칙(이하 '규칙'이라고 한다)에서 규정한 이외의 사항에 관하여는 중복등기의 정리에 관한 사무처리지침(등기예규 제1431호)에 따라 처리한다.

(가) 중복등기기록의 정리

법 제21조에 따른 중복등기기록의 정리는 규칙 제34조부터 제41조까지의 규정에서 정한 절차에 따른다(규칙 제33조 제1항).

규칙 제33조 제1항에 따른 중복등기기록의 정리는 실체의 권리관계에 영향을 미치지 아니한다(규칙 제33조 제2항).

(나) 소유권의 등기명의인이 같은 경우의 정리

중복등기리록의 최종 소유권의 등기명의인이 같은 경우에는 나중에 개설된 등기기록(이하 "후등기기록"이라 한다)을 폐쇄한다. 다만, 후등기기록에 소유권 외의 권리 등에 관한 등기가 있고 먼저 개설된 등기기록(이하 "선등기기록"이라 한다)에는 그와 같은 등기가 없는 경우에는 선등기기록을 폐쇄한다(규칙 제34조).

(다) 소유권의 등기명의인이 다른 경우의 정리(최종 등기명의인으로부터 소유권을 이전받은 경우)

중복등기기록 중 어느 한 등기기록의 최종 소유권의 등기명의인이 다른 등기기록의 최종 소유권의 등기명의인으로부터 직접 또는 전전하여 소유권을 이전받은 경우로서, 다른 등기기록이 후등기기록이거나 소유권 외의 권리 등에 관한 등기가 없는 선등기기록일 때에는 그 다른 등기기록을 폐쇄한다(규칙 제35조).

(라) 소유권의 등기명의인이 다른 경우의 정리(어느 한 등기기록에 원시취득사유 또는 분배 농지상환완료를 원인으로 한 이전등기가 있는 경우)

중복등기기록의 최종 소유권의 등기명의인이 다른 경우로서 어느 한 등기기록에만 원시취득사유 또는 분배농지의 상환완료를 등기원인으로 한 소유권이전등기가 있을 때에는 그 등기기록을 제외한 나머지 등기기록을 폐쇄한다(규칙 제36조 제1항).

소유권보존등기가 원시취득사유 또는 분배농지의 상환완료에 따른 것임을 당사자가 소명하는 경우에도 제1항과 같다(규칙 제36조 제2항).

규칙 제36조 제1항 및 제2항의 경우에는 법 제58조에 따른 직권에 의한 등기의 말소 절차를 이행한다(규칙 제36조 제3항).

(마) 소유권의 등기명의인이 다른 경우의 정리(등기기록폐쇄의 통지)

중복등기기록의 최종 소유권의 등기명의인이 다른 경우로서 규칙 제35조와 제36조에 해당하지 아니할 때에는 각 등기기록의 최종 소유권의 등기명의인과 등기상 이해관계인에 대하여 1개월 이상의 기간을 정하여 그 기간 내에 이의를 진술하지 아니하면 그 등기기록을 폐쇄할 수 있다는 뜻을 통지하여야 한다(규칙 제37조 제1항).

규칙 제37조 제1항의 통지를 받고 어느 등기기록의 최종 소유권의 등기명의인과 등기상 이해관계인이 이의를 진술하지 아니하였을 때에는 그 등기기록을 폐쇄한다. 다만, 모든 중복등기기록의 최종 소유권의 등기명의인과 등기상 이해관계인이 이의를 진술하지 아니하였을 때에는 그러하지 아니한다(규칙 제37조 제2항).

규칙 제37조 제1항과 제2항에 따라 등기기록을 정리할 수 있는 경우 외에는 대장과 일치하지 않는 등기기록을 폐쇄한다(규칙 제37조 제3항).

규칙 제37조 제1항부터 제3항까지 규정에 따른 정리를 한 경우 등기관은 그 뜻을 폐쇄된 등기기록의 최종 소유권의 등기명의인과 등기상 이해관계인에게 통지하여야 한다(규칙 제37조 제4항).

(바) 지방법원장의 허가가 필요한 중복등기기록 정리

등기관이 규칙 제36조와 제37조에 따라 중복등기기록을 정리하려고 하는 경우에는 지방법원장의 허가를 받아야 한다(규칙 제38조 등기예규 제1431호. 11. 지방법원장의 허가 참조).

(사) 당사자의 신청에 의한 정리

중복등기기록 중 어느 한 등기기록의 최종 소유권의 등기명의인은 자기 명의의 등기기록을 폐쇄하여 중복등기기록을 정리하도록 신청할 수 있다. 다만, 등기상 이해관계인이 있을 때에는 그 승낙이 있음을 증명하는 정보를 첨부정보로서 등기소에 제공하여야 한다(규칙 제39조 제1항).

등기관은 규칙 제39조 제1항에 따른 중복등기기록의 정리신청이 있는 경우에는 규칙 제34조부터 제37조까지의 규정에도 불구하고 그 신청에 따라 등기기록을 폐쇄하여야 한다(규칙 제39조 제2항 등기예규 제1431호 10. 당사자의 신청에 의한 정리 참조).

(아) 중복등기기록의 해소를 위한 직권분필

등기된 토지의 일부에 관하여 별개의 등기기록이 개설되어 있는 경우에 등기관은 직권으로 분필등기를 한 후 이 절에서 정하는 절차에 따라 정리를 하여야 한다(규칙 제40조 제1항).

규칙 제40조 제1항에 따른 분필등기를 하는데 필요한 때에는 등기관은 지적소관청에 지적공부의 내용이나 토지의 분할, 합병과정에 대한 사실조회를 하거나 등기명의인에게 해당 토지에 대한 지적공부 등본 등을 제출하게 할 수 있다(규칙 제40조 제2항).

(자) 폐쇄된 등기기록의 부활

부동산등기규칙 제3장 제4절 중복등기기록의 정리에서 정하는 절차에 따라 폐쇄된 등기기록의 소유권의 등기명의인 또는 등기상 이해관계인은 폐쇄되지 아니한 등기기록의 최종 소유권의 등기명의인과 등기상 이해관계인을 상대로 하여 그 토지가 폐쇄된 등기기록의 소유권의 등기명의인의 소유임을 확정하는 판결(판결과 동일한 효력이 있는 조서를 포함한다)이 있음을 증명하는 정보를 등기소에 제공하여 폐쇄된 등기기록의 부활을 신청할 수 있다(규칙 제41조 제1항).

규칙 제41조 제1항에 따른 신청이 있을 때에는 폐쇄된 등기기록을 부활하고 다른 등기기록을 폐쇄하여야 한다(규칙 제41조 제2항).

 판 례

폐쇄등기부의 회복 및 폐쇄등기부상의 이전등기의 매소청구의 가부
폐쇄등기부에 기록된 등기는 현재의 등기로서의 효력이 없고 그 회복절차에 관하여는 법률상 아무런 규정이 없으므로 회복절차이행을 구할 수 없을 뿐만 아니라 회복이 가능함을 전제로 하는 폐쇄등기용지상의 소유권이전등기의 말소등기절차이행청구도 할 수 없다(80. 12. 9. 80다1389 공650호 13508).

(차) 중복등기의 정리에 관한 사무처리지침

「부동산등기법」 제21조에 의한 중복등기기록의 정리에 있어 부동산등기규칙(이하 '규칙'이라고 한다)에서 규정한 이외의 사항에 관하여는 중복등기의 정리에 관한 사무처리지침(등기예규 제1431호)에 규정되어 있다.

(2) 건물중복등기의 정리(등기예규 제1374호)

(가) 건물중복등기의 정리

중복등기 정리에 관하여 규정한 부동산등기규칙은 토지에만 적용되므로 동일건물에 대하여 2중으로 소유권보존등기가 경료된 경우 중복등기에 대하여는 그 처리지침의 부존재로 업무혼선이 있다는 지적에 따라, 건물 중복등기에 대하여 등기관이 직권으로 정리할 수 있는 범위와 그 절차를 아래와 같이 규정하였다(등기예규 제1374호).

(나) 중복등기 여부의 판단

1) 건물의 동일성은 지번 및 도로명주소, 종류, 구조, 면적과 도면에 나타난 건물의 길이, 위치 등을 종합하여 판단하여야 한다. 따라서 지번이 일치되더라도 도로명주소나 종류와 구조, 면

적 또는 도면에 나타난 건물의 길이, 위치 등이 다른 경우에는 동일한 건물로 볼 수 없다.

2) 건물의 종류와 구조, 면적 등 일부가 일치하지 않더라도 건축물대장의 변동사항 등에 의하여 동일건물로 봄이 상당하다고 인정되는 경우에는 동일건물로 보아야 한다.

3) 각각 일반건물과 구분건물로 보존등기가 경료되어 있는 경우라도 그 지번 및 도로명주소, 종류, 구조, 면적이 동일하고 도면에 나타난 건물의 길이, 위치 등이 동일하다면 동일건물로 볼 수 있다.

(다) 건물의 보존등기명의인이 동일한 경우

1) 후행 보존등기를 기초로 한 새로운 등기가 없는 경우
등기관은 부동산등기법 제58조 절차에 의하여 후행보존등기를 직권으로 말소한다.

2) 선행 보존등기를 기초로 한 새로운 등기는 없으나 후행 보존등기를 기초로 한 새로운 등기가 있는 경우

① 등기관은 부동산등기법 제58조 절차에 따라 후행 등기부에 등기된 일체의 등기를 직권말소하여 등기부를 폐쇄함과 동시에 그 등기부에 기재된 소유권보존등기외의 다른 등기를 선행 등기부에 이기 (미처리된 등기의 실행방법의 의미로서)하여야 한다.

② 일반건물과 구분건물로 그 종류를 달리하는 경우에는 등기관은 이를 위 1)와 같이 직권으로 정리할 수 없다.

3) 선행보존등기 및 후행 보존등기를 기초로 한 새로운 등기가 모두 있는 경우 등기관은 이를 직권으로 정리할 수 없다.

그러나 건물에 대하여 이미 소유권보존등기가 경료 되어 있음에도 불구하고 그 건물에 대하여 집행법원으로부터 가압류, 가처분 등의 등기촉탁이 있는 경우에 등기관이 착오로 가압류 등의 등기촉탁에 의한 등기를 하기 위하여 직권보존등기를 하여 중복등기가 발생 된 때에는 그 후행 보존등기는 "사건이 등기할 것이 아닌 경우(법 제29조 제2호)"에 해당되므로 선행 보존등기 및 후행 보존등기를 기초로 한 새로운 등기가 모두 있는 경우에는 등기관은 부동산등기법 제58조의 절차에 따라 후행 등기기록에 등기된 일체의 등기를 직권말소함과 동시에 소유권보존등기 이외의 다른 등기를 선행 등기기록에 이기(접수번호순서에 따라 이기함)라고 후행 등

기기록을 폐쇄하여 중복등기를 정리하도록 하는 것이 바람직하다고 본다.

(라) 건물의 보존등기명의인이 서로 다른 경우

1) 실질적 심사권이 없는 등기관으로서는 이를 직권으로 정리할 수 없다.

2) 등기명의인의 신청에 의한 중복등기의 해소

① 어느 한 쪽의 등기명의인이 스스로 그 소유권보존등기의 말소등기를 신청할 수 있다.

② 또한 어느 일방 보존등기의 등기명의인이 자신이 보존등기가 유효함을 이유로 다른 일방 보존등기 명의인을 상대로 그 소유권보존등기의 말소등기절차이행을 구하는 소를 제기하여 그 승소의 확정판결에 의해 다른 일방 보존등기에 대한 말소등기를 신청할 수 있다.

③ 위 각 경우 말소되는 등기에 대해 이해관계 있는 제3자가 있는 경우에는 신청서에 그 승낙서 또는 이에 대항할 수 있는 재판의 등본을 첨부하여야 한다.

(마) 중복등기가 존속되고 있는 동안에 새로운 등기신청이 있는 경우

1) 보존등기명의인이 동일한 경우

중복등기의 존속 중에 새로운 등기신청이 있는 경우에는 선행 등기기록상의 등기를 기초로 한 새로운 등기신청은 이를 수리하고, 후행 등기기록상의 등기를 기초로 한 새로운 등기신청은 이를 각하한다.

2) 보존등기명의인이 서로 다른 경우

중복등기의 존속 중에 어느 일방의 등기기록상의 등기를 기초로 하는 새로운 등기신청은 이를 수리한다(등기예규 제1374호).

(바) 직권으로 중복등기를 말소할 수 없는 경우

동일한 부동산에 관한 이중등기라 하더라도 후에 된 등기를 기초로 하여 새로운 등기가 경료 되어 현존하는 이상 등기관은 후에 된 등기와 그에 터전을 잡아 이루어진 각 현존등기를 직권말소할 수 없다(대법원 1969. 6. 10. 68마1302).

제15절 가등기

제1관 소유권이전청구권 가등기

가등기(假登記)란 부동산물권(소유권, 지상권, 지역권, 전세권, 저당권) 및 이에 준하는 권리(권리질권, 임차권)의 변동을 일어나게 할 청구권을 가지는 자의 보호를 위한 일시적·예비적 보전수단으로서 인정되는 등기를 말한다. 즉 보전의 목적으로 일정한 청구권을 공시하는 예비등기(豫備登記)이다.

가등기는 본등기의 순위보전을 목적으로 하는 부동산등기법 제88조에 따른 통상의 가등기 외에 「가등기담보 등에 관한 법률」의 적용을 받는 담보가등기(가담법 2조 3호)가 있다.

🔍 판 례

물권적청구권의 보전을 위한 가등기의 적부
본조(구법 제3조, 현행법 제88조)에서 말하는 청구권이란 동법 제2조에 규정된 물권 또는 부동산임차권의 변동을 목적으로 하는 청구권을 말하는 것이라 할 것이므로 부동산등기법상의 가등기는 위와 같은 청구권을 보전하기 위해서만 가능하고 이같은 청구권이 아닌 물권적 청구권을 보존하기 위해서는 할 수 없다(대판 1982. 11. 23. 81다카1110).

1. 가등기를 할 수 있는 경우

가등기를 하려면 보전할 유효한 청구권이 존재하고 있어야 한다(법 제88조). 즉 (1) 장차 권리변동을 발생케 할 청구권을 보전하려할 때(예: 부동산 매수인의 이전등기청구권), (2) 청구권이 시기부(始期附) 또는 정지조건부(停止條件附)인 때, (3) 기타 그 청구권이 장래에 확정될 것인 때(예: 예약완결권)에 가등기를 할 수 있다. 단 이때, 가등기의 내용은 장차 행해질 본등기의 내용과 일치하는 것이어야 한다.

(1) 가등기를 할 수 있는 권리

가등기는 부동산등기법 제3조에서 규정하고 있는 물권(소유권·지상권·전세권·저당권·권리질권·채권담보권·임차권)의 설정, 이전, 변경, 소멸의 청구권을 보전하려는 때에 가등기를 할수 있다(법 제88조). 그러므로 물권적 청구권을 보전하기 위한 가등기나 소유권보존등기의 가등기는 할 수 없다.

권리의 "설정·이전"의 청구권이라 함은 ①지상권이나 저당권 등의 제한물권의 설정계약 ②매매나 증여계약 등 권리이전에 관한 계약 등으로 장래의 권리변동을 일어나게 할 수 있는 청구권을 말한다.

권리의 "변경"의 청구권이란 ①근저당권의 채권최고액의 변경등기청구권이나 ②전세권의 존속기간의 변경등기청구권 등을 말하는데, 이를 보전하기 위하여 가등기를 할 수 있다.

(2) 농지에 대한 가등기신청

농지에 대한 소유권이전청구권가등기의 신청서에는 농지취득자격증명을 첨부할 필요가 없으나, 「부동산거래신고 등에 관한 법률」에 의한 토지거래허가구역내의 토지에 대한 소유권이전청구권가등기의 신청서에는 토지거래허가서를 첨부하여야 한다(등기예규 제1408호 2. 라, 제1632호).

(3) 부부간의 명의신탁해지예약을 원인으로 한 소유권이전청구권 가등기

배우자 명의로 명의신탁한 부동산에 대하여 명의신탁 해지 후의 소유권이전청구권을 보전하기 위한 가등기를 할 수 있으며, 이 경우 등기원인은 '명의신탁해지'가 된다. 나아가 당사자는 명의신탁계약의 해지약정에 대한 예약을 하고 장차 명의신탁해지약정의 효력이 발생한 경우 생기는 소유권이전청구권을 보전하기 위한 가등기를 할 수도 있는데, 이 경우 등기원인은 '명의신탁해지약정 예약'이 될 것이다(2012. 11. 30. 부동산등기과-2262 질의회답 등기선례 제7권 제411항).

2. 가등기의 신청방법

가등기는 등기권리자와 등기의무자의 공동으로 신청하여야 하나 가등기의무자의 승낙이 있거나 가등기를 명하는 법원의 가처분명령(假處分命令)이 있을 때에는 단독으로 가등기를 신청할 수 있다(법 제89조).

여러사람이 가등기할 권리를 공유하고 있는 때에는 신청서에 각자의 지분을 기재하여야 하고 등기기록에도 신청서에 기재된 지분을 기록하여야 한다.

여러사람이 공유의 부동산에 관하여 여러 사람 이름으로 가등기를 신청할 때에는 그 성질에 반하지 아니하는 한 '수인의 공유자가 수인에게 지분의 전부 또는 일부를 이전하는 경우의 등기신청방법 등에 관한 예규(등기예규 제1363호)'를 준용한다(등기예규 제1408호. 2.마.).

3. 가등기를 명하는 가처분명령

가등기가처분은 가등기권리자가 가등기의무자의 협력을 얻지 못하여 가등기를 할 수 없는 경우에 관할지방법원에 가등기 원인사실을 소명하여 가등기를 명하는 가처분명령을 신청하고, 이에 따라 관할법원은 가처분명령을 하는 것을 말한다.

가등기가처분은 분쟁을 요건으로 하지 않고, 대립당사자의 존재를 전체로 하지 않는다는 점 등에서 「민사집행법」상의 가처분과 다르다.

법 제89조의 가등기를 명하는 가처분명령은 부동산의 소재지를 관할하는 지방법원이 가등기권리자의 신청으로 가등기 원인사실의 소명이 있는 경우에 할 수 있다(개정법 제90조 제1항). 법 제90조 제1항의 신청을 각하한 결정에 대해서는 즉시항고(卽時抗告)를 할 수 있다(법 제90조 제2항). 법 제90조 제2항의 즉시항고에 관하여는 「비송사건절차법」을 준용한다(법 제90조 제3항).

(1) 「부동산등기법」 제89조의 가등기가처분에 관해서는 「민사집행법」의 가처분에 관한 규정은 준용되지 않는다. 따라서 가등기가처분명령을 등기원인으로 하여 법원이 가등기촉탁을 하는 때에는 이를 각하한다(등기예규 제1408호 2. 가.(1), 제1632호).

(2) 가등기가처분명령에 의하여 가등기권리자가 단독으로 가등기신청을 할 경우에는 등기의무자의 권리에 관한 등기필정보를 신청정보의 내용으로 등기소에 제공할 필요가 없다(등기예규 제1408호 2. 가.(2), 제1632호).

4. 가등기의 효력

가등기권리자는 가등기만으로서는 물권취득의 효력을 주장할 수 없다(70.3.10. 69다1669 카5903). 가등기는 후일 본등기를 한 경우에 그 본등기의 효력을 소급시켜 가등기를 한 때에 본등기를 한 것과 같은 순위를 확보케 하는 데에 그 목적이 있을 따름이고 가등기에 의하여 어떤 특별한 권리를 취득케 하는 것이라고는 볼 수 없다(대법원 72.6.2. 72마399).

(1) 본등기의 순위보전의 효력

(가) 순위보전의 효력

가등기에 기하여 본등기를 한 경우 그 본등기의 순위는 가등기의 순위에 따르도록 규정하고 있는데(법 제91조) 이를 가등기의 순위보전의 효력이라고 한다. 가등기는 그에 기한 본등기가 이루어지기 전에는 물권변동의 효력이 없고, 가등기 의무자의 처분권을 제한하는 효력도 없다. 따라서 물권변동의 효력은 본등기를 한 때부터 발생하고, 그 본등기의 순위를 결정하는 시점이 가등기를 한 때로 소급할 뿐이다.

(나) 가등기 후 본등기 전의 중간처분의 실효

가등기는 본등기의 순위보전의 효력만 있고, 후일 본등기가 마쳐진 때에는 본등기의 순위가 가등기한 때로 소급함으로써 가등기 후 본등기 전에 이루어진 '중간처분'이 본등기보다 후순위로 되어 실효될 뿐이고, 본등기에 의한 물권변동의 효력이 가등기한 때로 발생하는 것은 아니다(대판 1981. 5. 26. 80다 3117, 1982. 6. 22. 81다1298, 1299).

(다) 가등기 후에 소유권이전등기를 한 제3자에 대한 효력

가등기권자는 본등기를 하는 경우 순위 보전의 효력만 있으므로 가등기 후에 적법하게 소유권이전등기를 한 제3자에 대하여 가등기만으로써 소유권을 주장할 수 없다(대판 1966. 5. 24, 66다485). 가등기 후에 가등기권리자 이외의 제3자에 대한 소유권이전의 본등기가 경유되었다 하여도 가등기권리자의 본등기청구권은 이행불능상태에 있다고 할 수 없으므로 제3자의 소유권이전등기의 말소등기 없이 그 가등기의 본등기를 명할 수 있다(대판 1966. 6. 21, 66다699·700).

(라) 가등기권리자가 무효인 중복소유권보존등기의 말소를 구할 수 있는지 여부(소극)

가등기는 부동산등기법 제6조 제2항의 규정에 의하여 그 본등기시에 본등기의 순위를 가등기의 순위에 의하도록 하는 순위보전적 효력만이 있을 뿐이고, 가등기만으로는 아무런 실체법상 효력을 갖지 아니하고 그 본등기를 명하는 판결이 확정된 경우라도 본등기를 경료하기까지는 마찬가지이므로, 중복된 소유권보존등기가 무효이더라도 가등기권리자는 그 말소를 청구할 권리가 없다(대판 2001. 3. 23. 2000다51285).

(2) 가등기 자체의 효력

가등기의 효력에 관하여 종전에는 순위보전적 효력만을 인정하고 가등기에 의하여 그 밖의 어떠한 권리를 취득하는 것은 아니라고 해석하여 왔으나 판례(대법원 1998. 11. 19. 선고 98다24105 전원합의체판결)는 가등기도 일종의 권리로서 이전등기가 가능하다고 판시함에 따라 가등기도 그 자체로서 실체법적 효력을 인정하게 되었다.

5. 소유권이전청구권 가등기의 신청절차

(1) 신청인

(가) 공동신청

가등기의 신청은 등기의 일반원칙에 따라 가등기권리자와 가등기의무자의 공동신청(법 제23조 제1항)에 의하여야 하나, 법은 가등기가 예비등기라는 성격을 고려하여 공동신청의 원칙에 대한 예외를 인정하고 있다.

(나) 공동신청의 예외

① **가등기의무자의 승낙에 의한 단독신청**

가등기는 가등기의무자의 승낙이 있음을 증명하는 정보를 첨부정보로서 등기소에 제공하여 가등기권리자가 단독으로 신청할 수 있다(법 제89조, 규칙 제145조 2항).

② **가등기를 명하는 법원의 가처분명령(이하 "가등기가처분명령"이라 한다)에 의한 단독신청**

가등기권리자는 가등기가처분명령이 있음을 증명하는 정보(가등기가처분명령의 정본)를 첨부정보로서 등기소에 제공하여 단독으로 가등기를 신청할 수 있다(법 제89조, 규칙 제145조 제2항).

③ **법원의 명령에 의한 가등기**

등기관의 결정 또는 처분에 이의가 있는 때에 관할지방법원은 이의에 대하여 결정하기 전에 등기관에게 가등기를 명령할 수 있다(법 제106조). 이와 같은 명령에 의하여 등기를 하는 경우에 등기관은 명령을 한 지방법원, 명령의 연월일, 명령에 따라 등기를 한다는 뜻과 등기의 연월일을 기록하여야 한다(법 제107조).

(2) 가등기신청서의 기재사항

가등기신청서에는 규칙 제43조 제1항 각호의 사항을 기재하여야 한다.

가등기를 신청하는 경우에는 그 가등기로 보전하려고 하는 권리를 신청정보의 내용으로 등기소에 제공하여야 한다(규칙 제145조 제1항).

등기원인은 매매예약, 매매 등으로, 연월일은 매매예약 또는 매매계약이 체결된 날을 하며, 등기의 목적은 소유권이전청구권가등기라고 기재한다. 지분에 대하여 가등기를 할 경우에는 그 지분을 기재한다.

(예) ○○○지분 전부, ○번 ○○○지분 ○분의 ○ 중 일부(○분의 ○)

(3) 가등기신청서의 첨부서면

가등기를 신청할 때에는 다음의 서면을 제출하여야 한다(규칙 제46조, 제60조).

법 제89조에 따라 가등기권리자가 단독으로 가등기를 신청하는 경우에는 가등기의무자의 승낙이나 가처분명령이 있음을 증명하는 정보를 첨부정보로서 등기소에 제공하여야 한다(규칙 제145조 제2항).

(가) 신청서(규칙 제46조 제1항)

(나) 등기원인을 증명하는 서면(규칙 제46조 제1항 제1호)

등기원인을 증명하는 서면으로 매매예약서를 첨부하여야 하나 검인이 되어 있지 않아도 무방하다(등기예규 제1419호 1. 마. (1).).

(다) 등기의무자의 권리에 관한 등기필정보(법 제50조 제2항, 규칙 제43조 제1항 제7호)

등기의무자인 부동산의 소유자(예약자)의 소유권에 관한 등기필정보를 첨부하여야 하며, 등기필정보를 멸실하여 첨부할 수 없는 경우에는 부동산등기법 제51조에 의하여 확인서면이나 확인조서 또는 공증서면 중 하나를 첨부한다.

(라) 위임장(규칙 제46조 제1항 제5호)

대리인에 의하여 등기를 신청할 때에는 그 권한을 증명하는 서면으로 위임장 등을 첨부하여야 한다.

(마) 법인 등기부등본 또는 부동산등기용 등록번호를 증명하는 서면(규칙 제46조 제1항 제6호)

법인이 등기권리자인 경우에는 법인등기부등본, 법인 아닌 사단이나 재단, 외국인이 등기권리자인 경우에는 부동산등기용 등록번호를 증명하는 서면을 첨부하여야 한다.

(바) 신청서 부본(삭제)

(사) 인감증명서(규칙 제60조 제1항 제1호)

가등기의무자인 부동산의 소유자(예약자)의 인감증명서를 첨부하여야 한다.

(아) 주민등록등(초)본(규칙 제46조 제1항 제6호)

등기신청서에 등기권리자의 성명 또는 명칭을 기재함에 있어서는 등기권리자의 주민등록번호(등기권리자에게 주민등록번호가 없는 경우에는 부동산등기용등록번호를 병기하여야 한다)를 병기하여야 하며, 이 경우에는 등기를 신청할 때에 등기권리자의 주민등록표등(초)본(소유권의 보존 또는 이전의 등기를 신청하는 경우 이외의 경우에는 주민등록증의 사본으로 갈음)을 첨부하여야 한다.

(자) 토지거래허가증(규칙 제46조 제1항 제2호)

매매예약 부동산이 토지거래 허가구역 안에 있는 토지인 경우에는 토지거래 허가증을 첨부하여야 한다(부동산거래신고 등에 관한법률 제11조 1항. 등기예규 제1408호. 2. 라, 등기예규 제1632호).

(차) 농지취득자격증명

가등기 신청시에는 농지취득자격증명을 첨부할 필요는 없으므로(예규 제1408호 2. 라, 등기예규 제1632호) 종중도 농지에 대하여 소유권이전등기는 할 수 없으나 소유권이전청구권보전을 위한 가등기는 할 수 있다(선례 6-440).

(카) 토지대장등본(규칙 제44조 제1항)

(타) 등록면허세영수필확인서(지방세법 제28조 제1항 1. 라. 2).)

소유권이전청구권 가등기신청

접수	년 월 일	처리인	등기관 확인	각종통지
	제 호			

부동산의 표시

등기원인과 그 연월일	년 월 일 매매예약
등 기 의 목 적	소유권이전청구권가등기
가 등 기 할 지 분	

구분	성 명 (상호·명칭)	주민등록번호 (등기용등록번호)	주소(소재지)	지분 (개인별)
등기의무자				
등기권리자				

등 록 면 허 세	금	원
지 방 교 육 세	금	원
농 어 촌 특 별 세	금	원
세 액 합 계	금	원
등기신청수수료	금	원
	납부번호 :	

등기의무자의 등기필정보		
부동산고유번호		
성명(명칭)	일련번호	비밀번호

첨 부 서 면

1. 매매예약서	통	1. 주민등록표등(초)본	통
1. 등록면허세영수필확인서	통	1. 위임장	통
1. 인감증명나 본인서명사실확인서		1. 등기신청수수료영수필확인서	통
또는 전자본인서명확인서 발급증	통	<기　타>	
1. 등기필증	통		

년　　월　　일

　　　위 신청인　　　　　　　　　　　(전화 :　　　　　　)
　(또는) 위 대리인 법무사　　　　　(전화 :　　　　　　)

지방법원　　　　　　등기소　귀중

－신청서작성요령－
*1. 부동산표시란에 2개 이상의 부동산을 기재하는 경우에는 그 부동산의 일련번호를 기재하여야 합니다.
2. 신청인란 등 해당란에 기재할 여백이 없을 경우에는 별지를 이용합니다.

매매예약계약서

예약당사자의 표시
　　예약자(갑)
　　예약권리자(을)

부동산의 표시 : 아래 부동산의 표시와 같다.

예약자　　　　　　를 (갑)이라 칭하고 예약권리자　　　　　　를 (을)이라　　칭하여 아래와 같이 매매예약을 체결한다.

아　　래

제1조　　(갑)은 (을)에게 별지 목록기재 부동산을 대금　　　　　　원에 매도할 것을 예약하
　　　　며 (을)은 이를 승낙한다.

제2조　　본 매매예약의 매매완결일자는　　　　.　.　　.로 하며 위 완결일자가 경과 하였
　　　　을 때에는 (을)의 매매완결의 의사표시가 없어도 당연히 매매가 완결된 것으로
　　　　본다.

제3조　　제2조에 의하여 매매가 완결되었을 때에는 (갑) (을) 간에 위 부동산에 대한 매매
　　　　계약이 성립되며 (갑)은 (을)로부터 제1조의 대금을 수령함과 동시에 (을)에게 위
　　　　부동산에 관하여 매매로 인한 소유권이전등기절차를 이행하고 위부동산을 인도
　　　　및 명도하여야 한다.

제4조　　(을)은 (갑)에게 본 예약의 증거금으로 예약당일에 금　　　　　　원을 지급하기
　　　　로 하며 위 금액은 제1조의 대금에서 공제한다.

제5조　　(갑)은 본 예약체결과 동시에 위 부동산에 대하여 (을)에게 매매예약에 의한 소유
　　　　권 이전 청구권 보전의 가등기절차를 이행하기로 한다.

제6조　　본예약에 의한 등기신청비용, 등록세등은 (갑)이 부담한다.

상기 계약을 증명하기 위하여 본 계약서 2통을 작성하여 (갑) (을) 쌍방이 기명날인한 후
각자 1통을 소지한다.

서기 2015년　　월　　일

　　　　　　예약자 (갑)
　　　　　　예약권리자(을)
　　　　　　부동산의 표시 :

제2관 가등기상 권리의 이전등기

1. 가등기상 권리의 양도

가등기에 의하여 보전된 청구권은 채권적 청구권으로서 재산적 가치를 가지고 있으므로 채권양도 등의 방법으로 그 권리를 양도할 수 있고 그 권리를 양도하였을 때에는 그 권리의 공시방법으로 가등기에 권리이전의 부기등기를 하여야 한다. 가등기는 원래 순위를 확보하는 데에 그 목적이 있으나, 순위 보전의 대상이 되는 물권변동의 청구권은 그 성질상 양도될 수 있는 재산권일 뿐만 아니라 가등기로 인하여 그 권리가 공시되어 결과적으로 공시방법까지 마련된 셈이므로, 이를 양도한 경우에는 양도인과 양수인의 공동신청으로 그 가등기상의 권리의 이전등기를 가등기에 대한 부기등기의 형식(구 법 제156 조의2, 개정법 제52조 2호)으로 경료할 수 있다(대판 1998. 11. 19, 98다24105 전원합의체판결. 등기예규 제1057호. 3.(1)).

2. 가등기상 권리의 이전등기절차(부기등기)

(1) 가등기상 권리를 제3자에게 양도한 경우에 양도인과 양수인은 공동신청으로 그 가등기상 권리의 이전등기를 신청할 수 있고, 그 이전등기는 가등기에 대한 부기등기의 형식으로 한다(법 제52조 제2호. 등기예규 제1408호 3. (1).).

(2) 가등기상 권리의 이전등기신청은 가등기된 권리 중 일부지분에 관해서도 할 수 있다. 이 경우 등기신청서에는 이전되는 지분을 기재하여야 하고, 등기부에도 그 지분을 기재하여야 한다. 이 경우에는 가등기에 준한 등록세(부동산가액의 1000분의 2)를 납부하여야 한다(등기선례요지집 제3권 792항. 등기예규 제1408호 3).

(3) 여러 사람 이름으로 가등기가 되어 있으나 각자의 지분이 기록되지 아니한 경우, 그 가등기상 권리의 양도에 관하여는 등기예규 제1408호 4. 마.(2)의 규정을 준용한다.

3. 가등기이전의 부기등기의 말소(직권말소)

(1) 피담보채무가 소멸된 경우 가등기이전의 부기등기의 직권말소

가등기이전(또는 근저당권이전)의 부기등기는 기존의 주등기인 가등기에 종속되어 주등기와 일체를 이루는 것이어서 피담보채무가 소멸된 경우에는 주등기인 가등기의 말소만 구하면 되고 그 부기등기는 별도로 말소를 구하지 않더라도 주등기의 말소에 따라 직권으로 말소된다(대판 1994. 10. 21, 94다17109. 1995. 5. 26. 95다7550).

(2) 가등기말소청구의 상대방(피고 적격 : 양수인)

가등기의 이전에 의한 부기등기는 기존의 가등기에 의한 권리의 승계관계를 등기부상에 명시하는 것 뿐으로 그 등기에 의하여 새로운 권리가 생기는 것이 아닌 만큼 가등기의 말소등기청구는 양수인만을 상대로 하면 족하고, 양도인은 그 말소등기청구에 있어서의 피고적격이 없다(대판 1994. 10. 21, 94다17107).

4. 가등기이전등기의 신청절차

(1) 신청인

가등기상 권리를 제3자에게 양도한 경우에 양도인과 양수인은 공동신청으로 그 가등기상 권리의 이전등기를 신청할 수 있다(법 제23조 제1항).

(2) 가등기이전 등기신청서의 기재사항

가등기이전의 부기등기신청서에는 부동산등기규칙 제43조 제1항 각호의 사항을 기재하여야 한다. 등기의 목적은 가등기이전으로, 등기원인은 ○○○○년 ○월 ○일 양도 등으로 기재한다.

(3) 가등기이전 등기신청서의 첨부서면

등기신청서에는 규칙 제46조 제1항 각호의 서면을 첨부한다.
등기원인 증서로 가등기양도증서를 첨부한다.

(가) 가등기양도증서(규칙 제46조 제1항 제1호)

근저당권설정등기청구권 가등기의 이전등기신청서에는 채권양도 통지서를 첨부할 필요가 없다(등기선례요지집 제3권 721항).

(나) 등기필정보(법 제50조 제2항, 규칙 제43조 제1항 제7호)

(다) 주민등록등본(규칙 제46조 제1항 제6호)

(라) 위임장(규칙 제46조 제1항 제5호)

(마) 등록면허세 영수필 확인서(규칙 제44조 제1항)

가등기이전등기신청 (양도)				

접 수	년 월 일	처 리 인	등기관 확인	각종통지
	제 호			

① 부동산의 표시		
등기원인과 그 연월일	년 월 일 양도	
등 기 의 목 적	가등기 이전	
이전할 가등기	년 월 일 접수 제 호로 경료된 가등기	
구 분	성명 (상호 · 명칭)	주민등록번호 (등기용등록번호)	주소 (소재지)
등 기 의 무 자	양도인 김 ○ ○		
등 기 권 리 자	양수인 박 ○ ○		

등 록 면 허 세	금		원
지 방 교 육 세	금		원
농 어 촌 특 별 세	금		원
세 액 합 계	금		원
등 기 신 청 수 수 료	금		원
	납부번호 :		

등기의무자의 등기필정보		
부동산고유번호		
성명(명칭)	일련번호	비밀번호

첨 부 서 면	
1, 가등기 양도증서　　　　　　　통 1. 등록면허세영수필확인서　　　통 1. 등기필정보　　　　　　　　　통 1. 주민등록등(초)본　　　　　　통 1. 위임장　　　　　　　　　　　통	1. 등기신청수수료현금영수필확인서　　1통

년　　월　　일

　　　위 신청인　　　　　　　　　(전화 :　　　　)
　　　(또는) 위 대리인　　　　　　(전화 :　　　　)

○○지방법원　등기과　귀중

가등기양도양수계약서

부동산의표시

1. 위 부동산에 대하여   년   월   일 접수 제   호로 등기한 가등기에 관하여
   예약권리자 (양도인-가등기권리자) 김○○는 가등기권리자의 지위 일체를 새로운 예약
   관리자(양수인) 박○○에게 양도한다.
2. 양수인은 양도인과 예약자(가등기의무자) 사이에 체결된 원가등기계약(매매예약)에 따
   른 일체의 권리·의무를 승계한다.
   상기계약을 증명하기 위하여 본 계약서 2통을 작성하여 쌍방이 기명날인한 후 각자 1
   통을 소지한다.

2003년 6월   일

양 도 인 : 김 ○ ○
            주민등록번호 :
            주   소 :

양 수 인 : 박 ○ ○
            주민등록번호 :
            주   소 :

제3관 가등기의 말소

가등기는 당사자 간의 약정이나 법정해제 등의 말소사유가 발생한 때에는 그 말소등기를 신청할 수 있다.

1. 가등기의 말소절차

(1) 공동신청

가등기는 등기권리자와 등기의무자의 공동신청에 의하여 말소한다(법 제23조 제1항). 등기의무자는 가등기명의인이 되나, 가등기된 권리가 제3자에게 이전된 경우에는 양수인, 즉 현재의 가등기명의인이 등기의무자가 된다(대법원 1994. 10. 21. 선고 94다17109 판결).

등기권리자는 가등기의무자이고 제3취득자가 있다면 그를 등기권리자로 하여도 된다(예규 1408호 6.).

(2) 공동신청의 예외

가등기명의인은 단독으로 가등기의 말소를 신청할 수 있고, 가등기의무자 또는 가등기에 관하여 등기상 이해관계 있는 자도 가등기명의인의 승낙을 받아 단독으로 가등기의 말소를 신청할 수 있다(법 93조).

(3) 본등기와 등기관의 가등기의 직권말소

등기관이 소유권이전청구권보전가등기에 의하여 소유권이전의 본등기를 한 경우에는 법 제92조(가등기에 의하여 보전되는 권리를 침해하는 가등기 이후 등기의 직권말소) 제1항에 따라 가등기 후 본등기 전에 마쳐진 등기 중 부동산등기규칙 제147조 제1항 각 호의 등기를 제외하고는 모두 직권으로 말소한다(규칙 제147조 제1항).

따라서 소유권이전청구권보전등기에 기하여 소유권이전의 본등기를 한 경우 "해당 가등기 및 가등기 전에 마쳐진 등기의 말소예고 등기"는 등기관이 직권으로 말소하여야 한다(등기예규 제1408호. 5. 가. 1}. (마)}.

(4) 가등기권리자가 다른 원인으로 소유권이전등기를 한 경우(혼동 또는 통상의 가등기소절차에 따른 가등기말소)

가등기권리자가 가등기에 의하지 않고 다른 원인으로 소유권이전등기를 하였을 경우 그 부동산의 '소유권이 제3자에게 이전되기 전'에는 가등기권리자의 단독신청으로 '혼동'(민법 제507조)을 등기원인으로 하여 가등기를 말소할 수 있으나, 그 부동산의 '소유권이 제3자에게 이전된 후'에는 '통상의 가등기말소절차'에 따라 가등기를 말소한다(등기예규 제1408호 6. 마).

채권은 채권과 채무가 동일한 주체에 귀속한 때에 한하여 혼동으로 소멸하는 것이 원칙이다(대판 1995. 12. 26. 95다29888).

2. 가등기의 말소와 다른 등기의 생략

(1) 등기명의인표시변경(경정)등기의 생략

가등기의 말소신청을 하는 경우에 있어서는 가등기명의인의 표시에 변경 또는 경정의 사유가 있는 때라도 신청서에 그 변경 또는 경정을 증명하는 서면을 첨부함으로써 가등기명의인표시의 변경 또는 경정등기를 생략할 수 있다(등기예규 제1408호. 6. 나).

(2) 상속등기의 생략

가등기명의인이 사망한 후에 그의 상속인이 가등기의 말소신청을 하는 경우(공동신청에 의하는 경우이든 단독신청에 의하는 경우이든)에는 '상속등기'를 경유할 필요없이 신청서에 상속인임을 증명하는 서면과 그의 인감증명서를 첨부하여 가등기의 말소를 신청할 수 있다(등기예규 제1408호. 6. 나).

3. 가등기가처분명령에 의한 가등기의 말소절차

가등기가처분명령에 의하여 이루어진 가등기는 통상의 가등기 말소절차에 따라야 하며, 「민사집행법」에서 정한 가처분 이의의 방법으로 가등기의 말소를 구할 수 없다(등기예규 제1408호 6. 라).

4. 가등기권리자가 다른 원인으로 소유권이전등기를 한 경우

가등기권리자가 가등기에 기하지 않고 다른 원인으로 소유권이전등기를 경료하였을 때에는 가등기는 이미 '혼동'으로 인하여 소멸되었으므로(민법 제191조 1항, 제507조) 가등기권자의 소유명의로 있을 때에는 가등기권자 단독으로 혼동을 원인으로 말소등기를 할 수 있으나, 가등기권자로부터 제3자에게 이전된 후에는 가등기권자의 승낙서를 첨부하여 제3자가 말소신청할 수 있다(등기예규 제1408호. 6. 마, 등기선례요지집 제4권 584항, 587항, 5권 490항. 586항).

5. 가등기말소 등기신청서의 기재사항

가등기말소등기신청서에는 규칙 제43조 제1항 각호의 사항을 기재하고 신청인이 기명날인하여야 한다. 즉 등기원인과 그 연월일란에는 'ㅇㅇㅇㅇ년 ㅇ월 ㅇ일 해지, 취소, 신청착오 등으로, 등기의 목적란에는 '소유권이전청구권 가등기말소'로, 말소할 등기란에는 'ㅇㅇㅇㅇ년 ㅇ월 ㅇ일 접수 제ㅇㅇㅇ호로 경료한 소유권이전청구권가등기'라고 기재한다.

등기의무자란에는 가등기권리자의 성명·주민등록번호·주소를 기재하며, 등기권리자란에는 부동산 소유자를 기재한다.

6. 가등기말소 등기신청서의 첨부서면

가등기말소등기신청서에는 규칙 제46조 제1항 각호의 서면을 첨부하여야 한다.

(1) 해지증서(규칙 제46조 제1항 제1호)

(2) 인감증명서(규칙 제60조 제1항 제2호)

가등기명의인이 등기의무자(가등기권리자)로서 가등기말소등기를 신청할 때에는 그의 인감증명서(발행일로부터 3월 이내)를 첨부한다.

(3) 등기필정보(법 제50조 제2항, 규칙 제43조 제1항 제7호)

가등기명의인이 가등기의 말소를 신청하는 경우에는 가등기명의인에 권리에 관한 등기필정보(가등기에 관한 등기필정보)를 신청정보의 내용으로 등기소에 제공하여야 한다(등기예규제1408호 6.

다). 등기필정보를 멸실한 경우에는 부동산등기법 제51조에 의하여 확인서면, 확인조서, 공증서면 중 하나를 첨부하면 된다.

(4) 위임장(규칙 제46조 제1항 제5호)

(5) 등록면허세영수필확인서(지방세 법 제28조 제1항 1호 마)

(6) 제3자의 승낙서등

등기의 말소를 신청하는 경우에 그 말소에 대하여 등기상 이해관계있는 제3자가 있는 때에는 신청서에 그 승낙서(인감증명 포함) 또는 이에 대항 할수 있는 재판의 등본을 첨부하여야 한다(법 제57조 제1항).

해지증서(가등기)

1. 부동산의 표시 : 생략

　위 부동산에 관하여 ○○지방법원 ○○등기소 ○○○○년 ○월 ○일 접수 제○○○호로 경료된 가등기는 이를 해지한다.

○○○○년 ○월 ○일

가등기권자　김　○　○　㊞
서울 ○○구 ○○동 ○○번지

부동산소유자　박　○　○　귀하

승낙서

부동산의 표시

서울특별시 관악구 봉천동 1582-26
          대 125m²

   위 부동산을 1986년 1월 27일 매매예약을 하였으므로 소유권이전청구권보전을 위하여
가등기를 신청함을 승낙하나이다.

                    2004년 1월 27일

          김 ○ ○ ㊞
          서울 ○구 ○동 ○○

매매예약서

〈당사자표시〉 생략

　위 당사자 ○○○와 ×××는 다음 부동산에 관하여 매매예약을 체결할 것을 약정한다.

부동산의 표시

　　○○시 ○○구 ○○동 ○○번지

　　대지○○○평(혹은 건물의 표시)

제1조 이 예약에 관한 매매대금은 금 ○원으로 한다.

제2조 예약완결권자는 ○○년 ○월 ○일까지 매매완결의 의사표시를 할 수 있다.

제3조 예약완결권자가 전조의 매매완결의 의사표시를 한 경우에는 매매계약은 성립하며, 예약자는 예약완결권자를 위하여 위 부동산에 관하여 소유권이전등기절차를 이행하여야 한다. 이 경우 예약완결권자는 위 등기절차와 동시에 제1조의 매매대금을 예약자에게 지급하여야 한다.

제4조 이 예약에 관한 비용 및 전조의 등기에 필요한 등록세 및 등기절차비용은 예약완결권자의 부담으로 한다.

2004. 3. 15.

예약자 ○ ○ ○ ㊞ 주 소

예약완결권자 ○ ○ ○ ㊞ 주 소

입회인 ○ ○ ○ ㊞ 주 소

최고서

○○시 ○○구 ○○동 ○○번지
○ ○ ○ 귀하

매매완결여부확인의 최고
〈생 략〉
　2004. . . 본인과 귀하간의 아래 부동산에 관한 매매예약은 매매완결의 의사표시를 행할 기간의 약정이 없는바, 2004. ○. ○.까지 이 건 매매예약에 의한 매매를 완결할 것인지의 여부를 확답하여 주시기 바랍니다.

아　래

　　　　〈부동산의 표시〉 생략
　　　　○○시 ○○구 ○○동 ○○

　　　　최고인 ○ ○ ○ ㊞
　　　　〈이하 생략〉

매매예약완결의 통지서

　　○○○○년 ○월 ○일자 매매예약계약에 따라 귀하와 본인 간에 체결한 아래 부동산에 대한 매매예약에 대하여 본 계약에 정한 매매대금 0원으로 본인 매수하기로 하여 매매예약완결의 '의사표시'를 통지합니다.

따라서 계약의 취지에 의하여 위 대금과 상환으로 본인명의로의 소유권이전등기절차에 협력하여 주시기 바라오니 ○○○○년 ○월 ○일 오전 ○시까지 ○○등기소에서 소유권이전에 필요한 소장의 서류를 본인에게 교부하여 주시기 바랍니다.

<부동산의 표시> - 생략 -

년　　월　　일

○○시 ○○구 ○○동 ○○번지
예약권리자 : ○　○　○　⑪

○○시 ○○구 ○○동 ○○번지
○　○　○　귀하

가등기말소등기신청(해지)				
접 수	년　월　일	처 리 인	등기관 확인	각종통지
	제　　　호			

부동산의 표시
생 략

등기원인과 그 연월일	2011년 2월 1일 해지
등기의 목적	소유권이전 청구권 가등기말소
말소할 등기	2009년 9월 1일 접수 제12345호로 경료한 소유권이전청구권 가등기

구분	성　명 (상호·명칭)	주민등록번호 (등기용등록번호)	주소(소재지)
등 기 의 무 자	이○○ (가등기 권리자)		
등 기 권 리 자	김○○ (소유자)		

등 록 면 허 세	금	원
지 방 교 육 세	금	원
세 액 합 계	금	원
등기신청수수료	금	원
	납부번호 :	

등기의무자의 등기필정보		
부동산고유번호		
성명(명칭)	일련번호	비밀번호

⑩ 첨 부 서 면

· 해지증서 1통 · 등록면허세영수필확인서 1통 · 등기필정보 1통 · 위임장 1통 · 인감증명서 1통	· 등기신청수수료현금영수필확인서 1통

년   월   일

위 신청인 이 ○ ○ ㊞ (전화 :   )

김 ○ ○ ㊞ (전화 :   )

(또는) 위 대리인   (전화 :   )

서울○○지방법원   등기과 귀중

해지증서(가등기)

부동산의 표시 : 생략

  위 부동산에 관하여 2005년   월   일 접수 제   호로 경료 된 가등기는 이를 해
지한다.

2005년   월   일

가등기권리자   이 ○ ○ ㉑
서울특별시   구   동   번지

위 부동산의 소유자 김 ○ ○ 귀하
서울특별시   구   동   번지

가등기말소등기신청 (혼동)

접 수	년 월 일	처 리 인	등기관 확인	각종통지
	제 호			

부동산의 표시
등기원인과 그 연월일	2003년 1월 15일 혼동(매매)
등기의 목적	가등기말소
말소할 등기	2000년 10월 1일 접수 제500호로 경료된 소유권이전청구권가등기

구분	성 명 (상호 · 명칭)	주민등록번호 (등기용등록번호)	주소(소재지)
등기의무자	이 ○ ○		
등기권리자	김 ○ ○		

등 록 면 허 세	금		원
지 방 교 육 세	금		원
세 액 합 계	금		원
등 기 신 청 수 수 료	금		원
	납부번호 :		

등기의무자의 등기필정보

부동산고유번호			
성명(명칭)		일련번호	비밀번호

첨 부 서 면

1. 등록세면허세영수필통지서 1. 등기신청서부본 1. 위임장 1. 등기신청수수료현금영수필확인서　　1통	<기　타>

년　월　일

위 신청인 전차인　○ ○ ○ ㉑ (전화 :　　　　　　)

전대인 ○ ○ ○ ㉑ (전화 :　　　　　　)

(또는) 위 대리인 법무사 ○ ○ ○ ㉑ (전화 :　　　　　　　)

○○지방법원　　　　　등기소 귀중

제4관 가등기에 기한 본등기

Ⅰ. 본 등 기

1. 소유권이전본등기의 의의

소유권이전본등기라 함은 매매예약에 의하여 소유권이전청구권보전의 가등기를 한 후에 "예약완결"로 "매매계약"이 성립된 경우에 가등기에 기하여 하는 소유권이전의 본등기를 말하며, 이 등기신청서에는 가등기권리자를 등기권리자, 부동산 소유자를 등기의무자로 기재한다.

2. 가등기에 의한 본등기

(1) 본등기의 순위

가등기를 한 경우에는 본등기의 순위는 가등기의 순위에 의한다(법 제91조). 이것은 가등기는 그 성질상 본등기의 순위보전의 효력만이 있어 후일 본등기가 경료된 때에는 "본등기의 순위"가 가등기한 때로 소급함으로써 가등기 후 본등기전에 이루어진 중간처분이 본등기보다 후순위로 되어 실효될 뿐이고, 본등기에 의한 물권변동의 효력이 가등기한 때로 소급하여 발생하는 것은 아니다(대판 1981. 5. 26. 80다3117, 1992. 9. 25, 92다21258).

(2) 가등기의 순위번호에 의한 본등기

가등기를 한 후 본등기의 신청이 있을 때에는 가등기의 순위번호를 사용하여 본등기를 하여야 한다(규칙 제146조 · 부동산등기기재례집 p.348.3.가.참조).

가등기의 순위번호를 사용하여 본등기를 하여야 하는 것은 가등기에 의한 본등기를 한 경우 본등기의 순위는 가등기의 순위에 따르기 때문이다(법 제91조 아래기록례 참조). 가등기는 후일 본등기를 한 경우에 그 본등기의 효력을 소급시켜 가등기를 한 때에 본등기를 한 것과 같은 순위를 확보케하는데 그 목적이 있을 따름이고 가등기에 의하여 어떤 특별한 권리를 취득케하는 것이라고는 볼 수 없다(대법원 1972. 6. 2. 72마399).

가등기에 기한 본등기〈등기부 기록례〉

가. 소유권이전청구권보전의 가등기에 기한 본등기 423

순위 번호	등기목적	접 수	등기원인	권리자 및 기타사항
3	소유권이전청구가등기	(생략)	2001년 3월 9일 매매예약	가등기권리자 이을돌(이하생략)
	소유권이전	2003년 3월 20일 제3898호	2003년 3월 19일 매매	소유자 이을돌 000000－0000000 서울시 종로구 원남동 5 거래가액 : 85,000,000원

【갑　　구】　(소유권에 관한 사항)

(주) 소유권이전담보가등기에 기한 본등기의 경우에는 원인을 '대물반환'으로 한다.

나. 근저당권설정청구권 가등기에 기한 본등기 424

【을　　구】　(소유권 이외의 권리에 관한 사항)

순위 번호	등기목적	접 수	등기원인	권리자 및 기타사항
3	근저당권설정청구권 가등기	(생략)	0000년 0월 0일 설정예약	(생략)
	근저당권설정	2003년 3월 21일 제3901호	2003년 3월 20일 설정계약	채권채고액 금500,000,000원 채무자 이병남 서울시 서대문구 홍은동 7 근저당권자 김을돌 000000－0000000 서울시 종로구 원서동 8

(3) 가등기 후에 한 제3자명의의 소유권이전등기의 직권말소

가등기권리자가 그에 기한 소유권이전의 본등기를 한 경우에는 등기공무원은 그 가등기 후에 한 제3자 명의의 소유권이전등기를 직권으로 말소할 수 있다(1980. 6. 3. 80마219 결정).

3. 매매예약완결권의 행사기간과 기산점

(1) 매매예약의 완결권(형성권)

매매의 일방예약에서 예약자의 상대방이 매매예약 완결의 의사표시를 하여 매매의 효력을 생기게 하는 권리, 즉 매매예약의 완결권은 일종의 형성권으로서 당사자 사이에 그 행사기간을 약정한 때에는 그 기간 내에, 그러한 약정이 없는 때에는 그 예약이 성립한 때로부터 10년 내에 이를 행사하여야 하고, 그 기간을 지난 때에는 예약 완결권은 제척기간의 경과로 인하여 소멸한다(대판 1992. 7. 28. 91다44766, 1997. 6. 27. 97다12488, 2003. 1. 10, 2000다26425). 당사자 사이에 약정하는 예약완결권의 행사기간에는 특별한 제한은 없다(대판 2017. 1. 25. 2016다42077).

> 주: 형성권(形成權)이라 함은 권리자의 일방적인 의사표시에 의하여 법률관계의 발생, 변경, 소멸을 초래하는 권리를 말한다. 이러한 형성권에는 권리자의 의사표시만으로 효과를 발생하는 것{법률행위의 동의권(민법 제5조 제1항, 제7조), 취소권(민법 제140조), 계약의 해제 및 해지권(민법 제543조), 매매의 일방예약완결권(민법 제564조) 등}과 법원의 판결에 의하여 비로소 효과를 발생하는 것이 있다 {채권자취소권(민법 제406조), 재판상 이혼권(민법 제840조), 등}. 이 중에서 후자를 청구하기 위하여 제기하는 소를 형성(形成)의 소(訴)라고 한다.

(2) 가등기권자의 예약완결권의 행사를 요하지 아니하는 경우(판결주문의 등기원인 및 그 연월일의 기재)

소유권이전등기청구권을 보전하기 위한 가등기가 형식상 매매예약을 등기원인으로 하고 있지만 실제상으로는 가등기권자의 청구가 있으면 별도의 매매완결권의 행사를 요하지 아니하고 언제든지 본등기를 경료하기 위한 것이라면 가등기권자는 언제든지 가등기에 기한 본등기의 이행을 청구할 수 있으며 그 경우의 판결주문에서는 그 원인인 완결권의 행사나 그 연월일을 표시하지 아니하여도 무방하고 그 판결이 확정된 경우의 등기신청서에는 등기원인을 그 확정 '판결'로, 연월일을 그 확정판결의 선고연월일로 기재하여야 한다(대판 81. 3. 10. 80다2583).

4. 본등기신청의 당사자

매매예약에 의하여 소유권이전청구권보전의 가등기를 한 후에 예약완결로 매매계약이 성립된 경우에 가등기에 기하여 하는 소유권이전의 본등기는 가등기권리자를 등기권리자, 부동산 소유자를 등기의무자로하여 공동으로 신청(법 제23조 제1항)함이 원칙이다.

등기의무자의 협력이 없는 경우에는 의사의 진술을 명하는 판결(민집법 제263조 제1항)을 받아 등기권리자가 단독으로 신청할 수 있다(법 23조 4항).

(1) 가등기 후 제3자에게 소유권이 이전된 경우

가등기에 의한 본등기신청의 등기의무자는 가등기를 할 때의 소유자이며, 가등기 후에 제3자에게 소유권이 이전된 경우에도 가등기의무자는 변동되지 않는다(등기예규 제1408호 4. 가. (1).).

(2) 가등기권자가 사망한 경우(상속등기의 생략)

가등기를 마친 후에 가등기권자가 사망한 경우, 가등기권자의 상속인은 상속등기를 할 필요 없이 상속을 증명하는 서면을 첨부하여 가등기의무자와 공동으로 본등기를 신청할 수 있다(등기예규 제1408호 4. 가. (2).).

(3) 가등기의무자가 사망한 경우(상속등기의 생략)

가등기를 마친 후에 가등기의무자가 사망한 경우, 가등기의무자의 상속인은 상속등기를 할 필요 없이 상속을 증명하는 서면과 인감증명 등을 첨부하여 가등기권자와 공동으로 본등기를 신청할 수 있다(등기예규 제1408호 4. 가. (2).).

(4) 복수의 가등기권리자 중 일부 권리자의 자기지분에 관한 본등기 청구

복수의 권리자가 소유권이전등기청구권을 보존하기 위하여 가등기를 한 경우 특별한 사정이 없는 한 그 권리자 중 한 사람은 자신의 지분에 관하여 단독으로 가등기에 기한 본등기를 청구할 수 있고, 이때 그 가등기 원인을 매매예약으로 하였다는 이유만으로 가등기권리자 전원이 동시에 본등기절차이행을 청구하여야 하는 것은 아니다(대판 1984. 6. 12. 83마카2282, 2002. 7. 9. 2001다43922, 43939).

🔍 판 례

1. 공유자가 다른 공유자의 동의 없이 공유물을 처분할 수는 없으나 그 지분은 단독으로 처분할 수 있으므로, 복수의 권리자가 소유권이전청구권을 보전하기 위하여 가등기를 마쳐 둔 경우 특별한 사정

이 없는 한 그 권리자 중 한 사람은 자신의 지분에 관하여 단독으로 그 가등기에 기한 본등기를 청구할 수 있고, 이는 명의신탁해지에 따라 발생한 소유권이전청구권을 보전하기 위하여 복수의 권리자 명의로 가등기를 마쳐 둔 경우에도 마찬가지이며, 이 때 그 가등기 원인을 매매예약으로 하였다는 이유만으로 가등기 권리자 전원이 동시에 본등기절차의 이행을 청구하여야 한다고 볼 수 없다(대판 2002. 7. 9, 2001 다43722·43939).

2. 가등기에 기한 본등기의 경우에는 등기의무자의 인감증명서에 적힌 주소가 가등기 당시의 그것과 부합하는 이상 등기부상의 변경된 주소와 부합하지 아니하여도 등기공무원은 그 본등기신청을 각하할 수 없다.(大判 1971.8.25. 71마452)

(5) 가등기에 기한 본등기절차에 의하지 아니하고 별도의 소유권이전등기를 경료받은 경우

가등기권자가 가등기에 기한 본등기의 절차에 의하지 아니하고 별도의 소유권이전등기를 경료받은 경우에 있어서는, 특별한 사정이 없는 한 가등기권자가 재차 가등기에 기한 본등기를 청구할 수 있는 것이므로 그 별도의 소유권이전등기를 가등기에 기한 본등기와 동일하게 볼 수는 없다(대판 2002. 7. 26, 2001다73138·73145).

5. 가등기에 의한 본등기의 신청과 토지거래계약허가증의 첨부 여부

가등기를 신청할 당시 그 등기원인이 된 토지거래계약 또는 예약에 대한 토지거래계약허가증을 제출한 경우, 그 가등기에 의한 본등기를 신청할 때에 별도로 토지거래계약허가증을 제출할 필요가 없다(등기예규 제1283호 2. 나. 제1634호).

6. 가등기의 터잡은 본등기 금지의 가처분이 등기사항인지 여부

가등기에 터잡은 본등기를 하는 것은 그 가등기에 의하여 순위보전된 권리의 취득(권리의 증대 내지 부가)이지 가등기상의 권리자체의 처분(권리의 감소 내지 소멸)이라고는 볼 수 없으므로 그러한 본등기를 금하는 가처분은 권리 자체의 처분의 제한에 해당되지 아니하여 본조 소정의 등기할 사항이라 할 수 없고 이를 접수하여 등기사항이 아닌 것을 등기부에 기입하였더라도 그 기재사항은 아무런 효력을 발생할 수 없다(대법원 78. 10. 14. 78마282).

Ⅱ. 가등기에 기한 본등기절차

본등기의 순위는 가등기의 순위에 따르며(법 91조), 가등기의 순위번호를 사용하여 본등기를 하여야 하므로 본등기의 순위번호는 새로이 부여되지 않으며(규칙 146조), 본등기한 후라도 가 등기를 말소하는 표시를 하지 않는다. 종전 수작업등기부는 가등기할 때 마련해 둔 여백에 본등기를 기재하였으나(구법 62조), 현행 등기기록에서는 따로 여백을 두고 있지 않고 본등기사항을 입력하면 본등기는 가등기 아래에 자동으로 기록된다.

1. 등기절차

(1) 가등기 후의 본등기

가등기를 한 후 본등기의 신청이 있을 때에는 가등기의 순위번호를 사용하여 본등기(이책 1053면 기록례 참조)를 하여야 한다(규칙 제146조).

🔍 판 례

> [1] 가등기권자가 그 소유권이전의 본등기를 한 경우에는 등기공무원은 본법 제175조 제1항, 제55조 제2항에 의하여 가등기 이후에 한 제3자의 본등기를 직권말소할 수 있다(대법원 62.12.24. 4294민재항 675 카7981) ★ (전원합의체결정)
> [2] 가등기의 순위보전효력 : 가등기는 그 성질상 본등기의 순위보전에 효력만이 있고 후일 본등기가 경료된 때에는 본등기의 순위가 가등기한 때로 소급함으로써 가등기후 본등기 전에 이루어진 중간처분이 본등기보다 후순위로 되어 실효될 뿐이고 본등기에 의한 물권변동의 효력이 가등기한 때로 소급하여 발생하는 것은 아니다(대판 82. 6. 22. 81다1298,1299),

(2) 가등기 후 제3자에게 소유권이전등기가 된 경우의 본등기절차

가등기 후에 제3자에게 소유권이전의 본등기가 된 경우에는 가등기권자는 그 본등기를 경유하지 아니하고는 가등기 후의 본등기의 말소를 청구할 수 없으며, 이 경우 가등기권자는 가등기의무자인 전소유자를 상대로 하여 본등기청구권을 행사하여야 하며, 제3자를 상대로 하여 본등기청구권을 행사할 수는 없다(대법원 1962. 12. 24.자 4294민재항675 결정).

(3) 매매금액이 상이한 경우의 본등기신청

가등기 당시의 매매예약서에 기재된 금액과 그 매매예약에 기한 본등기시의 매매계약서상의 매매금액이 다르다고 하여 본등기신청을 할 수 없는 것은 아니다(등기예규 제462호; 등기선례요지집 제6권 37항).

(4) 다른 원인으로 소유권이전등기를 한 경우

소유권이전청구권가등기권자가 가등기에 의한 본등기를 하지 않고 다른 원인에 의한 소유권이전등기를 한 후에는 다시 그 가등기에 의한 본등기를 할 수 없다. 다만 가등기 후 위 소유권이전등기 전에 제3자 앞으로 처분제한의 등기가 되어 있거나 중간처분의 등기가 된 경우에는 그러하지 아니하다(등기예규 제1408호 4.아.).

2. 가등기된 권리 중 일부지분에 대한 본등기

가등기에 의한 본등기신청은 가등기된 권리 중 일부지분에 관해서도 할 수 있다. 이 경우 등기신청서에는 본등기될 지분을 기재하여야 하고, 등기기록에도 그 지분을 기재하여야 한다(위 예규 4. 라.).

3. 공동가등기권자가 있는 경우

(1) 공동가등기권자의 본등기신청

하나의 가등기에 관하여 여러 사람의 가등기권자가 있는 경우에, 가등기권자 모두가 공동의 이름으로 본등기를 신청하거나, 그 중 일부의 가등기권자가 자기의 가등기지분에 관하여 본등기를 신청할 수 있지만, 일부의 가등기권자가 공유물보존 행위에 준하여 가등기 전부에 관한 본등기를 신청할 수는 없다. 공동가등기권자 중 일부의 가등기권자가 자기의 지분만에 관하여 본등기를 신청할 때에는 신청서에 그 뜻을 기재하여야 하고 등기부에도 그 뜻을 기재하여야 한다(등기예규 제1408호 4. 마. (1)).

(2) 공동가등기권자의 지분에 대한 본등기

공동가등기권자의 지분이 기재되어 있지 아니한 때에는 그 지분은 균등한 것으로 보아 본등기를 허용하고, 일부의 가등기권자가 균등하게 산정한 지분과 다른 가등기지분을 주장하여 그 가등기에 의한 본등기를 신청하고자 할 경우에는 먼저 가등기지분을 기재하는 의미의 경정등기를 신청하여야 한다. 이 경우 그 경정등기 신청은 가등기권자 전원이 공동으로 하여야 하고 등기신청서에는 가등기권자 전원 사이에 작성된 실제의 지분비율을 증명하는 서면과, 실제의 지분이 균등하게 산정한 지분보다 적은 가등기권자의 인감증명을 첨부하여야 한다.

(3) 가등기권자 중 일부의 가등기상 권리의 양도와 본등기

두 사람의 가등기권자 중 한 사람이 가등기상 권리를 다른 가등기권자에게 양도한 경우, 양수한 가등기권자 한 사람의 이름으로 본등기를 신청하기 위해서는 먼저 가등기상 권리의 양도를 원인으로 한 지분 이전의 부기등기를 마쳐야 한다(등기예규 제1408호 4. 마. (3)).

4. 해당 가등기(소유권이전청구권가등기)의 직권말소

(1) 등기관의 가등기의 직권말소

등기관이 소유권이전청구권보전가등기에 의하여 소유권이전의 본등기를 한 경우에는 법 제92조(가등기에 의하여 보전되는 권리를 침해하는 가등기 이후 등기의 직권말소) 제1항에 따라 가등기 후 본등기 전에 마쳐진 등기 중 부동산등기규칙 제147조 제1항 각 호의 등기를 제외하고는 모두 직권으로 말소한다(규칙 제147조 제1항).

따라서 소유권이전청구권보전등기에 기하여 소유권이전의 본등기를한 경우 "해당 가등기 및 가등기 전에 마쳐진 등기의 말소예고등기"는 등기관이 직권으로 말소하여야 한다(등기예규 제1408호. 5. 가. 1). (마)).

(2) 가등기권리자가 다른 원인으로 소유권이전등기를 한 경우(혼동 또는 통상의 가등기소절차에 따른 가등기말소)

가등기권리자가 가등기에 의하지 않고 다른 원인으로 소유권이전등기를 하였을 경우 그 부동산의 '소유권이 제3자에게 이전되기 전'에는 가등기권리자의 단독신청으로 '혼동'(민법 제507조)을 등기원인으로 하여 가등기를 말소할 수 있으나, 그 부동산의 '소유권이 제3자에게 이전된 후'에는 '통상의 가등기말소절차'에 따라 가등기를 말소한다(등기예규 제1408호 6. 마).

채권은 채권과 채무가 동일한 주체에 귀속한 때에 한하여 혼동으로 소멸하는 것이 원칙이다(대판 1995. 12. 26. 95다29888).

5. 가등기권자의 가등기 이후 본등기의 말소청구

가등기 후에 제3자에게 소유권이전의 본등기가 된 경우에 가등기권자는 그 본등기를 경류하지 아니하고는 가등기 이후의 본등기의 말소를 청구할 수 없다(대법원 1962. 12. 24. 4294민재항675 전원합의체결정).

(1) 가등기의 순위보전의 효력

가등기권리자는 가등기만으로서는 물권취득의 효력을 주장할 수 없다(대판 1970. 3. 10. 69다1669). 즉 가등기는 후일 본등기를 한 경우에 그 본등기의 효력을 소급시켜 가등기를 한 때에 본등기를 한 것과 같은 순위를 확보케 하는 데에 그 목적이 있을 따름이고 가등기에 의하여 어떤 특별한 권리는 취득케 하는 것이라고는 볼 수 없다(대법원 1972. 6. 2. 72마399, 1982. 6. 22. 81다1298, 1299).

(2) 가등기권자의 본등기청구권 및 그 상대방

가등기 후에 가등기권리자 이외의 제3자에 대한 소유권이전의 본등기가 경유되었다 하여도 가등기권리자의 본등기청구권은 이행불능상태에 있다고 할 수 없으므로 제3자의 소유권이전등기의 말소등기 없이 그 가등기의 본등기를 명할 수 있다(대판 1966. 6. 21. 66다699, 700).

위의 경우에 가등기권자는 가등기의무자인 전소유자를 상대로 본등기청구권을 행사할 것이고 그 제3자를 상대로 할 것이 아니다(대법원 1962. 12. 24. 4294민재항675 전원합의체결정).

(3) 직권말소

가등기권자가 그 소유권이전의 본등기를 한 경우에는 등기관은 부동산등기법 제175조(현행법 제58조) 제1항, 제55조(현행법 제29조) 제2호에 의하여 가등기후에 한 제3자의 본등기를 직권 말소 할 수 있다(대법원 1962. 12. 24. 4294민재항675 전원합의체결정).

가등기권자는 가등기만으로서 가등기 후의 본등기 취득자에게 가등기에 의하여 보존된 물권을 주장하여 제3자의 본등기말소를 청구할 수 없고, 가등기 후에 본등기를 한 제3자는 가등기권자의 본등기취득으로 등기순위와 물권의 타성에 의하여 실질적으로 등기의 효력을 상실한 것이므로, 이와 같은 경우에는 등기관은 부동산등기법 소정의 절차에 의하여 가등기 후에 한 제3자의 본등기를 직권으로 말소할 수 있다(대판 1963. 7. 25. 63다53).

Ⅲ. 가등기에 기한 본등기를 한 경우 직권말소하여야 하는 등기

가등기 후에 본등기한 제3자의 등기는 가등기가 본등기로 된 경우에는 이 본등기가 우선하므로 이에 저촉되는 제3자의 본등기는 그 효력을 상실하게 되고 이 경우에 등기관은 가등기후에 한 제3자의 본등기를 직권으로 말소할 수 있다(대법원 1962. 12. 24. 4294 민재항675. 1965.3.31. 65마97, 1965.4.25. 65마219, 1980.6.3. 80마219).

가등기에 기한 소유권이전의 본등기를 한 경우에는 가등기 후에 경료 된 근저당권설정등기와 경매신청의 기입등기는 등기관이 부동산등기법 175조(현행법 제58조) 및 177조(현행법 제58조 제4항) 및 제55조 2호(현행법 제29조 제2호)에 의하여 직권으로 말소할 수 있다(대법원 1975. 12. 27. 74마100).
가등기권리자가 그에 기한 소유권이전의 본등기를 한 경우에는 등기관은 그 가등기 후에 한 제3자명의의 소유권이전등기를 직권으로 말소할 수 있다(대법원 1980. 6. 3. 80마219).

등기관은 가등기에 의한 본등기를 하였을 때에는 대법원규칙으로 정하는 바에 따라 가등기 이후에 된 등기로서 가등기에 의하여 보전되는 권리를 침해하는 등기를 직권으로 말소하여야 한다(법 제92조 1항).
등기관이 법 제92조 제1항에 따라 가등기 이후의 등기를 말소하였을 때에는 지체 없이 그 사실을 말소된 권리의 등기명의인에게 통지하여야 한다(법 제92조 제2항).

1. 가등기에 기한 본등기와 직권말소 대상등기

가등기권리자가 본등기를 취득한 경우에는 등기관은 부동산등기법 제175조 제1항(현행법 제58조 제1항) 같은 법 제55조(현행법 제29조) 제2호에 의하여 가등기 후에 한 제3자의 등기를 직권말소 할 수 있다(대법원 1965. 4. 25. 65마219, 1975. 12. 27. 74마100, 1979. 9. 27. 79마222).

(1) 등기관이 소유권이전등기청구권보전 가등기에 의하여 소유권이전의 본등기를 한 경우에는 법 제92조제1항에 따라 가등기 후 본등기 전에 마쳐진 등기 중 다음 각 호의 등기를 제외하고는 모두 직권으로 말소한다(규칙 제147조 제1항·등기예규 제1408호 5. 가.).
   1. 해당 가등기상 권리를 목적으로 하는 가압류등기나 가처분등기
   2. 가등기 전에 마쳐진 가압류에 의한 강제경매개시결정등기
   3. 가등기 전에 마쳐진 담보가등기, 전세권 및 저당권에 의한 임의경매개시결정등기
   4. 가등기권자에게 대항할 수 있는 주택임차권등기, 주택임차권설정등기, 상가건물임차권등기, 상가건물임차권설정등기(이하 "주택임차권등기등"이라 한다)
   5. 해당 가등기 및 가등기전에 마쳐진 등기의 말소예고 등기
(2) 등기관이 규칙 제147조 제1항과 같은 본등기를 한 경우 그 가등기 후 본등기 전에 마쳐진 체납처분으로 인한 압류등기에 대하여는 직권말소대상통지를 한 후 이의신청이 있으면 대법원예규로 정하는 바에 따라 직권말소 여부를 결정한다(규칙 제147조 제2항).
(3) 등기관이 지상권, 전세권 또는 임차권의 설정등기청구권보전 가등기에 의하여 지상권, 전세권 또는 임차권의 설정의 본등기를 한 경우 가등기 후 본등기 전에 마쳐진 다음 각 호의 등기(동일한 부분에 마쳐진 등기로 한정한다)는 법 제92조제1항에 따라 직권으로 말소한다(규칙 제148조 제1항·등기예규 제1408호 55. 나. 1).).
   1. 지상권설정등기
   2. 지역권설정등기
   3. 전세권설정등기
   4. 임차권설정등기
   5. 주택임차권등기등. 다만, 가등기권자에게 대항할 수 있는 임차인 명의의 등기는 그러하지 아니하다. 이 경우 가등기에 의한 본등기의 신청을 하려면 먼저 대항력 있는 주택임차권등기등을 말소하여야 한다.

2. 직권말소대상이 아닌 등기

(1) 지상권, 전세권 또는 임차권의 설정등기청구권보전 가등기에 의하여 지상권, 전세권 또는 임차권의 설정의 본등기를 한 경우 가등기 후 본등기 전에 마쳐진 다음 각 호의 등기는 직권말소의 대상이 되지 아니한다(규칙 제148조 제2항·등기예규 제1408호 5. 나. 2).

   1. 소유권이전등기 및 소유권이전등기청구권보전 가등기

   2. 가압류 및 가처분 등 처분제한의 등기

   3. 체납처분으로 인한 압류등기

   4. 저당권설정등기

   5. 가등기가 되어 있지 않은 부분에 대한 지상권, 지역권, 전세권 또는 임차권의 설정등기와 주택임차권등기등

(2) 저당권설정등기청구권보전 가등기에 의하여 저당권설정의 본등기를 한 경우 가등기 후 본등기 전에 마쳐진 등기는 직권말소의 대상이 되지 아니한다(규칙 제148조 제3항).

3. 체납처분에 의한 압류 등기의 직권말소 여부(등기예규 제1408호 5. 가. 2)

(1) 소유권이전등기청구권보전의 가등기에 기한 소유권이전의 본등기를 신청한 경우 등기관은 등기기록의 기록사항만으로는 위 가등기가 담보가 등기인지 여부를 알 수 없을 뿐 아니라, 담보가등기라 하더라도 체납처분에 의한 압류등기가 말소의 대상인지 여부를 알 수 없으므로 일단 직권말소대상통지(등기예규 제1338호 별지 31호 양식)를 한 후, 이의 신청이 있는 경우 제출된 소명자료에 의하여 말소 또는 인용여부를 결정한다.

(2) 담보가등기 또는 소유권이전등기청구권 가등기라 하더라도 사실상 담보가등기인 경우 다음 각 호에 해당하는 경우에는 직권으로 말소할 수 없다.

 (가) 법정기일(「국세기본법」 제35조, 「지방세기본법」 제99조)이 담보가등기가 경료되기 전인 국세 및 지방세 채권에 의한 압류등기. 다만, 다음 경우의 담보가등기와 국세·지방세의 선·후의 비교는 아래 기준에 의한다.

  1) 1991. 1. 1. 전의 국세 및 1992. 1. 1. 전의 지방세 채권에 의한 압류등에 대하여는 법

정기일과 가등기일의 선·후를 비교하는 대신 납부기한과 가등기일의 선·후를 비교한다.

2) 1992. 1. 1. 이후 1995. 1. 1. 전의 지방세에 의한 압류등기는 과세기준일 또는 납세의무성립일(이에 관한 규정이 없는 세목에 있어서는 납기개시일)과 가등기일의 선·후를 비교한다.

(나) 당해 재산에 부과된 국세(당해세)의 체납처분에 의한 압류등기

(다) 납부기한이 1992. 12. 31. 이전인 지방세(당해세) 체납처분에 의한 압류등기 또는 법정기일이 1996. 1. 1. 이후인 지방세(당해세) 체납처분에 의한 압류등기[1992. 1. 1. 이후부터 1995. 12. 31. 이전에 담보가등기가 설정된 경우의 지방세(당해세) 체납처분에 의한 압류등기는 위 (1) 의 예에 의한다]

4. 직권말소한 뜻의 등기

가등기에 의한 본등기를 한 다음 가등기 후 본등기 전에 마쳐진 등기를 등기관이 직권으로 말소할 때에는 가등기에 의한 본등기로 인하여 그 등기를 말소한다는 뜻을 기록하여야 한다 (규칙 제149조).

Ⅳ. 가등기에 기한 본등기시에 직권말소한 등기의 직권회복

가등기에 기한 소유권이전의 본등기가 됨으로써 등기공무원이 직권으로 가등기후에 경료된 제3자의 소유권이전등기를 말소한 경우에 그 후에 가등기나 그 가등기에 기한 본등기가 원인무효의 등기라 하여 말소될 때에는 결국 위 제3자의 소유권이전등기는 말소되지 아니할 것을 말소한 결과가 되므로 이때는 등기공무원이 직권으로 그 말소등기의 회복등기를 하여야 할 것이므로 그 회복등기를 소구할 이익이 없다(1983.3.8. 82다카1168).

가등기에 기한 소유권이전의 본등기시에 등기관이 직권말소한 가등기 이후의 제3자의 권리에 관한 등기는 가등기에 기한 본등기를 말소하는 경우에 있어서는 등기관이 이를 직권으로 회복토록 하여야 한다(등기예규 제444호).

V. 가등기 후의 본등기와 관련된 문제

1. 가등기 후 제3자에게 소유권이 이전된 경우 본등기청구의 상대방

가등기 후에 제3자에게 소유권이전의 본등기가 된 경우에 가등기권리자는 그 본등기를 경유하지 아니하고는 가등기 이후의 본등기의 말소를 청구할 수 없으며, 이 경우에 가등기권리자는 가등기의무자인 전소유권자를 상대로 본등기 청구권을 행사할 것이고 그 제3자를 상대로 할 것이 아니다(대결 1962. 12. 24.자 4294민재항675).

2. 매매예약을 원인으로 한 가등기에 기한 본등기시 매매완결권의 행사를 요하는지 여부

소유권이전등기청구권을 보전하기 위한 가등기가 형식상 매매예약을 등기원인으로 하고 있지만 실제상으로는 가등기권자의 청구가 있으면 별도의 매매완결권의 행사를 요하지 아니하고 언제든지 본등기를 경료하기 위한 것이라면 가등기권자는 언제든지 가등기에 기한 본등기의 이행을 청구할 수 있으며, 그 경우의 판결 주문에서는 그 원인인 완결권의 행사나 그 연월일을 표시하지 아니하여도 무방하고 그 판결이 확정된 경우의 등기신청서에는 등기원인을 그 확정판결로, 연월일을 그 확정판결의 선고연월일로 기재하여야 한다(등기예규 제378호).

3. 공동가등기권리자 중 1인의 부동산 전체에 대한 본등기신청 가부(소극)

가등기는 후일 본등기를 할 경우에 그 본등기의 순위를 확보하려는 데 목적이 있을 따름이고 가등기에 의하여 어떤 특별한 권리를 취득하는 것은 아니므로, 가등기권리자 중 한 사람이 공유물 보존행위에 준하여 부동산 전체에 대한 본등기를 신청할 수는 없다(등기예규 제484호).

4. 청산법인 또는 청산종결된 회사의 가등기에 기한 본등기 신청

(1) 폐쇄된 등기기록에 청산인 등기가 되어 있지 않은 경우, 청산인이 가등기에 기한 본등기를 하기 위해서는 폐쇄된 법인등기기록을 부활하여 청산인 등기를 마친 다음 그 등기사항증명서를 청산인을 증명하는 서면으로 등기신청서에 첨부하여야 하고, 본등기 후 제3자에게 소유권이전등기를 신청할 경우에는 위 등기사항증명서와 함께 법인인감

인 청산인의 인감증명을 첨부하여야 한다(등기예규 제1087호 3. 나. (2)).

(2) 회사가 상법 제520조의2(휴면회사)의 규정에 의하여 직권으로 해산등기 및 청산종결등기가 되어 그 법인등기부가 폐쇄된 경우에도 그 회사 명의로 매매예약을 원인으로 한 가등기가 존재하는 한 그 범위 내에서 청산사무는 종료되지 아니하였기 때문에 가등기에 기한 본등기를 신청할 수 있고, 만일 그 부동산을 제3자에게 처분한 경우에는 본등기 후 그에 따른 소유권이전등기를 신청할 수 있다(등기선례 8권 15항).

5. 가등기에 의한 본등기후의 가등기말소를 명한 판결

가등기에 의한 본등기 경료후 가등기의 말소를 명한 판결로 가등기 및 본등기를 말소 할 수 없다(등기선례 ④ 586호).

VI. 가등기에 기한 본등기신청절차

1. 신청인

가등기에 의한 본등기는 가등기권리자를 등기권리자, 부동산소유자를 등기의무자로 하여 하는 것이 원칙이며(법 23조 1항), 등기의무자의 협력이 없는 경우에는 의사의 진술을 명하는 판결(민집법 제263조 제1항)을 받아 등기권리자가 단독으로 신청할 수 있다(법 23조 4항).

2. 가등기에 기한 소유권이전 본등기신청서의 기재사항

신청서에는 규칙 43조에서 규정한 일반적인 기재사항 외에, 가등기를 특정(접수일자와 접수번호)하여 가등기에 의한 "본등기라는 취지"를 기재하여야 한다. 공유자 중 1인이 자기의 지분만에 관하여 본등기를 신청할 때에는 신청서에 그 뜻과 본등기될 지분을 기재하여야 한다.

(1) 등기의 목적, 등기원인과 그 연월일

가등기에 기한 소유권이전본등기신청서에는 규칙 제43조 제1항 각호의 사항을 기재하고 신청인이 기명날인하여야 한다.

등기의 목적은 '소유권이전'으로, 등기원인은 '매매'로 등기원인일자는 매매예약의 완결권

행사일자(매매계약성립일)를 기재한다.

또한 "가등기의 표시"란에는 'O년 O월 O일 접수 제O호로 등기된 소유권이전 청구권보존의 가등기'라고 기재하여 본등기할 가등기를 특정하여 표시하여야 한다.

(2) 지분에 대한 본등기신청

지분에 대한 가등기에 기한 본등기를 하는 경우에는 'OOO지분 전부', 'O번 OOO지분 O분의 O중 일부(O분의 O)'로 표시한다.

3. 가등기에 기한 본등기신청서의 첨부서면

가등기에 기한 본등기를 신청할 때에는 규칙 제46조 각항의 서면을 첨부하여야 한다(법 제24조 제2항, 제25조).

(1) 매매계약서(규칙 제46조 제1항 제1호)

가등기에 터잡은 본등기를 신청할 때 제출하는 등기원인증서에는 검인이 되어 있어야 한다(등기예규 제1419호. 1. 마. (1)).

매매예약을 원인으로 한 가등기에 의한 본등기를 신청함에 있어서, 본등기의 원인일자는 매매예약완결의 의사표시를 한 날로 기재하여야 하나, 등기원인을 증명하는 서면은 매매계약서를 제출하여야 한다(등기예규 제1408호 4. 나. (1)).

그러나 형식상 매매예약을 등기원인으로 하여 가등기가 되어 있으나 실제로는 매매예약완결권을 행사할 필요없이 가등기권리자가 요구하면 언제든지 본등기를 하여 주기로 약정한 경우에는 매매예약완결권을 행사하지 않고서도 본등기를 신청할 수 있으며, 이 때에는 별도로 매매계약서를 제출할 필요가 없다(등기예규 제1408호 4. 나).

(2) 취득세(등록면허세)영수필확인서(규칙 제44조 제1항)

(3) 인감증명(규칙 제60조 제1항 제1호)

등기의무자가 소유권의 등기명의인인 경우 그 인감증명을 첨부해야 한다.
이때 매매를 원인으로 한 소유권이전청구권가등기에 기한 본등기를 신청하는 경우에는 부동산 매도용 인감증명을 제출하여야 한다.

가등기에 기한 본등기의 경우에는 등기의무자의 인감증명서에 적힌 주소가 가등기 당시의 그것과 부합하는 이상 등기부상의 변경된 주소와 부합하지 아니하여도 등기관은 그 본등기 신청을 각하할 수 없다(대결 1971. 8. 25.자 71마452).

(4) 등기필정보(법 제50조 제2항, 규칙 제43조 제1항 제7호)

매매예약에 의한 소유권이전청구권보전의 가등기에 기한 본등기를 신청할 때에 첨부하여야 하는 등기의무자의 권리에 관한 등기필정보는 가등기의 등기필증이 아닌 등기의무자인 소유권등기명의인이 소유권을 취득할 당시에 등기소로부터 교부받은 등기필정보를 제출하여야 한다(등기예규 제1408호 4. 다; 등기선례요지집 제6권 37항).

등기필증을 멸실하여 첨부할 수 없는 경우에는 부동산등기법 제51조에 의하여 확인서면이나 확인조서 또는 공증서면 중 하나를 첨부하여야 한다.

(5) 토지 · 임야 · 건축물대장(규칙 제46조 제1항 제7호)

(6) 주민등록등(초)본(규칙 제46조 제1항 제6호)

(7) 위임장(규칙 제46조 제1항 제5호)

(8) 토지거래허가서(규칙 제46조 제1항 제2호)

토지거래허가구역 내의 토지에 관하여 소유권의 본등기를 신청하는 경우에는 토지거래허가서를 첨부하여야 한다. 다만, 가등기할 때 이미 허가서를 첨부했을 경우에는 본등기시 허가서를 첨부할 필요가 없다(등기예규 제1283호. 2. 나.).

(9) 농지취득자격증명(규칙 제46조 제1항 제2호)

가등기에 기한 본등기시 목적부동산이 농지인 경우 농지취득자격증명을 첨부해야 한다(농지법 제8조).

소유권이전본등기신청

접수	년 월 일 제 호	처리인	등기관 확인	각종통지

부동산의 표시(거래신고일련번호/거래가액)
거래신고일련번호 :   거래가액 :

등기원인과 그 연월일	년 월 일 매매		
등 기 의 목 적	소유권이전		
가 등 기 의 표 시	년 월 일 접수 제 호로 등기된 소유권이전청구권 보전의 가등기		
이 전 할 지 분			
구분	성 명 (상호·명칭)	주민등록번호 (등기용등록번호)	주소(소재지)	지 분 (개인별)
등기의무자				
등기권리자				

제2장 각 론 1199

시가표준액 및 국민주택채권매입금액		
부동산 표시	부동산별 시가표준액	부동산별 국민주택채권매입금액
1.	금 원	금 원
2.	금 원	금 원
3.	금 원	금 원

국 민 주 택 채 권 매 입 총 액	금 원	
국 민 주 택 채 권 발 행 번 호	○ ○ ○	
취득세(등록면허세) 금 원	지방교육세 금 원	
	농어촌특별세 금 원	
세액합계	금 원	
등 기 신 청 수 수 료	금 원	
	납부번호 :	

등기의무자의 등기필정보		
부동산고유번호		
성명(명칭)	일련번호	비밀번호

첨 부 서 면	
1. 계약서 통	1. 주민등록표등(초)본 통
1. 취득세(등록면허세)영수필확인서 통	1. 위임장 통
1. 인감증명서나 본인서명사실확인서	1. 부동산거래계약신고필증 통
또는 전자본인서명확인서 발급증 통	1. 매매목록 통
1.등기필증 통	1. 등기신청수수료영수필확인서 통
1.토지·임야·건축물대장등본 통	〈기 타〉

년   월   일

위 신청인   (전화 :   )

(또는)위 대리인   (전화 :   )

지방법원   등기소 귀중

─신청서작성요령─

*1. 부동산표시란에 2개 이상의 부동산을 기재하는 경우에는 그 부동산의 일련번호를 기재하여야 합니다.

2. 신청인란 등 해당란에 기재할 여백이 없을 경우에는 별지를 이용합니다.

제5관 담보가등기 및 본등기

Ⅰ. 담보가등기

1. 담보가등기의 의의

담보가등기(擔保假登記)란 채권담보의 목적으로 채권자와 채무자(또는 제3자)사이에서 채무자(또는 제3자) 소유의 부동산을 목적물로 하는 대물반환예약 또는 매매예약 등을 하고, 동시에 채무자의 채무불이행이 있는 경우에 발생하게 될 소유권이전청구권을 보전하기 위한 가등기를 하는 변칙담보(變則擔保)를 말한다(가등기담보에 관한 법률 제2조 제3호).

가등기담보 등에 관한 법률은 차용물의 반환에 관하여 다른 재산권을 이전할 것을 예약한 경우에만 적용되고, 매매잔대금지급과 관련하여 다른 재산권을 이전하기로 약정한 경우에는 적용되지 않는다(대판 2007.12.13. 2005다52214).

가등기담보 등에 관한 법률에서 "담보가등기"라 함은 채권담보의 목적으로 마친 가등기를 말한다(동법 제2조 3호).

🔍 판 례

담보 가등기의 피담보채권이 가등기 원인증서인 매매예약서상의 매매대금을 한도로 제한되는지 여부(소극)
가등기의 원인증서인 매매예약서상의 매매대금은 가등기절차의 편의상 기재하는 것에 불과하고 가등기의 피담보채권이 그 한도로 제한되는 것은 아니며 피담보채권의 범위는 당사자의 약정 내용에 따라 결정된다.(대판 1996. 12. 23. 선고 96다39387,39394)

2. 담보가등기의 효력

「가등기담보 등에 관한 법률」에 의한 담보가등기가 경료된 경우, 담보가등기의 목적물이 다른 채권자의 신청에 의하여 경매에 붙여진 경우에 가등기담보권자는 가등기인 채로 그 가등기의 순위를 가지고 우선변제청구권을 행사할 수 있고(동법 제13조), 담보가등기의 목적물에 대하여 경매를 청구(동법 제12조)할 수 있는 등 일정한 실체법적인 효력이 인정된다.

등기구분 / 등기목적등	소유권이전청구권 가등기		소유권이전 담보가등기	
	가등기	본등기	가등기	본등기
등기의목적	소유권이전청구권 가등기	소유권이전	소유권이전담보 가등기	소유권이전
등기원인	○년○월○일 매매예약	○년○월○일 매매	○년○월○일 대물반환예약	○년○월○일 대물반환

[주] 부동산등기기재례집 336면, 337면, 348면; 등기예규 제1408호 7항 기록례 참조.

3. 담보가등기의 실행

(1) 담보가등기의 실행방법

담보가등기를 실행하는 방법으로는 권리취득에 의한 실행, 즉 담보권자가 목적물가액과 채무액의 차액을 채무자에게 지급하고 그 목적물을 취득하는 방법과 경매에 의하는 방법이 있다. 권리취득에 의한 실행절차는 ① 담보권 실행의 통지(가등기담보법 제3조 1항), ② 청산기간의 경과(가등기담보법 제3조 1항), ③ 청산금의 지급(가등기담보법 제4조 1항), ④ 본등기의 실행 등이다.

(2) 담보권자가 우선변제받는 피담보채권의 범위가 확정되는 기준시기(청산금 평가액의 통지 시)

가등기담보 등에 관한 법률 제3조, 제4조에 의하면 가등기담보권자가 담보계약에 따른 담보권을 실행하여 담보목적부동산의 소유권을 취득하기 위해서는 채권의 변제기 후에 청산금의 평가액을 채무자 등에게 통지하여야 한다. 여기서 말하는 청산금의 평가액은 통지 당시의 담보목적부동산의 가액에서 그 당시의 피담보채권액(원본, 이자, 위약금, 지연배상금, 실행비용)을 뺀 금액을 의미하므로, 가등기담보권자가 담보권 실행을 통하여 우선변제받게 되는 이자나 지연배상금 등 피담보채권의 범위는 통지 당시를 기준으로 확정된다. 채권자는 주관적으로 평가한 청산금의 평가액을 통지하면 족하고, 채권자가 주관적으로 평가한 청산금의 액수가 정당하게 평가된 청산금의 액수에 미치지 못하더라도 담보권 실행의 통지로서의 효력에는 아무런 영향이 없다(대판 2016. 6. 23. 2015다13171).

4. 담보가등기의 신청절차

(1) 신청인

담보가등기신청은 가등기권리자(채권자)와 가등기의무자(소유자인 채무자)의 공동신청에 의한다(법 제23조 제1항).

(2) 신청서의 기재사항(신청정보)

대물반환의 예약을 원인으로 한 가등기신청을 할 경우 등기신청서 기재사항 중 등기의 목적은 본등기될 권리의 이전담보가등기(예: 소유권이전담보가등기, 저당권이전담보가등기 등)라고 기재하고, 등기원인은 "0년 0월 0일 대물반환예약" 등과 같이 기재한다.

(3) 신청서의 첨부서면(첨부정보)

신청서에는 규칙 제46조 제1항 각 호의 서면을 첨부하여야 한다.

등기원인증서로는 대물반환예약서 등을 제출하여야 하고, 담보가등기인 경우에도 토지거래허가 구역 안에 있는 토지인 경우에는 토지거래허가서를 첨부하여야 한다(부동산거래신고 등에 관한 법률 제11조 제1항, 예규 1283호 2).

5. 매매대금 채무를 담보하기 위한 가등기를 한 경우 가등기 담보 등에 관한 법률의 적용 여부(소극)

가등기담보 등에 관한 법률(이하 '가등기담보법'이라 한다)은 차용물의 반환에 관하여 다른 재산권을 이전할 것을 예약한 경우에 적용되므로, 매매대금 채무를 담보하기 위하여 가등기를 한 경우에는 가등기담보법이 적용되지 아니한다.

당사자 사이에 매매대금 채무를 담보하기 위하여 부동산에 관하여 가등기를 마치고 채무를 변제하지 아니하면 가등기에 기한 본등기를 마치기로 약정한 경우에, 변제기에 채무를 변제하지 아니하면 채권채무관계가 소멸하고 부동산의 소유권이 확정적으로 채권자에게 귀속된다는 명시의 특약이 없는 이상 대물변제의 약정이 있었다고 인정할 수 없고, 단지 채무에 대한 담보권 실행을 위한 방편으로 소유권이전등기를 하는 약정, 이른바 정산절차를 예정하고 있는 '약한 의미의 양도담보' 계약이라고 봄이 타당하다.

그리고 '약한 의미의 양도담보'가 이루어진 경우에, 채권자는 채무의 변제기가 지나면 부동산의 가액에서 채권원리금 등을 공제한 나머지 금액을 채무자에게 반환하고 부동산의 소유권을 취득하거나(귀속정산), 부동산을 처분하여 매각대금에서 채권원리금 등의 변제에 충당하고 나머지 금액을 채무자에게 반환할 수도 있다(처분정산). 그렇지만 채무자가 채권자에게 적극적으로 위와 같은 정산을 요구할 청구권을 가지지는 아니하며, 다만 채무자는 채무의 변제기가 지난 후에도 채권자가 담보권을 실행하여 정산절차를 마치기 전에는 언제든지 채무를 변제하고 채권자에게 가등기 및 가등기에 기한 본등기의 말소를 청구할 수 있다(대판 2016. 10. 27. 2015다63138, 63145).

II. 담보가등기에 기한 소유권이전 본등기

1. 청산절차(채권자의 청산금지급)

채권자는 청산금(가등기담보법 제4조 1항)을 채무자에 지급한 후(가등기담보법 제4조 1항) 청산기간이 지나야 비로소 소유권이전 본등기를 할 수 있다. 채권자는 본등기를 한 때에 그 부동산의 소유권을 취득한다. 이때 담보권자의 본등기청구권 및 목적물의 인도청구권과 채무자 등이 취득하는 청산금 청구권과의 사이에는 동시이행의 관계가 있으므로 민법 제536조가 준용된다(가등기담보법 제4조 3항).

2. 청산절차를 거치지 아니한 본등기청구의 기각

(1) 본등기청구를 위한 청산절차의 이행

가담법이 적용되는 담보가등기에 기한 본등기 청구를 하기 위해서는 청산절차를 거쳐야 하고(가담법 제4조 1항) 거치지 않는 경우에는 그 본등기 청구는 이유 없어 기각하여야 한다.

(2) 채권자의 청산금의 지급 및 청산기간 경과 후의 본등기 청구

가등기담보 등에 관한 법률 제3조, 제4조를 위반하여 청산절차를 거치지 않고 이루어진 담보가등기에 기한 본등기의 효력은 무효이며, 이 경우 나중에 청산절차를 마치면 무효인 본등기가 실체관계에 부하하는 유효한 등기가 된다.

🔍 판 례

가등기담보 등에 관한 법률(이하 '가등기담보법'이라 한다) 제3조는 채권자가 담보계약에 의한 담보권을 실행하여 담보목적 부동산의 소유권을 취득하기 위해서는 채권의 변제기 후에 같은 법 제4조의 청산금의 평가액을 채무자 등에게 통지하여야 하고, 이 통지에는 통지 당시 부동산의 평가액과 민법 제360조에 규정된 채권액을 밝혀야 하며, 통지를 받은 날부터 2월의 청산기간이 지나야 한다고 규정하고 있다. 가등기담보법 제4조는 채권자는 위 통지 당시 부동산의 가액에서 피담보채권의 가액을 공제한 청산금을 지급하여야 하고, 부동산에 관하여 이미 소유권이전등기를 마친 경우에는 청산기간이 지난 후 청산금을 채무자 등에게 지급한 때에 부동산의 소유권을 취득하고 담보가등기를 마친 경우에는 청산기간이 지나야 가등기에 따른 본등기를 청구할 수 있으며, 이에 반하는 특약으로서 채무자 등에게 불리한 것은 효력이 없다고 규정하고 있다. 위 규정들은 강행법규에 해당하여 이를 위반하여 담보가등기에 기한 본등기가 이루어진 경우 그 본등기는 효력이 없다. 다만 가등기권리자가 가등기담보법 제3조, 제4조에 정한 절차에 따라 청산금의 평가액을 채무자 등에게 통지한 후 채무자에게 정당한 청산금을 지급하거나 지급할 청산금이 없는 경우에는 채무자가 통지를 받은 날부터 2월의 청산기간이 지나면 위와 같이 무효인 본등기는 실체적 법률관계에 부합하는 유효한 등기로 될 수 있을 뿐이다(대판 2017. 5. 17. 2017다202296).

3. 채권자의 청산금 지급의무와 채무자의 본등기의무(동시이행)

청산절차로써 가담법 제3조 소정의 담보권실행의 통지를 한 경우에는 그 청산금 수액이 정당하지 않더라도 청산기간은 진행되고 청산기간이 경과한 경우 법원으로서는 정당한 청산금의 지급과 상환으로 가등기에 기한 본등기절차를 이행할 것을 명해야 하고 채무자가 동시이행의 항변을 하지 않는 경우에는 채권자의 청구를 그대로 인용해야 한다(대판 1996. 7. 30. 96다 6974, 6981). 즉, 청산금 지급의무와 소유권이전의 본등기 의무는 서로 동시이행의 관계에 있게 된다.

4. 공동명의로 담보가등기를 마친 수인의 채권자가 자신의 지분에 관한 본등기 절차 이행청구

공동명의로 담보가등기를 마친 수인의 채권자가 각자의 지분별로 별개의 독립적인 매매예약완결권을 가지는 경우, 채권자 중 1인은 단독으로 자신의 지분에 관하여 가등기담보 등에 관한 법률이 정한 청산절차를 이행한 후 소유권이전의 본등기절차이행청구를 할 수 있다(대판 2012. 2. 16. 2010다82530 전원합의체 판결. 가등기에 한 본등기).

🔍 판례

1. 수인의 채권자가 공동명의로 가등기를 마친 경우 매매예약완결권의 귀속형태 :
   수인의 채권자가 각기 채권을 담보하기 위하여 채무자와 채무자 소유의 부동산에 관하여 수인의 채권자를 공동매수인으로 하는 1개의 매매예약을 체결하고 그에 따라 수인의 채권자 공동명의로 그 부동산에 가등기를 마친 경우, 수인의 채권자가 공동으로 매매예약완결권을 가지는 관계인지 아니면 채권자 각자의 지분별로 별개의 독립적인 매매예약완결권을 가지는 관계인지는 매매예약의 내용에 따라야 하고, 매매예약에서 그러한 내용을 명시적으로 정하지 않은 경우에는 수인의 채권자가 공동으로 매매예약을 체결하게 된 동기 및 경위, 매매예약에 의하여 달성하려는 담보의 목적, 담보 관련 권리를 공동 행사하려는 의사의 유무, 채권자별 구체적인 지분권의 표시 여부 및 지분권 비율과 피담보채권 비율의 일치 여부, 가등기담보권 설정의 관행 등을 종합적으로 고려하여 판단하여야 한다(대판 2012. 2. 16. 2010다82530. 전원합의체판결).

2. 채권자가 가담법에 의한 가등기담보권을 실행하여 그 담보목적 부동산의 소유권을 취득하기 위하여 채무자 등에게 하는 담보권 실행의 통지에는 채권자가 주관적으로 평가한 통지 당시의 목적 부동산의 가액과 피담보채권액을 명시함으로써 청산금의 평가액을 채무자 등에게 통지하면 족하며, 채권자가 이와 같이 주관적으로 평가한 청산금의 액수가 정당하게 평가된 청산금의 액수에 미치지 못한다고 하더라도 담보권 실행의 통지로서의 효력이나 청산기간의 진행에는 아무런 영향이 없고 청산기간이 경과한 후에는 그 가등기에 기한 본등기를 청구할 수 있다(대판 2008. 4. 11. 2005마36618).

5. 가등기담보 등에 관한 법률 제3조, 제4조를 위반한 본등기의 효력(무효)

(1) 가등기담보 등에 관한 법률 제3조, 제4조를 위반하여 담보가등기에 기한 본등기가 이루어진 경우에는 본등기는 무효이고, 설령 본등기가 가등기권리자와 채무자 사이에 이루어진 특약에 따라 이루어졌더라도 만일 특약이 채무자에게 불리한 것으로 무효라면 본등기는 여전히 무효일 뿐이다(대판 2016. 6. 23. 2015다13171).

(2) 가등기담보 등에 관한 법률(이하 '가등기담보법'이라고 한다) 제3조, 제4조의 각 규정에 비추어 볼 때, 위 각 규정을 위반하여 담보가등기에 기한 본등기가 이루어진 경우 본등기는 무효라고 할 것이고, 다만 가등기권리자가 가등기담보법 제3조, 제4조에 정한 절차에 따라 청산금의 평가액을 채무자 등에게 통지한 후 채무자에게 정당한 청산금을 지급하거나 지급할 청산금이 없는 경우에는 채무자가 통지를 받은 날부터 2개월의 청산기간이 지나야 위 무효인 본등기는 실체적 법률관계에 부합하는 유효한 등기가 될 수 있을 뿐이다.

그러므로 가등기담보법의 규정을 위반하여 무효인 본등기가 마쳐진 후 가등기에 기한 본등기를 이행한다는 내용의 화해권고결정이 확정되었다고 하더라도, 그러한 화해권고결정의 내용이 가등기담보법 제3조, 제4조가 정한 청산절차를 갈음하는 것으로 채무자 등에게 불리하지 않다고 볼 만한 특별한 사정이 없는 한, 위와 같이 확정된 화해권고결정이 있다는 사정만으로는 무효인 본등기가 실체관계에 부합하는 유효한 등기라고 주장할 수 없다. 나아가 그러한 화해권고결정에 기하여 다시 본등기를 마친다고 하더라도 본등기는 가등기담보법의 위 각 규정을 위반하여 이루어진 것이어서 여전히 무효라고 할 것이다(대판 2017. 8. 18. 2016다30296).

6. 담보가등기에 의한 본등기신청

(1) 신청인

담보가등기에 의한 본등기는 등기권리자(가등기권리자)와 등기의무자(부동산소유자)의 공동신청에 의한다(법 제23조 제1항).

(2) 담보가등기에 의한 본등기신청서의 기재사항

담보가등기에 의한 본등기를 신청할 경우 등기신청서에는 규칙 제43조 제1항 각호의 기재사항 외에 본등기할 담보가등기의 표시, 가등기담보등에관한법률 제3조에서 정하고 있는 청산금 평가통지서가 채무자 등에게 도달한 날을 제공하여야 한다.

등기의 목적은 소유권이전으로, 등기원인은 대물반환으로, 등기원인일자는 대물반환예약의 완결일자를 기재하면 된다. 특히 이 경우에는 신청서에 "본등기할 가등기"를 특정하여 기재하여야 한다. 즉 "○년 ○월 ○일 접수 제○호로 등기된 대물반환예약에 인한 소유권이전 담보가등기"로 기재하면 된다.

(3) 담보가등기에 의한 본등기신청서의 첨부서면

담보가등기에 기한 본등기신청서에는 규칙 제46조 제1항 각호의 서면 외에 다음 서류를 첨부하여야 한다.

(가) 청산금평가통지서 또는 통지서 도달증명서, 청산금지급(공탁)증명서

청산금 평가통지서 또는 청산금이 없다는 통지서가 도달하였음을 증명하는 서면과 가등기담보등에관한법률 제3조에서 정하고 있는 청산기간이 경과한 후에 청산금을 채무자에게 지급(공탁)하였음을 증명하는 서면(청산금이 없는 경우는 제외한다)을 등기신청서에 첨부하여야 한다. 다만 판결에 의하여 본등기를 신청하는 경우에는 그러하지 아니하다(등기예규 제1408호 4. 사. (2)).

(나) 청산금평가통지서도달 증명사본

첨부서면 중 청산금평가통지서도달증명사본은 청산금평가통지서(또는 청산금이 없다는 통지서)가 채무자 등에게 도달(통지)하였음을 증명하는 서면으로 그 통지서의 도달 연월일을 확인하여야 한다(청산기간 2 월의 경과 여부를 확인하여야 하므로 통지서의 도달일자를 확인할 필요가 있다. 가등기보호법 제3조 1항). 청산금 지급증명은 채권자가 청산기간(2월) 경과 후 청산금평가통지서에 명시했던 부동산의 평가액에서 피담보채권액을 공제한 청산금을 채무자 등에게 지급한 증명서를 첨부하여야 한다(가등기담보법 제4조 1항 전단).

7. 본등기신청의 각하

위 (3) (나)의 요건을 갖추지 아니한 등기신청이나 청산금평가통지서가 채무자 등에게 도달한 날로부터 2 월이 경과하지 아니한 본등기 등기신청은 이를 각하한다(등기예규 제1408호 4. 사. (3)).

판 례

담보가등기권리의 소멸

가등기담보등에관한법률 제15조는 담보가등기가 경료된 부동산에 대하여 경매 등이 행하여진 때에는 담보가등기권리는 그 부동산의 매각에 의하여 소멸한다고 규정하고 있으므로 경락인이 경락허가결정을 받아그 경락대금을 모두 지급함으로써 소유권을 취득하였다면 담보가등기권리는 소멸되었다고 보아야 할 것이고, 그 후에 경료된 위 가등기에 기한 본등기는 원인을 결여한 무효의 등기이며, 위 가등기에 기한 본등기가 종전 소유자와의 대물변제 합의에 기하여 이루어진 것이라 하여도 이는 소유권을 경락인이 취득한후에 무효인 가등기를 유용하는 것에 해당하므로 역시 무효이다(대판 1994. 4. 12, 93다52853).

8. 가등기담보등에 관한 법률의 시행 전에 성립한 약한 의미의 양도담보에서 채무자가 담보목적물에 대한 가등기 및 가등기에 기한 본등기의 말소를 구할 수 있는 시기

가등기담보등에 관한 법률이 시행되기 전에 성립한 약한 의미의 양도담보에서는 채무의 변제기가 도래된 이후라 할지라도 채권자가 그 담보권을 실행하여 정산을 하기 전에는 채무자는 언제든지 채무를 변제하고 그 채무담보목적의 가등기 및 가등기에 기한 본등기의 말소를 구할 수 있다.

판 례

[1] 채무자 등이 가등기담보 등에 관한 법률 제11조에 따라 채권담보의 목적으로 마친 소유권이전등기의 말소를 구하기 위한 요건 / 같은 법 제11조 단서에서 정한 기간의 법적 성격(=제척기간) 및 채무자 등의 말소청구권이 위 제척기간의 경과로 확정적으로 소멸하는지 여부(적극):

가등기담보 등에 관한 법률(이하 '가등기담보법'이라고 한다) 제11조 본문은 같은 법 제2조 제2호에서 정한 채무자 등(이하 "채무자등"이라고 한다)은 청산금채권을 변제받을 때까지 그 피담보채무액(반환할 때까지의 이자와 손해금을 포함한다)을 채권자에게 지급하고 그 채권담보의 목적으로 마친 소유권이전등기의 말소를 청구할 수 있다고 하면서도, 같은 조단서 전단에서 그 채무의 변제기가 지난 때부터 10년이 지난 경우에는 그러하지 아니하다고 규정하고 있다.

따라서 채무자 등이 가등기담보법 제11조 본문에 따라 채권 담보의 목적으로 마친 소유권이전등기의 말소를 구하기 위해서는 그때까지의 이자와 손해금을 포함한 피담보채무액을 전부 지급함으로써 그 요건을 갖추어야 한다. 그리고 가등기담보법 제11조단서에 정한 10녀의 기간은 제척기간이고, 제척기간은 그 기간의 경과 자체만으로 권리 소멸의 효과가 발생하므로, 가등기담보법 제11조본문에 정한 채무자 등의 말소청구권은 위 제척기간의 경과로 확정적으로 소멸한다.

[2] 가등기 담보 등에 관한 법률 제11조 단서에 정한 제척기간이 경과함으로써 채무자 등의 말소청구권이 소멸하고 이로써 채권자가 담보목적부동산의 소유권을 확정적으로 취득한 경우, 채권자가 같은 법 제4조에 따라 산정한 청산금을 채무자 등에게 지급할 의무가 있는지 여부(적극):

가등기담보 등에 관한 법률(이하 '가등기담보법'이라고 한다)은 가등기담보계약등의 법률관계를 명확히 하여 채무자를 보호하고 채권자 및 후순위권리자 등 이해관계인과의 법률관계를 명확히 하여 채무자를 보호하고 채권자 및 후순위권리자 등 이해관계인과의 법률관계를 합리적으로 조정하는 데 그 입법 취지가 있다. 이를 위하여 가등기담보법은 제3조, 제4조 등에서 채권자가 가등기담보계약에 따른 담보권을 실행하여 담보목적부동산의 소유권을 취득하려면 반드시 청산절차를 거치도록 규정하고 있다. 이러한 가등기담보법의 입법 취지 및 가등기담보법 제3조, 제4조의 각 규정 내용에 비추어 볼 때, 가등기담보법 제11조 단서에 정한 제척기간이 경과함으로써 채무자 등의 말소청구권이 소멸하고 이로써 채권자가 담보목적부동산의 소유권을 확정적으로 취득한 때에는 채권자는 가등기담보법 제4조에 따라 산정한 청산금을 채무자 등에게 지급할 의무가 있고, 채무자 등은 채권자에게 그 지급을 청구할 수 있다(대판2018.6.15.2018다215947).

9. 약한 의미의 양도담보가 이루어진 경우 귀속정산의 방법으로 담보권이 실행되어 소유권이 확정적으로 채권자에게 이전되었음을 인정하기 위한 요건

약한 의미의 양도담보가 이루어진 경우 부동산이 귀속정산의 방법으로 담보권이 실행되어 그 소유권이 채권자에게 확정적으로 이전되었다고 인정하려면 채권자가 가등기에 기하여 본등기를 경료하였다는 사실만으로는 부족하고 담보 부동산을 적정한 가격으로 평가한 후 그 대금으로써 피담보채권의 원리금에 충당하고 나머지 금원을 반환하거나 평가 금액이 피담보채권액에 미달하는 경우에는 채무자에게 그와 같은 내용의 통지를 하는 등 정산절차를 마친 사실이 인정되어야 한다(대판 2005. 7. 15. 2003다46963).

	소유권이전담보가등기신청			

접 수	년 월 일	처 리 인	등기관 확인	각종통지
	제 호			

부동산의 표시				

등기원인과 그 연월일	년 월 일 대물반환예약			
등 기 의 목 적	소유권이전담보가등기			
이 전 할 지 분				

구 분	성 명 (상호·명칭)	주민등록번호 (등기용등록번호)	주소(소재지)	지분 (개인별)
등 기 의 무 자				
등 기 권 리 자				

등 록 면 허 세	금		원
지 방 교 육 세	금		원
농 어 촌 특 별 세	금		원
세 액 합 계	금		원
등기신청수수료	금		원
	납부번호 :		

등기의무자의 등기필정보		
부동산고유번호		
성명(명칭)	일련번호	비밀번호

첨 부 서 면

1. 대물반환예약서	통	1. 등기신청수수료영수필확인서	통
1. 등록면허세영수필확인서	통	<기 타>	
1. 인감증명나 본인서명사실확인서			
또는 전자본인서명확인서 발급증	통		
1. 등기필증	통		
1. 주민등록표등(초)본	통		
1. 위임장	통		

년 월 일

위 신청인   (전화 :   )
(또는) 위 대리인 법무사   (전화 :   )

지방법원   등기소 귀중

-신청서작성요령-

*1. 부동산표시란에 2개 이상의 부동산을 기재하는 경우에는 그 부동산의 일련번호를 기재하여야 합니다.
2. 신청인란 등 해당란에 기재할 여백이 없을 경우에는 별지를 이용합니다.

소유권이전본등기신청

접 수	년 월 일	처 리 인	등기관 확인	각종통지
	제 호			

부동산의 표시

등기원인과 그 연월일	년 월 일 대물반환
청산금 통지서 도달일	년 월 일
등 기 의 목 적	소유권이전
가 등 기 의 표 시	년 월 일 접수 제 호로 등기된 대물반호나예약에 인한 소유권이전담보가등기
이 전 할 지 분	

구 분	성 명 (상호 · 명칭)	주민등록번호 (등기용등록번호)	주소(소재지)	지분 (개인별)
등 기 의 무 자				
등 기 권 리 자				

시가표준액 및 국민주택채권매입금액		
부동산 표시	부동산별 시가표준액	부동산별 국민주택채권매입금액
1.	금 원	금 원
2.	금 원	금 원
3.	금 원	금 원
국 민 주 택 채 권 매 입 총 액	금 원	
국 민 주 택 채 권 발 행 번 호	○ ○ ○	
취득세(등록면허세) 금 원	지 방 교 육 세 금 원	
	농어촌특별세 금 원	
세액합계	금 원	
등 기 신 청 수 수 료	금 원	
	납부번호 :	
등기의무자의 등기필정보		
부동산고유번호		
성명(명칭)	일련번호	비밀번호

첨 부 서 면

1. 대물반환계약증서	통	1. 청산금평가 통지서 도달증명사본	통
1. 취득세(등록면허세)영수필확인서	통	1. 청산금지급 증명서	통
1. 인감증명서나 본인서명사실확인서		1. 주민등록표등(초)본	통
또는 전자본인서명확인서 발급증	통	1. 위임장	통
1.등기필증	통	1. 등기신청수수료영수필확인서	통
1.토지·임야·건축물대장등본	통	〈기 타〉	

년   월   일

위 신청인   (전화 :   )

(또는)위 대리인   (전화 :   )

지방법원   등기소 귀중

-신청서작성요령-

*1. 부동산표시란에 2개 이상의 부동산을 기재하는 경우에는 그 부동산의 일련번호를
  기재하여야 합니다.
2. 신청인란 등 해당란에 기재할 여백이 없을 경우에는 별지를 이용합니다.

대물변제예약서

　　○○년 ○월 ○일자로 채무자가 채권자인 ○○조합에 제공한 어음거래약정서에 의하여, 채무자가 채권자에 대하여 부담하는 채무의 대물변제로서 본인 소유의 말미에 표시된 부동산의 소유권을 다음의 조건에 따라 채권자에게 이전할 것을 예약한다.

제1. (부동산의 소유권이전) 채무자가 채권자에 대한 채무이행을 태만히 하거나, 채무자의 채무이행이 곤란하다고 인정하는 경우에는 부동산의 소유권을 채권자에게 이전한다.
제2. (가등기절차의 이행) 이 대물변제예약에 따라 말미에 표시된 부동산에 대한 소유권이전등기청구권보전을 위한 가등기절차를 이행한다.
제3. (이의제기의 제한) 채권자가 소유권을 취득함에 필요한 서류로서 부동산에 대한 등기필증, 본 등기용의 위임장, 인감증명서 및 인감증명신청을 위한 위임장을 교부하고 채권자가 지정하는 사람의 명의로 등기하여도 채무자는 이의를 제기하지 않는다.
제4. (부족분의 충당) 채권자가 말미기재부동산을 취득 또는 처분한 경우에 그 가액이 채무금액에 미달할 때에는 그 부족채무금에 대하여는 채무자가 이를 변제하기로 한다.
제5. (권리행사방법의 변동) 채권자가 사정에 의하여 소유권이전등기청구권보전을 위한 가등기권리를 포기하고 다른 방법에 의하여 권리를 행사하여도 채무자는 이의를 제기하지 아니한다.
　　위 부동산의 대물변제예약을 함에 있어서 위 사실과 다름이 없음을 확인함.

〈부동산 표시〉- 생략 -

1999년 4 월 10일

○○시 ○○구 ○○동 ○○번지
예약자 김 ○ ○
○○○시 ○○구 ○○동 ○○번지
채권자 ○ ○ ○ 귀하

제16절 신탁등기

신탁으로 재산의 이전, 담보권의 설정 또는 그 밖의 처분이 있는 경우에 수탁자는 신탁재산을 자기의 고유재산과는 구별하여 관리하여야 하므로(신탁재산의 독립성), 그 재산이 신탁재산인지 여부를 제3자가 확실히 알 수 있도록 대외적으로 공시할 필요성이 있다. 이와 같이 어떠한 부동산이 신탁의 목적물인지 여부를 대외적으로 공시하기 위한 것이 신탁등기이다.

제1관 신탁의 공시와 대항력

1. 신탁의 정의

신탁법(信託法)에서 "신탁(信託)"이란 신탁을 설정하는 자(委託者)와 신탁을 인수하는 자(受託者)간의 신임관계(信任關係)에 기하여 위탁자가 수탁자에게 특정의 재산을 이전하거나 담보권의 설정 또는 그 밖의 처분을 하고 수탁자로 하여금 일정한 자(受益者)의 이익 또는 특정의 목적을 위하여 그 재산의 관리, 처분, 운용, 개발, 그 밖에 신탁목적의 달성을 위하여 필요한 행위를 하게 하는 법률관계를 말한다(신탁법 제2조).

신탁은 위탁자와 수탁자간의 계약 또는 위탁자의 유언 등에 의하여 설정할 수 있다.

2. 신탁의 설정

신탁은 다음 각 호의 어느 하나에 해당하는 방법으로 설정할 수 있다. 다만, 수익자가 없는 특정의 목적을 위한 신탁('목적신탁'이라 함)은 공익신탁법에 따른 공익신탁을 제외하고는 제3호의 방법으로 설정할 수 없다(동법 제3조 제1항).

　　1. 위탁자와 수탁자 간의 계약
　　2. 위탁자의 유언
　　3. 신탁의 목적, 신탁재산, 수익자 등을 특정하고 자신을 수탁자로 정한 위탁자의 선언

3. 신탁의 공시와 대항

등기 또는 등록할 수 있는 재산권에 관하여는 신탁의 등기 또는 등록을 함으로써 그 재산이 신탁재산에 속한 것임을 제3자에게 대항할 수 있다(동법 제4조 제1항). 신탁재산에 속하는 부동산의 신탁등기는 수탁자가 단독으로 신청한다(부동산등기법 제23조 제7항).

수탁자가 신탁법 제3조 제5항에 따라 타인에게 신탁재산에 대하여 신탁을 설정하는 경우 해당 신탁재산에 속하는 부동산에 관한 권리이전등기에 대하여는 새로운 신탁의 수탁자를 등기권리자로 하고, 원래 신탁의 수탁자를 등기의무자로 한다. 이 경우 해당 신탁재산에 속하는 부동산의 신탁등기는 부동산등기법 제23조 제7항에 따라 새로운 신탁의 수탁자가 단독으로 신청한다(부동산등기법 제23조 제8항).

신탁등기의 신청은 해당 신탁으로 인한 권리의 이전 또는 보존이나 설정등기의 신청과 함께 1건의 신청정보로 일괄하여 하여야 한다(부동산등기법 제82조 제1항, 부동산등기규칙 제139조 제1항). 신탁등기의 말소등기신청은 권리의 이전 또는 말소등기나 수탁자의 고유재산으로 된 뜻의 등기신청과 함께 1건의 신청정보로 일괄하여 하여야 한다(부동산등기규칙 제144조 제1항).

4. 목적의 제한

선량한 풍속이나 그 밖의 사회질서에 위반하는 사항을 목적으로 하는 신탁은 무효로 하며 (동법 제5조 제1항), 목적이 위법하거나 불능인 신탁은 무효로 한다(동법 제5조 제2항).

(1) 소송을 목적으로 하는 신탁의 금지

수탁자로 하여금 소송행위를 하게 하는 것을 주된 목적으로 하는 신탁은 무효로 한다(동법 제6조).

(2) 탈법을 목적으로 하는 신탁의 금지

법령에 따라 일정한 재산권을 향유할 수 없는 자는 수익자로서 그 권리를 가지는 것과 동일한 이익을 누릴 수 없다(신탁법 제7조).

5. 신탁재산

　신탁재산(信託財産)이라 함은 신탁에 의하여 위탁자로부터 이전 기타 처분으로 수탁자에게 귀속된 재산으로서, 수탁자가 일정한 신탁의 목적에 따라 관리·처분하여야 하는 재산을 말한다.

　신탁재산은 수탁자에 귀속하나 이는 수탁자의 고유재산과는 구별되는 특별재산을 구성하므로 수탁자의 고유재산 및 다른 재산과 구별하여 관리하지 않으면 안 된다. 이러한 신탁재산의 법적성격을 '신탁재산의 독립성'이라고 하는데, 이러한 성격은 신탁법상의 특별규정으로써 구체적으로 표시되어 있다.

　즉, 신탁재산은 수탁자의 상속재산에서 제외되고, 원칙적으로 강제집행 및 경매로부터 배제되며, 수탁자의 파산재단을 구성하지 아니한다. 다만 신탁재산은 수탁자의 명의에 속하는 것임에도 불구하고 수탁자의 고유재산으로부터 독립된 존재이므로, 이러한 관계를 제3자에게 대항하기 위하여는 신탁재산임을 공시하여야 한다.

　즉 신탁재산이 부동산인 경우에는 수탁자를 등기권리자로 하고 위탁자를 등기의무자로 하여 신탁증서 및 신탁원부 등을 첨부하여 소유권이전등기신청과 동일한 서면으로써 등기를 하여야 제3자에게 대항할 수 있다(신탁법 제4조 제1항, 부동산등기법 제82조 제1항, 부동산등기규칙 제139조 제1항).

(1) 강제집행 등의 금지 및 이의제기

　신탁재산에 대하여는 강제집행, 담보권실행 등을 위한 경매, 보전처분을 할 수 없다. 다만, 신탁 전의 원인으로 발생한 권리 또는 신탁사무의 처리상 발생한 권리에 기한 경우에는 그러하지 아니하다(동법 제22조 제1항). 위탁자, 수익자나 수탁자는 법 제22조 제1항을 위반한 강제집행, 국세 등 체납처분에 대하여 이의를 제기할 수 있으며, 이 경우 민사집행법 제48조 및 국세 등 체납처분에 대한 불복절차를 준용한다(동법 제22조 제2~3항).

(2) 상계금지

신탁재산에 속하는 채권과 신탁재산에 속하지 아니하는 채무는 상계(相計)하지 못한다. 다만, 양 채권·채무가 동일한 재산에 속하지 아니함에 대하여 제3자가 선의이며 과실이 없을 때에는 그러하지 아니하다(동법 제25조 제1항).

(3) 신탁재산의 귀속추정

신탁재산과 고유재산 간에 귀속관계를 구분할 수 없는 경우 그 재산은 신탁재산에 귀속한 것으로 추정한다(동법 제29조 제1항). 서로 다른 신탁재산 간에 귀속관계를 구분할 수 없는 경우 그 재산은 각 신탁재산 간에 균등하게 귀속된 것으로 정한다(동조 제2항).

6. 법원의 신탁사무 감독

신탁사무는 법원이 감독한다. 다만, 신탁의 인수를 업으로 하는 경우는 그러하지 아니하다. 법원은 이해관계인의 청구에 의하여 또는 직권으로 신탁사무처리의 검사, 검사인의 선임, 그 밖에 필요한 처분을 명할 수 있다(동법 제105조).

7. 수탁자의 권리의무

수탁자는 신탁재산에 대한 권리와 의무의 귀속주체로서 신탁재산의 관리, 처분 등을 하고 신탁목적의 달성을 위하여 필요한 모든 행위를 할 수 있다. 다만, 신탁행위로 이를 제한 할 수 있다(동법 제32조). 수탁자는 선량한 관리자의 주의로 신탁사무를 처리하여야 한다. 다만, 신탁행위로 달리 정한 경우에는 그에 따른다(동법 제32조). 수탁자는 수익자의 이익을 위하여 신탁사무를 처리하여야 한다(동법 제33조).

8. 수익자의 수익권의 취득과 포기

신탁행위로 정한 바에 따라 수익자로 지정된 자는 당연히 수익권(受益權)을 취득한다. 다만, 신탁행위로 달리 정한 경우에는 그에 따른다(동법 제56조 제1항). 수탁자는 지체 없이 신탁법 제56조 제1항에 따라 수익자로 지정된 자에게 그 사실을 통지하여야 한다(동법 제56조). 수익자는 수탁자에게 수익권을 포기하는 취지의 의사표시를 할 수 있으며, 수익자가 포기의 의사표시를 한 경우에는 처음부터 수익권을 가지지 아니하였던 것으로 본다. 다만, 제3자의 권리를 해치지 못한다(동법 제57조).

9. 신탁관리인

(1) 신탁관리인의 선임

수익자가 특정되어 있지 아니하거나 존재하지 아니하는 경우 법원은 위탁자나 그 밖의 이해관계인의 청구에 의하여 또는 직권으로 신탁관리인을 선임할 수 있다. 다만, 신탁행위로 신탁관리인을 지정한 경우에는 그에 따른다(동법 제67조 제1항).

수익자가 미성년자, 한정치산자 또는 금치산자이거나 그 밖의 사유로 수탁자에 대한 감독을 적절히 할 수 없는 경우 법원은 이해관계인의 청구에 의하여 또는 직권으로 신탁관리인을 선임할 수 있다. 다만, 신탁행위로 달리 정한 경우에는 그에 따른다(동법 제67조 제2항).

법원은 신탁법 제67조 제1항 또는 제2항에 따라 선임한 신탁관리인에게 필요한 경우 신탁재산에서 적당한 보수를 줄 수 있다(동법 제67조 제4항).

(2) 신탁관리인의 권한

신탁관리인은 수익자의 이익이나 목적신탁의 목적달성을 위하여 자기의 명의로 수익자의 권리에 관한 재판상 또는 재판 외의 모든 행위를 할 권한이 있다. 다만, 신탁관리인의 선임을 수탁자에게 통지하지 아니한 경우에는 수탁자에게 대항하지 못한다(동법 제68조 제1항).

(3) 신탁관리인의 임무종료

신탁법 제67조 제1항에 따라 선임된 신탁관리인은 수익자가 특정되거나 존재하게 되면 임무가 종료된다(동법 제69조 제1항). 신탁법 제67조 제2항에 따라 선임된 신탁관리인은 다음 각 호의 어느 하나에 해당하는 경우 임무가 종료된다(동조 제2항).

1. 미성년자인 수익자가 성년에 도달한 경우
2. 수익자가 한정치산선고·금치산선고의 취소심판을 받은 경우

3. 그 밖에 수익자가 수탁자에 대한 감독능력을 회복한 경우

(4) 신탁관리인의 사임 또는 해임에 의한 임무종료

신탁관리인은 선임 시에 달리 정하지 아니하면 신탁관리인을 선임한 법원 또는 수익자의 승낙 없이 사임하지 못한다(동법 제70조 제1항). 신탁법 제70조 제1항에도 불구하고 신탁관리인은 정당한 이유가 있는 경우 법원의 허가를 받아 사임할 수 있다(동조 제2항). 법원은 신탁관리인의 사임허가결정이나 임무위반을 이유로 해임결정을 함과 동시에 새로운 신탁관리인을 선임하여야 한다. 이 경우 새로 선임된 신탁관리인은 즉시 수익자에게 그 사실을 통지하여야 한다(동조 제6항).

10. 신탁사무의 감독

신탁사무는 법원이 감독한다. 다만, 신탁의 인수를 업으로 하는 경우는 그러하지 아니하다. 법원은 이해관계인의 청구에 의하여 또는 직권으로 신탁사무처리의 검사, 검사인의 선임, 그 밖에 필요한 처분을 명할 수 있다(동법 제105조).

11. 신탁등기의 등기사항

(1) 등기관이 신탁등기를 할 때에는 다음 각 호의 사항을 기록한 신탁원부(信託原簿)를 작성하고, 등기기록에는 부동산 등기법 제48조에서 규정한 사항 외에 그 신탁원부의 번호를 기록하여야 한다(법 제81조 제1항).

  1. 위탁자(委託者), 수탁자 및 수익자(受益者)의 성명 및 주소(법인인 경우에는 그 명칭 및 사무소 소재지를 말한다)

  2. 수익자를 지정하거나 변경할 수 있는 권한을 갖는 자를 정한 경우에는 그 자의 성명 및 주소(법인인 경우에는 그 명칭 및 사무소 소재지를 말한다)

  3. 수익자를 지정하거나 변경할 방법을 정한 경우에는 그 방법

  4. 수익권의 발생 또는 소멸에 관한 조건이 있는 경우에는 그 조건

  5. 신탁관리인이 선임된 경우에는 신탁관리인의 성명 및 주소(법인인 경우에는 그 명칭 및 사무소 소재지를 말한다)

6. 수익자가 없는 특정의 목적을 위한 신탁인 경우에는 그 뜻

7. 「신탁법」제3조 제5항에 따라 수탁자가 타인에게 신탁을 설정하는 경우에는 그 뜻

8. 「신탁법」제59조 제1항에 따른 유언대용신탁인 경우에는 그 뜻

9. 「신탁법」제60조에 따른 수익자연속신탁인 경우에는 그 뜻

10. 「신탁법」제78조에 따른 수익증권발행신탁인 경우에는 그 뜻

11. 「공익신탁법」에 따른 공익신탁인 경우에는 그 뜻

12. 「신탁법」제114조 제1항에 따른 유한책임신탁인 경우에는 그 뜻

13. 신탁의 목적

14. 신탁재산의 관리, 처분, 운용, 개발, 그 밖에 신탁 목적의 달성을 위하여 필요한 방법

15. 신탁종료의 사유

16. 그 밖의 신탁 조항

(2) 제1항 제5호, 제6호, 제10호 및 제11호의 사항에 관하여 등기를 할 때에는 수익자의 성명 및 주소를 기재하지 아니할 수 있다(법 제81조 제2항).

(3) 법 제81조 제1항의 신탁원부는 등기기록의 일부로 본다(법 제81조 제3항).

제2관 신탁설정의 등기절차

신탁의 목적이 된 부동산에 관한 권리를 대외적으로 공시하기 위한 등기가 "신탁설정의 등기"이다.

1. 등기신청인(수탁자의 단독신청)

(1) 수탁자의 단독신청

신탁재산에 속하는 부동산의 신탁등기는 수탁자(受託者)가 단독으로 신청한다(법 제23조 제7항).

(2) 수탁자가 신탁재산에 대하여 신탁을 설정하는 경우

수탁자가 「신탁법」제3조 제5항에 따라 타인에게 신탁재산에 대하여 신탁을 설정하는 경

우 해당 신탁재산에 속하는 부동산에 관한 권리이전등기에 대하여는 새로운 신탁의 수탁자를 등기권리자로 하고 원래 신탁의 수탁자를 등기의무자로 한다. 이 경우 해당 신탁재산에 속하는 부동산의 신탁등기는 법 제23조 제7항에 따라 신탁의 수탁자가 단독으로 신청한다(법 제23조 제8항).

수탁자가 「신탁법」 제3조 제5항에 따라 타인에게 신탁재산에 대하여 신탁을 설정하는 경우에는 해당 신탁재산에 속하는 부동산의 신탁등기는 새로운 신탁의 수탁자가 단독으로 신청한다(등기예규 제1501호, 제1575호 1. 가. (2).).

※ 신탁등기

(1) 수탁자가 1인인 경우 568

【 갑 구 】			(소유권에 관한 사항)	
순위번호	등기목적	접수	등기원인	등기원인 및 기타사항
5	소유권이전	2012년3월5일 제3005호	2012년3월4일 신탁	수탁자 김우리 600104-1056429 서울특별시 서초구 서초대로46길 60, 101동 201호(서초동, 서초아파트)
				신탁 신탁원부 제2012-5호

(주) 위탁자와 수탁자가 공동으로 신탁등기를 신청하는 경우에는 등기명의인의 표시를 '수탁자 또는 수탁자(합유)'로 기록한다.

2. 신탁행위에 의한 신탁등기

(1) 신탁등기의 신청방법(일괄신청)

신탁등기의 신청은 해당 부동산에 관한 권리의 설정등기, 보존등기, 이전등기 또는 변경등기의 신청과 동시에 하여야 한다(법 제82조 제1항).

신탁등기의 신청은 해당 신탁으로 인한 권리의 이전 또는 보존이나 설정등기의 신청과 함께 1건의 신청정보로 일괄하여 하여야 한다(규칙 제139조 제1항). 다만 수익자나 위탁자가 수탁자를 대위하여 신탁등기를 신청하는 경우에는 그러하지 아니하다(위예규 1. 나. (1).).

신탁행위에 의하여 소유권을 이전하는 경우에는 신탁등기의 신청은 신탁을 원인으로 하는 소유권이전등기의 신청과 함께 1건의 신청정보로 일괄하여 하여야 한다. 등기원인이 신탁임에도 신탁등기만을 신청하거나 소유권이전등기만을 신청하는 경우에는 「부동산등기법」 제29조 제5호에 의하여 신청을 각하하여야 한다. 등기의 목적은 "소유권이전 및 신탁", 등기원인과 그 연월일 은 "○년 ○월 ○일 신탁"으로 하여 신청정보의 내용으로 제공한다(위예규 1. 나. (2).).

(2) 대위신탁등기신청

수익자나 위탁자는 수탁자를 대위하여 신탁등기를 신청할 수 있다. 이 경우 법 제82조 제1항은 적용하지 아니한다(법 제82조 제2항).

법 제82조 2항에 따른 대위등기의 신청에 관하여는 부동산등기법 제28조 제2항을 준용한다(법 제82조 제3항).

등기관이 대위신청에 의하여 등기를 할 때에는 대위자의 성명 또는 명칭, 주소 또는 사무소 소재지 및 대위원인을 기록하여야 한다(법 제28조 제2항).

(3) 위탁자의 선언에 의한 신탁등기

위탁자의 선언에 의한 신탁이란 신탁의 목적, 신탁재산, 수익자 등을 특정하고 자신을 수탁자로 정하는 신탁을 말하며, 이러한 신탁은 공익신탁법에 따른 공익신탁인 경우를 제외하고는 공정증서를 작성하는 방법으로 하여야 한다. 위탁자의 선언에 의한 신탁의 방법으로 목적신탁(수익자가 없는 특정의 목적을 위한 신탁)을 하기 위해서는 그 신탁이 공익신탁에 해당하여야 한다.

「신탁법」 제3조 제1항 제3호에 따라 신탁의 목적, 신탁재산, 수익자 등을 특정하고 자신을 수탁자로 정한 위탁자의 선언에 의한 신탁의 경우에는 신탁등기와 신탁재산으로 된 뜻의 권리변경등기를 1건의 신청정보로 일괄하여 수탁자가 단독으로 신청한다. 등기의 목적은 "신탁재산으로 된 뜻의 등기 및 신탁", 등기원인과 그 연월일은 "○년 ○월 ○일 신탁"으로 하여 신청정보의 내용으로 제공한다(위예규 1. 나. (3).).

위탁자의 선언에 의한 신탁등기의 기록례는 별지 등기기록례 1과 같다.

[별지 등기기록례 1] 위탁자의 선언에 의한 신탁등기

【갑 구】			(소유권에 관한 사항)	
순위번호	등기목적	접 수	등기원인	권리자 및 기타사항
2	소유권이전	2012년 1월 9일 제670호	2012년 1월 8일 매매	소유자 김우리 000000-0000000 　　　서울특별시 서초구 반포대로 ○○ 거래가액 금200,000,000원
3	신탁재산으로 된 뜻의 등기	2012년 3월 5일 제3005호	2012년 3월 4일 신탁	수탁자 김우리 000000-0000000 　　　서울특별시 서초구 반포대로 ○○ 거래가액 금200,000,000원
				신탁 신탁원부 제2012-25호

※ 「신탁법」 제3조 제1항 제3호에 따라 신탁의 목적, 신탁재산, 수익자 등을 특정하고 자신을 수탁자로 정한 위탁자의 선언에 의한 신탁의 경우에는 신탁등기와 신탁재산으로 된 뜻의 권리변경등기를 1건의 신청정보로 일괄하여 수탁자가 단독으로 신청한다.

(4) 「신탁법」 제3조 제5항의 재신탁등기

(가) 재신탁의 의의

재신탁이란 수탁자가 인수한 신탁재산을 스스로 위탁자가 되어 다른 수탁자에게 신탁함으로써 새로운 신탁을 설정하는 것을 의미한다. 수탁자는 신탁행위로 달리 정한 바가 없으면 신탁 목적의 달성을 위하여 필요한 경우, 수익자의 동의를 받아 신탁재산을 재신탁할 수 있다.

(나) 신청방법

「신탁법」 제3조 제5항에 따라 타인에게 신탁재산에 대하여 설정하는 신탁(이하 '재신탁'이라 한다)에 의한 신탁등기는 재신탁을 원인으로 하는 소유권이전등기와 함께 1건의 신청정보로 일괄하여 신청하여야 한다. 등기의 목적은 "소유권이전 및 신탁", 등기원인과 그 연월일은 "○년 ○월 ○일 재신탁"으로 하여 신청정보의 내용으로 제공한다(위예규 1. 나. (4). (가).).

재신탁등기의 기록례는 별지 등기기록례 2와 같다.

【갑 구】 (소유권에 관한 사항)				
순위 번호	등기목적	접 수	등기원인	권리자 및 기타사항
2	소유권이전	2012년 1월 9일 제670호	2012년 1월 8일 매매	소유자 김우리 000000-0000000 　서울특별시 서초구 반포대로 ○○(반포동) 거래가액 금200,000,000원
3	소유권이전	2012년 3월 5일 제3005호	2012년 3월 4일 신탁	수탁자 대한부동산신탁 000000-0000000 　서울특별시 강남구 테헤란로 ○○(삼성동) 거래가액 금200,000,000원
				신탁 신탁원부 제2012-25호
4	소유권이전	2012년 7월 30일 제12345호	2012년 7월 27일 재신탁	수탁자 한국부동산신탁 000000-0000000 　서울특별시 강남구 테헤란로 ○○(삼성동)
				신탁 신탁원부 제2012-4호

※ 1. 수탁자가 「신탁법」 제3조 제5항에 따라 타인에게 신탁재산에 대하여 신탁을 설정하는 경우에는 "재신탁"을 등기원인으로 하고 수익자의 동의가 있음을 증명하는 서면을 첨부정보로서 제공하여야 한다.
　 2. 재신탁등기를 하는 경우에는 원신탁의 신탁등기를 말소하지 아니한다.

(5) 「신탁법」 제27조에 따라 신탁재산에 속하게 되는 경우(위 예규 1. 나. (5).).

(가) 신탁재산의 범위

신탁재산의 관리, 처분, 운용, 개발, 멸실, 훼손, 그 밖의 사유로 수탁자가 얻은 재산은 신탁재산에 속한다(신탁법 제27조).

해당부동산에 관하여 매매를 원인으로 수탁자 명의로 소유권이전등기를 할 경우 신탁등기를 할 필요가 있게 되는 바, 이것이 신탁법 27조에 따른 신탁등기이다.

(나) 신청방법

「신탁법」 제27조에 따라 신탁재산에 속하게 되는 경우, 예컨대 신탁재산(금전 등)의 처분에 의하여 제3자로부터 부동산에 관한 소유권을 취득하는 경우에는 신탁등기의 신청은 해당 부동산에 관한 소유권이전등기의 신청과 함께 1건의 신청정보로 일괄하여 하여야 한다. 등기의 목적은 "소유권이전 및 신탁재산처분에 의한 신탁"으로, 등기권리자란은 "등기권리자 및 수탁자"로 표시하여 신청정보의 내용으로 제공한다.

다만 위 제3자와 공동으로 소유권이전등기만을 먼저 신청하여 수탁자 앞으로 소유권이전 등기가 이미 마쳐진 경우에는 수탁자는 그 후 단독으로 신탁등기만을 신청할 수 있고, 수익자나 위탁자도 수탁자를 대위하여 단독으로 신탁등기만을 신청할 수 있다. 이 경우 등기의 목적은 "신탁재산처분에 의한 신탁"으로 하여 신청정보의 내용으로 제공한다.

(6) 「신탁법」 제43조에 따라 신탁재산으로 회복 또는 반환되는 경우(위 예규 1. 나. (6).).

(가) 수탁자의 원상회복의무

수탁자가 그 의무를 위반하여 신탁재산에 손해가 생긴 경우 위탁자, 수익자 또는 수탁자가 여럿인 경우의 다른 수탁자는 그 수탁자에게 신탁재산의 원상회복을 청구할 수 있다. 다만, 원상회복이 불가능하거나 현저하게 곤란한 경우, 원상회복에 과다한 비용이 드는 경우, 그 밖에 원상회복이 적절하지 아니한 특별한 사정이 있는 경우에는 손해배상을 청구할 수 있다(신탁법 제43조 제1항).

수탁자의 일정한 의무 위반의 경우 수탁자는 그로 인하여 수탁자나 제3자가 얻은 이득 전부를 신탁재산에 반환하여야 한다(신탁법 43조). 이러한 경우 수탁자 명의로 회복·반환된 부동산에 대하여도 신탁재산임을 공시할 필요성이 있다. 이러한 경우에 하는 등기를 신탁재산의 회복·반환에 의한 신탁등기라 한다.

(나) 신청방법

위 예규 1. 나. (5)항에 준하여 신청하되, 소유권이전등기와 함께 1건의 신청정보로 일괄하여 신청하는 경우에는 등기의 목적을 "소유권이전 및 신탁재산회복(반환)으로 인한 신탁"으로 하고, 소유권이전등기가 이미 마쳐진 후 신탁등기만을 신청하는 경우에는 등기의 목적을

"신탁재산회복(반환)으로 인한 신탁"으로 하여 신청정보의 내용으로 제공한다.

(7) 담보권신탁등기(위 예규 1. 나. (7).)

(가) 수탁자의 담보권신탁등기신청

수탁자는 위탁자가 자기 또는 제3자 소유의 부동산에 채권자가 아닌 수탁자를 (근)저당권자로 하여 설정한 (근)저당권을 신탁재산으로 하고 채권자를 수익자로 지정한 담보권신탁등기를 신청할 수 있다.

(나) 신청방법

담보권신탁등기는 신탁을 원인으로 하는 근저당권설정등기와 함께 1건의 신청정보로 일괄하여 신청한다. 등기의 목적은 "(근)저당권설정 및 신탁", 등기원인과 그 연월일은 "○년 ○월 ○일 신탁"으로 하여 신청정보의 내용으로 제공한다.

신탁재산에 속하는 (근)저당권에 의하여 담보되는 피담보채권이 여럿이고 각 피담보채권별로 「부동산등기법」 제75조에 따른 등기사항이 다른 경우에는 동조에 따른 등기사항을 각 채권별로 구분하여 신청정보의 내용으로 제공하여야 한다.

신탁재산에 속하는 (근)저당권에 의하여 담보되는 피담보채권이 이전되는 경우에는 수탁자는 신탁원부 기록의 변경등기를 신청하여야 하고, 이 경우 「부동산등기법」 제79조는 적용하지 아니한다.

(다) 담보권신탁등기의 기록례

담보권신탁등기의 기록례는 별지 등기기록례 3과 같다.

【을 구】			(소유권 이외의 권리에 관한 사항)	
순위 번호	등기목적	접 수	등기원인	권리자 및 기타사항
1	근저당권설정	2012년 7월 30일 제12345호	2012년 7월 27일 신탁	채권최고액 금250,000,000원 존속기간 1년 채무자 김우리 서울특별시 서초구 서초대로 ○○길 60, 101동 201호(서초동, 서초아파트) 수탁자 대한부동산신탁 000000-0000000 서울특별시 강남구 테헤란로 ○○(삼성동)
				신탁 신탁원부 제2012-38호

※ 위탁자가 자기 또는 제3자 소유의 부동산에 채권자가 아닌 수탁자를 저당권자로 하여 설정한 저당권을 신탁재산으로 하고 채권자를 수익자로 지정한 담보권신탁등기에 관한 기록례이다.

3. 첨부정보(등기예규 제1501호 마)

(1) 신탁원부 작성을 위한 정보

신탁등기를 신청하는 경우에는 「부동산등기법」 제81조 제1항 각 호의 사항을 신탁원부 작성을 위한 정보로서 제공하여야 한다. 여러 개의 부동산에 관하여 1건의 신청정보로 일괄하여 신탁등기를 신청하는 경우에는 각 부동산별로 신탁원부 작성을 위한 정보를 제공하여야 한다. 신탁등기 및 신탁등기의 말소등기는 등기신청수수료를 받지 아니한다(등기사항증명서등 수수료규칙 제5조의 2 제2항 9호).

(2) 등기원인을 증명하는 정보

신탁행위에 의한 신탁등기를 신청하는 경우에는 당해 부동산에 대하여 신탁행위가 있었음을 증명하는 정보(신탁계약서 등)를 등기원인을 증명하는 정보로서 제공하여야 하고, 특히 신탁계약에 의하여 소유권을 이전하는 경우에는 등기원인을 증명하는 정보에 검인을 받아 제공하여야 한다.

「신탁법」제27조에 따라 신탁재산에 속하게 되는 경우 및 동법 제43조에 따라 신탁재산으로 회복 또는 반환되는 경우에 대하여 신탁등기를 신청하는 경우에도 신탁행위가 있었음을 증명하는 정보를 첨부정보로서 제공하여야 한다.

(3) 법무부장관의 인가를 증명하는 정보

공익신탁법에 따른 공익신탁에 대하여 신탁등기를 신청하는 경우에는 법무부장관의 인가를 증명하는 정보를 첨부정보로서 제공하여야 한다.

(4) 대위원인을 증명하는 정보 및 신탁재산임을 증명하는 정보

위탁자 또는 수익자가 신탁등기를 대위신청하는 경우에는 대위원인을 증명하는 정보 및 해당 부동산이 신탁재산임을 증명하는 정보를 첨부정보로서 제공하여야 한다.

(5) 신탁설정에 관한 공정증서

「신탁법」제3조 제1항 제3호에 따라 신탁의 목적, 신탁재산, 수익자 등을 특정하고 자신을 수탁자로 정한 위탁자의 선언에 의한 신탁등기를 신청하는 경우에는 공익신탁 법에 따른 공익신탁을 제외하고는 신탁설정에 관한 공정증서를 첨부정보로서 제공하여야 한다(규칙 제139조의 2 제1항).

(6) 수익자의 동의가 있음을 증명하는 정보

「신탁법」제3조 제5항에 따른 재신탁등기를 신청하는 경우에는 수익자의 동의가 있음을 증명하는 정보(인감증명 포함)를 첨부정보로서 제공하여야 한다(규칙 제139조의 2 제2항).

(7) 유한책임신탁 등기사항증명서

「신탁법」제114조 제1항에 따라 유한책임신탁 또는 공익신탁법에 따른 공익유한책임신탁의 목적인 부동산에 대하여 신탁등기를 신청하는 경우에는 유한책임신탁 또는 공익유한책임신탁의 등기가 되었음을 증명하는 등기사항증명서를 첨부정보로서 제공하여야 한다(규칙 제139조의 2 제3항).

(8) 등기신청수수료의 면제

신탁등기 및 신탁등기의 말소등기는 그 신청수수료를 받지 아니한다(등기사항 증명서 등 수수료규칙 제5조의2 제2항 9호).

4. 수탁자가 여러 명인 경우

수탁자가 여러 명인 경우에는 그 공동수탁자가 합유관계라는 뜻을 신청정보의 내용으로 제공하여야 한다.

위탁자가 여러 명이라 하더라도 수탁자와 신탁재산인 부동산 및 신탁목적이 동일한 경우에는 1건의 신청정보로 일괄하여 신탁등기를 신청할 수 있다.

5. 신탁가등기(등기예규 제1501호. 마)

신탁가등기는 소유권이전청구권보전을 위한 가등기와 동일한 방식으로 신청하되, 신탁원부 작성을 위한 정보도 첨부정보로서 제공하여야 한다. 신탁가등기의 기록례는 별지 등기기록례 4와 같다.

[별지 등기기록례 4] 신탁가등기

【갑 구】				(소유권에 관한 사항)
순위 번호	등기목적	접 수	등기원인	권리자 및 기타사항
5	소유권이전 청구권가등기	2012년 1월 9일 제670호	2012년 1월 8일 신탁예약	수탁자 김우리 000000-0000000 　　서울특별시 서초구 반포대로 ○○(반포동)
				신탁가등기 신탁원부 제2012-38호

6. 영리회사가 수탁자인 경우(등기예규 제1501호. 바)

신탁업의 인가를 받은 신탁회사 이외의 영리회사를 수탁자로 하는 신탁등기의 신청은 이를 수리하여서는 아니된다.

7. 신탁등기의 등기명의인의 표시방법(등기예규 제1501호. 사)

(1) 신탁행위에 의하여 신탁재산에 속하게 되는 부동산에 대하여 수탁자가 소유권이전등기와 함께 신탁등기를 1건의 신청정보로 일괄하여 신청하는 경우에는 소유권이전등기의 등기명의인은 "수탁자 또는 수탁자(합유)"로 표시하여 등기기록에 기록한다. 위탁자의 선언에 의한 신탁의 경우에는 등기명의인을 "수탁자"로 표시한다.

(2) 「신탁법」 제27조에 따라 신탁재산에 속하게 되거나 「신탁법」 제43조에 따라 신탁재산으로 회복 또는 반환되는 부동산에 대하여 수탁자가 소유권이전등기와 함께 신탁등기를 1건의 신청정보로 일괄하여 신청하는 경우에는 소유권이전등기의 등기명의인은 "소유자 또는 공유자"로 표시하여 등기기록에 기록하고, 공유자인 경우에는 그 공유지분도 등기기록에 기록한다.

(3) 「신탁법」 제27조에 따라 신탁재산에 속하게 되거나 「신탁법」 제43조에 따라 신탁재산으로 회복 또는 반환되는 부동산에 대하여 수탁자가 소유권이전등기만을 먼저 신청하여 소유권이전등기의 등기명의인이 "소유자 또는 공유자"로 표시된 후 수탁자가 단독으로 또는 위탁자나 수익자가 수탁자를 대위하여 단독으로 신탁등기를 신청하는 경우에는 이미 마쳐진 소유권이전등기의 등기명의인의 표시는 이를 변경하지 아니하고 그대로 둔다.

(4) 위 (2), (3)항의 경우 등기명의인으로 표시된 "소유자 또는 공유자"는 신탁관계에서는 수탁자의 지위를 겸하게 되므로, 그 "소유자 또는 공유자"의 등기신청이 신탁목적에 반하는 것이면 이를 수리하여서는 아니된다.

제3관 신탁의 합병, 분할에 따른 신탁등기

신탁의 합병 또는 분할로 인하여 하나의 신탁재산에 속하는 부동산에 관한 권리가 다른 신탁의 신탁재산에 귀속되는 경우 신탁등기의 말소등기 및 새로운 신탁등기의 신청은 신탁의 합병 또는 분할로 인한 권리변경등기의 신청과 동시에 하여야 한다(법 제82조의2 제1항).

1. 신탁의 합병등기신청

(1) 등기신청서의 첨부서면

신탁의 합병등기를 신청하는 경우에는 위탁자와 수익자로부터 합병계획서의 승인을 받았음을 증명하는 정보{다만, 합병계획서 승인을 받았음을 증명하는 정보(다만, 합병계획서 승인에 관하여 신탁행위로 달리 정한 경우에는 그에 따른 것임을 증명하는 정보)}, 합병계획서의 공고 및 채권자보호절차를 거쳤음을 증명하는 정보를 첨부정보로서 등기소에 제공하여야 한다(규칙 제140조의 2 제1항).

(2) 위탁자가 상이한 신탁토지 간의 합필등기 가부(소극. 단, 공동주택의 경우 등기예규 제1473호, 제1575호 이후 일부허용)

신탁등기가 마쳐진 토지에 대하여는 합필의 등기를 신청할 수 없으나, 「주택법」에 의하여 주택건설사업계획의 승인을 얻어 공동주택을 건설하는 경우로서 위탁자 및 신탁목적이 동일한 경우에 한하여 신탁토지 상호간의 합필등기를 할 수 있는바, 재건축조합원들이 각자의 토지를 재건축조합에 신탁한 때에는 신탁토지의 위탁자가 상이한 경우에 해당하므로 신탁토지 상호간의 합필등기는 할 수 없다. 그리고 등기부상 신탁등기가 되어 있는 이상 신탁의 목적이 사실상 종료된 경우이거나 또는 합필의 등기 후 곧바로 수탁자인 재건축조합이 그 토지에 대하여 대지권등기를 신청하고자 하는 경우라도 마찬가지이다(등기선례 제7권 333항).

위 선례는 위탁자가 상이한 경우에는 신탁토지 간에 합필등기를 허용할 수 없다는 종전 등기예규 제958호(현행 제1473호, 1575호)에 따라 재건축조합원들이 각자의 토지를 재건축조합에 신탁한 때에는 신탁토지의 위탁자가 상이한 경우에 해당하므로 신탁토지 간의 합필등기를 할 수 없다는 것이다.

그러나, 실제에 있어 재건축사업의 경우 각 조합원들이 각자 자신이 소유하는 토지를 신탁하게 되므로, 신탁토지 간에 위탁자가 동일한 경우가 거의 없어 위 등기예규에 의하는 경우에도 합필등기를 할 수 있는 경우가 극히 일부에 한정될 뿐이라서 실질적인 도움이 되지 않는다는 비판이 제기되었다.

따라서 등기예규를 다시 개정하여 2003. 7. 1. 이전의 공동주택건설사업의 경우에는 위탁자가 상이한 경우에도 예외적으로 신탁토지 간에 합필등기가 허용하였고(등기예규 제1141호), 이후 주택법 제16조의 주택사업계획승인을 받아 공동주택을 건설하는 경우(등기예규 제1211호), 나아가 「주택법」 제54조에 따라 공급할 목적으로 건설하는 주택건설사업(주상복합건축물 포함)의 경우까지(등기예규 제1294호) 합필등기를 허용하는 것으로 그 범위를 확대하여 민원인의 업무편의는 물론 등기실무상 편의도 도모하게 되었다.

2. 신탁의 분할등기신청

신탁의 분할등기를 신청하는 경우에는 위탁자와 수익자로부터 분할계획서의 승인을 받았음을 증명하는 정보(다만, 분할계획서 승인에 관하여 신탁행위로 달리 정한 경우에는 그에 따른 것임을 증명하는 정보), 분할계획서의 공고 및 채권자 보호 절차를 거쳤음을 증명하는 정보를 첨부 정보로서 등기소에 제공하여야 한다(규칙 제140조의 2 제2항).

3. 신탁의 합병, 분할등에 따른 등기절차

법 제82조의 2 신탁의 합병·분할등에 따른 신탁등기를 하는 경우에는 합병 또는 분할 전의 신탁등기를 말소하고, 신탁의 합병 또는 분할 등의 신청에 따른 신탁등기를 하여야 한다(규칙 제140조의 3 제1항).

『신탁법』 제94조 제2항에 따른 신탁의 분할합병의 경우에는 제1항을 준용한다(규칙 제140조의 3 제2항).

(1) 신청인

신탁의 합병·분할('분할합병'을 포함한다)에 따른 신탁등기는 수탁자가 같은 경우에만 신청할 수 있으며, 수탁자는 해당 신탁재산에 속하는 부동산에 관한 권리변경등기를 단독으로 신청한다(등기예규 제1501호 2. 가).

(2) 신청방법

신탁의 합병·분할로 인하여 하나의 신탁재산에 속하는 부동산에 관한 권리가 다른 신탁의 신탁재산에 귀속되는 경우에는 신탁등기의 말소등기 및 새로운 신탁등기의 신청은 신탁의 합병·분할로 인한 권리변경등기의 신청과 함께 1건의 신청정보로 일괄하여 하여야 한다.

「신탁법」 제34조 제1항 제3호 및 동조 제2항에 따라 여러 개의 신탁을 인수한 수탁자가 하나의 신탁재산에 속하는 부동산에 관한 권리를 다른 신탁의 신탁재산에 귀속시키는 경우 그 신탁등기의 신청방법에 관하여는 위 (1)항을 준용한다.

「공익신탁법」 제20조 제1항에 따른 공익신탁 합병의 경우 법무부장관의 인가를 증명하는 정보를 첨부정보로 제공하여야 한다.

「공익신탁법」에 따른 공익신탁의 경우 등기관은 공익신탁에 대한 분할 또는 분할합병의 등기신청이 있는 경우에는 「공익신탁법」 제21조에 따라 이를 수리하여서는 아니된다.

(3) 첨부정보

신탁의 합병등기를 신청하는 경우에는 위탁자와 수익자로부터 합병계획서의 승인을 받았음을 증명하는 정보(인감증명 포함), 합병계획서의 공고 및 채권자보호절차를 거쳤음을 증명하는 정보를 첨부정보로서 제공하여야 한다.

신탁의 분할등기를 신청하는 경우에는 위탁자와 수익자로부터 분할계획서의 승인을 받았음을 증명하는 정보(인감증명 포함), 분할계획서의 공고 및 채권자보호절차를 거쳤음을 증명하는 정보를 첨부정보로서 제공하여야 한다.

등기기록례

신탁의 합병·분할등기의 기록례는 별지 등기기록례 5와 같다.

[별지 등기기록례 5] 신탁의 합병 · 분할등기

(1) 신탁의 합병등기

【갑 구】				(소유권에 관한 사항)
순위 번호	등기목적	접 수	등기원인	권리자 및 기타사항
3	소유권이전	2012년 3월 5일 제3005호	2012년 3월 4일 신탁	수탁자 대한부동산신탁 000000-0000000 　서울특별시 강남구 테헤란로 ○○(삼성동)
				신탁 신탁원부　제2012-25호
4	신탁합병으로 인하여 다른 신탁의 목적으로 된 뜻의 등기	2012년 7월 30일 제12345호	2012년 7월 27일 신탁합병	
				3번 신탁등기말소
				신탁 신탁원부　제2012호-45호

※ 1. 신탁의 합병 · 분할 등에 따른 신탁등기는 수탁자가 같은 경우에만 신청할 수 있다.
※ 2. 신탁의 합병 · 분할 등으로 인하여 하나의 신탁재산에 속하는 부동산에 관한 권리가 다른 신탁의 신
　　탁재산에 귀속되는 경우에는 신탁등기의 말소등기 및 새로운 신탁등기의 신청은 신탁의 합병 · 분할
　　로 인한 권리변경등기의 신청과 함께 1건의 신청정보로 일괄하여 하여야 한다.

(2) 신탁의 분할등기

【갑 구】				(소유권에 관한 사항)
순위 번호	등기목적	접 수	등기원인	권리자 및 기타사항
3	소유권이전	2012년 3월 5일 제3005호	2012년 3월 4일 신탁	수탁자 대한부동산신탁 000000-0000000 　서울특별시 강남구 테헤란로 ○○(삼성동)
				신탁 신탁원부　제2012-25호
4	신탁분할으로 인하여 다른 신탁의 목적으로 된 뜻의 등기	2012년 7월 30일 제12345호	2012년 7월 27일 신탁분할	
				3번 신탁등기말소
				신탁 신탁원부　제2012호-45호

제4관 기타등기

1. 수개의 신탁을 인수한 수탁자가 다른 신탁재산에 귀속시키는 신탁등기

「신탁법」 제34조 제1항 제3호 및 같은 조 제2항에 따라 여러 개의 신탁을 인수한 수탁자가 하나의 신탁재산에 속하는 부동산에 관한 권리를 다른 신탁의 신탁재산에 귀속시키는 경우 신탁등기의 신청방법에 관하여는 제82조의2 제1항을 준용한다(법 제82조의2 제2항).

2. 수탁자의 임무종료에 따른 부동산의 권리이전등기

다음 각 호의 어느 하나에 해당하여 수탁자의 임무가 종료된 경우 신수탁자는 단독으로 신탁재산에 속하는 부동산에 관한 권리이전등기를 신청할 수 있다(법 제83조).

1. 「신탁법」 제12조 제1항 각 호의 어느 하나에 해당하여 수탁자의 임무가 종료된 경우
2. 「신탁법」 제16조 제1항에 따라 수탁자를 해임한 경우
3. 「신탁법」 제16조 제3항에 따라 법원이 수탁자를 해임한 경우
4. 「공익신탁법」 제27조에 따라 법무부장관이 직권으로 공익신탁의 수탁자를 해임한 경우

3. 수탁자가 여러 명인 경우(합유인 뜻의 기록)

수탁자가 여러 명인 경우 등기관은 신탁재산이 합유인 뜻을 기록하여야 한다(법 제84조 제1항). 여러 명의 수탁자 중 1인이 부동산등기법 제83조 각 호의 어느 하나의 사유로 그 임무가 종료된 경우 다른 수탁자는 단독으로 권리변경등기를 신청할 수 있다. 이 경우 다른 수탁자가 여러 명일 때에는 그 전원이 공동으로 신청하여야 한다(법 제84조 제2항).

4. 재단법인이 기본재산을 신탁하는 경우 주무관청의 허가 요부

재단법인이 그의 기본재산인 부동산에 관하여 신탁을 원인으로 수탁자 앞으로 소유권이전등기 및 신탁등기를 신청하는 경우에는 주무관청의 허가를 증명하는 서면을 첨부하여야 한다(등기선례 제8권 60항).

제5관 신탁재산에 관한 등기신청의 특례

1. 수탁자의 단독신청

(1) 다음 각 호의 어느 하나에 해당하는 경우 수탁자는 단독으로 해당 신탁재산에 속하는 부동산에 관한 권리변경등기를 신청할 수 있다(법 제84조의2).

　① 「신탁법」 제3조 제1항 제3호에 따라 신탁을 설정하는 경우

　② 「신탁법」 제34조 제2항 각 호의 어느 하나에 해당하여 다음 각 목의 어느 하나의 행위를 하는 것이 허용된 경우

　　㉠ 수탁자가 신탁재산에 속하는 부동산에 관한 권리를 고유재산에 귀속시키는 행위

　　㉡ 수탁자가 고유재산에 속하는 부동산에 관한 권리를 신탁재산에 귀속시키는 행위

　　㉢ 여러 개의 신탁을 인수한 수탁자가 하나의 신탁재산에 속하는 부동산에 관한 권리를 다른 신탁의 신탁재산에 귀속시키는 행위

　③ 「신탁법」 제90조 또는 제94조에 따라 수탁자가 신탁을 합병, 분할 또는 분할합병하는 경우

(2) 신탁등기의 신청은 해당 신탁으로 인한 권리의 이전 또는 보존이나 설정등기의 신청과 함께 1건의 신청정보로 일괄하여 하여야 한다(규칙 제139조 제1항).

(3) 「신탁법」 제27조에 따라 신탁재산에 속하는 부동산 또는 같은 법 제43조에 따라 신탁재산으로 회복 또는 반환되는 부동산의 취득등기와 신탁등기를 동시에 신청하는 경우에는 부동산등기규칙 제139조 제1항을 준용한다(규칙 제139조 제2항).

(4) 신탁등기를 신청하는 경우에는 부동산등기법 제81조 제1항 각 호의 사항(신탁등기의 등기사항)을 첨부정보로서 등기소에 제공하여야 한다(부동산등기규칙 제139조 제3항).

(5) 부동산등기규칙 제139조 제3항의 첨부정보를 등기소에 제공할 때에는 방문신청을 하는 경우라도 이를 전자문서로 작성하여 전산정보처리조직을 이용하여 등기소에 송신하는 방법으로 하여야 한다. 다만, 동규칙 제63조 각 호의 어느 하나에 해당하는 경우에는 이를 서면으로 작성하여 등기소에 제출할 수 있다(동규칙 제139조 제4항).

(6) 동규칙 제139조 제4항 본문의 경우에는 신청인 또는 그 대리인의 공인인증서등을 함께 송신하여야 한다(동규칙 제139조 제5항).

(7) 동규칙 제139조 제4항 단서에 따른 서면에는 신청인 또는 그 대리인이 기명날인하거나 서명하여야 한다(동규칙 제139조 제6항).

등기기록상 소유자인 위탁자와 수탁자가 공동으로 신탁을 원인으로 하는 소유권이전등기를 신청함과 동시에 반드시 동일한 신청서에 의하여 신탁의 등기를 신청하여야 한다. 만일 신탁의 등기만을 신청한 경우에는 부동산등기법 제29조 제5호에 의하여 이를 각하하여야 하고, 소유권이전등기만을 신청한 경우에도 그 등기원인이 신탁임이 판명된 경우에는 이를 각하하여야 한다.

신탁으로 인한 소유권 이전등기란 신탁설정자(위탁자)와 신탁을 인수하는 자(수탁자)와 특별한 신임관계에 기하여 위탁자가 특정의 재산권을 수탁자에게 이전하는 등기로, 이 신청에서는 수탁자를 등기권리자, 위탁자를 등기의무자로 기재한다. 소유권이전등기에 관한 등록세(교육세)는 지상세법 제9조 제3항 1호 의하여 면제되며 신탁등기의 등록세는 지방세법 제28조 제1항 1호 마목에 의하여 6,000원을 납부하면 된다. 국민주택채권은 주택법시행령 제95조 제1항[별표12]의 [부표] 19.가목에 의하여 면제된다.

등기신청서에는 등기의 목적을 "소유권이전 및 신탁", 등기원인과 그 연월일을 "○년 ○월○일 신탁"으로 기재한다(등기예규 제1501호. 1. 나. (2).).

(8) 등기관이 부동산등기규칙 제139조 제1항 및 제2항에 따라 권리의 이전 또는 보존이나 설정등기와 함께 신탁등기를 할 때에는 하나의 순위번호를 사용하여야 한다(규칙 제139조 제7항).

2. 위탁자의 선언에 의한 신탁 등의 등기신청

「신탁법」 제3조제1항제3호에 따른 신탁등기를 신청하는 경우에는 공익신탁을 제외하고는 신탁설정에 관한 공정증서를 첨부정보로서 등기소에 제공하여야 한다(규칙 제139조의2 제1항).

「신탁법」 제3조제5항에 따른 신탁등기를 신청하는 경우에는 수익자의 동의가 있음을 증명하는 정보를 첨부정보로서 등기소에 제공하여야 한다(규칙 제139조의2 제2항).

「신탁법」 제114조제1항에 따른 유한책임신탁의 목적인 부동산에 대하여 신탁등기를 신청하는 경우에는 유한책임신탁등기가 되었음을 증명하는 정보를 첨부정보로서 등기소에 제공하여야 한다(규칙 제139조의2 제3항).

3. 위탁자의 지위 이전에 따른 신탁변경등기의 신청

위탁자의 지위이전에 따른 신탁원부 기록의 변경등기를 신청하는 경우에 위탁자의 지위이전의 방법이 신탁행위로 정하여진 때에는 이를 증명하는 정보, 신탁행위로 정하여지지 아니한 때에는 수탁자와 수익자의 동의가 있음을 증명하는 정보를 첨부정보로서 등기소에 제공하여야 한다. 이 경우 위탁자가 여럿일 때에는 다른 위탁자의 동의를 증명하는 정보도 첨부정보로서 제공하여야 한다(규칙 제139조의3).

4. 신탁원부의 작성

등기관은 부동산등기규칙 제139조 제4항 본문에 따라 등기소에 제공된 전자문서에 번호를 부여하고 이를 신탁원부로서 전산정보처리조직에 등록하여야 한다(규칙 제140조 제1항).

등기관은 부동산등기규칙 제139조 제4항 단서에 따라 서면이 제출된 경우에는 그 서면을 전자적 이미지정보로 변환하여 그 이미지정보에 번호를 부여하고 이를 신탁원부로서 전산정보처리조직에 등록하여야 한다(규칙 제140조 제2항).

규칙 제40조 제1항 및 제2항의 신탁원부에는 1년마다 그 번호를 새로 부여하여야 한다(규칙 제140조 제3항).

[서식 예] 소유권이전 및 신탁등기신청(P. 627(1) 참조)

(전면)

접수	년 월 일	처리인	등기관 확인	각종통지
	제 호			

<table>
<tr><td colspan="5" align="center">소유권이전 및 신탁등기신청</td></tr>
</table>

① 부동산의 표시	
(생 략)	
② 등기원인과 그 연월일	2007년 9월 1일 신탁
③ 등기의 목적	소유권이전 및 신탁

구 분	성 명 (상호·명칭)	주민등록번호 (등기용 등록번호)	주 소(소재지)	지 분 (개인별)
④ 등기의무자	이대백	○○○○○○-○○○○○○○	서울특별시 서초구 서초동 ○○○	
⑤ 등기권리자	김갑동	○○○○○○-○○○○○○○	서울특별시 종로구 원서동 ○	

⑥ 등록세	금	원
⑥ 교육세	금	원
⑦ 세액합계	금	원
⑧ 등기신청수수료	금	원

⑨ 등기의무자의 등기필정보		

부동산 고유번호	0000-0000-000000	
성 명(명 칭)	일련번호	비밀번호
이대백	Q77C-LO7I-35J5	00-0000

⑩ 첨 부 서 면	
• 신탁계약서(검인) 1통 • 등록세영수필확인서 1통 • 인감증명서 1통 • 등기필증 1통 • 토지대장등본 1통	• 주민등록등(초)본 각1통 • 신탁원부 1통 (기타)

2007년 10월 1일

⑪ 위 신청인 이 대 백 ㊞ (전화: 200-0000)
김 갑 동 ㊞ (전화: 000-7766)
(또는) 위 대리인 (전화:)

서울중앙지방법원 등기과 귀중

[서식 예] 소유권이전청구권가등기 및 신탁등기신청서

(전면)

<table>
<tr>
<td colspan="6" align="center">소유권이전청구권가등기 및 신탁등기신청</td>
</tr>
<tr>
<td rowspan="2">접 수</td>
<td align="center">년   월   일</td>
<td rowspan="2" align="center">처
리
인</td>
<td align="center">등기관 확인</td>
<td colspan="2" align="center">각종통지</td>
</tr>
<tr>
<td align="center">제   호</td>
<td></td>
<td colspan="2"></td>
</tr>
<tr>
<td rowspan="1">부
동
산
의
표
시</td>
<td colspan="5" align="center">서울 서초구 서초동 100 대 1000㎡
이 상</td>
</tr>
<tr>
<td colspan="2" align="center">등기원인과 그 연월일</td>
<td colspan="4">20   년   월   일 신탁예약</td>
</tr>
<tr>
<td colspan="2" align="center">등기의 목적</td>
<td colspan="4">소유권이전청구권가등기 및 신탁</td>
</tr>
<tr>
<td colspan="2"></td>
<td colspan="4"></td>
</tr>
<tr>
<td colspan="2" align="center">구 분</td>
<td align="center">성 명
(상호·명칭)</td>
<td align="center">주민등록번호
(등기등록번호)</td>
<td align="center">주 소
(소재지)</td>
<td align="center">지 분
(개인별)</td>
</tr>
<tr>
<td colspan="2" align="center">등기의무자</td>
<td align="center">○○○</td>
<td></td>
<td></td>
<td></td>
</tr>
<tr>
<td colspan="2" align="center">등기권리자</td>
<td align="center">주식회사
○○부동산신탁
대표이사 ○○○</td>
<td></td>
<td></td>
<td></td>
</tr>
</table>

제2장 각 론   1243

시기표준액 및 국민주택채권매입금액		
등록세	금	원
교육세	금	원
세액합계	금	원
등기신청수수료(증지)	금	원

※ 소유권이전가등기에 관한 등록세(교육세)는 지방세법 제128조 제1호가목에 의하여 면제

등기의무자의 등기필정보		
부동산고유번호	0000-0000-000000	
성 명(명 칭)	일련번호	비밀번호
○○○	0000-0000-0000	00-0000

첨 부 서 면	
1. 신탁예약서 　　　　　　　　　1통	1. 주민등록표등본　　　　　　1통
1. 신탁원부 　　　　　　　　　　1통	1. 등기사항전부증명서　　　　1통
1. 등록면허세영수필확인서 및 통지서 1통	1. 토지대장　　　　　　　　　1통
1. 위임장 　　　　　　　　　　　1통	1. 등기필증　　　　　　　　　1통
1. 인감증명서 　　　　　　　　　1통	

20 년 　월 　일

위 신청인
대리인 법무사 ○○○ (인)
서울 서초구 서초동 000
전 화 :

서울중앙지방법원 등기과 귀중

법무사 ○○○

[서식 예] 신탁원부

<table>
<tr><td colspan="3" style="text-align:center">신탁원부</td></tr>
<tr><td colspan="3">

신탁원부 제　　　호
위탁자 ○○○
수탁자 주식회사 우리부동산신탁
신청대리인 법무사○○○ (인)

신청서 접수 20 년　　 월　　 일
제　　　호

</td></tr>
<tr><td colspan="3" style="text-align:center">법무사 ○○○</td></tr>
<tr><td>1</td><td>위탁자의 성명과 주소</td><td>○○○
서울 서초구 서초동 00번지</td></tr>
<tr><td>2</td><td>수탁자의 성명과 주소</td><td>주식회사 우리부동산신탁
서울 강남구 삼성동 00번지</td></tr>
<tr><td>3</td><td>수익자의 성명과 주소</td><td>위탁자와 같음</td></tr>
<tr><td>4</td><td>신탁관리인의 성명과 주소</td><td>없 음</td></tr>
<tr><td>5</td><td>신탁조항</td><td>별지와 같음</td></tr>
</table>

신탁예약서

위탁예약자인 ○○○를 "갑"이라 하고, 수탁예약자 (주)○○부동산신탁을 "을"이라 하여 "갑", "을"간 아래기재 부동산에 관하여 다음과 같이 신탁예약을 체결한다.

- 아 래 -

부동산의 표시 : 서울 서초구 서초동 100 대 1000㎡

[제1조] "갑"은 20 년 월 일까지 신탁완결의 의사표시를 하며, 이 의사표시에 의하여 신탁계약(본 계약)이 성립한다.

[제2조] 제1조에 의한 의사표시가 있을 때에는 목적물의 소유권을 "을"에게 이전한다.

"갑"은 지체 없이 소유권이전등기절차에 필요한 서류 일체를 "을"에게 교부하여야 한다.

[제3조] "갑"은 목적물에 대하여 제한물권 등의 설정이 없는 완전한 소유권을 "을"에게 이전하여야 한다.

[제4조] 목적물의 인도일은 신탁완결의 의사표시를 한 날(본 계약이 성립한 날)로부터 일주일 이내에 실행한다.

[제5조] "갑"은 목적물을 인도일까지 선관주의로써 보존하여야 한다.

[제6조] 이 계약의 성립과 동시에 "갑"은 "을"앞으로 목적물에 대한 소유권이전등기청구권보전을 위한 가등기절차를 이행한다. 이 경우 등기신청에 필요한 비용은 "갑"의 부담으로 한다.

[제7조] "갑"은 이 계약상의 권리를 제3자에게 양도할 수 없다.

[제8조] 이 계약이 당사자 중 어느 일방의 의무불이행으로 해지 또는 해제된 때에는 목적물에 대한 소유권이전등기 청구권보전을 위한 가등기는 소멸한다.

이상과 같이 계약이 체결되었음을 증명하기 위하여 계약서 2부를 작성하여 기명날인 한 후 각자 1부씩 보관한다.

20 년　월　일

위탁예약자 ○○○ ㊞
서울 서초구 서초동 00번지
수탁예약자 주식회사 ○○부동산신탁
서울 ○동 00번지
대표이사 ○○○ ㊞

제6관 수탁자의 변경

1. 수탁자의 경질로 인한 권리이전등기(이하 등기예규 제1501호, 1575호 3)

(1) 신청인

(가) 공동신청

신탁행위로 정한 바에 의하여 수탁자의 임무가 종료하고 새로운 수탁자가 취임한 경우 및 수탁자가 사임, 자격상실로 임무가 종료되고 새로운 수탁자가 선임된 경우에는 새로운 수탁자와 종전 수탁자가 공동으로 권리이전등기를 신청한다.

(나) 단독신청

사망, 금치산, 한정치산, 파산, 해산의 사유로 수탁자의 임무가 종료되고 새로운 수탁자가 선임된 경우에는 새로운 수탁자가 단독으로 권리이전등기를 신청한다.

수탁자인 신탁회사가 합병으로 소멸되고 합병 후 존속 또는 설립되는 회사가 신탁회사인 경우에는 그 존속 또는 설립된 신탁회사가 단독으로 권리이전등기를 신청한다.

수탁자가 법원 또는 법무부장관(공익신탁법에 따른 공익신탁)에 의하여 해임된 경우에는 등기관은 법원 또는 법무부장관의 촉탁에 의하여 신탁원부 기록을 변경한 후 직권으로 등기기록에 해임의 뜻을 기록하여야 하고(이 경우 수탁자를 말소하는 표시를 하지 아니한다), 권리이전등기는 나중에 새로운 수탁자가 선임되면 그 수탁자가 단독으로 신청하여야 한다.

(2) 등기원인일자 및 등기원인

위의 경우 등기원인일자는 "새로운 수탁자가 취임 또는 선임된 일자", 등기원인은 "수탁자 경질"로 하여 신청정보의 내용으로 제공한다.

(3) 첨부정보

등기신청인은 종전 수탁자의 임무종료 및 새로운 수탁자의 선임을 증명하는 정보를 첨부정보로서 제공하여야 하고, 위 (1) (가)항의 경우에는 종전 수탁자의 인감증명도 함께 제공하여야 한다. 「공익신탁법」에 따른 공익신탁의 경우 수탁자가 변경된 경우에는 법무부장관의 인가를 증명하는 정보를 첨부정보로 제공하여야 한다.

2. 여러 명의 수탁자 중 1인의 임무종료로 인한 합유명의인 변경등기

(1) 신청인

(가) 공동신청

여러 명의 수탁자 중 1인이 신탁행위로 정한 임무종료사유, 사임, 자격상실의 사유로 임무가 종료된 경우에는 나머지 수탁자와 임무가 종료된 수탁자가 공동으로 합유명의인 변경등기를 신청한다. 수탁자 중 1인인 신탁회사가 합병으로 인하여 소멸되고 신설 또는 존속하는 회사가 신탁회사인 경우에는 나머지 수탁자와 합병 후 신설 또는 존속하는 신탁회사가 공동으로 합유명의인 변경등기를 신청한다.

(나) 단독신청

여러 명의 수탁자 중 1인이 사망, 금치산, 한정치산, 파산, 해산의 사유로 임무가 종료된 경우에는 나머지 수탁자가 단독으로 합유명의인 변경등기를 신청한다. 이 경우 나머지 수탁자가 여러 명이면 그 전원이 공동으로 신청하여야 한다.

(다) 법원 또는 법무부장관의 촉탁

여러 명의 수탁자 중 1인이 법원 또는 법무부장관에 의하여 해임된 경우에는 등기관은 법원 또는 법무부장관의 촉탁에 의하여 신탁원부 기록을 변경한 후 직권으로 등기기록에 해임의 뜻을 기록하여야 한다. 이 경우 종전 수탁자를 모두 말소하고 해임된 수탁자를 제외한 나머지 수탁자만을 다시 기록하는 합유명의인 변경등기를 하여야 한다.

(2) 등기원인일자 및 등기원인

위의 경우 등기원인일자는 "수탁자의 임무종료일", 등기원인은 "임무가 종료된 수탁자의 임무종료원인"으로 하여 신청정보의 내용으로 제공한다("○년 ○월 ○일 수탁자 ○○○사망" 등).

(3) 첨부정보

등기신청인은 임무가 종료된 수탁자의 임무종료를 증명하는 정보를 첨부정보로서 제공하여야 하고, 위 (1) (가)항의 전단부의 경우에는 임무가 종료된 수탁자의 인감증명도 함께 제공하여야 한다. 「공익신탁법」에 따른 공익신탁의 경우 수탁자가 변경된 경우에는 법무부장관의 인가를 증명하는 정보를 첨부정보로 제공하여야 한다.

[서식 예] 수탁자경질에 의한 소유권이전등기신청서(공동신청)

(전면)

<table>
<tr><td colspan="5" style="text-align:center">소유권이전 등기신청</td></tr>
<tr>
<td rowspan="2">접 수</td>
<td>년 월 일</td>
<td rowspan="2">처리인</td>
<td>등기관 확인</td>
<td>각종통지</td>
</tr>
<tr>
<td>제 호</td>
<td></td>
<td></td>
</tr>
<tr>
<td>부
동
산
의
표
시</td>
<td colspan="4" style="text-align:center">서울 서초구 ○○동 100 대 1000㎡
이 상</td>
</tr>
<tr>
<td colspan="2" style="text-align:center">등기원인과 그 연월일</td>
<td colspan="3">20 년 월 일 수탁자경질</td>
</tr>
<tr>
<td colspan="2" style="text-align:center">등기의 목적</td>
<td colspan="3">소유권 이전</td>
</tr>
<tr>
<td colspan="2"></td>
<td colspan="3"></td>
</tr>
<tr>
<td>구 분</td>
<td>성 명
(상호·명칭)</td>
<td>주민등록번호
(등기용등록번호)</td>
<td>주 소(소재지)</td>
<td>지 분
(개인별)</td>
</tr>
<tr>
<td>구수탁자 겸
등기의무자</td>
<td>○○○</td>
<td></td>
<td></td>
<td></td>
</tr>
<tr>
<td>신수탁자 겸
등기권리자</td>
<td>주식회사
○○부동산신탁
대표이사 ○○○</td>
<td></td>
<td></td>
<td></td>
</tr>
</table>

시가표준액 및 국민주택채권매입금액			
국민주택채권매입총액		주택법시행령 (별표12의 부표 제19호 가목에 의하여 면제)	
등록세	금 원	교육세	금 원
세액합계		금 원	
등기신청수수료		금 원	

※ 소유권이전가등기에 관한 등록세(교육세)는 지방세법 제9조 제3항에 의하여 면제

등기의무자의 등기필정보		
부동산고유번호	0000-0000-000000	
성 명(명 칭)	일련번호	비밀번호
○○○	0000-0000-0000	00-0000

첨 부 서 면

1. 수탁자변경증명서(경질계약서)	1통	1. 주민등록표등본	1통
1. 등록세영수필확인서 및 통지서	1통	1. 토지대장	1통
1. 위임장	1통	1. 등기필증	1통
1. 인감증명서	1통	1. 수익자의 동의서	1통
1. 전수탁자의 사임서	1통	1. 등기신청수수료현금영수필확인서	1통
1. 신수탁자의 선임서	1통		

20 년   월   일

위 신청인
대리인 법무사 ○○○ (인)
서울 ○○구 ○○동 000
전 화 :

서울중앙지방법원 등기과 귀중

법무사 ○○○

수탁자 사임서

위탁자와 수탁자간 2000년 00월 00일 신탁설정에 의하여 수탁자로서 신탁재산의 관리처분업무를 처리하여 왔으나 수탁자의 일신상 사정에 의하여 그 직을 사임합니다.

20 년 월 일

수탁자 ○○○ ㉑

위 사임에 동의함 위탁자 겸 수익자 ○○○ ㉑

신수탁자 선임서

위탁자와 수탁자간 2000년 00월 00일 신탁설정에 의하여 ○○○가 수탁자로서 그 직을 수행하던 중 20 년 00월 00일 일신상의 사정으로 인하여 사임하였으므로 신탁조항 제○조 제○항 규정에 의하여 신탁승계를 받을 신수탁자로 주식회사 ○○부동산신탁(110111-)을 선임한다.

20 년 월 일

위탁자 ○○○ ㉑

위 선임을 승낙함 신수탁자 주식회사 ○○부동산신탁

110111-

서울 ○○구 ○○동 00번지

대표이사 ○○○ ㉑

(전면)

<table>
<tr><td colspan="5" style="text-align:center">소유권이전 등기신청</td></tr>
<tr>
<td rowspan="2">접 수</td>
<td>년 월 일</td>
<td rowspan="2">처
리
인</td>
<td>등기관 확인</td>
<td>각종통지</td>
</tr>
<tr>
<td>제 호</td>
<td></td>
<td></td>
</tr>
<tr>
<td>부
동
산
의
표
시</td>
<td colspan="4" style="text-align:center">서울 서초구 ○○동 100 대 1000㎡
이 상</td>
</tr>
<tr>
<td colspan="2" style="text-align:center">등기원인과 그 연월일</td>
<td colspan="3">20 년 월 일 수탁자경질</td>
</tr>
<tr>
<td colspan="2" style="text-align:center">등기의 목적</td>
<td colspan="3">소유권 이전</td>
</tr>
<tr>
<td colspan="2"></td>
<td colspan="3"></td>
</tr>
<tr>
<td>구 분</td>
<td>성 명
(상호·명칭)</td>
<td>주민등록번호
(등기등록번호)</td>
<td>주 소(소재지)</td>
<td>지 분
(개인별)</td>
</tr>
<tr>
<td>신수탁자 겸
신청인</td>
<td>주식회사
○○부동산신탁
대표이사
○○○</td>
<td></td>
<td>서울 ○○구 ○○
00번지</td>
<td></td>
</tr>
</table>

시가표준액 및 국민주택채권매입금액			
국민주택채권매입총액		주택법시행령 (별표12의 부표 제19호 가목에 의하여 면제)	
등록세	금 원	교육세	금 원
세액합계		금 원	
등기신청수수료(증지)		금 원	

※ 소유권이전가등기에 관한 등록세(교육세)는 지방세법 제128조 제1호다목에 의하여 면제

등기의무자의 등기필정보		
부동산 고유번호		
성 명(명 칭)	일련번호	비밀번호

첨 부 서 면

1. 구수탁자의 제적등본(사망)	1통	1. 토지대장	1통
1. 신수탁자의 선임결정문	1통	1. 신청서부본	1통
1. 위임장	1통	1. 등기신청수수료현금영수필확인서	1통

20 년   월   일

위 신청인
대리인 법무사 ○○○ (인)
서울 ○○구 ○○동 000
전 화 :

서울중앙지방법원 등기과 귀중

법무사 ○○○

(전면)

합유명의인 변경등기신청(공동신청)				
접 수	년 월 일	처 리 인	등기관 확인	각종통지
	제 호			
부동산의 표시	서울 ○○구 ○○동 대 000㎡ 이 상			
등기원인과 그 연월일		20 년 월 일 수탁자○○○ 사임		
등기의 목적		합유명의인 변경		
변경할 사항		수탁자(합유) 갑, 을 을 수탁자 을로 변경		
구 분	성 명 (상호·명칭)	주민등록번호 (등기등록번호)	주 소(소재지)	지 분 (개인별)
등 기 의 무 자	○○○			
등 기 권 리 자	○○○			

시기표준액 및 국민주택채권매입금액			
국민주택채권매입총액		주택법시행령 (별표12의 부표 제19호 가목에 의하여 면제)	
등록세	금 ○○○원	교육세	금 ○○○원
세액합계		.	금 ○○○원
등기신청수수료(증지)			금 ○○○원

등기의무자의 등기필정보

부동산고유번호		
성 명(명 칭)	일련번호	비밀번호

첨 부 서 면

1. 전수탁자의 사임	1통	1. 주민등록표등본	1통
1. 수익자의 동의서	1통	1. 등기필정보	1통
1. 등록세영수필확인서 및 통지서	1통	1. 신청서부본	1통
1. 위임장	1통	1. 등기신청수수료현금영수필확인서	1통
1. 인감증명서	1통		

20 년 월 일

위 신청인
대리인 법무사 ○○○ (인)
서울 구 동 000
전 화 :

서울중앙지방법원 등기과 귀중

법무사 ○○○

[서식 예] 합유명의인 변경등기신청(단독신청´)

(전면)

<table>
<tr>
<td colspan="5" align="center">합유명의인 변경등기신청(단독신청)</td>
</tr>
<tr>
<td rowspan="2">접 수</td>
<td>년 월 일</td>
<td rowspan="2">처
리
인</td>
<td>등기관 확인</td>
<td>각종통지</td>
</tr>
<tr>
<td>제 호</td>
<td></td>
<td></td>
</tr>
<tr>
<td>부
동
산
의
표
시</td>
<td colspan="4" align="center">서울특별시 ○○구 ○○동 대 ○○㎡
이 상</td>
</tr>
<tr>
<td colspan="2" align="center">등기원인과 그 연월일</td>
<td colspan="3">20 년 월 일 수탁자○○○ 사망</td>
</tr>
<tr>
<td colspan="2" align="center">등기의 목적</td>
<td colspan="3">합유명의인 변경</td>
</tr>
<tr>
<td colspan="2" align="center">변경할 사항</td>
<td colspan="3">수탁자(합유) 갑, 을 을
수탁자 을로 변경</td>
</tr>
<tr>
<td align="center">구 분</td>
<td align="center">성 명
(상호 · 명칭)</td>
<td align="center">주민등록번호
(등기등록번호)</td>
<td align="center">주 소(소재지)</td>
<td align="center">지 분
(개인별)</td>
</tr>
<tr>
<td align="center">수탁자 겸
신청인</td>
<td align="center">○○○</td>
<td></td>
<td></td>
<td></td>
</tr>
</table>

시기표준액 및 국민주택채권매입금액			
국민주택채권매입총액		주택법시행령 (별표12의 부표 제19호 가목에 의하여 면제)	
등록세	금 원	교육세	금 원
세액합계		금 원	
등기신청수수료(증지)		금 원	
등기의무자의 등기필정보			
부동산고유번호			
성 명(명칭)		일련번호	비밀번호
			.

첨 부 서 면	
1. 전수탁자의 제적등본(사망) 1통 (기본증명서) 1. 등록세영수필확인서 및 통지서 1통 1. 위임장 1통 1. 주민등록표등본 1통	1. 신청서부본 1통 1. 등기신청수수료현금영수필확인서 1통

20   년   월   일

위 신청인
대리인 법무사 ○○○ (인)
서울 서초구 서초동 000
전 화 : 02) 522-0000

서울중앙지방법원 등기과 귀중

법무사 ○○○

3. 위탁자의 지위이전에 따른 신타원부기록의 변경등기

위탁자의 지위이전에 따른 신탁원부 기록의 변경등기를 신청하는 경우에 위탁자의 지위이전의 방법이 신탁행위로 정하여진 때에는 이를 증명하는 정보, 신탁행위로 정하여지지 아니한 때에는 수탁자와 수익자의 동의가 있음을 증명하는 정보를 첨부정보로서 등기소에 제공하여야 한다. 이 경우 위탁자가 여럿일 때에는 다른 위탁자의 동의를 증명하는 정보도 첨부정보로서 제공하여야 한다(규칙 제139조의 3).

제7관 신탁원부기록의 변경

신탁원부의 기록사항에 변경이 생긴 때에는 원칙적으로 수탁자가 그 변경을 증명하는 정보를 첨부로서 제공하여 그 등기를 신청하여야 한다.

1. 수탁자가 신청하는 경우(이하 등기예규 제1501호, 제1575호 4)

(1) 수익자 · 신탁관리인이 변경된 경우

수익자 또는 신탁관리인이 변경된 경우나 위탁자, 수익자 및 신탁관리인의 성명(명칭), 주소(사무소 소재지)가 변경된 경우에는 수탁자는 지체 없이 신탁원부 기록의 변경등기를 신청하여야 한다.

(2) 신탁조항을 변경한 경우

수익자를 지정하거나 변경할 수 있는 권한을 갖는 자의 성명(명칭) 및 주소(사무소 소재지), 수익자를 지정하거나 변경할 방법, 수익권의 발생 또는 소멸에 관한 조건,「부동산등기법」제81조 제1항 제6호에서 제12호까지의 신탁인 뜻, 신탁의 목적, 신탁재산의 관리방법, 신탁종료의 사유, 그 밖의 신탁조항을 변경한 경우에도 위 (1)항과 같다.

(3) 위탁자 지위의 이전에 따른 신탁원부 기록의 변경

(가)「신탁법」제10조에 따라 위탁자 지위의 이전이 있는 경우에는 수탁자는 신탁원부 기록의 변경등기를 신청하여야 한다.

(나) 이 경우 등기원인은 "위탁자 지위의 이전"으로 하여 신청정보의 내용으로 제공한다.

(다) 위탁자 지위의 이전이 신탁행위로 정한 방법에 의한 경우에는 이를 증명하는 정보를 첨부정보로서 제공하여야 하고, 신탁행위로 그 방법이 정하여지지 아니한 경우에는 수탁자와 수익자의 동의가 있음을 증명하는 정보(인감증명 포함)를 첨부정보로서 제공하여야 한다. 이 경우 위탁자가 여러 명일 때에는 다른 위탁자의 동의를 증명하는 정보 (인감증명 포함)도 함께 제공하여야 한다.

(라) 위탁자 지위의 이전에 따른 등기의 기록례는 별지 등기기록례 6과 같다.

(4) 「공익신탁법」에 따른 신탁원부 기록의 변경

(가) 유한책임신탁을 공익유한책임신탁으로 변경하거나 공익유한책임신탁을 유한책임신탁으로 변경하는 경우에는 변경이 되었음을 증명하는 등기사항증명서를 첨부정보로 제공하여야 한다.

(나) 공익신탁을 유한책임신탁으로 변경하는 경우에는 법무부장관의 인가를 증명하는 정보 및 변경이 되었음을 증명하는 등기사항증명서를 첨부정보로 제공하여야 한다.

(다) 신탁관리인의 변경이 있는 경우(법원 또는 법무부장관의 촉탁에 의한 경우는 제외)에는 법무부장관의 인가를 증명하는 정보를 첨부정보로 제공하여야 한다.

[별지 등기기록례 6] 위탁자 지위의 이전에 따른 신탁원부 기록의 변경등기

【갑 구】				(소유권에 관한 사항)
순위 번호	등기목적	접 수	등기원인	권리자 및 기타사항
2	소유권이전	2012년 1월 9일 제670호	2012년 1월 8일 매매	수탁자 김우리 000000-0000000 서울특별시 서초구 반포대로 ○○(반포동) 거래가액 금200,000,000원
3	소유권이전	2012년 3월 5일 제3005호	2012년 3월 4일 신탁	수탁자 대한부동산신탁 000000-0000000 서울특별시 강남구 테헤란로 ○○(삼성동)
				신탁 신탁원부 제2012호-25호

※ 위탁자 지위의 이전이 있는 경우에는 수탁자가 위탁자 지위의 이전을 원인으로 하여 신탁원부 기록의 변경등기를 신청하므로, 등기기록에는 변경사항이 없다.

2. 법원 또는 법무부장관의 촉탁에 의한 경우

(1) 법원의 촉탁에 의한 경우

법원은 다음 각 호의 어느 하나에 해당하는 재판을 한 경우 지체 없이 신탁원부 기록의 변경등기를 등기소에 촉탁하여야 한다(법 제85조 제1항).

1. 수탁자 해임의 재판
2. 신탁관리인의 선임 또는 해임의 재판
3. 신탁 변경의 재판

(2) 법무부장관의 촉탁에 의한 경우

법무부장관은 다음 각 호의 어느 하나에 해당하는 경우 지체 없이 신탁원부 기록의 변경등기를 등기소에 촉탁하여야 한다(법 제85조 제2항).

1. 수탁자를 직권으로 해임한 경우
2. 신탁관리인을 직권으로 선임하거나 해임한 경우
3. 신탁내용의 변경을 명한 경우

(3) 등기기록의 직권기록

등기관이 제1항제1호 및 제2항제1호에 따라 법원 또는 주무관청의 촉탁에 의하여 수탁자 해임에 관한 신탁원부 기록의 변경등기를 하였을 때에는 직권으로 등기기록에 수탁자 해임의 뜻을 부기하여야 한다(법 제95조 제3항).

(전면)

신탁원부변경등기신청(채무자변경(추가))				
접 수	년 월 일	처 리 인	등기관 확인	각종통지
	제 호			
부 동 산 의 표 시	서울특별시 서초구 서초동 123 대 1000㎡ (2007년 9월 5일 접수 제1002호 신탁원부 제5호) 이 상			
등기원인과 그 연월일	20 년 월 일 신탁원부 변경계약			
등기의 목적	신탁원부 기재사항 변경			
변경할 사항	별지기재와 같음			
구 분	성 명 (상호·명칭)	주민등록번호 (등기등록번호)	주 소(소재지)	지 분 (개인별)
수탁자겸 신청인	주식회사 우리부동산신탁 대표이사 ○○○			

（후면）

시가표준액 및 국민주택채권매입금액	
등록세	금 원
교육세	금 원
세액합계	금 원
등기신청수수료(증지)	금 원

등기의무자의 등기필정보		
부동산고유번호		
성 명(명칭)	일련번호	비밀번호

첨 부 서 면

1. 신탁변경계약서 1통 1. 등록세영수필확인서 및 통지서 1통 1. 위임장 1통 1. 인감증명서 1통	1. 등기신청수수료현금영수필확인서 1통

20 년   월   일

위 신청인
대리인 법무사 ○○○ (인)
서울특별시 ○○구 ○○동 ○○○
전 화 :

서울중앙지방법원 등기과 귀중

법무사 ○○○

[별지] 채무자변경(추가)내용

항 목	변경 전	변경 후
2007. 9. 5. 접수 제1002호 신탁원부 제5호 신탁원부 제00조 채무자 추가	○○○ ○○○○○○-○○○○○○ 서울 서초구 서초동 00	○○○ ○○○○○○-○○○○○○ 서울 서초구 서초동 00 □□□ ○○○○○○-○○○○○○ 서울 서초구 방배동 00

[서식 예] 부동산 담보신탁 변경계약서(법률출판사 발행: 신탁법실무 유재관 저 p.681~686)

부동산 담보신탁 변경계약서

제1조 [목적] 본 변경계약의 목적은 위탁자 ○○○와 수탁자 주식회사 우리부동산신탁 간
　　　　에 체결된 부동산 담보신탁 계약서(2007. 9. 4. 체결)의 내용 중 채무자를 추
　　　　가하는데 있다.

제2조 [변경내용]

항 목	변경 전	변경 후
2007. 9. 5. 접수 제1002호 신탁원부 제5호 신탁원부 제00조 채무자 추가	○○○ ○○○○○○-○○○○○○ 서울특별시 서초구 서초동 00	○○○ ○○○○○○-○○○○○○ 서울특별시 서초구 서초동 00 □□□ ○○○○○○-○○○○○○ 서울특별시 서초구 방배동 00

제3조 [신탁부동산의 표시] 서울특별시 서초구 서초동 123 대 1000㎡
　　　　　　　　(2007. 9. 5. 접수 제1002호 신탁원부 제5호)

제4조 [기타] 본 변경계약서에 명시적으로 수정된 사항을 제외하고는 원계약서(2007. 9.
　　　　4. 신탁)의 내용은 그대로 효력을 유지한다.

위탁자 ○○○와 수탁자 주식회사 우리부동산신탁 간에 위와 같이 채무자를 추가하는 것에 대하여 합의하며, 본 계약을 증명하기 위하여 계약서 5통을 작성하여 각각 1통씩 보관하고 1통은 신탁원부변경등기에 사용한다.

2008. 2. 12.

위탁자 성 명 : ○○○ ㊞

(채무자) 주민등록번호 : ○○○○○○-○○○○○○○

주 소 : 서울특별시 서초구 서초동 00번지

수탁자 상 호 : 주식회사 우리부동산신탁

법인등록번호 : ○○○○○○-○○○○○○○

본 점 : 서울특별시 강남구 삼성동 00번지

대표이사 : ○○○ ㊞

위 변경에 동의합니다.

변경 전 우선수익자

상 호 : 주식회사 대한은행

법인등록번호 : ○○○○○○-○○○○○○○

본 점 : 서울특별시 중구 명동 1번지

대표이사 : ○○○ ㊞

변경 후 우선수익자

상 호 : 주식회사 민국은행

법인등록번호 : ○○○○○○-○○○○○○○

본 점 : 서울특별시 중구 명동 2번지

대표이사 : ○○○ ㊞

[서식 예] 신탁원부 변경등기 신청서(신탁관리인의 주소변경)

(전면)

신탁원부변경등기신청(전게서 p.692)				

접 수	년 월 일	처 리 인	등기관 확인	각종통지
	제 호			

부 동 산 의 표 시	서울특별시 서초구 서초동 123 대 1000㎡ (2007년 9월 5일 접수 제1002호 신탁원부 제5호) 이 상

등기원인과 그 연월일	20 년 월 일 전거

등기의 목적	신탁원부 기재사항 변경

변경할 사항	2007년 9월 5일 접수 제1002호 신탁원부 제5호 신탁원부 제00조, 신탁관리인의 주소 '서울○○구 ○○동 ○○'를 '서울 서초구 서초동 15'로 변경

구 분	성 명 (상호·명칭)	주민등록번호 (등기등록번호)	주 소(소재지)	지 분 (개인별)
수탁자 겸 신청인	주식회사 우리부동산신탁 대표이사 ○○○	○○○○○○-○○ ○○○○○	서울 강남구 삼성동 00번지	

제2장 각 론 1267

시기표준액 및 국민주택채권매입금액		
등록세	금	원
교육세	금	원
세액합계	금	원
등기신청수수료	금	원

등기의무자의 등기필정보		
부동산고유번호		
성 명(명 칭)	일련번호	비밀번호

첨 부 서 면	
1. 등록세영수필확인서 및 통지서 1통 1. 위임장 1통 1. 주민등록등초본 1통 1. 신청서부본 1통	1. 등기신청수수료현금영쉴확인서 1통

20 년 월 일

위 신청인
대리인 법무사 ○○○ (인)
서울 ○○구 ○○동 000
전 화 :

서울중앙지방법원 등기과 귀중

법무사 ○○○

(전면)

신탁원부변경등기신청(신탁관리인 선임)				
접 수	년 월 일	처 리 인	등기관 확인	각종통지
	제 호			
부 동 산 의 표 시	서울 서초구 서초동 123 대 1000㎡ (2007년 9월 5일 접수 제1002호 신탁원부 제5호) 이 상			
등기원인과 그 연월일	20 년 월 일 신탁원부 변경계약			
등기의 목적	신탁관리인선임			
변경할 사항	2007년 9월 5일 접수 제1002호 신탁원부 제5호 제00조, 신탁관리인으로 '□□□ 서울○○구 ○○동 ○○'를 선임			
구 분	성 명 (상호·명칭)	주민등록번호 (등기등록번호)	주 소(소재지)	지 분 (개인별)
수탁자 겸 신청인	주식회사 우리부동산신탁 대표이사 ○○○	○○○○○○-○ ○○○○○○	서울 강남구 삼성동 00번지	

시기표준액 및 국민주택채권매입금액		
등록세	금	원
교육세	금	원
세액합계	금	원
등기신청수수료	금	원
등기의무자의 등기필정보		
부동산고유번호		
성 명(명칭)	일련번호	비밀번호

첨 부 서 면

1. 신탁변경계약서　　　　　1통	1. 등기사항전부증명서　　　　　1통
1. 신탁관리인 선임승낙서　　1통	1. 주민등록표등(초)본　　　　　1통
1. 등록세영수필확인서 및 통지서　1통	1. 등기신청수수료현금영수필확인서　1통
1. 위임장　　　　　　　　　1통	
1. 인감증명서　　　　　　　1통	

20 년 월 일

위 신청인
대리인 법무사 ○○○ (인)
서울 서초구 서초동 000
전 화 : 02) 522-0000

서울중앙지방법원 등기과 귀중

법무사 ○○○

[서식 예] 신탁관리인 선임승낙서

신탁관리인 선임승낙서

1. 위탁자 : ○○○(○○○○○○-○○○○○○○)

   서울특별시 서초구 ○○동 00번지

2. 수탁자 : 주식회사 ○○부동산신탁(○○○○○○-○○○○○○○)

   서울특별시 강남구 삼성동 00번지

3. 신탁설정일 : 2007. 9. 5.

4. 신탁재산의 표시 : 서울특별시 서초구 ○○동 123 대 1000㎡

   (2007년 9월 5일 접수 제1002호 신탁원부 제5호)

본인은 위 신탁의 신탁관리인으로 선임되었음에 이를 승낙합니다.

2008년 ○○월 ○○일

신탁관리인 □□□ ㊞

서울 ○○구 ○○동 ○○

3. 수탁자해임에 따른 등기

부동산등기법 제85조 제3항에 따라 등기기록에 수탁자 해임의 뜻을 기록할 때에는 수탁자를 말소하는 표시를 하지 아니한다. 다만, 여러 명의 수탁자 중 일부 수탁자만 해임된 경우에는 종전의 수탁자를 모두 말소하는 표시를 하고 나머지 수탁자만 다시 기록한다(규칙 제141조).

4. 직권에 의한 신탁원부기록의 변경등기

등기관이 신탁재산에 속하는 부동산에 관한 권리에 대하여 다음 각 호의 어느 하나에 해당하는 등기를 할 경우 직권으로 그 부동산에 관한 신탁원부 기록의 변경등기를 하여야 한다(법 제85조의2).

1. 수탁자의 변경으로 인한 이전등기
2. 여러 명의 수탁자 중 1인의 임무 종료로 인한 변경등기
3. 수탁자인 등기명의인의 성명 및 주소(법인인 경우에는 그 명칭 및 사무소 소재지를 말한다)에 관한 변경등기 또는 경정등기

5. 수탁자의 신탁원부기록의 변경등기신청

수탁자는 법 제85조 및 제85조의2에 해당하는 경우를 제외하고 법 제81조 제1항 각 호의 사항이 변경되었을 때에는 지체 없이 신탁원부 기록의 변경등기를 신청하여야 한다(법 제86조).

6. 신탁재산의 일부 처분 또는 신탁의 일부 종료

신탁재산의 일부가 처분되었거나 신탁의 일부가 종료되어 권리이전등기와 함께 신탁등기의 변경등기를 할 때에는 하나의 순위번호를 사용하고, 처분 또는 종료 후의 수탁자의 지분을 기록하여야 한다(규칙 제142조).

7. 신탁재산이 수탁자의 고유재산으로 되는 경우

신탁재산이 수탁자의 고유재산이 되었을 때에는 그 뜻의 등기를 주등기로 하여야 한다(규칙

143조).

「신탁법」 제34조 제2항에 따라 신탁재산이 수탁자의 고유재산으로 되는 경우에는 신탁
행위로 이를 허용하였거나 수익자의 승인을 받았음을 증명하는 정보(인감증명 포함) 또는 법원
의 허가 및 수익자에게 통지한 사실을 증명하는 정보를 첨부정보로서 제공하여 "수탁자의
고유재산으로 된 뜻의 등기 및 신탁등기의 말소등기"를 신청할 수 있다. 이 경우의 기록례는
별지 등기기록례 8과 같다.

[별지 등기기록례 8] 신탁부동산의 수탁자 고유재산으로의 전환으로 인한 신탁등기 말소

【갑 구】				(소유권에 관한 사항)
순위 번호	등기목적	접 수	등기원인	권리자 및 기타사항
2	소유권이전	2012년 1월 9일 제670호	2012년 1월 8일 매매	소유자 김우리 000000-0000000 서울특별시 서초구 반포대로 ○○(반포동) 거래가액 금200,000,000원
				~~신탁재산처분에 의한 신탁~~ ~~신탁원부 제2012-25호~~
3	2번수탁자의 고유재산으로 된 뜻의 등기	2012년 3월 5일 제3005호	2012년 3월 4일 신탁재산의 고유재산 전환	
				2번 신탁등기말소 원인 신탁재산의 고유재산 전환

제8관 신탁등기의 말소

1. 동시신청(일괄신청)

신탁재산에 속한 권리가 이전, 변경 또는 소멸됨에 따라 신탁재산에 속하지 아니하게 된 경우 신탁등기의 말소신청은 신탁된 권리의 이전등기, 변경등기 또는 말소등기의 신청과 동시에 하여야 한다(법 제87조 제1항).

신탁등기의 말소등기 신청은 권리의 이전 또는 말소등기나 수탁자의 고유재산으로 된 뜻의 등기신청과 함께 1건의 신청정보로 일괄하여 하여야 한다(규칙 제144조 제1항).

신탁종료로 인하여 신탁재산에 속한 권리가 이전 또는 소멸된 경우에는 법 제87조 제1항을 준용한다(법 제87조 제2항).

2. 등기신청인(수탁자)

신탁등기의 말소등기는 수탁자가 단독으로 신청할 수 있다(법 제87조 제3항).

신탁등기의 말소등기의 신청에 관하여는 법 제82조 제2항 및 제3항을 준용한다(법 제87조 제4항).

3. 위탁자의 대위신청

수익자나 위탁자는 수탁자를 대위하여 신탁등기의 말소등기를 신청할 수 있다. 대위에 의하여 신탁등기의 말소등기를 신청하는 경우에는 부동산등기법 제28조 제2항을 준용한다.

4. 등기절차

등기관이 규칙 제144조 제1항에 따라 권리의 이전 또는 말소등기나 수탁자의 고유재산으로 된 뜻의 등기와 함께 신탁등기의 말소등기를 할 때에는 하나의 순위번호를 사용하고, 종전의 신탁등기를 말소하는 표시를 하여야 한다(규칙 제144조 제2항).

5. 신탁재산의 처분 또는 귀속

(1) 신탁재산의 처분, 귀속

수탁자가 신탁재산을 제3자에게 처분하거나 신탁이 종료되어(공익신탁법에 따른 공익신탁의 인가가 취소되어 종료된 경우를 포함) 신탁재산이 위탁자 또는 수익자(공익신탁법에 따른 공익신탁의 인가가 취소되어 종료되는 경우를 포함)에게 귀속되는 경우에는 그에 따른 권리이전등기와 신탁등기의 말소등기는 1건의 신청정보로 일괄하여 신청하여야 한다. 등기원인이 신탁재산의 처분 또는 신탁재산의 귀속임에도 신탁등기의 말소등기 또는 권리이전등기 중 어느 하나만을 신청하는 경우에는 등기관은 이를 수리하여서는 아니된다.

(2) 신탁재산의 일부의 처분 또는 신탁일부의 종료

신탁재산의 일부를 처분하거나 신탁의 일부가 종료되는 경우에는 권리이전등기와 신탁등기의 변경등기를 1건의 신청정보로 일괄하여 신청하여야 한다. 이 경우의 기록례는 별지 등기기록례 7과 같다.

(3) 「공익신탁법」에 따른 공익신탁의 경우

「공익신탁법」 제24조 제3항에 따라 선임된 보관수탁관리인이 신탁재산을 증여하거나 무상 대부하는 경우에는 위 가.의 예에 의한다. 이 경우 보관수탁관리인의 선임을 증명하는 정보 및 법무부장관의 승인을 증명하는 정보를 첨부정보로 제공하여야 한다.

「공익신탁법」 제11조 제6항에 따라 신탁재산을 처분하는 경우에는 법무부장관의 승인을 증명하는 정보를 첨부정보로 제공하여야 한다. 다만, 공익사업 수행을 위한 필수적인 재산이 아님을 소명한 경우에는 그러하지 아니하다.

【갑 구】				(소유권에 관한 사항)
순위 번호	등기목적	접 수	등기원인	권리자 및 기타사항
5	소유권이전	2012년 1월 9일 제670호	2012년 1월 8일 신탁	수탁자 대한부동산신탁 000000-0000000 서울특별시 강남구 테헤란로 ○○(삼성 동)
				신탁 신탁원부 제2012-25호

6	소유권일부
	이전
		2012년
		3월 5일
		제3005호
			2012년
			3월 4일
			매매
				공유자 지분 3분의 1
				  김우리 000000-0000000
				  서울특별시 서초구 반포대로 ○○(반포
				동)
				거래가액 금200,000,000원

				5번 신탁등기변경 원인 신탁재산의 처분 신탁재산 대한부동산신탁지분 3분의 2

제9관 담보권신탁에 관한 특례

  개정부동산등기법은 저당권만을 신탁재산으로 하는 담보권신탁의 경우 그 저당권에 의하여 담보되는 피담보채권이 여럿이고 각 피담보채권별로 채권액, 채무자, 변제기 등이 다를 때에는 신청서에 채권액, 채무자, 변제기 등을 각 채권별로 구분하여 적도록 하고, 그 피담보채권이 이전되는 경우에는 수탁자가 신탁원부 기록의 변경등기를 신청하도록 하였다.

1. 담보권신탁등기

  위탁자가 자기 또는 제3자 소유의 부동산에 채권자가 아닌 수탁자를 저당권자로 하여 설정한 저당권을 신탁재산으로 하고 채권자를 수익자로 지정한 신탁의 경우 등기관은 그 저당권에 의하여 담보되는 피담보채권이 여럿이고 각 피담보채권별로 법 제75조에 따른 등기사항이 다를 때에는 법 제75조에 따른 등기사항을 각 채권별로 구분하여 기록하여야 한다(법 제87조의2 제1항).

2. 피담보채권의 이전에 따른 변경등기

법 제87조의2 제1항에 따른 신탁의 신탁재산에 속하는 저당권에 의하여 담보되는 피담보채권이 이전되는 경우 수탁자는 신탁원부 기록의 변경등기를 신청하여야 한다(법 제87조의2 제2항).

3. 저당권의 이전등기

법 제87조의2 제1항에 따른 신탁의 신탁재산에 속하는 저당권의 이전등기를 하는 경우에는 제79조를 적용하지 아니한다(법 제87조의2 제3항).

4. 피담보채권이 여럿이고 피담보채권자별로 등기사항이 다른 경우

법 제87조의 2에 따라 담보권신탁의 등기를 신청하는 경우에 그 저당권에 의하여 담보되는 피담보채권이 여럿이고 피담보채권별로 등기사항이 다를 때에는 법 제75조에 따른 등기사항을 채권별로 구분하여 신청정보의 내용으로 등기소에 제공하여야 한다(규칙 제144조의 2).

제10관 신탁재산관리인이 선임된 신탁의 등기

1. 신탁재산관리인의 선임

수탁자의 임무가 종료되거나 수탁자와 수익자 간의 이해가 상반되어 수탁자가 신탁사무를 수행하는 것이 적절하지 아니한 경우 법원은 이해관계인의 청구에 의하여 신탁재산관리인의 선임이나 그 밖의 필요한 처분을 명할 수 있다. 다른 수탁자가 있는 경우에도 또한 같다(신탁법 제17조 제1항).

2. 필수적 신탁재산관리인의 선임

법원은 다음 각 호의 어느 하나에 해당하는 경우로서 신수탁자가 선임되지 아니하거나 다른 수탁자가 존재하지 아니할 때에는 신탁재산을 보관하고 신탁사무 인계에 필요한 행위를 하여야 할 신탁재산관리인을 선임한다(신탁법 제18조 제1항).

1. 수탁자가 사망하여 「민법」 제1053조 제1항에 따라 상속 재산관리인이 선임되는 경우

2. 수탁자가 파산선고를 받은 경우

3. 수탁자가 법원의 허가를 받아 사임하거나 임무 위반으로 법원에 의하여 해임된 경우

3. 신탁재산관리인이 선임된 신탁등기

「신탁법」 제17조제1항 또는 제18조제1항에 따라 신탁재산관리인이 선임된 신탁의 경우 제23조제7항·제8항, 제81조, 제82조, 제82조의2, 제84조제1항, 제84조의2, 제85조제1항·제2항, 제85조의2제3호, 제86조, 제87조 및 제87조의2를 적용할 때에는 "수탁자"는 "신탁재산관리인"으로 본다(법 제87조의3).

[서식 예] 소유권이전 및 신탁등기말소신청

(전면)

접 수	년 월 일	처 리 인	등기관 확인	각종통지
	제 호			

① 부동산의 표시

1. 서울특별시 서초구 ○○동 100
   대 300㎡
2. 서울특별시 서초구 ○○동 100
   시멘트 벽돌조 슬래브지붕 2층 주택
   1층 100㎡
   2층 100㎡

이 상

② 등기원인과 그 연월일	2007년 9월 1일 신탁재산귀속
③ 등기의 목적	소유권이전 및 신탁등기말소

구 분	성 명 (상호 · 명칭)	주민등록번호 (등기용등록번호)	주 소(소재지)	지 분 (개인별)
④ 등기 의무자	○○○	○○○○○○-○ ○○○○○○	서울특별시 종로구 원서동 ○	
⑤ 등기 권리자	○○○	○○○○○○-○ ○○○○○○	서울특별시 서초구 서초동 ○○○	

제2장 각 론 1279

⑥ 등록세	금	원
⑥ 교육세	금	원
⑦ 세액합계	금	원
⑧ 등기신청수수료	금	원

⑨ 등기의무자의 등기필정보		
부동산고유번호		
성 명(명칭)	일련번호	비밀번호
이 ○○		

⑩ 첨부서면	
• 신탁재산귀속증서(검인) 1통 • 등록세영수필확인서 1통 • 인감증명서 1통 • 등기필정보 1통 • 토지·건축물대장등본 각1통	• 주민등록등(초)본 각1통 • 등기신청수수료현금영수필확인서 1통 　(소유권이전등기) 〈기타〉

2007 년 10월 1일

⑪ 위 신청인 　이 ○ ○ ㊞ (전화 : 200-7766)

　　　　　　　 김 ○ ○ ㊞ (전화 : 200-7766)

(또는) 위 대리인 　　　　(전화 : 　　　　)

서울중앙지방법원 등기과 귀중

신탁재산 귀속증서

부동산의 표시 : 생략

　위 부동산은 ○○신탁을 위하여 신탁자(위탁자)로부터 위탁받은 재산인바, 신탁계약내용에 따른 신탁재산이 환원, 완료되었으므로 위 부동산을 위탁자 겸 수익자인 등기권리자에게 반환하기로 하고 등기의무자(수탁자)는 이를 수락하였으므로 본 증서를 작성하고 이에 기명, 날인하여 각 1부씩 보관한다.

2010. 10. 6.

권리자(위탁자 겸 수익자) : 이 ○ ○(　　　－　　　)
　　　　　　　　　　　　　　주소
의무자(수탁자) : 　　　　　이 ○ ○(　　　－　　　)
　　　　　　　　　　　　　　주소

제11관 신탁등기와 타등기와의 관계

1. 신탁목적에 반하는 등기신청의 각하(이하 등기예규 제1501호 6)

신탁등기가 경료된 부동산에 대하여 수탁자를 등기의무자로 하는 등기의 신청이 있을 경우에는 등기관은 그 등기신청이 신탁목적에 반하지 아니하는가를 심사하여 신탁목적에 반하는 등기신청은 수리하여서는 아니된다.

2. 수탁자를 등기의무자로 하는 처분제한의 등기·경매등기의 수리

등기관은 수탁자를 등기의무자로 하는 처분제한의 등기, 강제경매등기, 임의경매등기 등의 촉탁이 있는 경우에는 이를 수리하고, 위탁자를 등기의무자로 하는 위 등기의 촉탁이 있는 경우에는 이를 수리하여서는 아니 된다. 다만, 신탁 전에 설정된 담보물권에 기한 임의경매등기 또는 신탁 전의 가압류등기에 기한 강제경매등기의 촉탁이 있는 경우에는 위탁자를 등기의무자로 한 경우에도 이를 수리하여야 한다.

3. 합필의 등기

(1) 합필등기가 허용되는 경우

신탁등기가 경료된 토지에 대하여는 합필등기를 할 수 없다. 다만, 다음 각 호에 해당하는 경우로서 신탁목적이 동일한 경우에는 신탁토지 상호 간의 합필등기를 할 수 있다. 합필등기가 허용되는 경우로서 위탁자가 상이한 경우의 등기절차는 아래 (2)에 따른다.

「주택법」 제15조에 따라 주택건설사업계획의 승인을 얻어 공동주택을 건설하는 경우(2003년 7월 1일 이전에 구 「주택건설촉진법」에 다라 승인을 받은 주택재건축사업을 포함한다)

「건축법」 제11조에 따른 건축허가를 받아 주택 외의 시설과 주택을 동일 건축물로 하여 「주택법」 제15조 제1항에서 정한 호수(공동주택 30세대, 같은법 시행령 제27조 제1항 제2호 각 목의 어느 하나에 해당하는 경우에는 50세대)이상을 건설·공급하는 경우로서 「주택법」 제54조 제1항 제1호에 따른 입주자모집공고의 승인을 받은 경우(등기예규 제1618호)

(2) 위탁자가 상이한 경우의 합필등기

위탁자가 상이한 경우에는 신탁토지 간에 합필등기를 허용할 수 없다는 종전 등기예규 제958호(현행 제1473호, 1575호)에 따라 재건축조합원들이 각자의 토지를 재건축조합에 신탁한 때에는 신탁토지의 위탁자가 상이한 경우에 해당하므로 신탁토지 간의 합필등기를 할 수 없다 (등기선례 제7권 333항).

그러나, 실제에 있어 재건축사업의 경우 각 조합원들이 각자 자신이 소유하는 토지를 신탁하게 되므로, 신탁토지 간에 위탁자가 동일한 경우가 거의 없어 위 등기예규에 의하는 경우에도 합필등기를 할 수 있는 경우가 극히 일부에 한정될 뿐이라서 실질적인 도움이 되지 않는다는 비판이 제기되었다.

따라서 등기예규를 다시 개정하여 2003. 7. 1. 이전의 공동주택건설사업의 경우에는 위탁자가 상이한 경우에도 예외적으로 신탁토지 간에 합필등기가 허용하였고(등기예규 제1141호), 이후 주택법 제16조의 주택사업계획승인을 받아 공동주택을 건설하는 경우(등기예규 제1211호), 나아가 「주택법」 제54조에 따라 공급할 목적으로 건설하는 주택건설사업(주상복합건축물 포함)의 경우까지(등기예규 제1294호) 합필등기를 허용하는 것으로 그 범위를 확대하여 민원인의 업무편의는 물론 등기실무상 편의도 도모하게 되었다.

(가) 첨부정보

① 토지대장등본

② 위탁자의 합필승낙서 및 인감증명

　　합필승낙서에는 위탁자 전원이 성명, 주민등록번호, 주소, 신탁원부번호, 합필 전 토지의 소재지번, 지목 및 면적(또는 지분), 합필 후의 지분을 표시하고 그 인감을 날인하여야 한다. 법무사나 변호사가 위탁자 전원이 합필승낙서에 직접 서명 또는 날인하였다는 것을 확인한 경우에는 인감증명 대신에 법무사나 변호사의 확인서를 첨부정보로서 제공할 수 있다.

③ 2003년 7월 1일 이전에 구 「주택건설촉진법」에 따라 주택건설사업계획의 승인을 받았음을 소명하는 자료(주택재건축사업인 경우에 한한다)

(나) 합필등기절차

① 수탁자는 단독으로 합필등기를 신청할 수 있다. 이 경우 신청정보에는 합필 후의 지분을 표시하여야 하고, 위 (가)항의 각 정보를 첨부정보로서 제공하여야 한다.

② 등기관은 신청정보에 표시된 합필 후의 공유지분에 따라 별지 등기기록례 9와 같이 변경등기를 하여야 한다.

[별지 등기기록례 9] 신탁된 토지의 합필등기

【갑 구】				(소유권에 관한 사항)
순위번호	등기목적	접 수	등기원인	관리자 및 기타사항
4	2번 김갑동지분 전부이전	2003년 1월5일 제10호	2002년 9월9일 신탁	수탁자 지분 2분의1 진달래아파트재건축조합 000000-0000000 서울특별시 은평구 ○○동 100
				신탁 신탁원부 1호
4-1	4번 소유권변경			수탁자 지분 4분의1 진달래아파트재건축조합 000000-0000000 서울특별시 은평구 응암동 ○○ 합병으로 인하여 2006년 5월 1일 부기
5	3번 김을동지분 전부이전	2003년 1월 6일 제20호	2002년 9월 9일 신탁	수탁자 지분 2분의1 진달래아파트재건축조합 000000-0000000 서울특별시 은평구 응암동 ○○
				신탁 신탁원부 2호
5-1	5번 소유권변경			수탁자 지분 4분의1 진달래아파트재건축조합 000000-0000000 서울특별시 은평구 응암동 ○○ 합병으로 인하여 2006년 5월 1일 부기

6 (전4)	합병한 대100㎡에 대한 이기 전2번 김상동지분 전부이전	2003년 1월 5일 제11호	2002년 9월 9일 신탁	수탁자 지분 2분의1 진달래아파트재건축조합 000000-0000000 서울특별시 은평구 응암동 ○○ 신탁 신탁원부 3호
6-1	6번 소유권변경			수탁자 지분 4분의1 진달래아파트재건축조합 000000-0000000 서울특별시 은평구 응암동 ○○ 합병으로 인하여 2006년 5월 1일 부기
7 (전5)	합병한 대100㎡에 대한 이기 전3번 김병동지분 전부이전	2003년 1월 6일 제11호	2002년 9월 9일 신탁	수탁자 지분 2분의1 진달래아파트재건축조합 000000-0000000 서울특별시 은평구 응암동 ○○ 신탁 신탁원부 4호 합병으로 인하여 순위 제6번, 제7번 등기를 서울 특별시 은평구 응암동 101에서 이기 접수 2013년 5월 1일 제1205호
7-1	7번 소유권변경			수탁자 지분 4분의1 진달래아파트재건축조합 000000-0000000 서울특별시 은평구 응암동 ○○ 합병으로 인하여 2013년 5월 1일 부기

※ 등기관은 합필등기를 한 후, 신청정보에 표시된 합필 후의 공유지분에 따라 변경등기를 하여야 한다.

4. 분필등기

⑴ 신탁등기된 토지의 분필등기

신탁등기가 마쳐진 토지가 분할되어 그에 따른 분필등기의 신청이 있는 경우에는 등기관은 분필된 토지에 대하여 분필 전 토지의 신탁원부와 같은 내용의 신탁원부를 작성하여야 한다. 다만 분필된 토지에 대하여 신탁등기의 말소등기가 동시에 신청되는 경우에는 신탁원부를 따로 작성하지 아니하여도 무방하다.

(2) 등기신청수수료의 면제

토지에 관한 분할·합병등기는 그 신청수수료를 받지 아니한다(등기사항 증명서 등 수수료규칙 제5조의2 제2항 5호).

[서식 예] 토지합필등기신청(신탁된 토지의 합병등기)

(전면)

토지합필등기신청(신탁된 토지의 합병등기)				
접 수	년 월 일	처 리 인	등기관 확인	각종통지
	제 호			
부동산의 표시	합필전의 표시: 서울 서초구 ○○동 123 대 900㎡ 합필의 표시: 서울 서초구 ○○동 123-1 대 100㎡ 합필후의 표시: 서울 서초구 ○○동 123 대 1000㎡			
② 등기원인과 그 연월일	20 년 월 일 합병			
③ 등기의 목적	토지표시 변경			
구 분	성 명 (상호·명칭)	주민등록번호 (등기용등록번호)	주 소(소재지)	지 분 (개인별)
등기신청인	주식회사 ○○부동산신탁 대표이사 ○○○			

시기표준액 및 국민주택채권매입금액		
등록세	금	원(2필지의 합병)
교육세	금	원
세액합계	금	원
등기신청수수료	금	원

등기의무자의 등기필정보		
부동산고유번호		
성 명(명칭)	일련번호	비밀번호

첨 부 서 면	
1. 위임장　　　　　　　1통	1. 신탁원부　　　　　　　　　　1통
1. 합필승낙서　　　　　1통	1. 주택건설사업계획승인서　　　1통
1. 인감증명서　　　　　1통	1. 등기신청수수료현금영수필확인서　1통
1. 토지대장등본　　　　1통	
1. 등기사항전부증명서　1통	

20 년　　월　　일

위 신청인
대리인 법무사 ○○○ (인)
서울 서초구 ○○동 000
전 화 : 02) 522-0000

서울중앙지방법원 등기과 귀중

법무사 ○○○

(전면)

토지분필등기신청(신탁된 토지의 분필등기)				
접 수	년 월 일	처 리 인	등기관 확인	각종통지
	제 호			
부동산의 표시	분필전의 표시: 서울 서초구 ○○동 123 대 1000㎡ 분필의 표시 : 서울 서초구 ○○동 123-1 대 100㎡ 분필후의 표시: 서울 서초구 ○○동 123 대 900㎡			
② 등기원인과 그 연월일	20 년 월 일 분할			
③ 등기의 목적	토지표시 변경			
구 분	성 명 (상호·명칭)	주민등록번호 (등기용등록번호)	주 소(소재지)	지 분 (개인별)
등 기 신 청 인	주식회사 ○○부동산신탁 대표이사 ○○○			

시가표준액 및 국민주택채권매입금액		
등록세	금	원(2필지의 합병)
교육세	금	원
세액합계	금	원
등기신청수수료	금	원
등기의무자의 등기필정보		
부동산고유번호		
성 명(명칭)	일련번호	비밀번호

첨부서면	
1. 위임장 1통 1. 토지대장등본 1통 1. 등록세영수필확인서 및 통지서 1통	

20 년   월   일

위 신청인
대리인 법무사 ○○○ (인)
서울 ○○구 ○○동 000

서울중앙지방법원 등기과 귀중

법무사 ○○○

[서식 예] 토지신탁등기신청(소유권이전 및 신탁등기의 동시신청)

(전면)

접 수	년 월 일 제 호	처리인	등기관 확인	각종 통지

부동산의 표시
○○시 ○○구 ○○동 ○○ 대 300㎡ 이 상

② 등기원인과 그 연월일	19○○년 ○월 ○일 신탁
③ 등기의 목적	소유권이전 및 신탁

구 분	성 명 (상호·명칭)	주민등록번호 (등기용등록번호)	주 소(소재지)
등기의무자	(위탁자) 박○○	000000-0000000	○○시 ○○구 ○○동 ○○
등기권리자	(수탁자) 김○○ (또는 ○○재건축정비 사업조합 조합장 ○○○	000000-0000000	○○시 ○○구 ○○동 ○○

시가표준액 및 국민주택채권매입금액		
부동산의표시	부동산별 시가표준액	부동산별 국민주택채권매입금액
1.	금 ○○○○○○○원	금 ○○○원
2.	금　　원	금 ○○○원
3.	금　　원	금 ○○○원
국민주택채권매입총액		금 ○○○원
국민주택채권발행번호		금 ○○○원
등록세 금　　원		교육세 금　　원
세액합계		금 ○○○원
등기신청수수료		금 ○○○원
첨 부 서 면		
1. 신탁원부　　　　　　　　　1통 1. 신탁계약서　　　　　　　　1통 1. 등록세영수필확인서 및 통지서　1통 1. 인감증명(위탁자)　　　　　　1통 1. 등기필정보　　　　　　　　1통 1. 토지·임야·건축물대장　　　1통		1. 주민등록등(초)본　　　　　　1통 1. 위임장　　　　　　　　　　1통 1. 법인등기부등본(정비사업조합)　1통 1. 등기신청수수료현금영수필확인서　1통 〈기 타〉
19○○년 ○월 ○일 위 신청인 위탁자 : 박 ○ ○ ㊞ (전화:　　　　　　) 　　　　　수탁자 : 김 ○ ○ ㊞ (전화:　　　　　　) (또는)위 대리인 법무사 ○○○ ㊞ (전화:　　　　　　) ○○지방법원 등기소 귀중		

− 신청서 작성요령 및 등기수입증지 첩부란 −

1. 부동산표시란에 2개 이상의 부동산을 기재하는 경우에는 그 부동산의 일련번호를 기재하여야 한다.

2. 신청인란 등 해당란에 기재할 여백이 없을 경우에는 별지를 이용한다.

3. 등기신청수수료 상당의 등기수입증지를 이 난에 첩부한다.

[서식 예] 수탁자 변경등기신청

접수	년 월 일	처리인	등기관 확인	각종통지
	제 호			

부동산의 표시
○○시 ○○구 ○○동 ○○ 대 300㎡ 이 상

등기원인과 그 연월일	19○○년 ○월 ○일 수탁자 김○○ 사망
등기의 목적	등기명의인의 변경
변경할 사항	19○○년 ○월 ○일 접수 제○○○호로 경료된 신탁등기 사항중 수탁자 김○○을 이○○으로 변경

구 분	성 명 (상호·명칭)	주민등록번호 (등기용등록번호)	주 소(소재지)
위탁자	박○○	000000-0000000	○○시 ○○구 ○○동 ○○
수탁자	이○○	000000-0000000	○○시 ○○구 ○○동 ○○

시가표준액 및 국민주택채권매입금액		
부동산의표시	부동산별 시가표준액	부동산별 국민주택채권매입금액
1.	금○○○○○○○원	금 원
2.	금 원	금 원
3.	금 원	금 원
		금 원

등록세 금 원	교육세 금원
세액합계	금 원
등기신청수수료	금 원

첨 부 서 면	
1. 종전수탁자의 임무종료 및 신수탁자선임을 증명하는 서면 2. 위임장 3. 등록세영수필확인서및통지서	4. 등기신청수수료현금영수필확인서 1통

19○○년 ○월 ○일

위 신청인 박 ○ ○ ㊞ (전화 :   )
　　　　　 이 ○ ○ ㊞ (전화 :   )
(또는)위 대리인 ○○법무사 사무소 (전화 :   )
법무사 ○○○ ㊞

○○지방법원 등기소 귀중

– 신청서 작성요령 및 등기수입증지 첨부란 –

1. 부동산표시란에 2개 이상의 부동산을 기재하는 경우에는 그 부동산의 일련번호를 기재하여야 한다.

2. 신청인란 등 해당란에 기재할 여백이 없을 경우에는 별지를 이용한다.

3. 등기신청수수료 상당의 등기수입증지를 이 난에 첨부한다.

[서식 예] 소유권이전등기 및 신탁등기 말소등기 신청(매매)

(전면)

접 수	년 월 일	처 리 인	등기관 확인	각종통지
	제 호			

부동산의 표시
○○시 ○○구 ○○동 ○○ 대 300㎡ 이 상

등기원인과 그 연월일	19○○년 ○월 ○일 매매 및 신탁재산의 처분
등기의 목적	소유권이전 및 신탁등기 말소
말소할 등기	○○○○년 ○월 ○일 제○○○호로 경료된 신탁등기(신탁원부 제○○○호)

구 분	성 명 (상호·명칭)	주민등록번호 (등기용등록번호)	주 소(소재지)	지 분 (개인별)
등기의무자	매도인 겸 수탁자 박○○ 최○○	000000-0000000 000000-0000000	○○시 ○○구 ○○동 ○○ ○○시 ○○구 ○○동 ○○	
등기권리자	매수인 김○○	000000-0000000	○○시 ○○구 ○○동 ○○	

시가표준액 및 국민주택채권매입금액		
부동산의 표시	부동산별 시가표준액	부동산별 국민주택채권매입금액
1.	금 원	금 원
2.	금 원	금 원
3.	금 원	금 원
국민주택채권매입총액		금 원
국민주택채권발행번호		
등록세 금 원		교육세 금 원
세액합계		금 원
등기신청수수료		금 원
첨부서면		
1. 검인계약서　　　　　　　　1통 1. 등록세영수필확인서 및 통지서　1통 1. 인감증명　　　　　　　　　1통 1. 등기필정보　　　　　　　　1통 1. 토지·임야·건축물대장　　　1통		1. 주민등록등(초)본　　　　　1통 1. 위임장　　　　　　　　　1통 1. 등기신청수수료현금영수필확인서　1통 〈기 타〉
19○○년 ○월 ○일 　　　위 신청인 박 ○ ○ ㉑ (전화 :　　　　　) 　　　　　　　최 ○ ○ ㉑ (전화 :　　　　　) 　　　　　　　김 ○ ○ ㉑ (전화 :　　　　　) 　　　(또는)위 대리인 ○○법무사 사무소 (전화:　　　　　) 　　　법무사 ○○○ ㉑ ○○지방법원 등기소 귀중		

- 신청서 작성요령 및 등기수입증지 첩부란 -

1. 부동산표시란에 2개 이상의 부동산을 기재하는 경우에는 그 부동산의 일련번호를 기재하여야 한다.
2. 신청인란 등 해당란에 기재할 여백이 없을 경우에는 별지를 이용한다.
3. 등기신청수수료 상당의 등기수입증지를 이 난에 첩부한다.

[서식 예] 소유권이전등기 및 신탁등기 말소등기 신청(신탁종료)

(전면)

접 수	년 월 일	처리인	등기관 확인	각종통지
	제 호			

부동산의 표시
○○시 ○○구 ○○동 ○○ 대 300㎡ 이 상

등기원인과 그 연월일	19○○년 ○월 ○일 신탁종료로인한 신탁재산의 귀속
등기의 목적	소유권이전 및 신탁등기 말소
말소할 등기	○○○○년 ○월 ○일 제○○○호로 경료된 신탁등기의 말소

구 분	성 명 (상호·명칭)	주민등록번호 (등기용등록번호)	주 소(소재지)	지 분 (개인별)
등기의무자	수탁자 박○○	000000-0000000	○○시 ○○구 ○○동 ○○ ○○시 ○○구 ○○동 ○○	
등기권리자	위탁자 김○○	000000-0000000	○○시 ○○구 ○○동 ○○	

시가표준액 및 국민주택채권매입금액		
부동산의 표시	부동산별 시가표준액	부동산별 국민주택채권매입금액
1.	금 원	금 원
2.	금 원	금 원
3.	금 원	금 원
국민주택채권매입총액		금 원
국민주택채권발행번호		
등록세 금 원		교육세 금 원
세액합계		금 원
등기신청수수료		금 원

첨부서면	
1. 검인계약서 1통 1. 등록세영수필확인서 및 통지서 1통 1. 인감증명 1통 1. 등기필정보 1통 1. 토지·임야·건축물대장 1통	1. 주민등록등(초)본 1통 1. 위임장 1통 1. 등기신청수수료현금영수필확인서 1통 〈기 타〉

19○○년 ○월 ○일

위 신청인 박 ○ ○ ㊞ (전화 :   )
김 ○ ○ ㊞ (전화 :   )
(또는)위 대리인 ○○법무사 사무소 (전화 :   )
법무사 ○○○ ㊞

○○지방법원 등기소 귀중

- 신청서 작성요령 및 등기수입증지 첨부란 -

1. 부동산표시란에 2개 이상의 부동산을 기재하는 경우에는 그 부동산의 일련번호를 기재하여야 한다.
2. 신청인란 등 해당란에 기재할 여백이 없을 경우에는 별지를 이용한다.
3. 등기신청수수료 상당의 등기수입증지를 이 난에 첨부한다.

[서식 예] 신탁등기말소 및 소유권이전등기신청

(전면)

접 수	200 년 월 일 제 호	처 리 인	등기관 확인	각종통지

부동산의 표시
1동의 건물의 표시 　　　　　경기도 안산시 단원구 ○○동 539-10 　　　　　중앙하이츠빌 　　　　　철골철근콘크리트구조 (철근)콘크리트지붕 　전유부분의 건물의 표시　　　건물의 번호 : 15-1521 　　　　　　　　　　　　　　구　　　조 : 철근콘크리트구조 　　　　　　　　　　　　　　면　　　적 : 15층 1521호 44.18㎡ 　　　　대지권의 표시 　　　　토지의　　표시　　　경기도 안산시 단원구 ○○동 539-10 　　　　　　　　　　　　　　　　　대 2937.20㎡ 　　　　대지권의 종류　　소　유　권 　　　　대지권의 비율　　2937.20 분지 5.479

등기원인과 그 연월일	1905년 12월 13일 신탁재산처분
등기의 목적	신탁등기말소 및 소유권이전

구 분	성 명 (상호·명칭)	주민등록번호 (등기용등록번호)	주 소(소재지)	지 분
등 기 의 무 자	주식회사 ○○부동산신탁 대표이사 ○○○	000000-0000000 000000-0000000	서울 강남구 ○○동 943-19 신안빌딩 12층 서울 강남구 ○○동 893 롯데캐슬(아) 00-0000	
등 기 권 리 자	(주)아시아에너지 대표이사○○○	000000-0000000	서울 강남구 ○○동 773의 4	

시가표준액 및 국민주택채권매입금액		
부동산의 표시	부동산별 시가표준액	부동산별 국민주택채권매입
1. 토지	금 원	금 원
2. 건물	금 원	금 원
국 민 주 택 채 권 매 입 총 액		금 원
국 민 주 택 채 권 발 행 번 호		
취득세(등록·면허세) : 금 원		교육세 : 금 원
세 액 합 계		금 원
등 기 신 청 수 수 료		금 원

첨 부 서 면

1. 검인계약서 1통	1. 등기신청수수료현금영수필확인서 1통
1. 등록세영수필확인서 및 통지서 1통	1. 주민등록등(초)본 1통
1. 인감증명 1통	1. 위임장 1통
1. 등기필정보 1통	1. 주식회사 등본 1통
1. 토지·건축물대장 각1통	〈기 타〉

2006년   7월   일

위 신청인 (주)아시아에너지
위 대리인 법무사   ○   ○   ○
서울시 ○○구 ○○동 ○○번지

수원지방법원 안산지원 등기과 귀중

법무사 ○ ○ ○

[서식 예] 구분건물 소유권이전등기신청(매매)

접수	년 월 일	처리인	등기관 확인	각종통지
	제 호			

부동산의 표시(거래신고일련번호/거래가액)
1. 1동의 건물의 표시 　　경기도 안산시 단원구 ○○동 ○○○-10 　　중앙하이츠빌 　　[도로명주소] 경기도 안산시 단원구 안산천서로 ○○ 　　전유부분의 건물의 표시 　1. 건물의 번호 : 제15층 제1521호[고유번호:0000-0000-000000] 　　구조 및 면적 : 철골철근콘크리트구조 44.1800㎡ 　　전유부분의 대지권의 표시 　　토지의 표시 　　1. 경기도 안산시 단원구 ○○동 ○○○-10 　　대 2937.2㎡ 　　대지권의 종류 : 소유권 　　대지권의 비율 : 2937.2분의 5.479 　　거래신고일련번호 :00000-0000-0-0000000 거래가액:금110,000,000원 이　　상

등기원인과 그 연월일	2013년 03월 20일 매매
등기의 목적	소유권이전
이전할 지분	

구 분	성 명	주민등록번호	주 소	지분 (개인별)
의무자	주식회사 아시아에너지 (대표자)박○○	000000-0000000 000000-0000000	서울 강남구 ○○동 773-4 서울시 동작구 ○○로 320 ○○○동 ○○○호(○○동, ○○동 중앙하이츠빌)	1/1
권리자	홍○○	000000-0000000	서울특별시 동작구 ○○로 320 ○○○동 ○○○호(○○동, ○○동 중앙하이츠빌)	1/1

시가표준액 및 국민주택채권매입금액		
부동산 표시	부동산별 시가표준액	부동산별 국민주택채권매입금액
1. 건 물	금 원	금 원
2. 토 지	금 원	금 원
국 민 주 택 채 권 매 입 총 액		금 원
국 민 주 택 채 권 발 행 번 호		1303-10-8864-1213

등록면허세 (취득세, 등록세)	금 원	지방교육세	금 원
		농어촌특별세	금 원

세 액 합 계	금 원
등 기 신 청 수 수 료	금 원

첨 부 서 면

등기필정보	1통	일반건축물대장	1통
매매계약서	1통	취득세영수필확인서	1통
인감증명서	1통	부동산거래계약신고필증	1통
주민등록정보	1통	등기신청수수료현금영수필확인서	1통
토지/임야대장	1통		
법인등기부등본	1통		

2013년 3월 26일

등기의무자 : (주)아시아에너지(000000-0000000)서울 강남구 역삼동 ○○○-○
          대표이사   박 ○ ○
등기권리자 : 홍○○(000000-0000000)
          서울 동작구 ○○로 320(○○○동 ○○○호)(○○동 중앙하이츠빌)

수원지방법원 안산지원 등기과 귀중

【갑 구】			(소유권에 관한 사항)	
순위 번호	등기목 적	접 수	등기원인	관리자 및 기타사항
1	소유권 보존	2005년2월4일 제11633호		소유자 풍화산업주식회사 000000-0000000 서울 강남구 역삼동 ○○○-○○
2	소유권 이전	2005년2월4일 제11635호	2005년2월3일 신탁	수탁자 주식회사 다올부동산신탁 000000-0000000 서울 강남구 대치동 ○○○-○○ 신안빌딩 12층
				~~신탁~~ ~~신탁원부 제805호~~
3	소유권 이전	2006년7월12일 제74224호	2005년12월13 일 매매	소유자 주식회사아시아에너지 000000-0000000 서울 강남구 역삼동 ○○○-○
				2번 신탁등기말소 원인 신탁재산처분
4	소유권 이전	2013년3월26일 제25400호	2013년3월20일 매매	소유자 홍○○ 000000-0000000 서울특별시 동작구 ○○로 320 107동 403호(○○동, ○○동 중앙하이츠빌) 거래가액 금110,000,000원

신탁계약서

(1) 위탁자, 수탁자, 수익자와 신탁관리인의 성명(명칭), 주소(사무소)
(2) 신탁조항 : ① 위탁자, 수탁자, 수익자와 신탁관리인의 성명, 주소, 법인에 있어서는 그
　　　　　　　　　　명칭 및 사무소
　　　　　　　② 신탁의 목적
　　　　　　　③ 신탁재산의 관리방법
　　　　　　　④ 신탁종료의 사유
　　　　　　　⑤ 기타 신탁의 조항

위의 요령 및 아래의 계약조항에 따라 신탁계약을 체결한다.

제1.(신탁목적) 위탁자는 소정의 부동산을 수익자를 위하여 관리할 목적으로 신탁하고 수
　　탁자는 이를 인수한다.(관리신탁)
제2.(소유권이전 및 신탁등기) 신탁부동산은 신탁에 의한 소유권이전등기 및 신탁등기절차
　　를 종료하여야 한다.
제3.(수탁자의 면책) 임대료의 연체, 임차인의 고의 혹은 과실 또는 그 밖의 사유로 인하여
　　수익자에게 생긴 손해에 대하여는 수탁자가 신탁부동산을 선량한 관리자의 주의로서
　　관리하는 한 그 책임을 지지 않는다.
제4.(수탁자소송의무의 면책) 수탁자는 신탁부동산에 대하여 특히 필요한 경우를 제외하고
　　는 소송을 제기할 의무를 지지 아니한다. 위 소송을 제기하는 경우 수탁자는 그가 적
　　당하다고 인정하는 변호사를 선정하여 일체의 사항을 위임한다. 변호사의 보수, 기타
　　소송에 관한 일체의 비용은 위탁자 또는 수익자가 예탁하여야 한다.
제5.(원본의 규정, 수익자에 대한 교부방법 및 시기) 신탁부동산 및 매각대금, 보험금 그
　　외 이에 준하는 것을 원본이라 한다. 매각대금, 보험금 등 신탁재산원본에 속하는 금전
　　은 이를 수수할 때마다 원본의 수익자에게 교부한다.
제6.(수익규정, 수익자에 대한 교부방법 및 시기) 신탁부동산에 의하여 생기는 임대료, 기
　　타 이에 준하는 것과 신탁재산에 속하는 금전의 운용에 의하여 생기는 이익을 수익이
　　라 하며 수익은 각 계산기의 다음날 이를 수익의 수익자에게 교부한다.
제7.(신탁보수액계산방법, 지급의무자, 지급방법 및 시기) 신탁보수는 다음 비율에 의하여
　　각 계산기 및 신탁종료시에 신탁재산 중에서 공제한다. 단, 수시위탁자 또는 수익자에
　　게 청구를 할 수 있다. 신탁부동산의 관리, 신탁부동산의 가격에 대하여 년 1000분의

○○○신탁사무의 처리에 관하여 현저한 수수료를 요할 때에는 위탁자 또는 수익자와 협의한 다음 별도로 상당한 신탁보수를 지급한다.

제8.(제비용, 신탁보수의 청구권행사) 앞의 제비용, 신탁보수 및 입체금과 그 이자를 청구한 때에는 즉시 지급하여야 한다. 이를 지급하지 않음으로 인하여 손해가 생긴 때 수탁자는 그 책임을 지지 아니한다. 부득이한 사정이 있는 때에는 수탁자가 임의로 신탁재산을 처분하여 그 비용 또는 자금에 충당할 수 있다.

제9.(금전의 운용방법) 신탁재산에 속하는 금전은 수탁자가 적당하다고 인정하는 은행에 예치할 수 있다.

제10.(신탁기간)
　1. 신탁기간의 계산에 관해서는 계약체결일로부터 기산한다.
　2. 신탁기간은 위탁자 및 수익자가 수탁자의 승인을 얻어 연장할 수 있다.

제11.(신탁재산에 관한 조세, 공과, 수선, 그 밖의 비용)
　1. 신탁재산에 관한 조세, 공과, 화재보험료, 기타 신탁사무의 처리에 필요한 제비용은 신탁재산중에서 지급한다. 이 경우 위탁자 또는 수익자에게 그때마다 그의 전부 또는 일부의 지급을 청구하거나 또는 미리 비용의 예탁을 청구할 수 있다. 도시계획사업에 따른 수익자부담금, 토지구획정리사업 등의 조합비 및 환지청산교부금 기타 부과금에 대해서도 같은 방법으로 처리한다.
　2. 전호의 제비용을 입체한 경우는 금 ○○원 대하여 ○원 이내의 비율로 이자를 계산한다.

제12.(신탁해지)
　1. 신탁계약은 해지할 수 없다. 단, 신탁부동산에 관한 소송에 대하여 위탁자와 수탁자 간에 협의가 이루어지지 않을 때나 경제사정 기타 사정의 변경으로 인하여 신탁목적의 달성 또는 신탁사무의 진행이 현저히 곤란하게 되었을 경우에는 수탁자는 이를 해지할 수 있다.
　2. 전호의 경우 해지로 인하여 생긴 손해에 대해서는 수탁자는 그 책임을 지지 아니한다.

제13.(신탁계약의 해약) 수익자가 부득이한 사정으로 인하여 위탁자의 동의를 얻어 해약을 신청할 경우에 해지를 승낙할 수 있다. 이 경우 손해금 및 수수료를 지급하여야 한다.

제14.(원본의 교부 및 최종계산) 신탁이 종료한 때에는 최종계산에 관하여 수익자의 승인을 얻은 후 신탁부동산에 대하여 신탁의 취소 및 소유권이전등기를 완료한 다음 이를 현상대로 원본 수익자에게 인도한다. 이 경우 계약보증금은 원본의 수익자에게 반환한다.

제15.(부동산 이외의 신탁재산교부) 신탁부동산 이외의 신탁재산 원본 및 수익은 모두 금전으로 수익자에게 교부한다. 단, 신탁종료의 경우에 징수가 안 된 임대료 그 밖의 채권이 있을 때에는 현상대로 교부한다.

제16.(위탁자의 수익자 지정 변경권) 위탁자는 수탁자의 승인을 얻어 수익자를 지정 또는 변경할 수 있다. 단, 이 권리는 수익자에게 전속되거나 상속되지 아니한다.

제17.(수익권의 매입, 양도) 이 신탁계약에 의한 수익권은 수탁자의 승낙이 없이는 양도 또는 매입할 수 없다.

제18.(인감계출) 위탁자·수익자·대리인·대표자·동의자 기타 신탁계약 관계자의 인감은 미리 위탁자를 통하여 제출하여야 한다. 서류에 날인된 인영을 계출한 인감과 대조하여 상위 없음을 인정하고 신탁재산의 교부 그 밖의 처리를 한 이상에는 이 인장의 도용 그리고 어떤 사정이 있을지라도 그로 인하여 생긴 손해에 대하여는 일제 책임을 지지 아니한다.

제19.(계출사항) 다음의 경우에는 위탁자 혹은 그 상속인 또는 수익자로 하여금 지체없이 통지를 하고 소정의 절차를 취하여야 한다.

1. 대리인·대표자·동의자 또는 수익자에게 변경이 있었을 때
2. 위탁자·수익자·대리인·대표자·동의자 그 밖에 신탁계약 관계자에 대한 전거·개인·개명·명칭 및 조직의 변경·사망 또는 행위능력에 변동이 있었을 때
3. 신탁계약증서 또는 계출한 인장을 상실했을 때

위 신탁계약증서 2통을 작성하여 서명 날인한 후 신탁자 및 수탁자가 각각 1통씩을 보유한다.

년   월   일

○○시 ○○구 ○○동 ○○번지
위탁자 ○○○ ㊞
○○시 ○○구 ○○동 ○○번지
위탁자 ○○○ ㊞

주 : 1. 신탁법상 신탁은 일종의 특수계약으로서 신탁설정자와 신탁인수자인 수탁자와의 특별한 신임관계에 기하여 위탁자가 특정의 재산권을 수탁자에게 이전하거나 기타의 처분권을 부여하여 수익자로 하여금 이익 또는 특정의 목적을 위하여 그 재산권을 관리 또는 처분하게 하는 법률관계를 말한다(신탁법 제1조 2항).

2. 위 계약은 부동산 신탁으로 소유권을 수탁자에게 이전하기 위하여 신탁에 의한 소유권이전등기를 이행하여야 한다. 부동산의 신탁등기에 대하여는 수탁자를 등기권리자로 하고 위탁자를 등기의무자로 한다(법 제117조, 신탁법 3조).

신탁원부

위탁인
수탁인

제 호

신청대리인

신청서 접수	년 월 일
	제 호

1.	위탁자의 성명, 주소	
2.	수탁자의 성명, 주소	
3.	수익자의 성명, 주소	
4.	신탁관리인의 성명, 주소	
5.	신탁조항	아래와 같음

신탁조항

제1조 (신탁의 목적) 주택법령과 조합규약이 정하는 바에 따라 기존의 노후·불량한 주택을 철거하고, 그 대지 위에 새로운 주택을 건설하고 조합원에 공급하여 쾌적한 주거환경을 조성함을 목적으로 한다.

제2조 (신탁의 공시) 별지기재 건물은 조합원의 신탁재산을 처분하여 취득한 재산이므로 신탁재산으로 공시한다.

제3조 (신탁재산의 관리방법) 조합은 선량한 관리자의 주의로써 주택건설사업을 수행하는 범위 내에서 신탁재산을 관리, 운용, 처분하여야 한다.

제4조 (신탁재산) 조합은 명목 여하를 불구하고 조합의 개인명의로 재산을 취득 할 수 없으며, 조합이 취득한 일체의 재산은 신탁재산으로 한다.

    1. 재건축사업시행구역 안의 모든 토지와 건물

    2. 사업의 시행상 필요하다고 인정되어 추가로 편입되는 토지 또는 건물

    3. 조합이 매도청구권 행사, 사유지 또는 국공유지 등 매수에 의하여 취득한 재산

    4. 조합원이 납부한 부과금 또는 부담금

    5. 건축물 및 부대·복리시설의 분양수입금

    6. 국민주택기금 또는 금융기관 융자금

    7. 시공회사가 조달하는 차입금

    8. 대여금의 이자 및 과태료 등 수입금

    9. 조합재산의 사용수익 또는 처분에 의한 수익금

    10. 기타 재건축 사업과 관련하여 취득한 일체의 재산

제5조 (신탁재산의 처분 등) ① 조합이 재건축사업을 위하여 다음 각 호의 등기 또는 행위를 하는 경우에는 민법 제276조 제1항의 조합원 총회의 결의를 요하지 아니한다.

    1. 사업종료 또는 조합원, 자격상실, 신탁해지 등 신탁종료의 사유에 따른 등기

    2. 사업수행상 교환, 합병, 분할, 공유물 분할, 기부체납 등에 의하여 발생되는 등기

    3. 매도청구권 행사, 국공유지 및 사유지 등의 매입 등으로 인한 부동산의 취득등기

    4. 일반분양자에게 분양에 의하여 행하는 소유권 이전등기

    5. 시공회사에 건축비 담보를 위하여 제한물권 또는 담보가등기를 설정하는 행위

    6. 본 신탁과 관련한 일체의 소송행위

② 위탁자인 조합원을 위하여 조합원이 출자한 신탁재산에 근저당설정 등 제한물권을 설정하고자 하는 경우에는 그 위탁자의 동의를 얻어 설정할 수 있다.

제6조 (신탁재산의 처분제한 등) 조합이 신탁재산에 다음 각 호의 등기를 할 경우에는 조합원 총회에서 규약이 정한 의결정족수 조합원 이상의 동의를 받아야 한다.

    1. 신탁재산을 증여, 대물변제, 소유권포기, 공유지분 포기, 양도담보하는 행위

2. 신탁재산에 제한물권을 설정하는 행위, 다만 시공회사에 건축비를 담보하기 위한 설정은 그러하지 아니한다.

3. 시공회사 또는 조합원 이외의 자에 대한 채무인수행위

제7조 (신탁기간) 신탁기간은 주택법 제29조의 규정에 의한 사용검사를 받은 날까지로 한다. 다만 신탁법 제61조의 경우와 신탁재산이 처분 완료되지 않는 경우에는 신탁은 존속하는 것으로 간주한다.

제8조 (수익자 및 수익권) ① 신탁재산에 대한 수익자는 위탁자로 한다.

② 조합원이 사업시행구역 안의 소유주택 등 조합원이 될 권리를 양도하였을 때에는 수익자의 자격을 상실한다.

③ 관계법령·규정 및 규약에서 정하는 조합원의 자격에 해당되지 않게 된 자는 수익자의 자격을 자동 상실한다.

④ 제11조는 본조의 경우에 준용한다.

제9조 (신탁의 해지) ① 신탁은 해지할 수 없다. 다만 조합원의 지위양도 등에 따른 조합원 변경을 하고자 하는 경우는 제외한다.

② 신탁을 해지하고자 하는 경우에는 상대방의 승낙을 얻어야 한다.

제10조 (신탁의 종료) 다음 각 호의 경우에는 신탁은 종료한다.

① 설립인가 취소, 사업계획 승인취소 등으로 주택건설사업을 달성할 수 없는 경우

② 주택건설사업의 완료에 의하여 사용검사를 얻는 때

③ 전조에 의하여 신탁이 해지된 때

제11조 (신탁재산의 귀속) ① 사용검사 이전에는 현존한 신탁재산 원물을 반환한다.

② 사용검사 후에는 당해 조합원에게 분양배정된 1주택 또는 복리시설과 그 대지권을 귀속한다.

③ 위탁자가 제명·탈퇴, 분양 미신청 또는 포기 등으로 조합원자격을 상실하는 경우에는 금전으로 청산한다.

제12조 (신탁조항의 변경 등) ① 본 신탁조항의 변경은 위탁자의 동의 또는 조합이 정하는 의결기관의 결의로 변경할 수 있다.

② 본 신탁조항과 주무관청으로부터 인가를 받은 조합규약과 배치되는 내용이 있을 경우 조합규약이 우선한다.

제13조 (재판관할) 법률분쟁으로 인한 재판관할은 신탁재산 소재지를 관할하는 법원으로 한다.

제14조 (준용규정) 이 신탁조항에서 정하고 있지 않는 사항은 조합규약을 적용하고 그 규약에도 없는 경우에는 관련법령, 관련기관의 유권해석에 따른다.

별 지

신탁재산의 표시: 〈생 략〉

신탁해지증서

부동산의 표시

1. 서울특별시 강남구 논현동 252-1

   대 644 ㎡

   (신탁해지할 지분 공유지분 1949. 5분의14.621 이○○ 지분전부)

   위 부동산에 대하여 위탁자와 수탁자간 신탁법에 의한 신탁행위로 신탁설정을 하고 신탁재산을 관리하여 왔는바, 신탁조항 제9조의 규정에 의하여 신탁을 해지하기로 약정하고 신탁재산을 조합원 이순주에게 귀속한다.

   이를 증하기 위하여 이 증서를 작성하고 각자 기명날인 한다.

   2004년 8월 4일

   등기의무자 ○○아파트재건축조합
   000000-0000000
   서울특별시 ○○구 ○○동 ○○○
   (조합장) 김○○

   등기권리자 이○○
   ○○시 ○○동 ○○○

   법무사 ○○○ 사무소
   서울특별시 ○○구 ○○동 ○○○

[서식 예] 토지 공유지분 일부 소유권이전 및 신탁변경등기신청

<table>
<tr><td colspan="6" align="center">토지 공유지분 일부 소유권이전 및 신탁변경등기신청</td></tr>
<tr><td rowspan="2">접 수</td><td>서기2002년 월 일</td><td rowspan="2">처리인</td><td colspan="2">등기관 확인</td><td>각종통지</td></tr>
<tr><td>제   호</td><td colspan="2"></td><td></td></tr>
<tr><td colspan="2">부동산의 표시</td><td colspan="4">서울특별시 양천구 ○○동 1219-1 대 3410.3㎡
(이전할 지분 3410.3 분의 수탁자지분 중 39.533)</td></tr>
<tr><td colspan="2">등기원인과 그 년 월 일</td><td colspan="4">서기 2004년 2월 16일 신탁재산의 귀속</td></tr>
<tr><td colspan="2">등기의 목적</td><td colspan="4">공유지분 일부 이전 및 신탁변경</td></tr>
<tr><td colspan="2">신탁등기의 변경원인</td><td colspan="4">신탁재산의 귀속 (신탁재산 3410.3 분의 39.533)</td></tr>
<tr><td>구 분</td><td colspan="2" align="center">성 명
(상호, 명칭)</td><td>주민등록번호
(등기용등록번호)</td><td>주 소(소재지)</td><td>지 분</td></tr>
<tr><td>등기
의무자</td><td colspan="2" align="center">한우연립재건축주택조합
조합장 ○ ○ ○</td><td>000000-0000000</td><td>서울 ○○구 ○○동 000-0</td><td></td></tr>
<tr><td>등기
권리자</td><td colspan="2" align="center">김○○</td><td>000000-0000000</td><td>서울 ○○구 ○○동 000-00
○○빌라 ○동 000호</td><td></td></tr>
<tr><td colspan="6" align="center">시가표준액 및 국민주택채권매입금액</td></tr>
<tr><td colspan="2">부동산의 표시</td><td colspan="2">부동산별 시가 표준액</td><td colspan="2">국민주택채권매입금</td></tr>
<tr><td colspan="2"></td><td colspan="2"></td><td colspan="2"></td></tr>
<tr><td colspan="2"></td><td colspan="2"></td><td colspan="2"></td></tr>
<tr><td colspan="2">과세표준액</td><td colspan="2"></td><td colspan="2">법원증지</td></tr>
<tr><td colspan="2">등 록 세</td><td colspan="2">금   원정</td><td colspan="2">금○○○원</td></tr>
<tr><td colspan="2">교 육 세</td><td colspan="4">금   원정</td></tr>
<tr><td colspan="2">세액합계</td><td colspan="4">금   원정</td></tr>
<tr><td colspan="2">채권매입금 합계</td><td colspan="4"></td></tr>
<tr><td colspan="2">첨부서면</td><td colspan="4">1. 위임장
2. 토지대장등본 1통
3. 인감증명서 1통
4. 법인초본 1통은 귀소에 비치된 것을 원용함.
5. 주민등록등본 1통
6. 등기의무자의 권리에 관한 등기필정보 1통 1. 신탁계약해지 및
   신탁재산처분증서</td></tr>
<tr><td colspan="6" align="center">2004년   월   일

위 대리인 법무사 ○ ○ ○
서울특별시 ○○구 ○○동 4가 17-12</td></tr>
<tr><td colspan="6">서울남부지방법원 등기과 귀중</td></tr>
<tr><td colspan="6" align="right">법무사 ○○○</td></tr>
</table>

신탁계약해지 및 신탁재산 처분증서

부동산의 표시

서울특별시 양천구 ○○동 1219-1 대 3410.3 ㎡

이전할 지분 3410.3 분의 수탁자지분중 39.533

위 부동산에 대하여 위탁자와 수탁자간 신탁법에 의한 신탁행위로 신탁을 설정하고, 신탁 재산을 관리하여 왔는바, 신탁조항 제 조 규정에 의하여 신탁을 해지하기로 약정하고, 신탁 해지로 인하여 신탁은 종료되어 신탁재산을 처분키로 한다.

이를 증하기 위하여 이 증서를 작성하고 각자 기명 날인한다.

2004년   월   일

등기의무자　○○연립재건축주택조합(000000-0000000)

서울 ○○구 ○○동 000-0

조합장 ○ ○ ○

등기권리자　김○○(000000-0000000)

서울 ○○구 ○○동 000-00

○○빌라 가-101

제17절 말소에 관한 등기

Ⅰ. 말소등기

1. 말소등기의 의의

(1) 등기에 부합하는 실체관계가 없는 등기

말소등기라 함은 어떤 부동산에 관하여 현재 존재하고 있는 등기(주등기)의 전부를 말소하는 등기를 말한다. 즉 부동산등기가 원시적 또는 후발적인 사유로 인하여 등기에 부합하는 실체관계가 없는 경우 그 등기의 전부를 법률적으로 소멸시킬 목적으로 하는 등기이다. 말소등기는 당사자의 신청에 의한 말소등기(법 제57조)와 법에 특별한 규정에 있는 경우에 등기관이 직권으로 하는 직권말소등기(법 제58조)로 구분된다.

(2) 등기는 물권변동의 효력발생요건(효력존속요건이 아님)

등기는 물권의 효력발생 요건이고 그 존속요건은 아니므로 물권에 관한 등기가 원인없이 말소된 경우에는 그 물권의 효력에는 아무런 변동이 없는 것이므로, 등기공무원이 관할지방법원의 명령에 의하여 소유권이전등기를 직권으로 말소하였으나 그 후 동 명령이 취소확정된 경우에는 위 말소등기는 결국 원인없이 경료된 등기와 같이 되어 말소된 소유권이전등기는 회복되어야 하고, 회복등기를 마치기 전이라도 등기명의인으로서의 권리를 그대로 보유하고 있다고 할 것이므로 그는 말소된 소유권이전등기의 최종명의인으로서 적법한 권리자로 추정된다(대판 1982. 12. 28. 81다카870).

2. 변경(경정)등기 및 멸실등기와의 구별

말소등기의 대상은 그 등기의 전부가 부적법한 경우이므로 등기사항의 일부만이 부적법한 경우에 이를 실체관계와 부합하도록 하기 위한 등기인 변경 또는 경정등기(구 법 제63조, 제72조. 신법 제52조 제5호. 규칙 제112조)와 구별되며, 등기를 법률적인 차원에서 말소시킬 목적으로 행하는 등기라는 점에서 부동산이 물리적으로 멸실된 경우에 행하는 멸실등기(법 제39조, 제43조)와 구별된다.

3. 말소등기의 요건

(1) 등기가 부적법할 것

등기가 부적법하게 된 원인은 원시적으로 당초의 등기절차에서 과오에 의한 경우(대상 부동산에 대한 착오)이든 또는 후발적인 변동에 의한 경우(채무변제로 인한 저당권의 소멸, 존속기간의 만료로 인한 지상권의 소멸 등)이든 이조 묻지 않는다. 부적법의 이유가 실체법적인 경우(등기원인의 무효 또는 취소)이든 절차법적인 경우(중복보존등기 또는 관할을 위반한 등기)이든 불문한다.

(2) 등기의 전부가 부적법하여야 한다

말소등기는 등기의 전부를 소멸시킬 목적으로 하는 등기이므로 등기사항의 일부가 부적법한 경우에는 변경 또는 경정등기의 대상이 될 뿐이지 말소의 대상이 되지 않는다.

(3) 등기상 이해관계 있는 제3자의 승낙

등기의 말소를 신청하는 경우에 그 말소에 대하여 등기상 이해관계 있는 제3자가 있을 때에는 제3자의 승낙이 있어야 한다(법 제57조 제1항)(이책 제1장 제17절 "7. 말소등기" 참조).

(가) 등기상 이해관계 있는 제3자의 의의

말소에 관하여 등기상 이해관계 있는 제3자라 함은 등기부 기재의 형식으로 보아 등기의 말소로 인하여 손해를 받을 우려가 있다고 일반적으로 인정되는 제3자를 말한다(대판 1997. 7. 30, 95다39526).

등기의 말소를 신청하는 경우에 그 말소에 대하여 등기상 이해관계 있는 제3자가 있는 때에는 신청서에 그 승낙서를 첨부하여야 한다(법 제57조 제1항). 말소대상인 등기에 터잡아 이루어진 권리등기의 명의인은 그 등기의 말소에 관하여 등기상 이해관계 있는 제3자이다.

(나) 제3자가 승낙의무를 부담하는지 여부의 판단기준

부동산등기법 제171조(현행법 제57조 제1항)에서 말하는 등기상 이해관계 있는 제3자란 말소등기를 함으로써 손해를 입을 우려가 있는 등기상의 권리자로서 그 손해를 입을 우려가 있다는 것이 등기부 기재에 의하여 형식적으로 인정되는 자이고, 그 제3자가 승낙의무를 부담하는지 여부는 그 제3자가 말소등기권리자에 대한 관계에서 그 승낙을 하여야 할 실체법상의 의무가 있는지 여부에 의하여 결정된다(대판 2007. 4. 27. 2005다43753).

(다) 확정판결에 의하여 소유권이전등기의 말소등기를 신청하는 경우

확정판결에 의하여 소유권이전등기의 말소등기를 신청하는 경우에도 이해관계 있는 제3자가 있는 때에는 그 판결의 기판력이 그에게 미치지 아니하는 한 그의 승낙서 또는 이에 대항할 수 있는 재판의 등본을 제출하여야 한다(등기선례요지집 제 1 권 84항).

(라) 법원의 촉탁에 의한 등기말소의 경우 제3자의 승낙요부(소극)

집행법원의 촉탁에 의하여 등기를 말소하는 경우에는 본조의 등기상 이해관계있는 제3자의 승낙서 또는 이에 대항할 수 있는 재판의 등본을 첨부할 필요가 없다(대법원 84. 12. 31. 84마473).

(마) 이해관계 있는 제3자의 승낙서 첨부 없이 등기를 말소한 경우의 효력

부동산등기법 제171조(현행법 제57조)에 의하면 등기의 말소를 신청하는 경우에 그 말소에 대하여 등기상 이해관계 있는 제3자가 있는 때에는 신청서에 그 승낙서 또는 이에 대항할 수 있는 재판의 등본을 첨부하도록 규정하고 있으므로, 이해관계 있는 제3자의 승낙서 등을 첨부하지 아니한 채 말소등기가 이루어진 경우 그 말소등기는 제3자에 대한 관계에 있어서는 무효라고 해석할 것이나, 다만 제3자에게 그 말소등기에 관하여 실체법상의 승낙의무가 있는 때에는 승낙서 등이 첨부되지 아니한 채 말소등기가 경료되었다고 하여도 그 말소등기는 실체적 법률관계에 합치되는 것이어서 제3자에 대한 관계에 있어서도 유효하다(대판 96. 8. 20. 94다58988).

4. 부기등기의 말소

부기등기는 주등기에 종속되어 주등기와 일체를 이루는 것으로 부기등기는 주등기의 말소에 따라 등기관이 직권으로 말소하는 것인 바, 주등기의 말소 없이 부기등기만의 말소를 명한 판결(단, 부기등기에 한하여 무효사유가 있음을 전제로 부기등기만의 효력을 다투는 경우는 예외적으로 소외 이익이 있다. 대판 2005. 6. 10. 2002다15412,15429)에 의한 등기신청을 한 경우(대판 1994. 10. 21. 94다170109, 1995. 5. 26. 95다7550, 2000. 4. 11. 2000다5640, 2000. 10. 10. 2000다19526 등) 그 등기신청은 "사건이 등기할 것이 아닌 때(부동산등기법 제29조 제2호)"에 해당되어 등기관은 각하하게 된다.

5. 말소등기의 신청

등기의 말소를 신청하는 경우에 그 말소에 대하여 등기상 이해관계 있는 제3자가 있을 때에는 제3자의 승낙이 있어야 한다(법 제57조 제1항). 따라서 기존의 어떤 등기의 등기사항 전부가 원시적 또는 후발적이나 절차적으로 부적법하여 말소의 대상이 될 경우 등기의무자가 말소등기에 협력하지 않거나 등기상 이해관계 있는 제3자가 그 말소에 대하여 승낙을 거부할 때에는 등기권리자는 등기의무자 및 등기상 이해관계 있는 제3자를 상대로 의사의 진술을 명하는 확정된 이행판결(즉, 등기의무자에 대한 등기의 말소 및 제3자에 대한 등기의 말소에 대한 승낙의 의사표시)을 받아(민사집행법 제263조 제1항) 승소한 등기권리자로서 단독으로 등기의 말소를 신청할 수 있다(법 제23조 제4항).

(1) 근저당권설정등기의 말소 청구권자

근저당권이 설정된 후에 그 부동산의 소유권이 제3자에게 이전된 경우에는 현재의 소유자가 자신의 소유권에 기하여 피담보채무의 소멸을 원인으로 그 근저당권설정등기의 말소를 청구할 수 있음은 물론이지만, 근저당권설정자인 종전의 소유자도 근저당권설정계약의 당사자로서 근저당권소멸에 따른 원상회복으로 근저당권자에게 피담보채무의 소멸을 이유로 하여 그 근저당권설정등기의 말소를 청구할 수 있다(대판 1994. 1. 25. 93다16338 전원합의체판결. 본판결로 1962. 4. 26. 4294민성1350 판결 폐기).

(2) 말소등기청구의 상대방(피고적격)

실체관계에 부합되지 않는 등기가 되어 있는 경우에 그 부동산의 권리자는 등기의무자인 말소될 등기관계의 등기명의자들을 피고로 하여야 한다(대판 62. 2. 28. 4294민상733).

부동산을 매수하였다 하더라도 아직 소유권이전등기를 경료하지 아니한 자는 그 부동산에 관한 원인무효등기의 말소를 청구할 수 없다(63. 3. 7. 63다3).

등기의무자, 즉 등기부상의 형식상 그 등기에 의하여 권리를 상실하거나 기타 불이익을 받을 자(등기명의인 이거나 그 포괄승계인)가 아닌 자를 상대로 한 등기의 말소절차이행을 구하는 소는 당사자적격이 없는 자를 상대로 한 부적법한 소이다(대판 1994. 2. 25. 93다39225). 부동산의 소유권자가 저당권설정의 원인무효 또는 부존재를 주장할 때의 그 원인무효 또는 부존재의 저당권이 이전된 경우에는 그 이전된 현재의 등기명의자에 대하여 그 설정등기의 말소등기절차이행을 청구하여야 한다(대법원 1966. 10. 4. 선고 66다1387 판결).

6. 말소등기절차

(1) 부동산의 일부에 대한 말소등기절차(판결에 의한 등기의 말소)

부동산의 일부에 대한 소유권이전등기의 말소등기절차이행을 명한 급부명령의 이행은 분할절차를 밟아 말소등기를 하여야 할 것이다(대판 68.5.7. 67다2917. 1977. 3. 22. 76다616).

1필지의 토지의 특정된 일부에 대하여 소유권이전등기의 말소를 명하는 판결을 받은 등기권리자는 그 판결에 따로 토지의 분할을 명하는 주문기재가 없더라도 그 판결에 기하여 등기의무자를 대위하여 그 특정된 일부에 대한 분필등기절차를 마친 후 소유권이전등기를 말소할 수 있으므로 토지의 분할을 명함이 없이 1필지의 토지의 일부에 관하여 소유권이전등기의 말소를 명한 판결을 집행불능판결이라 할 수 없다(대판 1987. 10. 13. 87다카1093. 등기예규 제639호).

(2) 순차로 경료 된 소유권이전등기에 관하여 각 말소등기절차이행을 청구하는 소송(보통공동소송)

순차로 마쳐진 소유권이전등기에 관하여 각 말소등기절차의 이행을 청구하는 소송은 보통공동소송이므로 그중 어느 한 등기명의자만을 상대로 말소를 구할 수 있고, 최종 등기명의자에게 등기말소를 구할 수 있는지와 관계없이 중간의 등기명의자에게 등기말소를 구할 소의 이익이 있다(대판 2017. 9. 12. 2015다242849).

7. 착오로 인한 등기의 말소와 소유권의 귀속

원고 명의로 소유권보존등기가 경료된 부동산에 대하여 위 등기가 실체적인 원인관계 없이 이루어진 것이라고 오인한 나머지 신청착오를 이유로 스스로 위 보존등기를 말소하고, 같은날 제3자 명의로 그 부동산에 대한 소유권보존등기가 경료된 경우 위와 같은 말소등기는 실체상의 원인 없이 경료된 것으로서 무효이고 원고가 취득한 실체적인 소유권에는 아무런 소장이 없다(대판 80.4.22. 79다2250).

8. 소유권이전등기 된 부동산에 관하여 그후 중복하여 소유권보존등기를 한 자의 점유취득시효가 완성된 경우 뒤에 된 소유권보존등기의 말소청구가 신의칙위반이나 권리남용이 되는지 여부(소극)

동일 부동산에 관하여 이미 소유권이전등기가 경료되어 있음에도 그 후 중복하여 소유권보존등기를 경료한 자가 그 부동산을 20년간 소유의 의사로 평온·공연하게 점유하여 점유취득시효가 완성되었더라도, 선등기인 소유권이전등기의 토대가 된 소유권보존등기가 원인무효라고 볼 아무런 주장·입증이 없는 이상, 뒤에 경료된 소유권보존등기는 실체적 권리관계에 부합하는지의 여부에 관계없이 무효이므로, 뒤에 된 소유권보존등기의 말소를 구하는 것이 신의칙위반이나 권리남용에 해당한다고 할 수 없다(대판 2008. 2. 14. 2007다63690).

9. 등기가 원인 없이 말소된 경우 그 물권의 효력

등기는 물권의 효력발생요건이고 효력존속요건은 아니므로 물권에 관한 등기가 원인 없이 말소된 경우에도 그 물권의 효력에는 아무런 영향을 미치지 않는다(대판 1988. 10. 25. 87다카1232. 1988.12. 27.87다카2431).

II. 직권말소

1. 무효인 등기의 직권말소

등기관은 신청한 등기사건이 그 등기소의 관할이 아닌 경우 또는 등기법상 허용되지 않거나 실체법상 허용되지 않는 경우에는 해당 등기신청을 각하하여야 하는바(법 제29조 제1호 및 제2호) 등기관의 착오로 이와 같은 등기가 완료된 때에는 무효인 등기를 기초로 하여 다른 등기가 행해질 우려가 있는 등 거래의 안전을 해하게 되므로 등기관은 당사자의 말소등기 신청을 기다릴 필요가 없이 직권으로 해당등기를 말소하여야 한다(법 제58조 제4항).

2. 직권으로 말소 하여야 하는 등기

등기관이 등기완료 후 직권으로 말소할 수 있는 등기는 다음과 같다.

(1) 관할 위반의 등기(법 제29조 제1호)

관할 위반의 등기는 실체관계와의 부합여부에 관계없이 당연히 무효(절대적 무효)로서 이를 간과하고 처리한 등기는 등기관이 직권으로 말소하여야 하며 이해관계인은 관할지방법원에 이의를 신청할 수 있다.

(2) 사건이 등기할 것이 아닌 때(법 제29조 제2호)

"사건이 등기할 것이 아닌 때"라 함은 등기신청이 그 신청취지 자체에 의하여 법률상 허용할 수 없음이 명백한 경우를 말하고 이에 해당하는 경우에는 등기관의 잘못으로 등기가 마쳐졌다 하더라도 그 등기는 그 자체가 어떠한 의미도 가지지 않는 무효의 등기이기 때문에 등기관은 부동산등기법 제175조 제1항(신법 제58조)에 의하여 직권으로 그 등기를 말소하게 된다(대법원 1989.11.30. 89마645. 1996.3.4. 95마1700. 2000. 9. 29. 2000다29240).

(3) 가등기에 기한 본등기를 한 경우에 직권말소 하여야 하는 경우

소유권이전등기청구권 보전가등기에 기하여 소유권이전의 본등기를 한 경우에는 가등기 후 본등기 전에 경료된 가등기·소유권이전등기·제한물권의 설정등기·임차권설정등기는 본등기와 양립할 수 없으므로 직권으로 말소한다(법 제92조 제1항).

(4) 경매로 인한 매각에 의한 소유권이전등기와 매수인(경락인)이 인수하지 아니한 부동산의 부담에 관한 등기의 직권말소

경매(강제경매, 임의경매)대상 부동산의 매수인이 매각(경락)대금을 전부 납후하면 매각의 목적인 부동산의 소유권을 취득(민사집행법 제135조)하므로 법원사무관 등은 매각허가결정의 등본을 첨부하여 매수인 앞으로 소유권을 이전하는 등기와 매수인이 인수하지 아니한 부동산의 부담에 관한 기입을 말소(등기관의 직권말소)하는 등기, 경매개시결정등기를 말소하는 등기를 촉탁하여야 한다(민사집행법 제144조).

매수인이 인수하지 아니한 부동산의 부담에 관한 기입이라 함은 매각에 의하여 소멸하는 저당권의 등기뿐만 아니라 매수인에 대항할 수 없는 모든 권리의 등기를 말한다. 매각대금이 지급된 경우에는 법원사무관등은 직권으로 매수인이 인수하지 아니한 부동산의 부담에 관한 기입을 말소하는 등기를 촉탁하여야 하며(민사집행법 제144조 제1항 제2호), 이에 따라 등기관이 직권으로 이를 말소하게 된다.

(5) 부기등기의 말소

(가) 주등기에 말소원인이 있는 경우

부기등기는 주등기에 종속되어 일체를 이루는 것으로 부기등기의 순위는 주등기의 순위에 의하는 것으로 (부동산등기법 제6조 제1항) 주등기와 별개의 새로운 등기가 아니므로 주등기가 말소되는 경우에는 부기등기는 등기관이 직권으로 말소하게 된다(대판 1988. 3.8. 98다카2585, 1994.10.21. 94다17109, 1995.5.28. 95다9550, 2000.4.11. 2000다5640, 2000.10.10. 2000다19526). 따라서 부기등기의 말소를 명한 판결에 의한 등기신청이 있는 경우에는 그 등기신청은 "사건이 등기할 것이 아닌 때"에 해당되어 각하 된다(법 제29조 제2호).

(나) 부기등기에 한하여 말소원인이 있는 경우

주등기 자체는 말소사유(등기원인의 무효, 취소 또는 해제)가 없어 유효하나 부기등기등기에 한하여 무효사유가 있음을 전제로 부기등기만의 효력을 다투는 경우에는 예외적으로 소의 이익이 인정된다(대판 2005. 6. 10. 2002다15412. 15429).

(6) 등기관의 직권에 의한 예고등기의 말소

등기관은 등기원인의 무효 또는 취소로 인하여 등기의 말소 또는 회복의 등기를 할 때에는 예고등기(신법에서 폐지됨)를 직권으로 말소하여야 한다(구 부동산등기법 제170조의2).

소송이 원고의 승소확정 또는 이와 유사한 사유로 종료된 경우, 이에 기하여 예고 등기의 대상인 등기의 말소등기 또는 회복등기가 이루어졌을 때에는 이미 예고등기의 목적이 달성되어 더 이상 존치할 필요가 없으므로 등기관이 직권으로 이를 말소하여야 한다(대법원 1974.5.28. 74다150 판결). 개정부동산등기법에 의하여 예고등기제도는 폐지되었다.

(7) 토지수용으로 인한 소유권이전등기와 타 등기의 직권말소

토지수용으로 인한 소유권이전등기의 신청 또는 촉탁이 있는 경우에 그 부동산의 등기용지 중 소유권 또는 소유권 이외의 권리에 관한 등기가 있는 때에는 그 등기를 등기관이 직권으로 말소하여야 한다. 그러나 그 부동산을 위하여 존재하는 지역권의 등기 또는 토지수용위원회의 재결로서 존속이 인정된 권리의 등기는 그러하지 아니하다(법 제99조 제4항 공익사업법 제45조 제1항).

(8) 가처분권리자의 승소판결에 의한 소유권이전등기 말소등기신청과 가처분 등기 후의 제3자 명의의 등기의 직권말소

가처분 권리자가 본안사건에서 승소하여 그 확정판결의 정본을 첨부하여 소유권이전등기 말소등기를 신청하는 경우, 가처분등기 이후에 경료된 제3자 명의의 소유권이전등기를 제외한 가등기, 소유권이외의 권리에 관한 등기, 가압류등기, 국세체납처분에 의한 압류등기, 경매신청등기와 처분금지가처분등기 등이 경료되어 있을 때에는 위 소유권이전등기말소등기신청과 함께 단독으로 그 가처분등기 이후에 경료된 제3자 명의의 등기말소신청도 동시에 하여 그 가처분등기 이후의 등기를 말소하고 가처분채권자의 소유권이전등기의 말소등기를 하여야 한다(등기예규 1412호. 2. 나. 1).).

(9) 구분건물의 표제부에 "토지등기부에 별도의 등기가 있다"는 취지의 등기의 직권말소

토지등기기록에 별도의 등기가 있다는 취지의 기록의 전제가 된 등기가 말소된 때에는 등기관은 그 취지의 기재(별도등기)를 직권으로 말소하여야 한다(규칙 제90조 제3항).

(10) 환매특약등기의 직권말소

등기관은 환매권의 행사로 인한 소유권이전등기를 할 때에는 직권으로 환매특약의 등기를 말소하여야 한다(규칙 제114조 제1항).

(11) 등기의 정리에 관한 특별조치

등기부상 현재 효력있는 등기의 외관을 지니고 있으나 사실상 그 권리가 소멸하였거나 더 이상 존속시킬 필요가 없는 것들이 장기간 방치되어 있으나, 권리자의 소재불명 등의 사유로 이를 용이하게 말소할 수 없어 소유자에게 부담이 되는 경우가 있다. 그리하여 개정부동산등기법은 1968. 12. 31. 또는 1980. 12. 31. 이전에 등기부에 기재된 저당권, 질권, 압류등기등에 관하여 이해관계인의 권리존속의 신고가 없는 경우 등기관이 직권으로 그 등기를 말소하도록 하였다(1991. 12. 14. 법 제4422호, 부칙 제4조 및 2006. 5. 10. 법 제7954호 부칙 제2조 · 2012. 3. 30. 부동산등기과 -623 이 책 제1장 제3절 III. 3. (8)등기의 정리에 관한 특별조치 참조).

3. 직권말소절차

(1) 등기말소의 통지

등기관이 등기를 마친 후 그 등기가 법 제29조 제1호 또는 제2호에 해당된 것임을 발견하였을 때에는 등기권리자, 등기의무자와 등기상 이해관계 있는 제3자에게 1개월 이내의 기간을 정하여 그 기간에 이의를 진술하지 아니하면 등기를 말소한다는 뜻을 통지하여야 한다(법 제58조 제1항).

법 제58조 제1항의 통지는 등기를 마친 사건의 표시와 사건이 등기소의 관할에 속하지 아니한 사실 또는 등기할 것이 아닌 사실을 적은 통지서로 한다(규칙 제117조 제1항).

(2) 말소통지에 갈음한 공고

법 제58조 제1항의 경우 통지를 받을 자의 주소 또는 거소(居所)를 알 수 없으면 제1항의 통지를 갈음하여 제1항의 기간 동안 등기소 게시장에 이를 게시하거나 대법원규칙으로 정하는 바에 따라 공고하여야 한다(법 제58조 제2항).

법 제58조 제2항에 따른 공고는 대법원 인터넷등기소에 게시하는 방법에 의한다(규칙 제117조 제2항).

(3) 말소에 관한 이의 및 결정

등기관은 법 제58조 제1항의 말소에 관하여 이의를 진술한 자가 있으면 그 이의에 대한 결정을 하여야 한다(법 제58조 3항).

(4) 등기관의 직권말소

등기관은 법 제58조 제1항의 기간 이내에 이의를 진술한 자가 없거나 이의를 각하한 경우에는 법 제29조 제1항의 등기를 직권으로 말소하여야 한다(법 제58조 4항).

법 제58조 제4항에 따라 말소등기를 할 때에는 그 사유와 등기연월일을 기록하여야 한다(규칙 제117조 제3항). 등기관의 직권말소절차는 등기예규 제1420호에 규정되어 있다.

III. 혼동으로 인한 물권의 말소

1. 혼동의 의의

서로 대립하는 두 개의 법률상의 지위 또는 자격이 동일인에게 귀속하는 것을 혼동이라고 한다. 즉 병존시켜 둘 필요가 없는 두 개의 법률상의 지위가 동일인에게 돌아가는 것을 말한다. 이러한 경우에 이를 두 개의 지위를 존속시키는 것은 무의미 하므로 한쪽은 다른 쪽에 흡수되어 소멸하는 것이 원칙이다. 혼동은 채권(민법 제507조) 및 물권(민법 제191조)에 공통한 소멸원인이다.

2. 혼동으로 인한 물권의 말소

우리 민법은 물권은 혼동으로 소멸하는 것이 원칙이며 특별한 경우에 한하여 예외적으로 소멸하지 않는 것으로 하고 있다(민법 제191조 1항 2항).

동일한 물건에 대한 소유권과 제한물권이 동일인에게 귀속한 경우 그 제한물권은 소멸하는 것이 원칙이나 그 제한물권이 제3자의 권리의 목적인 때에는 소멸하지 않는다(민법 제191조 1항 단서). 혼동한 권리를 제3자의 이익을 위하여 필요한 경우에는 예외로서 혼동으로 그 제한

물권은 소멸하지 않는다.

🔍 판 례

어떠한 물건에 대한 소유권과 다른 물권이 동일한 사람에게 귀속한 경우 그 제한물권은 혼동에 의하여 소멸하는 것이 원칙이지만, 본인 또는 제3자의 이익을 위하여 그 제한물권을 존속시킬 필요가 있다고 인정되는 경우에는 민법 제191조 제1항 단서의 해석에 의하여 혼동으로 소멸하지 않는다.(대판 1998. 7. 10. 98다18643)

공시최고신청

신청인 이 몽 룡
　　서울 중구 서소문로 100
실권되어야 할 권리의 표시

　신청인 소유의 서울 서초구 서초중앙로 ○○번지 소재 대지 300㎡에 관하여 서울 종로구 신교동 246번지 성춘향을 위한 서울지방법원 등기과 199○. ○. ○. 접수 제○○○호 임차권설정계약·존속기간 ○. ○. ○.부터 ○. ○. ○.까지의 2년간, 지세 1개월 금 300,000원, 지급기일 매월 말일로하는 임차권설정등기.

신 청 취 지

위 권리에 관하여 공시최고절차를 거쳐 제권판결을 하여 주시기 바랍니다.

신 청 이 유

위 임차권은 존속기간의 만료로 인하여 소멸하였으므로 신청인은 위 임차권 설정등기의 말소등기절차이행을 신청하고자 하나, 등기의무자인 위 성춘향은 행방불명이므로 등기절차에 협력을 구할 수가 없습니다.
그러므로 공사최고를 거쳐 제권판결을 구하고자 이 신청을 합니다.

첨 부 서 류

　　　1. 등기부등본　　　　　　　　　1통
　　　1. 부재증명서　　　　　　　　　1통
　　　1. 실권되어야 할 권리의 목록　　10부

2004. 3. 10.
위 신청인 이 몽 룡 ㊞

서울남부지방법원 귀중

V. 말소등기의 신청절차

말소등기도 일반등기와 같이 등기권리자와 등기의무자의 공동신청에 의하는 것이 원칙(법제23조 제1항)이나, 등기의무자가 말소등기신청에 협력하지 않을 때에는 등기권리자가 의사표시에 갈음하는 판결(민사집행법 제263조 제1항)을 받아 단독으로 말소등기를 신청할 수 있다(법 제23조 제4항).

1. 말소등기신청서의 기재사항

등기의 말소등기신청서에는 규칙 제43조 제1항 각호의 사항을 기재하고 신청인이 이에 기명날인하여야 한다.

각종말소등기신청서를 작성함에 있어 '등기원인과 그 연월일'은 '○년 ○월 ○일 존속기간 만료 또는 변제, 해지(제), 신청착오, 합의해제' 등으로, '등기의 목적'은 '지상권등기말소, 저당권등기말소, 지역등기말소' 등으로, '말소할 등기의 표시'는 '○년 ○월 ○일 접수 제○○○호 순위 ○번의 지상권, 지역권, 전세권' 등으로 말소할 등기를 특정하여 기재한다.

2. 말소등기신청서의 첨부서면

등기의 말소등기를 신청할 때에는 신청서에 규칙 제46조 각항의 서면을 제출하여야 한다.
1. 등기원인을 증명하는 서면(해지증서, 확정판결 등)(규칙 제46조 제1항 제1호).
1. 등기필정보(법 제50조 제2항).
   등기필정보를 멸실하여 첨부할 수 없는 경우에는 부동산등기법 제51조에 의하여 확인서면이나 확인조서 또는 공증서면 중 하나를 첨부한다.
1. 등록면허세영수필확인서(지방세법제28조 제1항 제1호 마)
1. 등기상 이해관계 있는 제3자가 있는 때에는 그 승낙서 또는 대항할 수 있는 재판의 등본(규칙 제46조 제1항 제3호).
1. 위임장(규칙 제46조 제1항 제5호).
1. 인감증명서(규칙 제60조 제1항 1호, 2호).

<table>
<tr><td colspan="5" align="center">판결에 의한 소유권이전
등기말소등기신청</td></tr>
<tr>
<td rowspan="2">접
수</td>
<td>년 월 일</td>
<td rowspan="2">처
리
인</td>
<td>등기관 확인</td>
<td>각종통지</td>
</tr>
<tr>
<td>제 호</td>
<td></td>
<td></td>
</tr>
</table>

① 부동산의 표시

② 등기원인과 그 연월일	1999년 5월 1일 확정판결
③ 등기의 목적	소유권이전등기말소
④ 말소할 등기	1997년 3월 1일 접수 제4168호로 경료한 소유권이전등기

구분	성 명 (상호 · 명칭)	주민등록번호 (등기용등록번호)	주소(소재지)	비고
⑤ 등기의무자	김 ○ ○		서울 종로구 원서동 2	
⑥ 등기권리자	이 ○ ○		서울 서초구 서초중앙로 200	

등 록 면 허 세	금	원
지 방 교 육 세	금	원
세 액 합 계	금	원
등 기 신 청 수 수 료	금	원
	납부번호 :	

⑩ 첨 부 서 면

· 판결정본 및 확정증명 1통 · 등록면허세영수필확인서 1통 · 등기신청수수료현금영수필확인서 1통	

1999년 10월 1일

⑪ 위 신청인 이 ○ ○ ㉑ (전화 :   )

(또는) 위 대리인   (전화 :   )

○○지방법원   등기소 귀중

제18절 회복등기

회복등기는 어떠한 사유로 소멸된 등기를 회복하여 소멸 전의 등기의 효력을 회복시키는 등기이다. 회복등기에는 어떤 등기의 전부 또는 일부가 부적법하게 말소된 경우에 그 말소된 등기를 회복하기 위한 "말소회복등기"(법 제59조)와 등기부의 전부 또는 일부가 물리적으로 멸실된 경우에 그로 말미암아 소멸된 등기를 회복할 목적으로 행하여지는 "멸실회복등기"가 있다(규칙 부칙 제3조 참조).

등기는 물권의 효력발생 요건이고 그 존속요건은 아니므로 물권에 관한 등기가 원인없이 말소된 경우에는 그 물권의 효력에는 아무런 변동이 없는 것이므로(대판 1988. 10. 25. 87다카1232), 등기공무원이 관할지방법원의 명령에 의하여 소유권이전등기를 직권으로 말소하였으나 그 후 동 명령이 취소확정된 경우에는 위 말소등기는 결국 원인없이 경료된 등기와 같이 되어 말소된 소유권이전등기는 회복되어야 하고, 회복등기를 마치기 전이라도 등기명의인으로서의 권리를 그대로 보유하고 있다고 할 것이므로 그는 말소된 소유권이전등기의 최종명의인으로서 적법한 권리자로 추정된다(대판 1982. 12. 28. 81다카870).

제1관 말소회복등기

1. 말소회복등기의 의의

말소회복등기는 어떤 등기의 전부 또는 일부가 부적법하게 말소된 경우에 그 말소된 등기를 회복함으로써 처음부터 그러한 말소가 없었던 것과 같은 효력을 보유하게 할 목적으로 행하여지는 등기이다.

등기는 물권의 '효력 발생 요건'이고 '존속 요건'은 아니어서 등기가 원인 없이 말소된 경우에는 그 물권의 효력에 아무런 영향이 없고, 그 회복등기가 마쳐지기 전이라도 말소된 등기의 등기명의인은 적법한 권리자로 추정되므로 원인 없이 말소된 등기의 효력을 다투는 쪽에서 그 무효 사유를 주장·입증하여야 한다(대판 1997. 9. 30. 95다39526).

말소회복등기는 실체관례에 부합하는 어떤 등기가 있었음에도 불구하고 그 후에 그 등기의 전부 또는 일부가 부적법하게 말소된 경우에 등기를 회복하여 말소 당시에 소급하여 말소가 없었던 것과 같은 효과를 생기게 하는 등기를 말하는 것으로서, 여기서 부적법이란 실체적 이유에 기한 것이든 절차적 하자에 기한 것임을 불문하고 말소등기나 기타의 처분이 무효인 경우를 의미하는 것이기 때문에 어떤 이유이든 당사자가 '자발적'으로 말소등기를 한 경우에는 말소회복등기를 할 수 없다(대판 1993. 3. 9, 92다39877. 1990. 6. 26. 89다카5673).

말소된 등기의 회복을 신청하는 경우에 등기상 이해관계가 있는 제3자가 있을 때에는 그 제3자의 승낙이 있어야 한다(법 제59조). 여기서 말하는 '등기상 이해관계가 있는 제3자'란 말소회복등기를 함으로써 손해를 입을 우려가 있는 사람으로서 그 손해를 입을 우려가 있다는 것이 기존의 등기부 기재에 의하여 형식적으로 인정되는 사람이며(대판 1997. 9. 30. 95다39526), 여기에서 말하는 "손해를 입을 우려"가 있는지의 여부는 제3자의 권리취득등기시 (말소 등기시)를 기준으로 할 것이 아니라 회복등기시를 기준으로 판별하여야 한다(대판 1990. 6. 26. 89다카5673).

(1) 멸실회복등기와 구별

말소회복등기는 등기의 전부 또는 일부가 '부적법하게 말소'된 경우에 하는 등기이므로 등기부의 전부 또는 일부가 '물리적으로 멸실'된 경우에 이를 회복할 목적으로 행하여지는 멸실회복등기(구 법 제24조, 개정규칙 부칙 제3조)와 구별된다.

(2) 말소회복등기의 효력

말소되었던 등기에 관한 회복등기가 된 경우에는 그 회복등기는 말소된 종전의 등기와 동일한 효력을 가진다(대판 1968. 8. 30, 68다1187). 따라서 말소된 종전의 등기의 동일성 특히 동일순위를 보유하게 된다.

판 례

2. 말소회복등기의 요건

말소회복등기는 등기가 부적법하게 말소된 경우에 말소된 등기 자체를 회복할 목적으로 하는 등기이므로, 그 회복등기로 인하여 제3자에게 불측의 손해를 끼칠 염려가 없어야 한다. 말소된 등기의 회복(回復)을 신청하는 경우에 등기상 이해관계 있는 제3자가 있을 때에는 그 제3자의 승낙이 있어야 한다(법 제59조).

(1) 등기가 부적법하게 말소되었을 것

여기서 '부적법'이란 말소된 등기에 대응하는 실체관계가 존재함에도 불구하고 그 등기가 말소된 것을 말하는 것으로 그 부적법은 실체적 이유이든 절차적 이유이든 불문하고 말소등기가 무효인 경우를 말한다.

(2) 말소된 등기자체를 회복하려는 것임을 요한다.

등기회복의 신청이 있는 경우에 등기를 회복하는 때에는 회복의 등기를 한 후 다시 말소된 등기와 '동일한 등기'를 하여야 한다. 그러나 '어느 등기사항만'이 말소된 것인 때에는 부기에 의하여 다시 그 사실을 등기하여야 한다(구 법 제76조).

(3) 회복등기로 인하여 제3자에게 불측의 손해를 끼칠 염려가 없을 것

말소된 등기의 회복을 신청하는 경우에 등기상 이해관계 있는 제3자가 있을 때에는 그 제3자의 승낙이 있어야 한다(법 제59조). 말소된 가등기의 회복이 확정판결에 의한 것이라도 이에 대하여 등기상 이해관계가 있는 제3자가 있는 때에는 그 회복등기신청서에 그 제3자의 승낙서나 이에 대항할 수 있는 재판의 등본을 첨부하여야 하고, 만일 이의 첨부 없이 회복등기가 되었다면 그 등기는 이해관계 있는 제3자에 대한 관계에 있어서는 무효라 할 것이다(대법원 1987. 5. 26. 선고 85다카2203 판결).

🔎 판 례

1. 본조 소정의 말소회복등기에 관하여 "등기상 이해관계가 있는 제3자"의 의미
본조 소정의 등기상 이해관계가 있는 제3자란 말소회복등기가 된다고 하면 손해를 입을 우려가 있는 사람으로서 그 손해를 입을 우려가 있다는 것이 기존의 등기부 기재에 의하여 형식적으로 인정되는 자를 의미하고, 여기에서 말하는"손해를 입을 우려"가 있는지의 여부는 제3자의 권리취득등기시(말소등기부)를 기준으로 할 것이 아니라 회복등기시를 기준으로 판별하여야 한다(대판 1990. 6. 26. 89다카5673).

2. 본조 소정의 '등기상 이해관계 있는 제3자'의 의미
말소된 등기의 회복을 신청하는 경우에 등기상 이해관계가 있는 제3자가 있는 때에는 신청서에 그 승낙서 또는 이에 대항할 수 있는 재판의 등본을 첨부하여야 하는 것인데(本條), 여기서 등기상 이해관계 있는 제3자라 함은 등기 기재의 형식상 말소된 등기가 회복됨으로 인하여 손해를 입을 우려가 있는 제3자를 의미하나 회복될 등기와 등기면상 양립할 수 없는 등기가 된 경우에는 이를 먼저 말소하지 않는 한 회복등기를 할 수 없으므로 이러한 등기는 회복등기에 앞서 말소의 대상이 될 뿐이고 그 등기명의인을 이해관계 있는 제3자로 보아 별도로 그 승낙을 받아야 하는 것은 아니다(대법원 2002. 2. 27. 2000마7937).

(4) 당사자가 자발적으로 말소등기를 한 것이 아닐 것

말소회복등기란 어떤 등기의 전부 또는 일부가 부적법하게 말소된 경우에 그 말소된 등기를 회복하여 말소 당시에 소급하여 말소가 없었던 것과 같은 효과를 생기게 하는 등기를 말하는 것으로서, 여기서 부적법이란 실체적 이유에 기한 것이든 절차적 하자에 기한 것임을 불문하고 말소등기나 기타의 처분이 무효인 경우를 의미하는 것이기 때문에 어떤 이유이든 당사자가 자발적으로 말소등기를 한 경우에는 말소회복등기를 할 수 없다(대판 1990. 6. 26, 89다카5673; 대판 1993. 3. 9, 92다39877; 대판 2001. 2. 23, 2000다63974: 전세권 설정 말소등기회복등기절차 승낙. 2012. 8. 21. 부동산등기과-1600).

3. 말소된 등기의 회복신청(청구)

말소회복등기는 어떤 등기의 전부 또는 일부가 부적법하게 말소된 경우에 그 말소된 경우에 그 말소된 등기를 회복함으로써 말소당시에 소급하여 말소가 되지 않았던 것과 같은 효과를 생기게 하는 등기를 말한다. 말소된 등기의 회복을 신청하는 경우에 등기상 이해관계 있는 제3자가 있을 때에는 그 제3자의 승낙이 있어야 한다(법 제59조).

말소회복등기를 인정하는 근거는, 등기는 물권변동의 효력발생요건(민법 제186조)이며, 효력 존속요건은 아니므로 어떤 등기가 원인 없이 말소된 경우에도 그 물권의 효력에는 아무런 영향이 없고, 그 회복등기가 마쳐지기 전이라도 등기명의인은 적법한 권리자로 추정되며(대판 1997. 9. 30. 95다39526), 여전히 물권자로서 물권적 청구권인 말소회복등기청구권을 갖는다.

말소등기가 당사자의 신청에 의하여 이루어진 경우에는 그 회복등기도 당사자의 신청에 의하며, 말소등기가 등기관의 직권으로 행하여진 경우에는 그 회복등기도 직권으로 하여야 한다. 말소회복등기는 말소된 등기, 즉 회복하여야 할 등기의 등기명의인이 '등기권리자'가 되고, 그 회복등기에 의하여 등기상 직접 불이익을 받는 자가 '등기의무자'가 되어 공동신청에 의하여 이루어진다(법 제23조 제1항).

등기의무자가 말소회복등기에 협력하지 않거나 등기상 이해관계 있는 제3자가 말소된 등기의 회복에 승낙을 거부할 때에는 등기권리자는 등기의무자 및 그 제3자를 상대로 의사의 진술(즉, 등기의무자에 대하여는 말소된 등기의 회복청구 및 제3자에 대하여는 말소된 등기의 회복에 대한 승낙의 의사표시)

을 명하는 확정된 이행판결(민사집행법 제263조 제1항)을 받아 승소한 등기권리자로서 단독으로 말소된 등기의 회복을 신청할 수 있다(법 제23조 제4항).

4. 등기상 이해관계 있는 제3자의 말소된 등기의 회복에 대한 승낙여부

말소된 등기의 회복을 신청하는 경우에 등기상 이해관계 있는 제3자가 있을 때에는 그 제3자의 승낙이 있어야 한다(법 제59조). 말소회복등기를 함에 있어 등기상 이해관계 있는 제3자가 승낙의무를 부담하는지 여부는 실체법상의 의무가 있는지 여부에 따라 결정된다.

부동산등기법 제75조(현행법 제59조)는 말소된 등기의 회복을 신청하는 경우에 등기상 이해관계가 있는 제3자가 있는 때에는 신청서에 그 승낙서 또는 이에 대항할 수 있는 재판의 등본을 첨부하여야 한다고 규정하고 있는바, 여기서 말하는 등기상 이해관계가 있는 제3자란 말소회복등기를 함으로써 손해를 입을 우려가 있는 사람으로서 그 손해를 입을 우려가 있다는 것이 기존의 등기부 기재에 의하여 형식적으로 인정되는 사람이다(대판 1997. 9. 30. 95다39526).

회복등기절차에 있어서 등기상 이해관계가 있는 제3자가 등기권리자에 대한 관계에 있어서 그 승낙을 하여야 할 실체법상의 의무가 있다고 인정되는 경우에는 그 제3자는 마땅히 권리자의 승낙요구에 응하여야 한다(대판 1987. 5. 26. 85다카2203).

그러나 회복등기절차에 있어서 등기상 이해관계 있는 제3자가 있어서 그의 승낙이 필요한 경우라고 하더라도 그 제3자가 등기권리자에 대한 관계에 있어서 그 승낙을 하여야 할 실체법상의 의무가 있는 경우가 아니면 그 승낙요구에 응하여야 할 이유는 없다(대판 1979. 11. 13. 78다2040, 2004. 2. 27. 2003다35567).

(1) 불법 된 방법에 의하여 등기가 말소된 경우

말소회복등기(법 제59조)를 함에 있어 등기상 이해관계 있는 제3자가 승낙의무를 부담하는지 여부도 실체법상의 관계에 따라 결정된다.

어떤 등기가 등기신청서류를 위조하는 등의 방법으로 권리자의 의사에 의하지 않고 아무런 원인관계 없이 부적법하게 말소되어 그 말소등기가 원인무효인 경우에는 등기상 이해관계 있는 제3자가 그의 선의, 악의를 묻지 아니하고 등기권리자의 회복등기절차에 필요한 승낙을 할 의무가 있다(대법원 1972. 12. 12. 72마158, 1997. 9. 30. 선고95다39526 판결, 대법원 2004. 2. 27. 선고 2003다35567 판결).

불법 된 방법에 의하여 등기권리자의 등기가 말소된 후에 등기부상 권리를 취득한 자는 등기권리자의 회복등기절차에 승낙할 의무가 있다(대판 1970. 2.24. 69다2193, 1971. 8. 31. 71다1258).

(2) 말소등기가 원인무효인 경우

등기가 등기권리자의 의사에 의하지 아니하고 말소되어 그 말소등기가 원인무효인 경우에는 등기상 이해관계 있는 제3자는 그의 선의, 악의를 묻지 아니하고 등기권리자의 회복등기절차에 필요한 승낙을 할 의무가 있으므로, 가등기가 부적법하게 말소된 후 가처분등기, 근저당권설정등기, 소유권이전등기를 마친 제3자는 가등기의 회복등기절차에서 등기상 이해관계 있는 제3자로서 승낙의무가 있다(대판 1970. 2.24. 69다2193, 1971. 8. 31. 71다1258, 1997. 9. 30. 95다39526).

제한물권의 등기가 불법말소 된 후에 소유권이전등기가 마쳐진 경우 말소회복등기의 상대방은 말소당시의 소유명의인이고, 현재의 소유명의인은 등기상 이해관계 있는 제3자이다(대판 1969. 3. 18. 68다1617). 따라서 말소회복등기는 회복되는 등기의 명의인과 말소당시의 소유권등기의 명의인이 공동으로 신청하되(판결에 의한 경우에도 말소당시의 명의인을 피고로 하여야 한다), 현재의 소유명의인의 승낙서를 첨부하여야 한다(등기선례 제3권 751항).

말소회복등기를 하고자 하는 자가 강제적으로 회복등기에 대한 승낙을 소구(訴求)할 수밖에 없는 경우에 제3자의 승낙의무가 있는가에 관하여, 등기는 물권변동의 효력발생요건이고 존속요건은 아니어서(대판 1997. 9. 30. 95다39526) 일단 발생한 대항력은 법률이 규정하는 소멸사유가 발생하지 않는 한 소멸하지 않으므로 제3자는 선의, 악의여부에 관계없이 승낙의무가 있다는 설이 일본의 통설, 판례이다.

승낙서

부동산의 표시 : 서울   구   동   번지

대   평방미터

　위 부동산에 관하여 서울   지방법원   등기소   년   월   일   접수 제
호로 말소 등기된 같은 등기소   년   월   일 접수 제   호 근저당권설정등
기의 회복등기절차에관하여 전세권자   (주) 대표이사   는 이의 없이 이를 승
낙합니다.

200 년   월   일

위 승낙자 전세권자   (주)
대표이사   (인)

첨부서류

1. 법인인감증명서   1부

근저당권자   귀하

5. 말소회복등기의 신청절차

말소등기가 당사자의 신청에 의하여 이루어진 경우에는 그 회복등기도 당사자의 신청에 의하고, 집행법원 등의 촉탁에 의한 경우에는 촉탁에 의하여야 하며, 등기관의 직권으로 행하여진 경우에는 그 회복등기도 직권으로 하여야 한다.

(1) 공동신청

말소회복등기는 말소된 등기, 즉 회복하여야 할 등기의 등기명의인이 "등기권리자"가 되고, 그 회복에 의하여 등기상 직접 불이익을 받는 자가 "등기의무자"가 되어 그 공동신청에 의하여 이루어진다(법 제23조 제1항).

(2) 판결에 의한 단독신청

말소등기의 회복등기도 다른 등기와 마찬가지로 등기권리자와 등기의무자의 공동신청에 의함이 원칙(법 제23조 제1항)이나 등기의무자가 회복등기신청에 협력하지 않을 때에는 등기권리자가 의사표시에 갈음하는 판결(민사집행법 제263조 제1항)을 받아 승소한 등기권리자로서 단독으로 회복등기를 신청할 수 있다(법 제23조 제4항).

(3) 말소회복 등기신청서의 기재사항

말소회복등기신청서의 기재사항으로서 규칙 제43조 각항에 따른 일반적 기재사항 외에 다음 사항을 기재한다.

등기의 목적은 "○번소유권보존등기회복" 또는 "○번근저당권설정등기 회복" 등으로 기재하며, 회복시켜야할 등기를 특정하기 위하여 그 등기의 신청서 접수 연월일 및 접수번호를 기재하여야 한다.

말소회복의 등기원인은 "신청착오"인 경우가 보통이고, 그 원인일자는 회복등기신청일을 기재한다. 합의해제에 의하여 등기가 말소된 경우 그 말소에 대한 합의가 취소되거나, 무효인 경우에는 "합의해제취소"(원인일자는 그 취소일) 또는 "합의해제무효"(원인일자는 말소등기의 신청일)라고 기재한다.

(4) 말소회복 등기신청서의 첨부서면

말소회복의 등기원인을 증명하는 서면으로는 말소회복합의서, 확정판결정본 등을 들 수 있다. 착오를 이유로 말소회복등기를 신청하는 경우에는 등기원인증서가 존재하지 않으므로 첨부하지 아니한다.

등기의무자의 권리에 관한 등기필증(예 : 근저당권 등기를 회복하는 경우 소유권의 등기명의인이 가지고 있는 등기필증)과 등기의무자가 소유권의 등기명의인인 경우에는 인감증명서를 첨부하여야 한다(규칙 제63조 제1항 제1호).

가등기의 말소회복을 단독으로 신청하는 경우에는 가등기의무자의 승낙서와 그 인감증명서를 첨부하여야 한다. 등기상 이해관계 있는 제3자가 있을 때에는 등기상 이해관계인의 승낙서를 첨부하여야 한다(법 제59조).

- **(가) 이해관계인의 승낙서 등**　말소회복등기를 함에 있어 등기상 이해관계 있는 제3자가 있는 때에는 신청서에 그의 승낙서를 첨부하여야 한다(법 제59조).

- **(나) 등기필정보**　회복등기신청서에는 전 등기의 등기필정보를 첨부하여야 한다. 그러나 이를 제출하기 불가능한 때에는 멸실 직전의 등기부등본이나 초본, 토지·건축물대장 등본 기타 권리를 증명하는 공문서를 첨부할 수 있다. 이 때에는 신청서부본을 제출하여야 한다(등기예규 제1223호 2. 가. ①, 제1586호).

- **(다) 건물의 도면**　건물에 대한 회복등기신청에는 위 서류 이외에 그 건물대지상에 수개 건물이 있는 때에는 건물도면을 첨부하여야 한다.

- **(라) 주택채권의 매입 여부**　소유권이전등기의 말소회복등기는 부동산의 취득에 따른 소유권이전등기에 해당되지 않으므로 그 등기신청시 국민주택채권을 매입할 필요가 없다(등기선례요지집 제5권 892항).

6. 말소회복등기의 실행방법

(1) 회복의 등기 및 말소된 등기와 동일한 등기의 실행

법 제59조의 말소된 등기에 대한 회복 신청을 받아 등기관이 등기를 회복할 때에는 회복의 등기를 한 후 다시 말소된 등기와 같은 등기를 하여야 한다. 다만, 등기전체가 아닌 일부 등기사항만 말소된 것일 때에는 부기에 의하여 말소된 등기사항만 다시 등기한다(규칙 제118조).

(2) 가등기에 기한 본등기 시 직권말소된 등기의 회복방법(직권에 의한 말소 회복등기)과 제3자의 승낙

말소등기의 회복에 있어서 말소된 원등기가 공동신청으로 된 것인 때에는 그 회복등기도 공동신청에 의함이 원칙이나, 다만 등기공무원이 말소할 수 없는 등기를 직권으로 말소한 경우(가등기에 기한 소유권이전의 본등기가 됨으로써 등기공무원이 직권으로 가등기 후에 경료된 제3자의 소유권이전등기를 말소하였으나 그 후 위 가등기에 기한 본등기가 원인무효의 등기라 하여 말소된 때)에는 부동산등기법 제175조를 준용하여 직권으로 말소회복등기를 하여야 하므로 회복등기절차 이행청구는 등기의무자 아닌 자에 대한 청구로서 부적법하다.

등기공무원이 직권으로 말소회복등기를 할 경우에 등기상 이해관계 있는 제3자가 있는 때에는 그 승낙서 또는 이에 대항할 수 있는 재판서 등본의 제출이 없는 한 그 회복등기를 할 수 없는 것인바, 위의 등기상 이해관계 있는 제3자라 함은 등기 기재의 형식상 말소된 등기가 회복됨으로 인하여 손해를 입을 우려가 있는 제3자를 의미하나 회복될 등기와 등기부상 양립할 수 없는 등기가 된 경우에는 이를 먼저 말소하지 않는 한 회복등기를 할 수 없으므로 이러한 등기(앞서의 가등기에 기한 소유권이전의 본등기)는 회복등기에 앞서 말소의 대상이 될 뿐이고, 그 등기의무자를 승낙청구의 상대방인 이해관계 있는 제3자로 보아 별도로 그 승낙까지 받아야 할 필요는 없으므로, 그 자에 대한 승낙청구는 상대방 당사자의 적격이 없는 자에 대한 청구로서 부적법하다(대판 82. 1. 26. 80다2329, 2330).

7. 말소회복등기의 효력

(1) 종전등기와 동일한 효력

말소되었던 등기에 관한 회복등기가 된 경우에는 그 회복등기가 말소된 종전의 등기와 동일한 효력을 가지게 된다(대판 1968. 8. 30, 68다1187).

(2) 말소 당시에 소급하여 효력발생

말소회복등기가 유효하게 경료되면 말소된 등기는 회복되고 말소 당시에 소급하여 말소가 없었던 것과 같은 효력이 생긴다. 등기상 이해관계 있는 제3자가 있는 경우에 신청서에 그의 승낙서 등을 첨부하지 아니하고 회복등기를 한 때에는 그 제3자와의 관계에서는 무효의 등기이다(대판 1983. 2. 22, 82다카529).

토지소유권이전 말소회복등기신청

접	년 월 일	처	등기관 확인	각종통지
수	제 호	리 인		

① 부동산의 표시
생 략

등기원인과 그 연월일	2011년 ○월 ○일 확정판결
등 기 의 목 적	소유권이전등기의 회복
회복할 등기	○○○○년 ○월 ○일 접수 제○○호로 말소된 소유권이전등기

구분	성명	주민등록번호	주소 (소재지)
등기의무자	○ ○ ○		
등기권리자	○ ○ ○		

등 록 면 허 세	금	원
지 방 교 육 세	금	원
세 액 합 계	금	원
등 기 신 청 수 수 료	금	원
	납부번호 :	

<table>
<tr><td colspan="2" align="center">첨 부 서 면</td></tr>
<tr>
<td>
1. 판결정본 및 확정증명서   각1통
1. 등기상 이해관계 있는 제3자의 승낙서
   또는 이에 대항할 수 있는 재판의 등본
                         1통
1. 등기필정보   1통
1. 등록면허세영수필확인서   1통
1. 위임장   1통
</td>
<td>
1. 등기신청수수료현금영수필확인서   1통
</td>
</tr>
</table>

년 월 일

위 신청인 ○ ○ ○ ⑩ (전화 :   )

○ ○ ○ ⑩ (전화 :   )

(또는) 위 대리인 법무사 ○ ○ ○ ⑩ (전화 :   )

○○지방법원   등기과 귀중

제2관 멸실회복등기

멸실회복등기는 6.25 사변 기타 재난으로 인하여 등기부의 전부 또는 일부가 물리적으로 멸실된 경우에 그로 말미암아 소멸한 등기의 회복을 목적으로 행하여지는 등기이므로 등기부 멸실 전에도 자기 명의로 등기부상에 기재되어 있어야 이를 할 수 있다(대판 95. 3. 17. 93다61970).

멸실회복등기라함은 사변 기타 재난등으로 등기부의 전부 또는 일부가 물리적 멸실된 경우에 그 등기를 회복하여 멸실당시에 소급하여 멸실이 없었던 것과 같은 효과를 생기게 하는 등기를 말한다(규칙 부칙 제3조).

멸실회복등기는 오로지 멸실한 등기의 회복을 목적으로 한 것이므로 등기부멸실 전에도 자기명의로 등기부상에 등록되어 있었어야 이를 할 수 있는 것이고 현재 실체상의 권리가 있다하여 멸실회복등기를 할 수 없다(대판 1961. 11. 2. 4293민상629, 1995. 3. 17. 93다61970).

부동산등기법 전부개정법률(2011. 4. 12. 법률 제10580호)에 의하여 멸실회복 등기제도(구법 제24조)는 폐지되고(부동산등기규칙 부칙 제3조 참조), 말소회복등기제도(법 제59조, 규칙 제118조)만이 남게 되었다.

1. 등기부의 멸실

등기부의 전부 또는 일부가 멸실한 경우에는 대법원장은 3월 이상의 기간을 정하여 그 기간 내에 등기의 회복을 신청하는 자는 그 등기부에 있어서의 종전의 순위를 보유한다는 취지의 고시를 하여야 한다(구 부동산등기법 제24조 제1항). 대법원장은 대법원규칙이 정하는 바에 의하여 제1항의 규정에 의한 멸실회복고시에 관한 권한을 지방법원장에게 위임할 수 있다(동법 제24조 제2항).

등기부의 전부 또는 일부가 멸실된 경우 회복등기의 신청기간은 각 지방의 실정에 따라 지방법원장(등기소의 사무를 지원장이 관장하는 경우에는 지원장을 말함)이 이를 고시한다.

회복등기의 신청은 등기부 멸실 전에 자기(또는 피상속인) 명의로 등기부상에 기재되어 있는 자가 단독으로 신청할 수 있다.

(1) 멸실한 등기부의 회복등기

구부동산등기법 제24조의 경우에는 등기권리자만으로 등기의 회복을 신청할 수 있다(구부동산등기법 제79조).

멸실 회복등기는 6·25사변 기타 재난으로 인하여 등기부의 전부 또는 일부가 물리적으로 멸실된 경우에 그로 말미암아 소멸한 등기의 회복을 목적으로 행하여지는 등기이므로 등기부 멸실 전에도 자기명의 등기부상에 기재되어 있어야 이를 할 수 있으며(대판 1995. 3. 17. 93다 61970), 등기권리자가 사망한 경우에 멸실 회복등기는 상속인 명의로 할 것이 아니라 피상속 인명의로 하여야 한다(1993. 7. 27. 92다50072).

구부동산등기법 제79조에 따라 멸실한 등기부의 회복등기를 신청하는 경우에는 신청서에 전등기의 순휘번호, 신청서 접수의 연월일, 접수번호를 기재하고 전등기의 등기필증을 첨부 하여야 한다(구부동산등기법 제80조). 멸실한 등기부의 회복등기신청에 있는 경우의 등기절차는 구 부동산등기법 제81조에 규정되어 있다.

멸실 회복등기에 전(前)등기의 접수년월일 및 접수번호가 불명이라고 기재된 것만으로는 그 회복등기신청에 있어 전등기의 권리증 또는 이에 대치되는 공문서를 첨부하지 아니하였 다고 할 수 없고 일단 멸실회복등기가 경료된 이상 특별한 사정이 없는 한 이는 등기공무원 이 적법하게 처리한 것으로 추정하여야 한다(대판 1980. 10. 14. 80다1795). 멸실회복등기에 있어 전 등기의 접수연월일, 접수번호 및 원인일자가 불명이라고 기재되어 있다 하더라도, 특별한 사정이 없는 한 이는 등기공무원에 의하여 적법하게 수리되고 처리된 것이라고 추정된다(대판 1992. 7. 10. 92다9340, 1997. 11. 25. 97다34723).

소유권이전등기가 등기부 멸실 후 회복등기절차에 따라 이루어진 경우에 그 회복등기는 등기공무원에 의하여 적법하게 수리되어 처리된 것으로 추정되므로 소유권이전등기의 멸실 회복등기에 있어서 전등기의 접수연월일, 접수번호 및 원인일자가 각 공란으로 되어 있다고 하더라도 특별한 사정이 없는 한 멸실회복등기의 실시요강에 따라 등기공무원이 토지대장등 본 등 전등기의 권리를 증명할 공문서가 첨부된 등기신청서에 의하여 적법하게 처리한 것이 라고 추정된다(대판 2003. 12. 12. 2003다44615, 44622).

회복등기의 신청기일 경과 후에 있어서는 회복등기는 이를 할 수 없으므로 통상절차에 의 하여 새로운 등기를 신청하여야 한다. 이때에는 등록세를 납부하여야 한다.

회복등기의 신청기간 중에 신등기의 신청이 있는 때에는 일단 신청서편철부에 합철하고, 그 기간만료 후 지체없이 이것을 등기부에 이기하여야 한다(등기예규 제1223호. 1.).

(2) 등기부 멸실 후 회복등기를 하지 아니한 경우 소유권의 상실여부(소극)

회복등기기간 내에 회복등기를 하지 못하였더라도 등기멸실 당시의 소유자는 그 부동산에 대한 소유권을 상실하는 것이 아니다(대판 1970. 3. 10. 70다15, 1981. 12. 22. 78다2278, 1994. 11. 11. 94다14933).

등기부의 전부 또는 일부가 멸실된 경우에는 대법원장은 부동산등기법 제24조(현행부동산등기규칙 부칙 제3조, 등기예규 제1223호, 제1568호 참조)에 의하여 3월 이상의 기간을 정하여 그 기간 내에 등기의 회복신청을 하도록 고시를 하며 그 신청기일 경과 후에 있어서는 통상의 절차에 의하여 새로운 등기를 신청하여야 한다(대판 1978. 12. 26. 78다1895).

(3) 멸실된 등기부에 관한 경과조치

종이형태로 작성된 등기부의 전부 또는 일부가 폐쇄되지 아니한 상태에서 멸실되었으나 규칙 시행 당시까지 종전의 규정에 따른 멸실회복등기절차가 이루어지지 아니한 경우의 그 회복에 관한 절차는 종전의 규정에 따른다(규칙 부칙 제3조).

따라서 등기부의 전부 또는 일부가 멸실된 때에는 등기관은 지체 없이 그 사유, 연월일, 멸실된 등기부의 책수 기타 구부동산등기법 제24조의 고시에 필요한 사항을 상세히 기재하고 또 회복등기기간을 예정하여 지방법원장에게 보고하여야 한다(구 규칙 제24조의 2 제1항). 지방법원장은 제1항의 보고를 받은 때에는 상당한 조사를 한 후 대법원장에게 보고하여야 한다(동 규칙 제24조의 제2항). 등기관은 멸실회복 등기절차를 완료한 때에는 지체 없이 회복등기에 관한 사항을 지방법원장에게 보고하여야 하고, 지방법원장은 지체 없이 이를 대법원장에게 보고하여야 한다(동 규칙 제24조의 2 제3항).

(4) 멸실회복등기의 추정력

(가) 부동산 등기부에 소유권이전등기가 경료되어 있는 경우에 그 등기명의자는 등기원인에 의하여 적법한 소유권을 취득한 것으로 추정받고, 회복등기도 별다른 사정이 없는

한 등기공무원에 의하여 적법하게 수리되어 처리된 것으로 추정되며, 그와 같은 등기의 추정력에 관한 법리는 그 소유권이전등기가 등기부 멸실 후의 회복등기절차에 의하여 이루어진 경우에도 마찬가지로 적용된다(대판 1996. 10. 29. 96다19338).

(나) 전 등기의 접수일자, 접수번호 및 원인일자 등이 '불명'으로(또는 각 공란으로) 기재된 멸실회복등기라도 특별한 사정이 없는 한, 멸실 회복등기의 실시요강에 따라 등기공무원이 토지대장등본 등 전 등기의 권리를 증명할 공문서가 첨부된 등기신청서에 의하여 적법하게 처리한 것이라고 추정된다(대판 1996. 10. 17, 96다12511 전원합의체 판결).

(다) 멸실회복등기의 추정력은 회복등기가 된 당해 부동산에 대하여만 미치는 것일 뿐 그 부동산이 분할되기 전의 원래의 부동산에서 분할된 다른 부동산에 대하여까지 미치는 것은 아니다(대판 1996. 10. 29, 96다19338).

2. 멸실회복등기의 신청절차

(1) 신청기간

멸실회복등기의 절차에 따른 회복등기는 대법원장 또는 지방법원장이 고시한 기간 내에 그 신청이 있어야 한다(구법 24조, 구규칙 24조). 만일 이 기간이 경과한 후에는 회복등기를 할 수 없고, 통상절차에 의하여 새로운 소유권보존등기를 신청하여야 하며, 이때에는 취득세 또는 등록면허세를 납부하여야 한다(등기예규 제1223호. 1. 라).

(2) 등기신청인

(가) 등기신청인

멸실한 등기부의 회복등기는 등기권리자(등기부멸실 전에 자기 또는 피상속인 명의로 등기부에 기재되어 있는 자)만으로 등기의 회복을 신청할 수 있다(구 법 제79조 등기예규 제1223호 1. 다).

(나) 공유부동산의 멸실회복등기 신청인

수인이 공동으로 소유하는 부동산에 관한 멸실회복등기는 공유자 중 1인이 공유자 전원의 명의로 그 회복등기신청을 할 수 있으며, 등기권리자가 사망한 경우에 멸실회복등기는 상속인 명의로 할 것이 아니라 피상속인 명의로 하여야 한다(대판 1993. 7. 27. 92다50072).

🔍 판 례

멸실회복등기의 신청권리자
멸실회복등기는 오로지 멸실한 등기의 회복을 목적으로 한 것이므로 등기부멸실 전에도 자기명의로 등기부상에 등재되어 있었어야 이을 할 수 있는 것이고 현재 실체상의 권리가 있다 하여 멸실회복등기를 할 수 없다(61. 11. 2. 4293민사629 카6821, 1995. 3. 17. 93다61970).

(2) 등기신청서의 기재사항 및 첨부서면

신청서에는 전 등기의 순위번호, 신청서 접수 연월일, 접수번호를 기재하고 전 등기의 등기필증을 첨부하여야 하나(구 법 제80조), 이를 첨부할 수 없는 경우에는 멸실 직전의 등기부등본이나 초본, 토지 또는 건축물대장등본 기타 권리를 증명하는 공문서를 첨부하여야 한다(등기예규 제1223호. 2. 가. ①).

(3) 등기절차

(가) 등록세 등의 납부의무요부(소극)

멸실회복등기에는 등록세, 등기신청수수료, 국민주택채권의 납부의무가 없다. 다만, 등기명의인의 사망에 의하여 그 상속인이 회복등기를 신청하는 때에는 상속등기의 등록세를 납부하여야 한다.

이 회복등기의 신청기일 경과 후에 있어서는 회복등기는 이을 할 수 없으므로 통상절차에 의하여 새로운 등기(소유권보존등기)를 신청하여야 한다. 이때에는 등록세를 납부하여야 한다.

(나) 신등기신청이 있는 경우의 등기절차

멸실회복등기의 신청기간 중에 신등기의 신청이 있는 때에는 일단 신청서 편철부에 합철하고, 그 기간만료 후 지체없이 이것을 등기부에 이기하여야 한다.

(다) 등기권리자가 사망한 경우의 회복등기명의자(사망한 피상속인)

등기권리자가 사망한 경우에 멸실회복등기는 상속인 명의로 할 것이 아니라 피상속인 명의로 하여야 한다(대판 93. 7. 27. 92다50072).

(4) 부동산소유권등기에 대한 회복등기신청절차(등기예규 제1223호 2. 가.)

(가) 첨부서면

회복등기신청서에는 전등기의 등기필정보를 첨부하여야 한다(구 법 제80조). 그러나 이를 제출하기 불가능한 때에는 멸실 직전의 등기부등본이나 초본·토지·건축물 대장등본 기타 권리를 증명하는 공문서를 첨부할 수 있다(등기선례요지집 제3권 756항). 이 때에는 신청서부본을 제출하여야 한다(위예규 2. 가. ①).

(나) 공동소유인 부동산

공동소유인 부동산은 공동소유자 전원 명의로의 회복등기신청을 하여야 하고, 공동소유자 중의 일부의 지분만에 관한 회복등기신청을 할 수 없다. 공동소유자 중의 1 인은 공동소유자 전원 명의로의 회복등기신청을 할 수 있다(등기예규 제1223호 2. 가. ②).

(다) 등기명의인이 사망한 경우

등기명의인의 사망에 인하여 그 상속인이 회복등기를 신청하는 때에는 상속증명서를 첨부하여 직접 상속인명의로 등기할 것을 신청할 수 있다. 이 경우에는 상속등기의 등록세를 납부하여야 한다(위 예규 2. 가. ③).

(라) 소유자가 토지대장상의 명의인과 상이한 경우

소유자가 토지대장명의인과 상위한 경우에 전등기의 등기필증 또는 등기부등본이나 초본으로 전등기의 소유자임을 증명할 수 없을 때에는 토지대장명의자의 소유권보존등기를 경료한 후에 소유권이전등기를 신청하여야 한다. 그러나 토지대장 소유자가 소유권이전등기절차를 불이행할 때에는 소유자는 소송절차에 의하여야 한다(위 예규 2. 가. ④).

(마) 건물의 회복등기신청

건물에 대한 회복등기신청에는 위 서류 이외에 그 건물대지상에 수 개 건물이 있는 때에는 건물도면을 첨부하여야 한다(위 예규 2. 가. ⑤).

(5) 부동산 저당권등기 및 가등기에 대한 회복등기신청의 절차

(가) **첨부서면** 저당권회복등기는 부동산 소유권회복등기를 경료한 부동산에 대하여 전 등기의 등기필증을 첨부하여야 한다. 그러나 소유권회복등기 전에 이 회복등기신청이 있을 때에는 등기용지 중 표제부의 부동산표시란과 을구란에 회복등기를 하여야 한다(위 예규 2. 나. ①).

(나) **저당권자의 대위에 의한 소유권의 회복등기신청** 저당권자는 이 회복등기의 신청기간 내에 있어서는 채무자의 소유권등기필증을 첨부하여 이에 대위하여 소유권의 회복등기를 신청할 수 있다. 그 기간 경과 후에 있어서는 토지대장등본을 첨부하여 소유권의 대위보존등기를 신청하여야 한다. 이 때에는 등록세를 납부하여야 한다(위 예규 2. 나. ②).

(다) **가등기** 가등기에 대한 회복등기신청절차는 위의 (가) (나)에 준하여 처리한다.

(6) 촉탁에 의한 회복등기

촉탁서에 의하여야 할 등기는 권리자의 촉탁신청에 의하여 촉탁관서가 회복등기를 촉탁하여야 한다(위 예규 2. 다.).

(7) 소유권이외의 권리의 회복등기 신청절차

부동산등기법 제2조 제3호 내지 제4호·제6호 및 제7호의 권리(지역권·전세권·권리질권·임차권)에 관한 회복등기신청의 절차는 위 (1), (2)의 각호를 준용한다(위 예규 2. 라.).

(8) 부동산에 관한 가처분 또는 가압류등기, 강제경매신청의 등기의 회복등기 신청절차

(가) 가처분·가압류·경매신청등기의 회복등기는 채권자의 신청에 의하여 촉탁청이 이를 촉탁하여야 한다. 이 때에는 채권자는 증빙서류를 갖추어 촉탁청에 회복등기의 촉탁신청을 하여야 한다(위 예규 2. 마. ①).

(나) 이 회복등기는 소유자 또는 채권자의 대위에 인한 소유권보존등기를 한 후가 아니면

할 수 없다.

(다) 전 각호 이외에 (1), (2)의 각호를 준용한다.

3. 회복등기 방식(등기예규 제1223호 3)

(1) 등기절차

(가) 전등기의 순위, 접수연월일, 접수번호의 기재

멸실회복등기를 하는 때에는 등기부를 새로 개설하여 표제부에 부동산의 표시를 하고 해당구 순위번호란에는 전등기의 번호를 기재하고 권리자 및 기타사항란에는 전등기의 신청서 접수의 연월일과 접수번호를 기재하여야 한다.

전등기의 순위나 접수 연월일 또는 접수번호가 불명인 것은 불명으로 등기하여야 한다. 담보권 등의 회복등기는 전 등기의 순위 여하에 불구하고 신청순서에 따라 등기하여야 한다. 회복등기기간 경과 후는 등기필증이 있다 하더라도 미등기로 간주하여 등록세를 납부하고 소유권보존등기를 신청(법 제65조)하여야 한다.

(나) 공유부동산을 단독명의로 한 소유권회복등기의 효력

공유부동산에 대하여 공유자 1인이 자기의 단독 명의로 소유권회복등기를 한 것은 불법하다 하더라도 그 사람 지분에 관한 한은 실체관계에 부합하는 등기이므로 그 부분까지의 말소등기를 명함은 잘못이고 이에 배치되는 종전 판례는 이 판결로서 변경한다(대판 65. 4. 22. 65다268 전원합의체판결).

(2) 새로운 등기신청이 있는 경우

회복등기신청기간중에 신등기의 신청이 있는 경우에는 이를 신청서편철부에 편철하였다가 위 기간만료 후 등기부에 이기하여야 한다. 신청서편철부에 신청서를 편철한 때에는 편철필증을, 등기부에 이기한 때에는 편철필증을 회수하고 등기필증을 신청인에게 교부하여야 한다.

(3) 회복등기의 등기필증의 작성

회복등기필증은 전 등기의 등기필증을 제출한 때에는 그 서면을, 신청서부본을 제출한 때에는 그 부본을 소재로 하여 작성하여야 한다.

🔍 판 례

제한물권설정등기의 멸실   제한물권설정등기가 멸실하였을 경우 그 멸실된 등기의 회복등기신청기간중에도 새로운 등기신청이 허용되며, 이 새로운 등기는 멸실된 등기가 회복기간 내에 회복등기가 되었을 때에는 그 회복등기보다 후순위가 되며 부동산등기법 제24조의 순위보전은 이러한 범위 내에서만 실효 있는 규정인 것이다(대판 1970. 3. 10, 70다15).

5. 회복등기 고시문례(등기예규 제1223호 4)

사변 기타 재난으로 인하여 ○○지방법원(또는 ○○지원, ○○등기소)에 비치되어 있던 부동산, 상법 및 법인의 각종 등기부의 전부 또는 일부가 멸실되었으므로 그 멸실회복등기를 다음과 같이 실시할 것을 고지한다.

① 회복등기 신청기간은 20○○년 ○○월 ○○일부터 20○○년 ○○월 ○○일까지로 한다.
② 이 회복등기의 신청기간 내에 신청(또는 촉탁)하는 등기의 권리는 멸실등기부에 있어서의 종전의 순위를 보유한다.

20   년   월   일

지방법원장(등기소의 사무를 지원장이 관장하는 경우에는 지원장을 말함).   ○○○

---

6. 멸실회복등기기간 경과 후의 조치(회복등기 신청기간 내에 회복등기신청을 하지 못한 경우의 소유권보존등기신청)

(1) 소유권보존등기 신청

등기부멸실에 따른 회복등기기간 내에 회복등기를 하지 않은 부동산은 미등기부동산으로 되고 이 경우 소유권보전등기절차에 의하여 새로운 등기를 신청하여야 한다(대판 84. 2. 28. 83다카994, 등기예규 제1223호, 제1253호, 2014 8. 19. 부동산등기과-2112).

6·25사변 기타 재난으로 인하여 등기부의 전부 또는 일부가 멸실되었으나 회복등기신청 기간 내에 회복등기의 신청을 하지 못하여 그 기간이 경과한 후에는 설사 등기권리자가 전 등기의 등기필증을 소유하고 있다고 하여도 회복등기 방법에 의하여는 그 등기를 할 수 없으 며, 일반 절차에 따라 새로운 보존등기를 신청하여야 하나(법 제65조), 이 경우 지적공부 역시 멸실된 상태라면 측량·수로 조사 및 지적에 관한 법률 제74조, 동령 제61조, 동규칙 제72 조, 제73조의 규정에 따라 먼저 지적공부를 복구등록한 후 그 대장등본을 첨부하여(지적복구시 소유자에 관한 사항이 복구되지 아니하였다면 소송에 의하여 소유권확인판결을 받아 이를 함께 첨부하여야 함) 소유권 보존 등기를 신청할 수 있다(등기예규 제716호). 등기부멸실당시의 소유자가 회복등기기간 내에 회복 등기의 신청을 하지 않았다 하여 소유권을 상실하는 것은 아니다(대판 1994. 11. 11, 94다4933).

판례는 멸실된 복구방법으로서 한 보존등기의 효력에 관하여 '등기부 멸실의 경우 소정기 간 내에 회복등기를 하면 종전의 순위를 보유시키는 효력이 있다는 것이지 회복등기의 방법 만에 의하여 등기를 복구하는 것이 아니므로 보존등기를 하였다하여 권리의 공시에 무슨 하 자가 있다고 할 수 없다(대판 1975. 6. 10. 74다1340).' 하여 등기부 멸실의 경우에는 반드시 회복등 기의 방법 만에 의하여 등기를 복구하는 것이 아니라 회복등기신청기일 경과 후에는 '통상의 절차에 따른 보존등기'를 신청하는 것이 적법하다고 했다.

(2) 농지에 대한 회복등기(소유권보존등기)와 농지취득자격증명의 요부(소극)

지목이 농지인 토지의 등기부가 멸실되었으나 종중이 등기부상의 소유자로서 멸실회복등 기 기간 내에 회복등기를 신청하지 못하고 나중에 필요서면을 첨부하여 소유권보존등기를 신청하는 경우에도 농지를 새로 취득하는 것이 아니라 기존에 취득한 농지에 대한 등기를 회 복하는 것이므로 농지취득자격증명을 첨부할 필요 없이 종중 명의로의 소유권보존등기가 가 능하다(2001. 11. 14. 등기3402-760, 선례 7-474).

7. 회복등기가 멸실 당시의 표시와 다소 차이가 있는 경우

회복등기를 함에 있어서 토지의 표시는 멸실 당시의 표시에 일치하도록 하여야 할 것이나 그간에 다소의 차이가 있는 경우에도 양자가 다같이 동일한 토지의 표시로서 부족함이 없으면 회복등기로서 유효하다고 할 것이므로, 멸실 후 회복 전에 토지의 지번 양주군 와부면 월문리 산 315 임야 3 정 8 단보에 변경이 있어서 새로운 지번이 같은 리 315의 1 과 315의 2 로 표시되었으나 위 315의 2 의 지적이 불과 1 보인 경우에 그 지번을 315의 1 로 표시한 회복등기의 경우에도 유효하다 할 것이다(대판 1976. 6. 22, 76다579).

8. 공동인명부가 멸실된 경우의 회복등기

공동인명부(구 법 제58조, 구 규칙 제77~79조)가 멸실된 경우에는 등기부의 멸실로 보아 멸실회복등기기간 내에 멸실회복등기 신청을 하지 아니하였다면 그 부동산은 미등기부동산이라고 할 수밖에 없으며, 대장상의 소유자명의로 소유권보존등기를 거쳐 소유권이전등기를 할 수 있다(등기예규 제390호, 제404호, 5.).

9. 회복등기의 중복

(1) 회복등기의 중복과 직권말소

등기관이 중복하여 회복등기가 된 사실을 사후에 발견하였을 때에는 구 부동산등기법 제175조에 의한 통지를 한 후 이의를 진술하는 자가 없는 때에는 직권으로 뒤에 등기된 회복등기를 말소하여야 한다(대법원 1966. 8. 29.자 66마368 결정).

(2) 회복등기 간의 우열(회복등기일자의 선후를 기준함)

동일 부동산에 관하여 하나의 소유권보존등기가 경료된 후 이를 바탕으로 순차로 소유권이전등기가 경료되었다가 그 등기부가 멸실된 후 등기명의인을 달리하는 소유권이전등기의 각 회복등기가 중복하여 이루어진 경우에는 중복등기의 문제는 생겨나지 않고 멸실 전 먼저 된 소유권이전등기가 잘못 회복등재된 것이므로 그 회복등기 때문에 나중 된 소유권이전등기의 회복등기가 무효로 되지 아니하는 것이지만, 동일 부동산에 관하여 등기명의인을 달리하여 멸실회복에 의한 각 소유권이전등기가 중복등재되고, 각 그 바탕이 된 소유권보존등기가 동일등기인지 중복등기인지, 중복등기라면 각 소유권보존등기가 언제 이루어졌는지가 불명인 경우에는 위 법리로는 중복등기의 해소가 불가능하므로 이러한 경우에는 적법하게 경료된 것으로 추정되는 각 회복등기 상호간에는 각 회복등기일자의 선후를 기준으로 우열을 가려야 한다(대판 2001. 2. 15, 99다66915, 전원합의체 판결).

	토지소유권 이전등기의 멸실회복등기신청			
접 수	년 월 일	처 리 인	등기관 확인	각종통지
	제 호			

부동산의 표시	
등기원인과 그 연월일	2011년 월 일 등기부 멸실
등기의 목적	소유권 이전등기의 회복

회복할 등기 사항의 표시	전등기의 순위번호	제 번(또는 불명)
	전등기 접수 연월일 및 번호	년 월 일 제 호
	전등기 원인 및 그 일자	년 월 일 매매
	등기의 목적	소유권이전
	소 유 자	홍길동(000000-0000000) 서울 종로구 가회동 10

2011년 월 일 위 신청인 홍길동 서울 종로구 가회동 10 대리인 ○ ○ ○ ㉫ ○○지방법원 등기과 귀중	부 속 서 류

	1. 전 등기의 등기필정보 1통
	1. 위임장 1통
	1. 신청서 부본 1통
	   (전 등기의 등기필증을 제출
	   하지 아니한때)
	1. 건물도면 1통
	1. 등록면허세영수필확인서 1통

저당권 설정등기의 멸실회복등기신청

접수	년 월 일	처리인	등기관 확인	각종통지
	제 호			

부동산의 표시

등기원인과 그 연월일	2011년 월 일 등기부 멸실
등기의 목적	저당권 설정등기의 회복

회복할 등기사항의 표시	전등기의 순위번호	
	전등기접수 연월일 및 번호	
	전등기 원인 및 그 일자	
	등기의 목적	
	채권액	
	변제기	
	이자	
	이자지급시기	
	채무자	
	저당권자	

2011년 월 일 위 신청인 홍길동 서울 종로구 가회동 10 대리인 ○ ○ ○ ㊞ ○○지방법원 등기과 귀중	부 속 서 류
	1. 전 등기의 등기필증 1통 1. 위임장 1통 1. 신청서 부본 1통 (전 등기의 등기필증을 제출하지 아니한때)

제19절 부부재산약정등기

I. 부부재산제도

부부재산제도라 함은 부부 공동생활의 비용의 부담이나 재산의 귀속·관리·수익 등 혼인으로 발생하는 부부간의 특수한 재산관계를 정하는 것을 말한다. 이에는 부부가 재산관계에 관하여 자유로이 계약을 체결할 수 있는 부부재산계약과 부부재산계약이 없는 경우에 적용되는 법정재산제가 있는데, 법정재산제의 표준적 형식은 다시 공산제(共産制)·관리공통제(管理共通制 구민법상) 및 부부별산제(夫婦別産制)로 나뉘어진다. 우리 민법은 부부재산계약과 법정재산제 중 "부부별산제"를 채택하고 있다.

II. 부부재산의 약정(혼인성립전의 약정)

부부재산약정이라 함은 부부가 "혼인성립 전"에 부부의 재산의 귀속, 그 관리방법, 부부공동생활의 비용부담 등 혼인계속 중에 있어서의 부부의 재산관계를 정하는 부부간의 계약을 말한다.

부부재산약정등기는 부부가 "혼인성립 전"에 그 재산에 관하여 약정하고 이에 관한 등기신청을 하여야 하므로, "혼인 중"에 체결한 약정에 대하여는 등기신청을 할 수 없다(등기선례 제8권 381항).

III. 부부재산약정의 변경

부부가 혼인성립 전에 그 재산에 관하여 약정을 한 때에는 혼인중에 이를 변경 할 수 없으나 정당한 사유가 있는 때에는 법원의 허가를 얻어 변경할 수 있다(민법 제829조 2항).

이 밖에 약정을 변경할 수 있는 경우는 아래와 같다.

1. 부부의 일방이 다른 일방의 재산을 관리하는 경우에 부적당한 관리로 인하여 그 재산을 위태하게 한 때에는 다른 일방은 자기가 관리할 것을 법원에 청구할 수 있고 그 재산이 부부의 공유인 때에는 그 분할을 청구할 수 있다(민법 제829조 3항 후단).
2. 약정에 의하여 관리자를 변경하거나 공유재산을 분할하였을 때에는 그 등기를 하지 아니하면 이로써 부부의 승계인 또는 제3자에게 대항하지 못한다(민법 제829조 제5항).

Ⅳ. 부부재산약정 등기절차

부부가 그 재산에 관하여 따로 약정한 때에는 혼인성립까지에 그 등기를 하지 아니하면 이로써 부부의 승계인 또는 제3자에게 대항하지 못한다(민법 제829조 4항).

부부재산약정등기란 부부가 "혼인성립 전"에 그 재산에 관하여 약정하고 이를 등기하는 것(민법 제829조 제2항)을 부부재산약정등기라고 하며, 등기신청은 부가 될 자의 주소지 관할 등기과(소)에 신청한다(비송사건절차법 제68조).

부부재산약정등기절차는 "부부재산약정등기규칙(2011. 9. 28. 대법원규칙 제2355호)" 및 "부부재산약정등기사무처리지침(등기예규 제1416호)"에 규정되어 있다.

1. 부부재산약정등기(등기예규 제1416호)

(1) 관할등기소

부부재산약정의 등기에 관하여는 남편이 될 사람의 주소지를 관할하는 지방법원, 그 지원 또는 등기소를 관할등기소로 한다(비송 68. 등기예규 제1416호 1. 가. 2).).

(2) 부부재산약정에 관한 등기신청인

부부재산약정에 관한 등기는 혼인의 성립전에 약정자 쌍방이 신청한다. 다만 부부 일방의 사망으로 인한 부부재산약정 소멸의 등기는 다른 일방이 신청한다(비송 70).

(3) 부부재산약정등기신청서의 기재사항

부부재산약정등기의 신청서에는 다음 각 호의 사항을 적고 신청인 또는 그 대리인이 기명날인 또는 서명을 하여야 한다(부부재산약정등기규칙 제2조).
1. 등기의 목적
2. 등기원인과 그 연월일
3. 약정자의 성명, 주소 및 주민등록번호(다만, 주민등록 번호가 없는 재외국민이나 외국인의 경우에는 생년월일)
4. 부부재산약정의 내용

5. 대리인에 의하여 등기를 신청하는 경우에는 그 성명과 주소

6. 등기소의 표시

7. 신청연월일

(4) 부부재산약정등기신청서의 첨부서면(등기예규 제1416호. 1. 나)

부부재산 약정등기를 신청하는 경우에는 다음 각호의 서면을 첨부하여야 한다(부부재산약정등기규칙 제3조).

(가) **부부재산 약정서**

(나) **각 약정자의 인감증명서**

다만, 본국에 인감증명 제도가 없고 또한 인감증명법에 의한 인감증명을 받을 수 없는 외국인의 경우에는 신청서(위임에 대한 대리인이 신청하는 경우에는 그 권한을 증명하는 서면)에 한 서명에 관하여 본인이 직접 작성하였다는 취지의 본국 관공서의 증명이나 이에 관한 공정증서를 제출하여야 한다(등기예규 제1416호. 1. 나. 2)..

(다) **혼인신고를 하지 아니한 것을 증명하는 서면**

(라) **주소를 증명하는 서면**

(마) **주민등록번호를 증명하는 서면**(다만, 주민등록번호가 없는 제외국민이나 외국인의 경우에는 생년월일을 증명하는 서면)

(바) **대리인에 의하여 등기를 신청하는 경우에는 그 권한을 증명하는 서면**

(5) 등기관의 신청서 조사(등기예규 제1416호. 1. 다)

등기관은 부부재산약정등기신청서를 조사함에 있어 부부재산 약정서에 기재된 약정재산이 신청인의 소유인지 여부, 약정 내용의 범위, 약정사항의 효력 유무에 대하여는 판단하지 않고, 약정서에 기재한 내용과 동일하게 등기한다.

(6) 등기기록의 양식

1. 부부재산약정 등기기록에는 약정자의 표시에 관한 사항을 기록하는 "약정자부"와 부부재산약정의 내용을 기록하는 "약정사항부"를 둔다(동규칙 제1조 제1항).

2. 약정자부에는 표시번호란, 접수란, 약정자의 기본사항란, 등기원인 및 기타사항란을 둔
   다(규칙 제1조 제2항). 약정자부에 약정자의 성명, 주민등록번호, 주소를 기록할 때에는 부가
   될 자를 먼저 기록한다(등기예규 제1416호 1. 라. 2).).
3. 약정사항부에는 사항번호란, 접수란, 등기원인란 및 약정내역란을 둔다(규칙 제1조 제3항).
4. 부부재산약정 등기기록은 별지 제1호 양식에 따른다(규칙 제1조 1~제4항).

[별지 제1호 양식] 부부재산약정 등기기록

[부부재산약정] (부) ○○○ (처) ○○○

【 약 정 자 】		(약정자의 표시)	
표시번호	접수	약정자의 기본사항	등기원인 및 기타사항

【 약 정 사 항 】		(약정의 내역)	
사항번호	접수	등기원인	약정내역

2. 부부재산약정의 변경등기(등기예규 제1416호. 2, 제1646호)

부부재산약정의 변경등기를 신청하는 경우에는 신청서에 약정내용의 변경, 재산관리자의
변경 또는 공유재산의 분할을 허가한 재판의 등본이나 이에 관한 약정서를 첨부하여야 한다
(부부재산약정등기규칙 제4조 제1항).

약정자의 표시에 관한 사항 또는 약정의 내역에 관하여 등기한 사항의 변경 또는 경정의
등기는 종전 등기사항을 전부 말소하는 기호를 기록한 뒤 새로운 표시번호 또는 사항번호에
변경 후 사항으로 전부를 다시 기록한다(동규칙 제4조 제2항).

(1) 신청절차

등기사항의 변경, 경정 또는 소멸등기신청은 쌍방의 공동신청에 의한다. 다만, 부부 일방의 사망으로 인한 부부재산 소멸의 등기는 단독신청에 의한다(등기예규 제1416호. 2. 가.).

(2) 첨부서면(등기예규 제1416호. 2. 나, 제1646호)

(가) 각 약정자의 인감증명서(단, 약정을 원인으로하는 등기에 한한다)

(나)「가족관계의 등록 등에 관한 법률」제15조 제1항 제3호의 혼인관계증명서

단, 외국인의 경우에는 미혼(혼인 전에 하는 등기) · 혼인(혼인 중에 하는 등기) · 혼인관계소멸(혼인관계소멸 후에 하는 등기)을 증명하는 본국 관공서의 증명서 또는 공정증서

(다) 법원의 허가서 또는 재판의 등본

(라) 주소를 증명하는 서면

(마) 주민등록번호를 증명하는 서면(주민등록번호가 없는 재외국민, 외국인은 생년월일을 증명하는 서면)

(바) 등록면허세 등을 납부한 영수필확인서

위 등기를 신청할 때에는 「지방세법」제28조 제1항 제14호에 따른 등록면허세 및 같은 법 제151조 제1항 제2호에 따른 지방교육세를 납부한 영수필확인서를 첨부하여야 한다(등기예규 제1646호. 3.)

(사) 기타 원인을 증명할 수 있는 서면

(3) 등기기록의 작성방법(등기예규 제1416호. 2. 다, 제1646호)

(가) 약정자의 표시 또는 약정의 내역에 관하여 등기한 사항의 변경 또는 경정의 등기는 종전 등기사항을 전부 말소하는 기호를 기록한 뒤 새로운 표시번호 또는 사항번호에 변경 후 사항으로 전부를 다시 기록한다(별지 기록례2,3 참조).

(나) 부부재산약정등기의 소멸등기는 등기기록의 약정자부의 약정자의 표시를 전부 말소하는 기호를 기록한 뒤 등기기록을 폐쇄한다(별지 기재례4 참조).

3. 부부재산약정의 소멸등기(부부 일방이 사망한 경우)

「비송사건절차법」 제70조 단서에 따라 부부 일방의 사망으로 인한 부부재산약정의 소멸등기를 신청하는 경우에는 신청서에 그 사유를 증명하는 서면을 첨부하여야 한다(부부재산약정등기규칙 제5조 제1항).

부부재산약정등기의 소멸등기는 등기기록의 약정자부의 약정자표시를 전부 말소하는 기호를 기록한 뒤 등기기록을 폐쇄한다(동규칙 제5조 제2항).

위 등기의 소멸등기를 한 경우에는 등기번호를 실선을 그어 말소의 취지를 기록하고 등기부를 폐쇄한다(별지 기재 3. 참조).

Ⅴ. 등록면허세, 교육세, 등기신청수수료(등기예규 제1416호. 3. 제1646호)

위 등기를 신청할 때에는 지방세법 제28조 제1항 제14호에 따른 등록면허세 및 같은 법, 제151조 제1항 제2호에 따른 지방교육세를 납부한 영수필 확인서를 첨부하여야한다(등기예규 제1646호 3). 등기신청수수료는 매건마다 3,000원이다(등기사항증명서 등 수수료규칙 제5조의2, 2항).

Ⅵ. 부동산등기법 · 부동산등기규칙의 준용

1. 부부재산약정의 등기에는 「부동산등기법」 제2조 제1호부터 제3호까지, 제6조, 제8조부터 제13조까지, 제14조 제2항부터 제4항까지, 제16조부터 제20조까지, 제22조, 제24조 제1항 제1호 및 제2항, 제29조 제1호부터 제5호까지 및 제8호부터 제10호까지, 제31조부터 제33조까지, 제58조, 제100조부터 제109조까지와 제113조를 준용한다(비송 제71조).
2. 부부재산약정등기에 관하여 이 규칙에 특별한 규정이 있는 경우와 「부동산등기규칙」 제27조, 제28조, 제64조 및 제67조부터 제71조가지의 규정 등을 제외하고는 성질에 반하지 아니하는 한 「부동산등기규칙」을 준용한다(부부재산약정등기규칙 제6조).

	부부재산약정등기신청			
접 수	년 월 일	처 리 인	등기관 확인	
	제 호			

① 등 기 의 목 적	부부재산 약정등기
② 등기원인과 그 연월일	2011년 9월 1일 부부재산약정

약정자의 성명, 주민등록번호, 주소

③ 부가 될 자 (입부혼인 경우에는 처가 될 자)	성 명	이 ○ ○	주민등록 번 호	
	주 소			
④ 처가 될 자 (입부혼인 경우에는 부가 될 자)	성 명	김 ○ ○	주민등록 번 호	
	주 소			

<table>
<tr><td colspan="5" align="center">⑤ 약 정 사 항</td></tr>
</table>

1. 부부재산 중 다음에 기재한 것은 각자 재산으로 한다.

<부의 재산>
(1) 서울 마포구 공덕동 00번지
토지 00 ㎡
(2) ...생략

<처의 재산>
(1) 서울 중구 서소문로 00번지
토지 00 ㎡
(2) ...생략

2. 처(부)의 특유재산의 사용,수익 및 관리는 부(처)가 한다.

3. 혼인중 부(처)가 새로 취득한 재산은 부부 공유로 한다.

4. (기타)

⑥ 등록면허세	금 6,000 원	⑥ 지방교육세	금 1,200 원
⑦ 세 액 합 계	금 7,200 원	⑧ 등 기 신 청 수 수 료	금 3,000 원

⑨ 첨 부 서 면

· 부부재산약정서	1통	· 위임장	1통
· 인감증명서	2통	<기타>	
· 「가족관계의 등록등에 관한 법률」 제15조 제1항 제3호의 혼인관계증명서	2통		
· 주민등록표등본	2통		
· 등기신청수수료영수필확인서	1통		

2011년   10월   1일

⑩ 신청인 부(처)가 될 자 : 성 명   이 ○ ○ (인)   (전화 :   )
주 소

처(부)가 될 자 : 성 명   김 ○ ○ (인)   (전화 :   )
주 소

대리인   성 명   (인)   (전화 :   )
주 소

서울중앙 지방법원   등기과 귀중

[별 지] (기록례 1) 약정등기

【 약 정 자 】			(약정자의 표시)	
표시 번호	접 수		약정자의 기본사항	등기원인 및 기타사항
1	2007년 9월 3일		부 김갑동 781023-1654231 　서울특별시 마포구 공덕동 223 처 이을순 810207-2546778 　서울특별시 서초구 서초동 967	

【 약 정 사 항 】			(약정의 내역)
사항 번호	접 수	등 기 원 인	약 정 내 역
1	2007년 9월 3일 제23호	2007년 9월 1일 부부재산약정	1. 부부재산 중 다음에 기재한 것은 각자의 재산으로 　한다. 　(부의 재산) 　가. 서울특별시 마포구 공덕동 100번지 토지 100㎡ 　나. 2006년식 소나타 01마9324 　(처의 재산) 　가. 서울특별시 서초구 서초동 967번지 청솔아파트 　　　101-111 　나. 국민은행 예금 5천만원 2. 부의 특유재산의 사용, 수익 및 관리는 처가 한다. 3. 혼인 중 새로 취득한 재산은 부부공유로 한다.

(기록례 1-1) 약정등기 : 약정자가 주민등록번호가 없는 재외국민이나 외국인인 경우

【 약 정 자 】			(약정자의 표시)	
표시 번호	접 수		약정자의 기본사항	등기원인 및 기타사항
1	2009년 10월 5일		부 영국인 웨인루니 1980. 10. 20. 생 　서울특별시 마포구 공덕동 223 처 이을순 810207-2546778 　서울특별시 서초구 서초동 967	

(기록례 2) 약정자의 변경등기

【 약 정 자 】		(약정자의 표시)	
표시 번호	접 수	약정자의 기본사항	등기원인 및 기타사항
~~1~~	~~2006년 7월 3일~~	~~부 김갑동 781023-1654231~~ ~~서울특별시 마포구 공덕동 223~~ ~~처 이을순 810207-2546778~~ ~~서울특별시 서초구 서초동 967~~	
2	2007년 9월 7일	부 김갑동 781023-1654231 서울특별시 서초구 서초동 967 처 이을순 810207-2546778 서울특별시 서초구 서초동 967	부의 전거

(기록례 3) 약정사항의 변경등기

【 약 정 사 항 】			(약정의 내역)
사항 번호	접 수	등기원인	약 정 내 역
~~1~~	~~2006년~~ ~~7월 3일~~ ~~제23호~~	~~2006년~~ ~~7월 1일~~ ~~부부재산약정~~	~~1. 부부재산 중 다음에 기재한 것은 각자의 재산으로 한다.~~ ~~(부의 재산)~~ ~~가. 서울특별시 마포구 공덕동 100번지 토지 100㎡~~ ~~나. 2006년식 소나타 01마9324~~ ~~(처의 재산)~~ ~~가. 서울특별시 서초구 서초동 967번지 청솔아파트 101-111~~ ~~나. 국민은행 예금 5천만원~~ ~~2. 부의 특유재산의 사용, 수익 및 관리는 처가 한다.~~ ~~3. 혼인 중 새로 취득한 재산은 부부공유로 한다.~~
2	2007년 9월 7일 제45호	2007년 9월 5일 부부재산약정 변경허가	1. 부부재산 중 다음에 기재한 것은 각자의 재산으로 한다. (부의 재산) 가. 2006년식 소나타 01마9324 (처의 재산) 가. 서울특별시 서초구 서초동 967번지 청솔아파트 101-111 나. 국민은행 예금 5천만원 다. 서울특별시 마포구 공덕동 100번지 토지 100㎡ 2. 부의 특유재산의 사용, 수익 및 관리는 처가 한다. 3. 혼인 중 새로 취득한 재산은 부부공유로 한다.

(기록례 4) 부부재산약정 소멸등기

【 약 정 자 】			(약정자의 표시)
표시 번호	접 수	약정자의 기본사항	등기원인 및 기타사항
~~1~~	~~2006년~~ ~~7월 3일~~	~~부 김갑동 781023-1654231~~ ~~서울특별시 마포구 공덕동 223~~ ~~처 이을순 810207-2546778~~ ~~서울특별시 서초구 서초동 967~~	
2	2007년 9월 7일		2007년 9월 1일 이혼(부의 사망)
			2번 등기하였으므로 본 등기 기록 폐쇄 2007년 9월 7일

부부재산계약서

주 소 서울특별시 ○○구 ○○동 ○○번지
  부 김 ○ ○
주 소 서울 특별시 ○○구 ○○동 ○번지
  부 이 ○ ○

위 당사자간에 혼임함에 있어서 아래의 재산에 관하여 부부재산계약을 체결한다.
1. (부부재산계약의 약정) 부부의 재산중 아래에 표시된 재산은 이를 각기 특유재산으로
　 한다.
　　〈부의 재산〉
　　서울특별시 서초구 남부순환로315길 100번지 저 1000m²
　　〈처의 재산〉
　　서울특별시 서초구 남부순환로340길 15번지 전 1500m²
2. (특유재산의 관리 및 수익) 특유재산의 관리 및 특유재산으로 인한 수익은 부부 각자에
　 속한다.
3. (귀속불명재산의 공유) 위 1항에 표시한 것 이외의 부부의 재산은 부부의 공유로 한다.

위 계약을 증명하기 위하여 본 증서를 작성하고 각자 서명 날인하여 각자 1 통씩 보관한다.

2003. 10. 15

부 김 ○ ○ ㉑
처 이 ○ ○ ㉑

제20절 도시 및 주거환경정비등기

Ⅰ. 정비사업

1. 정비사업의 개념

'정비사업'이라 함은 도시및주거환경정비법에서 정한 절차에 따라 도시기능을 회복하기 위하여 정비구역에서 정비기반시설을 정비하고 주택 등 건축물을 개량하거나 건설하는 주거환경개선사업, 재개발사업, 재건축사업을 말한다(도시및주거환경정비법 제2조 제2호).

가. 주거환경개선사업 : 도시저소득 주민이 집단거주하는 지역으로서 정비기반시설이 극히 열악하고 노후·불량건축물이 과도하게 밀집한 지역의 주거환경을 개선하거나 단독주택 및 다세대주택이 밀집한 지역에서 정비기반시설과 공동이용시설 확충을 통하여 주거환경을 보전·정비·개량하기 위한 사업

나. 재개발사업 : 정비기반시설이 열악하고 노후·불량건축물이 밀집한 지역에서 주거환경을 개선하거나 상업지역·공업지역 등에서 도시기능의 회복 및 상권활성화 등을 위하여 도시환경을 개선하기 위한 사업

다. 재건축사업 : 정비기반시설은 양호하나 노후·불량건축물에 해당하는 공동주택이 밀집한 지역에서 주거환경을 개선하기 위한 사업

2. 토지 등의 수용 또는 사용

사업시행자는 정비구역에서 정비사업(재건축사업의 경우에는 제26조제1항제1호 및 제27조제1항제1호에 해당하는 사업으로 한정한다)을 시행하기 위하여 「공익사업을 위한 토지 등의 취득 및 보상에 관한 법률」 제3조에 따른 토지·물건 또는 그 밖의 권리를 취득하거나 사용할 수 있다(동법 제63조).

3. 재건축사업에서의 매도청구

재건축사업의 사업시행자는 사업시행계획인가의 고시가 있은 날부터 30일 이내에 다음 각 호의 자에게 조합설립 또는 사업시행자의 지정에 관한 동의 여부를 회답할 것을 서면으로 촉구하여야 한다(동법 제64조 제1항).

    1. 제35조제3항부터 제5항까지에 따른 조합설립에 동의하지 아니한 자

    2. 제26조제1항 및 제27조제1항에 따라 시장·군수등, 토지주택공사등 또는 신탁업자의 사업시행자 지정에 동의하지 아니한 자

제1항의 촉구를 받은 토지등소유자는 촉구를 받은 날부터 2개월 이내에 회답하여야 한다.

제2항의 기간 내에 회답하지 아니한 경우 그 토지등소유자는 조합설립 또는 사업시행자의 지정에 동의하지 아니하겠다는 뜻을 회답한 것으로 본다.

제2항의 기간이 지나면 사업시행자는 그 기간이 만료된 때부터 2개월 이내에 조합설립 또는 사업시행자 지정에 동의하지 아니하겠다는 뜻을 회답한 토지등소유자와 건축물 또는 토지만 소유한 자에게 건축물 또는 토지의 소유권과 그 밖의 권리를 매도할 것을 청구할 수 있다(동법 제64조 제2~4항).

4. 정비사업의 준공인가

시장·군수등이 아닌 사업시행자가 정비사업 공사를 완료한 때에는 대통령령으로 정하는 방법 및 절차에 따라 시장·군수등의 준공인가를 받아야 한다(동법 제83조 제1항).

제1항에 따라 준공인가신청을 받은 시장·군수등은 지체 없이 준공검사를 실시하여야 한다. 이 경우 시장·군수등은 효율적인 준공검사를 위하여 필요한 때에는 관계 행정기관·공공기관·연구기관, 그 밖의 전문기관 또는 단체에게 준공검사의 실시를 의뢰할 수 있다(동법 제83조 제2항).

5. 이전고시

(1) 사업시행자의 대지 또는 건축물의 소유권이전

사업시행자는 도시 및 주거환경정비법 제83조제3항 및 제4항에 따른 고시가 있은 때에는 지체 없이 대지확정측량을 하고 토지의 분할절차를 거쳐 관리처분계획에서 정한 사항을 분

양받을 자에게 통지하고 대지 또는 건축물의 소유권을 이전하여야 한다. 다만, 정비사업의 효율적인 추진을 위하여 필요한 경우에는 해당 정비사업에 관한 공사가 전부 완료되기 전이라도 완공된 부분은 준공인가를 받아 대지 또는 건축물별로 분양받을 자에게 소유권을 이전할 수 있다(동법 제86조 제1항).

(2) 분양을 받은 자의 소유권취득

사업시행자는 법 제86조제1항에 따라 대지 및 건축물의 소유권을 이전하려는 때에는 그 내용을 해당 지방자치단체의 공보에 고시한 후 시장·군수등에게 보고하여야 한다. 이 경우 대지 또는 건축물을 분양받을 자는 고시가 있은 날의 다음 날에 그 대지 또는 건축물의 소유권을 취득한다(동법 제86조 제2항).

Ⅱ. 대지 및 건축물에 대한 권리의 확정

1. 종전의 토지 등에 설정된 담보권등 등기된 권리

대지 또는 건축물을 분양받을 자에게 도시및주거환경정비법 제86조 제2항의 규정에 의하여 소유권을 이전한 경우 종전의 토지 또는 건축물에 설정된 지상권·전세권·저당권·임차권·가등기담보권·가압류 등 등기된 권리 및 주택임대차보호법 제3조 제1항의 요건을 갖춘 임차권은 소유권을 이전받은 대지 또는 건축물에 설정된 것으로 본다(도시 및 주거환경정비법 제87조 제1항).

조합원인 수분양자의 종전 토지 지분에 등기된 가압류등기는 그 수분양자가 분양 받은 건물 또는 대지에만 존속하게 되므로, 사업시행자는 이전고시를 한 때에는 지체없이 수분양자 명의의 소유권보존등기와 동시에 존속하게 된 가압류등기를 신청하여야 한다(등기선례 제8권 332항).

2. 환지, 보류지, 체비지로 간주

도시 및 주거환경정비법 제87조 제1항의 규정에 의하여 취득하는 대지 또는 건축물 중 토지 등 소유자에게 분양하는 대지 또는 건축물은 도시개발법 제40조의 규정에 의하여 행하여진 환지로 보며, 도시및주거환경정비법 제79조 제4항의 규정에 의한 보류지와 일반에게 분양하는 대지 또는 건축물은 도시개발법 제34조의 규정에 의한 보류지 또는 체비지로 본다(동법 제55조 제2항).

III. 도시 및 주거환경정비등기절차 및 권리변동의 제한

1. 등기절차

사업시행자는 도시및주거환경정비법 제86조 제2항의 규정에 의한 이전의 고시가 있을 때에는 지체 없이 대지 및 건축물에 관한 다음의 등기를 지방법원 지원 또는 등기소에 촉탁 또는 신청하여야 한다(동법 제86조 제1항). 위의 등기에 관하여 필요한 사항은 대법원규칙(2003. 6. 28, 대법원규칙 제1833호, 도시및 주거환경정비등기처리규칙. 이하 제2장 제19절에서 '규칙'이라 약칭함)으로 정하며(동법 제86조 제2항), 도시 및 주거환경정비법 제54에 따른 이전고시가 있은 때의 등기업무처리절차는 등기예규 제1590호에 규정되어 있다. 정비사업시행으로 인한 등기에 관하여 이 규칙에 특별한 규정이 있는 경우를 제외하고는 부동산등기법을 준용한다(위 규칙제21조).

(1) 등기관이 정비사업시행자로부터 이전고시의 통지를 받은 경우

1) 기타 문서 접수장에 기재

등기관이 정비사업시행자(이하 "시행자"라 한다)로부터 이전고시의 통지를 받은 때에는 기타 문서 접수장에 기재하고 통지서의 여백에 도달 연월일시 및 문서 접수번호를 기재하여야 한다.

2) 이전고시의 기록

① 등기관의 위 1)의 절차를 마친 후 지체 없이 해당 사업지역 내의 토지의 등기기록에 아래 예시와 같은 내용을 표제부 상단에 기록하고 등기사항증명서 발급시 그 내용이 표시되도록 한다.

- 아 래 -

부전지 : 2007년 2월 9일 이전고시

② 제①항의 기록은 도시 및 주거환경정비 등기를 완료한 후 즉시 삭제하여야 한다(등기예규 제1385호. 2. 가. 나.).

(2) 다른 등기의 정지

정비사업에 관하여 도시및주거환경정비법 제86조 제2항의 규정에 따른 이전의 고시가 있은 날부터 동법 제86조 제1항의 규정에 의한 등기(대지 및 건축물의 소유권이전등기)가 있을 때까지는 저당권 등의 다른 등기를 하지 못한다(동법 제86조 3항).

따라서 등기신청인이 확정일자 있는 서류에 의하여 이전고시 전에 등기원인이 생긴 것임을 증명하여도 이전고시에 따른 등기 신청이 있을 때까지는 다른 등기신청을 할 수 없다(등기선례 제8권 333항).

1) 다른 등기가 정지되는 시점

이전고시가 있은 후에는 종전 토지에 관한 등기를 할 수 없다.

2) 정지되는 다른 등기

소유권이전등기, 근저당권설정등기, 가압류등기, 경매개시결정등기(정지되는 시점 이전에 설정된 근저당권에 기한 경우도 마찬가지임) 등 권리에 관한 등기뿐만 아니라 표시에 관한 등기도 할 수 없다(등기예규 제1385호 2. 다.(2). 제1590호).

3) 다른 등기가 마쳐진 경우

이전고시가 있었음에도 불구하고 종전 토지에 관한 등기가 마쳐진 경우, 등기관은 그 등기를 「부동산등기법」 제58조를 적용하여 직권으로 말소한다(등기예규 제1385호, 제1590호).

2. 대위등기

(1) 대위등기신청

(가) 대위등기

정비사업시행자(이하 '시행자'라 한다)는 그 사업시행을 위하여 필요한 때에는 다음의 각호에 규정한 등기를 각 해당등기의 신청권자를 대위하여 신청할 수 있다(위 규칙 제2조 1항).

　1) 부동산의 표시변경 및 경정등기
　2) 등기명의인의 표시변경 및 경정등기
　3) 소유권보존등기
　4) 상속에 의한 소유권이전등기

(나) 대위등기신청서의 첨부서면

위 각호의 등기를 신청하는 때에는 신청서에 사업시행인가가 있었음을 증명하는 서면(사업시행인가서)을 첨부하여야 한다(위 규칙 제2조 2항).

(2) 대위등기의 일괄신청

시행자가 부동산의 표시변경 및 경정등기, 등기명의인의 표시변경 및 경정등기를 신청하는 경우에는 등기원인 또는 등기의 목적이 동일하지 아니한 경우라도 동일한 신청서로 등기를 신청할 수 있다(위 규칙 제3조).

(3) 대위등기절차

정비사업시행자가 그 사업시행을 위하여

부동산의 표시변경 및 경정등기, 등기명의인의 표시변경 및 경정등기, 소유권보존등기, 상속에 의한 소유권이전등기를 신청한 경우에, 등기관이 그 등기를 하는 때에는 대위자의 성명(명칭), 주소(사무소 소재지), 대위원인을 기록하여야 하며 등기가 마쳐진 때에는 등기관은 그 사실을 채권자에게 통지하여야 하다(동규칙 제4조 제1항).

등기관이 소유권보존등기, 상속에 의한 소유권이전등기를 마쳤을 때에는 등기필정보통지서를 신청인에게 교부하고 신청인은 지체없이 이를 해당 부동산의 등기권리자에게 넘겨주어야 한다(동규칙 제4조 제2항).

		표시변경 대위 등기신청			
접수	년 월 일	처리인	등기관 확인		각종통지
	제 호				

부동산의 표시	등기원인과 그 연월일	등기의 목적	변경사항	소유자의 주소
	년 월 일 지목변경	지목변경		
	년 월 일 합 병	합 필		
	년 월 일 분 할	분 필		
	년 월 일 전 거	등기명의인 표시변경		
대위원인	도시및주거환경정비등기처리규칙 제2조			

위 등기를 대위하여 신청함	부 속 서 류	
년 월 일		
도시및주거환경정비사업시행자 ○○정비사업조합	사업시행인가서	1통
	토지대장등본	1통
위 조합장 ○ ○ ○ ㊞	주민등록표등본	1통
	대표자자격증명서	1통
○○지방법원 ○○등기소 귀중		

	상속에 의한 토지소유권이전 대위 등기신청			
접수	년 월 일	처리인	등기관 확인	각종통지
	제 호			

부동산의 표시	소유자의 표시
등기원인과 그 연월일	년 월 일 상속
등기의 목적	소유권 이전
대위등기	도시및주거환경정비등기처리규칙 제2조

위 등기를 대위하여 신청함 년 월 일 정비사업시행자 ○○정비사업조합 위 조합장 ○ ○ ○ ㉑ ○○지방법원 ○○등기소 귀중	부 속 서 류 사업시행인가서 1통 가족관계등록사항별증명서 1통 주민등록표등본 1통 토지대장등본 1통 대표자 자격증명서 1통

소유권보존 대위 등기신청		(정비사업 시행)

접수	년 월 일	처리인	등기관 확인	각종통지
	제 호			

부동산의 표시	소유자의 표시

등기의 목적	소유권 보존
대위원인	도시및주거환경정비등기처리규칙 제2조
신청조항	부동산등기법 제65조 1호

위 등기를 대위하여 신청함 년 월 일 정비사업시행자 ○○정비사업조합 위 조합장 ○ ○ ○ ㊞ ○○지방법원 ○○등기소 귀중	부 속 서 류 사업시행인가서 1통 토지대장등본 1통 주민등록표등본 1통

3. 이전고시에 따른 등기신청

사업시행자는 도시및주거환경정비법 제83조(정비사업의 준공인가) 제3항 및 제4항의 규정에 의한 공사의 완료 고시가 있은 때에는 지체없이 대지확정측량을 하고 토지의 분할절차를 거쳐 관리처분계획에 정한 사항을 분양을 받을 자에게 통지하고 대지 또는 건축물의 소유권을 이전하여야 한다. 다만, 정비사업의 효율적인 추진을 위하여 필요한 경우에는 당해 정비사업에 관한 공사가 전부 완료되기 전에 완공된 부분에 대하여 준공인가를 받아 대지 또는 건축물별로 이를 분양받을 자에게 그 소유권을 이전할 수 있다.

사업시행자는 위의 규정에 의하여 대지 및 건축물의 소유권을 이전한 때에는 그 내용을 당해 지방자치단체의 공보에 고시한 후 이를 시장·군수에게 보고하여야 한다(동법 제86조 1항·2항).

(1) 시행자의 이전고시에 따른 말소등기, 소유권보존등기, 담보권등에관한 권리의 등기신청

시행자는 도시및주거환경정비법 제86조 제2항의 규정에 의한 이전고시를 한 때에는 지체없이 그 사실을 관할등기소에 통지하고 다음의 등기를 신청하여야 한다(위 규칙 제5조 1항).
  (가) 정비사업시행에 의한 종전 토지에 관한 등기의 말소등기
  (나) 정비사업시행으로 축조된 건축시설과 조성된 대지에 관한 소유권보존등기
  (다) 종전 건물과 토지에 관한 지상권, 전세권, 임차권, 저당권, 가등기, 환매특약이나 권리소멸의 약정, 처분제한의 등기(이하 '담보권 등에 관한 권리의 등기'라 한다)로서 분양받은 건축시설과 대지에 존속하게 되는 등기.

(2) 동시신청

시행자가 위의 등기를 신청함에 있어서는 1 개의 건축시설 및 그 대지인 토지를 1 개의 단위로 하여, 1 필의 토지 위에 수개의 건축시설이 있는 경우에는 그 건축시설 전부와 그 대지를 1 개의 단위로 하여, 수필의 토지를 공동대지로 하여 그 위에 수개의 건축시설이 있는 경우에는 그 건축시설 및 대지전부를 1 개 단위로 하여 동시에 하여야 한다. 그러나 도시및주거환경정비법 제86조 제1항 단서의 규정에 의하여 시행자가 사업에 관한 공사의 완공 부분

만에 관하여 이전고시를 한 때에는 제1항의 등기 중 건물에 관한 등기신청은 그 부분만에 관하여 할 수 있다(위 규칙 제5조 2항).

(3) 등기신청서의 첨부서면

시행자가 위의 등기를 신청하는 경우에는 부동산등기규칙 제46조 제1항 각호의 첨부서면 외에 관리처분계획 및 그 인가를 증명하는 서면과 이전고시를 증명하는 서면을 첨부하여야 한다(위 규칙 제5조 3항).

4. 종전 건물에 관한 등기의 말소등기

(1) 종전 건물에 관한 등기의 말소등기신청

1 개의 단위를 이루는 토지 위에 있던 종전 건물에 관한 등기의 말소등기를 신청하는 때에는 동일한 신청서로 하여야 하며, 등기신청서에는 정비사업시행으로 인하여 등기를 신청한다는 취지를 기재하여야 한다(위 규칙 제6조 1항·2항).

종전 건물에 관한 등기의 말소등기신청서	(정비사업 시행)

접수	년 월 일	처리인	등기관 확인	각종통지
	제 호			

종전건물의 표시	소유자의 표시

등기원인과 그 연월일	년 월 일 정비사업 시행
등기의 목적	종전 건물에 관한 등기의 말소

위 등기를 대위하여 신청함 년 월 일 정비사업시행자 ○○정비사업조합 위 조합장 ○ ○ ○ ㊞ ○○지방법원 ○○등기소 귀중	부 속 서 류 사업시행인가서 1통 건축물대장등본 1통 대표자자격증명서 1통

(2) 말소등기 및 등기부의 폐쇄

등기관은 종전 건물에 관한 등기의 말소등기신청에 의하여 등기를 하는 때에는 종전 건물의 등기부 중 표제부에 정비사업시행으로 인하여 말소한 취지를 기록하고 부동산의 표시를 말소하는 기호를 기록하고 그 등기부를 폐쇄하여야 한다(위 규칙 제7조).

[기록례]

1. 종전건물에 관한 등기의 말소등기 597

【표 제 부】 (건물의 표시)				
표시 번호	접 수	소재지번 및 건물번호	건물내역	등기원인 및 기타사항
1	1986년 5월 8일	서울특별시 종로구 당주동 35	목조 기와지붕 단층주택 120m²	
2	2003년 10월 2일			정비사업시행으로 인하여 말소
				2 번 등기하였으므로 본호용 지 폐쇄 2003년 10월 2 일

[주] 도시및주거환경정비등기처리규칙 제7조 참조.

5. 종전 토지에 관한 등기의 말소등기

(1) 종전 토지에 관한 등기의 말소등기신청

1 개의 단위를 이루는 토지에 포함되는 종전 토지에 관한 등기의 말소등기를 신청하는 때에는 동일한 신청서로 하여야 하며, 위의 등기신청서에는 정비사업시행으로 인하여 등기를 신청한다는 취지를 기재하여야 한다(위 규칙제8조).

접수	년 월 일	처리인	접 수	각종통지
	제 호			

종전 토지에 관한 등기의 말소등기신청서 (정비사업 시행)

종전토지의 표시	소유자의 표시

등기원인과 그 연월일	년 월 일 정비사업 시행
등기의 목적	종전 토지에 관한 등기의 말소

위 등기를 대위하여 신청함 년 월 일 정비사업시행자 ○○정비사업조합 위 조합장 ○ ○ ○ ㉑ ○○지방법원 ○○등기소 귀중	부 속 서 류 토지대장등본　　　　　　　　　　1통 대표자자격증명서(규칙 제56조 2호)　1통 관리처분계획서(규칙 제5조 3항)　　1통 관리처분인가서(규칙 제5조 3항)　　1통 이전고시증명서(규칙 제5조 3항)　　1통

(2) 말소등기 및 등기부의 폐쇄

등기관은 종전 토지에 관한 등기의 말소등기신청에 의하여 등기를 하는 때에는 종전 토지의 등기부 중 표제부에 정비사업시행으로 인하여 말소한 취지를 기록하고 부동산의 표시를 말소하는 기호를 기록하고 그 등기부를 폐쇄하여야 한다(위 규칙 제9조).

〔기재례〕
1. 종전 토지에 관한 등기의 말소등기 596

【표 제 부】(토지의 표시)					
표시번호	접 수	소재지번 및 건물번호	지목	면 적	등기원인 및 기타사항
1	1986년 3월 5일	서울특별시 종로구 당주동 101	대	250㎡	
2	2003년 10월 2일				정비사업시행으로 인하여 말소
					2번 등기하였으므로 본호 용지 폐쇄 2003년 10월 2일

[주] 1. 도시및주거환경정비등기처리규칙 제9조 참조.
    2. 도시재개발법이 도시및주거환경정비법으로 개정되어 2003년 7월 1일 시행되었다.

6. 건축시설에 관한 소유권보존등기 및 담보권 등에 관한 권리의 등기

(1) 동시신청

(가) 건물의 소유권보존등기와 담보권등에 관한 등기의 동시신청

건축시설에 관한 소유권보존등기 및 담보권 등에 관한 권리의 등기신청을 하는 때에는 건축시설(구분건물인 경우에는 1동의 건물에 속하는 구분건물 전부)에 관하여 동일한 신청서로 하여야 한다(위 규칙 제10조 1항).

(나) 공사의 전부 완료 전에 완공된 일부 건축물에 대한 보존등기

「도시 및 주거환경정비법」에 따라 건축물에 대한 준공인가를 받고 이전고시를 하는 경우 공사가 전부 완료되기 전이라도 준공 인가 받은 건물만에 대하여 소유권보존등기를 신청할 수 있다(2014. 10. 28. 부동산등기과-2566).

(2) 등기신청서의 기재사항

(가) 규칙 제10조 제2항의 기재사항

위의 등기의 신청서에는 건축시설별로 소유권보존등기, 담보권 등에 관한 권리의 등기의 순서로 등기사항을 기재하여야 하며, 동일한 건축시설에 관한 권리를 목적으로 하는 2개 이상의 담보권 등에 관한 권리의 등기에 있어서는 등기할 순서에 따라 등기사항을 기재하여야 한다(위 규칙 제10조 2항).

(나) 신청근거규정

소유권보존 등기신청서에는 다른 등기신청서와 달리 "등기원인과 그 연월일"을 기재하지 아니하는 반면(법 제64조)에 부동산등기법 제65조 제몇호, 규정에 의하여 등기를 신청하는 뜻을 기재하여야한다(부동산등기규칙 제121조 제1항). 또한 도시 및 주거환경정비등기 처리규칙(2003. 6. 28. 대법원규칙 제1833호) 제21조의 규정에는 「정비사업시행으로 인한 등기에 관하여 이 규칙에 특별한 규정이 있는 경우를 제외하고는 부동산등기법을 준용한다」고 되어있으므로 도시 및 주거환경정비등기에 관한 업무처리지침(등기예규 제1175호) 별지 제4호 양식 및 제5호 양식에 "신청근거규정"(부동산등기법 제65조 제몇호, 도시 및 주거환경정비등기 처리규칙 제5조 제1항 2호)란을 명시하여야 한다고 본다.

(3) 등기신청서의 첨부서면

건축시설에 관한 소유권보존 등기신청서에는 다음에 규정한 사항을 기재하고 부동산등기법 제40조 제1항 각호의 서면 외에 등기권리자별로 작성한 신청서 부본을 첨부하여야 한다(위 규칙제10조 3항).

(가) 구분소유자의 대지소유권에 대한 공유지분 비율

(나) 담보권 등에 관한 권리와 그 목적인 권리의 표시, 구분건물인 경우에는 담보권 등에 관한 권리가 해당구분소유자의 대지소유권에 대한 공유지분에도 존속하는지 여부의 표시

(다) 정비사업시행으로 인하여 등기를 신청한다는 취지

(4) 건축시설에 이전고시를 받은 자보다 선순위의 가등기 등이 존속하는 경우

건축시설에 이전고시를 받은 자보다 선순위의 가등기 또는 처분제한의 등기가 존속하는 때에는 신청서에 그 선순위의 가등기 또는 처분제한의 목적이 된 소유권등기명의인의 소유권보존등기, 그 선순위의 가등기 또는 처분제한의 등기, 이전고시를 받은 자 명의의 소유권이전등기의 순서로 등기사항을 기재하여야 한다(위 규칙 제10조 4항).

(5) 표제부에 정비사업시행으로 인한 등기의 취지 기록

건축시설에 관한 위 등기신청에 의하여 등기를 하는 때에는 등기관은 등기부 중 표제부(구분건물의 경우에는 1 동의 건물의 표제부)에 한 등기의 말미에 정비사업시행으로 인하여 등기하였다는 취지를 기록하여야 한다(위 규칙제11조).

(6) 「도시 및 주거환경정비법」에 의한 정비사업으로 축조된 미등기건물에 대한 처분제한의 등기 가부(직권 보존등기불가)

「도시 및 주거환경정비법」에 의하여 정비사업의 시행인가를 받아 축조된 건축물에 관한 등기는 사업시행자가 동법 제54조 제2항의 규정에 의한 이전의 고시가 있은 때에 동일한 신청서로 동시에 신청(촉탁)하여야 하므로, 위와 같이 축조된 건축물에 대하여 아직 등기가 이루어지지 아니한 상태에서 집행법원으로부터 처분제한의 등기촉탁이 있는 경우 등기관은 이 처분제한의 등기를 하기 위한 전제로써 당해 건축물에 관한 소유권보존등기를 직권으로 경료할 수 없다(등기선례 제8권 291항).

위 선례는 도시정비법에 따라 축조된 건축물 등에 대한 등기에 관하여 도시정비법 제56조

와 도시정비등기규칙에서 그 신청시기와 신청권자 그리고 신청대상등기 및 신청방법을 특별히 규정하고 있으므로 위 건축물에 대하여 아직 등기가 이루어지지 아니한 상태에서 집행법원으로부터 처분제한의 등기촉탁이 있더라도 등기관은 「부동산등기법」 제134에 따라 당해 건축물에 관한 소유권보존등기를 직권으로 할 수 없다고 하였다.

따라서 등기관은 아파트와 같은 대규모 집합건물에 대하여 처분제한의 등기촉탁이 있는 경우 당해 건물이 축조된 근거법령을 소명하게 하서나 시·군·구청에 사실조회 등을 하여 도시정비법에 의하여 축조된 것이 밝혀진 경우에는 부동산등기법 제29조 제2호에 의하여 각하하여야 할 것이다.

건축시설에 관한 등기신청서		(정비사업에 의한 분양)

등기관 확인		각종통지	

1동의 건물 의 표시	별 지 와 같 음		

접 수 등기의 목적	소 유 권 보 존		

년 월 일 제 호	전유부분의 건물의 표시		소유자의 표시	대지권의 표시
	호 수	구조 및 면적(주)		

접 수 등기의 목적	저 당 권 설 정	

년 월 일 제 호	등기원인과 그 연월일	2011 년 월 일 설정계약 및 2011년 월 일 정비사업에 의한 분양
	권리의 목적	
	채권액 및 변제기	
	이자 및 지급시기	
	채무자	
	저당권자	
	대지소유권의 공유지분 에 대한 존속 여부	존속, 불존속
	공동담보	
	대지소유권의 공유지분	

	부 속 서 류	
정비사업으로 인하여 위 등기를 신청함 년 월 일 정비사업시행자 ○○정비사업조합 위 조합장 ○ ○ ○ ㊞ ○○지방법원 ○○등기소 귀중	관리처분계획서(규칙 제5조 3항)	1통
	관리처분인가서(규칙 제5조 3항)	1통
	이전고시증명서면(규칙 제5조 3항)	1통
	대표자자격증명서(규칙 제56조 2호)	1통
	건축물대장등본(법 제131조 1호)	1통
	도면	1통

[주] 1. 동의 건물이 복합건물이고 그 종류별로 구분할 때에는 그 종류도 표시하여야 한다.

[기재례]

건축시설에 관한 소유권보존등기(구분건물의 경우) 598

【표 제 부】 (1동의 건물의 표시)

표시 번호	접 수	소재지번, 건물 명칭 및 번호	건물내역	등기원인 및 기타 사항
1	2003년 10월 2일	서울특별시 종로구 당주동 100	철근콘크리트조 슬래브지붕 5 층 아파트 1 층 1,000m² 2 층 1,000m² 3 층 1,000m² 4 층 1,000m² 5 층 1,000m² 지하실 300m² 옥 탑 100m²	도면편철장 제2책 제10면 정 비사업시행으로 인하여 등기

(대지권의 목적인 토지의 표시)

표시 번호	소재지번	지목	면적	등기원인 및 기타사항
1	1. 서울특별시 종로구 당주동 100	대	1,500㎡	2003년 10월 2일

【표 제 부】 (전유부분의 건물의 표시)

표시 번호	접 수	소재지번, 건물 명칭 및 번호	건물내역	등기원인 및 기타 사항
1	2003년 10월 2일	제1층 제101호	철근콘크리트조 50㎡	도면편철장 제2책 제10면

표시 번호	대지권 종류	대지권비율	등기원인 및 기타사항
1	1. 소유권대지권	1500분의 50	2003년 9월 10일 대지권 2003년 10월 2일

【갑 구】 (소유권에 관한 사항)				
순위 번호	등기목적	접 수	등기원인	권리자 및 기타사항
1	소유권보존	2003년 10월 2일 제11238호		소유자 김 갑 동 501122-1112756 서울시 중구 정동 1

[주] 1. 도시및주거환경정비등기처리규칙 제11조 참조.
2. 등기원인과 그 연월일은 기재하지 아니한다(법 제132조 1항 후단).

【을 구】 (소유권 이외의 권리에 관한 사항)				
순위 번호	등기목적	접 수	등기원인	권리자 및 기타사항
1	근저당권설정	2003년 10월 2 일 제11239호	1998년 5월 1일 설정계약 및 2003년 9월 10일 정비사업에 의한 분양	채권최고액 금2,000,000원 채무자 이 대 근 서울시 서초구 서초동 1 근저당권자 이 중 근 390101-1010341 서울시 강남구 논현동 1

[주] 도시및주거환경정비등기처리규칙 제16조 참조.

7. 대지에 관한 소유권보존등기 및 담보권 등에 관한 권리의 등기

(1) 동시신청

대지에 관한 소유권보존등기 및 담보권 등에 관한 권리의 등기를 신청하는 때에는 1 필의 토지에 관하여 동일한 신청서로 하여야 한다(위 규칙 제12조 1항).

(2) 등기신청서의 기재사항

위 등기신청서에는 소유권보존등기, 담보권 등에 관한 권리의 등기의 순서로 등기사항을 기재하여야 하며, 동일한 토지에 관한 목적으로 하는 2개 이상의 담보권 등에 관한 권리의 등기에 있어서는 등기할 순서에 따라 등기사항을 기재하여야 한다(위 규칙 제12조 2항).

(3) 등기신청서의 첨부서면

위의 등기신청서에는 다음에 규정한 사항을 기재하여야 한다(위 규칙 제12조 3항).
   (가) 담보권 등에 관한 권리와 그 목적인 권리의 표시
   (나) 정비사업시행으로 인하여 등기를 신청한다는 취지

(4) 대지에 이전고시를 받은 자보다 선순위의 가등기 등이 존속하는 경우

대지에 이전고시를 받은 자보다 선순위의 가등기 또는 처분제한의 등기가 존속하는 때에는 신청서에 그 선순위의 가등기 또는 처분제한의 목적이 된 소유권등기명의인의 소유권보존등기, 그 선순위의 가등기 또는 처분제한의 등기, 이전고시를 받은 자 명의의 소유권이전등기의 순서로 등기사항을 기재하여야 한다(위 규칙 제12조 4항, 10조 4항).

(5) 표제부에 정비사업시행으로 인한 등기의 취지기록

대지에 관한 소유권보존등기 등의 신청에 의하여 등기를 하는 때에는 등기관은 등기부 중 표제부에 한 등기의 말미에 정비사업시행으로 인하여 등기하였다는 취지를 기록하여야 한다(위 규칙 제13조 1항).

(6) 대지권에 대한 공유지분을 목적으로 하는 담보권 등에 관한 권리의 등기

구분소유자의 대지소유권에 대한 공유지분을 목적으로 하는 담보권등에 관한 권리의 등기를 하여야 하는 경우로서 그 등기사항이 전유부분에 관한 것과 동일한 때에는 토지등기부에는 이를 기록하지 아니한다(위 규칙 제13조 2항).

(7) 「도시 및 주거환경정비법」에 따른 재건축사업에서 신탁등기 등의 말소 및 소유권보존에 관한 등기절차

「도시 및 주거환경정비법」 제47조에서 재건축조합이 분양신청을 하지 아니하거나 철회

한 조합원이 출자한 토지 등에 대하여 현금으로 청산하도록 규정한 취지는, 조합원이 조합정관에 따라 현물출자의무를 이행한 후 조합원의 지위를 상실함으로써 청산을 하여야 하는 경우에 조합원이 출자한 현물의 반환을 인정하지 아니하고 현금으로 지급하도록 정한 것으로 보아야 하고, 이 경우 신탁재산이었던 부동산은 당연히 재건축조합에 귀속되므로, 재건축조합이 먼저 토지 등 소유자에게 신탁등기의 말소등기와 신탁재산의 귀속을 원인으로 한 소유권이전등기를 한 뒤 다시 토지 등 소유자가 재건축조합 앞으로 청산을 원인으로 하는 소유권이전등기를 하는 절차를 밟을 필요는 없다.

따라서 재건축사업의 위탁자의 조합원이 분양계약 등을 하지 않아 현금청산대상자가 된 경우에는 종전 토지등기기록에 재건축조합을 수탁자로 하는 신탁등기가 있는 경우에도 위탁자의 동의 없이 종전 토지의 말소등기 및 「도시 및 주거환경정비법」 제54조(이전고시 등)에 따른 조합 명의로의 소유권보존등기를 할 수 있다(2015. 9. 24. 부동산등기과-2244 질의회답).

참조판례 : 대법원 2010. 9. 9. 선고 2010다19204 판결, 대법원 2013. 11. 28. 선고 2012다110477판결
참조예규 : 등기예규 제1385호
참조선례 : 등기선례 2012. 7. 17. 부동산등기과-1391 질의회답

[별지 제5호 양식]

대지에 관한 등기신청서	(정비사업에 의한 분양)

등기관 확인	각종통지

대지의 표시		

접 수 　 등기의 목적	소 유 권 보 존	
년 　 월 　 일 제 　 　 　 호	공유지분	공유자의 표시

접 수 　 등기의 목적	저 당 권 설 정	
년 　 월 　 일 제 　 　 　 호	등기원인과 그 연월일	2011년 　 월 　 일 설정계약 및 2011년 월 　 일 정비사업에 의한 분양
	권리의 목적	
	채권액 및 변제기	
	이자 및 지급시기	
	채무자	
	저당권자	
	공동담보	별지와 같음

정비사업으로 인하여 위 등기를 신청함 년 　 월 　 일 정비사업시행자 ○○정비사업조합 　 위 조합장 ○ ○ ○ ㉘ ○○지방법원 ○○등기소 귀중	부 속 서 류
	관리처분계획서(규칙 제5조 3항) 　 　 1통 관리처분인가서(규칙 제5조 3항) 　 　 1통 이전고시증명서면(규칙 제5조 3항) 　 　 1통 대표자자격증명서(규칙 제56조 2호) 　 　 1통 토지대장등본(법 제130조 1호) 　 　 1통

[기록례]
대지에 관한 소유권보존등기 599

【표 제 부】 (토지의 표시)

표시 번호	접 수	소재지번	지 목	면 적	등기원인 및 기타사항
1	2003년 10월 2일	서울특별시 종로구 당주동 100	대	150㎡	장비사업시행으로 인하여 등기

[주] 도시및주거환경정비등기처리규칙 제13조 참조.

【갑　구】 (소유권에 관한 사항)

순위 번호	등기목적	접 수	등기원인	권리자 및 기타사항
1	소유권보존	2003년 10월 2 일 제11237호		공유자 　지분 1500분의 500 　김갑동 501112-1005564 　　서울시 중구 정동 1 　지분 1500분의 500 　김을동 480831-1206783 　　서울시 중구 효자동 5 　지분 1500분의 500 　김영동 380110-1038424 　　서울시 중구 서소문로11길 1 (이하 생략)

[주] 1. 도시및주거환경정비등기처리규칙 제12조 참조.
　　2. 등기원인과 그 연월일은 기재하지 아니한다(법 제132조 1항 후단).

8. 대지권의 등기, 대지권인 취지의 등기

구분건물에 관하여 건축시설 및 대지에 관한 소유권보존등기 및 담보권 등에 관한 등기신청에 의하여 신청된 등기를 하는 때에는 등기관은 건물등기부에는 대지권의 등기를, 토지등기부에는 대지권인 취지의 등기를 각 하여야 한다(위 규칙 제14조 1항).

9. 토지등기부에 별도의 등기가 있다는 취지의 기록

토지등기부에 대지만을 목적으로 하는 담보권 등에 관한 권리의 등기가 있는 때에는 건물등기부에 부동산등기규칙 제90조 제1항에 따른 토지등기부에 별도의 등기가 있다는 취지를 기록하여야 한다(위 규칙 제14조 2항).

10. 첨부서면

(1) 첨부서면(사업시행인가서·관리처분계획서 및 그 인가서·고시문)

정비사업시행자가 대위에 의하여 부동산의 표시변경 및 경정등기, 등기명의인의 표시변경 및 경정등기, 소유권보존등기, 상속에 의한 소유권이전등기를 신청하는 경우에는 그 등기신청서에 사업시행인가가 있었음을 증명하는 서면을 첨부하여야 하며(위 규칙 제2조 2항), 이전고시에 따라, 정비사업시행에 의한 종전 토지에 관한 등기의 말소등기, 정비사업시행으로 축조된 건축시설과 조성된 대지에 관한 소유권보존등기, 종전 건물과 토지에 관한 지상권, 전세권, 임차권, 가등기, 환매특약이나 권리소멸의 약정, 처분제한의 등기로서 분양받은 건축시설과 대지에 존속하게 되는 등기를 신청하는 경우에는 관리처분계획 및 그 인가를 증명하는 서면과 이전고시를 증명하는 서면을 첨부하여야 한다(위 규칙 제5조 3항).

(2) 첨부서면의 생략

도시및주거환경정비등기처리규칙 제2조(대위등기신청) 제2항(사업시행인가서)과 제5조(이전고시에 따른 등기신청) 제3항(관리처분계획서 및 그 인가서, 고시문)의 규정에 의하여 등기신청서에 첨부할 서면이 이미 시행자로부터 등기소에 제출된 경우에는 그 첨부를 요하지 아니한다(위 규칙 제15조).

11. 담보권 등에 관한 권리의 등기원인 등의 기재

담보권 등에 관한 권리의 등기를 신청하는 경우에는 신청서에 등기원인 및 연월일로서 이전 고시 전의 그 담보권등에 관한 권리의 등기원인 및 그 연월일을 기재하여야 한다. 이 경우 정비 사업으로 인한 이전고시가 있었다는 취지 및 그 연월일을 함께 기재하여야 한다(위 규칙 제16조).

12. 접수번호의 부여

건축시설 및 대지에 관한 소유권보존등기 및 담보권 등에 관한 권리의 등기의 신청서에 접 수번호를 부여함에 있어서는 등기사항마다 신청서에 기재한 순서에 따라 별개의 번호를 부 여하여야 한다. 그러나 구분건물의 소유권보존등기신청의 경우에는 모든 구분건물에 대하여 1개의 번호를 부여하여야 한다(위 규칙 제17조).

13. 등기필정보통지서의 교부

등기관은 건축시설 및 대지에 관한 소유권보존등기 및 담보권 등에 관한 권리의 등기를 완 료한 때에는 등기필정보통지서를 신청인에게 교부하고 신청인은 지체없이 이를 각 등기권리 자에게 교부하여야 한다(위 규칙 제18조).

14. 시행자의 등기촉탁

시행자가 지방자치단체인 경우에는 이 규칙의 규정 중 '신청', '신청인' 및 '신청서'는 각 '촉탁', '촉탁인' 및 '촉탁서'로 본다(위 규칙 제19조).

15. 제출서면의 보존

시행자로부터 등기소에 제출되어 동 규칙 제15조에 의하여 첨부가 생략된 서면은 신청서 에 합철하여 이를 보존하여야 한다(위 규칙 제20조).

16. 준용규정

정비사업시행으로 인한 등기에 관하여 이 규칙에 특별한 규정이 있는 경우를 제외하고는 부동산등기법을 준용한다(위 규칙 제21조).

17. 종전사업에 대한 경과조치

도시및주거환경정비등기처리규칙 시행 전에 도시재개발법에 의하여 사업시행인가를 받아 시행 중인 사업에 따른 부동산등기절차는 종전 도시재개발등기처리규칙에 의한다.

이 규칙 시행 전에 주택건설촉진법의 재건축 관련규정에 의하여 사업계획의 승인을 받아 시행 중인 사업에 따른 부동산등기절차는 이 규칙을 적용하지 아니한다(위 규칙 부칙 제2조 1항·2항).

(주: 도시및주거환경정비등기처리규칙 부칙 제2조 제2항에는 "이 규칙 시행 전에 주택건설촉진법의 재건축 관련규정에 의하여 사업계획의 승인을 받아 시행중인 사업에 따른 부동산등기절차는 이 규칙을 적용하지 아니한다" 규정하고 있는바, 동 규정은 다음과 같은 문제가 있다.

즉 도시및주거환경정비법 제2조 제2호의 정비사업에는 '주택재건축사업'이 포함되어 있는바, 위 규칙 부칙 제2조 제2항의 규정에 따라 이미 폐지된 주택건설촉진법의 재건축 관련 규정에 의한 사업계획의 승인을 받아 시행중인 사업에 따른 부동산등기절차는 어떠한 법규정에 의하여 처리할 것인가가 문제된다. 왜냐하면 주택법의 규정에는 주택재건축등기에 관한 법규정(구주택건설촉진법 제44조의3 제5항 참조)이 없으며, 또한 도시및주거환경정비법 제56조 제2항의 규정에는 동법 제56조 제1항의 등기에 관하여 필요한 사항은 대법원규칙으로 정한다고 규정하고 있기 때문이다. 따라서 종전의 주택건설촉진법의 재건축 관련규정에 의하여 사업계획승인을 받아 현재 시행중인 사업에 따른 부동산등기절차는 어떠한 법규에 따라 이를 처리할 것인가가 문제된다).

18. 토지거래계약에 관한 특례

도시및주거환경정비법 제48조의 규정에 의한 관리처분계획에 따른 분양의 경우 및 보류지 등을 매각하는 경우에는 부동산거래신고등에관한법률 제11조(토지거래계약에 관한 허가)의 규정을 적용하지 아니하므로 토지거래허가를 요하지 아니한다(부동산거래신고 등에 관한 법률 제14조 제2항 제3호, 동법 시행령 제11조 제3항 제4호).

Ⅳ. 국민주택채권 매입의무의 면제

(1) 재건축조합 및 재개발조합의 조합원 또는 조합이 보유하고 있던 대지에 대한 소유권보전등기로서,

　(가) 재건축조합이 사업이 완료되어 조합원명의로 대지를 보존등기하는 경우

　(나) 재개발조합이 사업이 완료되어 조합원명의로 대지를 보존등기하는 경우에는 국민

주택채권의 매입의무가 면제된다. 다만 종전보다 대지의 면적이 증가하는 경우 그 증가부분에 대하여는 그러하지 아니하다.

(2) 위 (1)항의 경우 국민주택채권의 매입면제자임을 확인하는 서류로서 시장등이 발행하는 정비사업관리처분계획확인서를 제출하여야 한다(주택법시행규칙 제39조 1항, 별표 8의 대상자 6항).

제21절 환지에 관한 등기(등기예규 제1430호)

1. 환지(換地)의 개념

"환지(換地)"란 농어촌정비사업의 시행으로 종전의 토지를 대신하여 새로 정비된 토지를 지정하는 것을 말한다(농어촌정비법 제2조 14호).

농어촌정비법 및 도시개발법에 의한 환지등기절차는 아래와 같다(등기예규 제1430호, 제1588호).

2. 사업시행을 위한 대위등기의 촉탁

(1) 대위등기를 할 수 있는 사항

농어촌정비법 제25조 제1항의 사업시행자나 도시개발법 제28조 제1항의 도시개발사업의 시행자(이하 모두 "시행자"라 한다)는 사업시행인가 후에 사업시행을 위하여 농어촌정비법 제37조의 환지계획인가의 고시 또는 도시개발법 제42조의 환지처분의 공고(이하 모두 "환지계획인가의 고시 등"이라 한다) 전이라도 종전 토지에 관한 아래의 등기를 각 해당등기의 신청권자를 대위하여 촉탁할 수 있다.

(가) 토지 표시의 변경 및 경정 등기
(나) 등기명의인 표시의 변경 및 경정 등기
(다) 상속을 원인으로 한 소유권이전등기

(2) 일괄촉탁

위 (1)의 대위등기를 촉탁하는 경우에는 등기원인 또는 등기의 목적이 동일하지 아니한 경우라도 하나의 촉탁서로 일괄하여 촉탁할 수 있다.

(3) 제출서면

시행자가 위 (1)의 대위등기를 촉탁할 때에는 등기촉탁서, 등기원인을 증명하는 서면, 사업시행인가가 있었음을 증명하는 서면을 제출하여야 한다.

3. 환지계획인가의 고시 등을 통지받은 경우의 처리

(1) 기타 문서 접수장부에 기재

등기관이 환지계획인가의 고시 등의 통지를 받은 때에는 기타문서접수장에 기재하고 통지서의 여백에 도달 연·월·일·시 및 문서 접수번호를 기재하여야 한다.

(2) 환지계획인가의 고시 등의 기록

(가) 등기관은 위 (1).의 절차를 마친 후 지체 없이 해당 사업지역 내의 토지의 등기기록에 아래 예시와 같은 내용을 표제부 상단에 기록하고 등기사항증명서 발급시 그 내용이 표시되도록 한다.

－ 아 래 －

부전지 : 2005년 7월 1일 환지계획인가고시

주 : 도시개발법에 의한 환지처분의 공고를 통지받은 때에는 '환지계획인가고시' 대신 '환지처분공고'라고 기록한다.

(나) 제(가)항의 기록은 환지등기 완료 후 즉시 삭제하여야 한다.

(3) 다른 등기의 정지

(가) 다른 등기가 정지되는 시점

환지계획인가의 고시 등이 있은 후에는 종전 토지에 관한 등기를 할 수 없다.

(나) 정지되는 다른 등기

소유권이전등기, 근저당권설정등기, 가압류등기, 경매개시결정등기(정지되는 시점 이전에 설정된 근저당권에 기한 경우도 마찬가지임) 등 권리에 관한 등기뿐만 아니라 표시에 관한 등기도 할 수 없다.

(다) 다른 등기가 마쳐진 경우

환지계획인가의 고시 등이 있었음에도 불구하고, 종전 토지에 관한 등기가 마쳐진 경우, 등기관은 그 등기를 부동산등기법 제58조를 적용하여 직권으로 말소한다.

4. 환지처분의 공고 등에 따른 등기의 촉탁

시행자는 아래의 절차에 따라 농어촌정비법 제42조 제1항 또는 도시개발법 제43조 제1항에 따른 환지등기를 촉탁하여야 한다.

(1) 촉탁서의 기재사항

(가) 일반적 기재사항

1) 종전 토지 및 환지의 표시(입체환지의 경우에는 건물의 표시도 하여야 함)와 환지를 교부받은 자의 성명, 주민등록번호 및 주소(법인의 경우에는 그 명칭, 부동산등기용등록번호 및 주사무소의 소재지)
2) 농업기반등정비사업 또는 도시개발사업으로 인하여 등기를 촉탁한다는 취지
3) 촉탁의 연월일

(나) 특별 기재사항

아래의 사항에 해당하는 경우에는 촉탁서에 그 취지를 기재하여야 한다.
1) 종전 토지 수개에 대하여 1개 또는 수개의 환지를 교부한 경우 그 수개의 종전 토지 중 미등기인 것이 있는 때
2) 농어촌정비법 제43조 제1항에 의한 창설환지를 교부한 때 또는 도시개발법 제34조 제1항에 의한 체비지 또는 보류지를 정한 때
3) 종전 토지에 환지를 교부하지 아니한 때

(2) 촉탁서의 첨부서면

(가) 첨부서면

1) 환지계획서 및 환지계획서 인가서 등본
2) 환지계획인가의 고시 등이 있었음을 증명하는 서면
3) 농업기반등정비확정도

주 : 도시개발법에 의한 환지등기 촉탁의 경우에는 '농업기반등정비확정도' 대신 '도시개발정비도'를 첨부하여야 함.

(나) 환지등기 촉탁서의 첨부서면이 아닌 토지대장만을 첨부하여 환지등기촉탁을 한 경우

환지등기 촉탁서에 위(가)의 서면이 아닌 토지대장만을 첨부하여 환지등기 촉탁을 한 경우, 등기관은 그 토지대장에 '환지' 또는 '구획정리 완료'등의 사실이 기재되어 있다 하더라도 그 등기촉탁을 수리하여서는 안 된다.

(다) 첨부서면의 생략

시행자가 환지계획인가의 고시 등의 사실을 등기소에 통지하면서 위 (가)의 서면을 첨부한 때에는 등기촉탁서에 그 서면을 첨부할 필요가 없다.

(3) 환지등기의 동시촉탁

(가) 동시촉탁의 원칙

환지에 대하여 권리의 설정 또는 이전 등의 등기를 하여야 하는 때 기타 특별한 사유가 있는 때를 제외하고는 환지등기 촉탁은 사업지역 내의 토지 전부에 관하여 동시에 하여야 한다. 단, 사업지역을 수 개의 구로 나눈 경우에는 각 구마다 등기촉탁을 할 수 있다.

(나) 촉탁이 누락된 경우

환지 토지에 관한 등기촉탁이 누락된 경우, 사업시행자는 누락된 환지에 대하여 다시 환지등기를 촉탁할 수 있다.

5. 환지등기를 할 수 없는 경우

(1) 소유자가 동일 또는 중복되는 여러 필지의 종전 토지에 대하여 여러 필지의 환지를 교부한 경우

다음의 예시와 같이 환지를 교부한 경우를 말한다.

예시 1) : 갑 단독 소유인 3필지의 토지에 관하여 2필지의 환지를 교부한 경우임

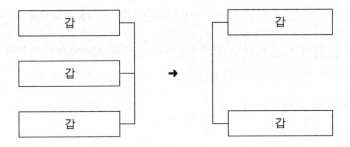

예시 2) 갑이 종전 토지 2필지 이상에 소유자로 등기되어 있는 경우임

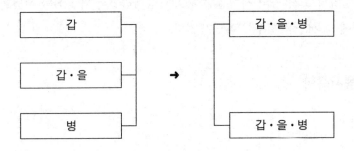

(2) 공유토지에 관하여 각 단독소유로 환지를 교부한 경우

예시) : 갑과 을이 공유하고 있는 1필지의 토지에 관하여 갑과 을을 단독 소유로 하는 2필
지의 환지를 교부한 경우임

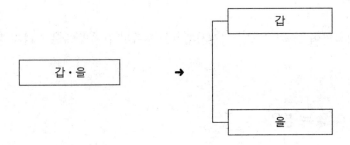

(3) 종전 토지 중 일부를 다른 토지에 합쳐서 환지를 교부한 경우

예시) : 종전 토지 4개에 관하여 3개의 환지를 교부하면서 종전 토지를 분필하여 다른 토지에 합필하는 형태로 환지를 교부한 경우임

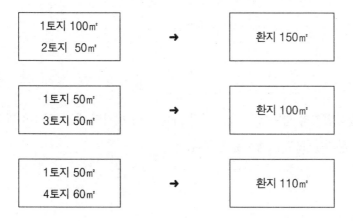

6. 합필환지와 합동환지의 경우의 처리

(1) 합필환지

(가) 합필환지의 정의

이 예규에서 말하는 합필환지라 함은 소유자가 동일한 여러 필지의 토지에 관하여 1필지의 환지를 교부한 경우를 말한다.

(나) 종전 토지 중 일부의 토지에 소유권이외의 권리가 등기되어 있는 경우

1) 종전 토지의 등기가 근저당권설정등기나 가압류등기 등과 같이 지분 위에 존속할 수 있는 등기인 경우, 시행자는 촉탁서에 환지 중 얼마의 지분이 그 등기의 목적이라는 것을 구체적으로 기재하여야 하고, 등기관은 이를 환지의 등기기록에 기록하여야 한다. 예컨대, 근저당권설정등기가 되어 있는 종전 토지 1토지와 소유권이외의 권리가 등기되어 있지 않은 2토지에 대하여 1필지를 환지로 지정한 경우, 시행자는 환지등기 촉탁서에 위 1토지의 근저당권이 환지의 몇분의 몇 지분 위에 존속한다는 취지를 기재하여야 하고, 등기관은 환지등기를 실행하면서 당해 근저당권설정등기를 위 몇분의 몇 지분에 대

한 근저당권설정등기로 변경하여야 한다.

2) 종전 토지의 등기가 지상권설정등기나 전세권설정등기 등과 같이 토지의 특정 부분에 존속할 수 있는 경우, 시행자는 환지의 어느 부분에 그 권리가 존속한다는 것을 촉탁서에 기재하여야 하고, 등기관은 이를 환지의 등기기록에 기록하여야 한다.

(2) 합동환지

(가) 합동환지의 정의

이 예규에서 말하는 합동환지라 함은 소유자가 각각 다른 여러 필지의 종전 토지에 관하여 1필지 또는 여러 필지의 환지를 교부한 경우를 말한다.

(나) 공유지분의 기재

합동환지의 경우 등기촉탁서에 종전 토지 소유자들의 환지에 관한 공유관계의 지분 비율을 기재하여야 하고, 등기관은 환지등기를 완료한 후 그 지분비율을 공유자 지분으로 하는 변경등기를 하여야 한다.

(다) 종전 토지에 소유권 이외의 권리가 등기되어 있는 경우

종전 토지의 소유권이외의 권리에 관한 등기는 위 (나)의 등기에 따른 환지의 공유자 지분에 존속하는 것으로 변경등기를 하여야 한다. 단, 그 등기가 표창하고 있는 권리가 지상권이나 전세권 등과 같이 토지의 지분에 존속할 수 없는 등기인 경우, 시행자는 촉탁서에 환지의 어느 부분에 그 권리가 존속한다는 것을 기재하여야 하고, 등기관은 이를 환지의 등기기록에 기록하여야 한다.

7. 창설환지에 관한 등기절차

(1) 창설환지, 체비지, 보류지에 관한 소유권보존등기절차

농어촌정비법 제43조에 의한 창설환지의 소유권보존등기 또는 도시개발법 제34조 제1항의 체비지나 보류지에 관한 소유권보존등기도 환지등기절차에 의하여야 하고, 이 경우 등기관은 등기기록의 표제부에 농어촌정비법에 의한 환지 또는 도시개발법에 의한 체비지나 보류지임을 표시하여야 한다. 다만, 보류지 중 그에 대응하는 종전 토지가 있고 나중에 환지계획의 변경 등을 통하여 환지를 교부받을 자가 정해지는 경우(당해 토지에 분쟁이 발생하여 시행자가 환지를 교부받을 자를 정하지 못하고 우선 보류지로 정하고 있는 경우 등)에는 통상의 환지등기절차에 의하여 처리하여야 한다.

(2) 미등기 토지에 관하여 환지를 교부한 경우

미등기 상태의 종전 토지에 관하여 환지를 교부한 경우, 시행자는 환지등기절차에 의하여 그 환지에 관한 소유권보존등기를 촉탁할 수 있다.

8. 국공유지인 토지의 폐지 또는 보존등기의 경우

(1) 국공유지 폐지의 경우

농어촌정비법 제112조 제1항에 의하여 국공유지인 토지의 전부 또는 일부를 시행자에게 양도하고 그 용도를 폐지한 경우 해당관서는 지체없이 그 토지에 대한 소유권등기의 말소를 촉탁하여야 하고, 이 경우 등기관은 종전 토지에 관하여 환지를 교부하지 아니한 경우의 등기절차(멸실로 간주하여 등기기록을 폐쇄함)에 준하여 처리한다.

(2) 국공유지 보존등기의 경우

농어촌정비법 제112조 제2항에 의하여 국가 또는 지방자치단체에 무상으로 증여된 토지가 있는 경우 해당관서는 지체없이 그 토지에 관한 소유권보존등기를 촉탁하여야 하고, 이 경우 등기관은 창설환지의 등기절차에 준하여 그 토지에 대한 소유권보존등기를 하여야 한다.

9. 등기완료 또는 등기필정보의 통지와 환지에 관한 등기신청시 제공하여야 할 등기필정보

(1) 등기완료 또는 등기필정보의 통지

환지등기를 마친 등기관은 시행자에게 등기완료의 통지를 하여야 하고, 환지절차에 의해 소유권보존등기를 하는 경우에는 시행자에게 등기필정보통지서도 함께 내어 주고 시행자는 그 등기필정보통지서를 환지 소유자에게 교부하여야 한다.

(2) 환지에 관한 등기신청시 제공하여야 할 등기필정보

환지를 교부받은 자가 등기의무자로서 등기신청을 할 때에는 종전 토지에 관하여 소유자로서 통지받은 등기필정보를 신청정보로 제공하여야 한다. 다만, 창설환지나 체비지 등 환지등기절차에 의하여 소유권보존등기가 이루어진 경우에는 그 등기에 관한 등기필 정보를 제공하여야 한다.

10. 종전 토지에 관하여 원인증서를 작성한 경우

종전 토지에 관하여 매매 등 계약을 체결하고 아직 그 계약에 따른 등기 전에 환지등기가 마쳐진 경우에는, 신청인이 환지에 관한 등기신청을 하면서 종전 토지에 관한 계약서를 등기원인증서로 신청서에 첨부하였다 하더라도 등기관은 그 등기신청을 수리하여야 한다.

11. 촉탁서 등의 양식

농업생산기반정비등기처리규칙상의 양식은 별지(생략) 부록에 의하되, 도시개발법상 환지등기의 양식에 준용한다.

① 제2조의 대위등기 촉탁서 ·· 부록 제1호 양식
② 제5조 제3항의 변경등기 촉탁서 ································· 부록 제2호 양식
③ 제5조 제1항 및 제2항의 농업기반정비등기 촉탁서 ········· 부록 제3호 양식
　 환지에 기등기의 지역권이 존속하는 경우의 첨부 명세서 ·········· 부록 제4호 양식
④ 제18조의 입체환지등기 촉탁서 ················· 부록 제5-1호 내지 제5-2호 양식
⑤ 제22조에 의한 국공유지 말소등기 촉탁서 ······················· 부록 제6호 양식
⑥ 제23조에 의한 국공유지 보존등기 촉탁서 ······················· 부록 제7호 양식
⑦ 제16조 제3항의 촉탁서 ··· 부록 제8호 양식
⑧ 제24조 제1항, 제32조, 제35조 제1항의 각 통지서 ······ 부록 제9호 내지 11호의 양식

12. 다른 환지등기절차에 준용

이 예규에서 정하고 있는 환지등기절차는 그 성질에 반하지 아니하는 한 한국토지주택공사법 제20조에 의한 환지나 산업입지 및 개발에 관한 법률 제24조에 의한 환지 등 다른 환지등기절차에 준용한다.

제22절 「채무자 회생 및 파산에 관한 법률」에 따른 등기

Ⅰ. 총 칙

「채무자 회생 및 파산에 관한 법률」(이하 "법"이라 한다) 및 「채무자 회생 및 파산에 관한 규칙」(이하 "규칙"이라 한다)에 따른 부동산 등의 등기절차는 아래와 같다(등기예규 제1516호).

1. 촉탁에 의한 등기

회생절차, 파산절차, 개인회생절차, 국제도산절차와 관련하여, 법 제24조 및 규칙 제10조의 규정에 의한 법원 또는 법원사무관 등의 촉탁이 있는 때에는 관할등기소의 등기관은 이를 수리하여 그에 따른 등기를 하여야 하고, 당사자가 이러한 등기를 신청한 경우 이를 수리하여서는 아니된다(위 예규 제2조 제1항)(등기예규 제1516호 제2조).

제1항에 따른 등기촉탁의 절차 및 방법에 대하여는 「집행법원의 등기촉탁에 관한 업무처리지침」을 준용하고, 전자촉탁의 대상과 전자촉탁서 양식은 [별표 1]과 같이 한다.

2. 촉탁등기사항 이외의 등기사항에 대한 등기신청권자(등기예규 제1516호 제3조)

(1) 법 제43조 제3항의 규정에 의한 보전관리명령이 있는 때에는 회생절차개시 전까지 채무자의 업무수행, 재산의 관리 및 처분을 하는 권한은 보전관리인에게 전속하므로(법 제85조), 법원사무관 등이 촉탁하여야 할 등기사항 이외의 등기사항에 관하여는 보전관리인의 신청에 의하여 등기하여야 한다.

(2) 회생절차개시결정이 있는 때에는 채무자의 업무의 수행과 재산의 관리 및 처분을 하는 권한은 관리인에게 전속하고(법 제56조 제1항), 관리인이 선임되지 아니한 경우에는 채무자의 대표자가 관리인으로 간주되므로(법 제74조 제4항), 법원사무관 등이 촉탁하여야 할 등기사항 이외의 등기사항에 관하여는 관리인 또는 법 제74조 제4항에 의하여 관리인으로 간주되는 자의 신청에 의하여 등기하여야 한다.

(3) 파산재단을 관리 및 처분하는 권한은 파산관재인에게 속하므로(법 제384조), 법원사무관 등이 촉탁하여야 할 등기사항 이외의 등기사항에 관하여는 파산관재인의 신청에 의하여 등기하여야 한다.

(4) 개인회생재단을 관리하고 처분할 권한은 인가된 변제계획에서 다르게 정한 경우를 제외하고는 개인회생채무자에 속하므로(법 제580조), 법원사무관 등이 촉탁하여야 할 등기사항 이외의 등기사항에 관하여는 채무자의 신청에 의하여 등기하여야 한다.

(5) 국제도산절차에서 국제도산관리인이 선임된 경우, 채무자의 업무의 수행 및 재산에 대한 관리 및 처분을 하는 권한은 국제도산관리인에게 전속하므로(법 제637조), 법원사무관 등이 촉탁하여야 할 등기사항 이외의 등기사항에 관하여는 국제도산인의 신청에 의하여 등기하여야 한다.

3. 등록면허세 등의 면제(등기예규 제1516호 제4조)

(1) 법원사무관 등이 회생절차, 파산절차, 개인회생절차, 국제도산절차와 관련하여 법 제24조, 제25조 제2항, 제3항 및 규칙 제10조 제1항에 의한 등기를 촉탁하는 경우 등록면허세 및 등기신청수수료(등기사항증명서 등 수수료규칙 제5조의 2 제2항 3호)가 면제된다.

(2) 법 제26조의 규정에 의한 부인의 등기는 당사자의 신청에 의한 것이라도 등록면허세가 면제된다.

(3) 제1항, 제2항의 규정에 의한 등기를 제외하고는 촉탁에 의한 등기라고 하더라도 다른 법령에 특별한 규정이 없으면 등록면허세는 면제되지 아니한다.

4. 미등기부동산에 대한 직권보존등기(등기예규 제1516호 제5조)

법원사무관 등이 회생절차, 파산절차, 개인회생절차, 국제도산절차와 관련하여 미등기부동산에 대하여 법 제24조의 등기를 촉탁하는 경우 등기관은 이를 수리하여 직권으로 소유권보존등기를 한 다음 촉탁에 따른 등기를 하여야 한다(부동산등기법 제66조 참조).

5. 회생법원의 중지명령 등에 따른 처분제한등기 등의 말소(등기예규 제1516호 제6조)

(1) 회생법원이 법 제44조 제4항, 제45조 제5항의 규정에 의하여 회생채권 또는 회생담보권에 기한 강제집행, 가압류, 가처분 또는 담보권실행을 위한 경매절차(이하 "회생채권 또는 회생담보권에 기한 강제집행 등"이라 한다)의 취소를 명하고, 그에 기한 말소등기를 촉탁한 경우에는 등기관은 이를 수리하여 그 등기를 말소하여야 한다.

(2) 회생법원이 법 제58조 제5항의 규정에 의하여 회생채권 또는 회생담보권에 기한 강제
집행 등의 취소 또는 체납처분의 취소를 명하고, 그에 기한 말소등기를 촉탁한 경우에
는 등기관은 이를 수리하여 그 등기를 말소하여야 한다.

(3) 개인회생법원이 법 제593조 제5항의 규정에 의하여 개인회생채권에 기한 강제집행,
가압류, 가처분 또는 담보권실행을 위한 경매절차의 취소를 명하고, 그에 기한 말소등
기를 촉탁한 경우에는 등기관은 이를 수리하여 그 등기를 말소하여야 한다.

(4) 위 (1)~(3)항의 규정에도 불구하고 집행법원이 위 (1)~(3)항의 등기를 말소촉탁한 경
우에 등기관은 이를 수리하여 그 등기를 말소하여야 한다.

6. 등기의 기록례 및 촉탁서의 서식(등기예규 제1516호 제7조)

이 예규에 따른 등기의 기록례는 별지1(생략).과 같다.
이 예규에 따른 등기촉탁서의 양식은 별지2.와 같다.

II. 보전처분

1. 보전처분 등의 등기촉탁(등기예규 제1516호 제8조)

(1) 법 제43조 제1항, 제114조 제1항, 제323조, 제351조에 의하여 채무자 또는 채무자의
발기인·이사(상법 제401조의2제1항의 규정에 의하여 이사로 보는 자를 포함한다)·감사·검사인 또는 청산
인(이하 "이사 등"이라 한다)의 부동산 등의 권리(부동산, 선박, 입목, 공장재단, 광업재단 등에 대한 소유권과
담보물권, 용익물권, 임차권 등 소유권 이외의 권리 및 가등기상의 권리와 환매권을 포함한다. 이하 같다)에 관한
보전처분의 등기는 법원사무관 등의 촉탁으로 한다.

(2) 보전처분의 등기 등의 촉탁서에는 등기의 목적을 "보전처분"으로, 등기의 원인을 "○
○지방법원의 재산보전처분" 또는 "○○지방법원의 임원재산보전처분"으로, 그 일자
는 "보전처분 등의 결정을 한 연월일"로, 보전처분 등의 결정을 한 법원을 각 기재하
고, 결정서의 등본 또는 초본을 첨부하여야 한다.

(3) 보전처분에 따른 금지사항이 지정되어 촉탁된 경우에는 등기관은 해당 금지사항(예를 들
어, 양도, 저당권 또는 임차권의 설정 기타 일체의 처분행위의 금지)을 기록하여야 한다.

2. 다른 등기와의 관계(등기예규 제1516호 제9조)

(1) 보전처분의 등기는 그 등기 이전에 가압류, 가처분, 강제집행 또는 담보권실행을 위한 경매, 체납처분에 의한 압류등기 등 처분제한 등기 및 가등기(이하 "가압류 등"이라 한다)가 되어 있는 경우에도 할 수 있다.

(2) 보전처분은 채무자 등에 대하여 일정한 행위의 제한을 가하는 것이고 제3자의 권리행사를 금지하는 것은 아니므로, 보전처분등기가 경료된 채무자의 부동산 등에 대하여 가압류, 가처분 등 보전처분, 강제집행 또는 담보권실행을 위한 경매, 체납처분에 의한 압류 등의 등기촉탁이 있는 경우에도 이를 수리하여야 한다.

3. 보전처분 등의 등기의 말소(등기예규 제1516호 제10조)

(1) 보전처분이 변경 또는 취소되거나, 보전처분 이후 회생절차개시신청, 파산신청 또는 개인회생절차개시신청의 기각결정, 취하 또는 취하허가 기타 사유로 보전처분이 그 효력을 상실한 경우, 법원사무관 등의 촉탁으로 보전처분 등기 등을 변경 또는 말소한다.

(2) 보전처분 변경이나 말소등기의 촉탁서에는 결정문의 등본(또는 초본)이나 취하서 등의 소명자료를 첨부하여야 한다.

(3) 법원사무관 등은 회생절차개시결정의 기입등기 또는 파산등기를 촉탁하는 경우 당해 사건의 보전처분 등의 등기를 동시에 말소촉탁하여야 한다.

(4) 위(3)항의 경우 법원사무관 등이 당해 사건의 보전처분 등의 등기에 대한 말소촉탁을 하지 아니한 경우, 등기관이 직권으로 보전처분 등의 등기를 말소할 수 있고, 이 경우 직권말소의 통지를 생략할 수 있다.

4. 부인의 등기신청(등기예규 제1516호 제11조)

(1) 등기의 원인인 행위가 부인되거나 등기가 부인된 때에는 관리인, 파산관재인 또는 개인회생절차에서의 부인권자(법 제584조)는 단독으로 부인의 등기를 신청하여야 한다.

(2) 부인의 등기의 신청서에는 등기원인을 증명하는 서면으로 부인소송과 관련된 청구를 인용하는 판결 또는 부인의 청구를 인용하는 결정을 인가하는 판결의 판결서 등본 및 그 확정증명서 또는 부인의 청구를 인용하는 결정서 등본 및 그 확정증명서를 첨부하

여야 한다.

(3) 부인의 등기의 신청은 부인권자가 단독으로 행하는 것이므로, 신청인이 관리인, 파산관재인, 개인회생절차에서의 부인권자라는 사실을 소명하는 자료를 함께 제출하여야 한다.

(4) 등기원인 행위의 부인등기는, 등기목적을 "○번 등기원인의 채무자회생및파산에관한법률에 의한 부인"으로, 등기원인을 "○년○월○일 판결(또는 결정)"으로 각 기재하되, 그 일자는 판결 또는 결정의 확정일로 한다.

(5) 등기의 부인등기는, 등기목적을 "○번 등기의 채무자회생및파산에관한법률에 의한 부인"으로, 등기원인을 "○년○월○일 판결(또는 결정)"으로 각 기록하되, 그 일자는 판결 또는 결정의 확정일로 한다.

5. 다른 등기와의 관계(등기예규 제1516호 제12조)

(1) 부인등기가 마쳐진 이후에는 당해 부동산 또는 당해 부동산 위의 권리는 채무자의 재산, 개인회생재단 또는 파산재단에 속하고, 등기부상 명의인이 그 부동산 또는 그 부동산 위의 권리를 관리, 처분할 수 있는 권리를 상실하였다는 사실이 공시되었으므로, 부인된 등기의 명의인을 등기의무자로 하고, 등기권리자를 채무자가 아닌 제3자로 하는 등기신청이 있는 경우, 등기관은 이를 각하하여야 한다.

(2) 부인등기가 마쳐진 이후에는 당해 부동산 또는 당해 부동산 위의 권리는 채무자의 재산, 개인회생재단 또는 파산재단에 속한다는 사실이 공시되었으므로, 법원사무관 등은 법 제26조 제3항, 제23조 제1항 제1호 내지 제3호, 제5호의 규정에 의하여 회생절차개시, 회생절차개시결정 취소, 회생절차폐지, 또는 회생계획불인가, 회생계획의 인가, 회생절차의 종결결정, 파산선고, 파산취소, 파산폐지, 파산종결의 등기를 촉탁 하여야 하고, 등기관은 이를 수리하여야 한다.

6. 부인등기 등의 말소(등기예규 제1516호 제13조)

부인등기가 마쳐진 이후에는 당해 부동산 또는 당해 부동산 위의 권리는 채무자의 재산 또는 파산재단에 속한다는 사실이 공시되었으므로, 관리인 또는 파산관재인이 부인의 등기가 된 재산을 임의매각하거나 민사집행법에 의하여 매각하고 제3자에게 이전등기를 한 때에는, 법원은 법 제26조 제4항에 의하여 부인의 등기, 부인된 행위를 원인으로 하는 등기, 부인된 등기 및 위 각 등기의 뒤에 되어 있는 등기로서 회생채권자 또는 파산채권자에게 대항할 수 없는 것의 말소를 촉탁하여야 하고, 등기관은 이를 수리하여야 한다.

III. 회생절차

1. 회생절차개시결정 등의 등기(등기예규 제1516호 제14조)

(1) 회생절차개시결정의 등기는 법원사무관 등이 촉탁서에 등기의 목적, 등기의 원인 및 그 일자, 결정을 한 법원을 기재하고, 결정서의 등본 또는 초본을 첨부하여 촉탁하여야 한다.

(2) 회생절차개시결정의 등기는 그 등기 이전에 가압류, 가처분, 강제집행 또는 담보권실행을 위한 경매, 체납처분에 의한 압류등기, 가등기, 파산선고의 등기 등이 되어 있는 경우에도 할 수 있다.

(3) 회생절차개시결정의 등기가 된 채무자의 부동산 등의 권리에 관하여 파산선고의 등기, 회생절차개시의 등기의 촉탁이 있는 경우 등기관은 이를 각하하여야 한다.

(4) 회생절차개시결정의 등기가 된 채무자의 부동산 등의 권리에 관하여 회생채권 또는 회생담보권에 기한 강제집행 등에 의한 등기의 촉탁이 있는 경우 등기관은 이를 각하하여야 한다. 다만, 법원이 법 제58조 제5항에 의하여 처분의 속행을 명한 결정문 등을 첨부하여 촉탁한 경우, 환취권 및 공익채권에 기한 경우에는 이를 수리하여야 한다.

(5) 회생절차개시결정이 있는 때에는 채무자의 업무의 수행과 재산의 관리 및 처분을 하는 권한은 관리인에게 전속하고(법 제56조 제1항), 관리인이 선임되지 아니한 경우에는 채무자의 대표자가 관리인으로 간주되므로(법 제74조 제4항), 등기신청권자는 관리인 또는 법 제74조 제4항에 의하여 관리인으로 간주되는 자이지만(표시방법 : ○○○ 관리인○○○), 권리의무의 귀속주체는 채무자 본인이다.

(6) 관리인이 회생계획에 따라 채무자 명의의 부동산 등을 처분하고 그에 따른 등기를 신청하는 경우에는 회생계획인가결정의 등본 또는 초본을, 회생계획에 의하지 아니하고 처분한 경우에는 법원의 허가서 또는 법원의 허가를 요하지 아니한다는 뜻의 증명서

를 그 신청서에 첨부하여야 한다. 이 경우 관리인은 당해 부동산 등의 권리에 관한 보전처분의 등기 이후에 그 보전처분에 저촉되는 등기가 경료된 경우에는 그 등기의 말소등기도 동시에 신청하여야 한다.

(7) 채무자 명의의 부동산 등을 처분하고 제3자 명의의 소유권이전등기를 경료한 경우에는, 법원사무관 등은 직권으로 관할등기소 등기관에게 "매각"을 원인으로 하여 보전처분등기, 회생절차개시등기, 회생계획인가의 등기의 각 말소를 촉탁하여야 하고, 등기관은 이를 수리하여야 한다.

(8) 회생계획의 수행이나 법의 규정에 의하여 회생절차가 종료되기 전에 등기된 부동산 등에 대한 권리의 득실이나 변경이 생겨 채무자·채권자·담보권자·주주·지분권자와 신회사를 권리자로 하는 법원의 등기촉탁이 있는 경우, 등기관은 이를 수리하여야 한다.

(9) 회생절차개시취소의 등기는 법원사무관 등이 결정서의 등본 또는 초본을 첨부하여 촉탁하여야 하고, 이 경우 회생절차개시등기를 말소하지 않도록 주의하여야 한다.

(10) 제9항의 촉탁과 동시에 회생절차개시등기의 말소등기의 촉탁이 있는 경우 등기관은 회생절차개시취소의 등기를 실행하면서 회생절차개시등기를 말소하여야 한다.

2. 회생계획인가의 등기(등기예규 제1516호 제15조)

(1) 회생계획인가의 등기는 법원사무관 등이 촉탁서에 등기의 목적, 등기의 원인 및 그 일자, 결정을 한 법원을 기재하고, 결정서의 등본 또는 초본을 첨부하여 촉탁하여야 한다.

(2) 회생절차개시결정의 등기가 되어 있지 아니한 부동산에 관하여 회생계획인가의 등기 촉탁이 있는 경우, 부인의 등기가 된 경우를 제외하고는 등기관은 이를 각하하여야 한다.

(3) 회생계획인가의 등기 전에 같은 부동산에 파산등기가 되어 있는 경우 등기관은 회생계획인가등기를 한 후 파산등기를 직권으로 말소하여야 하고, 그 인가취소의 등기를 하는 경우 직권으로 말소한 파산등기를 회복하여야 한다.

(4) 회생계획인가의 결정이 있은 때에는 법 제58조 제2항의 규정에 의하여 중지한 파산절차, 강제집행, 가압류, 가처분, 담보권실행 등을 위한 경매절차는 그 효력을 잃게 되므로(법 제256조), 회생계획인가의 결정을 한 법원은 그 등기와 함께 위 각 절차에 따른 등기의 말소를 함께 촉탁할 수 있으며, 가압류 등을 한 집행법원의 말소촉탁에 의하여 말소할 수도 있다. 등기관은 당해 부동산에 회생계획인가의 등기가 되어 있는지 여부와

관계없이 그 촉탁을 수리하여야 한다. 다만, 회생계획이 인가된 경우에도 회생절차개시결정의 등기 이전에 등기된 가등기(담보가등기 제외) 및 용익물권에 관한 등기, 국세징수법 또는 그 예에 의한 체납처분 및 조세채무담보를 위하여 제공된 부동산 등의 처분에 따른 등기는 말소의 대상이 되지 않는다.

(5) 회생계획인가의 등기가 된 후, 동 계획의 변경인가에 따른 등기의 촉탁은 이를 수리하여서는 안되며, 부동산등기법 제29조 제2호에 의하여 각하하여야 한다.

3. 회생절차에 있어서 부인등기 등의 말소(등기예규 제1516호 제16조)

(1) 부인등기가 마쳐진 후 회생계획 인가결정 전에 다음 각 호의 사유로 회생절차가 종료된 경우에는 부인의 효과는 상실되므로, 등기상 이해관계 있는 제3자가 있는 경우를 제외하고는, 부인의 등기는 법원의 촉탁에 의하여 이를 말소할 수 있다.

   1. 회생절차개시결정을 취소하는 결정이 확정된 때
   2. 회생계획불인가결정이 확정된 때
   3. 회생계획인가결정 전에 회생절차폐지결정이 확정된 때

(2) 부인등기가 마쳐지고 회생계획인가 결정 이후에 회생절차가 종결되거나 회생절차 폐지결정이 확정된 경우에는 부인의 효과는 확정되므로, 법원사무관 등은 회생절차 종결 또는 회생절차폐지의 등기를 촉탁하여야 하고(법 제26조 제3항, 제1항, 제23조 제1항 제2호, 제3호), 등기관은 이를 수리하여야 한다.

4. 회생계획불인가, 회생절차폐지의 등기(등기예규 제1516호 제17조)

(1) 법원사무관 등이 회생계획불인가나 회생절차폐지의 등기(이하 "회생계획불인가의 등기 등"이라 한다)를 촉탁하는 경우 촉탁서에 등기의 목적, 등기의 원인 및 그 일자, 결정을 한 법원을 기재하고, 결정서의 등본 또는 초본을 첨부하여 촉탁하여야 한다.

(2) 회생계획불인가 또는 회생절차폐지의 결정이 확정된 때, 법원이 직권으로 파산선고를 하고 회생계획불인가 등의 등기와 파산등기를 동일한 촉탁서에 의하여 촉탁한 경우, 등기관은 동일한 순위번호로 등기를 하되, 회생계획불인가 등의 등기를 한 후 파산등기를 하여야 한다.

(3) 등기관은 회생계획불인가 등의 등기를 할 때에 회생절차개시결정의 등기를 말소하지 않도록 주의하여야 한다.

5. 회생절차종결의 등기(등기예규 제1516호 제18조)

(1) 회생법원의 법원사무관 등은 회생절차종결결정 즉시 직권으로 관할등기소 등기관에게 회생절차종결결정을 원인으로 하여 보전처분등기, 회생절차개시등기, 회생계획인가등 기의 말소 및 회생절차종결등기를 촉탁하여야 하고, 촉탁서에는 등기의 목적, 등기의 원 인 및 그 일자, 결정을 한 법원을 기재하고, 결정서의 등본 또는 초본을 첨부하여야 한다.

(2) 회생절차개시 및 회생계획인가의 각 등기가 되어 있지 아니한 부동산 등의 권리에 대 한 회생절차종결등기의 촉탁은, 부인의 등기가 된 경우를 제외하고는 등기관은 이를 각하하여야 한다.

(3) 회생절차종결의 등기와 동시에 회생절차와 관련된 등기에 대한 말소를 촉탁하는 경우에 등기관은 이를 수리하여야 한다. 이 경우 등기의 목적은 "○번 ○○등기말소"이고, 등기 의 원인은 "회생절차종결"이며, 그 원인일자는 "회생절차종결의 결정이 있는 날"이다.

(4) 회생법원의 법원사무관 등은 회생절차종결등기가 경료된 후 채무자 또는 이해관계인 (부동산의 신소유자, 용익물권자, 담보물권자 등)의 신청이 있으면 관할등기소 등기관에게 지체없 이 회생절차종결등기의 말소를 촉탁하여야 한다.

(5) 회생법원의 법원사무관 등은 회생절차종결등기가 마쳐진 날로부터 3월이 경과한 이후 에는 채무자 또는 이해관계인의 신청이 없는 경우에도 직권으로 관할등기소 등기관에 게 회생절차종결등기의 말소를 촉탁할 수 있다.

(6) 회생절차종결의 등기가 된 이후에 회생절차와 관련된 등기, 회생절차종결의 등기에 대 한 말소촉탁이 있는 경우 등기관은 이를 수리하여야 한다. 이 경우 등기의 목적은 "○ 번 ○○등기말소"이고, 등기원인 및 그 원인일자는 기재하지 않는다. 위 촉탁서에는 결정서의 등본은 첨부할 필요가 없다.

(7) 회생절차종결의 등기가 되고 다른 등기가 모두 말소된 이후에 회생절차종결 등기의 말 소촉탁이 있는 경우 등기관은 이를 수리하여야 한다. 이 경우 등기의 목적은 "○번 회 생절차종결등기말소"이고, 등기원인 및 그 원인일자는 기록하지 않는다. 위 촉탁서에 는 결정서의 등본은 첨부할 필요가 없다.

(8) 회생계획불인가등기 등의 말소

제18조 제4항 내지 제7항의 규정은 회생계획불인가등기 및 회생절차폐지 등기에 대하여 준용한다(제18조의2).

6. 채무자가 법인인 경우의 특례(등기예규 제1516호 제19조)

법인인 채무자 명의의 부동산 등의 권리에 대해서 회생절차개시결정, 회생계획인가, 회생절차종결의 등기촉탁이 있는 경우, 등기관은 부동산등기법 제29조 제2호를 의하여 이를 각하하여야 한다(법 제24조 제1항 제1호).

Ⅳ. 파산절차

1. 파산의 등기(등기예규 제1516호 제20조)

(1) 파산선고의 등기는 법원사무관 등이 촉탁서에 등기의 목적, 등기의 원인 및 그 일자, 결정을 한 법원을 기재하고, 결정서의 등본 또는 초본을 첨부하여 촉탁하여야 한다.

(2) 위(1)항의 경우 등기의 목적은 "파산선고"이고, 등기원인은 "○○지방법원의 파산선고결정"이며, 그 원인일자는 "파산선고의 연월일"이다.

(3) 파산선고의 등기는 그 등기 이전에 가압류, 가처분, 강제집행 또는 담보권실행을 위한 경매, 체납처분에 의한 압류등기, 가등기가 되어 있는 경우에도 할 수 있다.

(4) 파산선고의 등기는 다른 법령 또는 이 예규에 따라 직권으로 등기관이 말소할 수 있는 경우를 제외하고 법원사무관 등의 촉탁에 의해 말소하여야 한다.

2. 파산등기 이후의 등기신청(등기예규 제1516호 제21조)

(1) 파산재단을 관리 및 처분하는 권한은 파산관재인에게 속하므로 (법 제384조), 파산선고 이후 파산재단과 관련된 등기사항은 파산관재인의 신청에 의하여 등기하여야 한다

(표시방법 : ○○○ 파산관재인 ○○○).

(2) 파산선고의 등기 후에는 파산재단에 속하는 재산에 대하여 국세징수법 또는 지방세기본법에 의하여 징수할 수 있는 청구권(국세징수의 예에 의하여 징수할 수 있는 청구권을 포함한다)에

기한 체납처분을 할 수 없으므로(법 제349조 제2항), 파산등기 후에 국세징수법 또는 지방세기본법에 의하여 징수할 수 있는 청구권에 기한 체납처분의 등기촉탁이 있으면 등기관은 이를 각하하여야 한다.

(3) 파산선고의 등기가 된 채무자의 부동산 등의 권리에 관하여 파산채권에 기한 강제집행, 가압류, 가처분 등기의 촉탁이 있는 경우 등기관은 이를 각하하여야 하고, 담보권실행을 위한 경매절차에 의한 등기의 촉탁이 있는 경우 등기관은 이를 수리하여야 한다.

3. 임의매각에 따른 등기신청(등기예규 제1516호 제22조)

(1) 파산관재인이 법 제492조의 규정에 따라 부동산에 관한 물권이나 등기하여야 하는 국내선박 및 외국선박을 매각하고, 이에 대한 등기를 신청하기 위하여는 법원의 허가서 등본 또는 감사위원의 동의서 등본을 첨부하여야 한다.

(2) 파산등기가 되어 있는 부동산 등의 권리 중 일부가 임의매각된 경우에 등기관은 파산등기가 나머지 지분에 관하여 존속하는 것으로 직권으로 변경하여야 한다(등기목적 : "○번 파산선고"를 "○○지분의 파산선고"로 하는 변경).

(3) 파산관재인이 위(1)항의 규정에 의하여 파산선고를 받은 채무자 명의의 부동산 등을 처분하고 제3자 명의의 소유권이전등기를 경료한 경우에는, 법원사무관 등은 파산관재인의 신청에 의하여 관할등기소 등기관에게 "매각"을 원인으로 하여 파산선고 등기의 말소를 촉탁하여야 하고, 등기관은 이를 수리하여야 한다.

(4) 파산관재인이 제1항 내지 제3항에 의해 소유권이전등기를 신청하는 경우에는 등기필정보는 제공할 필요가 없다.

4. 권리포기에 따른 등기신청(등기예규 제1516호 제23조)

법원사무관 등은 파산관재인이 파산등기가 되어 있는 부동산 등에 대한 권리를 파산재단으로부터 포기하고 파산등기의 말소를 촉탁하는 경우 권리포기허가서의 등본을 첨부하여야 한다.

5. 파산절차에 있어서 부인등기 등의 말소(등기예규 제1516호 제24조)

부인등기가 마쳐진 이후 파산선고 취소결정이 확정되거나, 법 제26조 제4항에 의한 임의 매각 등에 의하여 제3자에게 이전등기를 하지 아니한 채 파산폐지결정이 확정된 때 또는 파산종결결정이 있는 때에는 부인의 효과는 상실되므로, 등기상 이해관계 있는 제3자가 있는 경우를 제외하고는, 부인의 등기는 법원의 촉탁에 의하여 이를 말소할 수 있다.

6. 파산취소 등의 등기(등기예규 제1516호 제25조)

(1) 법원사무관 등은 파산취소의 등기를 촉탁하는 경우, 결정서의 등본 또는 초본을 첨부하여야 한다.

(2) 등기의 목적은 "파산취소", 등기의 원인은 "파산취소", 원인일자는 "파산취소가 확정된 날"이다.

(3) 파산취소의 등기는 법원사무관 등의 촉탁에 의하여 말소하여야 한다.

7. 파산폐지 등의 등기(등기예규 제1516호 제26조)

(1) 법원사무관 등이 파산폐지의 등기를 촉탁하는 경우, 결정서의 등본 또는 초본을 첨부하여야 한다.

(2) 등기의 목적은 "파산폐지", 등기의 원인은 "파산폐지", 원인일자는 "파산폐지가 확정된 날"이다.

(3) 법원사무관 등은 파산폐지등기가 경료된 후 이해관계인(부동산의 신소유자, 용익물권자, 담보물권자 등)의 신청이 있으면 관할등기소 등기관에게 지체없이 파산폐지등기의 말소를 촉탁하여야 한다.

(4) 법원사무관 등은 파산폐지등기가 마쳐진 날로부터 3월이 경과한 이후에는 이해관계인의 신청이 없는 경우에도 직권으로 관할등기소 등기관에게 파산폐지등기의 말소를 촉탁할 수 있다.

(5) 위(3)~(4)항의 경우 등기의 목적은 "○번 ○○등기말소"이고, 등기원인 및 그 원인일자는 기록하지 않는다. 위 촉탁서에는 결정서의 등본은 첨부할 필요가 없지만 촉탁서의 부본을 첨부하여야 한다.

(6) 제1항 내지 제5항의 규정은 파산종결등기에 대하여 준용한다. 다만 제2항의 원인일자는 "파산종결이 결정된 날"로 한다.

8. 기타(등기예규 제1516호 제27조)

파산등기가 되어 있지 아니한 부동산 등의 권리에 파산취소, 파산폐지, 파산종결 등의 등기촉탁이 있는 경우 등기관은 부동산등기법 제29조 제6호에 의하여 이를 각하하여야 한다.

9. 채무자가 법인인 경우의 특례(등기예규 제1516호 제28조)

법인인 채무자 명의의 부동산 등의 권리에 대해서 파산선고의 등기 등의 촉탁이 있는 경우, 등기관은 부동산등기법 제29조 제2호를 적용하여 이를 각하하여야 한다(법 제24조 제3항).

V. 개인회생절차

1. 보전처분 및 부인의 등기촉탁(등기예규 제1516호 제29조)

(1) 개인회생절차에서 채무자 명의의 부동산 등의 권리에 대해서 법원사무관 등으로부터 법 제24조 제6항에 의한 보전처분 및 그 취소 또는 변경의 등기의 촉탁이 있는 경우에는 등기관은 이를 수리하여야 한다.
(2) 개인회생절차에서 채무자 명의의 부동산 등의 권리에 대해서 법 제26조 제1항, 제584조에 의한 부인등기의 신청 및 그 말소 촉탁이 있는 경우 등기관은 이를 수리하여야 한다.

2. 개인회생절차개시결정 등의 등기촉탁의 각하(등기예규 제1386호. 제30조)

개인회생절차에서 개인회생절차개시결정, 변제계획의 인가결정, 개인회생절차폐지결정 등은 등기할 사항이 아니므로, 법원사무관 등으로부터 이러한 등기촉탁이 있는 경우, 등기관은 부동산등기법 제55조 제2호에 의하여 이를 각하하여야 한다.

VI. 국제도산

1. 외국도산절차승인과 등기(등기예규 제1386호. 제31조)

법원은 외국도산절차의 승인신청 후 그 결정이 있을 때까지 또는 외국도산절차를 승인함과 동시에 또는 승인한 후 채무자의 변제금지 또는 채무자 재산의 처분금지 결정을 할 수 있으므로(법 제635조 제1항, 제636조 제1항 제1호 내지 제3호), 등기관은 법원사무관 등의 촉탁에 의하여 채무자에 속하는 권리에 관하여 변제금지 또는 처분금지의 등기를 하여야 한다(등기예규 제1125호, 2006. 3. 29).

[별표 1] (회생·파산사건의 등기촉탁 대상과 양식)

등기촉탁 (등기원인)	채무자가 법인인 회생사건 (법인회생)	채무자가 개인이 아닌 파산사건 (법인파산)	채무자가 법인이 아닌 회생사건 (일반회생)	채무자가 개인인 파산사건 (개인파산)	개인 회생 사건	전산 양식 번호
보전처분 기입등기 (보전처분 결정)	○	○	○	○	○	D6000
보전처분 말소등기 (절차실효 결정)	○	○	○	○	○	D6001
회생절차개시 등기 (회생절차개시 결정)			○			D6002
회생절차개시 취소등기 (회생절차개시 취소결정)			○			D6003
회생계획인가 등기 (회생계획인가 결정)			○			D6004
회생계획인가 취소등기 (회생계획인가 취소결정)			○			D6005
회생계획불인가 등기 (회생계획불인가 결정)			○			D6006
회생절차폐지 등기 (회생절차폐지 결정)			○			D6007
회생절차종결 등기 (회생절차종결 결정)			○			D6008
직권파산선고 등기 (직권파산선고 결정)			○			D6009
파산선고 등기 (파산선고 결정)				○		D6010
파산 취소등기 (파산 취소결정)				○		D6011
파산폐지 등기 (파산폐지 결정)				○		D6012
파산종결 등기 (파산종결 결정)				○		D6013

○ ○ 지 방 법 원

등 기 촉 탁 서 (매각)

등기관 귀 하

사   건   ○○○○회단○○○

부동산의 표시

소 유 자

등 기 원 인   20   .   .   . 매각

등 기 목 적   ① 가압류·가처분등기(20 . . . 접수   호)말소,
              ② 회생절차개시등기(20 . . . 접수   호)말소,
              ③ 회생계획인가등기(20 . . . 접수   호)말소

   등록세 및 등기촉탁수수료 : 지방세법 제26조 제2항 제1호, 등기사항증명서등 수수료규
칙 제5조의2제2항제3호에 의하여 면제

첨   부   매각처분허가결정 정본 1통

위 등기를 촉탁합니다.

20   .   .   .

법 원 사 무 관   ○   ○   ○   ⑪

○ ○ 지 방 법 원

등 기 촉 탁 서 (회생절차종결결정)

등기관 귀 하

사   건   ○○○○회단○○○

부동산의 표시

소   유   자

등 기 원 인   20   .   .   . 회생절차종결결정

등 기 목 적   ① 회생설차종결등기,
                    ② 가압류 · 가처분등기(20   .   .   . 접수   호)말소,
                    ③ 회생절차개시등기(20   .   .   . 접수   호)말소,
                    ④ 회생계획인가등기(20   .   .   . 접수   호)말소

  등록세 및 등기촉탁수수료 : 지방세법 제26조 제2항 제1호, 등기부사항증명등 수수료규칙 제5조의2제2항제3호에 의하여 면제

첨   부   회생절차종결결정 정본 1통

위 등기를 촉탁합니다.

20   .   .   .

법 원 사 무 관   ○   ○   ○   ㉑

○ ○ 지 방 법 원

등 기 촉 탁 서 (회생절차종결등기말소)

등기관 귀 하

사   건   ○○○○회단○○○

부동산의 표시

소   유   자

등 기 목 적   회생절차종결등기(20 . . . 접수 호)말소

   등록세 및 등기촉탁수수료 : 지방세법 제26조 제2항 제1호, 등기부사항증명등 수수료규칙 제5조의2제2항제3호에 의하여 면제

첨   부   촉탁서 부본 1통

위 등기를 촉탁합니다.

20 . .

법 원 사 무 관 ○ ○ ○ ㉵

제23절 농지의 교환, 분할, 합병등기

1. 환지계획의 수립

"환지(換地)"란 농어촌정비사업의 시행으로 종전의 토지를 대신하여 새로 정비된 토지를 지정하는 것을 말한다(농어촌정비법 제2조 제14호).

농업생산기반 정비사업 시행자는 농업생산기반 정비사업 시행을 위하여 필요하면 사업 시행 전의 토지를 대신하여 사업 시행 후의 토지를 정하고, 이로 인하여 생긴 이해관계의 불균형을 금전으로 청산하게 하기 위한 환지계획을 세워야 한다.

환지계획에서 환지는 종전의 토지와 상응하여야 하되, 농업생산기반 정비사업 시행에 따른 환지는 농업경영의 합리화에 기여할 수 있도록 집단 지정하여야 한다.

환지를 받을 수 있는 자는 토지등기부상의 토지 소유자여야 한다(동법 제25조 제1~3항).

2. 환지계획의 인가

농업생산기반 정비사업 시행자는 농업생산기반 정비사업의 공사를 준공한 후 그 사업의 성질상 필요한 경우에는 지체 없이 그 농업생산기반 정비사업을 시행하는 지역에 대한 환지계획을 세워 시·도지사의 인가를 받아야 한다. 다만, 수혜면적이 3천만제곱미터 이상인 사업은 농림축산식품부장관의 인가를 받아야 한다(동법 제26조 제1항).

농업생산기반 정비사업 시행자가 제1항에 따른 인가를 받으려면 환지계획의 개요와 그 밖에 필요한 사항을 14일 이상 공고하고 그 구역의 토지등 소유자에게 개별 통지하여야 하며, 토지등 소유자의 3분의 2 이상의 동의를 받아야 한다(제26조 제2항).

제2항에 따라 공고된 환지계획에 이해관계가 있는 자가 그 환지계획에 대하여 이의가 있을 때에는 그 공고가 끝난 날부터 15일 이내에 농업생산기반 정비사업 시행자에게 이의신청을 할 수 있다(제26조 제3항).

3. 환지처분에 따른 등기

농업생산기반 정비사업 시행자는 제26조제1항에 따른 인가를 받은 때에는 지체 없이 해당환지 처분과 관련된 토지 및 건물의 등기를 촉탁(囑託)하여야 한다(제42조 제1항).

농업생산기반 정비사업 시행자는 환지등기를 촉탁하기 위하여 이미 등기된 토지의 표시를 변경할 필요가 있을 때에는 토지 소유자를 갈음하여 변경등기를 촉탁하여야 한다. 이 경우의 등기는 농업생산기반 정비사업으로 인한 등기로 본다(제42조 제2항).

환지 처분에 따른 등기에 관하여 필요한 사항은 대법원규칙으로 정한다(제42조 제3항).

농지의 교환, 분할, 합병등기절차는 등기예규 제1384호 및 제1589호에 규정되어 있다.

4. 지역권의 효력

환지계획이 정하여진 토지 위에 존재하는 지역권은 제26조제6항에 따른 고시가 있은 후에도 그 토지 위에 그대로 존재한다(법 제50조 제1항).

농업생산기반 정비사업 시행으로 인하여 지역권자가 그 권리를 행사하는 이익을 받을 필요가 없게 된 때에는 그 지역권은 소멸된다(법 제50조 제2항).

농업생산기반 정비사업 시행으로 종전과 같은 이익을 받지 못하게 된 지역권자는 그 이익을 보존하는 범위에서 지역권의 설정을 청구할 수 있다. 다만, 제48조에 따른 청구를 하여 지역(地役)의 대가가 감액된 경우에는 예외로 한다(법 제50조 제3항).

5. 다른 등기의 정지

농림축산식품부장관·해양수산부장관 또는 시·도지사가 농어촌정비사업에 관한 환지계획, 교환·분할·합병계획을 인가하여 고시한 후에는 사업시행지역 토지와 연안해면은 농어촌정비사업에 따른 등기 또는 등록을 한 후가 아니면 다른 등기나 등록을 하지 못한다. 다만, 등기나 등록을 한 신청인이 확정일부(確定日附)가 있는 서류로써 환지계획, 교환·분할·합병계획 인가고시 전에 등기 또는 등록 원인이 발생한 사실을 증명하였을 경우에는 예외로 한다(법 제122조).

6. 청산금의 지급, 징수 및 등기촉탁

시장·군수·구청장 또는 한국농어촌공사는 제43조제2항에 따른 고시가 있으면 그 고시된 교환·분할·합병계획에 따라 청산금을 지급하거나 징수하여야 한다(법 제47조 제1항).

제1항에 따라 청산금을 징수하는 경우에는 제37조제7항을 준용한다(법 제47조 제2항).

시장·군수·구청장 또는 한국농어촌공사는 제43조제2항에 따른 인가를 받으면 해당 교환·분할·합병계획에 관한 등기를 촉탁하여야 한다(법 제47조 제3항).

농지의 교환, 분할, 합병등기에 관한 예규는 「농어촌정비법」 제47조 제3항의 규정에 의한 등기(이하 '농지의 교환·분할·합병등기'라 한다)의 절차에 관한 세부사항을 정하고 있다(등기예규 제1384호).

(1) 교환·분할·합병 계획인가 통지의 접수 등

(가) 등기관은 시장·군수·구청장 또는 한국농촌공사(이하 '사업시행자'라 한다)로부터 「농어촌정비법」 제43조 제2항의 교환·분할·합병 계획인가 통지를 받았을 때에는 기타문서접수장에 접수하고 통지서의 여백에 도달연월일시 및 문서접수번호를 기재하여야 한다.

(나) 교환·분할·합병 계획 인가고시의 기록

1) 등기관은 위 가.의 절차를 마친 후 지체없이 교환·분할·합병의 대상 토지의 등기기록에 아래 예시와 같은 내용을 표제부 상단에 기록하고 등기사항증명서 발급시에 그 내용이 표시되도록 한다.

－ 아 래 －

부전지 : 2007년 2월 9일 교환·분할·합병 계획 인가고시

2) 위 1)의 기록은 농지의 교환·분할·합병등기를 완료한 후 즉시 삭제하여야 한다.

(다) 다른 등기의 정지

1) 다른 등기가 정지되는 시점

교환·분할·합병 계획 인가고시가 있은 후에는 종전 토지에 관한 등기를 할 수 없다.

2) 정지되는 다른 등기

소유권이전등기, 근저당권설정등기, 가압류등기, 경매개시결정등기(정지되는 시점 이전에 설정된

근저당권에 기한 경우도 마찬가지임) 등 권리에 관한 등기뿐만 아니라 표시에 관한 등기도 할 수 없다.

3) 다른 등기가 마쳐진 경우

교환·분할·합병계획 인가고시가 있었음에도 불구하고 종전 토지에 관한 등기가 마쳐진 경우, 등기관은 그 등기를 「부동산등기법」 제58조를 적용하여 직권으로 말소한다.

(라) 토지거래허가제에 관한 규정의 배제

농어촌정비법 제25조, 제26조, 제42조, 제43조에 따른 환지계획에 의한 환지교부와 농지 등의 교환, 분할, 합병의 경우에는 국토의 계획 및 이용에 관한 법률 제121조 제2항 제3호에 따라 토지거래에 관한 허가를 받지 아니한다(국토의 계획 및 이용에 관한 법률시행령 제121조 제9호).

(2) 촉탁서의 기재사항

(가) 촉탁서에는 다음의 사항을 기재하고 사업시행자 또는 그 대리인이 기명날인한다.

1) 교환·분할·합병 결정 토지의 표시
2) 교환·분할·합병 결정 토지에 대하여 행할 권리의 이전, 소멸 및 설정 등기의 표시와 그 등기권리자 및 등기의무자의 성명 또는 명칭 및 주소 또는 사무소, 등기권리자의 주민등록번호 또는 부동산등기용등록번호
3) 등기원인과 그 연월일
4) 등기소의 표시
5) 촉탁연월일

(나) 촉탁서의 기재순서

1) 동일의 토지에 대하여 등기의 목적이 수개인 경우에도 권리의 이전, 소멸 및 설정등기의 신청은 동일의 촉탁서에 의한다.
2) 위 촉탁서에는 위 1)에 기재한 순서에 따라 등기사항을 기재하여야 한다.
3) 위 2)의 경우 촉탁서에 2개이상의 권리에 관한 설정등기의 등기사항을 기재함에는 이

들 권리에 대응하는 종전의 권리의 등기부에 등기된 순위에 따라 행한다.

(3) 촉탁서의 첨부서면

(가) 첨부서면

1) 촉탁서에는 교환·분할계획인가서 등본과 「농어촌정비법」 제43조 제2항의 규정에 의한 교환·분할계획인가 고시가 있음을 증명하는 서면을 첨부하여야 한다. 다만 동일한 등기소에 동일한 교환·분할·합병계획에 기한 등기를 수회 촉탁할 경우에는 최초의 촉탁서에만 이를 첨부한다.
2) 기타 교환·분할·합병등기에 필요한 서면

(나) 제출이 불필요한 서면 등

등기상 이해관계 있는 제3자의 승낙서 또는 이에 대항할 수 있는 재판의 등본의 첨부를 요하지 아니한다.

(4) 대위등기의 촉탁

(가) 교환·분할·합병등기를 촉탁하기 위하여 필요한 경우에 사업시행자는 등기명의인, 상속인, 소유자를 대위하여 토지의 분필 및 합병의 등기, 토지 및 등기명의인의 표시변경등기, 상속으로 인한 소유권이전등기 또는 소유권보존등기를 촉탁할 수 있다.
(나) 「부동산등기법」 제28조, 제32조 제4항, 부동산등기규칙 제50조, 제53조 1항 2호의 규정은 위 가.의 등기에 이를 준용한다.

(5) 일괄촉탁

동일의 토지에 대한 교환·분할·합병등기의 촉탁 및 교환·분할·합병등기에 따른 대위등기의 촉탁은 이를 일괄하여 하여야 한다.

(6) 촉탁서의 양식

교환·분할·합병등기의 촉탁서는 별지 제1-1호, 제1-2호, 제1-3호 양식에, 미등기토지에 대한 교환·분할·합병에 의한 토지소유권보존등기 대위등기촉탁서는 별지 제2호 양식에, 토지의 분할 및 합병의 대위등기촉탁서는 별지 제3-1호, 제3-2호 양식에, 기타 대위등기촉탁서는 별지 제4호 양식에 의한다.

(7) 등기소의 관할 경합

사업구역이 2개 이상의 등기소의 관할에 걸치는 경우 등기의 촉탁은 각 관할 등기소마다 이를 하여야 한다.

(8) 교환·분할·합병등기의 기재

기등기의 소유권을 교환·분할·합병계획에 의하여 교환·분할·합병결정 토지에 등기할 때에는 별지 제5-1호 기록례 갑구 순위 제3번 등기와 같이 기록하고, 기등기의 소유권이외의 권리가 소멸하는 권리말소등기는 별지 제5-2호 기록 을구 순위 제2번 등기와 같이 기재하고, 「농어촌정비법」 제44조, 제45조의 규정에 의하여 교환·분할·합병결정 토지등기기록에 설정하는 등기는 별지 제5-3호 기록 을구 순위 제1번 등기와 같이 기록하고, 기타등기는 일반등기의 기록례에 따른다.

(9) 교환·분할·합병등기 완료 후의 절차

(가) 농지의 교환·분할·합병등기를 완료한 때에는 등기관은 별지 제6호 양식에 의하여 그 뜻을 사업시행자에게 통지하여야 한다.

(나) 등기소로부터 등기필정보통지서를 교부받은 사업시행자는 지체 없이 이를 등기권리자에게 교부하여야 한다.

교환 · 분할 · 합병등기촉탁서					
접수	년 월 일	처리인	등기관 확인		각종통지
	제 호				

부 동 산 표 시
경기도 평택시 현덕면 화양리 276 답 1328㎡

등기원인		2011년 4월 2일 교환 · 분할 · 합병	
등기의목적	소유권이전	등기권리자의 주소 성명	김을동 350509−1352467 경기도 평택시 현덕면 화양리 427
		등기의무자의 주소 성명	박갑식 경기도 평택시 현덕면 도대리 356
	말소되는 권리	별지와 같음	
	설정되는 권리	별지와 같음	

시가표준액	금 원	국민주택채권액	금 원
등록면허세	면제(「지방세법」 제26조 제2항)	등기신청수수료	금 원

위 등기를 촉탁함 년 월 일 등기촉탁인 ○○시, 군, 구 한국농촌공사 도 시 동 시장, 군수 사장 ○ ○ ○ (인) ○○지방법원(지원) ○○등기소 귀중	부속서류 교환 · 분할 · 합병계획인가서 통 교환 · 분할 · 합병계획인가고시증명서 통 도 면(지역권) 通

※ 말소되는 등기 및 설정되는 등기가 없는 경우에 해당란을 삭제한다.
　이전되는 등기가 용익권인 경우에는 소유권이전란에 해당 용익권 이전을 기재한다.

[별지 제1-2호 양식(규격 A4용지)]

	말 소 되 는 권 리
등 기 의 목 적	근저당권 설정등기 접수 2003년 4월 9일 제4691호

[별지 제1-3호 양식(규격 A4용지)]

		설 정 되 는 권 리
	순 위	권 리 의 내 용

등
기
의
목
적
	1	근저당권 설정
		원 인 2011년 4월 2일 교환·분할·합병
		채권최고액 금 10,000,000원
		채 무 자 김 을 동
		       경기도 평택시 현덕면 화양리 427
		근저당권자 이 근 택
		       350509-1352467
		       서울특별시 종로구 명륜동 13

토지소유권 보존 대위 등기 촉탁서					
접수	년 월 일	처리인	등기관 확인		각종통지
	제 호				
부 동 산 의 표 시			소유자의 성명 주소		
경기도 평택시 현덕면 화양리 275 답 138㎡			박갑식 550515-1357246 경기도 평택시 현덕면 도대리 356		
등기의 목적			토지소유권보존		
대 위 원 인			농지의 교환·분할·합병등기의 촉탁을 위하여 필요함		
시가표준액	금 원		국민주택채권액		금 원
취득세(등록면허세)	금 원		등기신청 수수료		금 원
위 등기를 촉탁함			부 속 서 류		
년 월 일 등기촉탁인 ○○시, 군, 구 한국농촌공사 도 시 동 시장, 군수 사장 ○ ○ ○ (인) ○○지방법원(지원) ○○등기소 귀중			1.토지대장 등본 통		

[별지 제3-1호 양식(규격 A4용지)]

<table>
<tr><td colspan="8">토지 분할 대위 등기 촉탁서</td></tr>
<tr><td rowspan="2">접
수</td><td>년 월 일</td><td rowspan="2">처
리
인</td><td colspan="2">등기관 확인</td><td colspan="3">각종통지</td></tr>
<tr><td>제 호</td><td colspan="2"></td><td colspan="3"></td></tr>
<tr><td colspan="3">부 동 산 의 표 시</td><td colspan="2" rowspan="2">등기원인 및 그 일자</td><td colspan="3" rowspan="2">소유자의 성명 주소</td></tr>
<tr><td colspan="2">변 경 전</td><td>변 경 후</td></tr>
<tr><td colspan="2">○○도 ○○군
○○면 ○○리 35
답 353㎡</td><td>분할지
○○리 35-1
답 200㎡
현재지
○○리 35
답 153㎡</td><td colspan="2">0000년 00월 00일
농지의 교환ㆍ분할ㆍ합병으로 인한 분할</td><td colspan="3">김 영 환
401225-1246323
○○도 ○○군
○○면 ○○리
○○</td></tr>
<tr><td colspan="3">등기의 목적</td><td colspan="5">토 지 표 시 변 경</td></tr>
<tr><td colspan="3">대 위 원 인</td><td colspan="5">농지의 교환ㆍ분할ㆍ합병등기의 촉탁을 위하여 필요함</td></tr>
<tr><td colspan="4">위 등기를 촉탁함

년 월 일</td><td colspan="4">부 속 서 류</td></tr>
<tr><td colspan="4">등기촉탁인 ○○시, 군, 구
한국농촌공사
도 시 동
시장, 군수
○ ○ ○ (인)
사장

○○지방법원(지원) ○○등기소 귀중</td><td colspan="4">1.토지대장 등본 통</td></tr>
</table>

토지 합병 대위 촉탁서				
접수	년 월 일	처리인	등기관 확인	각종통지
	제 호			

부 동 산 의 표 시		등기원인 및 그 일자	소유자의 성명 주소
변 경 전	변 경 후		
○○도 ○○군 ○○면 ○○리 35-1 답 153㎡ ○○도 ○○군 ○○면 ○○리 35-2 답 200㎡	합병지 ○○리 35-1 답 353㎡	0000년 00월 00일 농지의 교환·분할·합 병으로 인한 합병	김 영 환 401225-1246323 ○○도 ○○군 ○○면 ○○리 ○○

등기의 목적	토 지 표 시 변 경
대 위 원 인	농지의 교환·분할·합병등기의 촉탁을 위하여 필요함

위 등기를 촉탁함	부 속 서 류
년 월 일 ○○시, 군, 구 등기촉탁인 한국농촌공사 도 시 동 시장, 군수 ○ ○ ○ (인) 사장 ○○지방법원(지원) ○○등기소 귀중	1.토지대장 등본 통

[별지 제4호 양식(규격 A4용지)]

<table>
<tr><td colspan="5" align="center">대위 등기 촉탁서</td></tr>
<tr>
<td rowspan="2">접
수</td>
<td>년　월　일</td>
<td rowspan="2">처
리
인</td>
<td>등기관 확인</td>
<td>각종통지</td>
</tr>
<tr>
<td>제　　호</td>
<td></td>
<td></td>
</tr>
<tr>
<td>부동산 표시</td>
<td>등기원인
및 그 일자</td>
<td>등기의 목적</td>
<td>상속 또는 변경사항</td>
<td>소유자의 주소 및
성명</td>
</tr>
<tr>
<td>경기도 평택시
현덕면 화양리
276
답 1328㎡</td>
<td>2003년 6월 5일
전거</td>
<td>등기명의인
표시변경</td>
<td>주소, 경기도 평택시
송탄동 14를 경기도
평택시 현덕면 화양
리 427로 변경함</td>
<td>김을동
350509-1352467
경기도 평택시
현덕면 화양리
427</td>
</tr>
<tr>
<td>경기도 평택시
현덕면 화양리
277
답 1200㎡</td>
<td>2001년 7월 4일
상속</td>
<td>소유권이전</td>
<td>망 김영식
상속인
김을동</td>
<td>상　동</td>
</tr>
<tr>
<td colspan="2" align="center">대위 원인</td>
<td colspan="3">농지의 교환·분할·합병등기의 촉탁을 위하여 필요함</td>
</tr>
<tr>
<td>시가표준액</td>
<td colspan="2">금　　　　　　원</td>
<td>국민주택채권액</td>
<td>금　　　　　원</td>
</tr>
<tr>
<td>취득세(등록면허세)</td>
<td colspan="2">금　　　　　　원</td>
<td>등기신청수수료</td>
<td>금　　　　원</td>
</tr>
</table>

<table>
<tr>
<td>위 등기를 촉탁함

　　년　월　일

　　　　　○○시, 군, 구
　　　　　한국농촌공사
등기촉탁인
　　　도　　　시　　　동

시장, 군수
　　　　○　○　○　(인)
　사장

○○지방법원(지원) ○○등기소 귀중</td>
<td>부속서류

토지대장등본　　　　　　　통
주민등록표등본　　　　　　통
가족관계등록사항별 증명서　통</td>
</tr>
</table>

[별지 제5-1호 기록례] 교환·분할·합병계획에 의한 소유권이전등기를 교환·분할·
합병결정 토지에 등기하는 경우

【갑 구】 (소유권에 관한 사항)				
순위 번호	등기목적	접 수	등기원인	권리자 및 기타사항
2	소유권이전	1997년 10월 15일 제25467호	1997년 9월 2일 매매	소유자 박갑식 550515-1357246 경기도 평택시 현덕면 도대리 356
3	소유권이전	2007년 4월 9일 제5821호	2007년 4월 2일 교환·분할·합병	소유자 김을동 350509-1352467 경기도 평택시 현덕면 화양리 427

[별지 제5-2호 기록례] 교환·분할·합병계획에 의한 교환·분할·합병대상 종전 토지
상의 근저당권설정등기를 말소하는 경우

【을 구】 (소유권 이외의 권리에 관한 사항)				
순위 번호	등기목적	접 수	등기원인	권리자 및 기타사항
1	~~근저당권설정~~	~~2003년 4월 9일~~ ~~제4691호~~	~~2003년 4월 8일~~ ~~설정계약~~	~~채권최고액 금 10,000,000원~~ ~~채무자 김을동~~ ~~경기도 평택시 현덕면 화양리 427~~ ~~근저당권자 이근택~~ ~~350509-1352467~~ ~~서울특별시 종로구 명륜동 13~~
2	1번근저당권 설정등기말소	2007년 4월 9일 제5821호		교환·분할·합병계획에 의하여 경기도 평택시 현덕면 화양리 276에 등기하였으므로 말소

[별지 제5-3호 기록례] 교환·분할·합병계획에 의한 교환·분할·합병 결정 토지등기록에 근저당권설정등기를 하는 경우

【 을 구 】 (소유권 이외의 권리에 관한 사항)				
순위번호	등기목적	접 수	등기원인	권리자 및 기타사항
1	근저당권설정	2007년 4월 9일 제5821호	2007년 4월 2일 교환·분할·합병	채권최고액 금 10,000,000원 채무자 김을동 경기도 평택시 현덕면 화양리 427 근저당권자 이근택 350509-1352467 서울특별시 종로구 명륜동 13

[별지 제6호 양식(규격 A4용지)]

통 지 서

1. 부동산의 표시

  ○○도 ○○시 ○○동 ○○번지
   답 ○○㎡
    외 ○○ 필

 위 토지에 대한 교환·분할·합병에 의한 등기는   년   월   일 완료 하였으므로
통지합니다.

         년   월   일

       ○○지방법원(지원) ○○등기소

       등기관 ○ ○ ○ ㉑

○○시, 군, 구

한국농촌공사

        시장, 군수, 구청장   귀하
        시장

제24절 매각(경락)으로 인한 소유권이전등기촉탁

매수인(경락인)은 매각(경락)대금을 다 낸 때에 매각의 목적인 권리를 취득한다(민사집행법 제135조). 매수인이 취득하는 부동산 소유권의 범위는 매각허가결정서에 적힌 부동산과 동일성이 인정되는 범위내에서 그 소유권이 효력이 미치는 범위와 같다. 경매에 의한 소유권취득은 승계취득이다(대판 1991. 8. 27. 91다3703).

매각대금이 지급되면 법원사무관등은 매각허가결정의 등본을 붙여 다음 각 호의 등기를 촉탁하여야 한다(민사집행법 제144조 제1항).

① 매수인 앞으로 소유권을 이전하는 등기

② 매수인이 인수하지 아니한 부동산의 부담에 관한 기입을 말소하는 등기

③ 민사집행법 제94조 및 제139조 제1항의 규정에 따른 경매개시결정등기를 말소하는 등기

　민사집행법 제144조 제1항의 등기에 드는 비용은 매수인이 부담한다(민사집행법 제144조 제2항).

1. 매각부동산에 대한 매수인 명의로 소유권이전등기

(1) 법원사무관등의 소유권이전등기의 촉탁

매수인(경락인)이 매각(경락)대금을 모두 지급하면 매각부동산의 소유권을 취득하므로(민사집행법 제135조, 민법 제187조) 법원사무관등은 매각허가결정을 원인으로 한 매수인 앞으로 소유권이전등기를 촉탁하여야 한다(민사집행법 제144조 제1항 1호).

(2) 매수인이 사망한 경우(상속인명의로 소유권이전등기 촉탁)

(가) 매각대금 지급전에 매수인이 사망한 경우

매각허가결정확정 후 대금지급 전에 매수인이 사망함으로써 그 상속인이 매수인의 지위를 승계하여 매각대금을 지급한 경우에는 사망한 매수인을 위하여 소유권이전등기촉탁을 할 것이 아니라 직접 상속인 명의로 소유권이전등기를 촉탁할 것이다.

이 경우에 등기촉탁서에는 매각허가결정등본 외에 상속을 증명하는 제적등본, 가족관계등록사항별증명서 등의 서면을 첨부하여야 한다.

이 경우 등기촉탁서의 "등기권리자"는 매수인을 표시하므로 이 경우에는 '매수인○○○의 상속인 ○○○'라고 표시하며, "등기의무자"는 압류의 효력발생당시의 등기부상소유명의자를 표시한다.

(나) 매각대금지급 후에 매수인이 사망한 경우

매수인이 대금지급 후에 사망한 경우에는 매각부동산의 소유권은 일단 매수인 피상속인에게 이전되고 상속인은 다시 이를 승계하게 되므로 이 경우에 직접 상속인을 위하여 소유권이전등기의 촉탁을 하는 것은 등기부상 실체적인 권리변동사실과 부합하지 아니하는 결과로 되어 부당하므로 대금지급 후에 매수인이 사망한 경우에는 사망한 사람 앞으로 이전등기를 하라고 할 수 없으므로 매각허가 결정등본 외에 상속을 증명하는 제적등본, 가족관계등록사항증명서를 첨부하여 직접 상속인명의로의 이전등기를 촉탁할 것이다.

(다) 매각허가결정전에 최고가 매수신고인이 사망한 경우

매각허가결정 전에 최고가매수신고인이 사망한 경우에는 상속인에 대하여 매각허가결정을 하여야 하나 법원이 상속사실을 모르고 사망한 사람을 매수인으로 표시하여 매각허가결정을 하였더라도 위 결정의 효력은 상속인에게 미치므로 상속인으로부터 대금지급이 있으며 상속인을 매수인으로 하여 상속인을 위하여 이전등기의 촉탁을 하여야 한다. 이 경우에 상속인 명의로 매각허가결정을 경정하여 등기를 촉탁함이 원칙이나 위 결정의 효력이 상속인에게 미치므로 결정 경정을 함이 없이 통상 상속을 증명하는 서면을 첨부하여 촉탁을 하는 것이 실무이다.

(라) 매각허가결정선고 후 확정 전에 매수인이 사망한 경우

매각허가결정의 선고 후 확정 전에 매수인이 사망한 때에도 위와 마찬가지로 해석할 것이나, 다만 매각허가결정선고시에는 피상속인이 생존해 있었으므로 상속인 명의로 매각허가결정을 경정할 필요는 없다.

(3) 제3취득자 · 공유자가 매수인이 된 경우(등기예규 제1378호)

(가) 경매개시결정등기 전에 소유권이전등기를 받은 제3취득자가 매수인이 된 경우에는, 경매개시결정등기의 말소촉탁 및 매수인이 인수하지 않는 부담기입의 말소촉탁 외에 소유권이전등기촉탁은 하지 않는다(등기예규 제1378호.1.).

(나) 공유부동산에 대한 경매개시결정등기가 경료되고, 경매절차에서 일부 공유자가 매수인이 된 경우에는, 경매개시결정등기의 말소촉탁 및 매수인이 인수하지 않는 부담기입의 말소촉탁을 하되 소유권이전등기촉탁은 위 매수인의 지분을 제외한 나머지 지분에 대한 공유지분이전등기 촉탁을 한다(별지 제2호 기재례 참조).

(다) 경매개시결정등기(국세체납처분에 의한 압류등기, 매각에 의하여 소멸되는 가압류등기도 같다) 후에 소유권이전등기를 받은 제3취득자가 매수인이 된 경우에는, 경매개시결정등기와 제3취득자 명의의 소유권등기의 말소촉탁과 동시에 매각을 원인으로 한 소유권이전등기 촉탁을 하여야 한다(등기예규 제1378호.3.).

(라) 매수인이 등기의무자로서 등기신청할 때에는, (가)의 경우에는 종전 소유권이전등기시 등기소로부터 통지받은 등기필정보를, (나)의 경우에는 종전등기필정보와 공유지분이전등기 후 통지받은 등기필정보를 등기의무자의 권리에 관한 등기필정보로 각 제공한다(등기예규 제1378호 4).

2. 매수인이 인수하지 아니한 부동산의 부담에 관한 기입을 말소하는 등기(민사집행법 제144조 제1항 2호)

매각대금이 지급된 경우에는 법원사무관등은 직권으로 매수인이 인수하지 아니한 부동산의 부담에 관한 기입을 말소하는 등기를 촉탁하여야 한다(민사집행법 제144조 제1항 2호).

"매수인이 인수하지 아니한 부동산의 부담에 관한 기입"이라 함은 매각에 의하여 소멸하는 저당권의 등기뿐만 아니라 매수인에 대항할 수 없는 모든 권리의 등기를 말한다.

매수인이 인수하지 아니한 부동산의 부담에 관한 기입인지여부는 오로지 부동산등기기록에 적힌 것을 기준으로 판단하여야 하고, 등기기록에 기입되지 아니한 권리로서 특별법에 의하여 우선변제권이 인정되는 권리를 기준으로 판단하여서는 안 된다.

매각으로 소멸하는 부동산 위의 권리에 관하여 말소등기를 촉탁하면 등기관은 그 권리의 말소등기를 할 때 그 권리에 관한 부기등기를 직권으로 말소한다.

(1) "매수인이 인수하지 않은 부동산의 부담에 관한 기입"인지 판단하는 기준

부동산 경매절차에서 매수인이 매각대금을 지급하면 법원사무관등은 민사집행법 제144조 제1항 제2호에 따라 매수인이 인수하지 않은 부동산의 부담에 관한 기입을 말소하는 등기를 촉탁하여야 한다. 이때 매수인이 인수하지 않은 부동산의 부담에 관한 기입인지는 법원사무관 등이 등기기록과 경매기록에 따라 판단한다. 등기된 사항에 무효 또는 취소의 원인이 있다고 하더라도 매수인은 소송으로 그 등기의 효력을 다툴 수 있을 뿐이고, 민사집행법 제144조 제1항에 따른 말소촉탁을 구할 수도 없고 '법원사무관등의 처분에 대한 이의'의 방법으로 그 말소의 촉탁을 구할 수도 없다(대법원 2018. 1. 25. 2017마1093 결정. 법원사무관 등의 처분에 대한 이의).

(2) 말소의 대상이 되는 부동산의 부담의 범위

말소의 대상이 되는 등기를 설명하면 다음과 같다.

매각대금이 지급된 경우에는 법원사무관등은 직권으로 매수인이 인수하지 아니한 부동산의 부담에 관한 기입을 말소하는 등기를 촉탁하여야 한다(민집 144조 1항 2호).

매수인이 인수하지 아니한 부동산의 부담에 관한 기입이라 함은 매각에 의하여 소멸하는 저당권의 등기 뿐만 아니라 매수인에 대항할 수 없는 모든 권리의 등기를 말한다.

(3) 말소의 대상이 되지 아니하는 경우

매수인에게 대항할 수 있는 것으로서 말소촉탁하여서는 안 되는 것에는 민사집행법 91조 1항에 의하여 매수인이 인수하기로 한 경우와 민사집행법 143조 1항에 의하여 매수인이 매각대금의 지급에 갈음하여 채무를 인수한 경우에는 그 인수한 채무와 관계된 해당권리를 위하여 등기된 부담도 존속시켜야 하고 말소촉탁하여서는 안 된다.

(4) 말소의 대상이 되는 등기

말소의 대상이 되는 등기는 다음과 같다.

(가) 저당권, 근저당권, 가등기담보권

1) 말소촉탁의 대상이 되는 등기

저당권, 근저당권, 가등기담보권 등은 매각으로 인하여 소멸하므로 압류채권자보다 선순위라도 매각에 의하여 소멸되므로(민집 91조 2항, 가담법 15조) 각 그 등기는 말소촉탁의 대상이 된다. 설정등기 후에 소유권의 변동이 있어도 저당권자나 가등기 담보권자는 모두 배당받을 수 있고 모두 말소의 대상이 된다.

전유부분에 관하여 설정된 저당권에 기한 경매절차에서 대지에 관한 저당권을 존속시켜 매수인이 인수하게 한다는 특별매각조건이 정하여져 있지 않았던 이상, 대지사용권의 성립 이전에 대지에 관하여 설정된 저당권이라고 하더라도 대지지분의 범위에서는 민사집행법 91조 2항이 정한 '매각부동산 위의 저당권'에 해당하여 매각으로 소멸한다.

말소될 저당권에 관하여 채권압류의 등기(민사집행법 228조)가 되어 있는 경우에 주등기의 말소만 촉탁하면 되고 부등기에 관하여는 별도로 말소촉탁을 할 필요가 없으며 등기관이 주등기를 말소한 후 부등기를 부동산등기법 172조 2항에 의하여 직권으로 말소하게 된다(대판 1994. 10. 21. 94다17109. 1995. 5. 26. 95다7550. 2000. 4. 11. 2000다5640. 2000. 10. 10. 2000다19526).

담보가등기가 경료된 부동산에 대하여 경매 등이 행해진 때에는 담보가등기권리는 그 부동산의 매각에 의하여 소멸하나(가담 15조), 권리가 신고되지 않아 담보가등기인지, 일반가등기인지 알 수 없는 경우에는 일단 순위보전을 위한 가등기로 보아 그 가등기가 최선순위이면 매수인에게 그 부담이 인수되므로 말소하여서는 안 되고, 그 가등기보다 선순위의 담보권, 압류 또는 가압류가 있으면 함께 말소한다.

2) 공유부동산의 일부 공유자의 지분에 설정된 근저당권의 실행으로 매각된 경우 후순위 전세권설정등기의 말소방법

전세권설정등기는 부동산의 전부 또는 특정 일부분에 대하여 할 수 있으나 일부지분에 대하여는 할 수 없으므로 전세권의 일부지분에 대한 말소등기(일부말소의미의 경정등기) 또한 할 수 없다.

따라서 수인이 공유하는 부동산의 일부공유자의 지분에 대한 근저당권설정등기와 전세권설정등기가 순차적으로 경료된 후, 위 근저당권의 실행에 따른 경매절차에서 전세권의 인수에 관한 특별매각조건이 없이 매각되고 대금이 완납되었다면 위 전세권등기는 "매수인이 인수하지 아니할 부담에 관한 기입의 등기"에 해당하여 전부말소의 대상이 된다.

다만, 위 등기의 말소는 집행법원의 촉탁에 의하여 하는바, 전부말소 촉탁이 아닌 일부말소촉탁이 있는 경우 등기관은 이를 각하할 수밖에 없다(등기선례 제8권 248항).

일부 공유자의 지분에 대한 근저당권설정등기와 전세권설정등기가 순차적으로 마쳐진 후 위 근저당권의 실행으로 그 지분이 매각되었다면 전세권자는 매수인에게 대항할 수 없고 전세권은 부동산의 공유지분에 대하여 설정·존속할 수 없으므로 전세권은 전부말소 되어야 한다.

🔎 판 례

구 민사소송법(90. 1. 13. 법률 제4201호로 개정 전) 제608조 제2항의 규정취지 및 이 규정이 헌법 제11조 제1항이나 제23조에 위배되는지 여부

구 민사소송법(1990.1.13. 법률 제4201호로 개정 전) 제608조 제2항이 "부동산상에 존재한 저당권은 매각에 의하여 소멸한다"고 규정한 취지는 담보물권은 원래 부동산의 교환가치로부터 변제를 받는 것을 목적으로 하는 권리이므로 일단 목적물의 매각이 실현되면 그 매각 당시에 존재하던 담보물권은 그 순위에 따라서 매각대금 중에서 우선변제받게 하여 소멸시킴으로써 후일 다시 그 부동산의 경매가 반복되는 것을 피하고 경락인에게도 부담 없는 부동산을 취득하게 하는 것이 제도의 목적에 합치된다고 보기 때문인바, 따라서 그 매각대금으로 압류채권에 우선하는 담보물권의 피담보채권을 변제함에 부족 없음이 인정된 경우가 아니면 매각할 수 없는 것이므로(같은 조 제1항), 위의 규정 때문에 담보물권만 소멸하고 채권을 변제받지 못하게 된다거나 압류채권자에 우선하는 담보물권자의 재산권이 부당하게 침해되고 압류채권자로 하여금 부당한 이득을 취하게 할 염려는 없다고 할 것이고, 또한 우선권 있는 저당권자의 채권을 완전히 변제하고 저당권을 소멸시킨 이상 그 저당권자가 경매신청을 한 경우와 구별할 이유는 없으므로 압류채권에 우선하는 2순위 권리자가 1순위 권리자나 압류채권자에 비하여 부당한 차별대우를 받는다고 할 수도 없으므로 위 규정은 헌법 제11조 제1항이나 제23조에 위배되지 아니한다 (대판 1992. 4. 14. 91다41996).

(나) 지상권, 지역권, 전세권, 등기된 임차권

경매신청기입등기 후(압류의 효력발생 후)에 등기된 지상권, 지역권, 전세권, 임차권 등기는 매수인(경락인)에 대항할 수 없으므로 모두 말소촉탁의 대상이 된다(민사집행법 제91조제3항). 그 밖의 권리는 매수인에 대항할 수 있으므로 소멸되지 아니하고 존속한다. 다만 전세권의 경우에는 전세권자가 민사집행법 88조에 따라 배당요구를 하면 매각으로 소멸되므로(민집 91조 4항 단서) 이 경우에는 말소촉탁의 대상이 된다.

전세권자는 전세금을 지급하고 타인의 부동산을 점유하여 그 부동산의 용도에 좇아 사용·수익하며, 그 부동산 전부에 대하여 후순위권리자 기타 채권자보다 전세금의 우선변제를 받을 권리가 있다(민법 제303조 제1항). 이처럼 전세권이 용익물권적인 성격과 담보물권적인 성격을 모두 갖추고 있는 점에 비추어 전세권 존속기간이 시작되기 전에 마친 전세권설정등기도 특별한 사정이 없는 한 유효한 것으로 추정된다. 한편 부동산등기법 제4조 제1항은 "같은 부동산에 관하여 등기한 권리의 순위는 법률에 다른 규정이 없으면 등기한 순서에 따른다."라고 정하고 있으므로, 전세권은 등기부상 기록된 전세권설정등기의 존속기간과 상관없이 등기된 순서에 따라 순위가 정해진다(대법원 2018. 1. 25. 2017마1093 결정. 법원사무관 등의 처분에 대한 이의).

경매절차에서 매수인이 인수하지 않은 부동산의 부담에 관한 기입인지 여부는 오로지 부동산등기기록에 기록된 것을 기준으로 판단해야 하고, 최선순위 전세권은 배당요구를 하지 않는 이상 매각으로 소멸하지 않는다. 이 사건 전세권설정등기는 근저당권설정등기나 다른 가압류 등 등기보다 앞서고, 전세권자는 담보권실행을 위한 경매절차에서 배당요구를 하지 않았다.

위에서 본 법리에 비추어 보면, 부동산등기기록에 기입된 내용을 기준으로 하여 이 사건 전세권설정등기가 말소등기촉탁의 대상이 아니라고 본 법원사무관의 처분은 정당하다.

전세권설정등기는 부동산의 전부 또는 특정 일부분에 대하여 할 수 있으나 일부지분에 대하여는 할 수 없으므로(등기예규 1351호), 전세권의 일부지분에 대한 말소등기(일부말소 의미의 경정등기) 또한 할 수 없다.

주택이나 상가건물임대차보호법의 적용대상인 상가건물의 임차권은 등기된 여부를 불문하고 임차목적물에 대하여 민사집행법상의 경매가 행하여진 경우에는 그 임차목적물의 매각에 의하여 소멸하지만(주임법 제3조의5 본문, 민집법 부칙 제6조 42항, 상임법 제8조 본문), 매수인에게 대항할 수 있는 임차권은 보증금이 전액 변제되지 아니하면 그 임차주택의 매각에 의하여 소멸되지 아니 한다(주임법 제3조의5 본문, 민집법 부칙 제6조 42항, 상임법 제8조 본문).

임차권등기명령에 의하여 등기된 임차권이 있을 경우 그것이 매수인에 대항할 수 있는 것인지는 등기된 때만을 기준으로 판단할 것이 아니라 대항력을 갖춘 때를 기준으로 판단하여야 한다.

(다) 소유권이전등기

압류의 효력발생 후(경매신청기입등기 후)에 제3자 명의로 경료된 소유권이전등기는 경락인에게 대항할 수 없으므로 말소촉탁의 대상이 되며, 압류의 효력발생 전에 마쳐진 것은 매수인에게 대항할 수 있으므로 소멸되지 아니하고 존속한다. 경매개시 결정으로 인한 압류의 효력발생 이전에 기입된 국세체납처분에 의한 압류등기 또는 가압류가 있고, 그 압류 또는 가압류등기가 매각으로 인하여 소멸하는 경우에는 그 압류·가압류 기입 이후의 가등기뿐 아니라 소유권이전등기도 말소촉탁의 대상이 된다(등기예규 1378호 참조).

(라) 가등기

1) 소유권이전등기청구권보전의 가등기

경매신청기입등기 후에 경료된 소유권이전청구권보전의 가등기는 경락인에 대항할 수 없으므로 말소촉탁의 대상이 되나 압류의 효력발생 전에 경료된 소유권이전청구권보전의 가등기는 경락인에 대항할 수 있으므로 말소대상이 되지 아니한다. 그러나 그 가등기보다 선순위의 저당권으로서 경락에 의하여 소멸하는 저당권이 있는 경우에는 그 가등기는 저당권에 대항할 수 없고 경락에 의하여 소멸되므로 말소촉탁의 대상이 된다(등기예규 374호, 665호. 대판 2007.12.13. 2007다57459).

🔍 판 례

① 저당권설정등기 이후에 가등기가 경료된 부동산에 대하여 강제경매가 실시된 경우에 가등기권리자가 경락인에게 대항할 수 있는지 여부 : 소유권이전등기 청구권 보전을 위한 가등기 후에 등기된 강제경매신청에 의하여 강제경매가 실시된 경우에 그 가등기보다 선순위로서 강제경매에 의한 경락당시 유효히 존재하고 그 경락에 의하여 소멸되는 저당권설정등기가 존재하는 경우에는 그 가등기는 저당권에 대항할 수 없고 그 저당권이 강제경매에 의하여 소멸하는 한 그 보다 후순위로 가등기된 권리도 소멸하는 것이므로 이 가등기는 민사소송법 제661조 제1항 제2호 소정의 "경락인이 인수하지 아니한 부동산상 부담의 기입"으로서 말소촉탁의 대상이 된다(대법원 80. 12. 30. 80마491).

② ㉮ 강제경매가 실시된 경우 저당권보다 후순위로 경료된 가등기의 말소 가부 : 소유권이전청구권보전의 가등기가 있는 부동산에 대하여 그 가등기 후에 등기된 강제경매신청에 의하여 강제경매가 실시된 경우에도 그 가등기보다 선순위로서, 강제경매에 의한 경락 당시 유효히 존재하고 그 경락에 의하여 소멸되는 저당권설정등기가 존재하는 경우에는 그 가등기는 저당권에 대항할 수 없고 또 그 저당권이 강제경매에 의하여 소멸하는 한 그보다 후순위로 가등기된 권리도 소멸하는 것이므로 이

가등기는 구 민사소송법(90. 1. 13. 법률 제4201로 개정 전) 제661조 제1항 제2호 소정의 "경락인이 인수하지 아니한 부동산상 부담의 기입"으로서 말소촉탁의 대상이 된다.

④ 법원의 촉탁에 의하여 등기를 말소하는 경우에도 등기상 이해관계 있는 제3자의 승낙서 등을 첨부할 필요가 있는지 여부(84. 12. 31. 84마473 공748호350) 부동산등기법 제171조 7결정, 민Ⅱ집 320면 참조

강제경매가 실시된 경우 저당권보다 후순위로 경료된 가등기의 말소 여부 : 소유권이전등기청구권보전의 가등기가 있는 부동산에 대하여 그 가등기 후에 등기된 강제경매신청에 의하여 강제경매가 실시된 경우에도 그 가등기보다 선순위로서, 강제경매에 의한 경락당시 유효히 존재하고 그 경락에 의하여 소멸하는 근저당권설정등기가 존재하는 경우에는 그 가등기는 저당권에 대항할 수 없고 또 그 저당권이 강제경매에 의하여 소멸하는 한 그보다 후순위로 가등기된 권리도 소멸하는 것이므로 이 가등기는 구 민사소송(90. 1. 13. 법률 제4201로 개정 전) 법 제661조 제1항 제2호 소정의 "경락인이 인수하지 아니한 부동산상 부담의 기입"으로서 말소촉탁의 대상이 된다 할 것이고 이는 강제경매개시후 가등기에 우선하는 저당권자가 임의경매신청을 하여 기록 첨부된 경우 뿐만 아니라 선순위저당권자가 임의경매신청을 하지 아니한 경우에도 마찬가지로 모두 말소대상이 된다(85. 2. 11. 84마606 공753호705).

③ 가등기후 강제경매가 실시되었으나 선순위 근저당권이 경락으로 소멸한 경우 그 가등기가 말소촉탁의 대상인지 여부 : 근저당권이 설정되어 있는 부동산에 소유권이전등기청구권보전의 가등기가 이루어지고 그 후에 강제경매가 실시되어 그 경락허가결정이 확정될 때에 선순위 근저당권이 그대로 존재하였다면 그 근저당권은 경락으로 인하여 소멸하므로 그보다 후순위인 위 가등기상의 권리도 소멸하고 이때 위 가등기 및 그에 기한 본등기는 구 민사소송법(90. 1. 13. 법률 제4201로 개정 전) 제661조 제1항 제2호 소정의 "경락인이 인수하지 아니한 부동산상 부담의 기입"에 해당하여 말소촉탁의 대상이 된다(대법원 89. 7. 25. 88다카6846).

④ 제1, 2순위의 근저당권설정등기 사이에 소유권이전등기청구권 보전의 가등기가 경료된 부동산에 대하여 위 제1순위 근저당권의 실행을 위한 경매절차에서 매각허가결정이 확정되고 매각대금이 완납된 경우 위 가등기 및 그에 기한 본등기상의 권리는 모두 소멸하고, 위 각 등기는 민사집행법 제144조 제1항 제2호에 규정된 매수인이 인수하지 아니한 부동산의 부담에 관한 기입에 해당하여 말소촉탁의 대상이 되며, 이와 같은 매각허가결정의 확정으로 인한 물권변동의 효력은 그에 관한 등기에 관계없이 이루어지는 것이다. 그리고 소유권이전등기청구권 보전의 가등기 및 그에 기한 본등기의 말소등기절차의 이행을 구하는 소송 도중에 위 각 등기가 경료된 부동산에 대하여 매각허가결정이 확정되고 매각대금이 완납됨으로써 위 각 등기상의 권리가 모두 소멸하고 위 각 등기가 말소촉탁의 대상이 되어 장차 말소될 수밖에 없는 경우에는 더 이상 위 각 등기의 말소를 구할 법률상의 이익이 없다(대판 2007. 12. 13. 2007다57459).

2) 담보가등기

담보가등기가 경료된 부동산에 대하여 경매 등이 행해진 때에는 담보가등기권리는 그 부

동산의 매각에 의하여 소멸하나(가담법 제15조), 권리신고가 되지 않아 담보가등기인지 일반가등기인지 알 수 없는 경우에는 일단 순위보전을 위한 가등기로 보아 그 가등기가 최선순위이면 매수인에게 그 부담이 인수되므로 말소하여서는 안 되고, 그 가등기보다 선순위의 담보권이나 또는 가압류가 있으면 함께 말소한다.

🔍 판 례

근저당권이 설정된 부동산에 가등기담보등에관한법률 소정의 담보가등기가 이루어진 후 강제경매가 실시되어 경락허가결정이 확정된 경우 위 가등기가 말소촉탁의 대상이 되는지 여부 : 근저당권이 설정되어 있는 부동산에 소유권이전등기청구권보전의 가등기가 이루어지고 그 후에 강제경매가 실시되어 그 경락허가결정이 확정된 경우에 그 가등기가 가등기담보등에관한법률 소정의 담보가등기라 하더라도 그 가등기권리 역시 같은 법 제15조에 의하여 경락으로 인하여 소멸되고, 같은 법 제16조 제2항에 의하여 말소촉탁의 대상이 되는 것이며 경락절차에서 배당요구신청을 하지 아니하였거나 혹은 배당금을 수령하지 아니하였다하여도 마찬가지이다(대판 1992. 4. 14. 91다41996).

(마) 가압류등기

가압류등기는 경락인에게 대항할 수 있는 것인지 여부를 불문하고 모두 말소촉탁의 대상이 된다. 압류의 효력발생 전에 가압류등기를 한 가압류채권자는 당연히 매각대금으로부터 배당을 받고(민사집행법 제160조 제1항 2호), 압류의 효력발생 후에 경료된 가압류등기의 권리자는 경락인에게 대항할 수 없으므로 매각에 의하여 소멸한다.

부동산에 대한 선순위 가압류등기 후 가압류목적물의 소유권이 제3자에게 이전되고 그 후 제3취득자의 채권자가 경매를 신청하여 매각된 경우, 가압류채권자는 그 매각절차에서 당해 가압류목적물의 매각대금 중 가압류결정 당시의 청구금액을 한도로 배당을 받을 수 있고(대판 2006. 7. 28. 2006다19986), 이 경우 종전 소유자를 채무자로 한 가압류등기는 말소촉탁의 대상이 될 수 있다(등기선례 8-299).

주 : 이 선례에 의하여 등기선례요지집 Ⅴ 제678항, Ⅵ 제490항은 그 내용이 변경됨

가압류등기는 원칙적으로 매각에 의하여 말소의 대상이 된다(「민사집행법」 제144조제1항제2호). 즉 압류채권자에 우선하는 가압류등기는 매각대금으로부터 공탁에 의한 배당을 받을 수 있어 소멸하고(「민사집행법」 제148조제3호, 제160조제1항제2호), 압류의 효력 발생 후의 가압류등기는 매수인에게 대항할 수 없으므로 소멸한다.

① 부동산에 관하여 가압류등기가 마쳐졌다가 등기가 아무런 원인 없이 말소되었다는 사정만으로는 곧바로 가압류의 효력이 소멸하는 것은 아니지만, 가압류등기가 원인 없이 말소된 이후에 부동산의 소유권이 제3자에게 이전되고 그 후 제3취득자의 채권자 등 다른 권리자의 신청에 따라 경매절차가 진행되어 매각허가결정이 확정되고 매수인이 매각대금을 다 낸 때에는, 경매절차에서 집행법원이 가압류의 부담을 매수인이 인수할 것을 특별매각조건으로 삼지 않은 이상 원인 없이 말소된 가압류의 효력은 소멸한다(대판 2017. 1. 25. 2016다28897).

② 부동산에 대한 선순위가압류등기 후 가압류목적물의 소유권이 제3자에게 이전되고 그 후 제3취득자의 채권자가 경매를 신청하여 매각된 경우, 가압류채권자는 그 매각절차에서 당해 가압류목적물의 매각대금 중 가압류결정 당시의 청구금액을 한도로 배당을 받을 수 있고, 이 경우 종전 소유자를 채무자로 한 가압류등기는 말소촉탁의 대상이 될 수 있다. 그러나 경우에 따라서는 집행법원이 종전 소유자를 채무자로 하는 가압류등기의 부담을 매수인이 인수하는 것을 전제로 하여 위 가압류채권자를 배당절차에서 배제하고 매각절차를 진행시킬 수도 있으며, 이와 같이 매수인이 위 가압류등기의 부담을 인수하는 것을 전제로 매각절차를 진행시킨 경우에는 위 가압류의 효력이 소멸하지 아니하므로 집행법원의 말소촉탁이 될 수 없다. 따라서 종전 소유자를 채무자로 하는 가압류등기가 이루어진 부동산에 대하여 매각절차가 진행되었다는 사정만으로 위 가압류의 효력이 소멸하였다고 단정할 수 없고, 구체적인 매각절차를 살펴 집행법원이 위 가압류등기의 부담을 매수인이 인수하는 것을 전제로 하여 매각절차를 진행하였는가 여부에 따라 위 가압류 효력의 소멸 여부를 판단하여야 한다(대판 2007. 4. 13. 2005다8682).

(바) 가처분등기

압류의 효력발생 후에 된 처분금지가처분등기는 매수인에 대항할 수 없으므로 말소촉탁의 대상이 되고(등기예규 453호 참조), 압류의 효력발생 전에 된 가처분등기는 말소되지 아니한다. 다만, 압류의 효력발생 전에 된 가처분등기라 할지라도 그보다 선순위로서 매각으로 소멸하는 담보권·압류·가압류 등기가 존재하는 경우에는 역시 말소의 대상이 된다.

근저당권자인 신청채권자가 매각대상 목적물에 관한 근저당권설정등기청구권을 보전하기 위하여 처분금지가처분등기(등기선례 8-288 참조)를 한 다음 본안에서 승소하여 본안판결로 근저당권설정등기를 마친 때에는 등기관이 직권으로 그 가처분등기를 말소하여야 한다(부동산등기법 제94조 제2항, 등기예규 1413호 참조).

(사) 체납처분에 의한 압류등기

국세체납처분에 의한 공매와 강제 또는 임의경매절차는 각각 독립하여 진행할 수 있고 이 경우 선순위로 경락을 받은 자가 소유권을 취득하고 또 경매절차의 배당절차에서 국세체납처분에 의한 압류등기에 관계된 국세를 우선 배당하므로 역시 모두 말소촉탁의 대상이 된다. 매각후의 배당에 있어서 국세는 우선적으로 변제되어야 하므로 경매절차에서 국세체납처분에 의한 압류등기에 관계된 국세를 우선변제하고 그 압류등기를 말소하여야 한다. 지방세의 경우도 마찬가지이다.

체납처분에 의한 압류등기 후 소유권이 이전되어 새로운 소유자의 채권자가 경매신청을 하여 매각이 된 경우에, 전술한 가압류의 경우와 같이, 체납처분에 의한 압류권자에게도 배당을 하고 그 압류등기도 말소할 수 있다.

(아) 예고등기

예고등기는(구 부동산등기법 제42조)는 권리에 관한 공시를 목적으로 하는 등기가 아니므로 부동산의 부담으로 되지 아니하여 말소촉탁의 대상이 되지 아니하며, 제1심 수소법원의 촉탁 또는 등기관의 직권에 의하여 말소한다.

근저당권말소의 예고등기가 경료된 후에 목적부동산이 매각되어 근저당권이 소멸하게 된 경우에, 그 예고등기는 등기관이 직권으로 말소할 수 있다(등기선례 제6권 490).

개정 부동산등기법(2011. 4. 12. 법률 제10580호)은 예고등기제도를 폐지하였으나 종전에 이루어진 예고등기의 말소에 관하여는 종전의 규정에 따라 처리하도록 규정하고 있다(부동산등기법 부칙 제3조).

(자) 채무자 회생 및 파산에 관한 법률상의 등기

적법하게 진행된 경매절차에서 법원사무관등이 매각으로 인한 소유권이전등기의 촉탁과 함께 보전처분등기나 회생절차개시결정의 기입등기 또는 파산선고의 등기의 말소를 촉탁한 경우에 이를 수리하여야 하므로, 이들 등기는 말소촉탁의 대상이 된다.

적법하게 진행된 강제집행이나 담보권실행을 위한 경매절차 또는 별제권행사에 의한 경매절차에서 법원사무관등이 매각으로 인한 소유권이전등기의 촉탁과 함께 회생절차상의 보전처분등기나 회생절차개시결정의 기입등기의 말소 또는 파산등기의 말소를 촉탁한 경우에도 이를 수리하여야 하므로, 이들 기입등기의 말소촉탁도 하여야 한다.

(차) 주택법 64조 3항의 규정에 따른 금지사항의 부기등기 말소

주택법 64조 3항, 임대주택법 18조 2항에 따른 금지사항 부기등기 후 당해 부동산이 매각된 경우 소유권이전등기 및 금지사항 부기등기의 말소를 촉탁할 수 있다(등기예규 제1523호 3.항 라. 및 4.).

(4) 말소할 등기의 조사

(가) 말소할 등기의 조사

말소 촉탁할 등기는 경매기록에 편철된 등기부등본에 의하여 그 존재를 알 수 있으므로 그 등기부등본에 의하여 말소할 등기를 조사하여 말소등기의 촉탁을 할 것이나 압류의 효력발생 후에 기입된 등기는 매수인이 새로운 등기부등본을 제출하여 그 등기의 존재를 법원사무관등에게 알리지 않는 한 말소등기의 촉탁을 할 수 없게 된다.

(나) 말소촉탁에서 누락된 등기

말소의 대상이 된 권리의 존재를 알지 못하여 말소촉탁에서 누락된 경우에는 등기소로부터 말소할 등기의 누락이 있다는 통지가 있거나 매수인으로부터 그 말소등기의 추가촉탁신청이 있으면 법원사무관등은 소유권이전등기의 촉탁 후라도 누락된 등기의 말소를 추가 촉탁하여야 한다.

(다) 착오에 의한 등기의 말소촉탁(회복등기)

착오로 말소등기를 촉탁한 경우에는 직권으로 그 회복등기를 촉탁해야할 것이다. 이 경우 그 회복에 관하여 이해관계가 있는 제3자가 있는 때에는 그 승낙서 또는 이에 대항할 수 있는 재판의 등본을 제출받아 첨부하여야 한다(부동산등기법 제59조, 제22조 제2항).

3. 경매개시결정등기의 말소

매각이 완결되면 경매개시결정등기는 필요 없게 되므로 법원사무관등은 직권으로 그 등기를 말소촉탁한다(민집 144조 1항 3호).

4. 촉탁서의 기재사항 및 첨부서면

(1) 촉탁서의 기재사항

법원사무관등이 매수인 앞으로 소유권을 이전하는 등기촉탁서에는 부동산의 표시, 등기권리자(매수인)와 등기의무자(압류의 효력발생당시의 등기부상소유자), 등기원인과 그 연월일(예 2008.1.10 강제 경매로 인한 매각), 등기의 목적(소유권이전등기), 말소할 등기(예 2008.10.1 접수 제○○호 근저당권설정등기의 말소), 과세표준(등록세의 과세표준액), 등록세액, 국민주택채권발행번호(주택법시행령 제95조 제1항) 첨부서류 등을 기재하여야 한다.

(2) 촉탁서의 첨부서면

(가) 매각허가 결정등본(등기원인증서)

(나) 등기권리자의 주소증명서면

(다) 부동산등기용 등록번호를 증명하는 서면(비법인 사단재단, 외국인등)

(라) 상속을 증명하는 서면(매각대금지급전에 매수인이 사망한 경우)

(마) 대장(토지, 임야, 건축물)등본

(바) 등록세영수필통지서 및 확인서

(사) 농지취득자격증명의 요부

민사집행법에 의한 경매절차에서 농지에 대하여는 농지취득자격증명에 관한 사항을 집행법원이 매각허부 재판시에 직권으로 조사하게 되어 있으므로, 농지에 대하여 매각으로 인한 소유권이전등기를 촉탁함에 있어서는 농지취득자격증명을 첨부할 필요가 없다(등기선례 3-865).

[문례] 등기촉탁서

○ ○ 법 원

등기촉탁서 (매각)

등기관 귀하

사   건   20타경   부동산강제경매

부동산의 표시   별지와 같음

등기권리자   ○ ○ ○ (-   )

서울 ○○구 ○○동 ○○○

등기의무자   ○ ○ ○

서울 ○○구 ○○동 ○○○

등기원인과 그 연월일 20 . . .자 강제경매로 인한 매각

등기목적   1. 소유권이전등기 2. 말소할 등기 : 별지와 같음

과세표준   금   원

등 록 세   (이전등기)금   원(지방교육세 포함)

(말소등기)금   원(지방교육세 포함)

국민주택채권   금   원

등기신청수수료 금   원

첨   부   1. 매각허가결정등본 1통, 촉탁서 부본 2통

2. 주민등록표등(초)본

3. 토지 및 건축물대장등본

4. 등기신청수수료현금영수필확인서

위 등기를 촉탁합니다. (등본작성 :   .   .   )

20 .   .   .

법원사무관   ㊞

접 수	년 월 일	처 리 인	등기관 확인	각종통지
	제 호			

색 인

ㄴ

ㄷ

ㅁ

ㅇ

ㅈ

ㅊ

ㅌ

저자약력

- 춘천고등학교 및 국제대학 법률학과 졸업.
- 서울 중앙 지방법원 감사관.
- 수원지방법원 감사관 및 화성등기소장.
- 서울 중앙 지방법원 공탁관 및 상업등기소 등기관.
- 춘천지방법원 속초지원 사무과장.
- 서울 중앙 지방법원 등기과장.
- 명지대학교, 경북전문대학 서울캠퍼스, 건국대학교 부동산대학원 부동산경매
  최고과정 강사 등 역임.
- 대한법무사협회 법무사교육원 교수 역임.
- 한국 민사집행법학회 연구이사 역임.
- 현 법무사.

저서

- 사전식 부동산등기총람(동민출판사)
- 부동산등기총람(법률신문사)
- 신 등기총람(법률신문사)
- 부동산등기법(법률출판사)
- 부동산등기법강의(법률출판사)
- 부동산등기(서울남부지방법무사회)
- 도시재개발 재건축 해설(동민출판사)
- 공탁법(도서출판 박영사)
- 새로운 부동산등기법(도서출판 박영사)
- 전정판 공탁법(도서출판 박영사)
- 도시 및 주거환경정비법(도서출판 박영사)
- 재개발 재건축 해설(법률출판사)
- 신 부동산등기법(법률정보센타)
- 신 공탁법(법률출판사)
- 집행불능판결의 유형과 예방(법률정보센타)
- 공탁법 총람(법률출판사)
- 공탁의 이론과 실무(법률출판사)
- 동산·채권 등의 담보에 관한 법률(법률정보센타)
- 도시 및 주거환경정비법(재개발, 재건축, 신탁등기)(법률출판사)
- 특수분야의 등기(법률출판사)
- 공탁법해설(법률출판사)
- 부동산등기소송정해(법문북스)

논문

- 농지취득자격증명제도, 외국인의 토지취득, 부동산소유권의 취득시효, 부동산 실권리자명의등기제도, 등기원인증서에 대한 공증제도, 승소한 등기의무자의 등기신청, 채권자취소권, 종중에 관한 고찰, 토지수용보상금의 공탁, 대북비밀송금과 통치행위, 판결에 의한 등기(집행불능판결을 중심으로), 집행불능판결의 예방과 유형, 공탁금지급청구권의 처분과 처분의 경합, 등기원인 증서에 대한 공증제도 과연 필요한가, 개정민법에 의하여 새로 도입된 후견제도의 문제점, 부정청탁 및 금품수수 등에 과한 법률이 과연 위헌법률인가(대한변호사협회의 김영란법에 대한 헌법소원심판 청구에 대한 반론).

상훈 및 표창

- 1995. 12. 24. 대법원장 표창(대법원장 유태홍)
- 2000. 5. 31. 법무부장관 표창(법무부장관 김정길)
- 2007. 6. 29. 법원행정처장 표창(법원행정처장 장윤기)
- 2008. 4. 25. 국민훈장 동백장(대통령 이명박)
- 2011. 12. 1. 상록대상(춘천고 총동창회)

판례 · 예규 · 선례 · 서식
신부동산등기실무

정가 180,000원

2019年 1月 15日 인쇄
2019年 1月 20日 발행
저　　자 : 최 돈 호
발 행 인 : 김 현 호
발 행 처 : 법문 북스
공 급 처 : 법률미디어

저자와 협의 하에
인지 생략

서울 구로구 경인로 54길4 (우편번호 : 08278)
TEL : 2636-2911-2, FAX : 2636-3012
등록 : 1979년 8월 27일 제5-22호
Home : www.lawb.co.kr

▌ ISBN 978-89-7535-704-6 (93360)
▌ 파본은 교환해 드립니다.
▌ 이 도서의 국립중앙도서관 출판예정도서목록(CIP)은 서지정보유통지원시스템 홈페이지
(http://seoji.nl.go.kr)와 국가자료종합목록시스템(http://www.nl.go.kr/kolisnet)에서
이용하실 수 있습니다. (CIP제어번호 : CIP2019000817)